Birgit Kiupel
Zwischen Krieg, Liebe und Ehe

Studien zur Konstruktion von Geschlecht und Liebe in den Libretti
der Hamburger Gänsemarkt-Oper (1678–1738)

Beiträge zur Kultur- und Sozialgeschichte der Musik
Herausgegeben von Eva Rieger

Band 8

Birgit Kiupel

Zwischen Krieg, Liebe und Ehe

Studien zur Konstruktion von Geschlecht und Liebe
in den Libretti der Hamburger Gänsemarkt-Oper (1678–1738)

Centaurus Verlag
Freiburg 2010

Birgit Kiupel, (Musik-)Historikerin, Autorin, Zeichnerin. Mit Vorliebe im 17. und 18. Jahrhundert unterwegs. Studium der Geschichte, Literaturwissenschaft und Philosophie an der Universität Hamburg und der Visuellen Kommunikation an der Hochschule für Bildende Künste Hamburg. Veröffentlicht ihre Studien in Radio-Sendungen, Büchern, Aufsätzen, Zeichnungen und Musik-Bilder-Shows.

Die vorliegende Arbeit ist 2008 unter dem Titel «Zwischen Krieg, Liebe und Ehe. Studien zur Konstruktion von Liebe und Geschlecht in den Libretti der Hamburger Gänsemarkt-Oper (1678–1738)» von der Universität Hamburg angenommen worden.

Bibliografische Informationen der Deutschen Nationalbibliothek

Die Deutsche Nationalbibliothek verzeichnet diese Publikation in der Deutschen Nationalbibliografie; detaillierte bibliografische Daten sind im Internet über http://dnb.d-nb.de abrufbar.

ISBN 978-3-8255-0721-3

ISSN 1616-2927

Alle Rechte, insbesondere das Recht der Vervielfältigung und Verbreitung sowie der Übersetzung, vorbehalten. Kein Teil des Werkes darf in irgendeiner Form (durch Fotokopie, Mikrofilm oder ein anderes Verfahren) ohne schriftliche Genehmigung des Verlages reproduziert oder unter Verwendung elektronischer Systeme verarbeitet, vervielfältigt oder verbreitet werden.

© CENTAURUS Verlag & Media UG 2010
Lektorat: Susanne Gottlob, Hamburg
Umschlaggestaltung und Satz: Brücke 12, Bern
Umschlagabbildung: Illustration aus dem Libretto von «Das höchstpreiszliche Crönungsfest Ihr. Königl. Mayst. in Preußen», aufgeführt anlässlich der Königskrönung 1701 an der Hamburger Gänsemarkt-Oper. Staatsbibliothek zu Berlin. Preußischer Kulturbesitz. Handschriftenabteilung.

Inhalt

Einleitung 12

I. Teil A
Krieg, Gewalt und Frieden: Realitäten

1. **Realitäten in Hamburg**
1.1. Kriege nicht nur vor den Stadttoren 44
1.1.1. Exkurs: Zum Begriff Gewalt aus Gender-Perspektive 47
1.2. Konflikte innerhalb der Stadtmauern 48
1.2.1. Alltägliche Gewalt 50
1.3. Bürgerwehr und Bürgermilitär 53
1.3.1. Die Bürgerwehr als Kulturträger: Mars tanzt mit Venus 56
1.4. Soldaten und Söldner 58
1.5. Mann gegen Mann: Duelle 60

2. **Der Krieg als Schule der Männlichkeiten und Weiblichkeiten**
2.1. Der adlige Mann: kriegerisch und Frieden bringend 65
2.1.1. Ideale Männerbilder: z.B. Herkules und Mars 66
2.1.2. Der Hof als Zivilisierungsfaktor für adlige Krieger? 68
2.2. Frauen, Waffen, Gewalt und Krieg: eine Frage des Standes 69
2.2.1. Wehrhafte Heldinnen 69
2.2.2. Adlige Frauen: begeisterte Jägerinnen 73
2.2.3. Herrscherinnen und Regentinnen mit militärischen Führungsaufgaben 77
2.3. Frauen aus bürgerlichen und unteren Schichten: Waffen im Haus und auf dem Schlachtfeld 78
2.3.1. Die Feder: eine wirksamere Waffe? 82

3. **Frauen im Krieg**
3.1. Frauen von Stand im Kriegslager und auf dem Schlachtfeld 83
3.2. Am Hof auf den Helden wartend: die adlige Frau 85
3.3. Frauen aus den unteren und bürgerlichen Schichten 86

I. Teil B
Krieg, Gewalt und Frieden: die Libretti

4.	**Inszenierungen bei Hofe und auf der Opernbühne**	
4.1.	Das Geschlecht des Krieges und des Friedens	88
4.2.	Der adlige Säugling als angehender Kriegsheld und die Pflichten der Mutter	98
4.3.	Der vorbildliche adlige Held auf dem Schlachtfeld und in der Liebe	106
4.4.	Der bedrohte Frieden in den Schäferspielen	109
5.	**Feldherrenvielfalt und Soldatenleben in den Libretti**	
5.1.	Der Wüstling	111
5.2.	Der an «Liebesdingen» Desinteressierte	112
5.3.	Der tapfere Militär, aber übergriffige Galan	112
5.4.	Der friedliebende und fromme Held	113
5.5.	Der verheiratete Feldherr	115
5.6.	Der hochrangige Militär ohne Familienanschluss	115
5.7.	Aspekte des Soldatenlebens: Prächtige Kleidung, Rituale, Liebesgaben	116
5.8.	Die niederen Ränge: mehr Wein als Weib und Waffen?	117
5.9.	Der Krieg als Erwerbsquelle für Männer der unteren Schichten	119
6.	**Weibliche Bühnenfiguren im Theater des Krieges**	
6.1.	Regentinnen und Heerführerinnen	122
6.2.	Adlige Frauen auf der Jagd	126
6.3.	Frauen als «Kriegsbeute» – sexuelle Gewalt während des Krieges	128
6.3.1.	Frauen im Schlafzimmer und im Serail, der Gewalt und Schaulust preisgegeben	132
6.4.	Weibliche Todesopfer	135
6.5.	Der Krieg als Erwerbsquelle für die Frau	137
7.	**Das Duell: Mann gegen Mann**	
7.1.	Ein verbotener Männlichkeitsbeweis	137
7.2.	Das Duell in der Kritik	140
8.	**Das Duell der Geschlechter**	143
8.1.	Kämpfende Frauen	145
8.2.	Tragische Zweikämpfe	149

8.3.	Amazonen kämpfen gegen Männer	152
8.4.	Frauen in zivil, die mit Waffen gegen Männer vorgehen	157
8.5.	Zauberische Kämpferinnen	161
8.6.	Frau kämpft gegen Frau	162
8.7.	Komödiantische Kämpfe der Geschlechter	163
9.	**Frauen an der Heimatfront**	
9.1.	Das Warten der Frauen	166
9.2.	Die eifersüchtigen Kriegsheimkehrer	169
9.3.	Krieg gegen die Liebe und die Frau	170
9.4.	Friedensschluss durch die Ehe: der Hausfrieden oder die Fortsetzung des Krieges mit anderen Mitteln	171
	Zwischen-Halt: Doing gender in the opera	174
	II. Teil	
1.	**Liebe, Ehe und die Konstruktion von Geschlecht. Was ist Liebe?**	178
1.1.	Legitime Liebe nur in der Ehe	182
1.2.	Die Ehe: Ordnung der Geschlechter und der Gefühle	183
1.3.	Heiratsverordnungen	184
1.4.	Eheanbahnungen in Adel und Bürgertum: zwischen Arrangement und «freiem Willen»	190
1.5.	Die zwangsverheiratete Braut	194
1.5.1.	Eheanbahnung im höheren Adel	196
1.5.2.	Eheanbahnung im niederen Adel: ein Negativbeispiel	199
1.5.3.	Die Oper Bretislaus (1725)	211
1.5.4.	Widerstandsformen von Bräuten gegen ihre Verheiratung in der Oper	217
1.6.	Der zwangsverheiratete Bräutigam in der Oper	218
1.6.1.	Die Oper Miriways (1728)	219
2.	**Innenansichten von Ehen**	
2.1.	Das Ideal einer glücklichen Ehe trotz aller Zwänge	223
2.2.	Hochzeitsfeiern: Oper privat	225
2.3.	Bürgerliche Männer über ihre Ehen	228
2.4.	Die Ehe: Ordnung der Geschlechter unter das Primat des Mannes	231

2.4.1.	«Double standard»: zur Polarisierung der Geschlechter	236
2.4.2.	Das umstrittene männliche Primat	243
2.5.	Konflikte und Gewalt in der Ehe	246
2.5.1.	Unglückliche Ehen	246
2.5.2.	Gewalt in der Ehe: Züchtigungsrecht und «Hauskreuz»	249
2.5.3.	Satirische Ehebilder in der Literatur	254
2.6.	Die Scheidung: ein selten legitimer Ausweg	259
3.	**Eheanbahnung und Ehekrieg im Bürgertum und in den unteren Schichten. Intermezzi, komische Szenen und komische Opern**	
3.1.	Komik als Schlüssel zur Realität von Geschlechterverhältnissen in Hamburg?	262
3.2.	Intermezzi: komödiantische Kurzschriften über das Geschlechter-Gelächter	264
3.3.	Exkurs: Die Liebe und der Markt. Der Kampf um die Ware «wahre Liebe»	265
3.4.	Exkurs: Bella Italia	268
3.5.	Vespetta – eine Wespe mit Herz und Verstand	270
3.6.	Serpina – eine Schlange mit Biss	277
3.7.	Das häusliche Regiment der Frauen	281
3.8.	Exkurs: Wahrnehmungsmuster	282
3.9.	Der Mann als Dienstmädchen	283
3.10.	Alga – die Sehnsucht einer alten Jungfer	284
3.11.	Lisetta – «kapriziös», ein anderes Wort für «selbstbewusst»	292
3.12.	Rosetta – der vergebliche Kampf um den süchtigen Ehemann	305
3.13.	Xanthippe – die unglückliche Ehefrau eines Philosophen	308
	Zwischen-Halt: Ideale Liebe versus Alltagswelt	310
4.	**Frauen in der Frühaufklärung in Hamburg. Zwischen Kunst, Bildung und Haushalt**	
4.1.	Ausläufer der «Querelle des Femmes» in Hamburg	313
4.2.	Die Gänsemarkt-Oper und ihr Umfeld: eine Universität auch für Frauen?	318
4.3.	Die gebildete und tugendhafte Frau in der Oper	321

5.	**Liebe ohne Ehe**	
5.1.	«Unzucht» und ihre Spiegelung in satirischer Literatur	323
5.2.	Das Begehren der Frauen	325
5.3.	Der Kampf um die sexuelle Erfüllung	329
5.4.	Vermeintliches Paradies der «Liebe»: der Hof	331
5.5.	Das Bürger-Palais	333
5.6.	Die Galanterie	335
5.7.	Prostitution in Hamburg: zur Rechtslage	344
5.7.1.	Prostitution auf der Opernbühne: sexuelle Dienstbarkeit der Dienstbotinnen	347
5.7.2.	Gehobene Prostitution im Zelt des Feldherrn	349
5.8.	Opernsängerinnen zwischen Realität und Imagination	354
5.8.1.	Opernsängerinnen im Spiegel zeitgenössischer Texte mit Hamburg-Kolorit	357
5.9.	«Unzucht» im Opernhaus: eine «Coffee=Schenckerin» unter Anklage	363
5.10.	Uneheliche Kinder: die rechtliche Lage	365
5.10.1.	Uneheliche Kinder von Fürsten auf der Bühne	366
5.10.2.	Uneheliche Kinder von Fürstinnen auf der Bühne	368
5.10.3.	Uneheliche Kinder aus bürgerlichen und Unterschichts-Familien auf der Bühne	371
5.11.	Kindestötungen	374
6.	**Hexerei und Zauberei**	
6.1.	Hexerei und Zauberei in Hamburg	376
6.2.	Bühnenzauber im Zeichen der Geschlechterdifferenz	378

III. Teil

1.	**Der Krieg, die Liebe und die Suche nach dem Glück**	
1.1.	Liebe und Sexualität als kriegerischer Akt. Annäherungen und Verweigerungen	386

2.	**Drei Gänsemarkt-Opernanalysen.**	
	Außergewöhnliche Männer und Frauen en détail	393
2.1.	Die drey Töchter Cecrops (1680)	394
2.2.	Der Hochmüthige Gestürtzte und wieder erhabene Croesus (1711)	407
2.3.	Circe (1734–1743)	437

Epilog 466

Anmerkungen 478

Quellen- und Literaturverzeichnis 638

Dank für Rat und Tat 683

«Die Geschäffte der Mad. Kayserin» –
eine historische Phantasie 684

Einleitung

> CCCXLII. Was zu mehrmahlen gedacht, will ich nochmahls erinnern: Man nehme nur in allen die Probabilität in acht, damit es das Ansehen gewinne, als hätten sich die Dinge, wie sie praesentiret worden, würcklich zugetragen, oder könten sich doch also zutragen.
> CCCXLIII. Jedoch, weil alle Theatralische Sachen in der Opinion beruhen, darf man eben in einem oder andern Dinge kein Distel=Kopf seyn, sondern muß dem Theatro, der Materie, der Zeit, und anderen Circumstantien, eine Freyheit lassen.[1]

Der Dichter und spätere Pastor an der Hamburger St. Jacobi-Kirche Erdmann Neumeister (1671–1756) legte Ende des 17. Jahrhunderts die erste komplette Anleitung zum Verfassen von Opernlibretti vor, bearbeitet und in Hamburg erstmals herausgegeben von dem Librettisten und Romanautoren Christian Friedrich Hunold alias Menantes (1680–1721). Für Neumeister/Hunold spielte die Nähe der Libretti zur Realität, zur damaligen Lebenswirklichkeit eine bedeutende Rolle. Doch äußerten sie sich nur vage über die Unterschiede in der Ausgestaltung von Wahrscheinlichkeit und Unwahrscheinlichkeit und verwiesen auf die «Opinion» und Freiheit der Librettisten. Zur Freiheit des Librettisten gehörte es, zwar erfundene, aber wahrscheinliche Liebesepisoden beizusteuern:

> CCLXII. Was die Invention betrifft, so muß sie wohl, weil es einmahl so eingeführet ist, nach der vornehmsten Materie, etwas Verliebtes seyn.
> CCLXIII. Dannenhero, wo ja in einer Historie, oder wenn ein Held aufgeführet wird, an sich selber keine Liebes=Sachen vorgegangen, so muß man solche mit einer geschickten Manier darzu dichten. (S. 396)

Die Helden, ihre Entourage und ihre Gegenspieler sind allerdings nicht nur mit «Liebes=Sachen» beschäftigt: Sie werden auch in Kämpfe verwickelt.

> CCLXXXVIII. Fällt ein Gefechte, Schlägerey etc vor, wo sichs mit dem Singen nicht wohl thun läst, sind solche, nach dem Stande der Personen, unter einer Music von Trompeten oder Hautbois ec aufzuführen. (S. 402)

Neumeister/Hunold eröffneten diese Anleitung über die Kreation und Bedeutung von Opern mit der Überzeugung:

Eine Opera oder ein Sing=Spiel ist gewiß das galanteste Stück der Poesie, so man heut zu Tage zu aestimiren pfleget. (S. 394)

An den Schluss dieser Ausführungen setzten sie ein anschauliches Beispiel: das Libretto der Oper *Bellerophon*, benannt nach der «vornehmsten» Hauptperson. Doch lasse sich der Titel um den «Haupt=Inhalte des Wercks» ergänzen: «Die vom Himmel geschützte Unschuld und Tugend stellet vor Bellerophon in einer Opera».[2] Zwar sei diese Oper kein «Meisterstück», wie es vorgeblich bescheiden heißt (CCCXLIX, S. 413f), aber sie sei vorbildlich gemäß der «meisten Regeln» verfasst.

In der Vorrede von *Bellerophon* finden sich theatralische Bausteine wie etwa eine Germania «als eine Königin, sitzend auf einem Wagen von Sclaven gezogen». Germania und Irene bieten dem Kriegsgott Mars erfolgreich Paroli und huldigen einem Frieden bringenden Fürstenpaar. In der Oper selbst werden unterschiedliche Varianten von Liebes- und Gewaltverstrickungen gezeigt:

Sujet der Liebe
— Die tugendhafte Prinzessin Philonoe aus Lycien und der corinthische Prinz Bellerophon verlieben sich.
— Bedroht wird diese Liebe durch die verführerisch-zauberische und verheiratete Königin Sthenoboea, die «verbotene Blicke auf seine [Bellerophons] galante Person geworffen» hat, der sich im Krieg durch Tapferkeit hervorgetan hatte.

Sujet der Gewalt
— Die Prinzessin wird auf der Jagd beinahe von einem Fürsten vergewaltigt, den sie abgewiesen hatte, doch dann von Bellerophon gerettet.
— Bellerophon verteidigt außerdem das Reich vor einem Ungeheuer und sich selbst gegen die (rachsüchtige) Liebe der Sthenoboea.

Damit wäre der Rahmen skizziert für die vorliegende Arbeit, die das Verhältnis von Operntext und Lebenswirklichkeit in Hamburg ausloten will. Im Mittelpunkt stehen die Bedeutung und Verknüpfung von Krieg, Gewalt und Liebe – und ihre Konstruktion und Darstellung in der Hamburger Oper am Gänsemarkt zur Zeit der sogenannten Frühaufklärung. Zwar war Hamburg als eine reichsunmittelbare, von Bürgern regierte Stadt keinem Landesherrn unterworfen, dennoch war das Stadtleben von einflussreichen Vertretern der Adelskultur geprägt. Ihr höfisch-galanter Lebensstil in diversen Ausprägungen faszinierte auch bürgerliche Milieus. Zentral ist die Frage nach den Vorstellungen und Bildern von Männlichkeiten und Weiblichkeiten, die den Liebes- und Lebensmodellen zugrunde liegen. Welche lassen sich in der Realität nachweisen, welche werden auf der Opernbühne vermittelt? Möglicherweise haben galante Helden wie Bellerophon ständeübergreifend beeindruckt, denn «galant» war das Modewort der Zeit.[3]

Wie beeinflussten Bilder des Krieges und des Kriegers die Liebe und das Zusammenleben von Männern und Frauen, im Adel und im Bürgertum? Was verstand man unter Gewalt und welche Funktion hatte sie? Inwiefern setzten sich Kriegsszenarien und -strategien in Alltag und Ehe fort? Welche Rolle spielten geschlechtsspezifische Zuschreibungen und Auswirkungen von Krieg und Frieden, wenn es heißt: «Doing gender in the opera»?

Die Oper in Hamburg

Die Oper war das multi-mediale Ereignis des 17. und 18. Jahrhunderts, in dem Musik, Bildende Kunst und Literatur zusammenwirkten. Sie funktionierte, wie auch Zeitgenossen betonten, als Ort moralischer und zugleich vergnüglicher Erbauung, also als unterhaltsame Lehrbühne für die legitime Organisation und damit Reproduktion einiger gesellschaftlich normierter Züge: Wie wurden in dieser Schule der Liebe und der Tugenden Geschlechterrollen und -kulturen in Szene gesetzt und bewertet? Ein wichtiger Handlungsmotor war die Liebe in ihren vielfältigen Ausdrucksformen, den Liebestrieben, Gefühlen und deren Kanalisierungen in gesellschaftlich anerkannte Bahnen. Doch lassen sich auch Subtexte und Identifikationsangebote entdecken, die nicht systemkonform waren, wie etwa Andeutungen auf gleichgeschlechtliches Begehren oder auf ein eheloses Leben.

Außerdem galt die Oper ausdrücklich als Wirtschafts- und Standortfaktor, als Anziehungspunkt und Nachrichtenbörse für adlige und bürgerliche Einflussreiche:

> Opern zu halten, und mit Beifall heraus zu bringen, ist mehr eines grossen Herrn, oder einer gantzen Societät, als eines Privat=Mannes Werck [...]. Die gute Ordnung und Einrichtung einer solchen Societät bringen dem gemeinen Wesen vielen Nutzen: weil durch berühmte Vorstellungen offt grosse Fürsten und Herren bewogen werden, ihren und ihrer Hoffstatt Auffenthalt in einer Stadt zu

suchen, und derselben häuffige Nahrung zuzuwenden. Wissenschafften, Künste und Handwercker fahren wol dabey, und der Ort macht sich so ausnehmend mit guten Opern, als mit guten Bancken: denn diese nützen, und jene ergetzen. Die letzten dienen zur Sicherheit, die ersten zur Lehre. Es trifft auch fast ein, daß, wo die besten Bancken auch die besten Opern sind. Man frage alle Compositeurs vom ersten Rang, was sie gewust haben, ehe sie mit Opern zu thun gehabt?[4]

Insbesondere die Hamburger Oper am Gänsemarkt, die als Ensemblebetrieb zwischen 1678–1738 bestand – der unscheinbare Fachwerkbau befand sich zwischen dem heutigen Hotel Vierjahreszeiten und der Hamburgischen Staatsoper – bietet einen einzigartigen, weil nahezu vollständig erhaltenen, in der Regel deutschsprachigen Libretto-Bestand.[5] Dabei handelt es sich um Textbücher, die oft nach französischen und italienischen Vorlagen übersetzt, bearbeitet und gelegentlich mit plattdeutsch sprechenden Figuren oder Szenen versehen wurden. Repräsentativ gestaltet, in einem grob gehefteten und am Rücken angeleimten Umschlag aus marmoriertem Buntpapier im Taschenformat, wurden sie von den Opernbesuchern während der Vorstellung gelesen, gesammelt und so in den Alltag hineingetragen – und dienten wohl gelegentlich auch als «postillon d'amour».[6] Für ihre Bedeutung spricht auch, dass sie von Hamburger Honoratioren gesammelt wurden, wie etwa vom Hamburger Syndikus Johann Klefeker (1698–1775).[7] Die ersten Katalogisierungen besorgte der Musikschriftsteller, Komponist und Diplomat Johann Mattheson[8] (1681–1764), von dem auch der Musikreisende Charles Burney (1726–1814) sich genötigt sah, «etwas umständlicher zu seyn, weil er nicht nur ein gebohrner Hamburger war, sondern auch lange in dem dreyfachen Charakter, als Sänger, Komponist und Schriftsteller Figur gemacht hat.»[9]

Fast 320 unterschiedliche Werke wurden zwischen 1678 und 1748 aufgeführt und im Librettokatalog der Hamburger Oper am Gänsemarkt verzeichnet, den Hans Joachim Marx und Dorothea Schröder 1995 herausgebracht haben.[10] Bei diesen Libretti handelt es sich um einen

> Quellenbestand, der in der Musikwissenschaft, aber auch in den Nachbar-Disziplinen wie Germanistik, Theaterwissenschaft, Komparistik und Kunstgeschichte nur sporadisch ausgewertet worden ist.

Meiner Auseinandersetzung mit den Libretti liegen Perspektiven des Gender-Konzepts[11] als historisch-sozialer Kategorie zugrunde: Wie ist die Fiktivität der Geschlechterrollen – und möglicherweise deren Subversion bzw. Überschreitungen – mit den Wirklichkeiten eines klar abgesteckten historischen Zeitraums des Hamburger (Kultur-) Lebens verschränkt? Das Zusammenspiel von Wort und Musik muss künftigen Projekten vorbehalten bleiben. Die Überlieferungslage der Musik ist wesentlich schlechter, weil Partituren nicht so selbstverständlich wie Libretti gedruckt wurden. So blieben von mancher Oper nur einzelne Arien erhalten, die in Anthologien Eingang fanden.

Das Libretto war die literarische Leitgattung des 17. Jahrhunderts.[12] Obwohl der Zauber der Musik, die Arien als «Seele einer Oper»[13] gefeiert wurden, war es Konsens, dass die Musik die Dienerin des Wortes sein sollte. (Deshalb wurden auch diverse Libretti mehrmals vertont.) Die den Opern zugrunde liegenden Libretti sind «lebendige» historische Dokumente, an denen sich Einstellungen, Mentalitäten und Konflikte einer Gesellschaft ablesen lassen, vor dem Hintergrund literarischer und theatralischer Traditionen. Wird mit den Libretti lesbar, wie Widersprüche einer patriarchal strukturierten Gesellschaft verhandelt und möglicherweise herrschaftskonform bzw. in contrario unkonventionell gelöst wurden?

Die Oper ist ein hochwirksames, überwältigendes, weil fast alle Sinne ansprechendes Instrument, das auch den Emotions-Haushalt einer Gesellschaft reguliert. Auch in der Oper am Gänsemarkt ging es explizit um den legitimen Umgang mit Gefühlen, mit «Liebe» in einer nach Geschlechtern und Ständen hierarchisierten Gesellschaft. Außerdem kamen in den Libretti Einstellungen und Konstellationen zur Sprache, die sich für diese Zeit nur schwer in Quellen privater Natur wie Tagebüchern und Briefen finden lassen: Wie fühlten sich eine junge Frau oder ein junger Mann, die/der mit einem unbekannten oder sogar ungeliebten Menschen verheiratet werden sollte – welche Handlungsräume blieben ihnen? Die Oper bot ein Forum für diverse Ausbrüche von Verzweiflung und Widerstand, wie die Racheschwüre gedemütigter Königinnen, die Tränen verlassener Helden, die Wutausbrüche von Ammen über untreue Ehemänner und die Klagen überarbeiteter Dienstbotinnen.

Das Theater in der Frühen Neuzeit war ein privilegierter Ort, um traditionelle Geschlechterrollen in Frage zu stellen.[14] So lassen sich auch in den Libretti Auseinandersetzungen um die Rolle der Frau nachweisen – und somit um die beider Geschlechter; die Querelle des Femmes, aus Frankreich und Italien importiert, wurden auch in Deutschland ausgetragen. Was vielen Verantwortlichen des Opernbetriebs und ihren Zeitgenossen noch selbstverständlich war – das Thema Liebe zu benennen – bereitete allerdings späteren Forschergenerationen Probleme. Doch ist dies auch den Mechanismen eines patriarchalen Wissenschaftsbetriebes geschuldet, in dem diese Themen eine marginale, weil möglicherweise gefürchtete Rolle spielten.

Hamburger Geistesleben: zwischen adligen und bürgerlichen Modellen

Die Libretti meines Untersuchungszeitraumes sind Produkte eines Netzwerkes bürgerlicher gelehrter Männer, die auch auf die Entwicklung deutscher Kultur, Sprache und Gesellschaft Einfluss nehmen wollten. Der Zugang zur höheren Bildung und ihren Institutionen wie Gymnasium, Ritterschule oder Universität blieb den Jungen und Männern vorbehalten. Hier konnten sie auch Bühnenerfahrungen sammeln, wie etwa in den Schulspielen, wo Männer Stücke schrieben und Jungen auch die Frauenrollen spielten, wie etwa am Johanneum, der ältesten höheren Bildungseinrichtung Hamburgs.[15] Sie kamen nicht mit ihrer Geschlechterrolle in Konflikt, wenn sie in der Öffentlichkeit auftraten, weder als kleine Jungen noch als heiratsfähige Gelehrte, Dichter, Komponisten und Publizisten. Im Oktober 1703[16] wurde in Hamburg die Schulpflicht vom 7.–12. Lebensjahr eingeführt; zugleich wurden alle Winkelschulen verboten, doch bestand diese Schulform noch lange fort. Weiterführende Bildung war jedoch nur für Jungen auf dem Johanneum und dem Akademischen Gymnasium, einer Aufbaustufe zur Vorbereitung auf ein Universitätsstudium, möglich; den Mädchen blieb ausschließlich der Privatunterricht,[17] den sich nur bildungsnahe und privilegierte Schichten oder Künstlerfamilien leisten konnten.

Für die Leipziger Oper, die von 1693–1720 bestand, ist nur eine Frau nachweisbar, die Libretti bearbeitet und geschrieben hat: die gut ausgebildete Christina Dorothea Lachs, Tochter des Komponisten Nikolaus Adam Strungk und verheiratet mit einem Pastor. Die «Lachsin»[18] könnte noch dazu die einzige nachweisbare Libretto-Autorin an der Hamburger Oper gekannt haben: die gebildete Gräfin Maria Aurora von Königsmarck. Sie verfasste das Libretto *Die drey Töchter Cecrops* (siehe Opernanalyse in Teil III), das möglicherweise von Nikolaus Adam Strungk vertont wurde, der zur Zeit der *Cecrops*-Produktion[19] in Hamburg wirkte. Die Gräfin wurde von vielen bürgerlichen Männern wie Johann Mattheson hofiert. Auch wenn nicht alle adligen Frauen gut ausgebildet und künstlerisch aktiv waren, so bot ihnen ihr Stand oftmals privilegierte Möglichkeiten zur kulturellen Teilhabe. Hier drängt sich die bisher wenig beleuchtete Frage auf, wie adlige und bürgerliche Milieus und Kulturen aufeinander einwirkten und welche Konsequenzen dies für die Bildung und

Handlungsräume von bürgerlichen Frauen in Hamburg hatte. Die Hamburger Oper war, trotz anders lautender Forschermeinung,[20] keine «Bürger-Oper» – auch wenn die Besitzer des Grundstückes bürgerlich waren ebenso wie die Mehrzahl der Pächter –, in ihrer Funktion und inhaltlich-musikalischen Ausrichtung richtete sie sich auch an ein adliges Publikum, das zudem wesentlich zur Finanzierung beitrug. Die Hamburger Oper am Gänsemarkt erscheint der Historikerin als eine Art Laboratorium, in dem Ähnlichkeiten, Differenzen, Überschneidungen und Beeinflussungen zwischen bürgerlichen und adligen Milieus und ihren Vorstellungen von Weiblichkeiten und Männlichkeiten untersucht werden können.[21] Reinhart Meyer behauptet:

> Sozialpsychologisch gesehen, stellt sich die Hamburger Oper in vielen ihrer Stücke eindeutig als feudaladliges, patrizisch-galantes Institut dar, auf das das mittelständische Publikum in keiner Weise vorbereitet war. Da aber andererseits die Offenlegung theatralischer Erotik erst allmählich geschah und dabei ein breites Spektrum von Möglichkeiten geboten wurde, konnte es einen Erziehungsprozeß einleiten, der sich von der derbkomischen Komik der Stegreif- und Wanderbühne abhob.[22]

Meyers Überlegungen sind anregend, aber sie ziehen nicht in Betracht, dass das Publikum aus Männern und Frauen zusammengesetzt war, die jeweils geschlechtsspezifisch im Hinblick auf Liebe und Erotik sozialisiert waren.

Um 1700 wird die Einwohnerzahl von Hamburg auf 70000 geschätzt.[23] Nach jahrelangen, teilweise gewaltsamen Auseinandersetzungen zwischen Bürgerschaft und Senat kehrte nach dem Hauptrezess von 1712 eine gewisse Ruhe ein. Weltliche Macht, Rat und Bürgerschaft, und geistliche Obrigkeit herrschten mittels eines spannungsreichen Konstruktes. Handel und Handwerk hatten in bestimmten Bevölkerungsgruppen für Wohlstand gesorgt. Damit ging ein kultureller Anspruch einher, der sich in einer prächtigen Repräsentationskultur äußerte. Obwohl es einige wichtige Arbeiten zur Sozial- und Wirtschaftsgeschichte Hamburgs gibt, fehlen noch entsprechende Studien zu meinem Untersuchungszeitraum.[24]

Zwischen Abbild, Gegenwelt und «Realität»

Am Beispiel alleinreisender Frauen lässt sich ein Changieren der Libretti zwischen normativen Diskursen, Widerspiegelungen realer Ereignisse und Handlungen im Text und phantasierten Freiräumen veranschaulichen und diskutieren. So behauptet Meyer:

> Die Opernbühne erstellt eine illusionäre Gegenwelt, die so konsequent ihren eigenen fiktiven Gesetzen folgt, daß sie zwar die geheimen und verdrängten sexuellen und gesellschaftlichen Wunschvorstellungen der Zuschauer und Autoren aufnehmen und verarbeiten kann, aber keinerlei Wirkung über das Theater hinaus anstrebt. Ihre Wirkung erfüllt sich im sinnlichen Vergnügen der Zuschauer, die nicht nur nie vergessen, daß sie im Theater sitzen, sondern die zur Befriedigung ihrer Triebe auch nicht auf die Opernillusion angewiesen sind. Die Herrschaft hat noch immer Wege gefunden, ihre Bedürfnisse zu befriedigen. Dort allerdings, wo ständig mit Triebverzicht gelebt werden muß, kann die Erotisierung der Bühne zu einem Triebstau und psychischen Konflikten führen, die in das Alltagsleben hineinwirken, weil sie Bedürfnisse weckt, die nicht zu erfüllen sind.[25]

Meyer thematisiert als einer der ersten das Spannungsfeld «Illusion auf der Opernbühne», «Norm» und «Realität». Doch geht er Fragen nach geschlechts- und standesspezifischen Tugend- und Handlungsräumen und Konstruktionen von Idealbildern nur am Rande nach. Deshalb soll den Hintergründen und dem «realistischen Gehalt» vermeintlicher Illusionen nachgeforscht werden. So waren beispielsweise, trotz aller Restriktionen, alleinreisende Frauen, etwa in Männerkleidung, Realität – wenn auch als skandalös bestaunt. Über Frauen, die in Männeruniform und -kleidung für ihren Lebensunterhalt kämpften, gibt es etliche Quellen.[26] Mit welchen Konsequenzen hatten dann weibliche Bühnenfiguren zu rechnen, die übliche Handlungsrahmen überschritten? Überhaupt wurde mit den Libretti sehr wohl eine Wirkung über die Bühne hinaus angestrebt, enthielten sie doch explizite Handlungsanweisungen und Moralvorstellungen, indem sie Konflikte und ihre Auflösungen in Politik und Liebe darstellten.

Wichtige Bestandteile des Welt-Theaters bilden Repräsentationen und Rituale, Vorstellungen und Darstellungen, mit denen Menschen ihre soziale Umwelt begreifen und zugleich beeinflussen. Repräsentationen sind ausgehandelte bzw. durchgesetzte, konsensfähige, aber auch umstrittene Bilder und Vorstellungen, die gesellschaftliche Wirklichkeiten darzustellen beanspruchen. Diese sind jedoch nicht als Widerspiegelungen gesellschaftlicher Ordnungen zu verstehen, sondern als Modelle für die Wirklichkeit, die durchaus umstritten sind. Daher steht das komplizierte Wechselverhältnis von sozialen Ordnungen, Realitäten und Repräsentationen im Zentrum meines Interesses, verbunden mit der Frage: Wer hatte die Deutungsmacht über die Wirklichkeiten, und wie ist sie mit Konstruktionen von Geschlecht verknüpft?

Repräsentationen und Rituale haben eine «Theatralisierung des Lebens»[27] zur Folge, wie es an Höfen aber auch in Städten wie Hamburg zu beobachten ist. Politische Macht und Geschlechtercodes wurden legitimiert und inszeniert durch Formen der Repräsentation, die vom Theater, von der Oper, aber auch aus den Kirchen und den Gottesdiensten bekannt – und wiederum auf höfischen Festen, bürgerlichen Hochzeiten zu erleben waren. Fakten und Fiktionen, Vergangenheit und Gegenwart wurden so verwoben, dass die Grenzen zwischen Opernwelt und realem Leben verschwimmen konnten.

Gegenstand heftiger Diskussionen war damals die Realitätsnähe des Geschehens auf der Bühne. Mattheson erwartete auf der Opernbühne eine «geziemende Ähnlichkeit», also einen gefilterten Spiegel, denn nur mittels einer Erhöhung der Wirklichkeit sei auch eine Verbesserung der Sitten zu erzielen.

> §.157. Was würde doch für ein wunderliches Spiel entstehen, wenn man alles so roh auf die Bühne brächte, wie es der Markt giebt? Wo wäre die Seltenheit? Opern erfordern was ganz anders und ausserordentliches: auch selbst in ihren gewöhnlichen Reden muß nichts kriechendes, nichts pöbelhaftes, nichts niederträchtig natürliches seyn.[28]

Doch was Mattheson als «roh» ablehnte, hatte auf der Opernbühne offensichtlich Erfolg. Ob dieses «pöbelhafte» jedoch als Quelle für eine größere Nähe zur damaligen «Realität» gelten kann, ist zu bezweifeln. Hier könnte es sich um eine klischeehafte Zeichnung etwa von Unterschichten handeln.

Das Publikum erfreute sich an aufwändigen Historienspektakeln, Umzügen, Reinszenierungen von weltgeschichtlichen Meilensteinen und auch an maskierten Kommentaren zu aktuellen Ereignissen. Formen der Simulation finden sich in vielen Lebensbereichen, man schätzte «lebende» Mythen, Allegorien und Historien. Die frühneuzeitlichen Medien spielten eine wichtige Rolle bei der Konstruktion von Identitäten und Geschlecht. Sie geben Einblicke in die Inszenierung des täglichen Lebens, erkennbar an Kleidercodes, Versionen von Männer- und Frauenbildern. Hier wurden Identitäten gesampelt und erprobt, diente Oper und Theater auch als Ort der spielerischen Identitätsfindung. Judith Butler's These klingt verführerisch:

> There is no ‹proper› gender, a gender proper to one sex rather than another, which is in some sense that sex is cultural property. Drag constitutes the mundane way in which genders are appropriated, theatricalized, worn and done; it implies that all gendering is a kind of impersonation and approximation.[29]

Auch bei der Produktion und Rezeption von Medien, zu denen die Oper zu zählen ist, sind geschlechtsspezifische Zuschreibungen zu beobachten. So imaginierte sich «der Mann» als das Subjekt, das verführerischen, körperlich-sinnlichen und täuschenden Medien ausgeliefert war, die weiblich konnotiert waren.[30] «Die Frau» gilt als Täuschende, als «Frau Welt», und der öffentlich präsentierte weibliche Körper funktioniert als Medium, dessen Keuschheit regelmäßig in Zweifel gezogen wird. In einigen Prologen wird die allegorische Figur «der Opera» von der Starsopranistin und zeitweiligen Opernchefin Margarethe Susanna Kayser verkörpert und gesungen. So beginnt die Vorrede zu Telemann's Oper *Emma und Eginhard* (1728/1731/1732) bezeichnenderweise mit «Mein Liebhaber» und wird unterzeichnet mit «Deine Getreue/ Die Hamburgische Opera». Die Oper selbst wird mithin als Frau imaginiert, dem urteilenden männlich konnotierten Blick ausgesetzt. Über ihre Machtfülle wird zu diskutieren sein.

Ein besonderes Augenmerk gilt der von Neumeister/Hunold erwähnten und in der Oper facettenreich dargestellten Liebe und ihrer Konzeption, zu der auch, in heutigen Begrifflichkeiten, Erotik und Sexualität zählen. Die Liebe spielte auf der Opernbühne eine wichtige Rolle. Sie wird als «verführerisch» und «betrieglich», aber auch als «süß» dargestellt – in jedem Fall als ein soziales Ereignis, das dank einer spezifischen Geschlechterpolitik in eine allgemein anerkannte Ehe münden sollte. Dieses Ziel war aber offensichtlich schwer zu erreichen, denn vielfach stehen konfliktreiche Ereignisse vor der Eheschließung im Zentrum der Opernhandlung. Die üblichen Zwangsehen, also die in der Regel von den Vätern arrangierten Ehen, waren problematisch, da etliche davon betroffene Frauen und Männer auf ihre individuelle Liebeswahl pochten. Die Sprengkraft der Liebe[31] war einer der Gründe für den theologischen Streit um die Oper in ihren Anfangszeiten, in denen einige Kirchenmänner sie auch als «Tempel der Wollust» bekämpften.[32]

Auch außerhalb der Opernhäuser spielten die Gefühle eine zentrale Rolle. Norbert Elias stellte die große Bedeutung der Gefühle, der Affekte und der Methoden der Verstellung für die höfische Gesellschaft fest. Ihre Wahrnehmung und «Analyse» war für den einzelnen, aber auch für die Mitkonkurrenten «überlebensnotwendig».[33] Wie brisant müssen da Gefühle rund um die

Liebe und die Eheschließungen gewesen sein! Michel Foucault's Unterscheidung von Allianz- und Sexualitätsdispositiv vernachlässigt den Aspekt der Gefühle, die er erst, wie Helga Meise schreibt, «in der im 18. Jahrhundert aufgewerteten Familienzelle am Werk» sieht.[34] Meise betont hingegen die große Bedeutung von Gefühlen in der höfischen Gesellschaft, in der Gefühlsäußerungen als gefährlich galten: «Ehen lassen sich zwar stiften, Geburten aber nicht erzwingen.»[35]

Entscheidend für die Modelle von Liebe und Sinnlichkeit im Opernlibretto und anderen Textsorten ist die Konstruktion zweier Geschlechter in einem oftmals von Militär und Krieg geprägten Handlungsrahmen. Dies lässt sich beispielsweise in einem Erfolgsroman von Hunold alias Menantes nachweisen. Bereits im Titel seines Romans *Der europäischen Höfe Liebes- und Helden-Geschichte* habe Hunold, so Hans Wagener in seiner Einleitung, «Liebe und kriegerisches Heldentum miteinander verbunden». «Die Verknüpfung dieser beiden Themenkreise ist für den höfisch-historischen Roman des 17. Jahrhunderts typisch.»[36] Für Hunold ist auch klar, dass «Krieges- und Liebes-Händel die annehmlichste Abwechselung in dergleichen Büchern vergönnen».[37] August Bohse alias Talander (1661–1740) erklärte in seinem Roman *Alcestis:* «Die Liebe und der Krieg regieren noch überall bey den höheren Gemüthern.»[38]

Auch ein Großteil der Opern ist nach diesem Muster konstruiert: Handlungsstränge mit kriegerischen und politischen Ereignissen sind verwoben mit Liebesintrigen. Letztere wurden bisher in der Forschung nur erwähnt und kaum näher analysiert, da sie als nebensächlich galten. Doch die Librettisten und die Verfasser der Libretto-Vorberichte wussten zumindest um die Wirkung der «süßen» Beilagen zu den kriegerischen und politischen Aktionen männlicher Helden.[39]

Die Libretti können uns Heutigen mehr Aufklärung darüber verschaffen, welche Rollen und Bildungschancen für Mädchen und Frauen in der Frühaufklärung diskutiert wurden und welche Reformansätze es gab. Recht konkrete Hinweise liefert die moralische Wochenschrift *Der Patriot*, die zwischen 1724–26 in Hamburg erschien, mit zeitweise 6000 wöchentlichen Exemplaren.[40] Hier wurde sich, anders als in ähnlichen Publikationen, ausführlich und vorsichtig zugleich, auch über die Oper geäußert.[41] Welchen direkten und indirekten Einfluss übten demnach Frauen in der Bildung der Geschlechterrollen selbst aus? Wie bedeutsam waren neue Geselligkeitsmodelle der Galanterie, mit denen neue Umgangsformen und Bildungschancen für Frauen und Männer erprobt wurden? Wie wurde dies in den Libretti und im Opernbetrieb selbst reflektiert? Geschlechts- und standesspezifische

Ausprägungen der Galanterie wurden z.B. von Mlle Madeleine de Scudéry (1607–1701)[42] in ihren Zirkeln und in ihren bis ins 18. Jahrhundert hinein weit verbreiteten Werken entwickelt. Hier wurden der «kriegerischen Rhetorik des männlichen ‹code galant›, der restriktiven weiblichen ‹bienséance›»[43] der «code tendre» entgegengesetzt, der es Frauen und Männern ermöglichen sollte, ihre bisherigen geschlechtsspezifischen Verhaltensmuster neu zu modellieren, indem Männer z.B. auf Gewalt und Machtansprüche verzichteten und Frauen auf sittsam-kokette Zurückhaltung und Schönheitskult. Mit dieser «weiblichen Antwort auf den ‹code galant›» sollte echte Freundschaft[44] zwischen den Geschlechtern möglich werden, ohne die Zumutungen einer patriarchalen Zwangsehe oder beunruhigender Leidenschaften.[45]

Die «kriegerische Rhetorik» der Galanterie war auch im Umfeld der Gänsemarkt-Oper einflussreich. Insbesondere die öffentliche körperliche Präsenz von Sängerinnen auf der Bühne garantierte sinnliche Reize – und den kommerziellen Erfolg des Opernhauses. Doch an den Sängerinnen entzündeten sich auch Debatten um ideale Weiblichkeiten – um ihre Keuschheit und ihren gesellschaftlichen Standort.[46] Obwohl etliche Opernkomponisten auch geistliche Musik komponierten, ja offiziell als Kirchenmusiker amtierten, wie beispielsweise Johann Mattheson als Kantor im Dom und Georg Philipp Telemann als Musikdirektor der fünf Hauptkirchen, war es Sängerinnen offiziell nicht gestattet, bei liturgischen Musiken in der Kirche aufzutreten.[47] Doch dieser Ausschluss der Frauenstimmen war umstritten und wurde zu gewissen Anlässen umgangen. Gut überliefert ist Matthesons laute Gegenstimme (siehe Teil II, Kapitel: Sängerinnen).

Über die Hamburger Opernaufführungen, die Libretti, die Sänger und Sängerinnen sind bisher nur einige, zur Veröffentlichung bestimmte Resonanzen von literarisch versierten Männern bekannt. Dazu zählen Reiseberichte – wie etwa die des Frankfurter Universalgelehrten Zacharias Conrad von Uffenbach[48] (1683–1734), der allerdings nur knapp und sachlich über die Aufführungen der Opern berichtet, ohne die Inhalte zu analysieren. Andere gebildete Männer zeigen sich als gnadenlos sexistisch-spöttische Kommentatoren, wie etwa Jakob Friedrich Lamprecht[49] (1707–1744), der englische Diplomat und zeitweilige Operndirektor Thomas Lediard[50] (1685–1743) in Passagen seines satirischen Reiseberichtes oder Hunold in seinen galanten Romanen und Briefstellern.[51] Diese Texte scheinen einem hegemonial-männlich konnotierten «code galante» verpflichtet, die unter der Maskerade der moralischen Kritik insbesondere die Opernbesucherinnen und Sängerinnen sexualisieren und bloßstellen. (Dabei ist von konkurrierenden Versionen hegemonialer Männlichkeit bzw. von mehreren hegemonialen Männlichkeiten auszugehen.[52])

Doch bieten diese satirischen Reportagen aus dem Publikum zumindest Beschreibungen des Opernhauses, einzelner Opern und ihrer Ausstattung. Mattheson äußerte sich kritisch und seriös-theoretisch, stellte beispielsweise ausführlich die Oper *Pharao* als ideal vor, getextet vom (späteren) Johanneum-Direktor Johann Samuel Müller[53] (1701–1773). Sonst wissen wir wenig über die Resonanz des Publikums, da es an «privaten» Quellen mangelt. So bleibt die Reaktion und der Anteil von Opernbesucherinnen ungewiss. Doch sie werden eine gewisse Bedeutung gehabt haben, dafür sprechen etwa diverse adligen Frauen gewidmete Opern.[54]

In Romanen gibt es Hinweise darauf, dass Frauen Libretti lasen und sammelten und nicht gönnerhaft zum Opernbesuch eingeladen werden wollten.[55] Allerdings werden in den Vorberichten der Libretti, den vielfach gelehrten Einführungen zu historischem Hintergrund, Inhalt und Deutung des Stoffes, in der Regel die männlichen Opernbesucher angesprochen. Ein Opernbesuch war offensichtlich kein selbstverständliches Vergnügen für Frauen unabhängig von Stand und Glaubensbekenntnis. So sollten jüdische Mädchen und Frauen nicht in die Oper gehen, wie es in den Statuten der Gemeinde Altona 1685/86 heißt.[56] Für christliche adlige Frauen und ihre Bediensteten und Hofdamen gehörte die Oper allerdings zur standesgemäßen vergnüglichen Repräsentation. Katharina die Große erinnerte sich in zwei verschiedenen Variationen an ihren Besuch als Dreijährige in der Hamburger Oper:

> Als ich drei Jahre alt war, nahmen mich meine Eltern zu meiner Großmutter [Herzogin Albertine Friederike von Holstein=Gottorp, geb. Prinzessin von Baden=Durlach, B.K..] nach Hamburg mit. Das einzige Erlebnis meiner Reise, an das ich mich erinnere, war ein Besuch der deutschen Oper. Ich sah da eine Schauspielerin, die in blauen, goldgestickten Samt gekleidet war. Sie hatte ein weißes Schnupftuch in der Hand; als ich sah, dass sie sich damit die Augen trocknete, fing ich an zu weinen und so aufrichtig an zu heulen, dass ich nach Hause geschickt werden musste. Diese Szene hat sich in meinem Gedächtnis so fest eingeprägt, dass ich mich noch jetzt daran erinnere.[57]

In einer anderen Fassung ihrer Memoiren erinnerte Katharina sich nicht an eine weinende Sängerin, sondern an die erschütternde Inszenierung einer Schlacht:

Im Jahr 1733 nahm mich meine Mutter mit nach Hamburg zu ihrer Großmutter. Ich besuchte mit ihr die Oper, aber als auf der Bühne eine Schlacht dargestellt wurde, fing ich an zu heulen, und wurde fortgeschafft.[58]

Die Rezeption von Opernbesuchen und von Libretti ist noch ein Forschungsdesiderat. Erfolg versprechend erscheint die Recherche in den Archiven diverser Fürstenhäuser, in denen private Aufzeichnungen, wie Briefe und Tagebücher, Aufschluss über Opernbesuche und Librettorezeptionen geben könnten.

Aber es gibt auch in einigen Opern selbst Hinweise auf Opernfreundinnen, gebildete Frauen von Stand, die Musikinstrumente spielen, dichten und ihre Opernbesuche kommentieren: Dazu gehört «eine verkleidetete Princeßin aus Teutschland/ unter dem Namen Celinde» aus dem *Carneval von Venedig* (1707–1735),[59] dem neben Keiser's *Fredegunda* meistgespielten Stück.[60] Celinde erweist sich, in der Oper selbst, als Opernkennerin und Enthusiastin, Tänze gefallen ihr nicht, ennerviert reagiert sie durch «Klatschen bey den schlechtesten Sachen». Im «realen» Leben will sie frei sein – und die Liebe nur auf der Bühne genießen, den Liebescode der Gesten und Reden nur spielen –, ohne mit Herz und Seele gefangen zu sein. Sie und ihr unglücklicher Verehrer, Prinz Myrtenio werden dann auch kein Liebespaar, sie sind «frey von Lieben/ frey von Leyden/ Wir sind frey von allen beyden» (III, 16). Und sie stimmen ein: «Nunmehr verwandelt sich die Liebe in reine Freundschaffstriebe.» Möglicherweise handelt es sich hier um eine zeittypische Ironisierung des «code tendre»; auf jeden Fall ist die kritische Reflexion der Liebesspiele auf der Grenze zwischen Opernbühne und Lebenswirklichkeiten unüberhörbar.

Die Polarisierung der Geschlechtscharaktere

Eine wichtige Frage ist, ob und wie in Hamburg und auf der Opernbühne Überschreitungen zwischen männlichen und weiblichen Geschlechtscharakteren möglich waren. Diese sollen sich erst, so die vielfach vertretene Forschermeinung, in der zweiten Hälfte des 18. Jahrhunderts polarisierend ausgebildet haben.[61] War es für Frauen und Männer zur Zeit des Bestehens der Hamburger Gänsemarkt-Oper möglich, unabhängig von rigiden Geschlechtercodes zu handeln – konnten Männer z.B. mehr Emotionen zeigen und Frauen kämpferisch und sexuell begehrend sein, ohne zugleich diffamiert zu werden? Wie differierten Lebenswirklichkeit und Bühnenwirklichkeit? Unter welchen Umständen war der Kleidertausch der Geschlechter geduldet? Oder gab es bereits strikte Differenzierungen und Hierarchisierungen zwischen Männern und Frauen, die auch auf der Bühne ablesbar sind? Und wenn ja, wie wurden sie begründet?

Forschungen zur Frühen Neuzeit u.a. von Rita Bake[62] legen die Annahme nahe, dass es gewisse Kontinuitäten von gesellschaftlich produzierten Geschlechtscharakteren und entsprechenden Katalogen für angeblich spezifisch «männliche» oder «weibliche» Eigenschaften und Verhaltensweisen gab. Bedingt durch das Primat des Mannes wurde ein sogenannter «double standard»[63] der Geschlechter durchgesetzt, d.h. die Abwertung und Zweitrangigkeit der Frau wurde tradiert, auch auf der Basis antiker und kirchlicher Traditionen. «Weibisch»[64] war ein oft benutzter «negativer symbolischer Koeffizient»[65] in unterschiedlichen Textgattungen und somit auch auf der Opernbühne,[66] der allerdings von Männern wie Johann Mattheson abgelehnt wurde:

> Was soll denn das schimpfliche Beywort weibisch? Es wird ja dadurch die schönste Hälfte des menschlichen Geschlechts verächtlich gemacht; und zwar zu einer Zeit, da solche vortrefliche Weiber in der Welt den Scepter führen.[67]

Hier gilt es Kontinuitäten und tradierten Transmissionsriemen nachzugehen, welche die Erneuerung und Reproduktion der Herrschaft von Männern, unter sich permanent verändernden Bedingungen, sichern sollten; aber auch ihren Widerständen und Brüchen wird nachgeforscht, wie sie in nachweisbaren Realitäten und den Künsten deutlich werden. Beziehen möchte ich mich dabei auch auf das Alterswerk von Pierre Bourdieu *Die männliche Herrschaft*.[68] Der Soziologe führt darin Erkenntnisströme zusammen, die auch von den Rändern des kulturwissenschaftlichen Mainstreams ausgehen.

Die Libretti sind Zeugnisse von permanenten Widersprüchen in einer patriarchalen Gesellschaft, von widerständigen Stimmen, dem Selbstbehauptungswillen der Frauen, die nicht zu bezwingen sind, und von Männern, die andere Männlichkeiten leben wollen. Auf den Punkt bringt dies die türkische Prinzessin Alima in der Oper *Bajazeth und Tamerlan*[69] (1690/1695), die unter dem Namen Murath in Männerkleidung am Hof des Tatarenkönigs Tamerlan enttarnt worden ist. Sie konstatiert die Benachteiligung von Prinzessinnen gegenüber ihren Brüdern. Und Tamerlan duldet keine als Mann verkleidet Frau: Alima muss eindeutig als Frau erkennbar sein:

Odmar: Ich kan/ O grosser Fürst! Dir nicht verschweigen/
Daß Murats Rock ein Weibes=Bild verdeckt.
Calibes: Dein Knecht kann gleichesfals bezeugen/
Daß Alima in Murats Kleidern steckt.
Tamerlan: Darff sich ein Weib dergleichen unterfangen?
Odmar: Selbst Bajazeth ist also hintergangen.
Tamerlan: Was brachte der Betrug ihr vor Gewinn?
Calibes: Weil sie als Printz mehr galt, als Princeßin.
Tamerlan: Geh/ Odmar geh! bring sie gleich her zu mir
Und lasse sie nach ihrem Stande kleiden,
Denn Tamerlan kann kein Verstellen leiden. (II, 11)[70]

Auffällig in etlichen Libretti ist die Konstruktion «männlicher» Überlegenheiten und ihrer Bedrohung durch «weibliche» Schönheit, Zauber, Liebreiz. Doch das Bild des körperlich und an Vernunft und Tugend überlegenen «echten» Mannes ist beständig bedroht. Es wird konstituiert durch die Abspaltung von als «weiblich-weichlich» abgewerteten Eigenschaften und Verhaltensweisen. In diesem System hegemonialer Männlichkeiten werden «effeminierte» Männer ausgegrenzt und entwertet. Frauen werden weder eigener Wille noch eigene Aktivitäten geschweige denn eigenverantwortliches Begehren zugestanden. Handelt eine Frau dennoch so, wird sie als «Mannweib» bezeichnet, was durchaus denunziatorisch gemeint ist, aber auch von den so bezeichneten Frauen umgedeutet werden kann. So können in der Maskerade des Männlichen, wie etwa der Amazone, «weibliche», d.h. andere Lebensentwürfe ausagiert werden.[71]

Hegemoniale Männlichkeiten dulden keine geschlechtliche Gleichwertigkeit, sie fördern den Ausschluss der Frauen aus sozialen Räumen, wie etwa aus dem Rathaus oder dem Altarraum. Diese Männlichkeiten verweigern Haus- und Familienarbeit, da dies gegen die Männerehre verstoße, von einer komplementären Aufgabenverteilung und Anerkennung keine Spur. Im Gegenteil: es wird gewichtet, Frauenarbeit gilt als weniger wert. Diese Deklassierung des Weiblichen ist quer durch die gesamte gesellschaftliche Hierarchie zu beobachten. Innerhalb jeder Klasse gab es noch eine Unterschicht – die Frauen. Bourdieu spricht von einem «negativen symbolischen Koeffizienten», der Frauen von Männern trennt und ihre Existenz und Handlungen negativ bewertet.[72] Das Weibliche wird zum Zwecke männlicher Überhöhung instrumentalisiert, und es werden nur Frauen in den Gewaltszenarien von sexueller Gewalt bedrängt. Ein unüberwindlicher Graben liegt zwischen männlicher Ehre und weiblicher Keuschheit. Als eine besondere Bedrohung erscheint die Liebe, das körperliche Begehren. Sie löst Ängste vor Kontrollverlust und Schwäche aus. So ist auf der Bühne auch Hass und Gewaltbereitschaft gegenüber Frauen zu beobachten. Variationen hegemonial-männlicher Sexualität, Gewalt und die Abwehr des Weiblichen: hier scheint es sich um patriarchale Konstanten zu handeln, die aber immer wieder systemimmanent problematisiert wurden und kontrolliert bzw. «reformiert» werden sollten. Möglicherweise spielte die Oper in diesen Aufklärungs- und Reformprozessen eine tragende Rolle.

Die Oper – eine andere Aufklärung?

Der Literaturwissenschaftler Bernhard Jahn vertritt die These,

> dass es sich bei den deutschsprachigen Opern nicht um Relikte einer spätbarocken Ästhetik handelt, die als Anachronismus in das beginnende Zeitalter der Aufklärung hineinragen, sondern dass sich – zumal in der Hamburger Oper – eine zur rationalistischen Schulphilosophie gegenläufige andere Aufklärung zu artikulieren versucht, der es beim Theater um ein noch näher zu beschreibendes Experimentieren mit Sinnlichkeit geht, das mit den rationalistischen Poetik- und Weltentwürfen frühaufklärischer Philosophie unvereinbar ist, da diese vom Theater als reinem Textmodell ausgeht.[73]

Im Unterschied zur Aufklärung in der zweiten Hälfte des 18. Jahrhunderts ist der Anteil von Frauen am intellektuellen Klima in Hamburg zur Zeit der sogenannten Frühaufklärung noch wenig erforscht. Es ist noch unklar, welche Rolle sie etwa im Kreis der «Teutschübenden Gesellschaft» spielten, die zwischen 1715 und 1717 bestand,[74] oder im Herausgeberkreis um die Wochenschrift *Der Patriot*, die nach außen hin eine Männer-Gesellschaft war.[75] Dennoch setzte sich *Der Patriot* zumindest für eine umfassende Reform der Bildung auch für Frauen ein.

Von dieser Haltung scheinen auch die Töchter und Frauen aus dem Umfeld profitiert zu haben, wie etwa die Töchter von Barthold Hinrich Brockes und dem Maler Bathasar Denner. Uffenbach berichtet von seinem Besuch «bey dem berühmten Instrumentenmacher Tielcken, um vor unsere Schwester eine Laute zu kaufen.»[76] Wie es um die utopische Kompetenz der Hamburger Frühaufklärer bestellt war, müssen weitere Forschungen ergeben.[77] Anders ist die Situation für Leipzig, hier hat Katherine R. Goodman eine überzeugende Studie über den Anteil von Frauen in intellektuellen Leipziger Zirkeln vorgelegt,[78] der weitere Arbeiten folgten.[79]

Symptomatisch für aktuelle Forschungsansätze ist Jahns Nachwort zum Textdruck des Librettos der Oper *Der geduldige Socrates* von Georg Philipp Telemann, TWV 21:9 (1721/1730):

> Aber im Gegensatz zur Philosophie gibt die barocke Oper den Frauen die Möglichkeit, ihre Einwände zu artikulieren und das philosophische System zum Einsturz zu bringen. Es ist daher nicht verwunderlich, dass die Aufklärer, sofern sie die Vernunft auf Kosten der Sinnlichkeit propagierten, die Oper aufs heftigste bekämpfen mussten, da sonst die Oper die der Philosophie zugrunde liegenden Ausgrenzungen [der Frauen, B.K.] aufgedeckt und die von der Philosophie behauptete Allgemeingültigkeit der philosophischen Systeme zerstört hätte. Opern sind gefährlich! Nicht nur für Philosophen![80]

An der Oper fasziniert Jahn insbesondere, dass sie die Körper und die Stimmen der Frauen ins Spiel gebracht und Konflikte in Szene gesetzt hat, wie sie damalige Verhältnisse (den Begriff «patriarchal» meidet Jahn) hervorbrachten. Leider differenziert Jahn nicht weiter zwischen «Frauen» und «Weiblichkeiten», auch geht er nicht überzeugend den «der Philosophie zugrunde liegenden Ausgrenzungen» nach. Deshalb stellt er sich nicht die Frage, ob nicht gerade auf der Bühne Mechanismen der Ausgrenzung fortgesetzt werden, auch in Opern wie *Socrates*. So bleiben in Jahns Analyse etliche Fragen offen: Warum bedeutete ausgerechnet die körperliche Präsenz von Frauen Emotionalität und Sinnlichkeit – schließlich agierten doch auch etliche ansehnliche Männer? Basierte die Oper – zumindest in ihrer Konzeption – nicht auch auf einem System, das Sinnlichkeit geschlechtsspezifisch produzierte? (So gab es in der Regel mehr männliche Hauptdarsteller als weibliche. Die Gründe dafür werden in keiner zeitgenössischen Operntheorie ausdrücklich diskutiert, möglicherweise verstand es sich von selbst.)[81] Brachten von Männern konstruierte und von Frauen verkörperte weibliche Opernfiguren die Systeme wirklich zum Einsturz? Es bleiben Zweifel, schließlich endet Telemanns Oper *Socrates* keineswegs damit, dass die als keifend und eitel geschilderte Xantippe selbstverständlich im Kreis der Philosophen mitdiskutieren und lernen kann. Sie bleibt vielmehr auf den Haushalt beschränkt und will geschieden sein. Aber zumindest werden Widersprüche und Widerstände auf der Bühne artikuliert. Auch wenn Frauen wie Xantippe abgewertet oder bespöttelt werden, so könnte doch mancher nicht kontrollierbare Sympathiebonus eingestrichen, mancher Anstoß treffend platziert worden sein.

Das scheinbar geschlossene System Oper spiegelte Widersprüche, schillernde Perspektiven, uneindeutige Stimmen. Deshalb liegt mein Augenmerk auch auf den Besonderheiten außerhalb der Norm, dem «Dennoch», auf Gegenpositionen, wie etwa dem königlichen Aussteiger, der sich als Gärtner vor der Welt versteckt, oder dem sprachbehinderten Königssohn. Was wird verschwiegen, vergessen, ausgelassen, was erinnert und gezeigt – wie sah der Mainstream sich selbst?

Forschungsstand

Das Interesse an der Erforschung der Hamburger Oper am Gänsemarkt und ihrem Umfeld setzte im 19. Jahrhundert ein.[82] Doch spielen bis heute Forschungsleitfragen wie «gender», die kritische Analyse der Opernstoffe in Hinblick auf Begriffe wie «Liebe», «Krieg» und «Kampf der Geschlechter» in der institutionalisierten historischen Musikwissenschaft und in der Geschichtswissenschaft des deutschsprachigen Raumes noch keine Hauptrollen, allenfalls kaum beachtete Nebenrollen.[83] Hellmuth Christian Wolff lieferte Einblicke in Opernstoffe und Partituren und sicherte etliche Quellen,[84] die durch den Zweiten Weltkrieg verloren gingen. Aber seine Perspektive blieb eine konservativ-musikhistorische, die zudem traditionelle Konstruktionen von Liebe, Männern und Frauen fortschrieb. Eberhard Haufe war in seiner Dissertation den mythologischen Opern-Stoffen auf der Spur. Doch in seiner erst später veröffentlichten Sammlung komischer Arien tauchen etliche aussagekräftige Arien weiblicher komischer Opernfiguren nicht auf.[85] Er hat sie offensichtlich aussortiert und damit die ohnehin geringere Anzahl von Arien weiblicher Opernfiguren dezimiert. Damit wurden einmal mehr die auch von Bernhard Jahn konstatierten widerständigen weiblichen Stimmen auf der Opernbühne zum Verstummen gebracht.[86] Weitere Arbeiten sichten Inhalte, liefern Quellen, jedoch ohne genderspezifische Fragestellungen und Ergebnisse.[87]

Ausdrücklich hingewiesen sei auf ForscherInnenkreise in der DDR, die auch die gesellschaftlichen Bedingungen kultureller Produktion in den Blick nahmen und die Hamburger Oper als Ausdruck eines sich emanzipierenden Bürgertums verstanden wissen wollten. Doch auch hier wurde die Frage nach Geschlechterrollen und kontrovers diskutierten Liebes- und Ehevorstellungen nur selten und oberflächlich gestreift.[88] Hervorzuheben sind außerdem die kulturgeschichtlichen Arbeiten von Gisela Jaacks,[89] Susanne Rode-Breymann,[90] Jürgen Rathje[91] und Dorothea Schröder.[92] Aktuellere Arbeiten zu den Inhalten der Libretti der Hamburger Gänsemarkt-Oper haben Sarah Colvin[93] und Bernhard Jahn vorgelegt. Ihre Ansätze sollen kurz vorgestellt werden:

Sarah Colvin

Die Literaturwissenschaftlerin Sarah Colvin analysiert Dramen und Libretti eher in ihrem literarischen, als in ihrem sozialhistorischen Kontext, falls hier, wie sie einräumt, eine Trennung überhaupt möglich sei.[94] Zeigen will sie eine auffällige Kontinuität, «that the will to portray the other (the women, the oriental, the infidel) in a fictive context is perennial.»[95] Colvin konzentriert sich auf die in der Regel adligen, heroischen, mutigen auch «männlichen» Frauen, die aus der Rolle fallen, aber den Opern ihren Titel geben. So ermittelt sie, dass von 224 Opern, die zwischen 1678–1738 aufgeführt wurden, in 81 Operntiteln weibliche Namen auftauchen.[96] Sie begründet dies damit, dass weibliche Opernfiguren nicht nur vorbildhaft für die Frauen im Publikum sein sollten, sondern auch für die Männer.[97]

Heroische Frauen sind nach Colvin der strafend-motivierende Spiegel für den unheroischen Mann.[98] Dieser funktioniert nur auf der Basis eines patriarchalen hierarchischen Geschlechterverhältnisses, in dem die Frau als das «schwächere», «andere», «the weaker vessel»[99] konstruiert wird. Je heroischer die weibliche Opernfigur, desto unheroischer ihr männlicher Gegenspieler. Diese Überschreiterinnen der Grenzen sind mit Macht und rhetorischen Fähigkeiten ausgestattet. Sie leben am Rande der Gesellschaft und werden oft mit dem Tod bestraft. Auch wenn einige positiv angelegt sind, bleibt ein Rest an Dämonisierung.[100] Die wichtigste Eigenschaft weiblicher Bühnenfiguren ist ihre Keuschheit:

> Chastity or the lack of it has always been the single most important factor in the masculinist idea of woman; as the myth of the Judgement of Paris reveals, the erotic impulse is the one thing that is feared to render man subject to the woman he is anxious to construct as his inferior.[101]

Paris verstößt, wie Colvin bemerkt, durch seine Wahl gegen eine «distinctly male world order, or, in metaphorical terms, insulted the gods.»[102] Allerdings geht Colvin nicht weiter darauf ein, dass die Oper auch als Tugendschule für den Mann wirkte. Denn hier werden sexuell übergriffige und unkontrolliert gewalttätige Männer abgestraft. Dies gilt nun keineswegs nur für Außenseiter, wie orientalische Fürsten oder unrechtmäßige Herrscher, wie Colvin behauptet. Auch rasende, ungeduldige Helden wie Herkules oder Alexander müssen (wie in den Mythen) schmerzhafte Lernprozesse durchmachen. Außerdem werden in diesem Buch auch solche Opernfiguren vorgestellt, die lieber als einfühlsame Liebhaber denn als Krieger leben würden, also bestimmte Rollenmodelle eine Zeit lang zumindest in Frage stellen. So ist auch Melanie Unselds Frage an Sarah Colvin, wo denn eine genaue Analyse der Männerfiguren und der an sie geknüpften Phantasmen bleibe, berechtigt.[103]

Zwar sind die unterschiedlichen moralischen Standards für Frauen und Männer wirksam, die sich eindrücklich in den Auseinandersetzungen zwischen Opernfiguren wie Jupiter und Juno zeigen lassen. So gibt Junos Wut und ausgeklügelte Gegenwehr der Handlung wichtige Impulse, die als Hinweise auf kritische Diskussionen inner- und außerhalb des Opernhauses gedeutet werden müssen.

Im Unterschied zu Colvin, die hauptsächlich Heroinnen der Opernbühne ins Visier nimmt, lenke ich den Blick auch auf weniger hervorgehobene adlige Ehefrauen, auf das übrige Bühnenpersonal, wie etwa die Hofdamen und Dienstbotinnen, und vertiefe somit die Perspektive auf komische Figuren, welche die Commedia dell'Arte-Traditionen fortführen.[104] Auch bürgerliche Hauptpersonen, wie Hausfrauen, Wirtinnen und andere Figuren aus den unteren Schichten, werden vorgestellt. Demgemäß bekommen auch die entsprechenden männlichen Personen einen anderen Stellenwert: gewalttätige Außenseiter, fehlerhafte Helden, treu Liebende und liebenswerte Versager. Auch die oft in der Literatur nur als nebensächlich erachteten, erdichteten Liebesintrigen rücken ins Blickfeld, weil ihnen vom Publikum Interesse entgegen gebracht wurde. Variationen, Brüche, Sonderfälle lassen sich in Prologen, Pasticci, Intermezzi und Opern finden.

So gibt es Zauberinnen, die durchaus positiv, mit Mitgefühl gezeichnet und am Schluss nicht vernichtet werden – wie die fürstliche Königin und Inselherrscherin Circe. Sie liebt zwar unglücklich, ist aber offensichtlich eine Sympathieträgerin – und Odysseus keineswegs ein vorbildlicher Liebhaber und Held (siehe Opernanalyse *Circe* in Teil III). Insgesamt spielen Ironie, Humor und Satire, wie sie auch aus italienisch-französischen Theatertraditionen bekannt sind, eine wichtige Rolle.

Bernhard Jahn

Bernhard Jahn rückt ausdrücklich die Ansprache der Sinne, die «Diskursivierung» von Körperlichkeit, Sinnlichkeit und Liebe in das Zentrum seiner Habilitation,[105] denn

> die Versuche, die Materialität des Ereignens zu verschriftlichen und in den Modus der stummen Lektüre zu überführen, [werden] in diesem Zeitraum [zwischen 1680–1740] immer zahlreicher und wichtiger.[106]

Doch Jahns Ziel ist keine eindeutige Definition von Sinnlichkeit in dieser Epoche:

> Nicht auf das Fest-Stellen kommt es an, sondern auf die verschiedenen Bewegungen des verbergenden Entbergens, des eingrenzenden Ausgrenzens, die die Diskursivierungsversuche ausmachen.[107]

Um die Facetten der Sinnlichkeit und ihre Diskursivierungsversuche herauszuarbeiten, wählt Jahn, wie er sagt, «mehrere Anläufe». Dazu gehört die Analyse einzelner Libretti im Hinblick auf die darin enthaltenen Liebeskonzepte und Vielfalt der Liebesarten,[108] vor dem Hintergrund rationalistischer und pietistischer Mentalitäten, Philosophien und Ethiken, die sich beispielsweise auf aristotelische und augustinische Positionen beziehen.[109] Doch er erwähnt mit keiner Zeile die auch für die Hamburger Oper möglicherweise relevanten Pionierleistungen einer «weiblichen Aufklärung», wie sie etwa Renate Baader in den französischen Salons des 17. Jahrhunderts analysierte, in denen einflussreiche und viel gelesene Autorinnen wie Mlle de Scudéry wirkten. Nicht einmal im Literaturverzeichnis sind Baaders Arbeiten oder Mlle de Scudéry's Werke aufgeführt.

Jahn argumentiert, dass die Aufführung einer Oper ein sinnliches und letztlich unkontrollierbares Ereignis sei, bedingt durch die leibhaftige Verkörperung von Opernfiguren durch Frauen, die Macht der Musik und die überwältigende Bühnenshow. Durch das Zusammenwirken der Künste, die Multimedialität, die Anwesenheit realer weiblicher Körper und die Wirkungsmacht der Musik sei eine Diskursivierung der Oper unmöglich. «Die Materialität des Ereignens stört die Signifikantenbildung.»[110] Zwar sei in den Libretti die Essenz der Oper gespeichert, doch gebe es kaum eine Verschriftlichung bzw. Speicherung für die übrigen Bestandteile der Aufführung, wie Musik, Bühnenbild, Gestik. Jahn schwelgt in dem «Ereignis Oper», für ihn eine Art Forum für eine Revolution der Liebe. Andere gesellschaftliche Komponenten behält er dabei durchaus im Blick: «Aufgrund ihrer medialen Voraussetzungen dient die Oper als Simulationsmedium zur Lösung politischer Konflikte.»[111] Dazu stellt Jahn Überlegungen in einer Deutlichkeit an, die in bisherigen Arbeiten zu diesem Themenkreis kaum zu finden sind. Er arbeitet sich durch die ästhetische Theorie, die sich mit dem Paradox abmüht, Sinnlichkeit zu theoretisieren. Ihn interessiert, wie Vorstellungen von Liebe und Sinnlichkeit in den Text gelangen und die Sinne transformieren. Von entscheidender Bedeutung in den Libretti sei die Ersetzung des Tastsinns durch den Gesichtssinn, doch bei den Opernaufführungen «scheitert diese Ersetzung, denn ihre sublimierende Wirkung wird durch die Materialitäten des Blickverkehrs rückgängig gemacht und ins Gegenteil verkehrt.»[112] Jahn betont die Bedeutung des Auges, des Liebe auslösenden Blickkontaktes zwischen Augenpaaren, der in den Dichtungen und Ethiken des 17. Jahrhunderts «als körperlicher Austausch zwischen wahrnehmendem und wahrgenommenem Objekt gedeutet werden konnte.»[113] Und weiter heißt es:

> Selbst wenn aber nicht klar zu entscheiden ist, wie materiell der Sehvorgang gedacht wird, bleibt doch immer beim Verlieben die Dominanz des Gesichtssinns als primärer Affizierungssinn gegenüber den anderen Sinnen und vor allem gegenüber dem Tastsinn gewahrt.[114]

Sublimiert in den Libretti und sinnlich dann auf der Bühne werde die Liebe durch die Blicke ausgelöst. Jahn führt hier Szenen zwischen weiblichen und männlichen Opernhelden an, die einander erste Liebesgefühle durch den Blick offenbaren. Allerdings differenziert er nicht nach Geschlecht, problematisiert nicht, wessen Blick den Anfang macht: ob es etwa eine Gleichberechtigung des Begehrens geben könnte – oder ob eine Vorherrschaft des männlichen Blickes und seiner Taxierung nachweisbar ist, wie etwa in etlichen galanten Romanen oder aber in den petrarcischen und neuplatonischen Liebesmodellen:

> Der Blickverkehr ist also nicht nur der Anfang der Liebe, die sich dann bis zum Geschlechtsverkehr steigert, sondern auch seine Ersetzung, die um so leichter vollzogen werden kann, als es sich beim materiellen Blick um einen tatsächlichen Körperaustausch handelt.[115]

Im Opernereignis jedoch konnte der Tastsinn nicht gänzlich substituiert werden; die Opernfiguren machten es vor: «Küsse, Umarmungen und das Streicheln der Brüste scheinen gerade noch im Bereich des Erlaubten gewesen zu sein»[116], aber keine Bettszenen.

Doch wer spricht hier – und aus wessen Perspektive werden an dieser Stelle Liebesbegegnungen auf der Opernbühne nachvollzogen? Ausgerechnet hier verzichtet Jahn auf analytisches Werkzeug. Deshalb bleibt diese anregende, quellenreiche Arbeit zum «Transformationsprozess» von Sinnlichkeit in Theorie unscharf. Er reflektiert nicht das Geschlechterverhältnis und seine Auswirkungen auf die Produktion von Theorie, auf die Definition und «Diskursivierung» von Sinnlichkeit. Jahn liefert eine Kritik der ästhetischen Theorie ohne eine Analyse ihrer (patriarchalen) Bedingungen in Religion, Gesellschaft und Kunst, in denen Männern und Frauen unterschiedliche Funktionen und Handlungsräume zugewiesen werden, insbesondere wenn es um «wissenschaftliche Theorie» und um das Erleben der diversen Facetten von «Sinnlichkeit» geht. Jahn betont stattdessen, dass es kein einziges dominantes Liebeskonzept in diesem Zeitraum gegeben habe,[117] vielmehr sei eine Vielfalt in den Ethiken und Libretti nachweisbar:

> Doch wichtiger als der Nachweis, daß die Diskursivierungsversuche von Liebe in den Ethiken auch für die Libretti relevant sind, ist die Frage nach gattungsspezifischen Abweichungen. Welche Formen von Diskursivierungen sind in den Libretti möglich, die wir in den Ethiken nicht finden? [...] Denn die Unterschiede in den Liebeskonzeptionen können aus den Unterschieden einzelner Gattungen oder Kunstformen, deren medialen Bedingungen und normativem Status resultieren. Deswegen sollen im Folgenden die Liebeskonzeptionen anhand einzelner Libretti, so wie sie sich im Zusammenhang des jeweiligen Textbuches präsentieren, möglichst vollständig analysiert werden, wobei sich Verbindungen zu den Ethiken ergeben werden, aber eben auch gattungsmäßig und medial bedingte Unterschiede.[118]

Leider lässt Jahn keine Analyse von normativen Quellen, Gesetzestexten o.ä. folgen. Stattdessen legt er ein Schwergewicht auf die einzelnen Gattungen des Musiktheaters, ohne nach deren gesellschaftlichen Fundamenten zu fragen. Jahn argumentiert nur auf der Basis der Ethiken, andere gesellschaftliche Hintergründe oder Quellen bezieht er nicht ein. Somit setzt er sich nicht explizit mit den geschlechtsspezifischen Bedingungen dieser Diskursivierung auseinander, nicht mit den patriarchalen Hintergründen einer Produktion von

«Werten» und «Ethiken» und ihrer vermeintlichen Durchkreuzung bzw. Aufhebung durch das Sinnesspektakel Oper. Als ob die Oper sich selbständig machte und sich so, fast außer Kontrolle, gegen zeitgenössische Denksysteme richtet und somit eine «andere» Aufklärung antreibt.

Die Kategorie «gender» ist für Jahn keine Erkenntnis leitende Frage; deshalb bleiben wesentliche Bestandteile der Sprengkraft und Faszination der Oper ausgeblendet. Aber zumindest registriert er Aspekte «weiblichen» Widerstands und Ausschlusses.

Mit der Verschiebung der Perspektiven und der Aufdeckung weiteren historischen Materials möchte ich, mit Respekt für die vorgestellten Forschungen von Colvin und Jahn, einen weiteren Weg bahnen: Die Vielgestaltigkeit der Libretti, die darin aufbewahrten Vorstellungen von Männlichkeiten und Weiblichkeiten und die Liebesmodelle, wird mit einem historischen Blick geprüft. Daraus folgt eine umfassendere und präzisere Anbindung der Libretti an historische Quellen. Dies vertieft Aspekte, die Jahn nur skizziert.

Ziele und Methoden

Zentral ist die Suche nach Hinweisen auf damalige Lebenswelten in den Opernlibretti. Sie werden als mentalitäts-, sozial- und ideologiegeschichtliche Quellen untersucht und in Zusammenhang mit zeitgenössischer Lebensrealität und Kulturproduktion in Hamburg und Norddeutschland gebracht. Bei der Analyse der Libretti werden insbesondere «empirische Passagen»[119] betrachtet. Das sind nach Moritz Baßler Textstellen in barocker Lyrik, die Material aus der damaligen «historischen Gegenwart» in den Text einspeisen, neben rhetorisch-belehrender Argumentation und poetischen Techniken. Jedes einzelne Libretto wird auf Aspekte «historischer Gegenwart/Realität» befragt. Für die Libretto-Analyse wurden Themenkreise herausgefiltert, die möglichst eng mit Lebenswirklichkeiten korrespondieren, wie sie in anderen, nicht immer leicht zugänglichen Quellengruppen gespeichert sind. Dazu zählen Tagebücher, (Trivial-) Literatur, Poetiken, Haushaltsbücher, aber auch Chroniken und Gesetzestexte. Dabei wird nicht die literarische Qualität eines Textes diskutiert. Die Frage nach den musiktheatralischen Genres wird nur gestreift. Die meisten Opern werden als «Sing(e)=Spiel» angekündigt, ein Begriff, der jedoch sehr unterschiedliche Operntypen zusammenfasst.[120]

Doch wie sollen diese Libretti vorgestellt werden, die nur zu einem geringen Teil leicht zugänglich sind?[121] Inhaltsangaben, Nacherzählungen sind zwar hilfreich, generell aber problematisch, denn sie tragen den Kommentar, eine bestimmte Erzählposition in sich, auch wenn diese reflektiert und verdeutlicht wird. Eindrücklich nachvollziehbar ist dies beim Vergleich von Librettonacherzählungen in Opernführern, die sich objektiv geben, aber oft mehr über das Weltbild des jeweiligen Autors verraten als über das der damaligen Opern-«Produzenten».[122] Deshalb wird möglichst ausführlich aus den Libretti zitiert, um Einblicke und Argumentationshilfen zu geben, ihre Inhalte werden daher nur vereinzelt überblicksartig dargestellt. Denn oft sind es die Details, einzelne Rezitativpassagen, an denen sich Bruchstellen und Widerhaken zeigen, die kultur- und geschlechtergeschichtlich relevant sind und an denen aktuelle Bezüge und Konflikte deutlich werden. Es ist anzunehmen, dass diese auch von den damaligen OpernbesucherInnen und LibrettoleserInnen genau registriert wurden, die im Entziffern von Andeutungen und Anspielungen geübt waren. Ohnehin gehörten auf den Weg zum Happy End[123] einer Barockoper Stolpersteine, Intrigen und untergründige Botschaften. Da die Inhalte dieser Opern vielfach unbekannt und die Librettodrucke nicht leicht zugänglich sind, werden drei ausgewählte Werke – *Cecrops* (1680), *Croesus* (1711), *Circe* (1734) – im dritten Teil genauer vorgestellt – in einem historischen Bogen, der die gesamte Zeit des Bestehens der Hamburger Oper umspannt.

Die Arbeit gliedert sich in drei Teile, die sich mit Fragen beschäftigen, die bisher nicht in dieser Weise zusammenhängend bearbeitet wurden.[124] Auffällig ist in den Opern die große Bedeutung, die dem Krieg zugesprochen wird. Der Krieg ist ein überwältigendes Bühnen-Ereignis, das nicht nur kleine Fürstinnen schockierte. Kriegsszenarien entstehen mit Hilfe ausgeklügelter Bühnentechnik mit den Funktionen theatralischen Kriegsgeräts:

> machinen: Kriegs=Rüstungen zur Eroberung eines Platzes, auch heruntergelassene Wercke aus der Lufft in Schau=Spielen.[125]

Ausgehend von der Beobachtung, dass in einem Großteil der Opern der Krieg den Handlungsrahmen bestimmt und somit Männer zugleich als Krieger und Liebhaber vorgeführt werden, behandelt Teil I den Krieg und die Gewalt als historisch nachweisbare Realität von Hamburgs Außen- und Innenpolitik. Darin geht es auch um die Frage, wie der Krieg als «Gender-Produktions-Maschinerie» in der «Realität» und auf der Bühne des Opernhauses funktionierte, und zwar in Anbetracht einer Gesellschaft, in der bürgerliche und adlige Vorstellungen von Männlichkeiten und Weiblichkeiten aufeinander einwirkten. Der Krieg, inszeniert als mediales Ereignis, ist ein «Schauplatz», auf dem

Männer als Helden geboren werden, aber auch kläglich scheitern. Kriegerische Gewalt birgt Risiken für die Gesellschaft. Deshalb funktioniert die Oper auch als Tugendschule für den Krieger sowie andere Männlichkeiten: Sie haben sich ihren gleichgeschlechtlichen Widersachern, Nebenbuhlern und eben auch Frauen gegenüber tugendhaft zu verhalten und sich zu beherrschen.

Der Krieg bietet auch Frauen unterschiedliche Handlungsräume (z.B. für nachreisende Verlobte oder Geliebte in Männerkleidung, Regentinnen, Amazonen etc.). Aber in kriegerischen Szenarien, in denen eine gewisse Ordnung aufgehoben scheint, werden insbesondere Frauen von Stand in die Rolle des sexuell bedrängten Opfers gezwungen. Beinahe-Vergewaltigungen von hochadligen Frauen werden als hochdramatische «Schaukämpfe» zwischen den Geschlechtern und zwischen Männern inszeniert. Hier wird die Ambivalenz des Mediums Oper deutlich: Einerseits dient sie als Ort der Tugendschulung; aber sie könnte andererseits auch ein Schauplatz der Sensationen, der Schaulust, des Voyeurismus sein, der geschlechtsspezifische Unterschiede produziert und verstärkt.

Dabei geht es auch um die Begriffsdefinitionen und Zusammenhänge von Krieg, Gewalt und Konflikten in der damaligen Ständegesellschaft, unter Berücksichtigung von standes- und geschlechtsspezifischen Mustern von Gewalt. Hinzukommt die Frage nach den Gewaltformen, die eine Gesellschaft toleriert, und den Ausprägungen sowie Ursachen für die Verknüpfung von Krieg, Liebe und Fortpflanzung. Denn oftmals wird das Verhältnis zwischen Männern und Frauen, ihre Strategien der Annäherung und Liebe mit Bildern aus der Kriegsführung konstruiert und beschrieben. Sicher wirken sich neben Erfahrungswissen auch historische Traditionen aus, wie sie etwa in griechisch-römischer Literatur überliefert wurden,[126] die den gebildeten Männern und wohl auch etlichen gebildeten Frauen vertraut waren. So bezeichnet Ovid den begehrenden, liebenden Mann als «primum miles», als «neuen Soldaten»[127], feiert Helden mit «siegreicher Hand»[128] im Bett mit weiblichen Kriegsopfern.

Den Rahmen vieler Opern bilden Kriege mit effektvollen Schlacht- und Triumphszenen. Dazu gehören gewalttätige Machtkämpfe zwischen Männern (seltener zwischen Männern und Frauen), illegale Duelle – und Versuche der Befriedung, der Zivilisierung durch tugendhafte, weise Männer und Frauen, auch im Namen der Liebe und Ehe.[129] Wie sind vorherrschende Männlichkeitsideale von Krieg und Militär geprägt worden, welche Differenzen gab es zwischen Adel und Bürgertum? Wirkmächtig sind ideale Bilder vom Mann als Verteidiger seines Landes, seiner Stadt, seiner Familie. Unter Männern muss er ständig seine Verteidigungsbereitschaft beweisen, um seinen Platz in der Hierarchie kämpfen, darf keine Schwächen zeigen, weil er sonst selbst zum Opfer würde. Aber er muss sich auch beherrschen, sich als rücksichtsvoller Kämpfer im Dienst der Gemeinschaft erweisen. Solche Ansprüche zerreißen selbst königliche Helden. So klagt in der Oper *Sancio*[130] (1727–1738) Königin Sinilde von Arragon, königliche Prinzessin aus Norwegen, den im Krieg verrohten Ehegatten König Sancio an. Diese Oper wurde von Zeitgenossen wie dem englischen Sekretär und Opernmitarbeiter Thomas Lediard[131] sehr geschätzt:

> Sinilde:
> Hastu im Krieg erst angenommen,
> Oh König, so barbarische Sitten,
> Daß Du, der so gerecht, itzt selbst doch überschritten
> Das heilige Gesetz der Lieb und Ehr?
> Wohlan! was Dir gefällt, geschehe!
> Ich hasse dich doch nicht: Was kan ich mehr?
> Nur schone Deines Betts, nur schone meiner Ehr. (II, 2.)

Am Beispiel von Sinildes Arie lassen sich Auswirkungen kriegerischer Auseinandersetzungen auf die damalige Gesellschaft untersuchen. Dazu gehörte offensichtlich eine gesteigerte Gewaltbereitschaft, die ein höheres Sicherheitsrisiko für Mädchen und Frauen bedeutete. Dabei geht es auch um die Frage, ob und wie bereits für diese Zeit die These vom «Militär als Schule der Männlichkeit» angewendet werden kann. Sie wurde insbesondere für das 19. Jahrhundert entwickelt, da hier die Hegemonialisierung militarisierter Männlichkeiten[132] durch die Allgemeine Wehrpflicht beobachtet wurde, in Ländern wie Frankreich, Preußen oder der Schweiz. Eine wesentliche Bedingung dafür war die Nationalstaatlichkeit, die in meinem Untersuchungszeitraum allerdings noch kein großes Thema gewesen ist.

Doch auch wenn der «Schule der Männlichkeit» noch keine allgemeine Bedeutung zukam, so waren wesentliche Teile der Gesellschaft militarisiert. In Hamburg zählte dazu die Teilnahme an der Bürgerwehr, das Tragen von Degen, die permanente Gefahr des Duellierens, die Anwesenheit von Söldnern und die dänische Bedrohung. Daraus ergeben sich etliche Fragen, auf die es noch keine umfassenden Antworten geben kann: Welche Rolle spielte eine gewaltbereite, von Waffen faszinierte Männlichkeit, konnte sie in die Zivilwelt «hinüberdiffundieren», sie affizieren und prägen? Wie korrespondierten Erfahrungen mit Gewalt im Krieg, im Alltag und in der Geschlechterbeziehung mit kulturell vermittelten Erfahrungen? Wie beeinflussten der

Kriegsdienst und die kriegerische Ausbildung eines Mannes seinen Umgang mit Frauen und Sexualität? Welche Reaktionen der Frauen galten als legitim, welche Über- bzw. Angriffe von männlicher Seite erduldeten sie? Möglicherweise erhärtet sich unter solchen Bedingungen die These, dass viele Frauen Sexualität als legalisierte Invasion ihres Körpers erfuhren. So waren insbesondere die römischen Kaiseropern dominiert von sexuellen sado-masochistischen Inszenierungen, in denen adlige Frauen von Vergewaltigung bedroht waren.

Zentral für die Dramatik, für die überwältigende Kraft der Bilder auf der Bühne ist die Zelebrierung von Macht, Gewalt und Widerstand. Doch was motivierte diese Darstellungen, die bereits prägend für das Barockdrama waren?[133] Ermöglicht eine Genderperspektive, die Grenzziehung zwischen Fiktion und Realität anders lesbar zu machen? Möglicherweise war die Gewalt auf der Opernbühne ästhetisch motiviert, um etwa die besondere Abartigkeit eines negativ gezeichneten Bühnenhelden zu beweisen. Vor diesem Hintergrund konnten sich die Opferbereitschaft und das Märtyrium, die Welt- und Todesverachtung der Hauptperson, also auch einer Frau, um so strahlender abheben. Doch muss diese Interpretation ergänzt werden, da so ein Gewaltverhältnis zwischen einer männlichen und einer weiblichen Opernfigur auch hindeuten könnte auf Phantasmen und Praktiken, wie sie Männer und Frauen in höfisch-heimischen Betten und Bordellen erlebten. Des Weiteren ist es anzunehmen, dass aktuelle Kriege und Unruhen die Wahl und Pointierung der Opernstoffe beeinflussten.

Doch patriarchale Männlichkeiten scheinen fragil, sie müssen beständig kontrolliert werden. In der Literatur und auf der Bühne tauchen junge Helden auf, die lieber bei einer Inselherrscherin die Liebe genießen möchten, statt in den Krieg zu ziehen. Zum Inventar gehören außerdem männliche komische Figuren, die lieber dem Wein und der Liebe zusprechen. Die strengen Normen und Gesetze, die soziale Kontrolle, die strikten moralischen Codes müssen immer wieder neu durchgesetzt und installiert werden. In diesen Gewaltszenarien geht es auch um die Vermittlung idealer Männlichkeiten. So gewinnt der adlige Militär und galant-zurückhaltende Frauenfreund mehr Anerkennung als etwa der gewalttätige und misogyne General. Man scheint bemüht um die komplexe Ausbildung von Männlichkeiten, die sich auf dem Schlachtfeld schlagen und bei Hofe zurückhaltend werben.[134] Hier könnte die Oper tatsächlich erzieherisch unerträglichen Widersprüchen entgegen gewirkt haben.

Solchen männlichen Opernfiguren begegnet eine Vielfalt von weiblichen Akteurinnen. Dazu zählen kämpferische adlige Reisende und Herrscherinnen (neben widerständigen Hausfrauen und Dienstbotinnen), die durchaus

Sympathieträgerinnen sind, aber auch verlassen und bestraft werden können. Auf sie lässt sich Downing A. Thomas These anwenden, die er bei der Analyse des Bühnenschicksals der Amazonenkönigin Armide, aus der gleichnamigen «tragédie en musique» von Philippe Quinault und Jean Baptiste Lully von 1686 gewonnen hat:

> Armide is indeed about the undoing of a woman, to borrow Cléments phrase; but it is also about identifying with the woman, who is bereft, who is dispossessed.[135]

Circe ist in gewisser Weise eine Verwandte der Armide, wie sie bereits 1694 in *La Gierusalemme Liberata*[136] und 1695 in *Armida* auf die Bühne der Gänsemarkt-Oper kam.

> Indeed, the woman as sorceress or temptress, one who is often punished in the end for having exercised power over men, reappears consistently in the history of opera, from Lully's Atys and Charpentier's Médée to Massenet's Manon and Strauss's Salome.[137]

Meine Recherche möchte auch einen Beitrag zur Diskussion liefern, ob Catherine Cléments These von den besiegten, betrogenen, verlassenen und vernichteten Frauen in der Oper des 19. Jahrhunderts bereits für das 17. und 18. Jahrhundert angewandt werden kann. Silke Leopold hatte dagegengehalten, dass in der Opera seria den jeweils edelsten Opernfiguren der größte Raum für Emotionen zugedacht war,

> unabhängig davon, ob diese Hauptperson der Oper ein Mann oder eine Frau war. Es war die Zeit, in der Männer sich schminkten und puderten, in der sie Stärke zeigten, wenn sie weinten. In Händels Opern steht einer Alcina noch ein Bajazeth gegenüber — zwei Opfer, die vormals Täter waren, deren Verzweiflungs- und Wutausbrüche sich in nichts nachstehen.[138]

Doch eine Analyse der Verhältnisse auf der Hamburger Bühne könnte ein differenzierteres Bild ergeben, denn etliche Frauen von Stand erlitten sexuell motivierte gewalttätige Angriffe, wurden mit dem Tod bedroht, starben oder töteten sich selbst. (Leider hält sich Reinhard Strohm bei solchen Debatten mit überzeugenden Analysen zurück.)[139] Sarah Colvin hat hier bereits wertvolle Arbeit geleistet und sich den Heroinnen und Zauberinnen gewidmet.[140]

Die bisher vernachlässigten weiblichen Opernfiguren aus der zweiten Reihe, wie die Hofdamen, das Dienstpersonal und bürgerliche Frauen, haben jedoch auch aufschlussreiche Perspektiven zu bieten.

Ein weiteres Augenmerk liegt auf der Anbahnung von Beziehungen zwischen Männern und Frauen im Zeichen der Liebe, Ehe und Familie. Insbesondere in Teil II und Teil III geht es um den viel zitierten «Krieg» zwischen Mann und Frau, der vom Schlachtfeld bis an den heimischen Hof oder Herd weitergetragen wird – und umgekehrt. Dabei sind unterschiedliche Modelle zu beobachten: zum einen die Vorstellung, nach der körperliche Lustvorgänge nicht von Machtausübung getrennt wurden, Lüste also in einer Verkehrung sexueller Genüsse in Gewaltvorgängen[141] bestehen; oder aber die zurückhaltende, zärtliche und auf gegenseitigem Einverständnis basierende Liebe und Werbung. Es sind hier etliche Brüche und Variationen nachweisbar. In einigen Opern werden sogar Liebesverzicht und Freundschaft zwischen den Geschlechtern propagiert. Allerdings gelegentlich mit zynisch-ironischen Kommentaren zu neuartigen Geschlechterverhältnissen, wie sie z.B. in preziösen Salons erprobt wurden, aber nicht nur dort.

Doch zunächst werden in Teil II Liebe, Sexualität und Ehe im Hamburgischen Bürgertum[142] und Adel untersucht; den idealen bzw. legitimen Modellen werden deren Schattenseiten gegenübergestellt, wie etwa Unzucht, Prostitution, uneheliche und ausgesetzte Kinder. Wer zahlte den Preis für die Galanterie?

Deshalb stelle ich zwei Schicksale von Frauen einander gegenüber: den Fall der Margaretha Elisabeth Walter (Walther/Walters/Waltern)[143], die mit ihrem Ehemann am Gänsemarkt ein Kaffeehaus betrieb, und den Fall der Opernfigur Thais, einer Kurtisane, ehemals mit Alexander dem Großen liiert, aus der Oper *Der große Alexander in Sidon*[144] (1688). Darüber hinaus spielen verführerische Zauberinnen wie Circe im Kontext des damaligen Wunder- und Hexenglaubens eine nicht unerhebliche Rolle.

Formen der Liebeswerbung und Eheanbahnung werden mit einer Typologie geschlechts- und standesspezifischer Liebeswerbung in den Libretti verglichen. Überliefert sind Eheanbahnungen, die bei der Hochzeit wie ein erfolgreicher Feldzug beschrieben werden. Hier gilt der Mann als Eroberer, die Frau als einzunehmende Burg; und zwar im Kontext einer Kultur, in der Krieg, aber auch zwischenmenschliche Gewalt und individuelle Zerrissenheit allgegenwärtig waren. Der Mann wurde aktiv, in dem er warb, von seinem Begehren sprach und schrieb – die tugendhafte Frau hingegen hatte sich zurückzuhalten und abzuwarten, um als keusch zu gelten, und sich erst nach Kämpfen «zu ergeben». Ein markantes Beispiel ist der «Telemann-Textorische»[145] Ehevertrag, ein «humorvoll» gemeinter Beitrag zur Hochzeit Georg Philipp Telemanns mit Maria Catharina Textor, seiner zweiten Frau.

Arrangierte oder «Zwangs-Ehen» waren konfliktreich und Handlungsmotoren vieler Opern. Diese Ehen wurden in der Hauptsache auf Kosten der Frauen durchgesetzt, stürzten aber auch etliche Männer ins Unglück. Deshalb sollen Eheanbahnungen auf der Opernbühne mit adligen und bürgerlichen Fallbeispielen verglichen werden. Sehr anschaulich ist ein erst kürzlich publizierter Fall am Oldenburger Hof (1649–1657), der im Milieu des niederen Adels, im Gefolge der Fürsten spielt. Die vergebliche Werbung eines Militärs um eine Hofdame gibt seltene Einblicke in das Zusammenspiel zwischen Realität und Literatur.

Die Ehe selbst wurde vielfach als ein permanenter Zweikampf, wie ein Krieg mit anderen Mitteln geschildert. Immer wieder problematisiert wurde die Treue der Frau, kaum jedoch die Treue des Mannes. Idealerweise wartete die Frau in der Heimat auf den Krieger im Felde. Doch scheint es auf der Opernbühne eine bisher kaum gewürdigte wichtige Lehreinheit für Ehemänner gegeben zu haben: Sie hatten ihre oftmals gewalttätige Eifersucht zu zügeln und dies schien für adlige und bürgerliche Männer zu gelten. (Wie es beispielsweise das Ehedrama um den thebanischen Feldherrn Amphytrion aus der Oper *Amphytrion*[146] (1725) belegt.)

In komischen Opern und Intermezzi stritten und kämpften die Partner oder Eheleute auf eine, auch für viele heutige OpernfreundInnen als humorvoll geltende Weise. Umgekehrt galt der Krieg den Strategen als eine Art erweiterter Zweikampf. Somit schließt sich ein oftmals gewaltförmiger Kreis in einer Gesellschaft zwischen Feudalismus, bürgerlicher Selbstbestimmung, Patriarchat und dauerhafter Querelle des Femmes – et Hommes. So zeigt sich das Private einmal mehr als höchst politisch.[147]

In Teil III sind deshalb die Vielstimmigkeiten, Mehrdeutigkeiten, Gegenentwürfe in drei Libretti genauer «nachzuerleben». Hier werden Brüche innerhalb eines scheinbar stabilen Systems lesbar. Sie bezeugen, dass die Hamburger Libretti gewiss keine der Realität enthobenen Phantasiewelten sind, vielmehr Wirklichkeiten einer Epoche in sich tragen, die bislang unterschätzt wurden.

I. Teil A
Krieg, Gewalt und Frieden: Realitäten

1. Realitäten in Hamburg

1.1. Kriege nicht nur vor den Stadttoren

Die Hamburger Gänsemarkt-Oper existierte in Zeiten, in denen Kriege selbstverständliche Mittel der Außenpolitik waren.[1] Militärische Rüstung und Bereitschaft galten als Voraussetzung für die geachtete, unabhängige Stellung einer fürstlichen oder einer städtischen Herrschaft und Obrigkeit.

Den Dreißigjährigen Krieg hatte Hamburg nahezu unbeschadet überstanden.[2] Dank Diplomatie, hohen finanziellen und materiellen Aufwendungen und dem Bau ausgedehnter Befestigungsanlagen blieb Hamburg von kriegerischen Angriffen verschont. Insbesondere die dänischen Könige versuchten immer wieder, ihre Ansprüche auf Hamburg militärisch durchzusetzen, und erkannten die 1618 vom Reichskammergericht bestätigte Reichsunmittelbarkeit Hamburgs nicht an. Erst 1768 verzichtete Dänemark im Gottorfer Vergleich gegen hohe Zahlungen auf Hamburg. Auch wenn der Hamburger Senat auf Neutralität achtete, zwangen z.B. vorbeiziehende Truppen zu ständiger Wachsamkeit. Die zahlreichen Kriege und Feldzüge, ob in der Nachbarschaft der Hansestadt oder im übrigen Europa, und innerstädtische Konflikte hatten Auswirkungen auf die Wirtschaft und Politik Hamburgs. So profitierten etliche Kreise vom Dreißigjährigen Krieg, ob als Rüstungslieferanten, Händler oder Gastgeber im Rahmen diplomatischer Bemühungen.

Die Phase vom Ende des 17. bis zum frühen 18. Jahrhundert zählte zu Hamburgs «politisch bewegtesten Epochen».[3] Religiös-politisch motivierte Streitereien zwischen Rat und Bürgerschaft führten zu gewalttätigen Auseinandersetzungen. Schließlich wurde im Mai 1708 eine kaiserliche Kommission nach Hamburg gesandt, um die Ordnung wieder herzustellen. Die mit 5000 Soldaten aus schwedischen, preußischen, braunschweigischen und hannoverschen Kontingenten ausgestattete Kommission zog am 31. Mai 1708 ohne nennenswerten Widerstand in die Stadt ein – was den ohnehin beträchtlichen Anteil der Militärs bzw. militärisch ausgebildeter Männer in der Bevölkerung weiter erhöhte.[4]

In der Stadt existierten zwei militärische Systeme, deren Aufgaben sich gelegentlich überschnitten oder für Konkurrenzen sorgten: Zum einen gab es die Hamburger Bürgerwache, eine Art Feierabend-Schutztruppe für das Innere, in der die bürgerlichen Männer organisiert waren, und die mit Beginn der Franzosenzeit abgeschafft wurde. Nach den Kirchspielen eingeteilt, taten beispielsweise im Jahr 1679 in den 19 Kompanien 9800 Männer Dienst, angeführt von Offizieren. Zum anderen waren die professionellen Soldaten der Hamburgischen Garnison für die Stadtverteidigung zuständig. Den Hauptanteil bildeten die rund 2500 Infanteristen in 12 Kompanien. Sie machten im Jahr 1710 zusammen mit ihren Familienangehörigen einen Anteil von 12 Prozent[5] an der Hamburgischen Bevölkerung aus, wenn man für 1710 eine Einwohnerzahl von 75 000 ansetzt.[6] Hinzukamen noch ca. 100–200 Reuter, Dragoner und Soldaten der Artillerie und deren Familienmitglieder. Somit war die Garnison der größte Arbeitgeber Hamburgs, der allerdings seinen Pflichten nicht regelmäßig nachkam. Im Jahr 1708 etwa zahlte die Hamburger Kämmerei wegen knapper Kassen keinen Sold, insgesamt mussten die Soldatenfamilien 17 Monate ohne Geld auskommen. Deshalb waren viele gezwungen zu betteln oder Teile ihrer Uniform zu versetzen.[7]

Krieg und Militär prägten auch in sogenannten Friedenszeiten alltägliche Erfahrungen und Bräuche, Bilder vom Krieg spielten eine wichtige Rolle in der Alltagskultur. Bei Zedler wird unter dem Stichwort «Krieger in Füllerey» (d.h. «Völlerei») berichtet über «Sauff-Kriege» zwischen «gewaltigen Sauff= und Wein=Helden, die sich in stattlichen Kleidern und herrlichen Schmucke miteinander zu Tische setzen, und mit Gläsern also umschanzt seyn, als ob sie einander eine Schlacht liefern wollten». An solchen «Sauff=Kriegen» sollen auch Frauen teilgenommen haben, wird doch unter Punkt 3 gewettert gegen:

> Sauff Gespielen unter denen Weibern, die auch zusammen sitzen und sich voll trincken, bis sie endlich unrichtig im Kopff werden, heimliche Ehe=Sachen ausschwatzen/ tantzen/ springen und dergleichen Händel thun, u.d.m.[8]

Nachrichten von Kriegen, Truppenbewegungen und Verhandlungen bestimmten die frühen Zeitungen. In Kunst und Kultur spielten Erzählungen von Schlachten und Helden, satirische Abenteuerromane und feudale Mythenbildungen eine wichtige Rolle.

Kriege zu Zeiten der absoluten Monarchien wiesen die Besonderheit auf, dass insbesondere Männer gleichen Standes oder sogar Verwandte in leitenden Rängen gegeneinander kämpften. Deshalb soll nach Ansicht einiger Historiker das jeweilige Kriegsziel nicht die völlige Vernichtung und Entehrung des Gegners gewesen sein, sondern dessen Schwächung, um Zugeständnisse zu erzwingen. Denn «man vergaß nie, dass auch der Gegner ein souveräner

Monarch von Gottes Gnaden war [...]. Die Absicht, ihn von seinem Thron zu stoßen, bestand daher praktisch niemals.»[9] Möglicherweise schreibt diese Einschätzung feudale Krieger- und Herrschermythen fort, denn sehr wohl wurden Fürstentümer erobert, Fürsten von Standesgenossen abgesetzt, inhaftiert und sogar umgebracht.[10] Zu diplomatischen Komplikationen bis hin zum Krieg konnte es führen, wenn Frauen als Regentinnen handelten. So löste der preußische König Friedrich II. im Jahr 1740 den Ersten Schlesischen Krieg gegen Maria Theresia aus, damals nur Erzherzogin von Österreich, um ihr das «Mannslehen Schlesien»[11] zu entziehen. Diese Ereignisse liegen zwar einige Jahrzehnte nach meinem Untersuchungszeitraum, doch zeigen sie nach wie vor gültige, genderspezifische Einstellungen, die sich auch auf der Opernbühne auswirken. Eine Folge der fürstlichen Kriegskultur waren Not und Elend, unter der insbesondere einfache Soldaten und die Zivilbevölkerung litten. Zwar verdienten etliche ihren Lebensunterhalt durch ihren Dienst in und für die Armee, doch waren ihre Einkünfte keineswegs üppig. Berufsverletzungen und Invalidität waren ein Armutsrisiko. Außerdem konnte von «Freiwilligkeit» bei der Wahl dieses Berufsstandes oftmals nicht die Rede sein.[12] Zwar wurde auf diese Aspekte des Soldatenlebens gelegentlich auf der Bühne angespielt – und sie sollen auch in dieser Arbeit nicht vergessen werden. Doch das Selbstbild des großmütig[13] adligen Feldherrn bestimmte die Repräsentation und wurde auch auf der Opernbühne gespiegelt: Der ideale Krieger beherrscht sich und seine Begierden und behandelt seine Feinde gerecht und mit Nachsicht. Deshalb verzichtet er auf Rache, Hass und übertriebene herrscherliche und individuelle Gewalt, nicht etwa aus körperlicher oder geistiger Schwäche, sondern kraft seines Willens und «hohen Geistes». So heißt es im Vorbericht an den «geneigten Leser» in Georg Friedrich Händel's Oper *Tamerlan* (1725):

> [...] und Tamerlan, ob er gleich zu der Grausamkeit geneiget war/ besaß doch zu viele Großmuth/ einen besiegten Feind/ den er noch vor kurtzem auf dem mächtigsten Throne gesehen/ auf eine so unerhörte Arth zu beschimpfen/ hätte sich derselbe durch sein Unglück und unbedachtsamen Eiffer gleich zu einer unanständigen Hartnäckigkeit verleiten lassen.[14]

Mit ähnlichen Entscheidungen sehen sich beispielsweise auch Helden aus den Opern *Croesus* (1684/1711)[15] und *Tigranes* (1719)[16] konfrontiert.

1.1.1. Exkurs: Zum Begriff Gewalt aus Gender-Perspektive

Der Begriff Gewalt wurde mit unterschiedlichen Bedeutungen aufgeladen und vielfach anders verwendet als heute. So wurde unterschieden zwischen herrschaftlicher, militärischer und individueller Gewalt, zwischen ihrer legitimen und missbräuchlichen Anwendung. Wie Maren Lorenz feststellt, ist Gewalt

> immer normativ konnotiert. Und nicht jeder physische Übergriff auf den Körper eines anderen wird automatisch als Regelbruch stigmatisiert [...]. Doch zeigt sich gerade am Beruf des Soldaten, dass das Verletzen und Töten von anderen Menschen unter bestimmten Umständen nicht nur als legitime, sondern als ehrenwerte Tätigkeit betrachtet wurde und wird. [...] Für Zivilisten gelten strengere Regeln, sie dürfen dies nur in Notwehr tun.[17]

Auffällig sind die klaren geschlechtsspezifischen Unterschiede im Hinblick auf Gewaltakte. Hier sind männliche Sozialisationen zu berücksichtigen und die Bedeutung von «Ehre».[18] Die Erscheinungsformen von Gewalt werden in Zedlers Universallexikon in einem knappen Überblick aufgefächert, der sich maßgeblich auf das römische Recht bezieht:

> Gewalt, heist das Vermögen, etwas auszurichten, entweder mit Fug und Recht, und als dann ist es eine rechtmäßige Gewalt, Potestas, Pouvoir, oder ohne Recht und aus Muthwillen, da ist es eine straffbare Gewaltsamkeit, Vis violentia: und da ist man befugt, Gewalt mit Gewalt auszutreiben.[19]

Von Bedeutung war in der Standesgesellschaft, ob es sich um freie oder durch ein Herrschaftsverhältnis unterworfene Personen handelte. Akzeptiert waren «rechtmäßige Zwangs=Mittel», die beispielsweise der Richter zum Herausfinden der Wahrheit anwenden durfte. Im Römischen Recht habe, laut Zedler, das Wort Gewalt (lateinisch: *potestas*) unterschiedliche Bedeutungen. Staatlicher Gewalt, ausgeübt durch die Obrigkeit, durch «Obrigkeits=Personen», war auch nach Martin Luthers Meinung Gehorsam zu leisten. Diese sei zu unterscheiden von der hausherrlichen Gewalt, die etwa über den Knecht ausgeübt werde, die jetzt allerdings im Vergleich zu römischen Zeiten eingeschränkt worden sei:

> Welche Gewalt heutiges Tages, da die Knechtschafft gar abgeschaffet, bey unserm Gesinde noch mehr restringiret, als da allein emandatio modica zugelassen,

und mögen dabey nicht wohl Prügel und Iniurien passieren, als, wenn die Frauen ihre Mägde Schand=Huren, oder dergleichen nennen.[20]

Körperliche und verbale Gewalt sollte im Hause also nicht oder nur maßvoll ausgeübt werden. Bemerkenswert ist, dass im Zedler zwei misogyne Klischees zur Veranschaulichung dienen: das der promisken Dienstmagd und das der unkontrolliert schimpfenden und schlagenden Hausfrau, dem oft satirisch beschriebenen «Hauskreuz».[21] Der das Maß überschreitende gewalttätige Hausherr hatte wohl gerade Ausgang. Deutlich unterschieden wird bei Zedler zwischen der Gewalt der Väter über ihre Kinder und der Gewalt der Ehemänner über ihre Ehefrauen.[22] Dabei handle es sich um eine «Civil=Gewalt», also keine hoheitliche. Dem Vater seien die Kinder im Hinblick auf ihren freien Willen, ihr Gut und Eigentum unterworfen, weil er für sie zu sorgen habe. Die Frau hingegen sei ihrem Mann nicht wie die Kinder untergeben, denn Mann und Frau seien gleichen Standes, sie sei ihm aber im Hinblick auf die Ordnung in der Familie nachgeordnet.

Diese Konstruktion von Gewalt und Geschlecht barg natürlich Konfliktstoff. In der wohlgeordneten Welt des Lexikons scheint die Gewalt in einer nach Stand und Geschlecht hierarchisierten Gesellschaft kontrollierbar, doch Quellengattungen wie Justizakten liefern andere Szenarien der Gewalt. Danach sind Prügel für Untergebene, für Kinder und auch zwischen Eheleuten üblich, wobei dem Mann rechtlich ein mäßiges Züchtigungsrecht[23] zugestanden war, was z.B. aber von Johann Klefeker als veraltet abgelehnt wurde. Männer und Frauen gaben einander Ohrfeigen.[24] Außerdem wird von heftigen verbalen und gewalttätigen Auseinandersetzungen zwischen Männern, zwischen Männern und Frauen, aber auch zwischen Frauen berichtet.

1.2. Konflikte innerhalb der Stadtmauern

Neben den äußeren Kriegsgefahren gab es innerhalb Hamburgs Stadtmauern gewalttätige Auseinandersetzungen. Dazu gehörten die «Bürgerlichen Unruhen», Machtkämpfe zwischen Rat und Bürgerschaft,[25] aber auch zwischen Rat und Geistlichem Ministerium,[26] zwischen Anhängern des Pietismus und der lutherischen Orthodoxie, Handwerker-Unruhen. (Ihre Höhepunkte lassen sich eingrenzen etwa von 1684 bis 1686, nach 1690 und von 1701 bis 1708.) Ein Schauplatz handgreiflicher Auseinandersetzungen war beispielsweise am 18. Januar 1693 die Versammlung der Bürgerschaft,

da dann die Mayerianer mit denen Neustädtern abscheulich ins Faust=Gemenge
geriethen, und dermassen auf einander zuschlugen, daß mancher Mantel und
Paruque darüber verlohren gieng, und mit blutigen Köpffen nach Hause kehreten. Denn es gieng überall sehr scharff in der Bürgerschafft daher: Etliche 100.
Mann von den Horbianern und Wincklerianern versammelten sich auf dem
Rath=Hause, und verlangten: Daß die Execution an Horbii Frau, und dessen
Gütern nicht sollte vollzogen werden.[27]

Eine besondere Qualität hatten die Kämpfe zwischen Anhängern des Rates und der erbgesessenen, d.h. grundbesitzenden, Bürgerschaft während der sogenannten Jastram-Snitger-Wirren, die Ende des 17. Jahrhunderts Hamburg erschütterten. Sie endeten am 4. Oktober 1686 mit der Hinrichtung der Führer der «Popularpartei» des Reeders Cordt Jastram und des Kaufmannes Hieronymus Snitger, ein Ereignis, das Tausende Schaulustige anzog. Der Bürgermeister Hinrich Meurer kehrt kurz darauf aus seinem Exil in Celle nach Hamburg zurück.

Der 4. October brach heran, an welchen die beyde Obrigkeits=Schänder, Auffrührer, Verräther ihres Vaterlandes u. Meineydige ihren längst verdienten Lohn
bekommen sollten. Man machte in der Stadt gute Ordnung; alle Posten und
Thore wurden mit doppelter Mannschafft besetzet; einige Creutz=Gassen, und
alle Märckte waren jeder mit zwey Compagnien Soldaten versehen; die Reuterey
und die Dragouner musten in= und ausserhalb der Stadt fleissig, und sehr starck
patrouilliren. Der Köpfel=Berg war mit 800. Mann umringet, damit der Scharffrichter sicher seyn, auch kein Anlauff vom gemeinen Mann entstehen möchte.[28]

Über handelnde Frauen in diesen Auseinandersetzungen wird in den Chroniken nur insofern berichtet, dass sie als treu ergebene Gattinnen agierten, denen auch ein frühneuzeitlicher Chronist wie Michael Gottlieb Steltzner seine Anerkennung nicht versagt. Über den Anteil von Frauen in diesen Unruhen, ob als häusliche Beraterinnen ihrer Männer oder als Kämpfende auf den Straßen, schweigt er jedoch – und uns bleibt ein weiteres Forschungsdesiderat:

Des Schnitgers seine Frau hatte so viel Liebe und Ehrlichkeit vor ihren Manne, daß sie die gantze Nacht bey demselben geblieben, solchen mit andächtigen Singen und Bethen unterhalten, auch im weggehen demselben den schwartzen Mantel umgehangen, und den letzten Abschieds=Kuß gegeben; darüber sie aber in Ohnmacht hingesuncken.[29]

Ähnlich Auftritte treuer Gattinnen waren auch auf der Opernbühne zu beobachten, ein Beispiel ist die Fürstin Sinilde in der Oper *Sancio* (1727/1738).³⁰ Nach Abschluss des sogenannten Hauptrezesses vom 13.10.1712 beruhigte sich die politische Öffentlichkeit in Hamburg für lange Zeit. In dieser Vereinbarung wurde die Gemeinschaftlichkeit des Stadtregiments durch Rat und erbgesessene Bürgerschaft bekräftigt:

> Zwar kam es zwischen Rat und Bürgerschaft einerseits und der kaiserl. Kommission andererseits über die endgültige Gestalt des Hauptrezesses zu keiner Einigung, doch bestand an seiner faktischen Gültigkeit kein Zweifel. Er schuf eine konservative Verfassungsordnung mit festen Orientierungen [...].³¹

1.2.1. Alltägliche Gewalt

Neben militärischen Aktionen, der Präsenz von Soldaten und Erzählungen über Kriegsereignisse gehörten zwischenmenschliche Gewalterfahrungen³² zum Alltag aller Schichten in Hamburg. Zwar sollte die Gewaltausübung geknüpft sein an Regularien einer hierarchisch nach Ständen und Geschlechtern geschiedenen beziehungsweise geordneten Gesellschaft mit rigiden Ehrvorstellungen. Doch kam es immer wieder zu Gewaltausbrüchen, die das Gefüge erschütterten und sicher geglaubte Grenzen überschritten:

> 1692 begab sich alhier in Hamburg eine gar seltsame nie erhorte Begebenheit, in dem daß zwo Schwestern so in der [unleserl.] Michaelis Kirchen zum Nachtmal gehen wollten, und vorhero sich feindselig erzürnet hatten, und noch nicht miteinander vertragen waren, als diese bei dem Altar stünden, nimbt die eine die hand und schlaget ihre Schwester ins Angesicht, daß der Prediger so dass Hl. Abendmahl außtheilet, nebenst den Communicanten sich sehr darüber entsetzen [...].³³

> 1717 Begebenheit im Fleischschrangen an berge 19. August
> Eine Weinhändlers frauen hat [...] dato ihre Magd nach d. Schrangen gesand Fleisch zu kauffen. Dann solche die magd zu hause gebracht [?], ist es alt fleisch, und nicht gut gewesen, dahero die Jungfer Tochter solches wieder nach dem Schrangen gebracht, und mit den Schlachter Knecht Peter Lap in Wortstreit gerathen, da dan der Knecht diese mit vielen Schmähworten beschimpfet, sie ihme hinwieder vor einen Racker gescholten, dahero sie dieser Peter Lap auff den

Fleischblock geworffen [unleserl.] auffgehoben und mit einer Ruthe vor den Hintern gehauen Und hart gestrumpet [?] und beschimpffet.³⁴

Zwei gewalttätige Situationen, die als außerordentlich eingeschätzt wurden. Beide Fälle wurden zunächst durch die Obrigkeit geahndet, dann jedoch aufgrund von Fürbitten beziehungsweise eines Vergleichs beigelegt.³⁵ Auffällig ist das «Sprechen mit dem Körper» im Alltag, die Theatralisierungen von körperlichen Sprachhandlungen, wie sie beispielsweise für Zürich untersucht wurden. Hier agierten Männer auf spezifische Weise: sie rückten Streitgegenstände in die Mitte, benutzten sprachliche Gesten und ausdrucksvolle Handbewegungen – und versuchten auch so Gewalt zu vermeiden.³⁶ Leider gibt es solche Untersuchungen noch nicht für Hamburg, aber sie könnten möglicherweise vergleichbare Resultate ergeben. Denn in dieser ebenfalls von Bürgerstolz geprägten Stadt wurden auch traditionelle Bräuche gepflegt, wie beispielsweise in den streng organisierten Zünften.

Techniken des Ausdrucks von Gewaltbereitschaft bei gleichzeitiger Kontrolle der Gewalt waren also im Alltag und auf der Opernbühne zu beobachten. Insgesamt ist zu fragen, wie Theatralik und Konfliktlösung im Alltag und auf der Bühne funktionierten und einander beeinflussten. Welche Bedeutung spielte die Ausübung und Erduldung von Gewalt für die Konstruktion von Geschlecht, welche Formen von Gewalt, von Gewaltdarstellungen unter Männern und Frauen wurden erlaubt bzw. zugewiesen? So ist die Verteidigung der männlichen Ehre durch Duelle ein von der Obrigkeit bekämpfter Ausdruck männlicher Gewalt, der im 17. und 18. Jahrhundert ein dauerhaftes Problem darstellte (siehe Kapitel: Duelle).

Zu eindrucksvollen, symbolischen Gesten auf der Bühne gehörten Ohrfeigen, wie sie auch in der Realität verabreicht wurden. Soweit in den Regieanweisungen der Libretti nachweisbar, waren sie in der Gänsemarkt-Oper in Intermezzi und komischen Szenen zu sehen, wie in dem Intermezzo *Pimpinone*.³⁷

Das Züchtigungsrecht des Mannes gegen seine Frau erscheint als problematisch, die Inszenierung real von Männern gegen Frauen ausgeübte körperliche Gewalt ist auf der Bühne heikel. Entweder wird sie von Grobianen ausgeübt – also Bühnenfiguren, mit denen man sich nicht identifizieren will, oder von eigentlich ehrenwerten Ehemännern, die in Extremsituationen, wie etwa aus Eifersucht, gewalttätig reagieren, oder von hilflosen Pantoffelhelden, die sich nicht anders gegen ihre angeblich dominanten Frauen durchsetzen können. Hier ist zu fragen, wie häusliche Gewalt interpretiert, ihre Entstehung auf der Bühne dargestellt und welche Verantwortung den Frauen zugewiesen wird.

Gewalt auf der Opernbühne ist je nach Operngenres, dem Stand und Geschlecht der jeweiligen Opernfiguren unterschieden. Weibliche Opernfiguren von Stand etwa würden niemals ihren Geliebten oder Ehemann ohrfeigen, auch nicht ihre Dienstbotinnen. Dies gilt nicht für ihre Dienstbotinnen, deren Schläge für ihre Geliebten oft handfeste Liebesbeweise sind. Eine ihren Dienstboten schlagende Hausfrau wie Serpina aus dem Intermezzo *La serva padrona* (1743/1746) gilt aus zwei Gründen als nicht vorbildlich: Dienstboten im Haus sollen nicht geschlagen werden – und schon gar nicht von einer Person gleichen Standes wie eben von der Dienstmagd Serpina, die zwar noch nicht die Hausherrin ist, sich aber wie eine solche aufführt.(Serpina schlägt[38] ihren stummen Diener Volpone.) Den Frauen wird eine spezifische Fähigkeit zum Hohn, zur Feindschaft und zum Hass zugesprochen. Offensichtlich zeigt sich hier eine Kontinuität von biblischen Zeiten bis ins 18. Jahrhundert hinein.[39] Möglicherweise werden hier die Folgen einer patriarchalen Ordnung sichtbar, die Frauen nur sehr eingeschränkte, indirekte, nicht offensive Formen des Widerstandes zuweist. Solche klischeehaften Zuschreibungen könnten Ängste und Schuldgefühle der Mächtigeren ausdrücken. Im Gericht durften Frauen ihre Anliegen in der Regel nur durch Männer vertreten lassen, da sie unter Vormundschaft standen. An den Waffen durften sie nicht ausgebildet werden. Also blieben nur indirekte oder unterschwellige Formen, oder aber die affektgeladene, anschuldigende Rede, der außerordentliche Griff zum Dolch, mit dem Liebhaber, Ehemänner – aber auch Kinder bedroht und sogar umgebracht wurden. Gewalt, hier insbesondere rhetorische, spielte auch eine Rolle im Kampf gegen das sogenannte «Andere», außerhalb der patriarchalen christlichen Ordnung stehende. Sarah Colvin sieht dieses «Andere» verkörpert in orientalischen Nicht-Christen, in der Weiblichkeit und der Sexualität. Mittels Rhetorik sei dieses «Andere» unterworfen worden, während gleichzeitig dessen faszinierende Ungewöhnlichkeit erkundet wurde.[40] Die Bildung, Rhetorik und Literatur, sei männlich dominiert gewesen. Durch Vernunft wurden die als bedrohlich empfundene Weiblichkeit, die auch gewissen Männern zugeschrieben wurde, und die Sexualität untergeordnet und kontrolliert.[41]

Doch der verbale, rhetorisch versierte und musikalisch umgesetzte Schlagabtausch war ein wichtiger Bestandteil der Opernhandlung. Hier stritten Männer mit Frauen, wie in *Semiramis*[42] (1683). Im Ring stehen hier beispielsweise das Liebespaar Sosana, «Königliche Princeßin/ der Semiramis Stieff=Tochter» und Belotes, «Statthalter in Assyrien/ nunmehr General=Gouverneur»:

Aria 1.
Sosana: Der Manns=Personen Art/ ist mit der List gepaart:
Die Worte sind nur mündlich/ Nicht aber hertz=empfindlich;
Wodurch sie sich bemühn/ Uns so ins Netz zuziehn.
2.
Belotes: Gesetzt / daß unsre List/ Bisweilen einfach ist;
So scheint das Frauenzimmer/ bey weitem dennoch schlimmer
Und ihre Gegen=Tück/ Ein drey=gedoppelt Stück.

Rezitativ:
Sosana. Nein/ nein! diß umbgekehret/
So wirds wie sich's gehöret.
Belotes: Wir wollen diesen Streit/ Auff andre Zeit/
Zum Austrag jetzt verschieben.
Sosana: Nach eurem eigenen Belieben.
Belotes. Ich muß nun hin/ Zur Königin;
Doch lass' ich hier/ Mein Hertz bey Ihr.
Er gehet weg; Sie siehet ihm starck nach. (II, 8)[43]

Auch Auseinandersetzungen zwischen adligen Eheleuten sind zu beobachten, wie zwischen Alkmene und Amphytrion in *Amphytrion*[44] (1725), zwischen dem bürgerlichen Philosophen Sokrates und seiner Ehefrau Xanthippe in *Socrates*[45] (1721), der Dienstbotin Vespetta und ihrem bürgerlichen Dienstherren und späteren Mann Pimpinone in dem Intermezzo *Pimpinone*[46] (1725) oder Streitereien auf dem «Hopfen=Marckt» zwischen Greetje, einer «Lütjen=Maid» und Claaß, einem «Fisch=Händler» in *Die Hamburger Schlachtzeit*[47] (1725). Greetje will Claaß nicht den geforderten Preis zahlen, beide geraten in ein heftiges Wortgefecht, in dessen Verlauf er sie mit einem Besenstil bedroht: «Claaß. (De Deeren premesert!) Hier steiht dee Bessem=Stehl/ Wo jy noch wyder prahlen» (IV, 1).

Konflikte werden auf der Opernbühne verbal und körperlich ausgetragen, mit Waffen oder entsprechenden Gegenständen. Zu den Streitenden zählen auch Paare der bürgerlichen und unteren Schichten.

1.3. Bürgerwehr und Bürgermilitär

Seit dem Mittelalter war in vielen deutschen Städten das Bürgerrecht der Männer an ihre Wehrhaftigkeit, an ihre Einbindung in eine Verteidigungsgemeinschaft geknüpft. Aus diesen Bereichen waren Frauen offiziell ausgeschlossen. Zum bürgerlichen Männlichkeitsideal gehörte auch der geschickte Umgang mit Waffen und die Kampfbereitschaft. Hamburg hatte seit dem Ende des 13. Jahrhunderts die Wehrhoheit, d.h. das Recht, Kriege zu führen, Frieden zu schließen, aber auch Bürger zu bewaffnen und Truppen anzuwerben.[48] Die Bürgerwehr war eine überschaubare Truppe und befand sich «in einer Zwischenposition zwischen dem zivilen Leben und einer regulären Armee».[49] Ihre Mitglieder, «Feierabendsoldaten», waren nicht kaserniert und traten kurzfristig zum Dienst an.[50] Zum Dienst waren alle männlichen Bürger Hamburgs verpflichtet.[51] Ausgenommen waren Männer, die keine «bürgerliche Nahrung» betrieben, wie z.B. Soldaten, Diener oder ähnlich abhängig Beschäftigte. «Wachfreiheit» konnten nur bestimmte Männer erlangen, wie Inhaber öffentlicher Ämter, z.B. Ratsherren, Domherren, Apotheker, Zollschreiber, Schornsteinfeger etc..[52] Wohlhabende hatten die Möglichkeit, sich von dem Dienst freizukaufen. Mit dem Geld mietete der Kapitän der jeweiligen Kompanie einen meist niedrig besoldeten Stellvertreter. Wachgeld mussten alle Bürger, Einwohner und Untertanen zahlen, wenn sie das Dienstalter überschritten hatten, − und alle Witwen. Davon ausgenommen waren seit 1631 die Witwen von Kapitänen und Pastoren.[53]

Die Bürgerwehr übernahm Polizeiaufgaben, die Bewachung der Wälle und Tore, sie absolvierte gemeinsame Dienste mit den Soldaten der Garnison und dem Korps der Nachtwache und half beim Feuerlöschen. Seit 1619 war die Bürgerwehr in vier, später fünf Regimentsbezirke eingeteilt, gemäß den Kirchspielen – mit Kompanien, Quartieren und Rotten zu jeweils 16 Mann:

> An der Spitze jedes Regiments stand ein Ratsherr, der sogenannte Colonell-Herr (oder Obrist). Ein Kapitän (=Kompaniechef) wurde von ihm aus seinem Regiment zum Colonell-Bürger gewählt. Alle Colonell-Herren und -Bürger bildeten zusammen die Colonellschaft, die der Bürgerwache vorgesetzte Behörde.[54]

Ein prominenter Hamburger Bürger und Protagonist der Frühaufklärung, der Dichter und Jurist Barthold Hinrich Brockes, trat 1733 als Mitglied des Rates in diese «Hochlöbliche Colonellschaft» ein. Als Colonell-Herr stand Brockes von 1733–1735 dem Regiment St. Michaelis vor. Von 1735 bis zu seinem Amtsantritt in Ritzebüttel hatte er den Oberbefehl über das Regiment St. Katharinen, dem er nach seiner Rückkehr 1741 wieder zugeordnet wurde.[55] Die eigentlichen Befehlshaber in der Bürgerwache waren die Kompanie-Chefs, die insgesamt 57 Bürgerkapitäne. Die Kompanie war die wichtigste Einheit der

Bürgerwache in militärischer und verwaltungstechnischer Hinsicht. Denn ein Bürgerkapitän, der sein Amt meist lebenslang inne hatte, sollte in seinem Revier für Ruhe und Ordnung sorgen, «die Gassen wieder rein und sauber halten, und davor das Geld von den Bürgern einnehmen»[56], die dienstpflichtigen Bürger und Einwohner registrieren und die Armen kontrollieren.

Die Aufmärsche und Umzüge der Bürgerwehr waren aufwändige und publikumswirksame Inszenierungen. Die Hauptwache lag auf dem Großneumarkt. Im Sommer fanden die «Revuen» statt, die von den Soldaten der Garnison ebenso abgehalten wurden wie von der Bürgerwache, «mit Scheiben- und Preisschießen, Exerzieren, Paraden und dem Verspeisen von Ochsenfleisch.»[57] Hier schauten auch die Frauen zu, ähnlich wie bei den Triumphzügen der Sieger auf der Opernbühne.

Ausgebildet wurden die Männer im 1671/72 am Holzdamm errichteten Drillhaus, das auch als Konzertraum diente. Georg Philipp Telemann veranstaltete dort öffentliche Konzerte und ließ hier auch seine Kapitänsmusiken wiederholen:[58]

> In eben diesem Jahre bauete man das Drill=Haus an der Alster auf den Raum hinter dem Holz=Damm. Es werden in solchen die jungen Bürger im Gewehr geübet. Dieses Haus ist sehr lang und breit, auf den Boden mit Holländischen Klinckern beleget; auf den Seiten mit Gewehr=Schräncken, dafür gläserne Fenster sind, und in welchen sich das feinste Gewehr nach den fünff Kirchspielen befindet, verwahret. Oben ist es mit einem runden hölzernen Gewölbe versehen. Es können in solchen auf einmahl etliche 100. Bürger geübet werden; wie sich dann auch sonst die Music gar wohl darinnen ausnimmt. Der erste Drill=Meister war Hanß Wichmann, ein Glaser und Bürger=Capitain. Jeder Bürger=Capitain muß ihm jährlich 5. Thl geben; und er hat seine freye Wohnung beym Hause. E.E. Rath publicirte zugleich ein Mandat, dass künftighin keiner zum Bürger solte angenommen werden, der nicht einen Schein von dem Drill=Meister brächte, daß er sich in Waffen wohl geübet hätte.[59]

Das Verhalten wehrhafter Männer gab Anlass zu Klagen. Durch unachtsamen Umgang mit Munition und Gewehren erlitten auch unbeteiligte Frauen und Kinder schwere, mitunter tödliche Verletzungen. So heißt es am 28. Juli 1673:

> [...] als die Bürger vom Drillen nach Hause gehen, und unter Wegens sehr starck schießen; So geschahe es, daß auf dem Schaar=Stein=Wege ein Kind dadurch

erschossen ward. E.E. Rath ließ darauf von allen Cantzeln ein Mandat ablesen; daß niemand nach dem Drillen, oder in Auf=und Ab=marchiren, die Musquete loßbrennen sollte; ingleichen solten die Jungen sich nicht unterstehen, mit den Schlüssel=Büchsen zu schiessen, und zwar alles bey willkührlicher Straffe.[60]

Am 30. Juli 1731 hielt die «Hamburgische Milice [...] ihr gewöhnliches Scheiben=Schüssen in dem Horn=Wercke vor dem Möllen=Thore». In einem vorbeifahrenden Ewer wurde eine hannoversche Bauersfrau durch eine Kugel getroffen, die «durch den Arm in die Brust gieng, und sie dermaßen verwundete, dass sie den andern Tag darauf allhier starb!»[61] Doch Strafandrohungen und Drillen hoben das Niveau, die Moral und die Disziplin der Truppe nicht. Während der dänischen Belagerung 1686 berichtete der Garnisons-Kommandant über den Einsatz der Bürgerwache, «dass alle Bürger Companien aufm Walle die gantze Nacht herdurch besoffen gewesen».[62] Kein Wunder also, dass die Hamburger Festungsanlagen nur mit Hilfe auswärtiger Truppen zu sichern waren. Zeitgenossen gingen von einer benötigten, aber nicht finanzierbaren Anzahl von 7000 bis 13 000 Soldaten aus.

1.3.1. Die Bürgerwehr als Kulturträger: Mars tanzt mit Venus

Die Bürgerkapitäne pflegten Geselligkeit unter Männern und zelebrierten ihre gesellschaftliche Bedeutung auch bei dem alljährlichen Kapitäns-Konvivium: «Nächst den s.g. Petri- und Matthiae-Collationen des Senats hatten aber die Bankette der Bürger-Kapitäne die ausgeprägteste Gestalt angenommen.»[63] Doch ganz ohne Frauen mochte man nicht feiern, sie hatten zudem maßgeblich bei der Vorbereitung und dem Auftragen der Speisen geholfen. Nachdem die Männer im Herrensaal des Eimbeckschen Hauses getafelt und die Gattinnen und «Jungfern» in den Nebenräumen gespeist hatten, wurden sie zum Tanz geholt.[64]

Für diese Konvivien wurden die sogenannten «Hamburgischen Capitains Musiquen» in Auftrag gegeben, komponiert vom jeweiligen Ratsmusikdirektor. Ein zentrales Thema dieser Texte, deren Verfasser meist unbekannt sind, ist die Bewahrung des Friedens. So lauten Textanfänge[65] etwa: «Ist es Friede? Wird bald Fried?» (1683), «Wir hofften, wir hofften, es sollt Frieden werden» (1687), «Des Friedens güldnes Haupt lässt sich in Purpur Rosen» (1711),[66] und «Gezweyet seyn, trägt alles Heil zu Grabe» (1721). Beispielhaft hinsichtlich der Geschlechterkonstellation ist die Serenata *Mars und Irene in vergnüglichster*

Verbindung, von Michael Richey getextet und von Matthias Christoph Wideburg komponiert.[67] Sie wurde 1719 neben einem Oratorium für das Jubelfest zum 100-jährigen Bestehen der reorganisierten Bürgerwache aufgeführt. Sie waren der kulturelle Höhepunkt zur gemeinsamen Tafelei der Colonellgesellschaft und des Kollegiums der Bürgerkapitäne. Vor diese Männergesellschaft trat Hammonia, die Stadtgöttin Hamburgs, verkörpert und gesungen von einer Sopranistin. Ohnehin waren die Verbindungen zur Gänsemarkt-Oper eng, sowohl inhaltlich, musikalisch als auch in Bezug auf die Mitwirkenden. So sind ab 1678 auch «Operisten» aufgetreten. Dauer-Stargast bei Telemanns Kapitänsmusiken war Margaretha Susanna Kayser, möglicherweise hatte auch ihre Tochter Charlotte Christine Kayser einige Auftritte ebenso wie Domenichina Pollone (1730) und Mad. Eisentraut (1731).[68] Aus den Personenverzeichnissen geht außerdem hervor, dass die übrigen Sopran- und Altpartien von Diskantisten und Altisten, also Männern gesungen wurden.

Hammonia kann den Frieden nur aufrecht erhalten, wenn Zwietracht fern gehalten wird und die Wehrhaftigkeit der Bürger nicht nachlässt. Tugendhaft und entschlossen, aber nicht selbst zu den Waffen greifend, appelliert sie an das «männliche» Leit- und Selbstbild des Beschützers. Die Friedensgöttin Irene und der Kriegsgott Mars agieren wie auf einander angewiesene Gegenspieler, gemäß geschlechtsspezifischer Rollenerwartungen. Gemeinsam mit Hammonia müssen sie gegen Eris, die Göttin der Zwietracht vorgehen – das Böse, der Streit wird hier weiblich imaginiert, als weibliches Ungeheuer beschrieben. Männliche Gottheiten des Streits, die Zwietracht und Hass säen, sind wesentlich seltener. Eine Ausnahme bildet der Neid in der Serenata einer Kapitänsmusik von 1724. Telemann komponierte die Partie für einen Tenor, der sich vergeblich gegen die Einigkeit, Sopran, und die Glückseligkeit und Tapferkeit, beide Bass, stemmt.[69] So sehr Mars auch in diversen Stücken bekämpft oder angefeindet wird, bleibt ihm gegenüber doch eine ambivalente Haltung aus Furcht und Bewunderung. Denn Mars verkörpert ein kriegerisches (adliges) Männerideal und feiert zudem den Krieg als alle Kräfte und Sinne beanspruchendes und überwältigendes Szenario, wenn er in einer Arie singt:

> Ihr schmauchenden Rachen der groben Geschütze/
> Erschüttert die Lüfte durch brüllende Blitze/
> Irenen zu Ehren: Sie lebe! Gebt Feur!
> Beeifert/ ihr Paucken/ das donnernde Knallen
> Mit rollenden Wirbeln/ mit pochendem Schallen:

> Durchthönet die Wolken/ ihr hellen Trompeten:
> Lasst Eris für Eifer und Unmuth erröthen:
> Es berste dieses Ungeheuer.[70]

Mars beschreibt den Krieg, wie er auch auf der Opernbühne zu erleben war. Auf der Bühne scheint die Hamburger Bürgerwehr allerdings nicht explizit thematisiert worden zu sein, auch nicht in Opern mit Lokalbezug. Aber die Nachtwächter,[71] keine Mitglieder der Bürgerwache, sondern nicht mehr voll einsatzfähige Mitglieder der Garnison, spielen in der Regel komische Rollen, wie übrigens auch auf anderen Opernbühnen. Im Stadtleben spielten sie zumindest eine wichtige Rolle:

> Diese nächtliche Bewachung der Stadt durch Bürger erwies sich im Anfange des 17. Jahrhunderts als unzureichend; die Unsicherheit auf den Straßen nahm so sehr zu, dass ehrliche Leute, Frauen und Jungfrauen sich Nachts ohne Leibesgefahr nicht aus dem Hause wagen durften.[72]

Später bestellte der Rat dann eine hauptberufliche Nachtwache.[73] Zusätzlich zur Bürgerwehr wurden, je nach außenpolitischer Lage, Söldner rekrutiert und von der Stadt bezahlt.

1.4. Soldaten und Söldner

Im Hauptrezeß von 1712 wurde festgelegt, dass Hamburg eine Garnison von 2000 Mann Infanterie und eine Schwadron Kavallerie zu unterhalten hatte, diese Regelung bestand bis 1811.[74] Aber bereits im 17. Jahrhundert wurden Söldner zur Stadtverteidigung angeworben, die in einer Garnison zusammengefasst wurden. Auch fremde Soldaten und Offiziere waren in der Stadt. Der Pomp militärischer Rituale, die effektvoll inszenierte soldatische Männlichkeit mit prächtigen Uniformen und üppigen Mahlzeiten war auch in Hamburg zu bewundern. Aus dem Jahr 1686 berichtet ein Chronist:

> Den 12. Octob. hat E.E.Rath auf dem Eimbeckischen Hause alle fremde Herren Officierer herrlich und wohl tractiret; welches bey der grösten Fröhlichkeit, und vielen Vergnügungen geschahe. Den 16. dieses wurden die Hülffs=Völcker im Neuen=Wercke ihres Eydes erlassen. Die Brandenburgische Cavallerie marschirte das Rathhaus, und die Börse vorbey; welche eine unvergleichliche Parade

machte. Die erste Esquadron bestund in 6. Compagnien Reuter, welche der Obriste Dewitz aufführte. Die andere Esquadron waren vier starcke Compagnien Dragouner. Dort liessen sich die Trompeter und Paucker, hier aber die Trommelschläger tapffer hören. Es waren alle wackere, junge, starcke und tapffere Männer, wohl beritten und montiret. Die Herren Officirers derselben stritten mit einander in kostbarer Kleider=Pracht.[75]

Die in der Garnison angeworbenen Soldaten hatten einem bestimmten Männlichkeits-Ideal zu entsprechen:

> Von den Rekruten verlangte man, daß sie gesund, gut gewachsen, 20 bis 30 Jahre alt und 6 bis 6 1/2 Fuß (1,72 bis 1,86 Meter) lang sein mußten, daß sie keine Bürger, keine Deserteure aus Deutschen Staaten und mit keiner Infamie belegt waren. Den gedienten Leuten gab man bei der Annahme den Vorzug.[76]

Für ihre Verpflegung, Bekleidung und Wohnung mussten die Soldaten selbst sorgen. Ihnen und ihren Familien wurden beim Millerntor und am Steintor einstöckige Wohnhäuser zugewiesen, Straßennamen wie «bei den Hütten» künden noch heute von ihren Unterkünften «in Rufbereitschaft» in der Nähe der Wallanlagen.[77] Die Lebensbedingungen der einfachen Soldaten und ihrer Familien waren oftmals desolat. Sie stammten in der Regel nicht aus den mittleren oder oberen Schichten. Arme Menschen vom Lande und aus den Städten folgten den Werbern mehr oder minder freiwillig.

Es bestand eine Militärgerichtsbarkeit, die Soldaten selbst sollen ein gewisses Sicherheitsrisiko gebildet haben. So wurde ihre Zügellosigkeit beklagt[78] und mit strengen Strafen geahndet. 1627 wurden auf dem Pferdemarkt ein Galgen und als Folter- und Strafinstrumente eine Wippe und ein hölzernes Pferd mit scharfkantigem Rücken errichtet. 1657 wurde dieser Soldatengalgen auf den Schweinemarkt versetzt, 1728 abgebrochen «und vor das Thor Nr. 4, seitwärts der Landstraße nach Wandsbek verlegt und am 13. October 1744 mit großer Feierlichkeit erneuert».[79] 1771 wurde er dann endgültig abgebrochen, das hölzerne Pferd wurde bereits 1764 entfernt. Zu den drakonischen Strafen kam 1672 das Gassen- und Spießrutenlaufen hinzu, das wiederum zunächst mit größter Brutalität unter den Soldaten, die ihrerseits die zu strafenden Soldaten quälen sollten, durchgesetzt werden musste.[80]

In dem *Hamburgischen Articuls Brieff* von 1644/1746 befindet der Hamburger Rat, «daß viel undt mannigerley unordnungen unter den Soldaten entstehen» und deshalb «die verbrecher gebührlich gestraffet werden mögen».[81]

1705 sollten diese Artikel revidiert werden – das unterblieb bis 1746, «wo sie auf 63 Artikel mit recht manigfachen Strafen vermehrt wurden».[82] Dieser Moral- und Strafkodex hatte rund 100 Jahre Gültigkeit und regelte auch den Umgang mit dem weiblichen Teil der Bevölkerung:

> 3./ Alle muthwillige todtschläger, frauenzwinger, ehebrecher, mordtbrenner, diebe, straßenräuber, und die gewalt, falschheit, und andere dergleichen böse thaten, und offenbahre delicten oder unnathürliche mißbräuchen begehen, sollen mit dem tode gestraffet werden.
> 4./ Niemand soll einer wittfrauen, geehlichten oder ungeehlichten frauen, schwangeren frauen oder jungen kindern, wie auch seinem wirth oder wirthinnen, oder auch einigem bürger überlast thun, schlagen, stoßen, oder dräuen, oder auch unehrlich angreiffen, auff poen ohn geleit oder passport gecassiret oder aber nach gelegenheit der sachen an dem leibe gestraffet werden.[83]

Das Militär konnte nur mit Gewalt nach innen hegemoniale Männlichkeiten formen und Truppendisziplin durchsetzen. Solche grausamen Bestrafungen wurden auf der Opernbühne gespiegelt, aber in andere Zeiten zurückverlegt, wie etwa am Beispiel eines römischen Heeres der Antike. Ohnehin waren in Hamburg öffentlich praktizierte Folter- und Todesstrafen ritualisierte, von der Obrigkeit gebilligte Formen von Gewalt und Zuschauermagneten.[84] Zwar plädierten etliche Operntheoretiker dafür, herrscherliche Macht und Gewalt auf der Bühne spektakulär aufzuführen, zugleich jedoch sollte reduziert und symbolisch-zeichenhaft inszeniert werden, etwa ohne Blut etc.. So berichten Opernfiguren von Folterungen, geraten Szenen von Hinrichtungen (von Männern und Frauen) bzw. Opferungen (insbesondere von Frauen) und Vergewaltigungen (von Frauen) zu dramatischen Höhepunkten, die aber in der Regel im letzten Moment gestört und abgebrochen werden.[85] Gewalt auf der Bühne und im städtischen Alltag sollte eine ständische und patriarchale Ordnung konstruieren, manifestieren und Widersprüche sowie Kritik integrieren.

1.5. Mann gegen Mann: Duelle

Ein Duell ist ein verabredeter, nach Regeln ausgefochtener privater Zweikampf[86] mit tödlichen Waffen zwischen Männern, der insbesondere durch aristokratische Traditionen kriegerischer Männlichkeit geprägt war. Doch auch bürgerliche Männer nahmen diese ritualisierten Formen körperlicher

Gewalt in Anspruch. Überhaupt war der Einfluss der adligen Kultur mit ihren spezifischen Idealen eines männlichen Kriegers und Liebhabers auf bürgerliche Kreise groß (und entsprechend die Spottlust auf den Bühnen und in der Literatur gegen Bürger als Edelmänner).

> Das ‹höfisch galante› Ideal um die Wende vom 17. zum 18. Jahrhundert hat für das bessere, namentlich das patrizische und im Dienst der Höfe aufstrebende deutsche Bürgertum eine erhebliche Anziehungskraft besessen.[87]

Auch in Hamburg waren solche Haltungen und Mentalitäten bei Männern wie Barthold Brockes,[88] Johann Mattheson,[89] Georg Philipp Telemann, Friedrich von Hagedorn etc. zu beobachten (siehe II. Teil, 5.6., Galanterie). Das Tragen von Säbel und Degen gehörte wohl für Männer des gehobenen Bürgertums und Adels dazu, wenn sie sich auf der Straße und bei öffentlichen Anlässen zeigten. Doch besteht auch zu dieser Frage noch Forschungsbedarf. Im Zweikampf artikulieren sich ambivalente Facetten von adligen und bürgerlichen Männlichkeiten auf einer Skala von «akzeptiert» bis hin zu «abgelehnt». Zeugnisse für diese ambivalente Faszination ritualisierter Gewalt sind in Libretti und auf der Bühne der Gänsemarkt-Oper zu beobachten.

In einem Mandat vom 16. Februar 1664 heißt es, dass «auch keiner des Nachts mit geladenem und bloßem Gewehr und ohne habende Laterne sich auf den Gassen finden lasse».[90] Jüdischen Männern wurde auf der Börse das Tragen von Degen verboten.[91] Männer hatten ihre Wehrhaftigkeit unter Beweis zu stellen und ihre Ehre zu verteidigen, in der Regel Standesgenossen gegenüber. Das galt auch für Männer, die im Milieu der Hamburger Oper wirkten. Dies beweist der Zweikampf, den sich Georg Friedrich Händel und Johann Mattheson 1704 in der Nähe der Hamburger Oper lieferten. Johann Mattheson erinnert sich genau an den Hergang und seine Beweggründe und liefert damit ein Dokument «männlicher» Selbstdarstellung:

> Am 5. Dec. obbesagten Jahres, da meine dritte Oper Cleopatra aufgeführt wurde, und Händel beym Clavicimbel saß, entstund ein Misverständniß: wie solches bey jungen Leuten, die, mit aller Macht und wenigem Bedacht, nach Ehren streben, nichts neues ist. Ich dirigirte, als Componist, und stellte zugleich den Antonius vor, der sich, wohl eine halbe Stunde vor dem Beschluß des Schauspiels, entleibet. Nun war ich bisher gewohnt, nach dieser Action, ins Orchester zu gehen, und das übrige selbst zu accompagniren: welches doch unstreitig ein jeder Verfasser besser, als ein andrer, thun kann; es wurde mir aber diesesmahl verwei-

gert. Darüber geriethen wir, durch einige Anhetzer, im Ausgange aus der Oper, auf öffentlichem Marckte, bey einer Menge Zuschauer, in einen Zweikampf, welcher für uns beide sehr unglücklich hätte ablauffen können; wenn es Gottes Führung nicht so gnädig gefüget, daß mir die Klinge, im Stossen auf einem breiten metallenen Rockknopf des Gegners zersprungen wäre. Es geschah also kein sonderlicher Schade, und wir wurden, durch Vermittlung eines der ansehnlichsten Rathsherren in Hamburg, wie auch der damahligen Opern=Pächter, bald wieder vertragen; da ich denn desselben Tages, nehmlich den 30. Dec., die Ehre hatte, Händeln bey mir zu bewirthen, wonächst wir beide, auf den Abend, der Probe von seiner Almira beiwohnten, und bessere Freunde wurden, als vorhin. Syrachs Worte cap. 22 traffen also hier ein: *Wenn du gleich ein Schwerdt zückest über deinen Freund, so machst du es nicht so böse, (als mit schmähen.) Denn ihr könnet wohl wieder Freunde werden, wenn du ihn nicht meidest, und redest mit ihm.* [Im Original fett gedruckt].[92]

Dieses Duell soll also nur ein «Missverständnis» gewesen sein, so die auch heutzutage oft vorgebrachte Entschuldigung für männliche Gewalttakte, die noch dazu von anderen angestachelt wurden. Doch jugendlicher männlicher Übermut schien auch Hamburger Honoratioren verzeihlich. So versöhnte sich der damals 23-jährige Mattheson mit dem 19-jährigen Händel, ohne dass die beiden strafrechtlich belangt wurden. Auch vom 20-jährigen Johann Sebastian Bach wird berichtet, dass er als Organist in der Neuen Kirche von Arnstadt in einen Rauf- und Ehrenhändel mit einem Schüler verwickelt war, in dessen Verlauf er den Degen zog.[93] Hier kam einer Frau die Rolle der Schlichterin zu: Seine Base Barbara Catharina Bachin sollte als Zeugin befragt werden, «wann nur sonsten dero Zeugnuß alß einer Weibesperson sufficient erkannt würde.»[94] Sie bestätigte Bachs Aussage, dass Geyersbach ihn wegen der angeblichen Beleidigung seines Fagottes und somit seiner selbst zunächst beschimpft und dann ins Gesicht geschlagen hätte. Worauf Bach den Degen gezogen,

> ihm aber nichts darmit gethan, druf sie ein wenig mit einander gestrauchelt und Geirsbach einen stecken fallen lassen, die andern schüler umb ihn herum getreten referentin aber Bachen an der Hand genomen und ihn mit fort zu gehen erinnert, und so sie ja etwas miteinander zu thun so würde sich's wohl geben gesagt [...].[95]

Barbara Catharina Bach konnte offensichtlich dem männlichen gewalttätigen Schaugehabe um Ehre nichts abgewinnen und hat Johann Sebastian einfach an die Hand genommen und fortgeführt. Den kontrollierten und legalen Schau-Zweikampf zeigten professionelle Fechter in Fechthallen, wie sie in etlichen Städten bestanden. Dort hielten sie Fechtschulen[96] ab, veranstalteten Schauauftritte,[97] zu denen Darbietungen in Kostümen gehörten, als Überbleibsel des Turniers und von Spiegelfechtereien. Möglicherweise schauten hier Frauen zu oder verschafften sich Zugang, z.B. in Verkleidung. Gefechte und Duellszenen gehörten zum Repertoire des Theaters und wurden auch auf der Bühne der Gänsemarkt-Oper inszeniert.

Männer konnten den Umgang mit den Waffen in Fechtschulen oder bei Fechtmeistern lernen und trainieren. Das Studium an Ritterakademien vermittelte Jungen und Männern der gehobenen bürgerlichen Schichten Selbstverteidigungs- und Angriffstechniken, ihre Geschlechtsgenossen aus den unteren Schichten trugen ihre Konflikte ebenfalls körperlich und ritualisiert aus. Der problematischen Grenzziehung zwischen spontanem Raufhandel und Ehrenzweikampf soll hier nicht nachgegangen werden. In jedem Fall waren die Landesherren bestrebt, ihr physisches Gewaltmonopol zu verteidigen und private Kämpfe zu verhindern.[98] Andererseits wollten die Fürsten den Adel einbinden und mussten deshalb auch auf den Ehrenkodex des männlichen Adels Rücksicht nehmen, sich bei Streitigkeiten untereinander selbst Recht zu verschaffen. Spontane Kampfhandlungen, die sogenannten Rencontres, ausgefochten ohne wohl überlegte Vereinbarungen und Sekundanten, wurden milder beurteilt. Ansonsten drohten auch adligen Duellanten strenge Strafen bis hin zur Todesstrafe, allerdings konnten sie mit Begnadigung rechnen.

> Dieses auffällige Interesse der Landesherren, Duelle zu unterbinden, stand andererseits in merklichem Kontrast zu ihrer Neigung, Duellanten, die sich davon nicht hatten abschrecken lassen, nach vollzogenem Waffengang mit Samthandschuhen anzufassen und sie vor drakonischen Strafen, die die Mandate festlegten, zu schützen. Vollstreckte Todesurteile kamen kaum jemals vor; wenn überhaupt eine Untersuchung stattfand, sorgte der Monarch dafür, dass der den gesetzlichen Bestimmungen folgende Richterspruch auf dem Gnadenweg sofort gemildert wurde.[99]

Auch der Rat Hamburgs war seit Mitte des 17. Jahrhunderts mit dem Duell als Dauerproblem konfrontiert.[100] Allgemein hatte sich im Reich der soziale Druck, eine angebliche Beleidigung mit einem Duell beantworten zu müssen, gegenüber dem 17. Jahrhundert verstärkt. Ein Indiz dafür sind die sich häufenden Duelledikte und Duellmandate.[101] In der Regel duellierten sich Gleichrangige, so wird es z.B. kaum Duelle zwischen Adligen oder Zunftmeistern gegeben haben:

> Wohl aber sind in den Archiven einzelne Zweikämpfe dokumentiert, die Handwerker untereinander oder mit nichtadligen Militärpersonen bestritten. So häuften sich etwa in Hamburg um die Mitte des 17. Jahrhunderts die Fälle, in denen ‹gemeinen Standes Leute, ad exemplar der Größeren› Herausforderungen erließen und Duelle ausfochten, was den Rat bewog, dem einreißenden Übel mit mehr Schärfe und Ernst zu begegnen.[102]

So beschäftigte sich ein Obergerichtsurteil vom 03.06.1701[103] mit zwei nichtadligen Duellanten: Johann Jochim Dircks hatte einen Mann namens Johann Stein an einem Sonntagmorgen im Duell getötet, das Urteil lautet auf Enthauptung wegen Totschlags. Als erschwerend galt, dass das Duell am heiligen Sonntagmorgen stattgefunden hatte. Über den Anlass des Duells steht leider nichts in der Akte. Auch etliche blutige Duelle zwischen Adligen bewogen den Rat immer wieder zu Mandaten, dass niemand zu Duellen auffordern, noch sich dazu auffordern lassen sollte. In den Sammlungen Hamburger Mandate[104] ist die Kontinuität dieser Gewalt zwischen Männern nachvollziehbar – mit Mandaten vom 29. Februar 1660, 19. Dezember 1660, 4. Juni 1687, 10. Februar 1699. Am 9. Dezember 1720 wurde dieses Mandat öffentlich angeschlagen:

> CCCCLXVI. E. E. Raths erneuertes und extendirtes Edictum vom 10. Febr. 1699 wider die Duelle.[105]

Der Rat bekräftigt hiermit für «die Stadt und dero Gebiete» auch ein Edikt des Kaisers und alle bisher gedruckten und verkündeten Mandate und Verordnungen gegen

> alle Schlägereyen, Ausforderungen, und deren Annehmungen, Duelle, verdächtige Recontres, Zuschickungen der Cartellen, Edikte, und sonsten alle eigenmächtige und frevelmüthige Ueberfälle und gewaltthätige Angriffe, woraus nicht allein gefährliche Leibes=Verwundung und Beschädigung, sondern auch oftmahls vorsetzliche Todtschläge und Verluste zeitlicher und ewiger Wohlfahrt erfolgen, allen und ieden Ein=und Ausheimischen, wes Standes, Würden oder Condition dieselben seyn mögen, ernstlich und, nach Befinden, bey Leib= und Lebens=Strafe, verboten haben.[106]

Duelle waren ständeübergreifend allen männlichen Bewohnern und Besuchern Hamburgs untersagt. Als Orte der Gewalt galten «insonderheit aber in denen Wirths= und Coffee=Häusern, bey Spielen und anderen Gelagen». Auch Duelle zwischen Soldaten wurden hart bestraft, wie aus den Hamburger Kriegsartikeln von 1644/1708, der Militär-Gerichts-Verfassung, hervorgeht: Auf die Herausforderung zum Duell stand Cassation (Entehrung) und ewiges Gefängnis. Wurde ein Duellant gar getötet, sollte der Täter «ohne alle Gnade mit dem Schwerte gerichtet werden und der Körper des Entleibten auf dem Kampfplatze oder sonst außerhalb der Kirche und des Kirchhofes in der Stille begraben werden.»[107]

2. Der Krieg als Schule der Männlichkeiten und Weiblichkeiten

2.1. Der adlige Mann: kriegerisch und Frieden bringend

Der Adel galt ursprünglich als Kriegerkaste, und zu den Aufgaben der adligen Männer gehörte die Kriegsführung, die Verteidigung und Eroberung von Territorien. Deshalb wurden die Knaben schon früh auf die Kriegsarbeit vorbereitet, wobei die Ausbildung in Kriegstechniken idealerweise nicht als Pflicht galt, sondern als angeborene Leidenschaft und Talent. Offiziersränge waren in der Regel adligen (nicht erbenden, also den nicht erstgeborenen) Männern vorbehalten.

In Selbstzeugnissen adliger Kämpfer wird das Bild des «Haudegens» und der existentiellen Bedeutung des Krieges für die Identität und das Selbstwertgefühl betont. Ein eindrucksvolles Beispiel liefert ein gedrucktes Gedicht aus dem Jahr 1658 mit dem Titel *Deß gefangenen Generals Hans Christoph Graf von Königsmarcks Rede an seinen Degen.*[108] Der hochrangige Militär (1605–1663), 1651 durch die Königin Christina von Schweden in den Grafenstand erhobene Großvater der Gräfin Maria Aurora von Königsmarck, ließ sich auch im Feldherrenhabitus porträtieren, mit prachtvollem Harnisch, Kommandostab in der rechten Hand und Feldherrnschärpe: «Auffällig ist der willensstarke und arrogante Ausdruck des Gesichts, das Hans Christoph dem Betrachter im 3/4 Profil zuwendet.»[109] Als Gefangener präsentiert er sich so:

> So trägt dich nun die Wand/ Ich bin es nicht gewohnet/
> Den grossen Krieges=Fleiß/ des Dantzig Herr belohnet/
> Mir will es nicht in Kopff, ich liebe mehr das Feld/

> O wenn ich draussen wär / und lebte wie ein Held/
> wie lange Zeit hab' ich dich Degen nicht gewetzet/
> An meiner Feinde Fleisch/ Ich habe nicht versetzet [...]
> Es ist mir abgewohnt/ daß ich dich ziehe auß/
> und lebe sonder Krieg in diesem stillen Hauß./
> Es gehet so nicht an/ mein Lob wird dennoch bleiben /
> Das Teutschland wird mich nicht aus seinem Buche treiben./ [...]
> Daß ich hier sitzen muß/ weg gehet Zeit und Stunden/
> Der Müßiggang schlägt mir gar offt Gedanckens=Wunden/
> Es gehet nicht vorbey ein Tag noch finstre Nacht/
> Daß ich/ nicht hab' an Dich/ Oh/ O Schweden=Haupt gedacht.
> Was hilfft mir Krieges=Kunst / wann ich's nicht kann gebrauchen. [...]¹¹⁰

Treu seinem König ergeben sieht der Feldherr seinen Lebensinhalt darin, auf dem Schlachtfeld um Ruhm und gegen Kriegsgegner zu kämpfen. Sein zuverlässiger Begleiter ist der Degen.

2.1.1. Ideale Männerbilder: z.B. Herkules und Mars

Die Sonderstellung des Adels sollte möglichst durch eine göttliche Herkunft legitimiert werden. Ausgezeichnete körperliche und geistige Eigenschaften und Tugenden zeichneten adlige Familien aus, sie lagen ihnen sozusagen «im Blut» und wurden von ihnen weiter vererbt. Ein Idol insbesondere für adlige Männer war der Tugendheld Herkules, der auch auf der Hamburger Opernbühne wichtige Rollen spielte.[111] Die Verbindung von kriegerischem Ruhm, Herrschertugend und männlicher Kampfkraft als Gegenbild zu bloßer Herrscherwürde setzte sich seit der Mitte des 17. Jahrhunderts durch. Prominente Beispiele sind die französischen Könige Ludwig XIII. und Ludwig XIV., die sich jeweils als Herkules darstellen ließen. In diese Tradition stellt sich auch Friedrich August von Sachsen mit seinem von ihm propagierten Selbstbild des «Hercules Saxonicus».[112] Seine körperliche Stärke und Wirkung auch im Umgang mit Frauen beeindruckte etliche ZeitgenossInnen, jedoch erhielt er seinen Beinamen «der Starke» erst von Historikern im 19. Jahrhundert.[113]

An europäischen Höfen bekannt war die Herkules-Statue des sich ausruhenden Helden, die Kopie des sogenannten «Herkules Farnese», nach einem Spätwerk des griechischen Bildhauers Lysipp (2. Hälfte 4. Jh. v. Chr.).[114] Der

Held stützt sich mit der linken Achsel auf seine mit einem Löwenfell umhüllte Keule, die auf einem Felsen steht. Die rechte Hand ruht auf dem Rücken im Lendenwirbelbereich und hält die drei goldenen Äpfel der Hesperiden, ein Hinweis auf die elfte seiner sagenhaften zwölf Arbeiten. Eine Monumentalkopie des Herkules Farnese ließ Landgraf Karl 1717 auf dem Karlsberg in Kassel errichten.[115]

Mit Herkules, einem der ältesten antiken Sagenhelden, wurden möglicherweise die Grenzen des «Geschlechts» ausgetestet, denn neben dieser von Herkules verkörperten «Hyper-Männlichkeit» faszinierte der Held auch in «weiblichen» Kleidern und mit «weiblichem» Habitus. Herkules musste, als Sühne für die Tötung des Iphitos, der ihn fälschlicherweise des Diebstahls edler Stuten und Fohlen bezichtigt hatte, als effeminierter Sklave in die Dienste der lydischen Königin Omphale treten.[116] Diese Episode spielte in der bildenden Kunst der Neuzeit eine wichtige Rolle. Insbesondere zwischen 1500 und der Mitte des 18. Jahrhunderts sind etwa 1500 solcher Darstellungen bekannt.[117] Herkules trug Frauenkleidung und Schmuck und half den Dienerinnen der Königin beim Garnspinnen. Omphale hingegen präsentierte sich mit seinem Löwenfell und Keule. Dieser Kleider- und somit Geschlechter-Rollentausch galt bereits klassischen Autoren als Beispiel dafür, wie leicht ein starker Mann durch eine selbstbewusste attraktive Frau zum Sklaven werden könne. Aus mythenhistorischer Perspektive bezieht sich dieses Abenteuer des Herkules jedoch

> eher auf eine frühe Stufe in der Entwicklung des Heiligen Königtums vom Matriarchat zum Patriarchat, als der König als Gemahl der Königin das Recht hatte, sie in Zeremonien und bei Opferungen zu vertreten – doch nur, wenn er ihre Kleider trug.[118]

Von vergleichbaren Deutungen und einem Helden in Frauenkleidern war in Georg Philipp Telemanns Singspiel *Omphale* (1724/1725)[119] jedoch nichts zu lesen, das er aus dem Französischen nach Antoine Houdart de la Motte *Omphale* übersetzte (Paris, 1700/1701). Hier kämpft Herkules gegen die Macht der Liebe und beherrscht seine letztlich vergebliche Leidenschaft für die Königin Omphale. Trotz seiner eifersüchtigen Attacken gibt es zumindest keine Todesfälle. Bereits im Untertitel wird angedeutet: «Die rühmliche Liebes-Ueberwindung des Alcides». Alcides muß auf Omphale verzichten, da sie den Prinzen Iphis liebt. Ein die Geschlechtergrenzen überschreitender Kleidertausch findet nicht statt.

Das Hamburger Opernpublikum kannte den Helden Herkules als unglücklich Liebenden, der sich vorbildlich im Verzicht übt – wie etwa gegenüber der verheirateten Königin Alkestis in *Der siegende Alcides* (1696).[120] Doch möglicherweise identifizierten sich etliche Männer von Stand weniger mit der verzichtenden, als mit der sexuell aggressiven Seite dieses Helden-Ideals. Darauf lassen satirische, kritische Bemerkungen etwa im Vorbericht der Oper *Julia* (1717)[121] schließen. Der römische Kaiser Commodus Antoninus schien die Verkleidung, die Identifikation mit Göttern und Helden zu lieben. Im Vorbericht des Librettos wird er als Tyrann beschrieben, als «abscheuliches Gegenbild aller Laster», als Gegensatz zu seinem tugendhaften Vorgänger und Vater Marcus Aurelius, was bezeichnenderweise den Verdacht nahelegt, dass er aus einem Ehebruch der Mutter stamme. Antoninus sei der «Geilheit und Grausamkeit ergeben» und ging auf dem Kapitol

> zwischen den Leichen [ermordeter Gegner] in Gestalt des Jupiters herum/ scheuete sich auch nicht offtermahls in des Hercules Kleidung öffentlich zu erscheinen/ um mit dessen Keule die Pforten der Palläste einzuschlagen/ und den römischen Dames eine unanständige ja auf ein unzüchtiges Begehren abzielende Visite zu geben/ [...].

Weitere wichtige Identifikationsfiguren waren Kriegshelden wie Alexander der Große,[122] Mars und Odysseus.

2.1.2. Der Hof als Zivilisierungsfaktor für adlige Krieger?

Wichtige Orte der Opernhandlung sind Höfe und ihre Gärten, die zwar in der Regel in längst vergangenen oder sagenhaften Zeiten existierten, aber so strukturiert waren, dass sie zumindest einem Teil des Publikums vertraut erschienen, also durchaus aktuell realen Lebens- und Vorstellungsräumen entsprachen. Nun ist die Bedeutung der Höfe nach dem 30-jährigen Krieg – und der auch von Frauen mitgeprägten höfischen Kultur – für die Zivilisierung des adligen Mannes ein noch lange nicht abgeschlossenes Forschungsfeld. Wegbereitend waren die Studien von Norbert Elias, der sich auf den französischen Hof und dessen Bedeutung für die Triebkontrolle und Affektzügelung in der frühmodernen Staatsbildung konzentrierte.[123] Dabei hat er aber nicht die geschlechtsspezifischen Aspekte des «Prozesses der Zivilisation» berücksichtigt, wie Claudia Opitz kritisiert.[124] Über den Einfluss der Frauen auf die Kultur und die Umgangsweisen bei Hofe und somit auf die Herausbildung von höfischen Männlichkeiten und Weiblichkeiten wird erst in jüngerer Zeit intensiver geforscht.[125]

Am Beispiel des Dresdner Hofes hat Katrin Keller gezeigt, dass die Bezeichnung «Hof» in den Jahrzehnten um 1700 differenziert gebraucht werden muss. Anders als in früheren Jahrhunderten[126] konnte bei Hofe oder in seinem Umfeld nur ein kleiner Teil der erwachsenen Männer des kursächsischen Adels ein Amt ausüben:

> Die Zusammenstellung von Quantitäten signalisiert zudem zweitens eine wichtige Grenze seiner Instrumentalisierbarkeit für die so gern zitierte ‹Domestizierung des Adels›: Der direkte Zugriff des Fürsten auf ‹seinen› Adel über höfische Hierarchien war schon schlichtweg dadurch begrenzt, dass nur ein kleiner Teil der Männer von Adel sich längerfristig bei Hofe aufhielt – ein Problem, das durch die wenig ausgeprägte ständische Hierarchie des landsässigen Adels mit ihren Konsequenzen für Klientelsysteme noch verschärft worden sein dürfte. Die Einbeziehung der ja durchaus auch nachweisbaren adligen Amtsinhaberinnen bei Hofe ändert angesichts ihrer geringen Zahl nichts am Gesamtbild.[127]

Für dramatische Höhepunkte sorgen in etlichen Opern gewaltsame Rivalitäten zwischen adligen Männern. Sie können oft nur durch den Eingriff des Fürsten und loyaler Höflinge unterbunden werden. Der Frieden bei Hofe scheint fragil und wird auch durch ein von Frauen mitgewirktes soziales Netz stabilisiert.

2.2. Frauen, Waffen, Gewalt und Krieg: eine Frage des Standes

2.2.1. Wehrhafte Heldinnen

Die Epen und phantastischen Welten der Antike und des Mittelalters spielten für das Opernpublikum auch in Hamburg eine realitätsstiftende Rolle. Einige Traditionslinien sollen hier angerissen werden. Wirkmächtig waren die «Neuf Preuses», neun triumphierende bewaffnete Frauen. Sie wurden erstmals 1394 in der allegorischen Romanze *Chevalier errant* von Tommaso di Saluzzo mit ihren Viten vorgestellt und sind einem älteren Kanon männlicher Heldengestalten nachgebildet, den «Neuf Preux». Unter den Neuf Preuses befanden sich sechs Königinnen.[128] Einige dieser Heroinnen spielten auch auf der Hamburger Opernbühne wichtige Rollen:

1. die Argiverin Deyphille (Deipyle) war zusammen mit ihrer Schwester Argue (Argia) an der Eroberung Thebens beteiligt;
2. die Amazonenkönigin Synoppe (Sinope), deren Kampfgeist auch Herkules imponierte;
3. Yppollite (Hippolyte) und Menalyppe (Menalippe), die Anführerinnen des Amazonenheers, die sich mit Herkules und Theseus schwere Gefechte lieferten;[129]
4. Semiramis,[130] Königin von Babylon und Eroberin etlicher Länder. Zu den oft zitierten Topoi zählt, dass sie unfrisiert einen Aufstand niederschlagen wollte;
5. die Amazonenkönigin Lampheto (Lampeto), die zusammen mit Marsepie (Marpesia) regierte, Länder und Städte eroberte und neue errichten ließ;
6. die Königin der Skythen Thamaris (Tomyris),[131] die Cyrus und seine Armee besiegte und sich für seine zerstörerischen Eroberungen rächte;
7. Theuca (Teuta), Königin der Illyrer, kämpfte gegen die Römer und blieb keusch und
8. die Amazonenkönigin Pentezillee (Penthesilea) unterstützte auf Bitten des Priamos die Trojaner gegen die Griechen.

Die Vorbildfunktion, die diese Heldinnen insbesondere für die legitimierte Machtausübung der französischen Königinnen hatten, könnte allerdings begrenzt gewesen sein, denn diese sagenhaften Frauen agierten alle außerhalb der christlichen Welt: «Insofern steht der Kanon im Einklang mit der Rolle der französischen Königin, der durch das Salische Gesetz der Anspruch auf die Thronfolge genommen war.»[132] Anders jedoch als in England oder Frankreich waren diese kriegerischen Heldinnen an deutschen Höfen weniger verbreitet, da beispielsweise keine verwandtschaftlichen Verhältnisse bis ins alte Troja reklamiert wurden.[133] Dennoch lassen sich auch hier gewisse Einflüsse und Faszinationen nachweisen, sie gehörten zum Bildungsgut und besaßen Symbolkraft.

Auch wenn dieser mittelalterliche Kanon triumphierender Heldinnen Ende des 15. Jahrhunderts seine Bedeutung verloren hat, wirkte er dennoch weiter in den Künsten, in Volksfesten, bei herrscherlichen Festzügen – bis hinauf auf die Opernbühnen. Dabei hat er seine höfische Konnotation nicht verloren, wie sich auch am Erfolg des Femme Forte-Modells im 17. Jahrhundert ablesen lässt, «das Herrscherinnen als Heroinnen feiert: denken wir z.B. an das allegorische Portrait der Maria de Médici als Bellona».[134] Maria de Médici

(1573–1642), zweite Gattin Heinrichs IV. und Regentin für ihren unmündigen Sohn Ludwig XIII. (1601–1643), war eine der Auslöserinnen der Querelle des Femmes.[135]

Heroische Frauen, die tugendhaft und zugleich im Besitz politischer und militärischer Macht waren, spielten in der Gesellschaft des 16. und 17. Jahrhunderts eine wichtige und umstrittene Rolle im Hinblick auf das biblische Bild der Frau als «schwächeres Gefäß». Eindrucksvoll reflektiert wird dies beispielsweise im französischen und italienischen Theater, wo weibliche Bühnenfiguren bedeutende Rollen spielten.[136]

Die «Amazonomanie» der Frühen Neuzeit[137] hat ihre Wurzeln in der Antike[138] und bietet konkurrierende und koexistierende Versionen über die Amazonen. Negative Bewertungen einer nicht zu kontrollierenden Weiblichkeit lassen sich hier ebenso ablesen wie Bewunderung für ihren Mut und ihre Leistungen. Die Amazone als Schreck- und Wunschbild, solche Aufspaltungen sind auch in frühneuzeitlichen Epen nachweisbar: der «archaische, nach Unabhängigkeit strebende Frauentypus» und die «kultivierbare und domestizierbare Variante».[139] Zwar unterliegen sie in der Regel im Geschlechterkampf, werden militärisch geschlagen und/oder geheiratet, aber sie unterwandern auch Herrschaftsdiskurse – denn jede Amazonengeschichte setzt die Idee einer starken Frau frei.

Mit dieser «männlichen» Maskerade sind nicht unbedingt Imitationen der herkömmlichen Verhältnisse gemeint, sondern neue Konzepte, etwa von kluger und friedlicher Regentschaft. Die Amazone kann «weibliche» Lebensentwürfe behaupten, oder wie Kroll dieses scheinbare Paradox formuliert:

> die Protagonistinnen dieser Autorinnen [der franz. Amazonenliteratur des 17. Jahrhunderts] sind als Schreckbilder maskiert, um weibliche Wunschbilder zu transportieren. Die Autorin, selber ein ‹Schreckbild›, bedient sich eines gleichgeschlechtlichen Schreckbildes, um sich als ein im Symbolsystem repräsentiertes Subjekt zu etablieren.[140]

Bereits vor der Fronde, der Rebellion französischer Adliger gegen die Zentralisierung der Macht durch Ludwig XIV. zwischen 1648 und 1653, haben französische Autoren und Autorinnen die literarische Tradition der Amazonen in den Femmes Fortes fortgeführt. Und während der Fronde spielten Frauen auch wichtige militärische Rollen:

Exiled later to their estates, some of them wrote romans à clef. Women writers thus easily acquired an aura of the Amazonian, challenging men on both the literal and the literary battlefields.[141]

Eine aktive Rolle übernahm hier Mlle de Montpensier, genannt »La Grande Mademoiselle«[142], Anne-Marie Louise d'Orléans, (1627–1693), Cousine des französischen Königs Ludwig XIV., Enkelin Heinrichs IV.[143] und der Maria de Médici. Eindrücklich hat Renate Baader ihre Memoiren analysiert:

> [Sie] holen die Motive ihrer romanhaften Biografie – die Kindheit einer Prinzessin, den Heroismus der Amazone, die Orléans stürmt und auf der Bastille die Kanone auf die königlichen Truppen richtet (März und August 1652), die scheiternden Heiratsprojekte und schließlich Triumph und Ohnmacht ihrer späten Leidenschaft – in die Literatur zurück.[144]

Die Identifikation mit den Amazonen ist auch Ausdruck einer weit verbreiteten Wundergläubigkeit bis hinein in die gebildeten Adelskreise. Anschaulich beschreibt Baader diesen durch mythologische Erzählungen strukturierten Lebensraum:

> [...] das Wunderbare in der Dichtung und die allegorische Stilisierung der Lebenswelt ließen für die aristokratische Gesellschaft die Grenzen zwischen Märchen und Wirklichkeit fließend werden. Die klassische Mythologie (‹la fable›) war ein Bildungsgut auch der Frauen. Als Diana oder Athene, als Nymphe oder Amazone zeigten sie sich im Portrait und in der Maskerade des höfischen Fests und Balletts. Die Zauberwelten der *Metamorphosen* des Amadis und des *Romanzo* vermischten sich ebenso wie ihre Gestalten: Feen und Sirenen, Nymphen, Sibyllen oder Druiden sind Erscheinungsformen eines ‹merveilleux magique›, das jenseits des Rationalismus und der klassischen Norm sein ästhetisches und in eins damit ständisches Eigenrecht behauptete.[145]

Die Aristokratie nutzte für ihre Genealogie und Heraldik sagenhafte Figuren aus Mythologie und Feenmärchen. Diese wunderbaren Stoffe bargen auch geschlechtsspezifische Perspektiven. Baader untersucht das Feenmärchen als weibliche Glücksdichtung, wie sie etwa Mme d'Aulnoy verfasste, die dabei auch Themen aufgreift wie Zwangsverheiratung und erste traumatische sexuelle Erfahrungen junger Frauen.[146] Im Gegensatz dazu stehen Charles Perrault's Feenmärchen, dessen Frauenbilder eher der «mulier domestica»[147] ähneln und etliche Autorinnen, wie Baader es fomuliert, dazu motivierten, mit «eigenen Märchenentwürfen ihre Wunschwirklichkeiten zu erkennen zu geben.»

Für diese Kreise boten die Oper, die pastoralen theatralischen Gattungen, die epischen Stoffe und phantastischen Welten der Antike und des Mittelalters Lebens- und Empfindungsräume,[148] europaweit zu beobachtende Phänomene. Auch an der Hamburger Gänsemarkt-Oper sind märchenhafte Wunderwelten mit realitätsnahen Kämpfen zwischen den Geschlechtern zu beobachten. Möglicherweise haben sich nicht nur Prinzessinnen mit Feen und anderen Fabelwesen und mythologischen Figuren identifiziert, sondern auch Hofdamen, Dienstbotinnen und ihre Freunde.

2.2.2. Adlige Frauen: begeisterte Jägerinnen

Zentral für die Konstruktion und das Verhältnis der Geschlechter war das Rollenmodell des Mannes als Krieger und Verteidiger, der sich körperlich zur Wehr setzt und zu den Waffen greift. Dazu gehörte auch die Selbstbestimmung über die eigene «Sexualität» und das aktive Begehren. Mit einer männerbündisch organisierten Wehrhaftigkeit wurde ein Gemeinwesen verteidigt und zusammengehalten und ggf. fremde Territorien erobert. Aus diesen kriegerischen Selbstbildern und Rollenzuweisungen leiteten Männer ihre Macht, Einflussnahme und ihren Anspruch auf politische Teilhabe ab. Auch auf der symbolischen Ebene spielten Waffen eine wichtige Rolle, als Ausdruck von Wehrhaftigkeit, Herrschaftsanspruch und (phallischer) Macht.

In patriarchal strukturierten Systemen wie dem Reich und Hamburg wurden den Frauen der Umgang und der Dienst an der Waffe verwehrt. Begründet wurde dies damit, dass Frauen in der Geschlechterhierarchie den Männern nicht ebenbürtig waren. Sie galten als körperlich, geistig und seelisch schwächer, unbeherrschter und unkontrollierbarer, bedurften deshalb männlichen Schutzes und Bevormundung. Eine selbstverständliche Teilhabe an (Bürger-)Wehrdienst, mit Ausbildung an den Waffen, öffentlicher Mitsprache und Verantwortung für das jeweilige Gemeinwesen war für Frauen ausgeschlossen.

In einem permanenten Kulturkampf wurden hegemoniale Männlichkeiten produziert, gemäß eines Kanons von als «männlich» definierter Tugenden und Fähigkeiten – in Abgrenzung zu entgegengesetzten Definitionen von «Weiblichkeiten», mit denen Frauen und «verweiblichte», d.h. angeblich «schwache» Männer, kategorisiert und abgewertet wurden. So galten z.B. modebewusste Männer als Gecken, als nicht vollwertig, wenn sie etwa lange Degen nach französisch-spanischer Mode trugen. Aber die Herausbildung und Inszenierung von kriegerischer Männlichkeit war problematisch, da sie den sozialen Frieden und die etablierte hierarchische Ordnung gefährden konnte. Kommentare dazu finden sich in der Literatur, auf dem Theater und in der Oper, wenn kriegerisches, protziges Heldentum verspottet wird, auch mit Sympathie für gescheiterte Helden und Verlierer. Ein Beispiel dafür ist *Der lächerliche Prinz Jodelet* (1723).[149] Frauen wurde in dieser militaristisch strukturierten Welt nur eine sehr reduzierte Form der Gegenwehr zugestanden. Dazu zählen die «reizenden Waffen der Schönheit», wie sie z.B. in der Oper *Der ehrsüchtige Arsaces* (1722)[150] Rosmiri, Vertraute der persischen Königin Statira, beherrscht. Mittels ihrer Attraktivität soll sie den im Kerker einsitzenden und sie liebenden General Arsaces dazu bringen, die Königin um Verzeihung zu bitten (III, 5).

Als wirksamste und unter gewissen Umständen legitime Waffen galten für Frauen körperliche Schönheit, Sanftmut und Friedensliebe, mithin ihre für Männer angenehme und für diese präsentierte vermeintliche «Andersartigkeit». Doch auch dieses Verhaltensspektrum musste permanent durchgesetzt und eingeübt werden, da Frauen durchaus anders handelten – und das nicht nur auf der Opernbühne. So lebt die Oper von weiblichen Opernheldinnen, die geschlechtsspezifisch konnotierte Eigenschaften (wie Tapferkeit und Friedensliebe) in einer Person verkörperten. Sie agierten als Kämpferinnen mit «männlichen» Waffen und Mut in einem «weiblichen» Leib, anders als ihre Gegenspielerinnen, die z.B. als zurückhaltend, sanft, Vätern und Ehemännern gegenüber ehrerbietig gezeichnet wurden.

Sportliche Ertüchtigung, Körperbeherrschung und der Umgang mit Waffen galten für adlige Jungen und Männer als unerlässlich, sollten sie doch «kriegstüchtig» werden. Auch für adlige Mädchen und Frauen, die auf Führungsaufgaben[151] vorbereitet wurden, gab es entsprechende Trainingsprogramme, die sich aber an speziellen Weiblichkeitsbildern orientierten – und weniger «kriegerisch» ausgerichtet waren.[152] Doch für die Jagd wurden adlige Frauen oft sorgfältig ausgebildet, wozu der Umgang mit Waffen und Reitunterricht gehörte. Prominente Beispiele sind Christina von Schweden,[153] die in Männerkleidung und nicht immer im Damensitz ausritt, und Liselotte von der Pfalz (1652–1722), die am Hof Ludwigs XIV. wohl 1000 mal an der Jagd teilnahm, um ihre Gesundheit zu bessern und die Stimmung zu heben. Doch gelang dies nicht immer, wie sie am 8. Oktober 1688 ihrer Tante, der Herzogin Sophie von Hannover (1630–1714), gestand:

Dienstags fuhren wir wieder mit dem König auf die jagd, kamen erst nachts wieder; Mittwoch rennten wir wieder den hirsch, aber meine unlust verjagte ich gar nicht, wie E.L. leicht gedenken können; nach der jagd mußten wir wieder mit dem König essen und abends war appertement.[154]

Auf die Jagd gingen auch mächtige Fürstinnen wie die Statthalterin der Niederlande, Erzherzogin Maria Elisabeth (1680–1741),[155] und die Kaiserin Maria Theresia.[156] Die adligen Jägerinnen schätzten die Bewegung an frischer Luft und Erleichterung von der höfischen Etikette, sie erlegten auch Wild und ließen sich im Jagdkostüm porträtieren, das der «männlichen Mode» nachgebildet war.[157] So betont Katharina II. in ihren Memoiren, dass sie in Männerkleidern in Oranienbaum früh morgens zur Jagd ging und selbst schoss, nur von einem alten Jäger begleitet, und überhaupt auf dem Lande größere Freiheiten als in der Stadt genoss:

> Um drei Uhr morgens stand ich auf und kleidete mich selbst an, und zwar von Fuß bis Kopf. [...] Der Großfürst kam ein oder zwei Stunden nach uns, denn er mußte immer frühstücken und Gott weiß was mitschleppen. Wenn er uns traf, fuhren wir zusammen, wenn nicht, schoß jeder für sich.[158]

Auch zu höfischen Vergnügungen nahmen adlige Frauen die Flinte zur Hand, wie etwa Lady Mary Wortley Montagu (1689–1762) ihrer Schwester Francis, verheiratete Gräfin Mar, berichtet. Sie war 1716 zu Gast bei der Kaiserin Amalia,

> die itzt auf ihrem einsamen Schloße, eine halbe Stunde von der Stadt entfernt, wohnt. Dort hatte ich das Vergnügen, einer Belustigung zuzusehen, die für mich ganz neu war, die aber der gewöhnliche Zeitvertreib hier am Hofe ist.[159]

Lady Montagu wurde Zeugin eines Schießwettbewerbs, dessen Arrangement und Zeremoniell auch Szenarien auf der Opernbühne ähnelte:

> Die Kaiserin selbst saß auf einem kleinen Throne am Ende der schönen Allee des Gartens; ihr zu beiden Seiten standen zwo Reihen junger Fräulein vom Stande aufgereiht, an deren Spitze sich die jungen Erzherzoginnen befanden; alle in ihren eignen Haaren aufgesetzt, voller Kleinodien, mit schönen leichten Flinten in der Hand.

Mit diesen wohl speziell für Frauen gefertigten Gewehren zielten die jungen Frauen auf drei ovale Schießscheiben, bemalt mit mythologischen Figuren und einem Mottospruch. Den ersten Preis überreichte die Kaiserin höchstpersönlich, einen mit Diamanten besetzten Rubinring in einer goldenen Dose.

Alle Leute vom Stande aus Wien waren dabei Zuschauer; nur den Damen allein war erlaubt zu schiessen, und die Erzherzogin Amalia erhielt den ersten Preis. Mir gefiel diese Lustbarkeit überaus wohl, und ich glaube, dass sie eine ebenso gute Figur, als das Wettschießen in der Aeneis, machen würde, wenn ich ebenso gut, als Virgil, schreiben könnte. Dies ist eine Lieblingsbelustigung des Kaisers, und selten geht eine Woche vorbei, ohne dass ein Fest von dieser Art gehalten würde, wodurch die jungen Damen geschickt genug werden, eine Schanze zu vertheidigen. Sie lachten herzlich über meine Furchtsamkeit, mit einem Feuerrohr umzugehen.

Lady Montagu bewegte sich auf unsicherem Terrain: schwankend zwischen dem Bild der entschlossenen, angriffslustigen und zugleich wehrhaften Amazone und dem des furchtsamen schutzbedürftigen tugendhaften Weibes, muss sie mit Spott oder Bewunderung rechnen. Die Jagd und der Umgang mit Waffen waren ein standesgemäßer und zugleich ambivalenter Zeitvertreib für Frauen, wobei das Jagdgerät, die (mythologische) Inszenierung und das Selbstbild der Jägerin, geschlechtsspezifisch begrenzt waren, zumindest, was die sexuelle Komponente betraf. Denn offiziell blieb es den Fürsten vorbehalten, sich als Jäger zu präsentieren, die das Wild ebenso wie Frauen jagten und bezwangen.

Waffen gehörten damals zum Alltag, der Umgang mit ihnen war jedoch geschlechtsspezifisch geregelt. Adlige, aber auch bürgerliche Frauen, haben bei ihren Brüdern, Freunden und Ehemännern Waffen gesehen, inspiziert und ausprobiert – und gelegentlich auch im Streit eingesetzt, wie aus etlichen Quellen hervorgeht. So gab Sophie Elisabeth, Tochter des dänischen Königs Christian IV., nach gewalttätigen Auseinandersetzungen im Schlafzimmer einen Pistolenschuss auf ihren Ehemann Christian von Pentz ab, einem Vertrauten ihres Vaters und Gouverneur von Glückstadt, deutscher Reichsgraf und 1641 Kommandant des Feldlagers in Fuhlsbüttel.[160]

Eine Frau mit Waffe war in der Regel ein prekäres Bild, Ausdruck von Grenzüberschreitung, Anmaßung, extremer Bedrohung, Wahnsinn. Doch sind auch hier die Standesgrenzen zu berücksichtigen. So erschien eine adlige Frau mit Waffen weniger anstößig als eine bürgerliche. Die adlige Frau beanspruchte standesspezifische Privilegien und Ausdrucksmöglichkeiten, die ihr auch zugestanden wurden. Dazu gehörten auch als «männlich» konnotierte Bereiche wie Herrschaft, die Kriegsführung und Jagd. Sie hatte im öffentlichen Leben standesgemäße herrschaftliche Pflichten zu erfüllen, mit Tugenden und Eigenschaften, die dem männlichen Wertekanon entsprachen. Andererseits wurden adlige Frauen an strengen Tugendkatalogen gemessen, die sich mit denen von Frauen aus dem gehobenen Bürgertum überschnitten. Umkämpft und umstritten blieb die «Schamhaftigkeit», die «Keuschheit», die auch bürgerlichen Frauen abverlangt wurde.[161]

2.2.3. Herrscherinnen und Regentinnen mit militärischen Führungsaufgaben

Obwohl Herrscherinnen und Regentinnen vielfach beargwöhnt oder gar abgelehnt wurden, wie etwa durch den französischen Staatstheoretiker Jean Bodin (1529–1596), war dessen Polemik gegen die weibliche Herrschaft außerhalb Frankreichs wenig erfolgreich, wie Claudia Opitz betont:

> Mit dem Erstarken der Erbmonarchien seit dem 16. Jahrhundert wurde die weibliche Thronfolge eher die Regel als die Ausnahme; jedenfalls gab es wohl zu keiner Zeit eine größere Zahl souverän oder im Namen ihrer unmündigen Söhne herrschenden Frauen als zwischen 1500 und 1800.[162]

Außerdem beeinflussten in Frankreich drei Regentinnen nachhaltig Politik und Kultur: Maria und Katharina von Medici sowie Anna von Österreich, Mutter von König Ludwig XIV. Die Liste der machtvollen Frauen, «Amazoninnen» der Frühen Neuzeit, ist lang,[163] und zu ihren Führungsaufgaben gehörten in der Regel auch Entscheidungen in militärischen Fragen.

Zeitgenossin einer Hamburger Bühnen-Regentin wie Sinilde aus *Sancio* (1727) ist die unverheiratete Erzherzogin Maria Elisabeth, die als Statthalterin zwischen 1725–1741 die habsburgische Herrschaft in den südlichen Niederlanden sicherte. Zu ihren Aufgaben gehörten militärische Angelegenheiten, über die sie mit dem Hofkriegsrat zu korrespondieren hatte. Durch die jeweiligen Kanzleien gelangten die Berichte dann an den Kaiser. Dazu zählten die Versorgung der Truppen im Winter und Friedensinitiativen.[164] Überliefert sind Konflikte zwischen Schwester und Bruder, aber auch zwischen Regentin und Oberstjhofmeister. Sie wurden von Forschern dahingehend gedeutet, dass der Wiener Hof bestrebt war, «die Herrschlust der Regentin [zu] zügeln und ihr nahe [zu] legen, vor allen wichtigen Entscheidungen erst den Kaiser zu konsultieren.»[165] Doch wurde vor einiger Zeit nachgewiesen, dass der Kaiser offensichtlich «vergessen» hatte, den Obersthofmeister dafür mit Vollmachten auszustatten, möglicherweise aus Sorge, damit das Ansehen der Regentin zu beschädigen. Pichorner gibt weitere Einblicke in bis heute bestehende Ressentiments gegen Herrscherinnen, wenn er behauptet:

> So war die Rolle des Obersthofmeisters höchst kompliziert und es bedurfte der starken Persönlichkeit Harrachs, sich gegenüber der dominierenden Statthalterin durchzusetzen.[166]

Aufschlussreich ist auch seine nicht weiter reflektierte Behauptung: «Maria Elisabeth war von wenig anziehendem Äußeren, besaß jedoch eine gebietende majestätische Haltung.»[167] Die Regentin wird geschildert als fromme und autoritäre Prinzessin, die rigoros gegen die Jansenisten vorging.

2.3. Frauen aus bürgerlichen und unteren Schichten: Waffen im Haus und auf dem Schlachtfeld

Ein Schreckbild war die machtvolle, unkontrollierbare Hausfrau, die wie eine Furie Haushalts- und Küchengeräte zu Waffen umfunktionierte und Männern die Kastration androhte. So ist in den Akten des Hamburger Senats ein Druck aufbewahrt, der einen friedlich schlafenden Mann mit Nachtmütze zeigt, dem eine ältere bebrillte Frau mit einem Messer das Glied abschneidet – offensichtlich eine Reaktion auf seine eheliche Untreue, die aber auch wegen ihres Alters zu entschuldigen sei. Diese Haltung legen zumindest Titel und Merkspruch nahe:

> Das Ihren Jungen Mann mit einem Messer Castrirende Alte Weib.
> Aus einen Jungen Hahn Wird sonst nur ein Capaun:
> Wer aber darff nun Wohl den alten weibern traun,
> die, wann die männer nur ein wenig extra gehen,
> mit messern also gleich nach ihren Leben stehen.[168]

Doch: nutzten Frauen Messer, Degen oder Schwerter für Drohgebärden und Angriffe, wie es Männer vorgemacht haben? Untersuchungen von Francisca

Loetz von Frauen in Zürich ergaben, dass zwar «Gewehre» in greifbarer Nähe gewesen seien,[169] aber nichts darauf hinweise, dass sie mit solchen Waffen hantiert hätten. Auch sei nichts darüber bekannt, dass Frauen ihre Küchen- und Arbeitsgeräte zu gefährlichen Waffen umfunktionierten:

> So detailliert die protokollierten Aussagen auch sind, Szenen, in denen z.B. (Küchen-) Messer oder Spinnrocken als ‹Waffen der Frau› zum Einsatz gekommen wären, beschreiben sie nicht.[170]

Anders sei dies bei Familienstreitigkeiten, wo Eltern und Kinder beiderlei Geschlechts mit herumliegenden Stöcken aufeinander losgingen.[171] Droh- und Gewaltverhalten ist auch auf der Opernbühne zu beobachten: So prügeln einander (Diener-)Paare in Opern und Intermezzi, und die frustrierte Hausfrau Xanthippe wirft mit Tellern und Büchern in *Socrates* (1721).

Trotz aller Normen und Restriktionen gehörten zur Realität des Krieges kämpfende Frauen in Männerkleidung,[172] die auch unter männlichem Namen auf den Schlachtfeldern ihr Auskommen suchten[173] und in der Regel aus den unteren, manchmal auch kleinbürgerlichen Schichten stammten. Ihnen drohten bei der Entdeckung ihres «wirklichen» Geschlechts Strafen, da ihnen auch «unzüchtiges Verhalten» unterstellt wurde.

Ein spektakulärer Fall in Hamburg war Ilsabe Bunck, die bereits als Jugendliche Männerkleider getragen, den Namen Heinrich Lohmann angenommen, in Rotterdam als Knecht gearbeitet und später in der dänischen Armee gedient hat. «Jungfer Heinrich», wie sie auch genannt wurde, soll wie ein Mann mit Frauen zusammengelebt haben. In die Fänge der Hamburger Justiz geriet sie aber erst durch einen Mord an einer Bauersfrau, den sie mit ihrer Geliebten und einem Apothekergesellen begangen haben soll. Die drei Angeklagten «gestanden» erst unter der Folter. Sie wurden am 23. Januar 1702 gerädert und ihre Leichen verbrannt. Verhängnisvoll war die Anklage der Sodomie mittels eines künstlichen Gliedes, die «Profanierung der Ehe und der Missbrauch des göttlichen Namens».[174]

Ein «so gar extra ordinaires Verbrechen»[175] wurde einer jungen Frau angelastet, die in Männerkleidung als Soldat gedient, mehrfach ihre Religion gewechselt und geheiratet hatte: Catharina Margaretha Linck, 1687 in einem kleinen Ort in der Nähe des Kyffhäusers geboren, wurde in Halberstadt 1721 mit dem Schwert hingerichtet, da sie «sich fälschlich für eine Mans Persohn ausgegeben, und sich mit der Muhlhahnen wüklich trauen laßen, und beyde als Mann und Frau etliche jahr mit einander gelebt [...].»[176] Angela Steidele hat das Schicksal dieser Frau, die aus ärmlichen Verhältnissen stammte, mustergültig nachgezeichnet. Sie war ein Schützling August Hermann Franckes, des Theologen, Pädagogen und Begründers der Franckeschen Stiftungen in Halle und zog später auch als Prophet einer pietistischen Sekte durch die Lande. Hineingeboren wurde sie in ein verarmtes Soldatenmilieu, als uneheliches Kind einer «Soldatenfrau». Ihre Mutter Magdalena Linck war 31 Jahre alt, verwitwet und arbeitete wohl als Marketenderin, der Vater war ein unbekannter Soldat.[177] Catharina Linck hatte von 1705–1712 als Musketier, als einfacher Soldat zu Fuß, im Spanischen Erbfolgekrieg (1701–1714) gekämpft. «Um sich nicht zu verraten, verbarg sie ihre Brüste unter einem Stück Weißblech, das sie sich um den Oberkörper band und das sie vielleicht auch im Kampf schützen sollte.»[178] In dieser Zeit band sie sich auch einen Dildo samt Hoden um, mit denen sie auch zu «unterschiedlichen Mädgens unter denen Soldaten» ging,[179] wohl zu Prostituierten, wie sie später in ihrem Gerichtsprozess aussagte. Steidele ist auch den Auseinandersetzungen innerhalb des Criminal-Collegiums über die Frage nachgegangen, ob Frauen überhaupt sodomitisch handeln können, auch wenn sie etwa ein lebloses Objekt wie einen Dildo benutzen.[180] Das Collegium wollte Catharina Linck deshalb mit der Todesstrafe verschonen, aber mit «scharffen Staupenschlägen aus der Stadt und in Zuchthauß auf Lebenszeit» einsperren[181] und ihre Ehefrau und Liebste, Catharina Margarete Mühlhahn, für drei Jahre ins Zuchthaus sperren. Der preußische König Friedrich Wilhelm I. jedoch ging auf diese strafmildernden Vorschläge nicht ein und schrieb eigenhändig das Todesurteil.[182]

Doch es gibt auch etliche Beispiele von Frauen, die im «Männerhabit» als Soldaten kämpften, ohne in erotisch-sexuelle Skandale verwickelt zu sein. Ein gutes Ende nahm der Einsatz einer jungen Frau, die 1698 als «tapfferen Amazonin» in einer in Hamburg erschienen Sammlung von Kuriositäten[183] geschildert wird. In England war sie 1696 als Soldatin in Männerkleidung enttarnt worden. Sie sei «eine lange Zeit dem Kalbfelle gefolgt» und durch die Behandlung einer Beinwunde von einem

> allzu vorwitzigen Barbier entdecket worden/ indem sie aber im Examine rigeroso kräfftigst dargethan/ dass sie nicht die Leichtfertigkeit/ sondern die Gloire, ihr Leben für einen so mächtigen Beschützer der Englischen Religion und Freyheit/ als welchen Ruhm sich seine Britannische Majest. mit höchstem Recht ohn wiedersprechlich zuzueignen befugt wäre/ in die Schantz zu schlagen/ in den Krieg/ welchen sie bereits in die 8. Jahr/ als eine tapffere Granadirerin/ mit männlichem

Habit/ getrieben/ und sie darauff nicht nur begnadiget/ sondern auch mit einer jährliche Pension von 20 Pfund Sterling versehen worden [...].

Diese «Merckwürdigkeit» wird in einer imaginierten Runde der Bewohner des Musenberges Parnass vorgetragen und sorgt für aufschlussreiche Debatten. Kriegsgott Mars sieht dies als «großen Schimpf» und plädiert für eine «nachdrückliche Bestraffung», mit damals überzeugenden Argumenten:

> Die meisten schienen auff dessen Seite zu treten/ aus Vorwand/ dass dieses keine Frauen/ sondern Männer=Arbeit wäre/ von welcher sie billig/ wie von allen männlichen Aemtern/ durch die Rechte excludirt worden/ [...].[184]

Hier werden wesentliche Aspekte der damaligen Diskussion um Frauen in Männerkleidung deutlich, die als Soldaten ihren Lebensunterhalt verdienten. Sie konnten offensichtlich für eine lange Zeit unentdeckt bleiben, solange sie nicht an «körperlichen», als «weiblich» klassifizierten Merkmalen erkannt wurden. Entscheidend war ein untadeliger Lebenswandel, der Verzicht auf Abenteuer und sexuelle Beziehungen. Der Einsatz des eigenen Lebens für König und Religion erschien lobenswert, doch generell sollte so ein die Grenzen und Handlungsräume des Geschlechts überschreitender Lebenswandel verhindert werden. Die Überschreitung geschlechtsspezifischer Grenzen in Dichtung und Wahrheit, auf symbolischer und realer Ebene, forderte auf erregend-aufregende Weise das patriarchale System heraus. Kriegerinnen, die auf der Hamburger Opernbühne faszinierten und irritierten, waren in der Regel adlig. Sie kämpften in Männerkleidung auf den Schlachtfeldern für ihr Reich bzw. Vaterland oder reisten ihrem Geliebten nach. Sie agierten als Amazonen, deren historische Existenz und Staats- und Lebensform kontrovers diskutiert und bewertet wurde.

Auch Hamburger OpernbesucherInnen könnten Schaukämpfe zwischen Männern und Frauen gekannt haben, wie sie in England stattfanden:

> In August 1725, Sutton the champion of Kent and a couragious female heroine of that County challenged the noted gladiator Stockes and his wife Elizabeth to combat, £ 40 to be won by the combatant, who gave the most cuts with the sword, and £20 for the most blows at quarter-staff.[185]

2.3.1. Die Feder: eine wirksamere Waffe?

Die Literatur bot ein Feld für Auseinandersetzungen, auf dem Machtansprüche, Definitionen von «Männlichkeiten» und «Weiblichkeiten» eher ausgefochten als verhandelt wurden. Autorinnen riskierten es immer wieder, in «männlich» dominierte Terrains der Sprache, Rhetorik und Autorität einzudringen. Stolz beschreibt Christiane Mariane von Ziegler[186] in einem Geburtstagsgedicht für Graf Flemming von 1726 ihre Invasion per Dichtung in die männlich dominierte Literatur. Dabei wähnte sie sich von den Musen unterstützt, die ja ebenfalls Frauen seien:

> In Männer-Herzen wohnt nicht Hertz und Muth allein,
> Das Frauenzimmer kan auch Heroinen seyn. (42)[187]

Ziegler argumentiert mit einer Liste vorbildlicher Femmes Fortes wie Semiramis, Fulvia, Ismene, Zenobia, Laedusia, Pallas und Bellona. Zu ihrem täglichen Tugend-Training gehörten keineswegs Tändelein und Müßiggang:

> Die Damen so sich nur in Armors Waffen üben/
> Und süßen Zeitvertreib statt edler Arbeit lieben/
> Sind Gänse-Blumen gleich gemein und gantz veracht/
> Da man hingegen die zu Kaeyser-Cronen macht.[188]

Die militärische Symbolik bezieht Ziegler eher auf eine entschlossene, wehrhafte Haltung auch in der Liebe als auf reales Gemetzel auf dem Schlachtfeld: «In the end Mars is even a better lover than many a ‹Spaß-Galan›. Amazons too can be better lovers, she implies.»[189] Nicht eindeutig ist Ziegler's Gedicht im Hinblick auf die Frage, ob Frauen auch tatsächlich mit Waffen trainieren sollten: «Whether Ziegler actually meant for women to practice arms is doubtful, though possible. More likely she meant such exercise as a metaphor for writing poetry.»[190]

Strittig bleiben die Wirksamkeit und der Stellenwert von Waffe oder Feder. Bildung ist Schutzschild und Waffe zugleich in einer von militärischen Bildern und Begriffen beherrschten und durchsetzten Gesellschaft, in der kriegerisches Verhalten als Ausdruck von (männlich konnotierter) Aktivität und Entschlossenheit gilt, die eigenen Interessen durchzusetzen und zu verteidigen. Waffen und Rüstungen sind auch als schaurig-faszinierendes Symbol für den Anspruch der Frauen auf gesellschaftliche Teilhabe und Macht zu untersuchen.

3. Frauen im Krieg

3.1. Frauen von Stand im Kriegslager und auf dem Schlachtfeld

Noch wenig erforscht ist die reale Anwesenheit der Ehefrauen oder Geliebten der adligen Krieger auf dem Schlachtfeld bzw. im Heerlager.[191] Hinweise dafür gibt es in Opernlibretti, antiken Texten,[192] Romanen und anderen Textsorten, meist eingearbeitet in erotisch aufgeladenen Erzählsträngen. Protagonistinnen waren hier Frauen als Kriegsheldinnen und Reisende in Männerkleidung, die in Geschlechterverwirrspiele verwickelt wurden. Zwar war die große Bedeutung dieses Frau-zu-Mann-crossdressings bereits Thema diverser Untersuchungen, auch im Hinblick auf gleichgeschlechtliches Begehren von Männern und Frauen;[193] doch soll hier ausdrücklich betont werden, dass in diesen Topoi auch Aspekte einer patriarchalen Realität gespiegelt werden: Frauen sind ihren Ehemännern, Verlobten, Verwandten oder Geliebten ins Feld nachgereist, um ihnen beizustehen oder sie von neuen Liebschaften abzuhalten. Dazu haben sie vielfach Männerkleidung getragen, in erster Linie um sich wie Männer frei bewegen zu können und vor Belästigungen und Vergewaltigungen geschützt zu sein, also nicht primär des erotischen Reizes wegen. Einen Skandal, den hochadlige Frauen auslösten, die in Männerkleidung reisten, kommentiert beispielsweise Madame de Sévigné in einem Brief an ihre Tochter, die Gräfin von Grignan, Paris 20. Juni 1672.[194] Darin verwickelt waren vier Schwestern, Nichten des Kardinals Mazarin.

Wenn Frauen sich auf das Terrain des Krieges begeben, in der Literatur und auf der Theater- und Opernbühne, erscheinen sie involviert in Liebesabenteuer. Ein Beispiel liefert Hunold in seinem *Satyrischen Roman* (1706), in dem er auch die Reise seines Helden Tyrsates zu einem Freund beschreibt:

> Unterwegs begegnete ihm ein Officier, der dem Ansehen nach was zu bedeuten/ und führte Calpurnien als seine Gemahlin mit ins Feld. Die Gelegenheit gab es/ daß sie Tyrsates sprechen konte/ und also wünschte er ihr vielmahls Glück/ und hatte bey sich allerhand lustige Gedancken.[195]

Calpurnia war wohl nicht in Männerkleidern unterwegs, und «Lustige Gedancken» hatte Tyrsatis im Hinblick darauf, dass sein Freund trotz seines Militärdienstes ein legitimes Liebesleben würde führen können.

Frauen waren in mehrfacher Hinsicht in das reale Kriegsgeschehen verwickelt, etwa in der Funktion von Regentinnen, als Gattinnen oder Verwandte von Militärs, als Versorgerinnen von Kriegsleuten, als Zivilistinnen. Obwohl die Standesunterschiede auf den Schlachtfeldern, in den Lagern und Quartieren fortbestanden, waren alle Frauen, unabhängig von ihrem Stand, permanent bedroht, was Leib, Leben und sexuelle Integrität anging.

Als Trosserinnen galten die Partnerinnen der einfachen Soldaten im Tross, die sie bei ihren Kriegseinsätzen begleiteten, im Unterschied zu den Ehefrauen bzw. Geliebten der höheren Ränge. Jene konnten ebenso wie ihre Gefährten Dienste von Knechten und Mägden in Anspruch nehmen, mussten nicht zu Fuß gehen, kein Gepäck schleppen, litten keinen Hunger und brauchten auch im Feldlager und in der Garnison nicht auf den gewohnten Luxus zu verzichten.[196] Dies veranschaulichen auch Ereignisse aus der Hamburgischen Geschichte, die zwar rund 40 Jahre vor Beginn der Eröffnung der Gänsemarkt-Oper stattfanden, aber Konstellationen aufweisen, wie sie auch in etlichen anderen Opern zu beobachten sind:

Um seine landesherrlichen Ansprüche durchzusetzen, ließ der dänische König Christian IV., der auch Herzog von Holstein war, im Dorf Fuhlsbüttel ein Lager errichten, das zwischen September 1641 und Februar 1642 genutzt wurde. Trotz spärlicher Hinweise auf sein Privatleben zu dieser Zeit wird vermutet, dass seine Geliebte Wiebke Kruse seinen Lager-aufenthalt teilte. Sie war eine holsteinische Bauerntochter und Kammermädchen seiner früheren Mätresse Kirsten Munk, die ihn verlassen hatte:[197] «Es ist jedoch bekannt, dass sie den König auf seinen Reisen und Unternehmungen immer begleitet und die damit verbundenen Strapazen nicht gescheut hat.»[198] Als Indiz für Wiebke Kruse's Anwesenheit in Fuhlsbüttel gelten aufwendige Arbeiten am königlichen Hauptquartier. Denn laut einer dänischen Quelle wurde, wenige Tage vor der Ankunft des Königs, der Zeltmacher Niels Erlandsen aus Kopenhagen nach Fuhlsbüttel beordert.[199]

Einen anderen Frauentypus verkörperte die Tochter von Christian IV.: Sophie Elisabeth stammte aus der Verbindung mit Kirsten Munk und wird als «verwöhnte Königstochter»[200] geschildert. Sophie Elisabeth war mit einem Vertrauten ihres Vaters verheiratet, mit Christian von Pentz, dem Gouverneur von Glückstadt, deutscher Reichsgraf und Kommandant des Feldlagers in Fuhlsbüttel und einer der einflussreichsten Schwiegersöhne des Königs. Doch hat Sophie Elisabeth ihren Gatten wohl nicht in dieses Lager begleitet, da die Ehe bereits als zerrüttet galt. Die Eheleute sollen sich heftig gestritten und Sophie Elisabeth im Schlafzimmer einen Pistolenschuss auf ihren Gatten[201] abgefeuert haben. Er wurde 1648 beim Regierungswechsel politisch kaltgestellt und starb schließlich in «Suff und Depression».[202] Dies ist ein Beispiel für

Ehe- und Familienkonflikte, wie sie auch in Romanen und andeutungsweise in Opernhandlungen verarbeitet wurden (siehe Teil II).

3.2. Am Hof auf den Helden wartend: die adlige Frau

Die Lebenswirklichkeit zwischen Kriegen, Militärdiensten und den strengen Keuschheitserwartungen an die Frauen sorgte auch an Höfen für Spannungen und Skandale. Viel Aufsehen erregte damals die sogenannte «Königsmarck-Affaire»[203]. Der Bruder von Maria Aurora von Königsmarck, Philipp Christoph von Königsmarck, war seit 1689 in Hannover stationiert und in braunschweigisch-lüneburgischen Diensten. Hier begegnete er seiner Freundin aus Celler Kindertagen wieder, der Prinzessin Sophie Dorothea, die feindselig vom Hofstaat beäugt, in unglücklicher Ehe mit dem Erbprinzen Georg Ludwig lebte. Ein klassisches Beispiel für patriarchale Doppelmoral, waren doch die Affären des Erbprinzen allgemein bekannt. Aber als sich eine Liebesbeziehung[204] zwischen Sophie Dorothea und Philipp Christoph entspann und sich die Hinweise darauf verdichteten, dass sie im Frühjahr 1694 nach Sachsen oder Wolfenbüttel fliehen wollten, wurde erbarmungslos zugeschlagen. Denn Sophie Dorotheas Schwiegervater Ernst August strebte die Kurwürde für Hannover an. Da sein Sohn Georg Ludwig den englischen Thron erben sollte, sollte jeder Skandal vermieden werden. Deshalb wurde Philipp Christoph von Königsmarck umgebracht, wie allerdings erst in jüngster Zeit zweifelsfrei festgestellt werden konnte. Die Zeitgenossen hingegen rätselten über seinen Verbleib. Die Kurprinzessin Sophie Dorothea wurde ohne Prozess und Urteil lebenslänglich, d.h. 32 Jahre auf Schloss Ahlden gefangen gesetzt, ihre beiden Kinder, der spätere englische König Georg II. und ihre Tochter Sophie Dorothea, durfte sie nie wieder sehen. Letztere heiratete den Preußenkönig Friedrich Wilhelm I. und wurde Mutter Friedrich des Großen.

Das Schicksal der «Prinzessin von Ahlden» wurde von vielen Zeitgenossen beklagt, wie etwa von Anton Ulrich von Braunschweig-Lüneburg, der auch mit Ernst August verfeindet war.[205] Auf einem Doppelbildnis demonstrierte Maria Aurora von Königsmarck möglicherweise ihre Verbundenheit mit Sophie Dorothea.[206] Doch die unglückliche Prinzessin von Ahlden konnte nicht ebenso befreit werden, wie ihre Kammerfrau Eleonore von dem Knesebeck aus Wittingen/Nordsteimke (*1655). Standhaft hatte sie bei allen Verhören geschwiegen, wurde 1694 in Springe inhaftiert und 1695 auf die Bergfeste

Scharzfeld/Harz verbracht, ebenfalls ohne Prozess und Urteil. 1697 gelang ihr jedoch mit Hilfe eines Dachdeckers die Flucht, indem sie sich aus 20m Höhe abseilte. Ihr Schwager brachte sie über die Grenze auf wolfenbüttelerisches Gebiet. In Wien erbat sie einen Schutzbrief von Kaiser Leopold I., der ihr ausgestellt wurde.[207]

Doch es gibt auch Zeugnisse glücklicher Ehen von Diplomaten und Militärs, die die Zeit der Trennung in gegenseitiger Treue überstanden. Ein «bemerkenswertes Zeugnis für gelebte Lust in der Ehe stellen die sogenannten Tagzettel der Johanna Theresia von Harrach»[208] (1639–1716) dar, die 1661 in Spanien, als sie noch Hofdame der Königin Maria Anna war, Ferdinand Bonaventura I., Graf von Harrach heiratete. Diese Liebesehe entsprach auch den Interessen ihrer hocharistokratischen Familien. Da ihr Mann für längere Zeit wegen diplomatischer Missionen nach Spanien reisen musste, hatte er sie verpflichtet, alles aufzuzeichnen, was in seiner Abwesenheit vorgefallen war. Wichtige Themen dieses Beziehungstagebuchs sind Liebe, Eifersucht und eheliche Sexualität:

> Oft scherzhaft, manchmal ironisch, aber auch angstvoll warnt Johanna Theresia ihren Mann vor außerehelichen ‹Freuden›, um sich mit einer vielsagenden Replik selbst zu beruhigen: ‹gott bring ihmb nur gesundter herauß, daz ist ja guet, daz er meindt, eß sei ursach, daz er so keisch, bin ichß doch auch, und ich kenn woll an ihmb, daz er nit von den begirigen ist, dan ich offt vill monet bosiren mueß anä dieser kliglselchkeit, da wirt er sagen, ein, so lieg, eß ist doch kleichwoll war.›[209]

3.3. Frauen aus den unteren und bürgerlichen Schichten

Obwohl Frauen vom Wehrdienst und der Ausbildung an den Waffen ausgeschlossen waren, spielten sie in den Kriegen wichtige Rollen. So gewährleisteten die sogenannten Trosserinnen die Versorgung der Truppe, der sie im Tross folgten:

> Die mit weitem Abstand größte Gruppe im Tross waren die Frauen und Kinder; für gewöhnlich scheint ihre Zahl nicht kleiner gewesen zu sein als die der Söldner. Doch konnte sie die Zahl der Kombattanten durchaus übersteigen.[210]

Insbesondere Frauen aus den unteren Schichten, vorwiegend Dienstbotinnen, schlossen sich den Trossen an, auf der Suche nach besseren Lebensbedingungen.[211] Ohne die Frauen und ihre Dienstleistungen im Tross hätte kein frühneuzeitliches Heer einen Feldzug bestreiten können:

> Nicht nur, dass sie die sexuellen Bedürfnisse ihrer Männer und Überlebensgefährten befriedigten, ihnen das gemeinsame Hab und Gut nachschleppten, für sie kochten, die Kinder aufzogen und die Prügel ertrugen, die sie ‹umb leichter Ursachen willen› erhielten [...].[212]

Sie übernahmen auch die Pflege der Verwundeten, halfen beim «Beuten» und beim Ausplündern der Toten auf den Schlachtfeldern, sie reinigten die Aborte, leisteten Schanzarbeiten und verdienten noch dazu Geld für den Lebensunterhalt. So wuschen sie die Wäsche, gingen Betteln, schufteten als Arbeiterinnen in Uniformfabriken oder als Mägde.[213] Prostitution spielte in den Heeren eine wichtige Rolle, und die Kriegsherren versuchten die sogenannten «Hübscherinnen» aus den Feldlagern zu verdrängen. Seit Mitte des 17. Jahrhunderts gab es sogar Verordnungen, die Söldnern die Todesstrafe androhten, wenn sie sich mit «Concubinen» abgaben. Doch:

> Gemeine und Ämter waren sich einig: ohne ‹Huren› kein Krieg, und widersetzten sich erfolgreich dem obrigkeitlichen Willen zur sittlichen Disziplinierung.[214]

Auch für diese Frauen gab es nur eine Chance, ihre wirtschaftliche Situation zu verbessern und sozial aufzusteigen: die Heirat. Eine Prostituierte, die einen Söldner geheiratet hatte, nahm in der Hierarchie der Trosserinnen einen gehobeneren Status ein. So erbte sie auch den Nachlass ihres Gefährten, wenn er im Kampf umkam.[215]

Seit Ende des 17. Jahrhunderts versuchten die Kriegsherren, die Anzahl der Frauen im Tross, in den Quartieren und den Garnisonen zu vermindern, denn ein Gemeiner verdiente nicht genug, um eine Familie zu ernähren. Außerdem klagten die Quartierwirte und die zahlungspflichtige Bevölkerung über die verarmten und bettelnden Familien. Deshalb sollten die Werbekommandos gezielt «unbeweibte» Soldaten heranschaffen, und Gemeine sollten nicht ohne Zustimmung ihrer Vorgesetzten heiraten dürfen. Trotzdem stieg die Anzahl der verheirateten unter den einfachen Söldnern in vielen Heeren.[216] Erst in der zweiten Hälfte des 17. Jahrhunderts etablierten sich stehende Heere, die Massenabdankungen, die oftmals zur Bildung militanter Großbanden führten, fanden ein Ende, und der Rekrutenmangel wurde chronisch.[217]

Armut, Existenzsicherung durch Arbeit beim Militär und die Sehnsucht nach einer Partnerschaft, mit der Überlebenskampf und Einsamkeit gemeistert werden konnten – vor diesen realen Hintergründen sind die komischen männlichen und weiblichen Personen auch auf der Hamburger Oper zu interpretieren.

I. Teil B
Krieg, Gewalt und Frieden: die Libretti

4. Inszenierungen bei Hofe und auf der Opernbühne

4.1. Das Geschlecht des Krieges und des Friedens

Kriege, Kriegshandlungen, aber auch das Ringen um Frieden bildeten zentrale Motivkomplexe auf den europäischen Opernbühnen und am Gänsemarkt. Der Krieg war Mittel realer Politik und zugleich oftmals bestimmender Rahmen des Bühnengeschehens. Er war ein Schauspiel, ein überwältigendes mediales Ereignis, das zugleich Schaulust, Spannung und sexuelle Erregung garantierte – mit inszenierter Gewalt zwischen Männern, aber auch zwischen den Geschlechtern, bühnentechnisch imposant gestalteten Kriegsszenarien wie brennenden Städten und Dörfern und Heerlagern.

Sowohl für die Bühne als auch für das Schlachtfeld galt: das kriegerische Geschehen war ein theatralisch inszeniertes Schauspiel,[218] eine Plattform, auf der sich Männlichkeiten inszenierten und konstituierten und echte Helden erst richtig «geboren werden» konnten. Erst der Krieg brachte den wahren «Mann» hervor, der sich als unabhängiger Held beweisen kann, als Verkörperung einer hegemonialen Männlichkeit. Hier feierte sich eine patriarchale Gesellschaft, die sich allerdings zivilisieren musste: Leidenschaften und Begierden wurden thematisiert, um sie am Ende zu kontrollieren, Tugenden wurden ausgebildet und alles in allem ging es darum, die Vorstellungen einer patriarchalen Gesellschaft geordnet zu reproduzieren. Als systemstabilisierende Pendants dazu wurden Weiblichkeiten konstruiert, die zugleich ihre Tugend kämpferisch zu wahren hatten, aber auch beschützt werden mussten. Zwar wurden Stärke und Unverwundbarkeit als «männlich» gedacht, hingegen Schwäche und Verwundbarkeit als «weiblich», aber auf der Bühne wurden auch Spielräume eröffnet, Grenzen überschritten, skandalös-sensationelle Kombinationen präsentiert.

So spiegeln sich in etlichen Opern zeitgenössische Ambivalenzen gegenüber dem Krieg. Zwar wurde der Krieg auf der Bühne zelebriert, aber auch der Frieden gefeiert. Die Verantwortlichen der Gänsemarkt-Bühne mussten diplomatisches Geschick beweisen. Als von bürgerlichen Eminenzen regierte Stadt war Hamburg an der Wahrung des Friedens interessiert und deshalb auch aktiv in den Schutz der Handelsflotten involviert, musste aber mächtigen adligen Kriegsherren und ihren Vertretern die gebührende Anerkennung für deren (expansive) Kriegsführung und Friedenssicherung erweisen.

Auf der Opernbühne wurden multimediale Friedensappelle inszeniert, gleichzeitig wurden dort auch Gewaltakte zur Friedenssicherung vorgeführt. Die Opernbühne präsentierte diverse Identifikationsmuster für kriegerische und auf Ausgleich bedachte Männlichkeiten, für gebrochene Helden, unglücklich Liebende. Unterhaltsam und kritisch zugleich ist der Spott gegenüber angemaßtem Heldentum, Soldatenelend und Trunksucht.

Beispielhaft für die höfische Theatralisierung des Krieges war das Hochzeitsballett *Vom Paride und Helena* (1650),[219] das im Riesensaal des Dresdner Schlosses aufgeführt wurde, zur Doppelhochzeit der beiden sächsischen Kurprinzen Christian und Moritz mit den Schwestern Christiane und Sophie Hedwig zu Oldenburg und Schleswig-Holstein.[220] Die Kulissenstadt Troja brannte, auf dem mit Asche übersäten Bühnenboden kämpften und tanzten die Repräsentanten Kursachsens in den Kostümen trojanischer und griechischer Krieger. Im Cartel, dem Libretto, wurde diese Inszenierung von «Schlachten und Blutvergiessen» all denen, die dies für ein unpassendes Hochzeitsstück hielten, erläutert und geschlechtsspezifisch begründet:

> [...] Und wie die Sättigkeit/ die aus lauter verzuckerten süssen Speisen herrühret/ dem Leib und dessen Wohlstand nicht allzu viel frommet/ Also ist die jenige Lust/ die nur in weichen und süßen Sachen genossen wird denen Gemüthern nicht so heilsam und gut/ als welche aus männlichen/ und so zureden/ etwas bitteren Händen enstprungen ist.[221]

Deshalb waren alle 65 Akteure des «Singeballets» Männer, die Rolle der Helena wurde vom Hofdiener Heinrich Googh übernommen.[222]

Die Wirkungsmacht des Krieges, die Faszination der Schlachteninszenierungen blieben nicht exklusiv den Höfen vorbehalten, sondern sind auch auf den «bürgerlichen» Opernbühnen, wie etwa in Venedig und Hamburg nachweisbar. So wurde martialischer Pomp zelebriert, wie in der aufwändigen Oper *Cato*[223] (1711), oder spektakulär mit den Folgen eines Krieges die Handlung eröffnet: Entweder wurde ein Sieg gefeiert mit Triumphbogen, Triumphzug, gefesselten Kriegsgefangenen und Sklaven[224] vor «Cavalieres und Dames» als Bühnenpublikum, oder die erste Szene zeigte die Verheerungen auf dem Schlachtfeld, z.B. in *Tigranes* (1719). Schlachten, Kriegsgräuel oder Kriegsfolgen waren selbstverständliche Bestandteile der Bühnenausstattung, wie z.B. die Schlacht zwischen dem lydischen und persischen Heer in *Croesus* (1711): «Darauff folget die Schlacht / worinnen zuletzt die Perser obsiegen / und die Lidier die Flucht nehmen» (I, 16); in *Julia* (1717) war «[d]as Capitolium voller Leichen der erschlagenen Aufrührer» (II, 1), der römische Kaiser Antoninus erschien in Gestalt Jupiters auf einem Adler «und gehet über die erschlagenen Leichen», in *Hannibal* (1735) war «[d]er Camp de Bataille bey Canna voller erschlagener Cörper an dem Fluß Aufidus» (II, 6).

Kriegerische Inszenierungen dienten auch höfischer Unterhaltung. So beginnt der zweite Akt der Oper *Artemisia*[225] (1715) mit der Inszenierung einer Schau-Seeschlacht für eine königliche Hofgesellschaft:

> Der Schauplatz ist ein lustiges Revier an der Königlichen Menagerie, woselbst eine See mit vielen vergüldeten Schiffen/ auf welchen/ wegen erhaltenen Sieges wider die Rhodier, ein Schiff=Spiel gehalten wird.

ZuschauerInnen dieser Seeschlacht sind Artemisia, Königin in Carien, «mit der gantzen Hoffstatt und denen gefangenen Rhodiern», weiteren Hauptpersonen «nebst vielem Volcke»:

> Tutti Quanti:
> Last die Lüffte widerschallen/
> Aetzt den Sieg in Marmor ein;
> Unsre Feinde sind gefallen!
> Last die Hertzen
> Lachen/ schertzen/
> Und den Krieg verbannet seyn. (II, 1)

Dann beginnt der «Schiff=Streit» unter «Trompeten= und Paucken=Schall» (II, 1). Außerdem gibt es einen Tanz von Schiffern, «welche gleichfals einen Streit vorstellen».

Vielfältige Erklärungsmodelle für Krieg und Frieden sind in den Vorberichten und den Prologen der Libretti nachweisbar. Insbesondere in den Prologen werden Debatten über die Ursachen von Krieg und Frieden exemplarisch vorgeführt von Allegorien oder Göttern. Dazu gehört die Vorstellung, dass göttliche Kräfte, himmlische Mächte über Krieg und Frieden entscheiden, etwa in Gestalt des kriegerischen Geschwister- bzw. Liebespaares[226] Mars und Bellona. Ihre GegenspielerInnen, das Verhängnis und der Friede,[227] sind in der Regel weiblich imaginiert.

Das «Heroische Schäfer=Spiel» *L'inganno fedele oder Der getreue Betrug*[228] (1714) feiert den Friedensschluss von Rastatt (6. März 1714),[229] dem, wie im Folgenden gezeigt wird, diverse musik-theatralische Produktionen gewidmet wurden.

Mars wird als Vertreiber der Künste und guten Geschäfte auf der Bühne der Gänsemarkt-Oper gebrandmarkt, und «die feurige Geschwulst der Blatter» gilt als Folge des Krieges. Handel, Wissenschaft und Künste seien gefährdet durch kriegerische Ereignisse. Im Vorbericht wünschte sich der Librettist König,

> dass der Himmel nichts unerfüllt lassen wolle/ was sowohl in dem Prologo als Epilogo, für Hamburgs Wohlergehen/ öffentlich angestimmt worden: damit Wehr=Lehr= und Nehr=Stand beglückt/ die edle und wachsame Väter des Vaterlandes und ihr Nachruhm ewig im Seegen/ die Musen und Künste im Flor; dieser Schau=Platz aber in langer Zeit durch keine traurige Verhindernisse geschlossen stehen möge.[230]

Die erste Handlung beginnt auf dem Berg Parnassus, der bevölkert wird von Apollo und den Musen,

> welche wie die übrigen Virtuosen des Parnasses/ jede ein eigenes Instrument tractiren und dazu singen. Man siehet auch verschiedene Genien der Künste und Wissenschafften/ mit Mathematischen/ Musicalischen und andern Instrumenten und Büchern/ welche in einem Kreise sitzen/ und die Sinfonie des Orchestre mit einem Wiederhall beantworten.

Hier kommuniziert das Musenberg-Bühnenorchester mit dem der Gänsemarkt-Oper und erzeugt eine damals beliebte Echowirkung. Apollo[231] geriert sich gemäß der griechischen Mythologie als Kriegsfeind, als Hüter der Künste und Wissenschaften:

> [...] Wie offt! Wie offt seuffzt' ich nicht über dich/
> O Todtfeind Mars/ verhasster Wüterich!

> Da in Europa fast kein einz'ger Ort geblieben/
> Wo du/ Barbar/ mich nicht vertrieben:
> Zwar schien Hammonia mir noch allein
> Ein sichrer Auffenthalt zu sein;
> Biß leyder! Auch die Frucht von deiner Wuht/
> In ihre Mauren eingeschlichen/
> Und eher nicht ermüdet noch geruht/
> Biß eine große Zahl des armen Volcks erblichen.
> So gleich ward auch mein Saiten=Spiel verstimmt/
> Man hörte nichts/ als Klag= und Leichen=Lieder. (I, 1)

Die Musen berichten, dass darüber das «Übel ergrimmt» war, sich in die «matten Glieder» schlich und eine Seuche verursachte. Ein Virtuose[232] hat ihren Weg vom Lande in die Stadt beobachtet:

> Zuletzt drang auch die Noth aus denen Schäfer=Hütten
> in die berühmte Stadt: [...]
> Die feurige Geschwulst/ der Blattern tödlich brennen/
> Ließ selbst den Arzt nicht frey. (I, 1)

Die Pest, die 1713 in Hamburg wütete, wurde als Folge kriegerischer Ereignisse, als göttliche Strafe für menschliches Fehlverhalten interpretiert. Zudem hatten in unmittelbarer Nachbarschaft Hamburgs schwedische Truppen unter General Steenboock Altona angezündet. Die Aufführung dieses Schäferspiels fiel also in schwere Zeiten. Es sollte ein Höhepunkt der Wiedereröffnung der Gänsemarkt-Oper nach der Pestsperrzeit sein, doch erforderte die Produktion mehr Zeit als geplant, und so wurde das Opernhaus am 1. Oktober 1714 mit der Festoper *Carolus V.*[233] wiedereröffnet.

Als Retter in dieser Not werden ausschließlich Männer gefeiert: Priester, die «für das Volck Versöhnungs=Opfer» darbrachten. Aber auch die Anstrengungen des Hamburger Raths, «ein Weis' und Edler Rath», haben sich für Hamburg als hilfreich erwiesen, so dass des «Himmels Gunst das Übel/ in der That/ ganz unverhofft und plötzlich weggenommen.» Und ein Virtuose konstatiert:

> Da Rastatt nun uns Rast und Ruhe schencket/
> In Teutschland schon des Friedens Oelzweig blüht/
> Und Hammons=Burg sich frey von der Versperrung sieht/
> Weicht auch von uns das Leyd/ das uns bißher gekräncket. (I, 1)

Die Mitglieder des Rathes wurden hier geehrt, wie es sonst nur gekrönten Häuptern zukam, sicher mit Kalkül des Opernpächters Johann Heinrich Sauerbrey,[234] der auf die Gunst dieser hohen Herren angewiesen war. Mit Tänzen, Kränzen, Wappen und Säulen wurden die «Väter» geehrt, wie Apollo und Melpomene singen:

> Ap. Melp à 2. Und bauet und hängt sie in künstlichem Lauff/
> Zu Ehren den Vätern der Bürger hier auf! [Zeile im Original fett]

Das traditionelle Bild des «Landesvaters», mit dem ja auch den Fürsten gehuldigt wurde, war Ausdruck eines patriarchalen Familienmodells. Es stand für väterlichen Schutz und Umsicht, da auch die Bürger der Stadt als Glieder einer Familie gesehen wurden, wie dies auch für die «Landeskinder» in fürstlichen Territorien galt. Doch fehlte in Hamburg die Landesmutter, der sonst in der Regel ebenfalls selbstverständlich in Prologen gehuldigt wurde. Anders als in adligen Dynastien gab es in «bürgerlichen» Regierungen keine führenden, einflussreichen Frauen, denen man in der Öffentlichkeit huldigte. Möglicherweise hat die Stadtgöttin Hammonia symbolisch die Rolle der Landesmutter zugewiesen bekommen.

Im Epilog prophezeit Merkur, der «Hausgott»[235] der Hansestadt, eine glückliche Zukunft. Und der Chor der Musen und Virtuosen schließt mit einer:

> Aria à tutti:
> Hamburg/ es müssen in deinen Revieren
> Weißheit und Billigkeit ewig regieren!
> Frieden und Eintracht beglücke dein Land!
> Theurung und Kranckheit sey ferne verbannt!

Die Oper *Philippus/Beatrix*[236] (1701/1702) beginnt mit einem Vorspiel:

> Das Theatrum stellet vor den Pallast des Krieges=Gottes/ wo derselbe auff einem Thron sitzet/ um ihn her stehen die Uneinigkeit/ die Grausamkeit/ Rebellion/ und Verrätherey: zu seinen Füssen liegt die Stadt Mayland mit Ketten gebunden. (A)

Mars quält und demütigt die Stadt Mailand, verkörpert durch eine Frau. Der Kampf um die Stadt wird durch diese sadistische Konstruktion von gewalttätiger Männlichkeit und schwacher ausgelieferter Weiblichkeit inszeniert:

Die Geschichte der Stadtdarstellungen ist übervoll von Beispielen für die Analogisierung von Stadt und Frau, für weibliche Sexualisierungen von Stadtbeschreibungen. So werden beispielsweise im Kontext von Krieg und Eroberung fremde Städte – wie überhaupt fremde Territorien – oft als Frauengestalten dargestellt.[237]

Diese Beobachtung trifft auch für Libretti zu.[238] Den realen Hintergrund des Librettos *Philippus/Beatrix*[239] bildet Frankreichs Anspruch auf Mailand als Bestandteil des spanischen Erbes. Der Kaiser hingegen wollte diesen wichtigen Stützpunkt in Italien nicht aufgeben, was zu kriegerischen Auseinandersetzungen führte. Die Bedrohung Mailands wird allegorisch dargestellt durch vier, von Frauen verkörperte Übel, allesamt Schwestern des Mars, denen gegenüber er sich als tonangebender Bruder verhält:

> Aria.
> Schwestern! Helfft mir Ruhten binden/
> Plagen finden/
> Die noch mehr als tödlich seyn;
> Häuffet Schwefel/ Pech und Flammen/
> All zusammen/
> Biß Ihr alles äschert ein! (A2)

Der Kriegsgott Mars, unterstützt von seinen Schwestern, bedroht Mailand. Die von einer Frau verkörperte Stadt fleht zunächst ihn vergeblich um Gnade und schließlich den Himmel um Hilfe an. Diese gewalttätige Szenerie ähnelt der Konstellation «Angreifer bedrängt Königin», wie sie aus zahlreichen anderen Opern bekannt ist. Doch dann ertönt «eine fröhliche Music von ferne, die immer näher kommt», Mars und seine Schwestern stehen wie versteinert. Und der Friede prophezeit, dass bessere Zeiten für Mailand anbrechen werden, denn in nicht allzu ferner Zukunft naht ein männlicher Retter, ein adliger Mann, der Herrscher, wird als Beschützer gefeiert. Das «Verhängnis» sieht in die Zukunft:

> Doch wird der Schluß erst treffen ein/
> Wann Oestreich wird dein Schutz=Herr seyn/
> Und dessen ewger Stamm dein Hauß beschatten.
> Mein fernes Auge siehet schon/
> Den Oesterreicher Held auf deinen Thron
> Und dich durch ihn den höchsten Glantz erlangen. (E3)

Zum Friedensschluss von Rastatt arrangierte der «Hoch=Edle und Hochweise Raht der Stadt Hamburg über den geschlossenen Reichs=Frieden» ein «Freuden=Mahl», zu dem die Serenata *Triumph des Friedens* aufgeführt wurde, die dann 1715 auch auf dem «Hamburgischen Schau=Platz vorgestellet»[240] wurde. Hier feiern weibliche Gottheiten und Allegorien wie «Das Allgemeine Heil» den Triumph des Friedens, angeführt von «Irene, die Vorsteherin des Friedens». Untereinander sind sie friedlich und liebevoll, tauschen Küsse, doch mit ihren Gegnern setzen sie sich autoritär auseinander. So wird die kriegerische Bellona von den Schwestern gebannt, worauf sie Rache schwört. Der Krieg gilt für Bellona als Strafe, die sie mit ihrem «Rach-Schwerdt» auszuführen hat. Als eine Art Kriegsgöttin, bewaffnet und unerbittlich, wird sie begleitet von den «Eisernen Zeiten». Doch ihre Waffengewalt allein führt nicht zum Ziel, entscheidend ist die Macht des «Verhängnisses», des «Schicksals», es weist Bellona in ihre Schranken:

> Was Waffen? was Gewehr? was Schwerdt und Stahl?
> Mein Schluß zerbricht sie allzumahl.
> Wem das Verhängnis hillft/ dem kann nichts mißgelingen;
> Drum kann Irene dich auch ohne Waffen zwingen.
> Sieh da! mit unbewehrter Hand
> Kann sie dich Augenblicks bezähmen [...]. (B)

Bei allen Klagen über den Krieg, über «so viel=jähriges und schweres Blut=vergießen» (A4) werden «Carl und Louis», Kaiser Karl VI. und der französische König Ludwig XIV., und ihre Kriegsführung nicht direkt kritisiert und zur Verantwortung gezogen. Das Schicksal befindet:

> Aria:
> GOTT lasse CARL und LOUIS in gleichem Seegen stehn!
> Ihr Krieg ist nur zur Prüfung ihrer Stärcke
> Und nicht aus Haß gescheh'n.
> Wie ihre Siege Wunder=Werke/
> So sey auch an Bestand Ihr Friede Wunder=schön!
> GOTT lasse CARL und LOUIS in gleichem Seegen stehn! (B3f.)

Auch Calliope, «die Muse der Ruhm= und Helden=Gedichte», verspricht «von diesen beyden Helden/ Ihr Wunder=volles Lob der gantzen Welt (zu) vermelden.» Unsterblichen Ruhm würden die männlichen Potentaten gleichermaßen durch große Taten in Krieg oder Frieden erwerben:

[...] Besonders will ich dir in meinen Schrifften/
O grosser CARL, ein ewig Denckmahl stifften/
Weil dir nicht weniger zur Friedens=Zeit/
Als wann du Krieg geführt/
Triumph und Ruhm bereit. (B4)

Doch das Schicksal würdigt neben den adligen Heerführern auch den Einfluss bürgerlicher und kirchlicher Würdenträger. Der Schlusschor preist die Segnungen des Friedens für die Wirtschaft und das Wohl Hamburgs:

[...] Was Kirch/ Schul und Börse stützet/ sey beglückt in Ewigkeit!
Ewig soll nun von hinnen fliehen
Theurung Seuche/ Krieg und Streit
Ewig soll in Hamburg blühen
Frieden/ Heil und Güldne Zeit! (B4)

Ein ausdrückliches Lob des Friedens erklingt auch im «Sing= und Tantz=Spiel» *Die durch Wilhelm den Großen in Britannien wieder eingeführte Irene*[241] (1698), anlässlich der Feier des Friedens von Ryswijk (30.09.1697). Damit war der Pfälzische Erbfolgekrieg beendet und die Anerkennung Wilhelms III. (Wilhelm von Oranien) als König von England durch Ludwig XIV. garantiert.[242] Die Bewahrung des Friedens gilt hier als oberstes Ziel eines Herrschers, der wie ein Vater den Krieg nur zum friedlichen Wohle seines Volkes führt. In einem aufschlussreichen Dialog zwischen Irene und Mars wird mit Argumenten gefochten, die auch vorherrschenden zeitgenössischen Vorstellungen von idealen «weiblich-friedlichen» und «männlich-kriegerischen» Verhaltensweisen entsprochen haben könnten:

Irene: Ein Koenig der sein Land liebt Vater gleich/
Der läst sich bald durch Krieges-Pracht ermüden.
Er führt nur Krieg/ damit sein Volck und Reich
Genisse den gewünschten Frieden.
Denn Krieg der nur auff Hochmuth weist/
Verbleibt ein Greuel seinem Geist.
Mars: Wo ist ein Thron den nicht das Schwerdt muss stützen?
Irene: Welch Reich hat nicht von Frieden grössren Nuetzen!
Mars: Ein kriegrisch Hertz bringt zur Unsterblichkeit.
Irene: Er bringt ins Grab vor der bestimmten Zeit.

> Mars: Wird nicht die Welt durch meine Kunst geübet?
> Irene: Wer hat die Welt wohl mehr als du betrübet?
> Mars: Bey mir kann man der Klugheit Gipffel sehn.
> Irene: Wann Staedte falln und Voelker untergehn. (XI.)

Die Vorstellung, dass ein Mann im Krieg unsterblich werden kann, ist von bemerkenswerter Kontinuität. Die Ursachen von Krieg und Frieden trieben Denker und Librettisten wie Christian Heinrich Postel um. Im Vorwort seiner Oper *Tempel des Janus*[243] (1698/1712/1729) reflektiert er über die Entstehung des Krieges:

> Da nun Unterthanen einer gegen den andern Haß/ Neid/ Verfolgung/ Zwietracht/ heimliche und öffentliche Feindschafft hegen. Wie kann es anders seyn/ als daß sie davor wiederum mit Rauben/ Morden/ Brennen und andern unglückseeligen Krieges-Plagen gestraffet werden?

Postel führt historische Theorien und Einsichten an, wie Hobbes' Modell des Krieges aller gegen alle[244] oder die These des spanischen Diplomaten und Gelehrten Diego Saavedra Fajardo (1584–1684):

> Der Krieg ist eine Gewalthätigkeit/ welche der Vernunfft; der Natur; und dem Zweck/ wozu der Mensch erschaffen/ gantz zuwider lauffet.

Postel betont den Eingriff der himmlischen Gerechtigkeit, ohne geschlechtsspezifische Erklärungsmuster und Schuldzuweisungen. Diese sind allerdings in etlichen anderen Opern zu finden. In der Oper *Die Plejades*[245] (1694/1699) beschreibt «einer von den Göttern» im «Chor der Götter und Göttinnen», dass die Streit- und Kriegslust der Herrschenden bzw. Götter zu unterscheiden sei von dem Wunsch der Untertanen nach friedlichem Zusammenleben:

> Seind Jupiter und Juno gleich geschieden/
> Soll doch nicht scheiden unsre Lust;
> Der Unterthan lebt offt in Frieden/
> Wenn seiner Obern Brust
> Nur Streit und Krieg bewust. (I, 6)

Die Ursachen und Auswirkungen von Krieg und Frieden scheinen von Zivilisten und Feldherren unterschiedlich bewertet zu werden. Manchen Feldherren erscheinen sie wie schwer zu steuernde Zustände, Liebesverwirrungen ähnelnd. So erklärt der Hunnenkönig Attila in *Attila*[246] (1682) die Ursachen für Krieg und Zerstörung mit seiner unglücklichen Liebe zu einer Frau:

> Aria.
> Troja wurd verheeret/
> Und in Grund zerstöhret/
> Durch ein schön Gesicht:
> Und ich solte leiden/
> Daß man meine Freuden/
> Immer unterbricht?
> Verhinderte Liebe hegt Rache und Wuth/
> Es kühlt sie nichts anders/ als Morden und Blut. (III, 13)

4.2. Der adlige Säugling als angehender Kriegsheld und die Pflichten der Mutter

Bereits in der Wiege wird der adlige männliche Säugling auf seine künftigen kriegerischen Aufgaben vorbereitet. Eindrücklich wird dies im «Musicalischen Lust= und Tantz=Spiel» *Das Römische April=Fest*[247] (1716) zelebriert, anlässlich der Geburt des kaiserlichen Thronfolgers Erzherzog Leopold[248] (geb. 13.04.1716 – gest. 04.11.1716). Er kam als erstes Kind des Kaiserpaares Karl VI. und Elisabeth Christine zur Welt und schien endlich die Thronfolge und die Machtposition des Hauses Habsburg zu sichern. Im Vorbericht, überschrieben mit «Geneigter Leser», erwähnt der Librettist Barthold Feind ausdrücklich die Mutter des Thronfolgers:

> Ihre Majestät die regierende Kayserin wurden am andern Oster=Feyertage/ als am 13. April, von einem gesunden/ starcken und wohlgestalten Ertz=Hertzog/ zum Trost und Heil von gantz Europa, glücklich entbunden [...]. (a2)

Die Freude über Leopolds Geburt ist in einem größeren politischen Zusammenhang zu sehen, in einem patriarchal-kriegerisch verfassten Feudalsystem, das nur die männliche Thronnachfolge akzeptierte. Der Spanische Erbfolgekrieg hatte seit 1701 in Europa gewütet und war erst mit dem Frieden von Utrecht und Rastatt in den Jahren 1713/14 beendet worden. Doch die ersehnte Zeit des Friedens blieb auch gefährdet durch die ungesicherte Thronfolge des Habsburgischen Kaiserhauses, denn Karl VI. war der letzte männliche Nachkomme der österreichischen Herrscherdynastie. Bei seinem Tode wäre ein weiterer Erbfolgekrieg möglich gewesen. Deshalb wurde die Geburt des kleinen Leopold als ein Zeichen des Friedens gedeutet, dessen feierliche Freudenbekundungen aber bald überschattet wurden von der Nachricht seines frühen Todes. Die Thronfolge seiner bald darauf geborenen Schwester, der späteren Kaiserin Maria Theresia, sorgte lange Zeit für diplomatische und kriegerische Auseinandersetzungen um die sogenannte «pragmatische Sanktion», die Thronfolge einer weiblichen Habsburgerin.

Doch bleiben wir zunächst bei den Huldigungen auf der Opernbühne für einen männlichen Thronfolger und seine Mutter. Während des Festes zu Ehren der Kybele, dem Megale(n)sia am 4. April[249], meldet der Kriegsgott Mars im Megalesion, dem Heiligtum der Muttergöttin, und vor ihrem «Bilde» Ansprüche auf den Knaben an. Mars meint die zukünftige Führungsposition des Knaben bereits aus dessen Gesichtszügen und Statur heraus lesen zu können:

In seinem zarten Antlitz stehn
Schon Jovialische Linien/
Die ihn geweyht dem Kriegen und dem Siegen.
Aria.
Ohne Mars hofft keinen Frieden
Vor das Ertz-Hauß Oesterreich/
Keine Ruh ist ihm beschieden/
Weil ihm nichts an Hoheit gleich;
Hundert Tausend Mann in Waffen
Können schöne Ruh verschaffen. (IV, 1)

Für eine komische Einlage sorgt «Allegro auf einem Esel» (IV, 3), der einen wenig ruhmreichen, dafür aber trinkfreudigen Soldaten mimt. Auf Italienisch lobt der Weinkenner Anbaugebiete, Mars hingegen knurrt:

Pack deinen Kram nur wieder ein.
Alleg. Ey/ säufft doch der Soldat am liebsten Wein!

Septentrio, zuständig für die Sternzeichen Krebs, Fisch und Skorpion, will gebührend für den Säugling sorgen:

Wann auch der Printz/ so heut gebohren/
Zum Haupt so vieler Reich' erkohren/
Der Christen Schutz soll künfftig seyn/
Wird ihm was Männlichs nur gemein;
Denn zur Beschützung seiner heiligen Rechte/
Hat dies gelobte Götter=Kind
Wol Hundert funfzig Tausend Krieges=Knechte/
So tüchtge Kerl und brave Männer sind. (IV, 4)

Barthold Feind entwirft in seinem außerordentlich langen, 14-seitigen, gelehrten Vorbericht[250] zu dieser Oper ein Sittengemälde antiker römischer Bräuche und Rituale, das von lateinischen Zitaten durchsetzt ist. Was zunächst wie eine Feier weiblicher Fruchtbarkeit und Sittsamkeit zu Ehren der regierenden Kaiserin erscheint, bietet Feind auch Gelegenheit, derb anzügliche Schilderungen antiken Lebens mit moralisierenden Seitenhieben auf Zeitgenossinnen zu kombinieren. Über alle Epochen hinweg, so scheint es, werden den Frauen reproduktive Aufgaben und tugendhafte Lebensstile zugewiesen. Als Rahmen für sein feierliches Lehrstück verwendet Feind den Geburtsmonat April des kleinen Leopold. Dazu habe er «insonderheit einige öffentliche Feste/ so das Römische Alterthum in diesem Monath gefeyret» als «Materie eines Schau=Spieles» ausgewählt (a 2). Jedes dieser fünf Feste inszeniert er in jeweils einer Fest- und Tanzszene, einer Apparanza, die immer den Schluss eines der fünf Akte markiert: Apparenza prima: Parilia, «so einige auch Palilia nennen»[251], Apparanza seconda: Cerealia, Apparanza terza: Vinalia & Veneralia, Apparanza quarta: Megalesia und Apparanza ultima: Floralia.

Den Mittelpunkt dieses von Feind gewichteten Überblicks über die römische Festkultur im Monat April bilden Göttinnen wie die «große Göttermutter Cybele», auch unter dem Namen Ceres und Vesta bekannt, wie Feind ausführt: «Wie die Ceres sonst auch die Erde bedeuten sollen/ und mit der Vesta einerley fast gewesen [...].» In der Apparanza quarta (IV, 5) wird Cybele als «Grosse Mutter dieser Erden» geehrt – vor ihrem Bild singen und tanzen u.a. Amoretten mit Castagnetten, Corybanten, Galanten, außerdem treten, sicher in Anspielung an Hamburgs Führungsschicht, «allerhand Römische Patricii mit ihren Kindern und Dames/ mit kostbahren Geschenken» auf. Im Vorbericht feiert Feind die «Kayserin» ausdrücklich als eine Cybele, als «Mutter der Europaeischen Christenheit». Feind huldigt ihr:

Die Ursache/ warum ich die Megalesia in diesem Schau=Spiel des April=Festes vor andern erwählet ist/ weil die Berecynthia, oder die fruchtbare Cybele, eine frohe Götter=Mutter genannt wird/ und zwar vom Virgilio Lib. 9. Aeneidos: [...] worauf die Application, bey dieser fröligen Gebuhrts=Feyer/ auf unsre grösste Mutter der Europaeischen Christenheit/ die selige und aber selige Kayserin ELISABETH/ leicht zu machen, die GOtt vor alle Prinzessinnen der Christenheit allein gewürdigt hat/ sie zum Segen und Heil so vieler Millionen Seelen zu setzen/ und aus ihrem kostbaren Blute ihren Teutschen und übrigen Nationen den allertheuresten Schatz zu schencken/ der auf Erden von GOtt nicht köstlicher erbethen werden können. (b3)

Das erste Fest auf der Bühne ist die Parilia,[252] in der Apparenza prima (I, 7), zu Ehren der Göttin Pales, ein Fest, «in dem die Wöchnerinnen an solchem Tage vor ihre glückliche Entbindung Danck abstatteten», wie Feind im Vorbericht ausführt. Auf der Bühne wird dies angedeutet in einer der wenigen Passagen auf der Hamburger Bühne überhaupt, in der der Geburtsvorgang explizit und geziemend zur Sprache kam. «Der Genius von Ungarn/ in Gestalt des Jupiters, auf einem Adler» fordert die Feiernden auf:

Du aber/ Andachts=volle Schaar/
Zeig' an alhir am Elbestrom/
Wie man vorhin im grossen Rom/
Erkenntlich im April vor die Entbindung war. (I, 7)

Jedoch wird in dieser Szene nicht die Kaiserin explizit angesprochen und gefeiert, sondern nur der Vater Kaiser Karl und Sohn Leopold. Für skandalöse, galante, nahezu pornographische Schilderungen nutzt Feind die Schilderung der «Floralia, oder das Blumen=Fest der Göttin Flora, so den 28. April gefeyret ward [...]» (b3).[253] In gelehrter Verpackung serviert Feind antike Anekdoten, mit denen der Vorbericht erotisch aufgeheizt wird, ehe es dann auf der Bühne züchtig weitergeht. (Ein Muster, das Feind auch bei *Lucretia* angewandt hatte.) So hätten bei diesem Flora-Fest Frauen gegeneinander gefochten:[254]

Auf diesem Fest/ welches die Römische Weiber mit allzugrosser Freyheit begiengen/ worüber Augustinus, Salvianus, Tertullianus, und andre Kirchen=Väter/ mit so grossem Rechte eifern/ fochte das Weibs=Volck miteinander/ wie die Männer und Fechter/ nach dem Zeugnis des vom Dempstero citirten Scholiastis Juvenal. Sat.6.v.249: Florali tuba, qua committuntur ludi Florales, in quibus

&c. & armis certant gladiatoriis atque pugnant, daher sie auch Galeatae genannt werden/ Galeatae ergo & armis decretoriis accinctae, certabant eodem quo gladiatores ritu. Ad lib. 2. cap. 20.p.m, 188. und sagt daselbst auch Juvenalis Satyra 6.v.350. Quem praestare potest mulier galeata pudorem?» (b3, folgend) [Welche Sittlichkeit kann eine behelmte Frau schon wahren/ beweisen? übersetzt von B.K.] Diese Spiele begonnten [sic] mit Posaunen und Krumhörnern/ und bestunden in Täntzen/ Lauffen/ Fechten/ allerhand unziemlichen Gesprächen von Zoten/ (worinnen diese Weiber noch viele Nachfolger zu unsern verderbten Zeiten hinterlassen/ so aller Schaam und Sittsamkeit dermassen abgesagt/ daß sie sich nicht scheuen/ ihre verbothene Liebes=Begebenheiten offenbahr zu erzehlen) und dergleichen/ unter welchen die Vorsteher/ oder Provisores , wie wir sie bey unsern Armen=Häusern nennen/ Bohnen Erbsen/ und allerhand Saamen unter das Volck warffen [...]. (b3f)

Die behelmten feiernden Römerinnen nahmen sich also nach Meinung antiker Autoren (und deren späterer Bewunderer wie Feind) zu viele Freiheiten heraus, indem sie «unsittliche Bemerkungen» machten und sich ihrer Affären und Seitensprünge rühmten. Verhaltensweisen, die Feind auch im zeitgenössischen Hamburg beobachtet haben will und geißelt. Doch Waffen und Rüstungen trugen Feinds Zeitgenossinnen dabei offenbar nicht. In seiner Bühnenfassung der Floralia in der Apparenza ultima ist leider keine Erinnerung an solche weiblichen Grenzüberschreitungen zu sehen. Am Schluss dieses «musicalischen Lust- und Tantzspieles» wird Flora ohne sexuelle Anspielungen gefeiert, ihr Bildnis wird von einer pastoralen Gesellschaft getragen – unter ihnen «einige Jäger / Schäfer und Schäferinnen mit Menaden / Amadriaden / Orcaden [...].» Doch Feind sorgt noch für den exotisch-schauerlichen Effekt einer Opferhandlung, denn es erscheinen «Faunen / Satyren und Driaden / so eine Ziege tragen». Diese Ziege fungiert dann als vermeintliches Opfertier, wie es in einer Regieanweisung heißt: «(Die Faunen und Driaden legen die gebundene Ziege auf einen Opfer-Tisch / und besprengen sie mit Blut)» (V, 6).

In der Vorberichts-Passage über die Floralia wird die Befürchtung deutlich, dass Frauen, die in Rüstungen kämpfen, auch andere Grenzen ihres Geschlechts überschreiten, also auch in der Erotik und Sexualität freier agieren. Daraus könnte der Schluss gezogen werden, dass zum kriegerischen Habitus und Umgang mit Waffen «Unzucht» und Zoten gehörten. Ein Lebensstil, der «echte Männer» auszeichnen mochte, aber als völlig unpassend für sittsame Frauen galt. Feind zieht dazu aus seinem Quellenfundus ausgerechnet Juvenals sechste und extrem misogyne Satire[255] heran, in der jener z.B. Männern von der Ehe abrät, Frauen insgesamt abkanzelt, ganz gleich, ob sie nun saufen, ihre Liebhaber selbst wählen oder aber gebildet und belesen sind.[256] Juvenal verspottet u.a. Teilnehmerinnen beim Floralienfest zu Ehren der Göttin Flora;[257] nach Meinung antiker Autoren soll es hier unzüchtige Vorführungen gegeben haben, u.a. Frauen, die nach allen Regeln der Kunst fochten:

> Wieviel Schamgefühl kann ein Weib noch zeigen, das den Helm trägt, seine Weiblichkeit ablegt und Muskelkraft vorzieht? Jedoch: ganz zum Manne möchte sie nicht werden; zu gering wäre dann unsere Wollust.[258]

Feind breitet seine Bildung und Orientierung an antiken Quellen aus, betont aber auch seine eigene schriftstellerische Erfindung, die unabhängig sei von Einflüssen anderer Nationen, wie etwa der Italiener oder Franzosen:

> Nunmehr wird nicht mehr dunckel seyn/ warum dieses Schau=Spiel das Römische April=Fest genannt werde/ und was mich bewogen/ dieses Sujet zu erkiesen/ in dem ich denen Italiänern/ Frantzosen/ und andern Nationen keine Erfindung abborgen/ sondern bloß meinem eigenen Naturell folgen wollen/ es auch ein jeder/ so nur einiger massen der Sache kundig/ von selbsten beym ersten Anblick sehen wird/ daß es eine gantz neue Art von Opern/ davon keiner ein Exempel beybringen wird. (nach b3)

Dieser Vorbericht enthält Hinweise auf die theatralische Bedeutung christlicher und heidnischer Bräuche, auf die Relevanz von Nationalität und nationaler Konkurrenzen, die hier aber nur angerissen werden konnten. Bemerkenswert ist Feind's Ambivalenz hinsichtlich Respekt und Wertschätzung von Göttinnen, Frauen und Weiblichkeiten. So kombiniert er Frauenlob am Beispiel von Göttermüttern und der regierenden Kaiserin, die gerade einen Thronfolger geboren hat, mit skandalös anmutenden misogynen Schilderungen des Frauenlebens in der Antike. Feind's Credo könnte so gedeutet werden: Ehrbare Frauen sollen für die Schöpfung und den männlichen Nachwuchs sorgen, sich aber nicht in öffentliche Feiern und Angelegenheiten einmischen und in der Liebe und im Krieg die Grenzen «weiblicher» Keuschheit und Zucht nicht überschreiten.

Feind beschäftigt sich auch in anderen Opern mit alten Ritualen und Zeremonien und ihren geschlechtsspezifischen Bedeutungen. In *Cato* (1711) wendet Julius Caesar, verkleidet als Jäger «mit einem Mohn=Krantz um die Stirne», zusammen mit seiner Schwester Sabina eine Kriegslist an. Sein Heer feiert am Meeresufer zu Ehren der Göttin «Cinthia, oder des Mondes». Die Soldaten samt Gefolge sind verkleidet als Jäger, Schäfer und Bauern. Mit Mohnkränzen behangen, tanzen und singen sie «zu Ehren der Göttin Cinthia, welche den schlaffenden Endimion geküst.» Als letztlich auch die Männer, allerdings ungeküsst, schlafen, erscheint dem schlummernden Caesar nach seiner Anrufung der Cinthia «unter einer sanfften Symponie» eine «grosse durchscheinende Kugel». Diese öffnet sich und heraustritt Sabina, «die Cinthia abbildend» (I, 1). Diese will die «geliebten Lippen» und den «holden Mund» küssen, doch währt dieses Traumbild nur kurz. Julianus, «Caesars Kriegs=Obrister», weckt den schlafenden Caesar und mahnt zur Flucht, da L. Scipio, «Römischer Feld=Herr und Bürgermeister», mit «bloßem Degen» und einigen römischen Legionen im Anmarsch sei. Caesar, Sabina und Julianus treiben die Krieger auf die Schiffe und segeln fort. Doch L. Scipio und seine Kumpanen haben ihren Feier- und Rastplatz schnell aufgespürt und machen sich lustig über den «Plunder», den die «Weichlinge» zurückgelassen haben:

> [...] Beschaut die weibische Machinen/
> Die/ auf das Fest der Cinthia zu dienen/
> Von ihm hier aufgericht.
> An statt der prächtigen Lauriren/
> Muß er das Haupt mit Mohnen zieren,
> Die nur den Weichlingen anständig sind. (I, 3)

L. Scipio verhöhnt diese Gegner, die sich statt mit Lorbeerkränzen, wie sie Helden geziemen, nur mit lächerlichen Mohnkränzen zu Ehren der Mondgöttin zieren. Aber er täuscht sich, trotz vermeintlich «weibischer» Bräuche werden Julius Caesar und seine Gefolgsleute von L. Scipio nicht zu schlagen sein.

Doch noch einmal zurück zu den Feierlichkeiten zu Ehren des neugeborenen Thronfolgers Leopold. In Frankfurt am Main wurde die Serenata aufgeführt *Deutschland grünt und blüht im Friede*[259] (1716), der Text stammt von Georg Christian Lehms[260] (1684–1717) und die Komposition von Georg Philipp Telemann. In dem allegorischen Spiel wird der kleine Erzherzog als geborener Held und Friedensbringer gefeiert. Germania, vermutlich gesungen von Margaretha Susanna Kayser,[261] feiert im Sopran[262] den Frieden und singt «mit ihrem Chor» in der ersten Aria:

Teutschland grünt und blüht im Friede/
Und der alte Flor/
Bricht mit neuer Krafft hervor. (A 2)

Germania besingt im Rezitativ die «Zweischneidigkeit» der Waffen, haben sie doch letztlich den Frieden erkämpft:

Die Waffen kehren sich/ In liebliche Trophäen/
Und ich seh mich/ Im güldnen Flore stehen./
Der furchtbar=harte Knall/
Der donnernden Carthaunen/
Ist mir anitzt ein angenehmer Schall/
da die betrübten Stunden/
Die mich mit Krieg und Pest / mit Angst und Noth gebunden/
Nun gantz und gar verschwunden.
Aria.
Mein Reich lebt in vergnügter Ruh/
und hört nicht ferner Lermen blasen./
Das raue Krieges=Seculum / Ist endlich nun einmahl herum/
Und diß / wo noch die Feinde rasen/
Gehöret andern Völckern zu. [...]. (S. 6)

Die Friedensgöttin Irene räsonniert über die Verzahnung von Krieg und Frieden:

[...]. Der stolze Krieg/ Hat gleichfalls seine Gräntzen;/
Denn wo die schärffsten Degen gläntzen/
Kann doch ein höchst=beglückter Sieg/
Den blancken Stahl gar leicht in Friedens=Palmen kehren/
Und uns auff Last und Schmertz/
auch Lust und Schertz gewähren. (S. 8)

Der Garant für den Frieden ist nach herrschender Vorstellung ein männlicher Thronfolger. So erklärt Germania dem Mars ihren Kummer: «So lang ich keinen Printz in meinem Reich erblicke / Muß ich annoch in halber Trauer gehn» (B3, S. 15). Von allen wird der Prinz als Friedensbringer begrüßt: «Aria. Tutti. Willkommen! Willkommen! Du Bothe des Friedens/ Du Bothe der Ruh» (S. 16).

Das kaiserliche Elternpaar wird nach geschlechtsspezifischen Kriterien gefeiert: Die Kaiserin in ihrer Funktion als Gebärerin und Mutter: «Mercur. Die grosse Kayserin hat einen Printz gebohren/ Den Glück und Zeit/ Zum grösten Monarchen erkohren» (S. 17); der Vater hingegen als Inhaber des Thrones (S. 20) und Vererber von Geist (S. 23). «German. Es müsse sich des grossen Leopoldi Seegen/ Und seines hohen Vatters Geist/ Dereinst mit stracker Krafft auf seine Seele legen» (S. 23). Das Ehepaar wird am Schluss zur Produktion von noch mehr, allerdings männlichen Kindern aufgefordert, die natürlicherweise zu Helden heranwachsen werden:

> Aria à Tutti.
> Pflantze doch, O grosser Kayser/
> Viele solche Liebes=Reiser;
> Und erfreue deine Welt/
> Noch durch manchen Printz und Held./
> Laß in Dir und in Christinen/
> Noch viel theure Zweige grünen [...]. (S. 25)

Die Verbindung zwischen biologischer Männlichkeit, adligem Stand, männlich konnotierter Führungskraft, Kriegskunst und Friedenswille wird in solchen musiktheatralischen Ereignissen immer wieder betont und hergestellt. Es verwundert nicht, dass in einem solchen gesellschaftlichen und mentalen Klima Maria Theresias Thronfolge so viel Widerstand entgegengesetzt wurde. Andererseits sind diese musiktheatralischen Werke auch Zeugnisse dafür, dass auf den adligen Jungen und Männern ein enormer Druck lastete und sie in die Rolle des «natürlichen» Kriegers hinein gezwungen wurden.

4.3. Der vorbildliche adlige Held auf dem Schlachtfeld und in der Liebe

Vorstellungen von einer adligen Männern «eingeborenen» Heldenhaftigkeit und deren Interesse an Waffen und Krieg werden beispielhaft von den Zwillingsbrüdern Romulus und Remus verkörpert: in der Oper *Die Helden=müthigen Schäfer Romulus und Remus*»[263] (1724), nach dem Gründungsmythos von Rom. Im Vorbericht werden noch «besondere Umstände / so in dieser Opera vorkommen» genauer erläutert. So wachsen die Zwillinge zwar bei Schäfern auf, verachteten aber das Schäfer=Leben/ warfen sich zu Häuptern unterschiedlicher Schäfer=Trouppen auf/ und nahmen mit gewaffneten Händen des Amulius Soldaten ihre gemachte Beute wieder ab/ wann sie nach der Stadt wolten.

Ihr Vater soll, so wird hier angedeutet, der Kriegsgott Mars sein, der ihre Mutter Rhea Silvia, die zum keuschen Leben einer Vestalin gezwungen worden war, geschwängert hatte.[264] Die Zwillinge benehmen sich nicht nur auf dem Schlachtfeld wie tapfere Helden, auch den Frauen gegenüber sind sie sehr galant. Remus hat die aus einem «vornehmen Geschlecht aus Alba» stammende Lidia vor dem Zugriff des Amulius gerettet, der sie, wie sie erzählt, «mit Gewalt zur Liebe» zwingen, d.h. vergewaltigen wollte (I, 3). Remus, der vermeintlich unstandesgemäße Schäfer und Retter, hat sich in Lidia verliebt, aber er wird ihr keinen Zwang, keine körperliche sexuelle Gewalt antun, denn er will ihre Liebe, ihre freiwillige Zuneigung:

> Wird mir die Schöne nur ihr Hertz zur Beute gönnen.
> So hab ich warlich heute
> Kein grösser Gut erbeuten können (I, 4).

Auch Bruder Romulus erweist sich als ein edler Retter: Er befreit aus einer Höhle eine ihm unbekannte Frau,[265] in die er sich prompt verliebt (I, 2-3), ohne jedoch zu ahnen, dass es sich um seine Mutter, die Vestalin[266] Rhea Silvia, handelt, eine Variante des Ödipus-Motivs. Romulus und Remus leben vorbildlich einen friedlichen und wohlwollenden Umgang zwischen Brüdern, im Gegensatz zum Gründungsmythos, in dem Romulus Remus umbringt, und anders als ihre rivalisierenden Onkel Proca und Numitor in der Oper. Die Zwillinge sollen nämlich künftig gemeinschaftlich die Säulen von Numitors Reich bilden. Numitors ursprünglicher Plan war, Romulus zum Erben seines Reiches zu machen und ihn mit seiner Tochter Rhea Silvia zu verheiraten. Doch zu dieser Ehe kommt es nicht, weil ein Schäfer die wahre Identität der Zwillinge enthüllt. Nun kann Rhea Silvia zwar das Wiedersehen mit ihren Söhnen feiern, muss aber auf die Ehe mit ihrem galanten jungen Retter Romulus verzichten. Remus hingegen heiratet Lidia. Im letzten Auftritt der Oper bekennt sich Mars zu seiner Vaterschaft: «(Unter dem Singen kommt eine prächtige Machine herunter/ in welcher Mars sitzt. [...]).» Er kommt

> aus dem fünfften Himmels=Kreyse [...]
> Den Remus und den Romulus / Für meine Söhne zu erkennen/

> Durch meine stärckende Gewalt/
> Und Jupiters beliebten Schluß/
> Wird sich ein Volck nach euern Namen nennen/
> Dem alle Völcker dieser Erden
> Des Sieges Lorbeer zinsen werden.

Mit diesem Bekenntnis des Mars ist die Ehre der Rhea Silvia wieder hergestellt, ihre Behauptung, von einem Gott geschwängert, mithin vergewaltigt worden zu sein, erweist sich als «wahr», sie hatte sich also nicht den Verfügungen des Onkels widersetzt. Auffällig ist, dass Rhea Silvia den Gott Mars schützt und nicht anprangert, was diesen Gründungsmythos erschüttert hätte:

> Mars hat mich in den Schooß der Erden/
> Bißher zur Rach und Kron' erhalten;
> Es muste sich um mich der Felsen spalten. (III, 5)

Das kriegerische Interesse der Zwillinge wird eindeutig auf die Abstammung von ihrem göttlichen Vater zurückgeführt. Die Ausbildung in Kriegstechniken ist idealerweise nicht nur Pflicht, sondern angeborene Leidenschaft von Männern göttlich-adliger Abstammung. Der vorbildliche adlige Mann hat sich nicht nur nach allen Regeln der Kriegskunst auf dem Schlachtfeld zu bewähren, sondern er muss auch den Umgang mit Frauen lernen und sich insgesamt in Selbstkontrolle üben. In der Liebe sind körperliche Gewalt und verbale Attacken tabu. Erlaubt sind zwar aus der Kriegskunst bewährte Strategien der Belagerung mit Geduld und ausdauernder Werbung, aber keinesfalls Drohgebärden. Denn als Ideal gilt die Liebe und Gegenliebe aus freiem Willen.

Außergewöhnlich galant ist der zunächst stumme Prinz Atis aus der beliebten Oper *Croesus* (1711/1730), der sehr zurückhaltend um die Prinzessin Elmira wirbt, und dann im Krieg, als Retter seines Vaters, die Sprache wiedergewinnt und seine Werbung höflich fortsetzt. Die symbolische, theatralische Bedeutung seiner Behinderung ist vielschichtig und hat die Zeitgenossen so fasziniert, dass Atis eine zentrale Figur eines parodistischen Intermezzos wurde, in *Buchhöfer, der stumme Printz Atis*[267] (1726) (siehe Analyse von *Croesus* in Teil III).

Eine Beobachtung bliebe hier zu diskutieren: Opernfiguren wie Romulus, Remus und Atis werden als tugendhafte Militärs präsentiert, die anders als z.B. die Opernhelden Karl der Große und Miriways keine vorehelichen Kinder haben. Hier scheinen Ambivalenzen gegenüber idealer Männer-Tugend ablesbar zu sein, ob nun auf der Bühne oder bei Hofe. Ein prominentes Beispiel eines galanten adligen Kriegers war Moritz Graf von Sachsen, ein unehelicher Sohn von Maria Aurora von Königsmarck und Friedrich August von Sachsen. Als «Maréchal de France» errang er in den Diensten von Ludwig XV. Siege im Österreichischen Erbfolgekrieg und in den Kämpfen um Flandern. Auch für diverse Affären war er berühmt, u.a. mit Sängerinnen und Schauspielerinnen. So ging aus seiner Beziehung mit Marie Rainteau die Tochter Marie-Aurore de Saxe hervor, die spätere Großmutter der Schriftstellerin George Sand, eigentlich Amantine-Aurore-Lucile Dupin[268] (siehe Kapitel II).

4.4. Der bedrohte Frieden in den Schäferspielen

Die scheinbar heitere und natürliche Welt der Pastorale, der Schäferspiele, wird maßgeblich durch einen paradiesisch-vollkommenen Umgang zwischen den Geschlechtern bestimmt und zugleich gefährdet. Sie ist auf scheinbar paradoxe Art eine Folge der Querelle des Femmes, die in eine Zivilisierung von kriegerischen Männlichkeiten mündete. In der Pastorale haben rüpelhafte Krieger keine Chancen, sondern nur Männer, die einvernehmlich mit den Frauen leben und lieben, dabei aber weiterhin die Rolle des Verteidigers übernehmen. Das gilt auch für Opern, die im Schäfer- und Gärtnermilieu angesiedelt sind, oder für einzelne Szenen und Protagonisten, die auf diese Welten anspielen.

Schäferspiele dienten ab 1600 insbesondere der höfischen Selbstdarstellung und der Adelserziehung; sie orientierten sich an italienischen Prototypen, insbesondere an Torquato Tassos (1544–1595) *Aminta* (1573) und Giovanni Batista Guarinis (1538–1612) *Pastor Fido*[269] (erster Druck 1590).[270] Sie wurden, bis auf manche Ausnahmen, in erster Linie für höfische (Familien-) Feste geschrieben und komponiert.[271] Ein gemeinsamer Nenner war die gesellschaftlich anerkannte Werbung um eine Frau,[272] der Sieg der gegenseitigen freiwilligen Liebe und die Freude an der Natur.[273] Dabei spielte die Verbindung zwischen Liebe und Politik eine bedeutende Rolle, denn auch das Schäferspiel zeichnete sich nicht durch Gesellschaftsferne aus.[274] Die friedliche Welt Arkadiens oder der Insel der Seeligen war bedroht von Gewalteinbrüchen, personifiziert etwa durch Satyrn, unzivilisierte männliche Fabelwesen. In Telemanns «scherzhaften Singe=Spiel» *Damon*[275] (1724), mit dem Zusatz *Der neumodische Liebhaber*, überfällt der ungeschlachte kriegerische Satyr Damon eine friedliche Schäfergesellschaft in Arkadien. Nur mit Klugheit und Unterstützung der Männer können die Frauen Damons sexuelle Übergriffe abwehren. Tassos kritische Auseinandersetzung mit den überlieferten Geschlechterrollen in *Aminta* wird überzeugend von Andrea Grewe[276] analysiert. In diesem, am 31. Juli 1573 in der Nähe von Ferrara vor dem Hof der Este uraufgeführten Schäferspiel, kommen Frauentypen auf die Bühne, die auch aus den Schriften der Querelle des Femmes bekannt sind: Amazonen wie die Nymphe Silvia,[277] die als leidenschaftliche Jägerin und Dienerin Dianas sich der Keuschheit «virginitate» und Ehrbarkeit «onestate» verschrieben hat. Nur die Jagd ist ihr Vergnügen, nicht die heterosexuelle Liebe und Ehe. Trotz aller Sportlichkeit wird Silvia Opfer sexueller Gewalt eines Satyrs, der sie überwältigt, nackt an einen Baum fesselt und sie vergewaltigen will. Doch sie wird gerettet. Begehrt wird Silvia von Aminta, der hier gespielt wurde von einer Frau, Isabella Andreini, dem Star der berühmten «Compagnia dell'Arte» der «Gelosi». Laut Grewe wird damit der weibliche Charakter des Liebhabers unterstrichen. Seine «Verweiblichung» wird auch vom Satyr verspottet, der solche neuen Männer verachtet, als «Schönlinge» abstempelt: «Weiber sind sie nach ihrem Aussehen/ und nach ihrer Kraft» (II, 1, V. 772f).[278] Aminta gewinnt Silvia letztlich mit seiner Liebe, nach einem Selbstmordversuch akzeptiert sie ein Leben mit ihm unter den Menschen, verlässt das einsame und freie Leben in den Wäldern, doch nicht um den Preis ihrer Unterordnung. Aminta hatte gelobt, jedes Missfallen von ihr fernzuhalten.[279]

Grewe betont bei diesen Schäferspielen die Neudefinition der männlichen und weiblichen Geschlechteridentitäten, aus der eine Annäherung der Geschlechterrollen erfolgte. Die Frauen erweitern ihre Handlungsweisen und -räume um «männlich» konnotierte, die Männer hingegen zeigen «weibliche» Eigenschaften, bleiben dabei aber entschlossene Verteidiger. Der Satyr verkörpert die ungezügelte, animalische männliche Kraft und Gewalttätigkeit, die sowohl Gemeinschaften als auch einzelne Frauen bedroht. Letztlich kommen die Satyrn nicht ans Ziel.

Doch treiben Satyrn nicht in allen im Schäfer- oder Gartenmilieu angesiedelten Stücken ihr Unwesen. Auch bürgerliche OpernfreundInnen in Hamburg goutierten Schäferspiele, die sich oftmals in prächtigen Gartenszenarien abspielten. Der «fürstliche» Gartenluxus,[280] wie ihn die bürgerlichen GartenfreundInnen pflegten, wurde auf der Bühne gespiegelt – wie beispielsweise in *La Fedeltà Coronata, Oder: Die gekrönte Treue*[281] (1706). Auch hier führt die ausdauernde und zarte Liebeswerbung eines Mannes um eine treue und edle Frau zu einer Liebesbeziehung: «Mandane, edelste Fürstin aus Sidon»[282], als Schäferin verkleidet, und der vertriebene Herrscher Abdolonymus, «unter der armseeligen Gestalt eines Gärtners» versteckt.

5. Feldherrenvielfalt und Soldatenleben in den Libretti

Ideale Männer beweisen sich sowohl im Krieg als auch bei Hofe und hier insbesondere im Kontakt zu Frauen. In den Libretti lassen sich unterschiedliche Entwürfe von Männlichkeiten beobachten, abschreckende und vorbildliche.

5.1. Der Wüstling

> Die Darstellung des unbeherrschten Herrschers war ein beliebtes Thema der barocken Hofbühne, nicht zuletzt weil diese Thematik auf die Selbstbeherrschung des erfolgreichen absolutistischen Herrschers hindeutet, wie auch die von ihm abhängige Stabilität.[283]

Die positiv gezeichneten Herrscher (und auch die geläuterten) trugen zur unmittelbaren Verherrlichung der im Publikum anwesenden Hoheiten bei. Auf der Hamburger Opernbühne gab es eine Palette von in der Regel militärisch ambitionierten Herrschern, die keineswegs Muster an Tugendhaftigkeit waren. Markante Beispiele sind:

- Der unverheiratete «carthaginensische General» Hannibal, berühmter Feldherr, als Barbar geschmäht, begehrt die Tochter des römischen Bürgermeisters in *Hannibal*[284] (1681/1735).
- Sextus, Sohn des Mitregenten Maximianus aus *Diocletianus*[285] (1682), verfolgt und belästigt auch verheiratete adlige Frauen sexuell.
- Der Hunnenkönig Attila wütet in *Attila* (1682) auf dem Schlachtfeld gegen den besiegten König der Gallier, Theoderich, dessen Gattin Irene er zudem sexuell bedroht. Attila zwingt Irene sogar zur Ehe, wird jedoch von ihr im Hochzeitsbett ermordet.
- Die ungeratenen römischen Kaisersöhne Titus und Domitian in *Vespasian*[286] (1681?/1683). Titus betrügt seine Frau Amicidia mit der Sklavin Gesilla, Domitian will Amicidia vergewaltigen und seinen Vater umbringen.
- Der türkische «Groß-Vezier», Cara Mustapha aus der Doppeloper *Cara Mustapha*[287] (1686) belagert und bestürmt Wien mit äußerster Grausamkeit.
- Der römische Kaiser Nero, der sogar seine Ehefrau Octavia in den Selbstmord treiben will,[288] um endlich die von ihm mit «Liebes-Lust angesehene» Poppea zur Ehefrau und «Kayserinn» zu machen. Außerdem schreckt

er auch nicht vor der Ermordung seiner Mutter Agrippina zurück. Er ist zwischen 1705–1738 in diversen Opern auf der Hamburg präsent.[289]
- Der römische Kaiser Antoninus aus *Julia*[290] (1717), der die schöne und entschiedene Julia, verheiratet mit Pompejanus, grausam verfolgt.

5.2. Der an «Liebesdingen» Desinteressierte

In diversen Opern agieren männliche Hauptpersonen ohne den Einfluss und die Kritik von Ehefrauen bzw. weiblichen Geliebten. Entweder sind es ältere, verwitwete Herrscher und Väter, die kaum an Frauen und sexuellen Beziehungen interessiert sind, oder ihr Familienstand bleibt unklar.

So stehen sich in *Croesus* zwei exzellente und ehelose Feldherren gegenüber, der überhebliche und geläuterte Croesus und der maßlose Sieger Cirrus, die aber beide am Schluss der Oper zur Einsicht kommen (siehe Opern-Analyse im Teil III *Croesus*).

In *Cato* (1711/1715) ist der unerbittliche Cato zwar ein exzellenter Feldherr, aber ohne emotionale Bindungen zu Menschen, die seinen Starrsinn und seine Selbsttötung auf offener Bühne hätten verhindern können. So inszeniert er eine Art Selbstopfer, das den Frieden erst ermöglicht.

5.3. Der tapfere Militär, aber übergriffige Galan

Ambivalent wird der Feldherr und Galan Carolus Magnus gezeichnet in der Oper *Der Tapffere Kayser Carolus Magnus und Dessen Erste Gemahlin Hermingardis*[291] (1692). Bereits der Titel ist eine Besonderheit, denn üblicherweise werden die EhepartnerInnen dort nicht erwähnt. Dies muss als ein Hinweis auf einen außergewöhnlichen Stoff gewertet werden. Karl der Große (Carolus) wird darin als siegreicher und noch lediger Feldherr geschildert, der auch Frauen als legitime Beute sieht. Die «Nachricht an den geehrten Leser» weist ausdrücklich auf seine Galanterie hin, die er auch seinen Kindern vererbt habe.[292] Karls Vertrauter Rinaldus vermittelt ein zwar vielfach bewundertes, aber wenig vorbildliches Männerbild, wenn er Hildegardis, Tochter des Langobarden Königs, vor Karls Untreue und Kriegsbegeisterung warnt: «Nach kurtzer Zeit/ Läst ihn der Krieg nicht mehr an dich gedencken./ Denn also pfleget er zu lieben/ [...]» (II, 13).

Rinaldus Warnung ist keineswegs uneigennützig, denn er selbst begehrt Hermingardis. Doch Hermingardis versucht Rinaldus abzuschütteln, der noch dazu unstandesgemäß ist. Außerdem hütet sie ein Geheimnis, wie sich im Laufe der Oper herausstellt: Sie ist zwar nicht verheiratet, aber keine Jungfrau mehr. Voller Scham und Angst vor Sanktionen gesteht sie vor der Hofgesellschaft: Auf der Jagd hat sie vor Blitz und Sturm Schutz in einer Höhle gesucht:

> Da hat ein Mann durch Lieb und Gewalt ...
> Filaura. Nur still! Den Rest erräht man bald. (III, 21)

Weitere peinliche Enthüllungen bleiben Hermingardis, Dank des Einspruchs ihrer «Aufwärterinn» Filaura, erspart. Als Erinnerung hat die Prinzessin nur ein Armband von dem Unbekannten erhalten. Aber schnell stellt sich heraus, dass Karl dieser Mann war. Er will Hermingardis heiraten und kommt damit ihrem Vater Desiderius zuvor. Dieser fordert wegen der «Schande»[293] nicht etwa die Bestrafung des Täters, sondern gemäß patriarchaler Ehrbegriffe den Tod seiner Tochter. Doch vorbildlich für adlige und bürgerliche Männer übernimmt Karl die Verantwortung und heiratet Hermingardis. Er akzeptiert diese «Strafe», die außerehelichen Schwängerern und Vergewaltigern drohte – die Eheschließung. Damit ist zumindest die Ehre von Hermingardis wieder hergestellt und ein weiteres Mal das Klischee bestätigt, dass Frauen mit ihrer Vergewaltigung einverstanden sein können – wenn es denn so ein bewunderungswürdiger Held wie Karl der Große ist. Dieser hatte nicht nur Pavia belagert und den prachtliebenden Langobardenkönig Desiderius überwunden, der «der Wollust Tempel baut» und dabei völlig unberührt bleibt von der Not der belagerten Bevölkerung, wie Rinaldus konstatiert: «Da Hunger/ Pest und Todt/ den Pöbel hält in steter Noth/ So beugt sich doch sein grausam Hertz noch nicht»(I, 3). Nein, Karl hat außerdem noch Hermingardis, die Tochter von Desiderius «überwunden» und letztlich geheiratet. Hiermit hat er allerdings einen Skandal ausgelöst, wie er auf der Opernbühne nur selten zu sehen war (siehe Teil II, Liebe).

5.4. Der friedliebende und fromme Held

Wesentlich seltener wurden zugleich fromme und friedfertige Herrscher präsentiert, die sich weder auf dem Schlachtfeld beweisen – noch Frauen gegenüber Grenzen überschreiten: dazu gehört der römische König Numa Pompilius, mit dem laut «Vorrede an den Leser» Kaiser Leopold I. gemeint ist, in *Ancile Romanum*[294] (1690), der Festoper zur Krönung seines Nachfolgers Joseph

I. zum Römischen König. Ob Numa verheiratet ist oder nicht, geht weder aus der «Persohnen»-Liste noch aus der «Vorrede» hervor. Wie ein Priester dient er der Nymphe Egeria,[295] «eine von den Römern verehrete Nimfe oder Göttin», die immer nur abends in «schönen Wolken» erscheint. Wie ein Liebender lobt er ihre Schönheit (I, 1) und bittet für Rom, das durch die Pest leidet.[296] Er fügt hinzu, dass die Göttin die Menschen doch nicht wegen ihrer Sünden strafen möge, denn das Menschsein schließe die Sünde ein: «Die Menschheit kann ohn Schwachheit nicht bestehn/ Drum trage doch Erbarmen mit uns Schwachen» (I, 2). Für Dorothea Schröder ist Egeria die «Mittlerin zwischen Himmel und Menschen und Überbringerin des Wunderschildes», sie könnte «mit Leopolds Gemahlin Eleonora Margaretha gleichgesetzt werden, ist jedoch noch zwingender als personifizierte Göttliche Vorsehung und Gnade zu interpretieren.»[297] Aber Egeria trägt auch Züge antiker Göttinnen, wie etwa von Pallas Athene, die ebenfalls als Schützerin mit entsprechenden Schilden im Einsatz ist;[298] sie erinnert auch an Maria, die von Katholiken wie Leopold I. verehrt wurde, anders als von den lutherischen Hamburger Ratsherren.

Auffallend ist, dass Numa kein Kriegstreiber ist und zudem ein zeitgenössisches Vorbild repräsentiert. Leopold I. war bekannt für seine fromme Haltung:

> Obwohl militärisch erfolgreich wie der ebenfalls zum Vergleich herangezogene Romulus hatte der Kaiser noch an keinem Feldzug selbst teilgenommen. Stattdessen pflegte er ‹während entscheidender Schlachten öffentlich um den Sieg zu beten.›

Numa ist ein Vermittler zur Göttin Egeria und zum Priester des Mars, des Flamen Martialis. Außerdem betätigt sich Numa als weiser Unterhändler in Sachen Liebe für Männer, wie den Ritter Julius Celer (II, 6) und den als seinen Verwandten eingeführten Quintus Sabinus (II, 5). Dieser beklagt die Grausamkeit der Frauen, lernt aber von Numa, dass er nach Meinung der Frauen zu viel fleht und klagt. Soviel Umsicht, Friedens- und Menschenliebe sollen sich fortsetzen, deshalb feiert Egeria in einem langen Rezitativ vor dem Schlusstableau den neuen Römischen König Joseph I. als neues «Ancile», als heiliges Schutzschild (III, 6).

Rund ein Jahr später wurde Postel's Libretto von Johann Georg Conradi neu komponiert. Der Titel betont ausdrücklich das friedliche Herrscherideal: *Der Fromme und Friedfertige König der Römer Numa Pompilius*[299] (1691). Erweitert wurde das Libretto nun um ein komisches Paar: die «Stats=Jungfer» einer «edlen Römerin» Flora und «des Königs Diener» Vafrillus (bzw. Fafrillus, Schreibweise im Personenverzeichnis). Beide streiten ausgiebig über Männer und Frauen im Allgemeinen und ihre Beziehung im Besonderen, wobei Flora eine deutlich kritische Stimme erhält, wenn sie etwa über Männer lästert, die sich sexueller Erlebnisse rühmen, «wann gleich sie nichts genossen» (II, 8).[300] Modelle von Liebesbeziehungen spielen in dieser Oper explizit eine Rolle. So wird in der Vorrede über die Bedeutung der Liebe in Zeiten höchster Not anhand historischer Beispiele reflektiert.[301]

Für Männer, die auf Rache verzichten, sich selbst überwinden und als Friedensfürsten agieren, gibt es etliche Beispiele – wie «Arconte, ein vertriebener Fürst aus Persien» in *Die wiederhergestellte Ruh oder die gekrönte Tapferkeit des Heraclius*[302] (1712). Eigentlich hatte Arconte den Prinzen Siroë umbringen wollen und auf eine gute Gelegenheit gewartet (II, 2 u. 3). Am Schluss der Oper gelobt er jedoch, diesen Hass der Väter nicht auf die Kinder auszuweiten:

> Arc. Du aber/ Siroë,
> Arconte gibt sich dir jetzt zu erkennen/
> Wie sehr dein Vater mich beleidigt hat/
> Soll man mich dir doch stets ergeben nennen.
> Sir. O Großmuth! Fürst/ ich will an meines Vaters statt
> Vollkommen deine Treu belohnen.[303]

5.5. Der verheiratete Feldherr

In Zeiten des Krieges zeigen sich wahre Liebe und Treue – auch Feldherren und ihre Ehefrauen werden hier effektvoll auf die Probe gestellt. Gemeinsam müssen sie Gefahren überstehen, wobei die Rollen klar nach Geschlecht verteilt sind: Die Frau muss ihre Keuschheit bewahren, der Mann sie verteidigen und seine Eifersucht beherrschen (siehe *Amphytrion, Sancio*). Gelegentlich beraten sie gemeinsam Regierungsgeschäfte und militärische Strategien.

5.6. Der hochrangige Militär ohne Familienanschluss

Der Familienstand der Generäle und sonstiger militärischer Führungskräfte bleibt oft unklar, von Ehefrauen oder Kindern ist selten die Rede. Entweder sind diese Militärs in galante Liebeshändel verwickelt oder aber männbündisch-frauenabwehrend. In *Carolus Magnus* (1692) etwa bleibt der pflichtbewusste Obrister Arnolphus unverheiratet; der Feldmarschall Formidor hingegen ist verliebt in die Prinzessin Hermingardis (I, 2), Tochter des Kriegsgegners, und bittet einen illiteraten Diener, ihr einen Liebesbrief zu überbringen, mit der ironischen Versicherung: «Weistu denn nicht/ das ein Soldat / Von nichts als Krieg/ zu schreiben hat?» (III, 4). In *Hannibal* (1735) bekennt sich der General Bomilcar dazu, ein «Weiber-Feind» zu sein: «Ich hasse ja das Weibs=Geschlecht» (I, 7).

Zu den dünkelhaften Militaristen zählt der «Kaiserliche General» Alvo[304] aus *Emma und Eginhard* (1728)[305], dessen militärisches Gebaren karikiert wird, wenn er schwadroniert vom: «Köpfe spalten, Glieder trennen» (Nr. 23, I, 7) und «Wie Donner und Hagel die Bäume zerschmettern» (Nr. 86, III, 3). Beliebt sind Kritik und Spott gegenüber hochrangigen pedantischen oder angeberischen Militärs.[306] Der Feldmarschall Trasimundus aus *Sieg der Schönheit* [Gensericus] (1722)[307] wettert gegen «der Liebe Nichtigkeit»: «Schönheit ist nur Fantasey/ Und die Liebe Rasery/ Wenn ich's soll bekennen» (II, 12).

5.7. Aspekte des Soldatenlebens: Prächtige Kleidung, Rituale, Liebesgaben

Prächtig gekleidete und tanzende Soldaten waren äußerst bühnenwirksam. Die Oper *Cato* (1711)[308], die mit außerordentlich viel Prunk über die Bühne ging, beginnt mit einer Nachtszene am Meeresufer bei Vollmond. Caesar und sein «Kriegs=Heer campiret». Die Soldaten sind verkleidet, um das Fest der Cinthia, des Mondes zu begehen. Julius Caesar fungiert hier wie eine Art Priester (ähnlich dem friedliebenden König Numa aus der Oper *Numa*), der der Cinthia huldigt. Hier spielt jedoch seine Schwester Sabina in einer täuschenden theatralischen Inszenierung mit, wie Julius Caesar später enthüllt, in einem

> Fest/ gleich einem Pastoral/ zur Ehre der Göttin der Schatten=Welt/ Vor Rom/ durch meinen General/ Mit den Soldaten angestellt / Worüber Rom in Harnisch kam/ Als wenn ich was gefährlichs unternahm/ Und wie ich drauff verstellt zu Wasser nahm die Flucht/ Meint jederman/ dass ich dadurch mein Heil gesucht (I, 10).

Denn «in Wirklichkeit» waren diese Zeremonie und die Flucht von Caesar's Truppen nur ein Teil eines perfekten Täuschungsmanövers; längst schon haben sie sich in Rom eingenistet. Doch davon ahnt L. Scipio, der römische Feldherr und Bürgermeister, samt Heer nichts. Stattdessen ereiferte sich L. Scipio über die vermeintlichen Verräter Caesar's, schmäht sie als «Weichlinge», die mit Schmuck und Kleidern einer Göttin huldigen.

Erinnerungsstücke, Glücksbringer, von den Geliebten oder Ehefrauen den Soldaten mitgegeben, sorgen für Verwicklungen, wie z.b. in *Hannibal* die im Kampf verlorene Feldbinde[309] des Florus', des Geliebten der Aemilia. Sie hatte ihm diese wohl um den Arm zu tragende Feldbinde geschenkt, in die ihr Name eingestickt war (III, 3, 4, 5). Hier handelt es sich um historisch nachweisbare Liebesgaben, die auf die zarten, liebenden Seiten der Kämpfer und den Wunsch ihrer Bräute und Frauen verweisen, auf diese Weise während des Krieges an ihrer Seite präsent zu sein.

5.8. Die niederen Ränge: mehr Wein als Weib und Waffen?

«Übel leben, sagte einer, und voll trincken, ist der Soldaten tägliche Arbeit.» So heißt es in einer Scherzrede aus der Mitte des 17. Jahrhunderts.[310] Schilderungen harter Lebensbedingungen der Soldaten, Kritik an Krieg und Soldatenelend, aber auch Spott[311] sind europaweit Thema in Romanen, Schwänken und Scherzgedichten und spiegeln sich auch auf den Opernbühnen wider. So gehört Spott über Kriegsherren und ihr Gebaren zur Grundausstattung vieler komischer Personen, ob nun Diener oder Soldat, wie sie der «kurtzweilige Diener» Elcius aus *Croesus* vorträgt.

Beliebt sind Variationen des «miles gloriosus»,[312] wie er herumpoltert in dem komischen Nachspiel *Amours der Vespetta, oder der Galan in der Kiste*[313] (1727): Hier mimt Braccomente, «ein Fändrich, auch ihr Galan», den großmäuligen und noch dazu geizigen Militär. Er lässt sich mit einer Sänfte tragen, will (oder kann) den plattdeutsch sprechenden Träger aber nicht bezahlen (I, 7) und leiht sich die 8 Schilling von Vespetta. Im Streit mit dem erbosten Sänftenträger markiert er nur den Kämpfer, wie es in der Regieanweisung heißt: «(Er thut als wenn er den Degen aufziehen will)» (I, 7). Braccomente prahlt mit vielen Liebschaften: «Es will die ganze Welt mich lieben» (I, 7). Er protzt mit Heldentaten («Aria. Wer hat der Türcken Blut bey Wien versprützet? So ritterlich dass teutsche Reich beschützet? Nur dieser freche Arm hat es gethan» (I, 7)) und erlogenen Reisen, die ihn u.a. nach Ägypten, Mexico, Japan und Russland geführt haben sollen.

Die profanen ökonomischen und gesellschaftlichen, wenig romantischen Motive, die zu einer Soldaten-Ehe führen konnten, zeigt das komische Zwischenspiel *Buffonet und Alga oder die Mann=tolle alte Jungfer in zweyen Intermezzi*[314] (1727), in dem nach Wolffs Meinung insbesondere auf Kosten der vermeintlich alten Frau Alga gelacht wird.[315] Doch auch Buffonet wird als Modell eines gescheiterten Kriegers dem Spott preisgegeben. Das erste Intermezzo beginnt in einem Zimmer: «Buffonet, aus der Campagne kommend, in völliger Krieges=Rüstung.» Er war mit seinem Herren im Feld und brüstet sich mit seinen Heldentaten. Aber Erfolge auf dem Schlachtfeld genügen ihm nicht:

> Der Helden=Arbeit ungeacht/
> lässt mir die Liebe Tag und Nacht
> Nicht die geringste Ruh:
> Denn eine schöne Zauberinn
> Gefiel mir jüngst so wohl,
> Daß ich, mit Gunst zu sagen, In sie verliebet bin [...].

Buffonet versucht Alga zunächst galant mit Poesie zu umwerben, aber er erweist sich als stümperhafter Reimeschmied. Im 3. Auftritt will er sie küssen, aber sie weist ihn ab.[316] Doch Buffonets Selbsttötungsversuch und Algas pragmatische Erwägungen bringen sie letztlich dazu, ihn zu heiraten.

Angst zeigen nur die einfachen Soldaten. Obwohl Angst sicher auch mal einen adligen Helden ergriffen hat, wird sie in der Regel nur am Beispiel der unteren Ränge gezeigt, also abgespalten vom Fremd- und Selbstbild des tapferen adligen Feldherren. Soldaten, die ihre Angst mit Alkohol betäuben, sind zu sehen in *Porsenna*[317] (1702). Bibellus, «ein lustiger Hetrurischer Unter=Officier», soll eigentlich mit seinen Soldaten einen Kerker bewachen:

> Wenn ein Soldat nicht immer toll und voll,/
> Kan ihm der Muth leicht in die Hosen sincken;/
> Drum halt ich's mit dem Trinken [...]. (I, 9)

Den Tambour lässt er trommeln, die Soldaten trinken, tanzen und lärmen; und die Lieder, die Bibellus anstimmt, ähneln Trinkliedern, wie sie damals bekannt waren.[318]

Auf den Zusammenhang zwischen Krieg und Wein, zwischen Mars und Bacchus, verweisen auch Sprüche auf den Hamburger Geschützrohren, die auf den Wallanlagen positioniert waren.[319] So prangte dieser Reim auf mehreren vom Ratsweinkeller geschenkten Kanonen:

> 1672: Ein Wunder das des Bachus Saft
> Dem Mars auch sein Gewehr verschaff.

> 1673: Bachus ist des Marses Freund
> Wie aus diesem Stücke scheint.[320]

5.9. Der Krieg als Erwerbsquelle für Männer der unteren Schichten

Das Schicksal von Soldaten, die nach Kriegsende wieder Arbeit suchen, wird in *Pygmalion*[321] (1694) am Beispiel von Scolex durchgespielt. Als Diener des Prinzen Palamedes ist er die komische Person des Stückes und gibt vor, sich auch als Soldat durchgeschlagen zu haben, wie er der Müllerstochter Celia erzählt. Angeberisch und anzüglich wirbt er um Celia als Ehefrau, denn er will nicht erst als «Müller=Knecht» beginnen, sondern gleich als Müller arbeiten. Für diesen Karriereschritt muss er allerdings eine Müllerstochter heiraten:

> Und weil ich vom Soldaten=Leben frey/
> In dem der Friede schon gemacht/
> So wär ich wol darauff bedacht/
> Ob sonst nichts zu verdienen sey/
> Und weil die Nahrung zimlich schlecht/
> Ob ich dann wol zum Müller sey gerecht/
> So wolt ich dir wol was von Mahlen sagen.
> Cel. Du must darum bey meinem Vater fragen.
> (Sie gehet von ihm.) (I, 11)

Celia hat die sexuelle Anspielung, das «Mahlen», sofort verstanden und wehrt Scolex ab. Auch im Verlauf der Oper bleibt sie bei ihrem «Nein» und heiratet Lysander, «des Pygmalions Hoff=Meister». Müller und Soldaten scheinen übliche Zielscheiben von Spott und Vorurteilen gewesen zu sein, wie sich auch aus dem kurzen Gespräch des Scolex mit dem Müller Sylvius ergibt. Hierin werden damals aktuelle Vorwürfe und Vorurteile gegen Müller aufgegriffen, die angeblich Mehl einbehalten und die Preise hochtreiben, wie auch von Chronisten wie Steltzner berichtet wird. «Dadurch wurde unter der Armuth grosse Noth verursacht.»[322] Zumindest wird die prekäre ökonomische Situation dieser Berufsgruppen deutlich, ohne jedoch für Verständnis oder Abhilfe zu werben.

> Ich bin ein abgedanckter Cavallier,
> Der nichts als stehln und betteln kann/
> Weil mir das betteln nun zu schlecht;
> Denn es ernährt gar kärglich seinen Mann/
> So wolt' ich wol beym stehlen bleiben/
> Und eben drum das Müller Handwerck treiben (I, 11).

Im Stil einer komischen Person spottet Scolex über Frauen und nähert sich Celia wenig galant, starrt sie an ohne mit ihr zu reden und spart nicht mit sexistischen Anspielungen. Diese Methoden der Werbung bleiben ohne Erfolg, Celia weist ihn ab.

Der diebische Ex-Soldat spielt auch in dem beliebten «Lustigen Nach=Spiel» *Herr Fändrich Nothdurfft aus dem Lager*[323] *bey Mühlberg*[324] (1731) eine wichtige Rolle. Serpil umwirbt «Melissa, eine alte reiche Jungffer», nimmt ihr eine goldene Halskette, Beutel voll Dukaten und eine goldene Uhr ab, um dann, als Melissa ihn verlassen hat, ihre Nichte Grilletta zu umwerben. Von dem Verwandtschaftsverhältnis ahnt Serpil nichts, doch die beiden Frauen agieren in – auf der Bühne selten gezeigter – Solidarität und verprügeln ihn, nachdem er vorher Grilleta mit dem Degen zu theatralischen, überzeichneten Posen hatte zwingen wollen; erst wollte er sich in ihrer Gegenwart erstechen, falls sie ihn nicht erhöre; dann reichte er ihr den Degen – damit sie ihn töten solle. Für Wolff ist das lediglich ein komischer Effekt, der bereits aus Cavallis *Giasone* bekannt sei.[325]

Verarmte, diebische Soldaten waren belächelte und zugleich unerlässliche «komische Personen» und suchten immer wieder über Frauen ihre Existenz zu sichern. Doch waren sie nun «fools» (aktive, konservative Narren bzw. Kommentatoren) oder «butts» (nonkonformistische Zielscheibe des Spotts)? Konnte man mit diesen komischen Personen oder über sie lachen, Kategorien wie sie Sarah Colvin[326] benutzt? Diese Schemata aus den Dramen des 17. Jahrhunderts sind nicht selbstverständlich auf die komischen Personen der Opernbühne übertragbar. Diese oftmals gescheiterten Existenzen und gebrochenen Helden agieren oft außerhalb solcher Kategorien derart, dass zugleich *mit* ihnen und *über* sie gelacht wird.

Auch allegorische Figuren spielen auf die wenig heldenhaften Seiten des Krieges und die Not an – wie in einem Prolog zu *Don Pedro oder die abgestraffte Eÿffersucht*[327] (1679). Im «Prologus» schimpft Cupido auf das harte Leben im

Krieg, in dem er drei Jahre mitgezogen ist und vergeblich davon geträumt hat, General oder Feldmarschall zu werden:

> Cupido komt in einen Küraß zu Pferde auffs Theatrum/ hat etliche kleine Tambours bey sich zu neben lauffern,/ reitet herum und singet:
> [Aria]
> Ich bin des Krieges satt/
> Weil man vor alle mühen
> Und hin und wider ziehen
> Doch nichts zu Lohne hat/ [...]

Mars kommt im Harnisch aus den Wolken «auff einem Wagen/ mit Stücken/ Fahnen/ Schwerdtern/ Spiessen/ etc. beladen/ [...].» Auch er muss die Vergeblichkeit der Kriegskunst eingestehen:

> [Aria]
> [...] Es ist gewis/ die Waffen
> Die haben in dem Krieg
> Das wenigste zu schaffen
> Die Feder gibt den Sieg.

Mars landet auf der Erde, Cupido reitet herbei, steigt vom Pferd, wie es die Höflichkeit gebietet, und überlässt das Pferd der Obhut der Tambour-Läufer, als der nächste Gast sich den Weg durch die Wolken bahnt:

> Fama komt durch die Wolcken geflogen/ stösset in die Trompete/ und singet:
> [Aria]
> Lustig was lebet/ erfreue sich wieder/
> der Himmel schickt Frieden und Seegen hernieder/
> Lustig die Waffen/ die Schwerdter/ die Stücken/
> Müssen sich unter das Friedens=Joch bücken.

Mars kann sich einen Friedensschluss nur gemäß feudal-hierarchischer Verhältnisse vorstellen, also als Unterwerfung und nicht als gemeinsamen Entschluss, Fama indessen:

> stößt wieder in die Trompete/ und singet:
> [Aria]

Alle Welt/ alles was lebet auff Erden/
Sol nimmer mit Kriegen belästiget werden/
Mars und Bellona mit ihren Gesellen/
Dürffen hinkünfftig nichts Neues anstellen.

Cupido und Fama erklären Mars, dass der Frieden längst geschlossen ist. Mars ist verzweifelt, sieht keinen Sinn in seiner Existenz: «So ist mein letzter Tag erschienen». Doch Cupido mag in dieses Jammern über den Frieden nicht einstimmen. Er ist froh, dass das harte Kriegsleben endlich vorbei ist:

[...] Als ich im Kriege war,/
Kriegt ich durchs gantze Jahr kaum zweymahl warm zu essen/
[...]/ Ich muste Tag und Nacht zu Walle
Jetzt schlaff ich doch mit Ruh/
Dort stund mein Pferd in keinem Stalle/
Hier kriegt es Stroh darzu/ Commißbrodt und Toback
Die quälten mich den Tag/
Bey Nacht must ich auf der Erden/
Im Dreck und Koth zum Ritter werden.

Cupido will ein Handwerk lernen, aber die Erwerbsarbeit im Frieden ist hart. Mars will studieren, wovon ihm Cupido abrät. Mars zählt diverse Berufe auf, wie Schuster, Werber, Gerber, Schneider, aber die «verdienen gar wenig/ sie nehren sich leider mit Kummer und Sorgen». Cupido will es mit Malerei, Mars als (Huf)-Schmied versuchen. Selbstverständlich werden hier nur Berufe für Männer auf ihre Erfolgschancen hin analysiert, Erwerbsmöglichkeiten für Frauen bleiben unerwähnt.

6. Weibliche Bühnenfiguren im Theater des Krieges

6.1. Regentinnen und Heerführerinnen

Geachtete rechtmäßige Königinnen und Heerführerinnen lassen sich bei militärischen Plänen und Feldzügen von Männern beraten und überlassen ihnen dann die konkrete Ausführung. Zu den frauenspezifischen Aufgaben gehört ihr tugendhafter und diplomatischer Umgang mit Liebesanträgen der Militärs: So muss die lydische Königin Omphale den sie liebenden Helden

Alcides in *Omphale* (1724) beruhigen, die Königin und Stadtgründerin Parthenope in *Parthenope*[328] (1733) muss den Streit zwischen ihren Feldherren (und Möchtegern-Liebhabern) schlichten: «Sey ich Amazonin, seyd ihr von mir Gefährten» (I, 11). In *Artemisia* (1715) zieht die gleichnamige Königin bereits in der ersten Szene im Triumphzug ein — als siegreiche «Königin in Carien» führt sie auch etliche Kriegsgefangene vor. Die Königin wird für den Bau des Mausoleums gerühmt, das sie zu Ehren ihres Mannes hat errichten lassen, eines der «Sieben Wunder=Wercke der Welt», wie es im «Vor=Bericht» heißt.

Im Interesse ihres Gatten versucht auch die tugendhafte Römerin Eudoxia zu handeln, «des Kaysers Maximus Wittwe» aus *Gensericus* (1722). Solche idealen aufopferungsvollen Frauenbilder wurden auch in der zeitgenössischen Presse und Literatur gezeichnet, wie in den Biographien prominenter historischer und zeitgenössischer Herrscherinnen. Hier eröffnen sich Forschungsfelder zur Ambivalenz der Frauenbilder in der Frühaufklärung – auch im Hinblick auf die Darstellung adliger Frauen im Spiegel bürgerlicher Schriftsteller und Librettisten, die auch Kontakt zu den bewunderten Frauen hatten, wie etwa Johann Mattheson.

Zu den älteren weisen Herrscherinnen, die ihre ungeratenen Söhne auf den richtigen Weg bringen wollen, gehören Agrippina, Mutter des Kaisers Nero, aus *Nero* und Nitocris aus *Belsazer*, Teil I und II[329] (1723). Nitocris hält dem an Regierungsgeschäften uninteressierten Belsazer ihre Arbeit für das Reich vor:

> Nit: Was hast du dir doch jemahls woll
> Von Reichs=Geschäften angenommen?
> Ist alle Last nicht auf mich angekommen?
> [...]
> Wer hat die ganze Krieges=Macht
> In Ordnung und auf festen Fuß gebracht?
> Gern wollt ich mich so schwerer Regiments=Last entschlagen
> Doch mein Gewissen kann es nicht ertragen. (2. Teil, I., 5B)

Hier schwingen traditionelle Vorwürfe an die Mütter mit, verantwortlich für das Fehlverhalten ihrer Söhne zu sein. Sie haben diese Söhne zur Welt gebracht, sie durch ihr, wie man damals sagte, «Blut» und durch eigenes Fehlverhalten geprägt. Die patriarchale Ordnung ist erschüttert, wenn der rechtmäßige männliche Regent seine Pflichten vernachlässigt. Und den handelnden Fürstinnen wird «Herrschsucht», nicht geziemender Ehrgeiz und Wahrung dynastischer Interessen vorgeworfen – wie etwa in der von Händel vertonten und zwischen 1718 und 1724 vielfach aufgeführten Oper *Agrippina*. Hier wird Agrippina im «Innhalt» als zweimal verheiratete Frau geschildert. Als ihr prognostiziert wurde, dass ihr leiblicher Sohn Nero sie ermorden werde,

> gab selbige doch zur Antwort: Er mag mich immerhin umbringen/ falls er nur das Regiment überkommt. Diese mit großen Qualitäten begabte und nach der Herrschaft recht lüsternde Dame, nachdem sie nicht minder mächtig als ehrgeitzig war/ brauchte dann alle Mühe und Kunst bey ihrem Gemahl Claudio, biß sie ihn endlich dazu vermochte/ ihren Neronem zum Nachfolger und Kayser zu erklären.

Zu den ambivalent geschilderten Königinnen und Regentinnen zählt Semiramis, deren enge Bindung zu ihrem Sohn ebenfalls als außerordentlich erscheint. Weibliche Führungspersönlichkeiten bewegen sich auf einem schmalen Grat. Etliche werden dämonisiert oder dem Spott preisgegeben. Eindrücklich lässt sich dies am Beispiel der Oper *Regnerus*[330] (1702) zeigen, in der Frauen zentrale Angelpunkte der Handlung sind. So wird dem Prinzen Regnerus vom Wahrsager Osimus prophezeit: «Durch eine Weibs=Persohn warstu zuerst verletzet/ Durch eine Weibs=Persohn wird der Verlust ersetzet» (I, 7). Die erste ihn verletzende Frau ist seine Stiefmutter Basia. Über deren Beziehung zu Regnerus heißt es im «Innhalt»:

> Regnerus, welchem nach Absterben seines Herrn Vaters die Crone von Dennemarck gehörte/ muste sich durch das listige Verfügen seiner Stieff=Mutter in einen so unglücklichen Stand versetzen lassen/ dass er zuletzt genöhtiget ward die Kühe zu hüten.

Gemäß des Modells der «bösen ehrgeizigen Schwiegermutter» maßt sich die Stiefmutter Basia die Krone an, sie handelt aus, wie sie selber sagt, «Regiersucht» und «Rache». Doch ist sie auf wenig vertrauenswürdige männliche Bundesgenossen angewiesen, wie den dänischen General Lisippo. Ihn fragt sie:

> ob mich das Volck auch wohl/ Der Ehre würdig schätzt?
> Lisip. Das gantze Land erfreuet sich/ Daß dieß geschehen soll/ Weil es versichert

ist/ Daß Regner als ein Mann im Hertzen Weiblich war/ Du aber als ein Weib im Hertzen Männlich bist. (I, 10)

Dies ist eine wohl platzierte Lehre für alle, die nicht gemäß ihrer «Geschlechterrollen» handeln: die Männer zu weich und nachgiebig, also «weiblich», die Frauen zu entschlossen und eigensinnig, also «männlich». Basia verkörpert Herrschsucht, die auf der Bühne zwar in der Regel auch bei Männern abgestraft wird, aber die weibliche Spielart birgt die noch ungeheuerlichere Grenzüberschreitung einer Frau, die eigentlich dem Manne untergeordnet ist. Basia erscheint als Schreckbild einer «männlichen» Frau – sie beansprucht gegen den Rat ihres Vaters den Thron, will ihn sogar ermorden lassen (I, 12). Doch Intrigen, Gespensterglaube und Selbstzweifel beginnen sie in den Wahn zu treiben und militärische Auseinandersetzungen stehen bevor:

[...] Es ist gewiß um mich geschehn/
Man wird auf Regners Seiten/
Den größten Theil von Landes Völckern sehn/
Die niehmals vor ein Weib als nur gezwungen streiten. (III, 2)

Basia weiß, dass sie als Frau, noch dazu als unrechtmäßige Thronaspirantin, keine Chance hat. Ihre Pläne werden hintertrieben, sie tötet sich angesichts der Niederlage ihres Heeres, ohne von jemandem abgehalten worden zu sein, wie Lisippo ungerührt berichtet:

[...] Sie nahm also den Sebel hin/
Kein Mensch begehrte diesen Schluß/
Im Ernst bei ihr zu hintertreiben/
Drum ließ sie voll Verdruß/
Das Blut aus ihren Adern ziehn/ [...]. (III, 10)

Das hehre Gegenbild, die Frau, die Regnerus «ergetzt», ist Svanvite, «Königliche Printzeßin aus Schweden», die sich aufgrund eines Orakels auf die Suche nach Regnerus gemacht hat. Sie agiert energisch und überschreitet dabei Frauen auferlegte Grenzen, was sie aber gelegentlich bedauert:

[...] es wird die gantze Welt/ Von dieser Thorheit sagen/
Daß ich die Furcht/ so mein Geschlechte/

Von der Verwegenheit sonst sehr zurücke hält/
So schlecht in Wind geschlagen. (II, 1)

Ein Changieren zwischen den Geschlechterrollen ist zu beobachten, wobei die «böse» Frau maßlos agiert, die «gute» Frau hingegen auch mal verwegen handeln darf, weil sie nicht das System an sich in Frage stellt.

In *Circe* (siehe Analyse der Oper in Teil III) beobachtet die Zauberin Circe eine Schlacht zwischen einem Heer der Tiere, befehligt von ihrem Onkel und Meister Aëtes gegen ein Heer der Griechen. Circe greift jedoch auf Seiten der Griechen in den Kampf ein und ihre Zauberkräfte verhelfen dem Heer des von ihr geliebten Odysseus zum Sieg.

6.2. Adlige Frauen auf der Jagd

Die Jagd wird auf der Bühne als standesgemäßes Vergnügen gezeigt, gilt aber insbesondere für Männer als Ausdruck ihrer Macht über Leben und Tod, ihrer sexuellen Potenz und Kraft. Der Kriegsheld ist auch ein guter Jäger, die Jagd für ihn eine Art Übung für den Kriegszustand, wie z.B. in *Bajazeth und Tamerlan*[331] (1690). Hier jagt der tatarische Cham Tamerlan frühmorgens begleitet von Jägern, Jagdhunden und Jagdhörnern. Bei seiner Rückkehr muss Bajazeth, unterworfener türkischer Kaiser, ihm mit gekrümmtem Rücken als Abstiegshilfe vom Pferd dienen (III, 3, 8, 9).

Sexuelle Aspekte der Jagd sind beispielsweise in *Carolus Magnus* (III, 3) zu sehen oder auch in mythologischen Opern wie den *Plejaden*[332] (1694/1699), wo Jupiter, verkleidet als Prinz Agenor, Frauen verfolgt, und so die Jagd nach Wild mit der nach Frauen gleichgesetzt werden kann (I, 13).

Diese Repräsentation von sexuell konnotierter Macht und Aktivität ist hingegen bei weiblichen Jägerinnen kaum zu beobachten. Dem Habitus einer Fürstin entsprechend erwartet Circe in *Circe* (1734) im Jagdkostüm den geliebten Ulysses zur Jagd. Des Weiteren geht «Semiramis, die allererste regierende Königin», mit ihrer Stieftochter Sosana in *Semiramis* (1683) frühmorgens auf die Jagd. Sosana klagt, ist in Gedanken bei einem Liebsten, «kann doch nicht erjagen/ Was meine Seele liebt» (III, 2).[333] Semiramis erlegt einen Löwen, während Sosana vergeblich einen Bären jagt (III, 4).[334]

Anderen Jägerinnen geht es eher um das freie Leben in der Natur, die Verteidigung ihrer Unabhängigkeit in Tradition der keuschen Jagdgöttin Diana. Die mythologischen Überlieferungen wurden auch dahingehend gedeutet, dass Diana sicher imponierend und erotisch die Wälder durchstreifte, aber nicht, um das Begehren männlicher Jäger zu wecken. Diana forderte sexuelle Selbstbestimmung, verbat sich männliche Übergriffe jeglicher Art und ahndete sie aufs Schärfste. Dianas Anspruch, gemeinsam mit ihrer Frauengemeinschaft «keusch» zu leben, war jedoch immer umstritten und wurde auch lächerlich gemacht – wie in dem Pastoral *Die entdeckte Verstellung oder die geheime Liebe der Diana* von 1712, dann 1724 wieder aufgenommen als *Der sich rächende Cupido*[335].

Als stolze, junge und schöne Jägerin wird Cloris präsentiert, Enkelin des «preißwürdigen Myrtillo» aus Guarinis «herrlich besungenen Pastor Fido» («Innhalt»), in dem «Sing= und Schäffer=Spiel» *Cloris und Tirsis*[336] (1719). Cloris will «von keiner Liebe hören» und verteidigt wie eine Amazone die Freiheit der Frauen, in der Natur zu jagen. Mögen Männer auch Heldentaten vollbringen, müssen Frauen sich deshalb nicht mit Hausfrauenpflichten begnügen. Selbstbewusst weist Cloris ihren Anbeter Sylvio in die Schranken, als der ihr als Liebesgabe einen «wilden Schwein=Kopf» präsentiert:

> Man hat durch deine That empfunden/
> Daß du Alcides unsrer Zeit;
> Und wir seyn dir sehr verbunden/
> Dass du von diesem Unthier uns befreyt:
> Doch halte nicht dafür/ dass unsre Nymphen tragen
> Vergeblich Köcher/ Bogen und Gewehr/
> Daß sie nicht könten auch ein Wild erschlagen/
> Und nichts als Woll und Flachs für sie gehört. (II, 3)

Mutter Nice versucht jedoch Tochter Cloris von der Jagdlust abzubringen und sie zu einer liebenden Ehefrau zu formen.

In der Oper *Bellerophon*[337] geht die lycische Prinzessin Philonoe auf die Jagd und verfolgt einen Hirsch (I, 3). Doch ehe sie das Tier erlegen kann, wird sie das Opfer des lycischen Fürsten Acastus, den sie bereits abgewiesen hat und der sie nun vergewaltigen will. Ihre körperlichen und waffentechnischen Kräfte reichen zur effektiven Gegenwehr nicht aus – sie wird von einem Mann gerettet, vom corinthischen Prinzen Bellerophon. Dessen vorbildliche Gesinnung zeigt sich u.a. darin, dass er sie nicht wie seine Jagdbeute behandelt, zumal sich beide ineinander verlieben. Wenn adlige Frauen jagen, war dies zwar standesgemäß und legitim, aber sie begaben sich damit auch in Lebensgefahr, setzten ihre körperliche Unversehrtheit und ihren Ruf aufs Spiel. Denn die Jagd funktionierte ähnlich wie der Krieg als ein System, das hegemoniale Männlichkeiten im Kampf gegen «männliche» und «weibliche» Opfer produzieren sollte. Sie sollte männliche Potenz zur Schau stellen.

6.3. Frauen als «Kriegsbeute» – sexuelle Gewalt während des Krieges

Eine der Hauptgefahren im Krieg, der Frauen unabhängig von ihrem Stand ausgesetzt waren und sind, ist die sexuelle Gewalt von Soldaten und Feldherren. Für solche Aggressoren zählten Frauen, neben Ländereien und Städten, zur Kriegsbeute. Eine der seltenen deutlichen Anklagen gegen die sexuelle Gewalt gegen Frauen in Kriegszeiten, trägt Pharnaces, «Favorite des Tigranes, Liebhaber der Getilde» in *Tigranes*[338] vor (1719). «In Wuth» beklagt er «Die unberührete Jungfrauen/ Geschändet und beschimfft» (I, 6) und ist froh, dass seine «wohlgestaltete» Freundin Getilde «ihnen nicht zur Beute blieb» (I, 7). Auch das fliehende Königspaar von Armenien, Tigranes und Doriclea, fürchtet die sexuelle Gewalt gegen die Königin.

Die Oper beginnt hochdramatisch mit der Flucht des Paares, gemäß dem Muster: starker Mann hilft schwacher Frau. So kann Doriclea vor Entkräftung die Flucht nicht fortsetzen, beschwört aber Tigranes weiter zu fliehen, doch Tigranes will sie nicht allein zurücklassen. Als der Gegner Artabanus, «König der Parthen», mit seinen Soldaten auftaucht, stürzt Tigranes «sich in den Fluß Arasces und die Doriclea fällt in eine Ohnmacht». Artabanus und sein Gefolge finden sie und bringen sie in die «königliche Burg».

Die Treue und Keuschheit der Frau ist ein zentrales Thema auf der Opernbühne (siehe Teil II, Ehe) und wird insbesondere in Kriegszeiten bedroht. Sarah Colvin betont hier die Tradition des Schultheaters und der Märtyrerdramen,[339] doch möchte ich den Aspekt realer sexueller Gewalt gegen Frauen vertiefen, der in Form erregender Bühnenspektakel gespiegelt wird. Die Gründe für die Beliebtheit solcher Stoffe weisen über die Tradition der Märtyrerdramen hinaus. Möglicherweise geht es um die Sicherung patriarchaler Formen von Hetero-Sexualität, in der Männer als Aggressoren bzw. Retter und Frauen als wehrhafte, aber letztlich schwächere Opfer inszeniert werden.

Bereits in den 1680er Jahren sind auf der Bühne der Gänsemarkt-Oper Tendenzen mit sexualisierter Gewalt zu beobachten: ein Großteil der aus dem Italienischen ins Deutsche übersetzten, zunächst in Venedig aufgeführten Stoffe, handelt von Frauen aus den adelig-bürgerlichen Führungsschichten, die auch von ihnen bekannten Männern auf offener Bühne sexuell bedrängt, fast vergewaltigt werden.[340] Etliche Frauen wehren sich, wollen ihre Peiniger z.B. im Schlaf umbringen, wie in *Attila* (1682) und *Vespasian* (1681?/1683). (Irene gelingt es, Arricida wird daran von einem General gehindert.)

Aber die verzweifelten Frauen wehren sich nicht immer gegen die Aggressoren, sondern richten die Waffen, die in der Regel Männern gehören, auch gegen sich und versuchen so, in den Tod zu flüchten, sich selbst zu vernichten, ehe sie vergewaltigt – nach damaligen Vorstellungen «entehrt» – also sozial ausgelöscht werden.

In diesem Kontext ist auch die adlige römische Ehefrau Lucretia in *Lucretia*[341] (1705) zu sehen, wohl die einzige Frau auf der Hamburger Opernbühne, die «tatsächlich» während der Handlung, aber «hinter der Bühne» vergewaltigt wird und sich danach umbringt. Doch ist diese Oper um den Zweifel herum konstruiert, ob es sich denn überhaupt um eine Vergewaltigung handelte – und ob wegen so eines Aktes die Selbsttötung einer Frau und ein sie rächender Umsturz der politischen Ordnung zu rechtfertigen sei. Der Titelzusatz *Die Kleinmüthige Selbstmörderin* deutet die Perspektive des Librettos an. Lucretias Schicksal wurde immer wieder neu erzählt und kommentiert in Kunst, Musik, Literatur und Alltagsrede. An ihrem Beispiel werden Debatten um die Treue von Frauen geführt und Zweifel an ihrem Widerstand bei einer Vergewaltigung gesät und verstärkt.

In der Oper *Justinus*[342] (1706) bedrängt Andronicus, Bruder des Tyrannen Vitalliani von Asien, die Eusemia, Schwester des römischen Kaisers Anastasius. Sie wehrt ihn ab, ist zudem in Justinus verliebt, einen vermeintlichen «Ackermann / hernach Mit=Kayser»:

> Andr.: Auch wider deinen Willen
> Solst du doch mein Verlangen stillen.
> Eusem.: Wenn dein Gemüthe schon Tarquino sich vergleicht/
> hab ich doch eine Seele/
> so der Lucretia an Keuschheit niemahls weicht. (III, 2)

Doch naht hier, im Unterschied zur Lucretia-Erzählung, im letzten Moment männliche Hilfe in Gestalt von Justinus und anderen Soldaten (III, 3). Ein weiteres Beispiel für sadistisch-sexualisierte Gewalt gegen Frauen wird in *Diocletianus* (1682) präsentiert: Rosimunda, Gattin des persischen Königs Narses, wird als Gefangene im Triumphzug der vier römischen Kaiser Diocletianus, Maximianus, Galerius und Licinius vorgeführt:

> Rosimund an Ketten/ sich aus den Händen der Soldaten herfür reissend.
> Rosim. Laßt mich! hier ist ein Hertz, das sich zur Erden neiget/
> und ein zerschlagner Geist.
> Maxim: Die Schöne und Freche/ die sich zu uns reist/
> Seht doch wie artig sie ein Amazonin zeiget. (II, 2)

Die Königin wird von den Kaisern gedemütigt, als Amazonin verspottet und mit sexueller Gewalt bedroht. Sie hat sich als Gemahlin des gefangenen persischen Kaisers und Mutter des Sohnes zu erkennen gegeben, bittet für sie um Gnade und will mit ihnen sterben. Sie erntet nur Hohn und grausamen Spott:

> Diocl. Du kommest eben recht/ du sollst in Löwen=Klauen
> Die beiden schleunigst schauen/
> Du aber nackt und bloß/ ohn Haar in Angst und Quahl
> Solst im Triumph der Römer Schertz=Spiel werden.
> Ros. Ach was für Änderung und Wechsel gibt's auffs Erden!
> Lic. Herr laß doch nicht im Faden dieser Haar
> Der höchst verliebten Leben
> Durch scharffen Stahl getrennt seyn.
> Gal. Es ist wahr. Die Brust und dieses Haar kann Rom viel Zierde geben.
> Diocl. So sey sie euch geschenckt [...]. (II, 2)

Die persische Königin wird auf ihr Geschlecht, ihre Schönheit reduziert, auf ein Lustobjekt für die römischen Krieger. Als fremde Frau bietet selbst ihr adliger Stand keinerlei Schutz. Denn diese römischen Kriegsherren handeln keineswegs vorbildlich. Diocletianus gerät mit seinen «Mit=Regierern und Statthaltern» in selbstzerstörerische Auseinandersetzungen, die er dann am Schluss der Oper bereut. Schließlich gibt Diocletianus dem persischen König Narses «sein Reich/ Gemahl und Sohn wieder».

Mit sexistischen Beleidigungen mussten zeitgenössische adlige Frauen auch in vermeintlichen Friedenszeiten vor und in Hamburgs Stadtmauern rechnen.[343] Hier wird eine Tatsache deutlich, die sowohl auf den Schlachtfeldern als auch auf der Opernbühne zu beobachten ist: Kein Mann wird offensichtlich mit sexueller Gewalt bedroht – aber mit der Verletzung seiner Ehre, indem seine Frau, Geliebte oder Tochter vergewaltigt werden soll.

Weibliche Kriegsgefangene und Sklavinnen werden auf der Opernbühne als «sexuelle Kriegsbeute» vorgeführt, wie in der Oper *Das zerstörte Troja, Oder:*

Der durch den Tod Helenen versöhnte Achilles[344] (1716). Vor dem Bühnenhintergrund der zerstörten und noch brennenden Stadt Troja wird die Zuteilung von weiblichen Kriegsgefangenen an die jeweiligen Helden zelebriert, gemäß der griechischen Mythologie:

> Agamemnon und Menelaus ziehen aus den Helmen zweyer Soldaten die Nahmen der Sclavinnen und der Füsten,/ welche sie per Loß zufallen.
> Agam. Die Iliona.   Men. Dem Teucro.
> Die Andromaca.   Dem Ajax.
> Die Electra.   Dem Stelenus
> Die Argea.   Dem Philoctetes.   [etc.] (I, 1)

Über 20 Jahre aktuell war der Stoff von *Berenice*[345], erstmals 1702 aufgeführt und dann 1728 als *Lucius Verus oder die siegende Treue*[346] wieder auf die Bühne gebracht. Hier scheut die unüberwindlich treue Königin Berenice wie eine Ahnin von Beethovens Leonore kein Risiko zur Rettung ihres eingekerkerten Gatten Vologeses. Mit Waffengewalt wehrt sie sich gegen den tyrannischen römischen Kaiser Lucius Verus, der bereits der «Kayserlichen Printzessin Lucilla» versprochen ist, die ihm sogar in die Schlacht folgt.

Als Beutegut gelten Frauen in *Romulus und Remus* (1724) (vgl. Kapitel 4.3). Hier hat Remus mit seinen bewaffneten Schäfern die vornehme Lidia vor der sexuellen Gewalt des Amulius gerettet und dessen Soldaten beraubt. Anschließend wird die Beute geteilt, Remus lädt zum Hirtenfest ein und gibt sich großzügig. Er wird Lidia nicht zu sexuellen Handlungen zwingen, da er ihre Liebe gewinnen will. In seiner darauf folgenden italienischen Arie bekennt Remus, in deutscher Übersetzung:

> Unverhofft erlangte Lust/
> Ist die schönste in dem Lieben:
> Doch wird sie uns nicht gewehrt/
> Wenn man sie schon lang begehrt/
> Ist kein grösseres Betrüben. (I, 4)

Die Beziehung zu Lidia festigt sich erst durch gemeinsam durchgestandene Gefahren. Außerdem fühlt sich Lidia noch mit ihrem Liebhaber Doralbo verbunden, der aber wohl in den Kerkern des unrechtmäßigen Königs Amulius umgekommen war. Letztlich gewinnt Remus mit Geduld Lidias Liebe, und beide heiraten am Schluss der Oper. Remus verkörpert den vorbildlichen fürstlichen Krieger, der sowohl seine Gefolgsleute als auch die Frau seines Herzens großzügig und geduldig behandelt.

Vergewaltigungen werden auf der Opernbühne in der Regel angedroht, dann aber nicht «vollzogen», weil ein männlicher Retter naht. Die verbale und körperliche Gegenwehr der Frau wirkt oftmals eher symbolisch. Die männlichen Aggressoren kommen aus den höchsten gesellschaftlichen Kreisen, sie sind keineswegs «Außenseiter». Sie handeln oft im Rahmen von Kriegsereignissen und werden als sensationelle, Angstlust erregende Negativbeispiele oder heimliche Wunschbilder vorgeführt, wie der skrupellose enthemmte Mann und die angstvoll widerständige, aber auch als verführbar geltende Frau. Auf der Opernbühne entfaltet sich der Moralkodex einer patriarchalen Gesellschaft, denn zur Diskussion steht dabei auch immer, ob die Frau die sexuellen Übergriffe abwehren kann bzw. will – und nicht sogar Lust an der Überwältigung empfindet (siehe Teil II).

6.3.1. Frauen im Schlafzimmer und im Serail, der Gewalt und Schaulust preisgegeben

Gerade der intimste und am besten bewachte Raum eines Hofes, das «Frauenzimmer», das Schlafzimmer der Frau, wird auf der Bühne zum skandalösen Schauplatz, zum Ort der Intrige, der Verführung, aber auch von sexueller Gewalt.[347] In *Philippus/Beatrix* (1701/1702) wird viel über Liebe und Krieg debattiert. Beatrix, die Herzogin von Mailand, wird im Schlaf in ihrem Gemach von Cleomandor, General des römischen Kaisers Sigismundus, überfallen: «Ha! Soll sich ein schwaches Weib mir wiedersetzen?» (II, 5). Doch Beatrix ruft die Wachen, und der römische Kaiser Sigismundus erscheint als Retter, verletzt allerdings im Dunkeln Beatrix, während Cleomandor die Flucht durch die Gartentür gelingt.

Valeria, die Tochter des Kaisers Diocletianus, kommt in der gleichnamigen Oper *Diocletianus* (1682) der Krönung des Sextus durch ihren Vater zuvor. In Begleitung ihrer alten Aufwärterin Lisa erhebt sie entschieden Anklage:

> Val. Herr Vater halt/ halt ein/
> Solt der des Lorbeers würdig seyn/
> Auf dessen Haupt die geile Myrten stehen?
> [...] Hier der verwegne Gast

> Hat sich der Künheit angemast
> In mein geweihtes Zimmer einzudringen/
> Nach meiner Keuschheit selbst zu ringen.
> [...]
> Diocl. Genug: Mein Kind komm nur mit mir;
> Maximian die Rach befehl ich dir.
> Straff den Verwegenen nach seinen übertreten.
> (Er wirfft den Krantz auff die Erden/ und saget im Weggehen
> Verwechsle diese Kron mit schweren Ketten.) (II, 8)

Bemerkenswert ist, dass Valeria sofort und ohne anzügliche Zweifel geglaubt wird, wohl aufgrund ihres hohen gesellschaftlichen Standes.

In *Vespasian* (1681?/1683) wütet Domitianus, ein Sohn des römischen Kaisers Flavius Vespasianus. Er hat nach Umsturz und Ermordung des römischen Kaisers A. Vitellius nur eine im Sinn: Arricida, die Gemahlin seines Bruders Titus:

> Dom. Sie komme nur: es ist gewiß
> Arr. Was denn?
> Dom. Sie soll in eines Königs Armen.
> Arr. Ich bin des Titus Frau/ man lasse mich doch los.
> Dom. Ja selbst in meinem Schoß
> Bey angenehmer Lust erwarmen.
> Arr. Wer hat ihm denn das Reich zuwege bracht?
> Doch last es seyn/ deßwegen hat er keine Macht
> Den Bruder in der Liebste zu verletzen.
> Dom. Den Bruder muß man an die Seite setzen.
> Arr. Er quält mich nur/ Domitian.
> Muß mich die höchste Macht denn stets betrüben?
> Was hat euch meine Unschuld wiedrigs angethan?
> Man muß/ mein Fürst/ auff solche Art nicht lieben:
> Denn der Ruhm der durch die Welt
> Sich anitzt so kräfftig schwinget/
> Wird auffs heßlichste verstellt/
> Wenn man mir die Zucht abzwinget.
> Dom: Umsonst sie folge nur, der Schluß ist schon gemacht.
> (Zieht sie mit Gewalt hinter sich.) (I, 6 B)

Respekt, Familienbande, Moral – das alles interessiert Domitianus nicht. Er ruft die Soldaten und lässt Arricida zu seinen Konkubinen bringen. Arricida ist nun völlig männlicher Gewalt und männlichen Rettern ausgeliefert:

> Arr. Titus / Bräutgam/ Kayser/ Vater/ wo will Euer Eifer bleiben?
> Seht der Schandfleck eures Bluts/ euer Sohn Domitian,
> Legt sich euch/ und meiner Ehre/ den verfluchten Schimpff itzt an/
> Eilet/ eilt doch/ wenn ihr wollt dieses Unglück hintertreiben. (I, 7 B)

Arricida nimmt Bezug auf verbreitete Vorstellungen, dass Frauen bei solchen Gewaltakten sexuelle Lust empfinden.[348] Alle Verantwortung nimmt sie auf sich, sie darf den moralischen Grundsätzen nicht untreu werden:

> Aria 1.
> Zwar diß will ich euch versprechen/
> Daß der kleine liebes Gott
> Meinen Vorsatz nicht soll brechen:
> Diese Sünde zu vermeiden/
> Wil ich alle Noth und Spott/
> Alle Marter willig leiden. (I, 7 B)

Arricida handelt, versucht sich bei einem großen Essen davonzustehlen: «Sie will aufstehen/ Domitianus hält sie» (I, 16). Er trinkt und singt und «er legt sich in ihren Schoß und schläft ein» (I, 17). Darauf versucht Arricida ihn zu erstechen, doch dies misslingt ihr – die Soldaten sind wachsam. Der römische General Sergius rettet Domitianus, der erwacht und lässt Arricida abführen, nicht ohne ihr mit einer Vergewaltigung zu drohen: «Wie wiltu mich erstechen?/ Ihr Knechte führt sie fort/ die Liebe soll mich rächen» (I, 17). Nachdem Arricida abgeführt worden ist, wartet Sergius bis Domitian auf dem Stuhl eingeschlafen ist, um ihn jetzt unschädlich zu machen. Domitianus wird gefesselt und fortgetragen: «Wer Blut und Recht verachtet/ Wird seiner Sünden erst gewahr/ wenn er in später Reue schmachtet» (I, 18).

Aber Wille und Wunsch der Ehefrau Arricida gelten hier weniger als die Ehre ihres Ehemannes Titus. Dies wird im Gefängnis deutlich, wo der gefesselte Domitianus, beobachtet von seinem Vater Vespasian und dem General Sergius, auf einem Stuhl schläft:

> Vesp. Heist daß nicht zu grausam straffen/
> hat man dieses nicht bedacht?
> Serg. Nein/ denn die wolgemeinten Ketten
> Musten Titus Ehre retten. (II, 8)

Zum Entsetzen des Vaters Vespasian träumt Domitianus davon, mit der Schwägerin Arricida zu schlafen:

> Dom. Arricida schläffstu nun bey mir:
> Vesp. Domitianus träumt
> Dom. Ja mein Hertze schenck ich dir.
> Wir wollen von dem Bett den Thron besteigen.
> Serg. Da hören sie/ dass sein Sinn nicht zu beugen
> Vesp. Ach Sohn hastu so liederlich den alten Ruhm verseumt? (II, 8)

In *Julius Caesar*[349] (1725) hat Ptolemäus, Bruder der Kleopatra und König von Ägypten, Cornelia, die Witwe des Pompejus, als Kriegsbeute in sein «Serail» gezwungen und will sie vergewaltigen (III, 8). Doch Cornelia wehrt sich mit einem Dolch gegen den Mörder ihres Gatten. Ihr Sohn Sextus befreit sie mit dem Schwert des Vaters und bringt später den Ptolemäus um und rächt so den Tod seines Vaters.

6.4. Weibliche Todesopfer

Die Tötung, Ermordung einer Frau auf offener Bühne ist ein zugleich seltener und sensationeller, dramatischer Höhepunkt. Helenas Tod ist im Zusammenhang mit blutigen Opferriten zu sehen und wird bereits im Operntitel angekündigt: *Das zerstörte Troja, Oder: Der durch den Tod Helenen versöhnte Achilles.* Vor der Abfahrt der Griechen erscheint ihnen der Geist des Achill (II, 2), der unbewaffnet im Tempel während eines Gespräches mit Polyxena ermordet worden war. Nun verlangt er, dass seine Mörderin bei seinem Grab von Pyrrhus erstochen werden soll. Doch die Krieger rätseln, wen er als Opfer auserkoren hat:

> Calchas: Sie ist/ die ihm verstellt vermählet worden/
> Daß man ihn nur hat an den Ort gebracht/
> Wo man ihn kont' ermorden. (II, 3)

Einige plädieren für die Opferung von Polyxena, andere für Helena, doch jede wird von einem der Helden begehrt: Helena von Ulysses und Polyxena von Pyrrhus – und der ist schneller. Um das Leben von Polyxena zu retten, ersticht Pyrrhus Helena auf offener Bühne, am Grabmal seines Vaters:

> Pirr. Treulose/ bloß dein Blut = = =
> Hel. Ach Pirrus halt! Helfft! Helfft! = = =
> Pirr. Kan meinen Vater stillen.
> (Sticht ihr das Opfer=Messer ins Hertz)
> Climene, Menelaos. Er hat das Messer ihr ins Hertz gestochen.
> (Sie lauffen nach dem Grabmahl Helenen zu retten / welche tödtlich verwundet unter ihren Händen stirbt.) (V, 7)

Ulysses und Menelaus wollen daraufhin Pyrrhus erstechen, werden aber von Agamemnon und anderen zurückgehalten. Himmelszeichen scheinen zu bestätigen, «dass die Rechte starb und Achill versöhnt ist».[350] Doch Helena ist nicht wirklich tot, wie Agamemnon und Calchas in der letzten Szene berichten:

> Friede/ Fried' ihr Fürsten halt!
> Helena ist nicht todt/ wie ihr geglaubt.
> Es hat sie eine Flamme mit Gewalt
> Nach dem gestirnten Himmel bracht/
> Woselbst sie/ zwar des Leibs beraubt/
> Unsterblich wird verbleiben.
> [...]
> (Der Helena Fackel erscheinet/ die Lufft kläret sich auf/ und das Gestirn des Leda Schwans nebst den Sternen des Castor und Pollux lassen sich sehen. (V, 11)

Diese Fackel soll die Krieger künftig auf dem wilden Meer wie ein «Leit=Stern» geleiten, Achilles scheint versöhnt und will Schutz gewähren. Wenig differenziert fasst Haufe zusammen: «So fand der trojanische Krieg in der Oper sein Ende mit der Opferung der Frau, um derentwillen er einzig geführt worden war.»[351]

Neros Mutter Aggrippina wird am Schluss der Oper *Nero* (1723) von ihrem tyrannischen Sohn an «vier Henker=Knechte mit Dolchen» ausgeliefert. Sie beklagt das Schicksal Roms und bezichtigt sich als Mutter dafür schuldig zu sein, dass der Tyrann überhaupt zur Welt gekommen sei. Doch scheinen die Henker noch zu zögern, den Mordbefehl auszuführen: «Verzagte Tropfen/ wie! hat Furcht euch eingenommen? Erschrecket euch vielleicht der billige Mutter=Mord?» (III, 12, letzter Auftritt). Doch wie ein mahnendes Opfer für die Laster dieses «Unmenschen» legt sie sich vor den Thron. Wenn Nero über ihre Leiche hinwegschreiten wird, soll dies seine letzte Freveltat sein und den Weg zu seiner Bestrafung eröffnen. So lautet denn auch die Regieanweisung für den Schluss der Oper: «Agrippina wirfft sich vor dem Thron nieder/ und indem die Henker sich zu ihr nahen/ um sie zu ermorden/ fället die Decke. Ende.»

Zu den im Kampf oder Krieg gefallenen Frauen zählt Clorinde, eine unabsichtlich auf dem Schlachtfeld von Tancred tödlich verwundete Amazone. Eine weitere Todesart von Frauen in Folge von Kriegsgeschehen ist ihre Selbsttötung oder ihr verzweifeltes Dahinscheiden am Schluss der Oper, weil sie verlassen, vergewaltigt – vernichtet wurden. (Beispiele: die Römerin Lucretia aus *Lucretia* (1705), und Dido, Königin von Karthago, in *Dido*[352] (1707) etc.).

6.5. Der Krieg als Erwerbsquelle für die Frau

Obwohl Soldatinnen Skandalfiguren in der Berichterstattung und in der Literatur waren, agiert auf der Hamburger Opernbühne keine Frau aus den Unterschichten, die zur Sicherung ihres Lebensunterhaltes im Krieg kämpft. Einfache Soldaten hingegen gehören selbstverständlich zum Bühnenpersonal. Gelegentlich werden Soldatenfrauen und ihre Not erwähnt, aber es gibt kaum Hinweise auf Trosserinnen oder Prostituierte. Auch die Leiden der Zivilbevölkerung finden nur selten Erwähnung, etwa durch die Dienerin Dalisa aus *Hannibal* (1681).

7. Das Duell: Mann gegen Mann

7.1. Ein verbotener Männlichkeitsbeweis

Zwar sind Duelle und Zweikämpfe beliebte Einlagen auf der Opernbühne,[353] aber sie verweisen auf einen heiklen und offiziell verbotenen Ausdruck von Männlichkeiten und Männerehre. Lebensbedrohliche Gefechte liefern sich in der Regel adlige Männer. Sie werden im Ansatz vorgeführt, dann aber meist von einer Fortsetzung abgehalten, bestraft oder zumindest abgemahnt. Exemplarisch gezeigt wird dies an der Oper *Hannibal*[354] (1735), ein Stoff, der bereits 1681 in der Anfangszeit der Gänsemarkt-Oper aktuell war.

Die siebte Szene des ersten Aufzuges beginnt mit einem Duell zwischen dem capuanischen Fürstensohn Florus und dem carthagischen General Bomilcar; beide «kommen fechtend heraus»:

> Florus: Du sollst des Todes seyn.
> Pacuvius: Mein Sohn, was machest Du?
> Hannibal: Verwegne, haltet ein:
> Was untersteht Ihr euch die Schwerdter auszuziehen
> In meiner Gegenwart? Welch rasendes Bemühen
> Und tolles Wüten treibt Euch an? (I, 7)

Entschieden geht Pacuvius, «ein vornehmer Capuanischer Fürst» und Vater von Florus, zwischen die Streitenden ebenso der «Carthaginensische General» Hannibal. Die beiden Kontrahenten hingegen rechtfertigen sich nach altbekanntem Muster:

> Florus: Mich bringt die Lieb darzu;
> (Sie legen die Waffen zu Hannibals Füssen)
> Bomilcar: Die Ehre zwinget mich zu dem, was ich gethan. (1, 7)

Feudal-patriarchal geprägte Vorstellungen von Liebe und Ehre stehen auf dem Spiel. Auf Bitten seines Bündnisgenossen Pacuvius bestraft Hannibal Florus nicht, schließlich habe sich der junge Mann bereits als Krieger auf dem Schlachtfeld bewährt:

> [...] Ich leg es seiner Jugend bey,
> und will in Ansehn deiner Treu,
> ihm statt der Straffe, Gnade schencken. (1, 7).

Damit wird eine damals übliche Begnadigungs-Praxis unter Adligen gespiegelt. Hintergrund dieses impulsiven Gefechtes, bei dem es sich nicht um ein lange geplantes Duell handelt, ist Florus' Verdacht, dass Bomilcar seine geliebte Aemilia geraubt habe. Aemilia, Tochter des römischen Bürgermeisters, ist allerdings als Mann verkleidet auf dem Schlachtfeld unterwegs. Somit spiegelt diese Oper auch einige reale Varianten von nachweisbarer realer weiblicher Präsenz auf den Schlachtfeldern.

In der Oper *Croesus* (1711) erreichen die Auseinandersetzung zwischen Orsanes, dem intriganten lydischen Fürsten, und dem Prinzen Atis, als Bauer Ermin verkleidet, ihren Höhepunkt: «sie zücken beyde ihr Gewehr» (III, 8). Doch Atis handelt als echter Prinz «natürlicherweise» vorbildlich und ruft nach den Wachen, die den drohenden Zweikampf sofort beenden (siehe Analyse in Teil III).

Ein tödlich endender Zweikampf findet in der Oper *Medea*[355] (1695) statt. Hier verwundet Medus, Sohn des Königspaares von Athen Aegeus und Medea, den Androgeus, Prinz von Kreta. Beide sind in Irea verliebt, die aber in Wirklichkeit Hippolita ist und ihrerseits Theseus liebt (III, 9 u. 10). Außerdem wird Androgeus heimlich von Medea geliebt. Aegeus ist außer sich über diesen Mord und will Medus verstoßen:

> Aegeus: Treuloser/ Ungerathner/ sag/
> Bezeugest du dich so nach deinem hohen Stammen/
> Seynd diß die Königlichen Flammen/
> Ist diß der zarte Sinn den ich im Hertzen trag?
> Wer hätte dir doch je geleget bey/
> Daß solche Grausamkeit in deinem Hertzen sey. (III, 15)

Auch Medea ist voller Wut auf ihren Sohn, nur darf sie den tieferen Kern ihrer Verzweiflung nicht offen aussprechen:

> Weich von hier
> Grausames Wunder=Thier/
> Entferne Dich in Africaner-Sand/
> Es hat Alecto dir nur ungeheure Schlangen
> In deine Brust gesandt/
> Der wird nicht mehr für meinen Sohn erkannt/
> Der mit trüghafftem Sinn solch Schelmenstueck begangen. (III, 15)

Doch letztlich verzeiht Aegeus seinem ehelichen Sohn Medus den Mord, zumal nun auch sein unehelicher Sohn Theseus, «die süsse Frucht / Die meiner Jugend Irrthum hat erzielet», wieder aufgetaucht ist. An all diesen Irrtümern und Gewalttaten sei letztlich die Liebe Schuld, eine Kraft, die die Tugend und Vernunft außer Kraft setzen könne: «Vergeb ich auch die Schuld der Liebe dir / mein Sohn» (III, 16). (Leider können in der Regel nur Männer auf so viel Verständnis und Gnade hoffen.)

Eine Sonderrolle spielt das Turnier, eine alte legitime Form adliger Kämpfe, die auf der Opernbühne in die Zeit der römischen Antike oder in das Mittelalter verlegt wird. Der Geschicklichkeitswettbewerb, kombiniert mit ritualisierten Kämpfen auf Leben und Tod, dient hier der Inszenierung wehrhafter, kriegerischer Männlichkeit. Wenn ein Gegner dabei zu Tode kommt, muss der «Mörder» mit schwerer Strafe rechnen wie in der Oper *Artemisia*[356] (1715), die zu Zeiten des alten Rom spielt. Hier ist der «fremde Printz Cleomedes» unter dem Namen Clitarchus als Sklave auf der Flucht, weil er in einem Turnier den König Mausolus getötet hat.

7.2. Das Duell in der Kritik

Spott über adliges Ehrverhalten, über «Cavalierssitten» bleibt in der Regel komischen Personen[357] oder komisch grundierten Opern vorbehalten. In der neben Fredegunda beliebtesten Oper am Gänsemarkt *Der Angenehme Betrug, oder der Carneval von Venedig*[358] (1707) erklärt der Edelmann Rudolpho seinen Nebenbuhler Leander fälschlicherweise für tot, da er ihn im Duell getötet habe. Über dieses Männerschicksal ist dessen Liebste, Isabella, untröstlich. Aus Verzweiflung will sie sich erdolchen, doch wird dies im letzten Moment verhindert.[359] Und natürlich ist Leander noch lebendig genug, um weiterhin Liebesverwirrungen zu stiften.

In *Le Bon Vivant, oder die Leipziger Messe*[360] (1710) spielen Bräuche aus dem studentischen, adligen Milieu eine wichtige Rolle – und somit auch das Duellieren. Das Leipziger Nachtleben wird von lärmenden Studenten und anderen rauhen Gesellen dominiert:

> La Brette kömmt mit andern Studenten, schreyt und wetzt, die Berg=Sänger singen und spielen mit der Zitter, Triangel und Geigen/ es wird allemahl darzwischen getanzet von Berg=Leuten, mit Berg=Instrumenten und Gruben=Lichtern. (II, 9)

«Wetzen» bedeutet die Aufforderung zum Duell. Der großspurige La Brette, «ein von Jena kommender Bretteur»[361], ist auf Duelle und Frauenbekanntschaften aus. Er will den adligen Studenten Cleander zum Duell herausfordern, da er sich für die adlige Henriette interessiert, die sich auch in Begleitung Cleanders in Auerbachs Keller amüsiert. La Brette hat sie bereits seit längerem beobachtet und angestarrt (II, 4). Doch Cleander verweigert sich zunächst, auch mit Rücksicht auf die ihn begleitenden Frauen, die schlichtend einzugreifen versuchen:

(Er wirfft ihm einen Hand=Schuh zu/
den aber Cleander mit den Füssen weg stost).[362]
Amalia: Mein Hertz/ mein Leben/ folge mir nur dieses mahl.
Cl. Top, jetzt leidts nicht die Gelegenheit/
Dein Prahlen lehr' ich dir schon ab zur andern Zeit. (Gehen ab.)
LaBr: Comment, morbleu, soll ich das hören?
(Er will sich loß reissen/ sie hält aber.)
Henriette: Monsieur, ich bitt'/ er komm' er muß sich nicht dran kehren.
(II, 4)

Die Frauen gehen entschlossen zwischen die Kampfhähne.

Auch im dritten Teil der aus drei eigenständigen Einaktern zusammengefügten Oper *Der Beschluß des Carnevals*[363] (1724) spielt ein gewalttätiger Militär eine wichtige Rolle, der sich wegen seiner Braut duellieren will: Capitano, ein «hitziger Ritter und Liebhaber der Isabelle», ist die Karikatur eines adligen anmaßenden Kriegers.[364] Möglicherweise treten hier zum ersten Mal auf der Hamburger Bühne singende Figuren aus der Commedia dell'Arte-Tradition auf.[365] Fast kommt es bei der Hochzeitstafel zu einem Duell um Isabella zwischen dem alten, aber reichen Pantalone und Capitano. Doch auf Bitten Pantalones und Isabellas unterbleibt dieser ungleiche Zweikampf.

Dieser Spott ist vielschichtig und noch dazu genreübergreifend, denn angeprangert werden insbesondere französisch-spanisch geprägte Kavalierssitten, Kleider- und Haarmoden, Rituale der Männlichkeit und Potenzgehabe. Aber es wird auch der angeblich «unmännliche Weichling», der sich vor einem Zweikampf um eine Frau drückt, lächerlich gemacht. Solche Männer werden als impotent verspottet, wie der ungestalte Dorfschulze Grolmus im lustigen Zwischenspiel von *Adelheid*[366] oder der hinterlistige Fürst Zemir in *Miriways*[367] (1728), der den Zweikampf mit dem galanten Fürsten Murzah scheut.

Im Vorbericht zu *Henrico IV.* (1711) wird auf gängige Vorurteile gegenüber spanischen Ehrbegriffen und Besonderheiten angespielt: «Sollte jemanden das aus erheblichen Ursachen erwehlte Thema dieser Opera etwas Spanisch vorkommen/ á la bonne heure! Es ist auch spanisch gemeinet.»[368] Diverse Male fechten Bertrand, Graf von Ledesma, und Alphonso, «ein vornehmer Castilier aus Fürstlichem Geblüte», um die Königin Joanna (I, 5 u. III, 4). In diesem spanischen Umfeld darf auch ein Duell «Mann gegen Stier» nicht fehlen. Dieser Stierkampf wird in Gegenwart des Königs nach allen Regeln der zeremoniellen Kunst inszeniert (II, 6), mit einem Aufzug der Ritter und der königlichen Garde. Doch manchen adligen Zuschauerinnen scheint dieses Spektakel wenig zu imponieren, die Königin Joanna äußert sich kritisch und besorgt, auch im Hinblick auf den Todeskampf des Stieres:

> Joan. Gewiß/ es ist sehr schlechte Lust/
> Wenn man sein Leben / muß einem wilden Thier zum Preise geben.
> [...] Man muß an fremder Pein auch Antheil nehmen. (II, 6)

Timo, «ein Bedienter der Königin», und Alardo, «Diener des Alphonso», parodieren die Duelliererei ihrer Herren mit Degen:

> Tim: Fang an.
> Al. Es wird nichts draus.
> Tim. Fang an.
> Al. Nein, wenn ich dein Geäder
> Mit meinem blancken Degen schneide
> Und du den Anfang hast gemacht/
> Spricht mich ein jeder frey.
> Tim: Zieh ihn zugleich mit mir aus deiner Scheide.
> (Sie jagen einander mit langen spanischen Degen). (IV, 8)

Als Männer niederen Standes haben sie zwar den Umgang mit Waffen nicht gelernt, aber mit viel Sprachwitz imitieren sie Rituale und versuchen sich auch noch an Schusswaffen:

> (Sie breiten den Mantel auf die Erde und knien drauf.)
> Tim. Schieß du nach Süden/ wenn ich ziel' auf Osten.
> Mein Schuß wird schrecklich knallen.
> (Sie drücken lange/ biß sie endlich loß schiessen.
> Timo fällt für Schrecken darnieder).

Alardo befürchtet das Schlimmste, bindet seinem Kontrahenten fürsorglich die Hände und durchlebt Momente der Selbsterkenntnis:

Das ist der erste Kerl/ den ich kan überwinden
Und wird auch wohl der letzte seyn/
Denn meine Tapferkeit wird sonsten zu gemein.

Doch Duelle werden nicht nur mit herkömmlichen Waffen ausgefochten bzw. persifliert. Zum Arsenal kriegerisch-männlicher Inszenierung gehört auch das Kampftrinken, das Saufduell, wie es in *Theseus*[369] (1683) vorgeführt wird. Hier will Arcas, «ein lustiger Hofmann», seinen Mann stehen, d.h. sich saufend duellieren, also mit Wein und Bier den Gegner besiegen, ihn unter den Tisch trinken:

Aria. 1.
Darff jemand es wagen,
Mit Gläsern zu schlagen
Der trete herfür.
Ich will mich erklären
Zu allen Gewehren
In Wein oder Bier. (V, 1)

8. Das Duell der Geschlechter

Die enge Beziehung zwischen Krieg und Zweikampf beschrieb General Claus von Clausewitz (1780–1831) zu Beginn des 19. Jahrhunderts:

Der Krieg ist nichts als ein erweiterter Zweikampf. Wollen wir uns die Unzahl der einzelnen Zweikämpfe, aus denen er besteht, als Einheit denken, so tun wir besser, uns zwei Ringende vorzustellen. Jeder sucht den anderen durch physische Gewalt zur Erfüllung seines Willens zu zwingen; sein nächster Zweck ist, den Gegner niederzuwerfen und dadurch zu jedem ferneren Widerstand unfähig zu machen. Der Krieg ist also ein Akt der Gewalt, um den Gegner zur Erfüllung unseres Willens zu zwingen.[370]

Eine «Unzahl von einzelnen Zweikämpfen» als bühnenwirksame Spektakel liefern sich auch Männer und Frauen während des gesamten Bestehens der Gänsemarkt-Oper. Solche Auseinandersetzungen sind zu beobachten auf Schlachtfeldern, in höfischen Sälen, Schlafzimmern und bürgerlichen Küchen. GegnerInnen bzw. PartnerInnen kämpfen um Dominanz, um die

Durchsetzung eigener Interessen, um Friedensschlüsse.[371] In Zeiten heftiger Debatten über Männer- und Frauenbilder, wie sie unter patriarchalen Bedingungen immer wieder Konjunktur hatten, sollen im militärischen Zweikampf zwischen Mann und Frau, etwa auf der Opernbühne, die letzten vermeintlich unhintergehbaren Wahrheiten, Grenzen und Hierarchien zwischen den Geschlechtern deutlich werden.[372] Beim Messen der körperlichen Kräfte und des Waffengeschicks zeige sich der authentische Körper, die wahre Kraft und Tugend, mithin auch das wahre Geschlecht. Diese Kämpfe verdeutlichen auch die großen Differenzen zwischen den Vorstellungen von männlicher und weiblicher Ehre.

So galt es innerhalb einer patriarchalen Geschlechterordnung als unehrenhaft für einen Mann, gegen eine Frau zu kämpfen. Er muss sich gegen sie als der in jeder Hinsicht Stärkere und Überlegene behaupten. Doch die insbesondere von hegemonialen Männlichkeiten beanspruchte militärisch-physische Überlegenheit ist permanent gefährdet durch die Liebe, die sie nach herrschender Diktion «besiegen», «schwächen» kann. Plötzlich entdecken heldische Kampfmaschinen «andere» Seiten an sich, erfahren sich als unkontrolliert, ohnmächtig, hingegeben – als «weiblich schwach».

Eine Grundvoraussetzung für diese Formen der Geschlechterkämpfe ist die Verkleidung der Frauen als Männer, ihr «Einschmuggeln» in «männliches Terrain». Dabei kämpfen sie als Patriotinnen für ihr «Reich» bzw. «Volk», wie man damals zu sagen pflegte, oder als Liebende um einen Krieger. Dies lässt sich nicht immer eindeutig differenzieren. Daneben sind Frauen auch als erkennbare «Frauen» in das Kriegsgeschehen verwickelt – und bedroht.

Der Kampf, der Krieg bietet hier eine symbolische Folie mit Realitätsgehalt, vor der Frauen um die Durchsetzung familiärer und eigener Interessen ringen – ebenso wie Männer. Beide überschreiten im Namen der Liebe Geschlechtergrenzen.

Aus der Fülle des Materials lassen sich Modelle des Zweikampfes destillieren, in denen ein Changieren zwischen den Geschlechterrollen zu beobachten ist. Die Frauen in Männerkleidung sind in der Regel adelig. Bewertet wird nach zweierlei Maß: die «böse» Frau agiert maßlos, die «gute» Frau hingegen darf auch mal verwegen handeln, weil sie nicht das System an sich in Frage stellt:

8.1. Kämpfende Frauen

Folgende Varianten dieses Sujets lassen sich herausfiltern:

1. Als Mann verkleidete Frau kämpft gegen Mann. Er erkennt sie aber vor Beginn der Kampfhandlung als Frau.
2. Als Mann verkleidete Frau kämpft gegen Mann, wird aber zuvor nicht erkannt.
3. Amazonen, also erkennbare Frauen, kämpfen gegen Männer.
4. Frauen, die sich als Frauen mit Waffen gegen männliche Übergriffe wehren oder Männer umbringen wollen. Sie sind nicht in Männerkleidung oder als militärisch geschulte Amazonen unterwegs und in der Regel nicht im Umgang mit Waffen geübt. Sie werden sexuell bedrängt, einige schwanken zwischen Gegenwehr oder Selbsttötung.
5. Mächtige, monströs gezeichnete Frauen kämpfen gegen Männer mit Waffen und erotisch aufgeladener Zauberei.
6. Kämpfe zwischen Frauen. Sie sind erheblich seltener, bedingt durch die Strukturen der plots und ihrem geringeren Anteil an den Hauptfiguren. Dabei sind etliche Variationen zu beobachten: Wortgefechte, Intrigen bis hin zu Handgreiflichkeiten. Aber auch lebensgefährliche Angriffe mit Waffen und per Zauberei sind möglich. Hier sind die Standesunterschiede besonders zu beachten.[373]
7. Satirische und komische Szenen, in denen Männer und Frauen unverkleidet gegeneinander kämpfen, allerdings eher mit Stöcken oder Haushaltsgeräten als mit kriegerischen Waffen.

Ein schönes Beispiel für eine kämpfende Frau in Männerkleidung ist: «Oh schönste Amazon» (I, 9), so schmeichelt «Hannibal, der Carthaginenser Feldherr» aus *Hannibal* (1681) der «Aemilia, Pauli Aemilii eines Römischen Bürgermeisters Tochter in Florum verliebt/ in Mannes Kleidern». Aemilia, ein vermeintlicher Sklave in Männerkleidung, ist enttarnt worden, aus Eifersucht verraten von ihrem Geliebten Florus. Hannibal präsentiert sich als zugleich überlegener und galanter Eroberer auf dem Schlachtfeld und bei Hofe:

> Hann. [...] Doch sag mir welches Eifers Macht/
> Hat deine weisse Brust in harten Stahl gebracht/
> Daß du viel lieber willst mit Schwerdter seyn umbgeben/

Als in den Wohnungen des Vaters ruhig leben/
Da doch dein güldnes Haar im Friede jederman/
In härteste Band und Fessel bringen kan. (I, 9)

Unschwer ist aus dieser Rede Hannibals Begehren für Aemilia herauszuhören, wie auch der versteckt lauschende Florus feststellen muss. Aemilia erklärt ihren militärischen Einsatz mit Liebe und Treue zum Vater und zum Vaterland – eine Vatertochter, die herrschenden Vorstellungen gemäß, ihr Erbe nicht kaschieren kann:

(Was hilfft mich mein verhälen?)
Ich wil nur meinen Stand erzehlen/
Es folge was mich will/
Ich bin Aemilia / und habe von der Wiegen/
Schon Lust gehabt den Waffen obzuliegen/
Als nun dein Volk die Alpen überfiel/
Und sich mein Vater ihm hertzhafft wiedersetzt /
Da war ich nicht in seinem Feld die letzte/
Ich waffnete auch hier diese meine Hand/
Für meine Treu und liebes Vaterland/
Hann. Geliebte Grausamkeit!
Aem. Bey der berühmten Schlacht.
Bey Cannas hab ich fast auch einen Berg gemacht/
Von todten […]. (I, 9)

Der folgende Kommentar der Dalisa, «ein altes Weib in Manneskleidern, der Artanisba Auffwärterin», bezieht sich auf zwei Frauen, die in dieser Oper in Mannestracht ihre Interessen auf dem Felde verteidigen: auf Aemilia und Artanisba, «Sifax der Numidier Königs Tochter in Hannibal verliebt / in Mannes Kleidern unter Hanno Nahmen»:

Dalisa. So geht's in diesen Tagen/
Wenn schon ein Mädgen noch die Waffen nicht kann tragen/
Nimmt sie den Stich doch aus/ und greiffet nach dem Spieß.
Hann. Nun musst du doch erliegen.
Aem. Ja weil das Glücke heist die Africaner siegen/
doch hat es wohl gekostet tausend Leben/
Eh diese rechte hat müssen dir ergeben/

So dass doch Hannibal nicht lacht./
Wenngleich das Unglück Rom jetzt irren macht. (I, 9)

Dalisas Spott kann als Hinweis darauf gedeutet werden, dass Frauen auf den unterschiedlichsten «Schlachtfeldern» aktiv waren, als echte Soldatinnen, mitregierende und politisch interessierte Verwandte adliger Krieger – oder als Frauen der Feder. Dieses Interesse am Krieg, an «Einmischung» in politisch-gesellschaftliche Fragen, bestand während der gesamten Zeit des Bestehens der Gänsemarkt-Oper, denn *Hannibal* kam dort zuerst 1681 auf die Bühne – zu einer Zeit, als die Amazonen hier noch eine wichtige Rolle spielten – und dann erneut über 50 Jahre später, im Jahr 1735 (in diesem Zeitraum hatten sich allerdings Erscheinungsformen und Stellung der Bühnen-Amazonen gewandelt, s.u.).

Aemilias tapfere Gegenrede lässt sie als zum Kampf entschlossene Patriotin erscheinen, doch manche gegnerischen Männer haben diese Aspekte überhört. Sie sehen in ihr nur ein erotisch interessantes Objekt. So versteigt sich Argillo, Hannibals Page, zu einer obszönen Arie:

Ach wie viele würden gerne/
Wider solche Feindin stehn/
Und von nahem/ nicht von ferne/
Leib auff Leib zusamen gehen.
Doch wer wollte wiederstreben/
Jeder würde sich ergeben. (I, 9)

Auch der Feldherr Hannibal zeigt sich von dem Mut und der Schönheit der Kriegerin beeindruckt, fasst sein Begehren allerdings in den standesgemäßen formelhaften hohen Ton:

Unüberwindliche/ dein Muht ist mir bewust/
Daß deine Schönheit mir woll tausend hat vernichtet/
Doch wird die Rach auf deiner schönen Brust/
Zu lob allein gerichtet.
Die Freyheit/ Vaterland/ und Vater sind nun dein/
dir schenck ichs/ ich bin Sklav/ der Sieg soll deiner seyn. (I, 9)

Die patriotische Römerin Aemilia war Hannibal von einer ebenfalls als Mann verkleideten Frau als Sklave geschenkt worden: von der numidischen Prinzessin Artanisba, die «in Mannestracht» unter dem Namen Hanno dem geliebten Hannibal aus Afrika auf dessen «Siegestrassen» nachgereist ist – und seither an seiner Seite gegen die Römer kämpft. Hannibal bewundert ihren Mut, schließlich hat sie das alles für ihn getan und nicht aus eigenem Machtinteresse, etwa um ein eigenes Reich zu gründen. Beide heiraten am Schluss.

Hannibal hat in dieser Oper den Einsatz von Frauen schätzen gelernt. Zuvor hatte er, ebenso wie Bomilcar, «Führer der Numidischen Völcker», über die Römer gespottet, denen er in mehreren Schlachten schwere Verluste zugefügte:

> Hannibal: Ja, ja, die Römer sind so leichtlich nicht zu schlagen,
> Wenn Waffen und Gewehr Bey ihnen gar die Weiber tragen. (1, 7)

Aber letztlich muss Hannibal einsehen, dass der von ihm hochgeschätzte Hanno seine altbekannte Verehrerin Artanisba ist: «Geliebter Freund, Durch dessen Hülffe unser Feind/ Bald soll Carthagens Fessel tragen, wie kann ich nein zu dem Geschenke sagen?» (I, 2). Und der vermeintliche edle Sklave ist die schöne und tapfere Römerin Aemilia «in Mannstracht», die Hannibal attraktiv findet. Die Perspektive auf diese Frauen in Männerkleidern ist ambivalent. Artanisba und Aemilia haben zwar Geschlechtergrenzen überschritten, werden deshalb auch sexuell bedrängt und begehrt, aber ihr hoher Stand und ihre Motive des Handelns, wie die Liebe zum Vaterland und zu einem Helden, sichern ihnen Anerkennung und Straffreiheit.

Generell lässt sich zu solchen Stoffen und Motiven sagen:

- Respektierte Heroinnen, akzeptierte bewaffnete Frauen sind adelig oder entstammen patrizischen Familien. Ebenso wie die Männer sind diese Frauen bereits von Kindheit an mit dem Militär vertraut. Sie kämpfen für ihre Väter und fürs Vaterland, nicht um eigene Freiheiten und Liebesabenteuer zu genießen. Scheinbar paradox: als so legitimierte Grenzüberschreiterinnen ermutigen und unterstützen sie Männer.
- Sie sind attraktive Soldaten, deren biologisches Geschlecht jedoch gut zu tarnen ist. Auf dem Schlachtfeld sind sie zu Tapferkeit und Grausamkeit fähig, und auch mit Worten verstehen sie zu kämpfen. Etliche Militärs sind diesen Soldaten auf den ersten Blick zugetan, was als homosexuelle Anziehung gedeutet werden kann, die dann aber konform aufgelöst wird: er war «natürlicherweise» von diesen «weiblichen» Wesen anzogen.

- Weibliche Verteidigungs- und Angriffsbereitschaft irritiert und schwächt den männlichen Gegner, der sie in erster Linie als zu begehrende Frau ansieht. Die Beurteilung dieser Heldinnen differiert: Feldherren und ihre Diener sehen sie als reizvolles, im Kampf zu «eroberndes» Liebesobjekt, das ihn zum «Mann» macht, ihn aber zugleich schwächt und zum Sklaven werden lässt.
- Die Frauen hingegen haben ein anderes Selbstbild, zeigen sich nicht primär an solchen Liebesbeziehungen interessiert, sie wollen ihre Ziele durchsetzen.
- Ein Kampf zwischen bewaffneten Frauen ist die Ausnahme.
- Das komische Dienerpersonal darf heldische Frauen und die Amazonenmode kommentieren und verspotten.

8.2. Tragische Zweikämpfe

Bereits in *Orontes*[374] (1678), der zweiten Oper nach *Adam und Eva*[375] (1678), die auf der Bühne der Gänsemarkt-Oper zu sehen war, werden Strategien des Zweikampfes und des Krieges in der Liebeswerbung vorgeführt. Hier kämpfen zwei Liebende gegen- und umeinander; sie sind verstrickt in einem Kokon aus Traditionen. In einem offiziell anberaumten Duell kämpft Dorisbe, als Mann verkleidet, gegen einen Mann, der als einziger ihre «wahre» Geschlechtsidentität kennt: gegen Orontes (er wurde von einem Grafen adoptiert, ist aber in Wirklichkeit der königliche Prinz von Kreta). Orontes duelliert sich im Auftrag des Armidorus, königlicher Prinz von Cipern, um die von ihm geliebte Fürstentochter Dorisbe. Sie tritt gegen ihn im Männerkostüm unter dem Namen Berinthus an, angeblich im Auftrag Dorisbes, also in ihrem Interesse. Doch davon ahnt niemand etwas, außer Orontes. Er weiß, dass er gegen seine Geliebte kämpft, sie hingegen ahnt nicht, wer da gegen sie antritt.

Dorisbe kämpft um ihre sexuelle Selbstbestimmung, denn sie will nicht an den ungeliebten Armidorus verheiratet werden, sondern ihren geliebten Orontes ehelichen und diese Wahl auch energisch durchsetzen. Dieser Stoff soll eine starke Wirkung ausgeübt haben und 1709 auch als Schauspiel aufgeführt worden sein – unter dem Titel *Wett=Streit der Verliebten oder: die um den Jungfern=Krantz selbst streitende Printzessin*.[376]

Durch eine List hat Dorisbe sich diesen Zweikampf ausbedungen, weil es keinen anderen Ausweg für sie gab, sich dem Willen der Väter und anderer einflussreicher Männer zu widersetzen. Dorisbes ursprünglicher Plan war, Orontes für sie um ihr Liebesglück kämpfen zu lassen. Aber er war unauffindbar, weil geflohen, um den Nebenbuhler Armidor aus dem Weg zu räumen. Von diesem wird Orontes jedoch aus Lebensgefahr gerettet, ohne dass dieser seine wahren Absichten kennt. Nun fühlt sich Orontes verpflichtet, auf Bitten des Armidor um Dorisbe zu kämpfen – anstatt für sein und für Dorisbes Glück. Die Verpflichtung einem adligen Mann und noch dazu Lebensretter gegenüber wiegt offensichtlich schwerer als die gegenüber einer geliebten Frau.

Ritterlich bemüht sich Orontes, nur mit halber Kraft zu kämpfen (III, 5), verletzt aber Dorisbe leicht am Arm und flieht nach seinem Sieg. Er hat nicht darauf verzichtet, den Kampf zu verlieren und damit nicht für Dorisbes (und letztlich sein) Wohl gekämpft. Männer wie er scheinen festzustecken im Korsett der Tugenden und Konventionen, die letztlich über ihre Körperkräfte stabilisiert werden. Nur ein Ausweg führt das Paar zusammen: Armidor verzichtet auf Dorisbe, aber aus Achtung vor der Tugend des Freundes und vor der Treue des Paares – nicht etwa aus Respekt vor Dorisbes Entscheidung.

Verwirrung über die Geschlechtsidentität eines geheimnisvollen Kriegers durchleidet Arsaces, der Prinz von Korinth in *Parthenope* (1733). Ihm auf den Fersen ist seine wütende Braut Rosmira, Prinzessin von Zypern alias Eurimenes. Denn Arsaces umwirbt die Königin Parthenope und ist noch dazu ihr Favorit. Nun will Rosmira, verkleidet in «Armenianischer Mannestracht», um ihren ungetreuen Bräutigam kämpfen und ihn zum Zweikampf zwingen. Doch zuvor hat sie ihm ihre Identität offenbart und ihn zum Stillschweigen verpflichtet. Dieses will Arsaces ebenso wenig wie sein Eheversprechen brechen, aber er kann diese Enthüllung nicht recht glauben und gerät in Verwirrung. Offiziell gibt sich Eurimenes als Vertreter der beleidigten Prinzessin Rosmira aus, Arsaces versucht dem Zweikampf auszuweichen und gilt als Memme (II, 4). Ihn erinnert dieser sonderbare Ritter Eurimenes an Rosmira, was ihn auch in homoerotisch zu deutende Gefühlstaumel stürzt. Der Zweikampf wird angesetzt in Anwesenheit der Königin und ihres Obristen der Leibwache. Arsaces ist in Gedanken (III, 9, 10). Eurimenes und Arsaces sollen mit bloßer Brust streiten. Doch diese Grenze der Scham mag Rosmira nicht überschreiten. Da sie nicht mit entblößter Brust kämpfen will, gesteht sie ihre wahre Identität. Tief bewegt steigt Parthenope vom Thron:

> Die Liebe spielt immer also mit doppeltem Scheine/
> bald giebt sie Krieg/ bald Frieden und sie erweckt in einem
> Hertzen zugleich Leid und Freude. (III, 11)

Großmütig verzichtet Parthenope auf den von ihr geliebten Arsaces, «wir werden nachbarlich zum wenigsten vereint/ wirst du nicht mein Gemahl/ so bleibst du doch mein Freund», vermählt ihn mit seiner rechtmäßigen Braut Rosmira und wählt den sie treu liebenden Armindo.

Ein anderes bekanntes Motiv war die tragische Liebe zwischen dem christlichen Ritter Tancred und Clorinda, «eine kriegerische Princessin unter den Saracenen» aus dem Epos *La Gierusalemme liberata* von Torquato Tasso, die nach einer italienischen Vorlage zunächst 1694 und als *Armida* 1695 in Hamburg auf die Bühne kommt.[377] Tancred erkennt Clorinda nicht, die als Mann verkleidet «mit einem schwartzen Kleid und einem Helm»[378] im Lager der Christen kämpft, und verwundet sie tödlich. Sterbend nimmt sie seine Hand und bekennt ihm ihre Liebe, voller Verzweiflung will er sich umbringen (III, 4).

Glimpflich endet in *Gensericus* (1722) der Zweikampf zwischen zwei Fürstenkindern, die sich in eine arrangierte Ehe fügen sollen und einander nicht kennen. Diesmal wehrt sich der Bräutigam gegen diese Verheiratung: Honoricus, Sohn des Gensericus, «König der Africanischen Wenden», und Pulcheria, Tochter der «Eudoxia, des Kaysers Maximus Wittwe». Honoricus wird noch dazu als Weiberfeind geschildert. Pulcheria hingegen scheint mit ihrer arrangierten Verheiratung einverstanden und nähert sich Honoricus entschlossen, allerdings als Mann verkleidet. Sie zeigt ihm ein Bild von sich, das sie ihm gegenüber allerdings als Porträt ihrer Schwester ausgibt. Honoricus ist wie gebannt und verliebt sich erstmals, und zwar in dieses Bild (III, 10). Darauf will Pulcheria, immer noch in Männerkleidung, ihm dieses Bild entwenden, worauf sie mit dem Schwert den Streit entscheiden will. «(Sie ziehen beyde das Gewehr/ da Pulcheria verwundet wird/ und in Ohnmacht fällt. Honor. Ergreiffet sie.)» (III, 11). Als der hinzustürzende «Trasimundus, des Gensericus Feld=Marschall» erkennt, dass es sich um eine Frau handelt, ist Honoricus bestürzt, sieht das als Strafe «Für jenen Haß/ den ich auf diß Geschlecht gericht/ Nun ich mich muß mit ihrem Blut beschmitzen» (III, 12). Honoricus ist so verzweifelt, dass er sich erstechen will, doch Trasimundus hindert ihn. Durch «ein gewisses Kraut» will er sie heilen. Trasimundus fasst diesen «Wunder=Fall», der Honoricus «zu der Liebe bracht», nochmal für die Hofgesellschaft zusammen – und übermittelt uns damit eine weitere Forschungsaufgabe zu Fragen homo- und heterosexuellen Begehrens:

    Sie geht zu ihm in Mannes=Tracht/
    Giebt ihm ihr eigen Bild/

Wodurch ihr Wunsch gelinget/
Daß solches ihn mit Lieb erfüllt.
Er leugnets zwar; doch will ers Bild nicht lassen/
Wie sie es mit Gewalt will fassen.
Drauf kämpfet er mit ihr/ sie wird schlechthin verletzt/
Er aber in dergleichen Gluht gesetzt/
Die man bisher im Lieben nicht verspüret. (III, 18)

8.3. Amazonen kämpfen gegen Männer

Als Projektions- und Denkfiguren spielen Amazonen insbesondere in den ersten Jahren der Gänsemarkt-Oper bedeutsame Rollen. Das Spektrum ist heterogen: Amazonen agieren als ernstzunehmende Gegnerinnen, Identifikationsfiguren kämpferischer, in Bedrängnis geratener adliger Frauen; und sie sind auch in humoristisch-unterhaltsamen Einlagen und als verlachte Symbolfiguren weiblicher Hybris und Unterlegenheit zu sehen. An ihrem Beispiel lassen sich Auseinandersetzungen über adlige und bürgerliche Weiblichkeitsideale beobachten.[379] Da fragt in *Der große Alexander in Sidon* (1688) der Held Alexander der Große nach siegreichen Feldzügen, ob es noch mehr zu überwinden gäbe. Darauf macht «Hephaestion, sein Kriegs=Obrister / den er sehr geliebt», einen bemerkenswerten Vorschlag, kombiniert mit einer Warnung – denn nun gelte es offenbar Schlachten der besonderen Art zu schlagen:

Heph. Ja freylich ja! Du wirst/
Siegreicher Fürst Noch bey den Amazonen
Mehr als zu viel zu schaffen finden.
Alex. Wir wollen ihrer auch nicht schonen/
Thalestris soll bald meine Macht verspühren/
Wo mirs nicht schimpflich ist/ mit Weibern Krieg zu führen. (I, 7)

Hephaestion warnt vor der Liebe und den Waffen der Frauen.
Im Jahr 1690 wird den Amazonen eine komplette Oper gewidmet: *Die großmüthige Thalestris oder Letzte Königin der Amazonen*[380] In einem langen 15-seitigen Vorbericht, überschrieben mit «Günstiger Leser» werden im Querelle-Stil die Standpunkte und Argumentationsmuster zweier Parteien referiert: der «Weiber-Feinde» und derjenigen, die «das Himmel-hohe Lob dieses schönen Geschlechtes» verkünden. Der Librettist Postel scheint sich auf die Seite der

Frauen- und Amazonenfreunde zu schlagen, er betont die Verehrung der Frau bei den Germanen, den «damahls noch Barbarischen Teutschen». Außerdem fragt Postel nach der konkreten historischen Existenz von Amazonen: «Postel bejahte – gegen die Ansicht des berühmten Strabo – unter Verweis auf die kurz zuvor erschienene *Dissertatio de Amazonibus von Petrus Petitus* (1617–1687).»[381]

In Postels breit angelegter Lektion erhält das Opernpublikum einen historischen Überblick über das damalige Wissen über die Amazonen, aber auch über unterschiedliche Positionen zu den Eigenschaften der Frau, zu ihrer rechtlichen Stellung, ihrer Bedeutung und Wertschätzung, ihrer Tapferkeit, dem Für und Wider ihrer Existenz, eine Kommentierung ihrer Lebensräume und Lebensweisen insbesondere in Bezug zu Männern, zur Sexualität und ihren kulturellen Leistungen. Postel reflektiert kurz den Effekt der offensichtlich epochenübergreifenden resp. kontinuierlichen Wiederholungen frauenfeindlicher Texte:

> und was dergleichen grausame unverantwortliche Lästerungen mehr sind/ die daselbst mit mehrer Weitläufftigkeit als Warheit angeführet/ und man sich ein Gewissen machet weiter zu wiederholen. (a 3)

Die bis heute immer wieder vorgebrachte These, dass solche literarischen Misogynien doch nur rhetorische Fingerübungen seien, ohne irgendeinen Hinweis auf reale Überzeugungen und Verhaltensweisen, wird auch von Postel bezweifelt. Ihm fällt ein unangenehmer Widerspruch auf:

> Die Poeten/ welche doch immer sonderliche Gewogenheit vor das Frauenzimmer wollen beweisen/ können dennoch bißweilen den Angel nicht bergen/ in dem Ovidius der vornehmste auch vielleicht galanteste Courtisan des Römischen Hofes zur Zeit Augusti selber lib. 2. Amor: Verba puellarum foliis leviora caducis nennet/ welchem beystimmen Calfurn. Ecl.3. wann er sie also anredet: Mobilior ventis ô foemina! Und der sonst so verliebte Tibullus, l.3. Eleg. 14. sich dieser schmähligen Worte gebrauchend:
> Ah crudele genus nec fidum femina nomen!
> Ah! pereat didicit fallere si qua virum
> Sed flecti poterit mens est mutabilis illi. (a 3)

Selbst so verehrte römische Literaten wie Ovid (43 v. Chr.–17 n. Chr.) oder der Elegiker Tibull (50–19 v. Chr.) bezeichneten Mädchen und Frauen und ihre Worte als wechselhaft, flatterhaft, täuschend, grausam. Indigniert und ohne

Zynismus führt Postel weitere «zwar schöne/ aber im übrigen gottlose und lügenhaffte» Beispiele aus der Literatur an. Der patriarchal-misogyne Untergrund dieses «code galant» behagte Postel offensichtlich nicht, ebenso wenig wie etlichen Männern und Frauen zuvor in den französischen Salons der «Preziösen» – und anderswo (siehe Kapitel: Galanterie).

Postel erweist den Frauen der römischen Oberschicht als Ratgeberinnen Ehre,[382] was auch als Hinweis auf den Einfluss der Gattinnen der Hamburger Senatoren und Honoratioren gedeutet werden könnte.

> Und zwar stellen wir sie hier nicht fur/ in einer gar unrühmlichen Verrichtung/ [...] sondern in der höchsten Großmütigkeit/ welche jemahls eine Frauens Persohn/ in der Sorgfalt/ Liebe/ Tapfferkeit/ Beständigkeit und anderen edlen Tugenden/ hat können blicken lassen. (a)

Einen direkten Bezug zur idealen Weiblichkeit in Hamburg stellt die «Zuschrifft an das Hamburgische Frauenzimmer» her, eine Huldigung, die den Vorbericht abschließt. Kern dieser schwelgerischen mehrseitigen Lobeshymne ist, dass das wahre Wesen, die Tugendhaftigkeit der Thalestris bisher durch eine falsche Überlieferung verkannt worden sei:

> [...] Zwar hat das Alterthum sie nicht mit Königs=Farben/
> Viel mehr mit faulem Ruß der Nachwelt abgemahlt.
> Doch sind in Welschland ihr geheilet diese Narben/
> Daß sie jetzund mit nichts als reiner Tugend prahlt.
> Drum steigt sie ganz getrost als Phoenix aus der Aschen/
> Schiebt den Verleumdungs=Gifft dem Neider in die Brust/
> Zeigt ihren Purpur=Rock mit Unschuld abgewaschen/
> Euch Schönen dieser Stadt in unbefleckter Lust. (vor c 2)

Mit dem «Heilungsprozess» in Italien könnten neuartige Texte und Opern über Thalestris gemeint sein, auch Einflüsse von Fürstinnen wie Maria de Medici. Postels Ziel ist die Eingemeindung dieser antiken prominenten Heldin in die Gesellschaft der bürgerlich-tugendhaften Hamburgerinnen:

> [...] Nehmt sie als Fremdling an/ sie hat die frechen Sitten
> Vom Scytschen Tanais nicht mit zur Elbe bracht/
> Und solte ja was seyn/ so wird sie freundlich bitten/
> Daß ihr sie gütigst zur Hamburgerinnen macht. (vor c 2)

Bemerkenswert ist, dass eine nach zeitgenössischen Maßstäben tugendhaft rein gewaschene Amazonenkönigin gefeiert und vereinnahmt wird. Nach dem Motto: die viel gescholtene Amazonenkönigin soll jetzt in einem besseren Licht gezeigt werden, der Makel einer Frauengemeinschaft mit freier Partnerwahl jedoch weiterfunkeln, als Ergebnis eines doppelbödigen, misogynen Infotainments. Möglicherweise verbirgt sich hinter dem Hinweis auf ihre fremde, skythische Herkunft auch eine Kritik am adligen Lebensstil. Der Ton dieser Lobeshymnen auf die Hamburgerinnen wirkt barock-exaltiert, vielleicht sogar parodistisch. Unter den Versgirlanden verbirgt sich ein Normenkatalog, der die Hamburgerinnen zu Schönheit, Keuschheit, Tugend und angenehmer, geselliger Bildung verpflichtet[383] – oder sie verspottet.

Möglicherweise hat Postel auf aktuelle Querelle des Femmes-Debatten reagiert, in denen Amazonen zu Stellvertreterinnen-Kämpfen geschickt wurden. Diese Texte müssen noch genauer im Hinblick auf Bezüge zur Hamburgischen Lebenswirklichkeit untersucht werden.

Einige Jahre später, im Jahr 1694, kam die ursprünglich 5-aktige Oper *Hercules unter den Amazonen* in zwei Teilen auf die Bühne, eine opulente Amazonenoper, in der Männer und Frauen auf Leben und Tod gegeneinander kämpfen. Hercules ist außer sich: «Lasst ab vom Sturm! [...] Welche Schmach/ Kann schwaches Weiber=Volk mir widerstehen?» (1. Teil, III, 11). Die Amazonen wehren sich entschlossen (1. Teil, III, 11, 12), sterben im Kampf. Zwei Duelle zwischen Mann und Frau werden ausgefochten und eines angedroht, in drei unterschiedlichen Varianten: Menalippe kämpft gegen Hercules; Hippolyta gegen Theseus und Megara beinahe gegen Hercules.

In der Oper *Die Vereinigten Mit=Buhler oder die Siegende Atalanta*[384] (1698) trägt Atalanta, «Printzessin aus Arcadien» und sagenhafte Jägerin, mit ihren Verehrern sportliche Wettkämpfe aus, um einen Heiratskandidaten zu ermitteln. Wer sie besiegt, so der Mythos, darf sie heiraten, die Verlierer hingegen müssen sterben. Doch Atalanta will nicht männlicher Kraftmeierei ausgeliefert sein, sondern ihren Partner selbst wählen. Da sie den Hippomenes liebt, lässt sie ihn gewinnen. Er bekommt von Venus drei goldene Äpfel von den Feldern von Tamasus. Auf der Hamburger Opernbühne wird Atalanta von drei prominenten griechischen Helden umworben: Jason, Theseus und Meleagros.

Als Amazone verkleidet tauchen etliche adlige Frauen im Laufe von Opernhandlungen auf, (was aber nicht aus den Personenverzeichnissen hervorgeht), wie etwa die Prinzessin «Honoria, Tochter von Mauritius, der überwundene Kayser» in *Heraclius* (1712).[385]

Ein weites Feld mit Zelten und allerhand Kriegs=Geräthe/ nebst vielen Leichen des geschlagenen Mauritianischen Kriegs=Heers/ hinten fliessen verschiedene Wasser=Bäche/ welche aus dem nahangelegenen Gebürge entspringen. Honoria, als eine Amazonin gekleidet/ mit einem Page/ welcher ihre Waffen trägt. Siroë in Gestalt eines Mohren. (I, 6)[386]

Honoria, die als Amazonin verkleidet gekämpft hat, ist verzweifelt. Das Heer ist geschlagen, sie wähnt den Vater und ihren geliebten Siroë tot. Doch da entdeckt sie ihn, als Mohren verkleidet, schwer verwundet und vermeintlich dem Tode nah. Von der verzweifelten Kämpferin wandelt sich Honoria zur Pflegerin, lässt Wasser bringen, zieht den Pfeil aus seiner Wunde. Im Verlauf der Oper wechselt sie noch mehrfach die Rollen und Verkleidungen und ist auch als Schäferin unterwegs.

Beliebt sind auch Namen von Amazonen, mit denen sich reisende adlige Damen tarnen, wie etwa Hippolyte. In *Die getreue Alceste*[387] (1719) ist Hyppolite, «eine Amazonische Printzeßin in Hercules verliebt/ welchen sie in Manns=Kleidern unerkannt begleitet».

Amazonen gelten auch als Spottbild für weiblichen Widerstand, als Zielscheiben sexualisierter Gewalt gegen Frauen: in *Diocletianus* (1682) wird Rosimunda, Gattin des persischen Königs Narses, im römischen Triumphzug vorgeführt, sie wehrt sich, will sich aus den Ketten befreien und wird von den römischen Eroberern nur verhöhnt: «Seht doch wie artig sie ein Amazonin zeiget» (II, 2).

In *Jobates und Bellerophon*[388] (1717) liegen Amazonen gefesselt zu Füßen einer Säule:» Wegen des von Bellerophon über sie erhaltenen Sieges» (I, 3).

Zum allgemeinen Vergnügen tanzen römische Damen in der beliebten Oper *Nero* (1723) in Amazonenkostümen.[389]

Amazonen waren bühnenwirksame, ambivalent geschilderte Frauen, ehrenwerte Damen mit historisch nachweisbarer Tradition, aber auch lange überwunden geglaubte «Mannweiber». Sie erscheinen als mythisch-märchenhafte Figuren, insbesondere im Umfeld der Herkules-Sagen. Sie wurden bewundert, umworben, belächelt, verspottet – aber auch grausam bekämpft. Gerade am Beispiel der Amazonen lassen sich Zusammenhänge zwischen Debatten über reale Frauen und Männer und ihre Einflussmöglichkeiten in Politik und Krieg untersuchen, sie sind sozusagen «Emanzipations-Marker». Ebenso geben ihre Auftritte Aufschluss über Vorlieben bestimmter Librettisten bzw. Komponisten und AuftraggeberInnen und OpernfreundInnen. Offensichtlich sind Amazonen zunächst aus der adligen Welt hinausgestürmt, als Motive von Gemälden und Skulpturen, favorisiert in der Hauptsache von adligen Damen. Aber sie werden auch kritisiert und abgewertet, in adligen und bürgerlichen Milieus. Ihr Status war immer heikel und umkämpft, Krieger fühlen sich durch sie in ihrer Männlichkeit angegriffen. Ein militärischer Kampf gegen sie gilt als unehrenhaft, dafür sollten sie auf dem «Schlachtfeld» der Liebe besiegt werden.

8.4. Frauen in zivil, die mit Waffen gegen Männer vorgehen

Verheiratete, ehrbare Frauen, die sich auch mit Waffengewalt gegen militärisch ausgebildete Wüstlinge wehren, werden teilweise auch von ihren Brüdern oder anderen loyalen Männern unterstützt. Bei diesem Typus handelt es sich in der Regel um adlige Frauen, deren Dienerinnen gelegentlich die Waffen tragen, ohne selbst in den Kampf einzugreifen. Bei ihren adligen Herrinnen könnte die standesgemäße Erziehung und Identifikation mit herrschaftlichen, d.h. «männlich» konnotierten Privilegien eine Rolle spielen.

Markante Beispiele von Entschlossenheit und Tatkraft auch mit einer Waffe bieten Damen der höchsten Gesellschaftsschichten wie Creusa, Königstochter von Korinth und Braut von Jason, in *Die unglückliche Liebe des tapferen Jason*[390] (1695). Gemeinsam mit ihrem Gefährten Jason nimmt sie den Kampf gegen Aegeus, den König Athens auf, der die Stadt Colchos einnehmen will – samt Creusa: «(Creusa reisst einem fallenden Soldaten den Degen aus der Hand/ um dem Jason beyzustehen)» (III, 5). In *Julia* (1717) will die römische Fürstin Julia, Gemahlin des Fürsten Pompejanus, mit einem Dolch ihren angeblich ermordeten Bruder Publius, den römischen Bürgermeister, rächen. Als Schäferin verkleidet begegnet sie dem römischen Unteroffizier Servius im prächtigen Kleid des Publius. Dreist und ahnungslos versucht dieser mit der Feldherren-Tracht Eindruck zu schinden und die vermeintliche Schäferin «zu charmiren». Doch Julia glaubt, den Mörder ihres Bruders vor sich zu sehen, der noch dazu Leichenfledderei begangen hat, wie sie auf Schlachtfeldern üblich war:

> Jul. Du Hund/ es kost dein Leben/
> Da Publius durch dich sein Leben aufgegeben.
> (Zieht den Dolch aus / ihn zu erstechen.) (III, 5)

Aber Servius kann sich retten, er «ziehet das Kleid aus und wirfft es weg». Das Publikum weiß, dass Servius es in einer Höhle gefunden hat, in der Publius zuvor sein Gewand gegen das eines Bettlers getauscht hatte (II, 3). Seiner Funktion als komische Person entsprechend teilt Servius noch Weiberspott über kämpferische Frauen aus, er würde die kämpferische Frau als «Megäre» denunzieren, wenn sie nicht so attraktiv wäre:

> Pardon/ Pardon/ Madam'/ ums Himmels willen.
> Ich geb' euch gern das Kleid/ nur euren Zorn zu stillen.
> Ach wenn sie nicht so schöne wäre/
> So dächt' ich/ dass es sey die andere Megere.

In der nächsten Szene sind Bruder und Schwester wieder vereint und schmieden Pläne. Auch Marcia, «eine fürnehme Römische Dame, des Antoninus und Elius Geliebte», die Geliebte des Kaisers und eines Generals, zeigt Entschlossenheit und Tatkraft. Als sie feststellen muss, dass die als Bäuerin verkleidete Julia den Thron einnehmen soll, wütet die standesbewusste Dame gegen den Kaiser – und attackiert Julia lebensgefährlich:

> Marc. Soll eine Bauren=Magd den Thron besitzen/
> Den du mir endlich hast versprochen?
> Ant. Schweig Thörichte/ wilstu noch pochen?
> Marc. Laß deine Rache nur auf meinem Scheitel blitzen/
> Ich wil mit Freuden sterben/
> Doch soll die Buhlerin zugleich verderben.
> (Läufft nach dem Throne/ die Julia zu erstechen/
> welche von Antoninus weggeführet wird.)
> Ant. (Sie rast aus Liebe gegen mich /
> Darum vergeb' ich ihr.)
> Marc. Geh nur/ ich finde dich. (IV, 3)

Marcia sieht sich doppelt düpiert: Antoninus hat sie verlassen, noch dazu wegen einer rangniederen Frau, der vermeintlichen Bäuerin Julia. Aber Julia, «wegen ihrer fürtrefflichen Schönheit durch gantz Rom gepriesen», die laut Vorbericht «als ein unbeweglicher Fels alle versuchte Stürme abschlug», will nichts von dem Tyrannen Antoninus wissen, der sie begehrt und heiraten will. Nur zum Schein geht sie auf Antoninus ein, dessen «Geilheit und Grausamkeit» unter seinen Lastern laut Vorbericht besonders hervorstachen. (Interessanterweise werden sie als Ergebnis des Ehebruches seiner Mutter dargestellt, «Unzucht» der Frau überträgt sich also auf die Kinder.)[391] Zum Beilager wird

Julia von etlichen Personen ins kaiserliche Schlafgemach geleitet, darunter auch von ihrem totgeglaubten Gatten Pompejanus, der allerdings verkleidet ist. Doch davon ahnt Julia nichts, und der nachfolgende Mordanschlag auf Antoninus wird so auch von ihr allein ausgeführt. Als Antoninus sie «nach dem Bette» führt, schlägt Julia zu:

> Jul. (Zu deinem Grab Tyrann!) An. Mein Engel/ setz dich hier.
> (In dem sie sich niedersetzet/ sticht sie ihn mit dem Dolch in die Brust.)
> Ant. Mord! Mord! Helfft! Helffet mir = =
> (Ziehet den Dolch aus der Wunden/ um Julia damit zu ermorden. Pompejanus springet hervor/ verwundet ihn noch härter/ daß er zur Erden sincket.)
> Pomp. Nun sieh Barbar/ dass Lieb' und Treu
> Sich endlich doch gerochen hat!
> Jul. Ihr Götter ach! Des Pompejanus Geist! = =
> Pomp. Geliebte Julia/ wie ? trägstu Scheu?
> Entfliehe nicht/ es weist = =
> (Sie fliehet für ihm/ er folget ihr in ein anders Gemach.) (V, 5)

Während Julia die damals aktuelle Furcht vor Gespenstern[392] spiegelt, stirbt der schwer verwundete Antoninus noch auf der Bühne, nicht ohne vorher seine Verfehlungen eingestanden zu haben (V, 6). Solche auf der Bühne gezeigten Mordanschläge auf einen Tyrannen, noch dazu ausgeführt von einem Ehepaar, waren selten. Ihre Arbeitsteilung entsprach geschlechtsspezifischen Vorstellungen: die Frau verteidigt ihren Leib, ihre «Ehre» und rächt den Tod vieler unschuldiger Menschen, der militärisch ausgebildete Ehemann vollendet den Mord.

In der Oper *Attila*[393] (1682) macht sich Irene, Gemahlin des «Theodoricus, König der Gallier, des Attila Gefangener», auf nach Italien, um ihn und den gemeinsamen Sohn Torismundus zu befreien. Zunächst greift Irene auf die den Frauen zugeschriebenen «Waffen» wie Erotik und Schönheit zurück. Sie wird von Attila begehrt und geheiratet und bringt ihn dann in der Hochzeitsnacht um. Diese Tötung wird im Vorbericht als Erfindung des italienischen Librettisten ausgegeben, denn aus den historischen Quellen würde nicht hervorgehen, dass Attila ausgerechnet von einer Frau erstochen wurde. In Wirklichkeit sei Attila in Ungarn durch übermäßigen Konsum von Wein und Sexualität im eigenen Blute erstickt. (Eine Todesart, die seiner königlichen Männlichkeit offensichtlich alle Ehre macht.)

Auf der Opernbühne geht Irene sehr geschickt vor. Sie überzeugt sich, dass Attila eingeschlafen ist. Doch droht ihr Anschlag zu scheitern, da ihr

Mann Theodoricus nicht wie vereinbart erschienen ist. Also muss sie den Mord allein ausführen, sieht sich dabei in der Tradition der biblischen Judith:

> Ir. [...] Fasse Muth Irene!
> Es ist das Beste
> Du musst ihn selber tödten.
> Nun es wirds die Nachwelt reden
> Und mich soll der Fama prächtiges Gethöne
> In das Buch der Ewigkeit einschreiben.
> Sein eigen Schwert
> Ists/ dass mir meinen Wunsch gewährt.
> Der Hunnen Holofern/ soll itzo für mich sterben/
> Damit ich / Judith den tapffren Ruhm erwerben.
> (Sie setzet ihm mit den Dolch auff die [...unleserlich]. (III,18)

Als dann endlich der Kaiser Valentinianus, ihr Ehemann Theodoricus und Sohn Torismundes mit ihren bloßen Schwertern kommen, hat Irene den Tyrannen bereits ermordet:

> Ir: Eure Schwerter werden nun nichts nützen/
> Seht meine Hand hat ihm den Rest gegeben/
> Hier liegt er sonder Leben.
> Theod. Großmüthige Treue!
> Tor. Unüberwindliches Hertze!
> Val. So folget auffs neue
> Das Lachen dem Schmerze.
> Aria. 1.
> Theod. Himmel/ du hast mich betrübt/
> Und manch Ach aus mir gedrücket/
> Daß ich Sternen-werts geschicket/
> Um mein Hertz das ich geliebt,
> Und nun wilstu mir mein Leben/
> Recht verdoppelt wieder geben. (III, 19)

Die Eifersucht des Ehemannes Theoderich, der einen «Ehebruch» zwischen Irene und Attila befürchtet hat, spielt auch in dieser Oper eine wichtige Rolle. Eine vergewaltigte Ehefrau auf seinem Thron erscheint ihm unvorstellbar (siehe Teil II, Kapitel Ehe). Eine weitere Moral könnte sein: Männer gebt Acht auf eure Schwerter, die Frauen könnten sie gegen Euch richten.

Zu den respektierten Frauen der Tat gehört auch Sabina, Schwester des Julius Caesar aus der Oper *Cato* (1711). Die Geschwister bilden ein schlagkräftiges, gut aufeinander eingespieltes Duo. Julius Caesar fordert Sabina auf, ihm wie eine «Pallas» im Harnisch (III, 9) beizustehen. Sie selbst will wie eine Artemisia zu den Waffen greifen.

8.5. Zauberische Kämpferinnen

Zauberinnen auf der Bühne der Gänsemarkt-Oper sind in der Regel «adlige» Frauen, Fürstinnen, Prinzessinnen, Königinnen oder von göttlicher Abkunft. Zu den verführerischen zauberischen Frauen gehören Armida, Circe, Medea, Fredegunda. Sie kombinieren ihre Zauberkräfte gelegentlich mit Waffen oder ihrer fürstlichen Macht. Diese Frauen sind in der Regel unverheiratet.

In *La Gierusalemme liberata/Armida* (1694/1695) führt Armida, «eine Saracenische Fürstin», einen verzweifelten Kampf um ihren geliebten und christlichen Helden Rinaldo auch mit zauberischen Mitteln. Er ist ein Fürst aus dem Gefolge des christlichen Heerführers Herzog Gottfried von Bouillion, also eigentlich ein Feind. Hier wird der Kampf «Mann gegen Frau» zusätzlich um die Auseinandersetzung zwischen Islam und Christentum aufgeladen. «Das christliche Heer marchiret mit unterschiedlichen Machinen/ den Anlauf auff Jerusalem zu thun» (III, 6) und Armida hat Rinaldo verloren, bietet dennoch verzweifelt all ihre Zauberkraft auf, sich zu rächen, wenn sie ihn schon nicht halten kann. Sie erscheint dazu «in einer in der Luft schwebenden feurigen Kugel», die unter den christlichen Rittern für Angst und Schrecken sorgt:

> (Die feurige Kugel läst sich allgemach nieder und eröffnet sich.
> Woraus die Armida mit einem Degen in der Hand kommt.) (III, 7) [...]
> Die Armida, welche den Rinaldum überfället:
> Arm. Du must sterben/ O Bösewicht. (Stosset auff ihn zu.)
> Rin. O Thörichte!
> (Schlägt ihr den Streich aus. Und nachdem sie mit einander in Streit gerathen/ nimmt der Rinaldos der Armida den Degen aus der Hand.)
> Aria.
> Rin. Ich wuste zu straffen deine Vermessenheit.

Aber es wils die Liebe nicht.
Wider das schwache Geschlecht
Die Waffen zu gebrauchen/
Ist niemahls kein Ehre gewest. Ich etc.
(Wirfft den Degen weg.) (III, 8)

Diese männliche Arroganz trifft die Fürstin: «Man höre/ wie dieser von den Frauen redet.» Eine schwache Übersetzung des auf der linken Seite abgedruckten italienischen Originaltextes: «Senti come ragiona De le donne l'audace» (III, 9).

Die Oper endet mit der Eheschließung von Rinaldo und Armida. Dafür hat Armida einen hohen Preis zu zahlen: sie muss sich Rinaldo unterwerfen – als Fürstin, Gläubige und Frau. Sie nimmt seinen Glauben an. Dafür beteuert Rinaldo, dass er sie anbete und sie durch ihn, «als eine der größten Königin in Asien/ wiederumb in ihrem Thron regieren; wofern sie das gottlose Gesetz ihres Glaubens verlässet.» Armida zweifelt noch, ob sie diesen Worten trauen kann und willigt dann ein: «Also bin ich deine Magd gehorsam/ getreu zu deinen Diensten» (III, 17).

Auch wenn zauberische Frauen Krieger für Momente der Liebe außer Gefecht zu setzen vermögen, so ist ihr «Sieg» nicht von Dauer.

8.6. Frau kämpft gegen Frau

Dramatische Sonderfälle bilden handgreifliche oder gar bewaffnete Auseinandersetzungen zwischen Frauen, die in der Regel Nebenbuhlerinnen sind. Ein oft zitiertes Beispiel aus dem bürgerlichen Milieu sind die beiden keifenden und sich an den Haaren ziehenden Ehefrauen von Sokrates: Xanthippe und Amitta aus Telemanns Oper *Socrates* (1721). Aber es gibt auch Beispiele, in denen Frauen von Stand einander mit Dolchen angreifen. Mit Zauberkräften und Gift will Argine, Tochter von Tiresias und eine Art Naturgöttin, ihre vermeintliche Nebenbuhlerin töten: die lydische Königin Omphale (III, 4, 5) in *Omphale* (1724). Medea bringt Creusa um, die neue Liebe von Jason. Auf offener Bühne stirbt Creusa in den Armen Jasons – in den ihr von Medea geschenkten, aber vergifteten Kleidern (III, 18) in *Die unglückliche Liebe des Tapffern Jasons* (1695). Medea tötet noch dazu ihre Kinder mit einem Dolch, bleibt aber ungestraft: «Medea auff einem Drachen sitzend/ und einen blutigen Dolch in der Hand haltend» (III, 19). Einander vergiftende Männer werden kaum gezeigt, da diese Tötungsart offensichtlich als unmännlich galt.

8.7. Komödiantische Kämpfe der Geschlechter

Die Annäherung zwischen Mann und Frau kann gefährlich sein. In *Die Groß=Müthige Thalestris. Oder: die Letzte Königin der Amazonen* (1690) wird Sbiocco, Diener des Prinzen Spiridates, «in einem Kleide nach der allerneuesten Mode» vorgeführt. Er will beeindrucken, galant wirken und den «Jungfern» gefallen. Parliert dazu in einem Gemisch aus Deutsch und Französisch – mit Hut, Perücke, Bart, Band, Rock und Degen. «Der Degen ist une Epée â la guerre, Muß ich mich gleich daran offt hungrig tragen / So mag ich doch der mode nicht absagen» (II, 10). Diese Mode spiegelt englische, französische und spanische Einflüsse. Außerdem läßt Sbiocco sich auch eine Gitarre bringen: «(Er battiret erst auf der Guitarre die folies d'Espagne)» (II, 10). Später versucht er die beiden Amazonen Marthesia und Evandra wenig galant zu umwerben, mit dem Hinweis, wenn schon ihre Frau, also Chefin,

> sich ziemlich kan vertragen
> Mit meinem Herrn/ so wolt ichs auch wol wagen
> Mit Euch (zur Marth) was deucht dir = = = = sprich = = = =
> (sie schweigen immer still). (II, 14)

Die Amazonen schweigen einfach, verweigern traditionelle Reaktionen auf übergriffige Formeln,[394] mit denen sich Sbiocco ihnen aufdrängen will: wenn die Herrschaften sich miteinander amüsieren, dann sollte die Dienerschaft ihnen nacheifern. Sein plumpes Argument läuft ins Leere, endlich ergreifen die beiden Amazonen das Wort und den Degen: «Wer uns lieben will / Muß sich erst mit uns schlagen. (Sie wollen beyde von Leder ziehen)» (II, 14).[395] Doch Sbiocco verweigert den Zweikampf:

> Nein/ nein lasst stecken.
> Ich kann kaum ein bloß Messer sehn/
> Und ihr wolt mich mit Säbeln noch erschrecken/
> Ich mag mit Mädgens gern umgehn
> In Freundligkeit. Marth. Du wirst nicht besser seyn
> Als alle Männer ins gemein.

Doch das darauf folgende 8-strophige Spott-Duett der beiden Amazonen über die Ehe und die Männerwelt ist leider weder bei Haufe[396] noch bei Wolff abgedruckt. Diese Praxis der Unterschlagung widerständiger Stimmen soll hier nicht fortgeführt werden – deshalb folgen nun markante Auszüge, die die Verbindung zwischen Krieg, Geschlechterkonstruktionen und Ehe veranschaulichen:

> Aria 1.
> Marth. Die der Liebe sich ergeben/
> Und der Männer falschen Schein/
> Werden gar gewiß erleben
> Daß sie recht betrogen seyn/
> Wenn die Eh verknüpfft die Hände/
> Hat die Freude schon ein Ende.
> 2.
> Evand. Ist er reich so muß sie hören/
> Daß sie ihm nichts zugebracht.
> Ist er geitzig muß sie lehren/
> Wie er schindet Tag und Nacht/
> Sie muß allen Närrschen Grillen
> Untergeben ihren Willen.
> [...]
> 4.
> Evand. Wenn er alt ist muß sie küssen
> Schwache Glieder dürre Haut/
> Und wird täglich essen müssen
> Welcke Rüben/ Sauerkraut/
> Da wird sich mit Fontanellen
> Scharbuck/ Stein und Gicht einstellen.
> 5.
> Marth. Ist er eifersüchtig worden
> Wird ihr elend gnug gemacht
> Weil er vor dem Hahnrey-Orden
> Sich befürchtet Tag und Nacht!
> Dürfft er nur/ er würds nicht lassen
> Sie mit Schlössern einzufassen.
> [...] (II,14)

Im Amazonenreich werden Männerängste wahr, denn selbstbewusst weisen die Amazonen übliche männliche «Eroberungstechniken» zurück. Sbiocco verkörpert das Gegen-Modell des vorbildlichen Helden: angeberisch und plump, außerdem «weibisch,» weil modisch und ängstlich. Seine Verweigerung eines Zweikampfes mit den kampferprobten Amazonen erfolgt nicht aus selbstgewisser männlicher Höflichkeit und Galanterie sondern aus Feigheit.

Beziehungskämpfe auf mehreren Ebenen sind bei den bürgerlichen Liebenden Brunette und Burlotto zu beobachten − in den Intermezzi *La Capricciosa e il Credulo, Die geliebte Eigensinnige und der Leicht=gläubige Liebhaber*[397] (1725) (siehe Teil II. 3). Dabei persiflieren sie Leidenschafts- und Pathosmuster. Brunette will Burlotto testen, bevor sie ihn heiratet. Bereits im ersten Intermezzo entwickelt die sehr aktive Brunette eine Wut auf die Lügen der «wetterwendischen» Männer und will Burlotto tätlich angreifen: «Mit diesem Dolch will ich die falsche Brust durchbohren.» Im Intermezzo Nr. III fechten sie gegeneinander:

> (Der Schauplatz ist ein Saal) Burlotto in einem Französischen Kleide, Teutschen weiten Plunder=Hosen, Spanischen Degen und Kragen, türckischen Bunde und Knebel=Barte; vor der Brust mit einem Polster, nach Art der Fecht=Meister und 2 Rappiere in der Hand haltend, hernach Brunette als ein Husar mit einem Knebel=Barte.

Beide erkennen einander zunächst nicht − doch schließlich dämmert es Brunette, dass sie sich hier mit Burlotto streitet. Burlotto hingegen merkt nichts, er gibt mit seinen Fechtkünsten an und will dem vermeintlichen Husaren Unterricht erteilen. Sie fechten mehrmals, Burlotto bekommt Stöße und muss anerkennen, wie gut der Husar ficht. Endlich gibt sich Brunette zu erkennen und ist bereit ihn zu heiraten, weil sie sich offenbar wirksam gegen ihn wehren kann: «Brun. Sieh da, ich gebe mich dir gantz zu eigen. Ich bin dein liebes Weib./ Burl. Und ich dein guter Mann.»

Ein nur angedeuteter «komischer» Zweikampf ist in Georg Philipp Telemanns früher Oper *Mario*[398] zu sehen, 1709 zu der Ostermesse in der Leipziger Oper aufgeführt. «Floro, Ein Corporal von Sestilio Leib=Compagnie» fühlt sich durch eine Frau gekränkt, die ihn mit «mein Schatz» und «Närrchen» anspricht. Solche Vertraulichkeit geht gegen seine Soldaten- und Männerehre:

> Das war geschimpfft/ diß muß mein Degen rächen.
> (Indem er den Degen ziehen will/ findet er keinen an der Seite.)
> Potz tausend/ das war eine Sau einmahl/
> Von einem ehrenvesten Corporal,
> Daß er den Degen hat vergessen.
> Wüst es mein Capitain ich wollte mich vermessen;
> den Esel hätt ich heut gekost/
> Du/ Rothbart/ lauff eine Extra=Post/
> Und hole die verfluchte Fuchtel her. (S. 10)

Leicht fühlt sich dieser Militär durch vertrauliche Ansprache und Zärtlichkeiten angegriffen. Noch dazu, wenn er wie Floro, die Karikatur eines Korporals, ungeschützt und wehrlos unterwegs ist, also ohne Degen. Ein Soldat, der Rotbart, muss diesen Degen für Floro holen. Doch dann dämmert es Floro: Diese Frau, die er wie im Wahn angreifen wollte, ist seine Braut Blesa. Sie hatte die richtigen beschwichtigenden Worte gefunden:

> Brumst Du für Boßheit doch als wie ein Bär.
> Laß gut seyn/ komm mein Kind
> Wir wollen ietzt von Ehstands=Sachen sprechen. (S. 10)

Doch Floro muss wieder ins Feld, beide küssen sich und versichern sich ihre Liebe.

9. Frauen an der Heimatfront

9.1. Das Warten der Frauen

Das Kriegsleid der höheren Stände, das Warten der Ehefrauen, aber auch die Todesangst der Männer im Feld, ist Thema auf der Opernbühne. Einen privaten Einblick in höfische Mentalitäten bietet eine Festa per musica anlässlich der siegreichen Rückkehr des Kaisers Joseph I. aus einem Feldzug im spanischen Erbfolgekrieg: *Il ritorno di Giulio Cesare*[399] (1704), aufgeführt in der Wiener Hofoper. Musik von Giovanni Bononcini war später auch in der Hamburger Oper zu hören: in der gesamten Oper *L' Astarto*[400] (1721), im 2. Akt von *Muzio*[401] (1723) und in einigen Arien in *Bretislaus*[402] (1725).

Im November 1704 war Landau in der Pfalz eingenommen worden und bereits einen Monat später, am 17. Dezember 1704, wurde die «glückliche Rückkehr» des Herrschers mit dieser Serenata gefeiert.[403] In diesem Werk spiegeln sich die Aufgaben der Geschlechter im Krieg und ihre Interessenskonflikte. Während die adligen Männer ins Feld ziehen und sich dort Anerkennung als Helden erwerben, haben die Frauen in Sehnsucht und Treue ihre Rückkehr zu erwarten und auch von den Habsburgern reklamierte Tugenden wie Standhaftigkeit und Stärke zu demonstrieren. So bekennt Calpurnia, die Gattin von Julius Caesar:

> Lange genug fehlte mir mein geliebter Julius;
> Zu viel hat – an fernen Gestaden –
> Er sich dem Ruhm, der Kriegsehre gewidmet. (S. 19)

Als Caesars Freund Marco Antonio der Calpurnia die Nachricht überbringt, dass Julius Caesar glorreich zurückgekehrt sei, eilt sie umgehend in sein Feldlager. Marco Antonio, der Calpurnia eigentlich dabei begleiten sollte, darf auf ihre gütige Anweisung hin seine Gattin Fulvia wieder sehen. Diese leidet ähnlich wie Calpurnia unter dem Militärdienst ihres Mannes und gesteht ihm in einer Arie:

> Mit deiner Rückkehr, Liebster, hat mein Herz wieder Leben. Mit zu viel hartem Geschick, weißt du, wer ihm den Tod gab? Es war der bittere Schmerz deines grausamen Fortgehens. (S. 21)

Auch Marco Antonio bekennt seine große Sehnsucht, aber das Schicksal und die Männer-Freundschaft ließen ihm keine andere Wahl. Doch dieses Argument überzeugt Fulvia nicht:

> Fulvia: Aber wenn du mich anzuschauen so genießt, o geliebter Gatte, warum dann mich verlassen?
> Marco Antonio: So will es mein Schicksal, und so will es, lieber Schatz, treuer Freundschaft grausames Gesetz. Aber durch dein Fernsein habe ich in meinem Herzen sehr viele Qualen mitgemacht.
> Fulvia: Dann, mein Schatz, verlasse mich niemals mehr! (S. 22)

Julius Caesar beteuert seine große Liebe und Wiedersehensfreude. Die Liebe zu Calpurnia, ihre Schönheit habe ihn bei seinen Kriegszügen ermutigt:

> [...] Diese Liebe hat mit der Erinnerung an deine sieggewohnten Augen in feindlichen Festungen meinem Schwerte durch hundertfache Scharen den Weg geöffnet. (S. 24)

Calpurnia besteht aber darauf, dass es weniger die Schönheit ihrer Augen als ihre treue Liebe war, die die Götter dazu bewogen habe, ihn zu beschützen. Julius Caesar hat auch seinen Freund Marco Antonio sicher aus dem Krieg gebracht, wie jener bekennt: «Hätte es mich nicht gegeben, Liebste, gäbe es Antonio nur als Geist.» Hier wird ein zentrales Ideal benannt, die Liebe zwischen kriegerischen Männern, die Marco Antonio in einer Arie bekräftigt:

> Dulde, o Schöne, dass ich mein Herz teile zwischen beiden, Caesar und dir. Bist du dankbar dafür, was er mir anvertraut, musst du ihn lieben genau wie mich.[404]

Doch Calpurnia verlangt eine Entscheidung von Caesar, dessen Leistungen für das römische Reich nun wirklich nicht mehr zu übertreffen seien – auch im Hinblick auf seine Mannesehre:

> Bitte geliebter Gatte, deinen vielen Verwundungen und Mühen mach' ein Ende, und hast Du Mitleid mit einer liebenden Gattin, mach' ein Ende auch meinen Ängsten. Schon dienen, dank deiner Hand, dem römischen Reich hundert Provinzen, früher unbekannt, und auf den Flügeln der Mannestugend erreichte deine unsterbliche Glorie den Gipfel und höher steigen kann sie nicht. (S. 27)

Cäsars einziges Gegenargument ist seine Verpflichtung zur Vaterlandsliebe:

> Calpurnia: Also, die Liebe von der, die dich anbetet, ist dir nichts wert?
> Julius Caesar: Nein, nein, doch stark ist auch die Liebe zum Vaterland in einem edlen Herzen. (S. 27)

Doch ehe diese ehelichen Konflikte eskalieren, greift der Seher Spurina vermittelnd ein:

> Nein, es wird nicht nötig sein, Caesar, dass du dein Heim noch einmal verlässt, noch dass du wieder eine Rüstung anlegst. Sicheren Frieden schon hast du Roms Reich geschenkt, und keinen gibt's der ihn zu stören wagte. (S. 28)

Exemplarisch werden hier Konflikte gezeigt zwischen adligen Kriegern, die ihre Begeisterung für den Krieg mit ihrer Verantwortung für das Vaterland legitimieren (bzw. kaschieren), und ihren Ehefrauen, die dieser Kriegsmaschinerie eher skeptisch, ja ablehnend gegenüberstehen, aus Sorge um sich und ihre Ehemänner.

9.2. Die eifersüchtigen Kriegsheimkehrer

Die Treue der Ehefrau eines Feldherrn, dessen rasende Eifersucht und Verfügungsgewalt über sie, wird in den Libretti immer wieder thematisiert. Der Krieg scheint diese Problematik zu verstärken, wie in der Oper *Amphytrion* (1725) vorgeführt wird. Hier erwartet Alcmene die Rückkehr ihres siegreichen Gatten, des thebanischen Feldherren Amphytrion. Aber während des Feldzuges «entbrannte Jupiter in geiler Liebe» zu Alcmene, wie es im Vorbericht gemäß der griechischen Mythologie heißt:

> Er fand im Schutz der Nacht und in angenommener Gestalt ihres Gemahls/ Gelegenheit die Keusche zu hintergehen und derselben reines Ehe=Bette zu beflecken. Aus dieser verstohlenen Umarmung ist der in Gedichten und Geschichten Hochberühmte Hercules entsprossen.

Durch den Zorn der Juno und ihre Intrigen wird Amphytrion zur Eifersucht angestachelt. Er befiehlt, dass Alcmene auf dem Altar der keuschen Diana als Opfer dargebracht, also verbrannt werden soll. Alcmene beteuert ihre Unschuld und ihre Gattenliebe, für die sie in den Tod gehen würde. Aber letztlich bekennt sich Jupiter zu seinem Ehebruch, und die Moral der Oper zielt auf eine größere Toleranz der Ehemänner, die gegen göttliche Ehebrecher ohnehin machtlos sind:

> Choro. Durch Klugheit kan man sich aus allen Händeln drehen/
> Sie ist ein Gegen=Gifft der tollen Eifersucht.
> Ein kluger Man wird sehn und doch nicht sehen/
> Leichtgläubig seyn vergällt der Liebe süsse Frucht. (V, 9)

In *Sancio* (1727) gerät die Königin Sinilde, die während eines Feldzuges ihres Gatten Sancio als Regentin zusammen mit dessen bestem Freund regiert, in den Verdacht der Untreue und wird von ihrem Mann inhaftiert und ebenfalls mit dem Tode bedroht (siehe Teil II, Kapitel: Ehe). Diese Opern funktionieren auch als pädagogische Appelle an die vor Eifersucht tobenden Männer.

Penelope ist eine der beliebtesten Typisierungen der auf die Heimkehr des Kriegers wartenden Ehefrau und als Hauptfigur in etlichen Opern auf dem Hamburger Gänsemarkt präsent. Aber auch ihre Treue und die Sitten an ihrem Hof waren umstritten.[405]

9.3. Krieg gegen die Liebe und die Frau

Liebesgefühle gelten für Helden als gefährlich, weil sie vom eigentlichen Lebenssinn ablenken (siehe Teil II. 2. und Teil III Analyse von *Circe*). Der Kampf gegen die Liebe und Leidenschaft zu einer Frau scheinen gefährlicher als jede kriegerische Aktion. Oftmals gelingt er nur mit Hilfe weiser Berater, kriegerischer rechtmäßiger Bräute oder Geistern aus der Vergangenheit.

Ein prominentes Beispiel ist in der Oper *Hannibal* (1735) zu sehen: «Der Schau=Platz stellet vor des Hannibals Gemach in Capua mit einem Ruhe=Bette». Der Feldherr ist in die römische Bürgermeistertochter Aemilia verliebt und versucht zu schlafen:

> Ein Hertze das verliebet, wünscht sehnlich zwar die Ruh,
> Allein/ die Eifersucht lässt es nicht zu [...]. (I, 11)

Der Geist seines Vaters Amilcar erscheint und versucht Hannibal an die Pflichten eines Staatsmannes und Heerführers zu erinnern:

> Du träumest von verliebten Sachen,
> Die Liebe wird Dich Weibisch machen,
> Drum auf, entgehe deinem Fall. (I, 11)

Die «Schwächung» des Mannes durch die Liebe wird immer auch als dessen «Verweiblichung» diffamiert. So tönt der römische Kaiser Sigismundus in *Philippus/Beatrix* (1701/1702):

> Ein Helden=Hertz
> Verlacht der Liebe nicht erlaubten Schertz.
> Und sucht das was er liebt zu Ehren.
> Nicht aber in ein Scheusahl zu verkehren!

Aria.
Wer an Martis Donner=Krallen
Trägt gefallen/
Lacht der weichen Liebe=Gluht/
Dann der Venus geile Kerzen/
Brennen nur der Weiber=Hertzen;
Aber keinen Helden=Muth. (I, 11)

9.4. Friedensschluss durch die Ehe: der Hausfrieden oder die Fortsetzung eines Krieges mit anderen Mitteln

Als probates Mittel für die Beendigung eines Krieges und einen dauerhaften Friedensschluss galten Eheschließungen zwischen Mitgliedern der Herrscherhäuser. Auf der Opernbühne gibt es Beispiele von «Scheinehen», in der eine unterlegene Fürstin nur zum Schein den Eroberer heiratet, um ihn so besiegen zu können. Die entscheidende und tödliche Schlacht soll dann an intimen Orten stattfinden, wie dem Ehebett. So eine List wendet auch die Königin Irene gegen den Agressor Attila in *Attila* (1682) an: Während der Hochzeitsfeierlichkeiten im königlichen Amphitheatrum fliegt Apollo mit seinem Gefolge auf den Wolken zur Erde und feiert die Hochzeit als Befriedungsstrategie:

Apollo: [...]. Amor dringe durch den Himmel!
Zeige dort vergnüglich an/
Daß der Waffen Blut=getümmel/
Nunmehr gäntzlich abgethan.
Diese Heyrath hegt den Frieden/
Mars der sich mit seinen Riesen/
Biß hieher so frisch erwiesen/
Soll nun in den Abgrund stürtzen/
Daß er künfftig nicht hienieden/
Unsre Freude kann verkürtzen.
(Apollo, Fama und Cupido fliegen fort Mars stürzt sich in die Erde) (III, 1)

Desba, die Bediente der Königin Irene, freut sich, dass wieder Frieden zwischen ihrer Herrin und ihrem Gatten Theodoricus, dem König der Gallier, eingekehrt ist: Dessen gewaltsame Eifersucht ist abgewendet, da er eingesehen hat, dass Irene in gefährlicher Mission unterwegs war. Sie hatte Attila nicht etwa aus Liebe heiraten wollen, sondern aus List, um ihre Familie und das Reich zu retten. Desba beschreibt nun eine als «heiter» empfundene Variante des Krieges zwischen Mann und Frau. Hier dient das Ehebett als Ort einer echten Versöhnung und Befriedung, die durch Sexualität hergestellt wird. Desbas Kabinettstück zum «Liebeskrieg» bündelt damalige Gleichsetzungen von Kriegsstrategien und Liebespraktiken:

> Aria.1.
> Wie süß ist doch der Liebes=Krieg?
> Amor scherzt im weichen Bette/
> Als wenn der gewünschte Sieg
> Nirgends mehr Vergnügung hätte/
> Er braucht weder Schild und Bogen
> Und der Streit wird doch volzogen.
>
> 2.
> Die halbgebrochne Gegenwehr/
> Übt sich nur in feuchten Küssen/
> Da die Überwinder mehr
> Als die Andre büssen müssen:
> Und die Küsse sind Trompeten
> Die des Hertzens Sorgen tödten. (II, 9)

Jetzt versucht der «lustige Knecht Lisus» in der Diktion eines erfolgreichen Eroberers Desba zu gewinnen:

> Lisus: Daß geht auf mich/ ha! bistu schon verliebet/
> Wer zweifelt denn/ daß sie sich mir ergiebet/
> Wenn ihr noch erst mein Stand
> Und Charge wird bekannt.
> Ein solcher Mann/ den hier in dieser Welt
> Das Glück so günstig scheint/ Amt/ Ehre/ Gut und Geld/
> Der führt bey sich auch in verliebten Ketten
> Was er nur will/ wer kann daraus sich retten.
> Madam: Desb: was gibt's. Lis. ich hörte sie vor loben
> Den Liebes=Krieg. Desb. der ist wohl eh' erhoben/
> Lis. So heget auch die mehr als schöne Brust.
> Dergleichen Liebes=Lust.

> Desba: Wer fragt darnach? Lis. ein Cavallier/ ein Held/
> Der Ihr verhoffentlich von Herzen wohl gefält/
> Desb: Wer soll Er seyn? Lis: sein Bildnüs sieht sie hier
> Desb: Pfui! pfui! Weg/ weg/ mir grauet recht vor dir:
> Desba gehet ab.
> Lis. Kom mir nicht weg! Wiewohl sie hat nicht Schuld/
> Der Liebes=Kampf erfordert auch Geduld. (II, 10)

Strategien, die sich auf dem Schlachtfeld bewährt haben, sollen auch im privaten Bereich zum Erfolg führen. Doch Desba verhält sich abwehrend, ohne dabei lächerlich gemacht zu werden. Lisus markiert den aufgeblasenen Angeber, der mit französischen Worthülsen arbeitet, ohne aber zum gewalttätigen Angriff über zu gehen, denn er will es mit anderen Methoden wie Geduld versuchen.

Als friedenstiftende Maßnahme gilt die Ehe also auch in bürgerlichen und unteren Schichten. So wird in der Oper *Heraclius* (1712) der Friede zwischen den streitenden Hofmann Idreno und der Gärtnerwitwe Murmila nach klassischem Muster beigelegt: Kaiser Heraclius verheiratet beide, denn Idreno und Murmila lebten schon länger in wilder Ehe zusammen und hatten bereits etliche gemeinsame Kinder. Ein brüchiger Friede, der immer wieder neu errungen werden muss:

> (Murmelia jaget den Idreno vor sich her/ ihr folgen die Kinder/
> welche ihm alle seine Kleider genommen.)
> Murm: Du Vogel solt mir so noch nicht entkommen/
> Idr. Warum hastu das Hembd nicht auch genommen?
> Murm. Schweig/ nackter Dieb/ eh' ich es ärger mache/
> Idr. Je häng dich auff Du alter Drache! (V, 9)

Doch diesem handfesten Beziehungsstreit gebietet Heraclius Einhalt, er ist, als tugendhafter Fürst und ebenfalls von Idrenos Intrigen Geschädigter, um Ausgleich und Frieden bemüht:

> Her. Du Lumpen Kerl was fängst Du hier noch an?
> Idr. Die Alte will mich übers Henckers Danck zum Mann.
> Her. Du solt sie auch als Braut zur Straffe küssen/
> Murm. So wollen wir auch im Bette Frieden schliessen. (V, 9)

Doch wie lange wird dieser Hausfrieden halten?

Zwischen-Halt: Doing gender in the opera

Im Krieg polarisieren sich Geschlechtertypen, aber sie geraten auch ins Wanken. Für manche AutorInnen[406] ist der Krieg eine Art «verkehrte Welt», in der z.B. die Frauen heroisches Verhalten zeigen und Männer Angst. Doch lassen sich auf der Opernbühne viel mehr Facetten, Brüche und Widersprüche nachweisen. Hier werden diverse Leitbilder idealer Weiblichkeiten und Männlichkeiten vorgeführt und verhandelt. Dabei scheint der Krieg in der Realität und auf der Opernbühne wie eine Art «gender-Produktions-Maschinerie» zu funktionieren, wobei dem Paar eine besondere Rolle zukommt:

> Das Paar als Ort, als Kriegsschauplatz in der Kultur, aber auch als der Ort, der einer vollständigen Transformation der Relation zwischen dem Einen und dem Anderen bedarf und sie erfordert.[407]

Die heterosexuelle Liebesbeziehung wird wie ein Kriegsschauplatz beschrieben und inszeniert, auf dem der Mann den Angreifer und die Frau die zu erobernde Stadt bzw. Länderei verkörpert. Bis in den zwischenmenschlichen Bereich hinein schreiben sich «Bildprogramme» fort, wie sie aus der offiziellen Ikonographie und Rhetorik bekannt sind, z.B. von den adligen Herrscherporträts. Auch in diesen kulturellen Ausdrucksformen werden Krieg und Frieden in der Regel geschlechtsspezifisch konnotiert: der Mann in der Rolle von Mars markiert den Krieg, als Herkules den tapferen und physisch «hegemonial-männlichen» Helden, und die Frau, als Vertreterin von Venus, steht für Liebe und Frieden. Aber als androgyne, gutgerüstete Minerva beansprucht sie auch die Rolle der Beschützerin und Förderin der Künste, eine bis ins 18. Jahrhundert favorisierte Rolle von Herrscherinnen.[408]

Allerdings kann der Krieg auch «mann-weiblich» verkörpert werden, in Gestalt von Mars und Bellona, wobei Bellona auch den kriegerischen Aspekt der Minerva darstellen kann. Als Minerva Pacifera, als friedensstiftende Minerva,[409] ließ sich Christina von Schweden porträtieren, um ihren Beitrag zum Westfälischen Frieden zu verdeutlichen. Als androgyne Gottheiten ließen sich Herrscher hingegen kaum repräsentieren, als Ausnahme gilt Wilhelm II. von Oranje, der sich als Göttin Minerva darstellen ließ.[410]

Das gender-crossing Frau-zu-Mann schien undarstellbar, so sind Verkörperungen von Königinnen als Mars oder Herkules unbekannt. Bettina Baumgärtel schließt daraus, dass das biologische weibliche Geschlecht der Fürstin sowohl im mythologischen als auch im allegorischen Körper von grundsätzlicher Bedeutung gewesen sei. Frau bleibt Frau – trotz aller Standesunterschiede, Kompetenzen, Komplizenschaften und Aufgaben, die Frauen auch in Kriegen übernommen hatten.

Dieser Kriegs- und Friedenssymbolik, in der Frauen eine bedeutende Rolle spielten, lag auch die Einstellung zugrunde, dass erfolgreiche Herrschaft nur möglich war, wenn Frieden herrschte. Und dieser war nur denkbar, wenn auch Frieden zwischen den Geschlechtern herrschte und es eine Einheit geben konnte zwischen dem Mann, der Krieg und Courage verkörperte, und der Frau, die für Frieden und Weisheit stand. So wurde in einer eigentlich den Mann favorisierenden Ordnung die vermeintliche Geschlechterdifferenz geschickt genutzt, da weiblich konnotierte Eigenschaften als staatstragend, komplementär notwendig erachtet wurden. Diese Perspektive favorisierten möglicherweise Auftraggeberinnen und Liebhaberinnen der Künste, die auch die Gänsemarkt-Oper besuchten.

Doch in der Regel wurde der Krieg als männliches Terrain behauptet, auf dem biologische (hier «natürliche») Männer zu sozial anerkannten Männern wurden. Kämpfende Frauen, «Fremd-Körper», waren hier tabu, nicht zugelassen, obwohl es immer wieder in Männerkleidern kämpfende Frauen in den Heeren gab. Der Kampf eines Mannes gegen eine Frau galt als ein Skandal, weil sie nicht als gleichberechtigte und gleichwertige Gegner gegeneinander kämpften und die vermeintlich natürliche Ordnung damit in Frage gestellt wurde.[411]

Auch wenn die Hierarchie zwischen Mann und Frau geregelt scheint, der aktive Mann der passiven Frau übergeordnet ist, so ist dieses Gefüge ständig bedroht, d.h. Mann und Frau konkurrieren und kämpfen gegeneinander. Der Mann befindet sich dabei im Zwiespalt: Ein Kampf gegen eine Frau ist unter seiner männlichen Ehre und Würde. Als von Gott und Natur geadeltes stärkeres Geschlecht[412] hingegen, hat er auch Verantwortung für Frauen zu übernehmen; er hat der Gegnerin ritterlich gegenüberzutreten, sie zu schützen und zu ehren. Das gilt insbesondere für den Fall, wenn er die Duellantin liebt. Anders liegen die Dinge bei fremden Frauen: Sie galten in Kriegen als Beute; das Töten, Brandschatzen, Vergewaltigen und Plündern war Soldatenvorrecht.[413]

Eine Frau verfügt über Waffen, wie Schönheit und Verführungskraft, gegen die ein Mann machtlos zu sein scheint. Dies wird z.B. in Opern wie *Sieg der Schönheit* deutlich, in der der Angreifer sich der Gattin des besiegten Herrschers «geschlagen» gibt.[414] Die heterosexuelle Liebe wird in diesem System in den Kategorien Krieg und Frieden konstruiert. Der Mann gilt als Krieger, als Angreifer und Verteidiger, der sich und seine Umgebung nach militaristischen

Kategorien ordnet und sich «selbst beherrscht». Um als patriarchaler Militär bestehen zu können, muss deshalb «das andere» wie Schwäche, Liebe, Unkontrollierbarkeit etc. auf andere projiziert werden – auf abgewertete Männer und Frauen. Aus Angst vor einer als übermächtig empfundenen «Weiblichkeit», die die Potenz bedroht und Leben schenkt, werden nur rigide, in ihren Handlungs- und Empfindungsräumen beschnittene, keusche Frauen als ehrbar akzeptiert. Sie werden imaginiert z.B. als einzunehmende Burg oder zu verteidigende Stadt, wobei der Mann sich als Held zu erweisen hat.

Frauen, die eigene Vorstellungen entwickeln, Männer gar auch auf «eigenem» Feld schlagen wollen und können, werden mit aller Härte abgewehrt und abgewertet. Aber diese Frauen sind wiederum auch die faszinierenden «Stars», die die Handlung um die Widersprüche dieser kriegerischen Konstruktion vorantreiben.

Auf der Opernbühne werden also dramatische Brüche deutlich – denn Männer, die von klein auf als Krieger ausgebildet werden, haben nur eine begrenzte Palette von Verhaltensweisen und Gefühlen, sie sind sozial nicht kompetent. Deshalb erweisen sich in diesen Opern kriegerische Gesellschaften als gefährdet, insbesondere durch die «Liebe», biologische Frauen, spezifische «Weiblichkeiten» und nicht-hegemoniale Männlichkeiten.

Die kriegerische Gewalt selbst erweist sich als bedrohlich, wenn sie nicht durch harte gesellschaftliche und innerindividuelle Moralvorstellungen kontrolliert wird. Dazu sind zivilisierende Autoritäten notwendig – auch im Hinblick auf die gesicherte Reproduktion und Besitzsicherung. Eine besondere Rolle können dabei Frauen übernehmen, die etwa Duelle verhindern, den bildenden Liebesdiskurs pflegen, zum Mann eine züchtige Liebesbeziehung halten. Hier sind Einflüsse höfisch und weiblich geprägter Geselligkeit spürbar.

Eine zivilisierte Form des immer wieder inszenierten Geschlechterkampfes ist die Galanterie, der «code galant», deren bürgerlich-adlig-absolutistische Spielart jedoch misogyne Tendenzen fortsetzt. Einen Gegenentwurf bildet der «code tendre», der im 17. Jahrhundert an französischen Salons ausgebildet wurde, vornehmlich von hochadligen Damen. Hier wird das Modell einer Freundschaft zwischen den Geschlechtern erprobt: Der Mann wird zum Freund der Frau und schwört der gesellschaftlich bedingten körperlichen und geistigen Überlegenheit ab. Die Liebesleidenschaft wird abgelehnt sowie überhaupt die Ehe, die als ein Instrument zur Unterdrückung der Frau aufgefasst wird und in die sie oftmals gegen ihren Willen gezwungen wurde, um als Gebärerin das dynastische Erbe zu sichern.

Die Grenzen zwischen bürgerlichen und adligen Ansprüchen sind hier nur schwer zu ziehen. Zwar formulieren die bürgerlichen Männer explizit ihre Forderungen nach einer «mulier domestica», also ihren Anspruch auf weibliche Dienstbarkeit, die in der Hauptverantwortung ihrer Ehefrauen liegt. Den erheben adlige Männer in der Form nicht, weil sie ebenso wie ihre weibliche Verwandtschaft selbstverständlich vom Hofstaat versorgt werden. Bedeutsam sind hier Reichtum und die Größe des Hofes. Doch es gibt viele Gemeinsamkeiten zwischen adligen und bürgerlichen Milieus – etwa im Hinblick auf männliche Ansprüche auf ihre Position als Familienoberhaupt, auf die Treue der Ehefrau, den Gehorsam der Kinder auch bei ihrer Verheiratung etc..

Den Auswirkungen und Fortsetzungen des Krieges mit anderen Mitteln im zivilen Bereich wird im folgenden Teil II nachgegangen.

II. Teil

1. Liebe, Ehe und die Konstruktion von Geschlecht. Was ist Liebe?

Mit dem Begriff *Liebe* wurden diverse und umstrittene Vorstellungen und Praktiken in Bezug auf Gefühle, Sexualitäten und Beziehungsformen zusammengefasst. Die Liebe galt als faszinierendes, aber schwer zu kontrollierendes Phänomen, geprägt durch gesellschaftliche Machtverhältnisse, Ordnungsvorstellungen und ihre Widersprüche. Im Zeichen der Liebe werden Konflikte zwischen den Individuen und der Ständegesellschaft deutlich. So sollte die Liebe einerseits individuelles und gesellschaftliches Glück sowie Frieden ermöglichen. Sie wurde gefeiert als reine und engelhafte Himmelsmacht, als soziales Bindemittel und Friedensstifterin, sofern sie vernunftgeleitet und «keusch» war. Außerdem wirkte sie wie ein individuelles und soziales Movens, das Kunst und Kultur hervorbrachte, wodurch sie wiederum modelliert wurde. Andererseits galt die Liebe als Auslöserin von Verzweiflung, Chaos und Krieg, die alle Hierarchien und vermeintlichen Sicherheiten in Frage stellen konnte. Sie drohte die Grenzen zwischen den Ständen und Geschlechtern aufzuweichen. So konnten Männer aus Liebe passiv, also «weibisch» werden, Frauen zu aktiv kämpfenden Heroinnen – oder beide zu ebenbürtigen und gleichberechtigten Partnern, zumindest für eine kurze Zeit. Die Liebe ist der Widerspruch, das Vehikel der Kritik, der Motor der Veränderung und der Verwandlung; sie gilt auch als «unvernünftig» und blind.[1] Sie verunsichert, löst innere Kämpfe und Erschütterungen aus, zwingt zur Selbsterkenntnis, zur Selbsterklärung, zur Rede, kehrt das Innere nach außen. Liebe weckt Schaulust nach dem Motto: Wie machen es andere?

Einblicke in damalige ambivalente Vorstellungen über Liebe und Ehe bieten Gelegenheitskompositionen für Hochzeiten. Ein markantes Beispiel ist Telemann's Hochzeitskantate TWV 11:26, *Liebe, was ist schöner als die Liebe*, in der wir Zeugen eines Streitgespräches zwischen Ametus (Canto) und Crito (Tenor) werden. Ametus ist ein Fürsprecher der Liebe, Crito hingegen wehrt sich gegen die Liebe, weil sie Streit mit der Geliebten und Abhängigkeit von ihr, also «Sklaverei», bedeute. Von großer Bedeutung ist die Frage der Gleichberechtigung zwischen den Liebenden, eines Mannes und einer Frau. Ametus plädiert für einen vernünftigen Umgang miteinander, für gegenseitige Achtsamkeit. Doch Crito befürchtet die Unterordnung des Mannes, sobald er auf die Wünsche der Frau eingeht. Sie wolle dann nur die Oberherrschaft gewinnen:

Duett
Ametus: Spricht sie, dieses will ich tun,/ sag ich, ja, es soll geschehen./
Crito: Das ist der klare Kern,/ so hättens alle gern./
Ametus: Aber fang ich auch was an,/ als mir Freude machen kann,/
wird sie niemals sauer sehen.
Crito: Erwarte nur der Zeit,/ du wirst schon anders pfeifen,/
wenn sie, eh dus gedenkst/ die Hosen wird ergreifen.[2]

Die Varianten der Liebe wurden in damals üblichen Bildern des Krieges beschrieben. Crito geriert sich als Feind der Liebe und der Frauen. Als liebender Mann fürchtet er seine Unterlegenheit, keine Frau kann es ihm recht machen. Ametus hingegen vertraut, trotz aller Unterschiede und Hindernisse, auf «der Seelen Einigkeit»:

Aria
Crito: Soll ich eine Schöne wählen,/ hab ich öfters Compagnie.
Kluge wollen mir befehlen,/ Dumme tun als wie das Vieh.
Garstige sind Hottentotten./ Arme halten mager Haus,
Fromme will ein jeder spotten, falls Böse sehn wie Herren aus.

Recitativo
Ametus: Halt ein, du must nicht so verwegen sprechen,/
sonst wird das weibliche Geschlecht/ mit Fug und Recht/
dir deinen Hals zerbrechen.

Crito zitiert traditionelle Vorbehalte gegen Frauen, die ihren eigenen Vorstellungen folgen und den an sie gerichteten Erwartungen sowie Ansprüchen nicht entsprechen. Mit dem Widerstand von Frauen ist offensichtlich zu rechnen, auch wenn Ametus ihn lächerlich macht:

Aria (March):
Beleidigte Schönen, ergreifet die Waffen,/ nehmt Scheren, nehmt Nadeln,/
nehmt Gabel und Messer zur Hand. / Bestürmt die Tyrannen mit Stechen und
Zwicken,/ heran, schlagt an./ Gebt Feuer, ihr Augen, mit zornigen Blicken,/
werft Bomben und steckt den Verräter in Brand.

Das Ende vom Lied: Crito erklärt seinen Widerstand für einen Scherz, seine Opposition für ein rhetorisches Spiel: «und trifft also mit mir das Sprichwort ein: bei kalten Lippen pflegt ein heißes Herz zu sein.» Im Duett wünschen Crito und Ametus dem Brautpaar Freude in der Liebe, d.h. lustvoll erlebte genitale Sexualität, deren Ziel Nachwuchs ist:

> Liebet, scherzet, küsset, lachet,/ bleibet allezeit vergnügt./ Euer Leben muß auf Erden/ euch zum Paradiese werden,/ machet, wie die Zeit verfliegt,/ so machet, daß ihr oft was Junges wiegt.

Ähnliche Debatten über die Liebe[3] sind auch auf der Opernbühne zu beobachten. Bei der Analyse der Vorstellungen von Liebe in Hamburgs Lebenswirklichkeit (in den Jahren zwischen 1678 und 1740) und ihrer Darstellung auf der Opernbühne lassen sich drei Grundmuster freilegen:

- Die Konstruktion von zwei Geschlechtern: von Mann und Frau, denen qua Geschlecht und göttlichen Beschluss jeweils unterschiedliche Aufgaben, Eigenschaften und Verhaltensweisen zugewiesen wurden. Dabei galt das Primat des Mannes. (Hier sind Abstufungen und Differenzierungen zu berücksichtigen, die im Folgenden auch mit den Begriffen hegemonialer und randständiger Männlichkeiten bezeichnet werden.)
- Die rigide Unterteilung von Liebe: zum einen in eine legitime, vernünftige, keusche Liebe, die in eine Ehe mündet[4] und mittels «ordentlicher Begierden» Kinder hervorbringt. Und zum anderen in eine illegitime, abgewertete und verfolgte «Unzucht», oftmals un- oder außerehelich gelebt. Geistliche und weltliche Obrigkeiten wachten über genitale heterosexuelle Praktiken, wie die Penetration. Aber auch Blicke, Umarmungen und Küsse konnten als «unzüchtige Akte» gedeutet werden.
- Die Ehe als lebenslange Einheit zur Aufrechterhaltung der (Geschlechter-) Ordnung und Kontrolle der Gefühle. Generell sollte sie von den Eltern arrangiert, von der weltlichen und geistlichen Obrigkeit legitimiert und auch vom gesellschaftlichen Umfeld kontrolliert werden. In der Ehe sollte Frieden herrschen, gewährleistet durch gegenseitige Liebe und die Unterordnung der Frau unter den Willen des Mannes. Scheidungen galten von offizieller Seite als ausgeschlossen. Doch künden die Quellen von Ehekonflikten und Scheidungen bzw. Scheidungswünschen.

Auffällig ist in vielen Textsorten (wie Romanen und Opernlibretti) die Abwertung von als «weibisch» definierten Verhaltensweisen und Eigenschaften. Auf Frauen wird die Verantwortung für «unkeusche Liebe», also abweichende Liebespraktiken, abgewälzt, wofür sie dann in der Realität härter bestraft wurden als Männer. In dieser Ordnung spielte die Frau, der weibliche Körper eine zentrale Rolle: ob als Eva, die den ahnungslosen Adam verführt, oder als «Frau Welt», die den Tod im Leib trägt, oder als verführerische Zauberin, die den Helden von seinen eigentlichen Pflichten abhält.

Da dieses gesellschaftliche Ordnungsmodell auf der Hierarchisierung der Geschlechter basiert, auf der Überordnung des «Männlichen» über das «Weibliche», in Kombination mit der Standeszugehörigkeit, frage ich auch danach, ob und wie auf der Opernbühne die «Zweitrangigkeit» der Frau gespiegelt und kommentiert wurde. Wie erging es offensichtlich faszinierenden Grenzüberschreiterinnen, wie erotisierenden Zauberinnen, aber auch männlichen Anti-Helden, die nicht den Kriterien hegemonialer Männlichkeiten entsprachen?

Auf der Bühne sind diverse Varianten der Liebe zu erleben, die das Konzept der tugendhaften, «vernünftigen» Liebe in der Ehe in Frage stellen, das in den Ethiken,[5] Normen und Gesetzen vorherrschte. Faszinierend und bedrohlich ist die leidenschaftliche Liebe, besungen etwa in italienischen Sonetten und in der deutschen Anakreontik. Gefährlich nahe rückt sie den Kategorien «unkeusch» oder «unzüchtig», denn in ihrem Namen werden gesetzliche und soziale Einschränkungen überschritten und die Schaulust des Publikums gereizt. Im Folgenden werden Tendenzen und Widersprüche beim Kampf um die Vielfalt der Liebe in Bezug gesetzt zu den Lebenswelten[6] und ihrer Darstellung in den Libretti. Dazu zählen so unterschiedliche Liebesverstrickungen wie die aggressive Werbung einer Witwe um einen ledigen Prinzen (Sthenoboea, «Wittwe des Königs Praetus von Argos», begehrt den ledigen Prinzen Bellerophon in *Bellerophon* (1708)), das Verhältnis eines Feldherren zu einer Hetäre (Alexander zu Thais in *Alexander in Sidon* (1688)), die Vergewaltigung einer ledigen Prinzessin[7] in einer Höhle durch ihren späteren Ehemann und Kaiser, wie es zwischen Hermingardis und Carolus der Große in *Carolus Magnus* (1692) inszeniert wurde.

Für Verwirrung sorgten Frauen in Männerkleidung, (seltener Männer in Frauenkleidern), die gelegentlich auch in homoerotisch getönte Begegnungen verwickelt werden. Diskussionsstoff bietet die Frage, ob solche Bühnenkonstellationen als Hinweise auf reale Freiräume oder eher als Imaginationen einer durch rigide Moralvorstellungen und Gesetzgebung reglementierten Gesellschaft zu deuten sind.

1.1. Legitime Liebe nur in der Ehe

Doch zunächst zurück zu den Liebesvorstellungen in den Hamburger Lebenswirklichkeiten. Die nicht in eheliche Bahnen gelenkte Liebe galt als Sprengsatz gesellschaftlicher Ordnung. Als Unzucht definiert wurden sexuelle Handlungen außerhalb einer offiziell von den Eltern und der Obrigkeit, in Hamburg durch die Wedde, anerkannten Ehe. Ihre Bestrafung differierte nach Stand und Geschlecht. Eine Definition von «Unzucht» lautete:

> Unzucht, nehmen einige in solchem Verstande, daß es eine fleischliche Vermischung mit einer ledigen Person bedeute, die man vor ehrbar halte; Da man zum Zweck nicht die Zeugung der Kinder; sondern die Dämpffung der geilen Lust habe. Hurerey aber sey ein Beyschlaf mit einer solchen Weibsperson, die einen Huren=Lohn nehme. Doch siehet man in Gebrauche dieser Wörter auf solchen Unterscheid nicht. Walchs Philosoph. Lexic.[8]

Frieden auf allen Ebenen sollte die eheliche Liebe stiften, Dynastien verbinden, politische Einflusssphären und Kapital sichern. Wenn jedoch Konflikte und Widerstände eine Eheanbahnung begleiteten, so drohte auch die Gefahr einer unglücklichen Ehe, in der Krieg statt Hausfrieden herrschte. Die Befürchtung, dass die Magie der Leidenschaften eine Umkehrung der Herrschaftsverhältnisse auslösen, die «natürliche», androzentrische Ordnung bedrohen konnte, teilten die herrschenden Kräfte in Kirche, Staat und Gesellschaft. Eine Gleichwertigkeit, Gleichberechtigung der Geschlechter erschien undenkbar, auch wenn sie vereinzelt angedacht und diskutiert wurde. Befürchtet wurde der Machtverlust der «Männer» und ein Regiment der «Frauen» – entsprechend der feudalen Muster, in denen gleichberechtigte Strukturen nur wenigen vorstellbar erschienen. Denn:

> Ordnung ohne Herrschaft war noch in der Mitte des 18. Jahrhunderts nicht denkbar; damit wurde das imperium mariti zum unverzichtbaren Ordnungsprinzip für die bürgerliche Ehe.[9]

Kirche, Staat und Gesellschaft duldeten und legitimierten Liebe und Sexualität nur in ihrer patriarchal «vernünftigen» Variante, wenn sie von entsprechend konditionierten Individuen kontrolliert in der Ehe gelebt wurde. Exemplarisch fasste der einflussreiche Jurist und Philosoph Christian Thomasius (1655-1728) weit verbreitete Vorstellungen zusammen, wenn er die «vernünftige» Liebe[10] favorisiert, die allerdings auch Anlass für Leid, Eifersucht und Streit biete. Doch sie ermögliche eine Verschmelzung der Liebenden auf seelischer und sexueller Ebene, mit gegenseitigem Respekt. Sexuelles Begehren galt nur im Rahmen einer monogamen Ehe als würdevoll und das Gemeinwesen stabilisierend. Dazu müsse das Begehren so ausgerichtet werden, sich nur mit dem Menschen zu verbinden, der den Eltern genehm ist und den der Verstand für gut befindet, anstatt der Liebe zu folgen, die nur dem eigenen Verlangen folgt, die Eltern entsetzt und vom Verstand abgelehnt wird.

Vorstellungen von vernünftiger Liebe und Sexualität in einer monogamen Ehe[11] waren in ihren Grundzügen Konsens in den bürgerlichen und adligen Ständen. Sie wurden überkonfessionell propagiert, ungeachtet aller Probleme und Konfliktpotentiale, wie sie etwa an verzweifelten Zwangsverheirateten sichtbar wurden. Diese Widersprüche boten den Stoff, aus dem viele Opern waren.

1.2. Die Ehe: Ordnung der Geschlechter und der Gefühle

Die Ehe galt als die Institution, die die Ordnung der Gesellschaft, der Geschlechter, der Gefühle und Sexualitäten herstellen, sichern und für Nachwuchs sorgen sollte:

> Ehestand, Ehe, ist ein natürlicher Stand, in welchen zwey Personen von unterschiedenem Geschlechte mit einander treten, und sich verbinden, ihre Liebe zur Vermehrung des menschlichen Geschlechts einander alleine zu wiedmen, damit sie die aus solcher Verbindung zu hoffenden Kinder, gewiß vor die ihrigen mögen erkennen, und sie so dann zum Nutzen der menschlichen Gesellschaft wohl erziehen können.[12]

Außerdem sollte die Ehe das sexuelle Begehren lenken und das Bedürfnis nach Gemeinschaft stillen, wobei den Autoren klar war, dass diese Wünsche auch außerhalb einer Ehe erfüllt werden konnten:

> Nächst diesem Endzwecke werden auch noch andre angeführt, so wohl die Stillungen derer Begierden, und das damit verbundene Vergnügen, als die gesellige Beyhülffe derer Ehe=Gatten werden vor Endzwecke des Ehestandes angegeben. Daß beydes keine eigentliche Endzwecke des Ehestandes sind, erhellet daher, weil dieselben auch ausser dem Ehestande können erlanget werden.[13]

Die Heirat war keine persönliche Angelegenheit, welche die gegenseitige leidenschaftliche Liebe absegnete, sondern ein soziales Ereignis, das zwischen zwei Familien oder Häusern geregelt wurde. Die individuelle Wahl, die Wünsche von Braut und Bräutigam spielten kaum keine Rolle. Die Ehe wurde durch einen Vertrag besiegelt, nach Beschluss der Familien und zu deren Nutzen. Ein entscheidendes Kriterium war die standesgemäße Versorgung der beiden Eheleute. Die bürgerliche oder adelige Frau musste, da sie nicht erwerbstätig sein durfte, materiell abgesichert werden. Primäre Ziele der Ehe waren die Kinderzeugung und Aufzucht – und die Bewahrung vor «Hurerei» sowie «Unzucht» bei Mann und Frau.

1.3. Heiratsverordnungen

Eine Ehe durfte nicht von allen als Garant für Glück und Existenzsicherung angestrebt werden. Vorstellungen einer feudalen Ständegesellschaft und absolutistisch-merkantilistisch geprägte Mentalitäten dominierten die von Juristen und Kaufleuten regierte Freie und Reichsstadt Hamburg. Mittels diverser Heiratsbeschränkungen wurden insbesondere Menschen der Unterschichten an der Eheschließung gehindert, da diese kaum ihre Familie ernähren konnten. Mittels Heiratsverordnungen sollte die Struktur der Bevölkerung gesteuert und der Anteil der armen Bevölkerung reduziert werden. Über die Rechtslage und Praxis in Hamburg rund um die Eheanbahnung, Eheschließung und Ehescheidung in diesem Zeitraum gibt es noch keine detaillierten Studien. Deshalb bleibt der Überblick skizzenhaft.

Generell lässt sich festhalten: Eine Heirat war nur möglich, wenn die Familienoberhäupter, die weltliche Obrigkeit und die zuständigen Geistlichen zustimmten. Im Hamburger Stadtrecht von 1605 gibt es entsprechende Bestimmungen, die bis in meinen Untersuchungszeitraum – und darüber hinaus – wirksam waren.[14] Die «Proclamation» (das Aufgebot) und die «Copulation»[15] neuer Eheleute (die Trauung) durften erst durchgeführt werden, nachdem die städtische Obrigkeit geprüft hatte, ob die Eltern, insbesondere der Vater, den Konsens erteilt hatten, ob die Verwandtschaftsgrade stimmten und kein anderes Verlöbnis oder sonstiges Ehehindernis bestand.[16] In Hamburg wurde dies von der Wedde kontrolliert, einer Vorläuferin der Polizei bzw. Innenbehörde. Hier musste der Bräutigam den Erlaubnis-Zettel für die Eheschließung beantragen:[17] «Sie erteilte Erlaubnisse zu Bürgeraufnahmen und Heiraten und konnte bei Übertretungen der vom Rat erlassenen Hochzeitsverordnungen

Strafen erteilen.»[18] Dies geht auch aus einer Wedde-Verordnung aus dem Jahre 1732 hervor, die mehrmals verlängert wurde.[19]

Eine Voraussetzung für die Eheschließung in Hamburg war der Erwerb des Bürgerrechtes durch den Mann. Allerdings geht aus der rechtshistorischen Literatur nicht eindeutig hervor, wie genau dieses Bürgerrechtsprinzip in der Praxis angewendet wurde. Fest steht jedoch, dass der um eine Eheschließung nachsuchende Mann in ein «städtisches Nexusverhältnis getreten sein mußte, sei es nun Großbürgerrecht, Kleinbürgerrecht, Schutzverwandtschaft oder Fremdenkontrakt.»[20] Dadurch war für die Obrigkeit sichergestellt, dass er als Mitglied eines Bürgerverbandes für die Bürgersteuer und zu Militärdiensten herangezogen werden konnte. Doch lässt sich derzeit nicht eindeutig klären, ab wann dieser Grundsatz für alle männlichen Bewohner vorgeschrieben war.[21]

Die Bevölkerung war also geteilt in «ehefähig» und «nicht ehefähig», entsprechend rechtlicher und ökonomischer Kriterien. Die Heiratserlaubnis war an eine materielle Grundlage geknüpft, die Fortpflanzung war nur legitim für die sozial und wirtschaftlich besser Gestellten. Heiratsbeschränkungen betrafen insbesondere Menschen ohne Vermögen oder größere Einkünfte, wie Gesellen, Soldaten, DienstbotInnen, ArbeiterInnen. Doch ließen sich Zuneigung und Sexualität nicht mit Gewalt regulieren und reglementieren, deshalb haben möglicherweise etliche Paare unehelich zusammengelebt, wie es Karin Gröwer dann für das 19. Jahrhundert nachweisen konnte.

Für meinen Untersuchungszeitraum gibt es Hinweise darauf, dass viele Einwohner Hamburgs andere Auffassungen von Liebe, vorehelicher Sexualität und Lebensgemeinschaft hatten als die Obrigkeit.[22] Etliche kamen aus ländlichen Gebieten, in denen andere Ehe- und Ehrvorstellungen gegolten haben könnten, als sie etwa offiziell von Bürgertum und Adel favorisiert wurden. So könnte voreheliche Sexualität weniger strikt geahndet worden sein.[23] Dies wird auch durch etliche komische Figuren, Dienstpersonal, Bauern und Schäfer suggeriert, die einen freieren Umgang mit Sexualität zu pflegen scheinen. Zwar ist dies zunächst als Ausdruck von Projektionen und Sehnsüchten der herrschenden Schichten zu untersuchen, aber unter diesen kulturell vermittelten Klischees könnten sich auch Spuren von Lebenswirklichkeit abzeichnen. Zu berücksichtigen ist, dass in dieser feudal-städtisch-ständischen Gesellschaft sexuelle Ausbeutungsverhältnisse bestanden, etwa zwischen Dienstherren und ihren Dienstbotinnen bzw. Dienstboten, die auch mit deren vermeintlicher «Leichtfertigkeit» verharmlost und entschuldigt wurden.

In Hamburg gab es um 1700 eine große Armutsschicht,[24] die niedrig entlohnt unter unhygienischen slum-ähnlichen Bedingungen hauste. Armut, soziale Ächtung waren u.a. Ursachen für illegitime Geburten, Kindesaussetzungen und -tötungen.

Die restriktive Liebes- und Ehepolitik und ihre ideologische Basis werden in den meisten Opern bestätigt. Modellhaft wird hier vorgeführt, wie rechtmäßige Ehen geschlossen und legitimiert werden: nämlich auf Betreiben oder mit Einverständnis von bürgerlichen bzw. adligen Eltern und herrschenden Fürsten. Dienstboten oder Hofpersonal werden durch oder mit Einwilligung ihrer Herrschaft verheiratet. Die Ehe sollte einen göttlichen und gesellschaftlichen Konsens ausdrücken.

Dass diese Praxis jedoch immer wieder zu Konflikten führte, ist einer der Handlungskerne der Opernplots. Denn viele Menschen suchten nach Wegen, ihr Lebens- und Liebesglück selbst zu gestalten und ließen sich dabei auch nicht von den rigiden Vorstellungen und Verordnungen von Obrigkeit und Kirche abhalten. Das war auch in Hamburg so, wie es Mandate des Rates der Stadt Hamburg belegen,[25] die sich immer wieder gegen Eheschließungen wenden, die außerhalb der Normen – d.h. außerhalb der Stadtmauern und Konventionen geschlossen wurden.

Manche Mandate, Verordnungen des Rates, betonen den Schutz der Frauen vor Raub, vor Entführungen und Kuppelei; am 21. September 1676 heißt es: «Edictum poenale gegen die Verkuppelung und Entführung der Weiber, Jungfrauen und Unmündigen, wie auch Kuppler, Kupplerinnen, Hehler und Verhelfer, ist dem Stadt=Buche in der neuen Ausgabe beygefüget.»[26] Doch könnte dieses Edikt darauf hindeuten, dass es hier weniger um den Schutz vor gewaltsamen Übergriffen ging, als primär um die Sicherung des Einflusses von Vater bzw. Vormund.[27]

So werden in einem Mandat vom 16. Juni 1676 ausführlich illegale Vorbereitungen von Eheschließungen und Ausrichtungen von Hochzeiten aufgelistet, die ohne die Zustimmung der Eltern, Vormünder, der Obrigkeit und ohne rechtmäßigen kirchlichen Segen durchgeführt wurden:

> CLXVII. Mandat, daß niemand zu den verbotenen Ehe=Beredungen junger Leute Rath noch That geben soll. Nachdem eine Zeithero mit grössestem Leidwesen männiglichs sich begeben, daß verschiedene sowol junge Kinder als Jungfrauen, die annoch Eltern und Vormünder haben, durch Verhelfung loser Leute anfänglich in Kenntniß gebracht, hernach in deren Behausung frühe und späte sich eingefunden, gehauset, geherberget und gezehret, darüber in Gemeinschaft und endlich unzuläßige in dieser Stadt Bursprach verbotene Ehe=Händel verfallen, sich heimlich verlobet, durch Unterschleif und Beyhülfe solcher leichtsinniger Buben und Kupp-

ler verstricket, ausser und in der Stadt ohne Gebet und Fürbitte die Einsegnung expractisiret; solch unverantwortliches, ärgerliches, und unter ehrbaren Christen verdammtes unordentliches Wesen aber in einer wohlbestallten Stadt und Regiment ungestraft und ungeahndet nicht zu gedulden noch nachzusehen [...].[28]

Es scheint Erwerbszweige und Netzwerke für illegale Verpaarungen gegeben zu haben, die andeutungsweise auch auf der Opernbühne gespiegelt werden. Ursel aus *Der Hamburger Jahr=Marckt* (1725) verdient sich zu ihrem kargen Lohn aus «Nähen, Klöppeln, Spinnen» noch etwas durch Kuppelei dazu (III, 2), ihr Arbeitsplatz ist der Jungfernstieg.[29]

Eheschließungen und aber auch Scheidungen verliefen demnach nicht immer im von der Obrigkeit gewünschten Rahmen. Und das mit bemerkenswerter Kontinuität. So wurde ein Mandat vom 19. Januar 1640 immer wieder erneuert und ergänzt:

> XVI. Mandat gegen die fremden Copulationen, und ohne gerichtliche Erkenntniß geschehene Scheidung von Tisch und Bette.[30]

Der Rat wandte sich dagegen, dass «insonderheit gemeine Leute» außerhalb der Stadt die Ehe schließen,

> als Radelstede, Wandes= und Reinbecke, zu Ottensen und Nienstede und andern nächsten Dorf=Kirchen, copuliren und zusammen geben lassen, und sich folgends, ohngeachtet sie ihr Bürger=Recht allhier nicht gewonnen, noch sich sonsten E.E. Rathe mit Eyden und Pflichten verwandt gemacht, haufenweise in und vor dieser Stadt niederzulassen und zu wohnen begeben, daß doch deme nicht nachlebet werde [...].

Der Rat versuchte durchzusetzen,

> daß ein ieder, so sich hinfüro zu befreyen und in oder vor dieser Stadt zu wohnen willens ist, vorhero sich bey E.E. Rathe mit Eyden und Pflichten verwandt machen, und ohne Consens und Bewilligung E.E. Raths nirgend anderswo als in dieser Stadt, in einer der vier Karspel=Kirchen, oder zu St. Michaelis in der neuen Stadt, oder zu St. Jürgen draussen sich abkündigen lassen [...].

Die Botschaft war eindeutig: Wer in Hamburg leben und heiraten wollte, musste hier die Zustimmung durch Organe des Rates einholen und in den jeweiligen Kirchspielen heiraten. Doch wurde dieses Mandat offensichtlich kaum befolgt, hieß es doch am 12. November 1654:

> Mandat, daß niemand, der sich hier niederzulassen gesinnt, sich anderswo, als allhier, und von keinem andern, als von einem von E. Ehrw. Ministerio ordinierten Priester, copuliren lassen soll. S. die vorhergehenden Mandate 1640, 19. Jan. unter Num XVI. 1645. 14. Jun Num.XXII. und unten 1691. 12. Aug.[31]

Rund 50 Jahre später dann am «16. Dec. 1709» ist eine erneute Reglementierung nachweisbar:

> CCCXXXIII. Erneuertes Mandat vom 12 Aug. 1691, daß niemand ausserhalb der Stadt sich heimlich copuliren lassen soll.* (siehe das Mandat vom 30. Apr. 1732) Nachdem die tägliche Erfahrung bezeuget, welchergestalt, vorigen unterschiedlich publicirten Mandaten zuwider, das Hinauslaufen und heimliche Copuliren, auch das auswärtige Hochzeitmachen fast gemein wird und überhand nimmt, sogar, daß auch, wenn gleich wegen der Verlöbnisse sich Streitigkeiten erheben, oder sonst wegen des verbotenen Grads die Ehe an sich nicht zulässig, und von der Obrigkeit damit einzuhalten, ausdrücklich befohlen worde; dennoch solchen allen, insonderheit E.E. Raths Special=Verbots ungeachtet einige sich unterstehen, in benachbarten Gebieten sich heimlich copuliren und das Hochzeits=Mahl daselbsten anrichten zu lassen, oder, wann sie solchergestalt copuliret, in unbekannten Häusern allhier in der Stadt tractiren zu lassen, wodurch denn die christlichen Kirchen=Ceremonien verachtet, und die Gemeine sehr geärgert, auch sonsten allerhand Unordnung verursachet wird [...].[32]

Alle Bürger und Einwohner, «sowol Civil= als Militair=Personen», wurden hiermit eindringlich gewarnt und angehalten, darauf zu achten, dass nur in der Stadt und nur mit einem hier ordinierten Priester, nach «vorgängiger ordentlicher Proclamation» geheiratet werden dürfe. Allen heimlichen Hochzeitern und Mitfeiernden drohte Verlust der Stadtwohnung, «scharfe Geld= und willkührliche Strafen, ohne Ansehen der Person.» Dazu wurde am 3. März 1730 gedroht:

> DXXXIV. Extract. Prot. extraj. Senatus, wegen der Copulation in fremden Gebiet.
> Conclusum & Commissum den Wedde=Herren, diejenigen, welche sich strafbarer Weise in fremden Gebiete copuliren lassen, und nachgehends nicht so viel im

Vermögen haben, der Wedde die desfalls verwirkte Strafe erlegen zu können, auf einige Zeit nach der Roggen=Kiste setzen zu lassen.[33]

Die Eheschließungen und der Zuzug in die Stadt waren kaum einzudämmen, so heißt es am 30. April 1732:

> Mandat gegen die heimlichen und unzuläßigen Ehe=Verlöbnisse, und daß keiner, der nicht seinen Bürger= oder Schutz=Schein darzeigen kann, in der Stadt Diensten und Arbeit zugelassen werden soll. S. 1747. 16 Oct.[34]

Solche Kämpfe rund um die Eheschließung und die Hamburger Bevölkerungspolitik gab es während des gesamten Bestehens der Gänsemarkt-Oper: Am 30. April 1732 erließ der Rat ein Mandat gegen «geringe Standes=Leute», die heimlich heiraten wollten, «ohne der Eltern und Verwandten Wissen» – auch «ohne von der Wette erhaltene Erlaubniß=Zettel.» Sie sollten nicht in der Stadt leben, dort Gewerbe und Handwerk betreiben,

> oder, wenn sie deren keines erlernet, dürfftig und verarmet sind, in Arbeit und sonsten anzukommen, mithin die dem Publico contribuirende davon fast zu verdrengen suchen, in der That auch zuletzt mit Weib und Kindern der Stadt, und den allhiesigen Armen=Häusern und Hospitalien zur Last aufgebürdet werden.[35]

Die Obrigkeit fürchtete, für diese möglicherweise schlecht ausgebildeten und nicht integrierten Menschen sorgen zu müssen. Auch die moralische Ordnung galt als gefährdet, wurden doch illegale Scheidungen und Wiederverheiratungen befürchtet:

> [...] sondern wohl gar die sonst bereits verehligte Personen ihre Ehe=Gatten bey deren Leben mit andern ungescheuet zu verwechseln, und sich des in den allgemeinen und dieser Stadt Rechten höchst=verpönten Lasters der zweyfachen Ehe, und anderer gleich sündlichen Schande und Laster theilhafftig machen, und nebst dem Göttlichen Zorn zeitliche schwere Leib und Lebens=Strafen auf sich ziehen.[36]

Die «Stadt=Bürger» und Einwohner werden zur Wachsamkeit und Einhaltung der «uhralten Recesse und Verfassungen» aufgefordert und gewarnt: «niemanden bey sich in ihr Haus oder Wohnung einzunehmen, von dessen Umständen sie nicht genugsam beglaubte Nachrichte eingezogen.» Dazu sollten die Bewohner Hamburgs zu gegenseitiger Kontrolle verpflichtet werden und alle Fremden dem jeweiligen Bürgerkapitän melden:

> aller derjenigen Nahmen, welche nicht Bürger, oder Schutz= und sonst E.E. Rath und der Stadt verwandt zu seyn erweisen können, und gleichwohl hieselbst beständig sich auf halten, und ihr Gewerbe und Handthierung treiben, dem Bürger=Capitain, in dessen Compagnie sie wohnen, unverweilet anzuzeigen, damit derselbe der Wach=Ordnung Cap. 2 Artic. II zu folge dabey verfahren, und ferner behufiger Wandel geschaffen werden könne.[37]

Diese eingeschränkten Heiratsmöglichkeiten werden auf der Bühne thematisiert, ohne dass aber Hamburgische Gepflogenheiten wie Weddeschreiber oder Hochzeitskuchen eine Rolle spielen. Bürgerliche oder adlige Brautleute sind den Vorstellungen ihrer Eltern unterworfen. Ihre Bedienten, aus den Unterschichten, dem Bürgertum oder dem Adel stammend, heiraten auf Weisung bzw. mit Einwilligung der Herrschaft. Viele Opern enden mit der gleichzeitigen Eheschließung der adligen Hauptpersonen und ihres Gefolges und Dienstpersonals. Die Trauung durch den Pfarrer fand nicht unbedingt in der Kirche statt[38] und ist auch in der Regel nicht auf der Bühne zu sehen. Christliche Rituale, auch wenn sie theatralisch inszeniert wurden, hatten keinen Platz auf einer weltlichen Bühne – und hätten für Konflikte mit der Geistlichkeit gesorgt. Eine Ehe ohne elterlichen oder fürstlichen Segen wird auf der Opernbühne nicht geschlossen.

1.4. Eheanbahnungen in Adel und Bürgertum: zwischen Arrangement und «freiem Willen»

Die Heirat war oftmals ein Geschäft, das in der Regel von den adligen und bürgerlichen Vätern abgeschlossen wurde. Eine freie Wahl der Ehepartner war den jungen Frauen und Männern meist nicht erlaubt. Beide Geschlechter waren dem Druck zur Eheschließung ausgesetzt. Insbesondere für Frauen war Ehelosigkeit ein gesellschaftlicher Makel und ein existentielles Risiko. Nur die Ehe ermöglichte ihnen eine standesgemäße Versorgung, Anerkennung oder gar einen sozialen Aufstieg:

> Die Art und Weise, wie ein Körper trainiert wurde, sich zu bewegen, hatte vor allem damit zu tun, wie Kapital konzentriert und Besitz transferiert wurde. Fa-

milien und Clans bildeten den Boden für die Aufzucht zarter Pflanzen – in ihrer geschützten Umgebung wurden Leute in Stil, Ton, Begehren und dem Erkennen von Grenzen trainiert.[39]

Im gehobenen Bürgertum und im Adel lassen sich, was die Rollenzuweisungen an Jungen und Männer, Mädchen und Frauen betrifft, ähnliche Haltungen und Ansprüche nachweisen, trotz aller Unterschiedlichkeit bei der Sicherung und Übertragung der ökonomischen Basis. Heikel war die Verknüpfung von Macht, Geld und außerehelicher Sexualität. So weist Antje Stannek auf die vielfach in der Forschung übersehene oder selten kritisch hinterfragte Tatsache hin, dass es in der höfischen Gesellschaft auch die Vorstellung gab, dass sich «die politische Virilität eines Herrschers ganz direkt in seiner sexuellen Potenz manifestierte.»[40]

Erstrebenswert für die adligen Söhne war Tapferkeit, Ausbildung im Kriegshandwerk und in der Jagd. Aber auch bürgerliche junge Männer sollten Wehrhaftigkeit im Dienst der Stadt und bei der Verteidigung ihrer Ehre beweisen. Wichtig war für Adel und Bürgertum die Selbstbeherrschung, die Affektkontrolle und Mäßigung, wozu auch die eheliche Treue zählte. Allerdings reagierten Väter und Erzieher nachsichtig bei vorehelichen sexuellen Kontakten wie etwa mit Dienstmädchen, Wirtstöchtern oder Prostituierten. Tabu waren hingegen Frauen aus dem gleichen Stand. Hier wird eine «Koexistenz von offiziellen und inoffiziellen Erfahrungsräumen» sichtbar, wie sie Antje Stannek für die Sozialisation adeliger Männer insbesondere auf ihrer Grand Tour annimmt.[41] Eine ähnliche, wie wir heute sagen würden, «Doppelmoral» galt auch für bürgerliche junge Männer, auch wenn für sie solche Bildungsreisen nicht obligatorisch waren. Zwar wurden die jungen Männer und ihre mitreisenden Praeceptoren angehalten, Mäßigung und Enthaltsamkeit zu üben, doch sind Kommentare von väterlicher Seite überliefert, die solche vorehelichen Kontakte ihrer Sprösslinge zumindest hinnahmen. Nur durften die jungen Männer dabei «ihre Herzen nicht verlieren», also nicht durch eine Liebesbeziehung die Heiratspläne ihrer Familien gefährden.[42]

Wesentlich rigider waren die Ansprüche an die bürgerlichen und adligen Töchter, die Sittsamkeit und Keuschheit zu wahren hatten. Voreheliche sexuelle Erfahrungen wären ihnen nie verziehen worden. Ihre Erziehung und Ausbildung sollte sie auf ihre Rolle als Mutter, Vorsteherin eines Hauses, tugendhafte Repräsentantin ihrer Familie vorbereiten. In diesem System funktionierte der weibliche Körper als ein Medium, eine Art Kommunikationszeichen, als Währung im Netzwerk patriarchaler Allianzen. Adlige und bürgerliche Frauen wurden verheiratet, beispielsweise von älteren befugten Brüdern an ihre Freunde «getauscht» – zur Sicherung des Freundschaftsbandes. Bei einer Heiratstransaktion geht es aber um ein ökonomisches und ein symbolisches Kräfteverhältnis, wie Pierre Bourdieu feststellt – in Abgrenzung zu Claude Lévi-Strauss. Bourdieu betont

> die grundlegende Mehrdeutigkeit der Ökonomie der symbolischen Güter: Diese Ökonomie, die auf die Akkumulation des symbolischen Kapitals (der Ehre) ausgerichtet ist, verwandelt unterschiedlichste Rohmaterialen an erster Stelle die Frauen, aber auch alle zum förmlichen Austausch geeigneten Gegenstände in Gaben (und nicht in Produkte), d.h. in Kommunikationszeichen, die untrennbar Herrschaftsmittel sind.[43]

Durch Frauentausch findet, so Edith Sauter, eine Besitzübertragung zwischen Männern statt. Zustimmend zitiert sie Robin Fox: «We marry our enemies.» Die Ehe soll hier als Friedensstiftung funktionieren, als vermeintlich glückliche Lösung gewaltsamer Konflikte.[44] Dabei sind die Zumutungen für die Frauen, die Einschränkungen ihrer Handlungsräume, in der Regel größer als die der Männer. Denn ihre Sexualität wird repressiv kontrolliert, sie hatten als Jungfrau in die Ehe zu gehen und dann dem Ehemann unbedingte Treue zu halten. So galten beispielsweise hochadlige Töchter, die für arrangierte Ehen bestimmt waren, als «Opfer der Politik»[45], die noch dazu ein hartes Erziehungsprogramm zu absolvieren hatten.

Diese Ordnung, diese «blood society» des Ancien Régime, basierte im Wesentlichen auf der Keuschheit der Frau. Sie galt als ihr größter Schatz, ein Besitz, der einmal «verloren», nie wieder hergestellt werden konnte. Die gesicherte Vaterschaft war wohl für Männer aller Schichten wichtig, auch wenn sie in Adel und Bürgertum ausdrücklicher gefordert wurde, da es hier um den Bestand der Dynastie und die Wahrung von Besitz ging. Dabei wurde den Frauen die alleinige Verantwortung für den Erhalt dieses vermeintlichen «Schatzes», des sogenannten «Jungfernkranzes», zugewiesen. In Hamburg galt: sie hatten sich schamhaft und zurückhaltend zu verhalten und nur in Begleitung das Haus zu verlassen und öffentliche Orte zu meiden, an denen ihre Keuschheit bedroht schien.[46] Dazu gehörten z.B. Tanzveranstaltungen[47] oder Kaffeehäuser. Übergriffe von Männern waren zwar nicht legitim, wurden ggf. bestraft, galten aber letztlich als entschuldbar, da sie Ausdruck einer «natürlichen» Männlichkeit waren, ausgelöst durch die Verführungskraft der Mädchen und Frauen.[48] Hier wird ein markanter Widerspruch deutlich: Die als tugendhafter und stärker konstruierte «männliche Natur» erscheint als unbeherrschbar schwach gegenüber den Frauen und der ihnen zugeschriebenen Sinnlichkeit.

In der Regel wurde also der Handlungsraum für die heiratsfähigen Mädchen und Frauen beschränkt – und nicht der der entsprechenden Jungen und Männer. Zwar wurden Jungen der führenden Schichten zu männlich konnotierten Tugenden wie Selbstbeherrschung und Höflichkeit erzogen, jedoch waren die Tugendschule und Überwachung der Mädchen rigider. Anstatt die Jungen und Männer konsequent zur Rücksicht anzuhalten, wurden Mädchen und Frauen überwacht und ggf. eingesperrt und offen mit väterlicher, brüderlicher oder ehemännlicher Gewalt bedroht. Die Ehre der Frau war unlösbar mit der ihrer männlichen Verwandten, der Familie insgesamt verknüpft. Ob diese Ehre verletzt worden war, darüber entschieden Männer.

Etliche Opern scheinen im Hinblick auf die Präsentation vielfältiger, grenzüberschreitender Modelle von Liebe und Sinnlichkeit konzipiert. Aber letztendlich werden diese unter das Diktat einer gesellschaftlich akzeptierten, vernünftigen und keuschen Liebe gezwungen, das für beide Geschlechter galt. Cupido und Diana fassen diese Maxime in dem Pastoral *Die entdeckte Verstellung oder die geheime Liebe der Diana*[49] (1712/1724) knapp zusammen:

Cup: Die Keuschheit soll verliebt,
Diana: Die Liebe züchtig seyn. (III, 16)

Trotz ökonomischer und dynastischer Zwänge und Traditionen träumten etliche Frauen und Männer davon, einen von ihnen gewählten und geliebten Menschen zu heiraten. Dieser Aspekt wird später beleuchtet am Beispiel von Elisabeth Dorothea geb. Prinzessin von Sachsen-Gotha-Eisenach (1676–1721) oder der Kammerjungfer in Oldenburg, Anna Catharina von und zu Fränking (1632–1677).

Die Oper inszeniert solche Träume, gibt ihnen Raum und zeigt Lösungen, die in der Regel dazu führen, dass individuelle Liebeswünsche und gesellschaftliche Ansprüche harmonieren. Auch der «arme Bauer» Detlef aus den komischen Szenen der Oper *Adelheid* (1727) kennt das Dilemma. Er mimt den Realisten, als seine Geliebte Babia, Tochter des Dorfschulmeisters Tumernix und dessen Frau Walpe, mit dem «ungestalten Dorf=Schulzen» Grolmus verheiratet werden soll. Doch dieses Geschäft zwischen zwei alten Männern kann letztlich erfolgreich verhindert werden.[50]

> Ach! schertze nicht mein Kind/
> Die meisten Mädgen sind wie du gesint/
> Und doch muß manche sich dazu verstehen/
> Mit einem Schatz zu Bette gehen/
> An den sie nie gedacht.
> Dieweil das leidge Geld doch alles möglich macht. (II, 14)

1.5. Die zwangsverheiratete Braut

Ein Hauptmotor der Opernhandlungen ist der Kampf junger Frauen um den Partner ihrer Wahl. Hieraus lassen sich «realitätsnahe» Konflikte adelig-bürgerlicher Heiratspolitiken ablesen, aber auch Auswege und Varianten des Trostes.[51] Dazu einige Fallbeispiele aus der Realität: Im Jahr 1706 wird von einer Frau berichtet, die «wider willen einen Menschen heyrathen [sollte], den sie gar nicht um sich leiden noch vor Augen sehen kunte.»[52] Der Physikus diagnostizierte bei ihr eine «Melancholia hysterica». Dazu gehörten durch Kummer ausgelöste Menstruationsprobleme, die den «Säftehaushalt» der jungen Frau «turbirten»:

> Deswegen sie öffte ganz tumm im Haupte ist. Dabey wird ihr das Hertze so schwer, daß sie zu solcher Zeit nur in grossen Ängsten und Betrübniß sitzet, weinet und nicht weiß, was ihr ist und fehlet.

Nur eine von einer Obrigkeit anerkannte Diagnose schweren körperlichen Leidens konnte die Zwangsverheiratung einer jungen Frau verhindern. Andere Formen der Gegenwehr waren Entführungen, Fluchten, Selbsttötungen.

Zwar betonte die in Hamburg vorherrschende Lutherische Ehelehre den freien Willen der Eheleute, denn im Gegensatz zu den Vorstellungen der katholischen Kirche sei die Ehe kein Sakrament und sollte deshalb auf freiem Willen beruhen. Doch blieb die Freiheit des Willens innerhalb dieser Vorstellungen und Strukturen umkämpft. Insbesondere der Handlungsspielraum der Frauen wurde eingeschränkt, die europaweit zeitlebens unter Vormundschaft standen.

Mit diesen Konflikten und Widersprüchen beschäftigten sich auch Zeitgenossen, wie der Syndicus und Opernlibretti-Sammler Johann Klefeker, der frühaufklärerische, liberale Gedanken vertrat. In seiner *Sammlung Hamburger*

Gesetze und Verfassungen setzte er sich ausführlich mit der Vormundschaft, der Rolle der Geschlechter und der Verehelichung auseinander. Zwar erschien diese Sammlung etliche Jahre nach seinen Opernbesuchen, doch sind gerade in diesen Lebensbereichen bemerkenswerte Kontinuitäten nachweisbar. Ausführlich widmet sich Klefeker Paragraph 30: «Erläuterung des Satzes vom freyen Willen, der in die Ehe sich begeben wollenden.» Klefeker kritisiert Missstände in Hamburg, die sich auch in den Libretti nachweisen lassen. Für Klefeker muss die Eheschließung unbedingt auf dem freien Willen von Braut und Bräutigam beruhen:

> Einen freyen Willen bringt jeder Mensch auf die Welt, welcher Vernunft und Sinnen hat. Diese werden mit den Jahren geübter, um eigene Handlungen zu verrichten, und keines Anweisers oder Vertreters zu gebrauchen. Die Ehestiftung stehet unstreitig in gleicher Wage mit der Erwählung einer Lebensart, und ist nebst dieser, eine der angelegentlichsten Handlungen der Menschen, zumalen, da die christlichen Gesetze das Ehebündnis unauflöslich machen. Bey dieser ist also wohl vorzüglich ein freyer Wille die Grundlage zu nennen, und es kann auch weder der Eltern Zwang, noch weniger der Verwandten und anderer Vormünder Zunöthigen, diesen freien Willen beschränken.[53]

Solche Zustände, geprägt durch Vernunft und Einsicht, scheinen Klefeker erstrebenswert, zumal der «Beyfall der Eltern in gewissem Maße als eine Gewähr und Bürgschaft für Brautschatz, Gegenvermächtnis und Statuarische Succeßion anzusehen» ist. Als sichere Basis für eine Eheschließung gelten nach Klefeker's Überzeugung die freie Willensentscheidung der volljährigen Brautleute (eine Frau war mit 18 Jahren, ein Mann mit 22 Jahren volljährig)[54] und die Garantie der Eltern, auch für ihre finanzielle Unterstützung und Ausstattung zu sorgen. Klefeker wendet sich deshalb auch gegen die Verheiratung junger, unmündiger Frauen. Doch die Praxis sah meist anders aus, wie er feststellen muss:

> [...] die Sitten haben sich auch bey uns darinn mehr verschlimmert, als gebessert, dass nicht selten junge Leute, und zumalen die Töchter, zu Ehen mit Personen genöthiget und gezwungen werden, welche sie weiter nicht, als nach dem Geschlechts-Namen und nach dem Vermögen kennen, von ihrem Gemüths= und übrigen Eigenschaften aber nichts wissen, sondern solche allererst in der Ehe kennenlernen, und darin öfters die unglücklichsten Folgen erleben.[55]

Klefeker bemüht sich um eine moderate aufgeklärte Haltung auch den Mädchen und Frauen gegenüber, doch will er die Rechtslage nicht entscheidend zu ihren Gunsten ändern und etwa die Geschlechts-Vormundschaft aufheben. Er vertraute auf eine Verfeinerung der Sitten als Folge von Bildung und Aufklärung. Doch wie konnte der freie Wille einer Frau in einer Gesellschaft geachtet werden, in der die Vorherrschaft des Mannes in der Religion und per Gesetz festgeschrieben war?

Mit der Eheschließung wechselte die junge Frau von der Vormundschaft des Vaters in die des Ehemannes. Der Mann vertrat sie in der Öffentlichkeit und vor Gericht. Ohne seine Zustimmung konnte sie keine größeren finanziellen Handlungen tätigen. So verwaltete er das Vermögen, das die Frau in die Ehe eingebracht und geerbt hatte. Solche Strukturen produzierten Konflikte – wie sie dann auch in den Künsten, auf der Opernbühne reflektiert wurden, wo Männer um ihre Vorherrschaft in Reich und Haus rangen.

1.5.1. Eheanbahnung im höheren Adel

Hochzeiten wurden in bürgerlichen und adligen Familien strategisch angebahnt und geplant. Dies erfolgte nach strengen und nicht immer gesetzlich festgelegten Regeln, wie etwa familiären bzw. regionalen Traditionen und Gewohnheiten.[56]

Da sich ein Großteil der Opernstoffe um adlige Hauptpersonen dreht und die Quellenlage für den Adel ergiebiger erscheint, stelle ich zunächst Fallbeispiele aus diesem Stand vor. Aus adligen Familien gibt es Berichte über Komplikationen, die trotz aller Sorgfalt bei der Eheanbahnung und den Hochzeitsvorbereitungen auftraten. Dabei ist zu unterscheiden zwischen Brautleuten, die erstmals heirateten, und der erneuten Eheschließung von Verwitweten. Für Aufregungen und Intrigen sorgten die aufwändigen Vorbereitungen zur dritten Hochzeit des damals 36-jährigen verwitweten Kaisers Leopold I. (1640–1705).[57] Seine erste Gattin Margarethe Theresia und die zweite Claudia Felicitas waren früh verstorben, ohne einen männlichen Thronerben geboren zu haben. Der Kaiser musste zu dieser dritten Ehe gedrängt werden, ähnlich wie seine dritte Braut, die 23-jährige Eleonore Magdalena Theresia von Pfalz-Neuburg. Sie scheint nicht mit großer Vorfreude den Weg in die Ehe angetreten zu haben, wäre wohl lieber ins Kloster gegangen und hat sich letztlich aus Pflicht zur Heirat mit dem Kaiser bereit erklärt. Nach einer ungesicherten Quelle[58] soll sie sich sogar durch extreme Sonnenbäder gebräunt und für damalige Vorstellungen künstlich unattraktiv gemacht haben, um die vom Kaiser gesandten Beobachter abzustoßen. Ihr Verhalten könnte als Ausdruck ihrer Tugendhaftigkeit und Frömmigkeit gedeutet werden und Teil einer Legendenbildung sein. Möglich wäre aber auch eine legitime weibliche Widerstandsform gegen ihre Verheiratung. Genauere Einblicke in die oftmals dramatischen Auseinandersetzungen um Eheanbahnungen in Fürstenhäusern bieten auch private Aufzeichnungen, wie sie beispielsweise am Hof des Landgrafen Ludwig VI. von Hessen-Darmstadt (1630–1678)[59] nachgewiesen werden konnten. In zweiter Ehe war er mit Elisabeth Dorothea von Sachsen-Gotha (1640-1709) verheiratet. Eine sehr musikalische Fürstin, in Gesang und Instrumentalspiel ausgebildet, spielte sie Gambe und sorgte für den Wiederaufbau der Darmstädter Hofkapelle, die ihr Mann aus Trauer nach dem Tod der ersten Frau[60] entlassen hatte. Außerdem organisierte sie die Einführung der dramatischen Musik in Darmstadt, von kleineren höfischen Gelegenheitsmusiken bis hin zur Oper.[61] Sie förderte die Instrumentalmusik, die geistliche Musik und setzte sich auch für eine musikalische Ausbildung ihrer Kinder ein, fünf das Kleinkindalter überlebende Söhne und zwei Töchter, die auch tragende Rollen in etlichen Aufführungen des Hofes übernahmen.

Ihre älteste Tochter Sophia Louisa (1670–1758) heiratet den rangniederen Fürsten Albrecht Ernst II. von Öttingen.[62] Auch die jüngere hat eine problematische «Liebes-Affaire», wie Elisabeth Dorothea schreibt. Die gleichnamige Tochter Elisabeth Dorothea (1676–1721) hatte sich 1698 in Abwesenheit der Mutter und ohne deren Wissen «dem ältesten Prinzen von Hessen-Homburg versprochen und Ringe mit ihm gewechselt.»[63] Die Liebe der jungen Frau wird von ihrem Bruder, dem Chef des Hauses und regierenden Landgrafen Ernst Ludwig von Hessen-Darmstadt (1667–1739) abgelehnt. Obwohl die Fürstin für 10 Jahre die Regierung für ihren damals unmündigen Sohn übernommen hatte, musste sie nach dessen Herrschaftsantritt diplomatisch vorgehen – denn sie war, wie sie schreibt, der «Estime und Liebe» der Tochter für den Homburger Landgrafen wohl gesonnen und setzt alle diplomatischen Hebel in Bewegung.

Dabei ist die Beziehung zur Tochter durchaus spannungsreich, so verfasst die Mutter für die Tochter auch einen 24-Punkte-Katalog für die richtige fürstliche Lebensweise.[64] Es kommt zu Disputen zwischen Mutter und Tochter, die per Brief diskutiert werden, obwohl beide unter einem Dach leben. Die Verlobung hatte auch zu Streitigkeiten über das Zeremoniell zwischen Butzbach, Darmstadt und Homburg geführt.[65] Aber endlich im Jahr 1700 heiratete Elisabeth Dorothea den Landgrafen Friedrich Jakob von Hessen-Homburg.

Die Mutter Elisabeth Dorothea erinnert sich auch an die aufregenden Umstände ihrer eigenen Eheschließung mit dem Landgrafen Ludwig VI. von Hessen-Darmstadt im Jahr 1666, aufgezeichnet wohl nach 1677:

> Anno 1666. Den 7. 9bris kahm mein hl. Herr abends um 4. Uhr nacher Gotha, donnerstags wurde noch nicht von der Haubtsache gedacht, freütags nach der Vormittags Predigt kahm mein hl. Herr zu mit und thate die Werbung, nachmittags brachte er die Sache an den Herrn Vater bekahm aber noch keine resolution Sonnabends frühmorgens um 8. muste ich zum Herrn Vater kommen welcher von der Heürath gantz ausführlich mit mir redte, und meine Erklährung begehrte, um 10. muste ich wieder zu ihm kommen, thate nochmahls meine endliche Erklährung, nachmittags um 3. bekahm mein hl. Herr vom Herr Vater völlige Erklährung, ging darauf zur Frau Mutter, sprach dieselbe auch an, und bekahm vergnügliche Antwortt. Sontags, nach der Vormittages Predigt als den 11. 9bris ging unsere Versprechung in der Frau Mutter Gemach solenniter Vor, hernacher wurde bald wegen Anstellung deß Beylagers geredet, wie denn auch solches den 5. 10bris vollzogen ward.[66]

An diesem Hof um die Landgräfin Elisabeth Dorothea sind Mentalitäten und Verhaltensweisen nachweisbar, wie sie auch in den Libretti zu finden sind:
- Eine junge Frau will sich nicht zwangsverheiraten lassen und setzt ihren Wunschpartner gegen den Willen der männlichen Familienmitglieder durch.
- Nach dem Tod des Vaters übernimmt ein volljähriger Bruder, falls vorhanden, die Vormundschaft. Somit ist seine Zustimmung zur Eheschließung erforderlich.
- Die junge Frau muss strategisch vorgehen: In diesem Fall gewinnt sie die Unterstützung ihrer Mutter.
- Die Eheschließung ihrer Tochter weckt bei der Mutter Erinnerungen an die eigene Brautzeit. Ihre Erfahrungen könnten ihr Verhalten als Brautmutter, ihr Verständnis für die Wünsche ihres Kindes prägen.
- Brautvater und Brautmutter haben unterschiedliche Rollen und Funktionen. Zwar spielt der Brautvater auf offizieller Ebene die entscheidende Rolle, er muss aber letztlich in Übereinstimmung mit der Mutter eine Entscheidung fällen und durchsetzen. Im Idealfall bestimmt der Vater den Ehepartner, die Mutter stimmt zu. Das ideale Ehepaar handelt nach außen gemeinsam. Der Vater teilt der Braut bzw. dem Bräutigam seine Entscheidung mit. Die Mutter gilt qua Geschlecht als die «natürliche

Vermittlerin» zur Tochter, als eine enge Bezugsperson, die durch weibliche Lebenserfahrungen ein besseres Einfühlungsvermögen und Zugang zu ihr besitzen soll. Die Verhandlungen können im Vorfeld über dritte Personen geführt werden, um die Ehre aller Beteiligten zu schützen.
- In manchen Fällen treibt der Bräutigam in spe die Brautwerbung voran, entweder mit Einwilligung und auf Druck der Braut – oder ohne sie. Er muss aktiv werden und dabei auf eine Ablehnung gefasst sein.

Eine Frau konnte nicht bei einem Mann um seine Hand anhalten,[67] nicht beim Vater oder den Eltern um ihn werben. Ihr blieben nur indirekte Wege, die Eheschließung voranzutreiben, d.h. den Auserwählten zum Handeln zu bewegen.

1.5.2. Eheanbahnung im niederen Adel: ein Negativbeispiel

Ein anschauliches Beispiel dafür, wie reale Konflikte und literarische Dramen[68] aufeinander einwirkten und somit «soziale Dramen», eine «Theatralisierung des Lebens» produzierten, bietet die letztlich gescheiterte Eheschließung, die der brandenburgische Obristleutnant Alexander Andreas von der Osten vorangetrieben hatte.[69] Am 18.09.1649 hatte er die 17-jährige Oldenburger Hofjungfer Anna Catharina von und zu Fränking beim Tanz im Lusthaus Rastede kennengelernt und ihr einen Heiratsantrag gemacht, den er am nächsten Morgen wiederholte, als er sie in ihrem Zimmer aufsuchte. Obwohl die Eheanbahnung zunächst ihren Lauf nahm, verweigerten die junge Frau und ihre Eltern letztendlich die Eheschließung. Der Militär Alexander Andreas hatte jahrelang um Anna Catharina geworben, mit einer Hartnäckigkeit, die schließlich groteske Züge annahm und auch um Ehrbegriffe kreiste.[70] Bei Anna Catharina hingegen lassen sich die zwar beschränkten, aber wirksamen Handlungsmöglichkeiten junger Frauen beobachten.

Aus diesem Fall lassen sich folgende Aspekte herausschälen:
- Es handelt sich um eines der wenigen erforschten Beispiele zum Heiratsverhalten des niederen Adels, der im Großteil der Libretti eine wichtige Rolle spielt. So beraten und umsorgen die Kammerjungfern ihre Herrinnen, und die Obristen bzw. Leutnants sind unentwegt im Einsatz für ihre Herren. Sie sind, ähnlich wie ihre Herrschaften, in Liebessachen verstrickt und feiern wie sie am Schluss der Oper Hochzeit.

- Die spätere Oldenburger Hofgesellschaft könnte die Hamburger Oper am Gänsemarkt besucht haben, die Oldenburger Fürsten oder ihre Verwandten waren Widmungsträger mancher Opern bzw. Prologe und samt Gefolge auch Gäste der Hamburger Oper.
- Obwohl dieser Fall sich rund 30 Jahre vor der Gründung der Hamburger Oper abspielte, werden im Schloss von Oldenburg, im Lusthaus Rastede und dem Schloss zu Jever Rituale, Verhaltensweisen und Mentalitäten sichtbar, die auch noch zu Zeiten des Bestehens der Gänsemarkt-Oper in der Realität sowie in den Libretti nachgewiesen werden können.
- Interessant wäre hier ein Vergleich der protestantischen Territorien Oldenburg und Hamburg – welche Ähnlichkeiten bzw. Übereinstimmungen und Differenzen der Rechtslage und Praxis sind nachweisbar? In der für Oldenburg gültigen Polizeiordnung von 1636 wurden die heimlichen Verlobungen ohne copula carnalis («fleischliche Vereinigungen») ausdrücklich für ungültig erklärt, sie hatten keinen Rechtsanspruch. Dies wurde in der Verlöbnis-Ordnung vom 29.03.1713 ausdrücklich wiederholt und bestätigt, wegen der weiterhin auftretenden «Irrungen»[71]. Was lässt sich zu Rechtslage und Praxis in Hamburg und Umgebung sagen: hatten sich die Zustände von Ende 16. Jh. bis Anfang 17. Jh. bis 1730 geändert? Welche Bedeutung hatte die Sexualität für die Gültigkeit eines Eheversprechens im Bürgertum oder Adel? Hier besteht Forschungsbedarf.
- Vor dem Oldenburger Konsistorium, der kirchlichen Behörde für Innere Angelegenheiten wurden etliche Klagen schwangerer Frauen oder Mütter verhandelt, die den Kindvater wegen seines Eheversprechens zur Ehe zwingen wollten, weil sie sich sonst der Unzucht strafbar gemacht hätten oder als ledige Mütter diskriminiert worden wären. Die Frau musste hier den Beweis erbringen. Gelang es ihr, den herrschenden Ansprüchen gemäß, konnte der Mann zur Ehe gezwungen werden,[72] wenn nicht, scheint es in Oldenburg Praxis gewesen zu sein, den Mann zu vereidigen und seinem Eid entsprechend zu Lasten der Frau zu urteilen.[73]
- Auffällig sind bei dieser Verlobung geschlechtsspezifische Handlungsmuster: die aktive Werbung und extreme Unbeirrbarkeit von Alexander und die zunächst zaghafte, dann aber bestimmte und letztlich erfolgreiche Gegenwehr von Anna Catharina.[74]

Das aus den Quellen rekonstruierte Lebensumfeld der Anna Catharina ähnelt in entscheidenden Aspekten Handlungsräumen, wie sie in etlichen Libretti konstruiert werden, und wird deshalb hier skizziert:

Anna Catharina war 1647 mit 15 Jahren als Kammerjungfer an den Oldenburger Hof der Gräfin Sophia Katharina von Schleswig-Holstein-Sonderburg (1617–1696) gekommen, die 1635 Graf Anton Günther (1583–1667) geheiratet hatte. Ein Dienst bei Hofe war eine der wenigen Möglichkeiten für junge Mädchen und Frauen, außerhalb des Elternhauses neue Erfahrungen zu sammeln, ehe dann eine Eheschließung anvisiert wurde. Im «Frauenzimmer»,[75] dem Trakt der Frauen, übernahmen außerdem zwei adlige Jungfern sorgende und repräsentative Pflichten für die Gräfin, unterstützt von unermüdlich arbeitenden Mägden. Alle Frauen standen unter der Oberaufsicht der Hofmeisterin Anna Elisabeth von Rüdigheim (1584–1652), die auch genau darüber wachte, wann die jungen Frauen in die Stadt gingen und welchen Mann sie trafen. An diesem Hof wurde streng auf Sparsamkeit, Sauberkeit und Frömmigkeit geachtet, die Tugendprogramme der jungen adligen Frauen ähnelten durchaus denen der Bürgerstöchter oder großbäuerlicher Frauen. Anna Catharina war das älteste Kind der Eheleute Johan Sigismund von und zu Fränking (1583–1663), der in Niederösterreich geboren, eine militärische Laufbahn eingeschlagen und im 30-jährigen Krieg gekämpft hatte, und der Othilia Catharina von Veltheim (1603–1652), Tochter des Braunschweigischen Oberjägermeisters. Nach ihrem Tod[76] heiratete Johan am 12.09.1655 in zweiter Ehe die jüngere Kammerjungfer Catharina Lisabeth von Wedderburth. Geboren wurde Anna Catharina im Schloss von Jever, wo sie auch aufwuchs. Hier wirkte der Vater als Regierungspräsident und Hauptmann der Festung. Er war Drost und Befehlshaber zugleich und in seiner Eigenschaft als Vertreter des Grafen die wichtigste Amtsperson in Jever.[77] Rätselhaft bleibt, wie die Begegnung der beiden bei dieser Tanzveranstaltung in Rastede tatsächlich verlief. Die Beteiligten haben unterschiedliche Erinnerungen an diese Begegnung – und Alexander Andreas von der Osten hatte seinen Plan. Dafür ging er zunächst den allgemein akzeptierten ritualisierten Weg, wählte als Werber seinen älteren Bruder Hieronymus und den anerkannten und einflussreichen Kanzler der Grafschaft Oldenburg Johan Bohn. Dieser hatte nach Studien an diversen Universitäten eine militärische Laufbahn eingeschlagen, wurde nach einer Kavalierstour nach Frankreich und Italien Hofmeister und schließlich von seinem Dienstherrn, Graf Anton Günther, zum Drost von Delmenhorst ernannt.[78] Auch er hatte seine Ehefrau am Oldenburger Hof gefunden, 1638 heiratete er die Kammerjungfer Maria Sybilla von Bülow.

In den sachlich geführten Verhandlungen ging es um die Versorgung von Anna Catharina, um die Höhe und Sicherung ihres Leibgedinges, ihrer Versorgung als Witwe (Geld, Ländereien etc.), die der Heiratskandidat bereitstellen und garantieren musste. Der Vater gibt sich zunächst nicht ablehnend, dazu habe er auch, wie er am 24.10.1649 an den Brautwerber Johan Bohn schreibt, «wegen des dapfern redlich Cavaliers kein einige ursach»[79], äußert aber Vorbehalte, weil erst die standesgemäße Versorgung Anna Catharinas gesichert werden müsse. Außerdem sei seine Tochter noch zu jung für eine Ehe, Alexander solle noch einige Jahre warten. Vater Johan erinnert an die Zeit seiner Ehewerbung, fügt eigene Erfahrungen mit der Liebe hinzu:

> Allzuhastig und scharff macht bald müde und stumpf, ich bin gantzer 4. jahren damit umbgegangen, ob ich auch etwa verliebet were, ehe michs so fast habe recht mercken lassen, biß es der Allmächtige Gott aus gnaden also geschickt, daß ich einen gnädigen Herren erworben, behalten und meinen weinigen Petel In etwas richtigkeit gebracht.[80]

Auf Anna Catharinas Wünsche und Mutter Othilias Beschluss geht Vater Johan hier nicht ein. Später wünscht er von den Unterhändlern vier bis fünf Jahre Bedenkzeit.[81] Diese Ehe wurde also auf den üblichen Wegen angebahnt, Botschaften und Briefe werden mit den Schwiegereltern in spe ausgetauscht. Mutter Othilia scheint dieser Ehe zunächst wohlwollend gegenüber zu stehen. Dies lässt sich aus ihren Briefen an Alexander ablesen und aus ihrem Verhalten. So schreibt Hieronymus in einem Brief an Alexander am 26.06.1650, dass er bereits Erkundigungen über Annas Mutter eingeholt habe, die damit rechne, dass sich ihr Mann für Alexander entscheide: «weile man sage und verspürete das werck eine außversehung Gottes wäre.»[82] Anna jedoch scheint in einer Zwangslage zu sein, zerrissen zwischen ihren eigenen Wünschen und den Erwartungen ihrer Eltern. Als gehorsame Tochter werde sie sich dem Entschluss der Eltern nicht widersetzen. Alexander nimmt Anna Catharina von allen Seiten in Beschlag, wendet sich, strategisch klug, an ihre Mutter, weil er unzufrieden war mit Annas Briefen. Die Antwort der Mutter liest sich freundlich und diplomatisch-distanziert zugleich. So nimmt sie ihre Tochter in einem Brief vom 04.05.1651[83] in Schutz. Es sei keine böse Absicht, sie meine es eben auf ihre Weise gut, «das sie bißweilen zwey brieffgen mit einem beantwort kundte ja nicht schaden.» Und mit Humor verweist sie auf ihren Einfluss: «viel leuhte sagen sie sei meine gleiche dochter, vielleicht in diesem auch, das Sie was faull im schreiben ist [...].» Sie schließt mit «Des Herrn Ol bestendige Freundin». Doch nachdem Anna ihren Eltern erklärt hatte, dass sie Alexander nicht heiraten wolle, schreibt Mutter Othilia lebensklug und praktisch an Alexander. Am 10.08.1651[84] vertritt sie Annas Position, die ihren freien Willen haben solle:

dieß ist gahr ein langer Kauff, und gehöret viel dazu 2 köpfe in einen zubringen, Ich erinnere mich des alten Sprichwortes gahr offte, gezwungener Edt ist Gott ledt, [...PS:] Mein Obristleutnambt laße sich diese Reiche dame nicht entgehen.

Alexanders Eltern hingegen treten erst später in Erscheinung, ihre Rolle bei diesen Eheverhandlungen bleibt merkwürdig blass. In einem Schreiben vom 26.05.1651[85] an Johan garantiert der Vater Reimar von der Osten mit Einverständnis des erstgeborenen Sohnes Hieronymus, dass Alexander die Güter Arenshagen und Kappelow als Leibgedinge nutzen könne – mit der einzigen Einschränkung, dass die Eltern einen lebenslangen Nießbrauch eingeräumt bekommen. Doch damit scheinen die Bedingungen zur Erteilung des Ehekonsenses immer noch nicht erfüllt.

Die Annäherung bzw. der Kontakt zwischen den künftigen Eheleuten wird maßgeblich von Alexander gestaltet. Dazu schreibt Alexander ausführlichere und längere Briefe als Anna. Er bedient sich literarischer Topoi und Muster, wie sie Jahrzehnte später auch noch auf der Opernbühne zu hören sind, dazu zählen französische Worte, schwelgerische Formeln. So spricht er seine Braut an als «Allerschönster Engel!»[86], «hohe gepieterin»[87], er sei ihr «gehorsambster Knecht»[88] oder «Allergehorsamster Diener Undt shlave»[89]. In einem Neujahrsgruß vom 26.12.1649 lobt er ihre Schönheit, der er hilflos ausgeliefert sei: er habe eine

> dum kuhnheit begangen, in dem ich meine Liebe auff die allerschönste Von der gantzen welt und so meiner lachet geworfen, so ist es doch kein wunder an mir nachdemall sie die aller Heroischen Undt Klugesten subiecta ein solches zu begehren mit den stralen ihrer Holdtseligsten augen Undt amobilen gestalt leichtlich bezwingen kann [...].[90]

Doch findet seine an damals verbreiteten Mustern orientierte Liebesinszenierung nicht die erhoffte Resonanz. Anna scheint entweder literarisch weniger versiert oder aber an so einem Liebesdiskurs mit Alexander wenig interessiert zu sein. Ihre Briefe sind eher schlicht. Alexander ähnelt dem Typus schwelgerischer Kavaliere, die sich in ihre abenteuerlichen Traumwelten versteigen, wie z.B. spanische Ritter oder galante Abenteurer, die in Christian Reuthers «Schellmuffsky» verspottet werden. Auf der Opernbühne sind es Typen wie der Militär Buffonet, der mit verstiegener Liebespoesie versucht, die ledige Frau Alga zu gewinnen, in den Intermezzi *Buffonet und Alga* (1727). Es kommt zwischen Anna und Alexander zu Missverständnissen, er will Gerüchte ausräumen, denen zufolge er in seiner «Jugend so mancher braven Dame auffgewartet zu welchen ich solche affection nimmer getragen» habe. Außerdem beteuert er, Anna Catharina eben nicht wegen ihres Geldes zu lieben.[91] Als Beweis dafür und auch als eine Art Druckmittel führt er noch eine «reiche Partie» ins Feld, die er Anna zu Liebe ausgeschlagen habe. Diese Notlüge wendet sich dann gegen ihn, weil Mutter Othilia ihn bittet, doch lieber diese Dame zu heiraten.

Im Juni 1651 fällt Alexander aus der Rolle des selbstbeherrschten Kavaliers und lässt seiner Eifersucht freie Bahn. So beschuldigt er Anna Catharina, nachdem beide sich als Gäste auf einer Hochzeit begegnet waren, von einem anderen Mann «affektioniert» zu sein. Dabei versucht er sein Verhalten mit dem Topos der angeblich kalten, mitleidlosen Frau zu entschuldigen, die den liebenden Mann ins Unglück stürzt. Alexander entschuldigt sich am 18.06.1651 für seine Eifersucht:

> meine große Bauwrische Grobheidt [...] welches ich diese nacht Über 2 stunden mitt trähnen habe beweinen mußen [...] undt klage eß ihren Eltern nicht dan eß sonsten eine trennunge Unserer Liebe geben michtte worffur die Höchst Allmacht Vätterlich behutten wolle eß wehre mir nichteß gewißerß dan der todt welches ihr gleichwoll auch ein großes gewissen erwecken wurde sie erffreuwe mich mitt ein Par tröstlicher Zeillen dan sonsten Versichere ich sie, sie ein raub meineß Lebenß ist Undt gantz zu einer Mörderin an mich wirdt.[92]

Er setzt sie auch mit seinem Schmerz unter Druck, keinesfalls dürfe sie ihren Eltern von seiner Eifersucht erzählen, weil dies das Ende der Eheanbahnung bedeuten würde. Sein Fehlverhalten vergleicht er mit Umgangsformen bäurischer Unterschichten. Anna scheint jedoch, je älter sie wird, sich ihrer Gefühle und Absichten sicherer zu sein. Sie spricht schlecht über Alexander, der Spott bei Hofe ist ihr unerträglich, überhaupt scheint ihr dieser Heiratskandidat nicht geheuer. So geht sie 1651 in die Offensive und informiert ihre Eltern, dass sie diesen Mann nicht heiraten will. Sie fasst ihre und die äußeren Widerstände zusammen und greift dabei zu einer allgemein akzeptierten Formel Sie schreibt am 13.08.1651:

> [...] Wie offt habe ich ihn gebeten, er solte sich meiner entschlagen, und seine gedancken nicht so gahr offenbahr machen, es könnte müglich wol nichts daraus werden. Aber weil er gahr nicht nachlaßen wollen, und mir die Zwey Jahr so gute worte gegeben, daß ich endlich bewilliget, wan er das ja wort von meinem Vatter

und Mutter erlangen würde, wolte ich auch ja darzu sagen, [...] Wie nun dieses [Leibgedinge] so lang sich verweilet, so hat inzwischen mir Gott mein Hertz also gewendet, daß mir unmüglich ist, mit dem Herrn OL in eine bestendige eheliche beywohnung zu resolviren habe auch meine liebe Eltern denen ich sonst nicht ungehorsam seyn will, gebeten, hierinne mir meinen freyen willen zu lassen.[93]

Gott habe ihr «das Herz gewendet», d.h. ihre Liebe gehört nicht mehr Alexander – ein Faktum, für das sie keine Verantwortung trägt. Alexander hingegen sei verantwortlich dafür, dass die Verhandlungen über das Leibgedinge sich allzu lange hinzogen haben. Dies waren für Anna zwei anerkannte Gründe das Heiratsprojekt, trotz fortgeschrittener Verhandlungen, aufzugeben. Sie will aber dennoch «allzeit des Herrn OL. wol affectionirte freundin» bleiben. Die Wandlung von Liebe in Freundschaft ist ein legitimes Angebot, das auch abgewiesenen Liebhabern und Heiratskandidaten auf der Bühne gemacht wurde.

Ob der Vater Anna Catharinas «gewendetes Herz» als willkommenen Anlass sieht, den lästigen Bewerber loszuwerden – ob nun aus finanziellem Kalkül oder aus echter väterliche Sorge um das Wohl des Kindes, das nicht in einer unglücklichen Ehe enden soll –, das lässt sich nicht eindeutig klären. Der Vater Johan schreibt am 12.08.1651 an Alexander:

> Nachdeme er aber mit der erfüllung an seiner seiten, sich etwaz lang verzogertt, unterdessen meine liebe Tochter bey mehrem verstandt, gar zu andern gedancken gerathen. [...] So gebe meinem Herrn Obr. Leutnand ich vernunfftig zu ermessen, ob mir und meiner liebsten gebuhren woltte, Mehrbesagte unsere liebe Tochter, in einer so hochwichtigen sachen, da der Will vor allen dingen frey sein soll und muß, zu nötigen, ob auch ihme mit einer gezwungenen Ehe gedienett sein soll. Die Exempell seind leider alzuviel am tage, was gezwungenen Ehe bey hohen und geringenn mit sich verunantwortliches elendt und hertzeleid gebracht.[94]

Hier bringt Johan seine Ehefrau als «meine liebste» ins Spiel. Ihr Urteil ist von Bedeutung, und die Sorge, ihre Tochter in einer Zwangsehe, einer «gezwungenen Ehe» zu verheiraten, beschäftigt beide. Es gäbe etliche Beispiele für solche unglücklichen Ehen, die in allen Ständen Unglück und Leid verursachten. Doch nun mischen sich Fürsten ein: Alexander wird unterstützt von seinem Dienstherren, dem Kurfürsten Friedrich Wilhelm I. von Brandenburg,[95] der sich mehrfach für diese Ehe einsetzt, sich an Johan, den Vater Anna Catharinas wendet. Er bittet den Vater, die Sache noch einmal zu bedenken, damit die Heirat vollzogen werden könne, die auch im kurfürstlichen Sinne sei. Dafür stärkt er auch Alexanders ökonomische Situation. Wegen seiner guten Dienste behalte Alexander seine Charge in Minden, bei Veränderungen soll er befördert werden und außerdem erhalte er ein Lehngut in Halberstadt und Minden.[96] Doch all dies beeindruckt Anna nicht, sie bleibt auch bei einem Treffen mit Alexander und seinem Werber Johan Bohn im November Dezember 1651 bei ihrem Entschluss, Alexander nicht heiraten zu wollen; leider gibt es keinen Bericht über den Verlauf dieses Gesprächs. Auch vor Gericht, wo die Parteien in einen «stillen Kriegszustand» eintreten,[97] lässt sie am 27.01.1655[98] ein Schreiben einreichen, in dem sie beteuert, lieber ihr Leben verlieren zu wollen als Alexander zu heiraten, der ihr und ihrer Familie so viel angetan hat.

> [...] undt soviel die von ihm durch krumme Wege gesuchte Ehe betrifft, ihme von hertzen gram undt zu Wieder bin, so gahr daß sich mein geblute alteriret, wan ich seiner ansichtig werde [...] Inmittelß gönne ich ihm wie Christen gebühret, ein besteß, [...] wan er nur weith genug von mir bleibet.

Körperliche Abwehr und Widerwille, der ihre Gesundheit gefährdet, waren auch vor Gericht Erfolg versprechende Gründe, die Frauen vorbrachten, um Eheschließungen zu vermeiden oder Scheidungen durchzusetzen.[99] Alexander muss für lange Zeit fort auf Feldzüge und wird dort verwundet. Seine immer kompliziertere Werbung kann er kaum noch persönlich vorantreiben. Als sicher gilt, dass er seine Ehre verletzt sieht und die Ehe nun per Gerichtsbeschluss erzwingen will. Letztlich sollte über diese Ehe vom Oldenburger Konsistorium entschieden werden, ein landeskirchliches Gericht mit geistlich-weltlicher Besetzung, das dem Landesherrn Anton Günther, Graf von Oldenburg und Delmenhorst, unterstand. Es war u.a. zuständig für matrimonia, also Ehe-, Verlobungs- und Schwängerungsangelegenheiten.[100] Doch da Anna Catharinas Vater Johan in Jever wohnte und formal, als höchster Amtsinhaber in Jever, Vorgesetzter des dortigen Konsistoriums war, setzte Anton Günther eine Kommission eigens für diesen Fall ein.[101] Diese Sonderkommission sandte nach der Beweisaufnahme alle Akten an die juristische Fakultät in Nürnberg. (Es ist nicht klar, warum ausgerechnet von dieser Fakultät ein Gutachten eingeholt wurde, vielleicht hatte ein Mitglied des Konsistoriums gute Kontakte dorthin.) Die Angehörigen der juristischen und theologischen Fakultät lieferten ein Gutachten, in dem es u.a. kurz und knapp hieß:

[...] daß Kläger seine intention wie recht, nicht erwiesen, dannenhero Beklagtin von angestellter Klag zu absolvieren und zu entbinden.[102]

Nach Auffassung dieser Gutachter konnte Anna Catharina nicht zu einer Ehe mit Alexander gezwungen werden. Das beigefügte 15-seitige Gutachten wurde den Prozessbeteiligten wohl nicht mitgeteilt. Hier wird der elterliche Konsens als maßgeblich angesehen,[103] der aber an Bedingungen geknüpft war, die Alexander nicht eingehalten habe. Außerdem böten seine im Prozess angeführten Beleidigungen Annas ausreichende Gründe dafür, diese Ehe nicht zu schließen. Allerdings habe ein gültiges Ehegelöbnis bzw. Verlöbnis vorgelegen, d.h. das anerkannte Prozedere sei eingehalten worden: Annas Zustimmung in Rastede, elterlicher Konsens, gegenseitige Geschenke, Annas Anreden an Alexander, freundliche Gespräche.

Auch nach dieser Niederlage ließ Alexander nicht locker und legte Revision ein. Er beauftragte ein Gutachten von Wittenberger «Doctores der juristischen Fakultät», die am 17.12.1656 ein «wirkliches Eheverbündnis» feststellten,[104] weshalb die Ehe durch einen Priester geschlossen werden müsse. Doch dann kam die unerwartete Wendung: Alexander schreibt an die Kommission und an Graf Anton Günther: Er habe jetzt eine Stellung beim schwedischen König und beabsichtige, sich nicht mehr mit solchen «ehelichen gedancken und processen weiter zu defatigiren»[105]. Er wolle den Prozess beenden, seit er Annas «unbestandt und Leichtsinnigkeit» erkannt habe. Diese Ehestreitigkeit übergebe er Gottes Gericht, er habe sie nicht mehr «ihrer Persohn halber, sondern zu demonstrirung meiner Sachen gerechtigkeit und Reputation» fortgesetzt. Anna solle das Schreiben vorgelesen und die gegenseitigen Geschenke zurückgegeben werden. Außerdem solle Anna ausgerichtet werden, dass er an das Eheversprechen nicht mehr gebunden sei und die «Liebe aufkündige».

Alexander gab seine Werbung, die Züge einer «Belagerung» aufwies, endlich auf, denn erst mit diesem Gutachten schien ihm seine Ehre wieder hergestellt. Damit wird die geplante Eheschließung allen Gefühls entkleidet und erscheint nur noch als ein durch scheinbare Liebe verschleiertes Geschäft, als eine Transaktion, in der alle Beteiligten ihre (geschlechtsspezifische) Ehre zu wahren haben. Mit der alten misogynen Formel von der Unbeständigkeit und Leichtsinnigkeit der Frauen, gegen die Männer mit ernsthaften Absichten und Verantwortung keine Chance haben, schien Alexander auf Anerkennung und Trost zu hoffen. Über Alexanders weiteres Schicksal ist bisher nur bekannt, dass er in schwedischen Diensten blieb, diese aber unter sehr chaotischen Bedingungen verließ[106] – und sich wohl nicht verheiratete. Anna Catharina hingegen heiratete zwei Jahre nach Ende der gerichtlichen Auseinandersetzungen den Landdrost der Grafschaft Oldenburg und Direktor des Geheimen Rates Sebastian Friedrich von Kötteritz (1623–1666), den sie einige Monate vor Alexanders Heiratsantrag als Hofmeister des Sohnes von Graf Anton Günther kennengelernt hatte. Mit ihm hatte sie eine Tochter, die allerdings die Geburt nicht überlebte. Nach 7 Ehejahren starb er, 1673 heiratete sie erneut, Gerhard Jaen von Ledebur, Ritter des Johanniterordens, Rat des Kurfürsten zu Brandenburg, Kämmerer und Landdrost des Fürstentums Minden (1628–1679). Folgende Anknüpfungspunkte für die Librettianalyse lassen sich aus dieser Fallgeschichte gewinnen:

- Von entscheidender Bedeutung war das Eheversprechen bzw. das Verlöbnis. Es wurde einander mündlich gegeben, nicht unbedingt unter Zeugen, und mit Geschenken besiegelt, etwa mit Porträt-Miniaturen und Liebes- und Freundschaftsbändern (vgl. *Hannibal* (1735): hier schenkt Aemilia ihrem Geliebten Florus eine Feldbinde,[107] in die ihr Name eingestickt ist).
- Noch nicht überzeugend geklärt ist die Rolle der Sexualität während der Verlobungszeit, wurde doch die Keuschheit der Frauen in Adel und Bürgertum überwacht. Erst das Beilager nach der offiziellen Eheschließung besiegelte die Ehe, dies war in adligen und bürgerlichen Kreisen üblich.
- Während der Verlobungszeit stand die Ehre aller Beteiligten auf dem Spiel. Das könnte auch die Wut etlicher verlobter Frauen auf ihre untreuen Verlobten erklären, die ohne die offizielle Eheschließung als unehrbare Frauen dastehen würden, ohne Chancen auf dem Heiratsmarkt. (Möglicherweise wird ihnen auch eine sexuelle Beziehung mit dem Verlobten unterstellt.) Diverse weibliche Opernheldinnen sind ihren Verlobten ins Feld nachgereist, weil diese das Verlöbnis gebrochen hatten. Letztlich kehren diese Helden dann zu ihren Verlobten zurück und heiraten sie, auch auf Druck der jeweiligen Herrscher, die die Ordnung wieder hergestellt sehen wollen.
- In den Opern geht es oft darum, die Zustimmung der Eltern oder des zuständigen adligen Herrschers einzuholen. Vertreter etwa von Behörden, wie Weddeschreibern, spielen selbst bei Hamburg-spezifischen Stoffen keine Rolle. Um den elterlich-väterlichen Segen einzuholen, gab es mehrere Wege, die auch auf der Opernbühne beschritten werden: Entweder ergriffen die Liebenden selbst die Initiative und gaben sich ein Eheversprechen; dann musste sich der junge Mann persönlich mit dem Bruder

oder dem Vater der Braut in Verbindung setzen, manchmal wurde er auch durch einen Werber vertreten; oder die Väter waren sich bereits einig geworden. Möglich war es auch, dass ein Mann aus eigener Initiative um die Hand einer Frau warb, ohne vorher selbst mit ihr gesprochen zu haben.
- Der patriarchalen Ordnung der Familie gemäß hatte der Mann in der Öffentlichkeit den aktiven Part zu übernehmen, ob nun als Bräutigam oder Vater. Da die Frauen offiziell unter Vormundschaft standen, verhandelten auf offizieller Ebene die männlichen Familienoberhäupter. Doch das Urteil der Mutter war von Bedeutung, auch im Hinblick auf den innerehelichen und familiären Frieden. Ihre Zustimmung war für ein ideales Heiratsverfahren erforderlich. Sie konnte aber nur informell agieren, etwa bremsend oder beschleunigend, agierte sie auf der Gefühlsebene, hinter der offiziellen Fassade, dem offiziellen Zeremoniell. Als Witwe hatte sie für ihre Kinder den Verheiratungswunsch ihres Ehemannes umzusetzen. Doch hier konnten problematische Freiräume entstehen, wenn eine Witwe eigene Pläne verfolgte (siehe *Arsinoe* (1710)).[108]
- Die Handlungsmöglichkeiten einer Braut waren beschränkter als die eines Bräutigams. So war es unmöglich für eine Frau, aktiv um die Hand ihres Auserwählten bei dessen Vater zu werben. Ihr blieb nur die Möglichkeit, den angehenden Ehemann zu bewegen, seine Brautwerbung voranzutreiben.
- Auch Männer waren von Zwangsverheiratungen bedroht, ihnen blieben dann allerdings während der Ehe größere Handlungsräume. So drohten ihnen zwar in Hamburg Strafen, wenn sie mit einer «ehrbaren» Frau oder einer Prostituierten die Ehe brachen, doch handelte es sich in der Regel um Geldstrafen; die Frauen hingegen hatten mit schweren und «ehrabschneidenden» Strafen zu rechnen wie Gefängnis und Stadtverweis.

Eine zentrale Frage in dem Oldenburger Fall war: hatte Anna Catharina ein Eheversprechen gegeben – und wenn ja, handelte es sich um ein bedingtes oder unbedingtes? (So detailliert wird dies in den Libretti in der Regel nicht verhandelt.) Unklar bleibt, was wirklich bei dieser Tanzveranstaltung vorgefallen war: hatte die junge Frau hier erste erotische, sexuelle Erfahrungen gemacht, zu denen Alexander sie mit einem Heiratsversprechen überredet hatte? Hatte der sicher um einige Jahre ältere Mann die junge Frau mit seinem Antrag überrumpelt, ohne sie näher zu kennen? Fühlte sie sich zunächst geschmeichelt? Denn der Kern dieses missglückten Heiratsprojektes war: welcher Art war Annas Versprechen? Handelte es sich um ein «sponsalia per verbis de praesenti», ein bindendes «ich bin dein» oder nur um ein «sponsalia per verbis de futoro» – ein «ich will dein sein», das an Bedingungen geknüpft und somit nicht bindend ist?[109] War sie zu schüchtern, sich überhaupt zu dieser Frage zu äußern, aus Sorge, der Rolle der tugendhaften Tochter nicht gerecht zu werden, aus Unsicherheit, weil sie nicht wusste, wie sie mit solchen Gefühlen umzugehen hätte, aus Angst, dass sie als gehorsame Tochter ihren Eltern hier nicht vorgreifen durfte? Eine eindeutige Antwort lässt sich aus den Quellen nicht herauslesen. (Ähnlich problematische Situationen werden auch auf der Opernbühne durchlitten, wie etwa von der kaiserlichen Prinzessin Bellinde aus *Bretislaus* (1725). Zudem waren Feste, auf denen auch getanzt wurde, beliebte Opern-Szenarien für Liebesverwicklungen.) So ein Heiratsantrag barg für junge unerfahrene Frauen Risiken. Er setzte sie dem Verdacht aus, erotisch aktiv gewesen zu sein, d.h. geflirtet und somit Hoffnungen geweckt zu haben. Damit hätte sie nicht als gehorsame Tochter die Entscheidung der Eltern abgewartet. Selbst über Sexualität und Lebensperspektiven zu entscheiden, war nur wenigen jungen Mädchen und Frauen möglich. Dies löste Konflikte aus, wie sie auch auf der Opernbühne verhandelt wurden, wie etwa Prinzessin Pandrose, die ihre Liebe zu dem Prinzen Pirante verheimlichen muss (siehe Analyse von *Cecrops* (1680) in Teil III).

Alexander folgte zunächst allen Regeln der Konvention. Nach dem Verlöbnis hielt er beim Vater um die Hand der Braut an. Unklar bleibt, wie er sich mit seinen Eltern abgestimmt hat. Der Braut-Vater, der um die Ehre seiner Familie und die standesgemäße Versorgung seiner Tochter auch im Fall einer möglichen Witwenschaft besorgt war, musste sich von der Ernsthaftigkeit des Bewerbers und dessen ökonomischer Redlichkeit und Stärke überzeugen. Er verhandelt sachlich, ohne auf die Gefühle der Tochter Bezug zu nehmen. Obwohl die soziale und ökonomische Situation eine wesentliche Basis der Eheschließung bildete, mussten beide Seiten den Schein wahren: Es durfte nicht der Eindruck entstehen, dass die Werbung allein des Standes oder des Geldes wegen erfolgte. Die Liebe und die persönlichen Vorzüge von Braut und Bräutigam sollten idealerweise das Bild bestimmen, die ökonomische und soziale Basis blieben ausgeblendet.

Die Beständigkeit seiner Werbung, die Unerschütterlichkeit seiner Liebe trotz aller Hindernisse zeichneten einen vorbildlichen tugendhaften Kavalier, einen edlen Mann von Stand aus. Diese Tugenden der Selbstbeherrschung und -überwindung waren ihm von Kindheit an beigebracht worden und wurden auch beim Militär weiter modelliert (vgl. «Alcmaeon, Printz von Argos,

Semele verstossener Amant» in der Oper *Semele*[110] (1681) oder Buffonet in dem Zwischenspiel *Buffonet und Alga* (1727)). Auch wenn den jungen Frauen nur beschränkte Handlungsräume zugestanden wurden, so gab es doch Bemühungen, eine unglückliche Ehe zu verhindern. Hier spielten möglicherweise auch die persönlichen Erfahrungen der Eltern hinein, die unter Umständen selbst in ihre Ehe gezwungen worden waren und sich arrangieren mussten. Verzichtsleistungen, reduzierte Glücksansprüche wurden den jungen Menschen abverlangt. Aber es gab offensichtlich auch Eltern, die entweder eigenes Leid nicht auf ihre Kinder übertragen wollten oder aus eigenen Glückserfahrungen auch ihren Kindern eine gewisse Wahlfreiheit ermöglichten.

Hinzukam, dass sich auch die jeweiligen Dienst- und Territorialherren in den Eheschließungsprozess einschalten konnten, wie es in diesem Fall der brandenburgische Kurfürst Friedrich Wilhelm für Alexander tat. Graf Anton Günther, Dienstherr der Anna Catharina und von Hieronymus, wurde erst auf Initiative von Alexander aktiv und sorgte für das Gerichtsverfahren – allerdings ohne sich für Alexander einzusetzen. Diese soziale Maschinerie war übermächtig, und es sind etliche Fälle überliefert, in denen junge Frauen, seltener junge Männer, den einzigen Ausweg darin sahen, mit ihrer Selbsttötung zu drohen – oder sich tatsächlich umzubringen, um einer ungewollten Eheschließung zu entgehen.

Eine junge Frau, die trotz eines Eheversprechens und ohne Unterstützung ihrer Eltern die Hochzeit verweigerte, kam auf der Opernbühne nicht vor. In der Oper *Semele* (1681) bricht die Prinzessin mit Einverständnis ihrer Eltern ihre Verlobung, um eine Ehe mit Jupiter voranzutreiben. Problematische Eheanbahnungen, wie sie in etwa in Oldenburg vorkamen, werden auf der Opernbühne modellhaft vorgeführt.

1.5.3. Die Oper Bretislaus (1725)

Eine spannungsreiche Mutter-Tochter-Verbindung auf höchster gesellschaftlicher Ebene ist 1725 in *Bretislaus oder Die siegende Beständigkeit*[111] zu beobachten. Aufgeführt wurde sie anlässlich der Verlobung des regierenden Herzogs Carl Friedrich von Schleswig-Holstein mit der russischen Prinzessin Anna Petrowna aus der Familie der Romanow an ihrem «Hohen Gebuhrts=Feste». Gisela, Gemahlin von Conradus II., «Römisch-teutscher Kayser», führt im 3. Akt mit ihrer Tochter, der Prinzessin Bellinde «(oder Jutha)»,[112] eine Unterredung über deren bevorstehende Verheiratung. Mutter und Tochter wurden laut Textbuch von Stars der damaligen Oper verkörpert: Mutter Gisela von «Madame Pollone» und Bellinde von «Madame Kayserin». Bellinde hat sich bisher als vorbildliche, gehorsame Tochter präsentiert, nie anderen gegenüber offen über ihre wahren Gefühle gesprochen. Idealerweise fällt die Wahl ihrer Eltern, wie sich im Laufe der Handlung herausstellt, mit ihrer zusammen. Bellinde liebt Bretislaus, der offen, standhaft und selbstbewusst um sie geworben hat und bereits die Einwilligung des Kaisers errungen hat, wie er Bellinde versichert. Doch Bellinde ist ratlos, unsicher und scheu.[113] Sie ist von ihrem Vater dem jungen aufstrebenden Bretislaus, «Böhmischer Printz» als Braut in Aussicht gestellt worden, nun muss er ihre Zustimmung und Liebe erringen. Bretislaus bestürmt Bellinde:

> Bretisl. Nach langer Sehnsucht fängt mein Hoffen an zu grünen/
> Der Kayser billigt mein Erkühnen/
> Und sieht mich schon als seinen Eydam an.
> Wie aber kann
> Ich glücklich seyn/ wenn nicht
> Dein schönster Mund sein Schweigen bricht/
> Und mir ein gutig Urtheil spricht!
> Ich lege Reich und Hertz zu deinen Füßen
> Ach! wiltu denn dich nicht entschließen? (I, 7)

Seine darauf folgende italienische Arie wurde so übersetzt:

> Aria.
> Bey dem Anbieten eines Bräutigams wird dein Hertz sich endlich ergeben/ und dem süssen Nahmen eines Gemahls schlagestu die Erlangung eines Vergnügens/ dass nicht seines gleichen findet/ nicht ab. (I, 7)

Doch was zunächst wie eine perfekte Hochzeitsplanung aussieht, birgt etliche Komplikationen. Denn die Rolle der keuschen und tugendhaften Tochter und Braut bereitet Bellinde Probleme. Welche Bedeutung darf sie ihren eigenen Gefühlen und Vorstellungen zumessen? Was will sie, was darf sie wollen, was darf sie sagen? Sie ist hin und her gerissen zwischen eigenem Wollen und Rücksicht auf die Wünsche ihres Vaters, ihrer Mutter, ihrer Familie. Auch im Gespräch mit Bretislaus hat sie Vorbehalte und Hemmungen, die eine tugendhafte Tochter zugleich auszeichnen und quälen.

Bellind. Dein Vortrag zwingt mich zu erröthen
Bretisl. Sprecht holde Lippen sprecht/
Denn euer Schweigen wird mich tödten.
Bellind. Ich habe nicht das Recht/
So lange Conrad und Gisela leben/
Mein Hertz ohn ihren Schluß an jemand zu vergeben;
Ihr Wollen schränckt mein Sollen ein.
Ich muß dir zugethan
Doch ihnen mehr gehorsam seyn. (I, 7)

In ihrer italienischen Arie positioniert Bellinde sich als stolze Vatertocher, übersetzt heißt es im Libretto:

Ich bin eine Liebende/ doch auch eine Tochter/ und meine Seele ziehet Schuldigkeit und Liebe zu rathe. Es scheinet ein Stolz zu seyn/ und ist eine Hochachtung dieses welches eine süße Neigung zu dem Väterlichen Willen unterhält.

Bretisl. Dein Will ist mir
Ein kräfftiger Befehl/ darum soll dir/
Mein ehrerbiethig Schweigen,
Den unverbrüchlichen Gehorsam zeigen. (I, 7)

Doch Bellindes aufkeimende Liebesgefühle werden durch höfische Intrigen irritiert. Sie ist eifersüchtig auf Cunigunda, «eine Kays. Hoff-Dame», die ebenfalls in Bretislaus verliebt ist, ihn aber im Gegensatz zu Bellinde offen umwirbt (I, 6, 7). Der Prinz weist Cunigunda höflich, aber bestimmt zurück. Zwar liebt er sie nicht, aber er ehrt sie, ohnehin wäre sie für eine Eheverbindung nicht standesgemäß. Cunigunda entspricht dem Klischee der gewandten, liebeserfahrenen und deshalb keineswegs vorbildlichen Hofdame. Hier werden wieder zwei gegensätzliche und noch dazu konkurrierende Frauentypen konstruiert: mit positivem Vorzeichen die keusch-zurückhaltende Bellinde und mit negativem die aktiv-verführerische Cunigunda. Aufschlussreich ist der Prozess der Entscheidungsfindung des kaiserlichen Elternpaares. Zwar liegt die Entscheidungsgewalt in den Händen des Kaisers, aber seiner Gattin bleiben Handlungsspielräume:

Der Schauplatz ist ein prächtiges Kayserl. Cabinet.
Conrad: Der Kayserin ist schon bekannt/

> Daß Bretislaus der Bellinden
> Sein Hertze zugewandt.
> Wir finden/
> Dass sein Verdienst und hoher Stand
> Denselbigen hierzu für andern würdig machen.
> Gisela. Des Kaysers Schluß muß mir in allen Sachen
> Gefällig seyn/ zumahlen ich begreiffe/
> Daß dieses Bündnis meiner Ehr und Treu
> Ersprießlich sey. [...]
> Indessen kann ich mich/ als Mutter/ nicht entbrechen/
> Sie noch zuvor hierüber zu besprechen.
> Conrad. Sie wird sich/ unsern Willen/
> Bemühen zu erfüllen. (III, 4)

Conrad repräsentiert den Typus des selbstgewissen, mit den Nöten seiner Tochter nicht vertrauten Vaters, der sich nicht in sie hineinversetzen kann und will. Er sieht in Bellinde nur die vorbildliche Tochter, was wohl auch im Hinblick auf die Widmungsträgerin des Librettos, der russischen Prinzessin Anna Petrowna aus der Familie der Romanow, zu verstehen ist. Doch Bellinde ist hin und her gerissen: Ja, sie liebt den Prinzen, ist aber wegen dessen vermeintlicher Liebe zu Cunigunda verzweifelt und eifersüchtig. Denn Cunigunda besitzt das Porträt des Prinzen, was als untrüglicher Liebesbeweis zu deuten wäre, schließlich machten sich solche Geschenke nur Liebende oder engste Familienangehörige und Freunde. Doch dieses Porträt war nur durch einen Zufall in ihren Besitz gelangt, wie sich später herausstellt.[114] Die Eifersucht ist der Schlüssel dafür, dass Bellinde endlich ihr eigenes Begehren entdeckt: «Ich kann den Falschen nicht aus den Gedanken lassen» (III, 5). Doch darf sie als vorbildliche Königstochter ihre Gefühle zeigen? Die Mutter Gisela, dem künftigen Schwiegersohn zugetan, aber auch um das Wohl der Tochter besorgt, will mit Bellinda nochmals allein reden, denn eine erzwungene Eheschließung wäre für alle Beteiligten fatal.

Es folgt eine intensive Szene, in der deutlich wird, in welchen Konventionen Mutter und Tochter gefangen sind, wie schwer die Rede über als «wahr» erlebte Gefühle in solchen Familien fällt. Nur durch eine List erfährt Gisela, wie sehr ihre Tochter Bellinde den Bretislaus liebt, aber von Eifersucht gequält wird.

Gisela. Des Himmels und der Eltern Schluß
Gefällt es/ mit Bellinden
Den Brestislaum zu verbinden.
Drum wirst Du ohne Wiederstreben
Demselben Hertz und Hände geben.
Bellind. Ich thu es/ wenn ich muß.
Gisela. Was hast du auszusetzen?
Des Printzen hoher Stand und muntre Jugend/
Die Tapfferkeit/ der Witz/ und manche Fürsten=Tugend
Vermehren ungemein
Des Purpurs hellen Schein.
Bellind. Ich lieb ihn/ weil ich muß.
Gisela. Bedencke dich! Und schenck ihm deinen Kuß.
Bellind. (Wie angenehm ist mir ihr Wiedersprechen!)
Gisela. (Die List soll ihr Verstellen unterbrechen.)
Es scheint Bellinde sey,
Dem Printzen abgeneigt/
Weil nun die Mütter=Treu
Mein zärtlich Hertze beugt/
So sprech ich sie von der Verbindung frei,
Den Kayser weiß ich auch dahin zu bringen/
Ihr sein verhasstes Bündniß aufzudringen. (III, 6)

Diese List der Kaiserin ist ein Hinweis auf ihre Einflussmöglichkeiten und ihren Handlungsspielraum. Zwar hatte der Kaiser bereits eine Entscheidung über den künftigen Ehepartner der Tochter gefällt, aber die Kaiserin hätte ihn, wenn nötig, umstimmen können. Bellinde sollte offensichtlich nicht zwangsverheiratet werden, ihre Ehe sollte zwar arrangiert, aber doch auf gegenseitige Liebe gegründet werden. Dies würde dem Ideal des umsichtigen, auf das Wohl aller bedachten Herrschers und Vaters entsprechen, zudem barg eine Zwangsehe ein hohes Risiko des Scheiterns. Bellinde sieht sich dem Willen der Eltern, insbesondere dem des Vaters verpflichtet. Doch elterlicher und göttlicher Wille fallen mit Bellindes Begehren zusammen. Sie sind als Zeichen für die rechtmäßige und von höchster Instanz abgesegnete Entscheidung des Kaisers zu deuten. Endlich zeigt sich Bellinde hinter ihrem Schutzwall und spricht offen und ehrlich, so wie es dem Bild einer vorbildlichen Mutter-Tochter-Beziehung entspricht:

> Bellind. Es steht mir übel an/
> Daß Bretislaus die Unbeständigkeit
> So wenig bergen kann.
> Gisela. Es scheint die Eifersucht verursacht deine Pein;
> Bellind. Wer nicht geliebt kann auch nicht eifersüchtig seyn.
> Gisela. Du suchst umsonst den Argwohn zu verstecken/
> Den Blick und Seuffzer mir entdecken.
> Bellind. Ach! soll ich denn gestehn/ dass ich ihn längst geliebt?
> Und dass sein Wechsel mich betrübt? (III, 6)

Die Brautzeit konnte also entgegen allen Idealvorstellungen eine sehr krisenhafte Zeit sein. Junge Fürstinnen, aber auch bürgerliche Frauen, verlangten Treue und Liebe von ihren Verlobten und Bräutigamen, wie aus autobiographischen Aufzeichnungen hervorgeht, etwa von Wilhelmine von Bayreuth oder Margarethe Elisabeth Milow.[115] Dabei sind sie oft unaufgeklärt und unerfahren im Umgang mit eigenen Gefühlen, Liebe und Sexualität, brauchen ehrliche lebenskluge Ratgeberinnen.

> Gisela. Wer macht Bellinden eifersüchtig?
> Bellind. Ist Cunigunde nicht an seltner Schönheit reich?
> Gisela. Dein Argwohn schließt nicht richtig/
> Sie ist dir nicht an Stand auch nicht an Schönheit gleich.

Diese Szene verdeutlicht die Bedeutung des Standesunterschiedes, die Gleichsetzung von Schönheit und hoher, adliger Herkunft. Verständlich werden auch die Konkurrenzverhältnisse zwischen Fürstinnen und ihren weiblichen Bedienten in Liebesdingen, droht doch die «Liebe» Hierarchien zu überwinden, da der adlige Mann eine zwar rangniedere, aber für ihn attraktive Frau begehren und umwerben kann:

> Bellind. Weswegen hat der Printz sie denn verehrt?
> Gisela. Weil sie dir zugehört.
> Bellind. Mir? wie ist denn sein Bild in ihrer Hand?
> Gisela. Ein Zufall hat es ihr wahrlich zugewandt;
> Bellind. O nein! er schenckt es ihr/
> Um mir Mein Unvollkommen=seyn nachdrücklich vorzurücken.
> Gisela. Durch Eifersucht läst sich die Liebe würcklich blicken/
> Doch werden Hoffnung und Gedult/

Für deine Selen Pein
Ein heilsam Pflaster seyn. (III, 6)[116]

Ein weiteres markantes Beispiel für die Nöte einer jungen adligen Frau, die verheiratet werden soll, bietet das Libretto der einzigen Librettistin der Hamburger Oper: Die Gräfin Maria Aurora von Königsmarck entwirft ihr Singspiel *Die drey Töchter Cecrops*[117] (1680) um das Schicksal der Königstochter Herse herum, die der Göttin Minerva lebenslange Keuschheit geschworen und nun auch Annäherungen des Gottes Merkur abzuwehren hat. Die Vorlage ist eine Fabel aus den *Metamorphosen* von Ovid, die die junge Gräfin nutzte, um aktuelle Konflikte weiblicher Adliger zu schildern. So streiten und konkurrieren die Schwestern auch um die Keuschheit, was als Kampf um selbstbestimmte Sexualität gedeutet werden könnte (siehe das Kapitel *Cecrops* in Teil III). Die Gestaltung der Herse ist als ein Beispiel für die selbstbewusste Aneignung antiker Texte durch eine Autorin zu lesen.[118] Das Thema «Zwangsehe» hat adlige Librettistinnen beschäftigt – wie Wilhelmine von Bayreuth in ihrer Oper *Argenore*,[120] die allerdings nicht in Hamburg aufgeführt wurde.

Mütter und Väter, die ihre Kinder um des eigenen Aufstiegs willen verheiraten wollen, werden in etlichen Opern kritisch vorgeführt. Doch dabei sind geschlechtsspezifische Unterschiede zu beachten. So werden häufiger Mütter gezeigt, die den patriarchalen Rahmen zu sprengen drohen, da sie gegen die Interessen der Väter handeln. Ihr Eigensinn erscheint als besonders bedrohlich. Aber es gibt auch Beispiele für Väter, die die Normen überschreiten, da sie ihre Söhne unbedingt mit sozial höher stehenden Frauen verheiraten wollen und schließlich scheitern. Generell werden Motive und Entscheidungen von Eltern angeprangert, die ihre Töchter und Söhne aus eigennützigen Interessen verheiraten wollen – und nicht etwa im Sinne fürstlicher Herrscher, die im göttlichen bzw. schicksalshaften Auftrag handeln. Die Missachtung der Wünsche der Brautleute wird hier drastisch geschildert.[121]

1.5.4. Widerstandsformen von Bräuten gegen ihre Verheiratung in der Oper

In den Opern am Gänsemarkt rettet zwar kein Gutachten eines Physikus' eine Frau vor einer Zwangsehe, aber es ist eine Vielfalt von Verwicklungen und Widerstandsformen nachweisbar:

- Sie heiraten nach heftigen Komplikationen den Partner ihrer Wahl. Beispiele: die Kaisertochter Emma aus *Emma und Eginhard* (1728) den Kanzlisten Eginhard, die Dorf-Lehrertochter Babia ihren Detlef in der Oper *Adelheid* (1727).
- Sie heiraten letztlich den vom Vater/den Eltern ausgewählten Mann, weil sie sich überzeugen lassen und eigene Gefühle für ihn entdecken. Beispiel: Prinzessin Bellinde aus B*retislaus* (1725); Sonderfälle sind Eheschließungen, wo die vermeintlich eigene Wahl mit dem göttlichen bzw. väterlichen Beschluss zusammenfällt, der Geliebte ein unerkannter Königssohn ist etc..
- Sie heiraten ohne elterlichen Zwang oder die Einwilligung anderer, sind aber aus ökonomisch-sozialen Gründen darauf angewiesen. Beispiele: Alga aus *Buffonet und Alga*, Fürstin Nisibis aus *Miriways*.
- Sie wählen den Freitod, um keine Zwangsehe eingehen zu müssen oder sterben gemeinsam mit dem von ihnen geliebten, aber vom Vater (o.ä.) abgelehnten Mann. Oder sie bringen den ungeliebten Heiratskandidaten um. Mit Ausnahme von bereits verheirateten Fürstinnen, die von siegreichen Kriegsgegnern zur Ehe gezwungen werden sollen und sich dagegen wehren, waren solche Gewalttakte zur Verhinderung einer Eheschließung kaum in der Gänsemarkt-Oper zu sehen. Äußerst brutal ging es dagegen in Wilhelmine von Bayreuths Oper *Argenore* (1740) zu, in der die Prinzessin Palmide gegen ihre Zwangsverheiratung mit dem Prinzen Leonida kämpft, den sie letztlich umbringt. Eine Oper, die wohl für den Geburtstag des Markgrafen geschrieben, aber nicht aufgeführt wurde.

1.6. Der zwangsverheiratete Bräutigam in der Oper

Junge Männer kämpfen auf der Opernbühne um die Frau ihrer Wahl, leiden seelisch und körperlich und haben sich oftmals zu fügen. Sie haben jedoch andere und größere Handlungsräume als die Frauen. Dem Willen seiner Mutter Livia ausgeliefert erscheint Tiberius. Livia, mächtige Kaiserin aus *Tempel des Janus*[122] (1698) will ihn zwangsverheiraten, mit einer Frau, die sich dann als seine Schwester herausstellt. Doch wesentlich häufiger ist es die Entscheidung der Väter oder mächtiger Vormünder, die die jungen Männer (und Frauen) in Zwangslagen bringen. In *Doris oder der Königliche Sclave*[123] (1680) wehrt sich der persische König Orontes laut «Inhalt» erbittert gegen den «Väterlichen Befehl», die Prinzessin «Arsinoen zu heyrathen/ wozu er doch weder durch bitten noch drohen kan bewogen werden.» Orontes kann seine Liebe zu Doris nicht vergessen, die fälschlicherweise für die ägyptische Doris gehalten wird, aber eigentlich die Princessin zu Nicaea ist, die ihm von seinem verstorbenen Vater als Ehefrau verfügt worden war. Durch Reisen und Seeräuber werden die beiden getrennt. Orontes erkrankt an Liebeskummer und vernachlässigt die Staatsgeschäfte. Doch letztlich finden beide wieder zueinander und heiraten, da sich eine abenteuerliche Geschichte aufklärt, zusammengesetzt aus Motiven wie «Erstickungstod einer kleinen Prinzessin», «Kindesraub durch Seeräuber» etc.. Die Heirat von Orontes mit Doris versinnbildlicht ein Ideal, denn sie erfolgt im Einklang mit dem Willen des verstorbenen Vaters und den Liebeswünschen der beiden Eheleute.

1.6.1. Die Oper Miriways (1728)

Um seine Geliebte hat auch der persische Prinz Sophi zu kämpfen, «ein Sohn des alten abgesetzten Schachs» aus *Miriways*. Sophi scheint verbreitete Vorstellungen auszusprechen, wenn ihn die ungewisse Herkunft seiner Geliebten Bemira nicht von seiner Liebe zu ihr abbringen kann:

> Gereichet dies denn meiner Glut zur Schande?
> Weiß denn auch die Liebe was vom Stande? (II, 7)

Zwei problematische Liebesbeziehungen in höchsten Kreisen bestimmen die Handlung in *Miriways:* Als ein Musterbeispiel einer edelmütigen opferbereiten Liebenden wird die adlige Bemira vorgeführt, «vermeinte Schwester der Nisibis, welche endlich vor des Miriways Tochter erkannt wird.» Sie würde auf eine Ehe mit ihrem Geliebten Sophi verzichten:

> Ach Prinz, wenngleich also die Liebe spricht,
> so tut es doch Vernunft und Wahrheit nicht.
> Geh und besitz den Thron in Frieden,
> den Recht und Himmel dir beschieden,
> und nimm die zur Gemahlin an,
> die ihn dir unterstützen kann. (II, 7)

Bemira wäre bereit, aus Gründen der Staatsräson[124] ihr persönliches Glück zu opfern, da sie nicht standesgemäß ist, wie es zunächst den Anschein hat. Sophi hingegen will dieses Opfer nicht annehmen und auf den Thron verzichten.[125] Beide erscheinen somit als wahrhaft Liebende. Doch auch die Oper *Miriways* funktioniert wie eine harmonisierende Traumfabrik, denn Vernunft, Staatsräson, Aufbegehren und individuelles Liebesglück fallen auf wundersame Weise zusammen. Es stellt sich heraus, dass Bemira die uneheliche Tochter eines Paares ist, dessen Liebe nicht durch eine Eheschließung legitimiert wurde: Bemiras Eltern sind Miriways, «Fürst von Candahar, Protektor von Persien», und «Samischa, heimliche Gemahlin des Miriways». Diese erste und lebenslange Liebe wurde zunächst auch sexuell gelebt, denn Samischa brachte die gemeinsame uneheliche Tochter Bemira zur Welt.[126] Doch fällt auf diese Liebe des Herrschers kein Makel, sie wird als «keusch» beurteilt, da sie von echter Liebe zwischen zwei Standespersonen getragen wurde. Miriways musste eine andere Frau heiraten, eine von seinem Vater arrangierte Ehe eingehen. Diese traditionelle Heiratspolitik forderte von Miriways und Samischa kummervollen Verzicht, wobei Miriways größere Handlungsräume blieben, als Herrscher in einer arrangierten Ehe, die aber offensichtlich kinderlos blieb. Samischas Schicksal hingegen bleibt im Dunkeln, sie hat offensichtlich nicht geheiratet und fühlt sich vernachlässigt. Sie wirft Miriways vor, sie vergessen zu haben:

> Mi. So hielst du mich für ungetreu?
> Sam. Es sprach mein Argwohn dich von aller Schuld nicht frey/ Insonderheit war dis/ vor mich die groesseste Bekuemmerniß,/ Es hätte der Gemahlinn Wunder=Glantz/ Mein Angedenken ganz/ Aus deiner Brust vertrieben.
> (I, 1)

Miriways beteuert, sie trotz seiner Ehe immer geliebt zu haben. Auch wenn er nach außen den Schein gewahrt habe, so gehöre sein Herz nur Samischa.[127] Auch zeitgenössische politische Ereignisse werden in *Miriways* reflektiert, wie Brit Reipsch[128] eindrucksvoll zeigt. So geht der Stoff der Oper auf Ereignisse der persischen Geschichte um 1722 zurück, auf kriegerische Unruhen, über die auch im deutschsprachigen Raum berichtet wurde. Das Vorbild für die Opernfigur Miriways ist eine reale Person: Mir Wais, Führer eines Aufstandes des afghanischen Stammes der Ghilsai in Kandahar.[129] An diesem orientalischen Herrscher lassen sich unterschiedliche Erwartungen und Projektionen beobachten. Beschrieben ihn etliche Autoren als einen «Barbaren, einen Unmenschen, ein Scheusal der Natur»,[130] vermittelte der Librettist Johann Samuel Müller, der selbst orientalische Sprachen studiert hatte, das Bild eines gütigen Monarchen, wie es im «Persianischen Cromwel»[131] gezeichnet wurde, ein Buch, das der spätere Rektor des Johanneums offensichtlich als Quelle genutzt hatte. Dessen ungenannt bleibender Verfasser beteuerte, Mir Wais noch persönlich gekannt zu haben: er sei bei einer Reise nach Persien von dagestanischen Tataren überfallen und dem Prinzen Usmei übergeben worden. Dieser verschenkte ihn an Mir Wais, der ihn als Fachmann für das Militärwesen schätzte. In diesem Lebens- und Reisebericht spielt auch die Liebe und die Verehelichung des Mir Wais eine wichtige Rolle. So habe Mir Wais im Jahr 1702 am Hof des Großmoguls Aurangsib (reg. 1658–1707) in Dehli seine spätere Frau kennengelernt, eine indische Prinzessin und Enkelin des Großmoguls. Diese Hochzeit mit «des Moguls Enkelin» spielt auch im Opernlibretto eine Rolle (Nr. 2), aber mit einem entscheidenden Unterschied, wie Brit Reipsch andeutet: «Die Ehe, die im Libretto auf Drängen von Miriways' Vater zustande kam, wird im Persianischen Cromwel als Liebeshochzeit geschildert.»[132]

Über die Beweggründe des Librettisten Müller, diese Ehe seines Opernhelden Miriways als eine Zwangsehe zu schildern, die der Fürst gegen seine echten Liebesgefühle schließen muss, kann bisher nur spekuliert werden. Die Ehefrau von Miriways tritt in der Oper auch nicht auf, sondern wird nur erwähnt. Möglicherweise erhöht Müller so die Tragik und Dramatik, spielt damit auf reale Liebes- und Ehedramen an und könnte eine Art aufklärerische Anklage gegen ähnliche arrangierte Ehen lanciert haben, unter denen Männer und Frauen litten. Wenn er den Handlungsrahmen an realistischen historischen und geographischen Bezügen orientiert hat, dann wird dies auch für die Setzungen und Anspielungen der Liebeskonstellationen gelten, auch wenn diese gemeinhin als «freier» erfunden geschildert werden.

Trotz eigener leidvoller Erfahrungen will Miriways das alte Heiratssystem fortsetzen und seinen Günstling Sophi mit seiner Tochter verheiraten, um die Verbindung zwischen beiden Häusern zu festigen.[133] Miriways, der den Vater des Sophi, den Schah abgesetzt hatte, erweist sich somit nicht als ein Umstürzler der alten Ordnung. Denn er will die Macht einem Erben der alten Dynastie weitergeben, sich aber mit ihr durch sein «Blut», also durch einen leiblichen Nachkommen, verbinden. Deshalb wird Sophi den persischen Thron von Miriways nur erhalten, wenn er dessen uneheliche Tochter Bemira heiratet, die allerdings erst noch gefunden werden muss. Dazu beruft sich Miriways auf Maximen, die die Erziehung von Fürsten bestimmten. Sophi soll auf seine Liebeswünsche verzichten und der Vernunft folgen, und eine standesgemäße Zwangsehe eingehen, um den Thron zu besteigen (Nr. 37, Nr. 82). Offensichtlich hatte Miriways selbstverständlich die Verantwortung für die uneheliche Tochter Bemira an Samisha abgegeben:

Wo aber ist jetztund das erste Pfand/
und auch das einzige von unserm keuschen Brand?
Die Tochter, die du mir gebohren?

Der Familienstand bleibt im Vorbericht undeutlich, erst allmählich schält sich diese skandalöse Konstellation heraus: Samischa, als unverheiratete Mutter von Schande bedroht, hatte die Tochter Bemira weggeben müssen. Zwar hätte sie nicht damit rechnen müssen, wie ledige Mütter aus der Unterschicht körperlich gezüchtigt und bestraft zu werden, aber auch als junge Frau von fürstlicher Herkunft[134] hätte sie nicht offiziell als «Alleinerziehende» leben können, da ihr Ruf ruiniert gewesen wäre. Deshalb hat sie ihre Tochter einer Bekannten anvertraut, der Perserin Arbuchan. Diese ließ ihre Tochter Nisibis gemeinsam mit Bemira als vermeintliche Schwestern aufwachsen. Eine durchaus übliche, aber auch problematische Methode, illegitimen Nachwuchs unterzubringen.

In der Oper *Miriways* werden zeitgenössische Konflikte verhandelt: Die Liebe scheint einmal mehr alle Standesgrenzen überwunden zu haben und die Liebenden vor unlösbare Konflikte zu stellen. Dazu gehören voreheliche sexuelle Erfahrungen, uneheliche Kinder und erste große Lieben, die auch nach einer Eheschließung eine wichtige Rolle spielen. Auch das junge Paar Bemira und Sophi wird zerrissen zwischen individuellen Liebeswünschen und gesellschaftlichen Ansprüchen, wie Tugendhaftigkeit und Pflichterfüllung. Doch produziert hier das System für seine quälenden Widersprüche den Trost und Ausweg gleich mit, das Unausweichliche erscheint beglückend und selbst gewählt. Zwar «unbewusst», aber gemäß eines göttlichen bzw. schicksalshaften Plans, hat Miriways für Sophi und Bemira richtig gehandelt, und nur auf den ersten Blick erschien sein Eheplan «falsch». Hier erscheint die Liebe nicht als blinde und zerstörerische Kraft, sondern als weise und systemkonform. Bemira, die einer zwar unehelichen, aber keuschen und treuen Verbindung des Herrschers entstammt, ist die standesgemäße Partnerin von Sophi. Nur erfahren dies alle erst nach quälenden Bewährungsproben am Schluss der Oper.

Möglicherweise wird hier ein Konflikt zwischen unterschiedlichen Generationen und Überzeugungen dargestellt: Miriways agiert als Vertreter der alten Garde, der sich nicht gegen den «Väterwillen» stellte und nicht zugunsten des Thrones und politischer Erwägungen auf sein Liebesglück verzichtete. In der Tradition der Patriarchen beansprucht Miriways die Entscheidung über das Schicksal seiner Kinder. Außerdem wird er als markiger Kriegsheld[135] mit traditionellem Frauenbild präsentiert, wenn er zum Gesandten des alten Schahs sagt:

Geh, sag dem Weichling nur, dass hier vor seinem Dräuen/
Die Weiber selbst nicht mehr furchtsam seyen.
Wie? Oder will er uns ein Heer von geilen Metzen/
Mit denen er gebuhlt/ entgegensetzen? (II, 2)

Ein anderes Liebes- und Frauenkonzept vertritt Sophi, der zwar König werden will, aber nur mit einer geliebten Frau an seiner Seite. Für diese Liebe würde er letztlich auch auf den Thron verzichten. Das Schicksal dieser beiden Paare entfaltet sich in exotischer Umgebung, im damaligen Sehnsuchtsreich Persien.[136] Doch dieses Reich fungierte als eine Art exotischer Spiegel für das Hamburger Opernpublikum. Denn neben (zeit-)geschichtlich und geographisch korrekten Anspielungen wurden auch damals aktuelle Probleme rund um Liebe und Ehe auf die Bühne gebracht, wie die erste große Liebe, vorehelicher Geschlechtsverkehr und die Eheschließung mit einem ungeliebten Partner.

2. Innenansichten von Ehen

2.1. Das Ideal einer glücklichen Ehe trotz aller Zwänge

Aria à 5
O erhabnes Glück der Ehe,
Deines Gipfels seltne Höhe
Steht auf meinem Grund errricht't.
Unvereinigt,
Unvermehret,
Unbegütert,
Ungeehret,
Unbejahret
Prangst Du nicht.
O erhabnes Glück der Ehe,
Deines Gipfels seltne Höhe,
Ehrenstand,
Lieb und Treu
Steht auf hohe Jahr errricht't.
Fruchtbarkeit,
Geld und Gut.[137]

So wird die ideale Ehe gefeiert in Georg Philipp Telemann's Serenade *O erhabnes Glück der Ehe*, TWV 11:15c, komponiert und aufgeführt am 20. Februar 1732 zur Goldenen Hochzeit des 79 Jahre alten Hamburger Ratsherren Matthias Mutzenbecher und seiner «68. jährigen Eheliebste[n] Fr. Marien Catharinen, gebohrne Ecken». Ein außerordentliches Ereignis,[138] denn nie zuvor hatte ein Hamburger Ratsherr so ein Jubiläum feiern können. Mutzenbecher ließ eine silberne Gedächtnismünze prägen und feierte im großen Kreise im Haus des ältesten Sohnes in der Katharinenstraße. Erneut eingesegnet wurde das Paar vom Senior Winckler von St. Nikolai.

Michael Richey's Text von Telemann's Serenade hebt auf gegenseitige und treue Liebe der Eheleute ab, die sich trotz aller Mühen scherzend die Ehe zum Paradies machen. So singt der Tenor im Rezitativ: «[...] wo Lieb und Gegenlieb in treuem Wechsel spielt, scheint aller Wünsche Zwecke erzielt [...].» Doch erst «erwünschte Kinder», die Verbindung von «Liebe und Fruchtbarkeit»,[139] verdiente größte Anerkennung. Gefeiert werden hier außerdem «Geld und Gut». Als «ruhmbekrönte Jubelbraut, teurer Jubelbräutigam» (Duett, Tenor und Bass) werden die Jubilare angesprochen, doch weitere geschlechtsspezifische Anreden und Zuschreibungen sind nicht explizit, beide könnten sich «selbst in wohlgeratnen Bildern» sehen und blieben so der «Nachwelt unvergänglich». Doch letztlich wird der Ehemann Mutzenbecher hervorgehoben und insbesondere sein Weiterleben in der Nachkommenschaft gefeiert, wenn es im Duett von Alt und Bass heißt:

> Gehäufter Mittel Überfluß/
> erhabner Glanz von Stand und Namen,
> verschreibt euch ewig zum Genuß./
> Beklebt auf Mutzenbechers Samen/
> dass auch in spätster Enkel Ehen/
> reich' und hohem Wohlergehen/
> sein Urbild wieder leben muß.

Außerdem wird das Schicksal angefleht, dass «Hamburgs mehren Vätern» im hohen Alter auch so ein «neuer Ehejubel» beschert werde. Die männlichen Vertreter von Hamburgs Führungsschicht und die Erinnerung an ihre Verdienste bilden das Zentrum solcher Feiern.

2.2. Hochzeitsfeiern: Oper privat

Ziel aller Intrigen und Dramen auf der Opernbühne ist die Eheschließung, verbunden mit einer fröhlichen Hochzeitsfeier, wie im «wirklichen Leben» auch. Dabei konnten sich Publikum und Opernmitarbeiter auch außerhalb des Opernhauses begegnen. So sorgten Dichter, Komponisten und SängerInnen für kulturelle Höhepunkte bei großbürgerlichen Hochzeiten. Traditionellerweise wurden hier Hochzeitsgedichte[140] und Musiken vorgetragen. Steffen Voss[141] weist in einer Studie über Hamburger Hochzeitsmusiken für höfische und bürgerliche Gesellschaften nach, dass deren Produktion 1715 einsetzte, in dem Gründungsjahr der «Teutschübenden Gesellschaft».[142] Inhaltlich und musikalisch konnte er keine Unterschiede zwischen den Ansprüchen adliger und bürgerlicher Auftraggeber ausmachen. Nur am Rande erwähnt Voss den Kern dieser Zeremonien, nämlich die Darstellung und Bestätigung der geschlechtsspezifischen Handlungsräume von Braut und Bräutigam.[143] Zwar stellt Voss fest, dass der Bräutigam oftmals als weltgewandt, wirtschaftlich erfolgreich und gebildet geschildert wird. Doch den Frauen widmet er sich kaum, nur gelegentlich erwähnt er Attribute für Frauen wie «schön», «tugendhaft», «musikalisch». Zumindest zeigt Voss die enge Verbindung der Hamburger Oper mit dem kulturellen Leben der wohlhabenden Bürger, weist Einflüsse von Opern nach, wie von Keisers «heroischem Schäferspiel» *L' inganno fedele oder der getreue Betrug* (1714). Voss arbeitet heraus, dass Sängerinnen bei diesen Anlässen mehr als ihre männlichen Kollegen verdienten, wie etwa die Star-Primadonna und zeitweilige Opernchefin Margaretha Susanna Kayser geb. Vogel (1690 in Hamburg geboren, 1774 in Stockholm gestorben).[144] Sie ist eine der wenigen Frauen, die ihre Glückwünsche selbst überbracht und interpretiert haben.[145] Denn in der Regel ergriffen hier Männer das Wort und präsentierten patriarchal geprägte Vorstellungen von Liebe und Sexualität. Zu den wenigen Verfasserinnen von Hochzeitsgedichten zählt Susanna Elisabeth Zeidler (1657–1706), Pfarrerstochter und spätere Pfarrersfrau. In ihrem Buch *Jungferlicher Zeitvertreiber* von 1686 sind ihre Gelegenheitsgedichte für Geburten, Taufen, Hochzeiten und Beerdigungen gesammelt.[146] Auch Margaretha Susanna von Kuntsch-Forster (1651–1717), hochgebildete Tochter eines Hofdiplomaten, die wiederum einen Hofdiplomaten geheiratet hatte, verfasste Gelegenheitsgedichte, die 1720 von ihrem Enkel herausgegeben wurden, mit einem Vorwort von Christian Friedrich Hunold alias Menantes.[147] Leider sind die beiden Herren nicht besonders respektvoll mit dem Werk umgegangen: der Enkel überarbeitete viele Gedichte (wie es damals durchaus bei Drucklegungen üblich war), und auch Menantes lässt es in seiner Vorrede an Respekt fehlen, verschlüsselt seine Kritik ironisch mit dem Lob der von Gott gewünschten Unterschiedlichkeit der Geschlechter:

> Ob man von einem Frauenzimmer ein so wohl am Geist, Verstande, Gelehrsamkeit, als allen andern Regeln der Poesie vollkommenes Carmen fordern könne, weiß ich nicht. [...] [D]er weise Schöpfer hat dem vernünftigen weiblichen Geschlecht so viele Vortrefflichkeit der Seelen eingepflanzt, daß man den Mangel der häuffigen Proben ihrer Gelehrsamkeit und sinnreichen Gedancken dem Mangel der nöthigen Unterrichtung und sorgfältigen Bemühung zuschreiben muß, die sie auf die von Gott bestimmte Frauenzimmers Arbeit vor andern rühmlichst wenden.[148]

Hunold gibt sich unschlüssig im Hinblick darauf, ob Frauen ebenso wie Männer qualitativ hochwertige Literatur abliefern können, da sie nicht entsprechend gebildet wurden. Dafür seien sie aber von Gott mit besonderen seelischen Kräften ausgezeichnet worden und würden in der Zeit, in der die Männer studieren, Frauenarbeit verrichten, die ihnen von Gott bestimmt und deshalb nicht zu ändern war.

Eine große Rolle spielten in den Hochzeitsgedichten Schäferspiel-Motive, Allegorien, «Liebesengel», «Eheliche Tugenden» wie «keusche Liebe» und «Treue».[149] Aufschlussreich im Hinblick auf eheliche Sexualität ist Telemann's Hochzeitskantate *Der Weiberorden* (TWV 20:49), die wohl um 1753 getextet wurde und auf eine Arie aus seiner Oper *Mario* (1709) zurückgeht.[150] Der Text gibt vor, aus der Perspektive einer Braut die sinnlichen Freuden der Liebe in einer Ehe zu feiern.

> Arie.
> Du angenehmer Weiberorden,
> dich tret ich voller Freuden an.
> Fahr hin, verhasste Jungfernschaft,
> du giebest weder Saft noch Kraft.
> Doch da du mir entrisset worden,
> so bin ich unvergleichlich dran.
> Rezitativ.
> Nun kann ich mich recht aus dem Fundament vergnügen,
> bei meinem Manne liegen,
> in seinen Armen schlafen,

und niemand darf mich drum bestrafen.
Fällt mir erst dieses ein:
dass mich nach dreien Vierteljahr
ein junges Söhnchen soll erfreuen,
so möchte ich aus der Haut für lauter Freude fahren. [...]

Legitimes weibliches Begehren erfüllt sich in der Ehe und mit der Geburt eines «jungen Söhnchens». Nur so können Sinnlichkeit und Liebe frei von Schuldgefühlen gelebt werden. In einem als humorvoll geltenden Gewand wird die Last der Keuschheit beschrieben, die auch mit der Angst vor Strafen verbunden ist. Eine erstgeborene Tochter wäre nur zweite Wahl. Die Schönheit und Musikalität der Braut wird gepriesen in der von Johann Mattheson komponierten Serenata *Die über die Entfernung triumphierende Beständigkeit*.[151] Hier hält der ewige Kritiker Momos eine Lobrede auf die verwitwete Mutter der Braut und ihre, dem berühmten Vater nacheifernden, Söhne. Erinnert wird bei dieser Feier auch an den das Familienglück überschattenden Tod einer Tochter. Das Brautpaar hat lange auf die Eheschließung warten müssen, insbesondere für die Braut eine einsame und schmerzhafte Zeit, an die Euterpe in ihrer Adagio-Arie erinnert.[152]

Auch die Kenntnis antiker Autoren wie Ovid ist bei den Männern gebildeter bürgerlicher Kreise nachweisbar. Beispielhaft ist hier ein gedrucktes Gedicht zur Hochzeit des Konrektors des Johanneums Johann Joachim Neudorf mit «Jungfer» Catharina Elisabeth Schiller, deren Hochzeit für den 10.06.1721 in der St. Petrikirche bei der Weddebehörde[153] beantragt worden war. Im Hochzeitsgedicht wurde auch über den Lesestoff und die erotischen Erfahrungswelten der beiden Eheleute referiert, nach altbekanntem Modell: der Ehemann erteilt als Lehrmeister «seiner Schülerin», der Ehefrau, «Liebes=Lectionen».

Sie selber ist gar wohl zur Tugend auferzogen,
Drum bleibt sie selber stets ergeben und gewogen.
Sie hört und lieset gern/ was zu derselben geht.
Vornehmlich aber das/ So in der Bibel steht.
Vorhero treibet Er mit ihr die Kunst zu lieben/
Die nicht also/ wie sie Ovidius beschrieben/
Um in der Poësie gleichfalls etwas zu thun/
Doch lässet er mit ihr dabey das Tichten ruhn. [...]
In Flacco will er nur das Lied mit ihr durchgehen/
da von der Lalage die schönsten Worte stehen/

daß sie anmuthig lacht und süsse Lieder singt;
Als das ein klares Bild von seiner Liebsten bringt.[154]

Hier sind geschlechtsspezifische Kategorien ablesbar: Die tugendhafte Frau ist fromm und mit dem Studium der Bibel beschäftigt, der Mann hingegen kennt sich aus in der Welt, in erotischer antiker Literatur und möglicherweise auch mit dem realen Sex.[155] Für die erwarteten Kinder gilt, dass sie «ihrer Mutter Zucht/ des Vaters Weißheit» zeigen. Als Hüterin der Tradition wird die Matriarchin der Familie gewürdigt, die sich über diese Hochzeit sehr freue, so sei «Groß=Mama aufs neue mehr erquickt».

Trotz allen gesellschaftlichen Drucks war der Wunsch ständeübergreifend bei Männern und Frauen verbreitet, in der Ehe Liebe und Glück zu erfahren.[156] Neben privaten Hochzeitsfeiern ist die Opernbühne einer der Orte, an dem dieser individuelle Traum öffentlich verhandelt wird.

2.3. Bürgerliche Männer über ihre Ehen

Über das Innenleben bürgerlicher Ehen erfahren wir in dieser Zeit nur etwas aus der Perspektive der Ehemänner. So berichtet Barthold Hinrich Brockes in diversen Gedichten über seine Ehe mit Anna Ilsabe geb. Lehmann (04.11.1693 geboren, 15.11.1736 in Ritzebüttel gestorben).[157] Er nannte sie im zärtlichen Buchstabenspiel «Belise»[158], nahezu ein Anagramm aus Ilsabe. Sich selbst nannte er Belisander, Lisander und Beraldo. Geheiratet hatten sie am 15.02.1714. Brockes berichtet von 18 Wochenbetten in 22 Ehejahren, 12 Kinder kamen lebend zur Welt. Überlebt haben den Vater nur sechs Kinder. Anna Ilsabe Brockes hat möglicherweise unter Kindbett-Depressionen und Schwermut gelitten. In einem seiner Gedichte klingen Schuldgefühle an, etwa in Bezug auf ihre vielen Schwangerschaften.[159] Sie starb nach schwerer Erkrankung. Am Beispiel der Anna Ilsabe Brockes lassen sich Fragen zu geschlechtsspezifischer Religiosität vertiefen, etwa als Folge beschwerlicher Mutterschaften und Hausarbeit. Brockes hat nicht wieder geheiratet und starb 1747 im Alter von 66 Jahren. Der berühmte Pastor von St. Jakobi, Erdmann Neumeister, geistlicher Dichter, Kenner und Verteidiger der Opern, liefert in den Widmungsvorreden zu seiner vierbändigen Predigtsammlung «Freytags=Andachten»[160] Einblicke in sein Verständnis von Eheglück, den Pflichten und Verhaltensweisen idealer Ehefrauen, Töchter und Söhne. So widmet er den ersten Teil seiner Frau, mit der er nun, in Anspielung auf das in der Bibel geschilderte glückliche Ehepaar Jacob und Rahel, «viermahl sieben Jahre» glücklich lebte: «Meiner Hertz=geliebtesten Ehe=Genossin, Frauen Johannen Elisabeth Neumeisterin, gebohrner Meisterin, wird dieses Büchlein zugeeignet.» Mit ihr hatte er 13 Kinder, wovon im Jahr 1724 noch 7 am Leben waren.[161] Er beginnt die Vorrede mit «Hertzgeliebtester Schatz!» und verwahrt sich gegen Leute, die «spöttisch darüber seyn/ dass ein Ehe=Mann seinem Weibe ein Buch dediciret [...].» Eine Basis des ehelichen Glückes und Friedens sei die «Apostolische Ermahnung: Ihr Männer/ liebet eure Weiber». Mit dem Lob seiner Frau für ihren unermüdlichen und verantwortlichen Einsatz für die Familie und den Haushalt gibt er Einblicke in den Tugendkatalog einer idealen Gattin. So sei Elisabeth Neumeister «mir mit Willen und Vorsatz nie entgegen gewesen», er habe sich immer auf sie verlassen können, in der «weitläuffigen und mühsäligen Haushaltung» ebenso wie in der «Kinderzucht».[162] Zumindest nach außen hin bestand eine strikte Aufgabenteilung: Sie war zuständig für den Haushalt und die Kinder, er für seine seelsorgerisch-theologische Arbeit. Eine Beraterin auch in beruflichen Fragen, in der Ausführung seines öffentlichen Amtes, ist sie offensichtlich nicht gewesen, zumindest betont er dies in dieser Selbstdarstellung: «Und/ welches ich billig nicht verschweigen soll/ hat sie sich niemahls in Sachen/ die mein Ampt insonderheit angehen/ gemenget.» Seine von ihm als vorbildlich empfundene und geschilderte Ehe scheint allerdings nicht die Regel gewesen zu sein, wie er betont:

> Mehr als tausend Paar/ habe ich copuliret. Da denn manche Ehe wohl/ manche sehr übel gerathen ist. Viele hat der Tod wieder getrennet. Manche haben sich selbst eigenmächtig geschieden.

Als Ursachen sieht und verdammt Neumeister mangelnde Glaubensfestigkeit und außereheliche Beziehungen. Seine Liebe zu seiner Frau hingegen sei so groß, dass er wünsche, vor ihr zu sterben oder doch zumindest zeitgleich. Dies kann einerseits dahingehend verstanden werden, dass das Leben ohne sie nicht mehr lebenswert sei. Andererseits sieht er sich, der Pfarrer und Seelsorger, zur eigenen Trauerarbeit außer Stande und schließt mit den Worten: «Dein biß in den Tod getreuer Erdmann Neumeister». Doch ist sie dann vor ihm gestorben.

Johann Mattheson berichtet in seinen Lebenserinnerungen von seiner zwar kinderlosen, aber glücklichen Ehe mit Catharina Jennings:

[...] einer Tochter des weiland hochehrwürdigen Johann Jennings, Rectoris oder Hauptpastoris der Kirchspiele Calston, Blackland und Cherill, in der Graffschafft Wiltshire, aus welchem hochadelichen Geschlechte auch der berühmte Admiral, Vicomte Johann Hennings, herstammet. Die Hochzeit wurde den 9. October, in sehr vornehmer Gesellschaft, auf dem sogenannten engländischen Hofe gehalten. Kinder hat sie nicht gebracht+; aber tausend Vergnügungen: welches offt bey Kindern fehlet++. [Anmerkungen Matthesons:] {+: Je connais ni ayeuls ni descendants, je compose seul toute ma race.}; {++ Itzund 1749. sind 40 Jahr. Sie [Catharina] starb 1753. da warens 44. † d. 8 Febr. 1753. ungefehr 75. Jahre alt, an einer Engbrüstigkeit, früh um 7 Uhr; gar sanft.}[163]

Beide Eheleute hatten sich gegenseitig als Erben eingesetzt, wie Mattheson schreibt:

Er hatte Anno 1729, den 3. März, nehmlich vor 30 Jahren schon ein Testamentum reciprocum mit seiner geliebten Ehegattinn errichtet: als ihn aber dieselbe Anno 1753, nach einer 44 jährigen unvergleichlich schönen Beywohnung, durch ihren tödtlichen Abschied zum ersten und letzten Mal herzlich betrübte, machte er also sofort sein zweytes Testament in aller Form am Johannis Vorabend desselben Jahres [...].[164]

Das Ideal einer glücklichen Ehe mit gegenseitiger Liebe war ein zentrales Thema in der Hamburger Festkultur. Es wurde besungen bei Hochzeiten, in weltlichen Gesängen und auf der Opernbühne. In *Le bon vivant oder die Leipziger Messe*[165] (1710), einer Oper, die während der Messe im Studentenmilieu[166] spielt, treten ein Moritaten- oder Bänkelsänger-Ehepaar auf, «ein Meister=Sänger mit seiner Frau»,[167] wie es im Verzeichnis der «Persohnen» heißt. In einer Moritat, die sie gedruckt verkaufen, besingen sie ein Ehepaar, das in Polen 80 Jahre verheiratet war: einen Edelmann «mit Nahmen Herr Drakowsky», über 114 Jahre alt und seine Gattin, über 97 Jahre:

7.
Es ist das Eh=Leut Paar
Ein Zeichen für dem jüngsten Tag/
Weils jetzund ist so rahr:
Wie mancher ist/ der am achten Tag/
Die Frau schon nimmer haben mag/
Das ist gewißlich wahr.

(Sie fangen an zu verkauffen von den Liedern)
Rin. Ich mag die Possen nicht mehr sehn/
Cleander komm/ laß uns nach Aurbachs Hofe gehen.
(Sie gehen ab). (I, 9)

Treue Ehemänner scheinen selten geworden zu sein, so behauptet es zumindest das Moritatensänger-Ehepaar. Dies wird als ein schlechtes Zeichen für den Zustand der Gesellschaft, der Welt gedeutet, deren Ende nah ist. Auch Pastor Neumeister beklagte, dass etliche Ehemänner ihre Ehefrauen loswerden wollten. Die Liebesvorstellungen bei den studierenden Kavalieren differieren: Rinaldo ist Louise in treuer Liebe zugetan, Cleander hingegen gibt sich weniger verliebt in Amalia und will lieber weiterhin seine Ungebundenheit genießen.[168]

2.4. Die Ehe: Ordnung der Geschlechter unter das Primat des Mannes

Die Ordnung eines wohl eingerichteten Wesens erfordert die Beständigkeit im Ehestande.[169]

Die Ehe produzierte und sicherte eine patriarchale Ordnung der Geschlechter mit einer klaren Trennung zwischen Männern und Frauen und ihrer Aufgabenbereiche, wie sie aus der Bibel herausgelesen, in den Gesetzen festgeschrieben und auch mittels Normen in der Praxis durchgesetzt wurden. Zedlers Universallexikon bietet 1734 einen Überblick:

Ehevoigt, ist der Ehemann. Landrecht, Lib.III. Art. 45. Der Mann ist seines Weibes Vormund; zur Hand, worauf sie ihm getrauet wird. Eheweiber müssen sich dem Mann als ihrem Herrn und Haupt unterwerffen, und ihm nicht allein schuldige Liebe, sondern auch Ehre, Furcht und Gehorsam erweisen, Col.3, 18. I. Cor. I 1,7–10.I. Pet. 3,I. Darneben müssen sie sich der Keuschheit, Zucht, Erbarkeit, Freundlichkeit, Verschwiegenheit und aller weiblichen Tugenden befleißigen, Sir. 26, 16–25. I; Pet.3, 3.4.5. auch fein häußlich und sparsam seyn, Prov. 12,4.c.14, I. Die frommen und tugendhafften sind eine sonderbare Bescherung Gottes, Ps. 128,3.4. Prov.18,22.c.19, 14.c. 31,10. Die bösen aber sind des Mannes Hertzeleid und Schande. Sir.25, 23, 24. c.26,8.[170]

Ein Beispiel aus Hamburg: der berühmte Professor Johann Albert Fabricius (1668–1738)[171] gab seiner Tochter Johanna Friederike bei ihrer Verheiratung mit Hermann Samuel Reimarus folgende, sicher nicht ironisch gemeinte Weisheit mit auf den Weg:

> Nächst deinem Gott verehre und liebe deinen Mann,
> Und bleib, wie es dir gebührt, ihm untertan;
> Bezeige dich gegen ihn in Freuden und in Leiden,
> Vernünftig, freundlich und bescheiden.[172]

Der Vater verpflichtet seine Tochter zu geschlechtsspezifischen Verhaltensweisen, die er durch die Bibel vorgegeben glaubt. Hier wurde auch die eheliche Liebe geschlechtsspezifisch unterschieden: «Lieb habe ein jeglicher sein Weib, als sich selbst, das Weib aber fürchte den Mann. Eph.5, 33».[173] Im Gegensatz zu ihrem Ehemann war die Ehefrau zur Ehrerbietung verpflichtet, ein Modell, das auch noch zu Zeit der Gänsemarkt-Oper anerkannt und durchgesetzt wurde. Diese Verzahnung von Herrschaft und Liebe hat Pierre Bourdieu überzeugend herausgearbeitet.[174]

> Die soziale Ordnung funktioniert wie eine gigantische symbolische Maschine zur Ratifizierung der männlichen Herrschaft, auf der sie gründet: Da ist die geschlechtliche Arbeitsteilung, die äußerst strikte Verteilung der Tätigkeiten, die einem der beiden Geschlechter nach Ort, Zeit und Mitteln zugewiesen werden. Sodann die Struktur des Raumes mit dem Gegensatz zwischen dem Versammlungsort oder dem Markt, der den Männern vorbehalten ist, und dem den Frauen vorbehaltenen Haus, oder innerhalb des Hauses zwischen dem männlichen Bereich mit der Feuerstelle und dem weiblichen mit dem Stall, dem Wasser, den Pflanzen. Schließlich ist da die Struktur der Zeit, des Tages, des Agrarjahres oder des Lebenszyklus, mit den – männlichen – Zeitpunkten des Bruchs und den – weiblichen – langen Perioden der Schwangerschaft.[175]

Bourdieu fasst Ergebnisse seiner Forschungen bei den Berbern, Bergbauern in der Kabylei zusammen. Dort waren an die eheliche Liebe die Hoffnung und Erwartung geknüpft, Widersprüche zu lösen und sich mit dem scheinbar Unvermeidlichen, Notwendigen, dem Schicksal zu versöhnen. Bourdieu entwickelte seine Methoden zur Analyse männlicher Herrschaft auf der Basis von jahrzehntelangen ethnographischen und soziologischen Forschungen. Außerdem nutzte er Methoden und Erkenntnisse, wie sie von WissenschaftlerInnen bekannt sind, die auch explizit «Feminismen» und «Homosexualitäten» fokussieren. Bourdieu's Vorgehen und seine Beobachtungen bieten auch Anregungen für meine Fragestellung für diesen Untersuchungszeitraum und die Hamburger Gesellschaft. Denn auch hier lässt sich, im Sinne Bourdieu's, der Prozess der Erneuerung und Reproduktion der Herrschaft von Männern beobachten: wie er sich jeweils neuen Umständen anpasst und dennoch im Wesentlichen dieselben Funktionen erfüllt. Diese Herrschaft der Männer musste immer wieder neu geformt und verankert werden und war permanent bedroht durch die Frauen, die Liebe und nicht-hegemoniale Männlichkeiten. Eines ihrer wichtigsten Fundamente war die Ehe.

Für eine androzentrische, patriarchale Gesellschaft sind, Bourdieu zufolge, leidenschaftlich liebende Männer bedrohlich, da sie die Pflichten, die ihnen die Gesellschaft im Zeichen männlicher «Ehre» und «Würde» zugewiesen habe, vernachlässigen könnten. Das Wunder der Liebe, mit gegenseitiger Hingabe, könne die angeblich natürliche, patriarchale Ordnung erschüttern, die auf eine Reproduktion der Herrschaft ziele. Liebe sei die einzige Kraft, die Frieden zwischen den Geschlechtern stiften könne, weil sie aus der Perspektive des Kampfes und des Krieges herausführe. Diese Art «wunderbaren Waffenstillstandes», in der die Herrschaft kontrolliert, die männliche Gewalt befriedet scheint, werde nur durch den Einfluss der Frauen möglich, die «den sozialen Beziehungen ihre Rohheit und Härte nehmen». Durch diese Liebe habe es «ein Ende mit der männlichen Sicht der zwischengeschlechtlichen Beziehungen, die stets die von Jägern und Kriegern ist.»[176] Das Wunder der Gewaltlosigkeit werde ermöglicht durch symmetrische, herrschaftsfreie Beziehungen, die auf völliger Gegenseitigkeit beruhen und Hingabe sowie Selbstüberwindung erlauben. Doch sei dies kein seliger Dauerzustand, wie Bourdieu betont, denn für den Fortbestand der «verzauberten Insel der Liebe» müsse beständig gearbeitet werden. Sie sei permanent bedroht[177] von «der Kälte der Berechnung, der Gewalt und des Interesses.» Die (ideale!) Liebe sei zerbrechlich, bedroht von Egoismen, Routine – von unkontrollierbaren Leidenschaften, die Liebesheiraten so scheidungsanfällig machen – weil so viel in sie investiert werde.[178] Ähnliche Vorstellungen von Liebe, Geschlecht und Herrschaft, von Bourdieu aus ethnographischen Forschungen abgeleitet, lassen sich auch herauslesen aus Opern mit adligen Inselherrscherinnen wie Circe, Calypso und Alcina – und aus Konzepten, die im 17. und 18. Jh. in Milieus verbreitet waren, auch beeinflusst von den Preziösen (siehe Kapitel: «Galanterie»). Das Ideal einer reinen, opferbereiten Liebe, welche die Ansprüche der Wirklichkeit außer Kraft setzt und sich weder am Stand noch an «Äußerlichkeiten» orientiert, wurde in literarischen Texten und auf der Opernbühne konstruiert.

Auch in Hamburg lässt sich, im Sinne Bourdieu's, der Prozess der Erneuerung und Reproduktion der Herrschaft der Männer beobachten. Frauen irritierten bereits durch ihre Existenz. Wenn sie noch dazu mit Autorität und Herrschaft in Staat und Haushalt ausgestattet waren, sie gar einforderten, waren sie eine permanente Bedrohung. So galten herrschende Frauen, wie die englische Königin Elisabeth I. oder Christine von Schweden, gewissen Kreisen, durchaus in der Folge antiker Tradition, als «monströs», als Monster. Solche selbstbewussten Frauen entzündeten Schaulust und Abwehr, Bewunderung und Unsicherheit. Das Geschlecht war die alles prägende Kategorie, die neben Stand, Klasse, Alter, Rasse, Beruf, den Menschen ihren gesellschaftlichen Standort zuwies. Deshalb kam es immer wieder zu Konflikten, wenn es um die Frage ging, was die Handlungsräume und die soziale Rolle der Frau mehr bestimmen sollte: ihr Rang oder ihr Geschlecht?[179] Welcher Respekt und Gehorsam war einer Adligen oder reichen Bürgerfrau zu erweisen, die auch als «Hure» beschimpft und sexuell angegriffen werden konnten?

Dabei ist zwischen diversen Formen der Macht zu differenzieren, zwischen der legitimen Herrschaft einer Regentin, Fürstin[180] oder der Schlüsselgewalt einer Hausfrau – und der informellen Macht, die Frauen zugewiesen wurde und die sie einsetzen konnten durch Erotik, Sexualität, Mutterschaft und kulturelle Einflusssphären bei Hof oder in bürgerlichen Haushalten.[181] Die Bilder von gefürchteten und deshalb zu kontrollierenden Frauen waren bis in die höchsten Stände verbreitet. Das belegen eindrucksvoll die Memoiren der Markgräfin Wilhelmine von Bayreuth:

> Die schlechte Meinung, welche mein Vater, der König, vom weiblichen Geschlecht hatte, war schuld, dass er uns in schrecklicher Unterdrückung hielt und daß die Königin wegen seiner Eifersucht größte Vorsicht bewahren mußte.[182]

Ihr Bruder Friedrich hatte Frauen gegenüber eine ambivalente Haltung. Einerseits respektierte und schätzte er seine gebildeten Schwestern und erlaubte der Quedlinburger Arzttochter Dorothea Christane Leporin, Medizin zu studieren und zu promovieren; andererseits war er ein erklärter Gegner der pragmatischen Sanktion, eroberte Schlesien u.a., weil er es als ein «Mannslehen» ansah.

Der Rechtshistoriker Stephan Buchholz eröffnet seine Zusammenfassung über die damaligen Geschlechterverhältnisse in den Rechtsquellen mit der Erkenntnis: «Der Geschlechtsvorrang des Mannes gehörte in der christlich-abendländischen Tradition zu den prägenden Konstanten des Geschlechterverhältnisses.»[183]

Auch in den Libretti spiegelt sich die ständeübergreifende Grundlage dieser Ordnung: «major dignitas est in sexu virili», die größere Würde liegt beim männlichen Geschlecht. Dieses Über- und Unterordnungsverhältnis, wie es aus der Bibel herausgelesen wurde, galt als «unverfügbares ius divinum»[184], als göttliches Recht, und war somit nicht weiter zu diskutieren und zu kritisieren. Flankiert wurde diese Ordnung durch Texte der Patristik und der Scholastik, in der geschlechtsspezifische Eigenschaften und Aufgaben festgeschrieben waren. Wirkmächtig waren «biologische Attribute», die einen «prinzipiellen Wertungsvorrang»[185] des als «stark» geltenden vor dem vermeintlich «Schwachen» behaupteten. So galt die Frau natürlicherweise als «schwach», sowohl in körperlicher, als auch in geistig-seelischer Hinsicht. Deshalb hatte sich die Frau der Herrschaft des Mannes zu unterwerfen und ihm zu dienen.

Als Basis für diese allgemein verbindliche «ordo matrimonialis», der Ordnung der Ehe und ihre rechtliche Fixierung, galt der Schöpfungsbericht (Gen 3, 16)[186] – und die neutestamentlichen Haustafeln (Kol 3, 18–25; Eph 5, 22–26), in denen die Ordnung für das Haus und das familiäre Zusammenleben festgelegt wird – unter dem Primat des Mannes. Die Bilder der Frau als «sexus inferior infirmus», «fragillis», «imbecillus» (unterlegenes Geschlecht, kraftlos, schwächlich) und das Motiv vom «vir caput mulieris» (Mann als Haupt des Weibes) bildeten eine Art kontinuierlichen Generalbass, nachweisbar vom Dekret Gratians (1140) bis hin zur preußischen Naturrechtskodifikation, dem Allgemeinen Landrecht von 1794.[187] Großen Einfluss hatten auch Texte antiker Autoren, deren misogyne Tendenzen die Vorstellungswelten der Intellektuellen rund um die Hamburger Gänsemarkt-Oper prägten. Diese ideologischen Bausteine bildeten die argumentative Grundlage für die juristisch festgelegte lebenslange Vormundschaft der Frau, ein europaweit verbreitetes Phänomen. Im Hamburgischen Stadtrecht von 1605 heißt es unter «Titulus IX. Von Kriegischen Vormündern. Art.1»:

> Knaben unter achtzehn Jahren, und alle Frauen und Jungfrauen, werden, nach unserm Stadt=Rechte, unmündig gehalten: deswegen sie denn weder Klägers noch Beklagten Stelle im Gerichte vertreten, auch vor dem Rathe nichts auflassen können, sondern muß solches durch ihre Vormünder oder Curatores geschehen: oder dasjenige, so sie handeln, ist von Rechts wegen krafftlos und nichtig. [...]

Art. 5. Der Frauen Vormund ist ihr Ehemann, so lange er lebet: der sie denn im Rechte, als ihr Ehe=Vogt und rechter Vormund, zu vertreten schuldig. Wenn er aber Todes verfahren ist, und die Frau im Gerichte zu klagen hätte, oder beklagt würde; so soll sie, ihr einen Kriegischen Vormund zu geben, bitten.[188]

Eine Frau wurde nie mündig, weder als junges Mädchen, noch als Ehefrau oder Witwe. Immer stand sie unter männlicher Geschlechtsvormundschaft, die von männlichen Verwandten oder Vertretern der Obrigkeit ausgeübt wurde. Vor Gericht war sie ebenfalls auf einen männlichen Vertreter angewiesen. Vielfach erstritten sich Frauen jedoch Handlungsspielräume, je nach Territorium oder Gesellschaftsschicht, wie es sich auch für die Rechtsfähigkeit von Kauffrauen zeigen lässt.[189] So war es möglich, dass manche Frauen Lieblingsbrüder oder ihnen wohl gesonnene Männer als Kuratoren wählen konnten. Diese Vormundschaft bestimmte auch den Aktionsradius weiblicher Opernfiguren, doch bestand wohl ein Faszinosum gerade darin, dass etliche auf der Opernbühne eigenmächtig handelten, ohne männlichen Beistand, Schutz oder Bevormundung.[190]

2.4.1. «Double standard»: zur Polarisierung der Geschlechter

Die Germanistin Susan L. Cocalis[191] hat sich bereits 1980 kritisch mit Thesen von Karin Hausen, Barbara Duden und Silvia Bovenschen auseinandergesetzt. Zentral war hier die Behauptung, dass «eine progressive Verschrumpfung der Familie im 18. Jahrhundert» zu beobachten sei, als deren Folge sich das «ganze Haus» in die bürgerliche Kleinfamilie auflöste.[192] In der soziologischen Forschung wurde eine «Tendenz zur gänzlichen Auflösung der Familie» zwischen 1780 und 1810 angenommen. Diese Tendenz sei damals nur durch die intensive Idealisierung der Kleinfamilie und der damit zusammenhängenden ideologischen Polarisierung der Geschlechtereigenschaften bekämpft worden. «Gegenüber dieser als rückschrittlich empfundenen Richtung der zweiten Jahrhunderthälfte, wird das erzieherische Bestreben der Frühaufklärung als emanzipatorisch bewertet.»[193]

Doch Cocalis kritisiert dieses Modell, das eine Polarisierung der geschlechtsspezifischen Eigenschaften erst für das Ende des 18. Jahrhunderts ansetzt. Sie weist überzeugend auf den bereits in der Frühaufklärung gültigen, wie sie es nennt, «double standard» für Frauen hin. Später entwirft Bourdieu das überzeugende Bild eines «negativen symbolischen Koeffizienten», der

Frauen von Männern trennt und ihre Existenz und Handlungen negativ bewertet.[194] Bourdieu's Analyse lässt sich übertragen auf Angriffe, Abwertungen und sexuelle Diskriminierungen, denen etwa Fürstinnen und Dienstbotinnen im frühen 18. Jh. ausgesetzt waren.

Inspiriert durch die Arbeiten von Cocalis, Bake und Bourdieu werden im Folgenden gesellschaftliche Hintergründe skizziert, die das Geschlechterverhältnis in der Lebenswirklichkeit und auf der Opernbühne bestimmten. Cocalis formuliert vorsichtig, dass sich der Standpunkt vertreten ließe,

> [...] dass das verklärte Bild der kindlichen Unschuld, das sich in der zweiten Jahrhunderthälfte verbreitete, wesentliche Momente des Frauenbildes der Frühaufklärung in sich verberge und sie in leicht verwandelter Gestalt fortsetzte. Denn trotz allem Anschein von Emanzipation in der Frühaufklärung wurde die Unmündigkeit der Frau als ‹ewiges Gesetz› der Natur vorausgesetzt, so dass sich ein double standard in bezug auf Erziehung, Geistesfähigkeit und soziale Aufgabenbereiche bereits damals entfaltet. Dieser double standard, der der Philosophie der Frühaufklärung durchaus innewohnt, wird mit dem Wandel der naturrechtlichen Auffassung der Familie lediglich deutlicher zu Tage gefördert und in der am Ende des Jahrhunderts weit verbreiteten Theorie von sich ergänzenden Geschlechtereigenschaften als zweiteiliges Wertesystem kodifiziert.[195]

Die Frau wurde in der Praxis dem Mann nicht gleichgestellt – und diese Geschlechterhierarchie wurde mit kontinuierlich wirksamen Traditionen begründet und immer wieder neu hergestellt. Die Haushalte, an die sich die Hausväter- und christliche Haustafelliteratur des 16. und 17. Jh.'s richtete, insbesondere an die adlige Grundherrschaft, großbäuerliche Grundbesitzer und an das gebildete Großbürgertum, bestanden aus «einem Mittelding zwischen ‹ganzem Haus› und Kernfamilie». Die Menschen innerhalb des Haushaltes wurden nach biblischem Muster in einen herrschenden und einen dienenden Stand eingeteilt. Nahezu ungebrochen weitertradiert wurden Bilder von Männlichkeit und Weiblichkeit, die man der Bibel entnommen zu haben meinte: Die Frauen, als Nachfahrinnen der verführerischen Eva, seien schwach und von Affekten beherrscht und müssten deshalb vom Mann geleitet, ihm unterworfen und gehorsam sein. Der eigentliche Wirkungskreis der Frau sei das Haus. In der Öffentlichkeit müssten sie vertreten werden von einem männlichen Vormund, sei es der Vater oder der Ehemann.

Dieser Rangunterschied zwischen den Geschlechtern wurde theologisch begründet und festgeschrieben. Er bestand zwischen dem Hausherrn und der Hausfrau, «der auch die der Frau vorgeschriebenen Verhaltensmuster und die ihr zugedachten Aufgabenbereiche prägte.»[196] Sie sollte «gehorsam und trew», sanft und still sein – und zuständig für Haus, Keller und Stall. Diese Verhaltensmuster und Aufgabenbereiche, verbreitet u.a. durch die Hausväterliteratur[197] und wirksam in verschiedenen sozialen Schichten und Ständen, sorgten für eine Vereinheitlichung der Gesellschaft.

> Diese Vereinheitlichung wäre aber noch nicht mit einer sogenannten Verbürgerlichung der Gesellschaft zu verwechseln, denn die Nachahmung adliger Machtverhältnisse brachte einen neuen Anspruch der Hausmutter mit sich, neben dem Hausherrn als Haus-Frau zu gelten.[198]

Vielfältig sind die gegenseitigen Beeinflussungen und Nachahmungen zwischen den Ständen. Aber eine gebieterische, machtbewusste Frau stellte sowohl bürgerliche als auch adlige Milieus vor Probleme. Bei Auseinandersetzungen beriefen sich etliche bürgerliche und adlige Männer (und Frauen) auf die von ihnen mit der Bibel gerechtfertigte Vorherrschaft des Mannes.[199] Auch im Gewand der so genannten «Frühaufklärung» wurden diese patriarchalen Traditionen trotz aller Reformversuche letztlich bewahrt und verteidigt. Zwar sei aus der «ehemännischen väterlichen und herrischen Gewalt» der bislang theologisch begründeten Haustafelliteratur, nun eine säkularisierte

> [...] ‹eheliche, väterliche und herrschaftliche Gesellschaft› geworden, die durch einen Vertrag zwischen dem Brautvater und dem Bräutigam geschlossen wurde (wobei der Braut selbst höchstens ein Vetorecht zugestanden wurde), um ‹Kinder zu erzeugen und zu erziehen›.[200]

Aber dieser Vertragsgedanke beförderte nicht selbstverständlich die Gleichwertigkeit der Frau. Zwar setzten sich Autoren wie Christian Wolff (1679–1754) für die neue gebildete Frau ein, für ihre Erziehung zur vernünftigen gebildeten Gefährtin des Mannes.[201] Aber diese vorsichtig angedachte theoretische Gleichwertigkeit der Frau, wie sie bereits im 17. Jahrhundert in Salons oder an Höfen Frankreichs diskutiert und partiell praktiziert wurde,[202] bestand den Praxistest in der Ehe nicht, trotz Einschränkung der hausherrlichen Gewalt durch den Vertragsgedanken. Denn die Frau blieb in den Bereich der Reproduktion verwiesen. So beharrt Wolff darauf, dass die Schwangerschaft und die Erziehung der Kinder es den Frauen unmöglich mache, einen angemessenen Anteil zum Unterhalt der Familie beizutragen. Da der Mann in der Öffentlichkeit für den Broterwerb tätig sei und daher welterfahrener sei als sie, sei sie ihm zum Gehorsam verpflichtet.

Die Reproduktionsarbeit im Hause blieb ein zentraler Konfliktherd, darauf deuten auch satirische Schriften und komische Opern, Szenen und Intermezzi. Männer wollten hier keinen gleichberechtigten Beitrag leisten. Die Frauen wiederum, die in diesem System anerkannt tugendhaft leben wollten, beanspruchten diesen einzigen, ihnen zugewiesenen Herrschafts- und Machtbereich und gerierten sich hier zuweilen machtbewusst und tyrannisch. Dies lässt sich auch in einigen Opern nachweisen wie in Telemann's Oper *Socrates*, in der Xanthippe ihr häusliches Reich gegen Sokrates' Zweitfrau verteidigt; oder in den Intermezzi, in denen resolute Dienstmägde als tyrannische Hausfrauen karikiert werden, wie in *Pimpinone* und *La serva padrona* (siehe Teil II, 3).

Detaillierte und rigide Kataloge der Geschlechtereigenschaften, erwünschter und abgelehnter Männlichkeiten und Weiblichkeiten, wurden bereits früh angelegt.[203] So heißt es in Zedlers Universallexikon unter dem Stichwort «Ehestand»:

> [...] Denn das ist die größte Hülffe, welche eine Frau einem Manne erweisen kan, wenn sie dem Haus=Wesen wohl vorstehet. Die Männer sind wegen ihrer Stärcke zu denen öffentlichen Geschäfften und weit hinaus gehenden Dingen geschickter als die Weiber. Der letzten ihre gröste Tugend ist die Eingezogenheit, und von denen Alten können wir lernen, daß dieses eine Tugend der Weiber gewesen ist. Es ist also die größte Pflicht einer Frauen in demjenigen, wozu sie gebohren, und woran der Mann durch andere Geschäffte verhindert wird, ihre Geschicklichkeit zu bezeigen. [...] Weil aber die Wirthschafft unter die Arten der Klugheit gehöret, und die Wirtschafft gleichwohl ein so nöthiges Stück an einem Weibe ist, so erfordern wir von einer Ehegattin so wohl eine gute Erfahrung in Haushaltungs=Sachen, als eine vernünfftige Einsicht alle Dinge klug einzurichten. Soll ein Haus=Wesen wohl bestehen, so müssen die Häupter derselben einig und die besten Freunde seyn. Der Ehestand ist also eine derer allergenauesten Freundschafften, welche in der Welt angetroffen werden.[204]

Doch dieses Ideal der Freundschaft zwischen zwei Ungleichen war in der Praxis nur schwer zu leben. Diesen (Haupt-)Widerspruch wollte Klefeker ebenso wie andere «Frühaufklärer» mit Vernunft und Geduld lösen, statt mit einem Umsturz der Verhältnisse. Die um Aufklärung bemühten Patriarchen erstrebten eher eine Symptombehandlung statt eine Radikalkur. So rät der evangelisch-lutherische Theologe und Polyhistor Christoph August Heumann (1681–1764), Anhänger der reformierten Abendmahlslehre und Auslöser des so genannten «Heumannschen Abendmahlstreits», im Jahr 1724:

> Nun müssen wir weitersehen, wie sich der Mann gegen seine Frau im Hause aufzuführen habe. Dieses ist aber leicht auszumachen, wenn man sich erinnert, daß Eheleute in der genauesten Freundschafft mit einander stehen, bey welche doch der Mann das Directorium hat. Diese Freundschafft nun machet beyde Eheleute gleich, und obgleich in der That die Frau gegen ihren Mann Respect tragen muß, so führet sich doch ein kluger Mann also gegen sie auf, als wenn er nicht von der geringsten Ungleichheit wüsste.[205]

Aus der «potestas maritalis» folgt das «ius viri in operas uxoris».[206] Hier stehen an erster Stelle die häuslichen Dienste und persönlichen Dienstleistungen am Körper, die die Ehefrau dem Ehemann leisten musste. Zur weiblichen Dienstbarkeit gehörte: Haushalt, Personensorge, Pflege bei Krankheiten und auch das Waschen von Füßen und Kopf.[207] Diese Aufteilung der Arbeit basierte auf ihrer Bewertung: obwohl überlebensnotwendig, galt sie als Frauenarbeit und damit als geringer wertig; außerdem wurde sie Männern nicht zugetraut und diese wiederum hatten Angst vor der Blamage.[208] Hier galt die Devise: «Ein Kerl haut lieber eine Halbe-Stunde Holz als dass er eine Viertel-Stunde das Haus ausfegt.»[209]

Auch wenn der Mann gewisse Arbeiten im Haus zu übernehmen hatte, vermied er Tätigkeiten, die für einen Mann als entwürdigend galten, ihn «entehrten». Diese hierarchische Arbeitsteilung der Geschlechter wird auch auf der Opernbühne bestätigt: Frauen und Dienstmädchen sind für die Hausarbeit und Versorgung des Ehemannes zuständig, üben damit eine gewisse mütterliche Macht aus, der Mann hingegen wähnt sich wie ein Junge abhängig von der (aufs Mütterliche beschränkten) Frau. Umstritten war, ob Frauen von höherem Stand «gemeine Dienste», «vilia officia», übernehmen mussten – wie das Hüten von Tieren, Servieren der Getränke, das Kochen, das Wasserschöpfen:

> Allenthalben wurde Klage darüber geführt, daß es unangepaßte Frauen gäbe, die sich nicht zwingen lassen, in den genannten Fällen Hand anzulegen, da so etwas die Aufgaben von Mägden wäre.[210]

Obwohl Frauen von offizieller öffentlicher Herrschaft ausgeschlossen waren, wird ihnen im häuslichen und informellen Bereich eine spezifische Macht attestiert. Doch sollen sie davon nur in Maßen Gebrauch machen, um den Mann nicht in der Öffentlichkeit bloß zu stellen. Dazu gehört die den Frauen zugeschriebene informelle Macht im Bereich der Liebe und Sexualität, etwa als Geliebte eines Herrschers, oder als «Muse» von Künstlern und Publizisten.

Vor diesem Hintergrund erhalten Mägde als Herrinnen und widerständige Hausfrauen auf der Opernbühne, die sich weigern, bestimmte Dienstleistungen auszuführen, eine besondere Brisanz. (Xanthippe verweigert bei einem Ehestreit Sokrates das Essen; Pimpinone gilt als Trottel, den Launen seiner Dienstmagd ausgeliefert, in den *Amours der Vespetta* wird er nicht nur von seiner Frau betrogen, sondern auch noch von der Dienstmagd zum Einkaufen geschickt.)

Die Haltungen gegenüber Frauenbildung waren ambivalent: Eine gebildete Partnerin oder Tochter konnte die Kultiviertheit und arrivierte gesellschaftliche Stellung eines Mannes repräsentieren.[211] Andererseits wurden die weibliche Konkurrenz und ihr Aufbegehren gefürchtet. Zudem bestand die Sorge, nicht mehr selbstverständlich durch die Frauen im Haus versorgt zu werden. So sind immer wieder Argumente zu lesen wie: ein Studium halte die Frauen ab von den häuslichen Pflichten und zu viel weibliche Gelehrsamkeit, die sich an den Männern orientiere und mit ihnen konkurriere, verwandle Frauen in «Mann=Weiber».

Mit Argumenten gegen gebildete Frauen setzte sich die erste deutsche promovierte Ärztin Dorothea Christiana Erxleben geb. Leporin (1715–1762) auseinander. Die «Erxlebin» betonte, dass sie ihre häuslichen Pflichten und ihre Studien durch ein ausgeklügeltes Zeitmanagement bewältige.[212] Damit rüttelte sie nicht an dieser geschlechtsspezifischen Arbeitsteilung, betonte aber die wichtige Rolle eines einsichtsvollen Ehemannes: dass es sich mit einem «vernünftigen Ehe=Mann trefflich studieren ließe». Die Erxlebin bezieht sich hier auch auf frühere Schriften von Christian Thomasius (1655–1728), der im Hinblick auf die Gleichwertigkeit der Frauen und ihre Bildungsfähigkeit erhebliche Positionswechsel durchgemacht hat.[213] Thomasius ist ein Beispiel für die Ambivalenzen und schwankende Haltung frühaufklärischer Intellektueller im Hinblick auf die Geschlechterfrage. Jedenfalls wirkten seine früheren Schriften noch lange über seinen Tod hinaus, wie Dorothea Christiana Leporin schreibt:

Der grosse Thomasius, der in Wahrheit unter denen, die er zum studiren wolte gelassen wissen, ein sehr scharffes Sortement zu beobachten pflegte, behauptet in seiner Vernunfft-Lehre und auch sonst hin und wieder ausdrücklich, daß Weibes= so wohl als Manns=Persohnen zur Gelehrsamkeit fähig seyn.[214]

Auch die Autoren der Hamburger Oper haben sich mit Christian Thomasius beschäftigt. Barthold Feind erwähnt Thomasius in der Vorrede zu seinem Libretto *Lucretia,* allerdings ohne einen Vornamen zu nennen. Aber vermutlich handelt es sich um Christian Thomasius.[215] Trotz aller Möglichkeiten der Macht- und Herrschaftsausübung,[216] wie sie etlichen wohlhabenden und adligen Frauen offen standen, trotz aller galanten Komplimente: der «double standard» bestimmte ihre Wertschätzung und Handlungsräume. Eindrücklich lässt sich dies in dem Prolog *Auf zum Jauchzen, auf zur Lust*[217] der Oper *Calypso* nachweisen, TWV 23:4. Im Jahr 1727, zur Geburt der Zwillingstöchter Louise Élisabeth und Anne Henriette des französischen Königspaares König Ludwig XV. und Maria Leszczynska, Tochter des vertriebenen polnischen Königs Stanislaw I., wurde es in Hamburg aufgeführt. Der Musikwissenschaftler Ralph-Jürgen Reipsch bemerkt dazu:

> Bei allen an das ‹schöne Geschlecht› gerichteten galanten Worten im Prolog des Jahres 1727 ist das Bedauern darüber nicht zu überhören, daß kein männlicher Thronfolger das Licht der Welt erblickt hatte.[218]

Ähnlich drückte sich die Rangordnung der Geschlechter auch im Zeremoniell des Wiener Hofs aus. So wurden bei der Geburt eines Erzherzogs drei große Galatage vorgeschrieben, bei der Geburt einer Erzherzogin nur ein großer und zwei kleine.[219] Doch zurück zum Prolog. Hier wird ein Kampf um den Vorzug der Geschlechter vorgeführt, verkörpert durch Juno gegen Jupiter. Juno will nicht länger unter der Untreue ihres Mannes leiden, lässt mit Hilfe der Göttinnen Flora und Venus, die Jupiters Machtanspruch gegenüber sehr kritisch sind, ihre Töchter mit Schönheit und Lieblichkeit ausstatten:

> Um mein Geschlecht/ das eurem gleicht,
> und an Fürtrefflichkeit niemahls den Männern weicht.

Mars ist verärgert über die Geburt von Mädchen, die ihm als natürliche Zeichen des Friedens gelten. Über die Rolle von Männern und Frauen, ihren Platz in der Gesellschaft wurde also permanent gestritten. Die Querelle des Femmes ließ Teile der Hamburger Gesellschaft erzittern. Im Alltag sind Machtkämpfe zwischen Männern und Frauen nachweisbar. Die Transmission der Herrschaft des Mannes im Rahmen sich permanent verändernder Bedingungen gelang nicht reibungslos und war von Konflikten begleitet, die dieses System selbst hervorbrachte. Die Oper ist ein Ort, an dem diese Kämpfe verhandelt wurden.

2.4.2. Das umstrittene männliche Primat

Auch wenn Heide Wunder, nach der Meinung von Stephan Buchholz, für die vorbürgerlichen Arbeits- und Lebenswelten in der Frühen Neuzeit ein eher partnerschaftlich gestaltetes Miteinander herausgearbeitet hatte, mit einer schichtenübergreifenden «Familiarisierung von Arbeiten und Leben»,[220] mit neuen Arbeitsteilungen zwischen Männern und Frauen, bleibt für ihn – und auch für mich die Frage:

> Wie fügen sich die tradierten Rechtsregeln über Ehewirkungen in solch partnerschaftliches Modell ein? Rechtsnormen erfassen nur einen Ausschnitt sozialer Ordnungsformen – und sie spiegeln oftmals nur die schäbige Rückseite des Erscheinungsbildes historischer Gesellschaften wider. Sie bieten Konfliktregelungen und scheinen dem Konfliktfall eine fatale Normalität zu geben. Rechtsgeschichtlich wird dem eheherrlichen Despoten und Wüterich also eine größere Bedeutung zugemessen, als dies in den sozialgeschichtlichen Forschungen deutlich werden könnte. Aber: Wenn im Recht vorzugsweise ‹Kriterien der Über- und Unterordnung› definiert werden, dann ist es nicht verwunderlich, wenn im folgenden unverhältnismäßig oft von ehemännlichen Herrschaftsrechten und eheherrlicher Zuchtgewalt die Rede ist.[221]

Doch ist zu bezweifeln, dass es sich nur um die «schäbige Rückseite» einer Ordnung handelte. Hier wird der Hauptwiderspruch des Patriarchats sichtbar, der alle Aspekte des Lebens bestimmte. Mögen die Rechtsnormen sich um Klarheit bemühen, so künden Justizakten von Auseinandersetzungen über die Über- und Unterordnung der Geschlechter. Dieses Ringen tritt ebenso in den bildnerischen, literarischen Quellen und den von mir untersuchten Libretti zutage. Offensichtlich geht es hier um die Dauerkonflikte einer patriarchalfeudalen Gesellschaft, in der die Durchsetzung des männlichen Primats die Regel – und eben nicht «unverhältnismäßig» häufig ist.[222] Mag das Ideal auch eine Freundschaft zwischen einander nicht gleichgestellten Eheleuten sein, die Realität scheint immer wieder durch Auseinandersetzungen, Verwundungen, auch seelischer Art, bestimmt zu sein, die eben durch dieses Herrschaftsrecht ausgelöst worden sind. Deshalb bilden sozialgeschichtliche und rechtshistorische Quellen nicht unbedingt einen Widerspruch, entscheidend ist die Forschungsperspektive.

Auf der Hamburger Opernbühne gab es diverse Beispiele dafür, wie sehr das männliche Primat umkämpft war. Fast jedes Libretto erweist sich als eine Art Mikrokosmos, als ein «Fall», in dem Konflikte, ausgelöst durch dieses Primat, verhandelt werden. Ihr Kern ist die «potestas mariti» bzw. «imperium maritale»,[223] die männliche Vorherrschaft in der Ehe. Kontinuierlich wirksam ist das auf die Ehe bezogene personenrechtliche Gewaltverhältnis, das unveränderlich auf drei Säulen ruht: dem göttlichen Recht, der Naturordnung und der aristotelischen Philosophie. Aus dieser Konstruktion wird das «caput mulieris» abgeleitet: der Mann sei das Haupt der Frau, der Kinder und des Gesindes. Dies ist z.B. abzulesen in der historischen Rechtswirklichkeit der Beziehungen zwischen den Ehegatten. Buchholz untersucht diese im Hinblick auf die Sozialdisziplinierung, das Scheidungs- und Trennungsrecht und das Strafrecht.[224] Die Akten der Kirchenbehörden, der Konsistorien und der Presbyterien bieten ein «aussagekräftiges Bild der Wirklichkeit des frühneuzeitlichen Ehe- und Familienlebens».[225] Buchholz greift die These auf, dass Frauen nicht immer Opfer und Leidtragende gewesen seien, da auch sie Schläge austeilten, wenn auch wesentlich seltener.[226] Doch kann hier meiner Meinung nach nicht von Auseinandersetzungen zwischen gleichberechtigten Gegnern gesprochen werden. Frauen galten nicht als legitime Gegner, die für sich und ihre Rechte selber einstehen und kämpfen konnten. Sie brauchten Vertreter, wurden entweder zu weich oder zu hart bestraft, galten als das zu beschützende oder monströse «Andere». Beliebt waren Erzählungen über weibliche «Hauskreuze», Frauen, die mit ihrer Rolle im Haus nicht mehr zurecht kamen und als «hysterisch», «zank- und herrschsüchtig» abqualifiziert wurden.[227] Vom Mann wurde erwartet, dass er notfalls mit «angemessener» Gewalt die Herrschaft und Aufsicht über Frau, Familie und Haus durchsetzte.

Für die Gesellschaft ist die mächtige und widerständige Frau eine permanente Herausforderung: bestaunt, bewundert oder gehasst. Als bedrohlich, da überlegen, erschienen Frauen, wenn sie als schön galten, einem höheren Stand angehörten, mit Herrschaftsrechten ausgestattet und vermögend waren. Sie konnten den «ehemännlichen Absolutismus»[228] in Frage stellen. Größere Handlungsräume waren reichen Frauen möglich, deren Zugriff auf ihr Vermögen in deren Ehezärtern, den Eheverträgen, gesichert werden konnte. Über dieses Machtmittel der Frauen klagt denn auch der «kurzweilige Diener Barac» aus der Oper *Cara Mustapha II.*[229] (1686). In seiner Arie «Ein Weib ist ein gefährlich Ding/ Ich halte nichts vom Freyen», klagt er in der 2. Strophe: «[...] die reiche lässt dirs Geld nicht frei» (S. 47). Musste eine Frau sich in jedem Fall dem Willen des Mannes beugen, dem «caput familiae»? Buchholz stellt fest:

> Die Unterwerfung der standeshöheren Frau wurde gemeinhin bejaht, da der Mannesvorrang auf das ius divinium zurückgehe: das göttliche Recht kenne keine Standesunterschiede.[230]

Autoren wie der Bischof von London, John Aylmer (1521–1594), diskutierten während der Regierungszeit von Elisabeth I. die Argumente des biblischen und natürlichen Rechtes gegen lehrende, das Wort ergreifende Frauen.[231] Er kam zu dem Schluss, dass Frauen aufgrund ihres Geschlechts nicht automatisch von der Herrschaft ausgeschlossen seien, etwa als Regentin für einen Kind-König oder für einen erkrankten König. Aylmer betonte, dass sogar eine verheiratete Königin regieren könne – mittels einer geteilten Identität, die er und andere Theoretiker als die zwei Körper des Königs beschrieben, die Unterscheidung zwischen Königintum und der Königin. Als Monarchin könne sie Männern befehlen, als private Frau hingegen sei sie ihrem Gatten unterworfen. Ein Modell, das Königinnen wie Elisabeth I. oder Christine von Schweden davon abgehalten hatte, zu heiraten. Sie wollten sich keinem Eheherren unterwerfen.[232] Es gab ähnlich kritische Stimmen mehr, wie etwa Christiane Mariane von Ziegler,[233] wohlhabende und zwei Mal verwitwete Schriftstellerin, deren Dichtungen sowohl von Johann Sebastian Bach als auch von Georg Philipp Telemann geschätzt und vertont wurden.[234] Von Ziegler reflektierte auch die zeitgenössischen Geschlechterverhältnisse und kritisierte dominante, überhebliche Männer, die sich als die Krone der Schöpfung sahen und ihr Primat auf allen Ebenen durchzusetzen versuchten — in ihrem mehrstrophigen Gedicht *Das männliche Geschlechte, im Namen einiger Frauenzimmer besungen:*

1.
Du Weltgepriesenes Geschlechte,
Du in dich selbst verliebte Schaar,
Prahlst allzu sehr mit deinem Rechte,
Das Adams erster Vorzug war.
Doch soll ich deinen Werth besingen,

Der dir auch wirklich zugehört;
So wird mein Lied ganz anders klingen,
Als das, womit man dich verehrt.[235]

2.5. Konflikte und Gewalt in der Ehe

2.5.1. Unglückliche Ehen

Die Ehe konnte ersehntes Lebensziel sein, aber auch gefürchtetes Unglück. In so genannter gehobener sowie in trivialer Literatur wird die Ehe insbesondere für den Mann als Joch beschrieben, das er aber auch zum Nutzen der Gemeinschaft zu tragen habe. Wesentlich seltener wurde thematisiert, dass die Ehe auch für die Frau kummervoll und enttäuschend sein konnte:

> Daß aber viele Unbequemlichkeiten aus dem Ehestande folgen, kann gar deutlich dargethan werden. Denn was die Personen, die in den Ehestand treten, selbst betrifft, so können sich sowohl physicalische, als auch moralische Umstände finden, welche den Ehestand höchst verdrüßlich machen. [...] So annehmlich aber als die ersten Jahre des Ehestandes verstreichen, so leichte kann eine unglückliche Geburt offtermahls, auch eine offt wiederhohlte Geburt und eine unvermuthete Kranckheit dieses Vergnügen zu nichte machen. Hiewieder kann man zwar wohl wieder einwenden, daß nicht nur die sinnliche Lust, sondern auch eine Uebereinstimmung der Gemüther der Grund der Liebe seyn müste. Allein man muß in diesem Falle wohl erwägen, nicht wie die Menschen seyn sollten, sondern wie sie selber sind. Ferner so sind die Naturen derer sich verheurathenden Personen nicht gleich.[236]

Unglückliche Ehen wurden dem Klatsch preisgegeben, vermeintlich betrogene Ehemänner als «Hahnrey» oder «gehörnt» verspottet. Ihnen wurde die Männlichkeit abgesprochen, die Fähigkeit, für Ruhe und Anstand im Haus zu sorgen und die Ehefrau in ihre Schranken zu weisen, sie auch mittels sexueller Potenz zu beherrschen, zu «befriedigen». Andererseits konnten Männer, die offensichtlich ihre Frauen betrogen und schlecht behandelten, in die Kritik geraten und mussten ggf. mit Sanktionen rechnen, wenn ihre Ehefrauen je nach Stand, Konfession und Konflikt verteidigt wurden.[237] Die gegenseitige eheliche Liebe und Achtung war ein fragiles Ideal. Trotz – oder gerade wegen – aller Moralvorstellungen und Restriktionen gab es im Bürgertum und im

Adel etliche Ehen, die eben nicht den Idealvorstellungen entsprachen. Unglückliche Ehen, Trennungen, seltener Scheidungen, konnten Ehre, Ruf und Ansehen beschädigen und boten Gegnern Angriffspunkte. Zu den viel diskutierten unglücklichen Ehen zählte die des lutherischen Theologen, Hauptpastor von St. Jakobi und Befürworter der Opern, Johann Friedrich Mayer[238] (1650–1712) mit Catharine Sabina geb. Welsch sowie die Ehe des pietistischen Pfarrers, Anstaltsdirektors und Professors August Hermann Francke (1663–1727) in Halle mit Ehefrau Anna Magdalena geb. von Wurm (1670–1734).[239] Im Umfeld der Oper sorgte die Ehe von Georg Philipp Telemann mit seiner zweiten Frau Maria Catharina geb. Textor (1697–1775) für Gesprächsstoff.[240] Auch hier kennen wir nur die Perspektive des Ehemannes. Leider enthüllen manche Berichte und Forschungen über diese Ehen oft eher die persönliche Einstellung der jeweiligen Experten über Geschlechterrollen und Ehemodelle, anstatt neue historische Erkenntnisse zu Tage zu fördern.[241] Eine Ursache der Ehekrise soll die angebliche Spielsucht von Maria Catharina Textor gewesen sein. Doch sind noch viele Fragen ungeklärt.[242] Neuere Untersuchungen ergaben, dass Maria Catharina nach der Trennung von Georg Philipp noch mit ihren Kindern Kontakt gehalten hat. Aus dem Plöner Kirchenbuch geht hervor, dass sie 1743 bei ihrem ältesten Sohn Andreas die Patenschaft für ihr erstes Enkelkind, Clara Sophia Maria Telemann, übernommen hatte, zusammen mit der Großmutter des Täuflings mütterlicherseits.[243]

Ebenfalls zerrüttet war die Ehe der berühmten Hamburger Sängerin der Gänsemarkt-Oper Margarethe Susanna Kayser, die nicht mit dem Opernkomponisten Reinhard Keiser verwandt war. «Madame Kayserin», wie sie respektvoll genannt wurde, stammte aus einer Musikerfamilie, ihr Vater war der Hamburger Sänger Johann Heinrich Vogel.[244] 1706 heiratete sie den Musiker Johann Kayser, offensichtlich ein Alkoholiker, der sie verprügelte und betrog. So notierte der Resident Wilken Willers in seinem Operntagebuch über die Kayserin: «Anno 1721, May 25, hat Keyser seine Frau halb todt geschlagen.»[245] Dies widerfuhr einer Sängerin, die auf der Bühne mächtige Königinnen ebenso wie listige Dienstbotinnen verkörperte, Konzerte gab und veranstaltete und bei Kirchenmusiken im Dom sang. Trotz dieser Ehekonflikte hat die Kayserin eine glanzvolle Karriere gemacht. Ihr Operndebüt im Jahr 1708 als Mirtenia in Christoph Graupners Oper *Antiochus* war offensichtlich so erfolgreich, dass ihr Johann Ulrich von König (1688–1744)[246] ein Lobgedicht widmete. 1716 wirkte sie als erste Frau bei einer Kirchenmusik im Dom mit,[247] 1717 sang sie die Titelrolle, die machtbewusste Königin, in Reinhard Keiser's Oper *Tomyris*. Später übernahm sie auch fast alle weiblichen Hauptrollen des Repertoires –

darunter so schillernde Figuren wie die Königin Cleopatra in Händels *Julius Caesar,* 1726 die Hofdame Erminde in Keiser's *Jodelet* und 1727 die Königin Sinilde aus Telemanns Oper *Sancio,* die von ihrem Ehemann der Untreue mit seinem besten Freund bezichtigt und von ihm zum Tode verurteilt wird, aber letztlich ihre Unschuld beweisen kann. Von 1729 bis 1737[248] hat die Kayserin neben ihrer Sängerinnentätigkeit die Leitung des Opernhauses übernommen. Auch ihre Tochter und ihr Sohn arbeiteten als Opernsänger.

Obwohl die Machtverhältnis in der Ehe nach außen hin klar geregelt schienen, waren heftige Auseinandersetzungen zwischen Eheleuten keineswegs selten. Die Struktur der Ehe innerhalb eines patriarchalen Umfeldes war die Ursache für diese privaten Kriegszustände. Auch die Trennungen sollten kontrolliert und scheidungswillige Paare möglichst wieder zusammen gezwungen werden. So gebot der Hamburger Rat:

> Nachdem sich auch, leider! befindet, daß Eheleute aus eigenem Willen, und oftmals um geringer Ursache, von einander laufen, und sich selbst trennen, solches aber in gött= und weltlichen Rechten verboten, auch an ihm selber ein hochärgerlich Werk, deme die Obrigkeit keinesweges nachzusehen gebühret: Als will E.E. Rath allen und ieden Eheleuten hiemit ernstlich geboten haben, da etwan zwischen ihnen einige schwere Mißhell= oder Uneinigkeiten entstehen sollten, dahero sie sich zu Tische und Bette von einander zu scheiden befugt zu seyn erachten möchten, daß sie dann sich bey der Obrigkeit anmelden, und dessen entweder gute oder schleunige gerichtliche Entscheidung hierüber erwarten, sich aber solcher selbsteigenen Trennung gänzlich enthalten, und dienigen, so sich allbereits solchergestalt selber getrennet haben, wiederum zusammen treten sollen; mit der Verwarnung, wo ferne iemand hierwider thun und handeln würde, daß derselbe mit ernstlich willkührlicher Strafe beleget, und zu ehelicher Beywohnung daneben angestrenget werden soll.[249]

Wie wirksam solche Strafandrohungen waren, ist ungewiss. Möglicherweise haben sich auch Pastoren vergeblich eingemischt. So berichtet Erdmann Neumeister von trennungswilligen Eheleuten, die seine Ermahnungen, den Ehefrieden wieder herzustellen, abwehrten:

> Mehr/ als tausend Paar/ habe ich copuliret. Da denn manche Ehe wohl/ manche sehr übel gerathen ist. Viele hat der Tod wieder getrennet. Manche haben sich selbst eigenmächtig geschieden. Ja/ es ist wol eher geschehen/ daß man mir zugemuthet/ ich sollte sie wieder umtrauen und von einander geben/ gleichwie ich sie

zusammengegeben hätte. Und besinne mich noch wohl/ daß/ als ich einst einem Manne solche seine Unbesonnenheit zu Gemühte führete/ und ihn zur Einträchtigkeit ermahnete/ er mit dieser frechen Antwort davon gieng: Will my de Pape nich scheeden/ so sall my de Düvel scheeden.[250]

2.5.2. Gewalt in der Ehe: Züchtigungsrecht und «Hauskreuz»

Die verhängnisvolle männliche Ehejustiz, das ius castigandi, war die handgreiflichste Ausprägung des imperium maritis.[251]

Insbesondere beim Züchtigungsrecht, dem *potestas uxorem castigandi,* wurde der unauflösliche Widerspruch zwischen dem Vorrang des Ehemannes und der angestrebten ehelichen Partnerschaftlichkeit deutlich. So weist auch Buchholz auf Fälle hin, bei denen die Eheherren jedes Maß verloren haben und «in denen das göttliche und natürliche Recht des Eheherrn zur elenden Prügelszene entartete»,[252] aber nicht hart geahndet wurde. Doch gab es immer wieder mäßigende Stimmen. So betonte Klefeker ein maßvolles Züchtigungsrecht des Ehemannes und den angeblichen Verzicht auf eheliche Gewalt in den gesitteteren höheren Kreisen.[253] Prügelszenen zwischen Eheleuten auf der Bühne hatten also einen realen Kern. Sie gehörten europaweit zum «komischen Fundus» des Theaters, wie er auch in Hamburg bekannt war: aus der Commedia dell'Arte, den «Kluchten», den derben holländischen Zwischenspielen, und aus englischen Komödien. Diese Einflüsse waren dann auch bei den komischen Personen und Zwischenspielen auf der Hamburger Opernbühne wirksam.[254] Einander schlagende Eheleute auf der Bühne stammen ausnahmslos aus der Unterschicht oder dem Bürgertum. Männer und Frauen beleidigen und schlagen einander, stoßen Todesdrohungen aus. Allerdings ist in diesen komischen Stücken in der Regel kein tyrannischer Wüterich zu sehen, der seine Frau halb tot schlägt, sondern eher eine komisch-beschwichtigende Variante: der tumbe Ehemann, der sich von seiner Gattin dominieren lässt, von ihr beschimpft und geschlagen wird und somit keine andere Wahl hat, als ebenfalls gewalttätig zu werden. Beispiele dafür bieten niederdeutsche Schauspiele wie *Moorkensvel.* Auch in den Komödien *Vitulus* und *Scriba,* die zu den ältesten in Hamburg nachweisbaren niederdeutschen Stücken zählen, werden um 1616 brutale Auseinandersetzungen zwischen Mann und Frau dargestellt. In diesen bis ins 18. Jh. hinein gespielten Stücken werden die Männer als hart arbeitend und geplagt geschildert, die Gewalt gegen die als Hausdrachen gezeichneten Frauen anwenden.[255] Auf dem französischen Jahrmarktstheater, das diverse Anregungen für die Hamburger Opernbühne geliefert hat, wird «Frauenhass» auch in den Haushaltsszenen diagnostiziert. Auf gehobenerem Niveau werden in der Moralischen Wochenschrift *Der Patriot* die Ehefrauen verspottet, die ihre Lage nicht geduldig ertragen, sondern mit Streit und Wutanfällen reagieren.[256] Diese Frauen werden als «Hauskreuz» bezeichnet und seien vom «Ärgernis» befallen (114. Stück). Thomas Lediard, zunächst Sekretär beim dänischen, dann beim englischen Gesandten, zeitweilig Hamburger Operndirektor, Übersetzer und Bühnenbildner, der in der Maskerade eines anonymen Engländers einen Reisebericht verfasst, berichtet ironisch-satirisch über die bürgerlichen «hiesigen Frauen», die gemeinhin «für gute Haushälterinnen» gehalten werden, aber befallen seien von einer «Art der Mutterbeschwerung, welcher das schöne Geschlecht allein unterworfen ist.»[257] Es «regieret eine seltsame Krankheit unter ihnen, welche ansteckend, oder wenigstens natürlich zu seyn scheinet, und von der Mutter auf die Tochter erbet.» Sie wird also in den Bereichen tradiert, in denen Frauen arbeiten und ihr Wissen weitergeben, wie etwa in der Hauswirtschaft. Lediard entwickelt in pseudomedizinischer Diktion eine Pathologie der Wut. Die Gesichtsfarbe verändert sich, sie wollen alles in Stücke reißen, die Stimme erhebt sich,

> welche immer gewaltsamer wird, und gemeiniglich in Schimpfworte, wo nicht gar in Flüche ausbricht, die dem schönen Geschlechte gar nicht anstehen.

Lediard will aber auch männliche Patienten entdeckt haben:

> Wenn es an diesem Ausbruch fehlet, und das ganze Gift eingeschlucket wird, so zeigt er sich überhaupt tödlich. Diese Art der Krankheit unterscheidet man mit dem Namen Alteration, und sie befällt zuweilen gleichfalls auch Mannspersonen von weichlicher und weibischer Leibesbeschaffenheit, in welchen sie sich unter andern Merkmaalen auch durch eine unüberwindlich verdrießliche Gemüthsart an den Tag leget.[258]

In dieser Satire werden Rollenerwartungen an bürgerliche Männer und Frauen deutlich. So dürfen ehrbare Frauen nicht fluchen und haben ihre Wut zu unterdrücken. Männer leiden, wenn überhaupt, nur an der unterdrückten – melancholischen – Krankheitsform, und das nur, wenn sie Schwächlinge, also «weibische» Männer sind. Das Ärgernis befällt die Frauen aus vermeintlich nichtigen Anlässen. Dazu gehören die Untreue des Ehemannes, die auch nicht vor dem weiblichen Dienstpersonal Halt macht, ebenfalls ein beliebtes Opern-Motiv, und der Wutanfall gegenüber dem Dienstpersonal, etwa aufgrund zerbrochener Haushaltsgegenstände. Zur Therapie, die der anonyme Reisende den Ehemännern rät, zählt ein Theaterbesuch – ein Vorschlag, der im Übrigen ein dickes Selbstlob samt Hinweis auf seine Autorschaft enthält:

> Ich hoffe, meinen Freund, den Herrn Lediard, zu bereden, daß er das englische Lustspiel: die bezähmte Zänkerin[259] in das Hochdeutsche übersetzen und auf der hiesigen Schaubühne einführen möge. Wer weiß, ob es nicht gute Wirkung thut? Zum wenigsten wird er den Dank der Männer verdienen, wenn er dadurch ihre Weiber von einer so langwierigen Krankheit zu kurieren versuchet hat.[260]

Von einer Heilung der Frauen etwa durch verbesserte Lebensbedingungen ist jedoch nicht die Rede. Vielmehr erwähnt er das Beispiel des Hauptmannes Lupiscus, «ein Officier von der hiesigen Besatzung», der bei seiner Frau, einer Witwe, gegen dieses Übel

> ein Mittel anwendete, welches man für ein allgemeines bey stättischen Pferden hält, im Deutschen Peitsche heißet, lateinisch aber scutica gennenet wird. Im Ernst aber, wenn ich denen Kranken selbst eine Arznei für ihr Übel anraten sollte,[261]

dann empfiehlt der Anonymus Geduld. Ein Rat, wie ihn auch der Philosoph Sokrates in Telemann's gleichnamiger Oper für die Ehemänner parat hat. Der Gehalt und die Zielrichtung dieser Stoffe changieren. Realitätsnah werden Auseinandersetzungen zwischen Eheleuten vorgeführt, die angeblich durch den Widerstand der Ehefrau ausgelöst werden. Diese sei nur durch zwei Methoden zu bändigen: entweder durch rigorose Entschlossenheit bzw. Gewalt oder durch die Geduld des Ehemannes. Die Durchsetzung des männlichen Primats scheint permanent bedroht. Das zumindest suggerieren angebliche Pantoffelhelden, die dominant gezeichnete Dienstmädchen oder Ehefrauen nicht zu kontrollieren wissen. Solche misogynen Geschichten nach antiken und biblischen Vorlagen spielten auch in der Bildenden Kunst eine wichtige Rolle und wirken bis auf die Opernbühne nach: Xanthippe liegt im Dauerstreit mit Sokrates, Phyllis reitet Aristoteles im Garten, Delila verführt Samson. Merry Wiesner-Hanks kommt zu dem Schluss, dass in dem überlieferten Material aus der Bildenden Kunst und Literatur der Frühen Neuzeit die negativ verzerrten Frauen-Bilder überwiegen. Sie waren offensichtlich populärer ebenso wie die gelehrten Attacken, die satirischen Kritiken, die misogynen Geschichten, die vielfach wieder veröffentlicht wurden – im Gegensatz zu den Texten, die Frauen loben und wertschätzen.[262] Die Funktion solcher Topoi ist nicht allein begründet in rhetorischen Stilübungen, der Lust am Rollentausch, an der Satire und oppositionellen Rede, sondern auch als ein Ausdruck aggressiver Tendenzen gegen gewisse «Weiblichkeiten», «Schwäche» und «Liebe» zu verstehen.

Lebensbedrohlich können Ehekonflikte für adlige Ehefrauen auf der Opernbühne werden. Ihren adligen Ehemännern und Herrschern waren legitime Machtinstrumente über Leben und Tod an die Hand gegeben. Sie agierten als Kriegsherren, Landesherren und Richter (in Fällen der Blutsgerichtsbarkeit, Todesstrafe) und konnten auch ihre Ehefrauen strafen, sie z.B. zum Tode verurteilen oder verbannen, was einem sozialen Tod gleichkam (vgl. die Verbannungen der sogenannten Prinzessin von Ahlden oder der Gräfin Cosel). In der Oper ist es dann die in der Regel abgewendete Todesstrafe z.B. gegen Sinilde in *Sancio* (1727) oder gegen Alkmene in *Amphytrion* (1725).

Da für Hamburg noch keine Studie über Gewalt und ihre Bedeutung für die Geschlechterverhältnisse und die Machtverteilung in der Ehe in der Frühen Neuzeit vorliegt, möchte ich auf Dorothea Noldes anregende Arbeit verweisen.[263] Sie untersucht den Gattenmord anhand von französischen Quellen des späten 16. und frühen 17. Jahrhunderts. Zu diesen realen Gattenmordprozessen hat sie normative und literarische Texte in Beziehung gesetzt. Auch Nolde kommt zu dem Schluss, dass die Ehe von den Zeitgenossen als Konfliktherd gesehen wurde. Dabei stellt sie einen Übergang von physischer zu symbolischer Gewalt als Grundlage der ehelichen Herrschaft fest. Denn mehr und mehr hatte die Ehefrau aus eigenem Entschluss gehorsam zu sein, der Ehemann vermied so den ambivalent bewerteten Akt ihrer Unterwerfung. Aber diese Entwicklung verlief keineswegs linear, physische und symbolische Gewalt konnten parallel angewandt werden. Bei dem Konzept symbolischer Gewalt bezieht Nolde sich auf Bourdieu, der klar den Zwang benennt, «der durch eine abgepresste Anerkennung vermittelt ist.»[264] Auffällig ist, dass vor allem der Frau die Verantwortung für die Ehekonflikte zugewiesen wird, auch wenn der Ehemann als «Ursprung der Unverträglichkeit» ausgemacht war. Gewalt war europaweit kein außergewöhnlicher Bestandteil des ehelichen Alltags, jedoch wurde die Gewalt der Männer gegen ihre Frauen mehr und mehr problematisiert. So konnten von häuslicher Gewalt betroffene Frauen u.U. eher eine Trennung von Tisch und Bett durchsetzen, wie es auch Daniela Hacke für Venedig nachweist.[265] Wenn allerdings eine Frau gewalttätig gegen ihren

Mann wurde, galt dies als Ausdruck einer «verkehrten Welt». Von den Frauen wurde eine aktive Unterordnung erwartet, sie sollten den tobenden Mann beruhigen, statt selbst aggressiv zu werden. Doch diese weibliche Unterordnung erfolgte nicht selbstverständlich, sondern musste mittels Erziehung, durch Predigten und Ehetraktate durchgesetzt werden. Nolde sieht in diesem Herrschaftsmodell einen grundlegenden Konflikt, da den «Frauen darin eine sehr weitgehende Verantwortung für die Herstellung und Aufrechterhaltung der Ehehierarchie»[266] zugewiesen wurde. Das bedeutet eine Form von Macht, der sich die Frauen aber nicht bewusst werden sollten. Es gab jedoch eine «Minderheit von Frauen, [...] die der herrschenden Logik mit ihrer Assoziation von Aufsässigkeit und Verbrechen widersprachen.»[267] Bei ihrer Untersuchung von 202 Gattenmordprozessen, die vor dem Pariser Parlament verhandelt wurden, stellte Nolde geschlechtsspezifische Unterschiede bei der Beweisführung fest. So zählten bei Männern Tatwaffe, Spuren oder früheres gewalttätiges Verhalten, bei Frauen hingegen fielen ihr Lebenswandel und Ruf als Ehefrau ins Gewicht: Galt sie als streitsüchtig, hat sie gebührend um ihren Ehemann geklagt? Auch beim Auftritt der Angeklagten gab es geschlechtsspezifische Unterschiede. So traten die Männer selbstbewusster vor die Richter, vertraten ihre Tatversion und beriefen sich dabei auch auf erzählende Literatur, in welcher der Frau prinzipiell alle Schuld angelastet wurde; dem gegenüber entsprachen die Frauen in der Regel der Rolle der «gefügigen Ehefrau» und vertraten ihre Sache weniger selbstbewusst und aktiv. Fälle von Frauen, die ihre Ehemänner umbrachten, sind europaweit wesentlich seltener nachweisbar, aber ein Faszinosum, das zu Medienereignissen aufbereitet wurde, wie etwa in diversen illustrierten Pamphleten und Erzählungen.[268] Skepsis scheint mithin angebracht, wenn für die Frühe Neuzeit eine partnerschaftlichere Realität behauptet wird. Denn die theologische und rechtliche Basis führte zu Konflikten, die nur schwer individuell und partnerschaftlich gelöst werden konnten. Dies spiegelt sich auch in der Literatur und auf der Opernbühne. Eine entscheidende Rolle spielte dabei die Bibelauslegung und das praktizierte Christentum.

Ein weiteres «Schlachtfeld» für den Kampf zwischen den Eheleuten war die Sexualität. So wird die Verweigerung des Beischlafes von Xanthippe in Telemann's *Socrates* angedeutet, Xanthippe weist Sokrates aus der Kammer (II, 9). Im realen Ehebett war es allerdings nicht legitim, wenn eine tugendhafte Ehefrau den Beischlaf verweigerte, die «eheliche Pflicht» nicht erfüllen wollte.[269] Aber auch der Mann hatte hier seine Pflichten zu erfüllen. Obwohl die Quellen nur wenig Einblicke in die tatsächlich gelebte eheliche Sexualität ermöglichen, gibt es Hinweise auf ein Leben jenseits von Normen und Gesetzen:

Die Verweigerung des Beischlafes war auf beiden Seiten durchaus verbreitet. Frauen wie Männer lehnten sich bei Überschreitung ihrer Leidensgrenze gegen das monotheistische Gebot der ‹ehelichen Pflicht› auf und hielten diesen Widerstand auch gegen starken öffentlichen Druck bei, so daß die Behörden diese Eheauflösung legitimieren mussten, wollten sie ihr Gesicht als Machtinstanz wahren.[270]

Die Drohung mit Scheidung war der letzte und nur selten legitimierte Ausweg. Xanthippe's Drohung in *Socrates:* «Ich will geschieden sein, ich will nicht länger mehr auf die Art leben» (III, 13) hatte durchaus reale Hintergründe, auch wenn scheidungswillige Frauen in der Regel als nicht vorbildlich geschildert worden waren. Insbesondere dem männlichen Publikum wurde suggeriert, dass in jedem Mann ein Philosoph schlummert, dessen Geduld durch eine unglückliche, aufbegehrende Hausfrau überstrapaziert wird.

2.5.3. Satirische Ehebilder in der Literatur

Da private Zeugnisse über eheliche Zerwürfnisse aus der Perspektive beider Partner sehr selten sind, müssen andere Quellensorten befragt werden. Eheliche Auseinandersetzungen waren medienwirksam und wurden zum Sujet in diversen literarischen Gattungen wie satirischen Romanen, Spottversen und in bildnerischen Darstellungen. Einblicke in als skandalös beurteilte Zustände in der Hamburger Oberschicht gibt Christian Friedrich Hunold alias Menantes in seinem *Satyrischen Roman* von 1706. Ein Roman, der schwer einzuordnen ist, mit «Elementen des galanten Romans, des Abenteuerromans und solchen der Klatschrelation, selbst der Pornografie vermengt».[271] Dazu zählten auch verschlüsselte Schilderungen von Ehekonflikten in höheren bürgerlichen Kreisen, die Mitglieder der Gesellschaft so sehr erzürnten, dass der Roman verboten wurde.[272] Das legt die Vermutung nahe, dass Hunold Facetten Hamburgischer Realität mittels Erzählmuster, Figuren, Klischees und Tropen verarbeitet hatte. Prägnant lässt sich das zeigen an einem «Ehekrieg», den Hunold's Held Tyrsates erzählt: «Ein reicher Kaufmann zu Lindenfeld hatte sich mit einer reichen/ schönen und folgends gefährlichen Frauen verheyrathet».[273] Die Eheleute genossen das Eheleben zunächst, weil sie «zur Unterhaltung ihrer Wollust sattsame Mittel hatten». Doch dann wurden sie des sorglosen Lebens überdrüssig, und zunächst begann der Mann «seine üppige Gedanken auf andere Schöne zu wenden». Seine Untreue entging der Ehefrau nicht, doch er beschuldigte sie der «ungerechten Eyfersucht». Nun zieht auch die Frau einen Ehebruch in Erwägung, hierbei wird ihr aber unterstellt, dass sie diese Absicht auch ohne die Untreue und das Leugnen ihres Mannes gehabt hätte:

> Der vielleicht ohne diß in ihr vorhergewesene Appetit, durch die Abwechselung das in der Liebe gekostete Vergnügen zu vermehren/ und wovon sie die Furcht und der Wohlstand abgehalten/ ward nun durch die Meinung genugsam gerechtfertiget: Es stünde ihr frey/ sich an ihrem Mann durch gleiche Ausschweifung zu rächen.[274]

So trifft sich die galante Kaufmannsfrau in einem Garten mit einem «ansehnlichen und feurigen» adligen Studenten, also einem jungen Mann, der in der «Galanterie» erfahren ist. Dieser wird jedoch von einem bürgerlichen Studenten beneidet, der seinerseits versucht, ebenfalls eine Affäre mit ihr anzubahnen. Um den ersten Kontakt herzustellen, nutzt er die Chiromantie, die «Wahrsagekunst aus der Hand», die er der Kaufmannsgattin in Gegenwart ihres Mannes anpreist. Doch der Student ziert sich zunächst mit einer Diagnose, «heimlich aber gab sie ihm durch ein sanftes Drucken zu verstehen, wie sehr er sie verpflichten würde, mit der Warheit hinter dem Berge zu halten.»[275] So ringt er sich durch, von einem Gespenst zu erzählen, welches sie zu gewisser Zeit im Garten plage und worüber sie bisher aus Scham geschwiegen habe. Sie errötet zwar, aber die Situation scheint gerettet. Doch nun wollen Gatte und Gattin jeweils in Einzelgesprächen genaueres von dem Studenten erfahren. Der hatte aber bereits durch eine Freundin der Kaufmannsfrau zugeflüstert bekommen, dass er am nächsten Tag die Stelle des vermeintlichen Gespenstes vertreten solle. Dem «alten Galan» wurde abgesagt,

> und diese beyden Verliebten waren kaum über der Versiegelung ihrer geschlossenen ewigen Freundschaft her, als der Mann/ den die Eyfersucht vor diesmahl von seinen Galanterien weggetrieben/ plötzlich hierüber zukam/ und das Gespenst kennen lernete/ wovon dieser gute Studente im voraus wahrgesaget. Hier besann sich der Mann gar nicht/ daß er, seiner Frauen auf gleiche Art Eintrag gethan; sondern sein Gemüth war mit nichts als Rache angefüllet/ und aus seinem Munde giengen Schelm/ Dieb/ H= = = hauen/ stechen/ ermorden/ und umbringen. Allein der Student war so dumm nicht/ so lange zu warten/ bis der Mann seyne Raserei mit mehr als blossen Worten an ihm ausüben könnte/ sondern er wischte geschwind zur kleinen hinter Thür hinaus/ und überließ die schöne und Tugend=hafte Frau seiner Discretion allein.[276]

Werden nun Ehemann und Ehefrau gleichermaßen verspottet, wird in diesen Kreisen ein gleiches Recht auf Ehebruch für beide Geschlechter akzeptiert? Die Erzählperspektive spricht dagegen. Unter der changierenden Oberfläche aus Spott und Ironie zeichnen sich altbekannte Bilder ab, wie sie aus der Bibel, aus antiker und zeitgenössischer Literatur bekannt sind: die Frau ist das schwankende schwache und die Männer täuschende Geschlecht. Unter dem Vorwand satirischer Geißelung von Missständen werden voyeuristische Interessen bedient und Klischees gefestigt. So entzündet sich der Ehestreit an den ausführlich geschilderten Affären der Ehegattin mit adligen und bürgerlichen Studenten, die sich keineswegs als Vertrauen erweckende, sondern nur auf ihren Vorteil bedachte Liebhaber erweisen. Über die Affären des Ehemannes wird hingegen kaum etwas berichtet. Das bürgerliche Paar aus bester Gesellschaft verhält sich keineswegs seinem angemaßten Stand entsprechend:

> Diese zwey Leute/ welche in Lindenfeld sich gar viel einbildeten/ und nach ihrer Meinung nicht wenig angesehen waren/ kriegten einander bey der Kartause/ und zauseten sich auf eine gantz andere Art herum/ als die erste Braut=Nacht geschehen: Du H===, Du Ehbrecherin/ dich will ich ermorden,/ waren des Mannes seine Verpflichtungen; und du Sch===, du Ehbrecher! Hast du nicht auch mit andern geh===? klungen hingegen der Frauen Complimenten, dabey sie mit den Fingern so in seinem Gesichte herum tappete/ als ob sie ein Clavier vor sich gehabt.[277]

Zur Schilderung des Kampfes zwischen Mann und Frau bedient sich Hunold im Fundus von Klischees. Er lässt die beiden streiten mit Handgreiflichkeiten und mit geschlechtsspezifischen Schimpfworten, die hier nicht ausgeschrieben sondern nur durch Auslassungsstriche angedeutet sind wie «Hure» für die Frau und «Schelm» für den Mann. Die Ehefrau bezeichnet die ehebrecherischen Aktivitäten ihres Mannes als «Huren».

Der Ehemann wendet körperliche Gewalt gegen den Nebenbuhler und gegen seine Frau an. Da diese nicht in klassischen Kampftechniken geübt ist, zerkratzt sie ihm das Gesicht (vgl. Vespetta in *Pimpinone*). Mit der Anspielung, die Gattin habe ihn traktiert, «als ob sie ein Clavier vor sich gehabt», kommentiert und verspottet Hunold en passant das Klavierspiel bürgerlicher Frauen, das zum guten Ton gehörte. Zu den exzellenten zeitgenössischen Cembalospielerinnen zählte damals Catharina Denner (1715–1744), Tochter des Malers Balthasar Denner.

Hunold spielt an auf das Bild vom ersten Geschlechtsverkehr als einem Zweikampf zwischen Mann und Frau. Dazu konnten nach herrschender Vorstellung männlicher «Zwang» und weibliche «Gegenwehr» gehören. Doch bei diesem handgreiflichen Ehestreit geht es um enttäuschte Liebe und Hass statt um erste sexuelle Erfahrungen. Dieses vermeintlich arrivierte Ehepaar zeigt Verhaltensweisen, die burlesken Figuren aus den unteren Schichten ähneln. Im öffentlich ausgetragenen Streit agieren die Körper unkontrolliert, wobei insbesondere die Frau unfreiwillig sexualisierte Stellungen einnimmt. Hunold schildert diese aus einer voyeuristischen Perspektive.

> Niemahls können die Furien besser abgeschildert/ oder von einem Holländischen Schnack ein paar grund=böse Eheleute in Kupfer natürl. abgestochen werden/ als die Figur dieser beyden so galanten und reichen Leute war; und ob der Mann seine Frau gleich etliche Male überpurtzelte/ dass ihm alles in die Augen fiel/ was ihn sonst in eine Entzückung gebracht/ war es doch sonderbahr/ daß ihn dieses nur zu mehrerer Erbitterung reitzete.[278]

Die vom Hausherrn ausgeübte Gewalt kann nur von einem männlichen Dienstboten, einem Kutscher beendet werden. Der zornige Ehemann hatte jegliche Selbstbeherrschung verloren und seine Frau fast umgebracht, für ein Delikt, das er selbst begangen hatte, wie der Erzähler anmerkt. Nur der Kutscher kann die Ordnung wieder herstellen, wofür er allerdings die Standesgrenzen überschreiten muss:

> Ich glaube/ die Tollheit solte ihn so weit verleitet haben/ keinen Regard auf sich selber zu haben/ sondern die Frau/ um etwas/ zu ermorden/ so er selber vor so zuläßig geschätzet/ wenn nicht das Hauß=Gesinde darzwischen gekommen/ und sich vor diesmahl eine Autorité angemasset/ welche sonst Herren und Frauen über sie haben; Denn der Kutscher riß seinen ehrlichen Herrn mit Gewalt hinweg/ und da ihm dieser aus wütenden Eyfer etliche Mahle hinter die Ohren schmiß/ gieng es so leer nicht ab/ daß der Knecht nicht wiederum mit ein paar Dachteln replicirte/ bis er ihn so weit zur Raison brachte/ daß er vor Schaam und Verwirrung in sein Cabinet lief/ und sich da eine gute Weile verschloß.[279]

Die Frau des Hauses wäre beinahe Opfer eheherrlicher Gewalt geworden. Von ihrer Magd geputzt, lässt sie sich vom Kutscher zu einem Freund des Paares fahren, einem «ansehnliche[n] Kaufmann». Diesem als weise geschilderten Schlichter erzählt sie die Vorgeschichte dieses Streits und droht mit Scheidung:

> Diesem hinterbrachte sie die gantze Sache/ mit offenhertziger Bekenntnis/ wie sie ihr Mann durch seine üble Aufführung zu diesem Fehler verleitet/ und versicherte anbey/ wo ihr Mann die Sache ruchbar machte und sie in Güte nicht wieder annehme/ wolte sie sich von ihm scheiden lassen/ weil er sie über keiner That nicht angetroffen/ und sie ihm des Verdachts, wegen so viel/ als er ihr beweisen könte. Dieser Kaufmann nahm noch ein paar von des Mannes Anverwandten mit sich/ und brachte durch vernünftige Vorstellung es dahin/ daß er seiner schönen Frauen das Laster pardonnierte/ so er in sich selber zu tadeln hatte: Und weil aus einerley Gemüths=Art sonsten die beste Freundschaft entstehen soll/ so zweifle ich nicht/ dass diese vollkommen gleiche Eheleute hinführo vergnügt werden miteinander gelebet haben.[280]

Hunold persifliert zeitgenössische Traktate und Vorstellungen über die Ehe.[281] So scheinen diese Eheleute zwar von gleicher «Gemüthsart», aber eher im Sinne von «interessiert an außerehelichen Amouren». Dabei bleibt die Position des Ehemannes die stärkere, denn er kann entscheiden, ob die Ehe weiterbestehen soll.[282] Er muss dazu überredet werden, die Ehefrau wieder aufzunehmen, obwohl er ja als erster außereheliche Affären hatte.[283] Beide Eheleute werden als Schreckbilder bürgerlicher Tugend vorgeführt. So soll die im Herzen gar nicht so tugendhafte Ehefrau Ehebrüche zumindest ersehnt haben, unabhängig vom Fehlverhalten ihres Ehemannes. Ihr Ehemann hat sie beinahe bei «Unzucht» ertappt, sein Verdacht war also berechtigt, wie der Erzähler Tyrsatis suggeriert.

Nach Hamburgischer Rechtslage[284] wurden männliche und weibliche Ehebrecher nicht gleich behandelt: Männern drohten Geldstrafen. So waren für einen Ehebruch mit einer verheirateten Frau hundert Reichsthaler fällig und mit einer unverheirateten fünfzig Reichsthaler. Wer das Geld nicht aufbringen konnte oder ein Wiederholungstäter mit einer «ehelichen Frauens=Person» war, wurde aus der Stadt verwiesen. Diese Regelungen galten nicht für Ehefrauen – denn sie waren abhängig von der Entscheidung ihres Mannes, der das Familienoberhaupt und Herr der Ehefrau war. Wollte er sie nicht weiter als Ehefrau annehmen, so drohten ihr die Einweisung ins Spinnhaus, Züchtigungen, die Zurschaustellung am Pranger und der Verweis aus der Stadt. Außerdem büßte eine Ehebrecherin ihren Erbanspruch ein.

Wie bedrohlich diese Rechtslage sich auch für bürgerliche Frauen, für Töchter prominenter Väter auswirken konnte, zeigt das Beispiel einer Tochter von Barthold Brockes, Maria Helena (1731– ca. 1776), die 1748, über ein Jahr nach dem Tod ihres Vaters, den Kaufmann Johann Conrad Timpe heiratete, wegen Ehebruchs und Fluchtversuchs 1752 arrestiert, bis 1755 auf der Festung Dömitz inhaftiert und danach geschieden wurde. Doch sind die näheren Umstände dieser Ehetragödie noch unklar.[285] Fakt ist, dass etliche Frauen männliche Haustyrannen nicht klaglos hinnahmen:

> Mit der Einreichung von Trennungsklagen beim zuständigen Konsistorium versuchten verletzte und gekränkte Ehefrauen sich gegen Exzesse des häuslichen Ehetyrannen zu wehren. In der Regel handelte es sich um Anträge auf Trennung, denn die Ehegerichte des 17. und teilweise 18. Jahrhunderts behandelten die Scheidung quoad vinculum sehr restriktiv, so daß bei Misshandlung (Sävitien) lediglich eine separatio quoad torum et mensam in Betracht kam.[286]

Hier musste für die Sicherheit der Frau gesorgt werden, wenn sie nach der zeitlich begrenzten separatio in die eheliche Wohnung zurückkehrte.

2.6. Die Scheidung: ein selten legitimer Ausweg[287]

Da einige Male auf der Bühne der Gänsemarkt-Oper Frauen mit Scheidung drohen – und sich damit als verlässliche Mitglieder der allgemeinen Ordnung disqualifizieren –, gehe ich im Folgenden den tatsächlichen Möglichkeiten einer Trennung bzw. Scheidung von Eheleuten nach. Leider sind Ehescheidungsverfahren in Hamburg noch nicht hinreichend erforscht. Sie galten als skandalös, stellten die gesamte Ordnung in Frage und ermöglichten oft nur nach schweren Kämpfen Auswege. Es gab die Möglichkeit der «separatio quoad thorum et mensam»,[288] die Trennung von Tisch und Bett. Diese bedeutete nur eine zeitweilige Aufhebung der Lebensgemeinschaft und keine Auflösung des Ehebandes. Aber sie konnte zur «separatio totale», «ad totalem divortium», also zur «gäntzlichen Ehescheidung» führen.

Einen aufschlussreichen Einblick in ein Scheidungsverfahren bietet die Akte: «In Sachen Catharinen Margrethen Schwartzkopfinn entgegen ihres Ehemannes Andreas Caspar Schwartzkopf».[289] Aus der Perspektive des Ehemannes, unterstützt von männlichen Rechtsgelehrten, wird hier das Bild einer unkontrollierbaren Frau konstruiert, die noch dazu ihren Mann mit einem Dolch umbringen wollte. Das Ehedrama wird in Erzählstrukturen entfaltet, die allein der Ehefrau die Schuld zuweisen. Der Ehemann, ein «Advocato ordin. zu Altona», beantragte nach einer einjährigen «Separatio quoad thorum et mensam» eine «divortium totale», eine «gäntzliche Trennung», die 1738 in einem Gutachten befürwortet wurde vom «Ordinarius, Decanus und anderer Doctores der Juristischen Facultät auf der Königlichen Preußischen Universität Halle». Darin werden nach klassischem Muster die Verfehlungen der Ehefrau aufgeführt. Er habe mit seiner Frau

> über 20 Jahr in allerhand Unruh und Verdrießlichkeit zugebracht, solches aber soviel möglich gewesen, vor die Welt cachiret, endlich vor einigen Jahren mit derselben in öffentliche brouillerie gerathen, daß sie denselben heßlich blamiret, auch sogar durch memorialia bey Ihro Königlichen Majestät anzuschwärtzen gesuchet, dahero derselbe, ümb endlich Ruhe zu erhalten, den Schluß zur Separation gefaßet, und, da sie den Anfang zu Klagen gemacht, er ihr ihre zänckische Conduite vorgeworffen, und die separation quoad thorum et mensam gesuchet, welche er auch endlich, wiewohl nur auf ein Jahr, absonderlich auf die Num. Act. ii. befindliche Beylagen, erhalten.

Doch auch nach diesem Jahr der Trennung fanden die Eheleute nicht in Freundschaft und Frieden zueinander. Der Katalog der Verfehlungen der Ehefrau wird länger – und furchterregender:

> weil sie auf denselben einen Dolch heimlich geführt haben soll, und dahero derselbe belehret seyn will. Ob nicht aus allen in denen Manual Acten befindlichen Umbständen, zumahl wegen des ausgelieferten (3) Dolches, alß eines de infidiis vitae verdächtigen instruments, ingleichen wegen aufgebrochener Stuben, Schränke und Chatoullen, auch continuirlichen Zancken erhellet, daß vom anfang sofort ad totale divortium geklaget werden können [...].

Die Ehefrau wird als Inbegriff eines «Hauskreuzes» geschildert: sie soll kontinuierlich gezankt, alle Schränke, Schatullen und Räume aufgebrochen und nun auch noch einen Dolch unter ihrem Kopfkissen verwahrt haben, den sie, so die noch ungesicherte Aussage eines Jungen, gegen ihren Mann hatte richten wollen:

> und was dabey de infidiis vitae structis angebracht, theils noch nicht vollkommen erwiesen, und nicht beygebracht, daß sie den Dolch unter ihrem Kopf=Küssen liegen gehabt, oder sonsten denselben auf ihn, alß ihren Mann, getragen, wie denn von diesem Umstande nur ein Jonge Meldung thut [...]. (S. 5)

Ein Scheidungsverfahren war eine auch für Männer peinliche Angelegenheit,[290] denn hier wurde öffentlich seine Männlichkeit in Zweifel gezogen, d.h. seine Fähigkeit, im eigenen Haus für Ordnung, also Frieden, zu sorgen. Deshalb musste alle Schuld an diesem Ehedrama der Frau zugewiesen werden.

Es gab kaum einen legitimen Ausweg, um einer unglücklichen Ehe zu entkommen. Manche Menschen flohen aus ihrem bekannten Umfeld und heirateten erneut, obwohl Bi- und Polygamie auch in Hamburg[291] mit härtesten Strafen bedroht wurde. Das Interesse an Bi- und Polygamie war groß. Über einen Aufsehen erregenden Fall aus dem Jahr 1677 berichtet Steltzner:

> Es hielt sich allhier ein Studiosus der Gottes=Gelahrtheit, Nahmens Johann Lylerus, auf. Er war eines Professoris Sohn, und sonst ein gelehrter Mensch. Bey seiner großen Gelehrsamkeit begieng er die Thorheit, daß er ein Buch von der Vielweiberey, unter dem Titul: Königlicher Schatz, ausgehen ließ. Er behauptete in solchem die Vielweiberey mit vielen Gründen, und war das ganze Buch in Fragen und Antworten gestellt. E.E. Rath, und das Ehrw. Ministerium erfuhr solches nicht so bald, als sogleich die Exemplaria verbothen wurden; und er sollte selbst beym Kopffe genommen werden. Er hat sich aber bereits unsichtbar gemacht, und war nach Glückstadt gereiset; aber auch von dar ward er gar bald weggejaget. Er kam also mit seiner Polygamie gar schlecht an.[292]

Auch in Stockholm gab es Protest gegen seine Thesen. Der *Nordische Mercurius* vom 14. August 1679 berichtet, dass empörte Frauen dort versucht hatten, «den Skribenten J. Lys zu lynchen, einen Befürworter der Vielweiberei».[293] Das Thema blieb aktuell. 1717 hatte ein gewisser Lau argumentiert, dass die Juden so viele Frauen heiraten dürften wie sie wollten, um sich «nach ihrem gusto divertiren». Es sei nicht einzusehen, warum dieser Brauch christlichen Männern verwehrt sei.[294] Der Erfolg der Oper *Socrates* (1721), in der die Männer zu einer (konfliktreichen) Ehe mit zwei Frauen verpflichtet waren, spiegelt offensichtlich solche Debatten.

3. Eheanbahnung und Ehekrieg im Bürgertum und in den unteren Schichten. Intermezzi, komische Szenen und komische Opern

3.1. Komik als Schlüssel zur Realität von Geschlechterverhältnissen in Hamburg?

Komische Personen und komische Szenen waren an der Hamburger Oper Zuschauermagneten, sehr zum Leidwesen sich vorgeblich um Ernsthaftigkeit bemühender Librettisten.[295] Außerdem gab es komische Opern, die unterschiedlich kategorisiert wurden, z.B. als «musicalisches Lust=Spiel», «schertzhaftes Singe=Spiel», «Singe= und Lust=Spiel». Auch manches nicht weiter bezeichnete «Singe=Spiel» kann komisch-ironische Grundtöne haben. Sehr beliebt waren die Intermezzi, komische, inhaltlich miteinander verbundene Zwischenspiele, die etwa nach 1700 in Italien entstanden. Sie sorgten jeweils zwischen den Akten einer Opera seria für Auflockerung, ohne auf den ersten Blick mit der Opernhandlung verknüpft zu sein. Hier trafen europäische Theatertraditionen aufeinander. So sind in der Charakterisierung der Figuren und den Handlungs- und Dialogmustern Einflüsse der Commedia dell'Arte nachweisbar, italienisch und französisch geprägt, außerdem spielen Vorbilder aus holländischen und englischen Volksstücken und französischen Komödien eine Rolle. Ein überzeugender Überblick zur Geschichte der komischen Genres auf der Opernbühne im Hinblick auf genderspezifische Fragen steht allerdings noch aus.[296] Die Erforschung zeitgenössischer Schwank- und Unterhaltungsliteratur hat sich diesen Fragestellungen bereits intensiver gewidmet. Dabei wurden Motive und Erzählweisen zu Tage gefördert, die sich auch in Libretti nachweisen lassen.[297]

Die ProtagonistInnen der komischen Zwischenspiele und Szenen, die in der Regel aus den unteren oder bürgerlichen Schichten stammen, führen exemplarisch Konflikte heterosexuellen Liebes- und Ehelebens vor: vom ersten Kennenlernen, über Werbestrategien, die letztlich zur Ehe führen, bis hin zum Eheleben selbst. Die Ehe ist ein permanentes Problemfeld, auf dem Mann und Frau geschlechts- und ständespezifisch um ihre Handlungsräume ringen.[298] Theatertraditionen bilden den Rahmen für Anspielungen auf Alltagsleben und Umgangsformen, die bisher kaum als Quellen genutzt wurden. So sind auf der Gänsemarkt-Bühne Alltagsszenen und Konflikte zu erleben, wie sie etwa für Hamburg in der Genremalerei oder als persönliche Berichte fehlen,[299] aber bürgerlichen und adligen Opernbesuchern bekannt waren. Nicht nur die Bürger im Publikum goutierten solche Stücke, wie *Der Carneval von Venedig, Die Hamburger Schlachtzeit, Pimpinone* — auch der Adel scheint komödiantischen Einblicke in den Alltag der «normalen» Leute geschätzt zu haben. Ein Beispiel ist das Wolfenbütteler Possenspiel *Die Quade Grethe*, verfasst nach einem holländischen Schwank und 1654 aufgeführt von jungen Adligen am Wolfenbütteler Hof. Zu den Darstellern zählte der 18-jährige Ferdinand Albrecht (1636–1687), der zwei Frauenrollen übernahm, und sein Bruder, der 21-jährige Prinz Anton Ulrich von Braunschweig. Theater gehörte zur Erziehung der jungen Männer.[300]

Die in diesem Kontext von mir untersuchten Werke sind:

Intermezzi:
- *Die lustige Hochzeit Und dabey angestellte Bauren=Masquerade* (1708, 1715?, 1728).[301]
- *Tuberone und Dorimene* in Zwischenspielen von *Tigranes* (1719, 1720, 1721, 1722).[302]
- *Die ungleiche Heyrath oder das Herrsch=süchtige Cammer=Mädgen* (1725, 1727, 1729, 1730, 1740), dreiteiliges «schertzhafftes Zwischen=Spiel».[303]
- *La Capricciosa e il credulo. Die geliebte Eigensinnige und der Leicht=gläubige Liebhaber* (1725).[304] Intermezzo in drei Teilen.
- *Die Amours der Vespetta oder der Galan in der Kiste* (1727).[305]
- *Buffonett und Alga oder die Mann=tolle alte Jungfer* (1727).[306] Intermezzo in zwei Teilen.
- *Der gedultige Mann oder Lisetta und Astrobolo* (1735). Intermezzo in vier Teilen.[307]
- *Das einander werthe Ehe=Paar, oder Bacocco und Serpilla* (1736, 1741, 1748).[308]
- *La serva padrona/Die als Magd gewordene Frau* (1743, 1744, 1745 und 1746). Intermezzo in zwei Teilen.[309]
- *Il matrimonio sconcertato, Dalla forza di Bacco/Die durch die Stärcke des Weins misshellig wordene Ehe* (1744). Intermezzo in zwei Teilen.[310]

Komische Szenen:
- Plattdeutsche Szenen in: *Der angenehme Betrug oder Der Carneval von Venedig* (1707, 1708, 1711, 1716, 1723, 1724, 1725, 1731, 1733, 1734, 1735).[311]
- Komische Szenen aus *Adelheid* (1727, 1728, 1734).[312]

Opern:
- *Der gedultige Socrates* in einem «Musicalischen Lust=Spiele» (1721, 1730).[313]
- *Die Hamburger Schlacht=Zeit oder der mißgelungene Betrug.* (1725).[314]
- *La Finta cameriera/Die verstellte Cammer=Magd,* opera bernesca,[315] also «ein Musicalisch=lustiges Schau=Spiel (1745).[316]

3.2. Intermezzi: komödiantische Kurzschriften über das Geschlechter-Gelächter

Der anhaltende Erfolg der Intermezzi lässt auf europaweit verbreitete und langlebige Mentalitäten und Vorstellungen schließen, insbesondere im Hinblick auf die Beziehungen zwischen Mann und Frau, der Bedeutung von Ehe, Dienstbarkeit, Ökonomie, Stand und Religion. In der Regel nach italienischen Vorlagen gearbeitet, lassen sich in diesen Libretti Variationen (vor-)ehelicher Auseinandersetzungen mit handlungsstarken weiblichen Bühnenfiguren beobachten. Es werden Vielstimmigkeiten entfaltet, die Texte changieren und schillern, offerieren auch widersprüchliche Interpretations- und Rezeptionsmöglichkeiten.[317] Als eine komödiantische Kurzschrift über das Gelächter der Geschlechter[318] boten sie möglicherweise Identifikationsangebote für Männer und Frauen.

Ein Motor ist die widerständige Kraft der Frauen,[319] die sich keineswegs klaglos in die gesellschaftlichen Erwartungen fügten, nach dem Motto: sie kannten es ja nicht anders. Die Bühne dient als Schauplatz für einen Geschlechterkampf, auf dem Frauen eigene Interessen formulieren, vertreten und sich damit herrschenden Vorstellungen widersetzen können. Sie nötigen den Männern Zugeständnisse ab, die dann angesichts dieser Kämpfe in einigen Werk-Titeln als «geduldig» charakterisiert werden. Wie etwa in Telemann's Oper *Der gedultige Socrates* oder Astrobolo aus dem Intermezzo *Der gedultige Mann oder Lisetta und Astrobolo.* Eine geduldige Frau in einem Operntitel suchen wir hingegen vergebens. (Aber die Falschheit, sie scheint spezifisch für Frauen und insbesondere Dienstbotinnen zu sein, la finta cameriera. Mit einem falschen, betrügerischen Mann und Dienstboten hingegen wird kaum im Titel geworben.) Als die vermeintlich Klügeren, weil realiter Mächtigeren, geben die Männer letztlich um des lieben Friedens willen nach. Anders als in der zeitgenössischen Schwankliteratur wenden diese männlichen Opernfiguren gegenüber ihren Partnerinnen kaum körperliche Gewalt an, entsprechen somit dem Bild des gutmütigen, aber auch einfältigen Patriarchen.

Trotz einer dicken Schicht aus literarischen Topoi und theatralischen Überzeichnungen lassen sich Kämpfe ablesen um Strukturen, die insbesondere den Ehefrauen Zumutungen abverlangen, wie unermüdliche Tätigkeit im Hause, Rückzug vor Vergnügungen in der Öffentlichkeit. Solche Tugenden und Verzichtsleistungen wurden von Männern nicht erwartet. Diese Einschränkungen ihrer Lebens- und Handelräume wollen Frauen aber offensichtlich nicht selbstverständlich hinnehmen. Sie kämpfen um ihren Ruf und um ihre unbestreitbar berechtigte Teilhabe an der Öffentlichkeit.

Der Gehalt dieser Stücke ist ambivalent: So werden aus männlicher Perspektive vermeintlich weibliche Zügellosigkeit und Unkontrollierbarkeit, aber auch reale Missstände dargestellt. Außerdem gehören in den Konfliktfundus Mode und Konsum, geschlechtsspezifische Einstellungen innerhalb einer entstehenden Konsumgesellschaft mit «bürgerlichen» und «adligen» Haltungen bzw. Mentalitäten. Dabei werden die Frauen oft als Liebhaberinnen eines freizügigeren, galanten Lebensstils vorgeführt, der den herkömmlichen sparsamen Hausfrauen-Idealen nicht entspricht. Männer hingegen erscheinen seltener als verschwenderisch und eitel, werden dann aber gnadenlos verspottet als effeminierte, galante Männer. Diese waren beliebte Zielscheiben der komisch-satirischen Literatur und Pamphlete.

3.3. Exkurs: Die Liebe und der Markt. Der Kampf um die Ware «wahre Liebe»

> Auch was sich als Liebe maskiert, ist im Kern eine geschäftliche Transaktion, die nach den (alle Lebensbereiche durch dringenden) Regeln des Marktes funktioniert.[320]

In den Intermezzi, aber auch in anderen komischen Szenen und Opern, werden Erscheinungsformen einer bürgerlich-feudalen Gesellschaft vorgeführt, die sich durch einen Heiratsmarkt reproduziert, auf dem entsprechend konstruierte Männlichkeiten und Weiblichkeiten angeboten werden. Das Lebensglück, die Heiratschancen, das öffentliche Ansehen der Einzelnen hängen auch vom Besitz ab – oder zumindest von der Fähigkeit, ihn vorzutäuschen. Diese Vermarktung funktioniert geschlechtsspezifisch. Männer und Frauen haben ihren Geschlechtsrollen gemäß unterschiedliche Funktionen und Handlungsräume, da patriarchale Traditionen eine Basis der Ökonomie bilden. Hier lassen sich historische Fenster öffnen zu genderspezifischen Fragen: Wie bildet sich Identität, wer ist und gilt als authentisch, wer spielt und täuscht, wer verkörpert den Schein und wer die Wirklichkeit? Wer urteilt und bestimmt darüber?[321]

Der Mann, in der Regel ein Bürger oder Kaufmann, verfügt über Kapital, das sich aus seinem Besitz und Vermögen zusammensetzt. Hinzukommt seine Ehre, seine Tugend, Vernunft, Selbstbeherrschung, Charakter. Reiferes Alter setzt ihn eher dem Spott aus, da ihm dann Impotenz unterstellt wird. Die Frau hingegen,[322] oftmals aus den unteren oder bürgerlichen Schichten, bringt neben ihrer Dienstbarkeit und Ausbildung in «Frauenarbeit» ihren Körper, ihre Sinnlichkeit und Sexualität ein. Eine Frau steht in der Tradition von Evas Tochter und Frau Welt. Ihr Körper erscheint als «weaker vessel», als «schwaches Gefäß», dessen schöne Oberfläche zwar begehrt, aber als Täuschung denunziert[323] und verachtet wird. Zu ihrem Kapital zählen ihr guter Ruf, ihre Keuschheit,[324] doch gilt sie als den Dingen zugewandt und konsumfreudig. Ihre Schönheit wird nicht selbstverständlich als Zeichen für inneren Adel und hohe Geburt gewertet. Diesem widersprüchlichen Beurteilungsrahmen sind insbesondere die Opernsängerinnen unterworfen (siehe Kapitel: Opernsängerinnen).

Innerhalb dieser Strukturen haben Frauen kaum eine Wahl. Um ihre Existenz zu sichern, müssen sie geschickt taktieren und sich gut «verkaufen», wobei höheres Alter keineswegs ihren Wert steigert. Allerdings dürfen sie nicht offensichtlich als clevere Verkäuferin oder Propagandistin ihrer selbst auftreten, nicht als Taxierende oder Fordernde. Sonst wären sie mit dem Makel der Prostitution behaftet. Deshalb müssen Opernfiguren, wie die Dienstbotinnen Vespetta[325] oder Serpina, strategisches Geschick entwickeln, um ihren Lebensunterhalt zu sichern, ein Heiratsgut zu erwerben und einen solventen Gatten zu heiraten. Nach der Hochzeit verhalten sie sich jedoch wie wohlhabende Damen, genießen Geselligkeit und schöne Kleider. Sie denken nicht daran, die Lebensweise einer zurückgezogen und unermüdlich arbeitenden Hausmutter anzunehmen. Alle Ängste vor «Weiblichkeiten» und Unterschichten scheinen hier wahr zu werden. Susanne Scholz zieht ein Resümee im Hinblick auf englische literarische Texte im späten 17. und frühen 18. Jahrhundert, das auch für die Hamburger Libretti gelten kann:

> Dass im Rahmen des gesellschaftlichen Ringens um kulturelle Wertsetzungen Weiblichkeit zunehmend zur Projektionsfläche für die moralisch fragwürdigen Begleitumstände des kommerziellen Denkens bzw. der kulturellen Tauschlogik wird, lässt sich an allen hier besprochenen Texten beobachten.[326]

So werden weibliche Figuren wie das Dienstmädchen Vespetta, die alte Jungfer Alga oder die Mutter Marille (letztere aus der Oper *Der Carneval von Venedig*) als materialistisch und wenig interessiert an der wahren Liebe gezeigt. Auch Männer täuschen Liebe vor (wie im Intermezzo *Il Tabarano*[327](1745)) oder gehen der Illusion von Liebe auf den Leim. Sie werden allerdings als Leidende gezeigt, die sich trotz aller Äußerlichkeiten danach sehnen, von einer Frau individuell «gemeint zu sein».

Die Wirtschaftsform des Frühkapitalismus, des Konsums veränderte Vorstellungen von Männlichkeiten, Weiblichkeiten und Liebe, wobei hierarchische Differenzen zwischen den Geschlechtern bestehen blieben. Ein Motor dieser «Modernisierung» ist der Handel, der aber auch als ein permanenter Kampf, ein Krieg mit anderen Mitteln beschrieben werden kann.[328] Doch er erfordert einen «scheinbar» friedlichen Umgang und die Ausbildung anderer Männlichkeiten: gewandte Diplomaten und Kaufleute – statt Krieger. Die Auseinandersetzungen um Ressourcen und Absatzmöglichkeiten sollten möglichst unter Kontrahenten gleichen Ranges mit «rechtlichen», «zivilisierten» Mitteln ausgetragen werden, der Austausch von Gütern und Wissen möglichst reibungslos funktionieren.

Ein wichtiges Motiv ist die Liebe über Standesgrenzen hinweg, pointiert problematisiert von der Königin Fastrath aus Georg Philipp Telemann's Oper *Emma und Eginhard oder die lasttragende Liebe*[329] (1728). Fastrath, die als machthungrige, adelsstolze und lieblose Stiefmutter der Emma geschildert wird, widersetzt sich der Verbindung von Emma und dem Geheimschreiber Eginhard aus Standesdünkel:

> Aria.
> Der Adler hält auf sein Geschlechte/
> und paaret sich mit Tauben nicht.
> Die Frau gehöret nicht zum Knechte,
> die Magd schickt sich nicht für den Herrn,
> nur gleich und gleich gesellt sich gern,
> drum straft man den mit Rechte,
> wer dies Gesetze bricht. (Da capo.) (III, 8)

Auf der Opernbühne werden diese gesellschaftlichen Veränderungen gespiegelt, kommentiert, karikiert. Dabei werden betörende Vorstellungen von Liebe und Sehnsucht produziert – die zugleich auf Machtverhältnisse verweisen und sie beschönigen, verschleiern und legitimieren.

3.4. Exkurs: Bella Italia

Neben Einflüssen aus England und Frankreich scheint es in Hamburg eine spezifische Italiensehnsucht,[330] eine «italianità» gegeben zu haben, die auch von den holländischen Nachbarn geteilt wurde. So waren in den Niederlande in der zweiten Hälfte des 17. Jahrhunderts Ideal-Bilder von Italien populär. Die so genannten Italianisten oder Italianisanten, niederländische Maler, die in Italien Studien getrieben hatten, verkauften mit Erfolg ihre Darstellungen von antiken Ruinen, Schäfern und Bergdörfern in südlichen Landschaften. In der Sehnsucht der Nordländer nach Arkadien, das in Italien scheinbar seit der Antike überdauert hatte, kulminierte die Suche nach ländlichem Leben in angenehmen klimatischen Bedingungen und erotischer Freiheit. Auf der Hamburger Opernbühne war diese Italiensehnsucht multimedial zu erleben, musikalisch, visuell und inhaltlich. Eine optische Reise nach Venedig ermöglichte etwa das Bühnenbild im Kassenschlager *Der Carneval von Venedig* (1705) mit unterschiedliche Ansichten von Venedig, wie das von deutschen Reisenden frequentierte Hotel «Al Leone bianco» am Canale Grande.[331] In Georg Friedrich Händel's *Parthenope* (1733) war eine «Angenehme Landschaft mit Vesuv in der Ferne» (III, 5) zu sehen. Auch Aspekte italienischen Lebensstils wurden in Hamburg geschätzt. So konnte man 1718 in einem italienischen Cafe im Sommer Eis genießen.[332] Italienische Gärtner verkauften Orangen- und Zitronenbäume,[333] Theatertruppen vermittelten neueste Unterhaltungstrends. Zur Wohnkultur gehörte die Ausmalung ganzer Räume mit Landschaften in sommerlicher, italienischer Atmosphäre – wie sie auch der berühmte Bühnenbildner Johann Oswald Harms in nord- und mitteldeutschen Schlössern anfertigte. Ein Beispiel für diese barocken Landschaftsbühnenbilder ist bis heute erhalten, allerdings verwahrt hinter einer schützenden Wand: diese südliche Ideallandschaft mit antiken Ruinen, herrschaftlicher Villa und Statuen schmückt seit 1710 die Stirnwand des Herrensaales der Hauptkirche St. Jakobi, in dem sich die Kirchenvorsteher zusammensetzten. Ein «Puzzle aus Theatermotiven» wie Schröder treffend feststellt,[334] ohne religiöse Motive, gemalt von dem Hamburger Maler Johann Moritz Riesenberger (1673?–1740), der Harm's Werk gekannt haben muss. Über den debattierenden Herrenrunden prangt ein ebenfalls bis heute erhaltenes Deckengemälde mit barbusigen Allegorien bzw. Musen. Dies ist ein Beispiel für die Durchdringung des Alltagslebens mit Träumen von Sinnlichkeit und Italien, wie sie auch in der Oper zelebriert wurden. Ohnehin wurde in der Oper sowie in der Kirche mit theatralischen Mitteln gearbeitet.

Hamburger und andere Norddeutsche, die dem gehobenen Bürgertum oder dem Adel entstammten, staunten in Italien über Kulturschätze, landschaftliche Schönheiten, städtisches Leben und sexuelle Gepflogenheiten.[335] Doch leider sind nur wenige Reiseberichte, Briefe o.ä. überliefert, die noch dazu kaum persönliche Kommentare und Schilderungen enthalten. Die Geschlechterverhältnisse und Handlungsräume der Frauen in italienischen Städten und an Höfen wurden seit der Renaissance kontrovers diskutiert. So sorgten etliche Fürstinnen, die Ehen mit den Habsburgern eingingen, für einen kulturellen Transfer, der schließlich im 17. Jahrhundert in Wien die Etablierung der Oper ermöglichte. Eine zentrale Rolle spielte hier Kaiser Ferdinand II., der 1622 in zweiter Ehe Eleonore Gonzaga (1598–1655) heiratete. Am Hof ihres Vaters Vincenzo I. Gonzaga hatte Claudio Monteverdi als Hofkapellmeister seine ersten Opern komponiert.[336] Gebildete adelige Damen wirkten an Höfen und in Salons, bürgerliche Künstlerinnen wie Barbara Strozzi führten ein Leben an der Grenzlinie zur Hetäre. Jedoch wurde trotz aller künstlerischen und wissenschaftlichen Aufbruchsstimmung auch im italienischen Bürgertum und Adel streng auf die Keuschheit und Tugend der Mädchen und Frauen geachtet.[337] Darauf lassen diverse Quellensorten schließen. So ist das Motiv des alten Vormunds, der sein vermögendes Mündel einschließt, um es selbst zu heiraten, bis ins 19. Jahrhundert hinein auch auf der Opernbühne zu sehen.[338] Seine Beliebtheit stützt sich offensichtlich auf eine bühnenwirksame und realitätsnahe Kurzschrift von stands- und genderspezifischen Machtverhältnissen.

Viele Fragen bleiben offen: Womit lässt sich erklären, dass weibliche Bühnenfiguren ohne Begleitung auf der Straße frei unterwegs sind bzw. vehement Bewegungsfreiheit einfordern? Mit Normbrüchen, die nun mal zum Theater dazu gehören – oder weil sie nicht in der Rolle von Töchtern ehrenwerter Bürger und Adliger auftraten, deren Erziehung solches Verhalten verhindert hätte? Welche Bedeutung spielen die interkonfessionellen Unterschiede, immerhin stammen diese kämpferischen, widerständigen Frauen aus katholischen Regionen. Wie wirkte sich der Protestantismus in Hamburg auf Frauenrollen aus?

In den Zerrspiegeln der komischen Personen, Szenen und Intermezzi werden herrschende Wertvorstellungen ironisiert und gegeneinander ausgespielt: haushälterische Kritik am Luxus versus ostentatives Genießen, ob nun adelig oder bürgerlich. Kritik wird zelebriert an einer europaweit kopierten französisch-höfisch orientierten galanten Lebensweise, welche die Frauen angeblich von ihren Pflichten im Haushalt abhält. Außerdem nagt die innerhalb patriarchaler Verhältnisse ständig umstrittene Frage: Wer, Mann oder Frau, darf Wünsche entwickeln, Lust und Sinnlichkeit ausleben? Vielleicht fungierten die Frauen als «Sündenziegen» für die Schuldgefühle, die man wegen des höfisch-galanten Lebensstils hatte. Auf die konsumbegeisterte Frau Welt wurde alle Schuld abgeschoben.

Diese Satiren auf den Ehestand in Commedia dell'Arte-Tradition kreisten auch um die weibliche Dienstbarkeit in Haus und Bett, zu der Ehefrau und Dienstbotin auf ähnliche Weise verpflichtet waren. Dabei ist die Personenkonstellation nicht nur den Notwendigkeiten und Traditionen des Theaters geschuldet. Zwei Darsteller, gelegentlich mit stummem Diener, waren wirksam und kostengünstig zugleich – sie fokussierten aber auch einen Kern der damaligen realen Lebens-, Liebes- und Arbeitsbedingungen. Deswegen waren sie durchaus mit der Opera seria kompatibel, auch wenn immer wieder behauptet wird, dass die Intermezzi mit ihnen inhaltlich nichts zu tun hätten.

3.5. Vespetta – eine Wespe mit Herz und Verstand

Ein beliebtes und oft kopiertes Modell bieten das junge attraktive Dienstmädchen Vespetta und der alte reiche Bürger Pimpinone, im Intermezzo *Pimpinone*, ein beliebter «Dauerbrenner», der bis 1740 auf dem Spielplan stand und mehrere Nachfolger hatte.[339] Mit dem Titel-Zusatz ist auch die inhaltliche Ausrichtung angegeben: *Die ungleiche Heyrath/Oder das Herrsch=süchtige Cammer=Mädgen*.

Das junge arbeitslose, aber attraktive Dienstmädchen Vespetta (Wespchen) sucht und findet Arbeit bei dem reichen, aber alten geizigen Junggesellen Pimpinone. Nach der Eheschließung will Vespetta jedoch nicht nur das harte Leben einer verheirateten Dienstmagd führen, sondern den standesgemäßen Luxus einer vornehmen Dame genießen. In dem Nachfolgestück, einem «Comiquen Nach=Spiel» mit dem Titel *Die Amours der Vespetta oder der Galan in der Kiste* wird vorgeführt, wie so eine ungleiche Ehe, verbunden mit mangelhaftem patriarchalen Regiment des Hausherrn, endet: Vespetta hat drei Liebhaber gleichzeitig und nicht einmal die Dienstmagd befolgt mehr Pimpinones Anweisungen. Er muss sogar selbst einkaufen gehen – während sich Pierrot und Vespetta herzen.

Die Dienstbotenfrage scheint ein Dreh- und Angelpunkt in der Gesellschaft und der Oper zu sein, mit der nahezu jeder im Opernhaus konfrontiert war. Vermag nur die Stände übergreifende, den Frauen abverlangte Dienstbarkeit sowie ihre strikte Kontrolle durch den Ehemann ihre vermeintlich zügellose Sinnlichkeit zu zähmen?

1. Intermezzo

> Nr. 1, Arie: Vorstellung der Vespetta:
> Wer will mich? Ich bin ein Cammer=Mädchen, ich tue alles,
> ich verstehe auch alles genau, was dazu gehöret. Ich habe ein
> redliches Herz, bin nicht ehrgeizig, noch begierig, und schicke
> mich in das Böse und Gute.

Vespetta sucht eine Anstellung, will durch harte Arbeit endlich auch einen eigenen Hausstand gründen:

> Ich suche zwar ein Glück, doch ehrlich zu erlangen, und durch den sauren Schweiß, ein kleines Heirathsgut. Herr Pimpinone kömmt gegangen; Er ist zwar nicht von edlem Blut. Doch reich und dumm. Es wär ein guter Herr für mich. Gedult! Vielleicht gibt es sich.

Sie bewirbt sich bei dem alten und wohlhabenden Pimpinone. Bei ihrem ersten Vor- oder Verstellungsgespräch preist sich Vespetta mit Eigenschaften an, wie sie auf dem Arbeits- und Dienstbotenmarkt gefordert werden: bescheiden, anspruchslos und arbeitswillig.

> Nr. 3, Arie:
> Höflich reden, lieblich Singen,
> Künstlich Spielen, fertig Springen/
> Sind schöner Damen Zeitvertreib.
> Spinnen, Kneppeln, Stricken, Nehen/
> Fleissig auf die Wirtschafft sehen,
> Gehören nur für ein gemeines Weib. (Da Capo)

Pimpinone gefällt die junge Magd, die auch sexuelle Dienstleistungen erbringen würde. So berichtet Vespetta von ihrer vorherigen Herrin, die offensichtlich eifersüchtig war: «Ich war ihr alle Morgen zu früh geputzt, dies setzte sie in Sorgen, ich ging ihr etwan ins Gehege, dadurch ward alle Feindschaft rege.» Vespetta schmeichelt Pimpinone, damit er sie einstellt:

> Vespetta:
> Kein Mensch ist auf der Welt so höflich, klug, manierlich, schön und zart, und kurz, der mir so wohl gefällt als er.
> Pimpinone: O schöne Redens-Art.

Vespetta weiß: eine junge Frau aus den unteren Schichten muss ihre Dienstbarkeit, ob im Haushalt oder im Bett, an einen Mann vermieten. Nur so kann sie ihre Existenz sichern. Ihr Kapital sind ihre Arbeitskraft, ihr Körper und ihre Sexualität. Ideal wäre deshalb ein Dienstherr, der wohlhabend ist und aus einer höheren Gesellschaftsschicht stammt. Solche Ehen waren aber wohl in der Realität sehr selten.[340]

2. Intermezzo
Vespetta hat bisher zur Zufriedenheit von Pimpinone gearbeitet, doch nun startet sie einen Angriff auf das Zentrum des Machtgefälles. Sie will legal Teil haben an Pimpinone's Wohlstand. Nur als verheiratete Frau hat Vespetta Chancen, zu erben und auch im Alter versorgt zu sein, in Zeiten, in denen es noch keine Rentenversicherung für die arbeitende Bevölkerung gab. Gemäß dieser Logik ist für Vespetta die Ehe erstrebenswerter als ein Dienstverhältnis. Deshalb gibt sie vor, ihn verlassen zu wollen. Doch Pimpinone reagiert prompt, will Vespetta sogar die Schlüssel zum Geldschrank überlassen, zeigt ihr darin einen jüngst gekauften Ring und einen Ohranhänger. Aber Vespetta will nicht die mit Schmuck beschenkte Mätresse eines Herrn sein. Sie ist auf ihren Ruf als ehrbare Magd bedacht, ohnehin würden die Leute den beiden bereits ein erotisches Verhältnis unterstellen:

> V: ... Weil schon die ganze Stadt,
> Von uns zu plaudern hat.
> Es heißt: er sey noch ein belebter Herr;
> Ich aber=kurtz=auch nicht die Heßlichste von allen;
> Es wird dem Lästerer, die Unschuld selbst zu tadeln, leichte fallen;
> Mein guter Nahme muß darunter leiden;
> Drum werd ich bald aus seinem Dienste scheiden.

Vespetta kann hier nicht selbst aktiv werden, d.h. selbst einen Heiratsantrag machen. Das verbietet ihr das Tugendkorsett einer Frau und Dienstbotin. Endlich versteht Pimpinone, natürlich will er Vespetta heiraten, aber nur, wenn sie als Ehefrau auf alle Vergnügungen verzichtet und sich ganz seinem Willen fügt.

Nr. 14, Rezitativ:
P.: So geht es gut! Laß uns den Handel schließen! [...]
Magstu wol an dem Fenster stehen?
V.: Ich hab' hier zu nicht die geringste Lust.
P.: In Opera und auff Ballette gehen?
V.: Diß thu ich nie.
P.: Kann dich das Spiel erfreun?
V.: Die Einsahmkeit soll mein Vergnügen seyn.
P.: Sind die Romans dir ein beliebtes Wesen?
V.: Ich werde stets in dem Calender lesen.
P.: Kann dich die Masquerad' ergötzen?
V.: Ich will dafür mich in die Küche setzen.
P.: Belustigt dich ein Bär= und Ochsen-Hetzen?
V.: Im Hause findet sich ein bessrer Zeit=Vertreib.
P.: Wol! So bistu mein liebes Weib.
V.: Nur seine Magd, doch ohne Brautschatz.
P.: Nein! Zehn tausend Thaler sollen dir von mir vermachet seyn.
Doch die Visiten sind dir gäntzlich untersagt,
Sie nicht zu geben, noch auch anzunehmen.
V.: Ich will mich gern hiezu bequemen.
P.: Wohlan! ich bin vergnügt.
V.: Mich selber zu beglücken, muß mein Versprechen sich nach seinem Willem schicken.

So sahen also die idealen Lebensräume tugendhafter Ehefrauen und Dienstbotinnen aus. Still und zurückgezogen sollten sie im Haus arbeiten und auf alle Vergnügungen in der Öffentlichkeit verzichten. Doch es scheint, dass solche Ansprüche von vielen Dienstbotinnen zurückgewiesen wurden, wie es auch Klagen von Dienstbotinnen in der Literatur und vor Gericht vermuten lassen. Aber auch etliche bürgerliche Ehefrauen wollten sich «hiezu nicht bequemen». *Pimpinone* könnte eine Satire auf borniete Ehemänner sein, die tatsächlich glaubten, ihre Eheherrschaft ohne Widerstand durchsetzen zu können, ein «Viva Vespetta!», weil sie dem alten Esel eins auswischte. Die Dienstbotinnen würden hier als Identifikationsfigur für Befreiungsbestrebungen auftreten. Umkämpft und gefürchtet war der Wunsch der Frauen auf Teilhabe an Vergnügungen im Haus und in der Öffentlichkeit.

3. Intermezzo

Vespetta und Pimpinone haben geheiratet – doch der Ehealltag scheint wenig harmonisch. Als Ehefrau will Vespetta nun auch die Freiheiten ihres Standes genießen, sie ist «als eine Dame gekleidet» und fühlt sich an die vorherigen Abmachungen nicht mehr gebunden:

> Nr. 16, Rezitativ:
> V.: Ich will dahin, wohin es mir beliebet, gehn;
> O, das ist unvergleichlich schön!
> P.: O, das ist unvergleichlich arg! Ich muß zum wenigsten den Ort
> doch wissen.
> V.: So wird' ich dir von jedem Quark wol Red und Antwort geben müssen?
> P.: Ich bin dein Mann!
> V.: Gar recht! ich gehe nur spazieren.
> P.: Spazieren? Will dir dieses auch gebühren?
> V.: Die Leute seh'n dich längst für einen Gecken an:
> ein kluger Mann muß seiner Frauen
> mit Stilleschweigen trauen.

Neue Freiheiten will Pimpinone seiner Frau nicht zugestehen, er will sie nach alter Tradition kontrollieren. Auf der Straße spazieren gehen,[341] ohne Begleitung, das bedroht die Keuschheit der ehrbaren Bürgersfrau und die Ehre des Mannes. Aber Vespetta lässt sich nicht einschüchtern, beschreibt das eheliche Machtgefüge ohne romantische Beschönigung:

> Um größ're Freyheit zu erlangen, erwähl' ich dein verhaßtes Ehebette/
> ich will dich als Gefehrten zwar umfangen,
> doch trag ich keine Sklavenkette.

Selbst ihr Besuch bei ihrer Frau Gevatterin erweckt Pimpinone's Eifersucht. Er macht sich lustig über weibliche Plauderrunden, offensichtlich gefürchtete Widerstandsnester, die er lächerlich macht, indem er sie falsettierend imitiert:

> Nr. 17, Arie Pimpinone ‹So quel, che si dice›
> Ich weiß, was man saget, Ich weiß, was man machet.
> Da heißt es: Wie stehet es? Ganz wohl! Und bald hernach heißet es: Mein Mann
> ist ein recht wunderlicher und ganz unbescheidener Tropf, welcher verlanget,

daß ich den ganzen Tag im Hause bleiben solle: Und die andre antwortet: O das ist ein rechtes Viech! Sie nehme ein Exempel an mir. Der meinige wollt es auch versuchen, aber ich habe ihm den Zweiffel benommen. Ich habe das Geheimnis gefunden, nach meinem Sinne zu leben. Sagt er ‹nein›, so sage ich ‹ja›.

Die Situation spitzt sich zu. Als Pimpinone Vespetta an ihr Versprechen erinnert, ihm zu Willen und gehorsam zu sein, kontert diese:

> Als ich dir dieses zugesagt,
> war ich noch deine Magd!
> Jetzt bin ich deine Frau.
> Drum zieh die Pfeife ein.

Nach Vespetta's Auffassung ist durch die Eheschließung der Standesunterschied zwischen Dienstmagd und bürgerlicher Haus- und Ehefrau aufgehoben. Deshalb will sie künftig in die Opern gehen, tanzen, französisch sprechen, courtoisieren, Karten spielen: «Mein ich Will muß ja so viel, als dein ich Wolte gelten. Drum wird ich stets nach meinem Kopfe leben [...].» Pimpinone droht mit Prügel und Vespetta mit kratzenden Nägeln.[342]

> Nr. 21, Duett: Vespetta und Pimpinone
> P.: Wilde Hummel! Böser Engel!
> V.: Alter Hudler, Galgen=Schwengel/
> P.: Zänckische Metze / andre Xanthippe!
> V.: Mürrischer Trotz=Kopf, Todten=Gerippe!
> a 2. Ich lache deiner Raserey,
> Pimp. Wirstu deinen Sinn nicht brechen/
> Vesp. Wirstu künftig widersprechen /
> A 2. So schlag' ich dir den Kopf entzwey. Da capo
> (Fallen übereinander).

Prügelnde Eheleute, das war ein traditioneller Bühnenspaß und gleichzeitig alltägliche Realität. Trotz aller Streiterei gesteht Pimpinone sich ein, Vespetta zu lieben – doch was für eine Liebe meint er?

> Nr. 22, Rezitativ:
> V.: Du eigensinn'ger Esel, schau
> P.: Perdon, genädge Frau!

V.: Zehntausend Taler stehn auf dem Papier,
dieselben zahle mir; und, soll ich nicht nach meinem Willen leben,
so musst du mir den Brautschatz wiedergeben.
P.: (Ich bin in sie verliebt; was will ich machen?)
Sie tu' was ihr gefällt in allen Sachen.

Das Intermezzo endet in einem wütenden Streit-Duett: «Schweig' hinkünfftig, alberner Tropf!» Kein Happy End ist in Sicht, die Gegensätze scheinen unauflösbar und werden auch nicht durch aufkeimende Liebesgefühle überdeckt. Die junge schöne, aber arme Vespetta, das Wespchen, hat ihren Stachel in harter Lebensrealität ausbilden müssen. Schließlich kämpfen Vespetta und Pimpinone nicht mit gleichen Waffen: Pimpinone ist ökonomisch gesehen der Stärkere, trotz Alter, Krankheit (Zahnschmerzen!) und Hässlichkeit. Vespetta hingegen hätte als alte Dienstbotin entlassen werden und in Armut enden können. Immer wieder wird Vespetta von Kommentatoren unterstellt, sie sei gerissen und kaltherzig, würde ihre Schönheit und Jugend als Waffe einsetzen.[343]

Sinnlichkeit und Sexualität irritierten patriarchale Strukturen. Sie muß ebenso kontrolliert werden wie die Frauen, die als Auslöserinnen und Verführerinnen dieser körperlichen Sensationen gelten. Zumindest in den Augen derjenigen Männer, die aus ihrem (Selbst)-Bild von «Männlichkeit» z.B. Hingabe und unkontrollierte Gefühle abgespalten und auf die Frauen projiziert haben. Doch Frauen bleiben machtvoll und gefürchtet – im Haushalt und in der Sexualität. Im Haus, dem Handlungsraum, der einer Frau zugewiesen ist, wird ihr als Mutter, Hausfrau und Dienstbotin oft genug unterstellt, ein herrisches Regiment zu führen. So wird im frühen 18. Jahrhundert über das «Haus=Kreuz» gespottet, über die angeblich tyrannische Hausfrau.[344]

Für Frauen aus der Unterschicht war ihre Sexualität, ihre Jugend, neben ihrer unermüdlichen Arbeitskraft, ein wichtiges Kapital. Vielfach wurden sie dazu gezwungen, ihre Sexualität zu verkaufen, da sie anders nicht überleben konnten. Da auch sie als Nachfahrinnen der «bösen Eva» galten, wurde ihnen in der Regel alle Schuld zugeschoben. Die so genannten «Waffen der Frau», ihre Schönheit und sexuelle Kompetenz, waren oftmals die einzigen «Waffen» die ihnen zugestanden wurden, für die sie aber oft nur Verachtung ernteten.[345] Aber im weiblichen Zeughaus lagerten zwei weitere gefürchtete Waffen: ihr Wille und ihre List. Eine echte Wahl der Waffen im Kampf um die Sicherung der Existenz oder den sozialen Aufstieg hatte man ihnen allerdings nie gelassen.

3.6. Serpina – eine Schlange mit Biss

Ein Folgestück war *La serva padrona* mit einem Handlungsmuster, wie es aus *Pimpinone* bekannt ist: Junge attraktive Dienerin sucht lebenslange Anstellung und Existenzsicherung bei altem, aber wohlhabenden Junggesellen. Nach einigen Verwicklungen sichert sie sich ihre Stellung, wird seine Ehefrau.

Der 23-jährige Pergolesi komponierte die zwei Intermezzi, die Zwischenakt-Stücke, für eine Festvorstellung zur Feier des 42. Geburtstages der Kaiserin Elisabeth Christine, Gattin von Karl VI., im Teatro San Bartolomeo in Neapel am 28. August 1733, als unterhaltsame Zwischenmahlzeit in den beiden Pausen seiner dreiaktigen Festoper, der Opera seria *Il prigioniero superbo*. Die Intermezzi hatten so viel Erfolg, dass sie bald darauf als selbständiges Stück gegeben wurden. *La serva padrona* war Weg bereitend für die komische Oper in Italien und Frankreich, der Opera buffa und der Opéra comique. Sie spielte später eine wichtige Rolle in der so genannten «Querelle des Bouffons», dem Buffonisten-Streit in Paris, wo sie die Ästhetik von Jean-Jacques Rousseau und den Enzyklopädisten verkörperte – gegen die traditionelle französische Oper, die von Ludwig XV. und Madame Pompadour favorisiert wurde. Serpina[346] ist zwar nur die Magd, agiert aber wie die Herrin im Haus des wohlhabenden, jedoch geizigen Junggesellen Uberto bzw. Hubertus. Sie hat ihre eigenen Vorstellungen von der Organisation des Haushaltes. Hubertus beklagt sich in seiner Auftrittsarie «Aspettare e non venire», dass er seit Stunden auf seine Tasse Schokolade warte.

> Warten, und nicht kommen, liegen, und nicht schlaffen können, treulich dienen, und den Undanck davon tragen, seyn drey Dinge, davon einer sterben müste. Ist das nicht ein Elend? Ich warte schon drey Stunden lang, und hab noch nicht die Gnad eine Cioccolate zu sehen, da doch außzugehen grosse Noth habe. Sollte ich nicht meine ganze Gall außgiessen? Ich sehe nunmehro, daß die gantze Ursach meines Unheyls seye, meine Gutheit. Serpina. (Er ruffet die Serpina, und sie last sich an der scena sehen.)[347] (Intermezzo I)

Doch Serpina ist bereits mit dem Mittagessen beschäftigt und wehrt alle seine Vorhaltungen ab. Überhaupt scheint sie ein strenges Regiment zu führen. So gibt sie sich auch gegenüber dem stummen Diener Vespone sehr herrisch, den sie sogar vor Hubertus' Augen schlägt. Hubertus geht dazwischen, versucht die Wut von Serpina und Vespone zu zügeln.

Rezitativ:
Serpina: Sollte ich aber deswegen, daß ich die Magd bin, mich also von ihm strapazziren lassen? Nein mein Herr, das läßt sich nicht thun. Ich will haben, man solle mich wie die Frau im Hauß respectiren, ja wie die Frau selbst und auf alle Weise. (Intermezzo I, 4.)

Serpina, obwohl dem Stand nach eine Dienstmagd, fordert den Respekt, wie er einer «gnädigen Frau, ja mehr wie einer gnädigsten, einer allergnädigsten Frau, einer Erz-Patronin, einer Super-Patronin» gebührt. Sie verbietet Hubertus sogar vor dem Mittagessen das Haus zu verlassen, die Türen würde sie verrammeln lassen. (Praktiken, wie sie männliche Haustyrannen damals gegenüber weiblichen Familienmitgliedern anwandten.) Doch Hubertus will in seinem Hause nach seinen Bedingungen leben und endlich heiraten. Soll sich doch seine künftige Ehefrau mit Serpina streiten, die diesem Plan auch zustimmt, aber nur unter der Bedingung, dass eben sie diese Ehefrau sein wird. Doch dazu ist Hubertus noch nicht bereit. Jetzt versucht es Serpina mit ihrem Kapital, ihrer Jugend und Schönheit.

Duett:
Serpina: Das Aug schalckhafftig wie ein Dieb,
Der sich einfindet in der Lieb.
Ihr seyd verrathen. Sagt ihr nein,
Sagen doch ja die Äugelein.

Hubertus: Fräulein, Ihr euch betrüget sehr,
Als euch gebühret ihr euch einbildet mehr.
Davon es euch zu träumen scheint,
Es ist zu hoch vor euch gemeynt.

S.: Wieso? Bin ich nicht wohlgestalt?
Hab einen Geist/ der euch gefallt.
Mein Gang ist prächtig, schön darbey;
Seht an die Minen vielerley.

H.:(Sie will außfischen, ich versteh,
Wie sie bey mir in Gnaden steh.)

S.: (Etwas geneygt nunmehr er scheint)
Auf, auf, mein Herz, wie ists gemeynt?

H.: Macht euch von dannen gleich

S.: Einmahl entschliesset euch.

H.: Du bist halt nicht gescheyd,
Geh immer von mir weit.

S.: Einmahl seyd ihr für mich,
Auf deme steiff ich mich.

á 2^{348}: Vor Euch ist meine Lieb,
Ihr Hand und Hertze gieb.

H.: Vor mich heist es nunmehr,
Ich bin verwickelt sehr. (Intermezzo I)

Serpina entwirft einen Plan: Der stumme Diener Vespone schlüpft in die Rolle ihres vermeintlichen Liebhabers, eines aufbrausenden und wenig galanten Kriegers mit «gemachtem Knebelbarth». Als Gegenleistung verspricht sie Vespone, dass er dann «im Hauß der andre Herr seyn» soll. Vespone spielt den «Capitain Hagel» (ital. Capitan Tempesta) so überzeugend, dass Hubertus ganz verunsichert ist. Soll Serpina wirklich eine «Soldatenfrau» werden? Der gewaltbereite Militär würde sie auch schlagen:

> Hubertus: Ist sie gegen meiner so unbändig/ und ist zugleich eine Magd; so lasset uns schliessen/ dass er/ als Capitain Hagel/ über sie/ als seine Braut/ in vollem Zorn seyender/ mit schlägen blitzen und hageln wird.

Doch aus Angst um seinen Ruf zögert Hubertus noch: Was würden die Leute sagen, wenn er seine Dienerin zur Frau nimmt? Eine Mätresse aus der Unterschicht – Hubertus ist hin und her gerissen zwischen Liebe, amore, und Mitgefühl, pietà:

> Arie:
> Das Hertz sagt mir etwas ins Ohr,

Doch kann ich es nicht bringen vor.
Ists kein Mitleidyden, so ists g'wiß
Ein Tröpfflein von der Liebe süß.
Ein andrer sagt: Huberte sey bedacht,
Nicht diesen meinen Rath veracht.
Bald heists: Ich dich nicht haben will.
Mithin hab ich der Wäsche viel.
Was für ein Außgang dann,
Ich endlich hoffen kann? (Intermezzo II)

Auch in diesen Intermezzi wird deutlich: arbeitet eine Frau in einem fremden Haushalt, muss sie neben ihrer Arbeitskraft auch ihre Sexualität als Dienstleistung anbieten. Allerdings wird ein Aspekt bisher kaum erwähnt: Hubertus hat Serpina von Kindheit an wie ein Vater aufgezogen – vielleicht wurde sie von armen Eltern als Ziehtochter oder als Mündel in seine Obhut gegeben. Eine Konstellation, wie sie auf der Bühne immer wieder zu sehen ist: das junge Mündel – einem alten Vormund ausgeliefert. Hubertus erinnert sich:

Rezitativ:
[...] Ich hab dieses Mensch von Kleinheit an auferzogen, ich hätte meine eygene Tochter nicht so pflegen können! Nun ist sie deswegen so vermessen, und so hoffärtig geworden, daß sie endlich keine Magd mehr, sondern selbst Frau wird seyn wollen. (Intermezzo I)

Serpina muss auf ihre materielle Absicherung achten, denn sie hat offensichtlich keine Erbschaft zu erwarten. Sie weiß, dass Hubertus' Kasse dessen zweite Achillesferse ist – neben seinem erotischen Begehren. Deshalb hat sie keine andere Wahl als taktisch vorzugehen. Sie führt den Capitain Hagel herein, der Hubertus als ihren Vater ansehen soll. Serpina dolmetscht seine Forderungen: 4000 Gulden als Mitgift. Als Hubertus nicht zahlen will, droht der Krieger mit dem Degen und stellt eine neue Forderung: wenn Hubertus nicht zahlen will, dann soll er wenigstens die Serpina heiraten. Da endlich willigt Hubertus ein, die Masken fallen, das Eheversprechen gilt trotzdem – Ende.

Serpina zieht alle Register der Schmeichelei und Täuschung. Aber sie ist auch eine rebellische Persönlichkeit, die weiß was sie will und wie sie es erreichen kann. Dabei agiert sie auch wie eine Freiheitskämpferin – ihr häuslicher Kampf gegen den alten Hubertus symbolisiert die Freiheitsbewegungen in Neapel und Sizilien gegen die Habsburger Herrschaft – nach dem Frieden von

Rastatt 1714. Der Erfolg der *Serva padrona* außerhalb Neapels seit 1738 könnte auch mit den neuen Habsburger Gebieten in Norditalien zusammenhängen. Demnach wäre die Serva eine Identifikationsfigur im Kampf gegen die alten Zöpfe, gegen die Obrigkeiten, gegen die Habsburger Monarchie.[349]

3.7. Das häusliche Regiment der Frauen

Die Zwei-Personen-Konstellation ist einerseits theatralischen Zwängen geschuldet. Nur zwei singende Stars werden benötigt, um eine Vielfalt gendertypischer Aspekte auf die Bühne zu bringen: die junge verführerische Frau – der ältere, stimmgewaltige Potentat; andererseits werden hier Konflikte des Geschlechterverhältnisses fokussiert, wie es auch in der Hauptoper vorgeführt wurde. Das Regiment im Hause übernehmen die Frauen durch ihre Versorgungsleistungen und durch ihre Sexualität. Serpina ist bereits als Magd die Herrin im Haus, die Hubertus auch leiden lässt, ihm z.B. kein Frühstück macht, weil sie bereits mit Mittagessen beschäftigt ist. Dienstverhältnis und Sexualität werden auch hier scheinbar selbstverständlich verquickt. So geht aus dem Libretto hervor, dass Hubertus Serpina als eine adoptierte Tochter groß gezogen hatte. Nun begehrt und heiratet er sie. Es gibt keinen Hinweis auf eine Ehefrau oder andere weibliche Person in diesem Haushalt. Zwar galt die Vergewaltigung einer Magd durch ihren Dienstherrn als Kavaliersdelikt, als «le droit de seigneur». Doch nach der Analyse etlicher solcher Fälle kommt Maren Lorenz zu dem Schluss:

> Dennoch wird deutlich, daß die Frau innerhalb eines internalisierten Rollenmusters der devoten und respektvollen Magd eine klare Grenze zog. Selbst als Dienstbotin beharrte sie auf einem ihr selbstverständlichen Recht der sexuellen Selbstbestimmung und wagte sogar, dies durch eine öffentliche Klage einzufordern. Physische Grenzen zu achten und Respekt vor ihren Willensäußerungen forderten alle Frauen ein, obwohl ihnen sonst kaum Rechte zugestanden wurden. Diesen Anspruch auf Würde und ein Minimum an Achtung der Persönlichkeit teilten Ehefrauen und Ledige, Hausmütter und Mägde, die trotz aller Status- und Standesunterschiede einem gleich- oder höhergestellten Mann gegenüber immer nur eines waren: untergeordnetes Weib.[350]

Die Opernbühne funktionierte auch wie eine Art Gericht, in dem konkurrierende Ansprüche dargelegt, verhandelt und bewertet wurden. Aber sie diente auch der Verschleierung, der Kaschierung und Beschönigung von Gewalt und Ausbeutungsverhältnissen.[351] Was wird hier verschwiegen, welche Fragen werden nicht gestellt? Welche Wahrnehmungsmuster, die z.T. bis heute wirksam sind, werden konstruiert?[352]

Dienstmädchen auf der Bühne reflektieren Topoi männlichen Begehrens, die dem häuslichen Dienstpersonal eine freizügigere Sexualität unterstellen und diese im selben Atemzug für ehrlos und verführbar halten; auf diese Weise werden die Hausherren und dessen Söhne moralisch entlastet.

Andererseits ist festzuhalten: obwohl es wenige Quellen von Dienstbotinnen selbst gibt, geht aus diesen Opern bzw. Intermezzi und deren Libretti hervor, dass Dienstbotinnen sich gegen solche Zuschreibungen, Zumutungen und Ausbeutungen verwahrt und gewehrt haben. Trotz Witz und Komik lässt sich erahnen, welchen Zwängen und Gewaltmustern die Dienstmädchen unterworfen waren. Echos ihrer Stimmen, ihrer Haltungen, ihrer Widerstände sind, wenn auch gefiltert bzw. umgeschrieben, in diesen Stücken aufbewahrt.

Die Aussagen und Absichten dieser Opern und Intermezzi schillern ambivalent, was auch ihren Reiz ausmacht. Hier werden diverse Ansprüche verhandelt und Identifikationsmöglichkeiten angeboten. Werden der Widerstand und das Aufbegehren der Dienstbotinnen lächerlich und damit unschädlich gemacht? Sind es Märchen, die ökonomische und gesellschaftliche Zwänge verzerren bzw. beschönigen, Ausbeutungsverhältnisse und Gewalt mit dem Mantel der «Liebe» zudecken und so erträglich machen?

3.8. Exkurs: Wahrnehmungsmuster

Inhaltsangaben von Opern und Intermezzi liefern Einblicke in die Frauen- und Männerbilder ihrer jeweiligen Autoren. Im Fall der Intermezzi von Telemann und Pergolesi überwiegt in der Fachliteratur die Düpierung und Denunzierung der Dienstbotinnen, Vespetta und Serpina haben selten einen ernsthaften Anwalt. Außerdem scheint den Autoren der Krieg im Haushalt kein ernst zu nehmendes Opernthema, beispielhaft dafür Rudolf Kloiber in seinem *Handbuch der Oper*:

> Das wirkungsvolle Libretto verfasste der neapolitanische Dichter Gennaro Antonio Federico, der die schlichte Handlung mit ihren harmlosen Verwicklungen lebens- und volksnah gestaltete.[353]

Außerdem wird bei der Schilderung des Inhalts immer wieder von der «gerissenen» Serpina gesprochen und der Gutmütigkeit und Verwirrung des Hubertus. Traditionelle geschlechtsspezifische Wahrnehmungsmuster werden unreflektiert fortgeschrieben:

> Als sie ihm jedoch schelmisch ihre Reize anpreist, wird er schon unsicher; sie bemerkt es und ist sich ihres Sieges gewiß. Um den Alten endgültig herumzukriegen, bedient sie sich einer List.[354]

Weitere Beispiele finden sich zuhauf. Jürgen Schläder schreibt in Piper's *Enzyklopädie des Musiktheaters* von der «durchtriebenen Dienerin» Serpina, Jos van Zanden von ihrer «weiblichen Intuition»,[355] Horst Weber unterstellt Serpina ebenso wie anderen Dienstmädchen Erotik als «Waffe» zu verwenden, verschärfend komme bei ihr noch «Verstellung» hinzu.[356] Gesellschaftliche Hintergründe, die ökonomischen Zwänge der Dienstbotinnen bleiben unerwähnt und unreflektiert. Stattdessen werden die alten – vermeintlich typisch weiblichen – Charakterisierungen fortgeschrieben. Damit wird im musikwissenschaftlichen Diskurs verschleiert, dass Frauen aus wirtschaftlicher Not, um schlichtweg überleben zu können, ihre Arbeitskraft, ihren Körper und ihre Sexualität verkaufen mussten.

3.9. Der Mann als Dienstmädchen

Eine Sonderrolle spielen Männer, die sich als Dienstbotinnen verkleidet der begehrten Frau nähern. Eigentlich müsste es endlich mal «il finto» heißen – doch wir lesen wieder *La finta cameriera. Die verstellte Cammer=Magd*. In Hamburg als «ein Musicalisch=lustiges Schauspiel» angekündigt, war diese Opera buffa europaweit erfolgreich, u.a. in Paris, London und Mannheim. 1745 wurde sie von der Truppe Pietro Mingotti's in Hamburg aufgeführt. (Hier könnten zwei «falsche männliche» Zofen das Ensemble sowie Publikum verwirrt haben, dies suggeriert zumindest eine neuere Einspielung.)[357]

Als Dienstbotin Alessandra verkleidet will Giocondo seine Liebste, Erosmina, vor der Zwangsehe mit Don Calascione[358] bewahren, einem adligen, aber ungalanten und unattraktiven Aufschneider aus Rom. Ihn soll Erosmina auf Druck ihres autoritären Vaters, des verwitweten florentinischen Adligen Pancrazio, ehelichen. Giocondo's Verkleidung, sein Changieren zwischen den Geschlechterrollen ist so geschickt, dass er weder von den Frauen noch von den Männern erkannt wird, die sich prompt in «sie» verlieben. Auch Erosmina lässt sich täuschen, liebt Alessandra wie eine enge Freundin, denn «sie» gibt sich aus als eine Vertraute und Botin des auf sonderbare Weise verschwundenen Geliebten Giocondo. Pancrazio verliebt sich, ganz im Stil des lüsternen Alten, in die vermeintliche Kammerzofe Alessandra, die er nach der Verheiratung seiner Tochter ehelichen will. Doch Filindo, der galante Bruder des Don Calascione, verliebt sich in Erosmina, und will für sein Liebeswerben ausgerechnet Alessandra als Botin engagieren. Unterdessen gibt sich Don Calascione wie ein Frauenheld und stellt allen Dienerinnen im Haus nach. Offensiv und gewitzt kritisiert wird er von der Dienstbotin Betta. Die Heiratspläne des Patriarchen Pancrazio scheitern allesamt, und am Schluss werden drei Hochzeiten gefeiert: Don Calascione heiratet die Gärtnerin Dorina, die keineswegs schamhaft und schüchtern künftig als Dame von Stand an seiner Seite leben möchte. Außerdem werden ein Paar: Gioconda und Erosmina und das Dienerpaar Betta und Moschino. Unverheiratet bleiben Pancrazio und Filindo.

3.10. Alga – die Sehnsucht einer alten Jungfer

Alga gehört zu den Frauen, die nicht als Dienstmädchen oder anderweitig erwerbstätig sind, und einen Mann suchen. Ihre Eltern haben wohl vergeblich versucht, sie «an den Mann zu bringen». Jetzt sieht Alga sich durch die ökonomischen Verhältnisse, die Rechtslage und die moralischen Vorstellungen zu einer Eheschließung gezwungen, wenn sie ihre Existenz sichern, aber auch Wünsche nach Wärme, Geborgenheit, Liebe legitim leben will. Drastisch vorgeführt wird dies in dem komischen Zwischenspiel *Buffonet und Alga oder Die Mann=tolle alte Jungfer* (1727), «durch die berühmten Acteurs, Monsr. und Madame Denner auf dem Hamburgischen Schau=Platze vorgestellet». Doch auf wessen Kosten sollte hier gelacht werden? Forscher sind sich einig: insbesondere auf Kosten von Alga (ital. Alge), «eine alte verliebte Jungfer»,[359] die sich einen Ehepartner wünscht.[360] Doch solche Einschätzungen entlarven eher die Wahrnehmungsmuster heutiger Rezipienten. Denn auch Alga's Partner Buffonet ist eine nach damaliger Meinung lächerliche Gestalt. Der ausgediente Militär Buffonet, der um Alga wirbt, steht zunächst auch im Mittelpunkt. Er verkörpert die Karikatur eines Soldaten, ein Offizier aus der Campagne, der bereits im ersten Auftritt in «völliger Kriegs=Rüstung» mit seinen Taten prahlt, die er an der Seite seines Herren erlebt haben will. Auch sein Name spricht: in Buffonet tönt das italienische Wort «buffo» für Komiker. Er mimt den galanten Helden und versucht sich bei seiner Werbung um Alga als ungelenker Dichter, der sich an herrschenden Vorbildern orientiert. Buffonet hat einige verrückt-ambitionierte Dichterkollegen, wie den lächerlichen Prinz Jodelet, der ebenfalls missratene Liebesverse schmiedet.[361] Diese Kulturtechnik gehört zur männlichen Selbstinszenierung, die oft als Imponiergehabe verspottet wird (siehe auch das Beispiel des langatmige Liebesbriefe schreibenden Militärs Alexander von der Osten[362]). Lächerlich dichtende Frauen gibt es hingegen auf der Opernbühne kaum. Buffonet schafft sich ein Bild von Alga:

> Der Helden=Arbeit ungeacht/
> lässt mir die Liebe Tag und Nacht
> Nicht die geringste Ruh:
> Denn eine schöne Zauberinn gefiel mir jüngst so wohl,
> Daß ich, mit Gunst zu sagen, in sie verliebet bin,
> sie aber hat zur Gegen=Huld/
> bisher noch keinen Magen.
> Ich will das Tyger=Herz/
> Noch heut in eingen Versen fragen:
> Wer an dem Unglück schuld?
> Allein, wer öffnet mir nun den Poeten=Kasten?
> Willst Du gern Geschenk und Gaben?
> Alles, alles sollst Du haben.
> Doch Buffonet, woher soll's kommen?
> Du hast ja nichts. Was lieget dran?
> Wir Herrn Poeten dürfen lügen,
> Daß sich die Balken biegen. (Intermezzo I)

Es täuschen also auch Männer, zumindest, wenn sie dichtend um eine Frau werben und somit eine als schwach und verwundbar geltende «weibische» Seite zeigen. Das Motiv der standesgemäßen Versorgung, der Existenzsicherung fließt ein, doch Buffonet ignoriert die Wechselwirkung zwischen Ökonomie und Paarbeziehung. Er träumt von einer Frau, die den ökonomischen Aspekt der Liebe, der Ehe negiert, denn sonst wäre sie nach seiner Vorstellung eine Hure:

> Du begehrest doch kein Geld/
> weil man nichts von Jungfern hält,

> welche Geld gewohnt zu nehmen.
> Nein, ich weiß, du wirst dich schämen /
> Drum so nimm, großmütger Engel,
> Doch vorlieb mit einem ==
> Mit was ? Das heisset sich verhauen.
> Engel, Stengel, Schwengel, Bengel
> Es schickt sich keins, ich muß nach den Reimen schauen:
> Drum so sey damit beschieden,
> Daß ich Dir mein Herz beschieden! (Geht ab.)

Was zunächst eine derb-obszöne Richtung nehmen sollte, erreicht doch noch eine gefühlvolle Herzregion. Außerdem wird klar: Buffonet ist nicht wohlhabend. Doch ohne Geld kann er keine Ehe schließen und keine Familie ernähren. Im 2. Auftritt sehnt sich Alga[263] ebenfalls nach Zweisamkeit, nur hat sie bisher noch keinen passenden Mann gefunden, der außerdem ihre Existenz sichern könnte.

> Aria, 1.
> Wo krieg ich einen Mann,
> Bey diesen schweren Zeiten,
> der mich, für andern Leuten.
> nach Wunsch ernähren kann?
> 2.
> Wo krieg ich einen Mann,
> Den ich ans Herze drücke,
> Und mich an ihm erquicke,
> Kommt mir die Sehnsucht an?

Im Rezitativ beschreibt Alga ihr Leben, in scheinbar authentischer «Ich-Perspektive», aus der aber die Positionen zeitgenössischer Moralisten klingen. Ein übliches Stilmittel in der komödiantischen Rede:

> Wie schwer, wie schwer ist doch/
> Das verhasste Joch/
> Der strengen Einsamkeit,
> Das ich nun muß so lange ziehen!
> Die jungen Jahre fliehen;
> Man wird doch endlich alt,

Und meine noch so ziemliche Gestalt/
Wird mit dem Jungfern=Cranz so nach und nach verwelken.
Kein Mittel findet sich/
Wie ich mit Ehren mich/
Will in den Weiber=Orden heben,
Weil ich so strenge muß bey meinen Eltern leben.

Wichtig für den Heiratsmarkt waren äußerliche Attraktivität und zugleich öffentlich anerkannte Jungfräulichkeit. Nun möchte Alga in den so genannten «Weiber=Orden»[364] eintreten, also heiraten. Als Alternative zum Elternhaus bleibt nur die Ehe, die Möglichkeit einer Erwerbstätigkeit stand ihr nicht offen. Aber wie soll Alga einen Mann kennen lernen, da sie als volljährige, somit über 18 Jahre alte Frau, wie sie sagt: «strenge bey meinen Eltern leben muß». Dieses den Frauen abverlangte eingezogene Leben wird auch im *Patrioten*[365] kritisiert, weil es die Frauen von Bildungsmöglichkeiten abschneidet. Alga soll so ihre Tugend bewahren und hat jedoch kaum eine Möglichkeit, Menschen kennen zu lernen. Treffpunkte wie der Rathsweinkeller oder das Dreyersche Kaffeehaus, in dem u.a. auch Hagedorn mit seinen Freunden verkehrte,[366] kamen für allein stehende, unverheiratete Frauen nicht in Frage, auch nicht zielloses Spazierengehen oder Schlendern durch die Stadt.

Die Wahlmöglichkeiten für einen künftigen Lebenspartner waren für die Frauen sehr eingeschränkt. Dass Alga Ansprüche an mögliche Ehepartner stellt und nicht gleich den sexuellen Wünschen der Männer folgt, aber auch nicht ihren eigenen – wie es sich für eine tugendhafte Frau gehört –, wird letztlich verspottet. Wählerische Frauen gelten als hochmütig, aber sie steigern durch ihre Ablehnung auch ihren Marktwert. Alga wird aber auch unterstellt, zumindest heimlich Sex gehabt zu haben, ihre Rede vom intakten Jungfernkranz scheint gelogen.

Ach, mit Verdruß/
Gedenk ich nun erst dran/
Wie mancher sonst um einen Kuß/
Wohl zwanzigmal vor meine Thüre kam;
Eh ich ein einzigmal ihn mit zu Bette nahm.
Bot einer mir wohl gar den Ehstand an,
so wollt ich stets doch auf was bessres lauren.
Nun aber sitz ich hier, und muß versauren.

Die Botschaft ist eindeutig: allein Alga trägt die Schuld an ihrem Unglück, keineswegs die gesellschaftlichen Bedingungen. Aber offensichtlich wurde Alga bereits als Mädchen auf ihre künftige Rolle vorbereitet. Sie träumt vom sozialen Aufstieg, achtet auf die gesellschaftliche Stellung des künftigen Ehemannes, denn ihr gesellschaftlicher Aufstieg und ihre materielle Absicherung ist nur durch eine Ehe möglich, nicht etwa durch ihren eigenen wirtschaftlichen, politischen oder wissenschaftlichen Einsatz und Erfolg, diese Chancen boten sich Frauen kaum. So war die Ehe die einzige legitime Möglichkeit, dem Elternhaus zu entkommen. Dafür mussten die Mädchen und jungen Frauen ihre Schönheit, Körperlichkeit, Gebärfähigkeit etc. präsentieren – und eine stattliche Mitgift. Ihre Wahl, ihr Begehren waren nicht Ausschlag gebend. Unklar bleibt, warum sich weder Alga's Träume erfüllen, noch ihre Eltern ihre Tochter nicht verheiratet haben. Möglicherweise war sie nach herrschenden Vorstellungen weder schön, noch tugendhaft oder reich. Die Liste der Bewerber schien lang und umspannte ein eindrucksvolles gesellschaftliches Spektrum: vom adligen Herrn, bürgerlichen Rat, über einen Advokaten bis hin zu einem Schneider – nur ein Kaufmann und ein erfolgreicher Handwerker fehlten. Nun muss sie, als Gipfel der Demütigung, den erstbesten Bewerber, einen heruntergekommenen Soldaten nehmen.

> Aria:
> Ein jedes Mädgen will sich paaren,
> und jede denkt mit ihren Waren/
> Im Anfang trefflich hoch hinaus:
> im zwoelften Jahr denkt jedes Kind:
> kein andrer/ als ein Edelmann kommt bei mir an;
> In deß, zwey Jahr hernach, (ach leider!)
> Erseufzet man sich einen Rath;
> Wann noch 2. Jahr verflossen sind,
> So wünschet man von Grund der Seelen:
> Ach käme doch ein Advokat!
> Und wann wir diesen auch verfehlen/
> so heist es: Ach wär' es nur ein Schneider,
> sonst wird doch endlich gar nichts draus! (da capo)

Im dritten Auftritt des ersten Intermezzos endlich begegnen sich Buffonet und Alga. Buffonet bekennt, dass Alga ihn bereits diverse Male abgelehnt habe – aber in der Tradition des unerschütterlichen Militärs oder aber des unsensiblen Plumprians – bekräftigt er apart:

> Jüngst wies sie mich zwar ab; allein was lieget dran!
> Es wär ein schlechter Kerl,
> der nicht ein Dutzend Körbe
> auf seinen Puckel nehmen kann.
> Inzwischen geh ich sie von neuem an. (Intermezzo I, 3)

Buffonet sieht die Werbung um Alga als eine Art Kriegshandlung, auch bei Abwehr und Abweisung darf er sich nicht entmutigen lassen. Sein Wunsch, seine Beharrlichkeit zählt, nicht ihre Abwehr. Zudem könnte ihr permanentes «Nein» auch Teil des Spieles sein und sie als besonders tugendhafte Frau ausweisen. Diese Form männlicher Werbung scheint nicht standesspezifisch zu sein. Zu Buffonets erneutem Werbeversuch gehört ein ungelenkes, aber immerhin selbstverfasstes Gedicht. Doch auch diese Leistung beeindruckt Alga nicht. Sie urteilt apart: «(Das ist ein garstiges Angesicht,/ Das mag ich nicht/ sonst hätt ich's längst gehabt.)»[267] Alga wehrt ihn ab, obwohl er schon den Vater «drum begrüßt hat». Buffonet hat also bereits mit Alga's Vater Kontakt aufgenommen, um seine Werbung um Alga voranzutreiben. Alga's Ablehnung ist harsch, ähnelt Urteilen von Männern über Frauen. Aber sie wird für diese Ablehnung so gleich denunziert. Sie würde ihn nehmen, aber nebenher noch andere Geliebte haben – alt und mannstoll.

> Buff.: Hast du was an mir auszusetzen?
> Alg.: So ziemlich viel
> Buff.: Und was?
> Alg.: Du koemmst mir etwas runtzlicht fuer.
> Buff: (Denckt, das altfraenkische Murmel=Thier
> hat manchen holen Zahn/ Bereits im Rachen, /
> Und darf sich doch so mausig machen!)
> Was ficht dich an?
> Alg.: Nur diß: Daß ich nicht lieben kann. [...]
> Alg: Jedoch zu einem Hörnerträger/
> Ging es noch endlich an.

In der folgenden Arie Alga's werden die Folgen des den Frauen aufgezwungenen Tugend-Korsetts deutlich. Nur ein abweisendes Mädchen gilt als tugendhaft und damit begehrenswert. Dazu erzogen, sich Männern gegenüber abwehrend zu geben, verliert sie das Gefühl für ihr eigenes Begehren. Hier spricht eindeutig der Moralist: die gesellschaftliche Herstellung der Tugendhaftigkeit wird nicht reflektiert, sie erscheint wie eine natürliche Maskerade unter echter weiblicher Täuschungslust und Triebhaftigkeit.

> Aria
> Wir Mädgens sind nun so: wir stellen uns ganz ehrenfeste/
> und sind doch durchtriebene Gäste,
> die gern das Manns=Volk wollen sehn/
> und verbum: Amo, wohl verstehen.
> Wir Mädgens sind nun so.

Die alte Zuschreibung wird bekräftigt: wenn Frauen «nein» sagen, meinen sie «ja». Aber eigentlich darf eine ehrbare Frau nur unter ganz bestimmten Bedingungen «ja» sagen. Die gesellschaftlichen Mechanismen, die dieses Verhalten von den Frauen fordern, werden nicht reflektiert, das Verhalten der Frauen wird für «natürlich» erklärt.

Im zweiten Intermezzo räsoniert Buffonet über das Motiv der angeblich leicht entzündlichen Liebesglut alter Frauen: «Dürr Holz fängt geschwinde Flammen: Ebenso brennen alte Jungfern=Herzen,/ Wie die Kerzen,/ Augenblicklich lichterloh.» Tatsächlich scheint Alga trotz aller Abwehr Feuer gefangen zu haben und spricht von «lauter Liebes=Flammen»:

> Indessen wird ich mich annoch verstellen/
> Der Brodt=Korb ist in solchen Fällen/
> Fein hoch zu hangen,
> um bey den Liebsten das Verlangen/
> Nach unsrer Liebes=Kost zu mehren. (II, 2)

Im dritten Auftritt begegnen Buffonet und Alga einander wieder: er umwirbt sie mit lächerlichen Kosenamen wie «Mein sueßer Honig=Topf! Mein Knochen=reiches Engelchen» und «will sie küssen» – doch sie wehrt ihn ab. Er reagiert verzweifelt, seine Klagen persiflieren unglücklich liebende Standespersonen aus der Opera seria: «Ach, Du Mordbrennerin verliebter Herzen! [...] Laß mich doch nicht wie Butter an der Sonne, stehen!» Alga wird zum Klischee der grausamen, hartherzigen Frau, Buffonet zum Zerrbild des unkontrolliert verzweifelt Liebenden, der zum äußersten Druckmittel greift, der (angedrohten) Selbsttötung als Liebesprobe: «(Er will sich an einen Baum knüpfen/ Alga aber hält ihn lange zurück/ bis er es unterläßt).»

Buffonet sieht keinen Sinn in einem Leben ohne Alga und der Streit darum, ob sie ihn denn nicht wirklich lieben könne, geht weiter. Endlich lenkt Alga ein, als ob Frauen wie Alga ihre Zuneigung absichtlich als Kälte kaschierten und sie als sadistisches Machtmittel über Männer auskosteten, oder tatsächlich, im Gegensatz zu Männern, zu Mitgefühl und echter Liebe eben nicht fähig seien. Bei Alga's vermeintlicher Unattraktivität soll dies besonders lächerlich wirken, denn ihr bliebe ja wenigstens das Mitgefühl mit Buffonet, während junge attraktive Frauen die Koketten spielen können. Dafür werden sie zwar hart kritisiert, aber letztlich bleiben sie umworbene Objekte.

Buff: So liebst Du mich?
Alg. Wer wird denn Dich als Junggesellen lassen sterben?
Buff: Denk doch, der Galgen muß mir erst den Kranz erwerben.
Alg: So sind wir nun ein Paar
Buff: Mit Haut und Haar
Aria à 2.
Muß man sich nicht zu quälen,
eh man ein Männchen/Weibchen kriegt!
Dem/Der einen ist's vergangen
Bey dem/der hat sich schon was gefangen,
Der/Die dritte acht es nicht. Da capo.

Fazit: Die Liebe ist für Alga und Buffonet ein quälender Kampf, dessen Regeln sie zwar kennen, aber nicht vorbildlich beherrschen und auch nicht ändern können. Das Alter von Alga wird nicht genau angegeben, sie könnte Mitte zwanzig und älter sein, zudem leben ihre Eltern noch. Für eine Frau wie Alga ist Sexualität ohne Rufschädigung nur in der Ehe möglich. Passiv muss sie auf die Werbung eines Heiratskandidaten warten, denn sie wird geheiratet. Alga formuliert zwar «eigene» Wünsche, die aber dann nach herrschenden Kriterien denunziert und dem Spott preisgegeben werden. Ihr Schicksal scheint die Mahnungen und Warnungen an die angeblich zu wählerischen und abweisenden Mädchen zu bestätigen. In diesem Spottstück sind Bausteine traditioneller Klischees der Theater- und Schwankliteratur nachweisbar. Dazu gehören Alga's angeblich falsche Beteuerungen, keusch und zurückgezogen zu leben, und das Bild der lüsternen, wahllos begehrenden alten Frau. Unklar bleibt, ob Alga tatsächlich mehreren Heiratskandidaten abgesagt hat oder nur in ihren

Wunschträumen umschwärmt war, da sie eigentlich nicht dem herrschenden Ideal einer Braut entsprach, also weder schön und tugendhaft noch reich war. Alga muss nun einen ausgemusterten buckligen und dichtenden Soldaten heiraten, der so gar nicht dem Ideal des heldischen Liebhabers entspricht und noch dazu auf den untersten Sprossen der sozialen Stufenleiter poltert. Mittlerweile verkörpert Alga ein Frauenschicksal, vor dem sie ihre Eltern und ihre abgewiesenen Liebhaber immer gewarnt haben. Ein Recht auf Wahlfreiheit des Ehepartners wird ihr nicht zugestanden.

Buffonet ist die Zielscheibe des Spottes über deklassierte militärische Männlichkeit. Alga nimmt sich zwar zunächst das Recht auf Kritik an dem sie umwerbenden Mann, wobei sie auch seine äußerliche Erscheinung bewertet, aber letztlich wird sie selbst als alt und wenig begehrenswert verspottet. Ein ähnlich skurriles älteres Paar sind die Amme Murmilla und der alte Philosoph Gelasius aus *Richardus I.* (1729).[368]

3.11. Lisetta – «kapriziös», ein anderes Wort für «selbstbewusst»

Zu den Paaren, die ohne elterliche Wahl und Zwang den mühsamen Weg bis zur Eheschließung beschreiten, gehören *La Capricciosa e il Credulo. Die geliebte Eigensinnige und der Leicht=gläubige Liebhaber* (1725). Der junge «leichtgläubige» Mann Burlotto, und die junge eigenwillige Frau Brunette testen sich vor ihrer Eheschließung. Sie haben sich wohl frei gewählt, und Brunette genießt Freiheiten, wie sie bürgerlichen Frauen in der Realität wohl kaum möglich waren. So treffen sie sich abends ohne Begleitpersonen auf der Straße (I, 1). Ein ähnlich heirats- und streitlustiges Paar sind *Der geduldige Mann, oder Lisetta und Astrobolo* (1735), ein Intermezzo in vier Teilen. Der Text ist zweisprachig und zweispaltig abgedruckt, links der italienische Originaltext und rechts daneben die deutsche, in der Regel sehr genaue Übersetzung. Es soll hier genauer vorgestellt werden, da es exemplarisch Module und Typisierungen enthält. Lisetta scheint der Colombine des Theatre Italien nachgebildet.

1. Intermezzo
Lisetta ist zwar arm, wie sie gleich bei ihrem ersten Auftritt sagt, aber sehr selbstbewusst. Sie sehnt sich nach einem Partner, der ihr gefällt, hat Ansprüche an seinen Charakter sowie an seine Attraktivität. Sie will ihn betrachten, der Blick ist die erste Brücke zu ihm. Dies empfindet sie als Privileg, das sie einer zwangsverheirateten Prinzessin voraus hat, wie sie stolz bekennt:

> [Ich] vertauschte meinen Zustand nicht
> mit der Printzeßin
> so heute angekommen
> um einen Gemahl zu nehmen
> der ihrem Gesichte unbekannt
> und vielleicht verdrießlich;
> ich hingegen will mir einen wählen wie ich will;
> Nicht nach andrer Leute Sinn,
> sondern nach meinem Kopff.
> Wäre nun unter so manchen Fremden
> Die mit ihr hergekommen,
> ein ehrlicher Kerl
> der mir behagte,
> und dem ich gefiele,
> schlüge ich's nicht aus. (Intermezzo I)

Da sieht Lisetta einen Mann, der ihr gefallen könnte. Sie senkt nicht züchtig den Blick – sondern begutachet ihn genau:

> Aber eben kommt einer her.
> Ich will ihm entgegen gehen.
> Ihn besehen kostet nichts:
> Es wird einem bloßen Zufall gleichen,
> ob ich gleich auf der Post lauffe.

Dieser Neuankömmling ist Astrobolo, ein Reisender und ebenfalls auf der Suche, aber nicht nur nach Baudenkmälern, von denen er bereits viele gesehen hat:

> nur erblicke ich noch kein Frauenzimmer.
> Siehe, da kommt eine
> Und nähert sich mir.
> O welch niedliches Gesicht!
> Welch schöne Mine!
> Lis. O wie einem artigen Manne[369] sieht er gleich!

Astrobolo verhält sich wie andere flirtende Opernhelden auch: er reagiert auf ihr körperliches Aussehen, beschreibt und beurteilt es sogleich, macht sich ein

Bild. Frauen wie Lisetta hingegen wird seltener Raum gegeben, ausführlich das Aussehen der Männer und ihre erotische Wirkung zu beschreiben. Beide reden sich sehr höflich an, tauschen Floskeln und letztlich macht er ihr den Antrag, «ihr Geliebter zu werden». Eine geschlechtsspezifische Strategie: während er seiner Zuneigung, zwar zurückhaltend, aber letztlich unmissverständlich Ausdruck verleiht, hat sie das Tugendmuster zu wahren, trotz allen Selbstbewusstseins. Sie darf diesen ersten Schritt nicht tun, ermuntert ihn aber, aktiv zu werden und zu reden:

> Astr. [...] Ich darffs nicht sagen.
> Lisetta: Er rede nur frey heraus.
> Astr. Ihr Geliebter zu werden.

Sie hofft, dass er nicht bloß scherzt, und beide setzen ihren Flirt fort gemäß geschlechtsspezifischer Rollenmuster. So beteuert Astrobolo ihr seine aufrichtige Verehrung, ja Liebe, die sie allerdings noch nicht annehmen mag und höflich zurückweist. Da er aber noch «ein kurtzes Geschäffte» zu erledigen hat, schlägt er ein Treffen im Königlichen Tiergarten vor, im «gran Parco Real». Lisetta hat Angst, dass er mit ihr scherzt. Ob diese Bekanntschaft diese erste Trennung überstehen wird?

2. Intermezzo
Astrobolo hat zwar großspurig den Tiergarten als Treffpunkt vorgeschlagen, ihn aber erst durch Nachfragen gefunden, wie er bekennt. Nun wartet er sehnsüchtig auf Lisetta und schwärmt von ihrer Schönheit. Endlich hört er sie singen, erkennt ihre Stimme, als sie eine schwärmerische Arie anstimmt auf die «Canarie=Vögel, Nachtigalen, Stieglitzen, ihr Einwohner so angenehmer Gegend», eine Anspielung auf pastorale Vorbilder und das obligatorische Vogelgezwitscher in Arkadien – und Opern. Wiederum sind geschlechtsspezifische Strategien zu beobachten: Astrobolo wirbt aktiv, spricht Lisetta an als «Geliebte, mein Abgott, ich bin da!». Solche Vertraulichkeiten weist sie aber noch zurück. Sie erbittet Geduld, weil es der Tugendkanon erfordert. Wenn sie sofort seinen Wünschen nachgeben würde, wäre sie keine ehrbare begehrenswerte Frau – auch wenn seine Wünsche den ihren ähneln sollten.

> Lis. Liebe ohne Ehrbarkeit
> Schickt sich nur fürs Vieh.

> Astr. Und keinen Schluß darin zu machen
> Schickt sich bloß zu einem Bern === [370]

Lisetta wird gemäß dem Modell der Frau als Wächterin der Tugend inszeniert, als welche sie sich auch darstellt.[371] Astrobolo hingegen wirbt zwar höflich, aber unmissverständlich um ihre Liebe, ganz so wie es einem Mann erlaubt ist – und von ihm erwartet wird.

> Lis. Er sey so gnädig:
> Wenn er die Gedancken hegt,
> dass Lisetta von unzüchtiger Flamme brenne
> so betreugt er sich mächtig
> Ich liebe ihn/ will auch die Seine sein,
> wan er mich verlangt.
> Aber durch ein rechtmäßiges und ehrliches Mittel.
> Astr. Ich bin bereit; geschwinde,
> schöne Lisette/ die Hand her
> Lis. Sachte/ mein Herr/ sachte,
> Last uns vorher die Eh=Pacten ausmachen.
> Seine Frau zu sein bewillige ich/ aber keine Sclavin.

Darauf entfaltet Lisetta ihre Liste der Bedingungen – mit Aspekten, wie sie bereits in anderen Intermezzi wie *Pimpinone* verhandelt wurden. Lisetta will keine Sklavin sein, sie will teilhaben an der Öffentlichkeit, nicht ins Haus gesperrt werden und trotz starker Liebesbande die Kontrolle über ihr Leben behalten.

> Lis. Mein Hertze laß ich zwar/ doch nicht den Fuß binden.
> Ich meyne, zu meinem Vergnügen!
> immer zu können, was ich will,
> Spatzieren zu gehen/ wan mirs
> gut dünckt und gefällt.
> Astr. (Ach das ist eine schlimme Sache!)
> Wir wollen allezeit spatzieren gehen,
> Weil wir doch sonst nichts zu thun haben.

Astrobolo erscheint nun als ein müßig gehender Träumer, der seiner Gattin ein Leben ohne finanzielle Probleme ermöglichen kann. Möglicherweise sind beide Teil eines Traumes und spielen ein *als ob* – als adliges Liebespaar. Denn die klassische Rollenverteilung wäre ja, dass Lisetta den Haushalt beaufsichtigt und Astrobolo seinen Geschäften nachgeht. Lisetta will ihren Freiraum auch in die Ehe hinüber retten:

> Lis. Er mag seinen Angelegenheiten frey abwarten,
> meine Sorge aber wird seyn
> Stets mich in Gesellschafft zu befinden.
> Astr. (Noch schlimmer!) Mich dünckt es eine sehr gute Sache
> An einem verheyratheten Frauenzimer
> Sich hüpsch zu Hause zu halten/
> Wäre es auch nur des Lobes wegen
> Welches stille Frauen von Männiglich erhalten.
> [ital. che ottengono da Og' un le donne sode.]

Auf diese soziale Anerkennung für die Wahrung des tugendhaften Scheins kann Lisetta jedoch verzichten. Sie plädiert für lustvolle Teilhabe an der Öffentlichkeit statt häuslicher Einsamkeit:

> Lis. Daheime, daheime bleiben!
> O das geht durchaus nicht an.
> Alles Uebel läst sich eher ertragen,
> als das grosse Unglück: daheime bleiben.
> Ich will immer lustig seyn,
> Und mich allezeit einfinden
> Bey allem Zeit-Vertreib,
> Es seye Tantzen, Spielen, oder auch Singen:
> Bey Nacht und bey Tag,
> Auch nicht die geringste Gelegenheit versäumen
> Aus dem verdrießlichen Kercker zu gehen.

Lisetta's Wünsche sind sehr präzise und widersprechen allen herkömmlichen Tugendvorstellungen. Möglicherweise kannten Männer im Publikum solche Klagen ihrer Frauen, während die Frauen im Publikum sich mit Lisetta's Wünschen identifizierten. Nachdem Lisetta in erotischer Hinsicht die Tugendwächterin gespielt hat, ermahnt nun Astrobolo sie in Bezug auf die künftige Haushaltsführung. Geschickt versteckt er seine Kontrollwünsche hinter den allgemeinen Erwartungen an ehrbare Ehefrauen. Doch Lisetta kontert mit angeblich anderen und freieren Bräuchen in einem idealen fernen Reich:

> Astr. Aber was wird die böse Welt darzu sagen,
> wan man sie ein so freyes Leben führen sieht?
> Lis. Nichts; Dann so ists in China der Brauch.

Ein Seitenhieb auf die damals beliebte «China-Mode», die «Chinoiserien», die zum gehobenen Lebensstil gehörten. Maßgeblich geprägt wurde sie durch das prächtig ausgestattete enzyklopädische Werk *China Illustrata* des Jesuiten Athanasius Kircher (1602–1680), das 1667 erstmals erschien und europaweit in diverse Landessprachen übersetzt wurde.[372] Obwohl Kircher, ein Multitalent im Dienste der katholischen Kirche, China zwar nie selbst als Missionar bereisen durfte, stand er als Professor in Rom am Collegium Romanum in engem Austausch mit Chinareisenden. Kircher prägte das Bild Chinas als paradiesisches Musterreich, in dem die Menschen glücklich, sorgenfrei und im Einklang mit der Natur leben. Für Kircher war China das verwirklichte Ideal der europäischen Aufklärung, auch wenn er die dortige Polygamie und den Polytheismus kritisierte.[373] Und so träumten und kreierten Adlige und später Bürgerliche ein chinesisches Wunderreich, ohne es, ebenso wie Kircher, jemals selbst bereist zu haben.

Lisetta's China-Begeisterung weiß Astrobolo nur mit altbekannten Argumenten zu beantworten: Freizügigkeit führe seiner Meinung nach zu Sünde, zu ehrlosem Verhalten. Damit wird einmal mehr deutlich: dieses System braucht die permanente Kontrolle über angeblich «unzüchtige» Sehnsüchte, die es selbst produziert.

> Astr. Bey so vielen Gelegenheiten
> Und bey so manchen Versuchungen/
> Wie kann sich da die Ehrlichkeit retten?
> Lis. Da ist nichts böses,
> Wo Freyheit herrscht.
> Ja/ alles Böse ist verschwunden/
> seit solcher Brauch in China aufgekommen.
> (Intermezzo II)

Nun weiß Astrobolo keine Argumente mehr, gegen die China-Mode, gegen diese für ihn unerträgliche neue Leichtigkeit des Seins, gegen diese Freiheitsbegriffe kommt er nicht an. Er wechselt nicht seine Überzeugung, sondern mimt nur, wie ja bereits im Untertitel angedeutet, den geduldigen Mann:

> Wann dann so der Brauch, so gebe ich mich,
> und nehme sie, auf die ihr beliebte Bedingungen,
> zu meiner echten Frau.

Darauf wollen sie in einer privaten Zeremonie Hochzeit feiern. Doch wer segnet das junge Paar? Welche Göttervielfalt ist hier gemeint?

> Lis. Last uns in den Tempel gehen.
> In der Götter Gegenwart allein
> Muß man seine Heurath schließen.
> Astr. O welch frommes Kind.

Die Frömmigkeit der Frau verzückt den Mann, doch soll auch sie als schöner Schein entlarvt werden. In einem Duett besingen beide jeweils geschlechtsspezifische Ansprüche an die EhepartnerIn. Astrobolo lässt sich von äußerlichen Aspekten leiten, von Lisetta's Schönheit und Liebreiz – aber auch von gewissen Tugenden, Lisetta hingegen achtet darauf, welche Handlungsräume ihr Astrobolo lässt.

> Astr. [...] Welch angenehmes Ding
> Eine Frau zu finden
> Von so grosser Schönheit
> Und so grosser Ehrlichkeit!
> Lis. Welch süsses Geschicke
> Einen Mann zu finden
> Der der Frau
> Ihren Willen thut.

Nach so viel Liebesglück und Erwartung süßer Liebeswonnen naht dann im dritten Zwischenspiel die erste große Krise. Astrobolo hat Lisetta auf dem Weg zum Heiratstempel aus den Augen verloren:

> Unter einem Hauffen verzweiffelter Weiber/
> Die sie auf Erblicken, dass sie heurathen sollte,
> Mir mit Ceremonien aufgefressen.[374]

Als Astrobolo Lisetta wieder entdeckt, beschimpft er sie und fällt aus der Rolle des höflichen Werbers:

> Du unbeständige Dirne,[375] du Mörderin,
> Beleidigst du meine Liebe so bald!
> Haß, Ehre Eyfersucht
> Was soll ich thun?

Von negativen Gefühlen geschüttelt stimmt Astrobolo eine Wut- und Rachearie an, die aber als Satire zu verstehen ist – singt er doch explizit davon, wie ihm die Galle hochkommt, die ihm jedes Wort erstickt.[376] Doch Lisetta reagiert sehr gelassen und tadelt ihn unaufgeregt dafür, dass er sie verlassen hat. Sie glaubte schon, dass er nach Indien zurückgekehrt sei. Hier unterläuft ihr kein geographischer Schnitzer, denn im 17. und 18. Jahrhundert «wurden andere asiatische Länder wie Indien, Tibet und Japan nach europäischen Vorstellungen noch ‹China› zugerechnet.»[377] Astrobolo registriert diese geschickte Retourkutsche sehr wohl: «(Und sie giebt mir noch einen Verweiß dazu!)» Geschockt ist er nicht nur darüber, dass Lisetta «mitten unter 1000 Weibern verlohren» ging, sondern dass er sie außerdem findet

> zu meinem grösten Unglück und Schmertzen
> Mit einer Manns=Person an der Hand ganz allein.

Auf diese Vorhaltung reagiert Lisetta mit Gelächter und verweist erneut auf fortschrittliche chinesische Bräuche. Astrobolo hingegen sucht wieder im Fundus zeitgenössischer Konventionen: freizügiger Umgang zwischen Männern und Frauen bedeutet für ihn Ehebruch, illegitime Sexualität:

> Astr. Nennst Du dergleichen Gebrauch schön?
> Da er für Eh=Männer
> Statt schön zu seyn, tödtlich ist.
> Eine schöne Sache: seine eigene Frau
> Andern Männern aus leyhen.

Doch Lisetta ist um kein Argument verlegen. Beide erscheinen wie stellvertretende Verkörperungen damals aktueller strittiger Positionen; ihr Streit ist eine Zusammenfassung heftig geführter Debatten: Welche Auswirkung hat eine größere Freizügigkeit auf die Beziehung zwischen den Geschlechtern? Könnte eine größere Selbstverständlichkeit im Umgang nicht die permanente Angst vor «Unzucht» nehmen?

> Lis: Es schickt sich kein Zwang
> wo Höflichkeit waltet.
> Was ists/ die Hand
> Und ein höflich Wort zu geben
> Dergleichen artige Mannspersohnen
> Gegen uns zu brauchen pflegen.

Ein Diskurs über Höflichkeit, um Umgangsformen, von adligen Männern und Frauen ins Spiel gebracht, wird nun im Bürgertum kopiert. Aber ist diese Höflichkeit wirklich vorbildlich oder Gewalt im galanten Gewand? Kann eine Frau (und auch ihr Mann) diesen Worten und Gesten trauen – oder sind sie nur Vorstufen zu sexuellen Übergriffen? Könnte hier ein Wandel im Umgang zwischen den Geschlechtern zu beobachten sein, eine größere Freizügigkeit, die zumindest angestrebt wurde?

Astrobolo gibt sich abwehrend. Für ihn ist der sanfte, höfliche, wenig abgegrenzte Umgang zwischen den Geschlechtern gleichbedeutend mit einer Form des unzüchtigen «Liebesspiels» und höchst bedrohlich. Lisetta hingegen sieht in diesem neuen Umgang zwischen den Geschlechtern einen Fortschritt.

> Astr. Nicht mit Gewalt,
> Nur mit Höflichkeit
> Besiegt man die Liebe
> [ital: si vince Amore – erringt man die Liebe]
>
> Und, sie zu gewinnen, dient sehr viel,
> leise zusammen reden und die Hände drücken!
> Lis. Die Ehrlichkeit steckt im Gemüthe.
> Reden/ bei der Hand nehmen,
> sind lauter Kleinigkeiten,
> Wann jenes unschuldig ist.
> Weder anfassen, noch reden/
> gehen weiter als aufs äusserliche/
> Doch laß uns abbrechen/ ich bin des Geschwätzes müde.

In ihrer darauf folgenden Arie bekräftigt Lisetta nochmals ausdrücklich: sie werde auch weiterhin tun, was ihr gefällt: «Ich will meine Freyheit haben.» Nur unter solchen Bedingungen sei sie bereit einen «Ehe=Contract» zu schließen. Die Machtprobe zwischen Mann und Frau ist in vollem Gange. Astrobolo's Strategie erscheint schlicht: er geht davon aus, dass man den Frauen nur entschlossen genug entgegentreten müsse, dann würden sie ihren Widerstand schon aufgeben:

> Astr. Ich will mich dagegen wehren
> Die Weiber probirens sich lustig anzustellen/
> Beuth ihnen aber eine Manns=Persohn den Kopf/
> So lassen sie die stoltzen Flügel hängen.

Doch diese vermeintlich männlich-mutigen Vorsätze setzt er nicht in die Tat um. Denn er traut sich nicht, Lisetta seine wahre Meinung zu sagen. Möglicherweise wird er damit lächerlich gemacht – und mit ihm all die vermeintlichen Frauenkenner, die glauben mit Druck Frauen umstimmen und beherrschen zu können.

> Lis. Was sprichst du bey dir selbst?
> Astr. Ich sagte nur, ich wolle
> Gewiß und aber gewiß keine Frau haben,
> Die sich an andre verhandle.

Die Zähmung dieser Widerspenstigen gelingt nicht. Lisetta droht, ihn laufen zu lassen, spielt die Kühle, Mitleidlose. Das alte Klischee: wenn Frauen ihre Freiheit leben wollen, dann gehen sie knallhart vor, lassen die Männer allein, die dann tatsächlich abhängiger zu sein scheinen. Doch Lisetta wird diesen Machtkampf gewinnen:

> Astr. Es bleibet dabey: gleich lauffe ich hin
> Ein besser Schicksahl zu suchen.
> Lis. Und ich lasse ihn lauffen, und neyge mich vor ihm
> Er geht langsam und siehet zurücke:
> (Er steht still/ und kann nicht von mir kommen,
> Wer weiß ob er nicht wieder umkehrt?)
> Duetto
> Astr. Ich hätte nicht gedacht, Jungfer,
> Daß ich ihrentwegen still stehen würde.

> Lis. Bleiben oder wiederkommen/ ist mir eins/
> ich dencke an ihn nicht/
> Sondern bloß auf meine Sachen.
> Astr. Dieser Wald, wie schön ist er?
> Alles schimmert oben und unten,
> Und er wird groß Geld gekostet haben.
> Lis. Ehrlicher Kerl du bist geschossen[378]
> Und die Probe wird sich bald äussern
> Astr. Hilf Himmel, sie geht weg,
> was fang ich an?
> Ihr folgen ist was sehr schlimmes,
> und sie lauffen lassen noch schlimmer.
> Ach sie bilde sich nicht ein, dass ich mit ihr gehen wolle.
> Lis. Bleiben oder wiederkommen/ ist mir eins,
> ich dencke an ihn nicht/
> Sondern bloß auf meine Sachen.
> (Intermezzo III, Schluß)

Ist Lisetta hier «ehrlich», kann sie es überhaupt sein? Sie weiß, dass sie strategisch vorgehen muss, um ihre Freiräume durchzusetzen und zu sichern. Dabei sieht sie sich durchaus als Vorbild für andere Frauen. In einer Arie gibt sie Verhaltenstipps:

> Jedes Frauenzimmer lerne von mir,
> wessen sie sich zu verhalten,
> wo sie von Manns=Persohnen
> Gehorsam und Ehrerbietung gewärtiget.
> Sind sie ungeschliffen,
> müssen wir ihnen die Zähne weisen,
> zancken sie aber, müssen wir nie dergleichen thun.
> (Intermezzo IV, c)

Lisetta lässt gar nicht erst den Verdacht aufkommen, es Xanthippe gleichtun zu wollen. Sie wird nicht aus der Rolle fallen, denn Frauen haben souverän das Sagen – auch ohne zu keifen, was als ein Zeichen von Schwäche gilt. Frauen dürfen vor dem Zorn und der gewalttätigen Wut der Männer nicht in die Knie gehen. Nur keine Schwäche zeigen, denn das würde bedeuten, dass er Oberwasser gewinnen und sie verlassen würde.

Lis. Wan ich mich für des Astrobolo Zorn zu fürchten anstelle/
So bekomme ich meinen Lauff-Zettul.

Doch als sie Astrobolo zurück kehren sieht, nutzt sie einen beliebten theatralischen Trick: sie stellt sich schlafend. Dies ist eine anerkannte Möglichkeit, ihre Gefühle frei zu kommunizieren, aber auch die ihres Liebsten zu erfahren. Der Schlaf auf der Bühne gilt als Zustand der Authentizität, der Wehrlosigkeit, der Zartheit, der Offenheit für Liebe. Doch zunächst klagt und lästert Astrobolo über Lisetta, wie er es immer dann tut, wenn er sich von ihr unbeobachtet glaubt:

Lisetta schläfft:
So machts jedermann, wer kann.
Wer nichts zu dencken hat
Kann überall
Einschlummern.

Doch was er hört, verblüfft ihn: Lisetta scheint mit der Liebe zu reden und von einem attraktiven Indianischen Herren verzaubert zu sein, einem Mann aus einem wohlgesitteten Reich. Aber auch dort herrschen altvertraute Mechanismen: Männer verlieren das Interesse, sobald sich die Frauen ihnen zuwenden. Lisetta scheint sehr offen von dem attraktiven Astrobolo zu schwärmen.

Der Indianische Herr,
der so wohl gewachsen und so hüpsch,
hatte mir das Hertz geraubt,
Aber der Ungetreue Grausame,
Bösewicht und Verräther,
Als er merckte, dass ich in ihn verliebt,
Hat/ da ich mich doch nicht verändert, mich beleidiget und verlassen.
(Intermezzo IV, C2)

Lisetta redet von ihrer Zuneigung und von Astrobolo's Attraktivität, wie sehr sie ihn «in den Arm genommen» hätte. Astrobolo ist völlig durcheinander und weckt Lisetta auf; doch sofort weicht ihre träumerische Zärtlichkeit großer Wut. Sie will ihn nicht sehen, worauf Astrobolo in Verzweiflung ausbricht, sogar weint. Seine Tränen sollen in der folgenden Arie die Wahrhaftigkeit seiner Liebe bezeugen:

> Gläubst du meinen Worten nicht/
> So glaube wenigstens diesem Weinen/
> welches so starck auf mich stürmt/
> daß ich nicht einmahl reden kann.
> Und wenn du auch dem weinen nicht trauest/
> so solt du mich verzweifelt vor deinen Füssen
> den Augenblick den Geist aufgeben sehen.

Astrobolo mimt den untröstlichen Bittsteller, der sich seiner Tränen aus Liebe nicht schämt. Diese Geste der Demut verfehlt ihre Wirkung nicht. In der Pose einer mächtigen und großmütigen Fürstin erklärt Lisetta sich zur Eheschließung bereit. Astrobolo hingegen will künftig alles geduldig ertragen, wenn sie nur bei ihm bleibt. (Ob Astrobolo nur den Unterwürfigen spielt, gemäß beliebter Ratschläge für Ehemänner, ihre Frauen die wahren Machtverhältnisse nicht zu sehr spüren zu lassen?)

> Lis. Er macht mich zärtlich! Stehe auf
> noch dießmahl will ich dir verzeihen. Aber ich schwöre beym Himmel,
> Daß, wenn Du noch einmahl mit mir zanckst,
> ich dich den Augenblick = = =
> Astr. Thue mir alles zu leyde, was thun kann ein Weib einem
> Mann,
> Eine Frau³⁷⁹ einem Eh=Mann,
> so bin ich zu frieden.
> Lis. Laßt uns eiligst
> In den benachbarten Tempel gehen.
> Astr. Laßt uns gehen! Hilff Himmel!
> Mir ist ums Hertz so rege/
> daß ich ein so grosses Glück nicht glaube
> sondern fast zweiffle, ob es nicht ein Traum.
> (Intermezzo IV, C 3)

Im Schlussduett sichert Lisetta den Ehekontrakt ab, stellt dabei selbst die kontrollierenden Bedingungen, in Umkehrung der üblichen Geschlechterverhältnisse, wie sie etwa Pimpinone mit Vespetta durchsetzen wollte:

> Lis. Wirst du nachhero fromm und geduldig seyn?
> Astr. Der frömmste der geduldigste

Lis. Und eyfersüchtig?
Astr. Nein, wahrlich, nein
Lis. Mercke wohl,
dass ich gehen will,
wo man tanzt,
allzeit tanzen
La = = =
Wo man spielt:
Allzeit spielen,
und daheime
am seltensten bleiben.
Astr. Und ich verspreche
nie zu zancken
tantze so lange
als du tantzen magst
La = = =
Spiele solange als du zu spielen Lust hast
Ich werde allzeit
Höchst zufrieden sein.

Verkehrte Welt zwischen Mann und Frau zur Faschingszeit. Doch gibt es die Möglichkeit zum Streit!

3.12. Rosetta – der vergebliche Kampf um den süchtigen Ehemann

Etliche Intermezzi behandeln den Zustand der Ehe selbst. Einst ersehnt, ist sie nun ein Ort der Verzweiflung, des permanenten Kummers und Streits. Ein Grund für solche Ehekonflikte ist das Suchtverhalten der Männer, wie in *Das einander werthe Ehe=Paar oder Bacocco und Serpilla* (1736), aufgeführt mit dem Prolog *Das Neu-beglückte Sachsen*.[380] Es soll sehr beliebt und europaweit verbreitet gewesen sein. Das Intermezzo beginnt mit dem klagenden Bacocco in einer Gasse der Stadt «bey grauendem Himmel». Er flucht auf das «Basset=Spiel»,[381] bei dem er alles verloren hat. Nur noch mit Weste und Hose bekleidet, irrt er frühmorgens hungrig durch die Gassen. Er fürchtet seine Frau, die er als ein Hauskreuz schildert, falsch und nur nach außen hin ein Engel,

die immer schilt und murrt,
Die mich mit Nägeln kratzt, beyn Haren zauset
Mit Prügel=Suppen offt tractirt
Den Besen=Stiel statt eines Scepters führet
Und wie der Teuffel selbst leibhafftig hauset
Gleichwohl dabey gantz Engel=rein sich stellt.
(Intermezzo I, 1)

Als er sie sieht, versteckt er sich schnell, wie ein Hasenfuß ohne Kontrolle über seine Ehefrau. Doch auch Serpilla ist unzufrieden und schimpft auf ihren Mann. Dieser Ehekonflikt wird mittels alter Schwankbausteine erzählt. Letztlich will sie sich scheiden lassen, gerät aber nicht an einen echten Richter, sondern an den verkleideten Bacocco, dem sie unwissend Avancen macht, um ihren Fall zu beeinflussen. Im 3. Akt hat sie allen Hausstand verkauft und wird zur Pilgerin.

Eine unglückliche Ehe, die am Alkoholismus des Ehemannes zerbricht, wird 1744 von der Truppe Pietro Mingotti's vorgeführt in *Il matrimonio sconcertato, Dalla forza di Bacco*. Die deutsche Übersetzung des Titels lautet: *Die durch die Stärcke des Weins misshellig wordene Ehe*, ein neues musikalisches Zwischenspiel, das erstmals auf der neuen Schaubühne in Prag zur Fastnachtszeit 1744 aufgeführt wurde.[382] Die beiden Hauptfiguren sind Rosetta, «des Policards Ehe=Weib», und Policardus, «ihr Mann und Vollsauffer», außerdem ein «Servo che non parla», «Ein Diener der nicht redet», also ein menschlicher, stummer Diener. In dieser tragisch-komischen Studie über einen suchtkranken Mann kann ihn auch der Einsatz seiner Ehefrau nicht retten. Zudem sind trinkende Frauen wesentlich seltener auf der Hamburger Opernbühne zu sehen. Dieses Verhalten entsprach keinesfalls dem weiblichen Rollenmodell und galt wohl nicht als komisch.[383]

1. Intermezzo
Policardus kommt immer betrunken nach Hause, redet auch im Schlaf nur vom Trinken. Rosetta ist es leid: «Sein liederliches Leben bestehet entweder im Schlaffen/ oder in dem Trincken.» Sie sucht mit unterschiedlichen Strategien, diese Ehehölle zu ändern: Spielerisch will sie ihren Mann mit Spott und Theater-Rollen erreichen. Dazu inszeniert sie eine makabre Maskerade: Sie verkleidet sich als Dienerin und ehrt ihn als König, will ihn zum König aller Betrunkenen krönen; dazu spielt sie das von einem Trunkenbold schlecht behandelte Weib. Er will ihr Gesicht sehen, sie gibt die Schamhafte: «Es ist

unserm Geschlecht nicht erlaubt.» Dann meint er, dass er die Königin vor sich hat. Ihr platzt die Geduld: «Du voller Zapf – ich bin dein Weib» (S. 15). Ausdrücklich fordert sie ihn auf, dass er «dass Wein trincken gäntzlich» abschafft.

Rosetta greift nun zum äußersten Druckmittel: Sie droht ihn zu verlassen, und «stellet sich/ als wollte sie fortgehen.» Er gibt zunächst klein bei, «da ich mein Wort nicht halten sollte/ alsdann verlasse mich/ und laufe immer davon» (S. 17).

2. Intermezzo:
Doch dieser Kampf gegen die Sucht kollidiert auch mit patriarchalen Machtstrukturen und idealen Männlichkeiten. Zwar zeichnet Alkoholkonsum den echten Mann aus, aber nur, wenn er es vertragen und seinen Rausch beherrschen kann. Aber wessen Urteil ist akzeptiert? Und warum sollte er seiner Ehefrau zuliebe ausgerechnet das lassen, was sein Leben lebenswert macht? Trinkt er nicht auch, um diese Ehe zu ertragen? Würde Policardus von seiner Sucht lassen, würde er sich ja dem Willen seiner Frau unterwerfen. So wird Rosetta machtbewusst gezeigt, wenn sie beiseite behauptet: («Glückseelig ist ein Weib/ wann sie den Mann nach ihren Gefallen wenden kann») (S. 23).

Statt den offenen Konflikt zu riskieren, trinkt Policardus nun heimlich. Sie setzen das Spiel im Spiel fort und singen jetzt im Schäferambiente. Dabei überschreitet Policardus die Grenzen des Anstandes mit einem obszönen Einwurf: «O was vor eine schneeweiße Brust muß sie nicht haben!» (S. 27). Er stimmt ein Jagdlied an, doch sie weiß «wenn er getruncken hätte/ so wollte ich sagen/ dass er einen Rausch habe» (S. 29). Als er beim Menuetttanzen torkelt und ihr mit der linken Hand die Weinflasche reicht, ist Policardus' Wortbruch bewiesen. Er kann das Trinken nicht lassen und rechtfertigt sich damit, dass er sich nur betrunken frei fühle von Sorge, aber auch von jeglicher Freude:

> Und so lange ich trincke, empfinde ich weder das Weib, noch das Bett, noch die Vergnügenheit, weder das Geld, noch die Freuden, weder die Sorgen, noch die Ängstigkeiten. Thue du auch was du willst, ich will es also haben. (S. 33)

Policardus bietet ein scheinbar freizügiges Ehe-Arrangement: wenn er trinken darf, kann sie auch machen, was sie will. Aber nun beginnt er auch noch, abschätzig über sie zu reden:

> Oh Gott des Weins! Daß ich deinen kostbaren Saftt mit einem verächtlichen Weib zu vergleichen mich unterstanden. (S. 33)

Es gibt keinen Ausweg, er bleibt dabei: «Ich bin der Herr im Haus.» Doch diesen jämmerlichen Patriarchen wird Rosetta nun endgültig verlassen. Rosetta ist verzweifelt, aber aktiv, will den bedrückenden Zustand nicht hinnehmen. Sie versucht mit einigen Methoden, auf ihren Mann einzuwirken. Doch bei all ihren Bemühungen scheint sie allein auf sich gestellt. Keine beratende Instanz steht den Eheleuten zur Seite, deren Unglück in scheinbar komischem Gewand vorgeführt wird. Offensiv nimmt Rosetta den Kampf auf und leistet entschlossen Beziehungsarbeit, doch bleiben ihr im Rahmen des ehelichen Machtverhältnisses kaum wirksame Methoden. Als Herr im Haus will Policardus sich von seiner Sucht nicht kurieren lassen. So bleibt ihr letztlich nur die Trennung, die offensichtlich auch möglich ist. Serpilla und Rosetta haben beide mit den Folgen von Süchten ihrer Männer zu kämpfen. Sie verharren dabei nicht in Passivität, sondern wollen sich trennen, sich scheiden lassen.

3.13. Xanthippe – die unglückliche Ehefrau eines Philosophen

Die Frage, wen das Ehejoch am meisten drückte, wurde nicht nur in der Schwankliteratur verhandelt, sondern bot auch Stoff für Opern. In Telemann's beliebter komischer Oper *Socrates*[384] ist Xanthippe ein Paradebeispiel für eine bürgerliche Frau in einer unglücklichen Ehe. Am Schluss der Oper droht sie sogar mit Scheidung: «Ich will geschieden sein, ich will nicht länger mehr auf die Art leben» (III, 13). Ein Konfliktherd ist hier die monogame Ehe, deren Problematik historisch verschlüsselt im antiken Athen verhandelt wird. Alle Männer sind zu einer Doppelehe verpflichtet, allerdings nicht aus Liebeslust, sondern um möglichst viele neue Krieger zu zeugen. Sokrates hat Xanthippe und Amitta heiraten müssen, die auf diese belastende Situation auf unterschiedliche Weise reagieren.

In einer Nebenhandlung wird die Problematik «Zwei Ehefrauen – ein Ehemann» auf einer höheren gesellschaftlichen Ebene durchgespielt. Der Prinz Melito soll zwei Frauen heiraten, die eine aus Staatsinteressen, die andere fürs Herz. Doch wird das Gesetz rechtzeitig aufgehoben, aber nun muss Melito sich entscheiden. Er heiratet diejenige, die nicht «loslassen» kann, d.h. ihn nicht mit der anderen teilen will.

Xanthippe wird in der Tradition des Hauskreuzes verspottet und aggressiver und gewalttätiger gezeigt als die zweite Gattin mit dem bezeichnend lieblicheren Namen «Amitta». Xanthippe und Amitta gehen sogar handgreiflich gegeneinander vor (II, 3), werfen mit Geschirr, benutzen Äste als Waffen. Xanthippe wird auch handgreiflich gegenüber ihrem Mann Sokrates, den sie allein für sich, als ihren «liebsten Schatz» und «werten Mann» haben will. Nur unter dieser Prämisse leistet sie Hausarbeit. Als Sokrates wieder einen Streit zwischen den Frauen schlichten will, droht Xanthippe mit Sabotageakten im Haushalt – und mit Streik:

> [...] Du sollst kein Zugemüs,
> vor Salz nicht essen können,
> den Braten will ich dir verbrennen,
> halb Wasser soll der Wein,
> und nie dein Bett recht aufgeschüttelt sein.
> (Sie läuft erbost weg.) (I, 3)

Sie verteidigt ihr hauswirtschaftliches Terrain, denn nur hier ist sie Herrin, hier darf sie es sein. Als Amitta Sokrates freundlich zu Tische ruft, ist Xanthippe's Wutausbruch vorprogrammiert. Sokrates' Schlichtungsversuch wird von Xanthippe mit einem Angriff auf seine Denkwerkzeuge beantwortet, die sie vom Tisch fegt. «(Socrates sammelt die Bücher mit großer Geduld wieder auf, sie aber wirft sie immer wieder herunter)» (I, 12). Dabei zeigt sie genauso wenig Verständnis und Achtung für seine Bücher, wie er für ihre Hausarbeit. Die Arbeitsbereiche von Sokrates und seinen Frauen sind strikt getrennt. Weder unterrichtet er sie oder lässt sie in Ruhe lesen, noch lässt er sie an den Diskussionsrunden seiner Schüler teilhaben. Von frühaufklärischen Bildungsbestrebungen für Frauen ist hier nichts zu sehen, stattdessen rät Sokrates Männern zur Geduld:

> Ja, ja! Im Ehstand ist bald Sturm,
> bald Sonnenschein:
> Ihr Männer, lernet nur
> Beizeit geduldig sein. (III, 13)

Der Typ des Philosophen Sokrates, das Urbild des Philosophen, war auf der Bühne, aber auch für literarisch-wissenschaftliche Diskurse der Aufklärung bedeutend. So wurde er zu einem verkörperten Leitprogramm der Vernunft.

Andererseits bot er für den privaten Bereich Identifikationsmöglichkeiten für Männer. Wie allerdings das kritische weibliche (und männliche) Publikum auf das Schema ‹männliche Geduld und weibliche Streitsucht› reagiert hat, ist noch unbekannt. Diese komische Oper zeigt, dass Bigamie eher häuslichen Unfrieden stiftet, anstatt für die Wehrhaftigkeit Athens zu sorgen. Diese Perspektive unterstützt auch die noch Jahre später von Johann Heinrich Gottlieb von Justi vertretene Überzeugung, dass Polygamie zwar durchaus natürlichen männlichen Wünschen entspreche, er aber letztlich davon abrate, sie in Deutschland einzuführen – vornehmlich aus Sorge um den häuslichen Frieden.[485]

Zwischen-Halt: Ideale Liebe versus Alltagswelt

Die anhaltende Beliebtheit dieser Stoffe ist als ein Indiz lesbar für konstante gesellschaftliche Strukturen und daraus resultierende Widersprüche und Konflikte. Trotz aller Ironie und Überzeichnung werden auf der Opernbühne knapp und präzise weibliche und männliche Geschlechtsrollen und Handlungsräume skizziert, wie sie auch in der Realität nachweisbar sind.

Für beide Geschlechter war die Werbung umeinander und die Stabilisierung der Beziehung aufwendig und problematisch. Hier mussten geschlechtsspezifische Waffen und Strategien angewendet werden. So wird die Kontaktaufnahme zwischen Mann und Frau oft wie ein Duell der besonderen Art inszeniert, mit Wortgefechten, aber auch Handgreiflichkeiten. Die weibliche Tugendhaftigkeit erscheint weder als freiwillig noch als natürlich. Sie wird von Männern gefordert und von Frauen nur vorgetäuscht. Deutlich wird dies beim Kampf ums Haus: Frauen wollen nicht selbstverständlich tugendhaft im Haus arbeiten, sondern spazieren gehen, tanzen – also ähnliche Freiheiten wie die Männer beanspruchen. Auch erscheinen sie nicht als von Natur aus sanft, ihr Liebreiz, ihr Frieden stiftendes Verhalten gilt als Taktik. Hier ist allerdings die Bedeutung des Standes, die vom Adel reklamierte Andersartigkeit qua Herkunft zu berücksichtigen.

Wenn die Frauen verheiratet sind, lassen sie von ihrer Tugendhaftigkeit ab, die somit als vorgetäuscht erscheint. Hier wird die Angst vor dem Einfluss der Frauen im Hause deutlich, ihre Ebenbürtigkeit mit dem Ehemann scheint unvorstellbar.

Frauen setzen ihre eigenen Interessen auch gegen die ihres Ehemannes durch und sind dabei keineswegs konfliktscheu. Sie streiten und kämpfen mit Worten, drohen mit Liebesentzug, können aber auch handgreiflich werden.

Wenn Frauen Freiheiten fordern, wird ihnen oft Maßlosigkeit unterstellt. Frauen müssen deshalb von ihren Eheherrn in der Zucht behalten werden. Insbesondere Frauen aus den Unterschichten kennen angeblich kein Maß.

Die Frau ist die Aufmüpfige, die den Mann aus der Ruhe und die herrschenden Verhältnisse ins Wanken bringt.

Männer verlieren den Verstand und gute Vorsätze, wenn sie jungen und im herrschenden Sinne attraktiven Frauen begegnen. Männer wollen Sexualität und sind dafür zunächst bereit, Zugeständnisse zu machen, die eigentlich ihre Rolle als Herr im Haus, als Oberhaupt schwächen könnten. Hier setzen die Frauen den Hebel im Geschlechterkampf an. Männer reagieren panisch, wenn Frauen sie zu verlassen drohen, ob nun vor der Eheschließung oder in der Ehe.

Anders als in den «ernsten» Opern und Handlungssträngen mit adligen ProtagonistInnen, gibt es in diesen «komischen» Genres kaum Beispiele dafür, dass Männer Frauen verlassen, die dann, ähnlich adligen unglücklich Liebenden, zu Grunde gehen (vgl. Dido, Circe etc.).

Liebe und Sexualität im Alter erscheint als lächerlich: verspottet werden alte Männer, die noch eine junge Frau begehren und ihren Beteuerungen glauben. Alte Frauen werden ebenfalls wegen ihrer Wünsche nach Sexualität und Liebe karikiert, doch die Effekte wie Affekte der Diffamierung sind geschlechtsspezifisch unterschiedlich.

Die ökonomische Macht und den höheren Stand haben in den Intermezzi in der Regel ältere Männer. Sie sind geizig; die Frauen hingegen denken nur an ihren Vorteil. Ihr Wunsch, die eigene Existenz zu sichern, wird diskreditiert. Eine junge Frau aus den unteren Schichten muss ihre weiblich konnotierte Dienstbarkeit, häuslich und sexuell, an einen älteren Mann verkaufen, der wohlhabend und aus einer höheren Gesellschaftsschicht stammt.

Frauen bemühen sich um wirtschaftliche Unabhängigkeit. So wollen sie sich als Dienstbotinnen wenigstens ein Heiratsgut beschaffen.

Gehalt und Aussage der Stücke sind schillernd. Oft wird die Botschaft vermittelt: Frauen ist nicht zu trauen. Eine Ehefrau hat Macht und wenn sie noch dazu nicht standesgemäß erzogen ist, wird sie ihre Grenzen überschreiten und die an sie gestellten Ansprüche nicht erfüllen können.

Ein Mann, der so weiterleben will wie bisher, kann sich nur in Geduld üben, anstatt sich und die Lebensbedingungen zu ändern.

Männer, die unstandesgemäß heiraten, werden gewarnt, da sie keine Garantie haben für eine wohlerzogene, ihre Geschlechtergrenzen klaglos akzeptierende Frau.

Auffällig ist, dass sich diese Stücke auch gegen borniert und geizige bürgerliche Ehemänner richten, die glaubten, ihre Eheherrlichkeit ohne Widerstand durchsetzen zu können. Die Sympathien könnten den widerständigen Frauen im Kampf gegen die verknöcherten Statthalter alter Traditionen gelten. Für solche Reformbewegungen erschienen möglicherweise Vertreterinnen der unteren Stände als junge und erotisierende Symbolfiguren besonders geeignet. Andererseits werden hier auch patriarchale Zustände maskiert und schön gefärbt. Trotz aller Reglementierung und Gewalt, die von beiden Geschlechtern beklagt wird, finden Frauen immer einen Ausweg. Die herrschenden Zustände werden stabilisiert, wenn die Liebe ab und an siegt. Männer drohen zwar gelegentlich körperliche Gewalt an, werden aber nicht als übermächtige Prügler gezeigt. Zudem wehrt sich die Frau. Diese Stoffe bieten Perspektivwechsel zu den Liebesdramen der Standespersonen in den «Hauptopern». Die Konflikte zwischen Mann und Frau werden in den Intermezzi, komischen Szenen etc. so drastisch gezeigt, dass eine Versöhnung unmöglich erscheint, und Frauen sogar mit Scheidung drohen, im Unterschied zu den Hauptopern.

Die Libretti eröffnen Perspektiven auf die Frage, wie sich als «männlich» oder «weiblich» definierte Geschlechtscharaktere und Arbeitsbereiche herausgebildet haben. Die Quellen lassen den Schluss zu, dass Männer und Frauen aller Schichten bereits zu Beginn des 18. Jahrhunderts – auf der Basis älterer Traditionslinien – eindeutige Rollen und Arbeitsbereiche zugewiesen bekamen. Für die Frauen, ob nun Dienstbotin oder Ehefrau, war dies insbesondere häusliche und sexuelle Dienstbarkeit. Außerdem hatten sie sich dazu ein Ensemble weiblich konnotierter Eigenschaften und Fertigkeiten anzueignen, wie etwa Zurückhaltung, Tugendhaftigkeit, Bescheidenheit und Verzicht auf Vergnügungen in der Öffentlichkeit.

Doch diese Zurichtung barg Konflikte. Etliche Frauen bestanden auf eigenen Wünschen und Interessen, die sie mit Entschlossenheit und Witz, aber auch mit Verstellung, Erotik und List durchzusetzen versuchten. Ihre Widerstandsformen hatten sie gemäß geschlechtsspezifischer Handlungsmuster und -räume ausgebildet. Frauen waren und blieben ein aufreizend, reizvoller Unsicherheitsfaktor, ein Ärgernis. Bereits ihre leibhaftige Existenz bringt Unruhe in den von Männern ersehnten häuslichen Frieden.

Bedingt auch durch unterschiedliche Schichten und Traditionen populärer Lachkulturen der Frühen Neuzeit changiert der Gehalt der Stücke. Die pädagogische Absicht, die manche Librettisten in Vorberichten und theoretischen Texten darlegten, nämlich Laster zu zeigen, zu bestrafen und so zu einer Verbesserung der Menschen und des Gemeinwesens beizutragen, brachte eine Art theatralisches space shuttle hervor, dessen Flugbahn nicht immer eindeutig zu bestimmen war.

Frieden in Gesellschaft und Privathaushalt war zwar ersehnt, aber kaum von Dauer. Die Schrecken der alltäglichen Gewalt sind ablesbar in den Intermezzi, den komischen Szenen und Personen. Prediger wie Erdmann Neumeister versuchten von der Kanzel aus zur Lösung von Widersprüchen und Konflikten beizutragen. In der Oper sollte dies mit künstlerischen Mitteln erfolgen. So eine Erziehung funktionierte nur unter Einbeziehung von Aspekten aus der alltäglichen Lebenswelt. Dieser kann sich angenähert werden durch den Vergleich und das Verknüpfen von künstlerischen und lebensweltlichen Quellen. Für uns heute eröffnet sich somit eine ferne Welt, aus der einzelne Züge bis heute überdauert haben.

4. Frauen in der Frühaufklärung in Hamburg
Zwischen Kunst, Bildung und Haushalt

4.1. Ausläufer der «Querelle des Femmes» in Hamburg

Wie in der Hamburger Gesellschaft Konflikte und Umwälzungen diskutiert wurden, lässt sich in der Hamburger Wochenschrift *Der Patriot* nachlesen. Sie erschien erstmalig im Januar 1724 bis Dezember 1726, also, wie von den Herausgebern beabsichtigt, nur für kurze Zeit, war aber nachhaltig wirksam.[386] Die nur aus Männern zusammengesetzte Herausgeberrunde hat wohl nicht mit Autorinnen zusammen gearbeitet.[387]

In Leipzig hingegen publizierte Johann Christoph Gottsched in der Maskerade weiblicher Herausgeberinnen, eines «Triumfeminats» aus Iris, Phyllis und Calliste, die Wochenschrift *Die vernünftigen Tadlerinnen* (1725/26).[388] Um gezielter Leserinnen zu erreichen, veröffentlichen auch andere Männer unter weiblichen Pseudonymen. Immerhin durfte auch eine «echte Correspondentin» zur Feder greifen, Christiana Mariana von Ziegler (1695–1760)[389], die wohl 10 Pseudonyme benutzte. In diesem Leipziger Projekt wird männliches und weibliches Verhalten getadelt, aber mit unterschiedlicher Gewichtung: «But the largest single category of issues did pertain to women's lives.»[390]

Die Herausgeber des Hamburger *Patrioten* strebten eine umfassende Reform der Gesellschaft an. Sie setzten sich auch mit der Oper[391] und der wissenschaftlichen Bildung von Frauen auseinander. So wurde eine Frauenzimmerbibliothek[392] und die Gründung einer Frauenzimmerakademie vorgeschlagen.[393] Sie war ein besonderes Anliegen des Dichters und Ratsherrn Barthold Hinrich Brockes, zu dessen Werken auch ein Kantatentext auf die Stadt-Göttin Hammonia zählt.[394] Beispielsweise im dritten Stück werden Grundzüge, Absichten und Adressatinnen in einem spielerisch-ironischen Ton umrissen. Als Zielgruppen kristallisieren sich Milieus des wohlhabenden Bürgertums, möglicherweise auch des Adels heraus. Die Mädchen und Frauen sollen zu häuslichen Tätigkeiten wie Handarbeiten und Essenszubereitung ausgebildet werden. Sie sollen Müßiggang ebenso meiden wie Putz, Tand, großes Dekolleté und enge Schnürung etc.. Hier wurde ein «bürgerlicher» Weg zwischen zwischen galantem Lebensgenuss und puritanischer Strenge angelegt.

Als Beispiel für einen um Aufklärung bemühten Patriarchen soll Brockes Schaffen näher vorgestellt werden. Er suchte für seine Töchter nach Wegen zwischen Tradition, Konvention und «Reform».[395] Dazu entwickelte er Verbesserungsvorschläge für seine «Mitbürgerinnen», deren Hauptwirkungskreis allerdings weiterhin Haushalt und Familie bleiben sollte. Er setzte sich ab von dem vielfach imitierten französisch-höfischen, aristokratisch-galanten Lebensstil,[396] doch bedeutete dies nicht, Frauen und Töchter vom sozial-kulturellen Leben fernzuhalten: Sie sollten zugleich der Gesellschaft zugewandt und tugendhaft erzogen werden.[397] So lobt er in dem Gedicht «Die Laute der Belisa – besungen von Belisander»[398] die musikalischen Fähigkeiten seiner Frau, die eine versierte Sängerin, Lautenistin und Cembalistin war. Das Lob auf seine musische Frau trug Brockes am 9. Februar 1715 der Teutsch-übenden Gesellschaft bei ihrer 3. Zusammenkunft vor. Anna Ilsabe Brockes hatte den Kollegen nachweislich ein kleines Konzert gegeben. Brockes beabsichtigte Frauen zugleich Bildung zu vermitteln und ihre wachsende Selbstsicherheit und

Kompetenz zu kontrollieren. Ihnen wies er einen wichtigen Anteil im Prozess der «Verbesserung» der Gesellschaft zu, deren «zween Haupt- und Todt-Feinde» er in maßlosem Essen und Trinken, in «Üppigkeit» und «Unwissenheit» sah. Gebildete Frauen könnten sich mit Männern auf gleicher Ebene unterhalten und sie auch vom «unmäßigen Sauffen und Spielen» abhalten, wie er in der Nr. 8, vom 24. Februar 1724 schreibt.[399] Für eine angenehme Unterredung sei keine riesige Tafel und in die Küche verbannte Hausfrau nötig, sondern:

> jede Familie bringt eine zugerichtete Schüssel, eine Bouteille Wein, und ein Buch mit. Derjenige, bey dem sie sich versammeln, gibt nichts, als Thee, Caffee, das Tischgeräth und Gläser, aber kein Essen. Hiedurch wird alle Beschwerlichkeit der Haus=Frau abgenommen. Sie ist geschickt, jeden in der Gesellschaft zu unterhalten, und sich die Unterredung zu Nutze zu machen, an statt, daß sie sonst in der Küche liegen und hundert Sorgen haben muß, damit nichts versehen werde.

Eine hauswirtschaftliche Arbeitsteilung der Geschlechter wird nicht vorgeschlagen.[400] Mit der Verbesserung der Sitten und der Erziehung müsse bereits bei den Kindern begonnen werden. Deshalb wurden die Eltern im Patrioten Nr. 18, vom 4. Mai 1724 aufgefordert:

> Die Töchter sind mit ebenso sorgfältiger Aufsicht zu erziehen, als die Söhne, weil ihre wohl= und übel=gerathene Aufführung, insonderheit falls sie wieder Mütter werden, dem gemeinen Wesen eben so grossen Vortheil und Schaden bringet, als bey den Söhnen.[401]

Die Bevorzugung der Jungen gefährdet nach Brockes' Ansicht das soziale Gefüge:

> So nützlich es aber ist, den Kindern zeitig männliche Gedanken beyzubringen, so schädlich ist es zugleich, ihnen allenthalben ein männliches Tractament zu bieten, und ihnen einzuräumen, daß sie eben so viel gelten, als die alten.[402]

Brockes selbst scheint seine Thesen auch in die Praxis umgesetzt zu haben, denn er bemühte sich sehr um die Erziehung und Ausbildung seiner Töchter. Maria Anna (1719–1777) lernte Englisch und half ihrem Vater bei den Übersetzungsarbeiten, wie aus einem von ihm anlässlich ihrer Hochzeit im Jahre 1745 gedichteten Brautlied hervorgeht.[303] Hierin entwirft er ein Frauenbild, das weibliche Häuslichkeit und Bildung kombiniert. Diese offensichtlich sehr geförderte und geliebte Tochter führte dem verwitweten Vater den Haushalt. Als Ehefrau hat sie sich dem vom Vater ausgewählten Gatten unterzuordnen, für den wiederum der Schwiegervater eine Autorität darstellte. Präzise beschreibt Brockes in dem Brautlied das Dilemma intellektueller, gebildeter Frauen, deren Wissen in diesem von Kaufleuten geprägten Milieu kein besonderer Wert beigemessen wird. Vom prägenden Einfluss der verstorbenen Mutter ist allerdings keine Rede.[404] Trotz aller Reformfreude lässt Brockes das Primat des Ehemannes unangetastet, die gebildete Tochter soll nicht die Grenzen tugendhafter Weiblichkeit überschreiten, wie Gegner gebildeter Frauen befürchten, und auch weiterhin die Autorität von Vater und Ehemann anerkennen. Brockes' Reformversuche in Sachen Frauenbildung sollten nicht scheitern, d.h. in einem Umsturz der Verhältnisse, in einer «verkehrten Welt» enden. Geschlechterdemokratie schien auch für ihn unvorstellbar. Das emanzipatorische Potential der sogenannten Frühaufklärung, die aufgeklärte Fortschrittlichkeit, sie gerät immer wieder ins Stocken, wenn es um die Verteilung der Hausarbeit und Kinderaufzucht sowie um die Selbstbestimmung der Frau über ihren Körper, ihr Begehren geht.

> Mach' jetzt den Wahn, in unsern Landen,
> der fast so allgemein, als thörlich:
> daß ein belesen Weib gefährlich,
> durch dein Betragen, gantz zuschanden.
> damit an Euch ein jeder sehe
> und stimme dieser Wahrheit bey:
> daß, zur beglückt- und echten Ehe,
> Verstand der beste Grund-Stein seÿ.
> Die erste Probe, wie, in allen,
> du dich, nach Seinem Willen, lenckst,
> ist, daß du gleich, Ihm zu Gefallen,
> nach Franckreich abzureisen denckst.
> So reise dann! erregt dein Scheiden
> mir gleich, ein gantz natürlichs Weh;
> Gott gebe, daß ich Euch, mit Freuden,
> beÿ eurer Rückkunft, wiederseh!

Anrührend ist Brockes' Gedicht auf den Tod der Tochter Anna Ilsabe (1717–1743).[405] «Gedanken über den sanften Tod der Ao. 1743 den 37 Novemb. seelig entschlafenen Frau Anna Ilsabe Prinzen, gebohrnen Brockes». Stolz beschreibt er ihren Einsatz für die Ausbildung armer Kinder, der wohl ohne Wissen ihres Ehemannes erfolgte. Zwar hatte sie ihn um das Geld bitten müssen, entsprechend der ehelichen Machtverteilung und den Pflichten einer tugendhaften Ehefrau. Aber der Ehemann, als beispielhafter Patriarch, hatte so viel Vertrauen zu ihr, dass er nicht weiter nachfragte – und so erst später von den guten Taten erfuhr:

> Sie fordert einst gewisse Gelder von ihrem Mann, die giebt er ihr./ Sie sagt' ihm anders nichts, als dieß: Sie dächte sie wohl anzulegen./ Nachhero findet er ein Buch, worinn sie aufzuzeichnen pflegen/ Verschiedne Namen armer Kinder, die sie zur Schulen dort und hier/ Gehalten, und das Geld bezahlet, auch solche selbst examiniret,/ Und wenn sie, daß sie was gelernet, durch ihre Antwort überführet,/ Dieselben allemahl beschenkt. Bey solcher Untersuchung nahm/ Sie stets ihr eignes Söhnchen mit, der Kinder Antwort, ihre Lehren,/ Und was sie sonsten Gutes that, mit anzusehn, mit anzuhören.

Wertvolle Hinweise auf die Ausbildung der Töchter anderer prominenter Freunde liefern Brockes' Gedichte anlässlich des Todes von Catharina Denner (1715-1744), Tochter des Malers Balthasar Denner und dessen Frau Esther. Ausgebildet von ihrem Vater arbeitete sie als Miniaturmalerin, vollendete etliche seiner Bilder und war auch als Sängerin und Cembalistin bekannt.[406]

Bildungshungrige Frauen, deren Lesewut verspottet wird, sind auf der Hamburger Opernbühne nicht zu sehen. Sie werden erst Jahrzehnte später auf der Theaterbühne thematisiert. Aber die höheren Töchter in der Oper sind des Lesens und Schreibens kundig, was sich beispielsweise beim Verfassen und Erhalt von Liebesbriefen zeigt. Oder sie werden ausgebildet wie die Kaisertochter Emma vom bürgerlichen Hofschreiber Eginhard in Telemann's *Emma und Eginhard*. In dieser Oper wird zudem suggeriert, dass solche Ausbildungssituationen erotisch aufgeladen seien und der Kontrolle der Väter entgleiten können.

Der Beitrag und Anteil der Frauen am geistig-kulturellen Leben in Hamburg während der so genannten Frühaufklärung ist bisher nicht umfassend untersucht worden. War es bürgerlichen Frauen möglich, an intellektuellen Gesprächskreisen teilzunehmen, zu publizieren? Gab es Begegnungen von bürgerlichen und adligen Milieus, unabhängig vom Schema: bürgerlicher Lehrer unterrichtet adlige Frau, wie es bei Mattheson und seinen adligen Musikschülerinnen nachweisbar ist? Wie beeinflusste adlig-höfisches Leben bürgerliche Kreise? Immerhin lebten in Hamburg adlige Frauen wie die Großmutter der Zarin Katharina II., Albertine Friederike von Baden-Durlach (1682–1755), Witwe des Bischofs von Lübeck, Christian August von Holstein=Gottorp;[407] oder später Charlotte Sophie Gräfin von Bentinck, geb. Gräfin von Aldenburg, Reichgräfin zu Varel und Kniphausen (1715–1800), die allerdings erst ab 1768 nach Hamburg kam und im Jungfernstieg 3 ein offenes Haus als «ranghöchste Adlige» führte.[408] Sicher gab es Kontakte nach Leipzig, wo Frauen in intellektuell-kulturellen Milieus mitwirkten.

4.2. Die Gänsemarkt-Oper und ihr Umfeld: eine Universität auch für Frauen?

Mattheson sah die Oper als ein Bildungszentrum, eine Universität:

> Opern stehen bey mir, NB. quoad Musicam, in eben dem praedicato, als Universitäten, quoad caetera Studia.[409]

Er warnte die Operisten vor Hochmut und Anmaßung. Die Oper sei eine Schule der Musik und des Lebens:

> Von solchen Kirchen= und Schul=Dienern, die ihre musicalische=academische Studien auf dem Theatro, oder mittelst desselben, treulich cultiviret haben, liesse sich ein ziemliches Register hieherum auftreiben [...].[410]

Die Oper bildete auch ein kulturelles Versuchsfeld für frühaufklärerische Bestrebungen – für literarisch und musikalisch versierte und ambitionierte Frauen und Männer, die einen anderen, freieren Umgang miteinander anstrebten. Dies gilt insbesondere für die von einem studentischen Milieu geprägte stehende Oper in Leipzig,[411] mit einer Dichterinnen- und Sängerinnenszene, in der die Töchter (samt Ehegatten) des auch in Hamburg tätigen Musikers und Komponisten Nikolaus Adam Strungk aktiv waren.[412] So hat Christine Dorothea (1672– nach 1716), die 1701 den Pfarrer Lachs heiratete, für den jungen Telemann drei Opern aus dem Italienischen

> [...] *Il riso di Democrito, Caligula Delirante und Germanico sul Reno* In teutsche Verse übersetzt; welche in Leipzig mit dem höchsten Gusto sind angehöret, und wegen der netten Version und der schönen Musique in der berühmten Telemannischen Composition gar vielfältig admiriret worden.[413]

Für Hamburger Varianten der Frühaufklärung, der Querelle des Femmes auch im Kontext der Oper lässt sich noch kein gut ausgeleuchtetes Bild präsentieren. Doch spricht vieles dafür, dass weiterhin ein Konsens dahingehend bestand, dass Ehefrauen ihren primären Arbeitsauftrag im Hause zu erfüllen hatten und mit ihren kulturellen und wissenschaftlichen Fertigkeiten nicht in der Öffentlichkeit Lob und Ehre suchen sollten. Trotz aller Wertschätzung der Frauenbildung, die auch als Indikator für einen Wettstreit der Nationen im Hinblick auf Kultiviertheit galt, wurde keine fundamentale Änderung der sozialen Position und Funktionen der Frauen angestrebt, trotz Annäherungen adelig-bürgerlicher Milieus und Einflüsse der Querelle des Femmes.[414]

Eine bessere Frauenbildung bot für Männer Annehmlichkeiten und Erleichterungen, so lange sie im patriarchalen Rahmen blieb. Nur wenn die gebildeten Töchter und Frauen den Vätern, Brüdern und Ehemännern untergeordnet blieben, waren sie angenehme Gesellschafterinnen, Ratgeberinnen und Mitarbeiterinnen. Zudem blieben sie wie gehabt für den Haushalt und die Versorgung der Männer zuständig. Dabei sind Unterschiede zwischen einzelnen Milieus und Generationen zu beachten, wie etwa zwischen dem Pastor Neumeister und dem Ratsherrn Brockes. Cocalis betont:

> Rousseaus Verdienst war es, die in dem double standard der Frühaufklärung enthaltenen Werturteile über die unterschiedliche Beschaffenheit der Geschlechter in seinen Werken aufgegriffen und sie als diametral entgegengesetzte, sich ergänzende Geschlechtseigenschaften kodifiziert zu haben.[415]
>
> [...] Denn am Ende des 18. Jahrhunderts sehen wir, daß gewisse Tendenzen, die bei der Auffassung der Frau seit der Haustafelliteratur mehr oder weniger ausgeprägt vorhanden waren, sich voll entfaltet hatten, und dass der bereits früher spürbare double standard in der Bewertung von männlichen und weiblichen Aufgabenbereichen, Verhaltensmustern und Erziehungsprogrammen in ein System von naturgegebenen Geschlechtseigenschaften kodifiziert wurde.[416]

Doch die Vorstellungen von tugendhafter, d.h. untergeordneter, ins Haus verwiesener Weiblichkeit waren nicht selbstverständlich durchsetzbar. Sie stießen bei jungen Mädchen und Frauen auf Widerstand, der auch in der zeitgenössischen Bild- und Textproduktion ablesbar ist, zu denen auch Libretti zählen. Frauen waren dort nicht immer bereit, sich mit den vorgefundenen oder ihnen aufgezwungenen Pflichten und Handlungsräumen zu arrangieren oder sie in ihr Selbstbild zu integrieren. Aber offensichtlich blieb ihnen oft keine andere Wahl, wenn sie Frieden mit sich und der Gesellschaft schließen wollten.

Die Frage, wie «männliche Herrschaft» aussehen sollte und legal durchzusetzen sei, wird in der zeitgenössischen Kulturproduktion veranschaulicht. So wurde es für Männer der oberen Schichten und höheren Stände immer weniger opportun, die geschlechtliche Vorrangstellung offensiv, z.b. mit Gewalt durchzusetzen. Das Selbstbild des gebildeten Bürgers und Adligen ließ solche körperliche Gewalttätigkeit nicht zu, die den Unterschichten zugeschrieben wurde, was aber keineswegs der Realität entsprach. Um diese Geschlechterhierarchie aufrecht zu erhalten, wurden die Mädchen früh zu Unterwürfigkeit, Zurückhaltung und Keuschheit erzogen, die als wesentliche Bestandteile ihrer Frauenehre galten. Vor diesem Hintergrund erscheint es auch verständlich, dass sie auch nur einem hervorragenden Mann ihr «Ja-Wort» geben wollten, dem sie sich ja unterordnen mussten. Wenn sie schon offiziell die zweite Geige spielen sollten, dann hatte die erste zumindest erstklassig zu sein. Idealerweise sollten die Wünsche der Männer von den Frauen «freiwillig» erfüllt werden, durch ihre «vernünftige» Schickung in ihre Rolle. Doch offensichtlich konnten solche Erziehungsprogramme nicht lückenlos durchgesetzt werden. So fügt sich die Dienstmagd Vespetta aus *Pimpinone* nicht freiwillig in die Rolle einer Ehefrau:

Vesp.
Mich selber zu beglücken,
Muß mein Versprechen sich nach seinem Willen schicken.
(Intermezzo II, aus Nr. 14)

Die möglichst freiwillige Unterordnung der Frauen unter den Willen der Männer, basierend auf dem double standard, verursachte Konflikte. Sie wird in den Libretti verhandelt, sorgt für mediale Sensationen auf der Bühne am Gänsemarkt. Ob und wie die Musik Partei ergreift, müssen weitere Untersuchungen zeigen. Jedenfalls gab es diverse Bestrebungen von Frauen und Männern, «anders» zu leben. So kursierten im späten 17. und Anfang des 18. Jahrhunderts Kritiken gegen das «curiöse und galante Frauenzimmer», das für die angebliche Eitelkeit und Putzsucht von Frauen in den gehobenen bürgerlichen und adligen Schichten steht. In frühaufklärerischen Schriften (Moralischen Wochenschriften, Gesprächsspielen), an das gehobene Bürgertum und den Adel gerichtet, wurde das Ideal des tugendhaften Ehestandes der höfisch-galanten Welt gegenübergestellt und sparsame Häuslichkeit gegenüber verschwenderischer Repräsentationen gepredigt. Auch Männlichkeiten werden hier verhandelt, Modebewusstsein und als «galant» definiertes Verhalten von Männern als «weibisch» denunziert. Varianten lustbetonter Weiblichkeiten und Männlichkeiten, wohl zunächst von höfischen adligen und großbürgerlichen Milieus kreiert, werden von bestimmten Milieus bekämpft.

Hier scheint eine Art «Kultur-Kampf» ausgetragen worden zu sein, der nicht nur entlang der Grenzen zwischen Stand und Geschlecht verlief und dessen Auswirkungen auch auf der Opernbühne und im Opernhaus zu beobachten war. Es gab heftige Spannungen zwischen an höfischer, französischer Lebensweise orientierten Milieus einerseits und asketisch-puritanischen Gesinnungen über angebliche «Zügellosigkeit» und «Verschwendungssucht» andererseits. Ausgefochten wurden diese Konflikte über Konzepte von Männlichkeit, Weiblichkeit, Liebe, Ehe sowie geschlechtsspezifischer Religiosität und Frömmigkeit.

Immer wieder wurde die Bedeutung von Stand und Reichtum bei einer Eheschließung diskutiert. Moralische Wochenschriften empfahlen, Tugend über Reichtum zu stellen, argumentierten gegen adlige und bürgerliche Traditionen, die Eheschließung dem Primat der Ökonomie unterzuordnen.[417] Propagiert wird insbesondere im *Patrioten* ein Mittelweg zwischen Verschwendung und Askese, ein Wohlstand in Maßen, der durch Fleiß erworben wurde. Immerhin halte der Aufwand für einen gehobenen Lebensstil die Wirtschaft, das Gewerbe und Handwerk in Schwung.

4.3. Die gebildete und tugendhafte Frau in der Oper

Der Opernbesuch von Frauen wird auch auf der Bühne am Gänsemarkt thematisiert: im *Carneval von Venedig* (1707–1735)[418] hält Celinde, «verkleidete Princessin aus Teutschland», als selbstbewusste Opernkennerin den deutschen Prinzen Myrtenio auf Abstand, in dem sie ihm von der Liebe auf der Opernbühne vorschwärmt – aber von realer Liebe nichts wissen will. In *Pimpinone* beteuert die Dienstbotin Vespetta fälschlich, als Ehefrau niemals in die Oper gehen zu wollen.[419] Zu den beispielhaften, da gebildeten und zugleich tugendhaften Frauen auf der Opernbühne, die ihr Wissen auch bei der Partnerwahl einsetzen, gehört Rosalinda aus *Der Hamburger Jahr=Marckt* (1725), die von dem in Hamburg fremden Cavalier Reinhold umworben wird. Sie sitzt gern allein in ihrem Zimmer, statt sich mit Galanen zu umgeben und erteilt Reinhold (und dem Publikum) eine Lektion über die Tugend und Bildung einer Frau:

> Rosal. Ein fleißig Frauenzimmer
> kann immer,
> Durch Hauß= und andre Neben=Sachen,
> Sich gnug beschäfftigt machen.
> Reinh. Doch wenn sie sich ein müßig Stündchen nimmt,
> Zu welcher Lust wird selbiges bestimmt?
> Rosal. Ein kluges Buch, erfüllt mit Tugend=Lehren,
> Kann mir die beste Lust gewähren,
> Reinh. (Ach! Warum ist nicht jede so gesinnt!)
> Rosal. Hab ich denn noch ein wenig Zeit,
> Wird es der Garten=Lust und der Music geweiht. (III, 1)[420]

Entsprechend edel und tugendhaft geht Rosalinda auch in Liebesdingen vor: Beide Liebende freuen sich an selbstgesungenen Arien als Liebesboten, die sie einander vortragen. Während Reinhold seinen Gefühlen deutlicher Ausdruck verleiht, hält sich Rosalinda zurück, wie es von einer tugendhaften Frau erwartet wird. So lautet die deutsche Übersetzung von Reinhold's Arie:

> Aria
> Reinh. Ich will meinem Schatze sagen, daß ich seufze, klage, und sterbe, und zum wenigsten Mitleid verlange. Und ich will sagen, daß mein Hertz ein Sieges Zeichen ihrer Schönheit sey. (Da Capo)
> Rosal. (Ich hab ihn wohl verstanden,
> Doch ist die Zeit noch nicht vorhanden,
> Mein Lieben anzuzeigen,
> drum muß ich dencken, aber schweigen.) (III, 1)

Rosalinda hat Reinhard's Liebe zu ihr wohl verstanden, aber statt sich ihrerseits direkter zu erklären, setzt sie das Spiel fort. Sie spricht über die Musik und den Inhalt der Arie, gegen den aus ihrer Sicht «ein vieles einzuwenden» sei – und gibt dann eine italienische Opernarie zum besten, die Reinhold allerdings mehr verwirrt, als ihn über Rosalinde's Gefühle aufzuklären. Diese Passage gibt Hinweise auf die nachweisbare Teilhabe junger Frauen der oberen Schichten an Kultur wie Musik und Oper,[421] ob nun als Opernbesucherinnen oder als Musizierende im Privatbereich. Rosalinda beherrscht die Theorbe, eine Basslaute, wie viele Hamburger MusikkennerInnen.

Rosal. Jüngst als ich in der Opera gewesen,
Hab ich mir dieses Lied
Zum Favoriten ausgelesen.
Ich will dasselbige in die Theorbe singen.
Vielleicht könnte es so besser klingen.
Aria.
Deine Quaal gefallt mir nicht, aber meine Vergnügsamkeit gefällt mir;
Ich bin hochmüthig über meyn Wohlseyn, aber nicht über deine Pein.
Da Capo.
Reinh. (Ach! dieser Trost ist ziemlich unvolllkommen.)
Rosal. Hat er Music und Worte wohl vernommen?
Reinh. Ich muß es selbst gestehn,
Daß beydes unvergleichlich schön,
(Der Inhalt martert mich.) (III, 1)[422]

Im Garten, einem Ort der Liebe, wollen dann beide genauer über die Musik und den Inhalt der Arien und somit über ihre Liebe sprechen.[423]

5. Liebe ohne Ehe

5.1. «Unzucht» und ihre Spiegelung in satirischer Literatur

Einen Einblick in vorherrschende Einstellungen bietet der *Satyrische Roman* von Hunold.[424] Trotz aller Ironie und spöttischen Spiels[425] mit Normen und Konventionen werden die «züchtige» und «unzüchtige» Liebe eindeutig definiert und hierarchisiert.

> Ein Tugendhaftes Frauenzimmer/ sagte Selander, wird eine sie liebende Manns=Person zehnmahl eher Tugendhaft und beständig/ als die Tugendhafteste Manns=Person ein Frauenzimmer getreu erhalten können; und ist also ist dieses Geschlecht mehrentheils an dem Unglück in der Liebe schuld. Es liebet zwar heftiger als wir/ allein dadurch wird es mehreren Schwachheiten und der Veränderung eher unterworfen.
> Wir sind viel ernsthafter/ sie aber viel weichlicher vom Gemüht: Wir sehen in der Liebe viel auf was Estims-würdiges; sie aber mehr auf die Zärtlichkeit/ und was nicht so wohl den Verstand als das Hertz zu rühren fähig ist: Dahero ist ein allgemeiner Irrthum: Geliebt zu werden/ sey ein Beweißthum unserer Meriten; denn

wo man alle glückseelige Amanten auf die Waag=Schaale legte/ so wurde die Zahl der Hasen oder wenig vernunftigen ohnfehlbar den Auschlag gewinnen.[426]

Die Romanfigur Selander vertritt die verbreitete Position, dass Frauen schwächer und unbeständiger als Männer seien und sie demzufolge auch nicht so treu und tugendhaft wie die Männer lieben könnten. Wähnt sich ein Mann von einer Frau zärtlich geliebt, kann es sich nur um einen schwächlichen Amanten handeln. Die Liebe soll nicht in gegenseitiger Hingabe genossen, sondern als ein permanenter Kampf inszeniert werden, in dem Männlichkeiten und Weiblichkeiten produziert werden. Zärtlichkeit und Hingabe von Männern gelten als «weibisch»[427]. In dieser Konstruktion gilt nur diejenige Frau als tugendhaft und begehrenswert, die den Mann zunächst abwehrt. Selander spottet und plädiert sogar dafür, sich an widerständigen Frauen, die für Freiräume kämpfen – denn «man wolle sie durch eine eingezogene Aufführung zu Sclaven machen»[428] –, mit Verachtung und Kälte zu «rächen». Hier wird ein zynischer und erbärmlicher Machtkampf zwischen Männern und Frauen angeheizt im Namen einer alten patriarchalen Ordnung. Kritik ernten eifersüchtige Männer, die Treue nicht von sich, sondern von den Frauen erwarten und nicht mit gutem Beispiel vorangehen:

> Jedoch/ fuhr Selander fort/ wenn ich in diesem Stücke von dem meisten Theil aller Damen urtheile/ wie sie sind; so mache aus denen Manns=Personen nicht Wunderwercke der Tugend: Der wenigste Theil der Menschen ist recht vernünftig / und unter denen der meiste/ welcher seine Vernunft nicht recht brauchet; also wenn ich von Ausschweifung der Damen rede/ so billige der unsrigen nicht; und am allerwenigsten die gar gemeine und übelgegründete Thorheit vieler eyfersüchtigen Männer oder Amanten, welche sich einbilden/ untreu zu seyn/ wäre niemanden als ihnen vergönnt; und wollen ihren Frauen oder Geliebten keine Fehler verzeihen/ zu welchen sie solche durch ihre eigene Exempel reitzen.
> Das Mißtrauen oder die Eyfersucht dienen nicht/ eine Frau keusch/ sondern vielmehr behutsam zu machen/ ihre Intriguen desto heimlicher auszuführen: Das eintzige Mittel/ in einer Frauen die Keuschheit zu erhalten/ ist ein gutes Vertrauen und die selbst eigene Keuschheit des Mannes.[429]

Zur vorbildlichen Männlichkeit gehört Selbstbeherrschung, also keine rasende Eifersucht und keine sexuelle Verführbarkeit. Doch wirkt sich der Kult der Keuschheit für Männer und Frauen unterschiedlich aus. Hunolds satirische Szenarien diffamieren kritische Stimmen, die sich gegen die Abwertung und

Tugendhaft von Frauen wehren. Es genügte die Spur eines Verdachts auf vor- oder außerehelichen Geschlechtsverkehr, um die Ehre einer Frau und ihrer Familie zu gefährden und z.b. eine geplante Hochzeit abzusagen. Der viel beschworene Jungfernkranz war ihr Gütesiegel, worauf auch auf der Opernbühne immer wieder angespielt wurde. So bittet Artemia «eine ausländische Prinzessin» in *Artemisia* (1715) den Hofgärtner Floretto in einer «waldigten Gegend/ mit einer dunckeln Höhle» ein Armband zu suchen, das ihr die Königin geschenkt hatte. Doch Floretto, in der Tradition der komischen Person, nutzt die Gelegenheit zu einer obszönen Anspielung und vergleicht diese Suche nach einem verlorenen Armband mit der unwiderruflich verlorenen Jungfernschaft — ein beliebtes Motiv:

> Aria. Der Hencker suche das Kleinod wieder,
> Das manches Mädgen verlohren hat.
> Hier ist kein Mittel, hier ist kein Rath,
> Denn fällt der Bettel nur einmahl nieder,
> So ist das Suchen schon allzuspat. (II, 12)[430]

Ältere Frauen werden der Lächerlichkeit preisgegeben, wenn sie beteuern, ihren Jungfernkranz immer noch nicht verloren zu haben (vgl. Alga aus *Buffonet und Alga oder die Mann=tolle alte Jungfer*). Männer sangen keine Arien, in denen sie den Verlust ihrer «Jungmännlichkeit» beklagten.

5.2. Das Begehren der Frauen

Der legitime Rahmen des Begehrens war für Frauen eng abgesteckt. Dazu gehörte die Liebe zu Gott, die Liebe zur Familie, zum Ehemann, die Mutterliebe. Als frei Begehrende, als feurig den Mann umwerbende und bestürmende Liebende sollte sie nicht agieren. Diese Konstruktionen und Mechanismen patriarchaler heterosexueller Sexualität produzierten Widersprüche, die vielfach auch als solche empfunden wurden – und in Formen des Widerstands, der Verweigerung, der Resignation münden konnten, in Abweichungen und Parallelwelten. So artikulierten etliche Mädchen und Frauen ihr Begehren,[431] riskierten Normbrüche, wie sie auch auf der Opernbühne zu sehen sind (vgl. die zauberische Fürstin Circe aus *Circe* in der Opernanalyse im Anhang oder die Kaisertochter Emma aus *Emma und Eginhard*). Über tatsächlich gelebte Liebe und Sexualität sind allerdings nur schwer Einblicke zu gewinnen. Das deutsche Bürgertum förderte die «Woll-Lust», den «Trieb», solange er in der Ehe ausgelebt wurde.[432] Jedoch ist hier nach geschlechtsspezifischen Differenzen zu fragen: Um wessen Lust geht es, wessen geschlechtliche Potenz wird öffentlich zelebriert und legitimiert, wenn aus bürgerlichen Familien viele Kinder hervorgingen, wie etwa aus den Familien Bach, Telemann,[1433] Brockes etc.. Sicher galt Kindersegen als ein Zeichen für Gottes Gnade, für die Liebe der Ehegatten, doch wie sah die genderspezifische Perspektive aus? Wie regelten die Eheleute ihre Sexualität, war ein gleichberechtigtes Begehren und Enthalten möglich, wie waren die Pflicht zum und das Recht auf den Geschlechtsverkehr differenziert?[434] Welche Rolle spielte die Vernunft?

Über Verhütungsmethoden und ihre Anwendung gibt es kaum Quellen. Vermutlich wurden sie in bürgerlich-adeligen Kreisen kaum angewendet bzw. waren sie wenig wirksam oder möglicherweise unbekannt. Die vielen Schwangerschaften brachten die Frauen regelmäßig in Todesgefahr und ruinierten vielfach ihre Gesundheit. Diese Erfahrungen könnten bei Frauen zu unterschiedlichen Reaktionen geführt haben, wie Stolz auf diese Form der Produktivität. Möglich wären aber auch Verhaltensweisen, mit denen Leid «versteckt» bzw. gesellschaftskonform bewältigt werden konnte. Dazu gehören die von Zeitgenossen beschriebenen Anfälle der «Hauskreuze», die «Schwermut» und besondere Formen der Religiosität und Frömmigkeit,[435] Reaktionen, die nur selten in Zusammenhang mit den Zumutungen der Frauenrolle gebracht wurden. Sicher empfanden Frauen ihren Kindersegen als Glück und Auszeichnung, als eine Art Alterssicherung, doch blieben Verzweiflung und innere Not meist unbeleuchtet. Nur sehr wenige Frauen scheinen sich explizit dazu geäußert zu haben.[436]

Zwar werden auch auf der Opernbühne die «ehelichen Freuden» gefeiert, sie bilden ja einen wesentlichen Teil des «Lieto fine», des glücklichen Endes, doch bleibt die Realität des Ehealltags im Dunkeln. So vermuten etliche Historiker, dass Bürokratie, Kirche und Gesellschaft die erotischen Erlebnismöglichkeiten einschränkten. Edward Shorter's Beschreibung dieser Zustände wird von Isabel V. Hull zustimmend zitiert:

‹There was an abiding suspiciousness of sexuality›, which had resulted in ‹collective sexual repression›, in lives that were, ‹resolutely unerotic›, because ‹traditional society succeeded quite effectively in suppressing (sublimating, if you prefer) the sex drives of the unmarried.› ›Emotionless courtship› developed into ‹marital lovelessness›, characterized by bleak, fantasy-less, reproduction-oriented sex.[437]

Doch es gibt andere Wünsche und Vorstellungen. So kreiert Christiana Mariana von Ziegler weibliche Figuren, die bewusst ihre sexuellen Wünsche wahrnehmen. Dazu gehört Doris, die in einem Schäferlied erotische Sehnsüchte erlebt – allerdings nur im Traum:

> Ach ihr Sterne! was geschicht,
> Ist es möglich, daß ein Schatten,
> Mich, die doch kein Schlaf anficht,
> Läßt mit meinem Thyrsis gatten!
> Wahrlich, es ist nur ein Traum
> Und ein blosser Schein gewesen,
> Daß ich zuckersüssen Schaum
> Von des Schäfers Mund gelesen.[438]

Liebe, sexuelles Begehren kann als individueller Selbstausdruck gelesen werden, der von Handlungsspielräumen und dem sozio-ökonomischen Umfeld abhängig war. Für das emotionale, sexuelle Begehren ein Vokabular zu finden, war auch ein Weg, den eigenen sozialen Platz zu reflektieren, durchzusetzen und zu behaupten. Beispiele für solche Prozesse sind auch auf der Opernbühne zu sehen: wenn etwa die junge Römerin Valeria in der Oper *Lucretia* (1708) ihre erste Liebe erlebt und für diesen ihr unbekannten Gefühlszustand keine passenden Worte findet (II, 6). Auch wenn auf der Opernbühne gelegentlich eine Liebe auf den ersten Blick einzuschlagen scheint, so bestätigt diese zunächst außerordentlich scheinende Anziehung ein Heiratsarrangement durch die Väter, die Erfüllung eines göttlichen bzw. schicksalshaften Plans.[439]

Frauen befanden sich in einem Dilemma, wie es auch auf der Opernbühne zu sehen war: wenn sie ihr Begehren äußerten, Grenzen tangierten, überschritten, stand ihre Ehre auf dem Spiel, konnten sie mit dem Stigma «Hure» versehen werden, da ihnen beispielsweise «unersättliche Üppigkeit» unterstellt wurde.[440] Deshalb kämpften Frauen mit Schuldgefühlen und Skrupeln, die keinen Mann plagten. Er hatte eher die Ablehnung der begehrten Frau oder ihrer Eltern zu fürchten – oder die Auseinandersetzung mit Nebenbuhlern. Seine Werbung musste gewissen Normen und Ritualen folgen, wozu Rücksicht und Respekt zählten.

Eine knappe Zusammenfassung der vorherrschenden geschlechtsspezifischen Vor- und Verstellungen bei der Liebeswerbung liefert Barthold Feind im «Inhalt» zu seiner Oper *Bellerophon* (1708), einer Huldigungsoper zur Feier der Hochzeit des preußischen Königs Friedrichs I.[441] Bezeichnenderweise ereignet sich die Liebe auf den ersten Blick auf einer Jagd: Prinzessin⁴⁴² Philonoe wollte einen Hirschen jagen, Fürst Acastus versucht sie zu vergewaltigen, doch der zufällig anwesende Prinz Bellerophon rettet sie.

> Bellerophon aber hatte bey dem ersten Anblicke der Philonoe aus ihren Augen Funcken gefangen, und diese fühlte gleichfals, daß sie von der schönen Person des Printzen entzündet sey. Er giebet ihr seine Neigung deutlich gnug zu verstehen, sie läst ihn aber mit einer gezwungenen Verstellung zweifelhafftig, daß er sich entschliesset, bey dem König um sie zu werben.⁴⁴³

Als ehrbare Frau von Stand hatte Prinzessin Philonoe ihr Begehren zu zügeln, es weiblich tugendhaft zu artikulieren, also nur verschlüsselt zu zeigen. Die mächtige und maßlos fordernde Frau in dieser Oper, verkörpert durch die verheiratete Königin Sthenobœa, erringt die Liebe des von ihr begehrten Bellerophon nicht. Die ehrenwerte Frau hingegen hat eine geschlechtsspezifisch maskierte Aktivität zu entwickeln und nach außen hin den Anschein der Passivität zu wahren. In der Liebe und Sexualität durfte sie den ihr gesetzten Rahmen nicht überschreiten, den Mann weder durch Aktivität noch durch Attraktivität verunsichern. Die Frau musste sich verstellen und sich «in seinen Willen schicken», um sozial akzeptiert zu werden und Gewalt zu entgehen. Doch sind in Opern diverse Unterströmungen mit unterschiedlichen Liebes- und Geschlechterkonzepten zu beobachten: Bilder und Erzählungen antik-mythologischer und christlicher Tradition gehen widersprüchliche Verbindungen ein, produzieren nicht leicht zu entschlüsselnde Subtexte. Da begehren Göttinnen oder Prinzessinnen schöne schlafende Männer, wie Venus den schönen schlafenden Adonis in *Der geliebte Adonis*⁴⁴⁴ (1697). Während sich «das Theatrum in ein schönes Zimmer verändert», singt Venus von ihrem Verlangen nach Adonis:

> Komm Adonis, meine Ruh,
> Zögre nicht, wo bleibestu.
> Stillt ihr wunderschönen Wangen
> Mein Verlangen,
> Zarte Lippen eilt herzu! [...]
> (Mit des kommt von oben eine Wolcke hernieder, wie sich dieselbe öfnet, lieget Adonis darin auff einem schönen Bette und schläffet.) (I, 3)⁴⁴⁵

5.3. Der Kampf um die sexuelle Erfüllung

Die sexuelle Erfüllung (oder, wie man sie damals umschrieb: «eheliche Freuden», «Wollust» etc.) war bei den in Hamburg rezipierten antiken Autoren ein brisantes Thema. Bekannt war hier vermutlich ein Fragment aus dem 1. Jh. n. Chr., das Petronius Arbiter, Hofmann des Nero und Autor des *Satyricon,* zugeschrieben wurde. In einem der sexuellen Abenteuer beschimpft Encolpius sein unerregtes Geschlechtsteil, das ausgerechnet bei der schönen Circe seine Erwartungen nicht erfüllt,[446] so dass er weder bei «Knaben noch bei Mädchen seine Waren anbringen» kann.[447] In einem Entschuldigungsbrief, den Encolpius an Circe richtet, wird die Sexualität wie ein Kriegsdienst beschrieben:

> An eines nur bitte ich dich zu denken, nämlich dass nicht ich, sondern mein Werkzeug gesündigt hat. Als kampfbereiter Soldat stand ich da, doch ich hatte keine Waffen. Wer diese Störung verursacht hat, weiß ich nicht[448]

Der Erzähler fügt noch ein Gedicht ein, das den Beischlaf nur als kurzen, ekelhaften Akt beschreibt. Diesem sei eine Art Dauervorspiel vorzuziehen, ein Nebeneinanderliegen und Küssen ohne Ende.[449] Ob es sich um Sexualpraktiken handelt, die mehr auf die Wünsche der Frau eingehen und zugleich den Mann vom quälenden Leistungsdruck entlasten und hingabefähiger machen – oder ob hier eine sadistische Methode gemeint ist, die der gefürchteten Frau sexuellen Genuss vorenthält, bleibt offen. In dieser Konstruktion von Sexualität peinigt Männer die Angst vor ihrer Impotenz, vor mangelnder sexueller Erfüllung, die vornehmlich durch Penetration hervorgerufen werden soll, die die Kräfte des Mannes aufzehrt. Frauen werden als fordernd und demütigend gezeigt, da ihnen nur eine Erektion Liebesbeweis und Liebesgenuss bedeutet. Selbstverständlich wird hier ein Zusammenhang hergestellt zwischen kriegerischer, aggressiv dominierender Inszenierung von Männlichkeit auf dem Schlachtfeld des Krieges und der Sexualität mit einer Frau.

Solche Konstruktion von Geschlecht und Sexualität ist auch zu beobachten in William Harvey's *De Motu Cordis et Sanguinis* (1628), das erst 1653 in englischer Übersetzung erschien. Der englische Arzt und Entdecker des Blutkreislaufs versuchte seine These, dass Leben und Seele im Blut liege, Erschöpfung untrennbar von Ejakulation sei, mit einem Beispiel aus der Tierwelt zu belegen: so seien Hahn und Henne dafür geschaffen, ihr Leben und ihre Jugend in der Reproduktion der eigenen Art hinzugeben. Der Hahn würde seine sexuellen Triumphe zunächst mit lautem Krähen und Flügelflattern feiern, der Menschen-Mann hingegen sei «danach» viel zu erschöpft, gezähmt und feige, so als ob seine Weitergabe von Leben ihn unweigerlich näher in seine Urne brächte. Aber letztlich würde auch der Hahn nach etlichen Begattungen erschöpft sein. Auch hier wird wieder ein militärisches Bild benutzt: «And yet he flags after long game, and like an Emerit soldier resigns his Commission.» Ebenso erschöpft, wie welke Pflanzen, würden die Hennen zu verblühenden Matronen, in unermüdlicher Sorge um den Nachwuchs.[450] Von Verhütung ist in diesem Gleichnis keine Rede.

Sexualität wird hier, durchaus mit satirischem Unterton, als ein kräftezehrender Kampf konstruiert, für den Männer sich rüsten müssten wie für eine Schlacht, in der lebensgefährliche Selbstbehauptung und Verausgabung drohen. Sadistisch-strafende Komponenten sind nachweisbar in Modellen, in denen Männer ihren Sexualpartnerinnen, als Gegnerinnen imaginiert, sexuelle Erfüllung verweigern. Männer scheinen nur erregt, wenn sie erobern können, von Sehnsucht und Begehren getrieben sind, doch sobald sie genossen haben, reagieren sie mit Kälte und Abwehr auf die Versuche ihrer Partnerinnen, Nähe herzustellen.[451] Montaigne beschreibt solche Täuschungsmanöver im Dienst der heterosexuellen Annäherung, die auch im Umfeld der Hamburger Oper bekannt waren (Hunold, Feind, Lediard etc.). Hier werden Männer dargestellt als Opfer ihres Begehrens, die Frauen, angeblich passiv, hingegen als lustlos-nachgiebig oder künstlich-widerstrebend, die dennoch eine «Eroberung» wünschen, weil nur dies als das Zeichen für die Wertschätzung von Seiten des Mannes gelten kann.[452] Zum Beweis und zur Aufrechterhaltung potenter Männlichkeit gehört die Vorstellung, weibliche Widerstände überwinden zu können, also das Vermögen, eine Schlacht zu schlagen.[453]

Doch gab es auch Vorstellungen von Liebe und Sexualität, in denen Frauen ihr Begehren nicht verschleiern und zurückhalten wollten – und einen ebenfalls hingebungsvollen Partner ersehnten. Doch diese Versuche waren vom Scheitern bedroht. Darauf deuten z.B. Schriften von Aphra Behn hin. In ihrem Poem *The amorous Prince*[454] rät sie der «heedless Nymph», der leichtsinnigen Nymphe, zu sexueller Abstinenz, weil weibliche Hingabe und Liebe von männlichen Liebhabern nicht aufmerksam und liebevoll beantwortet werden. Solche unterschiedlichen Liebesdiskurse werden auch auf der Opernbühne vorgeführt. Dazu gehören patriarchale Perspektiven, aber auch ihre Verweigerungen, das Begehren von Frauen, die Hingabe eines Kriegers, das zeitweilige Ausbrechen aus Normen und Zwängen. Das Ideal des Kriegers erweist sich als brüchig.

Es gibt nur wenige Selbstzeugnisse über weibliche Wünsche und Erfahrungen im Hinblick auf Liebe und Erotik. In der Regel bestimmten Männer die öffentlichen Debatten, sie texteten und rezitierten (anzügliche) Hochzeitsgedichte, produzierten pornographische Literatur und Kunst und fixierten somit Bilder und Vorstellungen von Erotik, Sexualität, Liebe. Das Begehren von Frauen scheint die patriarchale Gesellschaft in besonderem Maße zu bedrohen. So wurde auch der Ehebruch einer Frau schärfer geahndet, als der eines Mannes – auch in Hamburg machte man hier keine Ausnahmen. Ehemänner fürchteten, für Kinder sorgen zu müssen, die nicht von ihnen gezeugt wurden.

Der Preis für die Doppelmoral auf der Basis des double standards variierte je nach Geschlecht. Zwar hatten auch Männer, je nach Stand, mit Konsequenzen zu rechnen – aber die Frauen waren in der Regel zusätzlich mit der Vernichtung ihrer Existenz auf unterschiedlichen Ebenen bedroht, je nach Stand mit Leibesstrafen oder Verbannung – in jedem Fall aber mit Ächtung. Der Ruf einer Frau, ein wesentlicher Bestandteil ihrer gesellschaftlichen Stellung, war in höherem Maße von moralischen Normen und Erwartungen bestimmt und abhängig; sie betrafen ihren Körper und ihre Sexualität mehr als dies bei Männern der Fall war. Ein guter Ruf war unverzichtbar für rechtschaffene Jungfrauen und ehrbare Hausfrauen. Sexuelle Verfehlungen der Frauen wurden entweder vertuscht oder eher angeprangert als die der Männer.

Doch faszinierten gerade die Frauen, die trotz ihrer engen Handlungsräume ihre leidenschaftliche Liebe zu leben versuchten (wie Alcina, Dido etc.). Die Oper war einer der wenigen öffentlichen Orte, an dem Sehnsüchte und Träume von Liebe entfaltet, Sexualitäten, Überschreitung von Geschlechtergrenzen und tiefe Verzweiflung «miterlebt» werden konnten.

5.4. Vermeintliches Paradies der «Liebe»: der Hof

Am Wiener Hof soll es, bis zum Regierungsantritt Maria Theresia's ebenso wie in Versailles, recht freizügig zugegangen sein. Lady Montagu berichtet Lady Rich in einem Brief vom 20. September 1716 aus Wien, mit ironischen Untertönen:

> Auch hat das gefährliche Wort ‹Reputation› hier einen ganz anderen Sinn, als in anderen Ländern: einen Liebhaber zu nehmen ist weit entfernt, der Reputation zu schaden; es trägt im Gegenteil erst recht dazu bei, eine gute Reputation zu bilden. [...] Sie [die Ehemänner] betrachten die Galans ihrer Frauen mit so viel Wohlwollen, wie Männer ihre bevollmächtigten Angestellten ansehen, die ihnen

> den mühseligsten Teil ihrer Geschäfte aus der Hand nehmen. [...] Mit einem Wort, es ist ein anerkanntes Herkommen, daß jede Dame zwei Ehe-Gatten hat, den einen, der den Titel trägt, den andern, der dessen Pflichten erfüllt.[455]

Monogamie und eheliche Treue sind keineswegs als genuin bürgerliche Ideale[456] zu bezeichnen, auch wenn bürgerliche Reformer diesen Eindruck erwecken wollten, in Abgrenzung zu adligen Lebensweisen. Es kann nicht von «dem» adligen (d.h. hier promisken) Lebensstil gesprochen werden, zumal immer nach genderspezifischen Handlungsmöglichkeiten und Überzeugungen gefragt werden muss und nach den unterschiedlichen adligen «Milieus». Verbreitete Klischees über das Liebesleben bei Hofe versammelt Hunold in seinem satirischen Briefsteller:

> Ein ander Satyrisches Schreiben an ein Hof=Frauenzimmer.
> [...] Ein Mädgen, das bey Hof und großen Herren ist,
> wird niemals nicht geliebet, und allemahl geküsst,
> wird niemahls nicht geehrt, und allemahl gegrüsst,
> Hat einen großen Rang, in dem sie unten liegt,
> Hat tausend Freyer stets, davon sie keinen kriegt,
> Hat immer Freud und Lust, und wird doch nie vergnügt.[457]

Weibliches Dienstpersonal und Gefolge bei Hofe werden als verführbar und erfahren in der galanten Lebensweise dargestellt, aber auch als Opfer eines nur an Äußerlichkeiten interessierten Lebensstils. Als eine Folge gelten Geschlechtskrankheiten, auf die z.B. in der mehrfach umgearbeiteten Oper *Gensericus oder der Sieg der Schönheit* angespielt wird. So macht der Diener Turpino eine Andeutung gegenüber Melite «der Prinzeßinnen Cammer=Fräulein». Sie klagt über Schmerzen, die sie wegen einer unglücklichen Liebe plagen. Doch Genaueres will sie nicht preisgeben. Turpinos Kommentar in der Fassung von 1693:

> Sie wird ja wol nicht die Frantzosen nennen,
> Weil sonst bey Hoff' offt diese Kranckheit ist.[458]

In Telemann's Bearbeitung von 1722 heißt es:

> Sie wird ja wohl nicht was geheimes nennen,
> Das man sonst insgemein die Venus=Krankheit heist. (I, 16)

Bürgerliche Komponisten wie Telemann und Mattheson kannten zwar das Hofleben aus eigener Erfahrung, doch bleibt zu fragen, ob diese «Grenzgänger» möglicherweise andere, differenzierte Bilder von tugendhafter Weiblichkeit entwickelten. Höfische Männer galten als gefährlich für unerfahrene Mädchen und Frauen. Aber gleichzeitig gehörte zur bewunderten Männlichkeit Kraft und Potenz, wie sie etwa der sächsische Kurfürst Friedrich August I. und spätere König von Polen, August II., verkörperte, der allerdings wohl erst im 19. Jahrhundert mit dem Zusatz «der Starke»[459] versehen wurde. Männern, und hier in insbesondere Fürsten, wurden erotische Fehltritte eher nachgesehen als Frauen. Auch wenn Höfe vielen bürgerlichen Untertanen als Orte der unzüchtigen freien Liebe galten, herrschten auch hier strenge geschlechtsspezifische Normen. So hatten adlige Männer einem strikten Tugendkatalog zu folgen. Die Fürstenspiegel und Erzieher forderten Selbstbeherrschung, Mut, Treue, Verzicht. Von außerehelicher Liebe und Sexualität sollten die adligen Männer abgehalten werden, da sie schwäche und ablenke von ihren eigentlichen Aufgaben und Zielen – der Kriegsführung und der Regierung des Landes. Diese Ambivalenzen werden auch auf der Opernbühne und in der Literatur vorgeführt. So werden etliche adlige untreue Bräutigame von ihren Verlobten, die ihnen in Männerkleidung nachreisen, zur Eheschließung angehalten. Doch in der Praxis hatten Fürsten größere Spielräume, konnten Mätressen wählen. Diese Widersprüche wurden von Zeitgenossinnen wie Wilhelmine von Bayreuth und kritisiert.[460]

Frauen hatten aus den oben genannten Gründen nicht solche Möglichkeiten, auch wenn sie zu bestimmten Zeiten und an gewissen Höfen Liebhaber[461] wählten. Hier sei an das tragische Schicksal der so genannten Prinzessin von Ahlden erinnert, das Herzog Anton Ulrich[462] beklagte und in seinem Roman *Die römische Octavia* verarbeitete. Bemerkenswert ist, dass Anton Ulrich die Prinzessin Solane/Prinzessin Sophie Dorothea nur eine platonische Liebe zu Aquilius/Philipp Christoph Graf von Königsmarck leben lässt.

Geduldete oder sogar geachtete Mätressen gibt es auf der Hamburger Opernbühne nicht; ein Beispiel dafür ist das Schicksal von Thais, Hetäre und Geliebte von Alexander dem Großen, in *Der Grosse Alexander von Sidon*[463] (1688).

5.5. Das Bürger-Palais

Das erotisch-sexuelle Klima in Hamburg ist bisher nur schwer zu rekonstruieren. In den galanten Romanen wird die scheinbar freizügig-frivole Kehrseite einer rigiden Geschlechter- und Sexualpolitik vorgeführt, wie sie von Studenten, Kaufmannssöhnen und Adligen bestimmt wird, die auch zu den Lesern der galanten Romane gehörten. Sicher sind hier auch Generationskonflikte wirksam, eine Auflehnung gegen strenge Moralvorstellungen von Vätern und Müttern. Libertins waren dem Gros der Kaufleute aus unterschiedlichen Gründen suspekt. Keinesfalls durften Männer im standesgemäßen Umfeld außereheliche sexuelle Beziehungen haben – weder mit Jungfrauen noch mit ehrbaren Ehefrauen. Familienväter hatten dafür zu sorgen, dass ihre Frauen und Töchter weder auf eigenen Wunsch Beziehungen eingingen noch Opfer sexueller Übergriffe wurden. Dafür erschienen Frauen aus den Unterschichten wie Dienstmädchen und Wirtinnen akzeptabel. Die zeitgenössische Wahrnehmung und Beurteilung höfischer Kultur, ihr Einfluss auf die Lebensstile erscheint eher von Neid als von echter Abscheu geprägt. Dabei kann nicht von einem einheitlichen «adligen», «höfischen» Lebensstil gesprochen werden, denn das moralische Klima, der Grad der Tugendstrenge war an den einzelnen Höfen unterschiedlich. Die Unterschiede zwischen adliger und bürgerlicher Familienehre waren gering:

> Tapferkeit und Waffengeschick machten die ererbten Qualitäten des alten, adeligen Regimes aus, Leistungsvermögen und Selbstkontrolle die des neuen. Beides erwarteten die Patriarchen der Mittelklasse von ihren Söhnen, um das Erbe zu erhalten; von ihren Töchtern wünschten sie Enthaltsamkeit und die willige Unterwerfung unter die väterlichen Vorstellungen von einer passenden ehelichen Verbindung.[464]

Ob bei einem heimlichen Stell-dich-ein in einem Garten vor der Stadt oder in einem Cabinett eines Schlosses: die Gesellschaft war immer dabei. Dabei durchdrangen sich Ideale von Liebe, Lebensstile, die mit dem Etikett bürgerlich oder adelig nur unzureichend beschrieben sind. Die Möglichkeiten von Flucht- und Auswegen aus diesen Zwängen wurden auf der Opernbühne auch an liebenden und wehrhaften Frauen erprobt. Prinzessinnen und Dienstmädchen konnten Hoffnungsträgerinnen einer Gesellschaft sein, die an ihren Konventionen litt.

5.6. Die Galanterie

1.
Sempron, ein braver Cavallier,
(Er steht nicht gar zu weit von hier,)
Ist bey den Mädgens wohl bekandt,
Und lebt manierlich und galant. (I, 3)
(Aus der Arie des Fruchtkrämers Bassian aus dem Singspiel *Masagniello Furioso*[465] (1727)

Dein Bauch, die Wade, deine Nase
Hat längst zur Liebe mich verpflicht.
Welch steiff gekraußter Knebel-Bart!
Laß fühlen, o wie schön, wie zart!
Galant, hübsch auswerts beyde Füsse. (2. Auftritt)
(Arie der galanten Jungfer Grilleta an Fändrich Nothdurfft aus dem lustigen Nachspiel *Herr Fändrich Nothdurfft*[466] (1731))

Man hat eine Zeit seiner Regierung zur Praesentation ausgelesen/ welche wegen der Ergebenheit/ die Salomon gegen seine vielen Weiber truge/ vieles in sich schlosse/ so man itzo an manchen Orte Galanterien nennet: Doch so tadelhafft diese Anfangs sind/ desto ruhmwürdiger ist das Ende.
(Aus der «Vorrede» zu *Salomon*[467] (1703, 1706, 1709), Christian Friedrich Hunold)

«Galant» war ein zeitgenössisches Modewort, «das als Kompliment und als Tadel allenthalben angebracht wurde».[468] Was jedoch genau unter diesem Begriff verstanden wurde, blieb auch bei den Zeitgenossen umstritten. Auch auf der Opernbühne spiegeln sich diverse Facetten und Diskussionen, im Folgenden soll eine Skizzierung versucht werden. «Galant», «Galanterie» bezeichnete einen Lebens- und Liebesstil, wie er am Hof und in den Salons der «preciéuses» entwickelt[469] und dann europaweit und letztlich Stände übergreifend auch vom Bürgertum imitiert wurde. In diesen zeitgenössischen Diskussionen[470] ging es auch um geschlechtsspezifische Werte und Lebenswelten, um neue Lebens- und Liebesmodelle für Männer und Frauen in einer «verbesserten» Gesellschaft. Christian Thomasius äußert sich 1711 zum galanten Ideal in seiner Vorrede «Welcher Gestalt man denen Frantzosen in gemeinem Leben nachahmen solle?»[471] Für ihn ist das «Galante», wie Simons es formuliert, «eine

Mode, die Traditionen auflöst».[472] Thomasius definiert es als «etwas gemischtes», eine wohldosierte Mixtur aus unterschiedlichen Verhaltensweisen. Einen wesentlichen Bestandteil findet er bei Mademoiselle Madeleine de Scudéry beschrieben:

> als wenn es eine verborgene natürliche Eigenschafft wäre, durch welche man gleichsam wider Willen gezwungen würde, einem Menschen günstig und gewogen zu seyn, bey welcher Beschaffenheit denn die Galanterie und das je ne sçayquoy [...] einerley wären. Ich aber halte meines Bedünckens davor, dass [...] es etwas gemischtes sey, so aus dem je ne Sçay quoy, aus der guten Art etwas zu thun, aus der Manier zu leben, so am Hofe gebräuchlich ist, auß Verstand, Gelehrsamkeit, einem guten Judicio, Hoflichkeit, und Freudigkeit zusammen gesetzet werde.[473]

Errungenschaften höfischer und bürgerlicher Milieus bilden ein Amalgam, das Geselligkeit zwischen kommunikativ gestimmten Männern und Frauen ermögliche. Hochwirksam sei hier eine, wie Mademoiselle de Scudéry sagt, feine, schwer zu beschreibende Kleinigkeit – ein zauberisches movens – neben eindeutig zu beschreibenden Eigenschaften wie Verstand, Gelehrsamkeit, Urteilsvermögen, Höflichkeit und Optimismus. Eine Quelle der Galanterie ist die honnêteté, ein Oberbegriff für Persönlichkeitsideale und Umgangsformen, die Adlige bei Hofe erlernten und kultivierten. Auch hier waren geschlechtsspezifische Unterschiede[474] zu beachten, u.a. in Rede, Haltung und Kleidung. Der Lexikograph und Schriftsteller Antoine Furetière (1619–1688) definierte:

> Die honnêteté der Frauen ist ihre Enthaltsamkeit, Bescheidenheit, ihr Anstand und ihre Diskretion. Die honnêteté der Männer betrifft ihr gerechtes, ernsthaftes, höfliches, zuvorkommendes und anständiges Handeln.[475]

Eine verwandte Haltung ist die Politesse, die Höflichkeit, eine affektkontrollierte umsichtige Gewandtheit in der Gesellschaft, die es ermöglichte, zu kommunizieren, ohne unangenehm aufzufallen. Mit diesen Techniken für den halb-öffentlichen, geselligen Umgang wurde mit alten Traditionen einer nach Geschlechtern separierten Gesellschaft gebrochen. So standen die Vorstellungen von galant und Galanterie auch für ein «modernes», von bestimmten Kreisen als neumodisch empfundenes Geselligkeitsideal, das durch die Gegenwart von Frauen erst ermöglicht wurde.[476] Frauen waren zugleich Anreiz, Irritation und Gradmesser für Kultiviertheit. Nationale (oder städtische)

Rivalitäten wurden über die Bildung und den Habitus der Frauen geführt. In Frankreich rühmte man sich seiner intellektuellen Frauen, ideale Repräsentantinnen einer literarischen und kulturellen Überlegenheit. Überhaupt sollte durch die Bildung der Frauen insgesamt die Kultur der Nation verbessert, ihr Ansehen gehoben werden, die Deutschen galten da noch als «barbarisch».[477] Zur Galanterie gehörte also maßgeblich der weibliche Einfluss bei Hofe, der nach Silke Leopold auch auf der Opernbühne hörbar wurde – wie in den Kastratenpartien, reserviert für die edlen Jünglings-Figuren, den heroischen Rollen der Opera seria. Hier artikuliere sich, so Leopold,

> ein höfisches Verhaltensmuster, nachdem der Mann, wenn er nicht auf dem Feld der Ehre zu kämpfen hatte, sich den weiblichen Regeln zu unterwerfen und auf gleicher Ebene mit den Damen zu kommunizieren hatte. Die Oper konnte diese seit den Zeiten der Renaissance gültige Verhaltensregel, anders als das Sprechtheater mit den Mitteln der Musik, d.h. durch die Stimmlage verdeutlichen.[478]

So sei es kein Wunder, dass dann in der anti-höfischen Opera buffa Männer in so genannter «natürlicher» Stimmlage sangen und Kastratenrollen in der Regel dann nur noch als Karikaturen höfisch-männlichen Verhaltens angelegt seien. Doch ob die hohe Stimmlage so eindeutig auf ein vermeintlich von Frauen bestimmtes Geselligkeits-Ideal zurückzuführen ist, möchte ich bezweifeln, denn das Zusammenspiel von Körperbildern, Sexualität und Stimmidealen[479] ist komplex. Ob und wie sich kriegerische Männer an den Höfen «weiblichen Regeln unterwarfen», ist nicht eindeutig zu beantworten, ist abhängig z.B. von Besonderheiten der jeweiligen Familien, Territorien etc.. Vermeintlich «natürliche» tiefe männliche Stimmlagen sind Produkte kultureller Prozesse und verschafften, künstlich vertieft, Ansprüchen auf Autorität und Macht Gehör. Sie drangen gewiss aus adligen Männerkehlen auf Exerzierplätzen, Schlachtfeldern und in Kabinetten.

Mit «galant» wurde ein Lebensstil bezeichnet und seine musikalischen und literarischen Ausdrucksformen. So war der «galante Stil» etwa zwischen 1680 und 1730 im deutschsprachigen Raum vorherrschend, wobei sich die Bedeutung von «galant» im Lauf des 18. Jahrhunderts wandelte.[480] Die Galanterie stand im Gegensatz zu der als altertümlich empfundenen pedantischen Gelehrsamkeit und strikten christlich geprägten Moralvorstellungen. Sie spielte auf der Opernbühne, aber auch im Opernbetrieb eine wichtige Rolle, als ein kommunikativer Lebensstil, der sich abgrenzte von rechthaberischen, als «altmodisch» empfundenen Besserwissereien. Auch die Hamburger Oper war ein

Ausdruck dieser Experimente im Zeichen der Galanterie. Auf der Opernbühne wurde galantes Verhalten gezeigt, kommentiert und auch parodiert.

Da Galanterie auch explizit ein Verhaltensmodell und einen Habitus im Umgang zwischen Männern und Frauen beschreibt, soll hier Galanterie-Modellen nachgegangen werden, die jeweils für Frauen und Männer passend erschienen. Denn es gab erhebliche Unterschiede bei der Bewertung galanten Verhaltens von Männern und Frauen – ein weiteres Beispiel für die Sozialisierung des Biologischen und die Biologisierung des Sozialen.[481] Das Ideal eines «galanten Frauenzimmers» verkörperte die Gräfin Maria Aurora von Königsmarck. Ihr widmete Georg Christian Lehms sein Lexikon der Schriftstellerinnen *Teutschlands galante Poetinnen*. In der Vorrede[482] entwickelt er am Beispiel der Gräfin seine Vorstellungen von «galant». Dazu gehörten Klugheit, Verstand – aber auch physische Schönheit und savoir faire im Umgang mit Männern. Lehms machte in seinem Lexikon[483] keine Anspielungen auf ihre Affäre mit August dem Starken, aus der Moritz von Sachsen hervorging, der von seinem Vater anerkannt wurde. Dies kann als Hinweis dafür gedeutet werden, dass ihr Ruf zu Lebzeiten davon weniger beeinträchtigt wurde, als es etwa spätere Biographen behaupteten.

Als galant, der Geselligkeit und der Literatur zugewandt wurde Christiana Mariana von Ziegler geschildert, die aus einer wohlhabenden Familie stammte. Ihr Großvater Franz Romanus war von Kaiser Rudolf II.[484] geadelt worden. Der Vater Franz Conrad Romanus (1668/71–1746) war als Königlich Polnischer und Kursächsischer Appellations- und Geheimer Rat für den Kurfürsten Friedrich August I. («August der Starke») am Dresdner Hof tätig, der ihn dem Leipziger Rat als Bürgermeister empfahl. Als 30-Jähriger wurde er 1701 in den Rat und direkt zum Bürgermeister gewählt.[485] Der Bürgermeister erleichterte seine Reformprojekte, in dem er zunächst für die regelmäßige Besoldung der Ratsherren sorgte. Nach Amsterdamer Vorbild führte er die Straßenbeleuchtung mit 700 Rüböllaternen[486] und eine Verbesserung der Kanalisation und Straßenreinigung ein,[487] institutionalisierte einen Taxidienst für Wohlhabende, d.h. 12 Sänften und dazugehörige Sänftenträger wurden für dieses erste städtische Verkehrsunternehmen eingestellt.[488] 1705 wurde Romanus wegen angeblicher betrügerischer Machenschaften ohne Gerichtsverfahren inhaftiert und starb 1746 auf der Festung Königstein, ohne je die Freiheit wiedererlangt zu haben. Seine Nähe zum König, seine aristokratischen Ambitionen und sein prachtvolles, von Johann Gregor Fuchs zwischen 1701 und 1704 errichtetes Anwesen, das eher einem Palais als einem Bürgerhaus ähnelte, hatten Neid und Argwohn erregt. In Christiana Mariana von Zieglers Leben und Schaffen spiegeln sich diverse Konflikte – zwischen bürgerlichen und adligen Milieus – und Ambivalenzen gegenüber gebildeten Frauen von Stand, die öffentlich das literarische Wort ergriffen. Die Zieglerin stellte sich in die Tradition der Preziösen, sie las französische Werke, übersetzte ein Buch der Scudéry,[489] und, gefördert von Johann Christoph Gottsched, veröffentlichte sie unter 10 Pseudonymen Beiträge in den *Vernünfftigen Tadlerinnen*. Zwischen 1728 und 1739 publizierte sie unter eigenem Namen vier Bücher mit Dichtungen und Prosa. Im Unterschied zu ihren männlichen Kollegen habe sie, so Goodman, in ihren Kantaten über Liebe keine explizit erotischen Anspielungen eingefügt, die sonst in deutscher, von Männern produzierter galanter Dichtung üblich waren. In den meisten Kantaten der Zieglerin waren Frauen keusche Objekte männlicher Begierde.[490] Aber in ihren Epigrammen und satirisch-humoristischen Gedichten schlug sie auch derbe, explizit sexuell gefärbte Töne an, wenn auch nicht so drastisch wie ihre Leipziger Kollegen. Zu den Gästen in ihrem Salon[491] zählte wahrscheinlich auch Johann Sebastian Bach, der Kantaten von ihr vertont hatte.

Ziegler war das erste weibliche Mitglied der renommierten Leipziger «Deutschen Gesellschaft» und wurde 1733 als erste Frau zur kaiserlichen Poetin gekrönt.[492] Zu ihren Förderern zählte Gottsched, mit ihm und seiner Frau kam es aber später zu Konflikten. Trotz aller offiziellen Ehrungen waren die Zieglerin und ihre Dichtung Kritik und Spott ausgesetzt. Vielleicht war dies auch ein Grund dafür, dass sie nach ihrer dritten Eheschließung 1741 nicht mehr publizierte.

Cornelia Caroline Köhler hat die Möglichkeiten und Bedingungen der Frauengelehrsamkeit in Leipzig untersucht. Erstmals wurden von ihr auch die Schmähschriften gegen die Zieglerin ediert und analysiert. Sie kam zu dem Ergebnis, dass diese von juristischer Seite ernst genommen und ihre Urheber verfolgt wurden.[493] Ambivalent erscheint Ziegler's Position gegenüber weiblichen Rollenmodellen. So vertritt sie entschieden das Recht der Frauen auf Bildung, ohne aber ihre Zuständigkeit für Haushalt und Kinderpflege in Frage zu stellen.[494]

Sie äußert sich auch über die Oper in ihrem dritten, 1731 veröffentlichten Buch.[495] Darin heißt es, dass die Oper zwar nicht allen moralischen Ansprüchen entspreche, aber durch die anstößigen Stoffe wären nur schwache Charaktere zu beeindrucken. Die Oper sei für sie ohne Alternative für das Amüsement von Stadtbewohnern und Reisenden. Ob es in Hamburg Pendants zu Ziegler's Salon gab, ist noch ein Forschungsdesiderat. Möglich wäre es, schließlich gab es viele Kontakte zwischen intellektuellen-kulturellen

Netzwerken in Leipzig und Hamburg. So hatte Brockes Ziegler's erstes Buch gelobt.[496] Zwei ihrer poetischen Briefe an Brockes wiederum bestätigen, dass sie sein *Irdisches Vergnügen in Gott* kannte und schätzte.[497]

Auch in Hamburg war ein galanter Lebensstil, im Sinne einer kultivierten Freizügigkeit, zu beobachten, über den diskutiert und polemisiert wurde. So verstand sich etwa Georg Philipp Telemann als ein «homme de lettre» und ein «homme galante»,[498] also als gelehrt und galant. Sein Ohr war «durch die Frantzösischen Musiquen gewöhnet»,[499] zudem betonte er den französischen Einfluss auf sein Schaffen. Seine Lebensbeschreibung von 1718 ist mit französischen und lateinischen Zitaten gespickt.[500] Zu den Höhepunkten zählte er seine Reise nach Paris, die er erst im Alter von 56 Jahren unternahm.

Wichtig für Telemann's Karriere und persönlichen Lebensweg waren Fürstinnen, die als Kunstliebhaberinnen und Künstlerinnen wirkten. Dazu zählt die Gräfin Anna Maria von Promnitz in Sorau,[501] die mit dem Grafen Erdmann von Promnitz verheiratet war. Bei diesem war Telemann zwischen 1705 und 1709 als Hofkapellmeister angestellt. Mit Amalie Louise Juliane Eberlin, der «Cammer Jungfer» der Gräfin, schloss er seine erste Ehe. Beeindruckt haben wird ihn die Herzogin Elisabeth Sophie (1674–1748), die als Sängerin, Musikerin und Schauspielerin auf höfischen Festen agierte und auch komisches Talent bewiesen haben soll. Telemann hatte sie wohl bei einer Berlinreise im Jahr 1702 in einem hölzernen Komödien- und Opernhaus in einem Waldstück westlich des Schlosses Lützenbourg (Lietzenburg) gesehen, als Darstellerin der Venus, die alle Intrigen auflöste und wie eine «dea ex machina» für ein «lieto fine» sorgte. Noch 38 Jahre später erinnerte sich Telemann an diesen Auftritt, in seiner dritten Lebensbeschreibung für Mattheson's «Grundlage einer Ehren=Pforte», wenn auch nicht ganz korrekt, an die vermeintlich «nach Cassel verheirathete Marckgräfinn».[502]

War Johann Mattheson galant oder eher ungalant, weil er zu fleißig und scharfzüngig war, sein «satyrischer Stil» gegen die Regeln des «galanten Stils» verstieß und er nicht «Maß halten» wollte?[503] Jedenfalls hatte er Kontakt zu adligen Damen, die er auch in der Musik unterrichtete. Stolz berichtet er von diesen Bekanntschaften, reiht sich ein unter die Verehrer der Gräfin Maria Aurora von Königsmarck.[504] Wenn junge bürgerliche Künstler Kontakt zu adligen Frauen hatten, könnte dies, neben ihrem kulturellen Horizont, auch Einstellungen zu Frauen- und Männerbildern beeinflusst haben. So verwahrte sich Mattheson gegen Vorurteile, dass dieser Kontakt zwischen den Geschlechtern plump-sexuell gefärbt sei. Es bleibt die Frage, ob er sich hiermit im Hinblick auf seine Karriere vom angeblich verderbten Adel distanzieren oder als Reformator in Bezug auf einen neuen Umgang zwischen den Geschlechtern gelten wollte.[505] Solche Einblicke in adlige Lebenswelten könnten auch Auswirkungen auf die Gestaltung entsprechender weiblicher Opernfiguren ermöglicht haben. Nachweisbar sind skeptische, ambivalente Einstellungen gegenüber dem höfisch-galanten Lebensstil. Barthold Brockes, Großbürger in einer Kaufmannsstadt, orientierte sich schon als junger Mann am adligen Lebensstil, kritisierte im *Patrioten* aber Auswüchse, wie Müßiggang, Verschwendung, «Sauffen und Spielen».[506]

Geselligkeit und Konversation mit Bildungsanspruch prägte zunehmend den öffentlichen kulturell geprägten Raum, als Kontrast zu abgeschotteten bürgerlichen Traditionen. Hauptbestandteile der galanten Romane waren erotische Varianten der galanten Liebe, der «Schertz-Liebe», der Tändelei. Hier stellt sich die Frage: wie sollte der unverbindliche, spielerische Umgang zwischen Mann und Frau gestaltet werden, ohne die Ansprüche an die «züchtige» Liebe aufzugeben, orientiert an den weiterhin gültigen patriarchalen Liebesmodellen? Denn etlichen männlichen Roman- und Opernhelden ging es wohl nur «um die letzte Gunst eines Frauenzimmers», also den Beischlaf.[507] In diesen Ausprägungen der Galanterie bedeutete das: Freiheit in Liebesdingen für die Herren und angenehme Gesellschaft durch die Damen. Diese aber blieben zur Tugendhaftigkeit und Keuschheit verdammt, ohne entsprechende Handlungsmöglichkeiten, wenn sie respektiert werden wollten.

In etlichen der galanten Romane und galanten Dichtungen gibt es ätzende misogyne Tendenzen und Topoi, die aus der Volksliteratur[508] und aus der griechisch-römischen Antike stammen und den weiblichen Figuren kaum Handlungsräume zugestanden. So sollten sie sich, trotz aller Freizügigkeit, einerseits zurückhalten, andererseits den Männern in gewisser Weise entgegenkommen. Hier werden Symptome einer galanten Doppelmoral deutlich, wie sie auch in einzelnen Opern und Berichten von Opernbesuchen nachweisbar ist. Hunold beschreibt in seinem Roman *Die verliebte und galante Welt* (1700) ein höfisches Fest, dessen Höhepunkt eine Opernaufführung ist, die von den jungen galanten Herren zusammen mit «drey der annehmlichsten Damen» in einer Loge beobachtet wird. Es handelt sich um die von Heinrich Anselm Zigler und Kliphausen (1663–1696) getextete und von Johann Philipp Krieger komponierte Oper *Die lybische Talestris* (1696), in der sich die männlichen Opernbesucher insbesondere über die Szene amüsieren, in der die Prinzessin Talestris vom Felsen gestürzt wird.[509] Überhaupt scheint dieser Opernbesuch in erster Linie dem Flirten zu dienen, wobei die Männer den Ton angeben.

> Weil nun Milander und Azestes bereits mit selbigen bekandt, so unterliessen sie nicht allerhand gefälliges Schertzen gegen sie zu gebrauchen, so offt die Arien in der Opera ihnen dazu Gelegenheit gaben. Heraldo, um nicht gäntzlich still zu schweigen, mischte sich unter ihre Reden, und weil gleich ein sehr artiges und munteres Fräulein Nahmens Sirene bey ihm stunde, so fiel ein angenehmer Disput von der Liebe und Kaltsinnigkeit unter ihnen vor, worzu sie folgendes veranlasset. Es wurde in der Opera eine Printzeßin vorgestellt, die durch ihre Grausamkeit gegen die Manns-Personen, einen Printzen, der sich in sie verliebet, von den Felsen hinterstürzet. ‹Gewiß›, fieng Heraldo an, ‹wenn alle Damen so kaltsinnig gegen ihre Amanten wären, als diese Printzeßin, so dürfften ihrer wenig glücklich werden.›[510]

Eine Frau, die sich wie die Prinzessin Talestris in der Tradition der Amazonenkönigin gegen Avancen verwahrt, erntet in diesem Milieu keinen Respekt, sondern wird als lächerliche Heroine verspottet. Bemerkenswert ist die darauf folgende Diskussion über die angebliche «Kaltsinnigkeit» der Frauen. Sirene verteidigt diese Haltung, die die «beste Qualität» einer Dame sein kann. Denn nur so lasse sich die «Treue einer Person, die man zu lieben gedencket», erkunden. «Kaltsinnigkeit» ist mithin ein Schutz, der Frauen vor «zu schnellem Mitleiden», i.e. spontanen Liebesgefühlen, und also vor Enttäuschung und Verachtung (als Hure etwa) bewahren kann. Aber so deutlich wird hier nicht der Preis benannt, den Frauen in diesem unfairen Liebesspiel zu zahlen haben. Durch die galantspielerische Oberfläche dieser Geselligkeiten schimmert das verknöcherte Skelett einer patriarchal-kriegerischen Gesellschaft. So habe Ludwig der XIV. an seinem Hof spielerische «Belagerungen» veranstaltet, zu dem er auch die Frauen gebeten habe. Olaf Simons findet dazu die merkwürdige Formel: «Mit der Anwesenheit des Frauenzimmers wurde Europas Krieg zur Galanterie.»[511] Eine unzulässige Verharmlosung, denn der Krieg bestimmte weiterhin den Alltag einer in Krieger und Frauen gespaltenen Gesellschaft. Der Krieg auf dem Schlachtfeld produzierte bis in die Privathäuser hinein wenig galant abgefederte Szenarien. Varianten der Galanterie könnten auch als eine Modellierung des Verhaltens interpretiert werden, das die Konkurrenz zwischen Männern aber auch die zwischen Männern und Frauen steuern und entschärfen sollte.

Über Spielarten der Galanterie in Hamburg gibt es einige Quellen, wie Hunold`s *Satyrischer Roman*[512] (1706/1710) in dem verschiedene Facetten der Galanterie vorgeführt und bewertet werden. Als eine der wenigen scheinbar vorbildlich galanten Frauenfiguren des Romans wird die Witwe Arismena[513] vorgestellt, die große Liebe von Selander:

> Dabey mangelte es ihr an Galanterie nicht/ welche aber/ damit solche bey ihr zu erst zu einer echten Tugend werden möge/ ein solch manierliches Wesen begleitete/ daß sie in ihrer größten Freyheit sittsam und in den artigsten Schertzen und der gefälligsten Aufführung honnet schiene; So gewiß was so seltenes/ als es eine von ihren schönsten Eigenschaften zu nennen. Ihre Klugheit war ingleichen desto vollkommener/ weil sie mehr sittsam als klug schien/ und doch diese letztere Qualité, fast vollkommener als die erste besaß: denn die Modestie ward ihr angeboren [...].[514]

Arismenia redet nicht viel, dafür sprachen Augen und Mienen, ihr «wenig Reden» war «allezeit ungezwungen» und mit einer «natürlichen Artigkeit angebracht». Frauen sollten sich, noch weniger als die Männer, nicht mit ihren Vorzügen und Trümpfen in den Vordergrund spielen:

> Das Tugendhafteste Frauenzimmer besitzet mehrentheils die Eitelkeit, galant zu seyn; Was suchen sie dadurch? nichts anderes/ als der Welt zu gefallen. Hierzu bedienen sie sich allerhand/ obgleich/ wie es scheinet/ keiner inhonnetten Kunststücke: sie würden aber nicht wenigen Verdruß empfinden/ ihrer Kunst ungewiß zu seyn: darum hören sie die Verpflichtungen gern an; [...].[515]

Wenn Hunold manchen Frauen mangelnde Galanterie attestierte, dann fehlte es ihnen angeblich an Witz, Geist und weltläufigem Verhalten – also ein Verhalten, das ihnen ein sicheres Auftreten in der Gesellschaft ermöglichte. Doch standen Frauen hier wieder vor einer schier unlösbaren Aufgabe: Galanterie muss bei Frauen durch weibliche Tugenden abgefedert sein – und das sind, wen wundert es, insbesondere Keuschheit und Zurückhaltung.

Die Galanterie, die in diesen Romanen zur Geltung kommt, ist aggressiv patriarchal grundiert. Zwar scheinen den Frauen gewisse öffentliche Räume zugänglich, wenn sie Buchläden oder Cafés besuchen. Doch diese fungieren nur wie sexuell aufgeladene Bühnen, auf denen sie von Männern zu sexuellen Handlungen überredet, «verführt», gedrängt werden. Frauen sind keine gleichberechtigten Partnerinnen, die ihrerseits aktiv begehren oder respektiert verneinen dürfen und damit aus ihren traditionellen Rollen heraustreten. In diesen Romanen werden Zwischenwelten, Phantasien konstruiert, die auch im Opernmilieu angesiedelt sind. Sie haben Opernaufführungen zum Thema, sind dabei aber schärfer akzentuiert als Libretti, die im galanten Milieu spielen, wie etwa die Oper *Le bont vivant* (1710) von Reinhard Keiser.

Doch neben dieser von aufstrebenden Bürgersöhnen dominierten kriegerisch-aggressiven Galanterie, lassen sich auch Strömungen nachweisen, in denen sich das geschlechtsspezifische Verhaltensrepertoire überschneidet: mit Zurückhaltung, Höflichkeit, also kommunikativer Gewandtheit, mit Achtsamkeit für den anderen. Galantes Verhalten bot durchaus Möglichkeiten, andere «Männlichkeiten» und «Weiblichkeiten» und neue Vorstellungen von Bildung zu erproben, was jedoch auf Argwohn, Kritik und Abwehr stieß. So wurden gewisse galante Männer, nach den Kriterien hegemonialer Männlichkeiten, verspottet, galten als «weibisch», wohl unabhängig davon, ob sie bürgerlich oder adlig waren.

Um solchen Abwertungen zu entgehen, blieben die traditionellen Geschlechterhierarchien gewahrt, inszenieren die Romanautoren ihre Helden zwar als charmante Unterhalter – aber eben auch als scharfe Richter der Frauen, die sich spöttische und vernichtende Urteile über deren Schönheit, Tugend etc. anmaßen. Das vermeintlich harmlos unterhaltsame Spiel der Verliebten ist durchaus ernst und zuweilen brutal, weil hier nicht mit gleichwertigen Einsätzen gespielt werden darf. Frauen müssen hier besondere Widerstandskräfte entwickeln, ihnen bleibt oft keine andere Wahl, als die Verweigerung von Sexualität.[516] Ihre Einwilligung würde als «Hingabe» gelten, von Männern als «Triumph» gefeiert. Ihre Verweigerung hingegen würde abgewertet, die Frau als kalt und hartherzig gelten.[517]

In vorherrschenden Formen der Galanterie entfaltet sich ein Krieg der Geschlechter. Auch wenn der Umgang zwangloser gestaltet werden kann, so wird letztlich auch hier das Recht auf Selbstbestimmung und gegenseitigen Respekt verhandelt bzw. ausgefochten. Die Hauptwidersprüche zwischen Mann und Frau, wie sie in dieser Gesellschaft konstruiert werden, scheinen durch die Galanterie zugleich stabilisiert und gemildert.

5.7. Prostitution in Hamburg: zur Rechtslage

Prostituiren: sich verächtlich machen.[518]
Menantes

Als «Dirne» oder «Hure» konnte grundsätzlich jede Frau beleidigt werden, Frauen aus höheren Schichten hatten jedoch bessere Möglichkeiten, sich zu wehren, wie aktenkundige Fälle belegen.[519] Der Begriff «Hure»/«Hurerei» ist jedoch nicht deckungsgleich mit dem heutigen Verständnis von Prostitution:

als normatives Kriterium war die Wahllosigkeit des Geschlechtsverkehrs mindestens so wichtig wie die Bezahlung, d.h. eine Frau, der Promiskuität nachgesagt wurde, galt als «Hure», auch wenn sie für den Geschlechtsverkehr keine Bezahlung oder Geschenke verlangte.[520]

Zwar gab es auch für Männer, die Prostituierte in Anspruch nahmen und/oder die Ehe brachen, Schimpfworte wie «Hurer» oder «Schelm», doch ist die Wucht dieser Beschimpfung als geringer einzuschätzen, da die Ehre von Männern nicht von einem keuschen Sexualverhalten abhing. Diese Doppelmoral war während der gesamten Zeit des Bestehens der Hamburger Gänsemarktoper wirksam. Überliefert sind Klagen wohlhabender Freier, die sich als Opfer wähnten, denn sie wurden gelegentlich durch die Aussagen von Prostituierten verfolgt[521] und konnten sich gegen den Vorwurf der Unzucht nur gegen eine hohe Strafe frei kaufen. Prostitution wurde zwar mit schweren Strafen bedroht, blieb aber geduldet, denn es gab eine große Nachfrage. Frauen der unteren Schichten, wie z.B. Arbeiterinnen oder Dienstmädchen, waren auf diese Erwerbsquelle, mangels Alternativen, angewiesen. Die Hamburger Justiz ging gnadenlos gegen Prostituierte vor. So wurden Prostituierte in das 1669/70 eröffnete Spinnhaus[522] eingewiesen und zur Arbeit gezwungen. Das einzige Opfer einer Verstümmelungsstrafe, die in Hamburg vollzogen wurde, war eine Prostituierte, ihr wurde im 17. Jh. nach einem Urteil des Niedergerichtes ein Ohr abgeschnitten.[523] Die Strafen für die im Spinnhaus einsitzenden Frauen waren hart, wie einige Stichproben belegen: so saß dort 1737 eine Frau ein, die wegen gewerbsmäßiger Unzucht zu 15 Jahren verurteilt worden war, eine andere wegen Bigamie für 30 Jahre, während 35 Frauen meist wegen gewerbsmäßiger Unzucht außergerichtlich auf unbestimmte Zeit festgesetzt waren.[524] Die Buchführung der Gefängnisverwalter offenbart grauenhafte Schicksale.

Doch fehlen neuere, kritisch abwägende, sachliche Studien über Prostitution in Hamburg in der frühen Neuzeit, die die Gesetzeslage, reale Praxis und die literarische Produktion über Prostitution berücksichtigen. Vieles deutet darauf hin, dass die gesellschaftlichen Bedingungen und Vorstellungen im Hinblick auf die Prostitution sich während des Bestehens der Hamburger Gänsemarktoper nur wenig änderten.[525]

Die Berichte von männlichen Beobachtern, möglicherweise Kunden von Prostituierten, beklagen in der Regel den übervorteilten Freier, den Prostituierte und Vertreter der Obrigkeit ausnehmen. Sie berichten kaum über die Lebensbedingungen der betroffenen Frauen. In den Polizeiakten und Mandaten, den vom Senat erlassenen Verordnungen, hingegen ist von Verfolgung und schweren Strafandrohungen zu lesen, die sich auch gegen die am Geschäft beteiligten «Kupplerinnen» und «Hurenwirte» richtete. Die Freier hingegen konnten durch Leugnen einer Bestrafung entgehen oder sie zahlten eine Strafe «unter dem Siegel der Verschwiegenheit».

Frauen, die als «Huren» galten, wurden öffentlich zur Schau gestellt und gedemütigt, ob nun auf einem städtischen Pranger oder einer Opernbühne. Dagegen ist kein Freier bekannt, der wie eine Prostituierte mit umgehängter Namenstafel ausgestellt wurde. Gerichtsdiener waren angewiesen, abends beim Ratsweinkeller, am Jungfernstieg, bei den Posthäusern und anderen verdächtigen Orten zu wachen und «leicht-fertige Weibs-Bilder» festzunehmen (vgl. auch die «Häscher» in der Oper *Floretto* (1683)). Heide Soltau[526] sieht in der ersten Hälfte des 18. Jahrhunderts eine Entwicklung hin zur bürgerlichen Doppelmoral, als dessen greifbarer Ausdruck ein verschärftes Mandat des Rates vom 27. Juni 1732 zu lesen sei, ein Mandat, das im Übrigen bis 1869 grundlegend blieb.[527]

> Es sollte nehmlich die Huhre, wann sie zum erstenmahl ergriffen würde, aus der Stadt verwiesen werden: Käme sie das andere mahl wieder, sollte sie an die neue Schand=Säule geschlossen, darauf die Stadt verschwehren, und als dann verwiesen werden. Unterstünde sie sich das dritte mahl wieder zu kommen, sollte sie am Kack [am Pranger] öffentlich ausgestrichen, und 15. Jahr in das Spinn-Hauß gesetzet werden. Diesem Schlusse zufolge ward auf dem Pferde=Marckte hinter der Wache, von Steinen ein Platz aufgeführt und in der Mitten eine Säule mit Halß=Eisen aufgesetzet. Den 5. Augusti [1732] wurden zwey Huhren zum ersten mahl von 10. bis 11. Uhr angeschlossen. Jede hatte ein Täfelgen, worauf ihr Nahme stund, am Halse hängen.[528] Dergleichen geschahe auch mit ihnen den andern Tag. Die Nachtwache hatte einen Crayß um die Säule geschlossen. Vier Dragoner aber hielten an den vier Ecken des Marckts, um, wann etwa der gemeine Mann etwas anfangen sollte, solches sogleich zu steuren. Es war ein großer Zulauff von Leuten, ging aber alles ziemlich stille ab.[529]

Über die Hamburgischen Verhältnisse berichtet 1753 der Naturwissenschaftler und Literat Christlob Mylius (1722–1754) und bezeichnet das Wort «Hure» nur mit Punkten:

> Die Republik Hamburg ist mehr demokratisch als aristokratisch. Der Magistrat hat zwar großes Ansehen, aber wenig Gewalt. [...] Da der Pöbel hier sehr stark ist, so stehen die Geistlichen in großem Ansehen. [...] Die Bürgerzucht ist hier

scharf, besonders werden Ehebruch und Hurerey gar nicht gelitten. Man hat Exempel, daß Mannspersonen haben 200 Thaler Strafe geben müssen, blos weil sie einem Frauensmensche in den Busen gegriffen haben, und es wird gleich scharf bestraft, es mag mit ehrbarem Frauenzimmer oder mit einer ordentlichen H... geschehen seyn. Doch wird in Hamburg genug geh..., obgleich keine Bordels da sind; deren sind aber desto mehr ausser der Stadt, im Dänischen und besonders in Altona.[530]

Mylius schildert die Prostitution nur aus der Perspektive des männlichen «Kenners», der die Freier in Hamburg benachteiligt sieht. Bemerkenswert, dass hier sexuelle Übergriffe an Frauen geahndet wurden, die Mylius als alltäglich einschätzte.

5.7.1. Prostitution auf der Opernbühne: sexuelle Dienstbarkeit der Dienstbotinnen

Auf der Hamburger Opernbühne wird die ambivalente Haltung zur Prostitution gespiegelt. Weibliches Dienstpersonal, ob nun bei Hofe oder in bürgerlichen Haushalten, wird oft in die Nähe der Prostitution gerückt. Der Verkauf weiblicher Dienstbarkeit erstreckt sich auf ihren Körper und ihre Sexualität. Hier verzahnen sich Bilder und Ansprüche an scheinbar «liederliche», «verführerische» erwerbstätige Frauen und ihre Lebensrealitäten, denn etliche dieser Frauen haben keine anderen Möglichkeiten gehabt, als ihren Körper, ihre Sexualität zu verkaufen.[531]

Drastisch wird dies in Opern mit Hamburgischem Lokalkolorit vorgeführt: zum Beispiel Gretje, «Lütje=Maid» in der Oper *Die Hamburger Schlachtzeit oder der misslungene Betrug*[532] (1725). Oder «Gesche, die Lütje=Maid» in der Oper *Der Hamburger Jahr-Marckt oder der glückliche Betrug*[533] (1725, 1727, 1732, 1735). Hier wird Gesche von Lucas, dem «Hauß=Knecht», an reiche Wirtshausgäste verkuppelt (II, 5). Die jungen Blumenverkäuferinnen, wie in der Oper *Xerxes*[534] (1689, 1692), verweisen darauf, dass auf dem Hamburger Jungfernstieg junge Mädchen Blumen verkauften, aber gleichzeitig auch sexuelle Dienste anzubieten hatten. Blumenmädchen und Gärtnerinnen umgibt das Fluidum käuflicher Blumen und Sexualität. Dieser langlebige Topos bestimmt beispielsweise noch 1744 die Handlung des Intermezzos *La Giardiniera contessa / Die als Gärtnerin gewordene Gräfin*[535]. Hier verkauft die Gärtnerin Dorina den Herren Blumen und ihre «Unschuld». Don Calascione, ein «römischer

Cavalier», will ihre Blumen kaufen – und ihre sexuelle Unerfahrenheit. Doch bleibt alles im Bereich der «züchtigen» Liebe, denn Don Calascione heiratet Dorina, ermöglicht so ihre Existenzsicherung und ihren gesellschaftlichen Aufstieg zur Gräfin.[536] Das Handlungsmuster ist bekannt: die erwerbstätige, schlecht bezahlte arme Frau wird durch einen sozial höher stehenden und wohlhabenden Mann ausgewählt. Er gibt den Preis und die Bedingungen vor. Für ihn zählt Jugend, Liebreiz und «Unschuld» – Eigenschaften, die auch mit Blumen symbolisiert werden.

In der Oper *Floretto*[537] (1683) besingen Jucundus und sein Vater Ephialtes, «ein alter lustiger Diener des Rodomanns», die Bestechlichkeit der Gefängniswärter und «Häscher», der Gerichtsdiener, die beispielsweise Frauen wegen «Unzuchtsdelikten» festnehmen sollten. Möglicherweise wird auf Zustände im 1669 eröffneten Hamburger Spinnhaus angespielt, dem eigentlichen Strafgefängnis für «unehrliche» Menschen wie Diebe und «Huren».[538] In dieser Arie wird berichtet, dass einerseits die «Häscher» selbst diese als «Huren» geltenden Frauen bedrängen, aber andererseits anderen Männern, gegen Bestechung, den Zugriff auf die inhaftierten Frauen ermöglichen. Jucundus singt in seiner Arie (IV, 5):

2.
Nein, die Herren Häscher haben
Grosses Glück, für andre Leut'
Täglich können sie sich laben
An der Damen Freundlichkeit,
Die sie anderen entwandt,
Die für = = = sind erkant.

3.
Will ein junger Lecker naschen
Und zur = = = gehen ein,
Muß zuvor der Häscher taschen
Wacker steiff bespicket seyn,
Will der Lecker scherzen hier,
Muß er schaffen Wein und Bier.

5.7.2. Gehobene Prostitution im Zelt des Feldherrn

In etlichen Opern sind Feldherren zu sehen, die weibliche standesgleiche Kriegsgefangene sexuell begehren und bedrohen — im Gegensatz zu vorbildlich gezeichneten Kriegshelden, die Selbstbeherrschung auch gegenüber Frauen zeigen (siehe auch Kapitel 1. Krieg). In Kriegszeiten sind die Ehen extrem bedroht, erscheint die ganze Welt als Bordell, gelten Frauen insbesondere der gegnerischen Seite als verfügbar.[539] Zwar müssen Männer sich in Kriegszeiten strikten Männlichkeitsnormen unterwerfen, doch können sie sich anders als «Männer» erfahren, da ihnen auch ein Zugriff auf Frauen möglich ist, fern des Hofes, der häuslichen Gemeinschaft. Soldaten im Felde wurden uneheliche Verhältnisse unterstellt, ob sie sich nun als Feldherren von ihren Verlobten oder Ehefrauen temporär trennten und eine neue Beziehung eingingen oder sich als einfache Soldaten[540] mit Begleiterinnen des Trosses zusammentaten. Die Liebesbeziehungen, Konkubinate und Prostitution[541] im Felde sind standesspezifisch zu analysieren. Da für die unteren Ränge Heiratsbeschränkungen galten und Heiratsgesuche von den Kommandanten nur unregelmäßig genehmigt wurden, blieben diesen Soldaten oft nur uneheliche sexuelle Kontakte. So lebten sie vielfach in «wilder» Ehe mit einer festen Partnerin, was zivile und militärische Obrigkeiten duldeten – aus Verständnis für die Situation des Mannes, aber letztlich gingen solche Konkubinate «einseitig zu Lasten der Frauen».[542] Diese waren insbesondere als ledige Mütter oder nach dem Tod des Mannes oder nach einer Trennung von Verarmung, sozialer Deklassierung und Denunzierung als «Hure» bedroht. Oft blieb ihnen keine andere Möglichkeit, als zu betteln oder sich einem anderen Soldaten anzuschließen.[543]

Wenn nun ein Kriegsheld wie Alexander der Große auf seinen Feldzügen eine Mätresse hatte, dann wurde dies auf der Opernbühne nicht als Feier der galanten Liebe inszeniert. Positiv gezeichnete gebildete Mätressen großer Fürsten sucht man auf der Hamburger Bühne vergebens. Zwar gab es Beispiele bedeutender Mätressen an den einigen europäischen und deutschen Höfen,[544] doch war die Haltung ihnen gegenüber ambivalent. Dies spiegelt sich auch in Opernlibretti wie *Der Grosse Alexander von Sidon*[545] (1688). Hier spielt Thais eine zentrale Rolle. Sie galt in der Antike als Hetäre[546] und Geliebte des Alexander, doch in dieser Oper wehrt Alexander ihre «unzüchtige Liebe» ab. Zumindest wird im «Inhalt» erwähnt, dass Thais «von dem grossen Alexander zu Persepolis geliebet worden». Thais Sonderrolle wird bereits im Verzeichnis «Persohnen des Spiels» deutlich: im Gegensatz zu den übrigen Mitwirkenden prangt hinter ihrem Namen eine Leerstelle. Sie wird ohne nähere Angaben zur Person aufgelistet, als ob dies unaussprechlich wäre, eine Frau ohne Geschichte und Ort in der Gesellschaft. Um jedes Missverständnis auszuschließen, wird Thais in den einführenden Vorreden «Inhalt» und «An den geneigten Leser» als goldgierige Verderbin und Verführerin vorgestellt – nicht als bewunderte oder zumindest akzeptierte Mätresse. Am Schluss der Oper wird Thais aus dem Land verbannt und ihr Palast verbrannt. Eheprobleme und Mätressenwesen werden hier eng verknüpft: Das junge, erst seit kurzem verheiratete Königspaar Eumenes und Eusonia findet nicht zueinander und begehrt jeweils einen anderen Partner.[547] Eumenes wird als «weibischer König» bezeichnet, weil er durch seine «unzüchtige» Liebe zu Thais sein Amt vernachlässigt und seine Frau Eusonia schlecht behandelt habe. Doch wird dafür Thais die Hauptschuld zugeschoben. Die Ex-Geliebte von Alexander wird nun vom König Eumenes begehrt.

Eine weitere enge Bindung hat Alexander zu dem Krieger Hephaeston, der in der Antike als sein Geliebter galt. Auf der Bühne wird die Beziehung jedoch heterosexualisiert. Die beiden Freunde, offensichtlich wenig erfahren im Umgang mit Frauen, verlieben sich in die gleiche Frau, in die Königin Eusonia.[548] Doch all diese Verirrungen schaden dem Helden Alexander nicht, trotz seiner Affäre mit der «unkeuschen» Thais, zügelt er seine Leidenschaften und Affekte, wie es von einem tugendhaften Herrscher verlangt wird und bleibt ohne Makel. Auch seine ehebrecherischen Gefühle für die Königin Eusonia beherrscht er, wie es in der Vorrede «An den geneigten Leser» heißt: «Er überwindet sich in der Liebe zu der Eusonia: Er verachtet die unkeusche Gunst der Thais.» Die Oper funktioniert hier als moralisch-pädagogische Anstalt. Damit der Zuschauer trotz aller sinnlichen Turbulenzen auf den richtigen Pfad der Tugend gerät, setzt die dem Libretto vorangestellte Inhaltsbeschreibung Akzente, gibt die Deutungsrichtung vor:

> Inhalt:
> Nachdem der grosse Alexander, den König der Persier Darium bekrieget und überwunden hatte/ wandte er seine Sieg=reiche Waffen nach den beiden berühmten Städten der Phaenicier Sidon und Tyrus, umb dieselben auch unter sein Joch zu bringen. Es führete damahls das Zepter von Sidon ein junger König/ Nahmens Eumenes, welcher gantz eingenommen war durch die Schönheit und Leichtfertigkeit der Thais, eines der geitzigsten und verschmitzten Frauens=Persohnen/ welche zu der Zeit gelebet. Diese ist nicht allein von dem grossen Alexander zu Persepolis geliebet worden/ sondern sie hat auch den berühmten Griechischen Poeten Menander fast närrisch gemacht/ und hat derselbe/ weil er nicht Gold ge-

nug hatte sie zu sättigen/ zu ihrem Lob so viele Gedichte geschrieben/ daß er ein gantzes Buch daraus gemachet/ dahero man sie auch (wie der Lateinische Poet Propertius berichtet) die Menandrische genant hat. Wie nun der grosse Alexander mit einer gewaltigen Belagerung die Mauren der Stadt Sidon umschlossen/ als Eumenes, durch die unzüchtige Liebe oberwehnter Thais gantz betäubet/ seine Gemahlin die Eusonia übel hielte/ und wenig auff die Erhaltung seines Trohnes bedacht war/ machte er sich dadurch bey seinem Volcke so verhast/ daß sich dasselbe unversehens wieder ihn empöhrete/ und bey der Nacht die inwendig starck verriegelten und auswendig hart belagerten Pforten dem berühmten Alexander auffmachete/ und ihn Sieg prangend zu Sidon einführete. Dieser unglückliche Ausschlag machte den Weibischen König Eumenes gantz furchtsam und erschrocken/ so daß er in unbekanter Kleidung von der Königlichen Burg die Flucht nahm/ umb in derselben sein Heil zu suchen.

Auff den Grund dieser artigen Geschichte ist die Verwir= und Ausführung des gegenwärtigen Schau=Spiels gerichtet/ welchem Alexander der Grosse den Nahmen mittheilet.

Von einem freizügigeren Lebensstil und Bruch mit rigiden Traditionen und Normen auf der Opernbühne ist in der Inhaltsangabe und in der Zuschrift an den «geneigten Leser» nichts zu lesen. Vergleicht man diese Texte mit Quellen zur realen Lebenswirklichkeit von Frauen, die der Prostitution bezichtigt wurden bzw. tatsächlich damit ihren Lebensunterhalt bestritten und vielfach erst einen galanten Lebensstil ermöglichten, so erscheinen die Oper und ihr Umfeld keineswegs als ein wegweisendes Utopia. Das lobende positive Bild, das der antike Autor Menander einst von Thais zeichnete, wird ironisiert und abgewehrt.

Aus der Unterschicht stammende Prostituierte drohten in Hamburg harte Strafen. Sie hatten von ihren Freiern, die aus den oberen bürgerlichen Schichten stammen konnten, weder Solidarität noch Mitgefühl zu erwarten.

Thais verführt zur «unzüchtigen Liebe» durch Schönheit,[549] die sie noch dazu künstlich verfeinert. Außerdem werden ihr Berechnung, Geldgier,[550] Täuschung und List nachgesagt, in einer Arie bekennt sie sich selbst dazu (III, 7). Nur mit solchen Methoden kann sie ihren Einfluss und ihre Position sichern. Andererseits hätte sie nie durch eigene Leistungen, etwa auf dem Gebiet der Wissenschaften oder Staatsführung, den gesellschaftlichen Aufstieg schaffen können.[551] Nur so lange sie unter dem Schutz des Königs steht, der «in die Thais verliebt» ist, kann ihr die Hofgesellschaft nichts anhaben – denn nur sein Wort, seine Macht zählt. Dies war bei zeitgenössischen Mätressen nicht anders. Als eine Gefangene dieser Geschlechterordnung richtet Königin Eusonia ihre Wut und Verzweiflung gegen Thais. Da ihr die Mätresse als Verkörperung von Sündhaftigkeit erscheint, geht sie mit dem Dolch auf sie los, wird aber von ihrem Mann abgehalten (I, 2). Eusonia weiß letztlich keinen anderen Ausweg, als dem Orontes, «Obrister der Königin», zu befehlen, Thais wie eine Hexe zu töten:

> Eus. Dort/ da hie in der Stadt der tieffe Abgrund brennet/
> Da führe Thais hin/
> Bind ihre Füß'/ und Hände fest zusammen/
> Und wirff sie in die Flammen. (Königin tritt ab.) (I, 4)

Doch das Mätressenwesen, hier als gehobene Prostitution für Männer in höheren Kreisen geschildert, fasziniert auch Männer niederen Adels. Das weiß Rodisbe, die «Staats=Jungfer der Eusonia», mit Orontes liiert und vertraut mit der Doppelbödigkeit seiner zur Schau gestellten Sittenstrenge:

> Or. Ich folge dem Befehl/
> Rod. Ich zweiffle ob ihr könnet.(I, 4)
> Rod. Wohin/ Orontes, hör/ hastu mir nichts zu sagen?
> Or. Ich geh' und thue/ was die Königin gebeut.
> Rod. Ich fürcht es geht nicht an/
> Und wollte schier die Wette wagen
> Daß Thais dich bezaubern kann.
> Or. Ja wohl/ du irrest weit!
>
> Aria.
> Möcht' ich nur nach Willen
> Die Rache erfüllen/
> Wie wolt' ich noch heute die Nacht/
> Die stinckenden Metzen
> Mit Hunden aushetzen/
> Ja hätt' ich die Macht/
> Ich wollte sie alle zusammen
> Mit Thais verdammen
> Zu tödtlichen Flammen!

2.
Sie rauben der Jugend
Die Keuschheit und Tugend/
Verkürtzen die Blüthe der Zeit/
Vergifften die Leiber
Tetrüben die Weiber
Betriegen die Leut'/
Ach ich möchte sie alle zusammen
Mit Thais verdammen/
Zu tödlichen Flammen. (I, 5.)

Diese Szene zwischen den Hofleuten Orontes und Rodisbe veranschaulicht die herrschende Doppelmoral. Trotz oder gerade wegen der rigiden Moralvorstellungen begehren als «normal» geschilderte Männer solche Außenseiterinnen, so hat es auch Rodisbe beobachtet. Diese Männer begehren ohne jede Selbstkritik oder Reue, alle Schuld wird auf die Frau projiziert. Sie ist die Ursache allen Übels, sie hat ihn betört, verliebt gemacht, zum willenlosen Opfer – wofür sie dann letztlich grausam bestraft und vernichtet wird.[552] Doch in dieser Oper fällt manch kritischer Schatten auf das Ideal von Standhaftigkeit und Treue, das Männer für sich beanspruchen. Rodisbe beschreibt die reale, ernüchternde Kehrseite:

Aria.
Es ist nur falscher Schein
Man suchet uns zu blenden/
Der Männer Hertzen seyn
Wie leichter Spreu zu wenden/
Und dennoch wird allein
Wenn man von leichten Sinnen sagt
Das Frauen=Zimmer angeklagt. [...] (I, 6)

Auch Männerherzen sind leicht zu wenden, also nicht treu und beständig, wie oft behauptet wird. Außerdem beklagt Rodisbe das Schicksal der Königin Eusonia, die durch das Verschulden ihres untreuen Mannes und der Thais um Reich und Thron gebracht werde; zumindest wird in Rodisbes Arie eine Verantwortung des Mannes angedeutet. Bemerkenswert ist, dass hier eine Hofdame den König Eumenes wegen seiner Eifersucht, Ausdruck seiner mangelnden Affektkontrolle, kritisiert. Obwohl Eumenes sein Verhältnis mit Thais lebt,[553] bedroht er Alexander als vermeintlichen Liebhaber seiner Frau. Ähnlich wie übrigens der reiche Kaufmann aus Lichtenfelde aus Hunold's *Satyrischem Roman*. Am Schluss der Oper wird Thais von Eumenes aus seinem Reich verwiesen, doch ein Mann wird ihr folgen: Cleander. «Ein Poet und Hoff=Ar» [sic, verdruckt für «Hoff=Narr?»], der dem Spott preisgegeben wird:

> Eum: Cleander, sag dem unverschämten Weib/
> Daß sie sich ohn Verzug aus meinem Reiche mache.
> Cl. Ich bin bereit/ O angenehme Sache/
> Weil ich bei Thais nun der allerliebste bleib. (III, 20)

Von Thais ist nichts mehr zu sehen und zu hören.

5.8. Opernsängerinnen zwischen Realität und Imagination

Vielen Opernsängerinnen wurde eine Form der gehobenen Prostitution unterstellt, wofür sie in gewissen literarischen Genres und Kreisen diffamiert und verspottet wurden. Beliebte Medien dafür waren neben galanten Romanen auch Pamphlete und fingierte Autobiographien, die beispielsweise in Frankreich Schauspielerinnen wie Mademoiselle Clairon (1723–1803) treffen sollten.[554] Dabei wurden nie die Arbeitsbedingungen und die Außenseiterrolle dieser Frauen reflektiert oder mit Mitgefühl berichtet. Die erotische Freizügigkeit, die ihre sich galant wähnenden «Freier» nahmen, ohne ihren Ruf zu verlieren, gestanden sie nicht in gleichem Maße den betreffenden Frauen zu. Über Leben und Arbeit der Sänger und Sängerinnen an der Hamburger Oper am Gänsemark ist nur wenig bekannt, Selbstzeugnisse fehlen:

> Die Quellen, die von dem Sängerpersonal der Hamburger Barockoper berichten, sind spärlich und verstreut. Man weiß nur wenig über die Anzahl, Fluktuation, Grad der Ausbildung, Arbeitsbedingungen und Entlohnung der Künstler.[555]

Lediglich über einige Spitzenkräfte sind wir informiert. So sangen und musizierten auch Studenten und junge Musiker (wie z.B. Georg Friedrich Händel, Johann Mattheson, Johann Adolph Hasse) und konnten wichtige musiktheatralische Erfahrungen sammeln, die allerdings den meisten jungen bürgerlichen Frauen ihres Alters verwehrt blieben. Sie durften nicht in der Öffentlichkeit auf der Opernbühne ihre musikalischen Talente erproben, es sei denn, sie stammten aus Musikerfamilien.[556] Ehrbare bürgerliche Mädchen und Frauen musizierten im halböffentlichen, privaten Raum. Adlige Frauen, die selbstverständlich eine gute musikalische Ausbildung erhielten, traten bei hofinternen Aufführungen auf, wie etwa die Prinzessin Elisabeth Sophie von Brandenburg (1674–1748)[557] und die junge Erzherzogin und spätere Kaiserin Maria Theresia.

Insgesamt war die musikalische Ausbildungssituation im deutschsprachigen Raum mangelhaft. Die Kirche, als Trägerin der musikalischen Ausbildung, gab Mädchen und Frauen aus ideologischen Gründen keine Chance, etwa als Chorsängerinnen musikalische Grundkenntnisse zu erwerben. Sie hatten nicht die Möglichkeit, z.B. Kantorin oder Kapellmeisterin zu werden, wie vereinzelte Sängerkollegen.[558] Das dem Apostel Paulus damals zugeschriebene Verdikt «Mulier taceat in ecclesia» hallte lange nach. Obwohl die ideale protestantische Familienmutter auch mit Gesängen zur Frömmigkeit erziehen sollte, war eine Professionalisierung für Sängerinnen heikel. Sie blieben auf Privatunterricht angewiesen, den sie in Musikerfamilien auch erhielten. 1739 heißt es in Mattheson's Beschreibung über die Bemühungen des Komponisten und Kapellmeisters Kusser:

> Er war unermüdet im Unterrichten, ließ alle Leute, vom grössesten bis zum kleinesten, die unter seiner Aufsicht stunden, zu sich in Haus kommen; sang und spielte ihnen jede Note vor, wie er sie herausgebracht wissen wollte.[559]

Kusser war ein beliebter, aber auch gefürchteter Lehrer, der das Niveau der Opernsänger und -sängerinnen hob. Manche Sängerinnen hatten nur rudimentäre Musikkenntnisse. Johann Heinrich Dreyer, Tenorist und Opernpächter wird sie nie vergessen, «die Zeit und Mühe [...] in Erlernung der starcken Partien, die ich ihr so lange vorsingen musste, biß sie solche ins Gedächtniß brachte». Mattheson sekundiert: «Von dieser verdrießlichen Arbeit habe auch ich, M., unter andern ein Exempel an der Conradi erlebet; wiewohl sie bald etwas fassete, und doch kaum eine Note recht kannte.»[560] Mattheson meint hier die Sängerin Madame Conradi,[561] die von Hunold in seinem *Satyrischen Roman* verspottet worden war. Diese Bildungsdefizite wollte Mattheson ändern, sprach sich z.B. für Sängerinnen in der Kirche aus. 1716 rühmte er sich:

> Den 17. Sept. hielt er Musik im Dom, und führte Madame Kayser aufs Chor, welches, ausser obigem Exempel, zuvor in keiner hamburgischen Kirche geschehen war, das ein Frauenzimmer mit musiciret hätte; hinführo aber im Dom allemahl, bey seiner Zeit, geschah.[562]

Doch Mattheson war nicht der erste, der Sängerinnen einen Auftritt in der Kirche ermöglichte. In Hamburg[563] wurde beispielsweise 1692 in St. Jacobi «Musicant Rischmöller mit der fraw und 2 Musicanten vor die Music auff der Orgel angestellt», 1694 wurde Frau Rischmöller auch an der Gänsemarkt-Oper engagiert. Die Widerstände gegen Sängerinnen, oftmals auch noch «Operistinnen», waren groß, das Thema wurde 1694 im Geistlichen Ministerium verhandelt:

> Scheidemanns tochter habe vormals offt auf der Orgel gesungen; doch man fand billig, das der Opern Weiber nicht in den Kirchen musiciren.[564]

Nur als Sängerin konnten Frauen in der Oper an herausragender Stelle künstlerisch und zugleich erwerbstätig sein. Aber die Arbeit einer Sängerin war nicht selbstverständlich und anerkannt. Nach Überzeugung etlicher Männer und Frauen entehrte sich eine Frau, die sich auf diese Weise in der Öffentlichkeit zeigte. Denn eine Sängerin galt nicht als züchtige Ehefrau, Mutter und Hausfrau, sondern sie verkaufte ihre Sangeskunst für öffentliche Auftritte und war somit auch den Blicken und Phantasien fremder Männer ausgesetzt, noch dazu in Rollen, in denen sie als Liebende, Geliebte oder fast Vergewaltigte auftrat. Das Privatleben der Sängerinnen war von großem Interesse, wenn man die galanten Romane und den Operntratsch als Indikator nimmt.[565]

Viele Sängerinnen stammten aus Musikerfamilien. Wie Sophia Dorothea Louisa Keiser (1712–1768), die Tochter des Musikerehepaares Keiser, des Komponisten Reinhard und der Sängerin Barbara Keiser. Reinhard Keiser komponierte auch Partien für Sophia. Oftmals waren Sängerinnen mit Komponisten und Kapellmeistern verheiratet, bildeten geschützte Lebens- und Arbeitsgemeinschaften, wie die bekannte italienische Sopranistin Faustina Bordoni mit Johann Adolf Hasse. Beide feierten gemeinsam europaweit Erfolge. Komponisten, Musiker und Sängerinnen bildeten musikalische Familienbetriebe, von deren Innenleben wir aus ihrer Perspektive wenig wissen, dafür umso mehr von den Vorurteilen und Projektionen ihrer Umwelt. Der männliche und weibliche Nachwuchs wurde von Kindesbeinen an künstlerisch ausgebildet, wenn auch die Mädchen wohl seltener Kompositionsunterricht erhielten.

Entgegen vieler Schilderungen «galanter» Literaten oder borniert er Kritiker waren auch diese Milieus von Normen und Werten der feudal-bürgerlichen Gesellschaft geprägt.[566] So wird der Librettist und Dichter Johann Ulrich von König bedauert, weil er in erster Ehe mit einer «untreuen» Opernsängerin verheiratet war.[567] Mit Zerwürfnis und Trennung endete auch die Ehe der erfolgreichen Sängerin Maria Domenica Polon mit dem Kammermusikus und Hofkanzlisten Leonhard Polon.[568] Sie war Schülerin am Ospedale della Pietà in Venedig,[569] dem Ausbildungszentrum für Musikerinnen und Sängerinnen. Auf ihre gründliche Ausbildung auch in der Instrumentalmusik lässt eine Ankündigung für ein Benefizkonzert am 29. Dezember 1724 im Hamburger Opernhaus schließen, wo «nebst andern Instrumenten von derselben ein Concert Violin zu hören» war.[570]

Trotz aller Virtuosität wurden Sängerinnen vielfach vornehmlich als Verlockung zur Sünde, als «Callgirls mit Gold in der Kehle», wahrgenommen. Doch nur in dieser Rolle konnte manche Sängerin auf den Opernbühnen ihren Lebensunterhalt sichern. Viele Karrieren waren nur durch die finanzielle und keineswegs uneigennützige Unterstützung mächtiger Fürsten, einflussreicher und solventer Bürger und Militärs möglich. Am Ende so einer Bühnenkarriere stand idealerweise, zur ökonomischen Absicherung, eine Ehe mit einem Verehrer aus höheren Kreisen.

Eine Ausnahmeerscheinung war Margaretha Susanna Kayserin,[571] die als Opernchefin, Konzertveranstalterin und Sängerin über eine allgemein anerkannte Autorität verfügte und sich auch mit Standespersonen anlegte.

5.8.1. Opernsängerinnen im Spiegel zeitgenössischer Texte mit Hamburg-Kolorit

Als Quelle für verbreitete Einstellungen eines «hegemonial-männlich» dominierten Publikums gegenüber Sängerinnen kann wiederum Hunolds *Satyrischer Roman* herangezogen werden, in dem er auf Ereignisse, Skandale und Klatsch auch im Opernmilieu anspielte.[572] Hunold soll hier seine unglückliche Liebe zur Opernsängerin Madame Conradi verarbeitet haben, für deren Zurückweisung er sich rächt. Leider ist Madame Conradi's Sicht der Dinge nicht überliefert. Sie kam um 1700 von Dresden nach Hamburg, sang zunächst im Opernchor, dann als Solistin mit einem Stimmumfang a-d'''. Von der Bühne zog sie sich 1709 zurück und heiratete 1711 den Grafen Gruzewska.[573]

Hunold verlegt die Romanhandlung rund 130 Jahre zurück in das Jahr 1580 – nach Venedig, das hier für Hamburg steht. Eine tragende Rolle spielt Caelia, ein «Opern=Frauenzimmer in Venedig», die für Madame Conradi steht, und von ihrem Verehrer Tyrsatis, vermutlich das Alter Ego von Hunold, als promisk, trinkfreudig und wenig kunstbeflissen denunziert wird.[574] Heimlich liest Tyrsatis in Caelias Tagebuch, der Librettist dichtet der Opernsängerin ein Sex-Tagebuch an, eine Art Liste:[575]

> [...] und nachdem er sich bald kranck gelacht/ ließ er auch andern Zeit/ sich darüber zu ergetzen/ und communicirte den Inhalt nicht allein guten Freunden/ sondern/ weil wir das Glück hatten/ mit ihm aus Venedig zu correspondiren/ erhielten wir gleichfalls eine Abschrift davon/ welche wir also / nachdem wir auch nicht drüber verdrüßlich gewesen/ dem geneigten Leser zu seinem Divertissement mittheilen und dabey bitten wollen/ daß weil den Reinen alles rein/ sich Tugendhaft darüber zu erfreuen/ und vor allen Mademoisellen Cloelien in Venedig keinen Part davon zu geben/ weil wir nicht gesonnen sind/ der geringsten Person Tort, geschweige einer so vortrefflichen Virtousin zu thun.[576]

Die Privatsphäre der Opernsängerin genießt keinen Schutz, sie gilt als öffentliche Frau, deren gesellschaftlicher Rang niedrig ist, im Gegensatz zu den Männern, die Caelia umwerben. Sie scheinen allesamt wohlhabend und aus der besseren Gesellschaft zu stammen, darunter auch hochrangige Militärs. Für Caelias sexuelle Dienstleistungen wird sie mit Geld oder in Naturalien bezahlt, wie z.B. mit kostbaren Stoffen, eine Honorierung in der Tradition antiker Prostituierter.

> Neu=verbesserter und vermehrter Schreib=Kalender/ Auf das Jahr Venerischer Avanturen, von Anno 1580. [...]
> 2. Jan. Auf einer Gasterey gewesen A la Compania Dei Mercanti mit Hauptmann Sculteto, und vielen andern Officiren: Mich berauschet: handgreifliche Discurse mit Scult: indem er mich nach Hause begleitet.
> 3. Jan. Mons. Flachs-Vigelius bey mir gewesen/ und mir seine Liebe fast weinend angetragen.
> 4. Jan. Ein Billet von M. Pfeffer-Sacco bekommen: Des Nachts um 11. Uhr von ihm in der Gondel abgehohlet: Um drey Uhr nach Hause kommen: Weissen Atlas zum Kleide. NB.
> 5. Jan. Von Lieutenant Bonifacio einen Brief mit Blut geschrieben erhalten.
> 6. Jan. Noch einen von ihnen erhalten/ darinnen er mir eine Heyrath angetragen.
> 7. Jan. Hundert Ducaten von einem Narren Sch: bekommen/ der gedacht/ er bekäm die Jungferschaft von mir. [...]
> 9. Jan. Mons. Flachs-Vigelius mir vor 100 Thaler Spitzen versprochen. NB.
> 10. Jan. Allein und verdrießlich gewesen.

11. Jan. Mich nackend abmahlen lassen. [...]
13. Jan. Mit Baron Reventher in der Opera geredet/ der mir den Signor Dettorse vorgeworffen.
14. Jan. Mich kranck gestellet/ um nicht in der Opera zu singen: bey Signor Dettorse vorgegeben/ ich hätte eine Purgation eingenommen: Baron Reventher bis des nachts um 3. Uhr bey mir gewesen: NB. [...]
19. Jan. KopfWehtage
20. Jan. Mich vor allen verläugnen lassen. [...]
7. Febr. Der Obrist-Lieutenant den Zeitvertreib der Nonnen[577] in meinem B: gefunden/ deswegen mit mir brechen wollen: Ihm die Thür gewiesen. [...]
17. Febr. Tyrsates ist in meiner Kammer früh gewesen: Mich anziehen helfen NB. Ein Schulfuchs/ und Bernheuter in der Liebe.
18. Febr. Signor Gazoni bey mir gewesen: NB. Gute Waden.[...]
3. Mart. Aus Curiosité einen Castraten. NB. NB.[578]

Hunold schildert die Oper als eine Art Bordell für Männer aus dem gehobenen Bürgertum und Adel. Caelia wird beschrieben als eine eitle, gefallsüchtige Künstlerin, die nicht an der Musik und einsamen Studien orientiert ist, sondern an Liebeleien, Dildos und Geschenken. Über ihre Arbeit an der Oper berichtet sie fast nichts, sie erscheint als faul und verlogen, auch ihre Garderobe lässt sie sich finanzieren. Caelias Sexualität wird mit nationalen Besonderheiten erklärt, wie italienischer Heißblütigkeit, bedingt durch die Hitze. Die italienischen Sängerinnen waren europaweit gefragt. Doch stammte Caelias Vorbild, die Madame Conradi, wohl nicht aus Italien.

Eine Prise (Selbst)-Ironie ist nachweisbar, wenn Tyrsatis als eitel und stolz auf seine sexuelle Potenz geschildert wird. So freut er sich, dass Caelia ihn mit einem Bärenhäuter vergleicht, einem ungehobelten, unzivilisierten, also ungalanten Kerl. Auch ein Schulfuchs ist keine echte Auszeichnung, gilt dieser doch als das pedantische Gegenteil eines galanten Mannes. Möglicherweise karikiert Hunold selbstgefällige Männer, die unter dem edlen Pelz der Galanterie wenig erotisches Feingefühl beweisen:

> Tyrsates rechnete also Caeliens übermässige Ausschweifung in der Wollust der Hitze der Italiänischen Luft zu; Und der Ruhm eines Schulfuchses und Bärenheuters in der Liebe/ den sie ihm beygelegt/ gefiel ihm in der That nicht übel.[579]

Aus Hunolds Fiktion spricht die Rache eines zutiefst gekränkten, eifersüchtigen Mannes, der das Bild einer Sängerin zeichnet, das orientiert ist an traditionellen Kategorien des Frauenspottes. Der scheinbar authentische Einblick in das Privatleben einer Sängerin scheint die These der Romanhelden zu bestätigen:

> Gewiß ist/ dass schöne und dabey vollkommen keusche Opern=Personen haben wollen/ fast weisse Raben und schwarze Schwäne in Teutschland suchen heisset.[580]

Vorgeblich als Kritiker einer verdorbenen Moral konstruiert Hunold seine Streifzüge durch die Opernhäuser Venedigs als eine Art peep show für Männer, wollte er doch beobachtet haben,

> daß gar viele Leute in der Opera ihre Freude nicht deswegen bezeigten/ weil eine überaus gefällige Arie gesungen worden / sondern weil sie eine Person gesungen/ die ihnen überaus gefällig; [...].[581]

Dass von Hunold benutzte Etikett der Satire und Sittenkritik liefert den Vorwand zur Ausgestaltung voyeuristisch-pornographischer Szenarien. Mit der Kritik an den Männern, die die Oper als ein großes Bordell nutzen, wird auch die Arbeit der Künstlerinnen denunziert. Auch in anderen literarischen Erzeugnissen Hunolds werden die «Opern=Frauenzimmer» vornehmlich als Objekte der sexuellen Begierde geschildert,[582] als «Galanterie-Frauenzimmer.»[583] Einem «Anwerbungsschreiben an ein Frauenzimmer, die in einer Opera als Frauenzimmer agiret » (also wohl nicht in einer ursprünglich für einen Kastraten geschriebenen Rolle oder in einer Hosenrolle), legte er eigene «Poetische Einfälle»[584] bei. Das Opernfrauenzimmer antwortet wie erwartet, denn diese Frauen scheinen immer nur das eine – und das nicht nur von einem zu wollen:

> Ich muß Sie also, weil sie zu bescheiden sind, und um keine Visitte bei mir anhalten, selbsten darzu bitten, und versehe mich Ihrer auf den Nachmittag, doch ohne andere Gesellschaft, in meinem Quartier.[585]

In einer anonym veröffentlichten Schrift über die Hamburger Oper wettert Jacob Friedrich Lamprecht[586] gegen die italienische Musik und lässt sich ausführlich über Opernsängerinnen aus. Seine spöttisch-kritischen Schilderungen, wohl als Unterhaltung für Herrenrunden gedacht, verraten viel über Frauenbilder und rigide beschränkte weibliche Lebenswelten. So hat die ideale

Opernsängerin eine ideale Weiblichkeit zu verkörpern, zu der Jugendlichkeit und Schönheit zählen, die Lamprecht allerdings bei der Ehefrau des späteren Opernpächters Bartolomeo Monza vermisst:

> Madame Monza, eine Italiänerinn, mit dem Beinahmen die Alte, ist eine lebendige Satyre auf alle Sängerinnen, die jemahls in der Welt gewesen sind, und unter uns, ihr Mann, welcher das Schneiderhandwerk nicht eben so gar gründlich gelernet, ist ein desto ungeschickterer Verfechter der italiänischen Music.[587]

Eine Ausnahme macht Lamprecht bei «Madame Kayserinn». Er attestiert der damals wohl Mittvierzigerin:[588] «bleibet ungeachtet ihres Alters noch immer die Vornehmste.»[589] Ihre Arbeit für die Oper findet seine Anerkennung. Schönheit ist ein weiteres Kriterium, und wieder ergießt sich Lamprechts Spott auf ein weibliches Mitglied der Operntruppe der Familie Monza. Diesmal ist es die Tochter Maria,[590] die am 17.10.1735 mit ihren Eltern in Hamburg ankommt, am 26.10. zum ersten Mal auftritt und in den folgenden Jahren zahlreiche Konzerte gibt:

> Mich wundert, wie sie sich der Schaubühne [hat] widmen können, da sie doch keinen einzigen von den Vortheilen hat, die den theatralischen Personen unentbehrlich sind. Ein ungestalter Leib ist überall unangenehm, am meisten aber auf dem Theater. Doch sie wird noch fürchterlicher, sobald sie nur anfängt zu singen. [...] Man sagt, dass sie gegen unser Geschlecht sehr zärtlich seyn soll, und hierin bestehen vielleicht alle ihre Verdienste.[591]

Auch diese Sängerin wird in die Nähe der Prostitution gerückt. Die ideale Opernsängerin hatte auch bei der schwierigsten Gesangspartie jung und schön auszusehen und nach dem Ende der Vorstellung männlichen Opernbesuchern ganz real sexuell entgegen zu kommen. So strukturiert Thomas Lediard in der Maskerade des vermeintlich anonymen Engländers seine Schilderungen. Er nimmt den (als männlich imaginierten) Leser mit auf einen Besuch durch das Hamburger Opernhaus. Besonderer Programmpunkt ist eine backstage-Visite in den Garderoben der Sängerinnen. Doch dieser aufregende Blick in verborgene Welten scheint nur altbekannte Vorurteile zu bestätigen: Die Opernfrauenzimmer treffen einen Galan nach dem anderen und entsprechen keineswegs seinen Ansprüchen an Schönheit und Vernunft. Diese Meinung unterstützt auch ein kleiner Lügendetektor mit Glocke, welcher immer bei Lügen und Intrigen anschlägt. In der Garderobe wäre die Glocke nur zum Schweigen gebracht worden, wenn der Spion folgende «Wahrheiten» laut verkündet hätte:

> ich hielte sie für hässlich, einer andern aber, sie wäre eine Buhlerin, der dritten, sie sey eine stolze Spröde und dergleichen. Ich vermochte aber nicht so viel über mich, daß ich eine solche Unhöflichkeit begangen hätte, zumal da verschiedene angesehene Herren in dem Zimmer waren.[592]

Welcher Realitätsgehalt ist aus diesen Texten zu destillieren? Männer versuchen, sich den Opernsängerinnen sexuell zu nähern. Dies erscheint durch ihre Berufstätigkeit in der Öffentlichkeit möglich. Doch waren mit den Opernsängerinnen tatsächlich sexuelle Praktiken möglich, die ehrbare Frauen verwehrten? Sind diese Texte Zeugnisse von bürgerlichen männlichen Phantasien von Sexualität – wurde hier unter dem Deckmantel der Satire dem Phantom einer adeligen Sex-Kultur nachgeeifert? Fragen, die nur skizzenhaft beantwortet werden können, denn auch von den Opernsängerinnen selbst oder den Opernbesucherinnen sind bisher keine Selbstzeugnisse aufgetaucht. Sicher scheint nur, dass die Handlungsräume für Männer und Frauen andere waren – und auch anders bewertet wurden. Bemerkenswert ist einmal mehr, dass bei den Frauen «stolze Sprödigkeit» ähnlich negativ bewertet wird wie «Buhlerei». Eine Sichtweise wie sie bei Hunold und anderen Zeitgenossen zu finden ist: Frauen sollten im Rahmen der «Galanterie» den Männern entgegen kommen, dies aber nur in sehr kontrolliertem Maße. Frauen – nicht nur Opernsängerinnen – wurde somit ein sehr schmaler Grat zwischen «Keuschheit» und «Hurerei» zugemutet, der nie klar präzisiert wird und über den Männer die Definitionsmacht beanspruchten.

Solche Bilder von Sängerinnen als öffentlich verfügbare sexuelle Wesen haben wohl auch die Rezeption weiblicher Bühnenfiguren und ihrer künstlerischer Leistungen beeinflusst. Wie wirkte eine von Treue singende Bühnen-Fürstin auf die Zuschauer, der man vor und nach der Vorstellung Ausschweifungen unterstellte? Wurden die Bühnenfiguren als abstrakte Charaktere, als Kunstfiguren wahrgenommen – oder mit den Interpreten und Interpretinnen in eins gesetzt? Legt man hier Quellen wie Romane oder satirische Texte zugrunde, kann zumindest eine besondere Wahrnehmung und Beurteilung der Frauen beobachtet werden. Am Kultur-Betrieb Oper, verzahnt mit den höchsten gesellschaftlichen Kreisen, werden Widersprüche einer patriarchalen Konstruktion von «Liebe» und «Geschlecht» deutlich. Von besonderer Brisanz ist die Symbolisierung der Oper als Frau. In einigen Prologen wird die Allegorie der «Opera» von einer Frau gesungen, z.B. von Madame Kayserin, die das Publikum als ihren «Liebhaber» ansingt. Dabei wird die Institution «Oper» als «weiblich», als mächtig und verführerisch imaginiert,[593] nicht allein bedingt durch ihr grammatisches Geschlecht: la opera. Diese als weiblich definierte Verführungsmacht wird ambivalent bewertet. Sie reizt hegemoniale Männlichkeiten und wird zugleich als «weiblich» definiert, abgewehrt und erniedrigt. Denn Sinnlichkeit und Liebe, als Ohnmacht und Kontrollverlust erlebt, würden von den «eigentlichen» Staats- und Kriegspflichten ablenken. Doch in etlichen Opern werden die Liebe und die Frauen nicht denunziert.[594]

5.9. «Unzucht» im Opernhaus: eine «Coffee=Schenckerin» unter Anklage

> Über das Zucht- und Spinn-Hauß
> Wie/ da in Opern man nur Zucht und Tugend baut/
> Daß man nicht weit davon so Zucht- als Spinn-Hauß schaut?[595]

Hunold spielt auf die räumliche Nähe dieser drei Häuser an, die alle um die Binnenalster herum standen: Vom Jungfernstieg aus gesehen befand sich das Opernhaus nahe am linken Alsterufer, gegenüber das Werk- und Zuchthaus und benachbarte Spinnhaus am rechten Ufer, in der Nähe des heutigen Ballindamms, Eingang Alstertor. Fast in Blick- und Hörweite repräsentierten scheinbar unterschiedliche Institutionen zwei Seiten dieser feudalistisch-bürgerlichen Welt.

Prostitution scheint auch im Zuschauerraum des Opernhauses eine Rolle gespielt zu haben, das suggerieren zumindest galante Romane.[596] Unbarmherziges Licht in eine vermeintlich lustvolle Dunkelheit wirft der Fall von Margaretha Elisabeth Walther (Walther/Walters/Waltern),[597] einer «Coffee-Schenckerin am Gosemarckt wohnhaft». Sie betrieb zusammen mit ihrem Mann Johann Wilhelm Walther ein Kaffeehaus am Gänsemarkt in unmittelbarer Nähe des Opernhauses, wobei sie gewissen Herren durch ihre «allzu freye auffführung in der Opera auffiel». Es bleibt unklar, was für ein Verhalten damit gemeint war, ob sie etwa Männer angesprochen, eine souveräne Körpersprache hatte oder auffällig bzw. freizügig gekleidet war. Kaffeehäuser waren beliebte Treffpunkte und dienen auch in Opern als Szenarien, wie etwa in *Le bon Vivant oder die Leipziger-Messe*[598] (1710), wo aber nur die sogenannten «Caffeè-Jungen» bedienten.

Den Lebenslauf von Margaretha Elisabeth Walther kennen wir nur durch die Perspektive männlicher Chronisten. Darin wird sie als «Hure», als «Kurtisane» bezeichnet, die bereits als Mädchen ihre Existenz durch sexuelle Dienstleistungen gesichert habe. Obwohl sie die gegen sie erhobenen Vorwürfe nie zugegeben und immer abgestritten hat, je als Prostituierte gearbeitet zu haben, wird sie unerbittlich bestraft:

> Am 20. September 1726:
> ist Madame Waltern eines Coffeé Schenckers Frau im Gericht zuerkandt, dass sie anderen Huren und unzüchtigen geilen Ehe-Weibern zum Exempel und Abscheu auf 3 Jahr ins Spinnhaus gesetzet werden soll, und ist sie des Abends aus der Frohnerey dahingebracht, und in den gewöhnlich grünen Kleidern eingekleidet worden.[599]

Auch eine Eheschließung schützte nicht vor Argwohn und ständiger sozialer Kontrolle, insbesondere dann nicht, wenn der Ehemann ebenfalls aus den unteren Schichten stammte und ihm Mitwisserschaft unterstellt wurde. Der Beruf einer Kaffeehauswirtin machte sie ohnehin verdächtig. Die Stationen ihres Lebens – wie sie in den Akten überliefert sind: Margarethe Elisabeth Walther stammte wohl aus der Unterschicht, war Tochter eines Soldaten oder eines Pförtners, und wurde schon als Kind zu Sex-Arbeit genötigt. Ein englischer Schiffskapitän habe sie, wie es heißt, zu «seinem Plaisier» nach Spanien mitgenommen, und reiche Galans sollen dort für ihre feine Garderobe gesorgt haben. Auf der Fahrt hat sie einen englischen Barbier kennen gelernt und geheiratet. M.E. Walther könnte einem Streit zwischen ihren Gästen zum Opfer gefallen sein, denn aus den Akten geht hervor, dass sie von einem Galan verraten worden sei. Doch da sie die ihr zur Last gelegten Vorwürfe nicht bestätigte, verriet sie auch keinen der Männer, wie der Chronist erstaunt feststellte und unterstrich:[600]

> [...] Am letzten hat sie am Gänsemarckt gewohnet, daselbst ein Caffeé Hauß gehalten allwo es ihr nicht an Visiten gemangelt, und öffters so voll gewesen, daß die Gäste nicht/ alle zum Sitzen kommen können auch ihre allzu freye auffführung in der Opera und sonsten, hat den Verdacht noch vermehret, da denn ein Galan nahmens Uthoff, sie angegeben, und auch einige mehr verrathen, welche mit ihr verbothene Freundschaft gepflogen, darauf sie dann durch den Gerichtsdiener Schmetkens [?] bey ihn einlogiret worden; wie sie nun vor den Gerichtsherrn Widow J.V.L. gebracht wird, und ihr solches vorgehalten, hat sie alles

verläugnet und sich ehrlich machen wollen, alß [?] ist sie abermahl vor den Gerichtsherrn gebracht, und Uthoff ihr ins Gesicht gesagt, dass er mit ihr gehurt hat, gibt sie denselben in Richters stube eine derbe Ohrfeige und läugnet beständig, und obwohl einige vornehme Galans mehr sich bey den Richter mit grosse und kleine Geld=Straffe abgefunden, hat sie es doch nicht gestehen wollen, und weil der/ Richter argwohnete, dass Schmetkens (?) auch mit ihr zuhielte, und ihr instruierte, ist sie von denselben nach einem anderen Gerichtsdiener gesetzet worden, aber immer geläugnet, da ihr den von den Richter zuerkandt, dass sie auf 6 Jahr ins Spinhaus ist gebracht worden. Dieses ist ein wares Exempel eines verschwiegenen Frauenzimmers, da ja alle Ehr und reputation weg war. (sic!)
Wie sie nun nicht wieder loß kam, vermeinete der Mann/: welcher umb ihrer Hurerey woll gewusst:/ dass seine Frau nahe geschehen, übergibt denen Oberalten eine Supplic wegen seiner unschuldigen Frauen; dieselben fordern deputierte auß dem Rath, und proponiren ihnen den Einhalt der Supplic, es war aber im Rath darauf decretiret, dass die Dame auß den Spinhause nach der Frohnerey soll gebracht, und ihre Sache also öffentlich zu Gericht außgemacht werden; da sie auch mahl mit andern Dieben und Mördern unter großen Zulauf von Volck ist öffentlich mit gebundenen Händen vor Gericht geführet, ihre acten allda verlesen und die Cortisane N.N. benennet worden, sie hat aber immer geläugnet, ihr defensor hat darauf gedrungen, dass selbe mit Nahmen möchte benennet werden, es ist aber nicht geschehen, und ist sie bey 3 Monat in der Frohnerey gesessen. (S. 805-807)[601]

Dieser Fall verdeutlicht auf erschütternde Art, dass auch im Umfeld der Hamburger Oper freizügigere Liebes-Modelle kaum eine Chance hatten. Es waren in der Regel Frauen aus den unteren Schichten, hier bereits in der Kindheit missbraucht, die den Preis für «galante» Verhältnisse zu zahlen hatten.

5.10. Uneheliche Kinder: die rechtliche Lage

Vor- und außereheliche Sexualität und uneheliche Kinder galten für diese christlich-patriarchale Gesellschaft als Bedrohung.[602] Für diese sichtbaren Folgen «unzüchtiger Liebe» wurden in der Regel die Frauen verantwortlich gemacht. Ihre Möglichkeiten, der Bestrafung und sozialen Ächtung zu entgehen, waren auch von ihrer Schichtzugehörigkeit abhängig. So zogen sich wohlhabende, adlige Frauen für einige Monate auf einem Landsitz zurück, um dort zu entbinden, gaben das Neugeborene bei der Familie oder bei Bekannten in Obhut und statteten es ggf. mit einer anderen Identität aus. Manche dieser Kinder wurden vom Vater anerkannt, wie Graf Moritz von Sachsen. Seine Mutter war die Gräfin Maria Aurora von Königsmarck, damals Mätresse von August dem Starken. Moritz machte Karriere beim Militär, brachte es bis zum Marschall von Frankreich.

Für Frauen des Bürgertums bestand theoretisch die Möglichkeit, dass der «Schwängerer» sie heiratete und so für sie und ihr Kind sorgte. Blieb sie ledig, bedeutete dies Schande für sie und ihre Familie und sie konnte auch bestraft werden. Ledige Mütter der Unterschicht hingegen waren einer scharfen Strafverfolgung und demütigenden Strafen ausgesetzt. Während sich der «Beischläfer», so er denn ermittelt wurde, mit einer Geldstrafe, der Zahlung eines Haubenthalers, aus der Affäre ziehen konnte, drohte den Frauen die öffentliche Zurschaustellung am Pranger, sie galten als «liederlich» und kamen ins Spinnhaus. Zusammen mit ausgepeitschten und bereits bestraften Prostituierten und Dieben sollten sie dort mittels harter Arbeit, wie Spinnen, Wollekratzen und Weben auf den Pfad der Tugend geführt werden.[603]

5.10.1. Uneheliche Kinder von Fürsten auf der Bühne

Uneheliche Kinder adliger Männer, in ihrer Jugendzeit gezeugt, werden in einzelnen Opern thematisiert: in *Medea* (1695)[604] gesteht Aegeus, der König von Athen, seiner Gattin Medea in der Schlussszene:

> Schau, o Medea, hier die süsse Frucht
> Die meiner Jugend Irrthum hat erzielet. (III, 16)

Diese «süsse Frucht» ist Theseus, ein uneheliches Kind, das Aegeus, König von Athen, mit Etra hat. Der Librettoleser, angesprochen als «Geneigter Leser», weiß bereits aus der Inhaltsangabe von diesen wenig vorbildlichen, aber hier verzeihlichen Familienverhältnissen:

> Es hatte aber Aegeus vormals von der Etra auch einen Sohn gezeuget mit Namen Theseus, der sich doch gantz unbekandt am Hofe auffhielt/ auch von seinem eigenen Vater nicht erkandt ward/ so dass ihn dieser vor einen Frembden haltende zum Obrister über sein Kriegs=Herr bestellet.

Doch Theseus ist über seine königliche, aber uneheliche Herkunft aufgeklärt worden, wie er dem verdutzten Vater in der Schlussszene offenbart. Als untrügliches Zeichen war ihm ein Degen vermacht worden:

> Die Etra brachte mich als Mutter an das Licht/
> Aus diesem Degen kanstu lesen/
> Daß meine Wieg' ist Königlich gewesen/
> Ich bin dein Sohn. (III, 16)

Die Existenz und Position von Theseus waren lange ungesichert und bedroht. Vor dem lieto fine wollten ihn Medea und Medus, der eheliche Sohn von Medea und Aegeus, aus dem Weg räumen. Durch Träume und Wahrsagungen wusste Medea, dass Medus nicht König von Athen werden würde, sondern Theseus, doch blieb ihr der Grund dafür verborgen. Deshalb fordern Medea und Medus vom König, Theseus umbringen zu lassen. König Aegeus widersetzte sich diesem Plan zunächst, da er plötzlich «ein frembd Mitleiden» spürte, natürliche Vaterliebe. Doch dann willigte er in das Mordkomplott ein. Die Wendung bringt ein Duell zwischen Medus und Androgeus um die vermeintliche Staatsjungfer Irea, die aber eigentlich Hippolita heißt und mit Theseus eine Liebesbeziehung hat. Dabei tötet Medus den Androgeus, der heimlich von Medea geliebt wird (III, 9, 10). Vater und Mutter sind über diese Bluttat erzürnt, aber am Schluss verzeihen sie Medus. Gemäß zeittypischer Vorstellungen ist die Bluttat von Aegus aus Liebesleidenschaft und Ehrverletzung hinnehmbar: «vergeb ich dir auch die Schuld der Liebe dir/ mein Sohn.» Aus Dankbarkeit verzichtet Medus auf seinen Thron, er will sich mit seinem Degen eine andere Krone erwerben. Vaterliebe wird hier positiver gezeichnet als Mutterliebe, die als eigensüchtig, karrieristisch und den Plänen der Vorsehung als entgegengesetzt dargestellt wird. Die Mutter von Theseus, Etra, spielt in der gesamten Opernhandlung keine Rolle, über ihr Schicksal als ledige Mutter fällt kein Wort. Aber diese Konstellation blieb bemerkenswert aktuell. So spielt über 30 Jahre später wieder ein uneheliches Fürstenkind eine bedeutende Rolle: In *Miriways* will der persische Fürst Miriways den Sohn des von ihm gestürzten Schahs nur dann als Nachfolger akzeptieren, wenn der seine uneheliche Tochter Bemira heiratet, deren Schicksal und Aufenthaltsort ihm aber unbekannt sind. Auch in *Sancio* (1727) muss «Sancio, König von Arragon», gestehen, dass er einen Sohn hat, Ramiro «aus unerlaubter Gluth» (I, 3), im Personenverzeichnis bezeichnet als «natürlicher Sohn des Königs Sancio». Dieser

Sohn erweist sich als vorbildlich zurückhaltend werbender Liebhaber, im Gegensatz zum Kronprinzen, der sich gewalttätig, übergriffig und intrigant verhält und seine Mutter Sinilde sogar des Ehebruchs bezichtigt, die als Regentin mit dem Freund Sancios regierte, während jener Krieg führte. «Ich bin kein Sohn von einem Weib/ die Ehebruchs angeklagt» (II, 4).[605] Uneheliche Kinder von Fürsten waren zwar illegitim, skandalös, aber letztlich als «Jugendsünden» verzeihlich.

5.10.2. Uneheliche Kinder von Fürstinnen auf der Bühne

Aus dem Vorhergesagten ergibt sich, dass Fürstinnen, die ihre unehelichen Kinder selbst thematisieren, eine große Ausnahme auf der Opernbühne sind. Dazu gehört die voreheliche Schwangerschaft von Hermingardis, Tochter des Desiderius, König der Langobarden, in der Oper *Carolus Magnus*[606] (1692). Hermingardis war während eines Unwetters in einer Höhle von einem Unbekannten vergewaltigt worden, der sich später als Karl der Große zu erkennen gibt und sie heiratet. Die Nöte einer unehelich schwangeren Adligen werden in einer verzweifelten Arie mit Rezitativ (I, 6) und in einem Gespräch mit ihrer Amme und Vertrauten Lesba deutlich (I, 7). Lesba, dem Klischee einer liebes- und lebenserfahrenen Dienstbotin entsprechend, führt keine verklausulierte Rede und gibt praktische Ratschläge. Doch dieses Gespräch zwischen den beiden Frauen (I, 7) widersprach sittlichen Normen und wurde in einer zweiten Fassung der Oper um eindeutige Textpassagen gekürzt.[607] Hermingardis hat untrügliche Zeichen einer Schwangerschaft entdeckt und will sterben. Sie klagt im Rezitativ:

> Ich mag vor Scham die Augen nicht aufschlagen,
> Dieweil der Keuschheit und der Wangen
> Beliebte Rosen sind vergangen,
> Und nun davor der Stock muß Dörner tragen.
> O falsche Lust! du gleichst der Sodoms=Frucht,
> Die Asche gibt, wenn man Vergnügung sucht. (I, 6)[608]

In der nächsten Szene sorgt Lesba dafür, dass sie mit Hermingardis ohne Störer und Lauscher reden kann und vertreibt Brillo, den Mann einer Aufwärterin, «pucklicht und stammelnd». Lesba will den Grund für die Verzweiflung ihres ehemaligen Brustkindes erfahren, zu dem sie eine Art mütterliches Vertrauensverhältnis hat. Der Dialog ermöglicht Einblicke in Konzepte von repressiver Sexualität, die nur im Dunkeln und im Kampf zwischen Mann und Frau vollzogen werden kann. Hier die zensierte Fassung in eckigen Klammern und kursiv die gestrichenen Passagen,[610]

Herm. So wisse/ daß halb Zwang und halb Begierde/
Der Jugend allerbeste Zierde
[Das Kleinod reiner Jungfrauschafft]
Ach Hertzeleid! mir hat hinweggerafft.
[Lesb. Das ist viel! Doch sage mir mein Kind?
War es mit Willen oder mit Gewalt?
Besänfftge Dich/ dein Kummer ist zu stillen.
Dergleichen ist wol mehr geschehn.
Herm. Theils mit Gewalt und theils mit meinem Willen.
Lesb. So pflegts gemeinlich zu zugehn.
Herm. Erst hat der Zwang mich auff die Bahn gebracht
Biß daß die Lust ward Meisterin der Tugend.
Lesb. Ey tröste dich/ ich habs in meiner Jugend
Fast ebenso gemacht.
Liest du dir auch die Eh' dabey versprechen?
Herm. Er schwur.
Lesb. Ein solcher Eyd ist leicht zu brechen.
Wer aber wars?
Herm. Ich kenn' ihn nicht.]

Das ist was viel! Doch sage mir mein Kind!
Wer war es doch? Herm. Ich kenn ihn nicht.
Lesb. Wie ist sein Nahm? Herm. Ich weiß nicht. Lesb. Wo sein Vaterland?
Herm. Das sagt er nicht. Lesb. Von welchem Stand?
Herm. Ich Merckt es nicht. Lesb. Wie sah er aus?
Herm. Sein Angesicht Kont ich nicht sehn? Lesb. Sah er dann dich? Herm. Wohl schwerlich. Lesb. Kant er dich denn? Herm. O nein. Lesb. Das ist gefährlich
Der Fall ist unerhöret wie ich halt.
Herm. Zwar die Begebenheit ist neu.
Der Fall ist aber alt.
Lesb. Wie lang' ist es/ daß es geschehen?
Herm. Vier Monat sind vorbey.

[Lesb. Ey liebstes Kind, du bildst auß einer Mücken
Dir einen Elephanten ein,
was niemand weiß,
kann niemand dir auf frücken)
kanst du nur selbst verschwiegen seyn.
Herm. Ach Lesba, Schweigen hilft mir nicht,
Da selbst die That so helle spricht.
Lesb. Das kan ich nicht verstehn mein Kind.
Herm. Ich sagte ja: daß es vier Monat sind.
Lesb. Ja/ ja nun merck ich was du mir wilt sagen
Du fühlst bey dir zwey Hertzen schlagen.
Herm. Ach gar zu wahr. Und darum will ich sterben.
Lesb. Das ware schad`umb eine solche That
Muß ja kein Mensch verderben.
Ich weiß schon Raht.
Herm. Kein Raht ist vor mich außzusinnen
Lesb. Den Hoff=Arzt wollen wir durch Geld gewinnen
Daß er bey allen Leuten schwärt und flucht.
Die Printzessin lieg an der Wassersucht/
Zu seiner Zeit wird dann kein Mittel fehlen.
Das Zeugnüß deines Fehlers zu verhehlen.

Aria 1.
Die Lieb ist von Natur uns an/
Wer ist der sich berühmen kan?
Daß er darinnen nicht gefallen/
Drum nim von mir zum Trost dis ein:
Du bist die erste nicht von allen/
Und wirst auch nicht die letzte seyn.

2.
Wenn alle solten seyn verjagt/
Die sich/ wie du/ zu weit gewagt/
Von Jungfern/ Wittwen oder Bräuten/
So müst man ihnen gar gewiß/
Viel einen grössern Ort bereiten/
Als Hamburg, London und Paris. (I, 7)][611]

Diese Szene birgt deutliche Hinweise auf Vorstellungen und Praktiken von Sexualität. Der Akt wurde in völliger Dunkelheit vollzogen, die beiden haben einander nicht «erkennen» können. Für Lesba scheint Liebe, Sexualität wie eine Naturgewalt, gegen die kein Widerstand hilft. Sie teilt die Vorstellung, dass Sexualität nicht anders gelebt werden könne, als durch die gewaltsame Überwindung der tugendhaften Frau durch den Mann. Letztlich würde die Frau aber «mitmachen» und Schuldgefühle entwickeln. Auch Hermingardis scheint sich nicht entschieden gewehrt zu haben und trägt, wie alle Frauen, die Hauptverantwortung. Hermingardis hat sich «zu weit gewagt», sie hat einen «Fehler» begangen. Hingegen scheint der von Männern ausgeübte «Zwang», also Gewalt, üblich und akzeptabel, wenn sie zuvor ein Eheversprechen gegeben hatten. Heiratsversprechen galten als Schlüssel zur Sexualität mit einer unverheirateten Frau und als Argument unehelich schwangerer Frauen, die gegen diese Männer klagten. Hermingardis Betonung von »vier Monaten» sind Ausdruck der allgemeinen Überzeugung, dass nach dieser Zeit eine Schwangerschaft sicher erkannt werden kann. Dass der «Schwängerer» samt Sexualakt im Dunkeln bleibt, wie etwa Jupiter, könnte auch ein Hinweis auf die fast göttergleiche Unwiderstehlichkeit eines Herrschers wie Karl der Große sein.

Lebenserfahren und umsichtig sind Lesbas Vorschläge für die Zeit der Schwangerschaft und den Umgang mit dem Neugeborenen. Als Frau von Stand kann Hermingardis sich hinter einer Krankheit verstecken, fern vom Hofklatsch ihr Kind zur Welt bringen, das dann mit einer anderen Identität ausgestattet wird. Dazu muss der Hofarzt eingeweiht und mit entsprechender Honorierung zum Stillschweigen verpflichtet werden. Lesba beschreibt in ihrer Arie eine europaweit verbreitete Doppelmoral und Kultur des Verschweigens. Sie plädiert für mehr Verständnis für die ledigen Mütter, statt sie zu verjagen. Die «unordentlichen Begierden» in Fürstenhäusern bilden den Hintergrund für abenteuerliche Geschichten über angeblich geraubte oder ausgesetzte Säuglinge bzw. Kleinkinder, die später nur an Tätowierungen oder besonderem Schmuck erkannt werden.

5.10.3. Uneheliche Kinder aus bürgerlichen und Unterschichts-Familien auf der Bühne

Ebenfalls dramatisch war die Situation für uneheliche Kinder aus bürgerlichen und unteren Schichten,[612] nur hatten die werdenden Mütter in der Regel nicht die Möglichkeit des zeitweiligen Rückzugs, um ihr Kind in Ruhe zur

Welt zu bringen. So singen in *Adelheid* (1727) alle Gäste auf der Hochzeit der Babia, der eigenwilligen Tochter des Dorfschulmeisters Tumernix und seiner Frau Walpe aus den komischen Zwischenszenen: «Die Jungfern sind beglückt, die zeitlich Männer kriegen, die meisten müssten sonst als Jungfern Kinder wiegen» (III, 10). Diese Passage ist keineswegs als Hinweis darauf zu verstehen, dass ein uneheliches Kind zwar kein Idealzustand ist, aber dem Ruf der Mutter nicht schade.[613] Denn als Jungfer ein Kind zu wiegen bedeutete, die Jungfräulichkeit verloren zu haben und somit der Schande ausgeliefert zu sein. So verloren ledige schwangere Bürgertöchter ihre Chancen auf dem Heiratsmarkt, sie konnten von ihren Familien verstoßen werden. Ledige schwangere Dienstbotinnen verloren ihre Arbeit und hatten noch dazu eine Unzuchtsstrafe zu bezahlen.[614]

Auf der Bühne der Gänsemarktoper bringt zwar noch keine Ahnin von Gretchen aus wahnsinniger Verzweiflung ihr Kind um, aber die gesellschaftliche Grundproblematik, die zu solchen Taten führen konnte, wird angedeutet und in Ansätzen vorgeführt. Auch in Hamburg sahen etliche Frauen, Männer, Paare, insbesondere aus der Unterschicht, keinen anderen Ausweg, als ihre Neugeborenen oder größere Kinder auszusetzen. Dies war eine Folge ihrer Armut und der Heiratsbeschränkungen.

> Die Geschichte des Waisenhauses verlief ebenso wenig wie die der gesamten Armenfürsorge in stetigem Fortschritt zum bessern, sondern wurde immer wieder von den gleichen Problemen eingeholt.[615]

Für eine zeitweilige Linderung dieses Problems sorgte der niederländische und in Hamburg ansässige Kaufmann Jobst von Overbeck, der sich für Hamburger Arme engagiert hatte und Vorsteher des Waisenhauses gewesen war. 1709 stellte er die Zinsen eines Vermögens von 50000 Mark Banko für den Unterhalt der Kinder zur Verfügung, die in einem Torno[616] ausgesetzt wurden, der neben dem Portal des Waisenhauses angebracht wurde.[617] (Das alte Waisenhaus stand bis 1801 in der bis heute vorhandenen Straße «Beim Alten Waisenhaus».) In diesen Torno konnten die Säuglinge auf eine Drehlade gelegt werden, ohne dass die Frauen oder Männer dabei gesehen wurden. 1710 gab es 185 Torno-Kinder, wovon 44 starben, 1713 waren es bereits 448, von denen 143 starben.[618] Obwohl Overbeck auf eigene Rechnung eine Stange vor der Öffnung anbringen ließ, damit nur noch kleine Kinder abgelegt werden konnten, wurden große Kinder einfach neben die Lade gesetzt.[619] Die meisten Findelkinder wurden in eine Pflegestelle auf dem Lande gegeben, vorzugsweise nach Pinneberg, doch war ihnen damit keineswegs ein guter Start ins Leben gesichert.

Die Kindsmorde waren tatsächlich während dieser paar Jahre merklich zurückgegangen, die hohe Sterblichkeitsrate der Tornokinder müsste allerdings dagegen gerechnet werden.[620]

Als das Armenkollegium das Ausmaß dieses Elends realisierte, und noch dazu die Geldsumme, die Overbeck zur Verfügung gestellt hatte, in diesen Jahren aufgebraucht worden war, wurde nicht etwa den armen Müttern und Kindern durch zusätzliche Investitionen oder eine veränderte Gesetzgebung und Rechtsprechung geholfen, sondern der Torno wieder abgebaut. Das Waisenhaus hätte die Kosten tragen müssen und sah die gesamte Existenz des Hauses bedroht. Obwohl sich Overbeck vehement gegen die Abschaffung des Tornos wehrte, musste er 1714 der Abschaffung zustimmen.

Erneut gab es keine Unterstützung für die verzweifelten Frauen (und Männer), die keinen anderen Ausweg aus ihrer Not und Schande sahen, als ihr Neugeborenes auszusetzen. Weder änderten sich die Lebensbedingungen, noch setzte auf Seiten der Obrigkeit ein Umdenken ein. Stattdessen erließ der Rat am 23. Oktober 1730 ein Mandat, da einige «Gott= und Gewissen=lose Menschen» trotz der Einrichtung des Waisenhauses

> so wohl ihre eigene als auch anderer Leute junge, mehrentheils neulich gebohrne auch noch ungetauffte Kinder, vor denen Thüren der hiesigen Bürger und Einwohner, wie auch in denen Kirchen, auf den Kirch=Höfen, und anderen, so wohl publiquen als Privat=Plätzen dieser Stadt, dergestalt heim= und gefährlich exponiren und hinlegen, dass sie darüber erkrancken, und mehrentheils gar ums Leben gebracht werden.[621]

Wer seine oder fremde Kinder aussetzte, wurde mit schweren Strafen bedroht: «daß sie zur gefänglichen Hafft gebracht, fiscaliter angeklaget, und nach Befinden an Leib oder Leben gestraffet werden sollen.» Hier treffen widersprüchliche Tendenzen aufeinander: auf der einen Seite braucht die merkantilistische Wirtschaftsform viele Arbeiter, also auch viele Kinder, und bestrafte die Kindestötung hart. Auf der anderen Seite sollte mittels Heiratsverboten und Unzuchtsstrafen die Geburtenzahl der unteren Schichten eingeschränkt werden.

5.11. Kindestötungen

Frauen, die ihr Kind töteten, drohte die Folter und die Todesstrafe.[622] Ihre Hinrichtungen waren Ereignisse, für die Flugblätter mit mahnend-reißerischen Texten und Bildern angefertigt wurden. In einer Hamburger Chronik sind Beispiele der frühen Sensationspresse zu finden. Hier wird über die Hinrichtung einer Kindsmörderin berichtet (unklar bleibt, ob es sich um die Kindsmutter handelt):

> Marta Lexau welche Anno 1718, den 17. Mart. ein junges Kind den Halß abgeschnitten/ Wovor sie am künfftigen Montag vom Leben zum Tode gebracht wird/ mit dem Schwert.[623]

In die handgeschriebene Chronik war ein Flugblatt mit einem Bild der Hinrichtung und mahnenden Versen eingefügt worden:

> 3.
> Ein junges Kind/ gantz ohn Verschulden/
> Hab ich ermord/ ach weh mir/
> davor muß ich mit Recht erdulden/
> den Todt/ den ihr jetzt schauet hier/
> ach hätt ich diß vorher bedacht/
> würd ich nicht so zum Tod gebracht.

Auch von männlichen Kindsmördern wird in den Chroniken berichtet, allerdings ohne nähere Informationen zum Hintergrund der Tat.[624] Auf der Hamburger Opernbühne hingegen spielt nur eine Kindsmörderin eine bedeutende Rolle: die Königstochter Medea aus Kolchis, Zauberin, Halbgöttin, Mutter, verlassene Frau.[625] Dieser Fall wird auf den damaligen Opernbühnen aus unterschiedlichen Perspektiven und mit unterschiedlichen Schwerpunkten geschildert. So ist nicht immer klar, welcher Art ihre Verbindung mit Jason war: Lebte sie mit ihm in einer unehelichen Partnerschaft, waren die Kinder also unehelich? Oder waren sie verheiratet, heimlich oder offiziell? Aus griechischen Vorlagen geht hervor, dass die Kinder wohl einer unehelichen Gemeinschaft entstammten, denn Medea war eine Zauberin und Jason und seinen Argonauten nicht mit dem Segen ihres Vaters, sondern heimlich gefolgt. Außerdem hatte sie mehrfach dem Interesse der Familie zuwider gehandelt. Sie war also keine rechtmäßig und allgemein anerkannte Ehefrau.

Auf der Hamburger Bühne war der Medea-Stoff in diversen Variationen zu sehen: In *Die unglückliche Liebe des tapffern Jasons*[626] (1695, 1697?) gilt sie als «dessen Gemahlin». Jason hat Medea wegen Creusa verstoßen, die darauf die gemeinsamen Kinder tötete. Medea entzieht sich weltlicher Bestrafung: «Medea auff einem Drachen sitzend/ Und einen blutigen Dolch in der Hand haltend» (III, 19). In der Mythologie-Mixtur *Die vereinigten Mitbuhler oder die siegende Atalanta*[627] (1698) ist Jason «König von Thessalien, Gemahl der Medea und dennoch in Atalanta verliebt.» Medea zwingt den untreuen Jason mit der Drohung, den gemeinsamen Sohn Nisus umzubringen, wieder in die Ehe zurück. Keine Rolle spielt das Motiv des Kindsmordes hingegen in *Jason oder die Eroberung des güldenen Flüsses*[628] (1720, 1721, 1722). Hier wird in mehreren Handlungssträngen die Problematik arrangierter Ehen und gebrochener Verlöbnisse durchgespielt. Medea, «eine zauberische Printzessin/ verliebt in Jason», ist aber von ihrem Vater Eeta, «König von Colchis», dem Stiro versprochen worden, «König von Albanien, verachteter Liebhaber der Medea». Jason verlässt Hissifila, Königin von Lemnos. Medea steht Jason gegen ihren Vater bei, «hält denen Augen der Streitenden einen bezauberten Schild für/ durch dessen Anblick sie alle unbeweglich stehen müssen» (III, 18). Letztlich werden Jason und Medea, auf Geheiß des Schicksals ein Paar, da sie Eltern eines Helden werden sollen, der die Monarchie der Meder begründen wird.

Kindestötung spielte auf der Opernbühne nur selten eine Rolle – und wenn, dann war es kein Delikt von Müttern und Vätern aus den Unterschichten, anders als im realen Hamburg. Dieses Delikt wurde während des Bestehens der Gänsemarktoper hart bestraft. Es handelt sich hier um kein spezifisches Problem der frühen Neuzeit, und spätestens seit der Medea des Euripides ist die Fortschreibung dieses Mythos ein Indikator für Diskurse der Weiblichkeit.[629] Medeas Motive zwischen Wahn, Zauberei und Verzweiflung werden unterschiedlich dargestellt und gewichtet. Medea ist die von Jason verlassene, fremde Fürstin, die alles für ihn getan und aufgegeben hat, trotz aller Bitten verstoßen wird und mit der Tötung der Kinder eine erweiterte Selbsttötung begeht. Andererseits ist sie die mächtige Zauberin mit dem «männlichen Herzen», die sich von den alten Verpflichtungen frei macht. Gefürchtet wird sie auch als zugleich lebenspendende und todbringende Mutter. Die Perspektiven schwanken zwischen Solidarität, Verständnis und Abscheu.

Aus der Mythologie sind auch Väter bekannt, die ihre Kinder aus Verzweiflung oder im Wahn umbringen. Ihre grausamen Vorhaben und Taten werden zwar geahndet, aber eine wichtige Rolle spielt die Entscheidungsgewalt der Väter und ihre Rechte über ihre Kinder. Hier sind weitere Untersuchungen nötig. So gibt es einen Strang der Herkules-Sagen, in dem er wegen grausamster Kriegstaten von Hera mit Wahnsinn[630] gestraft wird, einige seiner mit Megara/Megera, der ältesten Tochter des Königs Kreon, gezeugten Söhne für Feinde hält und niederschießt und ins Feuer wirft. Als Strafe muss er die 12 Heldentaten für Eurystheus leisten, von denen einige auch bekannte Opernstoffe sind. Aber als Kindsmörder trat Herkules auf der Hamburger Opernbühne nicht in Erscheinung.

Dafür sorgen hier andere gewaltbereite Väter für dramatische Höhepunkte, wie der römische Adlige Brutus aus *Lucretia* (1705, 1706), der aus Ehrgefühl seine Tochter Valeria umbringen will (IV. 6), da sie angeblich nicht seine leibliche Tochter ist; oder Agamemnon, der seine Tochter Iphigenie den Göttern opfern will, in *Die Wunderbahr-errettete Iphigenia* (1699, 1705, 1710)[631], ein Stoff, der mehrfach bearbeitet bis mindestens 1731 auf der Hamburger Bühne aktuell war.[632]

6. Hexerei und Zauberei

6.1. Hexerei und Zauberei in Hamburg

In Hamburg wurden Hexen nicht massenhaft verfolgt, wie etwa in Lemgo oder in Salem 1692. Bis Ende des 16. Jahrhunderts war «nur» der Straftatbestand des Schadenszaubers festgelegt, erst 1603/05 kam der des Teufelspaktes hinzu, die eigentliche «Hexerei»,[633] ein wesentlicher ideologischer Bestandteil des Hexenhammers (1487). Obwohl das Hamburger Stadtrecht (1270/1301/1497) den Schadenszauber als kriminelle Handlung definierte, die von männlichen oder weiblichen Zauberern ausgeübt werden konnte,[635] erscheint in der Bilderhandschrift des Hamburger Stadtrechtes (1497) nur eine Zauberin – mit Hexenattributen. Ein teuflisch-dämonisches Wesen umfliegt ihren Kopf, in den Händen hält sie ein «Handbandspiel» (Pentagramm), neben ihr brodelt der obligatorische Hexenkessel. Es waren vor allem Frauen, die beschuldigt wurden, Zaubertränke oder vergiftete Nahrung zubereitet zu haben. «Zauberei», d.h. magische Praktiken, wurden eingesetzt zur Lösung von Alltagsproblemen,[636] wenn Frauen sich etwa gegen ihre untreuen Ehemänner und deren Geliebte wehren wollten.

Für Hamburg ergibt sich folgendes Bild: die erste Hexenverbrennung erfolgte 1444, die letzte fand 1642 in Hamburg statt, das Opfer war Cillie Hempel.[637] Roswitha Roggen kommt zu dem Ergebnis, dass zwischen 1444 und

1642 in Hamburg «mindestens 50 Frauen und etwa 5 Männer wegen Zauberei verbrannt»[638] wurden, andere Untersuchungen sprechen von 30 Frauen und 7 Männern.[639] Der letzte Hexenprozess in Hamburg endete 1676 mit einem Freispruch, Margret Ahlers aus Bergedorf wurde nach 21 Monaten freigesprochen. Zum Vergleich: in Berlin wurde noch 1738 in einem Hexenprozess ein Mädchen zu lebenslanger Freiheitsstrafe verurteilt.[640]

Aberglaube, magische Praktiken, Gespenster, Zauberei haben in Hamburg[641] eine wichtige Rolle gespielt, wie aus diversen Chroniken hervorgeht. Auch hier ist kein linearer Prozess der Rationalisierung zu beobachten, der 1631 mit der *Cautio Criminalis* von Friedrich von Spee begann und spätestens mit der Verbrennung der letzten Hexe 1775 in Kempten geendet haben könnte. Es ist keine stringente «fortschrittliche Entwicklung» zu beobachten, wie sie durch den aufklärerischen Diskurs von Theologen, Juristen und Medizinern möglich schien.[642] Nicht nur die ungebildeten Schichten fürchteten sich vor Teufeln, Hexen und Geistern. Auch bei Akademikern und Adligen war der Glaube an die Existenz dunkler Mächte verbreitet.[643] Widerstreitende Positionen zu Zauberei und Weiblichkeit können auch innerhalb einer Familie nachgewiesen werden, wie etwa bei den Brüdern Feustking: Der schleswig-holsteinische Pastor und Librettist Friedrich Christian Feustking, der u.a. die deutschen Fassungen der Händel-Opern *Almira* (1705/1732), *Nero* (1705) einrichtete und das Libretto zu Matthesons's *Cleopatra*[644] (1704) schrieb. Etwa zur gleichen Zeit veröffentlichte sein Bruder, der streng lutherisch-orthodoxe Pfarrer Johann Heinrich Feustking, einen misogynen Beitrag zur deutschen «Querelle des Femmes»: *Gynaeceum Haeretico Fanaticum, Oder Historie und Beschreibung Der falschen Prophetinnen/ Quäckerinnen/ Schwärmerinnen/ und andern sectirischen und begeisterten Weibes=Personen.*[645]

Einblicke in von Magie und Zauberei geprägten Vorstellungen ermöglicht ein Mordfall, der den Hökerinnen Ilsabe Bunck und Maria Cäcilia Jürgens angelastet wurde. Ilsabe Bunck, die sich lange Jahre in Männerkleidern auch als Soldat durchgeschlagen hatte, war verheiratet mit Maria Cäcilia Jürgens und soll gemeinsam mit dem Apothekergesellen Johann Friedrich Jähner Leichenteile von Hingerichteten gestohlen und als Arznei oder Amulette verkauft haben.[646] Außerdem sollen sie eine Frau umgebracht haben, deren Leichnam 1701 nackt und enthauptet auf dem Schweinemarkt aufgefunden worden war. Dabei soll es sich um die Bauersfrau Margarethe Riecken aus Neuengamme gehandelt haben, die ihren Mann verlassen und einige Zeit mit Ilsabe Bunck zusammengelebt hatte. Jähner soll angeblich aus dem Kopf der Leiche ein medizinisches Getränk gebraut haben. Zaubermittel aus Leichenteilen haben auch Opernfiguren wie Alcea aus *Hannibal* (1681) und Floretto aus *Artemisia* (1715) verwendet.

6.2. Bühnenzauber im Zeichen der Geschlechterdifferenz

Für grandiose Show-Effekte und Höhepunkte der Bühnentechnik sorgten Zauberszenen: Furienbeschwörungen verzweifelter zauberischer Frauen, die mit Hilfe der Götter und Geister ihren Liebhaber (zurück-)gewinnen wollen. Wahnsinnsszenen unglücklich Liebender und derlei Varianten mehr waren auch Boten einer langen Bühnentradition, die die Schaulust an magischen, «heidnischen» Praktiken bediente. Eine Zutat war parodistischer Hokuspokus, wie er bereits vor Bestehen der Hamburger Oper auf venezianischen Opernbühnen praktiziert wurde.[647] Hier lässt sich eindrucksvoll die Funktion der Bühne als Spiegel, als Vermittlungsinstanz für gesellschaftlich relevante Konflikte, Ängste und Träume zeigen. Magische bzw. heidnische Praktiken waren damals auch in Hamburg Stände übergreifend verbreitet, als dunkle und bekämpfte Seite eines lutherisch-orthodoxen Christentums, das jeden Aberglauben ablehnte.

Zauberei bot auch Anlass für Parodien und Spott, wie er sich nachweisen lässt in den Hamburger Chroniken. Überliefert sind Fälle von Geisterspuk in Hamburg,[648] über den sich «vernünftig» wähnende Zeitgenossen amüsierten. Auch auf der Opernbühne konnte die zauberische Inszenierung als Satire gemeint sein. In Reinhard Keiser's scherzhaftem Singspiel *Der lächerliche Prinz Jodelet* (1723/1733) gibt es eine Szene, in der die Hofdame Erminde dem mittlerweile zu «des Printzen Hofe=Meister» aufgestiegenen Nicolo, dem Landstreicher-Gefährten des Jodelet, einen zauberischen Streich spielt. Nicolo umwirbt Erminde, doch sie will von dem unhöflichen Galan nichts wissen und führt ihn ihrem künftigen Ehemann, dem «Trabanten Hauptmann» Henriquez vor (IV, 7).[649] Geschlechtsspezifische Klischees galanter höfischer Liebe prallen hier aufeinander: Erminda, als Typus der in Liebesdingen versierten Hofdame heuchelt Nicolo Liebe vor, der sich wiederum für einen unwiderstehlichen «Cavalier» hält. Vor lauter Selbstverliebtheit überhört er Ermindes Spott, wenn sie sagt: «Wo lebt ein Frauens=Bild, das dich nicht gleich begehrt?» Beiseite verhöhnt sie ihn als eine «alte Sau», als «ärgsten Thor» und «Murmel=Thier». Auf ihren und ihres Gefährten Henriquez Wunsch hin soll Nicolo eine Probe seines höflichen Verhaltens und seiner Bildung zeigen mittels einer «Parentation», einer Grabrede. Sein

Auftritt auf einem «Trauer=Lacken» mit zwei Lichtern scheitert bereits mit der Anrede:

    Wol= Ehr= und Tugendsame Herrn!
    Ermin.: Das ist der klare Kern!
    Nico.: Ihr Klapper=Büchse, redet sachte!
    Henr.: Nur still! Es kommt noch schlimmer.
    Nico: Mannhaftes und gestrenges Frauen=Zimmer.
    Ermin.: Das Compliment geht ziemlich weit.

Endlich erscheinen Geister, die am Tuch ziehen, Nicolo zu Fall bringen und zum Aktschluss ein Tänzchen mit ihm wagen. Humoristische Varianten des Glaubens an Gespenster, die als Stimmen der Verstorbenen gefürchtet wurden. Die Vorstellung vom Grab als Einfallstor einer von Geistern bevölkerten Unterwelt war auch in christlichen Milieus sehr lebendig. Tanzende Geister und Zauberer auf der Opernbühne konnten zugleich belustigend und Angst abwehrend wirken – wie beispielsweise in *Artemisia* (1715). Sie waren beliebte Einlagen – ebenso wie komische männliche Personen, deren Zauberkünste Fehl schlagen. So versucht sich der Hofgärtner Floretto in *Artemisia* als Zauberer Signor Ego (II, 12), der für die Prinzessin Artemia (die Namensähnlichkeit ist frappierend) ein Armband wieder finden soll. Aber er deutet diesen Auftrag sexuell, was von einer komischen männlichen Person auch erwartet wurde, und macht sich auf die letztlich vergebliche Suche nach ihrer angeblich verlorenen Keuschheit, mit «Zauber=Instrumenten» und Riten: «(Er machet einen Crayß/ und nimmt allerhand Possen vor. Es erscheinet ein Geist/ in Gestalt eines Zauberers/ aus der Höhlen und tritt zu ihm in den Crayß.)»[650] Es erscheinen Furcht erregende Geister, die er der Etikette gemäß als Mitglieder des Hamburgischen Establishments anzusprechen versucht. Alle sind sie in der Hölle versammelt, vom Handwerksmeister bis zum Ratsherrn, und Floretto sucht nach der richtigen Anrede – und verspottet so den Titelkult.[651] Außerdem hatten diese Geister ein Geschlecht – sie waren männlich.

    Erotische Anspielungen und Absichten führt auch die komische Person Tuberone im Schilde aus dem Zwischenspiel von *Tigranes* (1719). Im 2. Teil sinnt Tuberone auf Zauberkräfte, um seine geliebte Dorimena endlich zu «fesseln». Deshalb hat er von Grillificus eine «Zauberruthe» geraubt, um mit ihrer Hilfe und mit Zaubersprüchen Dorimene endlich zur Heirat zu bewegen. Als unbeweglicher Klotz soll sie das ersehnte Jawort geben, doch Dorimene ergattert die «Ruthe» wieder und somit das Kommando. Neben den komischen

Personen, die offensichtlich verbreitete Praktiken oder leichtgläubig weitererzählte Geistergeschichten verspotten, gab es eine Vielfalt «echt» zauberischer Opernfiguren. Als positiv und mächtig wird Alcea geschildert, «eine Zauberin» in *Hannibal* (1681), die ihre Zauberkraft im Kampf für die treue Liebe einsetzt. Sie wird von dem capuanischen Fürstensohn Floros gebeten (I, 19), ihm bei seiner Werbung um Aemila, eine römische Bürgermeistertochter, beizustehen. Alcea gelobt ihre Unterstützung, trauert sie doch gerade selbst um ihren geliebten Flaminius, an dessen Mörder sie sich rächen will. Im Einsatz sind u.a. ein Wagen, gezogen von zwei Drachen, ähnlich dem Flugmobil Medeas. Alcea braucht für ihre Kontaktaufnahme mit den Kräften der Unterwelt Leichen, Knochen, entsprechend damals angewandter magischer Praktiken. Deshalb besucht sie mit Floros «Ein Feld mit Todten bestreuet»(II, 6). Er befürchtet, dass hier in dunkler Nacht «Medea oder Circe selbst» erscheinen werden, doch Alcea hat alles unter Kontrolle. «Ein angefesseltes Todten=Aaß» (II, 7) auf dem Schlachtfeld von Canna dient ihr als Medium, sie zwingt die Seele des Verstorbenen, Auskunft zu geben über die Zukunft. Dazu ruft sie die «Königin, die die Cocten Höle/ Beherrscht» an, in dem Gebein die Seele erscheinen zu lassen. Das Grauen erregende Szenario stimmt beide ob der guten Nachrichten froh. Später rettet Alcea den Pacuvius, den Vater des Floros, aus Gefahr und bringt ihn auf einer Wolke in Sicherheit (III, 11). Alcea ist eine Zauberin, die auf der Seite der «Guten» steht.

Insgesamt entsteht der Eindruck, dass Zauberei ein geschlechtsspezifisches Machtinstrument war, das in den Händen von Zauberern und Zauberinnen unterschiedlichen Zwecken diente und entsprechend eingesetzt wurde. Zwar agieren auf der Hamburger Opernbühne auch männliche Zauberer, Wahrsager und Seher, wie etwa Aetes, der Onkel von Circe (vgl. Opernanalyse *Circe* (1734/1743)), aber ihre Funktion und Wirkungsmacht unterscheidet sich von der ihrer Kolleginnen. Männer verfügen über große, zerstörerische Macht, und wenn sie gegen eine Zauberin agieren, gewinnen in der Regel sie. Ähnlich wie in Familienbetrieben üblich bilden sie ihre Töchter oder Nichten aus, mit einem entscheidenden Unterschied: sie nutzen ihre Zauberkraft in der Regel nicht für Liebeszauber in eigener Sache. Männliche Zauberer sind nicht die erotisierenden Verführer und später tragisch Liebenden.

Hier überschneiden sich Bühnengeschehen und «Lebenswirklichkeit» deutlich, denn in der Regel wurden Frauen für den Liebeszauber verantwortlich gemacht.[652] Maßgeblich dafür ist die patriarchale Konstruktion von Liebe und Geschlecht, zu der die Abspaltung und Abwertung des «Weiblichen» gehört. Die Macht der Liebe, die Konfusion der Sinne wird auf die Frau projiziert. Sie wird zur Ursache der Liebesverwirrung des Mannes erklärt, zur Quelle seiner Ohnmacht bzw. Impotenz[653] — damit er von jeder Verantwortung freigesprochen werde kann. Zauberei galt als eine «weibliche» Waffe von Frauen, die als Giftmischerinnen und Wahrsagerinnen Männern gefährlich werden konnten. Sarah Colvin[654] liefert eine überzeugende Analyse der Oper *Fredegunda*[655] (1715–1738), eine der beliebtesten Opern auf der Hamburger Bühne, nach der zauberischen Verführerin benannt. Zwei extreme Frauenkonstruktionen werden vorgeführt, Fredegunda und Galsuinde, wie sie bereits aus den Stücken von Lohenstein und Gryphius bekannt waren. Durch übernatürliche sexuelle Kräfte transformiert Fredegunda die Bühne in einen «Ort der Vergessenheit», «woselbst alle nur ersinnliche Lust und Ergötzung anzutreffen». Doch erweist sich dieses Glücksversprechen als trügerisch, da Fredegunda das sexuelle Begehren der Männer für ihre eigenen Ambitionen benutzt, ohne ihnen treu zu sein. Die Mätresse des Königs Chilperich ist auch anderen Liebhabern nicht abgeneigt. Als ihre Pläne zu scheitern drohen, verbündet sie sich mit den Mächten der Unterwelt. Sie bereut nichts, wird zwar vernichtet, gelobt aber, von der Hölle aus weiter zu machen.[656] Ihre Gegenspielerin, weniger oppositionell als komplementär, wie Colvin betont,[657] ist Galsuinde, die Gattin des Chilperich, die Colvin als eine Nachfahrin der Märtyrerin und tugendhaften Femme Forte deutet, deren Hingabe zu Gott nun säkularisiert gewandelt sei in ihrer unbedingten Liebe zum treulosen Ehemann. Galsuinde ist zwar attraktiv, würde aber, anders als ihr Mann, keine Affäre eingehen.

Diese beiden Frauentypen, Heilige und Hure, die die legitime keusche Liebe und die unkeusche Liebe verkörpern, sind bereits in früheren Opern zu sehen — wie in *Floretto* (1683), in der die Verführerin, die auch die Dienste einer Hexe in Anspruch genommen hatte, allerdings nicht verjagt oder vernichtet wird, sondern als Ehefrau weiterlebt, was als Strafe angesehen wird.[658]

Nicht alle Liebes-Zauberinnen passen in dieses Schema, leben doch die Opernbühnen von Varianten und Brüchen. Eine Bruchstelle ist das tief empfundene Liebesunglück und die Verzweiflung, wie sie etwa «Manto, des Tiresias Tochter unter den Namen Argine», aus Telemanns Bearbeitung von *Omphale*[659] (1724) durchleidet. Argine[660] hatte vor Beginn der Opernhandlung eine Beziehung mit Alcides (Hercules), wurde aber von ihm verlassen. Sie gehört zu den mächtigen zauberischen Naturgöttinen. So behauptet der Prinz Iphis über sie: «Sie schreibt der Natur Gesetze für!» (I, 3). Argine kämpft um ihre Liebe, nutzt Zauberkünste gegen ihre vermeintliche Nebenbuhlerin Omphale, die «Königinn der Lydier». Argine stammt aus einer Zauberer-Dynastie, sie ist die Tochter des thebanischen Sehers Teiresias, der hier als Tiresias (in der französisierten Form) nur immateriell auftritt als «Der Geist des Tiresias», in einem Priesterkleid mit goldenem Zepter in der Hand. Die Vater-Tochter-Beziehung zwischen Tiresias und Argine wird als nicht liebevoll und nicht tröstlich geschildert. Unerbittlich prophezeit Tiresias seiner Tochter ein Leben ohne Liebe und beschimpft sie als missraten. Von einer Mutter ist nicht die Rede. Argine wird als leidenschaftlich Liebende gezeichnet, die ihren Neid auf ihre Nebenbuhlerin Omphale zwar reflektiert, aber ihre Verzweiflung nicht beherrschen kann und Omphale töten will (III, 4, 5). Ihr Plan scheint zunächst aufzugehen. Bei einer großen Thronszene lässt Argine die Omphale durch Geister verzaubern, will sie eigenhändig erdolchen. Doch an diesem Mord wird Argine ausgerechnet durch den von ihr unglücklich geliebten Alcides gehindert, der ihr den Dolch aus der Hand reißt. Nach dieser Demütigung will Argine durch Alcides sterben, hat er doch eh ihr Herz gebrochen. Gegen die Macht der «echten» Liebe hat Argine keine Chance: «Die Liebe lässt dich lebens=lang/ bey deinen Seufzern unerhört» (IV, 5). Damit gehört Argine zu den unglücklich liebenden und seufzenden Opern-Zauberinnen, wie die «Fürstin und Ertz-Zauberin» Armide, die Inselherrscherinnen Circe, Calypso oder Alcina (nicht in Hamburg aufgeführt). Diese faszinierenden Verkörperungen von «Weiblichkeit», «Sinnlichkeit» und «Trauer» wurden von Starprimadonnen gesungen, was für ihre außerordentliche Bedeutung spricht. Die Handlungsräume dieser Fürstinnen waren jedoch beschränkt. So ist Circe keine Alleinherrscherin, denn in dieser Oper ist wieder ein Mann der Chef, ihr Onkel Aëtes. Er beklagt Circes Unbeständigkeit, denn sie hat sich ausgerechnet in seinen Feind, den Mörder seines Sohnes verliebt, und bricht somit ihren Eid. Aëtes wird als ein Zauberer dargestellt, der, einem Gott ähnlich, die gesamte Welt vernichten möchte: «Man soll noch durch die Würckung meiner Rache,/ Die Welt von neuem in dem ersten Klumpen sehn.»[661] (I, 11). Dies ist als ein Hinweis auf einen geschlechtsspezifischen Umgang mit Wut zu diskutieren. Circe hat zwar auch zerstörerische Kräfte, die sie zunächst nur gegen ihren Geliebten anwenden würde. Im Laufe der Oper wird sie als «wahre Liebende» gezeigt, die ihre Wut in Autoaggression wendet und sich umbringen will.

Verführung durch Liebeszauber wird Außenseiterinnen von Stand zugeschrieben, die weltliche Herrschaft und individuelle sinnliche Macht zu kombinieren suchen. Dadurch wirken sie äußerst bedrohlich, da potent. Auch nach historisch-politischen Vorbildern geschaffene Herrscherinnen wie Cleopatra werden als attraktive, aber ihre Sinnlichkeit gezielt einsetzende Frauen geschildert – was ihren Untergang bedeutet. In diesen mit fürstlichen Vollmachten ausgestatteten Zauberinnen leben Aspekte der «Femme Forte» fort,[662] handelt es sich doch um aktive, selbstbewusste, kämpferische Frauen. Diese Weiblichkeitsbilder sind Ausdruck bestimmter historischer Bedingungen, verkörpern auch «neue» Geschlechterdiskurse im Zeichen der Galanterie. Möglicherweise könnte die Präsenz von leidenden, Mitgefühl erweckenden Bühnenzauberinnen als ein Indikator für einen gesellschaftlichen Wandel gelesen werden, hier ist allerdings noch Forschungsarbeit zu leisten. Doch sind diese ledigen und als promisk, vergnügungssüchtig und gefühlskalt geschilderten Frauen, die dann aber die «wahre Liebe» erfahren und schließlich untergehen, in der Literatur seit der Antike bekannt.[663] Die dermaßen «bekehrte» Kurtisane, die einem einzigen Mann angehören will, inszeniert in der Selbstauslöschung ihren ultimativen Liebesbeweis.

Doch werden auf der Bühne auch Frauen aus den Unterschichten oder aus anderen Ethnien als Hexen gezeigt, die keineswegs erotisch faszinierend sind. Von Arpa heißt es etwa in *Floretto* (1683): «Die Hexe agiert possierlich im Teufels bannen» (III, 4.). Und ab und an treten Zigeunerinnen als Wahrsagerinnen auf und lesen aus der Hand. «Scherzhaft» werden Frauen oftmals als «Hexe» beschimpft, von komischen Personen wie Dares, der in *Circe* (1734) die resoluten Hofdamen-Gesellschaft der Circe als «Hexen=Nest» bezeichnet. Zauberinnen mit positiven Vorzeichen (weil erotisch nicht gefährlich) sind in den literarischen Vorlagen beliebter Opernstoffe zu finden. Dazu zählt Melissa[664] aus Ludovico Ariost's Epos *Orlando furioso*, einem Stoff-Fundus, der vielen Libretti als Vorlage diente. Melissa beschützt, als weise Ratgeberin, die Amazone Bradamante auf der Suche nach dem treulosen Ruggiero. Diese Aufgabe übernimmt sie auch in etlichen Opern, die von Ruggieros «Befreiung» aus Alcinas Inselreich handeln. In Händels Oper *Alcina* jedoch wird aus der Melissa ein Melisso. Die magischen Kräfte der Zauberinnen reichen in der Regel nicht zur Durchsetzung ihrer Wünsche, zum Umsturz der Verhältnisse. Der von ihr begehrte und geliebte Mann verlässt sie und gehorcht den Pflichten eines Herrschers und Ehemannes, der für einige Zeit Sinnlichkeit und Liebe hat genießen dürfen. Wie er allerdings die Erinnerung an diesen erlebten Traum in sein Leben integriert, davon erzählt keine Oper.

Die Zauberinnen bestätigen vielfach das Bild der mächtigen, aber unheilvollen Frau, die sich mittels magischer und erotischer Kräfte gegen die physische oder symbolische Gewalt hegemonialer Männlichkeiten wehrt und ihre eigenen Pläne verfolgt.[665] Aber sie können auch gedeutet werden als Sympathieträgerinnen für Mann und Frau, da sie aus enttäuschter Liebe leiden.[666] Diese Heldinnen könnten für OpernfreundInnen Identifikationsfiguren gewesen sein, die stellvertretend für sie Liebesschmerz, Verzweiflung, Melancholie, Ohnmacht auslebten – anders als es in der Regel für männliche Helden opportun war, die ihrer Liebe entsagen und wieder mannhaft herrscherliche Pflichten zu übernehmen hatten. (Ausnahmen sind auch hier möglich wie in *Antiochus und Stratonica* (1707–1711)).

Es sind Frauen, die über traumhafte Liebesinseln, über scheinbar üppige natürliche Paradiese herrschen, verführerisch wie Frau Welt, die aber in der christlich-patriarchalen Ordnung keinen geachteten und sicheren Ort haben. Sie müssen untergehen, zur Freude der verklemmten Spießerpaare. Aber vielleicht sind die schillernden AkteurInnen Galionsfiguren «galanterie-erprobter» Männer und Frauen, die wenigstens für kurze Zeit eine Utopie verwirklicht sahen. Das Zauberische, Faszinierende, Unerhörte, Angsteinflössende einer Herrscherin wird in diesen Opernfiguren zum Ausdruck gebracht. Eigentlich sollten diese Opern Lehrbeispiele für Weisheit und Vernunft sein. Dies wird all den Opernfreunden in den Vorberichten der Libretti eingeschärft, die sich selbst als Dauer-Insel-Gäste imaginierten. Ein Beispiel ist der Vorbericht von *Calypso*[667] (1727, 1728). Hier geht es um die richtige Moral für junge Adlige, um wahre politische Klugheit, wie der Zusatztitel unmissverständlich klarstellt: «Sieg der Weißheit über die Liebe».

Auch wenn die Zauberinnen über beeindruckende, aber nicht nachhaltig wirksame Künste verfügten, so boten sie den Bühnenbildnern Gelegenheit zum Zaubern. Da flogen prächtig gedeckte Tafeln durch die Luft, brannten Paläste oder erschienen Furcht erregende Geister. Auch die Komponisten zauberten. Möglicherweise war es weniger der Text als die Musik und der Bühnenzauber, die diese Frauen schmückten und ihnen auf diesen Ebenen «Recht gaben».

Diese zauberischen Handlungsrahmen bündeln Widersprüche der herrschenden Liebes- und Geschlechterkonstruktion: Frauen wird Berechnung und kalkulierter Umgang mit ihrer Sinnlichkeit vorgeworfen, der die Männer die Kontrolle über sich, die Frau und den «Liebesakt» verlieren lässt. Andererseits gelten die Frauen als körperlich «schwächer» und ihren Leidenschaften ausgeliefert. Das eigenmächtige Begehren einer Frau gilt als bedrohlich. Ihr werden zauberische Kräfte, Kontakte zu Geistern und Unterweltgöttern unterstellt, die ihre sexuelle Macht stärken. Die verführbaren Männer können nur unter Mühen auf die Pfade der Tugend zurückgebracht werden.

III. Teil

1. Der Krieg, die Liebe und die Suche nach dem Glück

1.1. Liebe und Sexualität als kriegerischer Akt. Annäherungen und Verweigerungen

Reale Erfahrungsräume und gesellschaftliche Vorstellungen bilden den Hintergrund für die Schilderung von Liebe und Sexualität als kriegsähnlichen Zustand. Auf der Bühne der Gänsemarkt-Oper streiten zwei als Mann und Frau definierte Gegner über ihre existentiellen Wünsche, verletzen einander. Doch diese beiden sind nicht gleichwertig und nicht gleich ausgebildet. Der Beischlaf selbst wird oft wie eine Kriegshandlung beschrieben, bei dem der siegreiche Eroberer, der Mann, die Besiegte, die Frau sexuell bezwingt, d.h. sie sich unterwirft, in Besitz nimmt, in sie eindringt.[1] Die Frau hingegen, nachdem sie gebührenden Widerstand geleistet hat, «ergibt» und «unterwirft» sich – es ist nur von ihrer Hingabe die Rede, nicht von der des Mannes.[2] So gilt der Geschlechtsakt Männern als eine Form von Herrschaft, von Aneignung, von «Besitz», wobei der penetrierende Part als «aktiv» und «männlich» gilt, der «passive» als «weiblich.»[3] Der Krieger wird durch sein Kriegsgerät, den Phallus,[4] ausgezeichnet. Allerdings wird dies so auf der Opernbühne nicht explizit gesagt und gezeigt,[5] sondern metaphernreich umschrieben. Bereits in griechisch-römischen Texten, die den gebildeten Männern (und sicher auch einigen Frauen) bekannt gewesen sein dürften (z.B. Petron's *Satyricon*), werden sowohl der Geschlechtsakt als kriegerischer Akt imaginiert als auch die Potenz des Kriegers mit seinen Leistungen auf dem Schlachtfeld in Verbindung gebracht. Dabei kann die angreifende Kriegsmaschinerie als Penis, die belagerte und schließlich sich ergebende Burg als Vulva gedeutet werden.

> Die traditionelle Interpretation weiblichen Verhaltens entsprach exakt den gesellschaftlichen Erwartungen sexueller Kommunikation zwischen den Geschlechtern. Die Frau hatte passives Objekt männlicher Begierde zu sein, um den Reiz der Eroberung zu erhöhen und bestenfalls den Anschein keuschen Widerstands zu erwecken.[6]

Frauen gelten zugleich als minderwertige Gegnerinnen und zu schützendes Gut. Ihre Handlungsräume werden beschnitten, sie dürfen nicht offen mit

Männern konkurrieren. Macht wird ihnen nicht im militärischen Sinne, durch reale körperliche Kampfkraft zugeschrieben, sondern durch ihre sexuell-körperliche Anziehungskraft, Zauberei. Zwar gelten Frauen als körperlich schwächer als Männer, aber wenn es um den Tatbestand der Notzucht geht, wird den Frauen eine ebenbürtige Körperkraft unterstellt. Sie hätten das Eindringen des Penis verhindern können, ihre Vergewaltigung sei also letztlich mit ihrem Einverständnis erfolgt. Eine Schwangerschaft gilt dann als Zeichen dafür, dass es sich nicht um eine Vergewaltigung gehandelt habe, sondern um einen letztlich einvernehmlichen Akt gemäß der patriarchalen heterosexuellen Rollenverteilung. Dieses Sexualitäts-Szenario ist Ausdruck hegemonialer Männlichkeiten, derart geprägte Männer empfinden ihren Gefühlen, ihrer Sexualität, ihrer Liebe gegenüber Ohnmacht. Sie glauben, die Kontrolle zu verlieren, da Schwäche, Zartheit und Unsicherheit als unwürdig, «weibisch» und somit als «unmännlich» erscheint,[7] insbesondere in Zeiten des Krieges. Doch sind auch hier Ambivalenzen und Variationen nachweisbar, wenn etwa unglücklich verliebte Helden im Geheimen weinen.

Liebesgefühle bei Männern sollen idealerweise durch Frauen ausgelöst werden. Doch gilt die Frau als unberechenbare Gegnerin, die mit ungleichen Waffen schwere Verletzungen seelischer, emotionaler Art zufügen kann. Männer können dann sich und die Frauen nicht mehr kontrollieren. Die Liebe gilt hier als unbeeinflussbare Himmelsmacht, als unvernünftig, anarchisch. Deshalb werden Helden dazu ermahnt, sich nur auf auf militärische und staatsmännische Aufgaben und Pflichten einzulassen und auf eine «vernünftige» Liebe. Als auch hingebungsvoll Liebende wären sie nicht mehr zu kontrollieren. Bei diesem Modell von Liebe geht es um Macht, um die Durchsetzung von Interessen und nicht um Verhandlungen zwischen gleichberechtigten Partnern. Neben den geschlechtlich konnotierten Modellen von Krieg und Frieden wird auch die innerindividuelle Zerreißkraft der Liebe in militärischen Termini beschrieben. So klagt die Königin Parthenope in der Oper *Parthenope*[8] (1733–1736):

> Die Liebe spielt immer also mit doppeltem Scheine/ bald giebt sie Krieg/ bald Frieden und sie erweckt in einem Hertzen zugleich Leid und Freude. (III, 11)

Die Liebe selbst gilt als Ursache für Krieg und Frieden im sozialen und zwischenmenschlichen Bereich. Sie stürzt Männer und Frauen in individuelle Krisen, die in Formeln und Bildern von Krieg und Frieden beschrieben werden. Diese lassen sich herleiten aus patriarchats-immanenten Konstruktionen von Geschlecht, Sexualität und Natur. Die Einstellung zur Frau ist angstbesetzt, sie wird dämonisiert, abgewertet. Einzig die androgyne Frau fasziniert, da sie gegen das schwache, als «weiblich» bezeichnete Selbst kämpft.

> Vor den bedrohlichen Ausdruck der Natur im Weibe hat der Mann die ‹Schamhaftigkeit› gestellt bzw. ihr als weibliche Natur zugeschrieben. Unter der Oberfläche der als natürlich geltenden und als weiblich definierten ‹Anmut› lauert die Gefahr des Dämonischen: ‹Da werden Weiber zu Hyänen!› (Schiller).[9]

Weigel zitiert hier Schiller, der zwar ein Enkel der Rezipienten der Hamburger Oper hätte sein können, aber viele ihrer Ängste vor gewissen Weiblichkeiten und der Liebe geteilt haben könnte. Weigel behauptet eine zeitliche Zäsur:

> Am Ende einer Epoche der Hexenverfolgung und des darin wirksamen Mythos von der Dämonologie des Weibes wird ein neuer Typ der Frau entworfen: die ‹Unschuld›, deren weißes Gewand, das die Vorgeschichte nur mühsam zu verbergen mag, jedoch jeden Augenblick zu zerreißen droht.[10]

Der Typus der weiblichen Unschuld besteht aber m.E. länger, die Zweiteilung zwischen «Hure» und «Unschuld» (bzw. «Heilige») ist von erschreckender Kontinuität. Kein Krieger hätte für eine «Hure» im Kampf sein Leben riskiert. Dem Zwang zur Keuschheit waren alle Frauen unterworfen, unabhängig von ihrem Stand, ob Jungfer, Ehegattin oder Witwe. Der Zweifel an der Frau, die Unterstellung, dass sie Unschuld und Keuschheit nur vortäuscht, um ihre lauernde dämonische Triebhaftigkeit zu verbergen, treibt auch Literaten wie Hunold an. Er schildert Frauen als kalt, herzlos, sexuell durchtrieben – die Männer hingegen, trotz aller Fehler, als wahrhaft liebend und gefühlvoll und ihnen ausgeliefert. Sein Blick auf die Beziehung zwischen den Geschlechtern ist unversöhnlich. Schamhaftigkeit (pudicia), ein Verhalten, das zur Unschuld gerechnet werden kann, gehörte zum überzeitlichen Repertoire von Frauen in patriarchalen Gesellschaften. Es wurde nicht erst in der 2. Hälfte des 18. Jahrhunderts ausdrücklich von Frauen verlangt, sondern galt als eine Art «natürliches» Schutzverhalten. In Jean-Jacques Rousseau's *Emile* (1762) sei die Beziehung zwischen den Geschlechtern als Ökonomie von Angriff und Verteidigung beschrieben. Im Kapitel «Sophie über die Frau» liest Weigel eine «signifikante historische Verschiebung im Diskurs»:

Rousseau verlagert damit explizit eine Struktur, die militärischer Praxis bzw. Eroberungshandlungen entspringt, auf den Diskurs über die Frau [...]. Funktioniert jetzt der Kampf als Figur im Text über die Frau, so hatte bisher die Eroberung und Inbesitznahme des weiblichen Körpers eine symbolische Rolle in der Eroberung des Fremden und der Kriegsführung gespielt.[11]

Dabei ist die Metaphorik der Kriegsführung für die Annäherung an die Frau älter, wie Weigel betont. In Schriften und Darstellungen zu Zeiten des Dreißigjährigen Krieges wurde die gegnerische Stadt oder Provinz als Frauenfigur personifiziert.[12] Die Erde, die Natur wurde mit dem weiblichen Körper identifiziert. Aber der Kampf um die Frau und gegen sie, wurde bereits viel früher literarisiert und auch auf der frühen Opernbühne inszeniert. Vorbilder dafür waren Anleitungen aus der Antike und der Renaissance, wie Ovid oder Petrarca. Diese dürften auch den (männlichen) Produzenten rund um die Hamburger Oper am Gänsemarkt und Teilen des Publikums bekannt gewesen sein, aber wohl nicht gleichermaßen Männern und Frauen. Der Krieg, die kriegerische Inszenierung der Annäherung der Geschlechter, spielte in der Alltagskultur eine wichtige Rolle. Die eheliche Liebe zwischen zwei fürstlichen Eheleuten soll auch Frieden zwischen Staaten und Territorien schaffen und besiegeln. So triumphiert die «Liebe», da sie den Krieg besiegt und den Frieden bringt, im Epilog von *Carolus V.* (1712, 1714):

> Alsdann wird mitten in den Kriegen
> Die Liebe diesen Held besiegen/
> Wodurch ein Printz aus seinen Lenden
> Wird Teutschlands Furcht und Seuffzen enden:
> Schwebt Fried und Großmuth nun um unsers CAROLS Thron/
> So trag ich auch dereinst den höchsten Preiß davon.[13]

Doch werden im Namen der Liebe auch Kriege geführt; diese Kriegsbilder, mit griechisch-römischer Tradition, bestimmten auch alltägliche Unterhaltungskultur. Dazu gehörten scherzhafte Landkarten:

> Die Methode sein Hertz wider die Angriffe der Liebe zu bewahren. Symbolische Sinnreiche in einer Belagerung und Bombardierung entworffene Vorstellung wie man den Anfällen und Versuchungen der Liebe klug und tapffer zu begegnen. Zur Belustigung und sittlichen Belehrung verfertiget von Matth. Seutter S.C. Maj Geogr. in Augsp.[14]

Zu Hochzeiten wurden «scherzhaft» gemeinte Texte mit Kriegsmetaphorik überreicht. So verfasste zur Eheschließung von Georg Philipp Telemann und Maria Catharina Textor ein noch unbekannter Freund des Bräutigams einen *Friedens=und Liebes=Tractat zwischen den Teleman- und Textorischen Hertzen/ Geschlossen zu Franckfurt am Mayn den 28. Augusti 1714*[15] (siehe Einleitung). In der Vorrede dieser Parodie auf einen Ehevertrag, mit der Anrede «Dem verliebten Braut=Paare», wendet sich dieser offensichtlich «alte Freund» aber explizit an den Bräutigam, «mein allerliebster Telemann», und beschwört die Erinnerung an eine lange «vertrauliche Freundschafft»:

> Der Himmel gebe Dir/ was Du würdig bist/ So wirst Du viel Seegen erlangen; viel Seegen ins Haus/ viel Seegen an den Tisch/ viel Seegen ins Bette. Doch damit ich Dich/ mein Telemann/ mein Bruder und mein Freund nicht so leer abspeise, so lies annoch beykommende schlechte Gedanken, die mir bey jetzigem geschlossenen Frieden eingefallen und eigne Dir dieselben dennoch vollkommen zu/ ob sie gleich bisher ungedruckt gelegen, und bereits einem vornehmen Freunde insinuiret worden sind.

In diesen Hochzeitswünschen werden geschlechtsspezifische Rollenverteilungen ausgedrückt, wie sie auch auf der Opernbühne zu sehen sind. Zwar seufzen beide Liebenden, doch ist ihr legitimer Aktionsrahmen unterschiedlich. Als aktiver Krieger und siegreicher Angreifer wird der Mann, in diesem Fall Telemann alias Melante, imaginiert. Seine Waffen sind «verliebte Poesien und Billetes» und «verliebteste Küsse». Thyrsine hingegen wird als letztlich erfolglose Verteidigerin des Schlosses der Freiheit geschildert, sie «muste sich demnach dem verliebten Überwinder ergeben», aber bevor sie ihm «die Burg der Freiheit völlig einräumen wollte», bleibt ihr nur die Unterzeichnung eines Vertrages: Es «wurden nachfolgende Friedens=Puncte in einer eintzigen Conference signiret/ und von beyden Theilen ratificiret». Es scheint selbstverständlich, dass insbesondere die Frau zu einem ungleichen Tausch gezwungen wird. Sie hat zwar ihre Freiheit aufzugeben, macht damit aber, nach patriarchaler Logik, ein besseres Geschäft. Zu Beginn der 20 Paragraphen des Tractates wird Gott als «Stiffter aller Liebes=Alliancen» bezeichnet. Zwischen beiden Eheleuten soll eine «auffrichtige beständige und immerwährende Freundschafft und Correspondence seyn/ und dieser Hertzens=Friede so heilig und unverletzt beobachtet und beybehalten werden». Auch sollen beiderseits die Erinnerungen an frühere Lieben getilgt werden. Trotz aller galanten Scherze um die Ausgestaltung so eines Bündnisses stellt Paragraf VII. unmissverständlich klar:

Es überlässet Thyrsine an den Melante das Recht der Oberherrschafft, dahingegen dieser seinen besten Schutz und ewig währende Freundschafft verspricht.

Sie blieb ein beliebtes Stilmittel, die Beschreibung der Liebe und Eheanbahnung mittels militärischer Metaphorik. Eindrückliche Beispiele liefert die Dichterin Anna Louisa Karschin (1722–1791), die auch in der Kriegslyrik Erfolge feierte, eigentlich ein Bereich, der männlichen Autoren vorbehalten war. Bereits in ihrer frühen Lyrik ist ein starker Kriegsbezug nachweisbar, der sich auch mit den allgemeinen kriegerischen Bedingungen erklären lässt. Ab 1756 ist die Karschin mit ihren Lobgedichten auf Friedrich II. und seine militärischen Erfolge «voll und ganz in den komplexen Apparat der preußischen Kriegspropaganda eingebunden, zu dem auch die Vielzahl der von Friedrich II. verordneten Dankfeste gehört, bei denen Prediger und Hofprediger, also Karschs Förderer, begeisternde Siegespredigten vorzutragen hatten»,[16] wie Johannes Birgfeld feststellt. Doch klammert er bei seiner Analyse des Werdegangs einer Autorin in einem von Autoren dominierten Feld den Liebesdiskurs aus. Deshalb hier der Hinweis, dass Anna Louisa Karschin in kriegslyrischer Diktion und Metaphorik auch den Geschlechtsakt beschreibt, der frei von Liebe und Zuneigung ist. Dazu greift die zwei Mal unglücklich verheiratete Mutter von 7 Kindern auf eigene Erfahrungen zurück, wie sie in einem Gedicht klarstellt: «An den Dohmherrn von Rochow als er gesagt hatte, die Liebe müsse sie gelehrt haben, so schöne Verse zu machen». Die Karschin schreibt in der 3. und 4. Strophe:

> Ohne Regung, die ich oft beschreibe,
> Ohne Zärtlichkeit ward ich zum Weibe,
> Ward zur Mutter! Wie im wilden Krieg,
> Unverliebt ein Mädchen werden müßte,
> Die ein Krieger halb gezwungen küßte,
> der die Mauer einer Stadt erstieg.
>
> Sing ich Lieder für der Liebe Kenner:
> Dann denk ich den zärtlichsten der Männer,
> Den ich immer wünschte, nie erhielt;
> Keine Gattin küsste je getreuer,
> Als ich in der Sapho sanftem Feuer
> Lippen küßte, die ich nie gefühlt.[17]

Dieses Bild der Eroberung, der Sexualität ohne Zärtlichkeit und Liebe scheint jedoch etlichen Männern hinnehmbar, weil normal. So behauptete der Mediziner Johann Daniel Metzger (1739–1805) 1793 über den Zusammenhang zwischen männlicher Gewalt, Liebeshitze und Befruchtung:

> Die Geburtsglieder müßten sehr disproportioniert seyn, wenn der Schmerz des ersten Beyschlafs nicht bald in Wollust übergehen sollte, wenn nur der Sieger die Überwundene mit etwas Schonung behandelt. Gesetzt nun, die Eroberung sey einer Notzüchtigung etwas ähnlich und sie habe mit Widerwillen eingewilligt, was sollte denn hindern, daß die Liebeshitze nicht nachfolgen und eine Schwängerung möglich machen sollte?[18]

Doch waren auch andere Modelle und Verhaltensweisen auf der Opernbühne zu sehen: entschlossene Gegenwehr von Frauen und Umsicht und Einfühlung von Männern. Auch in der Realität haben etliche Männer und Frauen nachweislich um andere Formen von Liebe und Sexualität gerungen. Dabei haben die Frauen die ihnen zugewiesenen Rollen nicht ohne Widerstände akzeptiert. So hat Maren Lorenz festgestellt, dass in Fragen der Ehetauglichkeit und Ehepflichten die überwiegende Mehrheit der Beschwerden von Frauenseite kam. Die meisten Männer bestritten diese Vorwürfe auch nicht, sondern versuchten höchstens,

> sie in ein anderes Licht zu setzen. Hierbei offenbarten sich konträre Auffassungen von ehelicher Pflichterfüllung ebenso wie ein erstaunliches Widerstandspotential von Ehefrauen gegenüber ungewollten Sexualkontakten. Diesen Widerstand versuchten nur wenige Männer mit Gewalt zu brechen. Daß sie dies gegenüber männlichen Gutachtern und weiteren Zuschauern so freimütig gestanden, stellt bisherige Ansichten über frühneuzeitliche ‹Derbheit› als Teil von ‹Männlichkeit› in Frage und lässt gerade Aussagen in Bezug auf das angeblich natürlich-aggressive Werbeverhalten in einem andern Licht erscheinen. Gleichzeitig betonten überraschend viele Ehepaare, welch großen Wert sie grundsätzlich auf sexuelle Lust und emotionale Zuwendung legten, wobei auch gelegentlich die Mißachtung gesellschaftlicher Tabus bezüglich sittlicher Sexualpraktiken durchschimmerte.[19]

2. Drei Gänsemarkt-Opernanalysen. Außergewöhnliche Männer und Frauen en détail

Im Folgenden stelle ich drei Opern detailliert vor: *Cecrops*, *Croesus* und *Circe*. An ihrem Beispiel zeige ich, wie die Annäherung von Opernfiguren im Zeichen der Liebe auf der Opernbühne gestaltet wurde. Trotz aller Regularien und Normierungen ist eine Vielfalt zu beobachten, mit Brüchen, Unsicherheiten und Scheu, wenn «Individuen» ihre Liebe entdecken und umeinander werben. Hier gibt es faszinierende, wenn auch durch Theatertraditionen transportierte Einblicke in einschneidende Lebensabschnitte, über die es nur wenige Quellen gibt, wie Briefe, Tagebücher, die die Sicht der beteiligten Frauen und Männer übermitteln könnten. Die Libretti liefern Hinweise für Krisen-Auslöser und Lösungsmodelle. Die Opern können als mehrdimensionale Lehreinheiten genossen werden, die auch wertvolle Hinweise darauf liefern, wie Menschen ihre Gefühle «erlebten», bewerteten und ausagierten in so heiklen Bereichen wie Ehe und Liebe. Die drei ausgewählten Opern markieren den gesamten Zeitraum des Bestehens der Gänsemarkt-Oper. In ihnen sind zwar typische Konflikte und Verhaltensweisen zusammen gefasst, aber sie liefern auch Beispiele für Brüche und alternative, «andere» Liebesweisen. Sie veranschaulichen geschlechtsspezifische Grenzen und Versuche, diese zu überschreiten. Dabei geht es um:

- ledige Männer, die zwar aktiv um die geliebte Frau werben, sie aber weder bedrängen noch Gewalt gegen sie anwenden. Mit Zurückhaltung, Respekt und originellen Formen der Werbung beweisen sie ihre Zuneigung (Prinz Atis in *Croesus*); Frauen, die ihre Zwangsverheiratung erfolgreich abwehren und in selbst gewählter Keuschheit leben können, wie die Königstochter Herse aus *Cecrops;*
- Frauen, die leidenschaftlich lieben, dies aber aus Gründen «weiblicher Tugend und Keuschheit» zunächst verschweigen müssen, wie Prinzessin Pandrose in *Cecrops;*
- die sagenhafte Insel-Herrscherin Circe, die zauberisch und voller Liebe gegenüber einem kriegerischen und zugleich gebrochenen Helden ist. Zwar wird auch Circe am Schluss der Oper verlassen, da Odysseus andere Verpflichtungen hat, doch wird dies mit Ironie und mitfühlendem Humor erzählt.

2.1. Die drey Töchter Cecrops
Aufführungsjahr: 1680

Textdichterin
Wie in den meisten Fällen, gibt es auf dem Libretto keinen Hinweis auf die Autorin und den Komponisten. Vermutlich verfasste Gräfin Maria Aurora von Königsmarck[20] (1662-1728) das Libretto als junge Frau.[21] Über die Uraufführung von *Cecrops* liegen widersprüchliche Angaben vor, sicher ist es, dass 1680 eine Aufführung in der Hamburger Oper stattfand.[22] Von einer Aufführung am Ansbacher Hof im Januar 1679 wird berichtet,[23] von Kürzungen des Textbuches von 1680 und von Zweifeln, ob die Gräfin wirklich die Verfasserin des gesamten Librettos ist, also ob sie auch «den ganzen Text der komischen Szene verfasst hat». Vermutet wird ein «ortsansässiges Talent»[24], das das lustige Dienerpaar «Philomene, der Pandrosen Hoff=Jungfer», und «Silvander, vornehmer Bedienter des Pirantes», geschaffen habe. Da der jetzige Kenntnisstand kein abschließendes Urteil erlaubt, beschränke ich mich darauf, die Hamburger *Cecrops*-Fassung von 1680 zu besprechen.

Komponist
Johann Wolfgang Franck oder Nikolaus Adam Strungk.[25]

Mitwirkende
Frauen: 4 Göttinnen/Allegorien, 3 Adlige, 1 Hofbediente («Hofjungfer»), 1 Gärtnerin
Männer: 5 Götter/Allegorien, 2 Adlige, 1 Hofbedienter («vornehmer Bedienter»), 1 Gärtner

> Persohnen der Vorrede.
> Venus. Die Göttin der Liebe und Schönheit.
> Vesta. Göttin der Keuschheit.
> Die Freyheit.
> Der Geitz.
> Chor der Liebes=Götter.
>
> Persohnen des Spiehls.
> Cecrops. König von Athen.
> Aglaure. Tochter von Cecrops.
> Herse. Tochter von Cecrops.

Pandrose. Tochter von Cecrops.
Pirante. Printz aus Phoenicien, des Königes Agenors Sohn.
Philomene. der Pandrosen Hoff=Jungfer.
Silvander. vornehmer Bedienter des Pirantens.
Jupiter.
Pallas. Oder Minerve.
Mercurius.
Cupido.
Der Neid.
Chor der Athenischen Frauen.
Ein Gärtner.
Eine Gärtnerin.
Gefolge des Cecrops.
Gefolge des Pirantens.

Vorlage und Inhalt
Dem Libretto ist keine gelehrte Vorrede vorangestellt, in der Quellen[26] und Absichten hätten dargelegt werden können. Deshalb sind wir auf Vermutungen angewiesen: Aus ihrer Quelle, dem 6. Gesang des zweiten Buches von Ovids *Metamorphosen*[27] «übernahm die Gräfin die Hauptgötter, die vier Titelfiguren, die Allegorie des Neides und die wesentliche Handlungsidee».[28] König Cecrops hat drei Töchter, von denen Herse der Göttin Athene ein Keuschheitsgelübde abgelegt hat. Allerdings ist ungewiss, welche Fassung von Ovids *Metamorphosen* sie als Vorlage genutzt hat, ob sie sie in Latein gelesen oder in einer der diversen populären Übersetzungen. Aber es gilt als sicher, dass die literarisch versierte Maria Aurora von Königsmarck Latein lesen und schreiben konnte.[29]

Libretto und Quelle unterscheiden sich in entscheidenden Aspekten. So rückt die Gräfin Herses Beharren auf ihrem Keuschheitsgelübde in den Mittelpunkt. Anders als bei Ovid hat Herse Merkurs Begehren abgewehrt. Ovid hingegen konzentriert sich auf Merkurs Leidenschaft für Herse, die dieser wohl für einige Nächte ausleben kann. Ovid malt die Intrigen des Neides aus, der im Auftrag von Minerva, Herses Schwester Aglaure in tage- und nächtelange Verzweiflung stürzt. Aglaure ist zerrissen zwischen eigenen Wünschen und den Pflichten einer tugendhaften Tochter:

> Und so wird sie verbrannt vom Wohl der glücklichen Herse
> [...] Öfters möchte sie sterben, um nichts dergleichen zu sehen,
> Öfters es als Verbrechen dem strengen Vater verraten [...].[30]

Darauf bricht Aglaure das Merkur gegebene Versprechen, ihm den Weg in Herses Schlafgemach zu ermöglichen. Zur Strafe verwandelt Merkur sie in einen Stein in Menschenform. Cecrops und Pandrose werden von Ovid nur kurz erwähnt, von Prinz Pirante und dem Dienerpaar ist überhaupt nicht die Rede – sie sind die Erfindung der Librettistin, ebenso wie Pandroses qualvoll lange verheimlichte Liebe zu Pirante.

Krieg
In der «Vorrede», einem gespielten Prolog, kommt den symbolischen Waffen der Liebesgötter, wie Pfeil und Bogen, eine wichtige Rolle zu. Von einer Wolke wirft Vesta «Pfeile/ Bogen/Körbe und Larven» auf den Chor der Liebesgötter herab, die darüber so begeistert sind, dass sie nicht Acht geben auf die Allegorie der «Freyheit», die soeben aus den Fesseln des «Geizes» befreit worden ist. Aber ihre Freiheit währt nur kurz, denn Venus und die Liebesgötter planen, sie wiederum festzusetzen, diesmal sollte sie «nur»durch einen Strick gebunden werden. Vesta kommt ihnen aber durch eie List zuvor. Sie weiß die Liebesgötter durch Kriegs- und Jagdgerät abzulenken und entführt die «Freyheit» auf ihre Wolke, damit Herse künftig ihr, der Keuschheit und Pallas verpflichtet bleibt. Krieg und Liebe werden in der Rede des Cupido einmal mehr eng verknüpft:

> (Cupido in einer Wolcke): Pandros' erfreue dich/
> Cupido waffnet sich/
> Es soll dein Hoffen siegen/
> Und dein verliebter Geist Piranten so bekriegen
> Daß er dich wird vergnügen.
> Zu Pandrosen.
> Ihr Augen erfüllet euch mit Strahlen und Blitz;
> Schiest liebliche Flammen itzt sonder verweilen.
> Entzündet Piranten in ihm nehmt den Sitz
> Verwundet sein Hertz um es wieder zu heilen. (V, 12)

Cecrops bezeichnet seinen künftigen Schwiegersohn Pirante als Helden (II, 1), für ihn käme nur ein zum Krieger ausgebildeter und erfolgreicher adliger Mann in Frage.

Amazonen
Damit Herse ihr Keuschheitsgelübde wahren kann, zwingt Minerva den Neid, Aglaure zuzusetzen, damit sie Herse bewacht. Bekräftigt wird ihr Plan durch

eine Tanzeinlage: «Auff der Göttin befehl folget der Tantz von etlichen Amazonen» (III, 8).

Väter
König Cecrops hat drei Töchter: Herse, Aglaure und Pandrose. Von ihrer Mutter, vermutlich der Königin, und ihrem Schicksal wird nicht berichtet.

Zwangsehe
Die geplante Verheiratung von Herse mit Pirante ist ein Handel unter Männern: König Cecrops und Pirante sind sich einig, dessen Vater Argenore hat zugestimmt. Doch Herse wehrt sich mit dem Hinweis darauf, dass sie der Göttin Minerva ein Keuschheitsgelübde abgelegt habe.

Keuschheit
Herse hat Pallas/Minerva Keuscheit geschworen, über die Vesta wacht.[31] Hier lässt sich untersuchen, inwieweit Keuschheit im Dienste einer Gottheit für Frauen Freiräume eröffnet, die als legitim gelten.

Begehren der Frauen
Die Athenische Prinzessin Pandrose begehrt den Phönizischen Prinzen Pirantes, gesteht ihm aber erst gegen Ende der Oper ihre Liebe. Hier lässt sich exemplarisch die Beschränkung weiblicher Handlungsräume durch «Tugendhaftigkeit» zeigen.

Zum Inhalt
Die Oper besteht aus einem allegorischen Prolog und 5 kurzen Akten: da der Inhalt bereits bei Olsen[32] und Kastinger Riley[33] kurz referiert wurde, werden hier nur einzelne Aspekte vertieft und die Textauszüge verkürzt wiedergegeben, da ein Faksimiledruck des Librettos vorliegt.[34] Herse ist eine umschwärmte schöne und kluge Frau, die der Göttin Pallas/Minerva ein Keuschheitsgelübde abgelegt hat. Doch sie wird vom Prinzen Pirante begehrt und bedrängt. Ihre Weigerung bringt Cecrops in einen Zwiespalt zwischen seinen Pflichten als König und der Vaterliebe zu seiner Tochter, die auch ihren «freien Willen» zu achten hat. Außerdem wird die Ambivalenz gegenüber selbstbewussten klugen Mädchen und Frauen deutlich: einerseits werden sie bewundert, heben das Renommee des Vaters, andererseits lässt ihr freier Sinn sie zu einem unberechenbaren Faktor in der Heiratspolitik zur Sicherung der Dynastie werden. Cecrops klagt:

> Wiedriges Geschicke/
> Das mich itzund betrübt/
> Ich muß an Hersen nunmehr hassen,/
> Was ich zu andrer Zeit vielleicht in ihr geliebt
> Weil sie den freyen Sinn doch niemahls will verlassen
> Und also nun der Hohn
> Bleibet eurer Liebe Lohn/
> Sie weiß nicht was sie thut und störet ihr Gelücke. (II, 1)[35]

Pirantes bewundert Herses Klugheit und beklagt seine mangelnde Würde. Das könnte auch als Huldigung an Maria Aurora von Königsmarck zu verstehen sein, mit der es kein sterblicher Mann aufnehmen kann. Pirantes hadert.

> Pirante.
> Der Hersen ihr Verstandt
> So alle Herzen bindet/
> Dem ist zu wohl bekant
> Wie wenig würde sich auff meiner Seite findet/
> Sie sieht den Unterscheid/
> So zwischen mir und ihr der Himmel hat bereit.
> Die Götter klag ich an für allen/
> So mich nicht wehrt gemacht der Schönen zu gefallen.
> Cecrops.
> Das Gegentheil
> Kann Euch mein Leyd=seyn melden.
> Doch solte diesem Helden
> Wiederfahren besser Heyl/
> Wenn gezwungne Liebes=Thaten
> Wären jemahls wol gerahten.
> Itzt aber wird es bloß auff Sanfftmuth nur beruhn/
> Und kann ich nichts für euch als nur durch Güte thun. (II, 1)

Cecrops wird zwar als ein der Tradition verhafteter König gezeigt, aber er liebt und schätzt seine Tochter, die er nicht unglücklich verheiraten will. Von Bedeutung ist auch das Ideal der gegenseitigen Liebe, die dem Helden Pirantes gebührt. Er habe Anspruch auf eine Frau, die ihn freiwillig liebt. Die Bedeutung weiblicher Würde und Macht wird darauf durch ein religiöses Ritual unterstrichen: Pirantes und Cecrops werden Zeugen einer exklusiven Frauenveranstaltung: «Die Athenischen Frauen aussen vor dem Vorhofe»begehen das Fest der Minerva. Ein Fest,[36] auf dem männliche Beobachter und selbst der König unerwünscht sind:

Cecrops.
Mich dünckt ich höre schon
Den Thon
Von jenen Frauen/
Die der Minerven Fest begehen diesen Tag.
Wir wollens nicht anschauen/
Auff daß man ihr Gebeth izt nicht verstören mag. (II, 1)

Im vierten Akt gibt es eine eindrucksvolle Auseinandersetzung zwischen Vater und Tochter. Sehr bestimmt und ehrlich zugleich gibt Herse[37] Einblick in ihre Gefühle:

Weil ich nichts kan in meinem Hertzen spühren/
dadurch der Printz mich könte rühren/
So zürne doch der König nicht/
Wenn itzo mir Verstand gebricht.

Mein Geist kan ihn nicht lieben/
Und hegt auch keinen Haß/
Er meidet stets ohn Unterlaß
(Unwissend doch warumb?) die süsse Brunst zu üben.

Cecrops.
Den freyen Geist/
So sonsten wohl man ungehorsam heist/
Den wird ich nimmer zwingen/
Noch weiter in euch dringen;
Wenn aber dieser Printz durch rechte Mittel sucht
Das/ So ihr fast verflucht/
Ist dieses mein Begehren/
Daß keines Weges ihr ihm solches sollet wehren. (IV, 2) [38]

Neben dem väterlichen Heiratskandidaten gibt es bereits einen himmlischen Verehrer: der eloquente Gott Mercurius versucht Herse mit Liebesbeteuerungen zu umwerben, aber sie winkt ab: «Unglücklich ist/ die solchen Worten trauet» (III, 6).[39] Mercurius wird wie ein höfischer Galan gezeigt, der aber die gleichen erotischen Absichten hegt, wie sein Vorbild bei Ovid.[40] Nun versucht Mercurius mit Hilfe von Herses Schwester Aglaure eine Nacht mit Herse zu erzwingen, doch Minerva steht Herse bei. Aglaure wehrt Mercuris' Ansinnen zunächst ab, doch er verspricht ihr:

> Am Reichthum sollet ihr der Juno ähnlich heissen/
> Zu dem gelanget ihr hierdurch in Götter Stamm/
> Und euch wird nie die Schickung gramm
> Ich geh' und laß euch Zeit es wohl zu überlegen.
> (Mercurius gehet ab.)
> Aglaure.
> Und wär es nicht Gewinnens wegen/
> Ich hatte gleich gesaget Ja.
> Nun sitzet Herse da.
> Mit ihrer Schönheit Strahlen;
> Die sie vorausgehabt/ man sol sie mir bezahlen. (III, 6)

Aglaure plagt schon seit längerem der Neid auf ihre Schwester, aber noch findet sie Trost in dem Motiv der Vergänglichkeit aller menschlichen Schönheit. Stattdessen liebt sie Schmuck, Edelsteine und Perlen: «Der Zähne Glantz/ Verbleichet gantz/ weil Perlen sie in allen überwinden.» Diese Spielart des Neides lässt Aglaure dauerhafte Steine und Schmuck begehrenswerter finden als die wandelbare Bewunderung und Liebe der Menschen. Deshalb kann Mercurius Aglaure auch mit solchen Schätzen bestechen, um eine Nacht mit Herse zu verbringen. Doch das widerspricht den Plänen von Minerva, «Herse, muß mir ihr Gelübde halten» (III, 8). Deshalb befiehlt sie der Allegorie des Neides, Aglaure so sehr zu quälen, dass sie Herse auch nicht diese «Verführung» durch «den schönsten Gott» gönnt. (Sexualität mit einem Gott hat offensichtlich überirdische Qualität.)[41] Die Steine verlieren an Glanz, Aglaure besieht sich den Reichtum und

> (Sie wirft ihn weg):
> Ich habe doch das schlimste Theil erwehlet/
> Denn Herse Gottheit nimmt/ so meinem Reichthum fehlet.
> Aria.
> Ich kann und mag mich länger nun nicht leiden/

Dieweil ich selber Schuld an meiner Noth;
Darum so wünsch ich bald von mir zu scheiden
Durch den von Ungelück und Pein ersüsten Todt. (IV, 1)

Der Neid, eine hier wohl von einem Mann verkörperte Allegorie,[42] plagt Aglaure allerdings nicht in ihrer Kammer, wie bei Ovid, sondern bei ihrem Schlaf in einer «schönen Gegend mit vielen Wasserquellen» (IV, 1). Aglaure bricht ihre Zusage an Mercurius, ihm gegen kostbare Geschenke Herse «zu zuführen». Sie verwehrt Mercurius den Weg zu Herses Schlafgemach. Auf der Bühne wird dies in einer komödiantischen Szene erzählt. Der geschäftige Gott Mercurius kommt zu spät:

Aglaur' ich mercke schon/
warum ihr mir wolt geben diesen Lohn/
weil ich bey rechter Zeit mich nicht hab eingefunden/
So hat die Ungedult
in dessen überwunden;
Doch die Behutsamkeit hat itzt alleine Schuld/
Dieweil sich Leut' am Wege sehen ließen.
Aglaure. Es wird euch der Bericht die Thüre nicht aufschließen. (V, 6)

Aus Wut verwandelt Mercurius Aglaure in einen Stein, «so doch Menschengestalt behält», um alle zu warnen, die sich anmaßen, Götter zu betrügen. Auffällig in dieser Oper ist, dass ein Vater gegen die keusche und kluge Beharrlichkeit einer Tochter wenig ausrichten kann, die von einer Göttin protegiert wird. Der himmlische Kampf der Geschlechter ist nicht einfach zu entscheiden. So erscheint «Jupiter (in der Luft)» und ruft seinen Sohn Mercurius zurück:

Mein Sohn! Du must dich itzt mit Jupiter verfügen
nach einen andern Orth;
Laß nur die Herse fahren/
Sie wird doch immer fort
Den steiffen Sinn bewahren.
Denn Pallas dieß nicht gerne sieht/
Daß man ihr ein Gelübd' entzieht;
Bekümmere dich nicht itzund der Nympffe wegen/
Und komme bald mit mir zu andern Liebes Stegen. (V, 7)

Herse ist gerettet – das ausdrückliche «Nein» einer Frau scheint akzeptiert, doch nur als Folge eines Gelübdes und einer Machtkonstellationen zwischen den Göttern. (Der Preis ist hoch, hat doch Aglaure sterben müssen.) Venus, die Schutzgöttin der höfisch-feudalen Liebe, kommt auch zum Zug. Cupido verhilft dem unglücklich in Herse verliebten Prinzen Pirante und der heimlich in ihn verliebten dritten Schwester Pandrose zum Glück. Auch Dank des wohlmeinenden Intrigenspiels des Dienerpaares Philomene und Silvander. Erst Silvander bringt Cecrops auf die Idee, statt Herse eine andere Tochter mit dem Printzen zu vermählen: «Es sind noch der Princeßin zwey» (IV, 5). Ort der Liebesintrige ist:

> (Ein Garten so nahe an des Cecrops Pallast lieget fürnemlich an der Hersen Zimmer. Man siehet in der ferne viel lustige Gänge von Bäumen und an eines jeden Ende eine Höle/ in welcher sich Springbrunnen mit anderen Zierathen sehen lassen.) (V, 1)

Silvander bedient sich misogyner Tricks, wenn er seinen Herrn Pirantes zu einem Treffen in die Höhle unter dem Vorwand lockt, dass Herse nun auf Mercurius' Werben eingehen wolle:

> Es ist mir alles offenbahr/
> Weil Philomen' im Garten wurd gewar/
> Daß auff die nächste Nacht ihn Herse hat beschieden. (V, 2)

Die Aussicht auf dieses Wiedersehen erweckt in Pandrose Eifersucht und Verzweiflung. Auf der weiblichen Seite agiert listig Philomene, die Pandrose in die dunkle Höhle lotst. Doch die Begegnung von Pandrose und Pirante im Dunkeln verläuft anders als erhofft:

> Pirante, (so meint, dass es die Herse sey.)
> Wie sehr ist doch das Glück annoch auff mich erbost!
> Ach Herse, saget nur ein Wort zu meinem Trost
> Und gebet mir doch zu erkennen/
> Daß man euch sonder Schuld itzunder könnte nennen. (V, 8)

Die Momente vorehelicher Zärtlichkeiten und Lust im Dunkeln stört «Cecrops mit vielen Fackeln». Die Kürze dieses Höhlengleichnisses ist der Schicklichkeit geschuldet. Hier spricht der patriarchale Vater, der über die voreheliche Keuschheit seiner Tochter wacht, die er hier in der Nacht allein findet, ohne das sie schützende und zugleich überwachende Gefolge:

> Pandrose, was will das bedeuten?
> Sollt Ihr izt so entfernet seyn
> Mit diesem Prinzten gantz allein/
> Und zwar bey Nacht/ von allen euren Leuten?
> Ach ungerathnes Kind!
> Der Schrecken so sich bey Euch find/
> Verräth genugsam das Verbrechen/
> Pirante könnt Ihr auch nicht sprechen?
> Was nützet die Betriegerey?
> Es wäre mir ja einerley/
> Ob ihr Pandrose wollt an statt der Herse lieben/
> Wie wird Agenor sich
> Ob solchem heßlichen Verüben
> Entrüsten billiglich.
> Doch werd ich wohl mit ihm darauff bestehen/
> Daß dieß nicht öffter soll geschehen. (V, 9)

Die Väter agieren als unerbittliche Hüter der Moral, aber Agenore, der Vater von Pirantes, wird der neuen Ehekonstellation zustimmen. Somit geht dieser Austausch der Bräute glimpflich ab, zumal Pirante durch Cupido getroffen wird und seine Liebe für Herse auf Pandrose übergeht. Ordnung in dieses Chaos bringt Pallas, deren Macht größer ist als die des Cecrops, die Details wird Cupido regeln:

> An Hersen hast Du nun mein Cecrops gar kein Theil/
> Und kanst nicht mehr wie vor mir mit deiner Tochter schalten;
> Denn sie mir allezeit muß ihr Gelübde halten.
> Cupido laß auch Deinen Pfeil
> Itzund sein Ambt verrichten/
> und völlig alles schlichten. (V, 11)

Cupido waltet seines Amtes. Nun wirft Pirante der Pandrose ihre Zurückhaltung vor, ein Hinweis auf den Zwiespalt, in dem Frauen steckten. Denn sie konnten nicht ebenso wie Männer ihre Liebe erklären, wenn sie als tugendhafte Frauen gelten wollten:

Pirante:
Pandrose weil ihr mir die Huld
Vor niemahls nicht zu wissen thätet/
So wird ewer eigene Schuld
Daß ich euch eh'r nicht angebetet [...].

Pirante bittet Cecrops um seinen Segen, den dieser gewährt:

Cecrops
Durch diesen neuen Liebes=Strick
Werd' ich erwürgen alle Sorgen/
So der Aglauren ihr Geschick
(Ob zwar die Strafffe recht) dennoch in mir verborgen. (V, 12)

Cecrops trauert insgeheim um seine Tochter Aglaure, obwohl er ihren Tod als gerechte Strafe empfindet.[43] Das Dienstbotenpaar wird jetzt auch von seiner Herrschaft verheiratet, beide werden, gemäß des altbekannten Scherzes mit der Ehe «bestraft». Olsen betont, dass diese Oper als 12. Werk in der Frühphase der Gänsemarkt-Oper aufgeführt wurde, in der knapp die Hälfte der Vorgängerstücke auf biblischen Themen basierten. Da zu der Zeit heftig um die Oper als Stätte der «Sinnlichkeit» gestritten wurde, sei dieses Libretto von Königsmarck, trotz Auftritt der heidnischen Götter und des komischen Dienerpaares,

> more pious than any student drama in a girl's convent school. Rewards and punishment are meted out in accordance with the strictest Christian values. Even the two servants who resort to the ruse act with forgivable intentions: they know they will be separated from each other unless they can unite their master und mistress in marriage, and they sincerely want to help the protagonists.[44]

Das ist keine Besonderheit dieses Librettos, sondern übliche Heiratspolitik in der Barockoper, in der das Dienstpersonal seine Herrschaft auch in Liebesangelegenheiten unterstützte und nach glücklich überstandenen Intrigen ebenfalls ein »happy end« feiern konnte. Die Dienstboten spiegeln vielfach das Liebesschicksal ihrer Herrschaft.

Kommentar
Dieses Libretto ist ein Beispiel dafür, wie ein bekannter Mythos wieder aufgenommen und neu interpretiert wird. Ovid's Fabel ermöglicht einen Handlungs-

rahmen, in dem zeitgenössische Probleme gespiegelt werden: die komplikationsreiche Heiratspolitik, die Zwangsverheiratung junger Frauen, unglückliche Lieben junger adliger Frauen und Männer und Zwänge des Hoflebens. In dem Opernlibretto findet eine entscheidende Verschiebung in Bezug zur Vorlage statt, denn es wird die Frage durchgespielt, welche Handlungsräume Frauen haben, ihr eigenes Begehren zu äußern und zu leben, sei es der Wunsch nach «Keuschheit» – oder der nach einer leidenschaftlichen Liebesbeziehung. Bei Ovid hat Merkur Herse gegen den Willen des Königs Cecrops nachts besucht. Doch dies wird unterbunden durch Pallas, die die Missgunst einschaltet. Sie versenkt in Aglaure den Neid auf diese Nächte, worauf sie Mercurius den Zugang versperrt und von ihm zur Strafe zu Stein verwandelt wird.

In der Oper hingegen bleibt Herse «keusch», weder können Pirantes noch Mercurius sie zu sexuellen Handlungen bewegen oder gar Gegenliebe in ihr erwecken.[45] Mit dieser unerschütterlichen Keuschheit der Herse scheint die Librettistin einen wichtigen Akzent gesetzt zu haben. Eine andere Form weiblichen Begehrens zeigt Herses Schwester Pandrose, die in Liebe zu Pirantes entbrennt, sich aber nicht traut, sich ihm gegenüber zu offenbaren. Hier spielen höfische Etikette und möglicherweise der Status einer jüngeren Schwester eine Rolle, die sich in Gegenwart der Älteren zurück zu halten hat. Aber entscheidend ist das unterschiedliche Werbungsverhalten, das Männern und Frauen von Kindheit antrainiert wurde: der Mann darf und muss sein Begehren äußern (auch wenn er eher scheu ist), er muss die Heirat aktiv voran bringen. Die Frau hingegen hat ihr Begehren zu verbergen, um nicht als Hure zu gelten und den Mann zu verunsichern. Sie hat abzuwarten.[46] Hier werden Verhaltensweisen sichtbar, wie sie auch knapp ein Jahrhundert später von der Hamburger Kaufmannstochter Margarethe E. Milow beschrieben werden. Sie erinnert sich, wie sie als junges Mädchen der Liebe ihres Hauslehrers Flügge ausgeliefert ist, die sie offensichtlich nicht erwidern kann und darf. Er macht ihr Liebeserklärungen, bedrängt sie mit Küssen, sie hingegen muss ihre Tugend wahren, äußert sich kaum und wird als kalt und unempfindlich beschimpft. Hätte sie Flügge hingegen ebenso begehrt, wäre sie von ihren Eltern, aber möglicherweise auch von Flügge, getadelt und verstoßen worden.[47] Diese Muster sind auch in der Literatur nachweisbar. So lässt Sophie Laroche ihre Heldin in ihrem Roman Die Geschichte des Fräuleins von Sternheim fragen:

> Warum darf ein edeldenkendes, tugendhaftes Mädchen nicht zuerst sagen, diesen würdigen Mann liebe ich? warum vergiebt man ihr nicht, wenn sie ihm zu gefallen sucht, und sich auf alle Weise um seine Hochachtung bemühet?

Eine erschreckende Antwort darauf gibt ihr der Herausgeber Christoph Martin Wieland in einer Fußnote: «Diese Frage ist eben nicht schwer zu beantworten: das edeldenkende, tugendhafte Mädchen darf dieß nicht, weil man keine eigene Moral für sie machen kann.»[48] Eine einzelne Frau darf eben nicht die allgemein herrschende patriarchale Moral unterlaufen oder gar in Frage stellen. Diese Doppelmoral, diesen Zwang, der auf den Frauen lastet, reflektieren Autoren und Opernfiguren so gut wie nie. So bemängelt Pirante am Schluss der Oper, dass Pandrose ihm ihre Liebe verschwiegen hatte:

> Pandrose weil ihr mir die Huld
> Vor niemhals nicht zu wissen thätet/
> So wird es ewer eigene Schuld
> Daß ich euch eh'r nicht angebetet/
>
> Zu Herse.
> Und Herse, welche mir stracks alle Hoffnung nahm
> Als ich sie lieb bekam/
> Wird mir die Freundschafft nicht hinfort versagen können.
>
> Herse.
> Ich werde sie euch stets von gantzer Seelen gönnen. (V, 12)

Aufschlussreich ist der Hinweis auf die Möglichkeit einer Verwandlung von leidenschaftlichen Liebesgefühlen in eine Freundschaft zwischen Mann und Frau. Der abgewiesene Mann erhebt nach seinem Verzicht auf Sexualität den Anspruch auf eine Freundschaft, die Herse auch zugesteht. Der Prinz und Krieger Pirantes erscheint zwar gekränkt, aber alles hat seine Ordnung durch den göttlichen Beschluss. Außergewöhnlich an diesem Text ist, dass eine adlige Frau sich dynastischer Heiratspolitik entziehen kann. Dabei steht sie unter dem Schutz einer Göttin, die auch die Bildung von Frauen behütet. Diese Form von Freiheit kann diese junge Frau aber nur um den Preis ihrer Keuschheit, also des Verzichts auf selbst gewählte Liebe leben. Helene M. Kastinger Riley's Vermutung bietet Diskussionsstoff:

> Königsmarck's Singspiel macht deutlich, dass der Frau ihrer Zeit die Entscheidung zu lieben oder nicht zu lieben nicht freistand. Doch scheint das gesellschaftliche Diktum, das Liebesgefühl zu verbergen, den Frauen größere Schwierigkeiten bereitet zu haben, als die Liebesverweigerung.[49]

Herses Keuschheitsgelübde und Pandroses zunächst unglückliches Lieben, sie scheinen zwei gleichermaßen problematische Seiten patriarchaler Liebeskultur zu sein.

2.2. Der Hochmüthige Gestürtzte und wieder erhabene Croesus[50]
Aufführungsjahre: 1711 und 1730[51]

Textdichter
Für die erste *Croesus*-Oper hat Lukas von Bostel 1684 den Text verfasst, nach einer italienischen Oper von Nicolò Minato (*Il Creso*, ursprünglich eine Doppeloper, Musik von A. Draghi, Wien 1678), die Komposition stammt von Johann Philipp Förtsch. Der Bearbeiter von *Croesus*-Nr. 2 ist leider unbekannt.

Komponist
Reinhard Keiser (Partitur überliefert)

Hauptpersonen: 11 Männer und 3 Frauen
Persohnen des Sing=Spiels.
Croesus, König in Lidien. Cirus, König in Persien. Elmira, Printzeßin aus Meden. Atis, des Croesus stummer Sohn. Orsanes, Eliates, Olisius: Lidische Fürsten. Clerida, Lidische Printzeßin. Solon, Griechischer Welt=Weiser. Halimacus, des Printzen Atis Hofe=Meister. Trigesta, der Printzeßin Elmira alte Bedientin. Elcius, des Printzen Atis kurtzweiliger Diener. Ein Persischer Hauptmann. Nerillus, des Printzen Atis kleiner Page. Ein Bauer, eine Bäuerin, 2. Bauren=Kinder. Persisches Krieges=Heer. Lidisches Krieges=Heer.

Zur Stoffgeschichte
Croesus war ein beliebter Stoff und wurde zwischen 1684 bis 1730 auf die Gänsemarkt-Bühne gebracht, Bostels Text wurde ab 1708 auch in einer Bearbeitung des Schauspielers Dorscheus mehrfach als Schauspiel aufgeführt.[52] Reinhard Keiser selbst schätzte seinen *Croesus* sehr und parodierte ihn 1726. Zentrales Thema ist laut «Inhalt und Vorbericht» der Sturz des «Croesus, ein so hochmüthiger/ als reicher König in Lidien», der den Spruch des Solon missachtete, «daß vor dem Tode kein Mensch sich glücklich nennen möge». Zum «Endzweck» dieser Oper, der Anerkennung der «Unbeständigkeit weltlicher Ehre und Reichthums» werden «nebst schicklicher Staats= und Sittenlehre, die Tugenden zur Liebe und Nachfolge/ die Laster zur Vermeidung vorge-

stellet», gemäß der «Neigung hiesiger Zuschauer mit Untermischung einiger Lustbarkeiten».

Zu den historischen Hintergründen
Im «Inhalt und Vor=Bericht» wird sich auf Herodot als Quelle bezogen. Die männlichen Gegenspieler Croesus und Cirus haben historisch nachweisbare Vorbilder. Cirus ist Kyros II (Kurasch der Große) nachgebildet, unter dessen Führung Persien[53] zum Weltreich wird. Er stürzte seinen Lehnsherrn Astyages von Medien und eroberte die Mederhauptstadt Ekbatana um 550 v. Chr. Kroisos, König der Lydier und Vorbild für Croesus, will Teile der medischen Westprovinz besetzen und schließt Bündnisse mit Babylon, Ägypten, Sparta. Kroisos glaubt den nach Kappadokien vorgestoßenen Kyros von Persien angreifen zu können, wird isoliert, nach einer Niederlage bei Pteria in Sardeis eingeschlossen, bei der Eroberung der Stadt gefangen genommen, aber begnadigt. Lydien wird persische Provinz. Solon allerdings, der zu den 7 Weisen gezählte sagenhafte Gesetzgeber Athens, der in dieser Oper als Berater von Croesus eingesetzt wird, hat nicht in realiter am Lydischen Hof gewirkt. Der griechische Dichter und Politiker lebte von 640–560 v. Chr..

Patriarchale Strukturen: Die Macht der Väter
Die Väter Cirus und Croesus bestimmen die Handlung, im Krieg und bei Hofe. Über etwaige Gattinnen erfahren wir nichts. Elmiras Mutter ist verwitwet und von Cirus «um Reich und Thron gebracht» worden. Mutter und Tochter haben am Hof von Croesus Zuflucht gefunden. Doch spielen Elmiras und Atis' Mütter in dieser Oper keine Rolle. Atis ist bereit, sein Leben für den Vater hinzugeben, auf dem Schlachtfeld ebenso wie auf der Richtstätte.

Krieg, Schlachten, Richtstätte
Sie bilden die Rahmen der einzelnen Handlungsstränge.

Duell
Ein Duell wird vom als intrigant gezeichneten Fürsten Orsanes gegen den Prinzen Atis angezettelt, der es aber im letzten Moment verhindert.

Männlichkeiten auf dem Prüfstand
Die Herrscher Croesus und Cirus werden beide als hochmütig und selbstüberschätzend gezeigt, nur mit Gewalt und Güte können sie letztlich zur Einsicht bewegt werden. Ein warnendes Beispiel bietet auch der intrigante Fürst Orsa-

nes, der aus Ehrgeiz den Prinzen Atis opfern würde, die Bauern hochmütig behandelt und auch die ihn liebende Clerida abweist.

Der vorbildliche adlige Krieger

Eine wichtige, nicht historische Figur ist «Atis, des Croesus stummer Sohn», ein zunächst körperlich behinderter, da «stummer» Opernheld, der «Krafft des natürlichen Triebes und kindlicher Liebe/ in der/ dem Herrn Vater obschwebenden höchsten Lebens=Gefahr/ die Bande der Zunge zerrissen mit denen Worten: Halt! Erschlag den König nicht/ eines feindlichen Soldaten mördlichen Hieb gehemmt und ihn dadurch dem augenscheinlichen Tod entrissen hatte» (Inhalt und Vorbericht). Atis ist ein vorbildlicher Sohn, Herrscher und Liebhaber. Beispielhaft verkörpert er den idealen Krieger, der sich auf dem Schlachtfeld und im Umgang mit Frauen zu beherrschen weiß. Ritterlich weiß er sich zu benehmen, ob mit oder ohne Worte. Aber er nutzt seine legitime Macht als Brautwerber und Thronfolger, um die Treue seiner künftigen Ehefrau Elmira zu testen – und fügt ihr damit mehrfach seelische Schmerzen zu.

Das Wirkungsfeld der Frauen

Sie agieren sehr standesbewusst und rhetorisch versiert, sind aber eher mit Liebesdingen als mit Fragen der Staats- und Kriegsführung beschäftigt. Elmira verkörpert die resolute und keusche Fürstin, die sich gegen Annäherungen anderer Männer wehrt.

Kritik am Hof

Die Intrigen bei Hofe und die schwer einzuschätzenden «wahren» Absichten der Höflinge werden kritisiert. Ebenso die Ungewissheit über den wahren Stand der Herrschenden: wer sitzt wirklich auf dem Thron und was sind untrügliche Zeichen einer hohen Geburt? Die Basis einer feudalen Regierung erscheint als permanent bedroht, der Zweifel gegenüber der «Rechtmäßigkeit» der Herrschaft als durchaus berechtigt.

Soziale Fragen

Eine Besonderheit dieser Oper ist die Positionierung und Diskussion von sozialen Fragen. Sind die Menschen gleich, wie soll man mit Bauern, Untergebenen und Kriegsgefangenen umgehen, könnte doch in jedem ein Fürst stecken? Hier könnten religiöse Lehrsätze wirksam sein – etwa Jesus in jedem Bettler und Elenden zu lieben. Auch das Elend der Bevölkerung im Krieg wird thematisiert, als sich z.B. Elcius als Händler im Kriegslager durchschlägt.

Die Bedeutung der gesprochenen, geschriebenen und visualisierten Rede
Atis ist ein stummer Prinz in einer Zeit, in der das gesprochene Wort, die rhetorische Kompetenz sowie Potenz unerlässlich für die Machtausübung in Krieg und Frieden und auch in der Liebeswerbung erschienen. (Hier müsste der Bedeutung von Winken und Handzeichen nachgegangen werden.) Auffällig ist die Kritik an langen, falschen Reden und Texten.

Liebeskonzepte: zwischen Ideal und Wirklichkeit
Das Glück und die Treue sind die zentralen Themen: die Treue zum König und seinem Sohn, die Treue zum Liebespartner, auch wenn hier in der Hauptsache die Frau einer Probe unterzogen wird. Treue erscheint als ein Garant gegen den Wandel der Zeiten und des Glücks. Die Parodie auf diese Oper zeigt, dass der respektvolle und engagierte Umgang zwischen liebenden Männern und Frauen höchst umstritten war.

Oper als Lernprozess
Fast alle Hauptfiguren erleben einen mehr oder minder schmerzhaften Wandlungsprozess: Atis erlangt die Sprache wieder, Croesus und Cirus reflektieren ihre Herrschermoral, Elmira lernt die Schmerzen der Liebe kennen, Orsanes muss lernen, dass Ehrgeiz und Intrigen sich nicht auszahlen.

Komische Personen
Die zwei komischen Personen Elcius und Trigesta sind lebens- und liebeserfahren und als Diener in fester Stellung bei Hofe, Elcius ist außerdem noch als Soldat und Streuner unterwegs. Beide dürfen nahezu gleichberechtigt ausführlich spotten.

Die Handlung[54]
Hier handelt es sich keineswegs «um eines der üblichen stereotyp ‹galanten› Barock-Stücke, die eine exotische Verkleidung benutzen»,[55] wie Utz Maas den Croesus am Gänsemarkt klassifiziert. Ebenso wenig ist seiner Behauptung zuzustimmen: «Es versteht sich, dass ‹realistische› Momente hier keine Rolle spielen.»[56] Auch in dieser Oper fließen sehr wohl Aspekte zeitgenössischer Realität ein, z.B. in Bezug auf die Kriegs- und Menschenführung, die Konstruktion von Liebe und Geschlecht, die Macht des gesprochenen Wortes und die Ausbildung eines idealen Kriegsherrn und Liebhabers. Diese Oper bündelt Lehrsätze und Tugendmuster zu einer Handlung. Dabei funktioniert der Krieg wie ein Lehrstück für adlige Männer.

1. Akt
Croesus lässt sich auf einem «herrlichen Thron» in einem prächtigen Saal als mächtiger Herrscher feiern, doch Solon ist skeptisch. Mögen die Soldaten auch noch so tapfer sein: «Der Tod macht alle gleich» (I, 1), die Seide ist für Solon von «Würmlein» gemacht, auch die unermesslichen Schätze beeindrucken ihn nicht: «Das Gold ist nur ein Raub/ der Erden=Grufft entführet.» Während Croesus sich als glücklich preist, mahnt Solon angesichts der Vergänglichkeit: «Du bist nicht Herr der Schätz und Güter/ Es setzet dich das Glück/ Darüber nur zum Hüter/ Und kan ein Unglücks=Blick Dir alles wiederum entreißen». Croesus ist es leid, diese Lehren zu hören und lobt in einer Arie die Schönheit des Augenblicks:

> Weil die allerschönste Bluhm
> Nicht behält der Schönheit Ruhm/
> Wann die welcken Blätter fliessen/
> Sollte man die kurze Zeit
> Ihrer schönen Lieblichkeit
> Darum nicht mit Lust genießen?[57] (I, 1)

In der zweiten Szene enfalten sich Perspektiven höfischer Frauen, die sich in von Männern dominierten Kriegsszenarien behaupten müssen. Im königlichen Garten klagt Elmira, «Printzeßin aus Meden», ihrer alten Dienerin der Trigesta ihr Schicksal. Durch die Militärmacht von Cirus mussten sie und ihre verwitwete Mutter ohne männlichen Schutz fliehen: «Du weist wie Cirus Macht/ Gantz Medien hat überschwommen/ Die wehrtste Mutter/ als verwittbte Königin/ Von Reich und Thron gebracht» (I, 2). Dies ist ein Hinweis auf die Macht und Ohnmacht verwitweter Königinnen. Mutter und Tochter wurden von Croesus aufgenommen. Trotzdem ist Elmira standesbewusst und voller Zuversicht, denn Prinz Atis, der Sohn des Croesus ist gegen sie in

> [...] keuscher Lieb' entzündet/
> Und diß ist der Gewinn/
> Worauff sich meine Hoffnung gründet./
> Hab ich mein Erb=Reich dort verlohren/
> So werd ich hie zur Königin erkohren. (I, 2)

Elmira gesteht Trigesta ihre Liebe zum Prinzen und erläutert das Geheimnis ihres Verstehens, trotz seines Stummseins:

> Aria.
> Wann zwey verliebte Hertzen
> Empfinden gleiche Schmertzen
> Darff es der Sprache nicht;
> Es zeugen gnug die Triebe
> Von ihrer reinen Liebe/
> Das Aug und Angesicht.

Damit reflektiert eine weibliche Opernfigur die vermeintliche Macht der Redekunst, die in der Liebe nichts bewirken kann. Trigesta hat ohnehin mehr die sinnliche Seite der Liebe im Blick:

> Trig. Ich mercke schon den Possen/
> Die Zung' ist zwar verschlossen/
> Doch sind die Lippen frey/
> Er wird mit süssen Küssen
> Ihr gnug zu sagen wissen
> Daß er verliebet sey. (I, 2)

Elmira weist Trigesta zurecht, sie soll aufhören zu scherzen. Orsanes, lydischer Fürst und ebenfalls in Elmira verliebt, ist das Gegenmodell zu Atis. Er bedrängt Elmira mit Reden und Flehen, lobt ihre Schönheit, doch Elmira wehrt ihn ab, sie liebt nur Printz Atis. Trigesta hingegen wäre Orsanes nicht abgeneigt, sie spielt die lebensfrohe und liebeslustige ältere Frau, die den Treuemodellen ihrer Herrin nicht nacheifern mag:

> Elm. Es ist des Himmels Schluß/ Ich kann nur einen lieben.
> Trig. (Es ist mit mir bey einem nie geblieben.) (I, 3)

Orsanes debattiert mit Elmira über die Vorzüge dieses «stummen Printzen». Elmira kontert alle Überredungsversuche des Orsanes. Für sie zählt allein die Treue des tugendhaften Atis, seinen Stand erwähnt sie nicht:

> Elmira: Wer keine Treu besitzt/ hat gar nichts in der Welt.
> Orsanes: Er kann nicht zur Regierung kommen/
> Weil das Gebiethen ihm ist mit der Sprach' entnommen.
> Elmira: Ein Fürst gebeut durch seiner Diener Mund. (I, 4)

Mangelnde Kommandofähigkeit lässt Elmira nicht gelten, denn es gibt Methoden, die Befehle des Atis zu verstehen und weiterzuleiten. Dem rhetorischen Geschick Elmiras nicht gewachsen, lässt Orsanes die galante Maske fallen:

> Wohlan Halsstarrige/ hilfft jetzt kein Flehen/
> Ich hoff' es kömmt die Zeit/
> Daß auch du deine Schuldigkeit/
> Gehorsamst mir wirst aus den Augen sehen. (I, 4)

Eine der Botschaften dieser Szene scheint zu sein: Vieles Reden begehrender Männer erweckt noch lange keine Liebe. Außerdem ist fraglich, wie die Echtheit eines Herrscherbefehls erkannt und durchgesetzt werden kann. Dieses Streitgespräch wurde von Halimacus, «des Printzen Atis Hofe=Meister», belauscht. Nach dem Abgang von Orsanes tritt er hervor und lobt die «Beständigkeit»der Elmira und bietet sich als Liebesbote an:

> [...] und bin bereit/
> Bey seinem Printzen zu erlangen,/
> Daß Treu und Untreu sol verdienten Lohn empfangen/
> Orsanes Schand und Hohn/
> Elmira Thron und Kron. (I, 4)

Treue muss man, wie er dann in der Arie betont «Mehr als Cron und Zepter schätzten» (I, 4). Frauen werden einem besonders harten Treue- und Tugendtest unterworfen, wie Elmira weiß. Treuetests für Frauen, wie noch ein halbes Jahrhundert später in Mozarts Cosi fan tutte, haben jedenfalls Tradition auf der Opernbühne. Doch auch für Männer gelten in dieser Oper hohe Anforderungen. So wird Atis als feiner sensibler Mann vorgestellt, er «kömt von weitem mit holdseligen und freudigen Gebärden» (I, 5), und er «zeiget durch Gebärden, dass ihm Halimacus beunruhigt für komme.»Halimacus will ihm das heimlich Gehörte noch nicht offenbaren, aber er rät ihm zu, Elmira zu lieben, «weil sies verdienet hat». Mit einem ausgeklügelten Repertoire an Gebärden wendet sich Atis an «Elmira, und giebt ihr Liebes=Anzeigungen». In den Regieanweisungen heißt es: «Atis giebet Zeichen einer brünstigen Liebe»; «Atis winket: Ja»; «Atis winket: Nein». Sein Übersetzer ist der Page Nerill, der für Atis eine Arie singt, während dieser «unterschiedliche Bewegungen» macht. Nerill übersetzt also Atis Bewegungen in Musik:

Aria:
Durch der Haare güldne Stricke/
Ist ans Hertz ein Band gelegt/
Durch der Augen holde Blicke/
Ist die Brust in Feur erregt/
Dennoch leb ich höchst vergnügt/
Und begehre kein Erretten/
Aus den güldnen Band' und Ketten/
Dran mein Hertz in Flammen liegt. (Atis bekrafftiget dieses mit Gebärden)
Elm. Die dich bestrickt / Ist selbst nicht frey/
Und hält sich höchst beglückt/ In ihrer Sclaverey. (1, 6)

Hier sind Mann und Frau von der Liebe gefesselt, ohne dass der Mann ausdrücklicher seine Liebesverwirrung beklagt. Beide sind unverheiratet und standesgemäß, wären also ein ideales Paar. Doch «Elcius, des Printzen Atis kurtzweiliger Diener», verspottet diese Liebe. Nachdem Elcius Atis, wie ihm geheißen, zum König gebeten hat, schlüpft er in die Rolle eines Atis für derbe Gemüter: er hält den Pagen fest, zwingt ihn, ein Lied zu singen, in dem er körperliche Regungen, wie das Knurren des Magens und den Durst nach gutem Rhein-Wein übersetzen soll. Elcius spielt den Angeber, hält sich für

tausendmahl gescheuter/
Als mein Herr Atis ist.
Der Wurm ist von der Liebe so besessen/
Daß er dafür das Trincken und das Essen
Fast gantz und gar vergist. (I, 7)

Elcius zieht viele Register einer klassischen komischen Person. Er bevorzugt kulinarische Genüsse statt entbehrungsreiche Liebe. Die lydischen Fürsten Orsanes und Eliates, die später auch gemeinsam in Regierungsangelegenheiten agieren, besingen in einem Duett ihre «Liebes=Last»und vergebliche Liebesmüh: «Ich säh' auff wilde Wellen, ich bau auf dürren Sand. / So wird das Unglücks=Band / im Lieben uns gesellen / Durch steten Widerstand» (I, 8). In der Ferne tauchen die von den Fürsten vergeblich begehrten Frauen auf. Ihrerseits vom «Liebes=Feuer» singend, nähern sich Clerida, «lidische Printzessin», und Elmira, die als einzige glücklich verliebt ist. Denn Orsanes, Eliates und Clerida gehören zu einer Kette unglücklichen Begehrens, in der es immer wieder heißt: «Ich kann nicht.» Clerida liebt Orsanes, der wiederum Elmira vergeblich liebt. Und Clerida wird hoffnungslos von Eliates begehrt: «Clerida du hältst gefangen/ Mein vom Lieben mattes Hertz; Sol ich kein Trost erlangen? Cler. Ich kann nicht.» Atis tritt hinzu, befürchtet Elmiras Untreue, doch sie beruhigt ihn. Mit diesem kollektiven Liebeskummer kann Elcius nichts anfangen. Er feiert lieber den Rheinwein, der jede Wunde «im Hertzen» heilt und markiert den Haudegen:

> Pfuy Teuffel steht das wol,
> Daß sich ein Cavalier/
> Mit Feder und Rappier/
> der nur von Hauen/ Stechen/
> Erschiessen/ Hälsebrechen/
> Zu sagen wissen sol/
> Von Venus kleinem Huren=Sohn/
> Dem Bärenhäuter / Ertz=Cujon,
> So lässet tribuliren/
> Daß er da in Figur/
> Wie eine alte Hur/
> Den Jammer=Thon muß intoniren? (I, 11)

Radikaler Schnitt: vom Kampf um Liebe im Garten zum Kampf auf dem Schlachtfeld. Im «königlichen Zimmer» findet der Kriegsrat der Männer statt, mit Croesus, Orsanes, Eliates, Olisius «und viele[n] Kriegs=Bediente[n]». Eine Palette von Männlichkeiten wird präsentiert: Croesus berichtet, dass Cirus den Frieden brechen will, und geriert sich als furchtloser Kriegsheld. «Und ist ihm unbekandt/ dass meine nie verzagte Hand/ Das Höhnen/ und das Unrecht weiß zu rächen?» (I, 12) Doch die Fürsten raten zur Besonnenheit, Eliates verweist auf die Kriegs- und Siegeserfahrenheit von Cirus' Heer. Croesus erinnert daran, dass sein Heer die Gegner bereits bei Babylon nicht geschont habe, jetzt müsste ihm nur das Glück zur Seite stehen. Doch Olisius mahnt:

> Die Furcht ist nütz im Kriegen/
> Die auf Behutsamkeit gebaut/
> Und sieht man den zum öfftern unterliegen/
> Der gar zu viel auff seine Macht vertraut. (I, 12)

Wie zur Bestätigung dieser Warnungen meldet Halimacus, dass der Feind in der Nacht bedrohlich herangerückt ist und ganz Sardis empört sei. «(Croesus waffnet sich.)» Auch Atis wird sich anschließen, wie Halimacus betont:

> Der Königliche Printz wird mit mir nicht verweilen/
> Dem Herrn Vater nach zu eilen/
> Sein tapffrer Arm ersetzt des Mund's Gebrechen/
> Wann man ihn sieht mit seinem Schwerdte sprechen. (I, 13)

Bevor Croesus in die Schlacht zieht, ernennt er Eliates zu seinem Statthalter. Darauf ist Orsanes eifersüchtig und muss erkennen, dass er weder im Kriegsberuf noch in der Liebe den erhofften Erfolg hat. Dabei wird er innig geliebt von Clerida, der er aber davon läuft. Clerida ist verzweifelt: «Halt Amor ein / ich kann nicht mehr!» (I, 14). Elcius ist die Karikatur des eitlen Kriegers: «Elcius närrisch gewaffnet / von vier Harlequins begleitet, die seiner spotten.» (I, 15)

> Und wisst nicht dass ich führ
> Den Caracter vom Officier.
> Den Persern/ dem Canaille,
> mag nur für meine Fäuste grausen
> á la Bataille, á la Bataille.

Eine Persiflage auf den martialisch kämpfenden Offizier liefert er in der folgenden Arie:

> Das Blinckern/ Und Flinckern/ Und Klinckern der Waffen/
> Kann Schrecken/ Erwecken/ Nur Gecken und Affen./
> Wer spühret und führet ein männliches Hertz/
> Wird Kriegen und Siegen/ Mit Lachen und Schertz. (I, 15)

Das ach so männliche Herz nützt den Lydiern wenig auf dem Schlachtfeld, denn sie erleiden eine schwere Niederlage. Kriegslager auf der Bühne in Szene 16: «Der Schau=Platz zeiget im Vordertheil Cirus, und von weitem Croesus Lager.» Cirus markiert den stolzen Kriegshelden, der siegessicher in seiner Arie prahlt: «Ich führe das flüchtige Glück/ Gefangen am Strick.» Darauf ertönt kriegerische Musik, ein «Ritornello mit Paucken und Trompeten.»

Ihr Helden folget dann/ die Stund ist nun gekommen/
Da jeder seine Treu und Tugend lasse sehn/
Der Feind/ vom Müßiggang und Wollust eingenommen/
Wird unserer Tapfferkeit nicht können widerstehn. (I, 16)

Auch Croesus ruft seine Mannen: «Chor beyder Armeen: Zun Waffen/ zum Streiten! (Darauff folget die Schlacht/ worinnen zuletzt die Perser obsiegen/ und die Lidier die Flucht nehmen).» Die persischen Soldaten feiern ihren Sieg mit einem Ballett. Der geschlagene Croesus erlebt nun schwerste Demütigungen. Bei seiner Flucht «ohne Königliche Kleidung» wird er von einem persischen Hauptmann verfolgt, der ihn töten will. Doch da geschieht inmitten der tödlichen Gefahr das Wunder:

> Atis. Es ist der König, halt! Erschlag ihn nicht.
> Halim: Ach weich Entsetzen! Wie! Atis spricht?
> Hauptm: Der König? welch' Ergetzen!/
> So ist er dann in unserer Gewalt. (Führen ihn gefangen hinweg.)
> Atis: Ach! Ich erstick im Blut. (Wirfft häuffig Blut aus.) (I, 17)

Atis hat die Sprache wiedererlangt und blutet aus dem Mund. Halimacus drängt zur Flucht, doch Atis, der treue Vatersohn, ist unglücklich darüber, den Vater als Gefangenen zurücklassen zu müssen. Halimacus jedoch sieht das als «Himmels Schluß»:

> Atis: Mich Unglückseligen!
> Da mein gefangner Mund der Bande wird befreyt/
> Führt man den Vater hin/ in Band'/ und Dienstbarkeit. (I, 17)

Atis Behinderung scheint zunächst von physischer Natur. Er spuckt Blut, als ob sich fleischliche Schlingen von der Zunge gelöst haben. Doch findet er die Sprache (wieder?) in einer extrem bedrohlichen Situation, ohne selbst körperlich angegriffen zu sein.[58] Der drohende Mord an seinem Vater auf dem Schlachtfeld sprengt eine Art Zungenpanzer. Das Grauen des Krieges bestimmt das Bühnengeschehen: «Man siehet von weitem der Lidier verheertes Lager/ und das Feld von Erschlagenen gantz bedeckt» (I, 18). Cirus erscheint zu Pferde mit seinen Hauptleuten und gefolgt von Soldaten und gefangenen Lidiern «triumphirend unter fröhlichem Trompeten= und Paucken=Schalle.» Ihm wird vom Hauptmann die «reichste Beute»präsentiert – der gefangene

Croesus. Cirus hält ihm eine wütende Rede mit der Frage, warum er sich selbst ins Unglück gestürzt habe:

> Wie gantz Assyrien gerebellirt?/
> Du hast sie wieder mich erreget/
> Und bist/ wie sie/ aufs Haupt erleget/ (I, 18)

Merke: Rebellionen sind nicht zu unterstützen! Doch Croesus antwortet stolz, dass er nicht etwa der Waffenkunst des Cirus, sondern den Göttern weichen muss:

> Croesus. Ich muß den Göttern weichen.
> Cir. Den Göttern/ und auch mir imgleichen.
> Croes. Nicht dir/ nur deinem Glücke.
> Cir. Schau deine Band' und Stricke.
> Croes: Ich bin ein König
> Cir. Ja/ dennoch mein Feind/
> Der es mit mir nicht redlich hat gemeint.
> Croes. Der stoltze Hochmuth nimmt dich ein/
> Halt Könige Königlich/ wiltu ein König seyn. (I, 18)

2. Akt
Nach dieser aufwühlenden Schlachtszene folgt ein radikaler Schnitt: Der zweite Akt beginnt mit idyllischem Bauernleben. Bauer, Bäuerin, zwei Bauernkinder sowie zwei Bauern, die auf Schallmeyen und Sackpfeifen spielen, bringen eine Arie zu Gehör, in der Vögel und Hirsche vor dem Jäger gewarnt werden. Amor, ähnlich einem Jäger, «ist mit Pfeiffen/ Netz und Stricken/ Zu berücken Freye Hertzen/ Stets gar nah!» (II, 1). Während die Bauersleute arbeiten, nähern sich Atis und Halimacus und beraten ihre prekäre Lage. Das Heer geschlagen, der Vater gefangen und es droht eine von Orsanes angeführte Rebellion. In diesen Wirren rät Halimacus seinem Schützling Atis zu verschweigen, dass er seine Sprache wiedererlangt hat:

> Du kanst die Danckbarkeit im stillen Hertzen hegen/
> Biß sich der Sturm des Auffruhrs erst wird legen. (II, 2)

Auch Elmira soll er diese Nachricht noch nicht bringen: «Vernunfft muß diesen Liebes=Trieb bezwingen.» Da entwickelt Atis eine Kriegslist, die politisches Kalkül und Liebeswünsche kombinieren soll. Er will sich als «armer Knabe»in «schlechte Bauern=Tracht» verhüllen; er gibt vor, Gefangener von Atis zu sein, der ihn als Diener Elmira schenkt und auf den Namen Ermin hört.[59] Hier wird eine Spur gelegt für das beliebte Komödienmotiv «der Diener als Herr»bzw. «der Herr als Diener», wie es auf der Hamburger Opernbühne auch bereits aus Franck's Oper Sein Selbstgefangener[60] (1680) bekannt war und in Keiser's Pasticcio-Oper Der lächerliche Prinz Jodelet (1726) wieder auf die Bühne kam:

> Weil die Natur mich ihm so gleich gemacht.
> Es wird die Sprache den Betrug erfüllen/
> Ich unbekandt dadurch erlangen
> Elmir zu sehn/ und kann darneben/
> Auff der Rebellen Händel Achtung geben.
> (Wenden sich zu den Bauren die erschrecken).

Doch Atis und Halimacus beruhigen die Bauern, die von Standespersonen eher Herablassung und Gewalt gewöhnt sind:

> Ihr dürft Euch nicht entsetzen
> Wir wollen Euch nicht schaden.
> Wir suchen nur ein schlechtes Bauernkleid=Kleid
> Zu tauschen mit den reichen Schätzen/
> die ihr an diesem Kleide spühret.

Dies sind bemerkenswerte Hinweise auf das von Gewalt geprägte Verhältnis zwischen oberen und unteren Schichten und den Umgang mit Kriegsopfern, die als Sklaven weitergereicht werden. Elcius «in poßierlicher Persischer Kleidung» berichtet von seiner Flucht und dass er nun zum Politicus geworden ist, der den «Mantel nach dem Winde» hängt. Er berichtet von üblicher Leichenfledderei auf den Schlachtfeldern:

> [...] und stahl mir diese Kleider von einem todten Affen.
> Dadurch ist Elcius gemetamorphosirt,
> Daß er für einen Perser jetzt passirt. (II, 3)

Den Bauernkindern gefällt dieser komische Kerl und sie singen ihm zum Trost das volksliedhaft anmutende «Mein Kätgen ist ein Mädgen». Elcius singt und tanzt mit ihnen, wird dann aber wieder von Hunger geplagt. Es folgt ein Ballett von alten und jungen Bauren und Bäuerinnen. Szenenwechsel. Vom Kriegsgeschehen haben die glücklich verliebte Elmira und die traurige Clerida bisher wenig mitbekommen. Im königlichen Garten fischen sie am Teich und setzen die unterschiedlichen Seiten der Liebe in Szene. Orsanes umwirbt Elmira erneut und wehrt Clerida brüsk ab, die offensiv um ihn wirbt:

> Cler. Nimm Clerida, und laß Elmir.
> Ors. Ich rede nicht mit dir.

Elmira hingegen wählt einen passiv-aggressiven Weg: «(Elm. fähret fort im Fischen/ sich stellend/ als höre sie Orsanes nicht).» Sie besingt ihre gleichberechtigte Liebe zu Atis in einer 2-strophigen Arie:

> Mein Angel fänget nicht/
> Er werde denn gefangen/
> So ist mirs auch ergangen;
> Ein holdes Angesicht
> Hat mir mein Hertz entrückt/
> Wie seines ward bestrickt.
>
> 2.
> Ihr stummen Fische seyd
> Dem gleich/ den ich muß lieben/
> der ist auch stumm geblieben;
> Doch merkt den Unterscheid/
> Ihr lebt in kalter Fluth/
> Er stets in heisser Gluth. (II, 5)

Orsanes attackiert sie schneidend und verkörpert nicht den vorbildlich um eine Frau werbenden Kavalier:

> [...] meinestu/ es werde sich gebühren/
> Weil Atis stummer Mund nicht spricht/
> Daß du must dein Gehör verliehren.

Doch Clerida gegenüberstellt er sich taub. Clerida bittet verzweifelt: «Lieb doch/ Orsanes, die dich liebet» (II, 5). Allein versucht Clerida dann mittels Vernunft dieses Gefühlschaos zu ordnen:

Ach/ Clerida, bestreite
Die blinde Liebes=Macht/
Damit Vernunfft dich leite/
zu fliehen den/ der dich verlacht!

Doch Clerida hofft weiter. Unterdessen berät im königlichen Zimmer der Kriegsrat. Eliates muss einsehen, dass «Daß grosse Ehr' hat grosse Bürde. Indem des Zepters Pracht die Hand zwar schmückt/ Und doch den Geist mit schwerem Kummer drückt» (II, 6). In diese Klage stimmen Orsanes und Eliates ein: «Die Regierungs=Last zu tragen/ Schickt sich nicht für jeden Rücken.» Doch da treffen die ersten Nachrichten über die Niederlage ein: Halimacus meldet den Sieg der Perser, der König sei gefangen, der Prinz unverletzt und bemüht, das zerstreute Heer zu sammeln, aber die besten Leute seien tot. Der Kriegsrat will nun zunächst Croesus befreien, mit Waffengewalt. Aber zu seiner Auslösung sollen auch Schätze herangeschafft werden.

Alle: Der zeigt/ daß er den König liebt/
Der für ihn alles thut und giebt. (II, 7)

Halimacus führt die List aus: er überreicht den Ermin der Elmire als Geschenk von Atis: «Was er gefangen in der Schlacht», ein Bauernknabe, «den die Natur ihm selbst so gleich gemacht, [...] Die Sprach' allein nur ausgenommen»(II, 8). Auch der Name des vermeintlichen Bauern verweist auf eine merkwürdige Nähe: Ermin und Elmire. Die Frauen sind wachsam. Trigesta scheint etwas zu ahnen: «Solt es nicht Atis selber seyn?» Und Elmira stimmt mit ihr überein: «Die Augen sagen ja/ die Ohren/ nein» (II, 9). Elmira fragt Emir sehr direkt, woher er stamme und ob Atis sie liebe. Ermin spielt den jungen Draufgänger aus der Unterschicht, macht ihr Komplimente,[61] die sie schlagfertig pariert: «Redt man so bey den Pflügen?» (II, 9) Sie präsentiert sich als keusche resolute Frau, weist ihm seine Grenzen und will ihn bald frei lassen. Atis besingt die «höchst=vergnügte Lust/ wann man liebt/ und wird geliebet.»

Auch die lydischen Fürsten Eliates, Orsanes und Olisius halten den Bauern zunächst für Atis; doch Halimacus erzählt seine, vermeintlich richtige Version der Geschichte. Alle drei Fürsten singen: «Man schwür' es sey der

Printz/ hätt' er die Sprache nicht.» Letzte Zweifel soll die Verkleidung ausräumen. Aber die neue Identität sitzt noch nicht perfekt, denn Atis gibt den Regenten Kontra, als wenn er ihresgleichen wäre.[62] Als Eliates nur den halben Schatz als Lösegeld für Croesus losmachen will, fragt er: «Warum dann den gantzen nicht?» Orsanes benimmt sich auch hier nicht wie ein vorbildlicher Fürst: «Schweig/ Baur/ mit deinen Possen/ es scheint/ dass du freygebig bist/ mit dem/ was nicht das deine ist.» Doch Ermin kann einfach nicht den Mund halten, mischt sich ein und Orsanes reagiert herablassend:

> Seit wann hat doch die arme Treu
> Sich bey den Bauren retiriret?
> At. Seither dass Eigen=Nutz/ Betrug und Heucheley/
> Zu Hoff allein regieret. (II, 10)

Dies ist ein bemerkenswerter Dialog, denn hier übt eine Standesperson, wenn auch verkleidet, Kritik am Hofleben, die sonst eher komische Personen oder Dienstboten vorbringen. In der nächsten Szene freut sich Elmira, von Atis geliebt zu sein: «Ich lieb' und bin geliebet.» Doch auch sie wird hochmütig und lobt diese Liebe vor dem Happy End: «[...] Ich schmeckt' auch nie die Frucht/ Der bittern Eifersucht» (II, 11). In diesen kriegerischen Zeiten scheinen der standesbewussten Prinzessin die aktuelle Machtposition und der Besitzstand ihres Liebsten egal:

> 2.
> So leb' ich höchst vergnüget/
> Hat gleich der Perser Macht
> Vom Reiche mich gebracht/
> Auch Croesus schon besieget/
> Bleibt Atis nur getreu/
> Bin ich von Kummer frey. (II, 11)

Ein vorschnelles Urteil, wie sich noch zeigen soll, denn Atis zieht kühl kalkulierend den Treuetest durch. Als vermeintlicher Bauer Ermin macht er Elmire weiterhin Liebeserklärungen, die sie abwehrt: «Bauer/ was für Tollheit ficht dich an/ Mir solche Reden fürzutragen?» Und wieder versucht er es – und wieder blockt sie ab und wieder argumentiert er, dass der Prinz es so sagen würde:

Daß/ wo der Printz nur sprechen könt'/
Er dieses würde sagen.
Elm. Meinstu es so/ so ist es dir vergönnt/
Und kann ichs wohl verstehen. (Tritt ab)
Atis. O Hertzens=Lust/ So treuen Sinn zu sehen!»

Elmira besteht die Treuetests – nicht aber Orsanes, der als abschreckendes Beispiel für die Treulosigkeit einer Hofschranze bloßgestellt wird. Orsanes sucht hinterlistig Atis alias Ermin für seine Umsturzpläne zu gewinnen:

So stell dich stumm/ und mach durch diese List/
Daß man dich für den Printzen selber halte!
Atis: Das fällt mir gar nicht schwer. (II, 12)

Ermin würde dann Orsanes die Reichsregierung übertragen. Als Ermin aber berichtet, dass er von Halimacus von der Rückkehr des echten Prinzen wüsste, will Orsanes den Atis «erst ums Leben bringen». Der vermeintliche Bauer Ermin soll Atis in seinem Gemach umbringen und die Leiche ins Meer werfen. Am nächsten Tag werde der Bauer dann «Mit feinen Kleidern angethan/ Besterken jeden in dem Wahn/ Du seyst der Printz» (II, 12). Diese Skrupellosigkeit seines ehemaligen Vertrauten erschüttert die Selbstbeherrschung des Ermin. Ihm entweichen immer wieder Kommentare wie «Verfluchter Bösewicht», die Orsanes aber akustisch nicht versteht.

Die nächste Szene spielt im persischen Lager, wo sich der Überlebenskünstler Eclius als Händler versucht «mit einem Taflit=Krahm, Hecheln und Mäuse=Fallen». Im Angebot ist auch «dat neye Leet / Vam olden künstlichen Secret, Tho macken Gold uth Buren=Schweet?»[63] Hier werden die ökonomischen Seiten des Krieges beleuchtet, in dem auch MarketenderInnen und andere HändlerInnen zu überleben versuchen. Dabei hat auch Elcius Schuld auf sich geladen, ist zum Mörder und erbärmlichen Dieb geworden: er «hat einem alten Schmauß» einen «Posterianus-Stoß» gegeben, «[d]aß er ins Wasser schoß/ Da ist der Schelm ersoffen/ Und ich bin mit dem Krahm davongeloffen» (II, 13). Nun sucht Elcius nach Kundschaft mit dem Ausruf: «Brill/ Brill/ Feder und Dinte/ Hechel und Mäußfall/ Brill/ Brill.» Eine Szene mit sozialkritischem Gehalt:[64]

> Seht doch/ wozu die Noth/
> Die Kost nur zu erwerben/
> Den Menschen bringen kan.

Auch beim Betteln hat Elcius schlimme Erfahrungen gemacht:

> Ich mochte bitten oder weinen/
> Von Großen und von Kleinen/
> Von Reichen und von Armen/
> Wolt' über mich sich keiner nicht erbarmen. (II, 13)

Mit bis heute aktuellen Argumenten wurde er abgespeist:

> Schämt sich der starcke Flegel nicht/
> Daß er die Leut um Geld anspricht;
> Du Esel kanst wohl Arbeit thun/
> Und suchen sonsten nach Fortun.

Neben bösen Worten wurden auch Prügel angedroht. Hier werden die sich verschärfenden Überlebensbedingungen für Arme widergespiegelt, die sich auch in Hamburger Bettelverordnungen[65] ablesen lassen. Elcius ist permanent im Überlebenskampf. Auch mit seinem neuen «Krahm» ist er hier nicht sicher, denn er hat seine Erwerbsquellen unrechtmäßig erworben: «Weil mir ist bange/ Es möchten die Meister den Bönhasen jagen» (II, 13).[66] Doch der Überlebenskampf ist ständeübergreifend, denn in der nächsten Szene kämpft ein König um sein Leben: der gefesselte Croesus singt in einer Arie:

> Wozu nützt mein großes Gut?
> Was hab ich von allen Schätzen?
> Die mich nicht in Freyheit setzen! (II, 14)

Erneut streiten die beiden Könige, agieren ihre Männlichkeitsmuster theatralisch aus. Cirus demütigt Croesus:

> Cir. Knie nieder/ und wirff dich zur Erden/
> Wo du von mir gehört willst werden.
> Croes: Ein König beugt die Knie vor Jupiter allein.

Cir. Du bist nicht König mehr.
Croes. Ich bins und will es seyn. Verliehr ich schon mein Reich/ mein Ehr/ und grosses Gut/ behalt' ich doch dennoch mein Königliches Blut. (II, 14)

Cirus will Croesus dem Feuertod aussetzen und sieht sich im göttlichen Auftrag handelnd:

> Du hast die Straffe wohl verdienet/
> Weil du ohn Ursach dich erkühnet/
> Mit deiner Macht / und falscher List/
> Den Auffruhr Babylons zu stärcken/
> Drum lässt dir jetzt der Himmel mercken/
> Daß meine Rache keine Tyranney
> Vielmehr Gerechtigkeit/ und Gottes Straffe sey. (II, 14)

Doch noch bemüht sich die lydische Reichsführung um eine diplomatische Lösung: Die Gesandten Lydiens ersuchen nach allen Regeln der Höflichkeit um Audienz. Der vorsichtige Olisius begegnet Cirus ehrerbietig, bittet um Frieden und bietet den halben Schatz für die Freiheit des Croesus. Doch Cirus gibt den unerbittlichen Sieger, hat er doch Croesus ganz in seiner Gewalt und diktiert skrupellos seine Bedingungen: nur 2 Tage Waffenstillstand, an denen sich jeder den Croesus im Lager anschauen kann. Wenn dann allerdings am dritten Tag die Tore der Stadt Sardis nicht geöffnet würden, sei kein Erbarmen mehr zu erhoffen.[67] Der Krieg funktioniert als ein erweiterter Zweikampf zweier Könige.

3. Akt
Schauplatzwechsel: «Printz Atis Vor=Gemach». Der Hochmut umnebelt Vertreter beider Kriegsparteien. So singt der lydische Fürst Orsanes in der ersten Strophe seiner Arie:

> Die Flamme steigt stets über sich
> Gen Himmel an/ und lehret mich/
> Daß ich mich sol erheben/
> Und stets nach Höhern streben. (III, 1)

Eliates kommt mit vielem Gefolge, wundert sich über Orsanes' frühe Anwesenheit und ist voller Freude darüber, Atis endlich bald «in Gesundheit» wieder zu sehen. Doch Orsanes kann sich wieder nicht zurückhalten:

> Ors. Hat er so grosse Lust ein stummes Bild zu sehen?
> Eliat. Erfreut uns nicht jetzund das neue Tages=Licht/
> Ob gleich Aurora und die Sonne selbst nicht spricht?
> Ein treuer Diener ist schon glücklich gnug daran/
> Wann er nur seinen Herren sehen kan.
> Ors. ja wüst' er nur was in dieser Nacht geschehen (beiseite). (III, 1)

Auch als sich Atis in fürstlicher Kleidung zeigt, ist Orsanes zugleich siegesgewiss und arrogant: «Eliat. Da ist der Printz! Ors. Der Bauer den ich erhebe. (beiseite)» und «Atis stellt sich freundlich gegen jeden» und führt Orsanes perfide vor, der ihn dafür «beiseite» als «Bauern=Lümmel» und «schlimmen Bauern=Knaben» beschimpft. Als alle fort sind, will Orsanes den genauen Tathergang wissen und Ermin «vor Freud» umfangen». Doch Atis wehrt ab:

> Nicht so vertraulich. Ors. Was?
> At. Ein Fürst macht sich nicht so gemein/
> Mit Dienern die Verräther seyn.
> Ors. Wie/ wird der Tölpel toll? At. Ach ich vergaß,
> Daß ich von Bauren bin gebohren.
> Ors. Vergiß nicht selber wer du seyst; [...]. (III, 2)

Mit dem Hinweis auf die Hellhörigkeit der Wände, auch ein Effekt des engen Zusammenlebens in Palästen, endet diese Szene. Als Elmire dazukommt, spielt Atis wie gewohnt den stummen, aber verliebten Prinzen, von Orsanes heimlich höhnisch kommentiert. Als Atis der Elmira auch noch seinen Ring schenkt, ist es mit Orsanes' Fassung fast vorbei:

> Wie wirst Du so vermessen?
> Ors. Ich bin ein Printz/ drum schweig! Ors. Vor dir?
> Ich/ schweigen müssen? (III, 3)

Orsanes sieht seinen Plan scheitern, denn Atis gehorcht ihm nicht. Unterdessen ist die lydische Delegation von den Persern ohne Verhandlungserfolg zurückgekehrt. Sie sehen ihr Heil darin, mit Waffen Widerstand zu wagen (III,

4). Atis streift nochmals die Bauernkleider über, um als Ermin Elmira wiederum auf die Probe zu stellen, die ein weiteres Mal in ein rhetorisches Gefecht mit der gebildeten und schlagfertigen Prinzessin mündet. Aber Elmira wird langsam mürbe, redet ihn an mit:

> Liebstes Leben.
> At. Wie? Elm. Ach! Wie wird mein Mund verführt;
> An Atis wolt ich diese Antwort geben. (III, 5)

Daran knüpft sich eine Diskussion über Liebe und Stand, wobei Elmir den Advocatus Diaboli spielt. Auch als Unterschichtsmann kann er selbstbewusst die höherrangige Frau herausfordern. Elmir will wissen, warum Elmira ihn nicht lieben kann. Diese antwortet sehr standesbewusst:

> Weil es sich nicht gebührt. [...]
> Mein königliches Blut, und auch die Ehrbarkeit/
> kan keine Bauren=Liebe dulden.
> At. Ich bin ja auch ein Mensch. Elm. Doch eines Bauren Kind.
> At. Was soll der Eltern=Stand den Seelen schaden können/
> Da sie all' ingesammt vom Himmel kommen sind?
> Elm. Ja/ aber doch mit Unterscheid.
> At. Der mich dem Printzen so gar ähnlich hat gemacht/
> Hat mich vielleicht auch würdig gnug geacht/
> Ein Fürstliches Gemüthe mir zu gönnen.
> Elm. Du kanst doch nicht zu meinem Stand gereichen.
> At. Die Liebe weiß/ was ungleich/ zu vergleichen.
> Elm. Schweig/ oder meine Gunst wird sich in Zorn verkehren.
> At. Ihr Zorn wird meine Liebe nur vermehren.
> Elm. Ich will es Atis klagen.
> At. Da werd ich nichts nach fragen/
> Er will/ daß sie mich lieben soll.
> Elm. Schweig / Du bist toll! (Tritt ab.) (III, 5)

Atis anschließende Arie zeigt sadistische Züge:

> Mich vergnüget dieses Höhnen/
> Dieser Zorn ist meine Lust/
> was Ermiren wehe thut/

> Machet Atis wohlgemuth/
> Weil Elmira zu versöhnen/
> Ihm die Mittel sind bewust/[...]. (III, 5)

Diese Debatte über die Frage, inwieweit die Liebe ein soziales Ereignis ist oder gemäß individueller Wünsche gelebt werden kann, mutet aufklärerisch-revolutionär an (vgl. die Hamburger Mandate gegen als unrechtmäßig geltende Heiraten in Teil II). Desweiteren scheint weiblicher Zorn Helden zu erregen. Die vermeintlichen Komplizen streiten nun um Elmira. Orsanes will nicht, dass Atis Bauernkleidung trägt und Elmira seine Liebe erklärt, denn

> Ich liebe sie, du weist es ja. At. Was rührt das mich.
> Ors. Baur/ nicht so stolz. At. Was Baur!
> Ich bin der Printz. Ors. Wie/ wiltu schertzen?
> At. Gar nicht/ ich mein' es recht von Hertzen. (III, 6)

Orsanes sieht seine ehrgeizigen Pläne scheitern: «Mich sticht der Dorn/ den ich gesaet»; und er beschwört daraufhin das Glück. Atis hingegen will Elmira nochmals prüfen und schreibt dazu einen Brief:

> Aria:
> Sol des Goldes Glantz recht glimmen/
> Sol der Harffen Thon recht stimmen/
> Schont die Hand der Schläge nicht/
> So will ich mit scharffen Briefen/
> Noch Elmiren Treue prüfen/
> Eh sie vom Geheimenisse/
> Nachricht wisse/
> Daß der stumme Atis spricht. (III, 7)

Als die Prinzessin kommt, überreicht er den Brief von Atis, in dem es heißt: «Elmira trage keine Scheu/ Erminen, als den Printzen selbst zu lieben.» Doch Elmira zerreißt den Brief und schimpft auf den «unverschämten Bothen». Sie wird dem Willen von Atis nicht folgen und singt verzweifelt in der Aria: «Liebt mich Atis, kann es seyn? Nein/ ach Nein!» Jetzt lernt auch sie die Schattenseiten der Liebe, die Ohnmacht kennen, sie, die als Erbprinzessin auf der Flucht die Liebe eines Thronerben errungen hat. In dieser Szene wird auch auf das

Problem von arrangierten Ehen bei Hofe angespielt. Trigesta versteht Elmiras Kummer und hat für junge Frauen Ratschläge parat, die vielen Männern nicht gefallen dürften.

> Aria: 1.
> Zarte Jungfern/ diß allein
> Last Euch gnug zu Beyspiel seyn/
> Daß dem Lieben der Gesellen
> Ist kein Glauben zuzustellen.
> 2.
> Mancher sitzt/ und schwätzt euch für/
> Wie von Lieb' er sterbe schier/
> Glaubt doch nicht den Narren=Possen/
> Sein Gehirn ist nur geschossen.
> 3.
> Wer am meisten flucht und schwürt/
> ist am wenigsten gerührt/
> es sind lauter falsche Lügen /
> Euch nur in den Schlaff zu wiegen. (III, 8)

Eine seltene Kritik aus weiblicher Perspektive an der Schwätzerei der Männer, an den rhetorisch gewandten und permanent werbenden Herren. Nun finden die beiden komischen Personen endlich zusammen, die bereits in den früheren *Croesus*-Fassungen eine wichtige Rolle gespielt haben. Elcius will auf plattdeutsch das neue Lied von der «olden Courante Margret» verkaufen. Trigesta scheint Elcius nicht zu erkennen und mimt die begehrende Frau. «Was für ein starcker Bengel kömmt hier/ und ruffet Lieder aus?» Doch er weist sie zurück, verhöhnt sie als «alte Pulver-Flasche», doch sie weiß sich zu wehren: «Du kahler Galgen=Schwengel». Aber der Librettist setzt sie dem Spott aus, zeichnet sie als eine ältere Frau, die sich noch als jungfräulich und schön anpreist:

> Heist Du mich alt/ und siehest nicht/
> Wie diß Jungfräulich Angesicht
> Noch überall mit Schönheit ist geschmückt?
> Elc. Au we! Ich werd' in Lieb' entzückt!
> Ich muß das schöne Bild doch recht bespeculiren.
> (Setzt einen Brill auf) Sieh da! Trigesta, find ich dich? (III, 8)

Elcius will mit Trigesta Geschäfte machen und gibt einen Einblick in damalige modische Vorlieben: «Hier hab ich Schminck/ ein' Alte jung zu machen.» Es wird gängiger Spott auf vermeintlich hässliche, aber stark geschminkte Frauen bedient – und auf den Konsum von Schnupf-Toback: «Da der Wurm ist eingerissen/ Daß die Leute schnauben müssen/ weil mans für die Mode hält; Con Lizenza sagt der Geck und schnaubt einen truckenen Dreck.» Außerdem im Angebot sind «Acteons Waffen», eine Anspielung auf den Voyeur Aktaion, der die badende Artemis/Diana beobachtet hatte und dafür von ihr zur Strafe in einen Bock verwandelt und von seiner Hundemeute zerrissen wurde. Er sollte nicht vor seinen Freunden prahlen, die Göttin nackt gesehen zu haben. Elcius meint hier die Hörner, an denen man betrogene Ehemänner zu erkennen meint: «Hastu dann noch nicht gehört/ Wie galant in diesen Tagen Groß' und Kleine Hörner tragen?» (III, 8). Ein Angebot, das Trigesta dankend ablehnt: «Ein andermahl besucht mich wieder [...].»[68]

Clerida und Elmira leben immer noch fern vom Kriegsgeschehen in ihrer eigenen Welt der Liebe, die ihnen aber nun die leidvolle Seite zeigt. Sie klagen über Amor und wollen nicht mehr lieben. Da erscheint Atis in fürstlichen Kleidern, Elmira stellt ihn zur Rede – und er sich stumm. Will er wirklich, dass sie den Bauern liebt? Elmira verflucht Amor, «Der Dich Undanckbaren zu lieben/ So hefftig mich hat angetrieben.» Endlich ergreift Atis das Wort, aber Elmira glaubt ihm die Atis-Identität nicht, kann es nicht fassen, dass «der Himmel den stummen Mund entschlossen» hat und tritt ab. Wieder verleiht Atis in einer Arie seiner Freude Ausdruck:

> Dieses Schmähen/ das ich leide/
> Dieser Zorn/ der auff mich fällt.
> Ist die höchste Ehr' und Freude/
> So ich suche in der Welt.
> Endlich wird doch dieses Höhnen/
> Meine treue Liebe kröhnen. (III, 10)

Darauf kommt es zwischen Orsanes und Atis zum Show-down und fast zum Duell. Da Ermin keineswegs den Anspruch auf den Thron aufgeben will, beide in diesen Betrug und vermeintlichen Mord verstrickt sind, verliert Orsanes die Nerven: «Verfluchter Baur/ Du solt von meiner Faust erblassen. (Sie zücken beyde ihr Gewehr. Atis rufft/ worauff Halimacus mit vielem Gefolge eintritt.)» Atis agiert sehr geschickt: Orsanes habe gerufen, da Atis in das persische Lager geleitet werden möchte. Orsanes neigt sich demütig, spricht aber beiseite:

«(Der lose Bauer. Hal. O Schelm/ dein Fall ist nicht mehr weit.)» Orsanes begreift, dass er eine Lektion in Moral zu lernen hat, die ihn Kopf und Kragen kosten kann. Nicht ahnend, dass diese ihm von Atis selbst erteilt wird:

> Aria.
> Gerechtes Gerichte der mächtigsten Götter!
> Du machest zu nichte
> Die Majestäts=Spötter/
> Du führest die Wache/
> Und übest die Rache/
> Daß/ welche sich wider die Obrigkeit sperren/
> Durch eignes Verschulden/
> Zuletzte noch Bauren/ zu Obern und Herren/
> Selbst müssen erdulden. (III, 11)

Nun folgt der Höhepunkt der Oper, der bereits auf dem Titelkupfer vorweggenommen ist: auf einem großen von Cirus' Leibwache umstellten Platz wird der entkleidete Croesus zum Feuer geführt «unter grossen Zulauff vielen Volckes», wie es damals bei öffentlichen Bestrafungen und Hinrichtungen üblich war. Croesus wird gedemütigt und fleht die Götter in einer Arie um Barmherzigkeit an: «[...] und beraubet mich der Sinnen/ Eh die Schmertzen noch beginnen» (III, 12). Cirus sitzt auf einem Thron umgeben von «Staats= und Kriegs=Bedienten, Soldaten». Wieder gibt es einen verbalen Schlagabtausch zwischen den beiden Königen, «und als schwarze Wolcken aufsteigen, wird das Feuer plötzlich durch Blitz und Donner und einen starcken Platzregen gelöscht.» Von manchen wird dies als Zeichen Gottes gesehen, doch Cirus befiehlt, das Feuer erneut zu zünden. Aber endlich haben sich die lydischen Krieger den Weg zum Scheiterhaufen gebahnt. Im Finale dann konfrontieren die Lydier Cirus mit seinen eigenen Worten: hatte er nicht zugesichert, dass alle unbehelligt ihren König im Lager werden sehen können? Darauf Cirus zynisch: «Ich laß' euch allen euren König sehen.» Darauf die Antwort der Lydier: «Betrug pflegt Königen gar übel anzustehen.» Sie präsentieren ein Exempel größter Königstreue: die Stadt, das Reich und alle Schätze soll Cirus bekommen, doch Cirus wehrt höhnisch ab. Nun wollen alle statt Croesus sterben. Doch Cirus lässt nicht mit sich verhandeln, er will den Tod von Croesus. Aber nun tritt Atis auf: Er kündigt mit eigener Stimme seinen Opfertod für seinen Vater an und stiftet damit große Verwirrung. Elmira hält ihn für Ermin, und Orsanes sieht in ihm einen «fremden Bauern». Auch Cirus weiß, dass der Prinz stumm ist. Doch nun verliert Atis die Fassung, ruft Orsanes zu: «Verräther/ möchte ich dir das Leben rauben.» Darauf will sich Atis ins Feuer stürzen, berichtet aber vorher noch über das Wunder seiner Heilung:

> Atis: Ja/ Vater Ja; Gott selbst erbarmet sich/
> Er hat geheilt des Munds Gebrechen/
> Und will jetzund die Stimme mir verleihen/
> Um Hülff' in dieser Noth mit dir zu schreyen. (III, 13)

Immer wieder versucht er sich ins Feuer zu stürzen. Dieser Opfermut überzeugt endlich auch Orsanes und Elmira von der Identität des Atis. Olisius und Clerida wundern sich: «Ist solche Treu bey Bauern je gesehen?» Atis wird weggeführt. Da endlich erscheint Solon. Angesichts des drohenden Feuertodes und der mahnenden Worte Solons bekennt Croesus in einer Arie:

> Solon, weiser Solon, ach!
> Jetzt denck' ich den Worten nach/
> Die ich jüngst von Dir vernommen;
> Daß des Reichthums stolze Pracht
> Keinen Menschen glücklich macht
> Eh sein Ende ist gekommen. (III, 13)

Cirus fragt Solon, welche Gottheit Croesus denn da anrufe. Solon: «Es ist kein Gott; Ich bin der Mann». Solon, der Philosoph als Königsberater, unterweist nun auch Cirus. Seine ruhig vorgetragenen Worte lösen in Cirus eine Wandlung aus: «Mein Hertze wird gerührt. Fort/ machet Croesus loß.» Schnell hat Cirus gelernt:

> Sitz ich gleich jetzt dem Glück' im Schooß'/
> In großer Macht/ und höchsten Ehren/
> Muß Solons Rede mich und Croesus Beyspiel lehren/
> Daß auch ich/ wie er/ fallen kann./
> Legt ihm den Purpur wieder an. (III, 13)

Derweil versuchen Eliates und Halimacus, die von dieser Wendung noch nichts erfahren haben, mit einigen Lydiern, «den Degen in der Faust», die Wächterkette zu durchbrechen und Croesus zu befreien. Doch dann halten sie inne:

> (Cirus stehet auf/ und umarmet Croesus):
> Mein Freund/ ich drücke dich an die Brust./
> Den unbedachten Zorn must Du nicht übel deuten;
> Mich hat dein Fall/ und Solons Rath gerührt/
> Weil der Gott/ der dich strafft/ auch über mich regiert. (III, 13)

Die Weisheit des unparteiischen Solon bringt die Fürsten wieder zur Besinnung, sie finden zurück in eine um Balance bedachte feudale Herrscher- und Kriegermentalität, wie sie auch aus zeitgenössischen Quellen hervorgeht. Alle Lydier werfen sich Cirus zu Füßen; Atis kniet vor dem Thron und nun wird alles aufgeklärt: Halimacius legt Zeugnis für Atis ab, hat er doch die entscheidenden Worte auf dem Schlachtfeld mitangehört:

> [...] Ich sah' es selber an/
> Wie ihm die Furcht/ und seiner Liebe Trieb/
> Da jenes Persers Schwerdt dem König einen Hieb/
> Wovon er wohl besorglich sterben müssen/
> Zu geben war gezückt/ der Zungen Band zerrissen:
> Halt/ rieff er/ tödt' ihn nicht; wodurch der Hieb gestöret. (III, 13)

Auch der Umsturzplan des Orsanes wird aufgedeckt. Doch Atis zeigt sich großmütig; er und Halimacus werden schweigen, dafür soll Orsanes künftig treu dienen. Elmira hingegen will nichts von solchen Kriegs- und Staatsgeschäften wissen. Sie interessiert nur, warum Atis das Bauernkleid trug. Dann schließt Atis diese Liebeswerbung vorbildlich ab:

> Herr Vater/ unsre beyde Hertzen
> Sind längst entbrandt durch treue Liebes=Kertzen;
> Verstattet er/ daß wir/ in Lieb und Treu zu leben/
> Uns jetzt die Hände geben?
> Croes. Gar gerne/ trautster Sohn. At. Was sagt Elmira.
> Elm. Ja! (III, 13)

Der treue Statthalter Eliates erhält zur Belohnung als Braut Clerida. Sie hatte ihn vormals abgewiesen, da sie unglücklich in Orsanes verliebt war. Jetzt willigt sie, möglicherweise mangels anderer Perspektiven, ein: «Ich will nicht länger widerstreben. (Gibt Eliates die Hand).» Auch wenn, wie in den meisten Opern üblich, am Schluss alle heiratsfähigen Menschen einen Ehe-

Partner haben, wird doch deutlich, dass es neben der standesgemäßen Liebesehe von Atis und Elmira auch arrangierte Ehen gibt, in die sich Frauen und Männer zu fügen haben. Als Gipfel der Großmut überlässt Cirus seinem Standesgenossen Croesus dessen Reich mit allen Schätzen. Diese Gunst wollen die Lydier «mit steter Treu' ersetzen. (Die Könige steigen vom Thron. Elmira und Atis, Clerida und Eliates umarmen sich.)» Am Schluss stimmen alle in eine Freuden-Arie ein und es folgt ein «Tantz von Damen und Cavaliers».

Möglicherweise birgt der Name Atis eine Anspielung auf die mythologische Figur Atys. Bei Ovid hat er sich im Wahnsinn selbst entmannt, in Lullys Oper *Atys* wird er von der Göttin Cybele begehrt, ist aber in die Nymphe Sangaride verliebt. Von Cybele in den Wahnsinn und Tod getrieben wird er letztlich als Fichte verehrt.[69] Der rätselhafte Prinz Atis hat das Opernpublikum jedenfalls nachhaltig beeindruckt, denn es gab eine Parodie im Intermezzo *Buchhöfer der Stumme Prinz Atis*.

Der galante Außenseiter: *Buchhöfer der Stumme Printz Atis*[70]

Das Intermezzo Buchhöfer der Stumme Printz Atis[71] ist eines der wenigen Beispiele, in denen ein Komponist sein eigenes Werk parodierte,[72] und eine der seltenen Opernparodien in Hamburg überhaupt. In Venedig und Wien waren solche Parodien sehr beliebt. Den Text verfasste Johann Philipp Praetorius nach Le Sage und D'Orneval,[73] die Musik ist von Reinhard Keiser. Sehr drastisch geht es in diesem Stück um die Werbung eines Adligen und den Zusammenhang zwischen Liebe und Ökonomie. Im Vorbericht heißt es:

> Die Opera Croesus, welche sich durch ihre artigen Verwicklungen/ wolangebrachte Affecten und überall eingestreuete Sitten Lehre beliebt gemacht und jederzeit mit ungemeinem Beyfall aufgeführet worden/ hat Anlaß gegeben zu versuchen/ ob dieselbe auch auf eine Comique Arth gefallen möchte.

Die Rolle des Atis war dem Hauptdarsteller auf den Leib geschnitten: dem Sänger, Tänzer und Ballettmeister Johann Adolph Matthias Buchhöfer (Buchhöfer),[74]

> da der Charakter des stummen Prinzen Atis derjenigen Persohn/ so ihn vorstellen dürffte/ dermassen Convenable, daß man daher fürnehmlich Gelegenheit genommen/ auf dieses Sujêt zu geraten [...].

Die Werbung des Prinzen
In den Croesus-Opern wirbt der Prinz Atis höflich, ohne Elmire handgreiflich zu bedrängen. In dieser Parodie hingegen ist er das Gegenteil: «im Gesichte halb angeschwärzt/ unter dem fürstlichen Kleide raget ein Harlequins Kleid hervor/ anstatt des Degens hat er eine Pritsche an der Seiten.» Zwar winkt auch er diverse Male «ja» oder «nein» und «macht verliebte Stellungen» oder «von Ferne verliebte Minen». Aber im Laufe der Handlung wird er drastischer, ja «er stellet sich plump an», wie es in der Regieanweisung heißt, wenn er unumwunden seine Wünsche signalisiert, die Nerillo mit jüdischen Begriffen übersetzt, die im Libretto ins Deutsche übertragen sind: «Nerillo: Er will euch bold mit sich zu Mitte nehmen. Bette.»Elmire ist entsetzt, denn «(Atis lehnet sich auf der Elmiren Schulter)» und «(Er greifft ihr an das Kinn).» Elmiras Reaktion entsprechen allerdings auch nicht dem höfischen Verhaltenscodex. Sie schimpft unflätig und droht Schläge an:

> Holuncken, packt euch gleich!
> So leicht dreht ein ungestallter Haase,
> Den klugen Mädchens keine Nase [...]
> Zurück!
> Sonst werd ich euch den Kopff in Stücken schlagen. (B)

Anders als in der Oper Croesus übersetzt nicht der junge Page Nerillo die Gebärden des Atis, sondern ein Zwitterwesen Namens Nerillo «oben als ein Jude, mit einem langen Barte, unten als ein Page in Römischen Habit». Seine Sprache ist eine Mischung aus hochdeutschen und jüdischen Worten, die Elmire oft ebenso wenig versteht wie seine Gebärden. Elmire klagt: «Das kauderwelsche Zeug ist übel zu verstehen.»

In diesem Intermezzo wird eine Palette von damals in der Hamburger Gesellschaft und in der allgemeinen (Theater-) Literatur beliebten Objekten und Motiven des Spotts ausgebreitet: dazu zählen Menschen jüdischen Glaubens, Bäuerinnen, gesellschaftliche Aufsteigerinnen, galante Männer, hehre Liebesideale. Mit Verve wird in einem Wirtshaus der prächtige Vorhang der Ideale beiseite gezogen und der Blick freigegeben auf die «andere» Seite, auf den täglichen Existenzkampf und wenig respektvolle Liebesweisen. So winkt Atis zunächst höflich, will aber Elimira küssen, sie heiraten und mit ihr ins Bett. Elmire, «in einem reich brodirten Kleide nach der alten Mode», ist sehr auf den Stand dieses angeblichen Prinzen bedacht und auf ihre ökonomische Absicherung. Von den Liebes- und Treueidealen der Elmire aus Croesus scheint sie nichts zu halten:

Aria
Ich liebe dich/ mein werthes Leben!
(So lang als dir kein Geld gebricht.)
Ich will dir Hertz um Hertze geben,
(Doch lieb ich dich alleine nicht.)

Die Herkunft dieses Atis ist nicht wie erhofft:

Elmire: Sein Vater?
Nerill.===Luck=nein! Meister Steffen!
Elmire. Ich dachte Croesus.
Nerill. ===== O! wer kanns so eben treffen?
Elmire. Sein Reich heisst =
Nerill. =====Scheppen=stät
Elmire. = ======Ich dachte Lydien. (B3)

Aber Geld soll Atis wenigstens haben: «Bei nahe tausend Marck». Auch in dieser Parodie findet Atis die Sprache wieder, aber nicht auf dem Schlachtfeld, wo er seinen Vater Croesus vor dem Hieb eines persischen Soldaten warnt. Nein, in dem Intermezzo erscheint die Situation profaner, lächerlicher, denn hier warnt Atis den Nerillo vor Elmires handgreiflichem Wutausbruch. Sie glaubt seinen Lügen kein Wort, Atis ist doch kein Prinz! Endlich findet Atis seine Stimme wieder:

Nerill. O weih! Gewalt!
Atis. Es ist ja Schmuel, halt, halt. (Zwinget sich zu reden)
Und kratz ihn nicht.
Nerill. O Krie! Der Oerle spricht.
Atis. Ach! Ich erstick im Blut.
(Wirfft Blut aus.)
Nerill.====== Glaubt's niet! Es ist nur Wein?
Elmire. Wo nu tom kranckt! Schmuel, syn iy wedder da?
Kenn ick den Prinsen nich?
Nerill.======, O ja!
Es ist der Springer auß der Opera.
Wie aber heisset ihr? Es fällt mir eben ein,
Ihr werdet Geesche seyn. (B4)

Spätestens am Schluss, als Elmira «platt snakt», ist allen OpernfreundInnen klar, dass Elmire die Gesche aus dem Hamburger Jahrmarkt (1725) ist, «Gesche die Lütje=Maid/ ausgegebene Baronesse d' Albicrac». Als alter Bekannter aus dieser Oper gibt sich Nerillo zu erkennen, als «Schmuel, ein Jude». Und statt Opferbereitschaft für König und Vaterland und hehre Liebesideale zu feiern, wie im Finale der Croesus-Opern, folgt ein Lob der kulinarischen Genüsse:

> Atis: Kommt lasset uns hier niedersetzen,
> und bei gutem Wein, anstatt der Lieb, ergetzen.

Da sagen Schmuel und Elmire nicht «nein». Anders als die adligen Damen, die bei Festen auf der Opernbühne weniger trinkfreudig als die adligen Männer gezeigt werden, genießt Elmire, als Frau aus der Unterschicht, den Wein:

> Elmire: Myne dorstge Lung to laawen,
> Leew ick dyne söte Gaawen.

2.3. Circe

Aufführungsjahre
1734, 1735, 1736, 1737, 1743

Textdichter
Johann Philipp Praetorius nach Jan Jacob van Mauritius. Textvorlage aus niederländischen, spanischen und französischen Schauspielen zusammengesetzt.

Komponisten
Pasticcio (deutsche Arien, Chöre und Rezitative von Reinhard Keiser; italienische Arien von Agostino Steffani, Leonardo Vinci, Johann Adolf Hasse, Georg Friedrich Händel u.a.).[75]

Mitwirkende
8 Frauen, 1 Göttin, 2 von Stand (Adlige), 4 Hofdamen, eine komische Person
9 Männer, 1 Gott, 4 von Stand (Adlige), 1 Militär, 2 komische Diener, ein Riese

Außerdem diverse geschlechtlich schwer einzuordnende Wesen wie Gespenster, Waldgottheiten und Winde

>Singende und stumme Personen.
>Circe, Königin zu Trinacria. Eine Zauberin.
>Aëtes, ihr Oheim, gleichfalls ein Zauberer.
>Chor von seinen Soldaten.
>Schatten des Lycidas, des Aëtes Sohn.
>Ulysses, König zu Ithaca.
>Antistes, dessen Hauptmann.
>Dares, Lebrel: seine Gefährten und Leibdiener.
>Telemachus, des Ulysses Printz.
>Antiope, Printzessin von Creta, König Idomeneus Tochter.
>Des Ulysses Soldaten/ in allerhand Thiere verwandelt / hernach wieder in ihrer leiblichen Gestalt.
>Cupido, Gott der Liebe.
>Die IV. Haupt=Winde. Gespenster.
>Phenicia, der Circe Vertraute.
>Sidonia, Cephise, Florinde: ihre Aufwärterinnen.
>Brutamont, ein Riese.
>Ein altes Weib.
>Echo.
>Satyren oder Wald=Götter.
>Pallas, Göttin der Weißheit.
>Die Plaisirs oder die Ergötzlichkeiten.
>Chöre der Schäffer und Schäfferinnen.

Ort und Zeit der Handlung
Die Insel Trinacria, Sizilien, zur Zeit der Irrfahrt von Odysseus

Zur Stoff- und Aufführungsgeschichte
Circe ist eine mythologische Figur aus der griechischen Sagenwelt und mehrfach Stargast auf der Opernbühne. Bereits 1702[76] wurde am Gänsemarkt *Circe Oder des ULISSES Erster Theil* aufgeführt. Textdichter ist Friedrich Christian Bressand, nach einer Braunschweiger Fassung von 1696, komponiert von Reinhard Keiser. In dieser Oper spielt die Ehe des Ulysses mit der auf ihn wartenden Penelope eine bedeutende Rolle, er hat Schuldgefühle, erhält sogar einen Brief von ihr. Von dieser Oper wird sich explizit im Vorbericht abgesetzt. Hier

wird auf drei Seiten die Stoff-, Entstehungs- und Aufführungsgeschichte referiert, wird auf diese frühere Circe-Oper kurz hingewiesen:

> Man hat in gegenwärtiger neuen Opera CIRCE, (deren Geschichte in Homeri *Odyssea* ausführlich zu lesen,) welche mit der vor vielen Jahren allhier ebenmäßig aufgeführten, keine Verwandtschafft hat, sich gewißlich recht beflissen, denen Zuschauern eine Lust und Vergnügen zu schaffen.

Als Autor wird eine «ausländische Standesperson» ins Spiel gebracht, die das gesamte Stück «halb in Frantzösischer, halb in einer andern frembden Sprache» verfasst habe. Dabei handelt es sich um eine Zusammenstellung von «verschieden schöne[n] Stellen aus den besten Spanischen, Frantzösischen und Holländischen Schau=Spielen/ welche allesammt in ihrem Lande Beyfall gefunden [...].» Auch die deutsche Übersetzung wird als erstklassig angepriesen, sie «ist von einem der besten Dichter hiesiger Gegenden, der seine vortreffliche Theatralische Stücke auf unserm Schau=Platze bereits zur Genüge bekannt gemacht.» Weder sein Name noch der des Librettisten wird genannt, dafür seien die beiden zu bescheiden. (Als eine mögliche Vorlage könnte Calderon de la Barca's Komödie Über allem Zauber Liebe gedient haben, aber sie wird nicht erwähnt.)

Die italienischen Arien seien in Hamburg noch nicht auf der Bühne aufgeführt und stammten «von den besten Meistern in Europa», die übrigen Arien, Chöre und Rezitative «sind die Arbeit des Ruhm=bekannten Herrn Capell=Meister Keisers». Wegen geringer Besucherzahlen musste auf kostbare Bühnendekorationen verzichet werden. Dennoch biete diese Oper, so wird beteuert, viel für das Auge:

> Das gantze Stück ist eine beständige Reyhe von Abwechslungen, und weil man gemerckt, daß die Leute gemeiniglich lieber sehen als hören, als hat man die Piece so künstlich abgefaßt, daß man den gantzen Inhalt durchs blosse Gesichte wird begreiffen können.

Für die Hauptrollen hat man die Darsteller nach ihrem «Genie» ausgesucht. Tänze und Chöre sind ebenfalls sorgsam ausgewählt. Zweifeln über die moralische Ausrichtung wird vorgebeugt:

> Endlich so ist zwar viel lustiges darinn, welches aber mehr in der Action, als abgeschmackten Worten, bestehen wird; Und wie man in dem Ernsthafften Theile

dieses Stückes den Ruhm über die Liebe siegen {sic} lassen, also hat man auch Sorge getragen, daß in dem Kurtzweiligen sich nichts, was die Zucht und gute Sitten verletzen könnte, einschleichen möchte.

Offensichtlich waren etliche Kürzungen des Textes notwendig, der Übersetzer aber leider nicht zugegen. Deshalb habe man um den Zusammenhang der Geschichte zu wahren, «alle lange Rezitative eingezogen». Zu ihrer Kennzeichnung wurden im Libretto Sonderzeichen angebracht, eine im übrigen auch aus anderen Libretti bekannte Methode: «Als hat man solche, eben wie die Italiäner in ihren Schau=Spielen thun, das, was nicht gesungen wird, durchaus NB. mit solchen « « bezeichnet».

(Diese Auslassungszeichen werden im Folgenden nicht wiedergegeben, da es hier zunächst um den Inhalt des gesamten Librettos gehen soll.) Außergewöhnlich ist die ausdrückliche Ansprache der Opernbesucherinnen am Schluss: «So viel ist unsrer Seits zur Belustigung wehrtester Opern-Freunde und Freundinnen geschehen». Möglicherweise ist dies dem Einfluss von Margaretha Susanna Kayser zuzuschreiben. Über die Figur und die Rolle der Circe wird nicht viel gesagt, nur kurz wird das Themenfeld angerissen, der Aufwand von Text und Musik betont, die Bemühungen um eine abwechlungsreiche Inszenierung, trotz Sparzwängen, mit hervorragenden, ihren Fähigkeiten angemessen eingesetzten Darstellern. Ein Stück mit Unterhaltungswert, das dennoch die guten Sitten nicht verletzt. Mit der Betonung des Sieges, des Ruhmes und der kriegerischen Zucht über die Liebe, ist die «offizielle Stimme des Textes», seine moralische Ausrichtung vorgegeben. Der Sagenkreis um Ulysses spielt auf der Gänsemarkt-Oper eine wichtige Rolle,[77] wie Eberhard Haufe feststellt: sechs Opern aus der Welt der Odyssee standen auf dem Spielplan, wovon allein vier nach den Hauptheldinnen benannt wurden: Calypso, Penelope und zwei unterschiedliche *Circe*-Opern.

Diese Circe-Oper wirkt wie ein Resümee, mit alten Bekannten aus Mythologie und Märchen. Circe wurde erstmals unter der Direktion der Starsängerin Margaretha Susanna Kayser[78] gegeben, die die Gänsemarkt-Oper zunächst von Oktober 1729[79] zusammen mit einem gewissen Cron leitete und dann allein von Ostern 1732 bis Ostern 1737.[80] Möglicherweise hat sie die Circe selbst gesungen, als Mittvierzigerin, die außerdem im Konzert- und Kirchenmusikbetrieb aktiv war. Die Kayserin scheint jedenfalls fast zauberische Fähigkeiten auch in der Realität ins Spiel gebracht zu haben, was die Finanzen betraf, denn obwohl die Operndirektionen von 1722 bis 1734 und darüber hinaus bis April

1738 mit Verlust arbeiteten, behauptete sich einzig «Mad. Kayserin» über einen längeren Zeitraum – vielleicht «dank Unterstützung ihres Freundeskreises»?[81]

Circe wird mit Merkmalen zauberischer Göttinnen ausgestattet: sie fliegt wie Medea in «einem Wagen mit einem Feuer=speienden Drachen» durch die Luft (I, 1). Sie ist eine Fürstin und ähnlich wie Calypso oder Alcina Herrscherin über eine Insel, hier Trinacria, der griechische Name für Sizilien. Diese Insel, ein paradiesischer Ort der Liebe und der Lust, ein weiblich konnotiertes Territorium, wird jedoch bedroht von Kriegern, wie etwa von Ulysses, Telemach und deren Truppen. Das Motiv der Liebesinsel strahlte in die Künste und das Kunsthandwerk aus: stilbildend war Antoine Watteau's «Wallfahrt/ Pilgerfahrt zur Insel Cythera», südlich von Lakonien (1717). Hier residiert, dem griechischen Mythos zufolge, Aphrodite auf einer Insel der Glückseligen. Mit Schäfern und Schäferinnen, kosenden Paaren, Klängen von Dudelsäcken, Flöten und Schalmeien. Dorthin brachen die Menschen auf wie Pilger, symbolisiert durch die Muschel, begleitet von geflügelten Amouretten. Diese Motive der Sehnsucht liebte das Hamburger Bürgertum auch als Tapetenmuster.[82] Jahrzehnte zuvor wurde in den Salons der Preziösen und in dem Roman *Le Grand Cyrus* der Mlle de Scudéry auf die Legende von der Venus-Insel Bezug genommen, auf der sich Mann und Frau in Freundschaft begegneten, in «amitié tendre».[83] Von großer Bedeutung ist auch Francois Fénélon's Erziehungsroman *Les avantures de Télémaque* (1696); er wurde verfasst,

> um seinen Durchlauchtigsten Untergebenen, denen Ducs des Bourgogne, d' Anjou und de Berry eine gesunde Moral zu inspirieren: Denn da diese Printzen nicht nur als Erben von Franckreich, sondern als zukünfftige Beherrscher eines grossen Theils der Welt angesehen wurden; So war es ja unumgänglich nothwendig, denenselben beyzeiten eine wahre Politische Klugheit, so sich auf keine Machiavellische Principia, sondern auf Regeln der Billigkeit und das Wolseyn der Unterthanen gründete, beyzubringen.[84]

Außerdem birgt diese Abenteuerreise des Telemach eine maskierte Kritik an Luwig XIV. Motive aus diesem Roman tauchen in französischen Opern auf, wie 1704 in der ersten *Télémaque*-Oper in Paris, an der mehrere Komponisten mitwirkten. Besonderes Interesse bestand an der Episode mit Kalypso und ihrer Insel, wie sie 1727 am Gänsemarkt in der Oper *Calypso Oder Sieg der Weißheit Ueber die Liebe*[85] aufgeführt wurde, in der Hauptrolle übrigens wieder «Mad. Kayserin». In der Homer zugeschriebenen *Odyssee* wird von zwei

Inselherrscherinnen berichtet, die Odysseus und seine Mannschaft aufnehmen: Calypso auf der Insel Ogygia und Circe auf Aeaea. Auf der Bühne wird Circe mit allen Attributen einer Fürstin dargestellt, im Personenverzeichnis als Königin bezeichnet, im Stück selbst als Prinzessin; sie wird von vier Aufwärterinnen begleitet,[86] und standesgemäß erwartet sie Ulysses zur Jagd (IV, 1). Die Figur der Circe ist ambivalent: in ihr sind Züge der alten Göttinnen, erotischen Zauberinnen, Hexen und Feen aufgenommen, wie sie etwa auch Calypso oder Alcina auszeichnen.[87] Georg Friedrich Händels Oper *Alcina*, im April 1735 im Covent Garden Theatre uraufgeführt, wurde damals wohl nicht am Gänsemarkt übernommen. Aber auf die enge Beziehung der beiden Zauberinnen deutet hier beispielsweise eine Statue der Circe, die in den königlichen Gärten Alcinas steht (II, 2).[88] Aber Circe ist, im Unterschied zu Alcina, keine Alleinherrscherin, denn in der *Circe*-Oper ist ein Mann der Chef, ihr Onkel Aëtes, nachgebildet großen Zauberern wie Zoroaster. Wesentliche Merkmale ihrer tragischen Liebesgeschichte erinnern an andere exponierte weibliche Opernfiguren, wie an die Amazonenkönigin Armida, die auch auf der Hamburger Opernbühne eine wichtige Rolle spielte. Auffällig ist, dass das Schicksal dieser Zauberinnen in den 20er und 30er Jahren des 18. Jahrhunderts mit mehr Mitgefühl, aber auch Ironie geschildert wird, möglicherweise bedingt durch das Genre und den Wandel von Liebes- und Ehevorstellungen.[89]

Patriarchale Strukturen
Circe ist keine freie Prinzessin, sondern sie hat ihrem Onkel, dem Zauberer Aëtes zu folgen. Dieser zwingt sie in eine patrilineare ständische Ordnung. Bemerkenswert ist, dass Aëtes nicht, wie in Homers Vorlage, der Bruder der Circe ist. Aber nur so hat sich wohl der Konflikt einer von Vätern dominierten Gesellschaft zuspitzen lassen. Denn hier trauern bzw. sorgen sich zwei Väter um ihre Söhne, die sich ein Duell geliefert haben: Ulysses um Telemach, Aëtes um Lycidus. Mutter-Tochter Beziehungen spielen hier keine Rolle.

Duelle
Telemach, Sohn von Ulysses und Penelope, und Lycidus, Sohn von Aëtes, die Mutter wird nicht erwähnt, duellieren sich um Antiope. Dabei tötet Telemach Lycidus, worauf Aëtes Telemach und seinem Vater Ulysses Rache schwört, die Circe mittragen soll.

Verwandlungen
Männer und Frauen werden von Aëtes in Tiere und Bäume verzaubert, Circes Rolle bliebt hier unklar. Die echte Liebe hingegen verwandelt Circe und Ulysses, jedoch gemäß ihrer Geschlechterrollen.

Krieg und Schlachten
In einer außergewöhnlichen Kriegsszene kämpft ein Heer der Tiere, angeführt von Aëtes, gegen ein Heer der Menschen, angeführt von Ulysses, der maßgeblich durch Circes «Waffen», also ihre Zauberkünste, unterstützt wird. Circe wendet sich gegen ihren Onkel und steht an der Seite von Ulysses.

Ausgelieferte, beinahe vergewaltigte Frau
Die kretische Prinzessin Antiope, Tochter des Idomeneo, wird an einen Felsen geschmiedet, von zwei Satyrn fast vergewaltigt, dann aber von Telemach gerettet.

Göttinnen
Circe spielt auf das von ihr bewunderte Vorbild Diana an, Göttin der Jagd. Pallas Athene, Tochter von Zeus und Kriegs- und Friedensgöttin, erscheint sowohl als Bildmotiv wie auch als aktive Bühnenfigur.

Liebeskonzept
Es wirkt zunächst traditionell, wird aber mit Ironie und Humor gebrochen. Zwar gilt die uneheliche Liebe zwischen Circe und Ulysses wie ein giftiger Zauber, der von einer verführerischen Frau ausgeht. Circe hält den Helden von seinen eigentlichen Pflichten ab, die auf Ehre und Heldenruhm für das Vaterland zielen. Aber auch der Held wird schwach und liebend, zum bunt gekleideten «effeminierten» Mann, der die Fürstin begehrt und es bedauert, fortziehen zu müssen. Er ist zerrissen, wie viele seiner Helden-Kollegen, doch seinen Schmerz darf er im Unterschied zu Circe nicht so verzweifelt zeigen. Am Schluss der Oper fällt die verlassene Frau aus der Rolle der selbstbeherrschten Fürstin.
 Letztlich erscheint Circe als Sympathieträgerin, die zwar gescheitert ist, aber das Mitgefühl des Publikums auf sich zieht. Mit ihrem Leid können sich Frauen und Männer identifizieren. Denn nur eine Frau darf die tiefe Liebe in allen Facetten, von Verletzlichkeit bis Wut, ausleben. Die Liebe, die Circe erweckte, war nicht «natürlich», da sie auf Zauberkraft beruhte. Der Held Ulysses war hier machtlos. Als Circe dann «wirklich liebt», fühlt sie sich schuldig.

Die gewaltigen, durch Liebe ausgelösten Emotionen, die ein Mann erlebt und durchleidet, sind also nicht Teil von ihm, werden ausgelöst durch außerhalb von ihm liegende Kräfte, durch eine Frau und Zauberei. Er schämt sich und findet zur akzeptierten Männlichkeit zurück, wenn er diese Liebe abspaltet, diese Frau verlässt, sich in den Dienst der patriarchalen Ordnung stellt und den Helden spielt. Doch dafür zahlt er einen hohen Preis. Circes Liebe zu Ulysses hätte zwischen ihm und Aëtes Frieden stiften können, doch der Zauberer war nicht bereit, auf Rache zu verzichten.

Komische Person
Der Grieche Dares befindet sich im Dauerkonflikt mit weiblicher Autorität, Klugheit und Renitenz, der auf die Spitze mit einem komischen alten Weib getrieben wird, das wie in einem Jahrmarkttrick, aus einem Koffer steigt und sich ihm auf die Schulter setzt. Dares, zwar «pucklicht», träumt dennoch von jungen schönen Mädchen und bleibt am Schluss der Oper unbeweibt. Seine schlagfertigen Gegenspielerinnen sind die Hofdamen der Circe.

Ambivalente Männlichkeiten
Die Moral von Circe lautet: paradiesische Liebe und heldisches Leben schließen sich aus. In diesem zauberisch inszenierten Kampf zwischen zwei Lebenskonzepten, die geschlechtsspezifisch konnotiert sind, gibt es auf allen Seiten Verlierer, die in dieser Gesellschaft kaum friedlich nebeneinander existieren können. Denn sie werden hierarchisch bewertet, nur das Heldenleben zeugt von vorbildlicher Männlichkeit. Aber es fordert einen hohen Preis, den auch nicht alle Männer zu zahlen bereit sind.

Ein Wandel scheint bereits in der zweiten Hälfte des 17. Jahrhunderts in der Bildenden Kunst ablesbar, den Cordula Bischoff so beschreibt: «Die Vorstellung, Liebe führe grundsätzlich zur Verweiblichung des Mannes wird – zumindest für kurze Zeit – aufgegeben.»[90] Ein Indikator für diese Vorstellung sei z.B. das Gemälde *Herkules und Omphale,* 1724 von Françoise Lemoyne gemalt und 1725 im Salon von Paris ausgestellt, jetzt im Louvre Paris. Hier lehnt sich Herkules rücklings hin, als ob er sich gehen lässt.[91] Neu ist die innige Zuwendung der Gesichter, die Köpfe fast auf gleicher Höhe, halten Fürstin und Held einen Spinnrocken. Im März 1725 erschien ein Gedicht auf dieses Werk im Mercure de France von Monsieur Moraine, in dem er Lemoynes Gemälde für eine fast gleichberechtigte Auffassung der Liebe feiert.[92] Auch stellt Lemoyne dem Herkules den kleinen Amor zur Seite, der ihm in höfisch-zivilisierter Manier Konfekt reicht. Für Bischoff ein weiteres Indiz dafür, dass «der Mann der

Liebe (als Abstraktum) verfallen ist»,⁹³ und nicht der Frau, ihre Deutung als Verführerin und Verderberin also abgeschwächt sei. Auf den bei Omphale angeblich verweichlichten Herkules spielt auch Ulysses in Circe an, in der deutschen Übersetzung der italienischen Arie:

> Süsse Worte, Liebkosungen und Blicke sind Frauenzimmers Pfeile das Hertz zu bestürmen/ Durch solche Waffen fiel Hercules, und die Liebe lacht mir jetzo auch zu, mich aus einem Sieger zum Sclaven zu machen. (V, 4)

Möglicherweise haben sich zu dieser Zeit im «adligen Bereich Mitteleuropas Männlichkeitskonzepte» verändert, ablesbar in den non-verbalen Botschaften, wie sie Bildquellen transportieren:

> Gerade Veränderungen gesellschaftlicher Wert- und Normvorstellungen sind häufig eher in non-verbalen als in schriftlichen Äußerungen überliefert, denn auch (noch) nicht öffentlich thematisierte oder verschriftlichte Ideen wurden in Bildmedien reflektiert und verbreitet.⁹⁴

Auch Libretti und ihre Vorberichte transportieren damals diskutierte Konzepte von Liebe und Geschlecht. Worin unterschieden sich die neuen Liebessmodelle von gesellschaftlichen Normen, was löste die Änderungen aus? Bischoff argumentiert:

> Der Verdacht liegt jedenfalls nahe, dass dem frühneuzeitlichen Adelssohn die Liebe durch die Drohung des Männlichkeitsverlustes vergällt werden mußte, um die Vernunftehe besser durchsetzen zu können.⁹⁵

Weiter vermutet Bischoff, dass um 1700 durch die innerhöfische Institutionalisierung der Mätresse zumindest der adlige Mann die sinnliche Liebe leben konnte. Doch haben adlige Männer und Fürsten nicht auch zuvor die Ehe gebrochen, möglicherweise nur mit mehr Schuldgefühlen? Die Sehnsucht nach der Verknüpfung von Liebe und Ehe, nach Liebesehen bestimmt auch vielfach das Geschehen auf der Opernbühne.

Die Frage, ob Herkules, dem höfischen Bereich zugehörig, auch bürgerlichen Männern als Vorbild dienen konnte, kann hier nicht abschließend diskutiert werden. Sicher ist, dass auch bürgerliche Menschen sich in Vernunftehen zu schicken hatten. Von realen Schlupflöchern für Männer wissen wir. Außereheliche Sexualität wurde allerdings nicht selbstverständlich bei einer

Mätresse in der Nähe des Kaufmannshauses gesucht, sondern bei Dienstmädchen im eigenen Hause oder bei Prostituierten. Die Hamburger Verhältnisse waren in den 20er und 30er Jahren auch durch eine Verschärfung der Bestrafung von Prostituierten gekennzeichnet – siehe die Mandate von 1732 (Teil II, Kapitel: Prostitution).

1. Akt

Die Oper beginnt mit einer Beschwörungsszene: Circe erscheint in einem Wagen mit einem feuerspeienden Drachen und hadert mit Diana, weil diese die Griechen begünstigt. Circe wünscht den Beistand der Hekate[96] und gibt Proben ihrer Zauberkunst. So steht der Mond für eine Weile still, die Winde, Blitze und Donner folgen Circes Kommando. Circe schwört dem Ulysses Rache, während sie in der Gruft ihres Neffen Lycidas wichtige Funktionen im Totenkult übernimmt. Angesichts seiner Asche nennt sie ihn «liebwehrter Nef» (I, 2), feiert seine Schönheit und «streuet Blumen und giesset Wein auf das Grab=Mahl». Auch Lycidas Vater Aëtes, Circes Onkel, trauert und schwört Rache. Wie sich im Laufe der Handlung herausstellt, ist Lycidas im Zweikampf von Telemach getötet worden. Onkel und Nichte geloben gemeinsam, die Griechen vernichten zu wollen. Circe erscheint hier noch als verlässlicher Teil des patriarchalen Systems. Militärs übernehmen am Grab rituelle Aufgaben:

> Die Soldaten werffen Blumen auf des Lycidas Grab, und stellen sich in einem Circul um dasselbe, in der einen Hand ein blosses Schwerd haltend, mit der andern sich auf das Grab lehnend. (I, 2)

Doch der Geist des Lycidas prophezeit «aus dem Grabmahl kommend» (I, 3),[97] dass die Götter zwar die Rache für diese gerechte Sache begünstigen und Ulysses bereits an diesem Strand gelandet sei, «doch Circes Schwachheit macht mir Sorgen» (I, 3). Dieser Hinweis auf die angeblich durch die Liebe leicht zu schwächende Frau ist ein altbekannter Topos. Circe versucht den misstrauischen Aëtes zu beschwichtigen.

Ulysses und Antistes beggnen Dares auf der Suche nach seinem Kumpanen Lebrel, er ist dabei nach Art der komischen Personen stets vom Hunger geplagt. «Man höret ein Geschrey der wilden Thiere, und ein klägliches Seuffzen der Bäume» (I, 5). Dares lästert höchst zweideutig über die kulturellen Fähigkeiten der Tiere auf dieser Insel, was auch als Seitenhieb auf die feine menschliche Gesellschaft zu verstehen ist: «Dort brüllet ein Löwe die schönste Bourré/ hier tanzet der Büffel ein neu Menuett». Ulysses versucht sich den Weg in dieses merkwürdige Land freizuschlagen und haut dabei, ohne es zu wissen, zwei Bäume blutig, in die jeweils sein Sohn Telemach und dessen Liebste Antiope verzaubert sind. Ulysses entdeckt noch mehr Sonderbares, wie etwa Tiere, die ihm Referenzen erweisen, z.B. einen zahmen Löwen, der ihm mit Kopfnicken abrät, weiter ins Landesinnere vorzudringen. Dares ist das zu gefährlich, er setzt sich ab, will die Griechen warnen und zu ihren Schiffen zurück treiben. Hier greifen die Librettisten in die Trickkiste der Komödianten. So ruft Dares in einer Arie vor lauter Angst seine Mutter an, der Gipfel männlicher Feigheit:

> Wenn es meine Mutter wüste,
> Daß ich auf der öden Küste,
> Gantz verlassen müste seyn,
> O! wie würde sie nicht schreyn! (I, 6)

Sein alter Freund Lebrel kommt als Schwein grunzend auf ihn zu gerannt und folgt ihm zutraulich, während sich Dares auf einen Baum flüchtet, der mit ihm davonläuft. Dies ist ein typisches Beispiel für eine Männerfreundschaft in den Unterschichten, die, anders als bei adligen Helden, wenig von Ehre und beiderseitiger Ehrlichkeit geprägt ist. Ulysses hingegen wird durch eine «angenehme und sanffte Symphonie» (I, 7) verzaubert. Der Schauplatz verwandelt sich in einen Garten, Ulysses hält alles für «neues Blendwerk», selbst die Vögel schweigen, «um diesen Wunder=Laut zu hören». In der darauf folgenden Schlafszene erscheint der Held völlig schutzlos und wird zu einem bukolischen, geschmückten – also effeminierten Mann: «Ulysses schläft auf einer Gason ein, und die in Nymphen verstellte Geister, umwinden ihn im Schlaf mit Blumen Cräntzen» (I, 7).

Circe tritt auf und will den Wehrlosen, gemäß des Befehls des Onkels, mit einem Dolch töten. Doch Cupido geht dazwischen und befiehlt Circe: «Sey dem Ulyss geneigt; Ja statt der Todten=Grufft gewähr ihm deine Liebe» (I, 9). Circe muss feststellen, dass auch sie Cupido nichts entgegensetzen kann, der selbstbewusst von sich behauptet: «für dessen Macht, sich Erd und Himmel beugt» (I, 9). Circe erlebt eine Liebe auf den ersten Blick, ihr Zorn weicht, der entschlossene Arm sinkt hin und sie rührt Ulysses, «den stoltzen Feind», nach Zauberinnenart mit der Ruthe an und begrüßt ihn erfreut, ohne weiter sein Aussehen kommentiert zu haben. Ulysses hingegen, ganz Kavalier, begrüßt Circe höflich als Fürstin und begutachtet ihre Erscheinung:

Vollkommne Fürstin! Das Gerüchte/ Hat mir von deinem Witz und englischen[98] Gesichte/ Ein vieles zwar gerühmt/ allein die Würcklichkeit/ Besiegt den Ruff unsäglich weit./ Wer kann dich Auszug schönster Frauen! Wohl ohn Entzündung schauen? (I, 10)

Ulysses Komplimente erwecken Circes Mitgefühl. Die List gelingt: Circe gesteht, dass ihr Onkel aus Wut die gestrandeten Soldaten verzaubert habe. Nun setzt sie ihre Zauberkraft als Beweis ihrer Gunst ein: «Die Soldaten des Ulysses kommen in ihrer menschlichen Gestalt hervor» (I, 10). Alle singen das Lob der «göttlichen Circe». Die verliebte Circe riskiert viel, denn sie hat sich mit ihrer Zauberkraft gegen ihren mächtigen Onkel Aëtes gestellt. Circe wird umworben, ihr wird als «Götterkind» (I, 10) gehuldigt, und schnell verschwindet ihr Zorn über den Mord an ihrem Neffen. Circe verrät Ulysses, wie von ihm gewünscht, das Geheimnis der lebendigen Bäume, die als Folge männlicher Eifersucht und Unbeherrschtheit wuchsen. Lycidas «ward durch Antiopen beflammt./ Die wilde Schönheit raubt ihm Gegen=Gunst und Liebe,/ Und dieser Printz verging für heissem Liebes=Triebe» (I, 10). Doch dann landete ein junger Grieche, «[f]ür den Antiope viel Gütigkeit gehegt». Er «hat angesprengt, im Zwey-Kampf ihn erlegt»(I, 10). Circe gibt auch Telemach und Antiope ihre ursprüngliche Gestalt zurück. Sehr zum Ärger von Aëtes. Er beobachtet, wie Telemach und Antiope einander in großer Freude wiederbegegnen. Beide beteuern ihre unverbrüchliche Treue, Telemach gibt den vorbildlichen Liebhaber: «Doch ist mein treues Lieben/ O Schönste! Gegen dich unwandelbar geblieben» (I, 11). Aëtes jedoch «rühret sie mit seiner Ruthen an, und sie bleiben beyde unbeweglich stehen.» Er kann von dem Schmerz um seinen getöteten Sohn nicht lassen, will «gerechte Rache» üben und lässt Telemach und Antiope von vier Geistern forttragen. Aëtes beklagt Circes' Unbeständigkeit und ihren Eidbruch. Er behauptet seine Macht als Zauberer, der die ganze Welt vernichten könnte: «Man soll noch durch die Würckung meiner Rache,/ Die Welt von neuem in dem ersten Klumpen sehn»[99] (I, 11). Dies sind Hinweise auf einen geschlechtsspezifischen Umgang mit Wut, denn Aëtes droht der gesamten Welt mit Vernichtung, der Rückführung in den Urzustand. Circe hat zwar auch zerstörerische Kräfte, aber im Laufe der Oper wird sich zeigen, wie sie durch die Liebe verwandelt wird, diese Kräfte dann ausschließlich gegen sich richtet und sich umbringen will.

2. Akt

Zu Beginn des zweiten Aktes speisen Circe und Ulysses «an einer illuminierten Tafel». Circe präsentiert sich wie eine vorbildliche, fürstliche Hausherrin und Gastgeberin, während Ulysses den verliebten Helden mimt, der in traditioneller Diktion von Fesseln spricht, die Circes Schönheit ihm anlegt: «Man darff dich nur einmahl, o schöne Circe, sehn,/ so muß man ewiglich in deinen Fesseln stehn» (II, 1). Circe ringt noch mit sich, versucht ihre Liebesgefühle zu kontrollieren. Sie beschreibt die kurze Lust und die lange Qual der Liebe und erläutert ihre selbstbeherrschte Zusammenarbeit mit Kräften der Hölle:

> Der Höllen schwartzes Reich, hilft mir der Feinde Tücke
> Besiegen, und zurück zu treiben.
> Doch such ich bloß darinn mein größtes Glücke
> von meinem Hertzen selbst Beherrscherin zu bleiben. (II, 1)

Circe bittet Ulysses «nicht vom Lieben zu sprechen», da die Lust nur einen Augenblick, die Qual jedoch Jahre dauere. Sie präsentiert sich als umsichtige Freundin, versichert ihm ihre «Kunst und Freundschafft»(dies impliziert den Zweifel an der Vertrauenswürdigkeit von Frauen, Circe hat ja auch den Eid an Aëtes gebrochen) und will die Soldaten retten, die in «Aëtens Hand gerathen»(II, 1). Circe bemüht sich um Affektkontrolle und großmütiges Verhalten wie es einer Fürstin geziemt. Abrupt folgt auf diese erotisch aufgeladene Szene Klaumauk mit Dares. Er ist von einem Baum gefallen, «der ihn weggetragen hatte»(II, 2), und versucht sich an der verlassenen Tafel gütlich zu tun. Doch Circes' Zauber wirkt. Dares erlangt nur einen Apfel, der aber ebenso wie die übrigen Speisen davonfliegt. Auch die Bouteille entschwindet, die er leeren will,

> Auf die Gesundheit aller Mädgen,
> Die jung und hübsch, nicht aber grausam sind.
> Für allen lebe liebes Kätgen,
> Du artiges, du wackres Kind.[100]

Grausam sind Mädchen und Frauen immer dann, wenn sie nicht den Wünschen der Männer folgen. Dares schwingt sich auf zum respektlosen Kommentator der höfischen mythologischen Innenausstattung: «Ha! Diß wird Mars der Bauren=Plager seyn!» (II, 12) und das Bild der Minerva redet er despektierlich an:

Madame Gerne=klug, das hätt ich nicht gedacht,
Daß ihr auch solche Possen macht.
Frau Naseweiß, ich will euch lehren schlagen; [...].

Dieser Spott über Götterfiguren und allegorische Gestalten zeigt auch zeitgenössische geschlechtsspezifische Positionen: unter dem Kriegsgott müssten vor allem die Bauern leiden – und unter gebildeten Frauen,'noch dazu in Rüstung, die Männer. Dares' Abwehr selbstbewusster, kluger Göttinnen wird jedoch sofort von weiblichen Opernfiguren pariert. Denn Dares' Lärmen ruft vier zauberkundige Damen auf den Plan: Phenicia, Sidonia, Florinde und Cephise. Sie drohen ihm schlimmste Strafen für seinen Griff zum Apfel an. Wer etwas von ihrer Kost verspeise, «der muß ohn alle Gnad am Raben=Holtz verderben.» Dares fühlt sich wie in einem «Hexen=Nest», was ihn nicht daran hindert, das Freizeitverhalten von Frauen der Oberschicht zu verspotten. Er möchte gern in ein «Bologneser Hündgen»verwandelt werden, wie er in seinem Arioso beteuert, indem er anzüglich die Hundeleidenschaft der Damenwelt karikiert, die auch in der zeitgenössischen Kunst in die Nähe von Sodomie gerückt wurde. Doch Phenicia wehrt sich entschieden: «Willst Du mit uns noch dein Gespötte treiben?»Sie hält ihm vor, dass allein Circes' «günstige Gewalt» dem Lebrel, einem von seinen «alten Brüdern», die menschliche Gestalt wiedergegeben hat. Denn: «Er war vor kurzer Zeit ein Schwein.» Phenicia spottet fein über Lebrel: «Indessen siehst Du wohl an seinen zarten Gliedern/ Was für ein schöner Überrest/ des Schweins sich jetzt noch an ihm finden läst», womit ein Schwanz an seinem Hinterteil, aber auch sein Geschlechtsteil gemeint sein könnte. Endlich feiern Dares und Lebrel ihr Wiedersehen, Dares «umfaßt ihn». Beide streiten über Circe und die Insel Trinacria: Lebrel achtet Circe, wie es einer Fürstin gebührt: «Es lebe Circe! Ach! Wie schöne,/ Wie klug und gütig ist sie nicht!» Und: «Trinacria ist ein erwünschtes Reich» (II, 4). Dares hingegen übt sich im Weiberspott, der auch vor Damen von Stand nicht halt macht.

Hier wird eine Ambivalenz gegenüber mächtigen Frauen deutlich: Circe ist eine attraktive Fürstin, der Ehre zu erweisen ist, aber auch eine liebende Zauberin, also, nach damaliger Vorstellung, ein unkontrollierbares Geschlechtswesen: «Der Hencker hole doch die Hexenmeisterin» (II, 4). Verbal probt Dares großspurig den Aufstand, spricht von Circe als «betrügliche Syrene?/ Die Henckers Braut, die Unholdin/ Die Furie, die Gabel Reuterin?» Obwohl Lebrel ihn zur Bescheidenheit ermahnt, ist Dares nicht zu bremsen, bis dann die Göttin selbst erscheint:

Komm Circe höre den Bescheid! (er schreyet.) Du bist = =.
Circe:= = was bin ich?= = = = = = =
Dares: = = = = = = = = eine Göttin.
Und wer es anders sagt, den will ich, klug seyn, lehren,
Auch meine Faust nach seiner Nase kehren. (Er schlägt den Lebrel.)

Dares vereint alle Eigenschaften einer komischen Person: verfressen, eingebildet, feige und falsch. Er verrät im entscheidenden Moment seinen Freund Lebrel, der traurig abgeht, ohne Agressionen gegen Circe oder Dares gezeigt zu haben. Ignorant und selbstgerecht ist Dares davon überzeugt, Circe getäuscht zu haben, wirft sich ihr zu Füßen und huldigt ihr als «Großmächtige Printzessin»(II, 6). Scheinbar geht Circe auf Dares' Unterwürfigkeit ein. Sie wird von ihren Aufwärterinnen begleitet und verspricht ihm einen Schatz, den er durch dreimaliges Rufen nach «Brutamond»auf dem nächsten Berg erlangen wird. Doch die herrscherliche Umsicht, die Circe hier walten lässt, mangelt ihr in eigenen Liebesdingen. Denn sie klagt darauf über das «tyrannische Schicksal der Liebe»(II, 6).

3. Akt

In sado-masochistischer Inszenierung wird ein adliges weibliches Opfer präsentiert: «Antiope, mit Ketten an einen Felsen geschmiedet» (III, 2).[101] Sie verflucht den Liebesgott, den «lügenhaften Betrüger» (III, 2), und erzählt ihre harte Lebensgeschichte. Trotz hoher Geburt durchlitt sie eine unglückliche Kindheit: Durch einen «widerspenstigen Unterthan» ist sie aus ihres «Vaters Reiche» verjagt worden. Auch ihre Mutter habe sie nicht schützen können:

Und da mich die Gefahr
Hieher zu fliehn verbunden
Seh ich die Mutter hier entseelet,
Ich aber habe mehr
Als tausendfachen Todt gefunden. (III, 2)

Antiope ist über ihre Lage, in die sie der Zauberer Aëtes gebracht hat, verzweifelt. Als Antiope in Ohnmacht fällt, nutzen zwei Satyren ihre Hilflosigkeit, «welche mit allerhand lächerlichen Geberden sich um Antiope zanken». Anzüglich werden hier die Schattenseiten des Lebens in der Natur gezeigt, denn eine Frau allein ohne männlichen Schutz gilt als sexuelles

Freiwild. Die Satyren besingen eine Vergewaltigung im Freien – mit Auslassungszeichen:

> á 2.
> Wie offt läst sich nicht in den Büschen
> Ein Liebenswürdges Kind erwischen!
> Wie mancher wird daselbst beweibt!
> Die Bäume sind nebst ihren Zweigen
> Zu unberedt, das anzuzeigen,
> Was der, und die offt unter ihnen treibt. (II, 3)[102]

Die beiden Satyren streiten sich um Antiope, die sie jeweils für sich haben und in ihrer Höhle vergewaltigen wollen. Der erste Satyr pocht dabei auf sein Recht, da er Antiope zuerst erblickt habe, der zweite hingegen auf seine Attraktivität und eröffnet somit einen lächerlichern Schönheitswettstreit zweier in den Augen des Publikum hässlicher männlicher Gestalten. Trotz ihres geplanten sexuellen Übergriffs erhoffen die Satyren die Anerkennung Antiopes: «2. Satyr. Laß dieses seyn, ich bin weit schöner/ Als du, und sie wird mich/ Vielmehr begünstigen als dich.» Nach ihrem Schönheitswettbewerb wollen sie Antiope ohne werbendes Vorspiel zu Sexualität zwingen:

> á 2.
> Hier kömmt es gar nicht auf das Sagen,
> Nein/ bloß auf das Vollführen an.
> Laß sehn! Wer sie hier zuerst erhaschen kan. (III, 3)

Doch Antiope erwacht, schreit und fleht den Himmel an, sie von diesen «Ungeheuren» (III, 3) «freizumachen»: «1. Satyr: Was? Ungeheuer? Trägst du keinen Scheu/ Von einem Halb=Gott so zu sprechen?» Auf Antiopes Hilferufe eilt Telemachus herbei:

> Geht, packt euch fort, verruchte Plutons-Brut,
> Sonst soll eur geiles Blut = = .
> Satyr. Kommt, es ist Zeit von hier zu gehen,
> Der trotzige Breteur kann keinen Scherz verstehn. (III, 4)

Nur das Eingreifen eines Mannes, ihres geliebten Telemach, rettet Antiope. Die beiden Satyren entsprechen zeitgenössischen Versinnbildlichungen ungezügelter männlicher Sexualität, die zugleich hässlich und roh ist. Es könnte sich hier um eine parodistische Entlarvung handeln, aber da sie als komische, nicht wirklich bedrohliche Personen gezeichnet sind, werden Vergewaltigungen in freier Natur zumindest verharmlost. Zudem haben sie den Helden Telemach despektierlich als «Breteur», als Schläger, bezeichnet. Nun beklagen Telemach und Antiope ihr Schicksal, Telemach verflucht Aëtes als «grausamster Barbar» (III, 5). Doch Telemachs Befreiungsversuche schlagen fehl, sein Degen kann die verzauberten Handschellen nicht zerhauen. Auch in dieser aussichtslosen Situation präsentieren sich Antiope und Telemach als ideales treuliebendes Paar. Antiope bedauert, dass sie ihn nicht belohnen kann, als seine Ehefrau mit Fürsorge und legitimer Sexualität:

> Und ich bedaure deswegen nur mein Leben
> Weil mir der Tod die Mittel nimmt,
> Vorhero Deiner Tugend,
> Und Deiner treuen Gluth den Lohn zu geben,
> So ich denselbigen bestimmt: (III, 5)

Telemach, zu Füßen der Antiope, will bei ihr ausharren, bis der Tod sie scheidet. Antiope jedoch will ihn fortschicken, weil sein Sterben an ihrer Seite ihre Qual nur verdoppeln würde. Telemach fleht die Götter angesichts der Jugend und Unschuld Antiopes an. Endlich naht Hilfe in Gestalt von Pallas «von dem Himmel herabsteigend, in einer herrlichen Wolcke, und einen Schild haltend». Pallas verkündet den Beschluss des Himmels, dass die «Getreulich Liebenden»(III, 6) künftig nur noch die Ketten der Liebe tragen sollen. Endlich ist Antiope frei und steigt vom Felsen herunter. Doch Pallas erwartet für diese Befreiung eine gebührende Gegenleistung: die Durchsetzung des von ihr favorisierten Liebeskonzeptes, nach dem ja auch Telemach und Antiope leben. Dabei ist Pallas' Haltung gegenüber Circe ambivalent: «Der Held, so durch der Circen Gütigkeit,/ Euch von der Zauberey befreyt,/ Ist, Telemach, Dein Vater der Ulysses» (III, 6). Doch dann rechnet Pallas mit Circes Liebeskünsten ab, die Männer vor Liebeslust in Tiere verwandelt:

> [...] Ein unglückseger Blick
> Aus Circens holden Augen
> Ließ ihn das Gifft der Liebe saugen,
> Der Sieger ward besiegt, und wälzet sich nun hier
> In einer unanständigen Muße. (III, 6)

Das junge Paar Telemach und Antiope soll sich dem Vater zu Füßen werfen und ihn mit flehenden Bitten zur Umkehr bewegen.

> Und gebet ihn dem Vaterlande,
> Noch mehr, gebt ihn dem alten Ruhme wieder.

Nicht ausdrücklich angesprochen wird die Treulosigkeit des Ulysses seiner Gattin Penelope gegenüber. Telemach soll den Vater «ausfragen», sein «vermeynter Verlust» sorge den Vater sehr. Außerdem gibt Pallas den beiden ein Schild: «Euch für der Zauberey nachdrücklich zu beschützen.» Dieses Schutzschild sollen sie Ulysses nicht sofort zeigen, denn Pallas befürchtet seine wenig heldenhafte Reaktion und rät zur List:

> So wird er gleich für Schaam erröthen,
> Und euch verpflichten
> Von diesem Ort zu reisen. (III, 6)

Was für ein Manns-Bild: Ulysses, der errötende Held! Pallas besingt die unbeherrschbare Macht der Liebe[103] in ihrer den Akt abschließenden italienischen, ins Deutsche übersetzten Arie.

4. Akt
Der 4. Akt beginnt in einem «Cabinet mit einem großen Spiegel» (IV, 1). Circe tritt als Fürstin auf, die Ulysses zur Jagd erwartet, eine Anspielung auf eine standesgemäße «Freizeitbeschäftigung» adliger Frauen, aber auch auf die erotische Seite dieser Beziehung. Circe ist durch die Erfahrung dieser Liebe verunsichert und bittet ihre Aufwärterin Phenicia um Rat: «Bin ich die Circe noch/ Die du Gebietherinn gewohnet warst zu nennen, Und kann ich mich noch selber kennen?» Phenicia ist entrüstet: «Printzessin!/ Circe.====nein Phenicia,/ Ich habe für mir selber Schaam.» Das Thema der Scham wird erneut, und diesmal in Bezug auf die weibliche Hauptfigur und ihren Verlust an Selbstbeherrschung aufgrund ihrer Liebe, aufgenommen. Es folgt eine Diskussion über die Liebe: wer hat wen verzaubert und wodurch? Liebe wird hier als Verlust der Selbstkontrolle wahrgenommen, die keusche Jagd-Göttin Diana als Vorbild gepriesen.[104] Doch kann ihr Circe nicht mehr nacheifern, wie sie im Accompagnement bedauert:

Ich deren Hertz sich stets der Liebe wiedersetzet!
Ich, die als Phoebus Kind bißhero jederzeit
Dianens Unempfindlichkeit
Geschicklich nachgeahmt und Ehren wert geschätzet!
Verliehr zu meinem Schimpf und Grahm
In einem eintz'gen Tag, mein wehrtes Eigenthum
Die Freiheit und der Klugheit Ruhm. (IV, 1)

Circe fühlt sich machtlos: «Ulysses führet mich gefangen.» Diese Sicht lehnt Phenicia jedoch ab, sie feiert die Liebe, auch wenn sie zunächst durch Zauberkraft entzündet wurde. Vielleicht ist auch etwas Schmeichelei dabei:

Nein, nein, du führest ihn durch deiner Augen Krafft
In ewige Gefangenschafft.
Du bleibst sein eintziges Verlangen:
Und niemals hat ein Mensch inbrünstiger geliebt,
O wunderbares Glück, das deine Kunst dir giebt. (IV, 1)[105]

Von diesen, den Frauen zugeschriebenen Verführungskräften will Circe nichts hören, sie traut dieser Liebe nicht, sieht auch nicht Ulysses' Anteil, sondern nur sich als Schuldige, die den Mann mit unlauteren Methoden verführt und «verliebt»gemacht hat. Dafür hat sie nun einen hohen Preis zu zahlen, nämlich selbst wahrhaft verliebt zu sein. Hier wird die traditionelle Zweiteilung wieder vorgeführt: die verführerische Eva, trügerische Frau «Welt», und die arglosen Männer, die sich durch weibliches Blendwerk zunächst verzaubern lassen, aber dann wieder ihrer Wege gehen, im Dienst von Reich und Herrschaft. Frauen hingegen verlieben sich in den «authentischen» heldischen Mann und verlieren bei der Trennung allen Lebensmut. Da mit weiblichem Zauberwerk gearbeitet wird, kann der Held letztlich nicht verantwortlich gemacht werden für seine zeitweilige «Schwäche». Doch Circe wird als Mitleid erweckende hohe Frau vorgeführt, verzweifelt, beschämt und gefangen:

Er liebet mich; ja, ja
Doch welche Liebe!
Ich schäme mich der unanständgen Triebe.
Kann ich dadurch vergnüget seyn!
O du verhasster Sieg! Den ich allein
Der Zauber Ruthen schuldig bin;

> Wie wenig stimmt Ulyssens Sinn
> Mit mir hierunter überein!
> Er liebet mich durch meine Kunst
> Mein Hertze weihet ihm hingegen wahre Gunst. (IV, 1)

Trotz aller Zauberkraft ist Circe machtlos und will fliehen. Doch Aëtes erscheint voller Wut, da Circe den gemeinsamen Rachepakt aufkündigt: «Und rächest du durch Liebes Glut/ Des unglücksel'gen Sohns zu früh versprütztes Blut?» Circe bittet um Mitleid. «Verhöne nicht mich Ungetreue»(IV, 2). Von der Erde, von den Naturgewalten werde sie zwar als mächtig angesehen, aber im Angesicht der Liebe schätze sie sich als machtlos ein. Philosophisch muten ihre Erkenntnisse im Accompagnement an: «Die Kunst giebt der Natur Gesetze./ Mein Lieben aber giebt sie mir.» Aëtes jedoch verweigert jede Einfühlung in die Kraft der Liebe und denunziert die weibliche Liebesfähigkeit: «Pfuy! Schäme dich der Weibschen Zärtlichkeit./ Sie kehret deinen Ruhm in Schmach.»Circe solle die «Liebes=Flammen» durch Zorn bändigen und dem «blinden Kind»Cupido Widerstand entgegensetzen. Ein ungleicher Machtkampf zwischen Zauberin und Zauberer beginnt. Circe verkörpert hier nicht die zu allem entschlossene Zauberin, sondern die schwache, weil liebende Frau, die all ihr Zauberwissen ihrem Onkel verdankt:

> Schau, ich beschwere dich, als meinen Freund,
> Und bitte dich als meinen Meister,
> Du hast mich ja gelehrt, wie man die Höllen=Geister
> Zu Dienste haben kann;
> Wohlan!
> So lehre dann,
> Im Fall es deine Kunst und das Verhängniß leiden,
> Mich das Geheimniß auch, der Liebe Gifft zu meiden. (IV, 2)

Auf diese Bitte geht Aëtes ein, «er rühret sie mit seiner Ruthen an». Doch der Machtkampf geht weiter: Circe bittet Aëtes aufzuhören, da er mit der Liebe ihr auch das Herz aus der Brust reißen würde. Aëtes wird wütend, will seine Vorrangstellung behaupten:

> Du legst mir keinen Glauben bey;
> Allein um dir zu weisen,
> Daß ich in meiner Kunst noch mehr erfahren sey,

> Als du; so sieh in diesen Spiegel;
> Hier schlägt der Liebe Macht Ulyssen zwar in Eisen
> Doch dort will ihn/
> Der Helden=Ruhm denselbigen entziehn.
> (Man siehet dieses alles in dem Spiegel). (IV, 2).

Circe geht derweil mit Phenicia spazieren, während Aëtes droht, Ulysses zu vernichten, ihr

> nichtiges Beschützen,
> Soll deinem Abgott, meinem Feind,
> Für meines Eifers Blitzen
> Nicht Sicherheit noch Rettung geben.

Doch Circes' treu ergebene Vertraute Phenicia sorgt für eine Insel der Zuversicht. Als Circe im Spiegel die Ermordung des Ulysses sieht, versichert ihr Phenicia, dass dies nur Blendwerk sei, um ihre «Großmut» zu erschüttern. Circe besingt die Hoffnung und ihre Liebe, die trotz aller Widerstände beständig sein soll. Nach diesem zauberischen Liebeselend soll Dares für Lacher sorgen, mit märchenhaftem Slapstick. Dares ist stolz auf seinen vermeintlich gelungenen Streich: «Ich habe meine Schuld Lebrellen aufgedrungen. Es leben alle klugen Leute!» (IV, 4). Er ruft, wie von Circe aufgetragen, nach Brutamond. Es erscheint ein «Wald, auch eine kleine gedeckte Tafel, in deren Mitten eine große verdeckte Schüssel stehet» — und der Riese Brutamond «mit einer erschröcklichen Stimme», den Dares zitternd mit tiefen Referenzen begrüßt. Brutamond zeigt ihm wie seine «prächtige Printzessin» Circe all «die bestrafft,/ Die sie zu schimpfen sich erkühnen». Als Dares den Deckel der Schüssel anhebt, sieht er Lebrels Kopf.[106] Mit vielen geheuchelten Referenzen bittet Dares den Riesen, sich nun zu entfernen. Denn er hofft, dass sich im Koffer ein Diamant so groß wie eine Kokosnuss und faustgroße Perlen befinden. «Er öffnet den Coffre, und es erscheint ein kleines altes pucklichtes und sehr heßliches Weib» (IV, 6). Dares will fortlaufen, doch da entdeckt er Lebrel, den er zunächst für ein Gespenst bzw. für den rachsüchtigen Geist des vermeintlich Dahingeschiedenen hält. Doch es ist der quicklebendige Lebrel, der seinen verräterischen Kumpanen töten will. Schnell sinnt Dares auf eine neue List: Er fleht Lebrel an, er möge ihm den Fehler vergeben, den er nur «aus großer Angst» (IV, 7) begangen habe, und bietet ihm ein Geschenk aus dem Koffer. Der gutmütige Lebrel will ihm verzeihen und «den verschlossenen Schatz als treue Brüder teilen». Doch Dares scheut sich nicht, Lebrel wiederum zu täuschen. Dazu überlässt er

Lebrel scheinbar großmütig alle im Koffer verborgenen Schätze und will sich davonstehlen. Erneut wird seine Falschheit bestraft: Lebrel zieht eine «schöne Perlen=Schnur, den Ring, den Feder=Busch, die Demanth=Garnitur und diese Börse mit Dukaten» aus dem Koffer, ist vergnügt, will das übrige seinem Freund Dares vermachen und geht ab.

Diese Pasticcio-Oper entfaltet auch eine Märchenwelt, in der Circe wie eine gute Zauberin (oder Fee) und Prinzessin wirkt, so wie es der gutmütige Lebrel immer gesagt hat. Circe könnte eine Urahnin von Mozarts «Königin der Nacht» sein, denn sie herrscht über ein Zauberreich, in dem für alles gesorgt ist. Neben fürstlicher Güte und Fürsorge ist sie auch kampfesmutig und zu großen Gefühlen fähig; sie wird zudem von eloquenten und gewieften Hofdamen begleitet. Dares könnte hier als ein Ahn des Papageno gelten. Allerdings wehrt sich Circe nicht vehement gegen den großen Zauberer – anders als die Königin der Nacht gegen Sarastro, eine Variation des Namen Zoroaster. Und: Circe ist kinderlos, hat keine Tochter, an die sie ihr Reich und ihr magisches Wissen weiterreichen könnte. Dares, «welcher sich die Augen reibt» (IV, 8), weiß nicht, ob dieses nur ein Traum ist, denn ihm bleibt wieder nur das alte Weib: «Sieh da das kleine Ungezieffer kriecht abermahl hervor» (IV, 8). Das alte Weib präsentiert sich in einem Arioso als «die geringste Magd,/ Der von der Circen auferlegt,/ Dich aller Orten zu begleiten/ Und ihr getreulich anzudeuten/ Was dein beredter Mund zu ihrem Lobe sagt». Dares beleidigt sie als altes «Murmel=Thier», eine damals beliebte Beschimpfung und Schausteller-Attraktion,[107] und sucht im Koffer nach Schätzen. Doch er findet nur «einen alten Kamm, alte Lumpen, Kohlen und zerbrochene Scherben». Dabei hockt ihm die Alte auf den Schultern. Mit den Worten «geh altes Rumpel=Scheit» wirft er sie hinunter. Sein Wutausbruch gegen Brutamond ruft den Riesen wieder auf den Plan. Der ist erbost, dass Dares die «gute Alte/ Zur Erden hingeschmissen» (IV, 9). Nur wegen Circe hält er sich zurück, den Dares wie einen Federball über die Meere zu schleudern. Dares soll das Weib wieder auf seine Schultern setzen und bricht in Tränen aus.

Brutamond will nun stets der «Geleit-Mann» von Dares sein. Um ihn «von der Versuchung zu befreyn/ Der Alten Schaden zuzufügen» und ihn aber gleichzeitig nicht zu verschrecken, verwandelt er sich «in einen Zwerg, und nahet sich dem Dares mit fürchterlichen Geberden». Der symbolische Gehalt dieser Figur der kleinen Frau ist noch unklar. Möglicherweise ist sie eine Art Erdgeist im Auftrag von Mutter Erde oder eine Zwergin. Zwerge beiderlei Geschlechts waren beliebt für das Amüsement eines Hofstaates, als Gartenplastiken, in der Druckgrafik und auf den Jahrmarktsbühnen.[108] Circe und ihre weiblichen Vertrauten tauchen in Jagdkleidern auf. Hier gibt es erneut Autoritätsprobleme im Hinblick auf den unauflösbar scheinenden Widerspruch zwischen der sozialen Position der Fürstin und dem Geschlechtswesen Frau. Dares spielt den Unterwürfigen, unterschätzt aber erneut Circes Klugheit und Zauberkraft. Dares klagt sich an als «albrer Tropff, Ein Geck, ein Thor, ein Narr, ein tummer Esels=Kopf» (IV, 10). Er setzt die alte Frau nieder, will von ihr befreit sein und dafür, wenn es denn Circe gefällt, «[i]n die verächtlichste Figur der gantzen Welt» verwandelt werden: wahlweise in einen Wiedehopf, ein Schwein, einen Storch oder sogar einen Affen. Circe wird ihm sein Wünschen erfüllen und «macht mit ihrer Ruthen einen Crayß» (IV, 10). Die Alte und Brutamond verschwinden auf ihr Geheiß. Dares will zum «lustigen und nicht zum traurigen Affen» werden. Die Sprache wird Circe ihm nicht nehmen, aber kein Mensch wird ihn verstehen und die menschliche Gestalt wird er «von neuem wiederum bekommen», wenn er seine «Schnauze» im Spiegel sieht. «Dares geht traurig fort.»Und manch Opernfreund wird sich an satirische Affenbilder und -porzellanfiguren im eigenen Wohnzimmerschrank erinnert haben.[109] Circe und Ulysses begegnen sich. Obwohl Circe nach wie vor Aëtes' Zorn fürchtet, fasst sie in Ulysses' Gegenwart Mut. Aëtes will mit einem Gefolge von «allerhand Thieren» seine Ehre retten, denn er sieht sich von Circe verraten, die er nun bekämpft:

> Accompagnement
> Geht, tapffre Tiere, geht! und rächet euch
> An einer falschen Ungetreuen,
> Die neben andern Frevel=Thaten/
> Mich, euren Herrn, meineydiglich verrathen,
> Macht sie die schnöde Brunst bereuen,
> Zerfleischt sie, und mit ihr zugleich
> Den schwachen Neben=Buhler. (IV, 12)

Der Onkel erklärt Circe den Krieg, weil sie ihm die Gefolgschaft aufgekündigt hat; auch ihr Geliebter, der hier als «Nebenbuhler» bezeichnet wird, soll umgebracht werden. Doch Ulysses lässt sich davon nicht schrecken, Circe solle sich nicht sorgen, der verliebte Held werde alle Kräfte mobilisieren:

> Ein unerschrockener Muth, durch Lieben unterstützt,
> Läufft mit entblößtem Degen
> Der drohenden Gefahr beherzt entgegen. (IV, 12)

Doch die Aufwärterinnen laufen davon, wie es sich für Frauen in bedrohlichen Situationen schickt. Angesichts der zwei kampfbereiten Heere glaubt Circe, dass ihre Zauberkünste weniger wirksam seien als Ulysses' Militärmacht. Sie will es deshalb auf keine vernichtende Schlacht ankommen lassen, sondern schnellstmöglichst den Frieden durchsetzen, wie es einer vorbildlichen Fürstin geziemt:

> Ist meine Kunst gleich nicht so kräfftig,
> Ulysses Heer den Sieg vollkommen zu ertheilen,
> So werd ich doch den scharffen Streit nicht leiden;
> Ich will die Streitenden bald voneinander scheiden. (IV, 12)

Das Kampfgeschehen wird durch komische Perspektiven konterkariert, mit Lebrel auf der Seite der Griechen und Dares als Affe auf der Seite der Tiere. Doch eigentlich weiß Dares nicht so recht, auf welche Seite er sich schlagen soll: eigentlich ist er Grieche, aber auch die Affen brauchen Beistand.

> Die beyden Partheyen schlagen sich, aber durch Kunst der Circe wird der Schau=Platz gantz dunckel, man höret ein Erdbeben. Es fällt ein Feuer=Regen unter einem starcken Ungewitter: und nachdem sich die Streitenden eine Zeitlang geschlagen, scheiden sie sich voneinander. Unterdessen stoßen Lebrel und Dares, indem sie sich retiriren wollen auf einander, und erwecken einer dem andern grosse Furcht. (IV, 13)

Lebrel versteht den zum Affen verwandelten Dares nicht, findet ihn aber possierlich, würde ihn am liebsten Dares zeigen, weil dieser «Hans» so gelehrig ist und so feine Kunststücke macht. Mit diesem Affen will Lebrel nach dem Krieg seinen Lebensunterhalt in Griechenland auf Märkten und Messen verdienen – und schlägt ihn. Circes feine Rache an Dares zeigt große Wirkung.

5. Akt
Circe und Ulysses sitzen wie ein Herrscherpaar auf einem Thron, Ulysses effeminiert, «unbewaffnet, und mit Blumen=Cräntzen gezieret». Das Ambiente ist arkadisch, bukolisch. Ihr Gefolge erscheint standesgemäß: vier Aufwärterinnen, Gefolge von Schäfern und Schäferinnen. Circe steht auf, Ulysses, ganz liebender Mann, will nicht, dass sie von ihm geht. Aëtes' Macht ist gebrochen:

> Und durch die Ober=Hand von meiner Macht
> Ward er zu Schanden;
> Ja, aus Verzweiflung hat er sich umgebracht.
> Wir haben jetzt von seines Zornes Blitzen
> Nichts ferner zu befahren,
> Und ich kan dich nun mehr ohn alle Furcht besitzen,
> Drum soll sich Lust und Schertz mit unsrer Seele paaren.
> Vorher wird sich für mich noch ein Geschäffte finden
> Um unsrer beyder Glück noch sicherer zu gründen.
> Doch meine Kunst verlangt nach stiller Einsamkeit. (V, 1)

Circe möchte ihre Beziehung zu Ulysses durch magische Praktiken in Einsamkeit festigen. Ulysses jedoch, mittlerweile völlig abhängig von Circe, kann selbst kurze Trennungen von Circe nicht ertragen, in einem Arioso lehnt er sein bisheriges Heldenleben ab:

> Fahrt hin, verhaßte Sieges=Zeichen!
> Ich halt es mit den Myrrthen-Sträuchen.
> Die Schönste sehn, und ihr gefallen,
> Bleibt ja das gröste Glück von allen
> So mir des Himmels Hand beschert:
> Ein holder Blick ist mehr als tausend Palmen wehrt.

Ulysses scheint, wie die Myrrthen als Symbol für die Wollust, unablässig um die Liebe und Anerkennung der Circe bemüht. Er bewundert das unschuldige Leben der Schäfer, «denen kein anders Gesetz als Liebe bewust.» Weder würden sie betrügen, noch sich durch Schmeichelein täuschen lassen. Solche Treue geloben sich auch Circe und Ulysses: «Nein, ich will tausendmahl erblassen,/ Als nicht beständig seyn.» Doch ist diesen Worten zu trauen? Beide besingen ihre Liebe, diese «unauslöschliche Glut». Circe feiert diese Liebe, wie es von einer tugendhaften Frau erwartet wird und bittet ihr Gefolge, den Geliebten zu umsorgen:

> Ihr Zeugen unsrer keuschen Triebe!
> Die ihr längst meinem Wort
> An diesem höchstglückselgen Ort
> Gehorsam seyd; ergetzt den Helden den ich liebe. (V, 1)

Doch Circes kurze Abwesenheit stürzt Ulysses in eine tiefe Krise, er ist «verwirret und verdrießlich» (V, 2), wie ein verwöhnter Junge, aber auch wie ein Liebender, der den Verlust der Geliebten fürchtet:

> Wo bleibet meine Königin?
> Ohn sie ist nichts auf dieser Welt,
> Das mir gefällt,
> Und alles ängstigt meinen Sinn.

Eine ähnliche Situation durchleidet auch Ruggiero in Händels *Alcina*. Auch hier entfernt sich Alcina wegen zauberischer Rituale und bei ihrer Rückkehr ist nichts mehr, wie es war.[110] Die Frauenzimmer der Circe und die Plaisiers sind zur Stelle, um Ulysses aufzuheitern, ihn «mit Singen und Tanzen» zu ergetzen. Dares hat seine ursprüngliche Gestalt durch Telemach's Einsatz des Zauberschildes zurückerhalten, und nun wollen er und Lebrel «[d]en ehrlichen Ulysses» (V, 3) befreien. Doch Lebrel scheut die «Hexen und die Hexerei», und so versuchen beide den Damen der Circe zu entfliehen, wobei Phenicia sich noch dazu als ältere, aber liebeslustige Dame präsentiert, die davor warnt, in der Jugend die Freuden der Liebe zu verschmähen. Doch Trompeten- und Paukenschall kündet vom drohenden Ende dieser Liebe, Ulysses merkt auf: «Welch kriegerischer Laut!» (V, 3). In der 4. Szene streitet der Chor der Soldaten, der Ulysses zu den Waffen ruft, mit dem Chor der Verliebten, die ihre Lebenszeit der Liebe weihen wollen mit altbekannten Argumentationsmustern:

> Chor der Soldaten: Die Ehre lässt uns nach dem Tode leben,
> Denn die Unsterblichkeit wird uns durch sie gegeben.

Ulysses, für einen Moment nicht in der Obhut von Circe's Gefolge, wird sofort von Antiope und Telemach belagert. Telemach wirft sich seinem Vater zu Füßen, und Ulysses empfindet plötzlich Scham, so wie es Pallas vorhergesagt hatte, im Accompagnement entwertet er seine Liebe zu Circe:

> Nichtswürdiger Zierath, Weibscher Triebe,
> Verblende mich nicht mehr durch deinen schwachen Glantz,
> Ich schäme mich der tollen Liebe,
> Nur fort verhasster Blumen=Krantz! (V, 4)

Auch äußerlich distanziert er sich von Circe und ihrer Welt: «Er reißt die unnöthige Zierrathen ab, und wirfft sie an die Erde» (V, 4). Eine Demütigung für Circe, eine Abwertung dieser Liebe als «weibisch». Ulysses besingt in der deutschen Übersetzung der italienischen Arie die «süssen Worte, Liebkosungen und Blicke», die als «Frauenzimmers Pfeile» die Herzen bestürmen. Ähnlich sei es auch Herkules ergangen. «Durch solche Waffen fiel auch Herkules, und die Liebe lacht mir jetzto auch zu, mich aus einem Sieger zum Sclaven zu machen.» Telemach, das Idealbild des patriarchalen Sohnes, präsentiert seinem Vater Ulysses seine Braut Antiope und bittet ihn, seine Wahl abzusegnen. Antiope erklärt, dass sie wieder zu ihrem Vater Idomeneus möchte, Vater und Sohn sind erfreut über diese Verwandtschaft. Ulysses rät zur sofortigen Flucht, denn «das Angedencken meiner Seele Schwachheit,/ Will mir die Röth auf Wang und Lippen ziehn» (V, 4). Doch Circe läuft dem Ulysses nach, jetzt ist sie keine stolze Fürstin und Zauberin mehr, sondern nur noch eine verzweifelt Liebende. Sie bittet ihn umzukehren: «Ulysses stehet stille, um Circe anzuhören, welche zu reden fortfährt». «Willst Du mich ja nicht als Geliebte,/ So nimm mich Hochbetrübte,/ Doch als Gefangene mit» (V, 5). Sie will ihn begleiten. Doch Ulysses' Argumentation ist zwiespältig. Er betont, dass er sich der

> liebenswürdigen Gefahr,
> So mir dein schöner Blick gebiert, entziehen muß.
> Die Ehre legt mir auf, von Dir zu scheiden,
> Und diesen Ort zu meiden.
> Durch ihren Rath besiegt mein Muth
> Der Liebes=Flammen heisse Glut. (V, 5)

Ulysses entscheidet sich gegen Circe, auch wenn der Abschied ihm schwer falle, wie er in einem Arioso beteuert. Das gesellschaftliche Umfeld lässt ihm als Individuum keine echte Wahl. Eine Klage, wie sie etliche unglückliche Liebhaber auf der Opernbühne singen und die den Pasticcio-Charakter dieses Stückes unterstreicht.

> Du leidest zwar, doch kanst du glauben,
> Daß ich mit herber Pein und Weh,
> Aus Deinen schönsten Augen geh.
> Ach die Entfernung wird mir nimmer
> Dein wehrtes Angedenken rauben;

> Und, nach der Ehren hellen Schimmer,
> Sollst Du allein,/
> Mein Liebstes auf der Erden seyn. (V, 5)

Nach innerem Kampf verweist er die Liebe nur auf den zweiten Platz. Von seiner Ehefrau Penelope fällt kein Wort (im Gegensatz zu der früheren Circe-Oper).[111] Circe lässt sich durch diese Worte nicht trösten, sie kann sein Mitleid nicht annehmen. Im Gegenteil: selbst ein «Tyger=Thier» habe mehr Mitleid als dieser Held:

> Undankbarer! Ich kann ohn dich nicht leben.
> Doch nach dem Tode soll mein Schatten,
> Sich unabläßlich mit dir gatten,
> Und dein treuloses Hertz bekämpfen.

Sie fällt in Ohnmacht. Doch so gefühllos ist Ulysses nicht, auch als Telemach und Antiope zur Flucht mahnen und immer wieder auf vertraute Tugendmodelle pochen, bekennt er sich zumindest zu seinem Mitleid:

> Telem. Ant. á 2. Die Ehr will von Dir ein unbeweglich Hertz.
> Ulysses. Nein, nein, die Ehre kann das Mitleyd nicht verbannen,
> Und macht ein edles Herz nicht zum Tyrannen [...]
> Ach Circe! Was bestimmt das Schicksal dir für Schmertz! (V, 5)

Nach Ulysses' Flucht beginnt ein Klagemonolog der Circe in der Tradition verlassener liebender Frauen wie Dido und Armide. «Der eintz'ge Trost ist noch, die Hoffnung mich zu rächen» (V, 6). Sie schickt die «Ergetzlichkeiten»fort, sie ruft die Geister, sie sollen den Ort verwüsten, den prächtigen Pallast abbrechen «und man siehet, im Enfoncement des Schau=Platzes, die Stadt Syracusa gantz im Feuer stehen.» Auf den ersten Blick wird Circe nicht von anderen vernichtet, aber letztlich ist ihre verschmähte Liebe die Folge einer patriarchalen Kriegergesellschaft. Die Oper endet mit Circe's italienischer Rachearie, deren Trauer und selbstzerstörerische Kraft so übersetzt wurde:

> Mich zu rächen wird der erzürnte Himmel dir feurige Strahlen auf den Kopff schiessen. Mich zwar siehst du gequält und untergedrückt, gegen dich aber bleibe ich allzeit dieselbige, und mein erbostes Hertz wird sich niemahls zu was anders entschliessen. (V, 6)

Circe wird als tragische Liebende, als echte Heldin dargestellt, mit der alle mitfühlen. Auch auf sie lässt sich Downing A. Thomas' These anwenden, die er bei der Analyse des Bühnenschicksals der Amazonenkönigin Armide in Philippe Quinault/Jean Baptiste Lullys Oper *Armide* von 1672 gewonnen hat:

> Armide is indeed about the undoing of a woman, to borrow Clément's Phrase; but it is also about identifying with the woman, who is bereft, who is dispossessed.[112]

Circe ist in gewisser Weise eine Nachfahrin der Armide, wie sie bereits 1694 in *La Gierusalemme Liberata* und 1695 in *Armida* auf die Bühne der Gänsemarkt-Oper kam.[113] Sie gehört zu den verführerischen Zauberinnen, die am Schluss der Oper dafür bestraft wurden, dass sie Macht über Männer hatten und Angst auslösten – eine auffällige Konstante[114] in der Operngeschichte. Doch in diesem, aus einem wohlbekannten Handlungs- und Personen-Fundus zusammengestellen Pasticcio, spielt der große Held Ulysses keine glanzvolle Rolle. Circe ist der «Star» und kann als eine der standesbewussten, liebesfähigen aber unglücklichen Ahninnen etwa der «Königin der Nacht» gelten.

Epilog

Opernlibretti eignen sich als Sonden für die Untersuchung von gesellschaftlichen Dispositionen und von Konstruktionen von Gender/Geschlecht. Produktive Bedingungen dafür bietet die Hamburger Oper am Gänsemarkt, ein Treffpunkt adliger und bürgerlicher Milieus und kulturpolitisches Zentrum mit europaweiter Strahlkraft.

Der Vergleich der Lebenswelten, wie sie in den Libretti entworfen werden, mit zeitgenössischen gesellschaftlichen Bedingungen, die in Hamburg nachweisbar sind, ergibt eine komplexe Verzahnung von «Realität» und Kunst, von Widerspiegelungen und Imaginationen. Auch wenn etliche Opernhandlungen im Mantel der Historie, der Mythologie erzählt werden, erschaffen und kommentieren sie Gesellschaft aus zeitgenössischer Perspektive.

Den Rahmen der Analyse der rund 300 Libretti bildet die zentrale Bedeutung von Krieg, Gewalt und heterosexueller «Liebe», die in eine legitime Ehe münden soll. Sie wird zwar als Ort des Glücks und Friedens gefeiert, doch erscheinen die Eheanbahnung, Eheschließung und die Ehe selbst als konfliktreich. Gerade in der Liebe und der Ehe treten die Widersprüche einer patriarchal strukturierten Gesellschaft zutage, erheben Frauen ihre Stimme und verlangen Gehör, entdecken Männer andere Seins- und Liebesmöglichkeiten. «Liebe» ist dabei ein Oberbegriff für diverse Gefühls- und Beziehungsmodelle, die geschlechtsspezifisch ausgerichtet sind. Aus den Libretti lassen sich Hinweise filtern und Fragen entwickeln zu Vorstellungen von Krieg, Gewalt und Frieden und ihrer Bedeutung für die Herstellung von Gender. Zwar galten den Zeitgenossen die Ursachen von Kriegen als gottgewollt und rätselhaft, doch funktionierte der Krieg auch wie eine Männlichkeits-Maschinerie, die eine Differenz der Geschlechter herstellte und das Primat des Mannes gegenüber der Frau immer wieder neu behauptete und inszenierte. Auch wenn die betroffenen Männer von Stand sind, ihre kriegerischen Tugenden als angeboren gelten, müssen sie permanent diszipliniert und an ihre Pflichten erinnert werden. Gefährdet sind solche hegemonialen Männlichkeiten durch die realen schmerzhaften und lebensbedrohlichen Auswirkungen kriegerischer und gewalttätiger Auseinandersetzungen – und Liebeserfahrungen. Sie führen zu Verunsicherungen und Konflikten, lassen Widersprüche hervortreten. So verweigern etliche Helden die Rolle des Kriegers, von dem erwartet wird, Liebessehnsucht, Zartheit und Verletzlichkeit abzuspalten, da diese Empfindungen und Eigenschaften als «schwächlich» und somit als «weibisch» definiert und diffamiert werden, also eines Mannes unwürdig, der vorherrschenden Männlichkeiten entsprechen soll. Manche adligen Helden üben sich in selbstbeherrschter Liebe zu einer Frau – ohne letztlich deren sexuelle Gunst gewinnen zu können.

Szenarien des Krieges und der Gewalt setzen sich in der Ehe fort, in der zwei Gegner, die als nicht gleichwertig gelten, für ihre Interessen kämpfen. So kann die Rückkehr von verheirateten Feldherren für die Ehefrau lebensbedrohlich sein *(Sancio* und *Amphytrion)*. Verroht durch Kriegserleben bedrohen sie ihre Ehefrauen mit Eifersucht und Gewalt, werden aber letztlich zu Einsicht und Selbstbeherrschung gebracht, da die Keuschheit der Gattinnen allgemein anerkannt wird.

Meine Auswertung unterschiedlicher Quellengattungen lässt den Schluss zu, dass in diesem Untersuchungszeitraum das Geschlecht die zentrale soziale Kategorie ist. Männern und Frauen aller Schichten werden klar definierte Geschlechtsrollen und Arbeitsbereiche zugewiesen. Die Tradition, divergierende «Geschlechts-Charaktere» für gottgegeben und nach damaliger Auffassung für «natürlich» zu halten, ist nicht erst ein Produkt der Aufklärung oder des ökonomischen Wandels gegen Ende des 18. Jahrhunderts. Die vermeintlich angeborenen, «natürlichen» geschlechtsspezifischen Eigenschaften und daraus resultierenden Aufgaben und Handlungsräume dienten als Legitimation dafür, den Geschlechtern bestimmte (Arbeits-)Bereiche zuzuweisen. Dabei sind Mann und Frau gemäß ihrer postulierten Ungleichheit für einander ergänzende Bereiche zuständig. Obwohl sie aufeinander angewiesen sind, gelten ihr Einsatz, ihre Leistung jedoch nicht als ebenbürtig. Denn neben der Unterschiedlichkeit der Geschlechter wird außerdem die Minderwertigkeit der Frau behauptet, sei es nun, dass die Frau als das schwächere Geschlecht in der Tradition Evas, als unvollständiger Mann oder aber als völlig andersartiges Wesen gilt.

Der Mann hatte deshalb als Haupt der Frau, als Vorstand der Familie, als Haupternährer und Versorger in Adel und gehobenem Bürgertum zu agieren. Legitimiert wurde dies durch religiöse Überlieferungen, juristische Setzungen und Vorstellungen von seiner vermeintlich größeren körperlichen Stärke und Tugendhaftigkeit. Auch bei den Kleinbürgern, Handwerkern und unteren Schichten dominierten Vorstellungen von der Vorherrschaft des Mannes, obwohl alle auf die (Reproduktions-)Arbeit und den Verdienst der meist geringer bezahlten Frauen angewiesen waren. Frauen scheinen hier aber eine gewisse Bewegungsfreiheit gehabt zu haben. Debatten über die Frage, ob die Frau zu den Menschen zu zählen sei, werden um 1700 immer noch geführt. Der oftmals scherzhaft-satirische Ton kaschiert aggressive Tendenzen.

In dieser Ständegesellschaft hatten Männer und Frauen nur beschränkte Wahlmöglichkeiten, aber für Frauen waren sie noch reduzierter, galt doch der Stand «Frau» als unüberwindbar. In Bezug auf den Mann blieb sie immer in der untergeordneten Position. Diese Struktur barg ein hohes Konfliktpotential, das durch Ermahnungen, wie etwa zur Freundschaft in der Ehe, eingedämmt werden sollte.

Ein Ausdruck der patriarchalen Differenzierung und Hierarchisierung der Geschlechter ist die Spaltung der «Liebe» in «keusch» und «unkeusch», wobei der Frau die größere Verantwortung bzw. Schuld zugewiesen wird. Auch in vielen Opern werden Frauen als personifizierte Verführerinnen entworfen, die die Selbstbeherrschung des körperlich stärkeren und wehrhaft konstruierten Mannes gefährden. Da Frauen als schwächer und unbeherrschter gelten, wird ihr «Nein», ihr Widerstand gegenüber einem fremden, sie begehrenden Mann nur unter bestimmten Umständen uneingeschränkt geglaubt. Sie trägt die Hauptschuld, wenn er über sie herfällt. Aber nur wenn eine Frau «sexuell» unversehrt bleibt, ist ihre Ehre und die ihrer Familie und ihres Ehemanns gewahrt. Vor diesem Hintergrund ist auch diese verbreitete Opernhandlung zu verstehen: Bei der Flucht eines fürstlichen Paares in Kriegswirren will der Ehemann seine Ehefrau eher umbringen oder sie sich selbst töten, als dass sie in gegnerische Gefangenschaft gerät, d.h. vergewaltigt wird oder «freiwillig» Sexualität mit dem gegnerischen Herrscher hat.

Die Typisierung «Hure» (Zauberin, Hexe etc.) und «Heilige» (keusche Jungfrau und Ehefrau) setzt dennoch «keusche» Frauen unterschwellig immer einem Generalverdacht aus.

Auffällig ist, dass viele dieser Opern die vorbildliche Personalunion vom tapferen Krieger und rücksichtsvoll und treu liebenden Mann vorführen. Ein Grund dafür mag die Beobachtung sein, dass für den Krieg sozialisierte Männlichkeiten den Frieden in der Gesellschaft und in der Ehe bedrohen. In der Welt des Krieges sind Frauen Fremde, die keine gleichberechtigte Rolle spielen. Aus der Perspektive militärischer Männlichkeiten sind sie zu eroberndes oder verteidigendes Gut, das immer von sexueller Gewalt bedroht ist. Dennoch versuchen etliche Frauen, aktiv und kämpferisch im Krieg, eigene Interessen durchzusetzen. Das Bild der wehrhaften Amazone fasziniert und irritiert, wird von einzelnen Opernheldinnen selbstbewusst verkörpert, aber auch von ihren Kontrahenten verspottet. Diese Opernstoffe geben Hinweise auf das Ringen von Frauen um eigene Stimmen und Positionen, die sie aber innerhalb dieser Ordnung z.B. nur in einem an Männergewändern orientierten Amazonenkostüm präsentieren dürfen. Diese Konflikte setzen sich in der Ehe fort, auf der Bühne ähnlich wie in der «Realität», da das Primat des Mannes hier unmittelbar bedroht erscheint, wenn Frauen eigene Vorstellungen und Wünsche entwickeln und durchsetzen wollen.

Ein wichtiger Handlungsmotor der Opernlibretti ist die Problematik arrangierter Ehen und Zwangsverheiratungen, der Kampf von Männern und insbesondere von Frauen um das eigene Begehren, eigene Glücksvorstellungen, die von denen der Väter und der Gesellschaft abweichen. Als wirkmächtig erweisen sich traditionelle, auch religiös abgesicherte Vorstellungen von «Liebe» und «Gender». Von besonderer Brisanz sind die Konsequenzen vor- und unehelicher Sexualität. Voreheliche Kinder von Fürstinnen spielen deshalb kaum eine Rolle auf der Bühne, anders als der Nachwuchs aus vorehelichen Beziehungen von Fürsten. Aus dem Umgang der Herrschaften mit den DienstbotInnen und ihren Klagen und Auseinandersetzungen, lassen sich Spannungen zwischen den sozialen Schichten ablesen. Frauen werden, anders als Männer, zu sexualisierten Dienstleistungen gedrängt bzw. gezwungen.

Opern sind Seismographen für aktuelle Probleme und Imaginationen, in ihnen werden legitime Lösungsmodelle vorgeführt, Spuren und Vorstufen des sozialen Wandels sichtbar. Umgekehrt bietet erst eine genauere Kenntnis der Hamburger Geschichte Schlüssel für das Verständnis von Anspielungen in den Libretti.

Vielfältig und ambivalent sind die Funktionen der Oper. Die Oper fungiert als unterhaltsame Schmiede des Geschmacks und der Gesellschaftskritik, in der auch mit Stilmitteln wie Humor, Ironie und Satire gearbeitet wird. Zwar sollte sie in erster Linie als moralisierende Lehrbühne, als kulturell bildende «Universität» dienen, die Einstellungen imitiert, kommentiert und vorbildliche Identifikationsfiguren und Haltungen konstruiert. Dabei führt sie abweichende bzw. alternative Lebensformen und Haltungen vor, die zwar bewertet und u.U. abgestraft werden, aber subversiv weitergewirkt haben könnten.

Komponisten arbeiten für die Oper und die Kirchen, Passionsoratorien nehmen opernhafte Gestalt an, «Operisten» und «Operistinnen», also Sänger und Sängerinnen, treten in Kirchen auf, was den Sängerinnen allerdings noch nicht selbstverständlich gestattet war. Aber sie sind Stars auch in der bürgerlichen Festkultur, setzen Glanzlichter bei Kapitänsmusiken und Hochzeitsfeierlichkeiten.

Im Zuge meiner Untersuchungen wird einmal mehr deutlich, wie groß die Forschungslücken zu Alltag und kulturellem Geschehen in Hamburg von 1680 bis 1740 sind. Insbesondere fehlen Studien zu geschlechtsspezifischen Handlungsräumen, wie etwa zum Anteil von Frauen an der «Frühaufklärung» und dem Geistesleben, zu Hamburgischen Ausprägungen der «Galanterie», zur Rolle, zur Wertigkeit und dem Umgang der Geschlechter, den Formen der Geselligkeit.

Oper und Realitäten

Krieg und Gewalt bilden oft den Rahmen für das Bühnengeschehen, in dem sich unterschiedliche Männlichkeiten und Weiblichkeiten ausbilden und behaupten. Auch die damalige Lebenswelt wird von Krieg und Gewalt bestimmt, Strategien und Strukturen des Krieges setzen sich im zivilen Leben, in Zeiten des sogenannten Friedens fort. Die Omnipräsenz von Krieg und Gewalt prägt den Alltag und die Vorstellungswelten auch in Bezug auf Liebe, Erotik und Sexualität. Dies lässt sich auch in anderen Textsorten, wie Gelegenheitsgedichten nachweisen.

Dabei sind geschlechts- und standesspezifische Strukturen zu beobachten. Ebenso wie in der Realität dominieren Männerbünde das kriegerische und politische Geschehen auf der Bühne. Männerbündische Militärformationen, angeführt von Königen, Feldherren und Generälen sind verantwortlich für Angriff und Verteidigung. Ein Ausdruck dafür ist der höhere Anteil männlicher Mitwirkender in einer Oper.

Umkämpft ist das Selbst- und Fremdbild des Kriegers, das Idealbild hegemonialer Männlichkeit. Der Mann gilt als wehrhafter Verteidiger und Beschützer von Reich und Stadt, von König und Rat, von Heim und Herd. Das Primat des Mannes berechtigt ihn dazu, Waffen zu tragen, sich zu wehren und im Gemeinwesen mitzuwirken, was den Frauen verwehrt war. Jedoch konnte die Wehrhaftigkeit des Mannes die Gesellschaft im Innern bedrohen, insbesondere wenn er die Selbstbeherrschung verlor, zum Angreifer statt zum Beschützer wurde. Kriegerische Männlichkeiten werden ambivalent geschildert, mit standes- und genrespezifischen Unterschieden.

Als idealer Krieger gilt der adlige Mann, der selbstbeherrschte edle Militär, der Feldherr. Doch bewahrt der hohe Stand Helden und Könige nicht vor Fehlern und Unbeherrschtheiten. Letztlich werden Lösungen gefunden, die die feudale Standesgesellschaft nicht antasten. Adlige Feldherren werden ernsthaft in Szene gesetzt, aber auch mit Kritik und Satire bedacht, wenn sie ihre Macht maßlos und brutal anwenden (Croesus, Alexander). Hier werden die Tugendlehren inszeniert, um den Ansprüchen des Thrones und der «hohen Geburt» mit Selbstkontrolle, Großmut und Verzicht gerecht zu werden.

Der Krieger hat sich auch gegenüber «schwächeren» Männern, untergeordneten Männlichkeiten und Frauen zu kontrollieren. Zwar können Standespersonen eher mit Nachsicht rechnen, aber generell sollen sie vorbildlich agieren, kein Wüstling wird geduldet. Als ideale Kombination gilt der Kriegsheld, der sich selbst beherrscht und damit auch für den Umgang mit Frauen, mit der Liebe geeignet ist.

Soldatische Männlichkeiten prägten auch bürgerliche Schichten. So war der größte Teil des Hamburger Bürgertums militärisch organisiert und trainiert, etwa in der Bürgerwehr. Bürgerliche Männer trugen, adligen Vorbildern folgend, einen Degen, auch wenn dies in gewissen Kreisen als anmaßend und überzogen angesehen wurde. So bewaffnet wurden private Händel und sogar Duelle ausgefochten, die aber als problematischer Ausdruck von adliger und bürgerlicher Männlichkeit galten und mit hohen Strafen belegt wurden. Aber meist wurden diese Kämpfe auf der Bühne weniger streng geahndet als im realen Hamburg.

Auf den Krieg zur Existenzsicherung angewiesen waren Männer aus den unteren Schichten. Zum Kriegsdienst angeworben wurden sie in den jeweiligen Heeren nur rudimentär ausgebildet. Auf der Opernbühne erscheinen Soldaten niederer Ränge, aus bürgerlichen und unteren Schichten stammend, nicht als ideale Männlichkeiten, sondern oftmals als Karikatur, als Spottbilder mit differierenden Fremd- und Selbstbildern.

In Hamburg gab es, wie im gesamten Reich, noch keine allgemeine Wehrpflicht. Die für den Schutz der Wälle engagierten Berufssoldaten waren noch nicht kaserniert, und Kontakte zu Frauen als Versorgerinnen, Familienmitglieder etc. gehörten zum Alltag. Männer aus der die herrschende Kultur prägenden Schicht, dem Adel, werden von Kindheit an militärisch geschult, an den Waffen ausgebildet und in exklusiven Männerbünden, wie Ritterakademien auf ihre Rolle vorbereitet.

Auch für Frauen galten schichtenspezifische Rollenmuster, doch gibt es eine Gemeinsamkeit: Frauen hatten keusch zu bleiben, ob sie nun unmittelbar von den Kriegshandlungen betroffen waren oder im Schloss bzw. Bürgerhaus den Heimkehrer erwarteten. Zwar durfte die Keuschheit einer Fürstin offiziell nicht in Zweifel gezogen werden, doch scheint gerade diese imaginäre «Fallhöhe», von besonderem Reiz gewesen zu sein. So entwerfen Opern Spannungsmomente wie: bricht eine Fürstin die Ehe, stimmt sie den Werbungen eines Höflings zu, wird sie nach dem Überfall eines feindlichen Fürsten dessen Geliebte, Frau – ob mit Gewalt oder freiwillig? Den Hintergrund bildet die reale eheherrliche Gewalt des Fürsten, der nahezu folgenlos Ehebruch begehen kann, hingegen seine Gattin oder Mätresse wegen «Untreue» etc. verbannen oder einsperren lassen kann.

Vielfach wird das Geschlechterverhältnis als eine Art Kriegs- und Gewaltzustand inszeniert. Bühnenwirksam sind die Konflikte zwischen einem soldatischen Mann und einer Frau, die entweder als Mann verkleidet oder für ihn erkennbar als Frau kämpfte. Die Handlungsräume der Frauen sind von ihrem Stand abhängig: mächtige Fürstinnen und die in der Regel adligen Zauberinnen waren für herrscherliche Aufgaben ausgebildet und konnten mit Waffen umgehen. So gehen sie selbstverständlich auf die Jagd oder sie versuchen, sich mit Waffengewalt zu wehren. Auch für die adlige Frau ist hier das Prinzip des Handelns legitim.

Dabei verschränken sich klischeehafte Imaginationen und real nachweisbare wehrhafte Handlungsfähigkeit von Frauen:

- Die Inszenierung weiblicher Schwäche und Hilflosigkeit lässt den Mann als Krieger und Beschützer erscheinen. Da Frauen als nicht waffenfähig gelten, werden sie nicht entsprechend ausgebildet. Sie bilden andere Formen des Widerstands aus, kämpfen «ungeschickt» – von «kokett» bis «kratzbürstig». Sie warten ab und bleiben auf männliche Hilfe angewiesen. Frauen werden in Kriegen sexuell bedroht und zugleich zur Keuschheit verdammt, und das geschieht ständeübergreifend. Wenn sie sich wehren, scheint dies auf der Bühne mehrere Funktionen zu haben. So spornt die Stärke und Wehrhaftigkeit der Frau zur Tugendhaftigkeit an. Aber es könnte sich auch um einen sexuell konnotierten Erregungsfaktor handeln – wenn adlige Frauen von Vergewaltigung bedroht werden, sich vergeblich wehren und dann von einem Mann gerettet werden, oder tatsächlich ihren Peiniger umbringen. Auch gibt es Beispiele für ermordete oder vernichtete weibliche Opernfiguren. Überhaupt scheint es eine Lust an solchen Grenzüberschreitungen und Bestrafungen im Stil von Schauprozessen zu geben.

- Als vermeintlich echte «Waffen einer Frau» gelten Zauberei, Erotik und Sexualität. Sie faszinieren bühnenwirksam, gelten aber als nicht tugendhaft, da sie den Mann schwächen.

- Die handelnde Frau scheint angepasst an das männlich konnotierte militärische Milieu. Sie agiert in Zweikämpfen gegen Männer, kämpft auf dem Schlachtfeld als Partnerin oder Gegnerin der Helden. Frauen folgen ihrem Ehemann oder Verlobten ins Feld, um ihm beizustehen, aber auch um den Treulosen an seine Pflichten zu erinnern. Solche Szenarien sind an realen Begebenheiten orientiert. So gibt es Berichte über Frauen, die in Männerkleidung den geliebten Männern nachreisen oder sie begleiten. Bemerkenswert ist, dass auf der Bühne keine Soldatin aus der Unterschicht auftaucht, die ihren Lebensunterhalt auf den Schlachtfeldern erkämpft. Solches kam in der Realität häufiger vor, galt aber als skandalöse Grenzüberschreitung.

Begegnungen zwischen Mann und Frau werden zu Kämpfen, wobei der Frau die Rolle des sexualisierten Objekts und Opfers zugewiesen wird. Andererseits zeigt sich die tugendhafte Männlichkeit in der Selbstbeherrschung. Ein Krieger darf nicht gegen eine Frau kämpfen, sie nicht verletzen, da sie nicht als gleichwertiger Gegner gilt.

Politisch-kriegerische Konflikte werden gemäß patriarchaler heterosexueller Beziehungsmuster dargestellt: der männliche Angreifer und Usurpator beansprucht die Gattin des angegriffenen bzw. unterlegenen Fürsten. Entweder begehrt er sie nur sexuell oder er will sie zudem heiraten und zur Mitregentin machen. Auch hier ist der Grat zwischen Vergewaltigung und freier Liebeswahl sehr schmal, spielen Vorstellungen von der Ehe als politischer Akt, als dynastische Transaktion eine wichtige Rolle, in die sich vor allen Dingen adlige Frauen zu fügen haben. Auch bürgerliche Frauen werden in arrangierte Ehen gezwungen, doch spielen sie nur gelegentlich eine Hauptrolle auf der Opernbühne.

In der Tradition der antiken Stadtgöttinnen steht Hammonia, die wohl mangels fürstlicher «Landesmütter» in einzelnen Prologen das Wohl Hamburgs befördert. Hier wird an Vorstellungen von einem Landesvater und einer Landesmutter angeknüpft, die ihr Reich umsichtig wie die eigene Familie regieren.

In der Forschung wurde die Bedeutung der Helden mit kleinen Fehlern sowie der treuliebenden scheinbaren Versager bisher wenig gewürdigt. Hier kommen fragile, marginalisierte Männlichkeiten auf die Bühne: Männer, die von ihren Vätern in Ehen gezwungen werden sollen, die aber den von ihnen geliebten Frauen die Treue halten. Ein wiederkehrendes Motiv ist die Sehnsucht von Helden, die dem Krieg und den vaterländischen Pflichten auf einer fernen Insel durch die Liebe einer Frau entkommen wollen. Jedoch müssen sie diese in der Regel auf Druck von außen, durch Vertreter der Tradition, des Vaters, verlassen. Diese Bühnendramen sind Belege für reale leidvolle Zurichtungen von Jungen und Männern.

Trotz aller Lobgesänge auf die Liebe und die Sinnesfreuden werden auf der Bühne rigide Botschaften transportiert: Die monogame Ehe ist der einzig legitime Rahmen für Liebe und Sexualität. Auch der vorbildliche Liebhaber und Ehemann hat keusch zu sein, ihm wird aber eher eine uneheliche Affäre, ein uneheliches Kind nachgesehen als etwa einer Frau. Die ehrbare Frau soll keusch sein, auf die Werbung des Mannes warten. Nur selten darf sie offen den begehrenden Blick erheben, deutlich ihre Wünsche äußern, um den Mann ihrer Wahl werben. Auf der Opernbühne hat Wahlfreiheit kaum eine Chance. Hier lebt keine ledige Frau glücklich mit Kindern von unterschiedlichen Vätern – und teilt kein Mann sein Haus in Frieden mit zwei Ehefrauen, geschweige denn eine Frau mit zwei Männern. Überhaupt wird der Polygamie eine deutliche Absage erteilt, auch die Ehescheidung ist keine Alternative. Für unglückliche Alleinstehende und EhepartnerInnen gibt es in dieser Ordnung keine echte Alternative – aber gelegentlich zumindest Mitgefühl und Trost (Circe, Semele).

Drastisch wird auf der Bühne die damals vorherrschende Doppelmoral gespiegelt (Thais). Frauen, die der «Unzucht», des Ehebruchs oder der Prostitution bezichtigt werden, müssen mit härteren Strafen rechnen als die «Freier». Traditionelle und religiös abgesicherte Vorstellungen von legitimer Liebe auf der einen und «Unzucht» auf der anderen Seite bilden den engen Rahmen für den vielfach beschworenen Rausch der Sinne auf der Opernbühne.

Das Kriegsszenario verstärkt und produziert diese Geschlechterdifferenzen, lässt Widersprüche deutlicher werden. Diese patriarchale Ordnung scheint permanent gefährdet, steht unter Druck, erzeugt Widerspruch und Widerstand, der sich für uns nicht immer leicht entzifferbar erscheint. So haben Frauen andere Pläne, zeigen Wut und agieren mit körperlicher Gewalt, nutzen aber auch die ihnen zugeschriebenen Widerstandsformen wie List. Dabei werden sie gelegentlich unterstützt von anderen Männern, die andere Formen von Männlichkeiten verkörpern, indem sie z.B. zurückhaltend werben, zuhören, treu lieben und Tyrannen widerstehen.

Über Heroinen, Königinnen, Zauberinnen, die erschreckend faszinierenden, frei begehrenden und ergo wenig tugendhaften Frauen, wurde bereits viel geforscht, lohnend ist auch der Blick auf die Frauen in den hinteren Reihen: die Hofdamen und Dienstbotinnen, nebst den seltener vertretenen bürgerlichen Frauen. Sie spiegeln das Leben ihrer Herrschaft, lieben tugendhaft-edel oder riskant, organisieren und intrigieren. Die Dienstmädchen, als komische Personen, reflektieren, wenn auch seltener als die Männer, über ihre Lebensbedingungen und männliches (Fehl-)Verhalten. Humor und Satire werden geschlechtsspezifisch präsentiert. In der Regel ist die kommentierende und kritisierende komische Person männlich, auch wenn sie oft selbst verspottet wird. Der Anteil selbstbewusster komischer Frauen ist geringer.

In den Strategien von Männern in Liebe und Ehe scheinen sich Vorstellungen aus militärischer Ausbildung und im Zuge von Kriegserfahrungen fortzusetzen. Der Mann als Waffenträger darf und muss den ersten Schritt, die Annäherung machen, er muss «erobern», aber auch die Ablehnung einstecken. Er ist stolz auf seinen «Sieg», die Umschreibung dafür, wenn die Umworbene seine Gefühle erwidert oder seinen Wünschen «nachgibt». Agiert wird nach dem Modell: männliche Strategie und Angriff contra weibliche Verteidigung. In dieser Struktur handeln Mann und Frau streng schematisch, ein Zögern des Mannes ist hier ebenso wenig akzeptiert wie deutliche Wünsche der Frau. Doch erscheint die Rolle der Frau hier noch prekärer, denn primär steht ihre Ehre auf dem Spiel, wenn sie selbst ihr Begehren zeigt. Nur in der Überwältigung ist es dann für sie legitim, Lust zu erleben. Sexualität wird oftmals als eine Art legitimierte Vergewaltigung inszeniert. Diese Konstruktion scheint auch als unbefriedigend und leidvoll erlebt worden zu sein (Cecrops). Deshalb sind auf der Bühne Alternativen zu sehen, wie der Kampf um Selbstbestimmung der begehrenden Frau, des zurückhaltenden Mannes und Liebesszenarien der gegenseitigen Hingabe.

Ein zentraler Konfliktherd ist die Eheschließung, das Leid anlässlich der von den Vätern, seltener von Müttern, arrangierten Ehen bzw. Zwangsverheiratungen. Frauen, aber auch Männer, suchen nach Lösungen. Zeitgenössische Quellen bestätigen die Verzweiflung von Bräuten und Bräutigamen, die keinen anderen Ausweg sehen als Flucht, Entführung, Selbsttötung oder Resignation. Die Opern erzählen offensichtlich verbreitete Traumata trostreich, denn unvorhersehbare Wendungen und Glücksfälle lassen die vom Vater oder Fürsten erzwungenen Ehen als segensreich und von den Brautleuten gewollt erscheinen.

In diesen Kontext gehören auch uneheliche Kinder. Ihr Schicksal bietet Stoff für Verwechslungsgeschichten. Dabei handelt es sich in der Regel um Kinder von Fürsten, nicht von Fürstinnen, was einen noch größeren Skandal bedeutet hätte. Die Quellenlage bestätigt die katastrophale Situation unehelicher Kinder und ihrer Mütter. Zwar wird auf der Bühne noch keine Reform angestrebt, aber es gibt Zeichen einer Gesellschaft im Widerspruch zu gewalttätigen, religiös motivierten und stabilisierten Traditionen.

In einigen Opern und Zwischenspielen ist eine bürgerliche Orientierung an adligen Lebensweisen, französischen Einflüssen, Freude an Konsum und Teilhabe an Öffentlichkeit nachweisbar, freizulegen unter einer dicken Schicht aus Satire und Spott. Beliebte Themen sind hier die Freundschaft zwischen den Geschlechtern, vergnügungslustige Frauen, modebewusste Männer. Plädoyers für Sinnlichkeit sind zu erleben, die auch auf ironische Weise biederen Geiz und beschränkten Geist angreifen, und nicht immer eindeutige Grenzen ziehen zwischen gut und böse, schuldig und nicht schuldig. Doch die Kosten für diesen Aufbruch, für mehr Freizügigkeit zahlen letztlich die Frauen. Ihre erotischen Freiräume bleiben umkämpft und ungesichert, denn an ihrer rechtlichen Lage ändert sich vorerst nichts. Sie bleiben unter männlicher Vormundschaft – ob auf der Bühne oder in der Realität. Sie werden mit dem Vorwurf der Kaltsinnigkeit konfrontiert, ohne dass reflektiert wird, dass ein freies und spontanes Liebesbegehren von Frauen immer als hurenhaft gilt – im Gegensatz zu den Männern. In dieser unfairen Liebesordnung, die sich an ihrer Oberfläche so galant-spielerisch gibt, gilt nur eine hart erkämpfte, von Frauen zunächst abgewehrte und von Männern errungene Liebe, die in eine Ehe mündet, als ehrenvoll.

Auf der Opernbühne gibt es Hinweise auf Lebenspraxen, die nicht den Normen entsprechen, wie etwa Anspielungen auf homoerotisches Begehren, ausgelöst oftmals von jungen Frauen in Hosenrollen. Trotz aller Freude an Verkleidung und Verstellung, an einer theatralischen Herstellung von Geschlecht, wie Judith Butler sie entwirft, bleibt jedoch eine strikt heterosexuelle Polarisierung vorherrschend. Gender-Crossings sind auf der Bühne und auf Festen möglich, aber am Gänsemarkt sind eher Frauen in Männerkleidung zu sehen, als Männer in Frauentracht, weil Letzteres wohl lächerlicher gewirkt hätte. Frauen mit «männlichem» Herzen und Handeln gelten als akzeptabel, da vorbildlich – anders als wankelmütige, ängstliche «Tunten», «weibische» Witzfiguren.

Die Anwesenheit von Frauen mag zwar eine Männergesellschaft faszinieren, irritieren und zu Konflikten führen. Doch ist Frau-Sein allein noch kein Programm, wenn dadurch nur Klischees bestätigt werden. Der Einfluss weiblicher Förderinnen, Besucherinnen und Mitstreiterinnen auf Opernproduktionen ist noch nicht genügend erforscht, was wundert, agieren doch auch auf der Bühne gebildete, kulturell versierte Opernfreundinnen. In der Regel von adliger oder großbürgerlicher Herkunft sind sie selbstbewusst und eloquent, aber nicht davor gefeit, als «Hure» beschimpft, kaltgestellt zwangsverheiratet, vergewaltigt oder ermordet zu werden. Mitstreiter und Begleiter sind Männer, deren Männlichkeiten sich gegen das Schimpfwort «weibisch» behaupten müssen. Auf der Bühne der Hamburger Gänsemarkt-Oper lassen sich jedenfalls Konfliktfelder nachweisen, die in der Frühaufklärung debattiert wurden. Dazu gehören:

- alternative Modelle von Männlichkeiten und Weiblichkeiten und des Umgangs miteinander,
- höfische Strukturen,
- Geisterglauben,
- kultische Handlungen, in der Oper verlagert in heidnische Zeiten,
- Arbeitsbedingungen von DienstbotInnen.

Auch wenn Thesen vorgebracht werden, dass die Vorschläge von Frühaufklärern wie Brockes zur weiblichen Bildung für den deutschen Sprachraum sensationell waren und unserer Zeit näher standen als etwa das bürgerliche Frauenbild von Romantik, Biedermeier und Wilhelminischer Epoche, so bleiben doch Zweifel. Die auf und vor der Bühne der Gänsemarkt-Oper agierenden und träumenden Frauen und Männer stießen zwar auf eng bemessene Handlungsrahmen, doch erzählen die Libretti auch von ihren Wünschen, Listen und Kämpfen – von Leid, Widerstand und Momenten des Glücks.

Anmerkungen

Einleitung

[1] Erdmann Neumeister hatte in Leipzig Poetik-Vorlesungen gehalten, die er Hunold zur Verfügung stellte, da er sie als Pfarrer nicht selbst publizieren wollte. Hunold bringt diese Poetik unter seinem Pseudonym Menantes 1707 erstmals heraus. *Menantes: Die Allerneueste Art, zur Reinen und Galanten Poesie zu gelangen. Allen Edlen und dieser Wissenschafft geneigten Gemühtern, zum vollkommenen Unterricht, mit überaus deutlichen Regeln und angenehmen Exempeln ans Licht gestellet.* Hamburg 1728/1707. Siehe das gesamte Kapitel XIX. Von der Opera. S. 394–414, hier S. 412. Zur Würdigung und Analyse dieser Poetik siehe Viswanathan, Ute-Maria Suessmuth: Die Poetik Erdmann Neumeisters und ihre Beziehung zur barocken und galanten Dichtungslehre. University of Pittsburgh 1989, S. 86f. Im Folgenden werden die Quellentexte bei der Erstzitation ausführlich mit bibliographischen Angaben versehen, danach gibt es Kurztitel.

[2] Neumeister hat das Libretto von Thomas Corneille zur Oper *Bellerophon* Paris 1679 übersetzt. Diese Übersetzung haben Hunold und Barthold Feind rezipiert, die beide zwischen 1702 und 1706 in Hamburg in derselben Wohnung lebten. Zu dieser Zeit war Hunold im Besitz von Neumeisters Manuskript. Vgl. Viswanathan, 1989, S. 92f und FN 108, S. 144. Feind arbeitete *Bellerophon* um zu einer Huldigungsoper anlässlich der Hochzeit des preußischen Königs Friedrichs I. mit der Mecklenburgischen Prinzessin Sophie Louise. D-Hs 124 in MS 639/3:7. Vgl. Marx, Hans Joachim; Schröder, Dorothea: Die Hamburger Gänsemarkt-Oper. Katalog der Textbücher (1678–1748). Laaber 1995, S. 80.

[3] Vgl. Martens, Wolfgang: Die Botschaft der Tugend. Die Aufklärung im Spiegel der deutschen Moralischen Wochenschriften. Stuttgart 1968, Kapitel 5. Galantes Wesen und Äußerlichkeit, S. 354–370.

[4] Mattheson, Johann: *Der Musicalische Patriot*. Hamburg 1728, fotomechanischer Neudruck Leipzig 1975, S. 176.

[5] Zwischen 1678 bis 1738 wurde die Hamburger Oper von einem Ensemble bespielt. Nachdem sich 1738 der letzte Pächter zurückgezogen hatte, wurde die Bühne an reisende Schauspiel- und Operntruppen wie etwa an Pietro Mingotti vermietet. Auch Caroline Friederike Neuber, bekannt als «die Neuberin», spielte hier zwischen 1738–1740. 1757 wurde das baufällige Gebäude abgerissen. Vgl. Wendt, Joachim R. M.: Neues zur Geschichte der Hamburger Gänsemarktoper. In: Marx, Hans Joachim (Hg.): Beiträge zur Musikgeschichte Hamburgs vom Mittelalter bis in die Neuzeit. Hamburger Jahrbuch für Musikwissenschaft. Frankfurt/Main, Berlin, Bern 2000, Bd. 18, S. 177–193. Sehr ergiebig: Wenzel, Joachim E.: Geschichte der Hamburger Oper. Chronolo-

gie der Hamburger Oper von 1678 bis 1978. Musik-, Bau- und Stadtgeschichte. Daten, Werke, Komponisten, Hamburg 1978. Mit Ergänzungsband Hamburg 1980.

[6] So steht auf der letzten blanken Seite eines in Hamburg aufbewahrten Librettos von Esther (1680) das handschriftliche Bekenntnis: «dein, dein, mein hertz.» D-Hs 11 in MS 639/3:1. Vgl. Marx; Schröder, 1995, S. 17.

[7] Die vier bedeutendsten Bestände Hamburgischer Operntexte befinden sich in Hamburg, Berlin, Weimar und Brüssel, doch existieren etliche weitere Sammlungen. Vgl. Marx; Schröder, 1995, S. 10f. Grundlage meiner Arbeit ist der Hamburger Bestand.

[8] Vgl. Mattheson, 1728/1975. 22.–24. Betrachtung, S.177–200. Er listet Opern bis 1728 auf.

[9] Burney, Carl: Tagebuch einer musikalischen Reise durch Frankreich und Italien. Aus dem Englischen übersetzt von C.D. Ebeling, Hamburg 1772, S. 178. Burney schreibt, dass die Stadt Hamburg «lange wegen ihrer Opern berühmt gewesen» ist, doch leider habe er dort keine Opern mehr sehen können.

[10] Vgl. Marx; Schröder, 1995, S. 7 und S. 10.

[11] Beispiele aus der mittlerweile umfangreichen Literatur vgl. Bußmann, Hadumod; Hof, Renate (Hg.): Genus. Geschlechterforschung / Gender Studies in den Kultur- und Sozialwissenschaften. Stuttgart 2005; Engel, Gisela; Hassauer Friederike; Rang, Brita; Wunder, Heide (Hg.): Geschlechterstreit am Beginn der europäischen Moderne. Die Querelle des Femmes. Königstein/Taunus 2004. Wunder, Heide; Engel, Gisela (Hg.): Geschlechterperspektiven. Forschungen zur Frühen Neuzeit. Königstein/Taunus 1998.

[12] Vgl. Jahn, Bernhard: Das Libretto als literarische Leitgattung am Ende des 17. Jahrhunderts? Zu Zi(e)glers Roman: Die asiatische Banise und seine Opernfassungen. In Sent, Eleonore (Hg.): Die Oper am Weißenfelser Hof. Rudolstadt 1996. Weißenfelser Kulturtraditionen, Bd. 1, S. 143–169. Jahn betont die Polyfunktionalität des Librettos, das privat und öffentlich gelesen wird. Außerdem weisen Libretto und Roman, trotz der verschiedenen Gattungstraditionen, Übereinstimmungen im Hinblick auf Gebrauchsfunktionen und Strukturen auf. Insbesondere auf die galanten Dichter habe das Libretto eine große Anziehungskraft ausgeübt. Ende des 17. Jahrhunderts seien Romane und Libretti «gleichermaßen unter dem Gesichtspunkt der galanten conduite gelesen» worden (S. 161). Dabei lieferten Romane und Opernlibretti «Verhaltensschablonen für affektive Standardsituationen».

[13] Vgl. Neumeister/Hunold, 1728/1707, S. 408.

[14] Vgl. Grewe, Andrea: Die Querelle des Femmes im italienischen Theater des Cinquecento. In: Engel; Hassauer; Rang; Wunder (Hg.), 2004, S. 172–186. Grewe hat dafür vier Bedingungen ausgemacht: «mit der Präsenz von Frauen im Zuschauerraum, auf der

Bühne, als ‹Subjekt› dramatischer Handlung im doppelten Sinn sowie schließlich als Autorin» (S. 181).

[15] Bertheau, Franz R.: Chronologie zur Geschichte der geistigen Bildung und des Unterrichtswesens in Hamburg von 831 bis 1912. Hamburg 1912, S. 113. Hier heißt es unter «1678, Januar 2. Eröffnung der ersten deutschen Oper am Gänsemarkt durch Gerhard Schott mit dem biblischen Singspiel *Adam und Eva*. Die ersten Mitglieder dieser Oper sind Studenten und Chorschüler, wie Rauch, Mattheson, Hotter. Komponisten sind die Kirchenmusiker. Noch im 18. Jahrhundert haben mehrere Lehrer und Kantoren des Johanneums für diese Oper gedichtet und komponiert» (S. 98). Aus dem Jahr 1681 wird berichtet, dass nach längerer Pause seit 1639 erstmals wieder Schuldarstellungen unter dem Rektorat von Gottfried Voigt eingeführt werden, dialogisierende Redeübungen, meist in lateinischer Sprache (S. 99). Weiter heißt es: «Unter dem Rektorat von Johann Samuel Müller erreichte die Vorliebe für die dramatische Dichtkunst im Johanneum und in den übrigen Knabenschulen Hamburgs sowie die Teilnahme der Gelehrten und Schüler an den öffentlichen Schaubühnen ihren Höhepunkt. Sehr beliebt ist Müllers Redeübung ‹Vom Kaiser Nero›. Sie wird 1748 vom 12.–15. Februar zuerst mit großem Erfolg aufgeführt.» Über die Rolle der Agrippina bemerkt Müller: «Es ist nicht nötig, daß sie in Frauenkleidern erscheine» (S. 113). Möglicherweise trugen Jungen in früheren Stücken Frauenkleider. Müller hat mindestens 5 Libretti für die Gänsemarkt-Oper geschaffen bzw. nach Vorlagen bearbeitet.

[16] Vgl. Bertheau, 1912, S. 106. Hier wird auf die Publikation der «Hamburgischen Kirchen- und Schulkonstitution in denen unter ihrer Jurisdiktion belegenen Länder» vom 22.10.1703 hingewiesen, allerdings ohne ausdrückliche Angaben über das Geschlecht der Schüler und Lehrer. Das Verbot der Winkelschulen ließ sich aber nicht nachhaltig durchsetzen.

[17] Vgl. Rüdiger, Otto: Geschichte des Hamburgischen Unterrichtswesens. Hamburg 1896. Festschrift für die Deutsche Lehrer-Versammlung, Pfingsten 1896 zu Hamburg. Hier insbesondere Kapitel IV. «Das 18. Jahrhundert», S. 46–58. Vgl. Lehberger, Rüdiger: Schule in Hamburg. Ein Führer durch Aufbau und Geschichte des Hamburger Schulwesens. Hamburg 2006, S. 99. Auf einer Viertelseite wird hier die Mädchenbildung im 18. Jahrhundert abgehandelt. Zwar habe es nach der Reformation auch Unterricht für Mädchen gegeben, der aber lange auf einem niedrigen Niveau blieb. Höhere und fremdsprachliche Bildung sei ihnen im Privatunterricht von ausländischen Sprachmeistern vermittelt worden.

[18] Vgl. Olsen, Solveig: Aurora von Königsmarck's Singspiel: *Die drey Töchter Cecrops*. In: Daphnis, Band 17, Heft 3, 1988, S. 467–480, hier S. 469f.

[19] Vgl. Mattheson, 1728/1795, S. 178. Aber auch Johann Wolfgang Franck wird als möglicher Komponist genannt: Marx; Schröder, 1995, S. 132.

[20] Vgl. Jürgens, Ursula: «Das Theater am Gänsemarkt zu Hamburg – die erste deutsche Bürgeroper». In: Programmheft zur Premiere von Reinhard Keiser: *Der lächerliche Prinz Jodelet*, Hamburgische Staatsoper, 22. Februar 2004, S. 32–37. Überarbeiteter und gekürzter Text, der vollständig erschienen ist unter dem Titel: «Barockoper in Hamburg 1678–1738». In: Busch, Max W.; Dannenberg, Peter (Hg.): Die Hamburgische Staatsoper. 1: 1678–1945. Bürgeroper – Stadt-Theater – Staatsoper. Zürich 1988, S. 13–40.

[21] Erst in den letzten Jahren sind kritische Studien über höfisches Frauenleben erschienen, wie Keller, Katrin: Hofdamen. Amtsträgerinnen im Wiener Hofstaat des 17. Jahrhunderts. Wien 2005.

[22] Meyer, Reinhart (Hg.): Die Hamburger Oper 1678–1730. 3 Bände und ein 4. Kommentarband, Millwood N.Y. 1984, hier 4. Bd. 1984, S. 80.

[23] Vgl. Kopitzsch, Franklin; Tilgner, Daniel (Hg.): Hamburg Lexikon. 3. durchges. Auflage, Hamburg 2005, S. 67. Die Bevölkerung wuchs stetig. Sie wird für 1675 mit 68 000 geschätzt. Erst ab 1811 liegen verlässliche Einwohnerzahlen vor.

[24] Leider gibt es für die Frühaufklärung in Hamburg noch keine Studie, die vergleichbar wäre mit Kopitzsch, Franklin: Grundzüge einer Sozialgeschichte der Aufklärung in Hamburg und Altona. 2., ergänzte Auflage, Hamburg 1990. Laut Hildegard v. Marchtaler soll es in der ersten Hälfte des Jahrhunderts eine «breite wohlhabende Einwohnerschicht gegeben haben, die in gesicherten Verhältnissen lebte». Marchtaler, v., Hildegard: Arm und Reich, genealogisch gesehen. Wiedergabe eines Vortrags, gehalten am 15. Juni 1972 von Hildegard von Marchtaler zum Dank für die Ehrungen zu ihrem 75. Geburtstag. In: Zeitschrift für Niederdeutsche Familienkunde, hg. von der Genealogischen Gesellschaft, Sitz Hamburg. Hamburg, Juli 1973, 48. Jg., Heft 4, S. 123–131, hier S. 127.

[25] Meyer, 1984, 4. Bd., S. 79f. «Obgleich auch sie nicht ohne Schranken ist, geht die Moral der Bühne doch wesentlich weiter, als die des praktisch-gesellschaftlichen Lebens. Hier schlagen sich Frauen allein oder höchstens mit einem Begleiter mutig durch alle Widerstände zu ihrem Geliebten durch, dort werden bereits die Kinder von den Eltern verheiratet, und als Mädchen oder Frauen dürfen sie nicht einmal allein auf die Straße gehen, geschweige denn einen Ball besuchen.» Doch könnten solche Handlungsstränge Widersprüche zwischen Norm und Realität andeuten.

[26] Ein konkreter Fall vgl. Steidele, Angela: In Männerkleidern. Das verwegene Leben der Catharina Margaretha Linck alias Anastasius Lagrantinus Rosenstengel, hingerichtet 1721. Biographie und Dokumentation. Köln, Weimar, Wien 2004.

[27] Vgl. Alewyn, Richard: Das große Welttheater. Die Epoche der höfischen Feste, München 1985/1959; Chartier, Roger: Die Welt als Repräsentation. In: Middell, Matthias; Sammler, Steffen (Hg.): Alles Gewordene hat Geschichte. Die Schule der AN-

NALES in ihren Texten 1929–1992, Leipzig 1994, S. 320–347, hier S. 328; Daniel, Ute: Hoftheater. Zur Geschichte des Theaters und der Höfe im 18. und 19. Jahrhundert. Stuttgart 1995; Meise, Helga: Gefühl und Repräsentation in höfischen Selbstinszenierungen des 17. Jahrhunderts. In: Benthien, Claudia; Fleig, Anne; Karten, Ingrid (Hg.): Emotionalität. Zur Geschichte der Gefühle. Köln, Weimar, Wien 2000, S. 119–141.

[28] Mattheson, Johann: Die neueste Untersuchung der Singspiele. Hamburg 1744/1975, S. 80. Mattheson, Neumeister, Hunold und Feind diskutierten in ihren Texten Fragen der geziemenden Ähnlichkeit auf der Opernbühne, ob und wie genau das alltägliche Leben auf der Bühne widergespiegelt werden dürfe.

[29] Butler, Judith: Imitation and Gender Insubordination. In: Fuss, Diana (Hg.): Inside/out. Lesbian Theories, Gay Theories. New York, London 1991, S. 13–31, hier S. 21.

[30] Vgl. Straub, Kristina: Sexual Suspects. Eighteenth-Century Players and Sexual Ideology. Princeton, New Jersey 1992, S. 19f. Sie beschäftigt sich mit den lokalen historischen Kontexten für Konstruktionen wie gender und der sexuellen Politik des Blickes, diskutiert Thesen der sexuellen Ökonomie des männlichen Zuschauers und des weiblichen Spektakels.

[31] Vgl. Jahn, Bernhard: Die Sinne und die Oper. Sinnlichkeit und das Problem ihrer Versprachlichung im Musiktheater des nord- und mitteldeutschen Raumes (1680–1740). Studien zur Geschichte und Theorie der dramatischen Künste. Tübingen 2005, Bd. 45, S. 329.

[32] Vgl. ausführlicher Braun, Werner: Vom Remter zum Gänsemarkt. Aus der Frühgeschichte der alten Hamburger Oper (1677–1697). Saarbrücker Studien zur Musikwissenschaft. Neue Folge Bd. 1, Saarbrücken 1987, S. 89–92. Vgl. Marx, Hans Joachim: Geschichte der Hamburger Barockoper. Ein Forschungsbericht. In: Hamburger Jahrbuch für Musikwissenschaft. Hamburg 1978, Bd. 3., S. 7–34, insbesondere S. 10–13.

[33] Vgl. Elias, Norbert: Die höfische Gesellschaft. Untersuchungen zur Soziologie des Königtums und der höfischen Aristokratie. Frankfurt/Main 1983/1969, z.B. S. 160f.

[34] Meise, Helga: Gefühl und Repräsentation in höfischen Selbstinszenierungen des 17. Jahrhunderts. In: Benthien; Fleig; Karten (Hg.), 2000, S. 119–141, S. 119.

[35] Ebd. S. 121.

[36] Menantes (Christian Friedrich Hunold): *Der europäischen Höfe Liebes- und Helden-Geschichte, Erste Abtheilung*, Faksimiledruck nach der Ausgabe von 1705. Wagener, Hans (Hg.) unter Mitarbeit von Eli Sobel, Bern 1978, Einleitung, S. 22.

[37] Ebd. S. 14.

[38] Der komplette Titel: *Der durchlauchtigsten Alcestis und ihres tapffern Printzen Arsaces Liebes- und Helden-Gedichte: Der galanten Welt zu vergönnter Gemüths-Ergötzung [...] / Von Talandern zum andernmahl auffgelegt*. Leipzig 1696. Krieg und Liebe kombiniert Talan-

der auch in anderen Romanen wie etwa: Der Durchlauchtigste ARSACES aus Persien, in einem curieusen Krieges- und Liebes-Roman, der galanten Welt zu vergönneter Gemüths-Ergötzung vorgestellet von Talandern. Franckfurt und Leipzig 1691.

[39] Der Darstellung der Erotik zum Zweck der Unterhaltung widmet Reinhart Meyer einige Seiten: Meyer, 1984, Bd. 4, S. 78f. Meyer listet diverse Opern mit Kleidertausch und androgyner Sinnlichkeit auf. Seine Perspektive wirkt aber gelegentlich verengt, wenn er behauptet: «Grundsätzlich verkleiden sich nur Personen der Nebenhandlungen, die sich auf diese Weise bequem steuern, jederzeit durch die Aufhebung der Maske beenden und an die Haupthandlung anbinden lassen. Das häufigste Motiv für die Verbergung des tatsächlichen Geschlechts ist die Verfolgung oder Suche eines Liebhabers in der Fremde. Die ‹Elende› wird auch äußerlich ihrer Identität beraubt, die sie erst mit der Auffindung und/oder mit der Wiedergewinnung des Geliebten wiedererhält.» Meyer betont, dass diese Verkleidungen der Verstellung und dem Schutz der Frauen dienen, die so den Geliebten prüfen, Intrigen spinnen und sich ggf. rächen können. Insgesamt handele es sich also um ein dramaturgisches Mittel zur Steigerung der Affekte und der Spannung: «In dieser Form ist die Verkleidung ein dankbares Mittel zur Verzögerung der Nebenhandlung, weil sie die Entdeckung aufschiebt, kalkulierbar macht und ihr Ende mit dem Schluß der Haupthandlung präzise zu koppeln erlaubt. Andererseits ermöglicht sie den verkleideten Frauen männliche Taten, einige ziehen sogar in den Krieg» (S. 80). Meyer bezieht sich hier nicht auf reale Soldatinnen. Zudem würde ich reisende Frauen in Männerkleidung nicht generell als Personen der Nebenhandlung bezeichnen. «Die männliche Verkleidung junger Frauen erhöht nicht nur die erotische Anziehungskraft, sie ermöglicht auch homoerotische Szenen, ohne den Anstand zu verletzen» (S. 78). Doch solche Szenen sind sehr wohl heikel und führen regelmäßig zu Verwirrungen. Genauer seziert Meyer einige homoerotisch gefärbte Neben- und Haupthandlungen in *Bajazeth und Tamerlan* (vgl. S. 81).

[40] Vgl. Martens, Wolfgang: Bürgerlichkeit in der frühen Aufklärung. In: Kopitzsch, Franklin (Hg): Aufklärung, Absolutismus und Bürgertum in Deutschland. München 1976, S. 347–363, hier S. 349.

[41] Vgl. Martens, 1968, S. 488f. Generell werde, so Martens, in diesen Schriften eine Auseinandersetzung mit der Oper vermieden, da sie als Ausdruck höfischer Repräsentation galt, oder sie werde, wie im *Spectator*, mit abfälligen Bemerkungen gegen ihre Illusionswelt und Ungereimtheiten bedacht. Im *Biedermann* seien viele Einwände Gottscheds vorweg genommen worden. So gehe es in den Opern nicht um Vernunft, Tugend und Wahrscheinlichkeit, sondern um Verführung der Sinne zum Laster (S. 488f). Im *Patrioten* wurde eine elegante Kritikerposition gewählt: Ein junger Mann, angeblich ein Vetter des Patrioten, besucht erstmals eine Aufführung in der Oper am Gänsemarkt. Vgl. S. 490.

⁴² Beispielsweise wurde ihr Buch *Les Femmes Illustres*, das wichtige Impulse für die Konzeption der Femme Forte lieferte, 1654 ins Deutsche übertragen.

⁴³ Vgl. Baader, Renate: Dames de Lettres. Autorinnen des preziösen, hocharistokratischen und «modernen» Salons (1649–1698): Mlle de Scudéry – Mlle de Montpensier – Mme d'Aulnoy. Stuttgart 1986, S. 6.

⁴⁴ Mlle de Scudéry hat in ihren zwei Romanen *Clelie* und *Grand Cyrus* «das Ideal einer den Frauen gemäßeren Wirklichkeit in die Utopie einer allgemeinen Weltveränderung überführt», Fortschrittsmodelle entwickelt: «Wie im liebenden Paar Eroberung und Beherrschung von wechselseitigem Verstehen und dem Schutz der Schwäche abgelöst würden, hätte der Monarch als Diener seiner Untertanen sich des Rates der Weisen und der Edlen zu versichern.» Ebd. S. 131.

⁴⁵ Hunold, dessen Bestseller *Satyrischer Roman* von 1706 passagenweise in der Welt der Gänsemarkt-Oper angesiedelt war, beschreibt mit Ironie die sonderbare Wandlung des Selander durch die Liebe zu einer tugendhaften, honetten Witwe: «So unvergleichlich anmuthig war das Wesen dieser von ihm im höchsten Grad geliebten Person/ daß er in ihrem blossen Umgange/ und der Freyheit mit ihr aufrichtig und vertraulich zu reden/ ein weit vollkommenes Vergnügen fand/ als Tausend in dem grösten Genüß der Liebe/ welchen die Herren Romanisten eine entzückte Umarmung nennen/ anzutreffen mögen. Ja wenn er zuvor vielmahl die Liebe vor eine kleine Schwachheit gehalten/ welche er länger/ als so/ zu fliehen vermeinet/ so fand er ihre Würckung anitzo so edel/ daß sein Verstand weit scharfsinniger und zu den wichtigsten Sachen fähiger als zuvor/ und sein Gemüthe bey der süssen Unruhe seiner Liebe so beschaffen ward/ daß es in Gesellschaft dieser Damen in dem wüsten Arabien ein Paradies/ und in dem elendesten Zustande in ihr alle Schätze der Welt zu finden vermeinte.» Zitiert nach Menantes (Christian Friedrich Hunold): *Satyrischer Roman*. Faksimiledruck der Ausgabe von 1706. Wagener, Hans (Hg.), Bern, Frankfurt/Main 1973 (Nachdrucke Deutscher Literatur des 17. Jahrhunderts), S. 76.

⁴⁶ So schreibt Ursula Jürgens von einer Personalliste des Hamburger Opernhauses, auf der im Jahr 1711 sieben Sängerinnen verzeichnet waren, die alle aus «gesellschaftlich gut gestellten Familien stammten». Außerdem berichtet sie, dass es für die Darstellung der Volksszenen «eine Reihe von Studenten und unbescholtenen jungen Mädchen [gab], die sich als Volksdarsteller ein Zubrot verdienten». Leider gibt sie nicht an, auf welche Quellen sie sich hier bezieht. Auch geht sie nicht der Frage nach, warum es für Sängerinnen und Mädchen so bedeutsam war, als «unbescholten» zu gelten, im Gegensatz zu den männlichen Kollegen. Vgl. Jürgens, 1988, S. 33.

⁴⁷ Vgl. die Auseinandersetzung im Jahr 1747 um die Aufführung des Passionsoratoriums *Seliges Erwägen* in der Michaeliskirche Poetzsch, Ute: Vorwort zu Georg Philipp Telemann: *Seliges Erwägen*. Passionsoratorium in neun Betrachtungen TWV 5:2,

Kassel usw. 2001 (Georg Philipp Telemann, Musikalische Werke, Bd. 33), S. XIV–XVI.

[48] Uffenbach hatte in Hamburg *Arsinoe* (S. 79) und *Lucretia* (S. 80) gesehen und zwei Mal *Carneval von Venedig* (S. 98). Uffenbach, Zacharias Conrad von: Merkwürdige Reisen durch Niedersachsen, Holland und Engelland. Zweyter Theil. Frankfurt und Leipzig 1753. Faksimileauszug hg. von Antiquariat Reinhold Pabel. Hamburg o.J. (Hammonia: Kleine Hamburgensien, 1.).

[49] Lamprecht, Jacob Friedrich: Schreiben eines Schwaben an einen deutschen Freund in Petersburg von dem gegenwärtigen Zustande der Opera in Hamburg. O. O. 1736. Neudruck: Hamburg 1937. Die Auskünfte zu seinem Lebensweg sind spärlich, werfen aber Licht auf Schriftstellerexistenzen zwischen bürgerlichen und adligen Milieus. In Hamburg war er Redakteur des *Hamburgischen Correspondenten* und Herausgeber der Wochenschriften *Der Menschenfreund* (1737–1739) und *Der Weltbürger* (1741–1742). Lamprecht arbeitete später in Berlin als Sekretär des Prinzen Heinrich von Preußen und wurde Mitglied der Akademie der Wissenschaften.

[50] Lediard, Thomas: Der deutsche Kundschafter [...]. Aus der zweyten Londoner Ausgabe von 1740 übersetzt [...], Lemgo 1764.

[51] Olaf Simons zeichnet enge Verbindungen zwischen den Lesern der galanten Romane und einem Teil des Opernpublikums nach, wobei es sich mehrheitlich um junge bürgerliche Männer handelt. Allerdings problematisiert Simons hier nicht, dass sich dieses Publikum zwar von Liebes- und Moralvorstellungen der Väter und Mütter absetzen wollte, dabei aber in einem patriarchalen Rahmen verblieb. Vgl. Simons, Olaf: Marteaus Europa oder Der Roman, bevor er Literatur wurde. Eine Untersuchung des deutschen und englischen Buchangebots der Jahre 1710 bis 1720. Amsterdam, Atlanta 2001.

[52] Vgl. Connell, Robert W.: Gender and power. Society, the person and sexual politics, Cambridge 1987; ders., Masculinities, Cambridge 1995, dt: Der gemachte Mann. Konstruktion und Krise von Männlichkeiten, Opladen 1999. Connell hat seine Thesen zwar unter neuzeitlichen Bedingungen entwickelt, doch könnten sie anwendbar sein auf historische Forschungen. Anregende Diskussionen dazu, auch im Hinblick auf mehrere Versionen von hegemonialen Männlichkeiten, wurden geführt im Arbeitskreis für interdisziplinäre Männer- und Geschlechterforschung (AIM Gender) 24.06.2004–26.06.2004, Stuttgart-Hohenheim. Vgl. den Bericht von: Michael Groneberg, http://hsozkult.geschichte.hu-berlin.de/tagungsberichte/id20=641. Im Folgenden wird der Begriff «hegemoniale Männlichkeit» in diesem Sinne verwendet. Er bezeichnet die Herstellung von Macht und Abgrenzung gegenüber Frauen und Männern durch unterschiedliche Selbstbilder und Identitäten in diversen Ständen und Milieus.

[53] Vgl. Mattheson, 1728/1975. In der 20. und 21. «Betrachtung» kündigt er an, «ein Muster von einer nicht nur untadelichen, sondern recht schönen, Hamburgischen

Oper zu geben». Er will an der Oper *Pharao* zeigen, «wie dasselbe Schauspiel nicht nur die zum rechten Endzweck führenden Stücke und Laster besitze, als da sind: der Tugend Preiß, die Beschämung der Laster, die Ungewissheit menschlicher Hoheit, die geschwinde Veränderung der Ehren, das unglückliche Ende aller Gewaltthätigkeit und alles Unrechts etc. Sondern, nebst diesem allen, eine Menge gantz neuer Schönheiten, und unerhörter Grosmuth, wodurch allein der Mensch, gewisser massen, Gott gleich werden kann» (S. 161f).

[54] Wolff, Hellmuth Christian: Die Venezianische Oper in der zweiten Hälfte des 17. Jahrhunderts. Berlin 1937, S. 127. Wolff betont, dass Pietro Andrea Ziani seine Oper *Annibale in Capua* der Herzogin Sophie von Hannover gewidmet habe, «jener sympathischen Frau, die ihren Gatten August nur einmal nach Venedig begleitete, im April 1664, und die sich ‹angewidert fand von einem Lande, wo man nur an Liebe dächte und die Damen es für schimpflich hielten, keinen Galan zu haben.›» Wolff zitiert hier aus: Fischer, Georg: Musik in Hannover. 2. Auflage, Hannover 1903, S. 4. Hier mag die Idealisierung einer deutschen Herrscherin die Feder geführt haben.

[55] Vgl. Simons, 2001, S. 56.

[56] Vgl. Rohrbacher, Stefan: Die Drei Gemeinden Altona, Hamburg und Wandsbek zur Zeit der Glikl. In: Aschkenas. Zeitschrift für Geschichte und Kultur der Juden 8/1998, Heft 1, S. 105–124, hier S. 122. «Jederfrau und jederman» war es untersagt am Schabatt und Feiertag ein nicht jüdisches Haus zu betreten, den Kegelboden, die Komödie und die Fechtschule zu besuchen. Der Opernbesuch war explizit den Mädchen und Frauen untersagt.

[57] Zitiert aus: Katharina II. in ihren Memoiren. Aus dem Französischen und Russischen übersetzt und herausgegeben von Erich Boehme. Leipzig 1916, S. 3. Die Memoiren sind nicht als einheitliches, von Katharina autorisiertes Werk überliefert, sondern zusammengesetzt aus «sieben französisch geschriebenen Stücken, von denen Herzen eines, das umfangreichste und am sorgfältigsten ausgearbeitete, herausgeben konnte, und aus zwei russischen.» Einleitung, S. XVI. Die erste Erinnerung an die Gänsemarkt-Oper stammte aus Stück 1, überschrieben mit «Memoiren, begonnen am 21. April 1771», außerdem versehen mit einer Widmung an die Gräfin Bruce, geb. Gräfin Rumiantzow. Hier berichtet Katharina ausführlich über ihre Kindheit und Jugend in Deutschland. Wesentlich früher ist wohl das 2. Zitat aus dem Stück V entstanden, um 1754–1756, das Kapitel beginnt mit ihrer Geburt 1729 und reicht bis 1754. Bei diesem Opernbesuch 1733 erschrak die kleine Katharina vor der Bühnenschlacht. FN 2, S. 3.

[58] Ebd.

[59] Vgl. Marx; Schröder, 1995, S. 58f.

[60] Vgl. ebd., S. 173.

[61] Vgl. Hausen, Karin: Die Polarisierung der «Geschlechtscharaktere» – Eine Spiegelung der Dissoziation von Erwerbs- und Familienleben. In: Conze, Werner (Hg.): Sozialgeschichte der Familie in der Neuzeit Europas. Stuttgart 1976, S. 363–393. Karin Hausen setzt sich auseinander mit dem Postulat der Spätaufklärung von der natürlichen Gleichheit der Menschen und dem Bemühen, mittels der Ausbildung von polaren Geschlechtscharakteren die traditionell behauptete Andersartigkeit der Frau und ihre Unterordnung des weiblichen Geschlechts neu zu bestätigen. Sie stellt dies als ein «neues Orientierungsmuster» dar (S. 374). Aus einem «Gemisch aus Biologie, Bestimmung und Wesen» (S. 367) würden Männern und Frauen «häufig anzutreffende Geschlechtsspezifika» zugeordnet (S. 368). Dazu würden neue Eigenschaftskataloge angelegt, die den Mann als aktiv und vernünftig denkend fürs öffentliche Leben konstruieren. «Physis und Psyche der Frau werden primär nach dem Fortpflanzungs- bzw. Gattungszweck und der dazu sozial für optimal erachteten patriarchalischen monogamen Ehe bestimmt, die des Mannes hingegen nach dem Kulturzweck» (S. 369). Mit der Ausbildung dieser «Geschlechtscharaktere» gewinne die traditionelle Kontrastierung von Mann und Frau in patriarchalen Gesellschaften «im letzten Drittel des 18. Jahrhunderts eine spezifische neue Qualität» (S. 369). Dass diese Qualität nicht so neu und spezifisch war und auf wirkmächtigen Traditionslinien basierte, könnte der genaue Blick auf Hamburger Lebensverhältnisse und Kultur um 1700 zeigen.

[62] Vgl. Bake, Rita: Vorindustrielle Frauenarbeit. Arbeits- und Lebensweise von Manufakturarbeiterinnen im Deutschland des 18. Jahrhunderts unter besonderer Berücksichtigung Hamburgs. Köln 1984. (Pahl-Rugenstein-Hochschulschriften Gesellschafts- und Naturwissenschaften Bd. 177). Bake, Rita; Kiupel, Birgit: Unordentliche Begierden. Liebe, Sexualität und Ehe im 18. Jahrhundert. Hamburg 1996.

[63] Vgl. Cocalis, Susan L.: Der Vormund will Vormund sein. Zur Problematik der weiblichen Unmündigkeit im 18. Jahrhundert. In: Amsterdamer Beiträge zur neuen Germanistik, Bd. 10, Amsterdam 1980. S. 33–55.

[64] Der Zauberer Aetës beschimpft seine Nichte Circe, die sich in Ulysses verliebt hat und fortan gegen die Interessen des Zauberers handelt: «Pfuy! Schäme dich der Weibischen Zärtlichkeit» (IV, 2). Aber auch Männer werden wegen «unmännlichen» Verhaltens als «weibisch» beschimpft. In der gleichen Oper verachtet Ulysses seine Liebe zu Circe: «Nichtswürdiger Zierath, Weibischer Triebe,/ Verblende mich nicht mehr durch deinen schwachen Glantz,/ ich schäme mich der tollen Liebe/ Nur fort verhasster Blumen=Krantz!» (V, 4).

[65] Vgl. Bourdieu, Pierre: Die männliche Herrschaft. Aus dem Französischen von Jürgen Bolder. Frankfurt/Main 2005, S. 161. Alle Frauen werden, unabhängig von ihrer Position im sozialen Raum, von den Männern durch einen negativen symbolischen Koeffizienten getrennt.

[66] Vgl. Johann Philipp Praetorius, der im Vorbericht seiner Oper *Calypso* die Bedeutung der italienischen Musik und Opern und der deutschen Texte diskutiert, die nach Meinung mancher angeblich nicht zur Musik taugen. Diese Meinung teilt er nicht: «Daß die Teutsche Sprache nicht so weibisch, und mit Vocalen angefüllet sey, als die Italiänische, solches gestehe ich gern; aber damit ist es noch lange nicht ausgemacht, dass sie zur Harmonie untüchtig sei. Man ziehe in Betrachtung, ob nicht eine allzu große Delicatesse, in diesem Punct, uns nicht gar zu einer allzu weibischen Zärtlichkeit bringen können [...].» Zitiert nach Meyer, 1980, Bd. 3, S. 262.

[67] Mattheson, Hamburg 1744/1975, S. 15f.

[68] Bourdieu, 2005, S. 14. Bourdieu untersucht am Beispiel einer «besonderen geschichtlichen Gesellschaft [...] der Berber der Kabylei», wie Männer und Frauen «in Form unbewußter Wahrnehmungs- und Bewertungsschemata die historischen Strukturen der männlichen Ordnung verinnerlicht» haben.

[69] Marx; Schröder, 1995, S. 76f.

[70] Alima ist die Tochter des besiegten despotischen und hochmütigen türkischen Kaisers Bajazeth und hat sich am Hof des von Postel recht positiv gezeichneten Tamerlan, «der Tartaren Cham», eingeschlichen. Als Tamerlan sie nach den Gründen ihres Kleidertausches fragt, ist ihre Antwort knapp und deutlich: «Weil meine Mutter grössre Macht/ Durch einen Sohn am Hofe könt erwerben. Odm. Cal á 2. (Die Sonne muß vor diesen Augen sterben.) Alim. Nun aber sich mein Stand verkehrt/ Begehr ich auch nicht mehr verstelt zu leben (...) Tam. Weil du dann mich zu teuschen nicht begehrt/ vergeb' ich dirs. Doch soltu mit mir ziehen» (II, 12). Diese in Exotismen schwelgende Oper thematisiert einige zeittypische Konflikte. Oder werden hier vermeintlich türkische Sitten dargestellt und kritisiert? Geht es um die Zurücksetzung und Unterdrückung des weiblichen Geschlechtes, die aber mit machtbewusstem weiblichen Widerstand einhergeht? Strikt wie jeder christliche Herrscher wendet sich Tamerlan gegen jeden Geschlechterrollentausch. Olsen erwähnt und diskutiert diese Aspekte in ihrem knappen inhaltlichen Überblick nicht. Vgl. Olsen, Solveig: Christian Heinrich Postels Beitrag zur deutschen Literatur. Versuch einer Darstellung. Amsterdam 1973 (Amsterdamer Publikationen zur Sprache und Literatur, Bd. 7), S. 60–67.

[71] Vgl. Kroll, Renate: Die Amazone zwischen Wunsch- und Schreckbild. Amazonomanie in der frühen Neuzeit. In: Garber, Klaus; Held, Jutta; Jürgensmeier, Friedhelm; Krüger, Friedhelm; Széll, Ute (Hg.): Erfahrung und Deutung von Krieg und Frieden. Religion – Geschlechter – Natur – Kultur. München 2001, Bd. 1. S. 521–537, hier S. 536.

[72] Bourdieu, 2005, S. 161.

[73] Jahn, 2005, S. 7.

[74] Zu den Mitgliedern zählten offensichtlich nur Männer wie Barthold Hinrich Brockes, Michael Richey, Johann Ulrich König, Johann Albert Fabricius, Ge-

org Jacob Hoefft, Johann Hübner etc. Auf der Tagesordnung standen u.a. eigene Librettoproduktionen, aber auch eine von König verfasste «Rezension der allerersten auf dem Hamburgischen Schauplatze aufgeführten OPERA genannt der erschaffene, gefallene und wieder aufgerichtete Mensch oder Adam und Eva». König beabsichtigte, Wandlungen in Poesie und Musik herauszuarbeiten, immerhin war diese Oper mittlerweile 40 Jahre alt. Vgl. Clostermann, Annemarie: Die Opera der «Teutschübenden Gesellschaft» zu Hamburg. Neue Libretti des frühen 18. Jahrhunderts und ihre Auswirkungen. In Brusniak, Friedhelm (Hg.): Musiktheatralische Formen in kleinen Residenzstädten. Arolser Beiträge zur Musikforschung I, Köln 1993, S.122–133, hier S. 126.

[75] Vgl. Rathje, Jürgen: Gelehrtenschulen, Gelehrte, Gelehrtenzirkel und Hamburgs geistiges Leben im frühen 18. Jahrhundert. In: Stephan, Inge; Winter, Hans-Gerd (Hg.): Hamburg im Zeitalter der Aufklärung. Hamburg 1989, S. 93–123. Vgl. Martens, Wolfgang (Hg.): *Der Patriot*. Nach der Originalausgabe Hamburg 1724–1726, in drei Textbänden und einem Kommentarband. Berlin 1969–1970, Kommentarband 1984 (Ausgaben deutscher Literatur des XV. bis XVIII. Jahrhunderts).

[76] Uffenbach, Merkwürdige Reisen (o.J.), S. 80.

[77] Auch auf Symposien wie den Brockes-Tagen 1997, veranstaltet von der Hamburger Telemann-Gesellschaft, spielten solche Fragen keine Rolle. Vgl. Braun-Egidius, Erich (Hg.): Barthold Hinrich Brockes. Brockes-Tage 1997 in Hamburg. Eine Dokumentation. Hamburg 2000. Vgl. auch Katalog der Ausstellung «Hammonias Töchter». Museum für Hamburgische Geschichte (Hg.): Hammonias Töchter. Frauen und Frauenbewegung in Hamburgs Geschichte. AG-Frauenarbeit in der Geschichte. Hamburg 1985, Hamburger Porträts, Heft 21.

[78] Goodman, Katherine R.: Amazons and Apprentices. Women and the German Parnassus in the Early Enlightenment. New York, Suffolk 1999.

[79] Zur Leipziger Oper und dem Einfluss der Töchter des Operngründers und Komponisten Nikolaus Adam Strungk vgl. Maul, Michael: Barockoper in Leipzig (1693–1720). Freiburg/Breisgau 2009. Vgl. Köhler, Cornelia Caroline: Frauengelehrsamkeit im Leipzig der Frühaufklärung. Möglichkeiten und Grenzen am Fallbeispiel des Schmähschriftenprozesses im Zusammenhang mit der Dichterkrönung Christiana Mariana von Zieglers, Leipzig 2007.

[80] *Der geduldige Socrates*. Textdruck. Mit einem Nachwort von Bernhard Jahn. Oschersleben 1998, S. 85–91, S. 91. Vgl. Marx; Schröder, 1995, S. 183f.

[81] Vgl. Menantes (Christian Friedrich Hunold): *Die allerneueste Art/ zur reinen und galanten Poesie zu gelangen*, (1728/1707), S. 401: «Sehen wir nur auf die Personen, so wohlte ich rahten, wenn sie nicht von der Historie selbst an die Hand gegeben werden, dass man zum wenigsten achte und aufs höchste zwölfe darzunehme, jedoch mehr

Manns-Personen als Frauenzimmer.» Die Gründe für den Männerüberschuss erläutert Hunold jedoch nicht. Mattheson plädiert im Zusammenhang mit der von ihm als vorbildlich deklarierten Oper *Pharao:* «Der Personen sind nur sieben: und das ist eine Zahl, die weder zu klein noch zu groß ist, sondern die beste Abwechslung gibt; ob sie gleich von den Rechenmeistern für unfruchtbar gehalten.» Mattheson, 1727/1975, S. 162. Das Geschlechterverhältnis in dieser Oper betrug 5 Männer zu 2 Frauen.

[82] Friedrich Chrysander beschäftigt sich in diversen Publikationen mit der Gänsemarkt-Oper. So bringt er in der *Allgemeinen Musikalischen Zeitung* [AMZ] den Artikel «Gesellschaftliche Verhältnisse in der Oper zu Anfang des achtzehnten Jahrhunderts». Dabei handelt es sich um Auszüge aus: Menantes (Christian Friedrich Hunold): «Die Manier höflich und wohl zu Reden und Leben, so wohl mit hohen, vornehmen Personen, seinesgleichen und Frauenzimmer, als auch, wie das Frauenzimmer eine geschickte Aufführung gegen uns gebrauchen könne». Hamburg 1710. Vgl. AMZ, Leipzig, 1. December 1880, Nr. 48, XV. Jahrgang, S. 753–758, Forts. 2: 8. December 1880, Nr. 49, XV. Jahrgang, S. 769–774. Schluß: 15. December 1880, Nr. 50, XV. Jahrgang, S. 785–790. Zum unsorgfältigen Umgang mit dem Hamburger Opern-Archiv vgl. Wenzel, Joachim E., Ergänzungsband, 1980, S. 40.

[83] Einen Überblick bieten die zwei Dokumentationsbände des Kongresses «Der Friede – Rekonstruktion einer europäischen Vision», der 1998 vom Institut für Kulturgeschichte der Frühen Neuzeit an der Universität Osnabrück durchgeführt wurde. Hier insbesondere: Garber; Held; Jürgensmeier; Krüger; Széll (Hg.), 2001, Bd. 1. Beiträge zur 2. Sektion: Krieg und Frieden und die Ordnung der Geschlechter. S. 319–651.

[84] Wolff, Hellmuth Christian: Die Barockoper in Hamburg. 2 Bde. Textband. Wolfenbüttel 1957. Einblicke in die kulturellen Umfelder venezianischer Opernstoffe, die auch für Hamburg relevant waren, liefert er in der bereits erwähnten Studie: Die Venezianische Oper in der zweiten Hälfte des 17. Jahrhunderts. Berlin 1937.

[85] Haufe, Eberhard (Hg.): Wer in Liebesfrüchten wehlet ... 101 komische Arien der Hamburger Barockoper (1678–1738). Weimar o.J.. In dieser Auswahl von 101 Arien werden nur 13 von weiblichen Opernfiguren gesungen. In drei Arien klagen die Frauen allgemein über die Männer, wobei ihre Kritik kaum die Schärfe erreicht, mit der männliche komische Personen Frauen kommentieren. Ansonsten reden die Frauen mit «fremden Zungen», wenn sie etwa vermeintliche Laster ihres Geschlechts anprangern. Nur selten wird Kritik an «reichen Schindern» und Männern geübt, die zwar Kinder zeugen, aber nicht ernähren können. In zwei Arien wird über harte Arbeitsbedingungen geklagt. Doch über das Weltgeschehen, über Ständekonflikte räsonieren in der Regel die Männer. Männer lassen sich aus über ihre Ansprüche an eine Frau, über ihren Ärger bis hin zum Hass. Sie ziehen Vergleiche zwischen Liebe, Essen und Trinken –

und zwischen Frau und Orgelwerk. In diesen Arien erscheinen Frauen als beständiger und gefährlicher Quell von Kummer und Irritationen.

[86] Vgl. Jahn, 2005.

[87] Vgl. Olsen, Solveig: Christian Heinrich Postels Beitrag zur deutschen Literatur. Versuch einer Darstellung. Amsterdam 1973 Amsterdamer Publikationen zur Sprache und Literatur, Bd. 7. Guse, Anette: Zu einer Poetologie der Liebe in Textbüchern der Hamburger Oper (1678–1738). Eine Fallstudie zu Heinrich Elmenhorst, Christian Friedrich Hunold und Barthold Feind. Dissertation Queen's University, Kingston, Ontario, Canada 1997. Hamburger Jahrbuch für Musikwissenschaft: Studien zur Barockoper. Bd. 3. Hamburg 1978; Opernsymposium 1978 in Hamburg. Die frühdeutsche Oper und ihre Beziehungen zu Italien, England und Frankreich. Bd. 5, Laaber 1981.

[88] Über diese Forschungswelten bin ich seit 1991 mit Ute Poetzsch von der Telemann-Auswahlausgabe in Magdeburg im Austausch. Vgl. auch Bernd Baselt, Wolf Hobohm, Martin Ruhnke, Willy Maertens im Literaturverzeichnis.

[89] Vgl. Jaacks, Gisela: Hamburg zu Lust und Nutz. Bürgerliches Musikverständnis zwischen Barock und Aufklärung (1660–1760). Hamburg 1997.

[90] Rode-Breymann, Susanne: «Allein ihr angenehmster zeit vertreib ist die music». Musenhöfe: Zentren der Künste, Orte der Bildung. In: Kruse, Matthias; Schneider, Reinhard (Hg.): Musikpädagogik als Aufgabe. Festschrift zum 65. Geburtstag von Siegmund Helms. Kassel 2003, S. 321–333. Und: Zwischen Leidenschaft und Seelengröße. Herrscherinnen in der Oper des 17. Jahrhunderts. In: Hochschule für Musik und Theater Hannover; Beyer, Kathrin; Kreutziger-Herr, Annette (Hg.): Musik. Frau. Sprache. Herbolzheim 2003. S. 139–154.

[91] Rathje, Jürgen: Vortrag «Brockes als Dichter und Musikliebhaber» – mit einem Exkurs über die von Telemann nach dem Passionsoratorium vertonten Brockes Dichtungen. In: Braun-Egidius, 2000, S. 9–61. Vgl. ders.: Michael Richey (1678–1761), in: Bei der Wieden, Brage; Lokers, Jan (Hg.): Lebensläufe zwischen Elbe und Weser. Ein biografisches Lexikon. Stade 2002, Bd. 1, S. 265–270. Ders.: Barthold Hinrich Brockes Werke. Band 1. Selbstbiographie, Verdeutschter Bethlehemitischer Kinder-Mord, Gelegenheitsgedichte, Aufsätze. Druck in Vorbereitung.

[92] Vgl. Schröder, Dorothea: Zeitgeschichte auf der Opernbühne. Barockes Musiktheater in Hamburg im Dienst von Politik und Diplomatie (1690–1745). Göttingen 1998.

[93] Colvin, Sarah: The Rhetorical Feminine. Gender and Orient on the German Stage, 1647–1742. Oxford, New York 1999.

[94] Vgl. Colvin, 1999, S. 11. «The texts are considered in a literary rather than a social historical context – in so far as these two things are separable [...].» In einem früheren Aufsatz widmet sich Colvin mehr dem historischen Hintergrund der Libretti, geht

von einer das System stabilisierenden, didaktischen Wirkung und Funktion der Oper aus. Ein wesentliches Element dieser sozialen Ordnung ist die Ehe. Dies.: A Pattern for Social Order: Women, Marriage and Music in Early German Opera. In: Adam, Wolfgang (Hg.): Geselligkeit und Gesellschaft im Barockzeitalter, 2 Bde. Wiesbaden 1997, S. 679–694, Wolfenbütteler Arbeiten zur Barockforschung, Bd. 28.

[95] Colvin, 1999, S. 11.

[96] Colvin, 1997, S. 683f. In ihrer Dissertation ermittelt Colvin zwischen 1678–1738, mit Bezug auf Mattheson, 256 unterschiedliche Opern. Vgl. Colvin, 1999, S. 10. Mattheson endet seine Zählung im Jahr 1728 mit Opera Nr. 217. Vgl. Mattheson, 1728, S. 195.

[97] Colvin, 1997, S. 684f.

[98] Colvin, 1999, S. 83.

[99] Vgl. Colvin, 1999, S. 126. Sie bezieht sich dabei auf die Bibel, 1 Pet.3:7.

[100] Vgl. Colvin, Sarah: The Classical Witch and the Christian Martyr: Two Ideas of Woman in Hamburg Baroque Opera Libretti. In: German Life and Letters 46 (1993), S. 193–202.

[101] Colvin, 1999, S. 120.

[102] Colvin, 1999, S. 99.

[103] Vgl. Melanie Unselds Rezension von Sarah Colvins «The Rhetorical Feminine», in: www.Querelle-net.de/2002-6/Colvin.doc.

[104] Colvin geht im Kapitel «Carnival, Theatre, and Control» kurz ein auf den Einfluss italienischer Schauspieltruppen. Gleichsam wie eine Zangenbewegung habe die italienische Komödie die deutsche Tradition beeinflusst – durch die «niedrigen» Ränge der volkstümlichen Aufführungen des 16. und frühen 17. Jh.'s und durch die «höheren» der italienischen Oper und ihrer Intermezzi, die über die deutschen Höfe das deutsche Singspiel, die deutsche Oper beeinflussten. Doch streift sie nur kurz die Intermezzi *Pimpinone* und *La serva padrona* nebst ihrer Vorläufer und Nachfolger. Vgl. Colvi, 1999, S. 260–262.

[105] Vgl. Jahn, 2005.

[106] Jahn, 2005, S. 27

[107] Jahn, 2005, S. 30.

[108] Leider hat Jahn trotz seiner breiten Literaturrezeption z.B. die Arbeiten von Rita Bake nicht zur Kenntnis genommen.

[109] Vgl. Jahn, 2005, Kapitel 7.2. Die Ethik der Liebe, S. 289–301.

[110] Jahn, 2005, S. 23.

[111] Jahn, 2005, S. 31.

[112] Jahn, 2005, S. 289.

[113] Jahn, 2005, S. 86.

[114] Jahn, 2005, S. 287.
[115] Jahn, 2005, S. 288.
[116] Jahn, 2005, S. 288.
[117] Jahn, 2005, S. 302.
[118] Jahn, 2005, S. 302.
[119] Vgl. Baßler, Moritz: Zur Sprache der Gewalt in der Lyrik des deutschen Barock. In: Meumann, Markus; Niefanger, Dirk (Hg.): «Ein Schauplatz herber Angst». Wahrnehmung und Darstellung von Gewalt im 17. Jahrhundert. Göttingen 1997. S. 125–144, S. 132.
[120] Mattheson kategorisierte die unter der Gattung Opera zusammengefassten Werke so: Tragoedia, das Trauerspiel; Comoedia, das Lustspiel; und die Satyra, das «Strafspiel» – dazu gehören «scherzhafte Sing-Spiele» wie «Der neumodische Liebhaber Damon». Vgl. Mattheson, Johann: *Der vollkommene Capellmeister.* Hamburg 1739, S. 219f. Fragen der Gattungsgeschichte und der Terminologie bleiben umstritten, mit dem Etikett «Dramma per musica» wird oftmals eine Mischung aus komischen und ernsten Elementen, Szenen und Figuren bezeichnet. Einblicke in solche Debatten bot der Internationale Musikwissenschaftliche Kongreß Bayreuth 1981. Bericht über den Internationalen Musikwissenschaftlichen Kongreß. Kassel 1984 Symposion II: Vor- und Frühgeschichte der komischen Oper. S. 78–139.
[121] Vgl. die Faksimile-Nachdrucke von 21 Opern bei Meyer, 1984, 3 Bände und ein Kommentarband. Vgl. Libretti-Nachdrucke von Opern Georg Philipp Telemanns, hg. vom Telemannzentrum Magdeburg oder die Telemann-Gesamtausgabe, vgl. auch diverse CD-Editionen von Opern von Johann Georg Conradi, Reinhard Keiser, Johann Mattheson etc..
[122] Siehe z.B. bei MUGI die Seiten über «Dienstmädchen auf der Opernbühne im 18. Jahrhundert» mit dem Kapitel: Opernführer: http://mugi.hfmt-hamburg.de/dienstmaedchen/.
[123] Die Seltenheit eines tragischen Endes einer Oper betont Barthold Feind 1708 in seinen: *Gedancken von der Opera.* Vgl. Strohm, Reinhard: Die «tragedia per musica» als Repertoirestück: Zwei Hamburger Opern von Giuseppe Maria Orlandini. In: Hamburger Jahrbuch für Musikwissenschaft, Bd. 5, S. 37–54, S. 44. Laut Mattheson sei eine «tragedia per musica» auch ein musikalisches Trauerspiel, das durchaus glücklich enden, aber auch tragische Momente enthalten konnte. Die Gattung erlebte im frühen 18. Jh. eine kurze Blütezeit. Strohm hat rund 25 «tragedie per musica» ermitteln können, «alle mit tragischem Ausgang. Sie finden sich auffallenderweise vor allem in Venedig – und in Hamburg» (S. 44). «In Hamburg, wo die Operntradition so sehr auf englischen Theaterstücken beruht, überschneidet sich der Gedanke der Musiktragödie mit unglücklichem Ausgang verwirrend mit dem ohnehin vorhandenen Hang

zu Grausamkeiten auf der Bühne, gezeigt mit Vorliebe an historischen Stoffen [...].»
S. 45.

[124] Vgl. Susanne Rode-Breymanns Antrittsvorlesung «Krieg und Frieden – ein musikwissenschaftliches Thema? Wege in die Zukunft einer Musikhistorie vermittelnden Disziplin». Damit eröffnete sie 2004 die neue Vorlesungsreihe: «Dialoge zwischen Kunst und Wissenschaft» an der Hochschule für Musik und Theater Hannover. Sie konstatiert: «Mich macht es immer wieder fassungslos, dass die Historische Musikwissenschaft sich abkoppelt von zentralen Themen menschlichen Lebens, dass sie sich nicht beteiligt an Diskursen, die Fachwissenschaftler aus anderen Disziplinen zu übergreifenden Themen aller Menschen führen. Auch was das Thema Krieg und Frieden angeht, hinkt das Fach Musikwissenschaft mächtig hinterher.»

[125] Menantes (Christian Friedrich Hunold): *Der teutschen curiosité fremden Wörtern, die in Briefen und in der conversation vorkommen, von Menantes*, eine Art satirisches Fremdwörterlexikon, angehängt an seinen satirischen Briefsteller *Die allerneueste Art, höflich und galant zu schreiben oder: Auserlesene Briefe, in allen vorfallenden, auch curieusen Angelegenheiten, nützlich zu gebrauchen. Nebst einem zulänglichen Titular – und Wörter=Buch*, Hamburg, o. J., S. 58.

[126] Vgl. Spies, Alfons: «Militat omnis amans». Ein Beitrag zur Bildersprache der antiken Erotik. Diss., Tübingen 1930.

[127] Ovid: Liebeskunst *(Ars amatoria)*; Heilmittel gegen die Liebe *(Remedia amoris)*. Lateinisch-deutsch. Holzberg, Niklas (Hg. u. Übers.), Düsseldorf u.a., 1999, 4. überarb. Auflage. Liebeskunst, 1. Buch, V. 36, S. 8–9.

[128] Ovid, 1999, 2. Buch, V. 715 f., S. 110f.

[129] Vgl. Barbara Sichtermann: Sind Frauen das friedlichere Geschlecht? In: Rick, Karin: Das Sexuelle, die Frauen und die Kunst. Konkursbuch 20. Tübingen 1987, S. 170–183. Sichtermann sieht Frauen durchaus als aggressiv, doch hatten sie sich immer einem von Männern dominierten Rahmen anzupassen, in Diplomatie und Verstellung zu üben. Dabei wurde oft männliche Gewalt in der Bezugsgruppe geduldet – und damit legitimiert. Während der Mann aufs Feld ziehe, gebe die Frau ihm «emotionalen Feuerschutz». Sichtermann geht dabei von einer physischen Überlegenheit der Männer aus: «Männer sind Frauen nicht allgemein und in jeder Beziehung körperlich überlegen, sondern nur in Sachen ‹Gewalt›, in Bezug auf die sogenannte Schnell- und Sprungkraft.» Im Zweikampf seien Männer überlegen, aber nicht in physischer Ausdauer. «Wenn es der Augenblick ist, der entscheidet, und wenn er an Waffen die nackte Körperkraft gewählt hat, dann siegt der Mann» (S. 173). Das habe nichts mit zarten Frauenkörpern durch restriktive Erziehung zu tun. «Einerseits sind Frauen durch die erzwungene Defensive, durch ihr Leben im Schatten der männlichen Dominanz und Gewaltandrohung in ihren Antrieben und Spielräumen immer schon eingeschränkt

gewesen. [...] Ihr Notzüchtiger wohnte auch in Friedenszeiten nicht weit. Kurz gesagt: die Frau steht anteilsweise bis heute unter der unmittelbaren Gefahr für Leib und Leben, aus der Männer sich in Hochkulturen und Friedenszeiten zu retten wussten, und in dieser Rettung liegt ja, wenn es denn erbaut werden kann, das Fundament für die Blüte von menschlicher Kreativität. Grundbedingung für die künstlerische Emanzipation der Frauen wäre die Zivilisierung der Männer, bzw. Vollendung oder mindestens Weiterentwicklung dieser Zivilisierung» (S. 182).

[130] Text: König, Johann Ulrich, nach Francesco Silvani, *Il Miglior d'ogni amore*, Venedig 1703, Musik: Georg Philipp Telemann. D-Hs 266 in MS 639/3:18. Vgl. Marx; Schröder, 1995, S. 333.

[131] Lediard bekennt: «Was mich betrifft, so muß ich gestehen, daß dieses Stück eine größere Wirkung bei mir gethan, als eines von unsern vortrefflichsten Trauerspielen, und es wurde mir schwer zu sagen, ob der Componist oder der Dichter den größten Anteil daran gehabt.» Zitiert nach Lediard, 1740/1764, S. 123.

[132] Vgl. Theweleit, Klaus: Männerphantasien. Frauen, Fluten, Körper, Geschichte (Bd. 1), Männerkörper. Zur Psychoanalyse des weißen Terrors (Bd. 2). Reinbek bei Hamburg 1980.

[133] Elida Maria Szarota berichtet von der Oper *Paulina* auf einen Text von Johann Christian Hallmann, die er 1704 aufführen ließ. Sie «scheint um einer Szene willen geschrieben worden zu sein, von der sich Hallmann die größte Wirkung erhoffte. Es ist eine Sex-Szene, die sich in einem Tempel abspielte, der nach einer Opferhandlung vor dem Zuschauer verschlossen wird (IV, 1). Der Zuschauer bleibt vor der verschlossenen Tür sitzen, hinter der er sich die Vergewaltigung der Paulina durch Decius Mundus vorstellen kann. Decius Mundus berichtet dann darüber in Szene IV, 7.» Szarota, Elida Maria: Geschichte, Politik und Gesellschaft im Drama des 17. Jahrhunderts. Bern München 1987, S. 102f. Szarotas Analysen solcher Szenen und des Geschlechterverhältnisses bleiben jedoch herkömmlichen Männer- und Frauenbildern verhaftet und überzeugen nicht.

[134] Siehe z.B. die Diskussion zwischen Christa Mulack und Mary Condren über Matriarchate im alten Israel und die Frage, wie sich Matriarchate gegen gewaltsame Angriffe verteidigen können, ohne dass matriarchale Männer ebenso so grausam handeln wie die patriarchalen. Video über den Weltkongress für Matriarchatsforschung «Gesellschaft in Balance», Luxemburg 5.–7. September 2003.

[135] Thomas, Downing A.: Opera, Dispossession and the Sublime. The Case of *Armide*. In: Theatre Journal Vol. 49, Nr. 2, May 1997, Baltimore S. 168–188, hier S. 187.

[136] Text: Gottlieb Fiedler nach C. Corradi *La Gierusalemme liberata*, Dresden 1687, Komposition: Carlo Pallavicini. D-Hs 52 in MS 639/3:4. Vgl. Marx; Schröder, 1995, S. 195f.

[137] Thomas, 1997, S. 172f.

[138] Vgl. Clément, Catherine: Die Frau in der Oper. Besiegt, verraten und verkauft. München 1994. Ungekürzte Taschenbuchausgabe der deutschsprachigen Ausgabe Stuttgart 1992. Frz. Originalausgabe Paris 1979. Vorwort von Silke Leopold: «Von Frauen, Riten und Mythen», S. 9–15, hier S. 14. Leopold konstatiert einen Wandel, der bereits bei den Oratorien Händels einsetze und bei Mozarts Opern nachweisbar sei: den Frauengestalten werde nun eine größere Bandbreite an Gefühlen, Tonarten und Tempi zugestanden – als den Männern. Vgl. S. 14.

[139] «But the observation that operas usually cast a woman in the role of the self-sacrificing lover and victim, and the resuting suspicion that the ‹nature of opera› includes a sexist element, that opera is itself an agent of gender discrimination, might be tempered by a look at its historical intertwinement with the spoken theatre and the rest of our literary traditions.» Strohm, Reinhard: Dramma per Musica. Italian Opera Seria of the Eighteenth Century. New Haven, London 1997. S. 181f.

[140] Vgl. Colvin, 1993.

[141] Vgl. Theweleit, Klaus: «Folter und Frühstücksbrötchen», taz vom 10.06.2004.

[142] Aus der Fülle der Literatur: Hufton, Olwen: Frauenleben. Eine europäische Geschichte 1500–1800. Frankfurt/Main 2002/1998; Hull, Isabel V.: Sexuality, State, and Civil Society in Germany, 1700–1815, Ithaca and London 1996; Bake; Kiupel, 1996.

[143] Staatsarchiv Hamburg, 731-1 Handschriftensammlung Nr. 1545. (darin S. 804–808). Als «Madame Waltern» wird sie bezeichnet in der anonymen Fortsetzung der Chronik des Wenzel Janibal für den Zeitraum 1681 bis 1730. Den Hinweis auf diese Quelle verdanke ich Jakob Michelsen, Hamburg.

[144] Text: Christian Heinrich Postel nach Aurelio Aureli: *Alessandro Magno in Sidone*, Venedig 1679 D-Hs 29 in MS 639/3:3. Vgl. Marx; Schröder, 1995, S. 206.

[145] *Friedens= und Liebes=Tractat zwischen den Teleman- und Textorischen Herzen/ geschlossen zu Franckfurt am Mayn den 28. Augusti 1714.* Faksimile-Druck hg. von der Kultur- und Forschungsstätte Michaelstein. O.J.

[146] Vgl. Marx; Schröder, 1995, D-Hs 250 in MS 639/3:17; S. 53.

[147] Der immensen Bedeutung, die damals der Vorstellung von den widerstreitenden Gefühlen und Affekten in den Menschen selbst zukam und ihrer möglicherweise geschlechtsspezifischen Differenzierung kann in dieser Arbeit nicht nachgegangen werden. Sie beschäftigten auch Operntheoretiker wie Barthold Feind, der den inneren Kämpfen bei der Gestaltung der Opernfiguren viel Aufmerksamkeit widmete. So lobte Barthold Feind in seiner «Beschaffenheit eines Poeten» Christian Heinrich Postels Kunst, «streitende Affecte» in den Arien prominenter Opernfiguren darzustellen. Feind, Barthold: Deutsche Gedichte. Bestehend in musicalischen Schauspielen ... sammt einer Vorrede. Von dem Temperament und der Gemühtsbeschaffenheit ei-

nes Poeten und Gedanken von der Opera. Th. 1. Stade 1708, S. 43 f. «In der schönen Opera Iphigenia hat er den unbändigen und allzu wilden Weiber=Zorn zusamt der Mütterlichen Liebe in der Clytemnestra Person folgender massen vorgestellet [...]» (S. 45).

Teil I A und B

[1] Zu den diversen Definitionen von «Krieg» siehe Zedler, Johann Heinrich: Grosses vollständiges Universallexicon aller Wissenschaften und Künste, Bd. 15, Halle und Leipzig 1737 Sp. 1889–1898. Obwohl hier deutlich zwischen Krieg und Frieden unterschieden wird, gibt es etliche Mischformen. So sollte bereits im Frieden an den Krieg gedacht werden. Krieg fand statt zwischen «zwei einander nicht unterworfenen Theilen, Völkern, keine gebietende Obrigkeit konnte hier einen widerspenstigen Teil zum Gehorsam zwingen.» Außerdem: «man bekriegt sich nicht selbst». Siehe auch: Ulbrich, Claudia; Jarzebowski, Claudia; Hohkamp, Michaela: Gewalt in der Frühen Neuzeit. Beiträge zur 5. Tagung der Arbeitsgemeinschaft Frühe Neuzeit im VHD. Berlin 2005. Darin insbesondere: Lorenz, Maren: «Besatzung als Landesherrschaft und methodisches Problem. Wann ist Gewalt Gewalt?» S. 155–172.

[2] Einen Überblick über die außenpolitische Lage und kriegerischen Bedrohungen Hamburgs gibt Loose, Hans-Dieter: Das Zeitalter der Bürgerunruhen und der großen europäischen Kriege 1618–1712. In: Jochmann, Werner; Loose, Hans Dieter (Hg.): Hamburg. Geschichte der Stadt und ihrer Bewohner. Bd. 1: Von den Anfängen bis zur Reichsgründung. Hamburg 1982, S. 50–53. Vgl. Kopitzsch, 1990, S. 147f.

[3] Vgl. Jaacks, 1997, S. 14. Zu den religiös-politisch motivierten Auseinandersetzungen siehe auch Rau, Susanne: Geschichte und Konfession. Städtische Geschichtsschreibung und Erinnerungskultur im Zeitalter der Reformation und Konfessionalisierung in Bremen, Breslau, Hamburg und Köln. Hamburg 2002, S. 177–179.

[4] Zur Problematik des Aufeinandertreffens von Militär und Zivilbevölkerung siehe Lorenz, 2005, S. 155–172.

[5] Ulf Bollmann hat für das Jahr 1710 die Musterrollen der Soldaten der Infanterie ausgewertet, die im Hamburgischen Staatsarchiv aufbewahrt werden. Nicht überliefert sind die Musterrollen der Soldaten «bei den ebenfalls vorhandenen Reutern, Dragonern (Fußsoldaten zu Pferd) sowie denen der Artillerie.» Trotz der Heiratsbeschränkungen für Soldaten hat Bollmann für die rund 2500 Soldaten der Infanterie errechnet: «Aus 1909 Ehen gingen 4393 Kinder hervor, weitere 393 Ehen waren kinderlos bzw. ohne zu versorgende Kinder. Nur 205 Soldaten waren unverheiratet. Dadurch ergibt sich schätzungsweise eine Anzahl von 9200 Soldaten und Angehörigen.»

Bollmann, Ulf: Eine Sozialgeschichte von 2500 Soldaten am Beispiel der Musterrollen des Hamburgischen Infanterie-Regiments von 1710. Vortrag gehalten auf dem 57. Deutschen Genealogentag: Genealogie mobiler Personengruppen. 09.–12.09.2005. Auf CD-ROM herausgegeben vom Niedersächsischen Landesverein für Familienkunde e.V. Dokumentation: Chronologie, Kongreßführer, Vorträge, Fotodokumentation, Pressespiegel. Zitate: S. 5 u. S. 12.

[6] Vgl. Kopitzsch, Franklin; Tilgner, Daniel (Hg.): Hamburg Lexikon. Hamburg 2000, 3. Auflage 2005, S. 67.

[7] Vgl. Bollmann, 2005, S. 1.

[8] Zedler, Bd. 15, 1737, Sp. 1888.

[9] Schmidt, Hans: Der Einfluß der Winterquartiere auf Strategie und Kriegsführung des Ancien Régime. In: Schmidt, Hans: Persönlichkeit, Politik und Konfession. Aufsätze und Vorträge zur Geschichte der Frühen Neuzeit. Hamburg 1995, S. 11.

[10] Ein damals heftig diskutierter Skandal war das Verschwinden des Grafen Philipp Christoph von Königsmarck (1665–1694), der jüngste Bruder von Maria Aurora von Königsmarck. Er hatte eine Beziehung zu seiner Jugendfreundin Sophie Dorothea von Celle (1666–1726), die unglücklich mit Georg Ludwig von Hannover, dem späteren König Georg I. von England verheiratet war. Dieser hat den Liebhaber seiner Frau umbringen lassen, wie erst viel später zweifelsfrei festgestellt werden konnte – und Sophie Dorothea lebenslang auf Schloss Ahlden bei Lüneburg verbannt.

[11] Vgl. Friedrich II., König von Preußen: Entwurf zur ‹Darlegung der Gründe, aus denen der König in Schlesien eingerückt ist› (Dezember 1740). In: Friedrich II., König von Preußen. Werke, Berlin 1912–1914, 5:169. Zitiert nach Goodman, 1999, S. 279f. Hier findet sich auch mehr zu Friedrichs II. Ansichten über Herrscherinnen und Frauenpflichten.

[12] «Ernte und Krieg nahmen wenig Rücksicht aufeinander. Immer dann, wenn zusätzlich Männer in der Landwirtschaft gebraucht wurden, benötigte man sie nicht weniger in den Heeren. Und wie im Winter der Krieg ruhte, so ruhte auch die Arbeit auf dem Lande.» Burschel, Peter: Söldner im Nordwestdeutschland des 16. und 17. Jahrhunderts. Sozialgeschichtliche Studien. Göttingen 1994, S. 81.

[13] Vgl. Stichwort «Großmüthigkeit» in Zedlers Universallexikon, Bd. 11, 1735, Sp. 1068f.

[14] Text: Johann Philipp Praetorius nach Niccolò Francesco Haym, *Tamerlano*, London (1724). Musik: Georg Friedrich Händel, HWV 18 (Cyrill von Wich: Partie des Bajazeth). D-Hs 247 in MS 639/3:7. Vgl. Marx; Schröder, 1995, S. 361f.

[15] Auf der Hamburger Opernbühne war der *Croesus*-Stoff in zwei Fassungen zu sehen; die erste Fassung in den Jahren 1684 und 1692, die zweite, eine Bearbeitung der ersten, 1711 und 1730. Meine Analysen beziehen sich auf die zweite Version: Text: Lu-

kas von Bostel, 1684, nach Nicolò Minato: *Il Creso,* Wien, 1678; Musik: Reinhard Keiser. D-Hs 136 in MS 639/3:8. Vgl. Marx; Schröder,1995, S. 232f.

[16] Text: Gazal nach A. Marchi, *La costanza trionfante degl'amori e degl'odi,* Venedig 1716: Musik: Francesco Gasparini, Francesco Conti, Giuseppe Maria Orlandini, Antonio Vivaldi. D-Hs 160 in MS 639/3:10. Vgl. Marx; Schröder, 1995, S. 378f

[17] Maren Lorenz bietet einen Überblick über begriffliche und methodische Probleme zum Begriff «Gewalt» in der Frühen Neuzeit. Lorenz, 2005, S. 158f.

[18] Vgl. Lorenz, 2005, S. 160.

[19] Zedler, Bd. 10, 1735, Sp. 1377f.

[20] Zedler, Bd. 10, 1735, Sp. 1378.

[21] Vgl. die Ausführungen des englischen Gesandten und langjährigen Mitarbeiters der Hamburger Oper Thomas Lediard über Hausfrauen, die angeblich unter dem «Ärgerniß» leiden und für ihre Männer ein leibhaftiges «Haus=Creutz» darstellen; ein damals oft verwendetes Motiv. [Lediard, Thomas]: *Der deutsche Kundschafter,* 1740/1764, S. 353f.

[22] «Wenn aber das Wort Gewalt oder Potestas von Vätern genommen wird, so heisset es eigentlich weder Imperium, noch Dominium sondern eine Civil=Gewalt, welche Aristoteles ad Nicom. VIII 16. eine analogicam potestatem Regiam nennet, da dem Vater so wohl derer Kinder freyer Wille, als auch ihr Guth und Eigenthum unterworffen ist, und zwar der Gestallt, daß beydes wohl administriret und erhalten werden möge, so regiae potestati gemäß ist. Es ist aber das Vater=Recht viel anders, als das Recht eines Mannes über sein Weib, weil ein Eheweib dem Manne nicht schlechter Dings, wie dem Vater seine Kinder, untergeben, sondern der Mann ist nur das Haupt der Famlie, dem also in Ordine Familiae das Weib Respect erweisen soll. [...] Denn das Weib ist frey und sui iuris, wie der Mann, Gestallt wie der Mann heisset Dominus et Pater-familias, also wird das Weib Domina et Mater-familias genennet, welche Civilité auch die Römer beobachtet [...] dagegen die Weiber ihre Männer, Virum meum. L.34. §.7 tulieret, wie denn noch heute zu Tage die Worte Monsieur, mein Herr, i.e. Dominus Familiae, Madame, mon Coeur, und dergleichen eine Societät derer Personen, die von Stande nicht ungleich, jedoch daß der Mann ein venerabile directorium quoad ordinem Familiaes behalte, in Gebrauch sind». Zedler, Bd. 10, 1735, Sp. 1378.

[23] Das Züchtigunsrecht war für Johann Klefeker ein Relikt aus alter Zeit und nichts für gesittete Leute, wie er in seiner Sammlung der Hamburgischen Gesetze und Verfassungen betont: «Das einzige, was man mir hierbey vorwerfen könnte, ist dieses, das gleichwohl [...] dem Ehemann über seine Ehefrau eine mäßige Züchtigung sey nachgesehen worden. Allein die mehr gesitteten Zeiten haben bey uns die Ausübung derselben wol keinen Platz weiter gelassen, als bey geringen und pöbelhaften Leuten, bey welchen sie jedoch durch obrigkeitliche Befehle, durch Strafen, durch eine Scheidung von Tisch

und Bette, gehemmt und gebüsset werden [...].» Klefeker, Johann, *Sammlung der Hamburgischen Gesetze und Verfassungen*, 12 Bde., Hamburg 1765-1773, Theil 4, 1767, S. 119.

[24] Vgl. Loetz, Franzisca: Zeichen der Männlichkeit? Körperliche Kommunikationsformen streitender Männer im frühneuzeitlichen Stadtstaat Zürich. In: Dinges, Martin (Hg.): Hausväter, Priester, Kastraten. Zur Konstruktion von Männlichkeiten in Spätmittelalter und früher Neuzeit. Göttingen 1998, 264-293. «Das Verteilen von Ohrfeigen gehörte – wie im lippischen Raum des 17. oder im Paris des 18. Jahrhunderts – zu den legitimen Formen der handgreiflichen Auseinandersetzung; und zwar für beide Geschlechter unter – wie auch gegeneinander. Doch offensichtlich konnte der Schlag auf unterschiedlich korrekte Weise erfolgen» (S. 279). Für Hamburg fehlen enstprechende Untersuchungen.

[25] Die Ansprüche des Rates auf absolutistische Herrschaft und die erbitterten sozialen und religiösen Machtkämpfe werden überzeugend kurz zusammengefasst von Rathje, Jürgen: «Herrn Telemanns Lebenslauf». In: Hobohm, Wolfgang; Rathje, Jürgen (Hg.): Georg Philipp Telemann. Drucke aus dem Verlag Balthasar Schmid in Nürnberg. Porträt – Deutsch/Französischer Lebenslauf – Vorbericht – Kantate zum 1. Advent. Faksimile. Oschersleben 1989, S. 24-38, S. 25f.. Über die Bürgerunruhen siehe außerdem Loose, Hans-Dieter: Das Zeitalter der Bürgerunruhen und der großen europäischen Kriege 1618-1712. In: Jochmann, Werner; Loose, Hans Dieter (Hg.): Hamburg. Geschichte der Stadt und ihrer Bewohner. Bd. 1: Von den Anfängen bis zur Reichsgründung. Hamburg 1982, S. 259-350.

[26] Einen knappen Überblick über diese Auseinandersetzungen gibt Sander, Friedrich: Der Pastor Johann Heinrich Horb. Hamburg 1995, hier S. 17-22.

[27] Steltzner, Michael Gottlieb: *Versuch einer zuverlässigen Nachricht von dem kirchlichen und politischen Zustande der Stadt Hamburg. Teil (1)-4. Nebst Beschluß: 2 Theile*. O.O. [Hamburg] 1731-1739; IV. Teil, 1736, S. 127.

[28] Steltzner, III. Teil, 1733, S. 1276.

[29] Steltzner, III. Teil, 1733, S. 1277.

[30] Siehe Teil II dieser Arbeit.

[31] Postel, Rainer: «Rezeß». In: Kopitzsch; Tilgner, (Hg.), 2000, S. 400-402, S. 402.

[32] Vgl. Lindemann, Mary: Gewalt und Bürgerlichkeit. Hamburg und Amsterdam in vergleichender Perspektive. In: Ulbrich, Claudia; Jarzebowski, Claudia; Hochkamp, Michaela: Gewalt in der Frühen Neuzeit. Beiträge zur 5. Tagung der Arbeitsgemeinschaft Frühe Neuzeit im VHD. Berlin 2005, S. 87-99.

[33] Hamburger Chronik, eine anonyme Fortsetzung der Tratziger-Chronik, S/654, Nr. 2. 1681-1699, Fol. 167f. Commerzbibliothek Hamburg.

[34] Hamburger Chronik, eine anonyme Fortsetzung der Tratziger-Chronik, S/648 Nr. 3, 1709-1721, weitere Fortsetzung 1710 Fol. 113. Commerzbibliothek Hamburg.

Auf der Rückseite in Rot am Seitenrand die Überschrift: «1717 Begebenheit im Fleischschragen an berge 19. August».

[35] Die handgreifliche Schwester wurde «umb dieser boßhafften That gefanglich eingezogenen». Auf Beschluss des Rates sollte sie jeweils dreimal ins Halseisen auf dem Kirchhof der St. Michaelis-Kirche dienstags nach der Predigt stehen, jedes Mal von 10 bis 12 Uhr. Doch müssen sich einflussreiche Kreise für sie eingesetzt haben, denn nach dem ersten Mal wurden ihr die übrigen Prangerstrafen erlassen, sie «war auff großer für bitte begnadigt, und ward ins Zuchthaus gesetzt.» Außerdem sollte sie für vier Jahre aus der Stadt gewiesen werden, doch dies unterblieb «weilen grosse fürbitte bei der Obrigkeit geschahe für ihr.» Der handgreifliche Schlachterknecht wurde zunächst auf dem «Winser=Baum» inhaftiert, kam aber aufgrund eines Vergleichs gegen Zahlung eines hohen Geldbetrags frei.

[36] Vgl. Loetz, 1998, S. 277.

[37] Auch noch Jahrzehnte später werden etwa in Mozarts operae buffae Ohrfeigen verabreicht – und zwar von Dienstbotinnen oder Bäuerinnen. Diese Frauen aus den unteren und bürgerlichen Schichten verteilen sie an ihre Liebsten, wie etwa die Kammerzofe Susanna an ihren Verlobten Figaro in *Die Hochzeit des Figaro* (1786), der ihr Streiche gespielt und vermeintlich Grund zur Eifersucht gegeben hat. Wenn in *Don Giovanni* (1787) die Bäuerin Zerlina ihren Bäutigam Masetto bittet: «Batti, batti» – («schlag mich»), dann konnte sie sicher sein, dass er sie eben nicht schlagen würde, weil er sie liebt und sich trotz aller Eifersucht und Trottelligkeit zu beherrschen weiß.

[38] Manch stummer Diener leistet heute gute Dienste als – Möbelstück.

[39] Vgl. Stichwort «Feindin» bei Zedler. Hier geht es um die Bibelpassage: «Feindin, Mich.7, 8.10. freue dich nicht, meine Feindin. Meine Feindin wird's sehen müssen.» Zedler entscheidet den Expertenstreit um den Gehalt der Passage dahingehend, «daß diese Worte von Christo handeln, welcher seine geistliche und leibliche Feinde hatte, die alle in dem Worte meine Feindin enthalten. Er redet als in Feminino, welches in der Schrifft gar gebräuchlich ist, dass die Feinde als eine Weibes=Person eingeführet werden, vermutlich, weil der Hohn und die Feindschafft bei dem weiblichen Geschlechte am hefftigsten ist; wie an Jesabel, an Athalia, an der Herodiade klärlich zu ersehen, daß das weibliche Geschlecht zum öfftern einen unauslöschlichen Haß in ihrem Hertzen hege. Kunads Fest=Pred. P.II.p.219.seq. Zedler, Bd. 9, 1735, Sp. 451.

[40] Vgl. Colvin, 1999, S. 68.

[41] Vgl. Colvin, 1999, S. 91.

[42] Text: Johann Martin Köhler, Musik: Niklaus Adam Strungk. D-Hs 23 in MS 639/3:2. Vgl. Marx; Schröder, 1995, S. 341.

[43] Leider hat Eberhard Haufe auch diese Auseinandersetzung nicht aufgenommen in sein Kompendium von 101 komischen Arien der Hamburger Barockoper. Aus *Semi-*

ramis (1683) hat er nur die Arien des Tafelrates Milo «Es schert kein Messer» (II, 3) und «Ein' alte Runckunckel» (II, 19) sowie die Arie des Hofverwalters Clathes «Der Potentaten Gnade» (II, 13) ausgewählt. Vgl. Haufe, o, J., S. 19f. Einmal mehr ist ein Beispiel «weiblichen» Witzes und Widerstandes unterschlagen worden.

[44] Text: Johann Philipp Praetorius nach Pietro Pariati: *Anfitrione*, Venedig, 1707, Musik: Francesco Gasparini, Arien; Cyrill von Wich? – «die meisten Arien» Georg Philipp Telemann? – Rezitative. D-Hs 250 in MS 639/3:17. Vgl. Marx; Schröder, 1995, S. 53f. Zur Erläuterung: das Fragezeichen in den bibliographischen Angaben ist in der Regel übernommen aus dem Katalog der Textbücher und bedeutet, dass die Zuschreibung unsicher ist.

[45] Text: Johann Ulrich König nach Nicolò Minato: *La patienza di Socrate con due moglie*, Prag 1680, Musik: Georg Philipp Telemann. Vgl. Marx; Schröder, 1995, S. 182.

[46] Text: Johann Philipp Praetorius nach Pietro Pariati: *Vespetta e Pimpinone*, Venedig 1708, Musik: Georg Philipp Telemann. D-Hs 300 in MS 639/3:21. Vgl. Marx; Schröder, 1995, S. 383f.

[47] Text: Johann Philipp Praetorius; Musik: Reinhard Keiser. D-Hs 243 in MS 639/3:17. Vgl. Marx; Schröder, 1995, S. 217.

[48] Fahl, Andreas: Das Hamburger Bürgermilitär 1814–1868. Berlin, Hamburg 1987, S. 9. Dieses Recht sei allerdings erst 1768 offiziell anerkannt worden und zwar im Rahmen des Gottorfer Vergleichs. Die Dänen verzichteten auf die schon lange nur nominelle Oberhoheit über Hamburg, das nun endgültig freie Reichsstadt wurde.

[49] Fahl, 1987, S. 3.

[50] Fahl, 1987, S. 3. Und weiter: «Die Bürgerwache ist zwar ein Vorläufer des Bürgermilitärs, aber sowohl in Hinsicht auf geistesgeschichtlichen und politischen Hintergrund, Organisationsstruktur und personelle Beteiligung bestehen lediglich einzelne Verknüpfungspunkte. Eine kontinuierliche Entwicklung, wie dies z.T. in der älteren Literatur und von Vertretern des Bürgermilitärs suggeriert wurde, gab es nicht.» Ebd. S. 12.

[51] Vgl. Tilgner, Daniel: «Bürgerwache». In: Kopitzsch, Tilgner, 2000, S. 95–96.

[52] Vgl. Ehlers, Joachim: Die Wehrverfassung der Stadt Hamburg im 17. und 18. Jahrhundert Hamburg, Univ., Phil. Diss., 1966, S. 94. Zitiert nach Fahl, 1987, S. 9.

[53] Vgl. Maertens, Willi: Georg Philipp Telemanns sogenannte Hamburgische Kapitänsmusiken (1723–1765). Wilhelmshaven 1988, S. 27 und FN 85.

[54] Fahl, 1987, S.10.

[55] Vgl. Klein, Jürgen: Barthold Hinrich Brockes als Politiker. In: Loose, Hans Dieter: Barthold Hinrich Brockes (1680–1747). Dichter und Ratsherr in Hamburg. Neue Forschungen zu Persönlichkeit und Wirkung. Hamburg 1980, S. 11–43, hier S. 34f.

[56] Steltzner, IV. Teil, 1736, S. 162.

[57] Vgl. Maertens, 1988, S. 26.
[58] Vgl. Maertens, 1988, S. 25, FN 74.
[59] Steltzner, 1733, III. Teil, S. 982f.
[60] Steltzner, 1733, III. Teil, S. 1016.
[61] Steltzner, 1739, *Beschluß, Zweyte Abtheilung*, S. 246.
[62] Zitiert nach Ehlers, 1966, S. 172. Vgl. Fahl, 1987, S. 11.
[63] Maertens, 1988, S. 36. Er zitiert ein Reglement, das sich als Abschrift im Hamburger Stadtarchiv befunden haben soll, aber nicht auffindbar ist. FN 133.
[64] Vgl. Maertens, 1988, S. 37f. Hier beschreibt er detailliert das «große» Konvivium, wo nach dem Auftragen des zweiten Ganges «die Schaffere Frauens nach Kirchspiel» hervortreten und sich bedanken «dass sie sich so fleißig eingestellet, undt ersuchen mit denen auffgetragenen Tractamenten vorlieb zu nehmen.» Dieser Vorgang werde bei den Ratskonvivien nicht erwähnt. Bezeichnend für die Haltung etlicher Experten ist der Kommentar von Maertens: «Gerade die ausgiebige Mitwirkung der Schaffer-Frauen und ‹Jungfern› scheint den Kapitänskonvivien die sonst übliche Steifheit und Gespreiztheit genommen und einen weit volkstümlicheren, fast familiären Charakter gegeben zu haben, obwohl man sonst keine hohen geistigen Ansprüche an das weibliche Geschlecht stellte.» Ebd. S. 37f. Von möglicherweise unerfüllten Ansprüchen der Frauen an die Männer schweigt er.
[65] Einen Überblick über die Texte für die Jahre 1679–1721, deren Vertonung verloren ist, liefert Maertens, 1988, S. 40.
[66] Der Textdruck steht unter dem Motto: «Was Fried und Glück beschehrt/ Wird durch den Krieg verheert.» Mit einem Kupferstich der allegorischen Darstellungen des Friedens und des Krieges. Vgl. Maertens, 1988, S. 40.
[67] Zum Inhalt siehe Maertens, 1988, S. 44f.
[68] Vgl. Maertens, 1988, S. 113. Vgl. auch Kleßmann, Eckhard: Georg Philipp Telemann. Hamburger Köpfe. Hamburg 2004, S. 56.
[69] Der von einem Mann mit Tenorstimme verkörperte Neid trat in der Kapitänsmusik von 1724 auf – in der Serenata: *Geliebter Aufenthalt beglückter Stille*. Text: Johann Philipp Praetorius, Musik: Georg Philipp Telemann. Höre auch die Aufnahme des mdr vom 31.10–03.11.2005 mit dem Telemannischen Collegium Michaelstein, Ltg: Ludger Rémy, als CD bei cpo erschienen. Aufführungsmaterial nach den Quellen der Landesbibliothek Mecklenburg-Vorpommern Schwerin, erstellt von Bert Siegmund, (Eigenmaterial), Musikinstitut für Aufführungspraxis Stiftung Kloster Michaelstein.
[70] Zitiert nach Maertens, 1988, S. 44.
[71] Vgl. das Zwischenspiel *Il Capitano* (I, 3). Hier parodiert Arlequino einen plattdeutsch sprechenden Nachtwächter, und Isabella flieht verkleidet in einer Nachtwächteruniform.

[72] Gaedechens, Cipriano Francisco: Das Hamburgische Militär bis zum Jahre 1811 und die hanseatische Legion. Hamburg 1889, S. 165.

[73] Vgl. Stichwort: Bürgerwache, Hamburg Lexikon, 2000, S. 95f.

[74] Vgl. Stichworte: Militär/Garnison. Hamburg Lexikon, 2000, S. 326.

[75] Steltzner, Hamburg 1733, III. Teil, S. 1279f.

[76] Gaedechens, 1889, S. 66.

[77] Vgl. Gaedechens, 1889, S. 49.

[78] Vgl. Gaedechens, 1889, S. 92.

[79] Gaedechens, 1889, S. 93.

[80] Dieser brutalen Bestrafung widersetzten sich zunächst etliche Soldaten, die dafür ihrerseits umgehend bestraft wurden, wie Steltzner aus den Chroniken exzerpiert: «Bey dem ersten, der 1672 durch die Gassen lieff, trug es sich zu, daß, da diese Strafe etwas neues in Hamburg war, und vor diesem nicht gebräuchl. gewesen, daß einige Soldaten nicht hauen wolten, sondern die Ruthen wegwurffen. Es bekam aber dem Räthelsführer gar schlecht, und er wurde dafür ernstlich angesehen.» Steltzner, 1733, III. Teil, S. 1011.

[81] Zitiert nach Gaedechens, 1889, S. 96f.

[82] Gaedechens, 1889, S. 92.

[83] Gaedechens, 1889, S. 98.

[84] Laut Zedler war Folter rechtmäßig angewandte Gewalt: «In Rechten ist zwar eine mit Gewalt erzwungene Sache ungültig: es ist aber hierbey zu wissen, daß der Zwang nicht entschuldige, wenn einer nothwendig etwas zu thun schuldig ist, oder es nicht ändern kann, und weil er sich dessen weigert, durch rechtmäßige Zwangs-Mittel dazu angehalten werden muß. Unter andern wird auch der Beweiß in gewaltsam und ungezwungen unterschieden. Jener bestehet darinnen, wenn der Richter die Wahrheit durch die Folter und scharffe Frage heraustreiben muß.» Zedler, 1735, Bd. 10, Sp. 1377. In Hamburg wurden etwa Verurteilte mit glühenden Zangen «gezwickt», d.h. mit erhitzten Zangen wurde in das rohe Fleisch hinein geschlagen.

[85] In *Semiramis* (1683) berichtet der «Hoff=Cantzler» der Königin Semiramis im Gefängnis von Erfolgen durch Folter bei der Suche nach Verrätern: «Die Pein der scharffen Frage / Hat von Gefangnen viel herausgepresst» (II, 1).

[86] Vgl. Frevert, Ute: Ehrenmänner. Das Duell in der bürgerlichen Gesellschaft. München 1991, S. 19. Ein Überblick über die Geschichte des Duells, das hergeleitet wird aus der Fehde, dem gerichtlichen Zweikampf und dem ritterlichen Turnier (S. 20f). Leider fehlt eine Analyse der Besonderheiten bzw. Ähnlichkeiten in Bezug auf die Duelle und Zweikämpfe von Männern aus bürgerlichen und unteren Schichten.

[87] Martens, Wolfgang: Die Botschaft der Tugend. Die Aufklärung im Spiegel der deutschen Moralischen Wochenschriften. Stuttgart 1968, S. 348.

[88] Der an einem adligen Habitus orientierte Dichter Barthold Brockes hat beispielsweise Unterricht bei einem Fechtmeister genommen. Vgl. Martens, 1968, S. 348.

[89] Johann Mattheson berichtet in seinem Lebenslauf von seiner umfassenden Ausbildung bereits als Junge «auf dem Clavier und in der Setzkunst», außerdem «in der Singekunst; dabey er denn auch im Tantzen, Reissen, Rechnen, auf der Gambe, Violine, Flöte und Hoboe; so ferner bei heranwachsenden Kräfften, im Fechten bey dreien Meistern, im Reiten etc. seine Übung hatte.» Zitiert nach: Marx, Hans Joachim (Hg.): Johann Mattheson (1681–1764). Lebensbeschreibung des Hamburger Musikers, Schriftstellers und Diplomaten. Hamburg 1982, S. 40.

[90] Mandat XCVIII., 1664, 16. Febr., zitiert nach *Sammlung der von E. Hochedlen Rathe der Stadt Hamburg sowol zur Handhabung der Gesetze und Verfassungen als bey besondern Eräugnissen in Bürger- und Kirchlichen, auch Cammer-Handlungs- und übrigen Policey-Angelegenheiten und Geschäften vom Anfange des 17. Jahrhunderts bis auf die itzige Zeit ausgegangenen allgemeinen Mandate, bestimmten Befehle und Bescheide, auch beliebten Aufträge und verkündigten Anordnungen. Th.1–6.* Hamburg: 1763–1774. [Im Folgenden zitiert als *Sammlung Hamburger Mandate*] Der erste Theil, welcher die Verfügungen im 17. Jahr=Hundert in sich fasset. Hamburg 1763, S. 206f.

[91] Vgl. «Mandat, daß die fremden und hiesigen Juden auf der Börse sich des Degens=Steckens= und Gewehr=Tragens enthalten sollen.» 1686, 14. Juni. *Sammlung Hamburger Mandate. Der erste Theil, welcher die Verfügungen im 17. Jahr=Hundert in sich fasset.* 1763, S. 371. Dieses Mandat wurde am 29. Juni 1718 erneuert.

[92] Mattheson, Johann: *Grundlage einer Ehrenpforte.* Hamburg 1740. Schneider, Max (Hg.): Vollständiger, originalgetreuer Neudruck mit gelegentlichen bibliographischen Hinweisen und Matthesons Nachträgen. Berlin 1910, S. 94f.

[93] Im August 1705 hatte sich Johann Sebastian Bach in Arnstadt/Thüringen mit dem Schüler Geyersbach geschlagen. Zum Tathergang und den gegenseitigen Beschuldigungen vgl. Schulze, Hans-Joachim (Hg.): Johann Sebastian Bach. Leben und Werk in Dokumenten. Leipzig 1975. S. 40–43.

[94] «Actum, den 19. Aug: 1705». In: Schulze, 1975, S. 42.

[95] «Actum, den 21. Aug: 1705». In: Schulze, 1975, S. 43f.

[96] Über die Klopfechterschulen und Fecht-Shows vom Ende des 17. Jhs. bis Mitte des 18. Jhs. in Hamburg siehe Finder, Ernst: Hamburgisches Bürgertum in der Vergangenheit. Hamburg 1930, S. 380f.

[97] Flemming, Willi: Die deutsche Barockkomödie, 1931, S. 37f. Auf die herumziehenden Fechter, die in den Fechthallen vieler Städte Schaukämpfe zeigten und Fechtschulen abhielten, spielt die Barockkomödie *Vincentius Ladislaus* an. Karikiert wird Gloriosus, dessen Kameraden und Nachfolger auch auf der Hamburger Opernbühne als angeberische Soldaten agierten.

⁹⁸ Vgl. Frevert, 1991, S. 31f.

⁹⁹ Frevert, 1991, S. 33.

¹⁰⁰ Hellmuth Christian Wolff bezieht sich bei seinen Ausführungen zum Duell in Hamburg auf Otto Beneke: Hamburgische Geschichten u. Denkwürdigkeiten. Hamburg 1856. S. 223f. Neuausgabe: Beneke, Otto: Hamburgische Geschichten und Sagen. Neuediert und mit Erläuterungen versehen von Ariane Knuth. Bremen 1999, Kapitel 22, S.332-338. Wolff kommentiert die Duell-Parodien in *Henrico IV.* ohne weitere Analyse zum historischen Hintergrund: «Das Duellieren war auch in Hamburg geradezu eine Sucht geworden, an der sich biedere Handwerksleute, Stundenrufer und Nachtwächter aus den nichtigsten Ursachen heraus beteiligten, so dass i.J. 1699 das Duell unter Todesstrafe gestellt werden musste». Wolff, 1957, S. 149.

¹⁰¹ Vgl. Frevert, 1991, S. 28.

¹⁰² Frevert, 1991, S. 23. Sie bezieht sich auf das Mandat vom 29. Februar 1660, in: *Sammlung Hamburger Mandate. Der erste Theil, welcher die Verfügungen im 17. Jahr=hundert in sich fasset,* 1763, S. 170f.

¹⁰³ Vgl. Staats- und Universitätsbibliothek Hamburg Carl von Ossietzky, Handschriftensammlung: Cod. Hans II, 150, 3. (Sammlung von Hamburger Rechtsfällen, meist in Appellationssachen, a. 1636-a. 1720, keine Seitenzählung, aber Nummerierung: Nr. 205).

¹⁰⁴ Vgl. *Sammlung Hamburger Mandate. Der erste Theil, welcher die Verfügungen im siebenzehnten Jahr=Hundert in sich fasset,* 1763, für den 29. Feb. 1660 (S. 170), den 19. Dec. 1660 (S. 177f.), 4. Jun. 1687 (S. 372f.), den 10. Febr. 1699 (S. 534). Siehe auch: Der zweyte Theil, welcher die Verfügungen von 1701 bis 1730 in sich fasset, Hamburg 1764: «erneuertes und erweitertes Edict, 9. Dec. 1720», S. 969f.

¹⁰⁵ Zitiert nach: *Sammlung Hamburger Mandate. Der zweyte Theil, welcher die Verfügungen von 1701 bis 1730 in sich fasset,* 1764, S. 969f. Vgl. auch Steltzner, 1739, *Beschluß Erste Abtheilung,* S. 581.

¹⁰⁶ Steltzner, 1739, *Beschluß Erste Abtheilung,* S. 970f.

¹⁰⁷ Zitiert nach Gaedechens, 1889, 7. Die Militär-Gerichtsbarkeit, S. 90-107, hier S. 93f.

¹⁰⁸ Nach seiner Ernennung zum Feldmarschall hatte Graf Königsmarck am Krieg gegen Polen gekämpft und war von 1656-1660 in Danzig in Gefangenschaft. Er starb im Februar 1663 in Stockholm als reicher Mann, hinterließ ein Erbe von ca. 2 Millionen Reichsthalern. Königsmarcks Karriere war durch die Königin Christina von Schweden gefördert worden. Er revanchierte sich mit einem Teil der Kriegsbeute, die er nach der Eroberung der Kleinseite von Prag 1648 nach Schweden brachte. Vgl. Fiedler, Beate-Christine: Die Königin Christine als Landesfürstin in den Herzogtümern Bremen und Verden. In: Christina Königin von Schweden. Katalog der Ausstellung im Kulturge-

schichtlichen Museum Osnabrück 23. November 1997–1. März 1998, Stadt Osnabrück 1997, S. 137–150.

[109] Königsmarck. Bilder aus drei Generationen. Katalog zur Ausstellung im Schloß Agathenburg 31.08.1991 bis 08.11.1991. Agathenburg, S. 34f. Die Beschreibung bezieht sich auf das hier auf S. 35 als Katalog-Nr. 17 abgebildete Gemälde von Matthäus Merian d.J., Öl auf Leinwand, 115 x 91 cm. SPA 1922: 140 und 1965: 329. Skoklosters Slott. Signatur: Matthäus Merian Junior Fecit Ao 1651. Inschrift: Gen: Feldt. M. Leut. Graff Königsmarck.

[110] Zitiert nach: Königsmarck 32.36 Pol. (a), Herzog August Bibliothek Wolfenbüttel.

[111] Zu diesen Opern zählen *Hercules und Hebe* (1699/1706), *Hercules und Theseus* (1708), *Hercules unter denen Amazonen* (1694), *Hercules Prodicius* (1727).

[112] Vgl. Keller, Katrin: Friedrich August von Sachsen als Herrscher, Mann und Mythos. Ein Versuch über den Beinamen ‹der Starke›. In: Schmale, Wolfgang (Hg.): «MannBilder». Ein Lese- und Quellenbuch zur historischen Männerforschung. Berlin 1998, S. 79–104, S. 90.

[113] Vgl. Keller, 1998, S. 80.

[114] Vgl. Löwe, Wanda: Die Kolossalfigur des Lysipp. In: Herkules. Tugendheld und Herrscherideal. Das Herkules-Monument in Kassel-Wilhelmshöhe. Herausgegeben von den Staatlichen Museen Kassel; Lukatis, Christiane; Ottomeyer, Hans. Eurasburg 1997. S. 23–34, S. 23.

[115] Vgl. Irle, Klaus: Herkules im Spiegel der Herrscher. In: Staatliche Museen Kassel; Lukatis; Ottomeyer 1997, S.61–S.77, S.61.

[116] Vgl. Bischoff, Cordula: Die Schwäche des starken Geschlechts. Herkules und Omphale und die Liebe in bildlichen Darstellungen des 16. bis 18. Jahrhunderts. In: Dinges, 1998, S. 153–186.

[117] Vgl. Bischoff, 1998, S. 153.

[118] Vgl. Ranke-Graves, Robert: Griechische Mythologie. Quellen und Deutung. 1992 Reinbek bei Hamburg. (Nach der englischen Originalausgabe «The Greek Myths», 1955) Kapitelnr. 136: Omphale, S. 486–491, hier S. 491.

[119] Vgl. Marx; Schröder, 1995, S. 302f. In der Oper *Omphale* (1724), nach der französischen Vorlage von Antoine Houdar de la Motte, wirbt Alcides vergeblich um die lydische Königin Omphale, denn sie liebt einen anderen Mann, Iphis, «Prinz des Königs von Aecalien». Der ritterliche Held Alcides, der sonst immer «nur die Ehre geliebet», wird rasend, weil seine Liebe nicht erwidert wird. Er sieht sich bezwungen: «Liebe siegt allzeit; Ein Hertz von Tapferkeit/ Kann ihrer Macht nicht widerstehen» (I, 3). «Die Schöne, so mich überwunden [...] welcher Auge mich bezwungen/ dass ich ihr Gefangner bin.» Einen Vergleich zwischen der französischen Vorlage der Omphale

von A. Houdar de la Motte und G. Ph. Telemanns Übersetzung leistet Jürgen Rathje: Die rühmliche Liebes-Ueberwindung des Alcides: *Omphale* bei Antoine Houdar de la Motte und Georg Philipp Telemann, in: Lange, Carsten; Reipsch, Brit; Hobohm, Wolf (Hg.): Telemann und Frankreich – Frankreich und Telemann, Bericht über die Internationale Wissenschaftliche Konferenz, Magdeburg, 12. bis 14. März 1998, anlässlich der 14. Magdeburger Telemann-Festtage, Hildesheim, Zürich, New York 2009, S. 222–237. Ein Desiderat bleibt die Frage, inwieweit Leidenschaft und «Hörigkeit» geschlechtsspezifisch konstruiert werden und wie sich hier die Positionen von Houdart de la Motte und Telemann unterscheiden. Auffällig ist die starke Position der Frauen, die ihr Begehren auch deutlich vortragen. So lässt sich die Königin Omphale nicht von Alcides Heldentaten zu ihrer Liebe zu Iphis abbringen. Ähnlich wie Alcides ist die Zauberin Argine von einer unglücklichen Liebe ergriffen – leider ausgerechnet zu Alcides, mit dem sie zuvor eine Beziehung hatte und dem sie «versprochen» war. Argine wird aber von Alcides abgewiesen und will die vermeintliche Konkurrentin Omphale umbringen. Argine bleibt verzweifelt zurück und zerstört den Tempel der Liebe, während Herkules neuen Taten entgegenschreitet. Interessant ist auch die Bedeutung einer Männerfreundschaft, wenn beide um dieselbe Frau werben: zählt die Wahl der Frau oder betrachten die Männer dies als ihre Entscheidung, die sie per Zweikampf oder Ermordung des Konkurrenten fällen?

[120] Textdichter und Komponist unbekannt. Vorlage möglicherweise *Alceste*, Hamburg 1680. D-Hs 71 in MS 639/3:5. Vgl. Marx; Schröder, 1995, S. 352.

[121] Text: Johann Joachim Hoë nach Giacomo Francesco Bussani: *Antonio e Pompeiano*, Venedig 1677; Musik: Reinhard Keiser. D-Hs 151 in MS 639/3:9. Vgl. Marx; Schröder, 1995, S. 138.

[122] Der Vorbericht der Oper *Der große Alexander von Sidon* (1688), überschrieben «An den geneigten Leser», fordert «zur Nachfolgung» der Tugenden des Alexander auf: «Die Großmütigkeit des Alexanders, welche dieses Helden=Ruhm unsterblich gemachet/ scheinet alhier aus unterschiedlichen Stücken hervor. Er überwindet sich in der Liebe zu der Eusonia: Er verachtet die unkeusche Gunst der Thais, Er besieget zum andern mahl den König Eumenes, da er ihm mit Wohltaten sein Gemüht einnimt/ indem er ihm sein gantzes Reich benebenst seiner Gemahlin wieder giebet.» Text: Christian Heinrich Postel nach Aurelio Aureli: *Alessandro Magno in Sidone*, Venedig 1679, Musik: Johann Philipp Förtsch. D-Hs 29 in MS 639/3:3. Vgl. Marx; Schröder, 1995, S. 206.

[123] Elias, Norbert: Über den Prozeß der Zivilisation. Soziogenetische und psychogenetische Untersuchungen. 2 Bde. 21. Aufl. Frankfurt/Main. 1997.

[124] Opitz, Claudia: Zwischen Macht und Liebe. Frauen und Geschlechterbeziehungen in Norbert Elias' ‹Höfischer Gesellschaft›. In: Klein, Gabriele; Liebsch, Katharina (Hg.): Zivilisierung des weiblichen Ich. Frankfurt/Main 1997, S. 77–99.

[125] Als Beispiele für neuere Forschungen seien hervorgehoben: Rode-Breymann, Susanne: «Allein ihr angenehmster zeit vertreib ist die music» Musenhöfe: Zentren der Künste, Orte der Bildung. In: Kruse, Matthias; Schneider, Reinhard (Hg.): Musikpädagogik als Aufgabe. Festschrift zum 65. Geburtstag von Siegmund Helms. S. 321-333. Keller, Katrin: Hofdamen. Amtsträgerinnen im Wiener Hofstaat des 17. Jahrhunderts. Wien 2005; Koldau, Linda Maria: Frauen – Musik – Kultur. Ein Handbuch zum deutschen Sprachgebiet der Frühen Neuzeit. Köln, Weimar, Wien 2005. Siehe insbesondere Teil 1.: Frauen und Musik an Adelshöfen, S. 39-316.

[126] Vgl. Keller, Katrin: Der Hof als Zentrum adliger Existenz? Der Dresdner Hof und der sächsische Adel im 17. und 18. Jahrhundert. In: Asch, Ronald G. (Hg.): Der europäische Adel im Ancien Régime. Von der Krise der ständischen Monarchien bis zur Revolution (ca. 1600-1789). Köln, Weimar, Wien 2001, S. 209f.

[127] Keller, 2001, S. 216f.

[128] Vgl. Sedlacek, Ingrid, Die Neuf Preuses. Heldinnen des Spätmittelalters. (Studien zur Kunst- und Kulturgeschichte Bd. 14.) Marburg 1997, S. 11.

[129] In der zweiteiligen Oper *Hercules unter denen Amazonen* (1694) wirken Menalippe, Hippolyta und Marpesia mit. Text: Friedrich Christian Bressand, Musik: Johann Philipp Krieger. D-Hs 57 und 59 in MS 639/3:4. Vgl. Marx; Schröder, 1995, S. 226 u. 228.

[130] Vgl. Marx; Schröder, 1995, S. 341.

[131] Vgl. *Die großmüthige Tomyris* (1717, 1721, 1723, 1724). Text: Johann Joachim Hoë; Musik: Reinhard Keiser. D-Hs 152 in MS 639/3:9. Vgl. Marx; Schröder, 1995, S. 213f. Zum Inhalt der Oper siehe Colvin, 1999, S. 207, S. 216-220, S. 262.

[132] Sedlacek, 1997, S. 130.

[133] Vgl. Sedlacek, 1997, S. 129.

[134] Sedlacek, 1997, S. 131.

[135] Vgl. ausführlich zur Querelle des Femmes und den Femmes Fortes: Bock, Gisela; Zimmermann, Margarete (Hg.): Die europäische Querelle des Femmes. Geschlechterdebatten seit dem 15. Jahrhundert. Jahrbuch für Frauenforschung 1997. Bd. 2., Stuttgart 1997. Vgl. Schlumbohm, Christa: Die Glorifizierung der Barockfürstin als ‹Femme Forte›. In: Wolfenbütteler Arbeiten zur Barockforschung. Bd. 9. Hamburg 1981, S. 113-122. Auf die Opernbühne bezogen: Rode-Breymann, Susanne, 2003, S. 139-154.

[136] Vgl. Grewe, Andrea: Die Querelle des Femmes im italienischen Theater des Cinquecento. In: Engel, Gisela; Hassauer, Friederike; Rang, Brita; Wunder, Heide (Hg.): Geschlechterstreit am Beginn der europäischen Moderne. Die Querelle des Femmes. Königstein/Taunus 2004, S. 172-186.

[137] Vgl. Kroll, Renate: Die Amazone zwischen Wunsch- und Schreckbild. In: Garber; Held; Jürgensmeier; Krüger; Széll (Hg.), 2001, Bd. 1, S. 521-537.

¹³⁸ Über die zahlreichen Berichte von den kriegerischen Amazonen im antiken Griechenland, den drei Sagenkomplexen, die sich in der nachhomerischen Zeit bildeten, ihre Rezeption in der mittelalterlichen Literatur und höfischem Kontext vgl. Sedlacek, 1997, S. 33f; vgl. Wagner-Hasel, Beate: Männerfeindliche Jungfrauen. Ein kritischer Blick auf Amazonen in Mythos und Geschichte. In: Stoll, Andrea; Wodtke-Werner, Verena (Hg.): Sakkorausch und Rollentausch. Männliche Leitbilder als Freiheitsentwürfe von Frauen. Dortmund 1997, S. 11–34. Renate Kroll betont, dass im Mittelalter und in der Frühen Neuzeit hellenistische und sogenannte klassische Traditionen koexistierten (S. 524f). Mit positiven Vorzeichen, der Tendenz zur Bewunderung, würden die Amazonen in der griechischen Antike als Teil des Mysteriums um Kleinasien (Thermodon-Region) überliefert – vor allem von Herodot, Homer, Aischylos, Thukydides und Plutarch. Obwohl sich dann die klassischen lateinischen Versionen auf griechische Quellen beziehen, werden die Amazonen hier eher negativ bewertet – vor allem von Tacitus, Valerius Flaccus, im Roman über Alexander den Großen des Pseudo-Callisthenes, von Pausanias, Strabo, Darius, Diktys und Vergil. «Die beiden konkurrierenden Versionen erhalten sich bis ins 16. Jahrhundert – wobei die frühen europäischen Autoren ihr Material und ihre Denkweise eher aus der mediterranen Kultur, den klassischen Werken, besonders aus Vergils *Aeneis* (Camilla) und ihrer patriarchalischen Ordnung beziehen.» Kroll, 2001, S. 525.

¹³⁹ Vgl. Kroll, 2001, S. 525. Sie bezieht sich hier auf Diana Macintyre De Luca und ihre Analyse dreier Epen, deren Nachwirkungen auch in manchen Libretti der Hamburger Oper nachweisbar sind: Ariost's *Orlando furioso*, Tasso's: *Gerusalemme liberata* und Spenser's *Faerie Queene*. In diesen Werken streiten zwei Frauen-Typen gegeneinander, die nach Unabhängigkeit strebende und die domestizierbare: Marfisia und Bradamante, Clorinda und Gildippe, Britomart und Radigund. Vgl. Macintyre De Luca, Diana: Forgetful of Her Yoke. The Women Warrior in Three Renaissance Epics. Michigan 1982.

¹⁴⁰ Vgl. Kroll, 2001, S. 536.

¹⁴¹ Goodman, 1999, S. 111.

¹⁴² Vgl. Schlumbohm, Christa: Der Typus der Amazone und das Frauenideal im 17. Jahrhundert. Zur Selbstdarstellung der Grande Mademoiselle. In: Romanistisches Jahrbuch 29 (1978), S. 77–99.

¹⁴³ Dieser Monarch spielte auch auf der Opernbühne eine Rolle, in: *Die geheimen Begebenheiten Henrico IV. Königs von Castilien und Leon. Oder: Die geteilte Liebe* (1711), Text: Johann Joachim Hoë nach anonymer französischer Vorlage, Musik: Johann Mattheson. D-Hs 135 in MS 639/3:8. Vgl. Marx; Schröder, 1995, S. 185.

¹⁴⁴ Baader, 1986, S. 135.

¹⁴⁵ Baader, 1986, S. 230.

¹⁴⁶ Vgl. Baader, 1986, S. 267f.

[147] Vgl. Baader, 1986, S. 231f. Baader betont, dass Perrault die Matrone von Ephesus und Psyches neugierigen Blick auf Amor kritisiert habe, als Ausdruck weiblicher Sittenverderbnis. Er habe dagegen die Griseldis-Geschichte empfohlen, deren Moral darin liege, dass es «keinen so grobschlächtigen und unberechenbaren Gatten gebe, mit dem die Geduld einer ehrbaren Frau nicht fertigzuwerden vermöchte.» Solche Einstellungen, wie sie auch von bürgerlichen Aufsteigern und Aufklärern vertreten wurden, lehnten viele französische aristokratische Damen ab.

[148] Vgl. Baader, 1986, S. 229.

[149] Vgl. Text: Johann Philipp Praetorius nach Paul Scarron: *Jodelet ou le Maître valet*, Paris 1643; Musik: Reinhard Keiser. D-Hs 261 in MS 639/3:18. Vgl. Marx; Schröder, 1995, S. 266f. Vgl. meine Sendung in der Reihe «Parlando» für das Schweizer Radio DRS2 am 20. Februar 2005 über die Aufführung dieser Oper an der Hamburgischen Staatsoper, Premiere am 22. Februar 2004.

[150] Text: Johann Mattheson nach Antonio Salvi: *Amore e maestá*, Florenz 1715, Musik: Giuseppe Maria Orlandini, *Filippo Amadei;* D-Hs 313 in MS 639/3:22. Vgl. Marx; Schröder, 1995, S. 144f.

[151] Vgl. grundlegend zu Herrscherinnen Bastl, Beatrix: Tugend, Liebe, Ehre. Die adllige Frau in der Frühen Neuzeit. Wien u.a., 2000. Schlumbohm, 1981, S. 113–122. Zu ihren Repräsentantinnen auf der Opernbühne siehe Rode-Breymann, 2003, S. 139–154.

[152] Vgl. Untersuchungen zu Unterichtsprogrammen für adlige Mädchen, Kovács, Elisabeth: Die ideale Erzherzogin – Maria Theresias Forderungen an ihre Töchter. In: Mitteilungen des Institutes für Österreichische Geschichtsforschung. XCIV. Bd., Wien 1986. S. 49–80.

[153] Der französische Botschafter Pierre Chanut in Schweden berichtet 1648 über die 22-jährige amtierende Königin, dass sie bei der Jagd bis zu 10 Stunden auf dem Rücken ihres Pferdes aushalte und auf ihr Geschick beim Reiten und mit dem Gewehr nicht einmal stolz sei. Vgl. Wortmann, Anke: Das Bild der Königin Christina im zeitgenössischen Frankreich. In: Christina Königin von Schweden. Katalog der Ausstellung im Kulturgeschichtlichen Museum Osnabrück 23. November 1997–1. März 1998, S. 184.

[154] Zitiert nach: Kiesel, Helmuth (Hg.): Briefe der Liselotte von der Pfalz. Frankfurt/Main 1981, S. 68f.

[155] Vgl. Pichorner, Franz: Wiener Quellen zu den österreichischen Niederlanden. Die Statthalter Erzherzogin Maria Elisabeth und Graf Friedrich Harrach (1725–1743). Wien, Köln 1990. Über die Teilnahme der Erzherzogin an Jagden auf ihrem Lieblingsschloss Mariemont siehe S. 35.

[156] So waren Maria Theresia und später dann auch ihre Kinder für die Jagd gut ausgebildet worden.» Die Herrscherin scheint aber im Gegensatz zu ihrer Mutter keine be-

sondere Jagdleidenschaft bewiesen zu haben. Sie beteiligte sich zwar noch am Anfang ihrer Regierungszeit hie und da aktiv an Jagden.» Möglicherweise sollte hier auch ein bestimmtes Fürstinnenideal konstruiert werden, wenn es weiter heißt: «Ihre Interessenbekundung auf diesem Gebiet war aber später wohl nur – wie manche andere Nachsicht der hohen Frau gegenüber ihrem Gatten – ein Zugeständnis an die Jagdleidenschaft Franz Stephans, der der eigentliche Erbe der großen jagdlichen Tradition der Casa d'Austria gewesen zu sein scheint.» Zitiert nach: Maria Theresia und ihre Zeit. Zur Wiederkehr ihres 200. Todestages. Ausstellung 13. Mai–26. Oktober 1980 Wien, Schloß Schönbrunn. Im Auftrag der österreichischen Bundesregierung. Katalog, S. 549f.

[157] Baumbach, Gabriele: Die Schönheiten- und Ahnengalerie Johann Heinrich Tischbeins d. Ä. in Schloß Wilhelmsthal. S. 220f, S. 209-243. In: Baumbach, Gabriele; Bischoff, Cordula (Hg.): Frau und Bildnis 1600–1750. Barocke Repräsentationskultur an europäischen Fürstenhöfen. Kassel 2003.

[158] Katharina II in ihren Memoiren. Aus dem Französischen und Russischen übersetzt und herausgegeben von Erich Boehme. Leipzig 1916, S. 165 f.

[159] Zitiert nach Keller, 2005, S. 236. Briefe der Lady Mary Wortley Montagu, geschrieben während ihrer Reisen in Europa, Asia und Afrika. Aus dem Englischen übersetzt von Professor Eckert, Bd. 1, Mannheim 1784, Brief aus Wien vom 14.09.1716, S. 38-47, hier S. 41-46.

[160] Vgl. Hattendorff, Mathias: Der König zieht ins Feld: Christian IV. von Dänemark und das Lager in Fuhlsbüttel. Teil I. In: Jahrbuch des Alstervereins 1994. 70. Jahrgang. Hamburg 1994. S. 39-80, S. 72. Pentz hatte 1641 das ihm vom König übertragene Gut Wandsbek in der Nachbarschaft von Hamburg übernommen, S. 73.

[161] Vgl. Baader, Renate: Die verlorene weibliche Aufklärung – Die französische Salonkultur des 17. Jahrhunderts und ihre Autorinnen. In: Gnüg, Hiltrud; Möhrmann, Renate (Hg.): Schreibende Frauen. Frauen. Literatur. Geschichte vom Mittelalter bis zur Gegenwart. Stuttgart 1989, Erstausgabe 1985. S. 58-82, hier S. 75f. Baader geht hier auch den Diskussionen über die standesabhängige Differenzierung weiblicher Leitbilder nach, den geschlechtsspezifischen Werten, Tugenden und Handlungsräumen. Dazu skizziert sie zwei einflussreiche und unterschiedliche männliche Entwürfe des Frauenbildes, die für Aristokratinnen bedeutsam waren. So versuchten der Franziskaner P. Du Bosc und der Jesuit P. Le Moyne zu beweisen, dass weibliche Ausnahmefiguren zu hohen Tugenden fähig waren – am Beispiel antiker, jüdischer und christlicher Heroinen – doch unabdingbar sei hierfür, so Le Moyne, die Keuschheit. Dies stand im Widerspruch zu Tasso's *Discorso della virtu femminile e donnesca* (1582), einer 1632 ins Französische übersetzten Geschlechts- und Standesethik, die für den weiblichen Hochadel wichtig war, aber nach Tasso nur für die Frauen des Bürgertums und den niederen Adel gelten sollte: «Auf die Hochgeborene, die im öffentlichen Wirken

ihre geburtsmäßig bestimmten Pflichten zu erfüllen hat, ist demnach der männliche Wertekanon anzuwenden. Damit verliert die Schamhaftigkeit, wie bei Kleopatra und Semiramis, für sie an Bedeutung. Dieser standesabhängigen Differenzierung weiblicher Leitbilder (femmina/donna-Frau/Herrin) mussten die genannten französischen Frauenapologeten entgegentreten, da sie am Vorbildcharakter der christlichen Gattin und Mutter und grundsätzlich festhalten wollten.» Es gab auch bei Tasso eine geschlechtsspezifische Differenzierung der Tugenden, die sich auf die jeweiligen Wirkungsräume der Frauen aus Bürgertum und dem niederen Adel bezog, wie Baader ausführt. In Tasso's Wertekatalog der weiblichen Tugenden belegte die Keuschheit den ersten Platz, weiter gefragt sind Schweigen, Sparsamkeit, Bescheidenheit, bei den männlichen Tugenden führt der Mut vor Beredsamkeit, Großzügigkeit, Prachtentfaltung. Nach Tasso gelten für Männer und Frauen verschiedene Tugenden, von denen jeweils eine die herrschende ist. «Ihr Fehlen ist demnach der schwerwiegendste Mangel, und die entschuldbarste Schwäche liegt im Gegensatz zur ersten Tugend des anderen Geschlechts.» Mithin gelten Unkeuschheit bei den Frauen und Feigheit bei den Männern als höchste Untugenden.

[162] Opitz, Claudia: Weibliche Herrschaft und Geschlechterkonflikte in der Politik des 16. und 17. Jahrhunderts. In: Garber; Held; Jürgensmeier; Krüger; Széll (Hg.), 2001, Bd. 1., S. 507–520, hier S. 520.

[163] Dixon, Annette: Women who ruled: Queens, Goddesses, Amazons 1500–1650. A thematic Overview. In: Dixon, Annette (Hg.): Women who ruled: Queens, Goddesses, Amazons in Renaissance and Baroque Art. London, Michigan 2002. Siehe auch Kroll, 2001, Bd. 1., S. 525f.

[164] Vgl. Pichorner, 1990, S. 28.

[165] Pichorner, 1990, S. 37.

[166] Pichorner, 1990, S. 37.

[167] Pichorner, 1990, S. 6.

[168] Abbildung: Alte Frau will jungen Mann kastrieren. In: Bake; Kiupel, 1996, S. 166. Dieses Pamphlet befand sich in den Akten des Hamburger Senats (1631–1805), der sich hier mit einer «Generalverordnung gegen mündliche, schriftliche oder gedruckte Pasquille und anstößige Sachen» beschäftigte. Staatsarchiv Hamburg. Die alte lüsterne Frau, die den jungen Mann seiner Männlichkeit beraubt, ihn zu einem Kapaun operiert, war ein beliebtes satirisches Motiv. Neben der Verspottung des Begehrens alter Frauen könnten in diesem Bildmotiv problematische Zustände gespeichert sein. Dazu zählte, dass Handwerkerwitwen einen jungen Gesellen heiraten mussten, wenn sie ihren Betrieb weiterführen wollten.

[169] Loetz, 1998, S. 277.

[170] Loetz, 1998, S. 277.

[171] Vgl. Loetz, 1998, S. 292. FN 56. Hier berichtet sie von einer familieninternen Schlägerei, dokumentiert in den Züricher Akten. A.27.134, 28.12.1722.

[172] Auch aus Hamburg sind etliche Fälle von Frauen, die in Männerkleidung lebten, arbeiteten und heirateten, überliefert. Viele waren eine Sensationsmeldung wert. Dabei haben sie nicht immer als Soldat gedient. So berichtet die *Vossische Zeitung*, Berlin 1728, Nr. 92: «Hamburg, den 27. Juli. Verwichenen Sonnabend ward allhier eine Weibes-Person, welche sich jederzeit als eine Manns-Person verkleidet, auch desfalls und anderer Possenmachereyen und Diebereyen wegen schon zu zweyen mahlen ausgestrichen und ins Spinn-Haus gesetzet, zuletzt aber sich mit einer Frauens-Person so weit eingelassen, daß sie selbige heyrathen wollen, auch sich bereits von der Cantzel proclamiren lassen, aber darüber noch gütigst mit dem andern Frauenzimmer attrapiret worden, welche letztere aber, weil sie von ihrem Zustande noch nichts gewust, also unschuldig befunden, sofort wieder frey gelassen, nach der über ihr ausgesprochenen Sentence scharf am Pranger mit Ruthen gestrichen, gebrandmahlet, und lebenslang wieder ins Spinn-Haus gesetzet.» Zitiert nach: Buchner, Eberhard: Liebe. Kulturhistorisch interessante Dokumente aus alten deutschen Zeitungen. Vom Ende des 17. bis zum Ende des 18. Jahrhunderts. München o.J. (1914), Nr. 303, S. 218f. Jakob Michelsen hat sie anhand der Spinnhaus-Unterlagen identifiziert: Sie hieß Catharina Anna Margreth Pohlmann und saß mehrfach wegen verschiedener Delikte (Diebstahl, «Hurerei», zuletzt wegen der versuchten Hochzeit) im Spinnhaus. Letztlich hat sie den größten Teil ihres Erwachsenenlebens dort in Gefangenschaft verbracht. Vgl. Michelsen, Jakob: Gleichgeschlechtliche Sexualität im frühneuzeitlichen Hamburg: Lebensrealitäten, Wahrnehmungen und Verfolgung. Magisterarbeit an der Universität Hamburg 2003, S. 83–84.

[173] Zu Frauen, die in Männertracht als Soldaten kämpften, siehe Dekker, Rudolf; van de Pol, Lotte: Frauen in Männerkleidern. Weibliche Transvestiten und ihre Geschichte. Berlin 1990.

[174] Vgl. Michelsen, Jakob: Von Kaufleuten, Waisenknaben und Frauen in Männerkleidern. Sodomie im Hamburg des 18. Jahrhunderts. In: Zeitschrift für Sexualforschung. Jg. 9 (1996) Heft 3, S. 205–237.

[175] Vgl. Kanzleibericht an Friedrich Wilhelm I., in: Steidele, 2004, S. 211f.

[176] Steidele, 2004, S. 216.

[177] Vgl. Steidele, 2004, S. 8f.

[178] Steidele, 2004, S. 46.

[179] Zitiert nach Steidele, 2004, S. 49f.

[180] Vgl. Steidele, 2004, Kapitel: Urteil und Hinrichtung, S. 109-134.

[181] Steidele, 2004, S. 217f.

[182] Vgl. Steidele, 2004, S. 214f.

[183] Molander: *Der mit denen Seltenheiten Dieser unter-irdischen Welt beschäfftigte Parnassus: Oder auserlesene Merckwürdigkeiten und ungemeine Wunder-Fälle, In allerhand historisch-politisch-Geographisch-Militar- und Moralischen, wie auch anderen lustigen Sachen bestehende; Welche In einer Drey-jährigen Reise auff diesem Erden-Rund angemercket, Und der Götter-Versammlung in Parnasso zur Entscheidung vorgetragen/ durch Molandern.* Hamburg 1698, S. 116–119.

[184] Molander, 1698, S. 116f.

[185] Im Juli 1727 wurde das Ehepaar Stockes von Robert Barker und Mary Welsh aus Irland herausgefordert. Auch Jahrzehnte später war der Zweikampf zwischen Mann und Frau ein beliebtes Spektakel, das auch von Mitgliedern der höchsten Gesellschaftsschichten goutiert wurde, wie etwa vom künftigen König George IV. Er soll einem Kampf zwischen einer werktätigen Frau «Big Bess» und seinem «hanger-on» Major William Hanger zugeschaut haben. Dieser Kampf dauerte nur 5 Minuten und endete mit einem k.o.-Schlag und Big Bess wurde im Triumphzug durch die Stadt geleitet, stolz rufend «I have done the Major». Augenscheinlich wurden arbeitende Frauen als Männern gegenüber physisch gleichwertig angesehen – eine Gleichwertigkeit, die dann auch die Brutalität rechtfertigte, mit der sie oft behandelt wurden. Vgl. Rizzo, Betty: Equivocations of Gender and Rank: Eighteenth-Century Sporting Women. In: Eighteenth-Century Life. Volume 26, Number 1, Winter 2002, S. 70–118, S. 75.

[186] Christiane Mariane von Zieglers Texte wurden von Johann Sebastian Bach und Georg Philipp Telemann vertont, wie etwa die Kantate: «Ich kann lachen, weinen, scherzen» (TWV 20:12), die er 1728 im *Getreuen Music=Meister* veröffentlichte.

[187] Zitiert nach Goodman, 1999, S. 111.

[188] Zitiert nach Goodman, 1999, S. 111.

[189] Goodman, 1999, S. 111.

[190] Goodman, 1999, S. 111.

[191] Einblicke in weibliche Lebensräume zu Zeiten des Krieges bieten die Tagebücher der Anna Åkerhielm (1642–1698). Die hochgebildete Pfarrerstochter, 1691 geadelt, war die Hofdame von Catharina Charlotte de la Gardies, Gattin von Otto Wilhelm von Königsmarck (1639–1688) und Onkel der Gräfin Maria Aurora. Beide Frauen begleiteten ihn auf einer militärischen Expedition nach Griechenland. Von 1689 bis zu ihrem Tode lebte sie als Hofdame in Stade und auf Schloß Agathenburg. Möglicherweise hat sie auch die Hamburger Oper besucht.

[192] In Petrons satirischem Roman *Satyricon,* der auch im Umfeld der Hamburger Oper gelesen wurde, finden sich Hinweise auf die Mitwirkung von weiblichen Gottheiten und Allegorien in Kriegen. In der Schilderung des Bürgerkrieges, die Eumolpus in Gedichtform vorträgt, werden Kriegsgräuel beschrieben, aber auch weibliche Gottheiten (Kap. 124), die «entsprechend der Unrast auf Erden» die Menschen verfluchten.

Der Frieden, weiblich imaginiert, verbirgt das besiegte Haupt unter einem Helm (Vers 250), sucht Schutz im Hades, gemeinsam mit der Treue, der Gerechtigkeit und der Eintracht. Doch aus der Hölle entweicht «die grause Erinys mit Schlangen als Haaren, dräuende Göttin des Kriegs, Bellona, Megaera mit Fackeln [...].» Göttinnen stehen den Helden bei wie Dione, eigentlich die Mutter der Venus, hier mit ihr gleichgesetzt. Sie gilt als Ahnfrau Caesars und lenkt «ihres Caesars Waffen: mit ihr kommt Pallas Athene [...].» Die grauenerregende Zwietracht wird als altes Weib mit hängenden Brüsten imaginiert. In Vers 287 ruft sie die Völker zu den Waffen: «[...] nehmt die Fackeln und schmeißt sie mitten hinein in die Städte! Wer sich verbirgt, den erschlagt! Zurück jetzt stehen nicht Frauen, nicht die Knaben und nicht die Greise im trostlosen Alter [...].» Der Kommentar von Harry C. Schnur für diese Passage greift zu kurz: «'Frauen': vielleicht weil Cornelia ihren Gatten Pompeius an die Front begleitete.» Petron: *Satyricon. Ein römischer Schelmenroman.* Übersetzt und erläutert von Harry C. Schnur. Bibliografisch ergänzt. Stuttgart 1999. Anmerkungen, S. 238. Übersetzung des Bürgerkriegsgedichtes: S. 149–163.

[193] Vgl. Donoghue, Emma: Passions between women. British Lesbian Culture 1668–1801. New York 1995. Hier das Kapitel «The breeches part», S. 87–108.

[194] «Inmitten unserer Betrübnis ist Ihre Beschreibung Frau von Colonnas und ihrer Schwester einfach herrlich! Man wird abgelenkt, Sie schildern bewundernswert. Die Gräfin von Soissons und Frau von Bouillon sind wütend über diese Närrinnen und sagen, man sollte sie einsperren. Sie nehmen sehr deutlich Stellung gegen diesen maßlosen Unsinn. Es wird auch mit Bestimmtheit angenommen, dass der König den Konnetabel nicht ärgern will, denn er gehört zu den ersten Familien Roms. Unterdessen werden wir sie wie Fräulein von L' Etoile ankommen sehen; der Vergleich ist wunderbar.» Die Ehefrau des Konnetabel Fürsten Colonna, Maria Mancini (1639–1715), Jugendgeliebte Ludwigs XIV., und ihre Schwester Hortense, Herzogin von Mazarin (1646–1699) und Gattin von Armand Charles von La Meilleraye (1632–1713), waren als Männer verkleidet aus Italien nach Aix en Provence gekommen, um zwei Brüder, den Chevallier Philippe de Lorraine (1643–1702) und den Grafen Marsan, Karl von Lothringen-Armagnac (1648–1708), zu treffen. Die beiden Damen, die sich über diesen Streich aufregten, waren die beiden anderen der vier Mancini-Schwestern, Nichten des Kardinals Mazarin. Außerdem wird hier angespielt auf eine Figur aus dem *Roman comique* von Scarron. Zitiert nach: Madame de Sévigné. Briefe. Herausgegeben und übersetzt von Theodora von der Mühll. Frankfurt/Main 1966, S. 83.

[195] Menantes (Christian Friedrich Hunold), 1706/1973, S. 250.

[196] Vgl. Burschel, 1994, S. 242, FN 894.

[197] Die Liebesgeschichten am dänischen Hof waren in der Tat opernhaft. So ließ Christian IV., nachdem ihn Kirsten Munk verlassen hatte, am Schloss Frederiksburg

einen Stein mit der Inschrift aufstellen: «Hier weinte der König» und bedrohte sie mit Verbannung. Kirsten Munk stammte aus dem gehobenen Bürgertum, ihre Mutter war eine Bürgermeisterswitwe. Ihrer Nachfolgerin, Wiebke Kruse, eine Bauerstochter aus Bramstedt, wurde nach dem Tod des Königs von seinen Kindern übel mitgespielt. Nach ihrem Tod wurde sie zunächst «auf Henkersart vergraben». Vgl. Heiberg, Steffen, Christian 4. [den fjerde]: monarken, mennesket og myten, Copenhagen 1988.

[198] Hattendorff, Mathias: Der König zieht ins Feld: Christian IV. von Dänemark und das Lager in Fuhlsbüttel. Teil II. In: Jahrbuch des Alstervereins 1995. 71.Jahrgang. Hamburg 1995. S. 50–86, S. 52.

[199] Vgl. Hattendorff, 1995, S. 52.

[200] Hattendorff, 1995, S. 52.

[201] Hattendorff, Mathias: Der König zieht ins Feld: Christian IV. von Dänemark und das Lager in Fuhlsbüttel. Teil I. In: Jahrbuch des Alstervereins 1994. 70. Jahrgang. Hamburg 1994, S.39–80, S. 72.

[202] Hattendorff, 1994, S. 72.

[203] Zu den Hintergründen dieser Affaire siehe Schröder, 2003, S. 31-33. Zur engen Beziehung zwischen Leben und Literatur in Bezug auf die Geschwister Maria Aurora und Philipp Christoph von Königsmarck und ihre Liebschaften: Kraft, Stephan: Literarisiertes Leben und gelebte Literatur – Interferenzen von Autobiographie, Briefkultur und galantem Roman um 1700, in: zeitenblicke 1 (2002), Nr. 2 [20.12.2002], URL: http://www.zeitenblicke.historicum.net/2002/02/kraft/index.html//.

[204] Mit Briefchen, Heimlichkeiten und Vorsichtmaßnahmen, wie sie auch auf der Opernbühne gespiegelt werden.

[205] In seinem Roman *Die römische Octavia* zeichnete Anton Ulrich von Braunschweig-Lüneburg ihr Schicksal nach. Siehe Teil II.

[206] Das ovale Doppelporträt soll Maria Aurora von Königsmarck und Sophie Dorothea von Celle zeigen, zugeschrieben Anna Wilhelmine von Königsmarck, Öl auf Leinwand, 72 x 91 cm. SPA 1912:1914. Privatbesitz. Katalog Nr. 6, Bilder aus drei Generationen Königsmarck, 1991, S. 20f.

[207] Friedrike Wilhelmine von dem Knesebeck aus dem Hause Wittingen/Karwe wurde Hofdame von Königin Sophie Dorothea, der Mutter Friedrich des II.. Friederike Wilhelmine war die Tochter des «Langen Kerls», Carl Christoph Johann. Sie begleitete die Prinzessin Louise Ulrike (Schwester Friedrich II.), spätere Königin von Schweden, zu deren Vermählung 1744 nach Stockholm. http://www.von-dem-knesebeck.org/intern/750jahre.html.

[208] Vgl. Bastl, Beatrix: Tugend, Liebe, Ehre. Die adlige Frau in der Frühen Neuzeit. Wien, Köln, Weimar 2000.

[209] Bastl, 2000, S. 376f.

[210] Burschel, 1994, S. 241.
[211] Vgl. Burschel, 1994, S. 244.
[212] Burschel, 1994, S. 244.
[213] Vgl. Burschel, 1994, S. 244.
[214] Burschel, 1994, S. 249f.
[215] Vgl. Burschel, 1994, S. 250f.
[216] Burschel, 1994, S. 246f.
[217] Burschel, 1994, S. 296f.
[218] Siehe auch die Definition des Begriffes «Kriegstheater» für den jeweiligen Kriegsschauplatz bei von Clausewitz, 2003, S. 181f. Seiner Anwendung im frühen 18. Jh. muss noch genauer nachgegangen werden.
[219] Vgl. Hofmann, Hans-Georg: Mars und Jägermeister auf der Bühne – Repräsentatives Musiktheater am Dresdner Hof. In: Appel, Bernhard R., Geck, Karl W.; Schneider, Herbert: Musik und Szene. Festschrift für Werner Braun zum 75. Geburtstag. Saarbrücken 2001. Saarbrücker Studien zur Musikwissenschaft. Neue Folge Band 9. S. 67–84.
[220] Auftraggeber war Johann Georg II, der älteste Sohn des Kurfürsten, den Text schrieb der Hofpoet David Schirmer, über den Komponisten der verschollenen Musik gibt es nur Vermutungen. Vgl. Hofmann, 2001, S. 67f.
[221] Zitiert nach Hofmann, 2001, S. 69, FN 8.
[222] Vgl. Hofmann, 2001, S. 70. «Die ritterlichen Tugenden von Tanz-, Reit- und Fechtkunst verbinden sich auf der Dresdner Bühne zu einer effektvollen Kriegsdarstellung, die angesichts der Rauchwolken im Riesensaal des Dresdner Schlosses auch atemberaubend gewesen sein muß», S. 71.
[223] Text: Barthold Feind nach Matteo Noris: *Catone Uticense*, Venedig 1701. Musik: Reinhard Keiser. D-Hs 203 in MS 639/3:13. Vgl. Marx; Schröder, 1995, S. 51f.
[224] Vom zeitgenössischen Sklavenhandel hatten OpernbesucherInnen z.B. aus Zeitungsberichten über Seeleute gehört, die von Piraten verschleppt und als Sklaven verkauft wurden. In Hamburg gab es eine Seefahrer-Kasse, die solche Sklaven freikaufte. Auch die englische Flotte hatte mit solchen Problemen zu kämpfen, wie Samuel Pepys einige Jahrzehnte zuvor in seinem Tagebuch notierte: «08.02.1661: Den ganzen Vormittag im Flottenamt. Dann ins ‹Vlies›, wo ich mit mehreren Kommandanten trank und ihren Geschichten aus Algier und dem Leben der Sklaven dort zuhörte. Kapitän Mootham und Mr. Dawes sind beide in Algerien gefangengenommen worden, sie erzählten ausführlich von ihrem Schicksal, daß sie nichts als Brot und Wasser bekommen haben und auf die Fußsohlen geschlagen wurden.» Zitiert nach Samuel Pepys Tagebuch. Ausgewählt, übersetzt und herausgegeben von Helmut Winter. Stuttgart 1980. S. 62f.

[225] Text: Zusammenstellung Gottfried Heinrich Stölzel?; Musik: Reinhard Keiser, D-Hs 145 in MS 639/3:9. Vgl. Marx; Schröder, 1995, S. 70.

[226] Die Beziehung zwischen Mars und Bellona wird nicht einheitlich gezeichnet. So sind sie in einer «Frantzösischen Opera», die allerdings in Hamburg kein großer Erfolg war, ein Liebespaar: *Venus und Adonis* (1725), (IV, 4–5), Text: Jean-Baptiste Rousseau, Musik: Henri Desmarets (Venus et Adonis, Paris 1697), D-Hs 248 in MS 639/3:17. Vgl. Marx; Schröder, 1995, S. 395.

[227] Eine Untersuchung zu einem durch Männer personifizierten Frieden steht noch aus.

[228] Text: Johann Ulrich König nach einer bisher nicht identifizierten italienischen Textvorlage, Musik: Reinhard Keiser, Widmungsträger: Bendix von Ahlefeldt. D-HS 140 in MS 639/3:9; Vgl. Marx; Schröder, 1995, S. 242f.

[229] Siehe auch Dorothea Schröders Analyse des Prologs und Epilogs dieses Schäferspiels im Hinblick auf seine zeitgeschichtliche Anbindung: Zum einen die Beendigung des Spanischen Erbfolgkrieges, die mit dem bereits 1713 geschlossenen Frieden von Utrecht eingeleitet und mit den beiden Friedensverträgen von Rastatt (6. März 1714) und Baden (7. September 1714) durch Karl VI. abgeschlossen wurde. Und zum andern die Pestepidemie, die 1713 in Hamburg wütete, rund 11 000 Tote forderte, und deren Ende am 22. März 1714 mit einem Dankfest gefeiert wurde. Schröder, 1998, S. 193f. Ihre Einschätzung, dass die Haupthandlung dieser Oper in einer arkadischen Schäferwelt spiele «und keine Anknüpfungspunkte zum Zeitgeschehen» enthält (S. 196), teile ich im Hinblick auf die Geschlechterrollen nicht.

[230] Schröder, 1998, S. 193f.

[231] Vielversprechend erscheint eine Analyse der Männlichkeitsideale, die Apollo und Herkules verkörpern, auch im Hinblick auf Gegensätze zwischen bürgerlichen und adligen Vorstellungen.

[232] Hier kommt keine Virtuosin zu Wort, denn diese hatten noch keinen Platz in Orchester und Konzertsaal. Die Musen spielten zwar als Bühnenfiguren Instrumente, wie adlige und bürgerliche Frauen im privaten und (halb)-öffentlichen Raum auch, aber eben nicht als professionelle Musikerinnen.

[233] Text: Johann Ulrich König, Musik: Reinhard Keiser. D-Hs 137 in MS 639/3:8.

[234] Vgl. Schröder, 1998, S. 194.

[235] Schröder, 1998, S. 196.

[236] 1701 unter dem Titel *Philippus* durch den kaiserlichen Gesandten verboten, 1702 dann unter dem neuen Titel *Beatrix* aufgeführt: Textdichter: Hinrich Hinsch, Musik: Georg Bronner. D-Hs 34 in MS 640/3:3. Vgl. Marx; Schröder, 1995, S. 45. Zum politischen Hintergrund der Oper und ihres Verbots siehe Schröder, 1998, S. 113–121.

[237] Weigel, Sigrid: Topographien der Geschlechter. Kulturgeschichtliche Studien zur Literatur. Hamburg 1990, S. 150. Weigel geht hier der Imaginationsgeschichte der Stadt nach, zwischen Göttin, Hure und Mutter. Ein frühes Beispiel ist die «Hure Babylon» in der Offenbarung des Johannes. Die Inszenierung von Städtebildern in Opernlibretti erwähnt Weigel nicht.

[238] So wird Hamburg als «Der Städte Königin» verherrlicht, 1726 in *Mistevojus*. Der König der deutschen Flüsse ist die Elbe. Zum historischen Hintergrund des «Herrscherlobs zum Eigenlob der Stadt» vgl. Schröder, Dorothea, 1998, S. 202-206f. Weitere Beispiele finden sich in Prologen.

[239] Zum politischen Hintergrund und des Verbots dieser Oper vgl. Schröder, 1998, S. 113-121. Ich gehe nur auf die geschlechtsrollen-spezifischen Aspekte um Mars, seine Schwestern und die Allegorie der Stadt Mailand ein.

[240] Text: Johann Ulrich König, Musik: Reinhard Keiser. D-Hs 142 in MS 639/3:9. Vgl. Marx; Schröder, 1995, S. 375.

[241] Text: Christian Heinrich Postel; Musik: Reinhard Keiser, D-Hs 74 in MS 639/3:5. Vgl. Marx; Schröder, 1995, S. 139f. Vgl. Olsen, 1973, S. 154-156.

[242] Vgl. Marx; Schröder, 1995, S. 140.

[243] Vgl. Text: Christian Heinrich Postel, Musik: Reinhard Keiser. D-Hs 75 in MS 639/3:5. Vgl. Marx; Schröder, 1995, S. 89.

[244] Vgl. Olsen, 1973, S. 161.

[245] Text: Friedrich Carl Bressand, Musik: Philipp Heinrich Erlebach, Erstfassung Braunschweig 1693, Hamburg 1694; Johann Mattheson, Zweitfassung Hamburg 1699. D-Hs 79 in MS 639/3:5. Vgl. Marx; Schröder, 1995, S. 316.

[246] Text: Verfasser unbekannt, nach Matteo Noris, Attila, Venedig 1672; Musik: Johann Wolfgang Franck. D-Hs 20 in MS 639/3:2. Vgl. Marx; Schröder, 1995, S. 72.

[247] Text: Barthold Feind, Musik: Reinhard Keiser. D-Hs 148 in MS 639/3:9. Vgl. Marx; Schröder, 1995, S. 328f.

[248] Einen Überblick über die historischen Hintergründe dieser Feierlichkeiten, «die Einbeziehung der politisch-sozialen Wirklichkeit und der mit dieser Wirklichkeit verbundenen Wunschvorstellungen und Utopien» liefert Hirschmann, Wolfgang: Musikalische Festkultur im politisch-sozialen und liturgisch-religiösen Kontext: Telemanns Serenata und Kirchenmusik zur Geburt des Erzherzogs Leopold (Frankfurt 1716). In: Cahn, Peter (Hg.): Telemann in Frankfurt. Bericht über das Symposium Frankfurt/Main, 26./27. April 1996. Im Auftrag der Frankfurter Telemann-Gesellschaft. Mainz, London u.a. 2000, S. 163-195.

[249] Marcus Terentius Varro's kurze Festbeschreibung in deutscher Übersetzung: «Megalesia, (Fest der Großen Mutter, 4. April, d.Ü.)) heißen nach den Griechen, weil sie (die Mater Magna, d.Ü.) auf Geheiß der Sibyllinischen Bücher vom König Attalos

aus Pergamon herbeigebracht worden war; dort befindet sich nahe der Stadtmauer das ‹Megalesion›, d.h. der Tempel, von wo sie nach Rom gebracht worden ist.» Zitiert nach König, Angelika; König, Ingemar: Der römische Festkalender der Republik. Feste, Organisationen, Priesterschaften. Stuttgart 1991, S. 13f.

[250] Wolff konstatiert, dass in dieser Oper die übliche Handlung mit Intrigen fehlt, ihr Mittelpunkt sei stattdessen ein «Reinigungs= und Fruchtbarkeitsfest»: «Es handelt sich um eine Art von Ballett=Oper, in der in einer Reihe von selbständigen kurzen Aufzügen alte römische, griechische und germanische Volksbräuche dargestellt wurden.» Besonders fasziniert scheint Wolff von der «Apparenza terza» (III, 5) betitelt mit «Vinalia&Veneralia». Wichtiger Bestandteil dieses Wein-Venusfestes ist ein Auftritt von «Acht Bacchantinnen mit ihren Phallis und Oscillis, so mit dem Feuerschläger tantzen.» Wolff, der die Oscillis als «kleine Bacchusbilder aus Wachs» erklärt, staunt: «Hier erlebten also sogar die Phallos=Mysterien des alten Griechenland eine Auferstehung.» Wolff, 1957, S. 192f. Doch ganz so «freizügig» geht es auf der Opernbühne nicht zu, was etwa die Präsentation von kleinen Phallus-Skulpturen betrifft. Zwar weist Feind im Vorbericht auf Passagen aus Augustinus *De Civitate Dei* Lib.7. cap. 21. und Lib.6. cap. IX. hin. Nur kurz zitiert Feind aus dem lateinischen Text, um dann effektvoll aus moralischen und theatertheoretischen Gründen abzubrechen: «das übrige verschweige mit Fleiß; Diejenige aber/ so in der Apparenza terza dieses Schauspiels von Phallis etwas lesen/ und wissen/ wie solche von Herodoto, Plutarcho und Lud. Vive ad hunc locum Augustini beschrieben werden/ dürffen gar nicht gedencken/ daß sie auf unserm Theatro in gleicher Gestalt erscheinen/ weil man nichts auffführen wollen/ so dem Wohlstand und ehrbaren Sitten zuwider.» (b) Wesentlich schlichter lesen sich die Festbeschreibungen bei Marcus Terentius Varro: «Vinalia (23. April) heißen nach dem Wein. Dieser Tag ist dem Jupiter geweiht, nicht der Venus.» Weiter beschreibt Varro kultische Handlungen eines Weinfestes, mit Opferungen weiblicher Lämmer für Jupiter. Vgl. König; König, 1991, S. 15. Die Autoren haben den lateinischen Text von Marcus Terentius Varro's Liste von Festen und Feiertagen ins Deutsche übertragen, die er um 45/44 v.Chr. im 6. Buch seiner *De lingua Latina* einfügte, um den alten republikanischen Festkalender unter Ausschluss nicht-römischer, also insbesondere griechischer und orientalischer Einflüsse vorzustellen (S. 8.). Doch Venus spielte auf diesem Weinfest eine wichtige Rolle. Aus heutiger Sicht waren die Vinalia ein Weinfest. Nach einem Trankopfer an Jupiter wurde der Wein der letzten Ernte freigegeben (S. 58).

[251] Vgl. Barthold Feind im Vorbericht der Oper, Seite vor a3.

[252] Varro in deutscher Übersetzung: «Die Palilia (21. April) heißen nach Pales, weil es ihr Fest ist, so wie die Cerealia (19. April) nach Ceres heißen.» Zitiert nach: König; König, 1991, S. 15. Neuere Forschungen kommen hier zu anderen Ergebnissen: In der Annalistik wurde Pales als Gottheit der Palatins gesehen, ihr Fest galt als Gründungstag

Roms. Eigentlich soll es sich um ein Reinigungsfest der Hirten und Herden gehandelt haben, das die Vestalinnen maßgeblich gestalteten. Vgl. König; König, 1991, S. 57f.

[253] Die Floralia zu Ehren der Flora sollen allerdings am 3. Mai gefeiert worden sein, als Fest zur Getreideblüte. Allerdings sollen sie vormals zu den feriae conceptivae, den beweglichen Feiertagen gezählt haben. Es soll als Volksfest gefeiert worden sein, an dem sich Schaupieler, Tänzer und Prostituierte beteiligten. Vgl. König; König, 1991, S. 60.

[254] Möglicherweise gehen diese Bräuche auf griechische Ursprünge zurück, die Feind nicht kannte. So gibt es in der griechischen antiken Literatur den als Pyrrhiche bezeichneten «guten» Tanz: ein Waffentanz, der für Männer und Frauen für die körperliche Ertüchtigung bedeutsam war. Die Göttin Athene soll ihn direkt nach ihrer Geburt und dann nach ihrem Sieg gegen die Giganten getanzt haben. Außerdem berichten Mythen vom Waffentanz der Amazonen im Artemiskult. Der Waffentanz wurde im privaten Bereich bei Symposien und bei festlichen Tänzen aufgeführt – für das Fest der Panathenäen im 4. Jh. ist der Waffentanz als agonistische Disziplin belegt. Bildliche Zeugnisse gibt es bereits aus der geometrischen Zeit und dann ab dem 6. Jh. in der Vasenmalerei. Die Pyrrhiche blieb im 4. und 5. Jh. ein wichtiges Motiv in der attischen Ikonographie. Vgl Vazaki, Anna: Mousike Gyne. Die musisch-literarische Erziehung und Bildung von Frauen im Athen der klassischen Zeit. Möhnesee 2003, siehe Kapitel: Der Wettbewerb im Waffentanz. S. 153–165.

[255] Juvenals 6. Satire spielte in den zeitgenössischen Debatten um die Bildung und Rolle der Frauen eine wichtige Rolle. Dies lässt sich z.B. in der Dissertation des Christoph Christian Haendel zu den gelehrten Frauen Deutschlands nachweisen, die er 1688 unter dem Titel *Dissertatio de eruditis Germaniae mulieribus* bei Magnus Daniel Omeis ablieferte. Elisabeth Gössmanns knapper Überblick über diese Arbeit ist auch wichtig im Hinblick auf die Debatten in den Vorberichten der Libretti, die als eine Form der Querelle des Femmes zu interpretieren und in Form wissenschaftlicher Texte verfasst sind. Gössmann konstatiert, dass Haendel zwar wie üblich die Standpunkte der unterschiedlichen Parteien referierte, sich dabei aber nicht in die Mitte einordnet, sondern auf der Seite der Frauenfreunde argumentiert: «Zu den Frauenfeinden zählen für Haendel aus der Antike Euripdes in seinem *Hippolyt* und Juvenal mit seiner 6. Satire, die immer wieder als Topos für den antifeministischen Standpunkt genannt wird.» Haendel bezieht sich auf die in diesem Zusammenhang oft zitierten antiken und neueren Autoren, «die auf diesem Stadium der Diskussion weiblicher Wissenschaftsfähigkeit eher Schablone als vom jeweiligen Autor gekannte oder selbst erarbeitete Autoritäten sind.» Seine frauenfreundlichen Positionen hingegen legt Haendel individuell formuliert dar, «in einer engagierten Sprache, ohne Autoritäten zu nennen, mit rationalen Begründungen.» Gössmann, Elisabeth (Hg.): «Eva Gottes Meisterwerk». Archiv für philosophie- und theologiegeschichtliche Frauenforschung, Bd. 2, München 1985, S. 131f.

[256] Vgl. Juvenal, Satiren. Übersetzung, Einführung und Anhang von Harry C. Schnur. Stuttgart 1969/1978. S. 53–77, Anmerkungen S. 181–189.

[257] Über «unzüchtige Vorführungen beim Floralienfest (28. April–02. Mai) berichten z.B. Martial, 38/41–102/104 n. Chr., ein Bekannter Juvenals in der Vorrede zu seinem 2. Epigramm-Buch und der Satirendichter Persius (34–62 n. Chr.), 5, 178f. Vgl. Juvenal, 6. Satire, 1969/1978, FN 31, S. 185.

[258] Vgl. Juvenal, 6. Satire, ab Vers 249, 1969/1978, S. 62.

[259] Georg Philipp Telemann: «Deutschland grünt und blüht im Friede.» Frankfurt 1716. Textdruck-Faksimile. Mit einem Nachwort von Wolfgang Hirschmann. Herausgegeben vom Zentrum für Telemann-Pflege und -Forschung im Kulturamt der Landeshauptstadt Magdeburg. Magdeburg 2002. Siehe auch Hirschmann, Wolfgang, 2000, S. 163–195.

[260] Georg Christian Lehms schlägt sich in seinem kurz zuvor erschienen Frauenzimmerlexikon auf die Seite der Frauenfreunde: *Teutschlands Galante Poetinnen* (...) Frankfurt/Main 1715, Faksimile-Reprint Darmstadt 1966. Hierin erwähnt er auch die Librettodichterin Christine Dorothea Lachs, S. 89–96.

[261] Hirschmann, Wolfgang (Hg.): Vorwort zu Georg Philipp Telemann, Frankfurter Festmusiken zur Geburt eines kaiserlichen Prinzen 1716 II. Serenata *Deutschland grünt und blüht im Friede,* Kassel u. a. 1992 (= Georg Philipp Telemann, Musikalische Werke, Bd. 17), S. X. Außerdem waren bei der Aufführung weitere namhafte Sängerinnen und Sänger dabei, vgl. Hirschmann, 2000, S. 169, wie Anna Maria Schober, Johanna Elisabeth Hesse-Döbricht, der Tenor Konstatin Knöchel und der Bassist und Vizekapellmeister der Darmstädter Hofkapelle Gottfried Grünewald (Dieser sang 1703 in Hamburg, vgl. Marx; Schröder, 1995, S. 446).

[262] Auffällig in dieser Serenata ist, dass die Allegorie der Stadt Frankfurt im Bass singt, also von einem Mann verkörpert wird. Über die Gründe kann derzeit nur spekuliert werden.

[263] Text: Paolo Antonio Rolli: *Il Numitore,* London 1720; Musik: Giovanni Porta, (alle mit * im Libretto gekennzeichneten Arien) Johann Paul Kuntzen. D-Hs 230 in MS 639/3:16. Vgl. Marx; Schröder, 1995, S. 224.

[264] Im Vorbericht werden die üblichen Zweifel an der Keuschheit der Frauen gesät: «Amulius, zweyter Sohn des Proca, Königs von Alba/ raubete seinem ältern Bruder dem Numitor das Reich/ und machte dessen einige Tochter die Rhea Sylvia zur Vestalin/ um zu verhindern/ daß keine Kinder von ihr solten gebohren werden/ dessen ungeachtet gebahr sie Zwillinge/ und gab vor/ der Gott Mars wäre Vater dazu: Sie wurde aber zur Strafe ihrer verlohrnen Keuschheit/ den Gesetzen nach/ lebendig begraben/ die Zwillinge wurden in einen Kasten gesetzet/ und in die Tyber geworffen/ [...].» Von einer aus dem Mythos bekannten Vergewaltigung Rhea Silvias durch Mars ist nicht die Rede.

²⁶⁵ Eine auch aus psycho-historischer Sicht interessante Konstellation: der Sohn steigt in die Höhle hinab, aus der er seine Mutter rettet. Beide wissen jedoch nichts über ihre wahre Identität. Coridon, der lustige Schäfer, der Romulus bei dieser Höhlenexpedition nicht begleiten will, kommentiert stotternd mit anzüglichen Bemerkungen: «Ey steige nicht hinein/ Es dörffte wohl der grausam=gnädigen Frau Proserpina/ Erschröcklich schöne Jungfer Tochter Me-Megera/ In dich verliebet seyn. Rom. Du schertzest stets! Und wär es gleich/ Stieg Opheus [sic!] doch in Plutons schwartzes Reich. Aria. Cor. Ich liebe auch zwar schöne Hölen/ Doch steig' ich nicht mit Leib und Seel hinein/ Sie müssten denn dem Himmel ähnlich seyn/ So wie der Mund von angenehmen Seelen. D.C. (Romulus wird indessen herunter gelassen)» (I, 2).

²⁶⁶ Die Vestalinnen hatten das Herdfeuer und den entsprechenden Kult zu bewahren. Zwar waren sie bei Dienstantritt frei von der Gewalt des Vaters und mit den Rechten eines volljährigen römischen Bürgers ausgestattet – mit dem ius Quiritium, aber sie blieben der Gewalt des Pontifex maximus unterworfen, der nicht nur die kultischen Handlungen, sondern auch die Keuschheit der Vestalinnen kontrollierte. Bei einem solchen «Vergehen» (incestus) wurde sie entweder lebendig begraben oder wie ein Staatsverbrecher vom Tarpeischen Felsen gestürzt. Vgl. König; König, 1991, S. 120–123.

²⁶⁷ Text: Johann Philipp Praetorius nach Le Sage und d'Orneval, Musik: Reinhard Keiser. D-Hs 253 in MS 639/3:17. Vgl. Marx; Schröder, 1995, S. 102. Diese Parodie ist nach dem Tänzer Ms. Buchhöfer benannt, der den Prinzen Atis verkörpert.

²⁶⁸ Vgl. Schröder, Dorothea: Die schöne Gräfin Königsmarck. Wienhausen 2003, S. 49f.

²⁶⁹ Ein bekanntes Beispiel für die Wirkmächtigkeit dieses Stoffes ist die Oper *Il pastor fido* von Georg Friedrich Händel, die er erstmals 1712 in London und überarbeitet 1734 auf die Bühne brachte. HVW 8a-c.

²⁷⁰ Vgl. Caemmerer, Christiane: Schäferspiele im 17. Jahrhundert – eine bis heute bekannt-unbekannte Gattung – und das Projekt ihrer Edition. In: Chloe. Beihefte zum Daphnis. Roloff, Hans-Gert unter redaktioneller Mitarbeit von Meincke, Renate (Hg.): Editionsdesiderate zur Frühen Neuzeit. Beiträge zur Tagung der Kommission für die Edition von Texten der Frühen Neuzeit. Erster Teil. Band 24. Amsterdam 1997, S. 91.

²⁷¹ Vgl. Caemmerer, 1997, S. 95.

²⁷² Vgl. Caemmerer, 1997, S. 99f. Überzeugend zeigt Caemmerer, dass sich Schäferspiele mit absolutistischen und alten ständischen Herrschaftsmodellen kritisch auseinandersetzen. Diskussionen um Liebe und politiktheoretische Fragen werden im Schäferspiel verhandelt, wenn etwa der Prinz und der König um eine Schäferin werben. Während der Prinz zurückhaltend um die Schäferin wirbt, versucht der König sie zu vergewaltigen und verkörpert gewalttätige Strukturen absolutistischer Herrschaft.

[273] Vgl. Caemmerer, 1997, S. 97.

[274] Vgl. Caemmerer, 1997, S. 101. Zu Liebe und Heiratsstrategien in Schäferspielen etwa für die Oper in Weißenfels siehe Smart, Sara: Die Oper in Weißenfels (1696 und 1708). Zur Aufgabe und Inhalt der Libretti. In: Sent, Eleonore: Die Oper am Weißenfelser Hof. Rudolstadt 1996. S. 277-303, hier S. 284-293.

[275] Unter dem Titel *Die Satyrn in Arcadien* bereits 1719 an der Oper in Leipzig uraufgeführt, in Hamburg 1724 dann unter dem Titel *Der neu=modische Liebhaber Damon*. Text: Georg Philipp Telemann?, Musik: Georg Philipp Telemann. D-Hs 235 in Ms 639/3:16. Vgl. Marx; Schröder, 1995, S. 299f.

[276] Vgl. Grewe, Andrea: Die Querelle des Femmes im italienischen Theater des Cinquecento. In: Engel; Hassauer; Rang; Wunder, (Hg.), 2004. S. 172-186, S. 177f.

[277] Zu Torquato Tassos Traktaten über die Querelle des Femmes siehe Grewe, 2004, S. 179 und FN 37, S. 185. Grewe regt hier eine Diskussion über Tassos Intention der Rollengestaltung der Silvia an. Ist sie Ausdruck eines besonderen heroischen Charakters, den Tasso bestimmten Ausnahme-Frauen der Hocharistokratie zubilligt? Grewe plädiert dafür, dass Tasso an Silvia die «besondere Gewalt der Liebe, ihren göttlichen furor, illustrieren wollte.»

[278] Vgl. Torquato Tasso: *Aminta*. Favola boschereccia. Ein Hirtenspiel. Italienisch/deutsch, übersetzt und herausgegeben von Janos Riesz, Stuttgart 1995, S. 62f. Zitiert nach Grewe, 2004, FN 35, S. 185.

[279] Vgl. Grewe, 2004, S. 178f.

[280] Vgl. Jaacks, 1997, S. 16f. Jaacks berichtet über die an aristokratischer Schloss- und Parkarchitekturen orientierte Gartenkultur begüterter Hamburger, die vom 17. bis ins 19. Jahrhundert gepflegt und bewundert wurde.

[281] Text: Hinrich Hinsch, Musik: Reinhard Keiser D-Hs 113 in MS 639/3:7 Vgl. Marx; Schröder, 1995, S. 162f.

[282] Bedeutende phönizische Stadt des Altertums, heute Saida im Südlibanon.

[283] Smart, 1996, S. 297.

[284] Fassung 1681 u. 1684 (?):Text: Hinrich Hinsch nach Nicolò Beregani: *Annibale in Capua*, Venedig (1661), Musik: Johann Wolfgang Franck. D-Hs 17 in MS 639/3:2. Vgl. Marx; Schröder, 1995, S. 218f. Fassung 1735: Text: Georg Caspar Schürmann, Braunschweig 1726, nach Hinrich Hinsch (?): *Hannibal*, Hamburg 1681; Musik: Georg Caspar Schürmann, einige Arien von anderen Komponisten. D-Hs 285 in MS 639/3:20. Vgl. Marx; Schröder, 1995, S. 220.

[285] Text: Johann Wolfgang Franck (?) nach Matteo Noris: *Il Diocleziano*, Venedig 1675, Musik: Johann Wolfgang Franck. D-Hs 19 in MS 639/3:2. Vgl. Marx; Schröder, 1995, S. 123f. Aus dem Vorbericht: «Sextus des Maximiniani Sohn/ trachtet Valerien des Kaysers Tochter/ auch Rosimunde, Narsetis Gemahlin/ nach ihren Ehren/ erhält

aber nichts als Schimpff/ Schande und des Diocletiani Ungnade/ doch aber wird er wieder zu Gnaden nach Licinii Tode angenommen.»

[286] Text: Poycarp Marci nach Giulio Cesare Corradi: *Il Vespasiano*, Venedig, 1680, Musik: Johann Wolfgang Franck. D-Hs 21 in MS 639/3:2. Über dieses Libretto und den Opernbetrieb insgesamt gab es heftige Auseinandersetzungen mit Vertretern der Hamburger Geistlichkeit. Darüber berichtet der Bearbeiter der italienischen Vorlage, Polycarp Marci, zeitweilig als Verwalter der Schwedischen Post in Hamburg tätig, in einem Brief an den Philosophen Gottfried Wilhelm Leibniz. Marci erbat von Stockholm aus, wohin er mittlerweile zurückgekehrt war, von Leibniz ein positives Gutachten über die Opern, zur Abwehr der Angriffe der Opergegner. Zu ihnen zählte der Pastor von St. Jacobi, Anton Reiser, mit seinem Traktat *Theatromania oder die Werke der Finsterniß in den öffentlichen Schauspielen, von den alten Kirchenlehrern und etlichen heidnischen Scribenten verdammet* (1681). Reiser wetterte gegen Opern wie *Vespasian* und angeblich kriminelle Operisten. So wurde der Komponist Johann Wolfgang Franck verdächtigt, einen Mord begangen zu haben. Marci gestand, «wie zeit meiner jüngsten Anwesenheit in Hannover ich die Erwähnung getan, daß die Opera *Vespasian* von meiner Elaboration sei», und erbat ein «hochvernünftiges Gutachten» vom Hannoveraner Hofrat und Philosophen Leibniz, was er auch erhielt. Zitiert nach Jaacks, 1997, S. 84f. Zu Textänderungen, möglicherweise auf Einspruch der Hamburger Geistlichkeit hin, siehe Marx; Schröder, 1995, S. 406f. Inwieweit Reiser's Protest und der Widerstand der Geistlichkeit mit der gezeigten – auch sexuellen Gewalt – und gewissen Männer- und Frauenbildern zusammen hing, muss Gegenstand weiterer Untersuchungen sein.

[287] *Der Glückliche Grosz=Vezier Cara Mustapha Erster Theil* (1686). Text: Lukas von Bostel, Musik: Johann Wolfgang Franck. D-Hs 304 in MS 639/3:21. Vgl. Marx; Schröder, 1995, S. 199f. Faksimile in Meyer, 1980, Bd. 1, S. 171–248; Hintergründe in: Meyer, 1984, Kommentarband, S. 155–178. *Der unglückliche Cara Mustapha Anderer Theil* (1686). Text: Lukas von Bostel, Musik: Johann Wolfgang Franck, D-Hs 305 in MS 639/3:21. Vgl. Marx; Schröder, 1995, S. 386f. Vgl. Colvin, 1999, S. 55f.

[288] «Nero-Opern scheinen sich übrigens in Städten ohne fürstliche Residenzen einer gewissen Beliebtheit erfreut zu haben, so in Leipzig (Nikolaus Adam Strungk 1693), in Hamburg (Georg Friedrich Händel 1705), vor allem aber in Venedig (Carlo Pallavicini, 1678, Händel, *Agrippina* 1709, Antonio Vivaldi 1715, Giuseppe Maria Orlandini 1721), um nur einige zu nennen.» Angerer, Manfred: Der Sieger hat immer zu Recht gesiegt. Monteverdis *L'incoronazione di Poppea*. In: Programmheft zur Premiere von Claudio Monteverdis *L'incoronazione di Poppea* am 16. Februar 2003 in der Hamburgischen Staatsoper. S. 6–17, hier S. 11. Angerer bleibt in seinem für das Hamburger Programmheft geschriebenen Text ungenau, was die enorme Bedeutung des Nero-Stoffes für die Hamburger Gänsemarkt-Oper angeht: denn Feind's und Keiser's Octavia 1705 wurde

im gleichen Jahr wie Händels Nero aufgeführt: *Die römische Unruhe. Oder: die edelmütige Octavia*. Text: Barthold Feind nach Giulio Cesare Corradi: *Il Nerone*, Venedig 1679, Musik: Reinhard Keiser, 2 Arien von Pantaleon Hebenstreit. D-Hs 111 in MS 639/3:7. Vgl. Marx; Schröder, 1995, S. 331f. Einige Jahre später dann wurde Orlandinis *Nero* hier eine der erfolgreichsten Opern.

[289] *Nero* (1723-1727, 1731, 1733-1738), Text: Johann Mattheson nach Agostino Piovene: *Nerone*, Venedig 1721; Musik: Giuseppe Maria Orlandini u.a. (Johann Mattheson: 6 Arien) D-Hs 229 in MS 639/3:15. Vgl. Marx; Schröder, 1995, S. 294f. Johann Mattheson bemerkt in seinem »Verzeichniß aller Opern, welche auf dem Hamburgischen Schauplatz seit Ao.1678. biß 1728. an die Fasten=Zeit aufgeführtet worden« sind, dass der *Nero* von 1723 von dem alten von 1705 «ganz unterschieden» sei. Er habe einige Arien hinzugefügt, «weil ihrer zu wenig waren, und er verteutschte auch das ganze Wercklein aus dem Italiänischen.» Zitiert nach Mattheson, 1728/1975, S. 191. Und: Auch Neros Mutter Agrippina war Titelfigur einer weiteren in Hamburg oft aufgeführten Oper *Agrippina* (1718-1720; 1722,1724) Text: unbekannter Bearbeiter nach Vicenzo Grimani: *Agrippina*, Venedig 1709; Musik: Georg Friedrich Händel, (HWV 6). D-Hs 157 in MS 639/3:10. Vgl. Marx; Schröder, 1995, S. 37f.

[290] Zu diskutieren wäre hier Colvins These, dass viele dieser Herrscherfiguren auf der Opernbühne Außenseiter seien (nicht-christlich, außerhalb des Abendlandes lebend etc). Vgl. Colvin, 1999, S. 27f, S. 68, S. 285f. Doch unter diesen Wüstlingen sind auch römische «Edle» vertreten, Vertreter eines bewunderten Reiches, in dessen Nachfolge sich die Hamburger Stadtrepublik sah, auch wenn es sich hier um Nicht-Christen handelte. Aus der Abkürzung SPQR (Senatus Populusque Romanorum) folgte in Hamburg SPQH: Senatus Populusque Hamburgensis = Senat und Bürgerschaft von Hamburg. Diese Buchstaben sind z.B. im «neuen» Hamburger Rathaus von 1897 zu finden. Außerdem muss hier berücksichtigt werden, dass es sich in der Regel um italienische Vorlagen für diese Libretti handelte.

[291] Text: Christian Heinrich Postel, Musik: Johann Georg Conradi. D-Hs 21 in MS 640/3:2. Vgl. Marx; Schröder, 1995, S. 363.

[292] Im Vorbericht heißt es dazu: «[...]/ daß dieses gegenwärtige Singe=Spiehl eine Passage aus des Caroli Magni Lebens=Geschichten welche theils wahr/ theils mit gedichteten Umbständen verzieret / und wird niemand befrembden dass man diesen Kayser etwas galant vorgestellet/ weiln allen Geschichts=Verständigen bekandt/ dass er auch die Galanterie auff seine Kinder geerbet/ indem dass dieselbe seiner Tochter der Emma den galanten Eginhard gar auff die Schultern gesetzet [...].» Zum schillernden Begriff «Galanterie» siehe Jaacks, 1997, S. 76-79. Zu den geschlechtsrollenspezifischen Aspekten siehe in dieser Arbeit das Kapitel Galanterie in Teil II. Zu diskutieren ist die geschlechtsspezifische Ausprägung und Bewertung der Galanterie – und wel-

che Bedeutung es hat, wenn eine Prinzessin von ihrem fürstlichen Vater Galanterie erbt.

²⁹³ Interessant ist die Chronologie dieser Verbindung. Zunächst wird Carolus bei einer militärischen Lagebesprechung von seinem Vertrauten Rinaldus die Schönheit der langobardischen Prinzessin Hermingardis geschildert. Carolus zeigt sich beeindruckt (I, 3). In Szene 6 berichtet Hermingardis ihrer Amme Lesba, wie sie vor 4 Monaten von einem Unbekannten geschwängert wurde. Dann in der 12. Szene tritt Hermingardis öffentlich bei einer symbolischen Handlung in Erscheinung: «Hermingardis mit ihrem Frauen=Zimmer/ deren eine die Schlüssel der Stadt trägt.» Sie überreicht auf Geheiß ihres Vaters dem Kriegsgewinner Carolus den Schlüssel der Stadt und wünscht nur «des Siegers Hand zu küssen». Ein Auftritt, der Carolus und seine Militärs Formidor und Rinaldus in Liebe entbrennen lässt. Eine (weibliche) Unterwerfungsgeste, die Militärs angeschlagen zurücklässt.

²⁹⁴ Text: Christian Heinrich Postel; Musik: Johann Philipp Förtsch. D-Hs 37 in MS 639/3:3 Vgl. Marx; Schröder, 1995, S. 57.

²⁹⁵ Für die zeitgenössische Bekanntheit und Bedeutung dieses Mythos spricht auch die Reisebeschreibung von Hermann Post, des ersten Bremer Archivars. Er hatte nach Abschluss seines Studiums in den Jahren 1716–1718 eine Reise durch Deutschland, Italien, Schweiz, Frankreich und Belgien unternommen – und dort neben Opernhäusern auch Sehenswürdigkeiten wie Sammlungen und Altertümer besichtigt. Ausführlich beschreibt er eine an der Via Appia: «In dem thal der Egeria zeigte man uns, wo der tempel Fortunae muliebris gestanden, allwo man die Statue von der Mutter Coriolani gefunden, welche in der Villa Borghese verwahret wird, vorstellend wie Sie ihren Sohn batt der statt zu verschonen. Diese gegend ist am meisten berühmt wegen der Zusammenkunft der Egeria mit dem Numa Pompilio bey nächtlichen stunden, und wird in einer höhle eines berges noch die Fontaine und der orth gezeiget, allwo man noch 9 niches findet, allwo man meinet, dass die neun Musen vor diesen gestanden hätten.» Zitiert nach Post, Hermann: Tagebuch seiner Reise in den Jahren 1716–1718. Nach der Handschrift herausgegeben, eingeleitet und kommentiert von Hans-Wolf Jäger. Bremen 1993, S. 92.

²⁹⁶ Damit sind, neben der Seuche, auch die Feinde und Verfolger gemeint, die damals das Alte Reich bedrohten, wie die Türken und der mit dem Osmanischen Reich verbündete französische König Ludwig XIV. Vgl. Schröder, 1998, S. 87.

²⁹⁷ Schröder, 1998, S. 87.

²⁹⁸ Zu den Göttinnen, die Helden schützende Wunder-Schilde überreichen, zählt Pallas Athene.

²⁹⁹ Schröder, 1998, S. 86. Schröder zitiert: Pühringer-Zwanowetz, Leonore: Ein Triumphdenkmal aus Elfenbein: Die Reiterstatuen Kaiser Leopolds I. und König Josephs

I. von Matthias Steinl. In: Wiener Jahrbuch für Kunstgeschichte XIX (1962), S. 88–164, hier S. 97.

[300] D-Hs 20 in MS 640/3:2. Vgl. Marx; Schröder, 1995, S. 175.

[301] Bemerkenswert ist, dass Haufe in seiner Ariensammlung aus der 2. Fassung dieser Oper nur das Streit-Duett zwischen der Staatsjungfer Flora und dem Diener Fafrillus/Vafrillus zitiert, in dem Flora «vom Leder zieht». Vgl. Haufe, o.J., S. 40f: «2. Das Mannes=Volck ist böser Art/ Sie nützen noch viel minder./ Die sich mit einem Reichen paart / kriegt offt den ärgsten Schinder./ Von großen wird offt die veracht/ Die ihn doch hat zum Mann gemacht.» Der Blick in das Originallibretto jedoch ermöglicht Einblicke in Debatten über Liebeserfahrungen und Tugenden von Hofdamen und Dienstboten. Hier beschreibt Flora die Techniken der Verführung und Falschheit der Männer, Vafrillus stimmt ihren Anschuldigenn (beiseite) zu, in denen sie auch den hohen Preis benennt, den Frauen für diese Liebesabenteuer zu zahlen haben. Denn Männer posaunen ihre sexuellen Eroberungen heraus. Mit ihren Schilderungen outed Flora sich allerdings, dem Klischee entsprechend, als wenig keusche, d.h. in außerhehelichen Liebesdingen erfahrene Hofdame – eine Gratwanderung: «Flor. Und wo dann diese falsche Kunst Ist ihnen wohl gelungen/ Wird unsere Schand in aller Welt gesungen/ Wie solches täglich fast geschicht./ Vaf. (Es scheint daß sie aus der Erfahrung spricht.) Sie sagen gar es sey nur halb ergetzen/ Wenn man sich nicht desselben rühmt. Vafr. (Ja wie sich das geziemt.) Flor. Ich will auch dis hinzu noch setzen:/ Sie rühmen sich wann sie gleich nichts genossen./ Vafr. Das sind zu große Possen/ Mein liebes Flörchen glaube nicht/ Daß sich alles so verhält/ Und wann es wahr/ so sag ich dis/ Das auf der Welt/ Bey Mädgens es an Fählen nicht gebricht/ Die diesem allen gehen für» (II, 8). Vgl. D-Hs 20 in MS 640.

[302] In der «Vorrede an den Leser» verwahrt sich der Autor vorsorglich gegen Kritiker, die Anstoß an Schilderungen von Liebesintrigen im bedrängten Rom nehmen könnten, «weil man bey dem vortrefflichen Mrs. de Scudery in seinem Alaric. Liv. 8q., an dem Valerio, Tiburtio und der Proba welche, da Rom in den größten Nöthen war/ ihre Liebe am hefftigsten getrieben. Und bei dem unvergleichlichen Tasso, in seinem niemahls gnug gepriesenen Werck/ la Gierusalemme liberata Cant. 2 an der Sofronia und dem Olindo, ein nicht ungleiches Exempel hat/ welchen beyden letzten nicht nur das belagerte Jerusalem, sondern auch gar der schon brennende Holtz=Stoß/ auf welchen sie vom Aladino geworffen wahren, ihre Liebe nicht vergessen machte [...].» Mit Monsieur de Scudéry ist George de Scudéry gemeint, der Bruder von Madeleine. Die Geschwister arbeiteten gelegentlich zusammen. 1654 veröffentlichte er den historischen Roman *Alaric ou Rome vaincue*.

[303] Text: Johann Ulrich König nach Niccolo Beregani, *L'Heraclio*, Venedig 1671, Musik: Reinhard Keiser. D-Hs 139 in MS 639/3:8. Vgl. Marx; Schröder, 1995, S. 413f. Faksimile: Meyer, 1980, Bd. 2, S. 455–515.

[304] Meyer, 1980, Bd. 2, S. 510. Der großmütige Bassa Selim aus Mozarts Oper *Entführung aus dem Serail* hat viele Ahnen.

[305] Text: Christoph Gottlieb Wendt; Musik: Georg Philipp Telemann. D-Hs 88 in MS 640/3:8. Vgl. Marx; Schröder, 1995, S. 268.

[306] Vgl. Figaros Spottarie für Cherubin, der zur Strafe für seine Flirts mit den Damen des Hofes vom Grafen Almaviva ins Feld geschickt wird, «Non più andrai», No. 9, in Wolfgang A. Mozarts Oper *Hochzeit des Figaro* (1786).

[307] Text: Christian Heinrich Postel, *Gensericus*, Hamburg 1693, überarbeitet von Christian Friedrich Weichmann. Musik: Georg Philipp Telemann. D-Hs 66 in MS 640/3:6. Vgl. Marx; Schröder, 1995, S. 349f.

[308] Vgl. Watanabe-O'Kelly, Helen: Barthold Feind, Gottsched, and Cato – or Opera reviled. In: English Goethe Society. Papers read before the society 1984–1985. New Series Vol. LV, S. 107–123.

[309] In der *Hannibal*-Fassung von 1681 heißt es «Schärpe».

[310] Zitiert nach Moser-Rath, Elfriede: «Lustige Gesellschaft». Schwank und Witz im kulturgeschichtlichen Kontext. Stuttgart 1984. Siehe das Kapitel «Das Kriegsvolk», S. 224f. Hier zitiert sie aus der Schwank- und Scherzredensammlung des «Scheer-Geigers», S. 225.

[311] Moser-Rath, 1984, S. 224f.

[312] Die Laufbahn des Miles gloriosus läßt sich durch die Jahrtausende und Genres verfolgen. Bereits der römische Komödiendichter Plautus (250–184 v. Chr.) hat in dem Stück *Miles Gloriosus* (Soldat Prahlhans) den angeberischen, aber etwas beschränkten Soldaten in den Mittelpunkt gestellt – in Anlehnung an den angeberischen Alazon, eines Nachahmers des griechischen Komödiendichters Menander (342/41–293/90 v. Chr.). Diese Stücke und Typen waren auch dem gebildeten Umfeld der Hamburger Oper bekannt. Aufschlussreich ist die Wortgeschichte von Bramarbas, Prahlhans, bramarbasieren, angeben. In diesem Namen könnte das spanische «bramar» für «schreien» stecken – oder das nndl. «brammen», prahlen (17.Jh.). Auch in der satirischen Literatur der Zeit bramabasierte manch einflussreicher «Prahlhans».

[313] Text: C.W. Haken, Musik: Georg Philipp Telemann. D-Hs 82 in MS 640/3:7. Vgl. Marx; Schröder, 1995, S. 52. Nach Wolff handelt es sich hier nicht um ein italienisches Intermezzo, sondern um die Bearbeitung des englischen Schwankes *Singing Simpkin* von Robert Cox, in Deutschland bekannt als *Pickelhering in der Kiste* im 17. Jh. und bereits 1620 gedruckt erschienen in den *Englischen Comedien und Tragödien*. Vgl. Wolff, 1957, S. 118f.

[314] Text: Christoph Gottlieb Wend(t); Musik: Georg Philipp Telemann, D-Hs 80 in MS 640/3:7, Marx; Schröder, 1995, S. 103.

[315] Nicht haltbar ist Wolffs Einschätzung: «Dieses Zwischenspiel verspottet hauptsächlich die Figur der ‹alten Jungfer›, ein für die Barockzeit mit ihrem Vitalismus besonders dankbarer Gegenstand. Dabei wurde ein treffendes Charakterbild gegeben, welches in seiner psychologischen Motivierung damals etwas völlig Neuartiges darstellte.» Wolff, 1957, S. 123.

[316] «Buffonet will sie zwingen zu lieben.» Wolff, 1957, S. 123.

[317] Text: Friedrich Christian Bressand nach Nicolò Minato: *Il Mutio Scevola*, Venedig 1665, Musik: Johann Mattheson. Vgl. Marx; Schöder, 1995, S. 143.

[318] Vgl. Wolff, 1957, S. 153.

[319] Vgl. Gaedechens, 1889, S. 112.

[320] Gaedechens, 1889, S. 115.

[321] Text: Christian Heinrich Postel, Musik: Johann Georg Conradi. D-Hs 51 in MS 639/3:4. Vgl. Marx; Schröder, 1995, S. 419.

[322] Vgl. Steltzner, 1736, IV. Theil, S. 306. Im Jahr 1698 gab es «große Noth durch Theuerung». Denn: «Die Mehl=Höcker aber verkaufften den Himpen Mehl zu 5 Marck und war doch Bohnen= und Erbsenmehl darunter gemenget.» Auf S. 356 berichtet er von einer «Theuerung» ein Jahr später: 1699 kostete «ein Himpen Mehl 4 Mark», ein Pfund Ochsenfleisch 4 Schilling, ein Pfund Käse 4 Schilling, ein Pfund Butter 5 Schilling.

[323] Diese Schlacht fand bereits 1547 statt.

[324] Text: Johann Ulrich König nach *Melissa schernita*, Neapel 1709; Musik: Georg Philipp Telemann. D-Hs 96 in MS 640/3:8. Vgl. Marx; Schröder, 1995, S. 62.

[325] Vgl. Wolff, 1957, S. 121.

[326] Vgl. Colvin, 1999, S. 234, S. 242–246.

[327] Text: Heinrich E. Elmenhorst nach Molière: *Le Sicilien ou l' amour peintre*, Saint-Germain 1667; Musik: Johann Wolfgang Franck. D-Hs 8 in MS 639/3:1. Vgl. Marx; Schröder, 1995, S. 128. Der Prolog spielt auf den Frieden von St. Germain (1679) an.

[328] Text: Silvio Stampiglia, *La Partenope*, Neapel 1699, Übersetzung von Christoph Gottlieb Wendt, Musik: Georg Friedrich Händel (Arien); Reinhard Keiser (Rezitative). D-Hs 101 in MS 640/3:9. Vgl. Marx; Schröder, 1995, S. 310f.

[329] Text: Joachim Beccau, Musik: Georg Philipp Telemann. D-Hs 221/222 in MS 639/3:14. Marx; Schröder, 1995, S. 148f.

[330] Text: Magister Lange (?), Musik: Johann Christian Schiefferdecker. D-Hs 97 in MS 639/3:6. Vgl. Marx; Schröder, 1995, S. 263. Sie wurde 1701 in Weißenfels unter dem Titel *Regnerus und Svanvite* uraufgeführt.

[331] Text: Christian Heinrich Postel nach Giulio Cesare Corradi: *Il gran Tamerlano*, Venedig 1689 und andere Quellen, Musik: Johann Philipp Förtsch. Vgl. Marx; Schröder, 1995, S. 76f.

[332] Text: Friedrich Carl Bressand, Musik: Philipp Heinrich Erlebach; Erstfassung Braunschweig 1693, Hamburg 1694, Johann Mattheson: Zweitfassung Hamburg 1699. Vgl. Marx; Schröder, 1995, S. 316.

[333] Aurora singt in ihrer Arie: «Aurora tilgt die Finsternis; Das dancket Ihr Semiramis: Die pfleget gern in Friedens=Zeiten Mit wilden Thieren früh zu streiten; Wiewohl Sie mehr zu Felde liegt/ Und lieber gegen Menschen kriegt: Denn in dem Krieg' und auff der Jagt Gewinnet der/ so früh sich wagt» (III, 1).

[334] Möglicherweise waren diese Jagdszenen auch satirisch-humoristisch gemeint. So lauten die Regieanweisungen für den Bären und den Löwen: «Jener brummt; dieser brüllt.» «Der Löwe tastet nach Ihr; Sie weicht zurück» «Er fasset die Lantze; Sie entziehet sie ihm,» «Der Bär kommt wieder/ und Sosana hinter ihm her/ stösst ihn an mit der Lantze.» «Der Bär entgehet abermahl; Sosana folgt ihm nach; der Löwe fasst Semiramis beym Rock.» «Der Löwe tastet ihr nach dem Arm.» «Sie stosst ihn darnieder/ und gehet ab.» Diese Jagd wird kommentiert von Tyrellus, chaldeischer Heerführer, und dem Chor der Jäger. «Du unvergleichlich Frauenbild/ Wirst blutbegierig durch das Wild/ Wie Nimrod ward in seiner Jugend; Doch streitest Du mit Glück und Tugend! Aria I. Glück und Tugend sind jetzund/An Semiramis ein Wunder:/ Ihr heroisch Frauen=Hertz/ Hält des Löwen Grimm für Schertz;/ Streckt er noch so hoch den Schwantz/ Fängt sie ihn doch mit der Lantz`:/ Ohne dass ein Mann zu finden/ Der mit Löwen an will binden.»

[335] Text: Johann Ulrich König nach Francesco de Lemene: *Endimione,* Salzdahlum 1700, Musik: Reinhard Keiser. D-Hs 138 in MS 639/3:8. Vgl. Marx; Schröder, 1995, S. 150f.

[336] Text: Gazal (nach italienischer Vorlage), Musik: (Francesco Bartolomeo Conti?), D-Hs 159 in MS 639/3:10. Vgl. Marx; Schröder, 1995, S. 114.

[337] Text: Barthold Feind nach Corneille: *Bellerophon,* Paris 1679, Musik: Christoph Graupner. D-Hs 124 in MS 639/3:7, Vgl. Marx; Schröder, 1995, S. 80.

[338] Text: Gazal nach A. Marchi: *La costanza trionfante degl'amori e degl'odi,* Venedig 1716, Musik: Francesco Gasparini, Francesco Conti, Giuseppe Maria Orlandini, Antonio Vivaldi. D-Hs 160 in MS 639/3:10. Vgl. Marx; Schröder, 1995, S. 378.

[339] Vgl. Colvin, 1999, S. 14f, S. 22f. Sie analysiert das Theaterstück von Andreas Gryphius *Catharina von Georgien Oder Bewehrte Beständigkeit.* Catherina, gezeichnet als eine patriotische Femme Forte christlichen Glaubens, muss sich entscheiden zwischen ihrer Hinrichtung oder dem sexuellen Akt mit dem persischen Herrscher und Muslim Abas. Nach Colvin habe Gryphius bewusst gearbeitet mit einer kreuzweisen Zuweisung von «männlichen und «weiblichen» Vorstellungen für die oppositionellen Hauptfiguren, den männlichen Abas und die weibliche Catherina, welche die männlich konnotierte Vernunft verkörpere, Abas hingegen die erotisch-sexuelle Leidenschaft, Gefangensein

in der Welt des Fleisches und der Begierde. Ein dramatischer Höhepunkt ist, dass Catherina nackt ausgezogen wird und sich die Folter auf ihre Brüste und Oberschenkel konzentriert. Ihre Dienstbotin sieht ihre Nacktheit in Verbindung mit der «imitatio christi», die sie vorführt. Die «Männlichkeit» ihres Mutes und ihrer Standhaftigkeit wird hier kontrastiert mit der «Weiblichkeit» ihrer Nacktheit, Verwundbarkeit und ihrem sexuellen Ausgeliefertsein (S. 22f).

[340] Hier können Traditionslinien beobachtet werden, die bis heute diesen geschlechtsspezifischen Umgang mit Medien bestimmen. So zieht Daniela Schlütz in einer Untersuchung über «Frauen und Medien» für den Bereich «Video- und Computerspiele» eine inhaltsanalytische Untersuchung der 33 beliebtesten Videospiele in England heran, die in der Hauptsache von Männern und Jungen gespielt werden. In gut einem Drittel der Spiele, die mit menschlichen Protagonisten arbeiten, kommen gar keine Frauen vor. «Wenn sie vorkommen, dann als ‹damsel in distress›, also als Fräulein in Bedrängnis. Dieses Fräulein ist natürlich immer ausgesprochen gut gebaut, leicht bekleidet und bedarf dringend männlicher Hilfe». In: Schlütz, Daniela: Frauen und Medien. In: Hochschule für Musik und Theater Hannover; Beyer, Kathrin; Kreutziger-Herr, Annette, (Hg): Musik. Frau. Sprache. Interdisziplinäre Frauen- und Genderforschung an der Hochschule für Musik und Theater Hannover. Herbolzheim 2003, S. 87–105, S. 100f.

[341] Text: Barthold Feind, Musik: Reinhard Keiser; D-Hs 112 in MS 639/3:7. Vgl. Marx; Schröder, 1995, S. 260f.

[342] Text: nach Nicolò Beregani: *Il Giustino*, Venedig 1683, Musik: Johann Christian Schiefferdecker. D-Hs 114 in MS 639/3:7. Vgl. Marx; Schröder, 1995, S. 408.

[343] Von einem skandalösen Vorfall berichtet Steltzner: Nach einer Schiffahrt, die die Gräfin von Königsmarck am 27. Mai 1676 «mit einigen andern vornehmen Standes=Frauen, und ihren Bedienten auf der Alster» gemacht hatte, war «der Baum schon geschlossen. Also fuhren sie nach St. Jürgen, in der Meinung, von da aus noch in die Stadt zu kommen. Sie stiegen also aus der Schute an das Land. Da befunden sich zwey Herren Licentiaten P.P. daselbst. Die Fr. Gräfin fragte beyde mit vieler Höflichkeit: Ob sie wohl noch könnten zum Thore hinein kommen? Diese beide aber gaben der Fr. Gräfin sehr unbescheidene Worte. Die Gräfin fängt wider ihre Gesellschaft an: Lasset sie gehen, es mögen wohl ein paar von der Canaille seyn, daß sie so grob antworten. Darauf Lic. P. laut rufft: Ihr möget wohl gemeine Huren seyn. Die Bedienten von der Fr. Gräfin, als sie diese grobe Schelt=Worte hören, erbarmen sich über die beyden Herren Licentiaten, und prügeln solche sehr wichtig ab. Das war eine grosse Beschimpffung für zwey so groß angesehene Männer. Allein die Frau Gräfin kehrte sich an nichts. Beyde aber waren ihrer empfangenen Schläge gewiß.» Zitiert nach Steltzner, 1733, III. Teil, S. 1104f.

[344] Text: Johann Joachim Hoë, nach Urbano Rizzi: *Achille placato*, Venedig 1707, Musik: Reinhard Keiser. D-Hs 150 in MS 639/3:9. Vgl. Marx; Schröder, 1995, S. 426f.

Zum Inhalt vgl. auch Haufe, Eberhard: Die Behandlung der antiken Mythologie in den Texten der Hamburger Oper 1678–1738. Diss. Jena 1964. (mschr.), S. 121f.

[345] Text: ? Nach Hinrich Hinsch, *Berenice*, Hamburg 1702. D-Hs 269 in MS 639/3:19. Vgl. Marx; Schröder, 1995, S. 271.

[346] Text: Hinrich Hinsch nach Apostolo Zeno, *Lucio Vero*, Venedig 1700; Musik: Georg Bronner. D-Hs 98 in MS 639/3:6. Vgl. Marx; Schröder, 1995, S. 81.

[347] In dieser Tradition ist auch die prekäre Situation zu sehen, in der sich Donna Anna in Mozarts Dramma giocoso *Don Giovanni* (1787) befindet. Auch sie wird nachts in ihrem Zimmer von Don Giovanni überfallen, ihr Vater, der Komtur, kommt ihr zu Hilfe, wird aber von Don Giovanni niedergestochen. Von dem genauen Hergang erzählt sie ihrem Geliebten Ottavio zunächst nichts. Seit langem wird darüber spekuliert, ob dies nicht ein untrügliches Zeichen dafür sei, dass Donna Anna sehr wohl mit so einer Vergewaltigung, sie nennen es «Verführung» einverstanden gewesen wäre. Nach dem Motto: wenn eine tugendhafte Frau «Nein» sagt, dann meint sie «Ja» – insbesondere wenn vermeintlich dunkel-dionysische Triebkräfte im Spiel seien. Doch dem widersprechen Text, Musik und eine Analyse damaliger Verhältnisse. Donna Anna hatte zunächst geschwiegen, um keine Diskussionen über ihre «Keuschheit» und Gegenwehr auszulösen und schnelle Hilfe von allen Seiten gegen Don Giovanni zu holen. Sie wusste sicher zu gut, wie schmal für die Zeitgenossen der Grat zwischen «Verführung» und «Vergewaltigung» war.

[348] Vgl. Lorenz, Maren: «... da der anfängliche Schmerz in Liebeshitze übergehen kann ...»: Das Delikt der «Nothzucht» im gerichtsmedizinischen Diskurs des 18. Jahrhunderts. In: Künzel, Christine (Hg): Unzucht – Notzucht – Vergewaltigung. Definitionen und Deutungen sexueller Gewalt von der Aufklärung bis heute. Frankfurt/Main 2003, S. 63–87.

[349] Text: Thomas Lediard nach Niccolò Francesco Haym: *Giulio Cesare in Egitto*, London 1724, Musik: Georg Friedrich Händel (HWV 17), deutsche Rezitative: Johann Georg Linike. Vgl. Marx; Schröder, 1995, S. 257f.

[350] Haufe, 1964, S. 122.

[351] Haufe, 1964, S. 122.

[352] Text: Hinrich Hinsch nach Vergil; Musik: Christoph Graupner. D-Hs 120 in MS 639/3:7. Vgl. Marx; Schröder, 1995, S. 120.

[353] Richard Taubald widmet den fechtenden und sich duellierenden Kavalieren und ihren Nachahmern eine nur oberflächliche Analyse, wenn er behauptet, dass «die einfache Bürgerschaft die Mode, sich selbst wegen Kleinigkeiten zu duellieren, vom Adel übernommen habe, so dass die Behörden es 1699 unter Androhung der Todesstrafe verboten. Die Opern halfen mit zu einer Besserung, in dem sie es ins Lächerliche zogen.» Taubald, Richard: Die Oper als Schule der Tugend und des Lebens im Zeitalter des Ba-

rock. Die enkulturierende Wirkung einer Kunstpflege. Erlangen-Nürnberg, Univ., Philos. Fak., Diss., 1972, S. 198f.

[354] Fassung 1681: Text: Hinrich Hinsch nach Nicolò Beregani: *Annibale in Capua,* Venedig 1661, Musik: Johann Wolfgang Franck. D-Hs 17 in MS 639/3:2. Vgl. Marx; Schröder, 1995, S. 218. Für die im Folgenden behandelte Fassung von 1735: Text: Georg Caspar Schürmann, Braunschweig 1726, nach Hinrich Hinsch (?), *Hannibal,* Hamburg 1681. D-Hs 285 in MS 639/3:20. Vgl. Marx; Schröder, 1995, S. 220.

[355] Text: Christian Heinrich Postel nach Aurelio Aureli: *Medea in Atene,* Wolfenbüttel 1686, Musik: Antonio Gianettini. D-Hs 60 in MS 639/3:4. Vgl. Marx; Schröder, 1995, S. 284.

[356] Text: Zusammenstellung vermutl. Gottfried Heinrich Stölzel. Musik: Reinhard Keiser. D-Hs 145 in MS 639/3:9. Vgl. Marx; Schröder, 1995, S. 70.

[357] Vgl. Wolff, 1957, S. 158, der hier weitere Beispiele vorstellt.

[358] Text: Meister und Mauritz Cuno, Weißenfels 1705; Musik: Reinhard Keiser, Mitarbeit Christoph Graupner 1705 (?) Arien von Ziani und André Campra (?). D-Hs 191 in MS 639/3:12. Vgl. Marx; Schröder, 1995, S. 58f.

[359] In dieser Oper werden die Unsicherheit und Wechselhaftigkeit beim Lieben von einem weiblich-männlichen Quartett durchgespielt, dessen Mitglieder sich fast alle während des Carnevals in Venedig reihum ineinander verlieben – wobei es Unterschiede in der Treue und Untreue gibt. Leonore etwa bleibt ihrem Leander treu. Letztlich scheint die Liebe in «reine Freundschaffts=Triebe» verwandelt. Diese Oper gehört zu den Vorläufern der komischen Oper *Così fan tutte* (1790) von Wolfgang A. Mozart.

[360] Text: Christian Heinrich Weidemann (?); Musik: Reinhard Keiser. D-Hs 132 in MS 639/3:8. Vgl. Marx; Schröder, 1995, S. 97. Als Faksimiledruck in: Meyer, 1980, Bd. 2, S. 335–388.

[361] Vgl. auch ein Beispiel für ein frühes «ranking» von Universitäten: In einer Stammbuchmalerei mitteldeutscher Studententypen erscheint der «Jenenser» als ein Haudegen, im Gegensatz etwa zu dem galanten und höflichen Leipziger, mit dem Spruch: «In Jena kommt der Renomist/ Der Galle zeigt und Eißen frist.» Jena um 1760. Thüringer Universitäts- und Landesbibliothek Jena, Sign.: Stb 69, S. 177.

[362] Wolff bleibt ungenau: «La Brette gerät mit Cleander und Rinaldo in Streit, sie beginnen sich zu duellieren, flüchten dann aber alle vor den ‹Häschern› der städtischen Wache.» Wolff, 1957, S. 85. Er erwähnt nicht den ersten Duellierversuch, den Cleander abgelehnt hat, maßgeblich unter dem beruhigenden, friedenstiftenden Einfluss von Henriette und Amalia (II, 4). Außerdem sind die männlichen Figuren in dieser Oper differenzierter gezeichnet: Cleander ist der charmante, aber unbeständige Liebhaber, Rinaldo der treue Romantiker und rücksichtsvoll Liebende. Möglicherweise wirken sich diese Eigenschaften auch auf die Duellierbereitschaft aus. Denn im Zentrum der

Auseinandersetzungen stehen nur Cleander und La Brette. Die Regieanweisungen für das Ende von II, 9 könnten diesen Schluss zulassen. Obwohl auch Rinaldo zugegen ist, schreien nur Cleander und La Brette und ziehen den Degen.

[363] Eine Opera comique in 3 Einzelteilen, der 3. Teil *Il Capitano* wurde 1726 wiederholt. D-Hs 234 in MS 639/3:16. Text: Schwemschuh; Musik: Georg Philipp Telemann. Vgl. Marx; Schröder, 1995, S. 82f.

[364] Vgl. Hinck, 1965, S. 268. Außerdem betont Hinck, dass sich die Commedia dell'Arte im Bereich vornehmer bürgerlicher Familien bewegt, ein Milieu, dem sich auch das Dienstpersonal zuordnet. Die Ausnahme bildet der arrogant betrügerische Edelmann – wie Capitano, S. 175f.

[365] Vgl. Wolff, 1957, S. 109.

[366] Text: ?, nach Johann Christian Hallmann: *Die Schaubühne des Glücks, oder Die unüberwindliche Adelheide*, Breslau 1684, Musik: Georg Philipp Telemann. D-Hs 267 in MS 639/3:18. Vgl. Marx; Schröder, 1995, S. 31.

[367] 1728, 1730, Text : Johann Samuel Müller, Musik: Georg Philipp Telemann. D-Hs 86 in MS 640/3:8. Vgl. Marx; Schröder, 1995, S. 286.

[368] Das Bild des aufgeblasenen Kriegers, oft spanischer Herkunft, hat Egon Friedell in der europäischen Literatur des 17. Jahrhunderts beschrieben. Spanien galt als Land «der größten Renommisten und Scharfmacher.» Diese Kriegerkarikatur hat «einen riesigen Stoßdegen, handgroße Sporen und einen Schrecken erregenden Federhut und spricht ununterbrochen von Krieg, Duellen, verführten Weibern und abgehauenen Gliedmaßen; in Wirklichkeit interessiert er sich aber nur für Küchengerüche und Weinflaschen und macht sich bei dem geringsten verdächtigen Geräusch aus dem Staube.» Friedell, Egon: Kulturgeschichte der Neuzeit. Ungekürzte Sonderausgabe. München 1989/2003, S. 431f.

[369] Text: Lukas von Bostel nach Philippe Quinault: *Thésée*, Paris 1675, Musik: Nicolaus Adam Strungk. D-Hs 22 in MS 639/3:2. Vgl. Marx; Schröder, 1995, S. 367f.

[370] Von Clausewitz, General Carl: Vom Kriege. Erfstadt 2003, S. 9.

[371] Einen ethnologisch-kulturgeschichtlichen Bogen schlägt Hans Peter Duerr von traditionellen heterosexuellen Vorstellungen von Sexualität zu gesellschaftlichen Phänomenen, wie dem Kampf der Geschlechter, zu dem weiblich konnotierte Vorstellungen von Städten und Ländern gehören, die von «Männern» erobert werden wollen. Innerhalb dieser Konstruktion gilt der heterosexuelle Akt als militärische Eroberung, der Penis als Waffe. Vgl. Duerr, Hans Peter: Obszönität und Gewalt. Der Mythos vom Zivilisationsprozeß. Frankfurt/Main 1993. Hier insbesondere §15: Rammbock und Festungstor. S. 220–241. Vgl auch Vorstellungen männlicher Gutachter im 18. Jh. zu weiblicher Wehrhaftigkeit und ihre körperliche Ebenbürtigkeit bei Vergewaltigungen: Lorenz, Maren, Kriminelle Körper – Gestörte Gemüter. Die Normierung des Individu-

ums in Gerichtsmedizin und Psychiatrie der Aufklärung. Hamburg 1999, S. 236f und dies., 2003, S. 79f.

[372] Eine bis heute nachweisbare Konstruktion: «Die militärische Kampfsituation wird in den Argumentationen der Integrationsgegnerinnen und -gegner als ein Ort konstruiert, an dem die letzten Wahrheiten und Grenzen des Geschlechts deutlich werden bzw. gewissermaßen unhintergehbar sind. So führe in der Extremsituation kein Weg mehr vorbei am ‹geschlechtsspezifischen Arbeitsvermögen› (also an weiblicher körperlicher und nervlicher Schwäche), am (zumeist biologisch begründeten) männlichen Schutzinstinkt und am anthropologisch hergeleiteten male bonding, der ausschließlich männlichen, durch weibliche Präsenz gefährdeten Kameradschaft.» Eifler, Christine; Seifert Ruth: Zur Einführung: Gender und Militär. In: Eifler, Christine; Seifert Ruth (Hg.): Gender und Militär. Internationale Erfahrungen mit Frauen und Männern in Streitkräften. Königstein/Taunus 2003, S. 14f.

[373] Reinhard Meyer betont, dass sich keine zwei Frauen in der Haupthandlung gegenüber standen. Vgl. Meyer, 1984, Bd. 4, S. 84. Doch muss hier differenziert werden, denn es gibt effektvoll ausgetragene Gegnerschaften von Frauen, wie die Fürstinnen Irene und Honoria aus *Attila* (1682), (II, 2, 5, 19).

[374] Text: ? (Vermutlich nach *L'Oronte,* München 1657: Text: G. G. Alcaini. Musik: Johann Kaspar Kerl), Musik: Johann Theile. D-Hs 2 in MS 639/3:1. Vgl. Marx; Schröder, 1995, S. 306f. Faks. in: Meyer, Bd. 1, 1980, S. 61-124, Bd. 4, 1984, S. 151–152.

[375] Text: Christian Richter; Musik: Johann Theile. D-Hs 1 in MS 640/3:1. In: Marx; Schröder, 1995, S. 157f.

[376] Vgl. Wolff, 1957, S. 201. Er bezieht sich auf: Wollrabe, Ludwig: Chronologie sämtlicher Hamburger Bühnen nebst Angabe der meisten Schauspieler, Sänger, Tänzer u. Musiker, welche seit 1230 bis 1846 an denselben engagiert gewesen und gastiert haben. Hamburg 1847, S. 27f.

[377] Text: Gottlieb Fiedler nach G. Corradi: *La Gierusalemme liberata,* Dresden 1687, Musik: Carlo Pallavicini. D-Hs 52 in MS 639/3:4. Vgl. Marx; Schröder, 1995, S. 195f. Und 1695 als *Armida* mit überarbeitetem Text D-Hs 64 in MS 639/3:4, ebd.

[378] Der Moment, in dem Tancred die Identität seiner Gegnerin erkennt, die barbusig, wie schlafend vor ihm liegt, an der linken Hand ihren Helm umfassend, wurde von Laurent de la Hyre gezeichnet, im Rahmen einer Serie mit Szenen von Tasso's Kreuzfahrer-Epos, vor 1630. Ann Arbor, University of Michigan, Museum of Art. Abgebildet in: Dixon, 2002, S. 164f.

[379] Auf Ambivalenzen des Amazonenbildes auf der Opernbühne weist auch Corinna Herr hin, neben den negativ gezeichneten «männermordenden» habe es auch positive starke Frauen gegeben. Vgl. Herr, Corinna: Medea's Zorn. Eine ‹starke Frau› in Opern des 17. und 18. Jahrhunderts. Herbolzheim 2000. Beiträge zur Kultur-und So-

zialgeschichte der Musik herausgegeben von Eva Rieger. Bd. 2, S. 26f. Dies. :»Zauberin als Opernfigur. Kontexte und Interpretationen in Georg Friedrich Händels *Teseo* und Reinhard Keisers *Fredegunda*. In: Dubowy, Norbert; Herr, Corinna; Zórawska-Witkowska, Alina (Hg.): Italian Opera in Central Europe 1614–1780. Volume 3: Opera Subjects and European Relationships Berlin 2007, S. 17–42.

[380] Text: Christan Heinrich Postel nach G. de la Calprenède, *Cassandre*, 2.Teil 1642/43, Musik: Johann Philipp Förtsch. D-Hs 169 in MS 639/3:11. Vgl. Marx; Schröder, 1995, S. 212f. Siehe auch Haufe, 1964, S. 160f und S. 170f.

[381] Haufe, 1964, S. 170. Siehe auch Olsen, 1973, S. 47–55. Ihr Überblick über den Inhalt von Vorbericht, Zuschrift und Oper ist knapp und ohne gender-relevante Impulse. Außerdem Colvin, 1999, S. 272–275. In ihrer kurzen Analyse dieses Vorberichtes bezieht sich Sarah Colvin auf misogyne Kommentare zur Femme Forte. Sie betont, dass die Heirat im Patriarchat ein effektiver Weg war, das subversive, umstürzlerische Potential der Frauen zu kontrollieren. Da das Amazonenreich so wichtige Institutionen wie die Ehe ablehnte, sei es gefährlich. Tatsächlich appelliert Thalestris, die letzte Königin der Amazoninnen, am Schluss der Oper an ihre Kriegerinnen, endlich mit diesem ehelosen Leben aufzuhören, sie sollen nicht mehr Männern «unordentlich beywohnen». Sie will «diesen Schimpf nicht länger ernehren» und hat sich an Prinz Orontes «ergeben».

[382] «Welche ungläubliche Ehre/ die edlen Römer denen Weibern erwiesen/ in dem sie nicht allein denen Kayserinnen / Sacerdotium, Carpenta, Consecrationes, Dearum epitheta, Matris itdem aut Orbis Genitricis, Matris Castrorum aut senatus appellationes, Augustae denique cognomen, gegeben/ sondern auch anderen vornehmen Römerinnen Senatoria & Consularia ornamenta zugestattet/ beschreibet gar schön und accurat der gelahrte Spanhem. De Praest.& usu Num. Diss. 7. p. 602.&seqq (Vorrede S. 3).

[383] Gegen Ende dieses Lobgedichtes wird der Autor etwas konkreter, lobt die Hamburgerinnen für ihr Nähen mit Seide und Gold, selbst Mecheln und Paris könnten da nicht mithalten, was die Spitzenherstellung und die Künste mit Papier und Pinsel betrifft. Doch wird auch Spott hineingemengt, wenn es heißt: «Ein Pinsel/ selbst ein Kohl kann euren Preiß erheben/ Wann sich dadurch der Witz der Sinnen zeiget an.» Auch der «süsse Thon», den die Damen mit Gesang und am Saiteninstrument erzeugen, dient ihrem Ruhm. Und «die netten Füß im schönen Tanz» seien kaum zu beschreiben. «Ihr kent der klugen Welt nie gnug gepries'ne Schrifften, Des Himmel-hohen Geists Durchläuchtge Sirerin Ihr kent Octavien die Rom noch Ruhm will stifften/ Wenn schon sein Tacitus fält ins Vergessen hin.»

[384] Text: Gottlieb Fiedler nach Ortensio Mauro: *Le rivali concordi*, Hannover 1692, Musik: Agostino Steffani. D-Hs 76 in MS 639/3:5. Vgl. Marx; Schröder, 1995, S. 399.

[385] Im Epilog dieser anlässlich der Krönung von Karl VI. aufgeführten Oper werden er und Anton Ulrich, der Großvater der Kaiserin mit Namen angeredet und gehuldigt, nicht aber der Name etwa der Großmutter oder der Kaiserin selbst – nur aus Gründen des Reims oder um die männliche Erbfolge und die Aufgabe der Frauen, einen Thronfolger zu gebären zu betonen? Der Schlusschor singt: «Es lebe Carl! Es leb Anthon! Es leb die grosse Kayserin! Der Himmel stütze Teutschlands Thron Durch einen Erben zu der Cron! So jauchzt man mit erfreutem Sinn: Es lebe Carl! Es leb Anthon! Es leb die grosse Kayserin.» Faksimile: Meyer, 1980, Bd. 2, S. 455–515, S. 515.

[386] Zitiert nach Meyer, 1980, Bd. 2, S. 474.

[387] Text: Johann Ulrich König, Braunschweig Februar 1719, nach Gottlieb Fiedler: *Der siegende Alcides*, Hamburg 1696, Musik: Georg Caspar Schürmann. D-Hs 161 in MS 639/3:10. Vgl. Marx; Schröder, 1995, S. 192f.

[388] Text: Johann Joachim Hoë, Musik: Reinhard Keiser. D-Hs 155 in MS 639/3:10. Vgl. Marx; Schröder, 1995, S. 94.

[389] «Täntze 1. Von römischen Cavalieren und Damen als Amazonen gekleidet.»

[390] Text: Friedrich Carl Bressand nach Corneille; Musik: Johann Sigismund Kusser. D-Hs 69 in MS 639/3:5. Vgl. Marx; Schröder, 1995, S. 388f.

[391] Über ihn heißt es im Vorbericht: «Commodus Antoninus, ein Tyrann, hatte von den ungemeinen Tugenden seines Vorgängers und Vaters Marcus Aurelius so wenig ererbet/ daß es schiene/ als wenn die Natur und das Schicksahl mit Fleiß sich bemühet und zusammen verbunden hätten/ aus demselben ein abscheuliches Gegenbild aller Laster zu verfertigen/ um durch dessen Lasterhaffte und Tyrannische Regierung den Verlust seines Vaters desto nachdrücklicher und dessen Ruhm desto herrlicher zu machen/ oder auch aller Welt einzubilden/ dass er nicht von demselben/ sondern (wie auch die meisten der Meynung sind) aus Ehebruch gezeuget worden.»

[392] Vgl. Berichte in Hamburger Chroniken über als Gespenster verkleidete Menschen.

[393] Text:?, nach Matteo Noris: *Attila*, Venedig 1672, Musik: Johann Wolfgang Franck, Vgl. Marx; Schröder, 1995, S. 72.

[394] «Sbioc. (Zur Marth.) Mademoiselle. (Zur Evand.) und ihr mein Hertzgen! Steht ein bischen still. Marth. Was wilt du? Ev. Was ist dir? (Er stehet und betrachtet sie)» (II, 14). Doch die beiden Frauen wollen sich nicht betrachten lassen, wehren ihn ab: «Sprich oder geh!»

[395] Wolffs Argumentation greift zu kurz und ist bestenfalls im Kontext seiner Zeit zu verstehen: «Eine nationale Aufgabe erfüllte die Hamburger Oper durch die Verspottung des ‹galant homme› und der französischen Mode.» Die Produktionen der Hamburger Oper lassen sich nicht mit solchen Kategorien fassen. Ebenfalls wenig überzeugend ist Wolffs Beschreibung von Sbioccis Kontakt zu den beiden Amazonen: «Da

Sbiocco sich im Reich der Amazonen befindet, wollen die beiden von ihm verehrten Schönen sich mit ihm duellieren und ziehen den Degen. Er lehnt das entsetzt ab, da er ‹kein bloss Messer› sehen könne.» Wolff, 1957, S. 138f.

[396] Fehlt bei Haufe, o.J., S. 36. Er überliefert hier nur die 7-strophige Spott-Arie des Dieners Sbiocco über Frauen und den Ehestand: «Wer den Ehstand will erwehlen» (I, 11), unterlässt aber den Abdruck des außerordentlich kritischen 8- strophigen Duetts der Amazonen Marthesia und Evandra: «Die der Liebe sich ergeben/ Und der Männer falschen Schein/» (II, 14).

[397] Text: Johann Philipp Praetorius nach italienischer Vorlage: *La capricciosa ed il credulo*, Venedig 1708, Musik: Georg Philipp Telemann. D-Hs 244 in MS 639/3:17. Vgl. Marx; Schröder, 1995, S. 107.

[398] Telemann, Georg Philipp: *Mario*. Leipzig 1709. Sächsische Landesbibliothek, Staats- und Universitätsbibliothek Dresden, Signatur: Lit. Germ. rec. B. 197. m, 34.

[399] Text: D. Donato Cupeda, Musik: Giovanni Bononcini. Vgl. das Programmheft mit Einführungstexten und Libretto zur Erstaufführung dieses Werkes im Dezember 2002 an der Hochschule für Musik in Köln. Übersetzung des Librettos: Liesel B. Sayre. Redaktion: Sauer, Heike; Rode-Breymann, Susanne.

[400] Vgl. Marx; Schröder, 1995, S. 71.

[401] Vgl. Marx; Schröder, 1995, S. 293.

[402] Vgl. Marx; Schröder, 1995, S. 98.

[403] Vgl. Rode-Breymann, 2002, S. 15.

[404] Dieser Dialog des Ehepaares ist im Nachdruck des Librettos in Klammern gesetzt, also für die Bühne gestrichen.

[405] Vgl. Haufe, 1964, S. 119.

[406] Vgl. Schulte, Regina: Die verkehrte Welt des Krieges: Studien zu Geschlecht, Religion und Tod, Frankfurt/Main [u.a.] 1998.

[407] Cixous, Hélène: Geschlecht oder Kopf? In: Cixous, Hélène: Die unendliche Zirkulation des Begehrens. Berlin/W. 1977, S. 15–46. Zitiert nach: Meise, Helga: Einige Gedanken über Krieg und Liebe. In: Randgänge der Pädagogik, Nr. 13, Marburg 1980, S. 101–108, S. 101.

[408] Zu den Unterschieden zwischen adligen und bürgerlichen Bildprogrammen muss noch genauer gearbeitet werden: Gab es eine bürgerliche Minerva?

[409] Vgl. Bettina Baumgärtel: Is the King Genderless? The Staging of the Female Regent as Minerva Pacifera. In: Dixon (Hg.), 2002, S. 97–106.

[410] Auf einer Silbermedaille von Johann Blum aus dem Jahre 1641 sind Wilhelm II. von Oranje and Mary of England als Minerva und Pax abgebildet, Pax überreicht Minerva, die inmitten von Kriegsgerät auf einer geschlagenen Bellona steht, einen Olivenzweig als Zeichen des Friedens, abgebildet und kommentiert bei Baumgärtel, 2002, S. 105.

[411] Vgl. Helga Meise's Überlegungen, die sie an einem rund 50 Jahre später verfassten Text entwickelt: Rousseaus *Emile oder über die Erziehung*. Als «natürlich» gilt für Rousseau die Einteilung in Stärke und Schwäche, Angriff und Verteidigung – wobei das Männliche als «aktiv und stark» und das Weibliche als «passiv und schwach» gilt. Rousseau beschreibt die Liebe in Metaphern des Krieges, es geht um Angriff und Verteidigung: «Der Zweifel, ob die Schwäche der Kraft gewichen ist oder ob sich der Wille ergeben hat, ist das Süßeste am Sieg des Mannes. Die gewöhnliche List der Frauen ist, diesen Zweifel immer zwischen sich und ihm bestehen zu lassen.» (Jean-Jacques Rouesseau: *Emile oder die Erziehung*, Paderborn 1971, S. 388.) Nach Meise kommt es in diesen (Gewalt)-Verhältnissen nicht wirklich zu gegenseitiger Hingabe und Aufmerksamkeit, sondern zu Täuschung und Missverständnis, «das Spiel mit der eigenen Begierde wird zur List, zur Verfügung über die Macht, die Unterwerfung und Anerkennung des männlichen ‹Sieges› vorzutäuschen. In dieser Struktur wird die männliche Lust permanent verraten, die weibliche kommt eigentlich nicht vor (Rousseau spricht nur in Bezug auf den Mann von der ‹Süße des Sieges›), sondern erscheint nur als Bestreben, den Überschuß an Macht, den ihr der Einsatz der List garantiert, wieder in diesen ‹Krieg› zu injizieren, um den Kampf anzuheizen und die einzige Chance, begehrt zu werden, als Waffe zu gebrauchen.» Meise, 1980, S.101–108, hier S. 102.

[412] Die tödlichen Gefahren dieser Geschlechter-Kämpfe werden auf der Opernbühne und in anderen Künsten dramatisch dargestellt. Erinnert sei an *Hercules und die Amazonen*, *Orontes* oder den tragischen Tod Clorindas, unwissentlich verursacht von Tancred in Tassos *La Gierusalemme liberata*.

[413] Vgl. Pröve, Ralf: Violentia und Potestas. Perzeptionsprobleme von Gewalt in Söldnertagebüchern des 17. Jahrhunderts. In: Meumann; Niefanger (Hg.), 1997, S. 24–42, S. 40.

[414] Zur Frage, ob sexuelle Gewalt von Männern gegen Frauen in Friedens- wie in Kriegszeiten universell und biologisch bedingt sei, oder militärsoziologisch und historisch betrachtet werden müsse, etwa im Hinblick auf die symbolische Bedeutung des weiblichen Körpers als «Territorium» vgl. Beck, Birgit: Wehrmacht und sexuelle Gewalt. Sexualverbrechen vor deutschen Militärgerichten 1939–1945. Paderborn 2004.

Teil II

[1] Zu den Liebesdiskursen im 18. Jahrhundert siehe: Bake, Rita; Kiupel, Birgit: Unordentliche Begierden. Liebe und Sexualität im 18. Jahrhundert. Hamburg 1996.

[2] Quelle: Koninklijk Conservatorium Brussel, Bibliothek, Signatur: B Bc 954 MSM.

[3] Vgl. Menantes/Neumeister, 1728, S. 396: CCLXII.

[4] Vgl. Colvin, 1997.

[5] Vgl. die Einleitung dieser Arbeit und Bernhard Jahns Studien.

[6] Vgl Bake; Kiupel, 1996. Hull, Isabel V.: Sexuality, State, and Civil Society in Germany, 1700–1815, Ithaca London 1996, z.B. S. 173–176.

[7] Vorehelicher Geschlechtsverkehr, der durch eine Schwangerschaft sichtbar wurde, bedrohte Frauen existentiell, denn sie waren von Gewalt und gesellschaftlichem Ausschluss bedroht. Dieses Schicksal wird deutlich am Beispiel von Prinzessin Hermingardis in *Carolus Magnus* (1692).

[8] Zedler, Bd. 49, Halle und Leipzig 1746, Sp. 2573f.

[9] Buchholz, Stephan: Ehe und Herrschaft. Geschlechterbeziehungen in den Rechtsquellen des 17. und 18. Jahrhunderts. In: Donnert, Erich (Hg.): Europa in der Frühen Neuzeit. Festschrift für Günter Mühlpfordt. Bd. 4: Deutsche Aufklärung. Weimar, Köln 1997, S. 1–19, S. 19.

[10] Vgl. Thomasius, Christian: *Von der Kunst Vernünftig und Tugendhaft zu lieben*, Halle 1692/1726, zitiert nach Hull, Isabell V., 1996, S. 174.

[11] Vgl. Bake; Kiupel, 1996, S. 20f.

[12] Zedler, Bd. 8, Halle und Leipzig 1734, Sp. 360.

[13] Zedler, Bd. 8, Halle und Leipzig 1734, Sp. 364.

[14] Im Hamburger Stadtrecht von 1605 heißt es im 2. Teil, Titulus XI: «Von ehelicher Vertrauung, Verheiratung und Brautschatz. Art. 1. Wenn zwo mündige Personen, aus freyem Willen, mit Bevollbortung ihrer Eltern, in unverbothenem Grade, sich miteinander ehelich einlassen und verbinden; solches wird für eine rechte Ehe geachtet. Art. 2. Weil, vermöge göttlicher, natürlicher, und weltlicher Rechte, der Eltern Beliebung und Vollbort zu der Kinder Ehe nöthig; so sind auch die Kinder, der Eltern Consens aus schuldigem Gehorsam zu erfordern, pflichtig und verbunden. Art. 3. Da nun der Sohn und Tochter unter 25 Jahren, ohne der Eltern Bevollbortung, eigenes Willens, sich an eine unberüchtigte Person befreyen würden; auf den Fall soll dem Vater frey stehen, den Brautschatz ihnen zu verweigern, auch im Testament, über die legitimam, nichts zu verordnen. Da aber der Vater in dem Testament dieses Ungehorsams nicht würde gedencken, sondern stillschweigend vorbeygehen; auf den Fall wird solcher Sohn oder Tochter, seinen anderen Schwestern und Brüdern gleich, zu den nachgelassenen Gütern admittiret und zugelassen. Art. 4. Wenn iemand, ohne der Eltern Vorwissen und Willen, mit einer Person heimlich sich würde verloben, und die Eltern, so bald sie es erfahren, solcher Ehe widersprechen; und derselbe Sohn oder Tochter folgends, mit der Eltern Wissen und Willen, mit einer andern Person Verlöbniß halten; So wird in diesem Falle die letzte Verlöbniß der ersten, darin die Eltern nicht gewilliget, billig vorgezogen.» Zitiert nach: *Der Stadt Hamburg Gerichts=Ordnung und Statuta*.

Herausgegeben auf Veranlassung vom Verein für Hamburgische Geschichte. Hamburg 1842, S. 347f.

[15] Karin Gröwer betont die Bedeutung der Aepinischen Kirchenordnung von 1556, die zwar kein von Senat und Bürgerschaft angenommenes Recht gewesen sei, aber mehrere kirchliche Regelungen beeinflusst hatte, wie die Organisation des kirchlichen Ministeriums, das kirchliche Disziplinarrecht und eben die Vorschriften zur Eheschließung. Vgl. Gröwer, Karin: Wilde Ehen im 19. Jahrhundert. Die Unterschichten zwischen städtischer Bevölkerungspolitik und polizeilicher Repression. Berlin, Hamburg 1999, S. 101.

[16] Vgl. Klefeker, Theil 12, 1773, S. 450f.

[17] Otto Sperling, Rat am Oberappellationsgericht in Glückstadt, der rund 15 Jahre (bis 1690) in Hamburg lebte, gibt in seiner Chronik *Chronicon Hamburgense* Einblicke in den Alltag zwischen 1660 und 1690. Einen Teil der mehrbändigen Chronik hat Otto Beneke abschreiben lassen. Ernst Finder zitiert einen Passus über bürgerliche Eheschließungspraxis um 1680: «Das erste, was ein Hochzeiter thun muß, wenn er den Hochzeitstag ansetzt, ist, sich anzumelden beim Rathsküchenbäcker, der ihnen einen bestimmten Tag zur Hochzeit anschreibt und die Gebühr dafür empfängt. Hernach muß er sich beim Weddeherren melden Bürger zu werden oder Caution deswegen zu bestellen, bevor er den Abkündigungszettel verlangt, dessen Formular gedruckt ist und sind die Namen der Brautleute um Jahr und Tag dazu geschrieben. Mit diesem Zettul gehet der Bräutigam zu dem Prediger, der abkündigen soll, welcher ist der Pastor, da wo die Braut wohnt und ihr Kirchspiel hat. Der kündigt sie 8 Tage vor der Hochzeit ab, und gehet alsdann die Braut in ihrem Kirchspiel und der Bräutigam in seinem Kirchspiel zu Gottes Tisch.» Zitiert nach Finder, Ernst: Hamburgisches Bürgertum in der Vergangenheit. Hamburg 1930, S. 44f. Der Weddeschreiber oder Ratskuchenbäcker lieferte die mit dem Hamburger Wappen verzierten Hochzeitskuchen und führte als «Spielgrefe» die Aufsicht über die Spielleute und beanspruchte eine Art Hochzeitssteuer, die sich nach dem Aufwand der Feier richtete. Ein Ratsdiener in der Funktion eines «Köstenkiekers» wachte über die wahre Anzahl der Gäste und Bewirtungsluxus und war ein ungern gesehener Gast in den Hochzeitshäusern. Vgl. Finder, 1930, S. 51. Weitere Hinweise zu dieser Kombination zwischen Weddeschreiber und Ratskuchenbäcker liefert Carl Heinz Dingedahl: «Die Aufgaben des Weddeschreibers wurden vom Ratskuchenbäcker wahrgenommen. Der ‹Kuchenbecker Dienst› wurde seitens der Kämmerei an den Meistbietenden verkauft. Für 1686, 1690 und 1707 liegen derartige Verträge vor. 1740 erfolgte der Verkauf des Amtes erstmalig an den ‹Wetteschreiber, sonst Ratskuchenbäcker genannt.» Dingedahl, Carl Heinz: Die Gebühren der Wedde bei Hochzeiten in Hamburg. In: Zeitschrift für Niederdeutsche Familienkunde. Herausgegeben von der Genealogischen Gesell-

schaft, Sitz Hamburg. Mai 1974, 49. Jg. Heft 3, S. 124-126, S. 124. Für diese Tätigkeit in Büro und Backstube ließ sich der Weddeschreiber bzw. Ratskuchenbäcker separat honorieren.

[18] Marchtaler, Hildegard von: Arm und Reich, genealogisch gesehen. Wiedergabe eines Vortrags, gehalten am 15. Juni 1972 von Hildegard von Marchtaler zum Dank für die Ehrungen zu ihrem 75. Geburtstag. In: Zeitschrift für Niederdeutsche Familienkunde. Herausgegeben von der Genealogischen Gesellschaft, Sitz Hamburg. Hamburg, Juli 1973, 48. Jg., Heft 4, S. 123-131, S. 128. Sie beschreibt hier die Bedeutung der Hochzeitenbücher der Wedde als Quelle für den Lebensstandard und Aufwand. Für alle Hochzeiten wurden Gebühren erhoben, die in den Weddebüchern verzeichnet wurden – deshalb sind alle Heiraten in Hamburg, die Vororte ausgenommen, protokolliert. Diese sogenannten Hochzeitenbücher der Wedde wurden geführt von 1708 bis 1810. Von Marchtaler hat sich, wie sie sagt, «die große Mühe gemacht, wenigstens für zwei Jahrgänge, nämlich das Jahr 1709 und das Jahr 1785 alle Hochzeiten auf ihre Klassifizierung durchzusehen.» In den Einträgen ist abzulesen: «Der Name des Bräutigams, sein Beruf, ob Bürger oder Schutzverwandter, seine Wohnung und wo die Hochzeit stattfand, dann die Kirche des Aufgebots und welcher Art die Hochzeit war, meist auch die Höhe der Gebühr. Von der Braut werden Name und Vorname des Vaters genannt. Sehr viel ausführlicher werden die Angaben seit dem Jahr 1784, wo auch die Geburtsorte des Brautpaares und die vollen Namen der beiderseitigen Eltern angegeben werden, ferner wie lange Braut und Bräutigam schon in Hamburg sind, und ob sie miteinander verwandt sind» (S. 128). Neuere Abschriften der Weddebücher sind in Arbeit – Hinweis von Ulf Bollmann.

[19] «E.E. Rath will männiglichen, welcher in dieser Stadt wohnet, oder sich niederzulassen Vorhabens ist, und mit einer allhie, oder in der Stadt Gebiete, gleichfalls seß= und wohnhaften Person sich verlobet, nicht anders, denn nachdem er 1) bey der Wedde sich angegeben, und wo er nicht vor E.E. Rath den Bürger-Eyd geleistet, iedoch sich Ihme und der Stadt schutzpflichtig oder sonst verwandt gemacht, mittelst zweener Zeugen, welche durch Vorzeigen ihres Bürger=Zettels, oder Schutz=Scheins, sich als hiesige Einwohner legitimiret haben, bezeugen lassen, daß keine gesetzmäßige Verhinderung der Heirath obwalte [...].» (Unterstreichungen wie im Original) Zitiert nach Klefeker, Theil 12, 1773, S. 450f.

[20] Gröwer, 1999. S. 102. Sie bezieht sich auf Forschungsergebnisse, die unter dem Nexusverhältnis «die rechtliche Verwandtschaft eines Einwohners zum Staat [versteht], die in den freien Reichsstädten durch Eid vor dem Rat der Stadt eingegangen wurde und den Mann mit bestimmten bürgerlichen Rechten und Pflichten versah.» Siehe insbesondere S. 100-107 und den Exkurs 1: Heiraten vor 1833 S. 119-121.

[21] Vgl. Gröwer, 1999, S. 100f.

[22] So berichtet Finder von Diskrepanzen zwischen Norm und Praxis vor- und außerehelicher Sexualität, die aber noch umfassender Untersuchung bedarf: «Hatte sich die Braut die jungfräuliche Reinheit nicht bewahrt, wurde sie ohne weitere Betitelung beim Aufgebot nur als Verlobte bezeichnet, auch dem Verlobten wuchs daraus eine Ehrenminderung, er blieb entweder ganz ohne Titel oder man ließ ihn, gehört er den höheren Ständen an, höchstens noch als wohlachtbar gelten. Witwen wurden für gewöhnlich mit tugendsam oder ehr- und tugendsam abgefunden.» Und weiter: «Begreiflicherweise wurde der Geistliche über die vorehelichen Verhältnisse der Brautleute nicht selten getäuscht. Kam der Sachverhalt an den Tag, mussten die Sünder in der Kirche öffentlich Buße tun und eine Strafpredigt über sich ergehen lassen. ‹Boot sitten› nannte der Volksmund einen solchen Vorgang, der die Beteiligten zum Gegenstande öffentlicher Schmach machte. Die Aufklärung hat dieses entehrende und zugleich untaugliche, den Kindesmord begünstigende Strafmittel abgeschafft.» Finder, 1930, S. 54.

[23] Vgl. Michelsen, 2003. Insbesondere Kapitel 6. Verhalten der Bevölkerung. S. 112–117, S. 112. Und Frühauf, Christine: Fenstern und Nachtreiten auf Fehmarn. Jugendkultur, Sexualität und Eheanbahnung zwischen ländlicher und obrigkeitlicher Norm im 18. Jahrhundert, unveröffentlichte Magisterarbeit, Universität Hamburg 1994. Unterschichtenforschung für Hamburg, die allerdings später ansetzt: Kraus, Antje: Die Unterschichten Hamburgs in der ersten Hälfte des 19. Jahrhunderts. Stuttgart 1965. Schriftenreihe für Sozialwissenschaften der Universität Hamburg; Gröwer, 1999, S. 84, Schönfeld, Gustav: Beiträge zur Geschichte des Pauperismus und der Prostitution in Hamburg. Weimar 1897.

[24] Die Ermittlung der Einkommens- und Vermögensverhältnisse der mittleren und unteren Schichten sind noch ein Forschungsdesiderat, wie bereits von Marchtaler feststellen musste: «Mit der Vermögensbildung der Hamburger im 17., 18. bis in das 19. Jahrhundert hinein befaßt sich auch Percy E. Schramm, sowohl in seinem 1943 erschienenen Buch ‹Hamburg, Deutschland und die Welt› wie in ‹Kaufleute zu Haus und Übersee› (1949), worin er auch die von Grasmeyer 1808 aufgestellte Liste bringt, sowie die Liste der Höchstbesteuerten zur Franzosenzeit. Diese Veröffentlichung ist ganz einseitig auf Reiche und auf große Vermögen ausgerichtet; über den Mittelstand und die Armen erfahren wir nichts. Und gerade diese letzterwähnten machten einen sehr großen Teil der Bevölkerung aus. – Im Laufe des 18. Jahrhunderts hatten sich neue wirtschaftliche und soziale Verschiebungen ergeben. Die erste Hälfte dieses Jahrhunderts hatte sich noch dadurch ausgezeichnet, dass es eine breite wohlhabende Einwohnerschicht gab, die in gesicherten Verhältnissen lebte.» Marchtaler, 1973, S. 127.

[25] *Sammlung der von E. Hochedlen Rathe der Stadt Hamburg sowol zur Handhabung der Gesetze und Verfassungen als bey besondern Eräugnissen in Bürger- und Kirchlichen, auch*

Cammer-Handlungs- und übrigen Policey-Angelegenheiten und Geschäften vom Anfange des 17. Jahrhunderts bis auf die itzige Zeit ausgegangenen allgemeinen Mandate, bestimmten Befehle und Bescheide, auch beliebten Aufträge und verkündigten Anordnungen. Theil 1–6, Hamburg 1763–774. Im Folgenden abgekürzt als: *Sammlung Hamburger Mandate.*

[26] *Sammlung Hamburger Mandate.* Der erste Theil, welcher die Verfügungen im siebenzehnten Jahr=Hundert in sich fasset, 1763, S. 336.

[27] Zu diesem Ergebnis kommt auch Roswitha Rogge: «Es ist im Nachhinein nicht zu entscheiden, ob diese ‹Entführungen› im Alltag stets gewaltsam vor sich gingen. Es ist ebenso vorstellbar, dass die jungen Frauen freiwillig aus ihrem Elternhaus flohen, weil sie mit einem Mann leben wollten, den ihre Familie nicht akzeptierte. [...] Für die Eltern war es jedoch ein Leichtes vorzugeben, dass ihre Tochter mit Gewalt aus dem Hause geführt worden war. Wenn jene Erfolg vor Gericht hatten, war der Entführer zum Tode verurteilt und die Tochter musste sich den Heiratswünschen ihrer Eltern fügen. So schien das Gesetz gegen die Entführung zwar Frauen vor männlicher Gewalt zu schützen, konnte jedoch praktisch genutzt werden, um heiratsfähige Töchter von unwillkommenen Beziehungen zu Männern abzuhalten. Sexuelle Fehltritte von Frauen beschmutzten das Ansehen der Familie und waren dementsprechend zu ahnden. Eine nichteheliche Sexualbeziehung eines Mannes war dagegen keine Gefahr für irgendjemandes Ehre.» Rogge, Roswitha: Von Zauberinnen, Hexen und anderen berüchtigten Frauen im frühneuzeitlichen Hamburg. In: Köpke, Wulf; Schmelz, Bernd (Hg.): Hexenwelten (= Mitteilungen aus dem Museum für Völkerkunde Hamburg N. F.; Bd. 31). Bonn 2001, S. 27–43, S. 34.

[28] *Sammlung Hamburger Mandate,* Der erste Theil, welcher die Verfügungen im siebenzehnten Jahr=Hundert in sich fasset, 1763, S. 330f.

[29] Text: Praetorius, Johann Philipp, Musik: Reinhard Keiser, D-Hs 251 in MS 639/3:17. Vgl. Marx; Schröder, 1995, S. 215.

[30] *Sammlung Hamburger Mandate,* Der erste Theil, welcher die Verfügungen im siebenzehnten Jahr=Hundert in sich fasset, 1763, S. 44f.

[31] *Sammlung Hamburger Mandate.* Der erste Theil, welcher die Verfügungen im siebenzehnten Jahr=Hundert in sich fasset, 1763, S. 136.

[32] *Sammlung Hamburger Mandate.* Der Zweyte Theil, welcher die Verfügungen von 1701 bis 1730 in sich fasset, 1764, S. 640f.

[33] *Sammlung Hamburger Mandate.* Der Zweyte Theil, welcher die Verfügungen von 1701 bis 1730 in sich fasset, 1764, S. 1095f.

[34] *Sammlung Hamburger Mandate.* Der Dritte Theil, welcher die Verfügungen von 1731 bis 1750 in sich fasset, 1764, S. 1169. Weitere Mandate zum gleichen Thema: ebd, 16. Oct. 1747, S. 1630; Der Vierte Theil, welcher die Verfügungen von 1751 bis 1762 in sich fasset, 1764: 15. Oct.1753: «DCCCLXX. Erneuertes Mandat vom 16 Oct. 1747,

gegen die heimliche Verkuppel= und Verlobung, auch Copulirung von andern, als der Stadt ordinirten, Predigern.» S. 1925f.

[35] Steltzner, *Beschluß Zweyte Abtheilung*, 1739, S. 287–292, S. 288.

[36] Steltzner, *Beschluß Zweyte Abtheilung*, 1739, S. 289.

[37] Steltzner, *Beschluß Zweyte Abtheilung*, 1739, S. 292.

[38] Vgl. Marchtaler, 1973, S. 129. Bei ihrer Auswertung von Hochzeitenbüchern der Wedde für die Jahre 1709 und 1785 kommt sie zum Schluss: «Die Trauungen fanden durchweg in der Kirche statt. Die eigentliche Hochzeit wurde bei reichen Leuten im eigenen Haus abgehalten, beim Mittelstand häufig in Wirtshäusern, wie Pulshof oder in der Ober- oder Niedergesellschaft.» Doch es gibt auch Berichte von Trauungen, bei denen der Geistliche die Brautleute außerhalb der Kirche traute, in Privat- oder Hochzeithäusern. Otto Sperling berichtet um 1685 in seiner bereits erwähnten Chronik auch von einer großen Hochzeit in einem (nicht näher beschriebenen) Hochzeitshaus. Hier ist von einem Schemel die Rede, einem Trauschemel, auf dem die Brautleute kniend vom Geistlichen getraut werden: «Wenn nun alle Mannsleute gekommen, gehen die Brautführer und bringen die Braut vor den Schemel; ihm folgen die Bräutigamsführer, die bringen Ihn auch zu der Jgf. Braut vor den Schemel, zu sammt allen anwesenden Mannsgästen, und die Brautmisse wird gespielt etc.» Zitiert nach Finder, 1930, S. 47.

[39] Sabean, David Warren: Kinship in Neckarhausen, 1700–1870, Cambridge 1998, S. 486.

[40] Stannek, Antje: Aufwachsen im Ausland. Zur geschlechtsspezifischen Sozialisation adeliger Knaben im 17. Jahrhundert. In: L'Homme. Jg. 8, Nr. 2 (1997), S. 242–256, S. 251.

[41] Stannek, 1997, S. 242.

[42] Vgl. Stannek, 1997. Heinrich Friedrich von Hohenlohe-Langenburg schrieb 1676 eine Instruktion für den Präzeptor seines Sohnes Albrecht Wolfgang. Zwar solle er sich mit Frauen «nicht gemein machen», aber wenn, dann sei darauf zu achten, dass er keine Beziehung eingehe, bei der er «sein Herz verlieren» könne (S. 255). In der Regel waren den jungen Reisenden Bordellbesuche nicht verboten, sie galten aber als gefährlich – wie überhaupt das «Zucker-Gifft der Liebe» (S. 254).

[43] Bourdieu, 2005, S. 81.

[44] Sauter, Edith: Stiefmütter und Stiefsöhne. Endogamieverbote zwischen kanonischem und zivilem Recht am Beispiel Österreichs (1790–1850). In: Gerhard, Ute, 1997, S. 345–366, S. 348.

[45] Kovács, Elisabeth: Die ideale Erzherzogin. Maria Theresias Forderungen an Ihre Töchter. In: Mitteilungen des Institutes für Österreichische Geschichtsforschung. XCIV. Bd. Wien 1986, S. 49–80, S. 57.

[46] Vgl. den Kampf, den Vespetta in Pimpinone führen muss, um spazieren zu gehen, wann und wohin es ihr beliebt – und eben nicht nur im Haus zu arbeiten. Kiupel, Birgit; Reese, Kirsten; Geissler, Cornelia: Dienstmädchen auf der Opernbühne des 18. Jahrhunderts, MUGI (Musik und gender), Hochschule für Musik und Theater Hamburg 2005. http://mugi.hfmt-hamburg.de/dienstmaedchen/.

[47] Vgl. den Druck einer tanzenden jungen Frau aus dem frühen 18. Jh. mit Dekolleté und der Unterschrift: «Hüt dich, Lascivia! daß bei so frechem Tantz Dich Herr Phlegmaticus nicht bringe um den Krantz.» Aus: Ankunft der Göttin Veneris zu Hamburg und bey ihren geliebtesten Nymphen gehaltene Visitation. Staatsarchiv Hamburg, Sammelbd. 72. Bild abgedruckt in: Bake; Kiupel, 1993, S. 367.

[48] Ein knappes halbes Jahrhundert später heißt es in Mozart's Lied «Warnung» KV 433: «Männer suchen stets zu naschen, lässt man sie allein. Leicht sind Mädchen zu erhaschen, weiß man sie zu überraschen. Soll das zu verwundern sein? Mädchen haben frisches Blut und das Naschen schmeckt so gut. Doch das Naschen vor dem Essen nimmt den Appetit, manche kam, die das vergessen, um den Schatz den sie besessen und um ihren Liebsten mit. Väter lasst lasst Euch Warnung sein, sperrt die Zuckerplätzchen ein, sperrt die jungen Mädchen ein, sperrt sie ein.» Dies ist eine prägnante Beschreibung des Diktats weiblicher Keuschheit, das bereits zu Zeiten der Gänsemarkt-Oper bestand. Unter dem Deckmantel des Scherzes wird eine Warnung vor der Begierde der Männer ausgesprochen. Doch diese brauchen sich nicht in Selbstkritik und Selbstbeschränkung zu üben. Junge Mädchen gelten als verführbar, eine Entjungferung vor der Eheschließung macht sie allerdings für den rechtmäßigen Bräutigam «ungenießbar». Keinen wirksamen Schutz gibt es für Frauen und Mädchen. Stattdessen werde sie mit Gewalt vor der Öffentlichkeit ferngehalten und weggeschlossen. Väter von Töchtern und sexuell aktive «richtige» Männer gehen hier eine perfide Allianz ein.

[49] 1712 wurde es aufgeführt unter dem Titel *Die entdeckte Verstellung oder die geheime Liebe der Diana*. Text: Johann Ulrich König (nach Francesco de Lemene Endimione, Salzdahlum 1700). Musik: Reinhard Keiser. Widmungsträgerin: Maria Aurora von Königsmarck. D-Hs 138 in MS 639/3:8. 12 Jahre später wurde der Titel geändert in Der sich rächende Cupido (1724), D-Hs 237 in MS 639/3:16. Vgl. Marx; Schröder, 1995, S. 150f.

[50] In diesen komischen Arien und Szenen werden realitätsnahe Probleme verhandelt, in denen insbesondere der Eigensinn der Töchter zur Debatte steht. Ihre Wünsche stellen eine Bedrohung der gesellschaftlichen Ordnung dar, die oft mit Gewalt abgewehrt werden. Vgl. Kiupel, Birgit: «Was ein beleidigt Weib, was Frauen-Eyfer kann.» Weibliche Lebenswelten im Spiegel der Libretti von Georg Philipp Telemanns musikdramatischen Werken. In: Clostermann, Annemarie; Kiupel, Birgit: Streiflichter auf

Georg Philipp Telemanns Hamburger Opernschaffen. Hamburger Telemann-Archiv Band VIII. Ergebnisse des Arbeitskreises Georg Philipp Telemann. S. 23–60, hier insbesondere S. 37–43.

[51] Über die Problematik einer arrangierten Ehe aus der Perspektive einer Braut gibt es nur wenige Berichte. Einen selten ausführlichen, allerdings einen späteren Zeitraum umfassenden Einblick, bieten die Lebenserinnerungen von Margarethe E. Milow (1748–1794): «Ich will aber nicht murren.» Bake; Kiupel, 1993.

[52] Richter, Ernst Eusebius: *Digestia Medica seu Decisiones Medico-Forenses*. Das ist Juristische und Medicinische Aussprüche und Responsa über allerhand schwere zweifelhafte und seltene in Praxi vorgefallene, in die Medicin und Chirurgie lauffende und causam vulnerationum betreffende Fragen und Fälle. Leipzig/Budißin (Bautzen) 1731, hier 1731, Dec. V, II. Zitiert nach Lorenz, 1999, S. 128.

[53] Klefeker, Theil 4, 1767, S. 40.

[54] Zu den Veränderungen dieser Gesetze vgl. Klefeker, Theil 4, 1767. Gerichte und Rechte. Zwote Abtheilung. Rechte der Personen. §124 Lübeckische und Hamburgische Pupillen=Vormundschaft. S. 149f. Der junge Mann war bis zum Jahr 1732 mit 20 Jahren volljährig, danach erst mit 22: «[...] in Hamburg aber, nachdem sie im Windischgrätzischen Recesse vom Jahr 1674 auf das 20ste gesetzt gewesen, durch einen neueren Rath= und Bürger=Schluß vom Jahr 1732, aus dazu bewegenden triftigen Ursachen, bis ins zwey und zwanzigste Jahr hinaus verschoben.» S. 151. Hier auch §147: «D. Deutsche Vormundschaft über die Frauens=Personen.» S. 171f. Und in §150 heißt es: Die «Jungfern» erreichen «in dem 18ten Jahre ihres Alters, nach dem §124. angeführten neuesten Rath= und Bürger=Schlusse ihre Mündigkeit.» In diesen Paragraphen wird ausführlich die Begründung und Tradition der Unmündigkeit der Frauen referiert, in §153 die «Curatel über eine Lübeck= und Hamburgische Kauf= und Handels=Frau» erläutert.

[55] Klefeker, Theil 4, 1767, S. 41f.

[56] So wurden die Mädchen auf ihre Rolle als Braut, Ehefrau und Mutter vorbereitet. Die Mütter spielten dabei eine bedeutende Rolle, vermittelten Traditionen und Werte, wie es exemplarisch hervorgeht aus Maria Theresias Rat an ihre Töchter. Vgl. Kovács, 1986, S. 49–80.

[57] Vgl. Schmidt, Hans: Zur Vorgeschichte der Heirat Kaiser Leopold I. mit Eleonore Magdalena Theresia von Pfalz-Neuburg. In: Persönlichkeit, Politik und Konfession im Europa des Ancien Régime. Aufsätze und Vorträge zur Geschichte der Frühen Neuzeit. Hamburg 1995, S. 259–302. Bemerkenswert ist Schmidt's Einschätzung der diplomatischen Aktionen für diese Heirat: «Dabei wirkt die Kälte, mit der hier der menschliche Faktor beiseite gesetzt wurde, auf uns schwachnervige Nachfahren geradezu schockierend. Unverhohlen wird einem klargemacht, dass eine Fürstenheirat ein hartes Ge-

schäft war, bei dem zuerst die Frage, werden Nachkommen möglich sein, danach Erwägungen der Machtpolitik den Ausschlag gaben. Nach den Gefühlen der Beteiligten, vor allem der Frauen, die hier reine Objekte waren, fragte niemand», S. 275.

[58] Vgl. Schmidt, 1995, S. 297 und FN 79.

[59] Kontakte und Besuche dieser Familie in der Hamburger Oper sind wahrscheinlich und sollen noch untersucht werden.

[60] Vgl. Meise, Helga: Gefühl und Repräsentation in höfischen Selbstinszenierungen des 17. Jahrhunderts. In: Benthien, Claudia; Fleig, Anne; Kasten, Ingrid (Hg.): Emotionalität. Zur Geschichte der Gefühle. Köln, Weimar, Wien 2000, S. 119–140. Meise untersucht die erschütternde Bedeutung der Gefühle für die höfische Gesellschaft. Gefürchtet wurden unkontrollierbare Reaktionen etwa bei Verheiratung, Geburt und Tod. Meise konnte dies am Beispiel der ersten Eheschließung des Landgrafen Ludwig VI. von Hessen Darmstadt zeigen, beim sogenannten «Gottorfer Beilager» von 1650 mit der Herzogin Maria Elisabeth von Schleswig-Holstein-Gottorf (1634–1665). Bei dieser mit großem Aufwand gefeierten Vermählung führten die Mitglieder des Gottorfer Hofes ein Ballett auf, verfasst von der gleichnamigen Brautmutter, der Herzogin Maria Elisabeth (1610–1684). Außerdem steuerte der Bräutigam ein Ballett bei, in dem er auch selbst auftrat. In diesen Ballettaufführungen wird die Liebe zur Diskussion gestellt. Weitere Hinweise zur Gottorfer Festkultur siehe Höpel, Ingrid: Gottorfer Feste – Anlässe zur Repräsentation. In: Spielmann, Heinz und Drees, Jan: Gottorf im Glanz des Barockes. Kunst und Kultur am Schleswiger Hof 1544–1713. Band I, Schleswig 1997, S. 237–243. Bei den Trauerfeierlichkeiten 1665 anlässlich des Todes von Maria Elisabeth, die im 10. Kindbett verstarb, verzichtete Ludwig auf die Ausdrucksmöglichkeiten der höfischen Repräsentation und ordnete ein «Begräbnis in der Stille» an. Vgl. Meise, 2000, S. 135.

[61] Vgl. Koldau, 2005, S. 120–125.

[62] Vgl. Meise, Helga: Das archivierte Ich. Schreibkalender und höfische Repräsentation in Hessen-Darmstadt 1624–1790. Darmstadt 2002, S. 461. Hier geht es insbesondere um die standesgemäße Versorgung der Tochter.

[63] Zitiert nach Meise, 2002, S. 463.

[64] Vgl. Meise, 2002, S. 465.

[65] Vgl. Meise, 2002, S. 466.

[66] Zitiert nach Meise, 2002, S. 465.

[67] Wenn ein Mann einer Frau die Ehe versprochen und mit ihr geschlafen hatte, dann aber einer anderen Frau die Ehe versprach, so hatte das erste Eheversprechen Gültigkeit. Doch wird dem Mann eine ordentliche Strafe angedroht. Im Hamburger Stadtrecht von 1605, das auch zur Zeit der Oper Gültigkeit hatte, heißt es im Part. II, Tit. 11 Art. 5: «Würde einer zwoen Jungfrauen, oder Wittwen, die Ehe versprechen,

und ordentlicher Weise zusagen; auf den Fall ist die erste Zusage bündig, und die letzte von keinen Würden. Es wäre denn, dass er die andere hätte fleischlich erkannt; so wird dieselbige Verlöbniß in diesem Falle der ersten, woferne die Person von der ersten Verlöbniß keine Wissenschaft gehabt, vorgezogen: iedoch wird dem Gerichte die ernstliche Strafe, wegen des groben Excesses, gegen den Verbrecher vorbehalten.» Zitiert nach: *Der Stadt Hamburg Gerichts=Ordnung und Statuta*. Herausgegeben vom Verein für Hamburgische Geschichte. Hamburg 1842, S. 349. Der umgekehrte Fall, dass eine Frau zwei Männern die Ehe verspricht, wird im Stadtrecht nicht erwähnt.

[68] Vgl. Turner, Victor: Soziale Dramen und Geschichten über sie. In: Turner, Victor: Vom Ritual zum Theater. Der Ernst des menschlichen Spiels. Frankfurt/Main 1995 (1982), S. 95-139.

[69] Über sein Geburtsjahr und seine Ausbildung ist noch nichts bekannt. Vgl. Kölling, Yvonne: «... kann ich mein Hertz nicht zwingen.» Die Verweigerung einer Eheschließung in Oldenburg. Oldenburger Studien Band 53. Oldenburg 2004, S. 32.

[70] Yvonne Kölling schildert dieses reale Drama in Form eines 5-aktigen Stückes mit Prolog, weil sich gerade in diesen ritualisierten Verhandlungen wechselseitige Einflüsse von Leben und Kunst zeigen lassen. Vgl. Kölling, 2004.

[71] Vgl. Kölling, 2004, S. 24. Kölling behauptet: «Ein Eheversprechen mit copula carnalis galt dagegen als gültige Ehe, auch wenn das Versprechen nicht öffentlich oder bezeugt war.»

[72] Vgl. Kölling, 2004, S. 25, FN. 11. Sie erwähnt hier einen Mann, der 1618 so lange in Haft genommen wurde, bis er öffentlich und kirchlich mit der Frau getraut wurde, die ihn verklagt hatte.

[73] Vgl. Kölling, 2004, S. 25.

[74] Vgl. Kölling, 2004, S. 96.

[75] Aus dem Besoldungsbuch geht hervor, dass die weiblichen Mitglieder des Hofes gemäß ihres sozialen Status' eine Zuwendung erhielten. Sie wurden aber weit schlechter bezahlt als die männlichen Höflinge! Vgl. Kölling, 2004, S. 28, FN 25.

[76] Vgl. Kölling, 2004, S. 96.

[77] Vgl. Kölling, 2004, S. 30.

[78] Vgl. Kölling, 2004, S. 31f.

[79] Zitiert nach Kölling, 2004, S. 38.

[80] Zitiert nach Kölling, 2004, S. 38f.

[81] Vgl. Kölling, 2004, S. 43.

[82] Zitiert nach Kölling, 2004, S. 44.

[83] Zitiert nach Kölling, 2004, S. 56.

[84] Zitiert nach Kölling, 2004, S. 70.

[85] Kölling, 2004, S. 59.

⁸⁶ Zitiert nach Kölling, 2004, S. 36.
⁸⁷ Zitert nach Kölling, 2004, S. 37.
⁸⁸ Zitert nach Kölling, 2004, S. 38.
⁸⁹ Zitert nach Kölling, 2004, S. 53.
⁹⁰ Zitiert nach Kölling, 2004, S. 41.
⁹¹ Zitert nach Kölling, 2004, S. 40.
⁹² Zitert nach Kölling, 2004, S. 61.
⁹³ Zitiert nach Kölling, 2004, S. 74.
⁹⁴ Zitiert nach Kölling, 2004, S. 71.
⁹⁵ Vgl. Kölling, 2004, S. 82.
⁹⁶ Vgl. Kölling, 2004, S. 82. Ich beziehe mich auf ihre Zusammenfassung des Briefes von 25.11.1651.
⁹⁷ Vgl. Kölling, 2004, S. 93. Sie bezieht sich hier auf den Artikel «Ladung» in : Handwörterbuch der deutschen Rechtsgeschichte, Bd. II, Berlin 1978.
⁹⁸ Zitiert nach Kölling, 2004, S. 95f.
⁹⁹ Vgl. z.B. Lorenz, 1999, S. 128.
¹⁰⁰ Vgl. Kölling, 2004, S. 24.
¹⁰¹ Vgl. Kölling, 2004, S. 94.
¹⁰² Zitiert nach Kölling, 2004, S. 98.
¹⁰³ Vgl. Kölling, 2004, S. 97f. Kölling liefert hier nur eine Zusammenfassung des Dokumentes, auf die ich mich im Folgenden beziehe.
¹⁰⁴ Vgl. Kölling, 2004, S. 99.
¹⁰⁵ Vgl. Kölling, 2004, S. 100.
¹⁰⁶ Vgl. Kölling, 2004, S. 102.
¹⁰⁷ In der Hannibal-Fassung von 1681 heißt es «Schärpe».
¹⁰⁸ Vgl. hier folgende Fußnote 121 zu *Arsinoe*.
¹⁰⁹ Vgl. Kölling, 2004, S. 21.
¹¹⁰ Text: Johann Philipp Förtsch. Musik: Johann Wolfgang Franck. D-Hs 16 in MS 639/3:2. Vgl. Marx; Schröder, 1995, S. 339.
¹¹¹ Text: Johann Philipp Praetorius. Musik: Reinhard Keiser – mit Arien von G. M. Orlandini, G. B. Bononcini und von Wich. D-Hs 315 in MS 639/3:22. Vgl. Marx; Schröder, 2004, S. 98f. Im *Hamburgischen Relations-Courier* finden sich Ankündigungen und kurze Berichte über einige Aufführungen. Außerdem habe ich Hinweise auf diese Aufführung gefunden in der *Stats- und Gelehrte Zeitung d. hollstein. unpartheyischen Correspondenten* auf die Oper Wratislaus in Hamburg am 09.02.1725 und am 27.02.1725. Es gibt dort den Passus: «Kaiserin wohnt Opernaufführung in einem Verschlag incognito bei». x/7569 Bd. 01725*1725, Staats- und Universitätsbibliothek Hamburg Carl von Ossietzky.

[112] Im «Inhalt» wird sie als «Printzeßin Judith» bezeichnet, im Verzeichnis der «Persohnen» heißt sie «Bellinde» oder «Jutha».

[113] Aus dem «Inhalt» lassen sich konkrete geschlechtsspezifische Erwartungen an Eigenschaften, Handlungsräume und Werbestrategien ablesen: «Bretislaus, Böhmischer Printz/ hatte sich durch hohe Geburth/ Tapfferkeit und kluges Verhalten/ sowol bei dem siegreichen Kayser Conrado II., als bei dem gantzen Hofe in ungemeine Hochachtung gesetzet. Es betete derselbe die Kayserl. Printzeßin Judith an (die wir Bellinde zu nennen uns die Freiheit nehmen). Diese schien auch/ nach einigem Wiederstande/ nicht abgeneigt zu seyn/ die Beständigkeit des Bretislai zu beglücken; Allein/, die den Bretislaum ohne Gegengunst liebende Cunigunda erregete in der zarten Selen der Englischen Bellinde eine nicht geringe Eifersucht/ weswegen sie den Printzen nicht so günstig als ehemahls anblickte. Doch als sie desselben Unschuld erkannte/ ergab sie sich endlich demselben. Heraldo, ein frembder Printz/ der die Bellinde [ueb?]ermäßig liebete/ aber von ihr verächtlich gehalten ward/ er [hi?]elt die Böhmische Printzeßin Ismene; so ihm aus treuer Liebe in Sclaven=Kleidern gefolget war; Cunigunda aber ward mit dem Theobald, einem vornehmen Kayserl. Staats=Bedienten verbunden.» Hier ist der Typus der in Liebesangelegenheiten versierten Hofdame zu sehen: «Cunigunda, eine Kays. Hoff-Dame» liebt den Prinzen aktiv und initiiert Intrigen: so behauptet sie, dass ihr Bretislaus sein Porträtbildnis geschenkt habe. Doch es gehörte seiner Schwester Ismene, die es verloren hatte. Cunigunda bittet schließlich um Gnade, der Kaiser will, dass sie ihren Fehler mit einer anderen Eheschließung sühnt, und verheiratet sie an Theobald: «Conrad: Mein Theobald! Der Cunigunden ist ihr Fehler zwar verziehn/ Doch wird sie ihn in deinen Armen büssen müssen. Theob. O liebliche Gewalt! Cunig. O angenehme Straaf!» (III, 9) Das alte Motiv der Ehe als Joch und Strafe wird hier halb im Ernst, halb im Scherz bemüht.

[114] Nachdem Cunigunda Bretislaus in einem Gespräch unter vier Augen ihre Liebe erklärt hat, aber von ihm abgewiesen wurde, beschließt sie mit unlauteren Mitteln vorzugehen: «Indessen soll der List dasjenige gelingen,/ Was Liebe nicht vermocht hat/ zu vollbringen./ Des Printzen Bildniß ist in meiner Hand/ Durch einen Zufall der ihm selber unbekannt./ Ich will bei dieser Sache/ Bellindens Eifersucht erwecken/ So kann/ wo nicht die Liebe/ doch die Rache/ Ein schön Vergnügen schmecken» (II, 2). Cunigunda verkörpert die ungebundene höfische Frau, die ihr Begehren auch höher rangigen Männern gegenüber ausdrückt, sich illoyal gegenüber der kaiserlichen Prinzessin verhält und somit nicht dem Ideal der tugendhaften adligen Frau entspricht.

[115] Wilhelmine von Bayreuth liebte ihren Bräutigam, den Erbprinzen Friedrich Markgraf von Brandenburg-Bayreuth (1711–1763). Jahrzehnte später erlebt die Hamburger Kaufmannstochter Margarethe Elisabeth Milow (1748–1794) ihre Brautzeit

als quälend und leidet darunter, dass ihr Bräutigam heftig mit ihrer Schwester flirtet.

[116] Inwieweit in diesem Libretto auf die Vorbereitungen zur Eheschließung zwischen dem regierenden Herzog Carl Friedrich von Schleswig-Holstein mit der russischen Prinzessin Anna Petrowna aus der Familie der Romanow angespielt wird, müssen weitere Forschungen ergeben.

[117] Text: Maria Aurora von Königsmarck, Ansbach 1679. Musik: Johann Wolfgang Franck? Nikolaus Adam Strungk? D-Hs 12 in MS 639/3:1. Vgl. Marx; Schröder, 1995, S. 132f. Eine Analyse dieses Librettos in Olsen, Solveig: Aurora von Königsmarck's Singspiel: *Die drey Töchter Cecrops*. In: Daphnis, Bd. 17, Heft 3, 1988, S. 467–480. Hier beschreibt sie die Zweifel an der Autorschaft der Gräfin Maria Aurora von Königsmarck, S. 469f.

[118] Olsens Einschätzung teile ich nicht: «The material was so well adapted to the local conditions that it even passed the scrutiny of a most critical clergy. In this respect, Aurora von Königsmarck carried off a metamorphosis of which Ovid himself would have approved.» Olsen, 1988, S. 480. Ich bezweifle, dass Ovid diese Herse gebilligt hätte, denn sie ist hier eben nicht verführbar. Stattdessen bleibt sie eine keusche und selbstbewusste Dienerin der Minerva, ohne dass sie von der Librettistin dem Spott preisgegeben wird.

[119] Vgl. Olsen, 1988, S. 469. Über die Lachsin und das Leipziger Opernwesen siehe auch Maul, 2009, S. 634f. Bemerkenswert ist das kulturelle Milieu in Leipzig, das diversen Frauen ermöglichte, für die Oper zu arbeiten und als Schriftstellerin hervorzutreten.

[120] Vgl. Rode-Breymann, Susanne: «Allein ihr angenehmster zeit vertreib ist die music». Musenhöfe: Zentren der Künste, Orte der Bildung. In: Kruse, Matthias; Schneider, Reinhard (Hg.): Musikpädagogik als Aufgabe. Festschrift zum 65. Geburtstag von Siegmund Helms. S. 321–333; Ruth Müller-Lindenberg: Wilhelmine von Bayreuth: Die Hofoper als Bühne des Lebens. Köln, Weimar, Wien 2005. Europäische Komponistinnen Bd. 2, herausgegeben von Annette Kreutziger-Herr und Melanie Unseld, S. 103–136, insbesondere S. 103–109.

[121] Eine Oper, in der jeweils ein allein erziehender Vater seinen leiblichen Sohn und eine allein erziehende Mutter ihre leibliche Tochter miteinander zwangsverheiraten wollen ist *La grandezza d'animo oder Arsinoe* (1710), Text: Breymann nach italienischer Vorlage. Musik: Reinhard Keiser. D-Hs 131 in MS 639/3:8. Vgl. Marx; Schröder, 1995, S. 205. Beide Elternteile kommen jedoch nicht zum Ziel, da der ursprüngliche Verheiratungsbeschluss des verstorbenen Königs Aga als unumstößlich, gottgewollt erscheint. Vermutlich hat Maria Aurora von Königsmarck am Libretto mitgearbeitet, denn laut Vorbericht stammten drei Arien von «einer hohen Standes=Person», deren

Klugheit und Schönheit gepriesen werden.

[122] Text: Christian Heinrich Postel. Musik: Reinhard Keiser. D-Hs 75 in MS 639/3:5. Vgl. Marx; Schröder, 1995, S. 89f (in dieser Fassung fehlt der Epilog der Fama). Faksimiledruck bei Meyer, 1980, Bd. 1, S. 249–316.

[123] Text: Johann Philipp Förtsch nach Apollonio Apolloni *La Dori ovvero Lo schiavo*, Innsbruck 1657. Musik: Nikolaus Adam Strungk. D-Hs 10 in MS 639/3:1. Vgl. Marx; Schröder, 1995, S. 131.

[124] «Bemira: Du! Prinz, bist nicht vor dich, du bist vors Reich gebohren. Hat Miriways Dir nun ein Ehgemahl erkohren,/ Das zu des Reiches Wol/ und zur Bevestigung des Thrones dir dienen soll/ so fordert deine Pflicht auch wieder deinen Willen/ so vieler Völcker Wunsch großmütig zu erfüllen» (I, 4). Zu Inhalt, aktuellem Zeitbezug und Struktur des Werkes siehe das Vorwort von Reipsch, Brit (Hg.): *Miriways. Singspiel in drei Akten. Nach einem Libretto von Johann Samuel Müller TWV 21: 24*. Basel, London, New York, Prag 1999. S. VIII–XV. Georg Philipp Telemann. Musikalische Werke. Herausgegeben von Martin Ruhnke und Wolf Hobohm in Verbindung mit dem Zentrum für Telemann-Pflege und -Forschung Magdeburg. Bd. XXXVIII.

[125] Sophi beschreibt seine Zerrissenheit zwischen individuellem Gücksanspruch und gesellschaftlichen Zwängen: «Was kann der Zepter mir/ was Reich und Crone nützen/ wann die nicht mein soll seyn,/ um derentwillen ich allein/ Reich, Cron und Zepter mir gewünschet zu besitzen? [...] Die Liebe spricht:/ Verscherze Reich und Crone!/ Die Ehrsucht: Thu es nicht!/ Geschick/ Gebuhrt und Pflicht/ Ruft dich zum Throne/ Nur eine kann mein Schluß vergnügen,/ Lieb oder Ehrfurcht mag nun siegen,/ So bringt o armes Herz,/ Der Sieg Dir Qual und Schmerz» (I, 3). Sophi lässt sich aber nicht beirren und folgt damit, ohne es zu wissen, einem höheren Plan.

[126] So sagt Bemira: «Dieweil bey mir daraus der Argwohn hergeflossen, dass ich wohl nicht einmal aus rechter Eh entsprossen. Denn welche Mutter ist von solcher Raben=Art/ daß sie ihr Fleisch und Blut verläugnen sollte/ wenn es ihr die Ehre sonst verstatten wollte/ es vor das Ihre zu erkennen» (II, 7).

[127] «Ein zärtliches Angedenken/ Der ersten süssen Leidenschaft/ ließ ihren Liebreiz ohne Kraft/ Das holde Schmeicheln ihrer Liebe/ hat niemals doch die vorgen Triebe/ Aus der getreuen Brust grafft.»

[128] Vgl. Reipsch, 1999, VIII–XV.

[129] Nach der Ermordung des persischen Statthalters übernahm Mir Wais die Macht in Kandahar. Er starb 1715, 1722 drangen die Afghanen in Isfahan, der damaligen persischen Hauptstadt ein, zwangen den Schah Husain (1694–1722 reg.) zum Rücktritt und übernahmen die Regierung – mit Mahmud, dem Sohn von Mir Wais. Über diese Ereignisse berichtet auch der Hamburgische Correspondent. Doch damalige zeitgenössische Beobachter schätzten die Ereignisse anders ein, so wird 1722 noch Mir Wais

als neuer persischer Herrscher angesehen. Zu zeitgenössischen und heutigen Perspektiven vgl. Reipsch, 1999, IXf.

[130] Mir Wais wurde verunglimpft, wie im Vorbericht dieser, 1723 erschienen, deutschsprachigen Lebensbeschreibung beklagt wird: *Der Persianische Cromwel oder Leben und Thaten des Miri-Ways, Fürsten von Candahar Und Protectoris von Persien.* Zitiert nach Reipsch, 1999, X, FN 37.

[131] «Der Name des Miri-Ways ist zu dieser Zeit in Europa so bekannt und berühmt worden, daß fast jederman wünschet, von diesem tapffren, klugen und noch immer glücklichen Printzen eine rechte Känntnis zu haben.» So heißt es in *Der Persianische Cromwel oder Leben und Thaten des Miri-Ways,* zitiert nach Reipsch, 1999, IX und FN 30.

[132] Reipsch, 1999, X, FN 40.

[133] Miriways sagt zu Samischa: «Du weist, daß ich aus sonderbarer Güte/ Dem jungen Sophi noch bey seines Vaters Leben/ Der Perser Reich, das ich erobert, übergeben/ Und er erkennt es auch mit dankbarem Gemüthe./ Mit meiner Tochter muß sich der verbinden, und unsere Freundschaft sich auf dieses Bündnis gründen./ Geh, meine Wehrte, jetzt zur Seiten!/ Ich bin gewillt, ihm dieses anzudeuten.»

[134] Der Stand von Samischa wird zwar im Personenverzeichnis nicht erwähnt, aber für ihre adlige Herkunft (und edle Gemütsart) spricht auch ihr Bruder Murzah, ein tartarischer Fürst, der die Nisibis, die vermeintliche Schwester ihrer unehelichen Tochter Bemira, liebt und rücksichtsvoll umwirbt. Samischa wirbt bei Nisibis für ihren Bruder und klärt sie erst dabei über die wahren Familienverhältnisse auf: Bemira ist ihre leibliche Tochter, also nicht die Schwester von Nisibis.

[135] Ein Schlaglicht auf die Abhängigkeit der Frauen von Krieg führenden Männern wirft diese Episode: Fürst Murzah bewahrte das Landgut der Nisibis, ihre Existenzgrundlage, vor der Verwüstung. Nisibis berichtet: «Durch seinen Vorspruch ließ sich Miriways bewegen/ Mein Landgut, das in Kirwan ist gelegen/ wovon ich leben muß,/ der Krieger Macht,/ die ihm den Untergang schon zugedacht, Großmüthig zu entziehen» (III, 1).

[136] Siehe die Wirtschaftsbeziehungen zu dieser Region, das Medienecho auf Besuche persischer Gesandter in Hamburg und Norddeutschland oder die Reisebeschreibungen des Adam Olearius (1599–1671), der Handelswege nach Persien und Russland erkundete. Vgl. Haase, Claus-Peter: Das Safawidenreich in Iran zur Zeit der Gottorfer Gesandtschaft, S.116–121; vgl. Lohmeier, Dieter: Adam Olearius. S. 348–353. In: Spielmann, Heinz; Drees, Jan (Hg.): Gottorf im Glanz des Barock. Bd 1-4, Schleswig 1997, Bd. 1: Kunst und Kultur am Schleswiger Hof 1544-1713. Schleswig 1997.

[137] Sonderdruck des Telemann-Zentrums nach Weichmann, Poesie der Niedersachsen IV, 1732, S. 155f.

[138] Solche Jubiläen scheinen auf Grund der geringeren Lebenserwartung sehr selten gewesen zu sein. Finder berichtet von solchen Festen in den Jahren 1654, 1689 und 1722, alle Paare stammten aus dem gehobenen Bürgertum. Vgl. Finder, 1930, S. 63f. Auch der Instrumentenbauer Joachim Tielke feierte 1717 mit seiner Frau Catharina Fleischer (1646–1725) Goldene Hochzeit in der St. Petri-Kirche, was als Ausdruck seines Ansehens zu werten ist. Vgl. Pilipczuk, Alexander: Neue Erkenntnisse zu Ausbildung und Profession des Lautenmachers und Kaufmanns Joachim Tielke. In: Jahrbuch des Museums für Kunst und Gewerbe 2001-2003, Hamburg 2003, S. 19–38. S. 30f.

[139] Die Goldene Hochzeit der Mutzenbecher's wurde damals viel beachtet, vgl. Steltzner, *Beschluß, 2. Abth.*, 1739, S. 267. Die Zeitgenossen waren beeindruckt von der zahlreichen Nachkommenschaft des Ehepaares Mutzenbecher: 14 lebendige Kinder, «davon 4 Söhne und 2 Töchter am Leben waren» und «von diesen hat er 25 Enkel gesehen».

[140] Vgl. das Register der Hochzeitscarmina und Leichenpredigten der Commerzbibliothek Hamburg, erschienen als Sonderveröffentlichung Nr. 4 der Zeitschrift für Niederdeutsche Familienkunde. Herausgegeben von der Genealogischen Gesellschaft, Sitz Hamburg, Hamburg 1960. Siehe auch die Übersicht von Plöhn, Hans Arnold: Hochzeitscarmina und Gelegenheits-Glückwünsche im Staatsarchiv Hamburg. In: Zeitschrift für Niederdeutsche Familienkunde. Herausgegeben von der Genealogischen Gesellschaft, Sitz Hamburg, 41. Jg. Juli 1966, S. 91–106.

[141] Voss, Steffen: Johann Matthesons Hochzeitsmusiken. In: Marx, Hans Joachim (Hg.): Beiträge zur Musikgeschichte Hamburgs vom Mittelalter bis in die Neuzeit. Hamburger Jahrbuch für Musikwissenschaft Bd. 18, Hamburg 2001, S. 233–256.

[142] Voss, 2001, S. 237.

[143] Einige geschlechtsspezifische Aspekte der Hochzeitscarmina führt Ernst Finder auf, ohne sie allerdings weiter zu analysieren. Er berichtet, dass viele «Tausende solcher Hochzeitsgedichte» sich in «unsern großen Bibliotheken befinden» oder in zeitgenössischen Gedichtsammlungen aufbewahrt werden. «Ihre Verfasser waren Professoren, Hofmeister, Kandidaten, Schulmeister, Studenten, Gymnasiasten, [...] im 18. Jahrhundert daneben auch Ungelehrte, Kaufleute, Handwerker. [...] Es werden der Ruhm, der geschäftliche Erfolg der sich verschwägernden Familien besungen, die wirklichen oder erdichteten körperlichen Vorzüge der Braut, ihre häuslichen Tugenden, die Tüchtigkeit, die Strebsamkeit oder Gelehrsamkeit des Bräutigams verherrlicht. Dem jungen Paar wird reicher Kindersegen, jährlich neues Wiegenglück und langes Leben gewünscht. [...] Hunold (Menantes) obgleich selbst ein Verfasser solcher Poesien, nennt sie in der Vorrede zu seinen *Galanten, verliebten und satyrischen Gedichten* lumpenhafte Gedichte, da man hundert mahl hundert tausend abgedroschene schlechte Sachen von neuem hervorsuchet, nichts hinzuthut, woll gar abschmieret, die Venus bey den

Haaren heranzauset. Am Schluss solcher Darbietungen erging man sich zur Belebung der Stimmung beim Hochzeitsmahle fast ohne Ausnahme in geschlechtlichen Anspielungen, ja in nackten Unanständigkeiten.» Finder macht hier nicht deutlich, dass diese Obszönitäten nur von Männern geschrieben und vorgetragen wurden. Frauen und insbesondere die Braut hatten keusch und tugendhaft Zurückhaltung zu üben und den Männern die aktiven Rollen zu überlassen. Finder, 1930, S. 56f.

[144] Vgl. Neubacher, Jürgen: Georg Philipp Telemanns Hamburger Kirchenmusik und ihre Aufführungsbedingungen (1721–1767). Organisationsstrukturen, Musiker, Besetzungspraktiken. Hildesheim, Zürich, New York 2009, S. 432f.

[145] «Glückwünschend besungen und überreicht von Margarethea Susanna Keiserin [sic!]» wurde am 12.04.1717 das Hochzeitsgedicht *Die Glückliche Liebes=Schiffahrth*. Hier wird die offensichtlich schwierige Eheanbahnung zwischen Tirsis und Charatine beschrieben. Der sehnsüchtige Bräutigam war ratlos «auf der Liebes=See/ wo er noch unerfahren.» S/279 Bd II, Nr. 40a /Bd. VIII, Nr. 45. Commerzbibliothek Hamburg.

[146] Moore, Cornelia Niekus: «Dasselbe will ich den Gelehrten überlassen». Dichterinnen und Gelehrtenpoesie. In: Hohkamp, Michaela; Jancke, Gabriele (Hg.): Nonne, Königin und Kurtisane. Wissen, Bildung und Gelehrsamkeit von Frauen in der Frühen Neuzeit. Königstein/Taunus, 2004, S. 122–134, S. 125.

[147] Vgl. *Fr. Margarethen Susannen von Kuntsch Sämmtliche Geist= und weltliche Gedichte Nebst einer Vorrede von Menantes* [...], Halle 1720. Siehe auch Carrdus, Anna (Hg.): Gedichte und Briefe von Margaretha Susanna von Kuntsch und Frauen aus ihrem Umkreis. Hildesheim 2004.

[148] Zitiert nach Moore, 2004, S. 126.

[149] Vgl. Voss, 2001, S. 241.

[150] Vgl. Hobohm, Wolf (Hg.): *Der Weiberorden*. Kantate für Sopran, zwei Violinen und Basso continuo, Leipzig: Deutscher Verlag für Musik 1966, 2. Auflage 1973. Der komplette Text mit gesellschaftlichem Hintergrund in Bake; Kiupel 1996, S. 97. Die Kantate wurde komponiert nach der Arie der Blesa, Braut des Corporals Floro. Sie lässt sich die Zukunft aus der Hand lesen und freut sich auf die Eheschließung mit Floro.

[151] Vgl. Voss, 2001, S. 244.

[152] Vgl. Voss, 2001, S. 246.

[153] «Herr Conrector Johann Joachim Neudorf» meldet der Hamburger Weddebehörde am 10.06.1721 seine für die St. Petrikirche geplante Trauung mit «J. Cath. Elisabeth Schillers» an. Die Weddegebühr: «franco». Bestandsnr. 332-1, I: Wedde I, Sign. 29, Bd. 6, S. 277. Staatsarchiv Hamburg.

[154] Zum «Neudorf= und Schillerischen Hochzeit=Fest.» Hamburg, 11. Juni 1721, Textdruck S/279 Bd. II, Nr. 67. Commerzbibliothek Hamburg.

[155] Eine Studie über die Rezeption Ovids in Hamburg steht noch aus.

[156] Aufschlussreich ist die Kantate vom 11. August 1716 *Der Sieg der Liebe über die Kauffmannschaft*, Text von Michael Richey, Textdruck S/279 Bd. II, Nr. 29 und Bd. VIII. Nr. 30, Commerzbibliothek Hamburg.

[157] Brockes, Hinrich Barthold: «Ernsthafte Gedanken über den tödtlichen Hintritt der nun- mehr sel. Belise, 1736 den 15 Nov. zwischen A. und B.», *Irdisches Vergnügen in Gott*, 6. Th., 2. Aufl. Hbg. 1740, S. 564–576. [vgl. 1. Aufl. Hbg. 1739]. Außerdem beschreibt Brockes in seinem Lebenslauf das Zusammenleben mit Anna Ilsabe Lehmann, seiner «vielgeliebten Frau», ein wohlgestaltetes, fruchtbares, vernünftiges, tugendhaftes und ihn mit allen Kräften fürchtendes Ehegemahl.» Und weiter: «Von den guten Eigenschaften meiner Frau hier viel zu schreiben scheinet mir der Wohlstand zu verbiethen, jedoch kann ich nicht umhin mit wenigem zu erwähnen, daß sie nicht allein nebst anderen Qualitäten, die solcher Vollkommenheit in der Musik, sowohl auf der Laute als auf dem Clavier und im Singen gelanget, dass wenig Meister sich finden, welche nicht durch sie beschämt wurden und sie bewundern mußten. Woraus sie selbst aber sich so wenig etwas machte, dass sie vielmehr ungern spielte und sich stattdessen mit allen Kräfften auf die Haushaltung und Erziehung ihrer Kinder legte. In der französischen Sprache ist sie so stark, dass sie nicht allein im Reden für eine geborene Französin passiren könnte, sondern sie besitzt sogar im Schreiben eine so natürliche, neue und scharfsinnige Art sich auszudrücken, daß niemand selbige ohne Verwunderung lesen wird.» Außerdem lobt er ihre ungeheuchelte Gottesfurcht. Zitiert nach: Rathje, Jürgen (Hg. u. Komm.): Barthold Hinrich Brockes Werke. Band 1. Selbstbiographie, Verdeutschter Bethlehemitischer Kinder-Mord, Gelegenheitsgedichte, Aufsätze. Druck in Vorbereitung. Brockes Lebenslauf siehe auch in: Lappenberg, Johann Martin (Hg.): Selbstbiographie des Senators Barthold Heinrich Brockes. Zeitschrift des Vereins für Hamburgische Geschichte. Bd. 2. 1847, S. 167–229, S. 207f.

[158] Ein bemerkenswertes Beispiel für den Umgang mit weiblichen Familienmitgliedern der untersuchten männlichen Autoren bietet Jürgen Klein. Über Anna Ilsabe Brockes schreibt er nur als «Belise». Vgl. Klein, 1980, S. 41.

[159] Freundliche Hinweise von Jürgen Rathje.

[160] *Erdmann Neumeisters Freytags-Andachten*[...], *Der erste Theil*. Hamburg 1724. Für den Hinweis danke ich Ute Poetzsch.

[161] Vgl. Neumeisters Vorrede gerichtet an «Meine Kinder» in: *Erdmann Neumeisters Freytags=Andachten. Der andere Theil*. Hamburg, 1724.

[162] Aufschlussreich sind Neumeisters Ausführungen zu Strenge und Gewalt in der Kindererziehung: «wo bey der Vermahnung zum Herrn weder liebreiche Sanfftmuht / noch gebührender Ernst mit der von dem Heiligen Geiste selbst so hoch gelobten Ruthe / wider die fast gewöhnliche Zärtlichkeit der Mütter / gesparet worden.» (a4), Neumeister, *der erste Theil*, 1724, Vorrede.

[163] Mattheson, Lebensbeschreibung, 1982, S. 52f.

[164] Mattheson, Lebensbeschreibung, Fortsetzung, 1982, S. 117.

[165] Vgl. Text: vermutl. Christian Heinrich Weidemann. Musik: Reinhard Keiser. D-Hs 132 in MS 639/3:8. Vgl. Marx; Schröder, 1995, S. 97.

[166] Das akademische Leben bot offensichtlich Möglichkeiten, in der Sexualität und Liebe Erfahrungen zu sammeln. Dies suggerieren zumindest Satiren und Komödien, über deren Realitäts-Gehalt nur spekuliert werden kann. Ein Beispiel ist die *Comoedia vom Studenten-Leben* (1657) von Johann Georg Schoch (1634– um 1690), der aus Leipzig stammte, aber möglicherweise in Hamburg tätig war, als er diese Komödie schrieb. Vgl. Powell, Hugh: Comoedia vom Studenten-Leben. Bern Frankfurt/Main 1976. Marigold behauptet: «Die Schilderung der Verwilderung des akademischen Lebens hängt allerdings sicher eng mit Schochs Studienzeit in Leipzig zusammen. Einige Züge des Stückes, sowie die erotischen Tendenzen sämtlicher Dichtungen Schochs, lassen an Hunolds Romane denken. Eine Aufführung des Stückes in Hamburg war bisher nicht zu belegen.» Marigold, W. Gordon: Aspekte der Komödie und des Komischen in Hamburg 1600–1708. In: Daphnis, Bd. 17, Amsterdam 1988, Heft 1, S. 15–35, S. 26.

[167] Meyer erwähnt nur den Moritatensänger, ohne auch auf dessen Frau und ihre gemeinschaftliche Erwerbstätigkeit hinzuweisen. Vgl. Meyer, 1984, Bd. 4, S. 236. Schließlich heißt es ausdrücklich im Libretto: «(Nachdem sie das Bild aufgehangen/ steigt der Mann auf ein klein Bänckgen/ und die Frau tritt zu ihm/ da er denn mit einem weissen Stöckgen allemahl/ wenn es des Gesanges Gelegenheit erfordert/ an das Bild schlägt/ und zeigt/ was sie singen.)» (I, 9). Meyer, Bd. 2, 1980, S. 362.

[168] In einem «Caffée=Haus» bekennt der in Leipzig studierende «Cavalier» Rinaldo im Rezitativ: «Ja/ ja wenn auch mein Sinn/ Gleich als Cleanders Hertze wancken/ und nur so obenhin/ Zum Zeitvertreib ein wenig lieben könnte!/ Es schwebt mir in Gedancken/ Louisens scharffer Geist helstes Licht/ Ich wäre werth/ daß man mich flattrig nennte/ Wenn ich nicht ewig für die brennte. Wie lieb ist doch ihr Angesicht!» Danach gibt er eine sehnsuchtsvolle Arie zum Besten. Cleander wehrt ab: «Nein/ das ist nicht für mich. [Aria] Ein guter Freund/ ein braver Degen/ Ein lust'ger Tag/ ein munt'res Pferd/ Caffee, Toback/ von Wein ein Regen/ Ist mehr als alle Mädgens werth» (I, 1). Zitiert nach Meyer, Bd. 2, 1980, S. 348. Bernhard Jahn geht hier nur auf die Liebesvorstellungen der Studenten ein. Vgl. Jahn, 2005, S. 313–315.

[169] Zedler, Bd. 8, 1734, Sp. 362.

[170] Zedler, Bd. 8, 1734, Sp. 402.

[171] Vgl. Olsen, 1973, S. 213. Fabricius war u.a. Herausgeber der *Bibliotheca Graeca* und Freund des Librettisten Christian Heinrich Postel.

[172] Zitiert nach Schramm, Percy Ernst: Neun Generationen. Bd. 1. Göttingen 1963, S. 161f.

[173] Zedler, Bd. 17, 1738, Sp. 948.
[174] Bourdieu, 2005. Kapitel «Postskriptum über die Herrschaft und die Liebe», S. 186-192. «Ist die Liebe eine Ausnahme vom Gesetz der männlichen Herrschaft, die einzige, aber äußerst bedeutsame, eine Aufhebung der symbolischen Gewalt, oder ist sie die höchste, weil subtilste und unsichtbarste Form dieser Gewalt? Wo sie die Gestalt der Liebe zum Schicksal, des amor fati, in der einen oder anderen Variante annimmt, etwa in Form der Versöhnung mit dem Unvermeidlichen, die viele Frauen, zumindest in der alten Kabylei oder im Béarn von einst und wohl auch darüber hinaus (wie es die statistischen Daten über die Homogamie bezeugen), dazu bringt, das liebenswert zu finden und zu lieben, was das Schicksal ihnen zubestimmte, ist die Liebe akzeptierte Herrschaft, die als solche verkannt und in der glücklichen oder unglücklichen Leidenschaft praktisch anerkannt wird. Und was soll man erst zur Investition in die und zur affektiven Besetzung der widrigsten Existenzbedingungen oder von sehr gefährlichen Berufen sagen, die von der Notwendigkeit und der Gewöhnung aufgezwungen sind?», hier S. 187.
[175] Bourdieu, 2005. S. 21f. Bourdieu arbeitet mittels einer ethnographischen Analyse heraus, wie Männer und Frauen die historisch gewachsenen Strukturen der männlichen Ordnung verinnerlicht haben – in Form unbewusster Wahrnehmungs- und Bewertungsschemata. In einer Art Laborversuch «soll die ethnografische Analyse der objektiven Strukturen und der kognitiven Formen einer besonderen geschichtlichen Gesellschaft, exotisch und nah, fremd und vertraut zugleich, die der Berber der Kabylei, als Instrument einer Sozioanalyse des androzentrischen Unbewussten behandelt werden, mit dem sich die Objektivierung der Kategorien dieses Unbewußten durchführen läßt.» Bourdieu, 2005, S. 14.
[176] Bourdieu geht offensichtlich von einem biologischen Unterschied zwischen Männern und Frauen aus, der aber erst durch soziale Bedingungen geformt, verfestigt und weiter tradiert wird und so letztlich als natürlich gilt. Frauen werden durch ihre soziale Position zur Friedfertigkeit angehalten.
[177] Zu diskutieren bleibt, wie Bourdieu ein «Innen» und «Außen» konstruiert und auf welches Fundament er somit die Wechselwirkungen zwischen individuellen und gesellschaftlichen Wünschen, Ansprüchen und Mechanismen stellt.
[178] Vgl. Bourdieu, 2005, S. 190. Hier wird ein Widerspruch dieses Liebesideals deutlich, steht es doch dafür, den Anderen uneigennützig zu lieben, ohne sie oder ihn zu instrumentalisieren und auf Gewinn zu hoffen.
[179] Vgl. Wiesner-Hanks, Merry: Women's Authority in the State and Household in Early Modern Europe. In: Dixon, (Hg.), 2002, S. 27–39. Vgl. auch Keller, Katrin: Frauen und Politik in der höfischen Gesellschaft des Alten Reiches zwischen 1550 und 1750, in: zeitenblicke 8, Nr. 2, [30.06.2009], URL: http://www.zeitenblicke.de/2009/2/keller/index_html, URN: urn:nbn:de:0009-9-19537.

[180] Durch ihre Zugehörigkeit zum Herrschaftsstand kamen der adligen Frau selbstverständlich herrschaftliche Befugnisse zu. Doch ihr Herrschaftsrecht, ihre Handlungsbefugnisse, ihre realen politischen Einflussmöglichkeiten waren immer eingeschränkter als die der Männer. Katrin Keller diskutiert diese geschlechtsspezifischen Machtpositionen in ihrer Studie über 190 Hofdamen, die als Amtsträgerinnen im Wiener Hofstaat im 17. Jahrhundert tätig waren. Keller fragt nach der Herkunft der Damen und ihren Motiven für den Eintritt in den Hofdienst, den Möglichkeiten, welche sich ihnen und ihren Familien durch ihre Nähe zur Fürstin boten, beschreibt das Leben zwischen Alltag und Fest. Keller's Forschung gestaltete sich auch wegen der patriarchal geprägten Traditionspflege adliger Geschichte mühsam, denn in den Genealogien adliger Familien «sind die Angaben über Töchter meist deutlich lückenhafter als hinsichtlich männlicher Familienmitglieder, und Ähnliches gilt für die Archive einzelner adliger Familien. In vielen Fällen sind dort sichtlich weniger Papiere, Briefe usw. von Frauen und an Frauen überliefert als an männliche Mitglieder der Familie, insbesondere, wenn diese ein bedeutendes Hofamt innehatten.» Einer der Hauptgründe dafür sei, «dass die Papiere von Frauen mit erheblich weniger Sorgfalt aufbewahrt wurden.» Keller, Katrin: Hofdamen. Amtsträgerinnen im Wiener Hofstaat des 17. Jahrhunderts. Wien 2005, S. 13. Vgl. außerdem Daniel, Ute: Zwischen Zentrum und Peripherie der Hofgesellschaft: Zur biographischen Struktur eines Fürstinnenlebens der Frühen Neuzeit am Beispiel der Kurfürstin Sophie von Hannover (1630–1714). In: L'Homme. Jg. 8. Nr. 2, 1997. S. 208–217. Sie war verheiratet mit dem Herzog und späteren Kurfürsten Ernst August (1629–1698) und hat mit 50 Jahren einen autobiographischen Bericht verfasst, aus dem sich ihre ambivalente Rolle bei Hofe ablesen lässt. Entscheidend für ihren Einfluss war ihre Beziehung zum Ehemann, denn er war der Patriarch, der sich Mätressen hielt, während des Karnevals in Venedig weilte und ohne ihre Zustimmung ein Primogeniturgesetz durchsetzte, das von den sechs gemeinsamen Söhnen die fünf jüngeren enterbte. Die Kurfürstin konnte nicht direkt gegen dieses Gesetz vorgehen, war aber Mitwisserin der Prinzenverschwörung von 1691.

[181] Vgl. Koldau, Linda Maria: Frauen-Musik-Kultur. Ein Handbuch zum deutschen Sprachgebiet der Frühen Neuzeit. Köln, Weimar, Wien 2005.

[182] Wilhelmine von Bayreuth: Eine preußische Königstochter. Glanz und Elend am Hofe des Soldatenkönigs in den Memoiren der Markgräfin Wilhelmine von Bayreuth. Aus dem Französischen von Annette Kolb. Weber-Kellermann, Ingeborg (Hg.), Frankfurt/Main 1990, S. 118.

[183] Vgl. Buchholz, 1997, S. 1.

[184] Buchholz, 1997, S. 1.

[185] Vgl. Buchholz, 1997, S. 2.

[186] Siehe hierzu Schüngel-Straumann, Helen: Eva, die Frau am Anfang. S. 28-37. Vgl. auch Gössmann, Elisabeth: Die Deutungen von Genesis 1-3 im Mittelalter mit ihren Vorformen in der christlichen Antike und ihren Nachwirkungen in der Frühen Neuzeit, S. 38-53. In: Engel; Hassauer; Rang; Wunder, 2004.

[187] Vgl. Buchholz, 1997, S. 1.

[188] Zitiert nach: *Der Stadt Hamburg Gerichts=Ordnung und Statuta*. Herausgegeben vom Verein für Hamburgische Geschichte. Hamburg 1842, S. 44f. In Zedler's Universallexicon heißt es: «Kriegischer Vormund ist der Vormund, der denen Weibern in Sachsen zu deren Beystand gegeben wird.» Bd. 15, 1737, Spalte 1888. Zu den Veränderungen dieser Gesetze vgl. Klefeker, 1767. Gerichte und Rechte. Zwote Abtheilung. Rechte der Personen. §124 Lübeckische und Hamburgische Pupillen=Vormundschaft. S. 149f; §147 «D. Deutsche Vormundschaft über die Frauens=Personen.»; § 153 die «Curatel über eine Lübeck= und Hamburgische Kauf= und Handels=Frau».

[189] Vgl. Buchholz, 1997, S. 10f.

[190] Zum Verzicht auf die Vertretung eigener Interessen siehe Bourdieu, 2005, S.140. Er diskutiert die geschlechtsspezifische Sozialisation, die Männern das Streben nach Macht zugesteht; dies wiederum wirkt als ein verführerischer Reiz auf die Frauen, da sie selbst nicht dem eigenen Verlangen nach Herrschaft nachgeben dürfen. Bourdieu zitiert Kant, Immanuel: Anthropologie in pragmatischer Hinsicht. In: Weischedel, Wilhelm (Hg.): Werke in 6 Bänden, Frankfurt/Main 1968, Bd. VI, S. 522: «Können die Frauen doch so wenig es ihrem Geschlecht zusteht, in den Krieg zu ziehen, ebenso wenig ihre Rechte persönlich verteidigen, und staatsbürgerliche Geschäfte für sich selbst, sondern nur vermittelst eines Stellvertreters treiben.»

[191] Cocalis, Susan L.: Der Vormund will Vormund sein. Zur Problematik der weiblichen Unmündigkeit im 18. Jahrhundert. In: Amsterdamer Beiträge zur neuen Germanistik, Bd. 10, Amsterdam 1980, S. 33-55.

[192] Das sogenannte ganze Haus gab es auch vom 15.-18. Jh. nur bei bestimmten großbäuerlichen und großstädtischen Schichten. Die Kleinfamilie hingegen ist in den Unterschichten bereits vor dem 18. Jh. verbreitet. Vgl. Mitterauer, Michael: Der Mythos von der vorindustriellen Großfamilie. In: Beiträge zur historischen Sozialkunde, Jg. 3, Nr. 3, 1973, S. 41-47.

[193] Cocalis, 1980, S. 34.

[194] Bourdieu, 2005, S. 161f: «Einerseits ist allen Frauen gemeinsam, was auch immer ihre Position im sozialen Raum sein mag, dass sie von den Männern durch einen negativen, symbolischen Koeffizienten getrennt sind, der, wie die Hautfarbe bei den Schwarzen oder jedes andere Merkmal der Zugehörigkeit zu einer stigmatisierten Gruppe, alles, was sie sind, und alles, was sie tun, negativ affiziert und der einem systematischen Ganzen homologer Unterschiede zugrunde liegt: Trotz des unermesslichen

Abstands gibt es etwas Gemeinsames zwischen der Generaldirektorin, die sich jeden Morgen massieren lassen muß, um die Kraft aufzubringen, die mit der Ausübung von Macht über Männer verbundene Spannung auszuhalten, und der Hilfsarbeiterin in der Metallindustrie, die in der Solidarität mit den Kolleginnen Stärkung suchen muß, um die mit der Arbeit in einer männlichen Umgebung verbundenen Prüfungen, wie die der sexuellen Belästigung, oder ganz einfach die Lädierung des Selbstbildes und der Selbstachtung durch die von den Arbeitsbedingungen verursachte Hässlichkeit und Schmutzigkeit zu ertragen. Andererseits bleiben die Frauen trotz der sie einander annähernden spezifischen Erfahrungen (wie dieses unendlich Kleine der Herrschaft, die von der männlichen Ordnung zugefügten zahllosen oft unterschwelligen Verletzungen) durch die ökonomischen und kulturellen Unterschiede voneinander getrennt. Diese wirken sich unter anderem auf die objektive und subjektive Art und Weise aus, wie sie die männliche Herrschaft erfahren und erleiden – ohne deswegen all das zu annullieren, was mit der Unterbewertung des symbolischen Kapitals, das die Weiblichkeit mit sich bringt, verbunden ist.»

[195] Cocalis, 1980, S. 35. Auf den Punkt bringt diesen auch von Frauen wahrgenommenen Widerspruch die Autorin Aramena (Pseudonym) in ihrer Vorrede zu ihrem Roman *Margaretha von Oesterreich,* der 1716 in Hamburg erschien: «Zwar ist es eine gefährliche Sache vor eine Dame, Bücher zu schreiben/ denn man hat bereits ein Praejudicium vor dem schwächern Geschlechte/ daß es seinen Verstand nicht weiter als irgends im Sticken und Nehen auslassen könne/ und spricht ihm alles Vermögen ab/ in gelehrten Sachen etwas zu thun.» Zitiert nach: Moore, Cornelia Niekus: The Poetess Amarena and her Novel *Margaretha von Oesterreich.* In: Daphnis, Bd. 17, Heft 3, 1988, S. 467–491, S. 490.

[196] Cocalis, 1980, S. 37.

[197] Buchholz hat die Hausväterliteratur analysiert, wie den *Oeconomus prudens et legalis* des Geistlichen und Sulzbacher Rektors Franz Philipp Florin, der 1702 posthum publiziert wurde. Hier sind patriarchale Rollenzuschreibungen und Klischees nachweisbar, wie etwa, dass nur der Hausvater eine absolute Autorität besitze und nur der Mann die Frau züchtigen dürfe, die «insgemein schwächer am Verstande» sei. «Die Hausväterliteratur gab sich hausbackener als die juristischen Schriften über das imperium mariti – in den Darstellungs- und Begründungsmustern zeigte sich ein vergleichbarer Traditionshintergrund.» Buchholz, 1997, S. 15.

[198] Cocalis, 1980, S. 37. Hier wäre zu diskutieren, ob es sich um den Einfluss adliger Geschlechterverhältnisse handelte oder um die Ausgestaltung bereits vorhandener Tendenzen in den bürgerlichen und ländlichen Schichten.

[199] Markgräfin Wilhelmine von Bayreuth berichtet in ihren Memoiren von handgreiflichen Auseinandersetzungen zwischen ihren Eltern, die sich auch bei der Frage

ihrer Verheiratung entluden. In den Verhandlungen beriefen sich der König und seine Berater auf die durch die Bibel bestätigte und geforderte Vorherrschaft des Mannes. Friedrich Wilhelm von Grumbkow, preußischer Generalfeldmarschall und Günstling des Königs, hatte der Königin einen Brief des Königs überreicht: «Nachdem sie ihn gelesen hatte, ergriff Grumbkow das Wort und wollte ihr durch eine große Rede über Politik demonstrieren, wie die Ehre und das Interesse des Königs erforderten, daß sie sich seinem Willen füge, falls die Antwort aus England seinem Willen nicht entspräche; und wie der Teufel, als er unsern Herrn versuchen wollte, so suchte er sie jetzt durch die Heilige Schrift zu überführen, in dem er ihr Sprüche zitierte, die gerade auf sein Thema passten. Er stellte ihr dann vor, dass die Väter ein größeres Recht auf ihre Kinder hätten als die Mütter, und daß im Fall einer Uneinigkeit der Eltern die Kinder vor allem dem Vater folgen müßten; letzterer sei befugt, sie gegen ihren Willen zu verheiraten, und endlich, daß die Königin alles Unrecht auf ihrer Seite haben würde, wenn sie sich seinen Beschlüssen nicht unterwürfe. Die Königin widersprach dieser letzten Ausführung, in dem sie ihm das Beispiel Bethuels entgegenhielt, der auf den Heiratsantrag des Dieners Abraham für seinen Herrn Isaak erwiderte: Lasset die Tochter rufen und fraget sie nach ihrem Willen. ‹Ich verkenne die Unterwürfigkeit, welche Frauen ihren Männern schulden, nicht›, fügt sie hinzu, ‹aber diese dürfen nur gerechte und vernünftige Dinge von ihnen verlangen. Die Forderung des Königs steht mit dieser Tugend nicht in Einklang. Er will den Neigungen seiner Tochter Gewalt antun und sie für den Rest ihrer Tage unglücklich machen, indem er sie einem sittenlosen Lüstling gibt, einem jüngeren Sohn, der weiter nichts ist als ein General des Königs von Polen, ohne Land und ohne die Mittel, seinen Rang und seine Würde zu behaupten. Welchen Vorteil könnte eine solche Heirat dem Staate bringen? Keinen!»» Gemeint war Johann Adolf Herzog von Weißenfels, sächsischer Generalleutnant, über den sich Wilhelmine allerdings keinesfalls abfällig geäußert hatte. Vgl. Wilhelmine von Bayreuth, 1990, S. 151. Eine Zusammenfassung von Wilhelmine's umkämpften Heiratsprojekten gibt Müller-Lindenberg, 2005, S. 23–S.34.

[200] Vgl. Cocalis, 1980, S. 39. FN 27. Sie bezieht sich hier auf Christian Wolff.

[201] Über die französischen Texte und Autoren zur Gleichheit von Mann und Frau siehe auch Goodman, 1999, FN 15, S. 45. Sie gibt zu bedenken: «The French discourse on the equality of men and women does not seem to have been as broadly received in Germany [...].» Hull betont: «(Christian) Thomasius, whose ideal of mutual love led him to the most egalitarian vision of domestic power in this time, still preserved male domination in larger matters by recognizing (consonant with actual social practice) a seperate sphere where the wife ruled.» (Thomasius, *Von der Kunst,* 1692, 8.ed. 1726, part 9, par.17, pp.364-65.) Hull beschreibt Diskussionen darüber, wie weit die Macht des Ehemannes gehen dürfe, denn dieses würden weder die Gesetze noch generelle

Prinzipien eindeutig vorschreiben. Dies führte dann zu wackeligen Argumentationen. So hatte Christian Wolff vorgeschlagen, dass die Eheleute von Fall zu Fall entscheiden sollten – und zwar jeweils der Partner, der am meisten von der Sache verstünde. (Wolff, *Vernünfftige Gedancken*, 1721, 4. ed. 1736, S. 43–45) Vgl. Hull, 1996, S. 185f.

[202] Vgl. die Studien von Renate Baader.

[203] Johannes Bergmann listete z.b. 1629 in seiner *Disputatio philosophica de mulieribus* Eigenschaften auf, die er den Frauen zuschrieb: «Unbeständigkeit, Leichtfertigkeit, Zornmüthigkeit und Ungeduld». Männer hingegen zeichneten sich aus durch ihre «Klugheit, Geistesgröße, Verschwiegenheit, Versöhnlichkeit, Standhaftigkeit im Unglück». Zitiert nach Bake, Rita; Kiupel, Birgit: Unordentliche Begierden und ihre Folgen. Städtische Frauen- und Männerbeziehungen im 18. Jahrhundert. In: Praxis Geschichte, Heft 1, 9. Jg, 1995, S. 28–32, S.28.

[204] Zedler, Bd. 8, 1734, Sp. 372.

[205] Heumann, Christoph August: *Der politische Philosophus*. Das ist vernunftsmäßige Anweisung zur Klugheit im gemeinen Leben. Frankfurt,Leipzig 1724, S. 106f.

[206] Vgl. Bucholz, 1997, S. 16.

[207] Vgl. Bucholz, 1997, S. 16. Hier wäre nach den Ursachen und Ausprägungen dieser geschlechtsspezifisch zugeteilten körperlich-sexuellen Dienstleistungen zu fragen.

[208] Vgl. auch Bourdieu, 2005, S. 106.

[209] Guden, Philip Peter: Polizey der Industrie oder Abhandlung von den Mitteln, den Fleiß der Einwohner zu ermuntern. Braunschweig 1768, S.185. Vieles spricht dafür, dass diese Einstellung auch rund 50 Jahre früher verbreitet war.

[210] Vgl. Bucholz, 1997, S. 16f.

[211] Vgl. die Bildungspläne für Mädchen und Frauen von Brockes im Folgenden.

[212] Vgl. Erxleben, Dorothea Christiana: Gründliche Untersuchung der Ursachen, die das weibliche Geschlecht vom Studiren abhalten. Faksimiledruck der Ausgabe von 1742, Quedlinburg 2004, z.B. §158, S. 98.

[213] Zu den Wandlungen und Ambivalenzen von Christian Thomasius in der Geschlechterfrage siehe Fulda, Annette: Jacob und Christian Thomasius als Verfechter der intellektuellen Ebenbürtigkeit der Frau. In: Engel; Hassauer; Rang; Wunder (Hg.), 2004, S. 245–255. So plädierte Thomasius zwischen 1687-1692 (S. 247) für die Bildungsfähigkeit der Frau, da «Weibespersonen der Gelahrtheit so wohl fähig als Mannspersonen» seien (S. 248). Doch dann definiert Thomasius die Normen der Naturrechtslehre neu: «Eben die Bewandnis hat es mit des Mannes Herrschaft, als welche zwar selbst aus denen Regeln des Gerechten nicht kann hergeleitet werden, sie folget aber dennoch denen Regeln des Anständigen und der natürlichen Schwachheit des Weibes.» Die weibliche Schwäche sieht er jetzt nicht mehr als Folge einer schlechten Erziehung, sondern als «natürlich», gottgegeben: «Ob nun wohl nicht zu leugnen dass die

Fehler der gemeinen Auferziehung diese Unvollkommenheiten vermehren, so ist doch ein Weibsbild allezeit ein Weibsbild, ob es gleich noch so wohl auferzogen worden.» S. 250f.

[214] Erxleben, 1742, 2004. Erste Abhandlung. §88, S. 57.

[215] Für Meyer war unklar, auf wen und welches Werk Feind sich bezieht, ob auf Jakob oder dessen Sohn Christian. «Der Hinweis hat sich weder in Werken von Jakob noch in denen seines Sohnes Christian Thomasius verifizieren lassen.» Vgl. Meyer, Kommentarband, 1984, S. 222. Für Galinsky jedoch steht fest: es handele sich um Vorlesungen oder ein Lehrbuch des Christian Thomasius, beides habe Feind als Student in Halle kennengelernt. Vgl. Galinsky, 1932, S. 147.

[216] Vgl. diverse Untersuchungen, die allerdings nicht auf die Herrscherinnen im norddeutschen Raum eingehen und auch nicht auf die Herrschaft und Macht bürgerlicher Frauen: Jansen, Sharon L.: The Monstrous Regiment of Women. Female Rulers in Early Modern Europe. New York 2002.

[217] Text: C.W. Haken, Musik: Georg Philipp Telemann, D-Hs 81 in MS 640/ 3:7. Vgl. Marx; Schröder, 1995, S. 46.

[218] Reipsch, Ralph-Jürgen: Telemann und Frankreich – Frankreich und Telemann. In: Reipsch, Raph-Jürgen; Hobohm, Wolf (Hg.): Telemann und Frankreich – Frankreich und Teleman. Oschersleben 1998, S. 23.

[219] Vgl. Kovácz, 1986, S. 53. «Die Prinzessin war dazu geboren, dem Manne untertan und gehorsam zu sein, der Dynastie, in die sei einheiratete, vorzügliche männliche Leibeserben zu schenken und ihrem Volk das Bild der Gattin und der Fürstin vorzuleben.»

[220] Vgl. Buchholz, 1997, S. 2.

[221] Vgl. Buchholz, 1997, S. 3.

[222] Über die Verzahnung von genereller Ungleichheit einer Standesgesellschaft und Geschlechterungleichheit schreibt Heide Wunder überzeugend: «Die Querelle des Femmes, der Streit um die Gleichheit/Ungleichheit der Geschlechter, war in der frühneuzeitlichen Gesellschaft allgegenwärtig. Denn anders als in modernen demokratischen Gesellschaften, für die generell das Gleichheitspostulat gilt, strukturierten in der ständischen Gesellschaft Ungleichheiten und Hierarchien die gesellschaftlichen Beziehungen. Dem Geschlechterstreit kam – so meine These – unter den gleichzeitigen Debatten um Gleichheit/Ungleichheit ein besonderer Platz zu, da die von Gott in Genesis 1-3 gesetzte Ordnung der Geschlechter das Modell für die Legitimierung von Ungleichheit/Gleichheit überhaupt abgab. Insofern deutet die Querelle des Femmes auf gesellschaftliche Probleme von höchster Brisanz wie auf epochenspezifische diskursive Strategien bei ihrer Bearbeitung.» Wunder, Heide: Einleitung zu Teil II: Hof und Herrschaft. In: Engel; Hassauer; Rang; Wunder (Hg.), 2004, S. 104-107, S. 104.

[223] Vgl. Buchholz, 1997, S. 18.

[224] Vgl. Buchholz, 1997, S. 3. Er bezieht sich auf die Akten lutherischer Konsistorien und reformierter Presbyterien, in denen Spuren alltäglicher Gewalt erhalten geblieben sind, «Trunkenheit, ehrkränkende Auseinandersetzungen, Schlägerein». Für das Emdener Presbyterium etwa lässt sich feststellen: «Etwa ein Viertel der gewalttätigen Streitereien fand innerhalb von Ehe und Familie statt.» Buchholz zitiert hier Heinz Schilling: Sündenzucht und frühneuzeitliche Sozialdisziplinierung. Die calvinistische presbyteriale Kirchenzucht in Emden vom 16. bis 19. Jahrhundert. In: Schmidt, Georg (Hg.): Stände und Gesellschaft im Alten Reich. Stuttgart 1989, S. 265–302, S. 285.

[225] Vgl. Buchholz, 1997, S. 4.

[226] Hier zitiert Buchholz wieder Schilling, dessen Methoden er jedoch nicht kritisch befragt: «In vielen Fällen blieben die Frauen ihren Männern ‹nichts schuldig›, ja bisweilen waren sie es, die die kräftigsten Schläge austeilten.» Schilling, 1989, S. 285. Was bedeutet konkret: «in vielen Fällen» – und was «die kräftigsten Schläge»?

[227] Siehe meine Analyse von Xanthippe und Thomas Lediard's Ausführungen zum Hauskreutz in Kiupel, 1991, S. 145f. Vgl. auch Kiupel, 1995, S. 54f. Die Schreibweisen differieren in den Texten, z.B. Haus-Creutz.

[228] Buchholz, 1997, S. 14.

[229] Anderer Theil. Text: Lukas van Bostel, Musik: Johann Wolfgang Franck, D-Hs 305 in MS 639/3:21 Vgl. Marx; Schröder, 1995, S. 386f.

[230] Buchholz, 1997, S. 14.

[231] Vgl. die kurze Wiedergabe von John Aylmers Thesen in *Harborowe for Faithfull and Trewe Subjectes* (1559) bei Wiesner-Hanks, 2002, S. 31.

[232] So hatte König Christian II. Adolf von Schweden (1594–1632) für seine Tochter ein Heiratsprojekt geplant mit dem Kurfürsten Friedrich Wilhelm von Brandenburg, um eine dynastische Verbindung zwischen den Häusern Vasa und Hohenzollern herzustellen. Doch nachdem er in der Schlacht zu Lützen gefallen war, unterstand Christina fünf Vormündern, die sie aber letztlich nicht zur Eheschließung zwingen konnten, sondern ihr den «freien Willen» lassen mussten. Vgl. Barudino, Günter: Erziehung zur Verfassung. Christinas Weg ins Königsamt. In: Christina Königin von Schweden, Katalog, 1997, S. 127–136, S. 130. Christinas ablehnende Haltung zur Ehe wird von etlichen Zeitgenossen berichtet, aber auch von ihr selbst in ihren Memoiren betont.

[233] Vgl. Köhler, Cornelia Caroline: Frauengelehrsamkeit im Leipzig der Frühaufklärung. Möglichkeiten und Grenzen am Fallbeispiel des Schmähschriftenprozesses im Zusammenhang mit der Dichterkrönung Christina Mariana von Zieglers. Leipzig 2007.

[234] Johann Sebastian Bach vertonte 9 ihrer geistlichen Kantaten. Vgl. Brinker-Gabler, Gisela 1990, S. 113. Georg Philipp Telemann setzte eine der weltlichen Kantaten in

Musik: «Ich kann lachen, weinen, scherzen», 19. Lection 1. Arie, S. 74, und 20. Lection 2. Recitativ, S. 78. In: Telemann, 1728.

[235] Zitiert nach: Brinker-Gabler, Gisela (Hg.): Deutsche Dichterinnen vom 16. Jahrhundert bis zur Gegenwart. Gedichte und Lebensläufe. Frankfurt/Main 1978/1990, S. 114f. Komplett abgedruckt in: Christiane Mariane von Ziegler: Vermischte Schriften in gebundener und ungebundener Rede. Göttingen 1739.

[236] Zedler, Bd. 8, 1734, Sp. 362.

[237] Ein Beispiel für das Schicksal einer fürstlichen, in Trennung lebenden Ehefrau, das aufmerksam verfolgt wurde, war die sächsische Kurfürstin Christiane Eberhardine. Vgl. Pape, Matthias: Das Herrscherepicedium zwischen Barock und Aufklärung. Die Trauerode von Johann Christoph Gottsched und Johann Sebastian Bach auf den Tod der sächsischen Kurfürstin Christiane Eberhardine (1727). In: MAJESTAS, Nr. 12, Münster 2004, S. 83–128. Sie war nicht wie ihr Gatte August der Starke zum Katholizismus konvertiert, hatte sich (auch deshalb) von ihrem Gatten getrennt und wurde dafür von den Protestanten bewundert. Anlässlich ihres Todes im Jahr 1727 veranstaltete die Universität Leipzig einen Trauerfestakt. Dazu verfasste Johann Christoph Gottsched eine «Trauerode» in Form eines Epicediums (Begräbnisgedicht). Johann Sebastian Bach vertonte die «Trauerode» als Kantate (BWV 198).

[238] Vgl. Sander, Friedrich: Der Pastor Johann Heinrich Horb. Hamburg 1995, S. 72. (Hamburgische Lebensbilder in Darstellungen und Selbstzeugnissen herausgegeben vom Verein für Hamburgische Geschichte. Bd. 9). 1686 verfügte das Oberskonsistorium eine Trennung der beiden Eheleute, trotz ihrer fünf gemeinsamen Kinder, gleichzeitig wurde ihnen eine erneute Heirat verboten. Dieser Skandal war die Ursache dafür, dass das Geistliche Ministerium in Hamburg dem Vorschlag des Kirchenkollegiums der Jakobikirche, Mayer als ersten Pastor zu berufen, nur zögernd und letztlich auf Drängen des Hamburger Senats folgte. Vgl. Krolzik, Udo: Artikel: Johann Friedrich Mayer. In: Biographisch-Bibliographisches Kirchenlexikon. Band V (1993), Spalten 1108–1114. http://www.bautz.de/.

[239] Vgl. Steidele, 2004, S. 64. Francke war 1715 zum Pastor in St. Ulrich in Halle ernannt worden, er zog aber allein in das Pfarrhaus ein, da seine Gattin weiterhin in Glauchau wohnen wollte. Außerdem war sie nicht zur Hochzeit ihrer einzigen Tochter Johanna Sophia Anastasia erschienen, die auf Wunsch ihres Vaters mit 17 Jahren einen 27 Jahre älteren Mann heiratete. Anna Magdalene Francke war, wie etliche Radikalpietisten, der Ehe gegenüber skeptisch eingestellt. Die Ehekrise blieb Klatschthema, obwohl sich das prominente Ehepaar im November 1715 versöhnte.

[240] Vgl. Hobohm, Wolf (Hg.): «... aus diesem Ursprunge ...» Dokumente, Materialien, Kommentare zur Familiengeschichte Georg Philipp Telemanns. Magdeburg 1988. S. 20f. Vgl. auch Kremer, Joachim, 1995, S. 335 und Clostermann, Annemarie: Das

Hamburger Musikleben und Georg Philipp Telemanns Wirken in den Jahren 1721 bis 1730. Reinbek 2000. Darin: Der Mythos der Maria Catharina Telemann. S. 120-128. Hier geht es um die Satire *Die Bassgeige*, die als Teil eines «Opernkrieges» beschrieben wird. Vgl. Siegele, Ulrich: Im Blick von Bach auf Telemann: Arten, ein Leben zu betrachten. Mit einem Anhang von Roman Fischer und Ulrich Siegele: Maria Catharina Textor. Georg Philipp Telemanns zweite Frau und ihre Familie. In Kremer, Joachim; Hobohm Wolf und Ruf, Wolfgang (Hg.): Biografie und Kunst als historiografisches Problem. Bericht über die Internationale Wissenschaftliche Konferenz anlässlich der 16. Magdeburger Telemann-Festtage 13. bis 15. März 2002. Hildesheim, Zürich, New York 2004, S. 46-90. Außerdem Kremer, Joachim: Das Norddeutsche Kantorat im 18. Jahrhundert. Basel, London u.a. 1995, S. 335. Kremer weist auf eine in den Schulakten des Konrektors Schetelig des Johanneums enthaltene «Historische Beschreibung der Wittwen-Cassa beim Hamburgischen Johanneo» hin. Kurz vor der Gründung dieser Witwenkasse im Jahr 1735 hatte sich das Ehepaar Telemann getrennt. Schetelig schreibt hierzu: «Es hat zwar H. Telemann diese Articul mit unterschrieben, weil er aber mit seiner Frau in Uneinigkeit gelebet, auch nachgehends a thoro et mensa von ihr geschieden worden, so hat er die beliebte Zulage niemahls entrichtet, und deswegen auch seine künftige Witwe und Kinder von den beneficiis ausgeschloßen worden.»

[241] So stellt Eckhardt Kleßmann in seiner ersten Telemann-Biografie Behauptungen über das Telemannsche Eheleben auf, die er noch Jahre später in einer neuen Publikation wiederholt, obwohl diese längst in anderen Studien richtig gestellt worden waren. Vgl. Kleßmann, Eckart: Telemann in Hamburg 1721-1767. Hamburg 1980. Und ders.: Georg Philipp Telemann, Hamburg 2004. Hier wärmt er unter der Kapitelüberschrift: «Das häusliche Elend» (S. 71-78) die Anekdote von der angeblichen Untreue von Frau Telemann mit einem schwedischen Offizier auf, den er als Heinrich Otto Freiherr von Albedyl identifiziert haben will, den der Rat 1724 zum neuen Kommandanten des Hamburger Stadtmilitärs ernannt hatte (S. 71f). Annemarie Clostermann hatte diese Behauptung aber bereits Jahre zuvor überzeugend widerlegt. Vgl. Clostermann, 2000. Doch Kleßmann scheint diese Arbeit nicht zur Kenntnis genommen zu haben, im Literaturverzeichnis fehlt sie zumindest. Kleßmann schreibt auch unreflektiert die Erzählung von der angeblich verschwenderischen Gattin Telemanns fort und unternimmt keinen Versuch, auch die Position der Ehefrau zu verstehen. Immerhin zitiert er Satiren auf Telemann, die ihn Seitensprüngen nicht abgeneigt zeigen (S. 72). Doch Kleßmann schlägt sich bedenkenlos auf Telemanns Seite, wenn er schreibt: «Zehn Jahre nach der Geburt des letzten Kindes warf Telemann seine Ehefrau aus dem Haus und schickte sie zu ihren Verwandten nach Frankfurt zurück. Eine Ehescheidung hat es offenbar nicht gegeben. Daß ein Ehemann in dieser gesellschaftlichen Position seine Frau zum Teufel jagte, war damals ziemlich ungewöhnlich, aber der geplagte Kom-

ponist besaß auch einen triftigen Grund: Frau Telemann war dem Glücksspiel verfallen, und ihr Mann musste 1736 fassungslos feststellen, daß sie 5000 Reichsthaler (etwa 18 125 Hamburgische Mark) leichtsinnig verzockt hatte» (S. 73f.). Fakt ist, dass Telemann den Topos der verschwenderischen Frau benutzt, wenn er am 01.09.1736 an Johann Reinhold Hollander, einem Handelsherrn in Riga, schreibt: «Mein Zustand steht anitzt noch ziemlich zu ertragen./ Die Frau ist von mir weg und die Verschwendung aus./ Kann ich der Schulden mich von Zeit zu Zeit entschlagen,/ so kehrt das Paradies von neuem in mein Haus.» (Zitiert nach S. 74) Zunächst hatte Kleßmann diese Klage gedeutet als Erleichterung Telemanns über den Tod seiner spielsüchtigen Gattin. Vgl. Kleßmann, 1980, S. 79 und 174f. Doch war Frau Telemann mitnichten gestorben. Das Ehepaar hatte sich getrennt. Ob sie sofort nach Frankfurt am Main zu ihrer Familie zog – oder noch einige Zeit in Hamburg lebte, um auch die Kinder zu betreuen –, ist noch nicht geklärt. Gewiss ist nur, dass sie am 07.06.1775 im Frankfurter Dominikanerkloster beigesetzt wurde, das im 2. Weltkrieg zerstört und wieder aufgebaut wurde. Hier ist kein Grabstein für die Telemannin oder sonstige Erinnerung an sie erhalten.

[242] Inwieweit nun persönliche Erfahrungen der Opernmacher in einzelne Opern einflossen, wie die angebliche Spielsucht von Telemanns Ehefrau, kann hier nicht weiter untersucht werden. Aber Spielsucht von Männern war später in einigen Zwischenspielen Thema.

[243] Das Taufregister der Kirchengemeinde Plön-Altstadt, Jg. 1743, Nr. 4150 hat Elisabeth Rübcke ausgewertet: Die Autobiographie des Plöner Pastors Andreas Telemann aus dem Jahr 1745. In: Reipsch, Brit; Hobohm, Wolf: Telemann und Bach. Telemann-Beiträge. Hildesheim, Zürich, New York 2005, S. 129–143, hier S. 132.

[244] Vgl. Neubacher, 2009, S. 432f.

[245] Zitiert nach: Merbach, Paul: Das Repertoire der Hamburger Oper von 1718 bis 1750. In: Archiv für Musikwissenschaft. 6. Jg. 1924. Facs. Hildesheim 1964, S. 354–372, S. 357.

[246] Er wurde erst 1740 geadelt.

[247] Die Kayserin sang die Chera in Matthesons Oratorium *Chera, oder die Leidtragende und getröstete Wittwe zu Nain,* dessen Partitur leider verschollen ist (S. 140, FN 43). Stolz berichtet Mattheson in seiner Lebensbeschreibung von dieser Pionierleistung: «Den 17. Sept. (1716) hielt er Musik im Dom, und führte Madame Kayser aufs Chor, welches, ausser obigem Exempel, zuvor in keiner hamburgischen Kirche geschehen war, dass ein Frauenzimmer mit musiciret hätte; hinführo aber im Dom allemahl, bey seiner Zeit, geschah.» Zitiert nach: Marx, Hans-Joachim (Hg.): Mattheson, Lebensbeschreibung, 1983, S. 64. Mattheson hatte sich immer für den Gesang der Frauen in der Kirche eingesetzt, aber sein Eigenlob soll nicht den Einsatz vieler Kollegen für Sängerinnen überblenden.

[248] Vgl. Wendt, 2001, S. 192.
[249] *Sammlung Hamburger Mandate.* Der erste Theil, welcher die Verfügungen im siebenzehnten Jahr=Hundert in sich fasset, 1763, S. 45f.
[250] Vgl. Neumeister, 1724, 1. Theil, Vorrede, a 4f.
[251] Vgl. Buchholz, 1997, S. 11.
[252] Buchholz, 1997, S. 6.
[253] Vgl. Klefeker, Theil 4, 1767, S. 119.
[254] Siehe: Marigold, W. Gordon: Aspekte der Komödie und des Komischen in Hamburg 1600–1708. In: Daphnis Bd. 17, Heft 1, 1988, S. 15–35. Zahlreiche Wandertruppen, insbesondere englische Truppen, traten wohl im Freien auf, vor dem Rathaus oder auf dem Gänsemarkt. Von großer Bedeutung sollen die holländischen Truppen gewesen sein, die niederländische Dramen, aber auch die «Kluchten», drastische Zwischenspiele aufführten. Auf ihren Spielplänen standen auch holländisch übersetzte Werke von Vondel, Molière, Rotrou und den Brüdern Corneille. «Einen direkten Einfluß dieses Repertoires findet man sicher in den Hamburger Operntexten» (S. 21). «Das Ballhaus in der Fuhlentwiete wurde von fahrenden Truppen englischer und holländischer Komödianten häufig bespielt. Leider wissen wir nicht, ob dort im 17. Jh. eine richtige Bühne vorhanden war, denn eine Bühne als solche wird erst 1728 erwähnt» (S. 19). Die Titel zahlreicher niederdeutscher Stücke sind bekannt, doch fehlen die Texte. Niederdeutsch wurde in komisch-drastischen Stücken gesprochen. Außerdem beliebt waren Umzüge und Handwerkerspiele in Hamburg, in denen es derb-obszön zuging. In der «Mayerschen und Horbiusschen Streitigkeit» spielten sie eine wichtige Rolle, da Johann Hinrich Horb, Hauptpastor von St. Nikolai, diese Stücke abschaffen wollte (S. 22).
[255] Vgl. Bolte, Johannes; Seelmann, Wilhelm (Hg.): Niederdeutsche Schauspiele Älterer Zeit. Drucke des Vereins für niederdeutsche Sprachforschung. IV. Norden und Leipzig 1895.
[256] Vgl. Winter, Hans-Gerd: «Leide, meide und hoffe nach Vorschrift der Vernunft»: Aufklärung und Disziplinierung als Programm in der moralischen Wochenschrift *Der Patriot* (1724–1726). In: Stephan, Inge; Winter, Hans-Gerd (Hg.): Hamburg im Zeitalter der Aufklärung. Hamburg 1989. Hamburger Beiträge zur Öffentlichen Wissenschaft. Bd. 6, S. 137–160, S. 151.
[257] Vgl. Lediard, 1764, S. 352f.
[258] Lediard, 1764, S. 353.
[259] Anspielung auf Shakespeare's *The Taming of the Shrew* bzw. *Der Widerspenstigen Zähmung.*
[260] Lediard, 1764, S. 354.
[261] Lediard, 1764, S. 355.

[262] Vgl. Wiesner-Hanks, 2002, S. 30.

[263] Nolde, Dorothea: Gattenmord. Macht und Gewalt in der frühneuzeitlichen Ehe. Köln 2003.

[264] Nolde, 2003, S. 172. Nolde grenzt dies deutlich gegen Bourdieu's Definition symbolischer Gewalt als «sanfter Gewalt» ab.

[265] Hacke, Daniela: Zur Wahrnehmung häuslicher Gewalt und ehelicher Unordnung im Venedig der Frühen Neuzeit (16. und 17. Jahrhundert), in: Fuchs, Ralf-Peter; Schulze, Winfried (Hg.): Wahrheit, Wissen, Erinnerung. Zeugenverhörprotokolle als Quelle für soziale Wissensbestände in der Frühen Neuzeit. Münster 2002, S. 317–355.

[266] Nolde, 2003, S. 175.

[267] Nolde, 2003, S. 177.

[268] Vgl. Wiesner-Hanks, 2002, S. 37.

[269] Vgl. von Leyser, Augustin: *Rechtliche Abhandlung von Schuldigkeit der Ehemänner ihren Frauen zu folgen.* Ihrer Vortrefflichkeit halber, wie auch zu Ehren und Nutzen des Frauenzimmers ins Deutsche übersetzt. Wittenberg 1751. S. 7. Dem Ehemann zu gehorchen habe auch eine Prinzessin, die «weder Land noch Leute hat», und sich an einen Particulier verheiratet hat und «hernach ein Königreich oder Fürstenthum» erbt, ist «dadurch von menschlichen Gesetzen ohnstreitig befreyet. (1) Hingegen was dem Manne, als Manne, natürlicher Weise gebühret, muß sie ihm auch als Königin und Fürstin erweisen. Sie kann ihm also die eheliche Pflicht nicht versagen, muß ihm die Verwaltung der Güter, so zum Königreich oder Fürstenthum nicht gehören, lassen, ihre Aufführung nach seiner Neigung richten, im täglichen Umgang, Essen, Schlafen, und dergleichen, seinem Willen folgen, die Kinder nach seinem Befehl erziehen, dazu aber kann sie aber nicht genöthiget werden, daß sie in dem, was zu des Reichs und Landes Regierung gehöret, ihm gehorche, vielmehr muß er ihr gehorsamen» (S. 10f). Die zwei «Körper» der Königin werden hier sichtbar: als Ehefrau ist sie dem Willen ihres Ehemannes unterworfen, als Königin hingegen nur den Regierungspflichten.

[270] Lorenz, 1999, S. 125f.

[271] Vgl. Singer, Herbert: Der galante Roman. Realienbücher für Germanisten, 2. Auflage. Stuttgart 1966, S. 38 f.

[272] Vgl. das Vorwort von Hans Wagener zu Menantes (Christian Friedrich Hunold), 1706/1973.

[273] Menantes (Christian Friedrich Hunold), 1706/1973, S. 39f.

[274] Menantes (Christian Friedrich Hunold), 1706/1973, S. 40.

[275] Menantes (Christian Friedrich Hunold), 1706/1973, S . 43.

[276] Menantes (Christian Friedrich Hunold), 1706/1973, S. 45f.

[277] Menantes (Christian Friedrich Hunold), 1706/1973, S. 46.

[278] Menantes (Christian Friedrich Hunold), 1706/1973, S. 46f.

[279] Menantes (Christian Friedrich Hunold), 1706/1973, S. 47.

[280] Menantes (Christian Friedrich Hunold), 1706/1973, S. 47f.

[281] So heißt es bei Zedler unter dem Stichwort «Ehestand»: «Hier wieder kann man zwar wohl wieder einwenden, dass nicht nur die sinnliche Lust, sondern auch eine Uebereinstimmung derer Gemüther der Grund der Liebe seyn müste», 8. Bd. 1734, S. 362.

[282] Vgl. Soltau, Heide: Verteufelt, verschwiegen und reglementiert. Über den Umgang der Hanseaten mit der Prostitution. In: Stephan, Inge; Winter, Hans-Gerd (Hg.): Hamburg im Zeitalter der Aufklärung. Berlin, Hamburg 1989, S. 373–397, hier S. 380. Vgl auch Bake, 1984, S. 131–133.

[283] Zur europaweit verbreiteten Doppelmoral, die auch auf römischem Recht basierte, vgl. Hufton, 1998/2002, S. 87f.

[284] Um Ehebruchstrafen ging es im Artikel 29 in Teil IV des Stadtrechtes von 1603/5, das, unterbrochen von der Franzosenzeit, bis Mitte des 19. Jahrhunderts Grundlage der Verfassung blieb: «Art. 29. Strafe des Ehebruchs. Wenn einer ehebrüchig wird an seiner ehelichen Hausfrauen, und sich mit eines andern Mannes ehelichen Hausfrauen unehrbarlich vermischet: So soll der Ehebrecher zum ersten mal mit einer scharfen Geldbuß, zu ein hundert Reichsttahlern, belegt; da er aber mit einer ledigen Person zu schaffen hat, mit funfzig Reichsthalern gestraft werden; und so er dieselbe nicht hat zu bezahlen, soll er sich dieser Stadt und Gebiete so lange, biß er die Strafe erlegt hat, enthalten. Da er aber zum andern mal, solches Ehebruchs, mit einer ehelichen Frauens=Person, wird schuldig befunden, soll derselbe mit solcher erwiederten Verwirkung sich dieser Stadt Wohnung verlustig machen. Wie dann auch ein Eheweib, das an ihrem Ehemanne ehr= und treulos wird, und der Ehemann wieder zu sich zu nehmen beharrlich verweigert, mit gefänglicher Haft belegt, oder am Pranger mit Ruthen gezüchtiget, und dieser Stadt und Gebiete soll verwiesen werden.» Zitiert nach: *Der Stadt Hamburg Gerichts=Ordnung und Statuta*, 1842. S. 543f. In dieser Ausgabe sind auch die handschriftlichen Zusätze und Kommentare diverser Rechtsgelehrter und Stadtoberer abgedruckt. So schreibt ein Rechtsgelehrter unter dem Kürzel «Veg.» zum Passus «Funfzig Reichsthalern»: «Hier. Vogeler hat gepflegt zu sagen, als man diesen Artikel hat ändern und die Strafe des Ehebruchs exasperiren wollen, habe in communicatione ein Bürger gesagt: ‹Nein, wir halten diesen Artikel für ein Privilegium der Bürger von Hamburg, und wollen das behalten, was unsere Vorfahren gehabt haben.›» Zitiert nach: *Der Stadt Hamburg Gerichts=Ordnung und Statuta*, Hamburg 1842, S. 545. Dieser Passus wird aufschlussreich kommentiert bei Urban, Alfred: Die Prostitution in Hamburg zugleich die Geschichte des hamburgischen Bordellwesens von den Anfängen im Mittelalter bis zur Gegenwart. Manuskript, o.J., S. 42f: «Uns springt zunächst die ungemein härtere Bestrafung des Eheweibes in die Augen. Für den Fall, dass der Ehemann seiner Frau nicht

verzeiht, drohten ihr Gefängnis auf unbestimmte Zeit oder öffentliche Ausstoßung aus der Stadt. Bei dem Ehemann hingegen reichte es aus, wenn er mit Geldstrafe sühnte, die sich um die Hälfte ermäßigte, wenn seine außereheliche Partnerin eine ledige Person war. Diese aber blieb überhaupt straffrei. Ein dem entgegen stehender Antrag in der Bürgerschaft war ja niedergestimmt worden.» Hier spielt Urban auf Diskussionen zum Stadtrecht in der ersten Fassung von 1603 an, in dem Ehebruch erstmals eigenständig in eine strafrechtliche Norm gefasst werden sollte. Es sollte ein schärfere Bestrafung aller Beteiligten durchgesetzt werden, doch die Erbgesessene Bürgerschaft wollte auf ihre alten Privilegien nicht verzichten. Dazu gehörte die mildere Bestrafung der Ehemänner gegenüber ehebrecherischen Ehefrauen. Ob die ledigen Frauen wirklich straffrei blieben, ist zu diskutieren.

[285] Hinweis von Jürgen Rathje, der auf das Schicksal dieser Tochter kurz eingeht im «Editorischen Anhang» unter «Erläuterungen» in Rathje, Jürgen (Hg. u. Komm.): Barthold Hinrich Brockes Werke. Band 1. Selbstbiographie, Verdeutschter Bethlehemitischer Kinder-Mord, Gelegenheitsgedichte, Aufsätze. Druck in Vorbereitung.

[286] Buchholz, 1997, S. 5.

[287] Eine umfassende Studie zu Ehescheidungen in Hamburg in der ersten Hälfte des 18. Jahrhunderts steht noch aus. Über Scheidungsgründe siehe Zedler zum Stichwort «Ehescheidung», Bd. 8, 1734. Vgl. auch den Scheidungsfall der Halbwaisen Jungfer Marie Elisabeth Stoffelin, Tochter des Fürstlich-Brandenburgischen Kammerrats Nicolai Stoffel, und des angeblichen Husarenleutnants Hans Michael Baumann, in Wirklichkeit ein vagabundierender ungarischer Söldner namens Wolebrough. Er hatte sich herausgeputzt mit gräflicher Uniform und Federbusch und gab einen Regimentstrompeter als seinen Burschen aus. Solche Modelle angeberischer Militärs auf Brautschau werden auch auf der Opernbühne verspottet. Vgl. Buchholz, Stephan: Ehescheidungsrecht im späten 17. Jahrhundert: Marie Elisabeth Stoffelin und der Husar. In: Gerhard, Ute (Hg.): Frauen in der Geschichte des Rechts: Von der Frühen Neuzeit bis zur Gegenwart. München 1997, S. 105–114.

[288] Joachim Kremer erläutert dies mit einer «zeitweiligen oder dauernden Aufhebung der ehelichen Lebensgemeinschaft.» Vgl. Kremer, 1995, S. 335. Mit diesem Begriff wird allerdings die zeitweilige Trennung gemeint sein, denn die dauernde wird «separatio totale», «ad totale divortium» genannt.

[289] Staatsarchiv Hamburg Best: 88. Schwartzkopff Nr.1. Die genaueren Hintergründe dieses Falles werden Gegenstand einer folgenden Studie sein.

[290] Kremer behauptet, «dass Telemann's separatio a thoro et mensa der gegenwärtigen Quellenlage nach keine soziale Benachteiligung nach sich zog, noch weniger seine kompositorische Tätigkeit in Hamburg negativ beeinträchtigen konnte.» Vgl. Kremer, 1995, S. 335. Aber m.E. bot Telemann's Ehekrise sehr wohl Anlass zu Spott. Darauf

deutet 1724 eine Satire im Patrioten und ein Marionettenspiel, das zur Oper *Don Quixotte im Mohren-Gebürge* aufgeführt werden sollte – aber verboten wurde. Hier wird Maria Catharina Telemann Untreue unterstellt, weil sie ihrem Mann «nicht Farbe hielt». Aber auch Georg Philipp scheint kein Musterbeispiel ehelicher Tugend abgegeben zu haben. So wird er in der Rolle eines gewissen Kilian vorgeführt, «als wie ein alter Hirsch» in der Zeit der Brunst «mit seiner Heerde Hindinn ‹an der Seit›». Vgl. Hobohm, 1988, S. 20.

[291] Vgl. Klefeker, V. Theil, 1768, S. 410f.

[292] Steltzner, 1733, dritter Theil, S. 1118f.

[293] Mikrofilm-Zeitungskatalog Deutsche Presseforschung-Katalog Universität Bremen (Z20) Anno 1679-August I, 658-4 Greflinger.

[294] Vgl. Hull, 1996, Kapitel: Polygamy: The Cameralist Thought Experiment. S. 176-179, FN 119, S. 178.

[295] So verwahrt sich Johann Mattheson etwa dagegen, dass der «Schau=Platz» eine «Narren=Schule» sei, Zoten seien zu vermeiden. Vgl. Mattheson, Johann: *Der Musicalische Patriot*. Hamburg facs. 1728, S. 140.

[296] Vgl. Mahling, Christoph-Hellmuth; Wiemann, Sigrid (Hg.): Bericht über den Internationalen Musikwissenschaftlichen Kongress Bayreuth 1981. Basel, London 1984, der sich der Geschichte der komischen Oper widmet. Darin insbesondere: Hucke, Helmut: Die Entstehung der Opera buffa, S.78-85; Leopold, Silke: Einige Gedanken zum Thema: Komische Oper in Venedig vor Goldoni. S. 85-93. Ruhnke, Martin: Komische Elemente in Telemanns Opern und Intermezzi, S. 94-107.

[297] Vgl. Moser-Rath, Elfriede: «Lustige Gesellschaft». Schwank und Witz des 17. und 18. Jahrhunderts in kultur- und sozialgeschichtlichem Kontext. Stuttgart 1984. Hier insbesondere das Kapitel «Erotica und Eheszenen» mit den Unterkapiteln «Verbotene Liebe» S. 86-92, «Partnerwahl» S. 92-97, «Sexuelle Erfahrung» S. 97-100, «Weiberspott» S. 101-108, «Eheleben» S. 108-122 und «Ehebruch» S. 123-130.

[298] Vgl. Moser-Rath, 1984, S. 119: «Der Ehekrieg war ganz offensichtlich das ergiebigste Thema der ehelichen Szenerie.» Und: «Unter all diesen Erzählungen von eigensinnigen, hadernden, prügelnden, sich auch in ihrem Liebesleben kaum befriedigenden Eheleuten nehmen sich Exempel treuer Gattenliebe wie Irrläufer aus» (S. 120). Der Quellenwert der Schwankliteratur, neben einigen Fenstern in die Realität, liegt insbesondere in der Vermittlung von Werten und Meinungen, wie der Bestätigung des Herrschaftsanspruches des Mannes. Sein brutales Verhalten wurde eher akzeptiert als der Ungehorsam und die Widerspenstigkeit der Frau, die seine Autorität beständig in Frage stellte. «Eben darin liegt letztlich der komische Effekt dieser Erzählungen: Sie bestätigen im Grunde, dass der Mann seine Überlegenheit nur mit Mühe aufrechterhält, die Frau in Wahrheit mit Erfolg aufbegehrt und ihn zur Duldung oder Resignation

zwingt, dass also die männliche Dominanz in vielen Fällen nur auf dem Papier steht» (S. 117). Diese Einschätzung trifft auch auf komische Opern- und Intermezzitexte zu. Es sind Verwebungen nachweisbar, denn die in der Schwankliteratur aufbewahrten Geschlechterbilder sind oft geprägt von misogynen älteren Quellen. «Eigentlich sollte man den groben Weiberspott in den Schwankbüchern des späteren 17. und 18. Jahrhunderts für nicht mehr zeitgemäß halten» (S. 106). Denn in der Renaissance- und Barockliteratur waren «neue und positive Akzente in der Bewertung des weiblichen Geschlechts gesetzt» worden. Außerdem waren französische «galante» Einflüsse deutlich. Doch wurde in den Schwankbüchern die Galanterie der gehobenen Kreise verspottet, Courtoisie, lange Briefe, abgeschrieben aus Briefstellern. «Die gleichfalls und viel häufiger belegten Ausfälle gegen die Frauen aber bewegen sich ganz im alten Fahrwasser. Man zitierte nicht nur die frauenfeindlichen Apophthegmata antiker Autoren, sondern bediente sich auch des Stils der mittelalterlichen Schmähschriften» (S. 106). Dies kann auch für die Opernbühne nachgewiesen werden. So werden auch in einigen Vorreden frauenfeindliche Autoren und Meinungen zitiert. Gelegentlich jedoch wird Rücksicht auf das weibliche Publikum genommen, wie aus manchen entschuldigenden Vorreden hervorgeht, s.u. die Vorrede zu *Thalestris*. Und diverse weibliche Opernfiguren wehren sich gegen misogyne Männer.

[299] Es bleibt die Frage, warum es in meinem Untersuchungszeitraum in Hamburg keine ausgeprägte Kultur der Schilderung des Alltagslebens in Kunst, Literatur etc. gegeben hat, wie etwa in italienischen und holländischen Städten. Oder ist vieles verschollen, vernichtet – schlummert noch unentdeckt in diversen Privatarchiven? War das Bürgertum peinlich darauf bedacht, sich unter dem Motto «Fa bella figura» keine Blöße zu geben?

[300] Interessant sind folgende Bemerkungen von Johannes Bolte, des ersten Herausgebers dieser handschriftlich überlieferten dreiteiligen Komödie: «Für uns bietet das dritte Stück, *Die Quade Grethe,* das meiste Interesse, weil es zum Teil in braunschweigischer Mundart geschrieben ist und zugleich einen literarischen Stammbaum aufweist. Sein Inhalt ist der alte Schwank von der durch Wiegen gezähmten Keiferin, den der Haarlemer Rektor C. Schonaeus 1595 in seiner lateinischen Schulkomödie *Cunae* auf die Bühne gebracht und ein unbekannter Amsterdamer Dichter 1644 in der niederländischen *Klucht van de Qua Grieten* modernisiert hatte. Bei Schonaeus ist die Heldin Nisa ein hübsches, aber eigenwilliges, mit Eltern und Geschwistern in Unfrieden lebendes Mädchen, in das sich Pamphilus verliebt. Trotz aller Warnungen führt er sie im 3. Akt heim. Als sie auch ihn schmäht und schlägt, sinnt er auf ein Heilmittel, bindet sie, von ihrem Vater unterstützt, legt sie in eine Wiege und setzt diese in Bewegung. Nach langem Widerstreben ergibt sie sich und bittet den Gatten kniefällig um Vergebung» (S. 221). Die Wolfenbütteler Dichter haben hier einige Veränderungen, wie Namensän-

derungen angebracht und manche, so Bolte, «treffenden Pointe». So wurde am Schluss der vergebliche Versuch des alten Vaters hinzugefügt, «seine quade Grethe durch Wiegen zu bessern» (S. 222). «Auffällig ist, daß alle Männer hochdeutsch reden, die vier Frauen aber plattdeutsch; man muß daraus wohl den Schluß ziehen, daß dies damals in Wolfenbüttel Brauch war» (S. 222). Vgl. Bolte, Johannes: *Die Quade Grethe.* In: Jahrbuch des Vereins für niederdeutsche Sprachforschung, Jg. 1930/31, Hamburg 1932, S. 220-240. Gewalt und Geschlechterkampf bestimmen dieses Stück. Grethe führt, das Regiment im Haus, ihr Mann muss im Haushalt helfen und die Kinder wiegen. Die Wiege wird nun als Mittel ihrer Zähmung benutzt. Grethe muss sich da auf Druck des Vaters hineinlegen. Ein ambivalentes Motiv: ein Symbol für den Geschlechtsverkehr und Mutterschaft, oder dafür, dass Grete wieder zum kleinen, formbaren Mädchen werden muss? Grethe kämpft vergeblich gegen ihre patriarchale Umwelt, ist mangelhaft gebildet, dabei war ihr Mann immerhin Procurator, doch wird auch dies von Bolte nicht problematisiert.

[301] Text: Mauritz Cuno, wohl keine italienische Vorlage. Musik: Christoph Graupner und Reinhard Keiser? Als Intermezzo 1708 zu Georg Friedrich Händel's *Daphne* und wahrscheinlich 1715 zu Keiser's *Fredegunda*. D-Hs 122 in MS 639/3:7. Vgl. Marx; Schröder, 1995, S. 273f. Vgl. Kiupel, 2000, S. 255f. In diesem Zwischenspiel werden mehrere Konfliktebenen verhandelt: der Gegensatz zwischen Stadt und Land, zwischen rigider traditionell geprägter und zugleich als «vernünftig» geltender Männlichkeit und vermeintlich genusssüchtiger, an französischen Vorbildern orientierter Weiblichkeit.

[302] Text: Gazal nach A. Marchi *La costanza trionfante degl'amori e degl'odi,* Venedig 1716, Musik: Francesco Gasparini, Francesco Conti, Giuseppe Maria Orlandini, Antonio Vivaldi D-Hs 160 in MS 639/3:10. Vgl. Marx; Schröder, 1995, S. 378f. Nach Wolff handelt es sich um die ersten, in Hamburg aufgeführten Intermezzi mit ins Deutsche übersetzten Dialogen und italienischen Arien. Vgl. Wolff, 1957, S. 116.

[303] Text: Johann Philipp Praetorius nach Pietro Pariati *Vespetta e Pimpinone,* vertont von Tomaso Albinoni, Venedig 1708, Musik: Georg Philipp Telemann. UA als Zwischenspiel von Georg Friedrich Händels *Tamerlan.* D-Hs 300 in MS 639/3:21. Vgl. Marx; Schröder, 1995, S. 383.

[304] Text: Johann Philipp Praetorius (nach italienischer Vorlage, *La capricciosa ed il credulo,* Venedig 1708), Musik: Georg Philipp Telemann. D-Hs 244 in MS 639/3:17. Vgl. Marx; Schröder, 1995, S. 107.

[305] Text: nach einem englischen Schwank von Christoph Wilhelm Haken, Musik: Georg Philipp Telemann D-Hs 82 in MS 640/3:7. Vgl. Marx; Schröder, 1995, S. 52.

[306] Text: Christoph Gottlieb Wendt, Musik: Georg Philipp Telemann. D-Hs 80 in MS 640/3:7. Vgl. Marx; Schröder, 1995, S. 103.

[307] Text: ? Widmann, Musik: Francesco Gasparini. UA von *Lisetta ed Astrobolo* 1707 in Venedig. D-Hs 104 in MS 640/3:9. Vgl. Marx; Schröder, 1995, S. 182.

[308] Text: Antonia Salvi, Verona 1715? (Verfasser der deutschen Rezitative unbekannt), Musik: Giuseppe Maria Orlandini. D-Hs 110 in MS 640/3:10. Vgl. Marx; Schröder, 1995, S. 146f. Wolff schreibt von einer Fassung, die ursprünglich in Venedig 1718 (1719) herauskam unter dem Titel *Il marito giocatore, e la moglie bacchettona,* aufgeführt in dem Teatro zu S. Angelo. Text: Antonio Salvi, Musik: G.M. Orlandini, als Einlage zu Chelleri's *Amalasunta*. Seinen großen Erfolg soll dieses Intermezzo auch den beiden HauptdarstellerInnen Rosa Ungharelli aus Bologna und Antonio Maria Ristorini aus Florenz verdankt haben, die damit auch nach Brüssel (1728) und in Paris (1729) getourt sind. Europaweit wurde dieses Intermezzo unter verschiedenen Titeln und in Bearbeitungen bekannt und bis in die 50er Jahre immer wieder aufgeführt. Während es 1736 in Hamburg in einer deutschen Fassung auf die Bühne kam, gab es im gleichen Jahr eine englische Bearbeitung in London: *The gamester*. 1746 wurde es dann unter dem italienischen Originaltitel durch die Mingottische Operngesellschaft in der Gänsemarkt-Oper gegeben. Vgl. Wolff, 1958, S. 123f.

[309] Text: Gennaro Antonio Federico, Musik: Giovanni Battista Pergolesi. (UA: Neapel am 28. August 1733). D-Hs 9 in A/2620. Vgl. Marx; Schröder, 1995, S. 344f.

[310] Text: Giovanni Battista Locatelli, Musik: Filippo Finazzi. D-Hs 290 in MS 639/3:20. Vgl. Marx; Schröder, 1995, S. 283.

[311] Text: Meister und Mauritz Cuno, Weißenfels (1705), Musik: Reinhard Keiser (Mitarbeit von Christoph Graupner? Arien von Ziani und André Campra?). D-Hs 191 in MS 639/3:12. Vgl. Marx; Schröder, 1995, S. 58f.

[312] Text: Dichter unbekannt – nach Johann Christian Hallmann, *Die Schaubühne des Glücks oder Die unüberwindliche Adelheide,* Breslau (1684), Musik: Georg Philipp Telemann. D-Hs 78 in MS 640/ 3:7. Vgl. Marx; Schröder, 1995, S. 31.

[313] Text: Johann Ulrich König nach Nicolò Minato: *La patienzia di Socrate con due moglie,* Prag (1680). König könnte als Vorlage auch Christian Flemmer's Lustspiel *Die zwei Weiber oder die Geduld des Socrates* genutzt haben, Wolfenbüttel 1680 und Blankenburg um 1710, Musik: Georg Philipp Telemann. D-Hs 166 in MS 639/3:10. Vgl. Marx; Schröder, 1995, S. 183f.

[314] Text: Johann Philipp Praetorius, Musik: Reinhard Keiser. D-Hs 243 in MS 639/3:17. Nach der UA verboten, da prominente Hamburger sich wieder zuerkennen glaubten. Vgl. Marx; Schröder, 1995, S. 217.

[315] Opera bernesca meint eine humoristisch-satirische Oper, benannt nach der poesia bernesca, erstmals von Francesco Berni (ca. 1497– ca. 1536) kreiert.

[316] Text: van Ghelen, Wien, übersetzte Giovanni Barlocci, Musik: Gaetano Latilla. Aufführung der Truppe Pietro Mingottis. D-B 13 in Mus T 8 R. Vgl. Marx; Schröder, S.

165. Die erste Textfassung wurde 1737 in Neapel unter dem Titel *Gismondo* aufgeführt, die zweite 1738 in Rom 1738 mit dem Titel *La Finta cameriera*. Der Bearbeiter Barlocci änderte die Namen der Hauptfiguren, aus Gismondo wurde Giocondo und er fügte parodistische Zitate aus Pergolesis *La serva padrona* ein.

[317] Wie das damalige Publikum auf die Intermezzi reagierte, mit welchen Figuren es sich identifizierte etc. wird Thema künftiger Forschungen sein. Anregungen bieten die Ausführungen von Susanne Scholz zu englischen Texten zum Dinggebrauch: «Gerade literarische Texte nehmen hier einen privilegierten Platz ein, denn ihre speziellen Ausdrucksmittel wie auch ihr gesellschaftlicher Status ermöglichen es, kulturelle Wertstiftungen und Denkweisen zu ironisieren, zu überspitzen und ‹spielerisch› zu kritisieren, ohne denselben Verbindlichkeiten wie etwa politische, ethische oder wissenschaftliche Texte zu unterliegen. Dabei sind die jeweils gewählten Ausdrucksformen, Genres und rhetorischen Mittel nicht zufällig, sondern sie stehen in einer komplexen Relation zu bzw. Interaktion mit den jeweils verhandelten Inhalten.» Scholz, Susanne: Objekte und Erzählungen. Subjektiver und kultureller Dinggebrauch im England des frühen 18. Jahrhunderts. Königstein/Taunus 2004, S. 206.

[318] Untersuchungen zu den Wechselwirkungen von italinischen Theatertraditionen, also eines «Mentalitäten-Imports», und realen Geschlechterrollen stehen noch aus.

[319] Vgl. auch: Hufton, Olwen: Aufrührerische Frauen in traditionellen Gesellschaften: England Frankreich und Holland im 17. und 18. Jahrhundert. In: Geschichte und Gesellschaft Lebenswege von Frauen im Ancien Régime. 18. Jg 1992, Heft 4, Göttingen, S. 423–445. Sie bezieht sich auch auf Natalie Zemon Davis' Beobachtung, dass die Frau im Kontext von Karneval und Aufruhr zu einem «Vehikel des Wandels» wurde (S. 424). Die aufsässige Frau, über Jahrhunderte als unvernünftig geltend und dem Diktat eines Mannes unterworfen, sei durch die Umkehrung der Herrschaftsverhältnisse selbst zur Verkörperung der Weisheit geworden und werde trotz aller ihrer Torheiten im Spiel letztlich als wahrhafte Vernunft angesehen. Die Vorstellung von der aufsässigen Frau als «symbolische Urheberin tiefgreifenden Wandels» überlebte den Niedergang des Karnevals, der durch katholische und protestantische Reformer durchgesetzt wurde. Vgl. Davis, Natalie Zemon: Society and Culture in Early Modern France. London 1975 (dt. Frankfurt 1989), hier insbesondere der Essay «Woman on Top».

[320] Scholz, 2004, S. 11.

[321] Scholz, die die Verhältnisse von Dingen und Subjektivität in der englischen Literatur des frühen 18. Jahrhunderts untersucht, stellt eine auch für die Librettiforschung relevante Frage: «Es wird zu zeigen sein, inwieweit diese Problematiken der Selbstvermarktung, denen potentiell alle Subjekte unterliegen, vorwiegend am Beispiel weibli-

cher Figuren ausagiert werden und inwiefern neue Begründungen des Subjekts auch neue Begründungen des Erzählens mit sich bringen.» Scholz, 2004, S. 20.

[322] «Zwar kann die männliche Intermezzirolle einen Bürger, etwa einen reichen Kaufmann darstellen, die weibliche Intermezzirolle aber trägt immer Servetta-Züge, sie ist von Sonderfällen wie Metastasios *Impresario delle Canarie* abgesehen, allenfalls ‹Contadina›, Bäuerin.» Hucke 1981/1984, S. 80. Hucke geht den Gründen für diese geschlechtsspezifischen Standesunterschiede nicht nach.

[323] «So repräsentierte die weibliche Konsumentin die kulturellen Ängste und Instabilitäten einer Gesellschaft, in der Selbstwerdung des Dinggebrauchs bzw. der -ausstellung unbedingt bedurfte, während gleichzeitig die damit einhergehende Abhängigkeit von materiellen Objekten verleugnet werden musste.» Scholz, 2004, S. 9.

[324] Die Ambivalenz gegenüber der Keuschheit der Frau ist auch nachweisbar bei Ovid: Im 3. Buch Nr. 14 der erotischen Elegien beschreibt Ovid unter dem Motto «Wohltätige Schleier» die Forderung eines Mannes an eine Frau, sich wenigstens den Anschein von Keuschheit zu geben. Sie soll über ihre erotischen Abenteuer schweigen, Sittsamkeit in der Rede und Verhalten wahren. Nur im Bett dann soll sie neben den Kleidern auch alle Schüchternheit und Scham fallen lassen. Der Liebhaber fordert die Frau zur Täuschung auf, will ihr aber ihre erotischen Freiheiten lassen: «Sündige, bist du doch schön – das will ich dir auch nicht verbieten, aber erspare mir Armen das Wissen davon! Keineswegs soll dich mein Urteil zur Keuschheit etwa verdammen, nur muß es fordern von Dir: tu so, als ob du es wärst!» Ovid: *Amores/Die Erotischen Elegien*, übersetzt von Karl B. Büchner. Stuttgart 1958, III. Buch, Kapitel 14, S. 75.

[325] Zu Inhalt und Bezug zur Dienstbotinnenfrage von *Pimpinone* vgl. Kiupel, 1995, S. 48-52 und Kiupel, 2000, S. 244-261. Kiupel; Reese; Geissler, Hamburg 2005. http://mugi.hfmt-hamburg.de/dienstmaedchen/.

[326] Scholz, 2004, S. 68.

[327] Text: Andrea Belmuro, Musik: Johann Adolf Hasse. Textb. 743 Herzog August Bibliothek Wolfenbüttel. Vgl. Marx; Schröder, 1995, S. 436.

[328] Eine Grundlage des Handels war die Gründung von Kolonien und der Sklavenhandel. Die dafür eingesetzte Gewalt wurde aber von den Beteiligten gerechtfertigt bzw. ausgeblendet.

[329] Text: Christoph Gottlieb Wendt, Musik: Georg Philipp Telemann. D-Hs 88 in MS 640/3:8. Vgl. Marx; Schröder, 1995, S. 268.

[330] Vgl. Schröder, Dorothea: «Italienbild und Italiensehnsucht im Norden: Zu einigen Bühnenbildentwürfen von Johann Oswald Harms und ihren Quellen.» In: Herr, Corinna; Seifert, Herbert; Sommer-Mathis, Andrea; Strohm, Reinhard: Italian Opera in Central Europe 1614-1780. Volume 2: Italianità: Image and Practice. 2008, S. 303-322.

³³¹ Der Bremer Hermann Post übernachtete hier auch 1717, doch sein Bericht klingt wenig einladend: «Unser logis hatten wir genommen in einen alten ziemlich verfallenen wirthshause nechst dem Ponte Rialto, al Lione Bianco genant.» Post, 1993, S. 65.

³³² Anzeige im *Hamburger Relations-Courier* vom 7. April 1718: «Es dienet hiemit zur freundlichen Nachricht/ daß in der großen St. Johannis-Strasse/ im dritten Hause vom Ecke ab/ allwo über die Thür die Worte stehen: Caffe di Milano, wiederum Eiß zu haben ist/ das Pfund a 2 Schill.» Zitiert nach Schröder, 2008, S. 320.

³³³ Anzeige im *Hamburger Relations-Courier* vom 23. April 1720: «Nachdem der bekandte Italiänische Gärtner Corsanego über Bordeaux mit allerhand schönen Orangen/ Citronen/ Jasminen Bäumen/ ingleichen Tuberosen und anderen Blumen=Zwiebeln anhero gekommen/ als dienet denen Herren Liebhabern der Gärten zur dienlichen Nachricht/ daß er damit um einen civilen Preiß in dem bekandten Austern=Keller gegen der Raths=Wage über jedermänniglich accomodiren kan.» Zitiert nach Schröder, 2008, S. 320. Außerdem berichtet sie von den Angeboten von Händlern, die italienische Luxusgüter anboten, wie Duftwässer, Terracotta-Blumenkübel, Weine, Olivenöl.

³³⁴ Schröder, 2008, S. 304. Siehe auch ihren Aufsatz: Johann Oswald Harms und die Ausmalung des Herrensaals der Hauptkirche St. Jacobi in Hamburg», in: Klodt, Olaf; Michels, Karen; Röske, Thomas; Schröder, Dorothea (Hg.): Festschrift für Fritz Jacobs zum 60. Geburtstag. Hamburg 1997, S. 223–234.

³³⁵ Der Bremer Archivar Hermann Post (1693–1762) reiste als junger Mann, zwischen 1716–1718 durch Italien. Neben alten Villen, Statuen und Inschriften faszinieren Studien erotischer Art. So berichtet er über «die geile Figur deß bedeckt stehenden Satyri, welchen das Italiänische frauenzimmer so gerne ansehen und betasten mag» in der Villa Ludovisia bei Rom (S. 96). Über Prostitution schreibt er: «In Venedig gehet keine sünde mehr im schwange, wie die Hurerey, wie dan die verheyratheten nobiles selten mit ihren frauens allein zufrieden sind, daß Sie nicht noch huren dabey halten solten» (S. 70). In Rom hat er beobachtet, dass die Prostituierten keine Freizügigkeit genießen, da sie nicht als geachtete Mitglieder der Gesellschaft gelten (S. 101). Außerdem weiß er von männlicher Homosexualität, «stummen Sünden» in höchsten kirchlichen Kreisen (S. 100), von Therapiemöglichkeiten in Venedig für Geschlechtskranke, «von der Venerischen seuche angestecket seyend» (S. 70), und er berichtet von Häusern in Rom, in denen schlecht verheiratete Frauen Schutz finden, Frühformen der Frauenhäuser. «Weiter hat man örter, wo die frauens, welche nicht wohl verheurathet sind, und mit ihren männern übel leben, angenommen werden, und alßo separiret werden. Die überschrift an diesem hauße lautet: per le donne mal maritate. L' hospital del Spirito Santo ist das aller considerableste welches bey die 100000 ß revenües jährlich hat. An der seiten dieses gebäudes ist eine kleine machine oder gegitter, welche man rund herumb drehen kann, in welcher man die kinder legt, welche die Eltern nicht ernehren

wollen, so bald man dieselbe hineingelegt, kan man mit einer dabey hangenden klocke jemand rufen, welcher dan sich erkundigt, ob daß kind schon getauft seye oder nicht» (S. 101). Zitiert nach Post, 1993.

[336] Vgl. Koldau, Linda Maria: Musikalische Botschafterinnen: Frauen als Trägerinnen eines europäischen Kulturtransfers in der Frühen Neuzeit. In: Lundt, Bea; Salewski, Michael; in Zusammenarbeit mit Timmermann, Heiner (Hg.): Frauen in Europa. Mythos und Realität. Dokumente und Schriften der Europäischen Akademie Otzenhausen, 2005, Bd. 130, S. 113–136, S. 118f.

[337] Vgl. die bürgerlichen und adligen Mädchen und Frauen, die in Klöstern Venedigs gesperrt wurden, um ihre Keuschheit zu sichern. Hunecke, Volker: Kindbett oder Kloster: Lebenswege venezianischer Patrizierinnen im 17. und 18. Jahrhundert. In: Geschichte und Gesellschaft. Lebenswege von Frauen im Ancien Régime. 18. Jahrgang 1992, Heft 4, Göttingen, S. 446–476. Hunecke untersucht die eingeschränkten Handlungsmöglichkeiten junger Frauen, die vor ihrer Verheiratung in der Regel in Klöstern abgeschottet erzogen wurden, um die Keuschheit zu bewahren. Solche Klosterkarrieren gab es zwar für die Hamburger Patriziertöchter nicht, aber auch für sie galt die Maxime, die ein Neuadliger Italiener 1685 seinem Sohn in seinen *Väterlichen Instruktionen* mitgab: «Sobald die Frauenzimmer dem jungen Kindesalter entwachsen sind, sind sie in mustergültige Klöster einzuschliessen; denn die Frau ist eine Ware, die sorgfältige Überwachung verlangt, weil sie leicht Schaden nimmt» (S. 459). Ähnliches lässt sich für den deutschen Adel beobachten, wie Anke Hufschmidt in einer Studie über Frauen des niederen Adels während der «Weser-Renaissance» darstellt. Auch hier wurden junge Mädchen und Frauen in Klöstern abgeschirmt erzogen, manche allerdings knüpften hier Kontakte zu Ehepartnern, die ihren Familien nicht unbedingt genehm waren (S. 145). Manche entschieden sich ohne familiären Zwang für ein Leben im Konvent und gegen eine Ehe. Vgl. Hufschmidt, Anke: Adelige Frauen im Weserraum zwischen 1570 und 1700: Status, Rollen, Lebenspraxis. Veröffentlichungen der Historischen Kommission für Westfalen. Münster, Aschendorff, 2001.

[338] Einen Fundus für die Opernbühne bot die *Figaro*-Trilogie von Pierre Caron de Beaumarchais. Im ersten Theaterstück *Der Barbier von Sevilla* (UA 1775) sperrt Dr. Bartolo sein Mündel Rosina ein. Er will die junge Frau ehelichen, doch Graf Lindoro, der von Rosina geliebt wird, vereitelt diese Messaliance und heiratet Rosina. Dieser Stoff wurde durch Gioacchino Rossinis Oper *Der Barbier von Sevilla* (UA 1816) weltweit erfolgreich.

[339] Ein *Pimpinone*-Nachfolger ist *La Furba, e lo Sciocco/Die Arglistige, und der Einfältige* in einem «Musicalischen Zwischen=Spiel», 1747 aufgeführt in der Gänsemarkt-Oper. D-Hs 318 in MS 639/3:22. Vgl. Marx; Schröder, 1995, S. 176. Scupoletta, ein junges Dienstmädchen, ehelicht nach Auseinandersetzungen ihren reichen, «wölfischen»

Dienstherren Lupanone. Als seine Ehefrau verkörpert sie das Klischee des Konsum begeisterten, maßlosen und zu kontrollierenden Luxus-Weibs, das nur auf seinen Vorteil achtet. Nur mit Prügel scheint sie in die Rolle eines tugendhaften Eheweibes gezwungen werden zu können, durch einen Maß haltenden, vernünftigen Ehemann. So streitet sich das Paar darüber, ob sich Galanterie, Mode und das Spiel auch für Männer schickt – sie verneint das und verwahrt sich gegen jegliche Anwendung von Gewalt: «Lup: Wann ich aber einen Tag beweisen solte, daß für ein Weib die beste Mode der Prügel sey? Scup. Was? für meinesgleichen einen Prügel, diesen Augenblick will ich mich von dir scheiden. Und verlange von dir die jenige zehen Tausend, derer ich die Obligation habe» (III, S. 29). Von der Summe (dieci milla), hier wohl als Heiratsgut in die Ehe gebracht, ist in italienischen Stücken oft die Rede, möglicherweise ein symbolischer Betrag.

[340] Es kann davon ausgegangen werden, dass ein Dienstherr sein Dienstmädchen kaum jemals ehelichte. Trotz aller Unterschiede zwischen Stadt, Land und Region gab es hier wohl einen Konsens mit den Haltungen, die Jenny Thauer in Gerichtsprotokollen aus der Altmark gefunden hat: «Nur selten heiratete ein wohlhabender Mann eine arme Magd, obwohl ‹seine Eltern nicht darin consentiren wollen›. Typischer war, dass die Familie eines Hoferben, der eine Magd geschwängert hatte, diese bedrohte, sie dergestalt zu schlagen, dass sie ‹kaum lebendig vom Hofe kommen sollte›, oder der Vater des schwängernden Mannes vor Gericht schlicht bekannte: ‹Er köndte nicht zugeben, daß sein Sohn Ursulen Cärstens zur Ehe nähme, Küh- und Schweinehirten weren genug in der Welt.›» Thauer, Jenny: Gerichtspraxis in der ländlichen Gesellschaft. Eine mikrohistorische Untersuchung am Beispiel eines altmärkischen Patrimonialgerichts um 1700. Berliner Juristische Universitätsschriften. Grundlagen des Rechts. Bd. 18, Berlin 2001.

[341] Die selbstverständliche Teilhabe von Frauen an der Öffentlichkeit, wozu auch Spaziergänge gehören, ist bis heute in patriarchalen Gesellschaften umkämpft. Auf diese vielfach tolerierte Gewalt weist jährlich am 25. November der Internationale Gedenktag «Nein zur Gewalt an Frauen» hin.

[342] Zur Darstellung von Gewalt auf der Opernbühne siehe auch Susanne Bauer-Roesch. Sie betont die «soziale Zugehörigkeit innerhalb des Opernpersonals». Operngestalten aus den unteren sozialen Schichten, «die überwiegend komische Figuren wie tölpelhafte Diener, dummschlaue Dienstmädchen, ungeschickte Boten oder schwerfällige Bauern» sind, könnten wegen ihrer «von vornherein eingeschränkter Handlungsfähigkeit nur derbe Drohungen und wüst übertriebene Beschimpfungen ausstoßen oder allenfalls in ein kleines, sicherlich mit allen – auch mimischen und gestischen – Mitteln des Grotesken auf die Bühne gebrachtes Prügelscharmützel verwickelt werden. Das Ausbleiben schwerwiegender Folgen ist typisch für diese Variante der Gewaltdarstel-

lung und kann auf eine lange Tradition zurückblicken.» Bauer-Roesch verweist auf die Interludien der Tudorzeit und das elisabethanische Volksdrama und hält «für den deutschen Sprachraum Verwandtschaftslinien zur derben Komik von entsprechenden Szenen in Fasnachtspielen oder geistlichen Dramen des späten Mittelalters (für) denkbar.» Erst in der komischen Oper würden die komischen Figuren dann handlungsfähiger. Auf den Einfluss der Commedia dell'Arte geht sie nicht ein. Bauer-Roesch, Susanne: «Zerknirschen/ zerschmeissen/ zermalmen/ zerreissen». Gewalt auf der Opernbühne des 17. Jahrhunderts. In: Meumann, Markus; Niefanger, Dirk (Hg.): Ein Schauplatz herber Angst. Wahrnehmung und Darstellung von Gewalt im 17. Jahrhundert. Göttingen 1997, S. 145–169, S. 148.

[343] Vgl. Baselt, Susanne: Pietro Pariatis Libretto *Pimpinone e Vespetta* in den Vertonungen von Tomaso Albinoni (1708) und Georg Philipp Telemann (1725) – Ein Vergleich. Diplomarbeit der Martin-Luther-Universität Halle-Wittenberg. Wissenschaftsbereich Musikwissenschaft. Halle 1990. Vgl. auch Silke Leopold im Interview, NDR 4, 30.06.1992: «Die Kammerzofen sind immer Freiwild gewesen für Männer bis in unser Jahrhundert hinein. Aber in der Oper sind die Kammerzofen gerade diejenigen, die das beste daraus machen, denn sie drehen im Intermezzo und später dann in der komischen Oper den Spieß um, sie sind keine Opfer mehr – sondern Täter, die in den blöden alten Männern ihre Opfer suchen. In den Intermezzi steigen die Dienstmädchen und Kammerzofen im Stand auf, in dem sie den alten Mann dazu bewegen, sie zu heiraten – was Männer von Stand nie tun würden. Diese Männer können sich nicht wehren gegen die Kammerzofen, die so schlau sind, verführerisch schön tun – bis sie dann verheiratet sind – und dann sieht es meistens etwas anders aus.»

[344] Meinungen über das «Haus-Creuz» sind nachzulesen im *Patrioten* und bei Thomas Lediard. Siehe auch II. Teil, 2.5.2..

[345] «Prostituiren: sich verächtlich machen»: schreibt Hunold in seinem satirischen Wörterbuch: *Der teutschen curiosité fremden Wörtern, die in Briefen und in der conversation vorkommen, von Menantes*, eine Art satirisches Fremdwörterlexikon, angehängt an den satirischen Briefsteller von Menantes: *Die allerneueste Art, höflich und galant zu schreiben oder: Auserlesene Briefe, in allen vorfallenden, auch curieusen Angelegenheiten, nützlich zu gebrauchen. Nebst einem zulänglichen Titular- und Wörter=Buch, von Menantes*. Hamburg, o.J., S. 75.

[346] In der französischen Fassung heißen die drei Hauptpersonen Pandolphe, Zerbine und Scapin – nach populären Commedia dell'Arte Figuren auf französischen Bühnen.

[347] Nach dem Original-Libretto-Druck der Hamburger Aufführung 1743: Paralleldruck ital./dt., Arienübersetzung gereimt. D-Hs 9 in A /2620. Alle weiteren Zitate stammen aus dieser Quelle.

³⁴⁸ In der deutschen Übersetzung singen nun beide, im italienischen Text nur Serpina. Ein Fehler oder Absicht des Übersetzers?

³⁴⁹ Vgl. Schläder, Jürgen, Artikel *La serva padrona*, in: Piper's Enzyklopädie des Musiktheaters, Bd. 4, München, Zürich 1991, S. 681–684.

³⁵⁰ Lorenz, 1999, S. 241. Hier berichtet sie von der Klage einer Berliner Dienstmagd aus dem Jahr 1784, gegen ihren 58-jährigen Dienstherren wegen Vergewaltigung, Defloration und Ansteckung mit einer Geschlechtskrankheit. Ihre Klage reichte sie allerdings erst ein, als ihr nach einem schlecht verheilten Arbeitsunfall gekündigt wurde. Er hatte ihr nach seinen Übergriffen versprochen: «dass es ihr Schaden nicht seyn solle», sie aber stattdessen hinausgeworfen. Sie stellte ihn darauf hin zur Rede und unterrichtete auch dessen Ehefrau. Doch er leugnete alles und die Gattin warf sie aus dem Haus. Außerdem diskreditierte er sie auch nach üblichem Muster: die Klägerin sei «eine verschmitzte leichtfertige Dirne, welche fast allen Herrschaften nachgeredet hätte, daß sie sie zur Unzucht verleiten wollen.» Der begutachtende Arzt stützte die Version des Dienstherren, der sich wegen eines Hodenbruchs lange schon von seiner Frau zurückgezogen habe und als alter gebrechlicher Mann gar nicht zu solchen Überfällen fähig sei. Außerdem hätte die gesunde kräftige junge Frau sich gegen diesen Mann wehren können – ihre Angst vor dem Dienstherrn wurde als «lächerlich» abgetan – ihre Klage abgewiesen. S. 237–241.

³⁵¹ Am 21.04.2004 bestimmten Berichte über eine junge Frau das Boulevard-TV (u.a. «Brisant»), die im Rahmen einer Ich-AG ihren Körper als Nacktmodell anbot, unter dem Motto: «lieber nackt als zum Sozialamt», was lobend kommentiert wurde. Auch der zuständige Sachbearbeiter hatte damit keine Probleme.

³⁵² Siehe den Erfolg des Films *Pretty Woman* (1990) mit Richard Gere und Julia Roberts.

³⁵³ Kloiber, Rudolf: Handbuch der Oper. 2 Bände Kassel 1985, Bd. 2, S. 602.

³⁵⁴ Kloiber, 1985, Bd. 2, S. 601.

³⁵⁵ Im Original: «she reasons with her woman's intuition», Jos van Zanden: Love or Pity? A Musical Message from Beethoven's Grandfather, in: The Beethoven Journal, 15 (San José State University, 2000), S. 52.

³⁵⁶ Vgl. Weber, Horst: Der Serva-padrona-Topos in der Oper. Komik als Spiel mit musikalischen und sozialen Normen. In: Archiv für Musikwissenschaft, Jahrgang XLV, Heft 1, 1988, S. 99.

³⁵⁷ *La Finta Cameriera* von Gaetano Latilla, La capella de' Turchini, Ltg. Antonio Florio. Aufnahme: Februar 2000, Neapel. Opus 111, OPS 30-275/276. Die resolute Gärtnerin Dorina, eigentlich eine Sopran-Partie, wird hier von einem Mann in Tenorlage gesungen; und die falsche Kammermagd Alessandra, «eigentlich» ein verliebter junger Mann namens Giocondo, ebenfalls eine Sopran-Partie, wurde verkörpert von einer Frau.

[358] Sein Name bezeichnet bis heute in Süditalien einen großen Menschen mit kleinem Kopf, also geringer Intelligenz. Er spielt an auf das Musikinstrument Colascione, ein Zupfinstrument mit lautenähnlichem Resonanzkörper, einem sehr langen Hals und einem sehr durchdringendem Ton.

[359] Zur Darstellung alter Frauen in der Bildenden Kunst, wie die damals geschätzten Porträts alter Frauen des Hamburger Künstlers Balthasar Denner: Godfried Schalcken – eine Neuerwerbung. Das Alter zwischen Allegorie und Charakterkopf. Ausstellung im Semperbau 17. Mai–30. Juni 1996. Staatliche Kunstsammlungen Dresden. Gemäldegalerie Dresden Alte Meister.

[360] Dieses Gelächter hielt an bis ins 20. Jahrhundert: «Dieses Zwischenspiel verspottet hauptsächlich die Figur der ‹alten Jungfer›, ein für die Barockzeit mit ihrem Vitalismus besonders dankbarer Gegenstand. Dabei wurde ein treffendes Charakterbild gegeben, welches in seiner psychologischen Motivierung damals etwas Neuartiges darstellte.» Wolff, 1957, S. 123. Doch erscheint die Schilderung Alga's wenig neu oder gar psychologisch, da altbekannte Bausteine des Alt-Weiber-Spottes kombiniert werden. Überhaupt bleibt Wolff's inhaltliche Analyse oberflächlich. Sachlichere Töne zum Thema schlägt Walter Hinck an: «Die Figur der heiratslustigen hässlichen Alten ist allgemeines Komödiengut.» Hinck, Walter: Das deutsche Lustspiel des 17. und 18. Jahrhunderts und die italienische Volkskomödie, Stuttgart 1965, S. 267. Lessing kreierte beispielsweise noch rund 20 Jahre später in seinem dreiaktigen Lustspiel *Die alte Jungfer* eine ähnliche Konstellation: die fünfzigjährige Jungfer Ohldin («die Alte»), eine Art weiblicher Pantalone, und die Figur des unverschämten und heruntergekommenen Capitains, eines ausgemusterten Militärs. Gegen ihre Heirat gibt es ein Komplott. Später jedoch hat sich Lessing von der *Alten Jungfer* (entstanden 1748, gedruckt 1749) distanziert: «Sie ist zu verstehen als Widerruf gegen die Sanktionierung absoluter Skrupellosigkeit in der Komödie. Der dramaturgisch erzwungene ‹glückliche› Komödienschluß, der eine Welt auseinanderstrebender Interessen nur für den Augenblick befriedet, die Empfindungslosigkeit und Grausamkeit, mit der die düpierte komische Person räuberischen Absichten ausgeliefert wird, kehren in den späteren Lustspielen nicht wieder» (S. 269). Differenziert setzt sich Elfriede Moser-Rath mit dem Spott über «alte Jungfern» auseinander. Vgl. Moser-Rath, 1984, S. 92. Es müsste genauer untersucht werden, inwieweit verächtliche Attribute in den Titeln geschlechtsspezifisch auftauchen. So lesen wir von herrschsüchtigen Kammermädchen, aber niemals von weibstollen Soldaten oder grausamen Hausvätern. Möglicherweise gehörten misogyne Werbung und Massengeschmack zusammen.

[361] Jodelet schreibt allerdings keine Liebesverse, sondern er extemporiert vor imaginären «Nymphen»: «Aria. Comet-Stern aller Lieblichkeiten, Spaar=Büchse der Volkommenheiten, Du bist so schön, als eine Wasser=Mauß! Ich werde für hefftiger

Liebe zum Gecken, Ach, gieß doch bald das Cammer=Becken, der sehnlich verlangten Gegen=Gunst aus» (I, 6).

[362] Der brandenburgische Obristleutnant Alexander Andreas von der Osten hatte 1649 beim Tanz die Oldenburger Hofjungfer Anna Catharina von und zu Fränking angesprochen und ihr einen Heiratsantrag gemacht. Vgl. Kölling, 2004.

[363] Bekannt sind Monologe von jungen Frauen, die einen Mann suchen, um endlich ihre Jungfernschaft zu verlieren, wie die Schulmeisterstochter Babia aus der Oper *Adelheid*. Die sehnsüchtige alte Jungfer Alga wirkt hingegen lächerlich.

[364] Ein beliebter Begriff, der auch von Telemann in seiner Hochzeitskantate aufgegriffen wird. Er bezeichnet die strenge Zucht, die von den Ehefrauen erwartet wird, wozu auch die nach strengen Regeln gelebte Sexualität gehört.

[365] Vgl. *Der Patriot*. Donnerstags, den 13. Juli, 1724. No. 28. Zitiert nach: Martens, Wolfgang (Hg.): *Der Patriot* nach der Originalausgabe Hamburg 1724–26 in drei Textbänden und in einem Kommentarband. Bd. 1 Berlin 1969; Bd. II Berlin 1970; Bd. III Berlin 1970, Bd. IV Berlin 1984; hier Bd. I, S. 235–240.

[366] Biedermann, 1858, S. 556.

[367] Männer setzen alles daran, sich nicht als Objekt sehen und abwerten zu lassen. Sie wollen anerkennend wahrgenommen werden, setzen dafür als «männlich» geltende Verhaltensweisen und Moden ein.

[368] Text: Christoph Gottlieb Wendt nach Paolo Antonio Rolli: *Riccardo I., Rè d'Inghilterra*. London 1727, Musik: Georg Friedrich Händel. Georg Philipp Telemann (deutsche Arien und Rezitative). D-Hs 273 in MS 639/3:19, vgl. Marx; Schröder, 1995, S. 287. Zu den Auseinandersetzungen dieses komischen Paares siehe die multimediale Präsentation auf der Internetplattform «Musik und Gender im Internet» der Hochschule für Musik und Theater Hamburg: Kiupel; Reese; Geissler, Hamburg 2005, http://mugi.hfmt-hamburg.de/dienstmaedchen/.

[369] Im Italienischen spricht sie von einem «bon marito», von einem guten Ehemann.

[370] Ital: e senza conclusione e un amore da Min - - -

[371] Bis heute wird in gewissen Milieus die Frau für das Gelingen heterosexueller Kontakte verantwortlich gemacht. Der Mann darf sein Begehren äußern, sie hingegen muss bremsen, aber auch ihre Wünsche kaschieren. Denn ihre zur Schau gestellte Tugendhaftigkeit weckt wiederum sein Begehren. Sie bestimmt, so die Vorstellung, wie weit er gehen kann. Damit wird einerseits akzeptiert, dass der Mann drängen und fordern darf, aber auch unterstellt, dass er sich durch die Abwehr der Frau zurückhalten lässt.

[372] Vgl. Chang, Sheng-Ching: Natur und Landschaft. Der Einfluß von Athanasius Kirchers *China Illustrata* auf die europäische Kunst. Berlin 2003, hier insbesondere S.

188–195. Zur Vorliebe für China, die so genannte «Chinamode» von Fürstinnen wie Sophie von Hannover und Wilhelmine von Bayreuth siehe Susanne Rode-Breymann: «Allein ihr angenehmster zeit vertreib ist die music». Musenhöfe: Zentren der Künste, Orte der Bildung. In: Kruse, Matthias; Schneider, Reinhard (Hg.): Musikpädagogik als Aufgabe. Festschrift zum 65. Geburtstag von Siegmund Helms, S. 321–333.

[373] Vgl. Chang, 2003, S. 193.

[374] Hier wird möglicherweise auf kostspielige und aufwendige Hochzeitsbräuche angespielt, die maßgeblich von Frauen vorbereitet werden.

[375] «Dirne» ist hier ein negativ belasteter Begriff und meint eine wechselhaft liebende junge Frau. In der italienischen Vorlage heißt es: «Inconstante Ragazza, ed Assasina.» Ragazza bedeutet schöne junge, heiratsfähige Frau.

[376] «Ich spühre schon im Halse/ Ein jedes Wort ersticken/ Von einem erschröcklichen/ Bestialischen, nicht von einem Fluß, sondern von der Galle, so aus dem Hertzen kommt, herrührenden Husten» (B 3).

[377] Chang, 2003, S. 16.

[378] Ital: Galantuomo tu sei cotto.

[379] Mit Frau ist hier Ehe- und Hausfrau gemeint: Una moglie a un marito.

[380] Text: Antonio Salvi, Verona 1715?, Musik: Giuseppe Maria Orlandini. D-Hs 110 in MS 640/3:10, vgl. Marx; Schröder, 1995, S. 146f. Hier auch der Hinweis auf einen weiteren Druck des Intermezzos unter dem italienischen Titel *Il marito ciocatore, e la moglie bacchettona*, Prag 1744, das in der ehemaligen Hamburger Stadtbibliothek vorhanden war. Außerdem gibt Wolff eine kurze Inhaltsangabe und Einschätzung über die Gründe für den Erfolg des Stückes, die einer kritischen Auseinandersetzung bedürfen: «Der große Erfolg dieses Textbuches kann nicht allein dadurch erklärt werden, daß hier eine gesellschaftliche Schwäche der Zeit, die Spielleidenschaft verspottet wurde. Vielmehr ist es die ganz ausgezeichnete Schilderung und Entwicklung des schwankenden Charakters der beiden Personen. Während die Charaktere der Personen in der Oper jener Zeit sonst immer in sich gleich blieben, mitsamt ihren Ansichten und Wünschen, wird in diesem Zwischenspiel gezeigt, wie die beiden Personen sich in witziger und origineller Weise überlisten und gegenseitig umstimmen; dies ist vor allem im 3. Teil bei Serpilla außergewöhnlich gut gelungen.» Wolf, 1958, S. 124.

[381] Das Spiel, ob nun Karten oder Glücksspiel, war in adligen und bürgerlichen Kreisen beliebt, aber ein Problem, da die Spielsucht Vermögen und Familien ruinierte. Auch Georg Philipp Telemanns zweite Gattin Maria Catharina geb. Textor soll am Spieltisch viel Geld verloren haben (s.o.). Spielsüchtige Frauen waren aber wohl auf der Opernbühne nicht zu sehen.

[382] Text: Giovanni Battista Locatelli, Musik: Filippo Finazzi. D-Hs 290 in MS 639/3:20. Vgl. Marx; Schröder, 1995, S. 283.

[383] Auf der Bühne agieren nur selten alkoholisierte Frauen und wenn, dann als Vertreterinnen der Unterschicht, wie z.B. Gunda, Gattin des Dieners von Hercules Siphon aus *Hercules und Theseus* (1708). Sie stürzt beim Singen eines Refrains «la la la». Die mitzechenden Gärtner tanzen um sie herum und fahren sie dann mit einer Schubkarre davon. Wolff bezeichnet sie, anders als etliche andere Trinker, als «sinnlos betrunken». Wolff, 1957, S. 152. Alkoholismus von Frauen war in Hamburg durchaus Realität, wie z.B. die Bücher des Hamburger Armenhauses belegen. Jedoch war die Trunksucht von Frauen noch weniger akzeptiert, als die von Männern.

[384] Überlegungen auch im Hinblick auf Xanthippe's Rolle als Zweitehefrau siehe bei Kiupel, 1995, S. 54f. Siehe auch das Nachwort von Bernhard Jahn zum Textdruck von *Der geduldige Socrates* (1721, 1730) Oschersleben 1998, S. 85-91, oder ders. 2001, Kapitel 6.3.3.. Die Ausgrenzung der Frau. S. 268-270 und 6.3.4. Die Ausgrenzung der Komik, S. 270-274. Doch fehlen tiefer gehende Analysen von geschlechtsspezifischen Lebenswelten und Zugängen zu Wissen und Bildung (siehe die Einleitung dieser Arbeit).

[385] Vgl. Hull, 1996, S. 176f.

[386] Zum aktiven Kreis der Gesellschaft, die auch im *Patrioten* publiziert haben dürften, zählten: Barthold Hinrich Brockes, Michael Richey, der Syndikus Johann Julius Surland, Senator Conrad Widow, Johann Albert Fabricius, der englische Kaplan in Hamburg John Thomas, der Journalist und Dichter Christian Friedrich Weichmann, der Schriftsteller und Kunsthändler Johann Adolf Hoffmann und der Jurist, Syndikus und Opernlibrettisammler Johann Klefeker, der Geistliche Michael Christoph Brandenburg. Außerdem gab es noch etliche freie Mitarbeiter und Beiträger. Doch die Frage, ob auch Frauen publizierten, wird nicht einmal gestellt von Scheibe, Jörg: *Der Patriot* (1724-1726) und sein Publikum. Untersuchungen über die Verfassergesellschaft und die Leserschaft einer Zeitschrift der frühen Aufklärung. Göppingen 1973, siehe insbesondere Kapitel 2.3. Autoren und Mitarbeiter, S. 50-59. Die Auflage erreichte eine für die damalige Zeit hohe Zahl von 5000 Exemplaren, bis 1765 wurde die Zeitschrift viermal in Buchform herausgebracht. Vgl. Klein, Jürgen: Barthold Heinrich Brockes als Politiker. In: Loose, Hans-Dieter: Barthold Heinrich Brockes (1680-1747). Dichter und Ratsherr in Hamburg. Neue Forschungen zu Persönlichkeit und Wirkung. Hamburg 1980, S. 11-43, S. 35f.

[387] Ein «weibliches» Pendant erschien vermutlich mit der Zeitschrift *Die Patriotinn*, die wohl 1724 in 6 Nummern erschien: 1. (13. Mart.)– 6. (17. Apr.), M:Za 359. Herzog August Bibliothek Wolfenbüttel. Die weibliche Herausgeberschaft war wohl fiktiv.

[388] Zum Vergleich zwischen *Die vernünfftigen Tadlerinnen* und dem *Patrioten* in Bezug auf Inhalt und Ausrichtung siehe Goodman, 1999, S. 65f und S. 74f.

[389] Siehe hierzu Brandes, Helga: Die Zeitschrift im 18. Jahrhundert und die Diskurse der Geschlechter. In: Das achtzehnte Jahrhundert. Zeitschrift der Deutschen Gesell-

schaft für die Erforschung des achtzehnten Jahrhunderts. Themenheft: Gattung und Geschlecht. Zusammengestellt von Meise, Helga; Fleig, Anne. 29. Jg., Nr. 2, Wolfenbüttel 2005, S. 179-191. Brandes erwähnt das 52. Stück, in dem sich eine «Correspondentin» unter dem Pseudonym de Rose, (sie wurde mittlerweile als Christiana Mariana von Ziegler identifiziert) gegen eine Schmähschrift wehrt, mit einem Brief: «Vertheidigung unseres Geschlechts wider die Mannspersonen in Ansehung der Fähigkeit zur Poesie», S. 183, FN 12. Leider bezieht sich Brandes nicht auf die Forschungen von Katherine R. Goodman, die Ziegler's Werk und Beitrag zur Frühaufklärung in einem Kapitel ausführlich beleuchtet: 5. The Poet Laureat: Christiane Mariane von Ziegler and Gallant Poetry. In: Goodman, 1999, S. 137-167.

[390] Goodman, 1999, S. 77.

[391] Über das Wesen und den Nutzen Oper reflektierte Michael Richey im 25. Stück vom 22. Juni 1724. Zitiert nach Martens Bd. 1, 1969, S. 210-217. Hier berichtet der fiktive junge Verwandte des Patrioten über seinen ersten Besuch im Opernhaus anlässlich einer Aufführung von Georg Philipp Telemann's Oper *Sieg der Schönheit*. Vgl. auch Martens, Bd. IV, 1984, S. 112f.

[392] In der Nr. 8 vom 24. Februar 1724 wurden rund 90 Titel wurden empfohlen: etwa 25 Bücher für Andacht und Erbauung, etwa 35 für «Wissenschaft und Belustigung» (Reisebeschreibungen, Lehrbücher über deutsche und französische Sprache und fast allen Wissensgebieten), 18 Titel zu «Klugheit (Molière, Montaigne, französische und englische Fabeln und Anstandsbücher) und 10 Werke zur Haushaltung.» Zitiert nach Martens, Bd. 1, 1969, S. 60-68. Zum Thema Leserinnen und «Lesewut»: Becker-Cantarino, Barbara: Der lange Weg zur Mündigkeit. Frauen und Literatur in Deutschland von 1500 bis 1800. München 1989, S. 170f. Und vgl. Nasse, Peter: Die Frauenzimmer-Bibliothek des Hamburger *Patrioten* von 1724. Zur weiblichen Bildung der Frühaufklärung. Stuttgarter Arbeiten zur Germanistik, Bd. 10, Stuttgart 1976.

[393] 3., 5. und 8. Stück. Martens, Bd. I, 1969 und Bd. IV 1984, S. 33f.

[394] Vgl. Bake; Reimers, 2003, S. 121.

[395] Brockes kannte nachweislich Fénelon's *Éducation des Filles* ebenso dessen *Télémaque* und auch die deutsche Version von Fénelon's naturgeschichtlich inspiriertem *Traité de l'existence de Dieu*. Diese hatte ihm der Übersetzer Johann Albert Fabricius persönlich gewidmet. Hinweis von Jürgen Rathje.

[396] Vgl. Martens, Bd. IV, 1984, S. 40f.

[397] Im *Patrioten* verkörpert die Figur der jungen Araminte ein Muster weiblicher Tugend, in Abgrenzung zu einem zu ausgeprägten höfisch-galanten Lebensstil. So sei ein wichtiges Erziehungsziel für sie, wie Martens betont, eine «vernünftige Geselligkeit, der Umgang mit tugendhaften Leuten. [...] Araminte ist nicht in fromm-einfältiger Eingezogenheit aufgewachsen, sondern gesellschaftszugewandt. Das unterscheidet

sie übrigens auch von späteren tugendhaften Mädchengestalten der Empfindsamkeit.» Martens, Bd. IV, 1984, S. 50.

[398] «[...] Wie aber, wird von mir die Laute nur verehret?/ Was führ' ich vom Clavier und Ihrer Sing-Art an?/ Weit mehr, als glaublich ist. Und was? Belisa kann/ (Wird durch die Meng' Ihr Ruhm gleich eher klein, als grösser)/ Das eine ja so gut, das andre fast noch besser.» Zitiert nach: Rathje, Jürgen (Hg. u. Komm.): Barthold Hinrich Brockes Werke. Band 1. Selbstbiographie, Verdeutschter Bethlehemitischer Kinder-Mord, Gelegenheitsgedichte, Aufsätze. Druck in Vorbereitung. «Die Laute der Belisa» ist zu finden im dort abgedruckten Sammelband «Verdeutschter Bethlehemitischer Kinder-Mord des Ritters Marino nebst des Herrn Uebersetzers eigenen Werken.» (5. Aufl. Hbg. 1742) unter «Herrn B. H. Brockes eigene Gedichte».

[399] *Der Patriot,* Martens, Bd. I, 1969, S. 60–68, S. 65.

[400] Die Hilfe der Familie betont Klein, 1980, S. 37.

[401] *Der Patriot* zitiert nach Martens, Bd. 1, 1969, S. 151–159, S. 155.

[402] *Der Patriot* zitiert nach Martens, Bd.1, 1969, S. 158.

[403] Die Hinweise auf Brockes Gedichte auf seine Töchter, die Spitzin und die Dennerin, verdanke ich Jürgen Rathje, Hamburg, der mir dazu freundlicherweise Einblicke in die Manuskripte für seine Brockes-Gesamtausgabe gewährte.

[404] «Die Beglückte Verbindung Des Wohl Ehren Vesten Vorachtbahren und wohl Fürnehmen Herrn H.: Jacob Nicolas Martens mit der Tugend-belobten Jungfer Mari-anna Brockes. Bey Ihrer Hochzeitlichen Feÿer, mit vielem Vergnügen besungen Von Der Braut Vater.» Abgedruckt vor dem «Editorischen Anhang» im letzten Textabschnitt der Ausgabe unter «Ausschließlich in Handschriften überlieferte Gedichte». In: Rathje, Jürgen (Hg. u. Komm.): Barthold Hinrich Brockes Werke. Band 1. (Druck in Vorbereitung).

[...] und welche, der Vernunft Talent,
durch viele Sprachen, fleissigs Lesen,
zu bessern, so viel sie gekönnt,
bißher beschäfftigt gewesen:
die meinen Haus-Stand auch dabeÿ
so gut, so ordentlich geführt;
daß dadurch, ich gesteh es freÿ,
ich viel Erleichterung gespühret:
Ja wovon ich noch dieß gestehen
und melden muß, daß, wie zuletzt
ich Englands Thomson übersetzt,
sie mir zuweilen zugesehen,
und daß mein Kiel, auf ihren Rath,

nicht selten was verändert hat.
[...] Doch hab ich offt dabeÿ gedacht:
Was nützt beÿ uns der Glieder Pracht?
was hilfft Belesenheit, Verstand?
man hält die Tugend selbst für Tand,
wärst du an Reitz der Venus gleich;
dir fehlt doch was: du bist nicht Reich.
Denn wer, in einer Handels Stadt,
nicht Hundert Tausend Thaler hat,
(wofern man noch damit zufrieden)
wird, von dem, welcher sie besitzt,
und der sie mehr verwahrt, als nützt;
nur kaum vom Pöbel unterschieden.

[405] Brockes' Trauergedicht über den Tod seiner Tochter Anna Ilsabe: «Gedanken über den sanften Tod der Ao. 1743 den 37 Novemb. seelig entschlafenen Frau Anna Ilsabe Prinzen, gebohrnen Brockes»: *Epicidium auf Anna Ilsabe Prinz geb. Brockes*, Hbg. 1743: Einzeldruck im Besitz des Staatsarchivs der Freien und Hansestadt Hamburg, Signatur Smbd. A 710:810, Nr. 27. Für den Hinweis danke ich Jürgen Rathje.

[406] Einige Trost-Gründe an den berühmten Herrn Denner, über das frühzeitige Absterben Seiner tugend-haften Jungfer Tochter Catharina Dennerinn.
[...] Derselben Geist ist (durch die Kunst erlernter Mahlerey, geleitet,
Um dort an einem andern Ort, wie Gottes Werk auch dort so schön,
Mit froher Andacht, anzusehn,
Und, zu der selgen Harmonie, durch ihre Ton-Kunst) zubereitet.[...]
Epicidium auf Catharina Denner, Hbg. 1744: Einzeldruck im Besitz des Landesarchivs Schleswig-Holstein in Schleswig, Signatur Abteilung 288 v. Brockes, F1II, Faszikel 5. Den Hinweis verdanke ich Jürgen Rathje.

[407] Katharina II. berichtet von etlichen Reisen mit ihrer Mutter nach Hamburg. Jene besuchte dort ihre Mutter, wie etwa im Sommer 1739. «Hier war ein Teil ihrer Familie vereinigt, nämlich ihre Schwester Prinzessin Anna, und ihre Brüder, die Prinzen August und Georg Ludwig, und sie nahm mich mit. Niemals hatte ich so viel Freiheit und Ungebundenheit wie da.» Katharina II., 1916, S. 20.

[408] Vgl. Bake; Reimers, 2003, S. 77–79.

[409] Mattheson, *Musicalischer Patriot*, 17. Betrachtung, 1728/1975, S. 141.

[410] Mattheson, *Musicalischer Patriot*, 17. Betrachtung, 1728/1975, S. 144.

[411] Brockpähler, Renate: Handbuch zur Geschichte der Barockoper in Deutschland, Emsdetten 1964. (Die Schaubühne, Quellen und Forschungen zur Theatergeschichte, Bd. 62), S. 251f.

[412] Vgl. Maul, 2009, S. 635f und Koldau, 2005, S. 514 f. und S. 1022f.

[413] Lehms, Georg Christian: *Teutschlands Galante Poetinnen* [...] Frankfurt/Main 1715, S. 89–96. Zitiert nach Koldau, 2005, S. 1022f.

[414] Zu Frauenbildern in moralischen Wochenschriften wie *Die vernünfftigen Tadlerinnen* vgl. Goodman, 1999, S. 78f.

[415] Cocalis, 1980, S. 43.

[416] Cocalis, 1980, S. 55.

[417] Vgl. Martens, Wolfgang: Botschaft der Tugend. Die Aufklärung im Spiegel der deutschen Moralischen Wochenschriften. Stuttgart 1968. Über die Welt des Kaufmanns, das Problem des Reichtums bei der Wahl der Ehepartner und seine Spiegelung in zeitgenössischer Publizistik, Literatur und Dramatik siehe insbesondere S. 314f.

[418] Diese Oper spielt während des Carnevals in Venedig. Celinde und ihr Verehrer, «ein teutscher Printz/ unter dem Nahmen Myrtenio», haben eine problematische Beziehung. Die Opernkennerin Celinde trifft den an der Liebe leidenden Myrtenio: «Ich will gleich nach der Oper hin/ Zu St. Grisostomo ein neues Stück zu hören/ Da singt die Margareth, Wie auch Pistoch und Ballarin. Du liebst ja die Music, Und die hat Polarol vor andern schön gemacht. Myrt. Ich will Princeßin dich nicht in den Vorsatz stöhren. Wenn aber/ steht = = = Cel: Die Arien, welche ich zu St. Cascian Noch gestern angehört/ gefielen mir recht wohl/ die eine ging aus dem G.mol, Und fing sich so fast an: Del Cielo d'Amor Splendete piu lieti Su questo mio cor. Das Accompagnement klung hier vortrefflich drein. Del Cielo etc. Sag/ wie gefällt sie dir? Myrt. (Sie will mein Leyden nicht verstehn!) Recht schön. Cel. Ziani hats gesetzt/ Und dieses hat mich mehr als alle Lieb ergötzt. Myrt. Sieh schönste doch mein = = = Cel. Die Gondel steht schon da. Will Prinz Myrtenio mit nach der Opera? So kann er mich begleiten. Myrt. Ich will gehorsam seyn. (Was wird mir das Glück nicht noch bereiten?)» (II, 6). In ihrer darauf folgenden «Aria en Menuet» betont Celinde, dass zwar ihre Gebärden, Reden und Minen von der Liebe reden, ihr Herz und ihre Seele aber nicht von der Liebe gefangen seien. Einige Szenen später erweist sie sich als kompetente Opernkritikerin: «Das Schauspiel war recht schön. Orchestre und Theatre wohl bestellt/ Und was mir noch absonderlich gefällt/ Sind die Tiorben zum accompagniren. Die Täntze aber/ so das Spiel noch mehr zieren/ Sind durchaus schlecht. Und dieses ist mir auch nicht recht; Die meisten klatschen bey den schlechtesten Sachen/ Und schrey'n ihr Viva! Viva ! mit den grösten Lachen.» Sie muss allerdings feststellen, dass die Herren um sie herum wahrhaft vor Liebe krank sind. Myrtenio klagt zur Seite: «(Da ist Celinde wieder/ Sie denckt auff nichts als Tantzen/ Spiel' / und Lieder.)» Celinde hingegen ist wohlauf und will, wie damals auch in Hamburg üblich, nach der Oper noch auf einen Ball – natürlich in männlicher Begleitung, und bittet Myrtenio: «Mich nach den Ball hin[zu]führen/ Der in Cornaro Hauß heut' Abend angestellt» (III, 4). In den Theatern

zu San Cassiano und San Salvatore wurden auch Komödien gespielt. Zu den Opernhäusern in Venedig siehe Wolff, 1937, S. 22.

[419] «Pimpinone: In Oper und Ballette gehen? / Vespetta: Dies thu ich nie.» Vgl. *Pimpinone*, 2. Intermezzo Nr. 14. Komplett in Kiupel; Reese; Geissler, Hamburg 2005. http://mugi.hfmt-hamburg.de/dienstmaedchen/.

[420] Meyer, 1980, Bd. 3, S. 154.

[421] Vgl. Koldau, 2005, Kapitel IV. Frauen und Musik in bürgerlichen Familien, S. 317–375.

[422] Meyer, 1980, Bd. 3, S. 155.

[423] Bemerkenswert ist der Hinweis von Reinhold über die Exklusivität der Gartenkunst Hamburger Patrizier, die nur von wenigen genossen werden konnte: «Weil ich aber in Hamburg fremde bin, Und also mir der Gärten Pracht Verschlossen, Hab ich in der Music die beste Lust genossen.» (III, 1) Meyer, 1980, Bd. 3, S. 154; vgl. auch Meyer, 1984, Bd. 4, S. 313.

[424] Siehe Einleitung.

[425] Zu theologischen und politischen Kontroversen, zu «libertin-satirischen Akten», die in privaten Zirkeln gegen einen verbohrt ernsthaften akademischen Alltag abgehalten wurden, mit Parodien, Rätseln, pornographischen oder absurden Schriften siehe Mulsow, Martin: Moderne aus dem Untergrund. Radikale Frühaufklärung in Deutschland 1680–1720. Hamburg 2002, S. 121f. Leider unternimmt Mulsow hier keine Analyse dieser Zusammenkünfte und Inhalte im Hinblick auf genderspezifische Fragen.

[426] Menantes (Christian Friedrich Hunold), *Satyrischer Roman*, 1706/1973, S. 35.

[427] Siehe Matthesons Parteinahme für die Frauen, indem er sich gegen die abwertende Bedeutung von «weibisch» wendet, in der Einleitung.

[428] Menantes (Christian Friedrich Hunold), *Satyrischer Roman*, 1706/1973, S. 38.

[429] Menantes (Christian Friedrich Hunold), *Satyrischer Roman*, 1706/1973, S. 38f.

[430] Auch noch rund 70 Jahre später in Mozarts Oper *Hochzeit des Figaro* (1786) sucht die Gärtnertochter Barbarina vergeblich eine Nadel, die sie vom Grafen Almaviva an Susanna zurückbringen soll, als Zeichen seiner Zustimmung für das nächtliche Treffen unter den Pinien – eine f-moll-Cavatina (IV, 1). Wenn Barbarina klagt: «Ach ich habe sie verloren», dann soll sich das nicht auf die Nadel, sondern auf ihre Keuschheit beziehen, denn freimütig hatte sie erzählt, dass ihr der Graf Almaviva nachstellt und für Küsse Belohnungen verspricht. Über die «z.T. aggressive moralische Verurteilung» des jungen Mädchens, die nach Meinung heutiger Autoren z.B. «mit allen Wassern gewaschen» sei, siehe Höllerer, Elisabeth: Die Hochzeit der Susanna. Hamburg 1995, S. 76f.

[431] Vgl. Kastinger Riley, Helene M.: Liebe in der Sicht der Frau des 17. Jahrhunderts. In: Daphnis Bd. 17, Heft 3, 1988, S. 441–456.

[432] Robert Nye schreibt, dass Isabel V. Hull «umfassend» dargestellt habe, «wie das deutsche Bürgertum den Sexualtrieb verherrlichte und beschützte.» FN 35, 2000, S. 43. Vgl. Hull, Isabel V.: Sexuality, State and Civil Society in Germany 1700–1815. Ithaca 1996. Doch seine Aussage ist diskussionswürdig, denn Hull zeigt Widersprüche und Diskrepanzen bei der Definition von Liebe und Sexualität auf, auch im Hinblick auf unterschiedliche Formen des Begehrens und Liebens, wie sie Männern und Frauen erlaubt waren. Nye, Robert: Die Transmission der Männlichkeiten. In: Österreichische Zeitschrift für Geschichtswissenschaft. 11. Jg. Heft 3, Wien 2000, S. 29–44.

[433] So sah z.b. der Vater von Georg Philipp Telemann, der Pastor Heinrich Telemann, eine zahlreiche Familie als einen besonderen Segen Gottes an, gemäß des Bibelspruches: «Seid fruchtbar und mehret Euch!» Von dieser Gnade sollten die so Gesegneten schriftlich berichten, ebenso wie es in der Bibel geschehen sei, also die Genealogie und Geschichte einer möglichst großen Familie aufzeichnen. An diese Aufgabe knüpft ausdrücklich sein Enkel, Georg Philipp und Anna Maria Catharina Telemanns ältester Sohn Andreas (1715–1755) an, später als Diakon in der Plöner Altstadt tätig. Vgl. Rübcke, Elisabeth: Die Autobiographie des Plöner Pastors Andreas Telemann aus dem Jahr 1745. In: Reipsch, Brit; Hobohm, Wolf (Hg.): Telemann und Bach. Telemann-Beiträge. Magdeburger Telemann-Studien XVIII. Hildesheim u.a. 2005, S. 129–143.

[434] «Er [der eheliche Geschlechtsverkehr] war der Frau als ‹Pflicht› auferlegt, dem Mann als ‹Recht› zugestanden, wurde öffentlich nicht erwähnt, außer im negativen Kontext oder in zotenhaften Bemerkungen, und erfreute sich keinerlei Beliebtheit als literarisches Sujet.» Kastinger Riley, 1988, S. 445. Maren Lorenz berichtet von Prozessen, in denen Frauen Achtung und eine gewisse sexuelle Selbstbestimmung einforderten, 1999, S. 132f.

[435] Vgl. die Lebenserinnerungen von Margarethe E. Milow (1748–1793), die zwar Jahrzehnte nach meinem Untersuchungszeitraum verfasst sind, aber auffällige Kontinuitäten von Einstellungen und Problematiken aufweisen.

[436] Private Dokumente aus der Perspektive von Frauen über diese zwar auf der Bühne thematisierten, aber letztlich tabuisierten Lebensbereiche sind erst aus späteren Jahrzehnten überliefert. Sie könnten Hinweise geben auf das Erleben ihrer Vorfahrinnen, die mit ähnlichen Konstruktionen von Geschlecht, Liebe und Sinnlichkeit aufgewachsen sind. Eindrücklich ist ein Zeugnis der Publizistin und Literatin Therese Huber geb. Heyne (1764–1829), die in erster Ehe mit Georg Forster verheiratet war. In einem selten offenen Brief an ihre Jugendfreundin Caroline Michaelis, verw. Böhmer, beschreibt sie den Horror ungewollter ehelicher Sexualität. Forster und sie hatten aus ihrer Sicht keine für sie beglückende Sexualität. Auch als sie sich mit Ludwig Ferdinand Huber, ihrem späteren zweiten Ehemann, anzufreunden beginnt, bestand Forster auf seinen eheherrlichen Rechten. «Wie ich heyrathete, war ich unschuldiger als ein Kind. Ich

ward erst vier Wochen nach meiner Hochzeit Frau, weil die Natur uns nicht zu Mann und Frau bestimmt hatte. Ich weinte in seinen Armen und fluchte der Natur, die diese Qual zur Wollust geschaffen hatte – endlich gewöhnte ich mich daran. [...] Nur Forsters Wohlstand, sein Hauswesen war meine Absicht – ihm muste ich immer, immer gut sein – er war mir theuer und werth in jeder Rücksicht, wo ich nicht sein Weib war, aber wo ich seine Sinne berührte, muste ich mit den Zähnen knirschen. Ich sah mich endlich vor eine Hündinn an, die das Männchen niederwirft – ich sah es wie die Erniedrigung der Menschheit an – ich hatte einen Grad menschenhaßender, alles Gefühl verabscheuender Bitterkeit, die seinem guten Herzen wohl meistens entging.» Zitiert nach: Hahn, Andrea; Fischer Bernhard: «Alles ...von mir!» Therese Huber (1764–1829). Schriftstellerin und Redakteurin. Marbacher Magazin 65/1993, Marbach am Neckar 1993, S. 19f.

[437] Hull, 1996, S. 45.

[438] Auszug aus *Schäferlied* in Ziegler, Christiane Mariane von: *Vermischte Schriften in gebundener und ungebundener Rede,* Göttingen 1739, S. 148.

[439] Vgl. auch die Diskussion bei Hull, 1996, S. 46f.

[440] Thomas Lediard liefert ein drastisches Beispiel für vorherrschende Konstruktionen von Sinnlichkeit, Tugend und Weiblichkeit. Nichts ist hier zu lesen von frühaufklärischen Ideen, die Männern und Frauen auch gleiche sexuelle Freiheiten gewähren würden. Im 23. Brief des *The Spy* wird die unglückliche Ehe zwischen dem alten, geldgierigen Wechsler Toccario und seiner jungen Frau Riminia geschildert, «die ihrem Alter nach seyne Enkelin seyn könnte.» Gemäß traditioneller, satirischer Erzählmuster wird ein Sittenbild entworfen, in dem die junge Frau als sexuell unbefriedigt geschildert wird und die Ehe mit einem Nachbarn, einem Baron bricht. Sie sei sexuell unersättlich und gilt den Männern als «Hure», die sich nach schweren Demütigungen durch eben diese «Galans» wieder in ihre arrangierte Ehe fügen muss. Vgl. Lediard, 1740/Lemgo 1764. S. 245–260.

[441] Text: Barthold Feind, Musik: Christoph Graupner. D-Hs 124 in MS 639/3:7. Vgl. Marx; Schröder, 1995, S. 80.

[442] Feind, Barthold, *Die allerneueste Art,* 1728, S. 416. Bellerophon bekommt erst nach dem Kampf mit «dem ungeheuren Monstro Chimaera» die Prinzessin Philonoe zur Frau, die Göttin Pallas steht ihm bei.

[443] Menantes/Neumeister, 1728, S. 416.

[444] Text: Christian Heinrich Postel nach Ovid *Metamorphosen,* Musik: Reinhard Keiser. D-Hs 72 in MS 639/3:5. Vgl. Marx; Schröder, 1995, S. 186f.

[445] In dieser erotischen Szene, die durch eine Kriegsmeldung gestört wird, erscheinen Ahnen von Octavian und der Marschallin aus Richard Strauß' Oper *Der Rosenkavalier* (1911).

⁴⁴⁶ Kapitel 127 und 128 von Petron: *Satyricon*. Übersetzt und erläutert von Harry C. Schnur, Stuttgart 1979, S. 166f.

⁴⁴⁷ Petron, *Satyricon*, 1979, Kapitel 134 enthält die Episode, in der Encolpius in einem Tempel des Priapus von einer alten Frau und einer Priesterin behandelt wird, siehe S. 178f. Hier wird das Bild, «einem Ehemann Hörner auf[zu]setzen», benutzt, nach dem Lateinischen «membrum virile, ihm ein zweites Glied anlegen». Anmerkung 5, S. 242.

⁴⁴⁸ Petron, *Satyricon*, Kapitel 130, 1979, S. 171f.

⁴⁴⁹ Petron, *Satyricon*, Kapitel 128, 1979, S. 168. Die Rezeption dieses Gedichtes von der Renaissance bis ins 17. Jh. wird auch diskutiert bei Hartle, Paul: «Fruition was the Question in Debate»: Pro and Contra the Renaissance Orgasm. In: The seventeenth Century. Vol. XVII No.1 Spring 2002. Manchester. S.79–96. S.79.

⁴⁵⁰ «Whereas on the contrary, the Males when they arm themselves, and are in all respects well apointed for Loves encounter, how strangly [sic!] doth the potent Cupid heighten their enflamed spirits, how spruce are they, how do they pride it; how vigorous, how testy are they, and prone to conflicts! But when this office and performance ceaseth: oh! how soon doth their force abate, and their late fury coole! how do they hale in all their swelling sails, and check their darings? Nay, even while this jocund Sacrifice to Venus is in season, no sooner is the act performed, but they grow tame and pusillanimous; as if it were then deep printed in their thoughts, that while they impart life to others, they are in full career to their own urnes. Onely our Cock, full fraught with seed and spirits approves himselfe the onely cheerfull lover, and with the plaudit of his wings and voice, crownes his past triumphs, and lights his wedding Torch at his own Cinders. And yet he also flags after long game, and like an Emerit souldier resignes his Commission. And so the Hens likewise, like Plants worn out, grow decayed Matrons, and fore-go their Nurseries.» Harvey, William: *Anatomical Exercitations*. London 1653, S. 277. Zitiert nach Hartle, 2002, S. 81.

⁴⁵¹ Vgl. Helga Meise's Überlegungen zu Rousseau's rund 50 Jahre später verfassten breit rezipierten Werk: *Emile oder über die Erziehung*, 1762, in: Randgänge der Pädagogik. Nr.13, 1980 Marburg. S. 101-108. Vgl. auch ausführlicher hier im «Zwischen-Halt».

⁴⁵² Vgl. Hartle, 2002, S. 83.

⁴⁵³ «Tis a glory, say they, to triumph over Modesty, Chastity, and Temperance; and whoever disswades Ladies from those Qualities, betray both them and themselves. They are to believe, that their Hearts tremble with affright, that the very sound of our Words offends the purity of their Ears, that they hate us for talking so, and only yield to our Importunity by a compulsive force. Beauty, as powerful as it is, has not wherewithal to make it self relish'd, without the Mediation of these little Arts.» Montaigne zitiert nach Hartle, 2002, S. 82f. Charles Cotton, trans. Essays of Michael Seigneur de

Montaigne, 3 Bde. London 1685-86, II, S. 452. Werke von Montaigne wurden auch im Umfeld der Opernmacher rezipiert und im *Patrioten* für die «Frauenzimmerbibliothek» empfohlen.

[454] Vgl. Hartle, 2002, S. 90.

[455] Zitiert nach Lady Montague: Reisebriefe. Deutsche Übersetzung von Ida Pappenheim, München 1927. S. 29-34.

[456] Auch in neueren Forschungsarbeiten werden diese Unterscheidungen fortgeschrieben, beispielsweise von Höllerer, Elisabeth: Die Hochzeit der Susanna. Die Frauenfiguren in Mozarts *Le nozze di Figaro*. Hamburg 1995, S. 45. Sie betont, dass Maria Theresia «die bürgerliche Ehe propagierte und auf einem gemeinsamen Ehebett bestand».

[457] Menantes (Christian Friedrich Hunold): *Die allerneueste Art, höflich und galant zu schreiben oder: Auserlesene Briefe, in allen vorfallenden, auch curieusen Angelegenheiten, nützlich zu gebrauchen. Nebst einem zulänglichen Titular- und Wörter=Buch, von Menantes*. (o.J.), Hamburg, S. 483.

[458] Zitiert nach Wolff, 1957, S. 142. Text: Christian Heinrich Postel nach Nicolò Beregani, *Il Genserico*, Venedig 1669, Musik: Johann Georg Conradi. D-Hs 48 in MS 639/3:4. Vgl. Marx; Schröder, 1995, S. 207.

[459] Vgl. Keller, Katrin: Friedrich August von Sachsen als Herrscher, Mann und Mythos. Ein Versuch über den Beinamen ‹der Starke›. In: Schmale, Wolfgang (Hg.): «MannBilder». Ein Lese- und Quellenbuch zur historischen Männerforschung. Berlin 1998, S. 79-104, S. 80.

[460] Vgl. die Lebenserinnerungen von Wilhelmine von Bayreuth, 1990, S. 106f. Sie beschreibt einen Besuch ihres Vaters und ihres Bruders Friedrich am Hof von Dresden beim König von Polen. Politische Verhandlungen wurden mit sexuellen Ausschweifungen kombiniert. Wilhelmine berichtet, dass ihr Vater sich ihnen entzog, ihr Bruder aber hier seine erste Liebe zu einer Frau lebte.

[461] Siehe die Memoiren von Katharina der Großen, deren Herausgeber Erich Boehme sich in der Einleitung zu folgender Polemik hinreißen lässt: «Als am 6./17. November 1796 ein Schlaganfall Katharina hinwegnahm, vergaß man daher wohl über dem äußeren Glanze ihrer Regierung, daß das Reich in seinem Innern ein wildes Chaos darstellte, daß die Knechtung der leibeigenen Bauern zu ihrer Zeit ihre schlimmste Höhe erreicht hatte; man übersah die Schatten, die ihre ungezügelte Sinnlichkeit auf ihr persönliches Leben werfen musste [...].» Katharina II. in ihren Memoiren. Aus dem Französischen und Russischen übersetzt und herausgegeben von Erich Boehme. Leipzig 1916. Einleitung S. XV.

[462] Um die Gründe für Anton Ulrichs literarische Gestaltung dieser Beziehung herauszuarbeiten, zieht Stefan Kraft einen Brief von Liselotte von der Pfalz heran. In

diesem vermutet diese, dass Anton Ulrich die Reputation seines Hauses nicht habe gefährden wollen. Kraft versucht der Prinzessin einen Ehebruch nachzuweisen, ohne allerdings zu problematisieren, dass sie schwer bestraft wurde, wohingegen ihr Gatte Georg Ludwig sie vernachlässigte und eine Mätresse hatte. Vgl. Kraft, Stephan: Anton Ulrich Herzog zu Braunschweig und Lüneburg, Zugabe zum Beschluß der römischen Octavia, vol. 6, Nürnberg 1707. Histoires à Clef. www.pierre-marteau.com/library/g-1707-0008.html.

[463] Text: Postel, Christian Heinrich, nach Aurelio Aureli: *Alessandro Magno in Sidone*, Venedig 1679, D-Hs 29 in MS 639/3:3, Vgl. Marx; Schröder, 1995, S. 206.

[464] Nye, 2000, S. 37.

[465] Der galante reiche «Cavalier» steht spät auf, trinkt Schokolade, liest den Talander, tanzt, lässt sich mit der Kutsche in die Oper fahren und stört dort mit französischen Redeweisen die Opernbesucherin Liesgen, schmaust und zecht und fällt dann allein ins Bett. Auch zitiert bei Haufe, o. J., S. 108f.

[466] Zitiert nach Haufe, o. J., S. 111.

[467] Vgl. Text: Christian Friedrich Hunold nach Herzog Anton Ulrich von Braunschweig-Lüneburg oder Johann Christian Knorr von Rosenroth, *Salomon*, Braunschweig 1701, Musik: Reinhard Keiser. D-Hs 106 in MS 639/3:6. Vgl. Marx; Schröder, 1995, S. 380f. Bogen A fehlt. Das Motiv «Polygamie» ist hier zentral. Salomon ist mit mindestens zwei Prinzessinnen verheiratet, und leidet ebenso wie Sokrates unter diesem Ehejoch. Zwar scheint er große sexuelle Freiheiten zu genießen, doch reagieren die Frauen mit Eifersucht und Zwietracht: «(Indem das Frauen=Zimmer weggehet/ wirfft Salomo der Bazima das Schnuptuch zu/ zum Zeichen/ daß sie mit ihm zu Bette gehen soll. Worüber Naema missvergnügt.)» (I, 11). Die Oper endet damit, dass Salomon seine Ehefrauen verlässt oder sich ihnen entzieht: «Sal. zu Nae. Und ihren Gefolge: Weg/ weg/ verführerische Zauberinnen/ Ich lasse mich hinfort nicht mehr von euch gewinnen. Ihr Stöhrerinnen meiner Ruh/ Ich schliesse Hertz und Ohr für Euch nun billig zu.» (III, 16)

[468] Jaacks, 1997, S. 76.

[469] Vgl. Martens, Wolfgang: Die Botschaft der Tugend. Die Aufklärung im Spiegel der deutschen Moralischen Wochenschriften. Stuttgart 1968. Kapitel: Galantes Wesen und Äußerlichkeit, S. 354–370. Einen knappen Überblick in die Entstehung und Auseinandersetzungen um die Galanterie und die Geselligkeit und literarische Produktion der französischen Preziösen bietet Katherine R. Goodman. Sie schildert, wie Mitte des 17. Jahrhunderts französische Aristokratinnen nach Alternativen suchten, um der zunehmenden Verrohung höfischen Lebens, und insbesondere dem unwürdigen Umgang mit Frauen entgegen zu wirken. Dabei ging es nicht unbedingt um eine Konstatierung einer Gleichartigkeit zwischen Mann und Frau, sondern um ihre Gleichwer-

tigkeit «equal but different», wie Goodman es formuliert. Das Konzept des Anstands, der Wunsch, dem anderen zu gefallen, formte das Herz dieser Kultur. Modelle dafür fanden die Preziösen in der italienischen und französischen Literatur der Renaissance. Ihren Anfang nahm diese Form der Geselligkeit im Zeichen der literarischen Bildung im Hôtel Rambouillet und beeinflusste auch bürgerliche Milieus. Die weiblichen und männlichen Preziösen kultivierten literarische Formen wie poetische Episteln, Sonette, Madrigale, Epigramme und Romane. Bedeutsam waren galante Entwürfe platonischer Liebe, raffinierte literarische Porträts und Dialoge, die es so nuanciert und innovativ in der frühen deutschen galanten Literatur kaum gegeben habe. Vgl. Goodman, 1999, S. 138f. Von ihr unerwähnt bleibt Renate Baaders Habilitationsschrift, in der die Entwicklung der Preziösen und ihre Abwehr des «code galante» nachgezeichnet werden, zugunsten eines «code tendre». Insbesondere Mlle de Scudéry und ihr Kreis hatten sich kritisch mit Leitwerten der Weiblichkeit wie Schönheit, Schicklichkeit und Bildung auseinandergesetzt, lebensweltliche Muster wie Ehe, Liebe und Freundschaft hinterfragt, die freie Gattenwahl gefordert – und Modelle der Freundschaft zwischen Mann und Frau entwickelt – ohne unbeständige Liebesleidenschaften und ohne die Ehe, die insbesondere Frauen unterdrückte und einschränkte. Vgl. Baader, 1986, S. 95f.

[470] Vgl. Borgstedt, Thomas, Solbach, Andreas (Hg.): Kommunikationsideal und Epochenschwelle. Dresden 2001.

[471] Aus Christian Thomasius Vorrede zu Balthasar Gracian's *Homme de cour, oder, Kluger Hof- und Welt Mann*, Augsburg 1711 zitiert nach Simons, 2002, im Kapitel: «Das Galante als besondere Form strategischen Handelns», S. 277–290. Simons schreibt: «Das Wort ‹galant› mag in ganz Europa zwischen 1690 und 1720 auffällig verbreitet sein. Macht man es zu einem Epochenbegriff, nimmt man sich jede Möglichkeit, die Vielfalt der Haltungen und die Konkurrenz zwischen ihnen zu beschreiben» (S. 288). Obwohl er diversen Facetten nachspürt, weicht er einer Analyse im Hinblick auf die Konstruktion von «Liebe», von «Männlichkeiten» und «Weiblichkeiten» aus.

[472] Simons, 2001, S. 279.

[473] Thomasius, 1711, * * 4v-5r, zitiert nach Simons, 2001, S. 279.

[474] Mlle de Scudéry plädiert für eine Verschmelzung des «code tendre» mit dem «honnêteté»-Ideal, Liebende sollten gleichzeitig auch Freunde zu sein. Doch die patriarchale Konvenienzehe des Ancien Régime stand in radikalem Gegensatz zum preziösen Liebeskodex. Vgl. Baader, 1986, S. 126f.

[475] Zitiert nach: Nye, 2000, S. 34. FN. 21.

[476] Vgl. Baader, Renate: Sklavin-Sirene-Königin. Die unzeitgemäße Moderne im vorrevolutionären Frankreich. In Renate Möhrmann (Hg.): Die Schauspielerin – Eine Kulturgeschichte. Frankfurt/M und Leipzig 2000. S. 68-99, S. 68f.

[477] Vgl. Goodman, 1999, S. 45.

[478] Leopold, Silke: Mozarthandbuch. Kassel 2005, S. 39.

[479] Vgl. Grotjahn, Rebecca: «Die Singstimmen scheiden sich ihrer Natur nach in zwei große Kategorien.» Die Konstruktion des Stimmgeschlechts als historisches Phänomen. In: Meine, Sabine; Hottmann, Katharina (Hg.): Puppen, Huren, Roboter. Körper der Moderne in der Musik zwischen 1900 und 1930. Schliengen 2005, S. 34–57.

[480] Vgl. Woods, Jean M.: Epitome of a «Galante Poetin». In: Daphnis, Bd. 17, Heft 3, 1988, S. 457–465. S. 458f.

[481] Vgl. Robert Nye's Auseinandersetzung mit Pierre Bourdieu: La domination masculine, Paris 1998, In: Nye, 2000, S. 29–44, S. 29.

[482] Auszüge in: Woods, 1988, S. 457. Darin heißt es u.a.: «Sie redet nichts/ Sie rede es denn mit der höchsten Billichkeit/ und dabey auf eine der angenehmsten Manieren von der Welt. Auf ihrem weisen Munde ruhen lauter Oracula, und auf den gelehrten Lippen/ alles mit der liebreichsten Arth vorzubringen/ die Holdseeligkeit der Gratien. In Assembleés ist Sie sinnreich und lustig/ in ernsthafften Begebenheiten aber auch ernsthafft und judicieux. Sie liebet die Lecture, vornehmlich nach Ihrem hohen und sinnreichen Geist eingerichteter Sachen: und setzet einen Verß auf/ der alle Welt charmiren und in Verwunderung setzen muß. Sie spielet und singet so angenehm/ daß auch die Musen selbst beschämt zurückweichen/ und ihr Angesicht verdecken.»

[483] Vgl. Woods, 1988. S. 458.

[484] Vgl. Goodmann, 1999, S. 102f. Zur Familiengeschichte siehe Wustmann, Gustav: Der Bürgermeister Romanus. In: Ders.: Quellen zur Geschichte Leipzigs. Veröffentlichungen aus dem Archiv und der Bibliothek der Stadt Leipzig. Leipzig 1895, Bd. 2, S. 263–352.

[485] Vgl. Mundus, Doris: Franz Conrad Romanus. In: Rodekamp, Volker (Hg.): LEIPZIG original. Stadtgeschichte vom Mittelalter bis zur Völkerschlacht. Katalog zur Dauerausstellung des Stadtgeschichtlichen Museums Leipzig im Alten Rathaus Teil 1. Leipzig 2006, S. 368f.

[486] Vgl. Sohl, Katrin, in: Rodekamp, 2006, S. 183.

[487] Vgl. Mundus, in: Rodekamp, 2006, S. 369.

[488] Vgl. Sohl, in: Rodekamp, 2006, S. 182.

[489] *Der ... Scudéry Scharffsinnige Unterredungen.* Eingeleitet und übersetzt von Christiane Mariane von Ziegler. Leipzig 1735.

[490] Vgl. Goodman, 1999, S. 141f.

[491] Bereits vor Gottsched's Ankunft in Leipzig lud die verwitwete Christiane Mariane von Ziegler Männer und Frauen in ihren Salon, in das elegante Romanus Haus.

(In der Prachtstraße der Innenstadt, der Katharinenstraße/ Ecke zum Brühl.) Johann Ernst Philippi, Professor in Halle erinnert an so einen Nachmittag und Abend im Jahr 1734, an dem zunächst Kaffee getrunken und Karten gespielt wurde. Darauf beim Diner wurden literarische Spiele in der Tradition der Pariser Salons der précieuses zu Wein zelebriert. In den 20er Jahren fanden hier Abendkonzerte statt, unter den Gästen wohl auch Johann Sebastian Bach, der 1723 Kantor an der Thomaskirche geworden war. 1726 wurde Ziegler's Tante, die Gattin des Ratsherrn Carl Friedrich Romanus, Patin von Johann Sebastian und Anna Magadalena Bach's Tochter Elisabeth Juliane Friederike. Vgl. Goodman, 1999, S. 106f.

[492] Vgl. Goodman, 1999, S. 137.

[493] Köhler, Cornelia Caroline: Frauengelehrsamkeit im Leipzig der Frühaufklärung. Möglichkeiten und Grenzen am Fallbeispiel des Schmähschriftenprozesses im Zusammenhang mit der Dichterkrönung Christiana Mariana von Zieglers. Leipzig, 2007, S. 200. Bemerkenswert sind die Strukturen des Spotts, die insbesondere auf ihre angeblich mangelnde Keuschheit abzielen, der Witwe Liebesverhältnisse unterstellen und sie als «Hure» diffamieren. Vgl. S.170.

[494] Vgl. Köhler, 2007, S. 64–69.

[495] Vgl. Goodman, 1999, S. 155. Hier bezieht sie sich auf Ziegler, Christiane Mariane: *Moralische und vermischte Send-Schreiben*. Leipzig 1731.

[496] Vgl. Goodman, 1999, S. 150.

[497] Vgl. Goodman, 1999, S. 148.

[498] Vgl. Reipsch, 1998, S. 7–46, S. 17.

[499] Zitiert nach Reipsch, 1998, S. 18.

[500] Vgl: Seidel, Wilhelm: Naturell-Unterricht-Fleiß. Telemanns Lebensläufe und der Geniebegriff des 18. Jahrhunderts. In: Kremer, Joachim; Hobohm, Wolf; Ruf, Wolfgang: Biographie und Kunst als historiographisches Problem. Bericht über die Internationale Wissenschaftliche Konferenz anlässlich der 16. Magdeburger Telemann-Festtage Magdeburg, 13. bis 15. März 2002, S. 90–100.

[501] Vgl. Hobohm, 1988, S. 6 und S. 26.

[502] Zu den von Telemann besuchten höfischen Festivitäten in Berlin und den Aktivitäten der Herzogin Elisabeth Sophie siehe: Pegah, Rashid-Sascha: Telemann und die Markgräfin. Anmerkungen zu einem Mißverständnis in der Autobiografie 1740. In: Kremer; Hobohm; Ruf, 2002, S. 267-273.

[503] Vgl. Einleitung zu: Johann Mattheson (1681–1764). Lebensbeschreibung des Hamburger Musikers, Schriftstellers und Diplomaten. Nach der *Grundlage einer Ehrenpforte* und den handschriftlichen Nachträgen des Verfassers herausgegeben und kommentiert von Hans Joachim Marx. Hamburg 1982, S. 24. Marx geht hier weder auf Matthesons Kontakte zu adligen Damen noch auf dessen Eheschließung ein.

[504] Johann Mattheson erinnert sich in seiner Lebensbeschreibung: «Nicht nur die vornehme und liebreiche Gesellschafft einer gewissen adelichen Dame (Freifrau von Dalwig zu Lichtenfels, H.J.M.), sondern die Ehre, mit der Gräffin Aurora von Königsmarck, zum erstenmal bekannt zu werden, genoß Mattheson den 5ten October, und ersten December 1703. Die letztere war eine ungemeine und weitberühmte Beförderin schöner Wissenschafften, von welcher er hernach sehr viel polirtes erlernet, und hohe Gnade empfangen hat. Die Gelegenheit hiezu gab ein ausserordentliches Concert, welches bey dem Grafen von Eckgh, damahligem Kaiserlichen Gesandten im Niedersächsischen Kreise, gehalten wurde, und dessen jüngste Fräulein Tochter Mattheson unterwies. Was der Umgang mit solchen Personen des schönen Geschlechts (es mögen auch übeldenckende argwöhnen, was sie wollen und lieben) einem jungen Menschen für äuserlichen und inneren Nutzen bringet, ist nicht zu beschreiben, auch hier nicht der Ort nicht dazu.» Zitiert nach: Mattheson, Lebensbeschreibung, 1982, S. 44. Vgl auch Koldau, 2005, S. 927f.

[505] Vgl auch Matthesons Dedikation an Maria Aurora Gräfin von Königsmark für seine Abhandlung: *Das Neu=Eröffnete Orchestre Oder Universelle und gründliche Anleitung/ Wie ein Galant Homme einen vollkommenen Begriff von der Hoheit und Würde der edlen Music erlangen/ seinen Gout darnach formiren/ die Terminos technicos verstehen und geschicklich von dieser vortrefflichen Wissenschaft raisonniren möge*, Hamburg 1713, facs. Darmstadt o. J. Mattheson stimmt eine galante Lobeshymne auf die Gräfin an, «bey welcher die Wahrheit und Aequanimität, ob sie gleich sonst sich fast verstecken müssen, allemahl einen freyen und vertraulichen Zutritt finden.» Er hebt ihre Liebe zur Wahrheit, verbunden mit Nachsicht und «decisive(n) Goût», ihren ausgeprägten Geschmack hervor, ihre Offenheit für «neuscheinende Opiniones». Sehr beeindruckt hat ihn auch ihre Attraktivität, die er hier als Zeichen für ihre Verdienste auf dem Gebiet der Wissenschaft und Künste sieht. Schönheit und Kunst sind hier aufs beste vereint. Er feiert sie als eine Minerva, die «rechtschaffene Virtuosen» und die «edlen musicalischen Wissenschaften» schützt, in denen sie selbst bewandert ist. Und dies «mit einem solchen Überfluß von Reitzungen und Vollkommenheiten vorzustellen Gefallen getragen, dass ein angenehmer Zweifel entstehen möchte, ob man Ihro Hochgräfl. Excell. Mehr mit Demuth=voller Liebe oder verliebter Demuth verehren solle.» Mattheson spielt hier die seriöse galante Karte, denn er preist die «grundgütige Vorsorge, hertzgewinnende Leutseeligkeit» der Gräfin. Nur ungenügend kaschiert er seinen Stolz auf die Nähe zu ihr, die Vertrautheit ihres Umganges: «welches ein Kühnerer als ich fast eine Freundschafft nennen würde.»

[506] Vgl. Klein, 1980, S. 39; vgl. Martens, (Hg.), *Der Patriot*, Bd. 1, 1969, 18. Stück, 27. April 1724, S. 149f.

[507] Leider unreflektiert im Hinblick auf Geschlechterrollen äußert sich Simons, 2001, S. 281f.

[508] «According to Waldberg, german gallant poetry also incorporated elements of a long tradition of indigenous misogynist folk literature. In his guide to writing gallant letters (1721) for instance, Benjamin Neukirch warns young men about women in general.» Goodman, 1999, S. 139. Sie bezieht sich u.a. auf Waldberg, Max von: Die Galante Lyrik. Beiträge zu ihrer Geschichte und Charakteristik. Straßburg 1885.

[509] Diese Oper wurde wohl nicht in Hamburg aufgeführt, sondern 1696 und 1698 in Weißenfels und 1709 in Leipzig. Vgl. Brockpähler, 1964, S. 258; S. 376.

[510] Menantes (Christian Friedrich Hunold): *Die verliebte und galante Welt*, Hamburg 1715, S. 39–41.

[511] Simons, 2001, S. 277. Dieses Spiel erläutert er weiter in FN 38: «Man ‹eroberte› in abgekartetem Spiel gekaufte Städte. Die Frauen durften sich als Amazonen aufführen. Dem Ausland demonstrierte man im selben Moment, daß Frankreich den Krieg nicht ernst nehmen mußte.»

[512] Zu Leserinnen und Verfasserinnen von satirischen und galanten Romanen besteht noch Forschungsbedarf. Nicht zu überzeugen vermag Simons, 2001, S. 52, S. 353, S. 370f.

[513] Zu beachten: die vorbildliche Frau im *Patrioten* hieß Aramente. Hunold zeichnet die Arismena in den zwei Fassungen des Romans unterschiedlich. In der Fassung von 1706 hat Arismena ein geheimes Freundschaftsbündnis, das sie in jungen Jahren mit einem Obrister geschlossen hat. Obwohl es sich nicht um ein Liebesbündnis handelt, hält es sie zunächst von einer Ehe mit Selander ab. Diese Verzichtskonstellation wird erst aufgelöst, als der Obrist von ihrem Eheverzicht erfährt, in den Krieg zieht und fällt, wie ihr übermittelt wird. In der zweiten, gekürzten Fassung des *Satyrischen Romans*, der 1710 auf den Markt kommt, zerstört Hunold Arismena's Ruf einer keuschen Frau.

[514] Menantes (Christian Friedrich Hunold): *Satyrischer Roman*, 1706/1973, S. 80.

[515] Menantes (Christian Friedrich Hunold): *Satyrischer Roman*, 1706/1973, S. 36.

[516] Zu Mlle de Scudéry's Roman *Clelie*, in dem sie Ideale wie die «amour pure», «code tendre» in Abgrenzung zum «code galant» diskutiert, stellt Renate Baader fest: «Ehekritik und die Furcht vor der – als schwächende Krankheit begriffenen und von der Unbeständigkeit bedrohten – Liebe verweisen die Frauen in einen Raum von erotischer Verweigerung und Unerfülltheit.» Baader, 1984, S. 130.

[517] Simons behauptet: «Das Spiel der Verliebten entfaltet im Leben bei Hofe seine Vorteile. Frauen sind fast überall anwesend. Sie selbst sind nicht mächtig, doch geschieht über sie die Gestaltung des Geflechts an persönlichen Beziehungen, auf das jeder angewiesen ist. Die *Princesse de Clèves* gab Einblick in das Spiel. Die Memoiren des Herzogs von Saint-Simon, die den Jahren von 1710–1720 breitesten Raum schenken, bieten die Steigerung. Im Handel um Ehen wird Politik gemacht. Das Spiel

der Verliebten ist die Oberfläche, unter der Europas Politik gedeiht.» Simons, 2001, S. 286.

[518] Menantes (Christian Friedrich Hunold): *Der teutschen curiosité fremden Wörtern, die in Briefen und in der conversation vorkommen, von Menantes. Ein satirisches Fremdwörterlexikon, angehängt an den satirischen Briefsteller «Die allerneueste Art, höflich und galant zu schreiben oder: Auserlesene Briefe, in allen vorfallenden, auch curieusen Angelegenheiten, nützlich zu gebrauchen. Nebst einem zulänglichen Titular- und Wörter=Buch, von Menantes.* O. J. S. 75.

[519] Es gibt etliche Beispiele für Konflikte um die «Tugend» einer Frau, in die auch Standespersonen verwickelt waren, z.B. «Satisfactiones für das Hoffräulein von Wedell, welche von einem Hamburger Bruchvogt qua liederliche Dirne tractirt» (1682), und «Anton Ulrich Herzog von Braunschweig Wolfenbüttel intercedendo für Franziska Eleonora Brand gegen den Hamb. Bruchvogt Peter Rehfeldt (1713)» , Senatsakten: contenta specialis. Staatsarchiv Hamburg, CL VII lit Me no 10 Vol 4 Fasc. 1 varia), oder die Beschimpfung der Gräfin Königsmarck als «Hure» nach der Torsperre.

[520] Alfred Urban zu den Begriffen «Unzucht» und «Hurerei»: «Wir begegneten dem Ausdruck zum ersten Mal in dem Rezeß von 1483, wo in niederdeutscher Klangfärbung von horen die Rede war, die selbst nach Verheiratung keinen Schmuck wie ehrbare Frauen tragen durften. Aber so recht scheint das Wort erst durch Luthers Bibelübersetzung in Aufnahme gekommen zu sein. Wie stark prägte es sich im ersten Korintherbrief aus.» Urban beruft sich auf das altgermanische «hora», das Kot, Sumpf bedeutet und übertragen wurde auf «geschlechtliche Sittenlosigkeit. Jedoch eine Beschränkung des Begriffs auf diejenigen, die ‹sich von der Hurerei ernähren›, kannte man jedenfalls in nachmittelalterlicher Zeit nicht. Was geschlechtlich vor sich ging außerhalb der Ehe, galt eben rundweg als ein Hurenkram und nicht weniger. Allenfalls tat man es mit dem Begriff der Unzucht ab, der vielleicht gegenüber dem der Hurerei ein etwas geringeres Gewicht gehabt hat, wenn es nicht damals überhaupt gleichbedeutende Worte gewesen sind, die man nur zur Verstärkung des Ausdrucks oft zu paaren pflegte, wie man sowieso gern die Worte doppelte.» Urban, Alfred: Die Prostitution in Hamburg zugleich Geschichte des hamburgischen Bordellwesens von den Anfängen im Mittelalter bis zur Gegenwart. Erster Teil. Vom 18. Jahrhundert bis zum Beginn des 19. Jahrhunderts. S. 1–80, Manuskript, o. J., S. 40f.

[521] Urban zitiert aus einem «Advokatsbericht» von 1701 über die Zustände des Bordellwesens in Altona, wo die Obrigkeit auch an den «Freiern» verdiente: «Huhren, wenn sie eine Zeitlang da gewesen, und mit ihren unzüchtigen Leibern vermuthlich etwas verdient haben können, werden sie zum Richter geholet, und falls sie reiche Kunden angeben, so tapfer in die Büchse blasen können, werden sie in bona pace quasi

re gesta (in gutem Frieden, sozusagen wohlverrichteter Dinge) wieder in ihre Huhren-Winkel zulauffen dimittiret, und nach einiger Zeit aus vohriger Ursach wieder gehohlet, und nach wie vor wieder mit ihnen gehandelt.» Urban, o. J. , S. 55f.

[522] Zu den Lebensbedingungen und Bestrafungen von Frauen aus den unteren Schichten siehe Bake, Rita u.a.: Trotz Fleiß kein Preis. Historischer Stadtrundgang: Arbeits- und Lebensweise von Hamburger Frauen im 18. Jh. Hamburg 1997, S. 14f.

[523] Vgl. Streng, Adolf: Geschichte der Gefängnisverwaltung in Hamburg. Hamburg 1890. S. 20. Außerdem Urban, o. J.: «Dazu muß man wissen, dass in dem Jahre, als Schuppius in Hamburg sein Amt antrat, die barbarische Strafe des Ohrabschneidens hier tatsächlich noch gegen eine Dirne vollstreckt worden war, welche nach Ausweisung und verbotener Rückkehr in die Stadt ihr unzüchtiges Gewerbe wieder aufgenommen hatte.» Schupp fordert in einer Predigt im Jahr 1656, den Ammen, für ihn «Huren», ein Ohr abzuschneiden. S. 49f.

[524] Vgl. Urban, Alfred: Staat und Prostitution in Hamburg. Hamburg 1927, S. 14.

[525] Vgl. Schönfeldt, Gustav: Beiträge zur Geschichte des Pauperismus und der Prostitution in Hamburg. Weimar 1897; Urban, 1927; und Soltau, 1989, S. 373-397.

[526] Heide Soltau sieht eine Entwicklung von der letzten Hälfte des 17. Jahrhunderts und Pastor Schupps Tiraden gegen die «Hurerei», die «Huren» und «Hurer», bis zur ersten Hälfte des 18. Jahrhunderts. Nun sei Prostitution von einem gesamtgesellschaftlich verbreiteten Übel, so Soltau, «zu einer Sache der Unterschichten geworden, und zwar der armen Frauen. Nicht zufällig spricht Klefeker in seinem Kommentar zu den Hamburgischen Gesetzen und Verfassungen von den ‚Werkzeugen' der Unzucht, was so viel heißt wie: die Prostituierten bedienen sich der Männer. Die Frauen sind die Aktiven, während die Freier nur die Verführten sind. Dazu half der Senat den angesehenen Hamburgern ‹aus der Klemme›: Der Besuch bei einer Prostituierten galt für Männer fortan als Kavaliersdelikt und wurde mit Diskretion behandelt. Das Mandat von 1732 kann also als ein erster offizieller Schritt gewertet werden, die bürgerliche Doppelmoral gleichsam offiziell zu etablieren.» Soltau, Heide: Verteufelt, verschwiegen und reglementiert. Über den Umgang der Hanseaten mit der Prostitution. In: Stephan, Inge; Winter, Hans-Gerd (Hg.): Hamburg im Zeitalter der Aufklärung. Berlin, Hamburg 1989, S. 373-397. S. 383f. Ob hier tatsächlich eine stringente Entwicklung nachweisbar ist, müssten weitere Studien zeigen, denn Schupp war eine laute, aber nicht die einzige Stimme. Zwar kritisierte Schupp auch das Verhalten der Männer, wie in einer Predigt von 1656, gegen die Sitten bei Fasten- und Feiertagen: «Mancher wird meinen, sie seyen Anlaß und Gelegenheit zu fressen, zu saufen, zu huren und zu buben, wie die Knechte und Mägde hier in Hamburg [...]». Zitiert nach Urban, o. J., S. 49. Doch kann bei ihm nicht von geschlechter-gerechten Standpauken gesprochen werden, denn er wies den Frauen eine größere Schuld bei sexuellen Verfehlungen zu. Seine Predigten

spiegelten wohl eher die Abwehr und Ratlosigkeit eines bibeltreuen Protestanten gegenüber städtischen Lebens- und Liebesweisen, anstatt reale Zustände. Schupp bezeichnete mit «Hurerei» «unzüchtigen», d.h. nichtehelichen sexuellen Umgang zwischen den Geschlechtern.

[527] «Dieses Mandat ist für die Bestrafung der Unzucht und Kuppelei in Hamburg grundlegend geblieben bis zum Inkrafttreten des hamburgischen Criminalgesetzbuchs 1869.» Urban, 1927, S. 15, FN. 41.

[528] Auch auf der Opernbühne wurden Menschen durch «Schand-Täfelchen» oder Zettel bloßgestellt, wie in *Socrates*, wo Xanthippe ein Zettel an den Rücken geheftet wird, mit der Aufschrift: Ein Fledermausgesicht (III, 7). Auf das allgemeine Gelächter reagiert Xanthippe verzweifelt mit Schlägen und Wutausbrüchen.

[529] Zitiert nach Steltzner, [V.] Theil, Abth. 2, 1739, S. 303f.

[530] Tagebuchaufzeichnungen von Christlob Mylius mitgeteilt von Guthke, Karl S.: «Hamburg im Jahre 1753 von Christlob Mylius.» In: Hamburgische Geschichts- und Heimatblätter. Herausgegeben vom Vorstand des Vereins für Hamburgische Geschichte. Bd. 9. Hamburg 1976. Heft 7. S. 157–166, S. 164.

[531] Zur Situation von Frauen aus den Unterschichten mit beschränkten Erwerbsmöglichkeiten zu Niedriglöhnen siehe Bake, 1984, insbesondere die Kapitel 1.4. Frauenarbeit außerhalb der Manufakturen und II.2. Die Armenpflege in Hamburg, S.149-156.

[532] Text: Johann Philipp Praetorius, Musik: Reinhard Keiser; 243 in MS 639/3:17. Vgl. Marx; Schröder, 1995, S. 217f.

[533] Text: Johann Philipp Praetorius, Musik: Reinhard Keiser D-Hs 251 in MS 639/3:17. Vgl. Marx; Schröder, 1995, S. 215f.

[534] Text: Christian Heinrich Postel nach Niccolò Minato: *Serse*, Venedig, 1654, Musik: Johann Philipp Förtsch. D-HS 32 in MS 639/3:3. Vgl. Marx; Schröder, 1995, S. 276.

[535] Text: G. Barlocci, Musik: Gaetano Latilla. D-Hs 297 in MS 639/3: 21. Vgl. Marx; Schröder, 1995, S. 194.

[536] «1. Zwischenspiel: Dorina, welche Blumen verkaufet, und Don Calascione mit dem Diener: Dorina: Kommt Herren, Violen/ Narcissen zu holen;/ Hyacinthen sind hier/ Mit Rosen verbunden./ Ihr habt sie an Güte/ Geruche und Blüte/ Nie schöner und frischer als diese gefunden/ Wer Lust hat, der komme und kauffe von mir./ Calasc. Der Geruch giebt mir schon zu verstehen, dass dies Dorina sey./ Dor. Man rühret kein Geld, man wendet nichts an, und ich Arme... Calasc. Beklage dich nicht, hier ist Geld und Liebe.»

[537] Text: ungesichert, nach Christian Weise *Die triumphirende Keuschheit*, 1668, Musik: Nicolaus Adam Strungk, D-Hs 24 in MS 639/3:2. Vgl. Marx; Schröder, 1995, S. 167.

[538] Vgl. Bollmann, Ulf: Das älteste Gefangenenbuch des Hamburger Spinnhauses von 1669 bis 1688. Eine sozialgeschichtliche Betrachtung aus dem Blickwinkel eines Familienforschers. In: Genealogie. Deutsche Zeitschrift für Familienkunde. Themenheft: «Justiz in der frühen Neuzeit. Bd. XXVIII/55. Jg. Oktober-Dezember 2006 Heft 14, 2006, S. 305-324, S. 309. Bis in das 18. Jahrhundert hinein wurde oftmals kein Unterschied gemacht zwischen der Einweisung in das Spinnhaus und in das Werk- und Zuchthaus, das ursprünglich für «ehrliche» Arme und Bedürftige ohne Arbeit eingerichtet worden war. Doch Bollmann weist auf eine Besonderheit hin: im Hamburger Spinnhaus wurden viele junge Frauen meist durch ihre männlichen Angehörigen eingewiesen. Die Praxis war oft willkürlich, meist ohne gerichtliche Instanz und allenfalls von einem Praetor bestätigt. Vgl. S. 315.

[539] Über die kulturellen Prozesse, die zu Kriegen führen, über «Genderdynamiken in gewaltförmigen Konflikten» wird im Gunda-Werner-Kolleg der Heinrich-Böll-Stiftung geforscht. Zwar liegt der Schwerpunkt derzeit auf aktuellen Konflikten, doch könnten die Fragestellungen und Ergebnisse auch für die historische Arbeit bedeutsam sein. Eine These lautet, dass im Vorfeld von aktuellen Kriegen männliche Geschlechtsidentitäten erschüttert worden seien, die durch Kriege hergestellt und stabilisiert werden sollen.

[540] Vgl. die Arie der Kammerzofe Despina aus Wolfgang Amadeus Mozarts komischer Oper *Cosi fan tutte* (1790): «In uomini, in soldati sperare fedelta?» (I, 9).

[541] Zum Soldatenleben siehe Pröve, Ralf: Stehendes Heer und städtische Gesellschaft im 18. Jahrhundert. Göttingen und seine Militärbevölkerung 1713-1756. München 1995. 3.Teil, 2. Kapitel: Soldaten, Frauen und Kinder, S. 100-118.

[542] Pröve, 1995, S. 110.

[543] «Zu beachten ist allerdings, dass die Grenzen zwischen gewerbsmäßigem Umgang, lockerer Freundschaft und fester Beziehung außerordentlich fließend waren. Lag verdeckte Prostitution vor, musste das noch lange nicht bedeuten, dass dieser Sachverhalt der Frau bzw. dem Mann bewusst war.» Pröve, 1995, S. 111.

[544] Den Mythos der Maitresse seziert Sybille Oßwald-Bargende am Beispiel des Werdegangs einer realen Maitresse: Christina Wilhelmina von Grävenitz (1685-1744), die Mätresse Herzog Eberhard Ludwigs von Württemberg. Hier sind Aspekte nachweisbar, die auch relevant für diese Opernhandlung sind, wie die Rivalität mit der rechtmäßigen Ehegattin oder der Mythos von der Landverderberin. Am 13. November 1707 hatte der Herzog öffentlich eingestanden, mit dem Fräulein von Grävenitz verheiratet zu sein und damit in Bigamie zu leben, denn er hatte bereits 1697 standesgemäß die badische Prinzessin Johanna Elisabetha geheiratet, offensichtlich eine arrangierte Ehe. Die Ehe mit Wilhelmina wurde annulliert, doch die Affäre nicht beendet. Um den Schein zu wahren, Wilhelmina in seiner Nähe am Hofe zu halten und ihre Stellung

zu sichern, ging sie auf eine Ehe mit dem württembergischen Landhofmeister Johann Franz Ferdinand von Würben ein. Fast ein Vierteljahrhundert spielte die Gräfin von Würben eine einflußreiche Rolle am württembergischen Hof. Sie absolvierte eine bemerkenswerte Karriere: obwohl sie aus niederem mecklenburgischem Adel stammte, wurde sie in dieser Zeit zur Reichsgräfin erhoben, und brachte mehrere Herrschaften in ihren Besitz. Entscheidend für diese Position war ihre Beziehung zum württembergischen Herzog, anders als etwa ehrgeizigen adligen Militärs oder Beratern blieb einer Frau keine andere Möglichkeit. Die Gräfin von Würben war eine der wenigen Frauen, die an den Höfen des 17. und 18. Jahrhunderts zu Einfluss und Macht kamen. Vgl. Oßwald-Bargende, Sybille: Die Mätresse, der Fürst und die Macht. Christina Wilhelmina von Grävenitz und die höfische Gesellschaft. Diss. Frankfurt/M 2000. Ebenfalls zur Situation von Maitressen in der höfischen Gesellschaft: Schultz, Uwe: Madame de Pompadour oder die Liebe an der Macht. Eine Biographie. München 2004.

[545] Text: Postel, Christian Heinrich, nach Aurelio Aureli: *Alessandro Magno in Sidone*, Venedig 1679; D-Hs 29 in MS 639/3:3. Vgl. Marx; Schröder 1995, S. 206.

[546] Menander beschrieb sie in seinem Stück *Eunuchus*, von Terenz bearbeitet um 166 v. Chr., als selbstlose Helferin und Beschützerin eines in die Sklaverei verkauften Mädchens. Sie bringt das Mädchen nicht nur den Eltern zurück, sondern konfrontiert auch ihre Vergewaltiger. Vgl. Frenzel, 1992, S. 437.

[547] Bemerkenswert ist Olsens Wertung der Thais bei ihrer kurzen Inhaltsangabe der Oper: «Die Hauptpersonen sind Alexander der Große, die verführerische Thais und das von Alexander überwundene Königspaar Eumenes und Eusonia, deren Ehe durch Thais gefährdet wird» (S. 25). Alexander's Mitverantwortung wird hier nur in Bezug auf die Königin gesehen: «Er verliebt sich gegen seinen Willen. Der innere Kampf gegen die unerwarteten Empfindungen für Eusonia bietet die notwendige Spannung, die Alexander als Person belebt.» Olsen, 1973, S. 26.

[548] Alexanders andere, durch antike Quellen überlieferte Liebe zu «Hephaeston, sein Kriegs=Obrister/ den er sehr geliebt» bleibt auf der Bühne asexuell. Hephaeston warnt ihn zunächst vor der Macht der Liebe und der Frauen, doch dann verliebt auch er sich: ausgerechnet in die Königin Eusonia (I, 10). Doch zuvor versucht er sich und Alexander zu wappnen. Als dieser ihm stolz seine Siege über Persien und Griechenland auflistet und fragt, was es denn noch zu überwinden gäbe, rät «Heph. Ja freylich ja! du wirst/ Siegreicher Fürst Noch bey den Amazonen/ Mehr als zu viel zu schaffen finden. Alex. Wir wollen ihrer auch nicht schonen/ Thalestris soll bald meine Macht verspühren/ Wo mirs nicht schimpflich ist/ mit Weibern Krieg zu führen.» In der darauf folgenden Arie präsentiert sich Alexander als gewappneter Held: 2. «Mir ist nicht unbewust/ Wie scharff das Frauenzimmer ziehlt/ Doch hat damit nur stets gespielt / Mein allzeit freye Brust/ Der lieblichen Augen holdseligstes Blicken Sol niehmals mein Hertze berücken

bestricken» (I, 7). Dass der stolze Held hier übertreibt, zeigt sich bereits in den darauf folgenden Szenen 8 und 9. Die beiden Freunde verlieben sich in die gleiche Frau, in die Königin Eusonia und müssen beide auf sie verzichten.

[549] Olsens Schilderung der Thais ist undifferenziert und schreibt ihre Denunzierung fort: «Alexanders Gegenpol Thais ist in ihrer facettierten Verworfenheit eine interessante Gestalt. Obwohl sie selbst ein Spielball der Schicksalsmächte ist («Glückes-Ball, I, 13), versucht sie wiederholt, den Lauf der Dinge selbst zu bestimmen.[...] Ein jeder Mensch ist ihr nur Mittel zum Zweck, was in ihrem Verhältnis zu Eumenes besonders deutlich wird. Ihr Hauptmittel zur Erreichung eines Zieles ist die Betörung durch sinnliche Reize. Wie eine Spinne fängt sie Männer im Netz ihrer blühenden Schönheit, die nur zum Teil von der Natur stammt. Mit Verstellung und Heuchelei treibt sie ihr Spiel. [...] Da Postel aber nicht beabsichtigte, ihr lasterhaftes Spiel mit dem Sieg zu krönen, erhält sie auch die verdiente Strafe.» Olsen, 1973, S. 27f.

[550] Bei einem unglücklichen Zusammentreffen mit Eumenes und ihrem Verehrer Cleander gibt sie dem von Eumenes wütend Fortgeschickten zu verstehen: «Cleander geh nur fort/ Wann Du im Lieben wilst das Ziel erreichen/ So bringe Geld/ und ja kein lehres Wort» (II, 10). Und auch Erindo, ihr Diener, klärt den Verehrer Cleander auf: «Doch sag ich noch waß dir schon bewust/ Daß sie nichts schenckt/ und du die Liebe kauffen must» (II, 9).

[551] Im Hinblick auf Prostitution entlarven sich Wissenschaftler aller Disziplinen. Vgl. Wolff: «Postel gab auch eine Kritik der ‹Metzen›. [...]» Allerdings zitiert er nur die 2. Strophe der Arie des Orontes. Weder erwähnt noch zitiert er Rodisbes Kritik an Männern, die die Dienste von Prostituierten in Anspruch nehmen. Stattdessen Kommentare wie: «Thais ist als eine Maitresse im Stile der Barockzeit dargestellt; sie bemüht sich vergeblich, die Gunst Alexanders des Großen zu gewinnen. Er lässt sie aus dem Lande verweisen und ihren Palast verbrennen. Auch hierin kommt deutlich die Ablehnung der höfischen Lebensformen in Hamburg zum Ausdruck.» Wolff, 1957, S. 142. Hier ist Wolff wiederum ungenau. Zwar hat kein Kaufmann geachtet mit einer Mätresse leben können, aber bürgerliche Männer brachen die Ehe und kauften als «Freier» sexuelle Dienstleitungen von Frauen (siehe II. Teil, 5.9. Abschnitt über die Kaffeehauswirtin Walther).

[552] Möglicherweise können diese gewalttätigen Strafphantasien auch als Abwehr von Schuldgefühlen gelesen werden.

[553] Eusonia tobt: «Nichtwürdiger Eumen, so must Du jetzt erfahren/ Dass sich ein Königreich Durch Tapfferkeit und nicht durch Geilheit läst bewahren?» (I, 4).

[554] 1739 war, als Mlle Clairon in Rouen auftrat, eine anonyme Schmähschrift erschienen, eine fiktive Autobiographie, die in zehn Auflagen verbreitet wurde. Edmond de Goncourt nutzte diese Vorlage für seine Biographie der Mlle Clairon, um sie als

geldgierige und sexbesessene Hetäre zu schildern. Mlle Clairon wehrt sich in ihren 1788 verfassten und 1798 in Paris veröffentlichten Memoiren und den *Réflexions sur la déclamation Théâtrale* gegen diese Unterstellungen und betonte die Ernsthaftigkeit ihrer künstlerischen Arbeit. Vgl. Baader, 2000, S. 69–99. S. 87f.

[555] Zelm, Klaus: Die Sänger der Hamburger Gänsemarktoper. In: Hamburger Jahrbuch für Musikwissenschaft 1978, Bd. 5, S. 35–73.

[556] Siehe dazu das Kapitel «Ehefrauen und Töchter in Musikerfamilien» in Koldau, 2005, S. 506–522. Sie konstatiert einen Wandel im deutschen Musikleben in der zweiten Hälfte des 17. Jahrhunderts, der Frauen zunehmend den Weg in das öffentliche Musikleben ermöglichte. Als Beispiel für diesen «gravierenden Wandel» führt sie die Familien von Heinrich Schütz und Johann Sebastian Bach an: «Während für die Ehefrau von Heinrich Schütz nur ein vereinzelter und zudem sehr genereller Beleg vorliegt, dass sie mit Musik zu tun hatte (vgl. oben, S. 509), sind sowohl Barbara als auch Anna Magdalena Bach als Sängerinnen und Instrumentalistinnen bekannt.», FN 67, Koldau, 2005, S.522. Doch möchte ich zu bedenken geben, dass Anna Magdalena Bach zwar ausgebildete Sängerin am Hof in Köthen war, jedoch dann als Ehefrau und Mutter nur noch selten konzertierte – und das wohl eher im halb-öffentlichen Rahmen. Johann Sebastian Bach hat, soviel wir wissen, seine Töchter nicht zu professionellen Sängerinnen oder Instrumentalistinnen ausgebildet, sondern blieb dem traditionellen Rollenverständnis verhaftet. Einen Überblick der überlieferten Quellen liefert Hübner, Maria: Anna Magdalena Bach. Ein Leben in Dokumenten und Bildern. Leipzig 2004. Zur Frauenbildung und Professionalisierung gebildeter Frauen äußert sich Dorothea Christiana Leporin verh. Erxleben in ihrer «Gründliche Untersuchungen der Ursachen, die das Weibliche Geschlecht vom Studiren abhalten, darin deren Unerheblichkeit gezeiget, und wie möglich, nöthig und nützlich es sey, daß dieses Geschlecht der Gelahrtheit sich befleissige», 1742 Faksimiledruck 2004. Eine entschlossene Schrift, wohl bereits Mitte der 30 Jahre verfasst, die auch mit Zitaten anerkannter Gelehrter argumentiert: «will ich lieber aus des Hrn. Paulini gelehrten Frauenzimmer p.11 folgende Worte beyfügen: Aber wie sollen wir, fragt Dorilis, zur Vollkommenheit gelangen, da man unsere Fähigkeit in der Blüthe ersticket, und zu Haus gleichsam gefangen setzet, und als wie in einem Zuchthaus zu schlechter Arbeit angewehnet? Man eilet mit uns zur Küche und Haushaltung, und manche wird gezwungen eine Martha zu werden, die doch etwa lieber Maria seyn möchte», S. 51. In Fragen geschlechtsspezifischer Scham, Sexualität und Keuschheit plädiert die Erxlebin nicht für Grenzüberschreitungen, denn alles müsse seine «rechte Ordnung» haben (S. 185), aber der Umgang mit Mannspersonen sei keineswegs verdächtig, wenn die Maßstäbe der Tugend gewahrt werden (S.184). Die Erxlebin wendet sich gegen den Ausschluss der Frauen aus öffentlichen Tätigkeiten, «öffentlichen Bedienungen», wie etwa als Professorin (S.

154f), Musikerinnen und Opernsängerinnen hat sie allerdings nicht in ihre Untersuchung einbezogen.

[557] Die spätere Herzogin von Kurland (1691), Markgräfin zu Brandenburg-Culmbach-Bayreuth (1703) und Herzogin von Sachsen-Meiningen (1714), hat mitgewirkt in Opern, Komödien, Bällen, Maskeraden etc.. Vgl. Pegah, 2002, S. 267–273.

[558] So waren z.B. Johann Gottfried Riemschneider und danach Johann Hinrich Möhring Nachfolger von Reinhard Keiser als Domkantor, vgl. Kremer, 1995, S. 98.

[559] Mattheson, *Der vollkommene Capellmeister,* 1739, S. 481.

[560] Mattheson, *Ehrenpforte,* 1740, S. 55.

[561] Vgl. Marx; Schröder, 1995, S. 443.

[562] Vgl. Mattheson, *Ehrenpforte,* 1740/1910, S. 203.

[563] Vgl. Kremer, Joachim: Johann Sebastian Bachs Erfahrungshorizont in Norddeutschland. Die Frühgeschichte des Oratoriums (1692–1710) zwischen Oper und Konzert. In: Sandberger, Wolfgang (Hg.): Bach, Lübeck und die norddeutsche Musiktradition. Bericht über das Internationale Symposon der Musikhochschule Lübeck, April 2000. Kassel u.a. 2002, S. 72–85, S. 76 u. 80.

[564] Zitiert nach Kremer, 2002, S. 76.

[565] Schauspielerinnen und Sängerinnen waren mit ähnlichen Vorurteilen konfrontiert. Vgl. Straub, Kristina: «Sexual suspects». Eighteenth-Century Players and sexual ideology. Princeton 1992. Vgl. Becker-Cantarino, 1987, V. Kapitel: Von der Prinzipalin zur Primadonna: Frauen am Theater, S. 303–340.

[566] Vgl. die Bemühungen der Neuberin, in ihrer Theatertruppe für einen allgemein anerkannten Tugendstandard zu sorgen, um somit Vorurteilen gegen den Berufsstand der Schauspieler vorzubeugen und ihn zu professionalisieren.

[567] Vgl. Rosenmüller, Max: Johann Ulrich von König. Diss. Leipzig 1896, S. 11 und 15f.

[568] Vgl. Brusniak, Friedhelm: Die Karriere der «Italiänischen Virtuosin Signora Dominichina Polon.» In: 5. Arolser Barock-Festspiele. 9.–17.Juni 1990. Programmheft. S. 11. Und http://www.sophie-drinker-institut.de/Polon.htm.

[569] Vgl. Heller, Karl: Antonio Vivaldi. Leipzig 1991.

[570] Zitiert nach Brusniak, 1990, S.11.

[571] Vgl. Neubacher, 2009, S. 432f.

[572] Vgl. Wagener, Hans, in seinem Vorwort zu Menantes, (Christian Friedrich Hunold): *Satyrischer Roman,* 1973 Faksimiledruck nach 1706, S. 16f.. Hunold hatte engen Kontakt zur Oper – auch als Autor. Zu den für die Hamburger Oper bearbeiteten Libretti gehört eine in Braunschweig aufgeführte Oper *Salomon* von Herzog Anton Ulrich von Braunschweig-Lüneburg oder Johann Christian Knorr von Rosenroth aus dem Jahr 1701 (vgl. Marx; Schröder, 1995, S. 380f.). Hunold schrieb auch das Libret-

to zu *Nebucadnezar* (1704, Reinhard Keiser; 1728, Bearbeitung von Georg Philipp Telemann.) D-HS 107 in MS 639/3:7. Das Vorbild zur Sängerin Caelia soll die Sängerin Conradi gewesen sein, die sich auch zusammen mit ihrem Bruder Captain Conradi gegen Hunold zur Wehr gesetzt haben soll (Wedel, S. 96). Der «Realitätsgehalt» des Tagebuches soll sich aus Erzählungen diverser Amanten zusammensetzen (Wedel, S. 92), siehe Wedel, Benjamin: Geheime Nachrichten und Briefe von Herrn MENANTES Leben und Schriften. Köln 1731. Hunold soll eine Beziehung mit Madame Riemenschneider eingegangen sein. Wagener's Beschreibung setzt hier ungebrochen die Tradition patriarchaler Frauenbildnerei fort: «[...] die zwar nicht so schön war wie ihre Konkurrentin, dafür aber geistreicher.» Wagener, Vorwort, (Menantes), *Satyrischer Roman*, 1706/1973, S. 16.

[573] Vgl. Marx; Schröder, 1995, S. 443.

[574] Erschreckend affirmativ ist die Perspektive, mit der Olaf Simons deutschsprachige urbane Schlüsselromane wie Menante's *Satyrischen Roman* zusammenfasst und kommentiert. Er zitiert nur die Termine vom 1. bis 7. Januar, aus dem wie er es nennt «curieusen Fundstück, das Tyrsates aus dem Besitz des Opern-Frauenzimmers bringt, das ihm bis dato den Hof machte.» Hier irrt der Verfasser, denn auch Tyrsates umwarb sie. «Mit den meisten der Einträge hat die Dame Spott für die Amanten übrig, die ihr für ein artiges ‹Nota Bene› üppige Geschenke machen. Ein Castrat muß ihr der Neugier halber am 3. März zur Verfügung stehen – zwei Nota Bene. Am 19. Januar, am 15. Februar und am 7. März hat die Dame ‹Kopf-Wehtage› – Tage, die ihr alle Eintragungen ersparen und die Leser rechnen lassen.» Simons, 2001, S. 327. Worauf sollen diese Rechenkünste hinauslaufen, um welches Tabu schreibt auch Olaf Simons herum? Vielleicht die Mensis oder Tage, an denen Caelia absolut keinen GV zuließ? Interessant, dass Simons die Opernsängerin als selbstbewusst ihre Liebhaber wählend einschätzt, hier ähnelt seine Wahrnehmung der von Menantes. Sie wird wie eine aus freien Stücken arbeitende Prostituierte geschildert.

[575] Eine Liste der Liebesverhältnisse seines Herrn Don Giovanni führt Leporello später in Wolfgang Amadeus Mozart's Oper *Don Giovanni*. Doch gehen hier die Interpretationen auseinander: Wird Don Giovanni mit den aufgelisteten 1003 Frauen aus ganz Europa als grenzüberschreitender Galan verspottet oder gefeiert?

[576] Menantes, (Christian Friedrich Hunold), 1706/1973, S. 206.

[577] Umschreibung für Dildo.

[578] Menantes, (Christian Friedrich Hunold), 1706/1973, S. 207f. Dieser «Liebes-Calender» beeindruckte offensichtlich Leser und Autoren, wie Meletaon, der um diesen Tagebuch-Fake herum eine Szene konstruiert in seinem Roman *Schau-Platz der galanten und gelährten Welt*. Nürnberg 1711, S. 318, zitiert in: Simons, 2001. S. 302f. Hier machen sich sächsische Studenten über Caelias «Liebes-Calender» lustig, der für diese

Männergesellschaft im Ratskeller gemeinschaftsstiftend ist: «Er gienge selbigen Abend auf den Raths-Keller, ein Glas Wein zu trincken, woselbst er etliche Pursche antrafe, die unterschiedliche Discurse führeten, und dann auch auf die Romaine zu reden kamen, daß manchmal in denselbigen so lustige Streiche vorfielen, absonderlich aber delectirten sie sich an den artigen Liebes-Calender in des Herrn Menantes Satyrischen Roman, über dessen Innhalt, weilen der eine ein Exemplar bey sich, sie sich sehre zerlachten und dabey auch allerhand Glossen macheten, welche hier zu erzehlen, wegen der Weitläufftigkeit, erspahret wird.»

[579] Menantes, (Christian Friedrich Hunold), 1706/1973, S. 215.
[580] Menantes, (Christian Friedrich Hunold), 1706/1973, S. 69.
[581] Menantes, (Christian Friedrich Hunold), 1706/1973, S. 67.
[582] Hunold hat sich etlicher Textsorten bedient, um Frauen, die auf Bühnen agierten, als «unzüchtig» und als Huren zu verspotten: «Der nach der Schrift eingerichtete Lebens-Lauf des Theatralischen Frauenzimmers.
Wenn man wie offt geschicht/ bey euch ins Netze fällt/
So denckt ihr an das Wort; seyd fruchtbar mehrt die Welt.
Wenn ihr den Kützel habt unreiner Lust vertrieben/
Das heist: den Nechsten so/ als wie sich selber lieben.
Ihr haltet aller Welt/ so Jung- als Alten still/
Um andern das zu thun/ was man von ihnen will.
Ihr thut es viel um Geld/ daß ihr die Wollust übet:
Weil Juda Bock und Lohn auch seiner Huren giebet.
Ihr schlucket Tag und Nacht die geilsten Pillen ein:
Der Frauen Mutter soll ja unersättlich seyn.
Wenn Euer Ehebruch dem Mann ein Horn erwirbet/
So seyd ihr Batseba, da Urias verdirbet.
Und endlich dencket ihr/ was selbst die Weißheit spricht:
Der Mensch stirbt wie das Vieh und aufferstehet auch nicht.(a)
(a) Salamo führt im 3. Capitel des Predigers Weltgesinnte Menschen so redend ein.
[...]
Wir schreiben nicht/ daß wir Euch alle tadeln wollen/
Nur daß/ die annoch schön/ nicht unrein werden sollen.»
Zitiert nach: Menantes (Christian Friedrich Hunold): *Menantes Academische Neben-Stunden allerhand neuer Gedichte/ Nebst Einer Anleitung zur vernünftigen Poesie*. Halle und Leipzig/ verlegt Johann Friedrich Zeitler. 1713, S. 106. Dem damaligen Rhetorikmodell «Frauenspott» folgend serviert Menantes zunächst Satire und scharfe, entwürdigende Kritik, um dann, wie Simons schreiben würde, «dem Frauenzimmer beizuspringen».

[583] Menantes (Christian Friedrich Hunold): *Die Manier höflich und wohl zu Reden und zu Leben, so wohl mit hohen, vornehmen Personen, seines gleichen und Frauenzimmern, als auch, wie das Frauenzimmer eine geschickte Aufführung gegen uns gebrauchen könne...* Hamburg 1710. Auszugsweise zitiert in: Chrysander, Friedrich (Hg.): *Allgemeine Musikalische Zeitung.* XV. Jg. Leipzig, Winterthur 1880, S. 787. Ein Franzose klärt dort den Opernneuling Seladon im Hamburger «Opern=Hauss» über die angeblich «freye» Lebensweise der «Operistinnen» auf. Bei seinem vorherigen Besuch eines Hoftheaters hatten ihm zwei «höfliche Hofbediente» ähnliches über eine berühmte Sängerin erzählt, die sie gern auf der Bühne und im Bett hörten und sahen: «Gleichfalls nach meinem Gusto hat sie vollkommen, was auf das Theatrum gehöret. Dem äußerlichen Ansehen nach, schertzte der eine, und sonder Zweifel, was ins B... gehört.» (AMZ, XV. Jg. 1880.) S. 771.

[584] Menantes (Christian Friedrich Hunold): *Die allerneueste Art, höflich und galant zu schreiben oder: auserlesene Briefe. In allen vorfallenden, auch curieusen Angelegenheiten, nützlich zu gebrauchen. Nebst einem zulänglichen Titular.* Hamburg o. J., S. 119f.

[585] Menantes (Christian Friedrich Hunold): *Auserlesene Briefe,* o. J., S. 122.

[586] Lamprecht, Jacob Friedrich: *Schreiben eines Schwaben an einen deutschen Freund in Petersburg von dem gegenwärtigen Zustande der Opera in Hamburg.* 1736, o. O., Neudruck 1936.

[587] Lamprecht, 1736, S. 13.

[588] Vgl. Marx; Schröder, 1995, S. 447. Erstmals trat die Kayserin 1708 in Hamburg auf, in der Oper Antiochus als komödiantische Zauberin Mirtenia.

[589] Lamprecht, 1736, S. 13.

[590] Vgl. Marx; Schröder, 1995, S. 450f.

[591] Lamprecht, 1736, S. 14.

[592] Lediard, 1764, S. 243.

[593] Frei von genderspezifischen Perspektiven ist der Vorbericht zu Georg Philipp Telemanns Oper *Emma und Eginhard* abgedruckt in: Ruhnke, Martin: Telemanns Hamburger Opern und ihre italienischen und französischen Vorbilder. In: Hamburger Jahrbuch für Musikwissenschaft. Opernsymposion 1978 in Hamburg. Laaber 1981, S. 9. Vgl. Kiupel, 1991, 5.2.: Die Frau als Oper, S. 183–189. Kiupel, Birgit: «...was ein beleidigt Weib, was Frauen-Eyfer kann». Weibliche Lebenswelten im Spiegel der Libretti von Georg Philipp Telemanns musikdramatischen Werke. In: Clostermann, Annemarie (Hg.): Streiflichter auf Georg Philipp Telemanns Hamburger Opernschaffen. Ergebnisse des Arbeitskreises Georg Philipp Telemann der Patriotischen Gesellschaft. Hamburg 1995, S. 25–60, S. 59.

[594] Zu diesen liebenden ledigen bzw. verwitweten Frauen zählt Dido in Henry Purcells erster Oper *Dido and Aeneas,* 1689 in einem Mädchenpensionat aufgeführt. Es ist

bemerkenswert, dass Didos Liebe zu Aeneas Purcell und seinem Librettisten als legitim erscheint und durch böse Mächte hintertrieben wird. Der Dido-Stoff wurde auch für die Gänsemarkt-Oper aufbereitet: *Dido, Königin von Karthago* (1707). Text: Hinrich Hinsch nach Vergil; Musik: Christoph Graupner. D-Hs 120 in MS 39/3:7. Vgl. auch *Didone* (1744, 1746). Text: ?, Musik: Paolo Scalabrini u. a. Vgl. Marx; Schröder, 1995, S. 120f.

[595] Menantes (Christian Friedrich Hunold), 1713, S. 112.

[596] Eine Beschreibung eines sexuellen Aktes in einer Loge des Leipziger Opernhauses zwischen Clelie und einem «Cavallier» ist nachzulesen bei Meletaon: *Schau=Platz der galanten und gelährten Welt* Nürnberg 1711, S. 46–48. Zitiert nach Simons, 2001, S. 314f. Ein Voyeur beobachtet in der Nachbarloge, wie eine junge Frau einen Mann wegen Impotenz beschimpft, der hingegen schnaubt: «Bist du denn gar nicht zu ersättigen?», worüber der Stuhl zerbricht und das Publikum aufschreckt. Bezeichnend wieder Simons Kommentar: «In der Nachbarloge schlummern Studenten, Landsleute der Dame, die hier fern von daheim einem einträglichen Nebenerwerb nachgeht [...].» Simons, 2001, S. 314. Es folgt keine kritische Analyse dieser Konstruktion der scheinbar unersättlichen und gut verdienenden Clelie, die im Opernhaus als Prostituierte arbeitet.

[597] Staatsarchiv Hamburg, 731-1 Handschriftensammlung Nr. 1545 (darin S. 804–808). Als «Madame Waltern» wird sie bezeichnet in der anonymen Fortsetzung der Chronik des Wenzel Janibal für den Zeitraum 1681 bis 1730. Den Hinweis auf diese Quelle verdanke ich Jakob Michelsen, Hamburg. Dieser Fall ist außergewöhnlich und wird ausführlich behandelt in einem Kommentar zu Artikel 29 «Strafe des Ehebruchs» in Teil IV des Stadtrechtes von 1605. Abgedruckt ist dieser Kommentar in: *Der Stadt Hamburg Gerichts=Ordnung und Statuta*. Herausgegeben vom Verein für Hamburgische Geschichte. Hamburg 1842. S. 544. Bedeutsam war das Delikt des Ehebruchs mit Christen und Juden, das mit Züchtigung am Pranger und zur Abschreckung anderer mit «zehnjähriger Verdammung ins Spinnhaus» geahndet werden sollte. Der Verteidiger betonte, dass der Ehemann sie wieder zu sich nehmen wolle und kritisierte das außerordentlich rigide Vorgehen gegen die Angeklagte. Ihren freieren Umgang mit Männern erklärte er mit dem Beruf einer Kaffeeschänkerin und plädierte für ihre Freilassung. Der Fiscus muss hier ein außergewöhnliches Interesse gehabt haben, die Waltherin hart zu bestrafen: «Fiscalis contradicirt per generalia, in specie der bei einer zu richterlicher Entscheidung stehenden Sache ungegründeten exeptio rei iudicatae, acceptirte, dass sie zweimal sola cum solo in verdächtigen Umständen angetroffen. Im Niedergericht ward den 11. Sept. 1726 Verfestung erkannt.»

[598] Möglicherweise fanden in Hamburger Kaffeehäusern auch Konzerte statt, wie in Leipzig im Zimmermannschen Kaffeehaus in der Katharinenstraße, mit dem von Jo-

hann Sebastian Bach geleiteten Collegium musicum. Zur Kaffeehaus-Kultur in Hamburg vgl. Griesheim, Christian Ludwig von: Verbesserte und vermehrte Auflage des Tractats: Die Stadt Hamburg. Hamburg 1760. S. 241–244.

[599] Die anonyme Fortsetzung der Chronik des Wenzel Janibal für den Zeitraum 1681 bis 1730. Staatsarchiv Hamburg, 731-1 Handschriftensammlung Nr. 1545 (darin S. 804-808).

[600] Staatsarchiv Hamburg, 731-1 Handschriftensammlung Nr. 1545 (darin S. 804–808) Die anonyme Fortsetzung der Chronik des Wenzel Janibal für den Zeitraum 1681 bis 1730.

[601] In den Akten der Gefängnisverwaltung heißt es «Bey Zeiten Johann Schwartzkopff» im Jahr 1726: «Marty 1. Margareth Elisabeth Walters auß Schleßwig, eine Hure, Alt 26 Jahr. Ihr Mann Johann Wilhelm Walters lebet annoch, sie ward vermöge E. E. Raths Conclusum vom 1. Martii wegen unzüchtigem und verdächtigen Lebens auf fünff Jahr in diß Haus zu sitzen condemnieret, doch daß dieselbe ohne E.E. Raths Consens nicht dimittiret werden solle. Sep. 21 ward sie laut E.E. Raths Urtheil vom 21. Sept. auf Dreÿ in diß Hauß zu sitzen condemnieret und von den Büttel hereingebracht.» Gefängnisverwaltung I C1 Band 3 S.153. Staatsarchiv Hamburg. Unklar ist, warum sie nicht mit ihrem Namen genannt wurde. Ihr Mann hatte doch für sie ausgesagt. Wäre sie durch ihre Namensnennung als ehrbare Frau bezeichnet?

[602] Vgl. Meumann, Markus: Findelkinder, Waisenhäuser, Kindsmord. Unversorgte Kinder in der frühneuzeitlichen Gesellschaft. München 1995. Er hat seine Untersuchung zunächst auf das Kurfürstentum Hannover konzentriert, das damals größte und politisch einflussreichste Territorium im nordwestdeutschen Raum, später dann auf die sogenannten althannoverschen Provinzen eingegrenzt. Meumanns Forschungszeitraum setzt um 1680 ein, da hier «eine deutliche Intensivierung der Reaktion auf das Problem der Kinderversorgung erkennbar ist» (S. 23). Er betont, dass allein stehende und verwahrloste Kinder zu den «auffälligsten Erscheinungen des Ancien Régime» gehören, Ende des 17. Jahrhunderts insbesondere in Frankreich, Italien, Spanien, Russland, Österreich und Deutschland, wo Kinderelend alltäglich war. Verantwortlich für diese Kinderarmut waren die «unsicheren sozialen und ökonomischen Lebensbedingungen der vorindustriellen Zeit» (S. 13). Auf Rita Bakes Forschungen bezieht er sich leider nicht.

[603] Vgl. Bake, 1992, S. 14f.

[604] Text: Christian Heinrich Postel, nach Aurelio Aureli: *Medea in Atene*, Wolfenbüttel 1686, Musik: Antonio Gianettini, D-Hs 60 in MS 639/3:4. Vgl. Marx; Schröder, 1995, S. 284.

[605] Dieses Libretto bietet Einblicke in Konstruktionen höfischer Liebes- und Ehepraktiken auch im Hinblick auf uneheliche Kinder als Folgen der ersten großen, aber

nicht erlaubten Liebe. Der unehelich geborene Königssohn Ramiro ist ein umsichtiger junger Mann, sein Halbbruder Garzias hingegen standesstolz und egoistisch, obwohl aus rechtmäßiger Ehe stammend, als Kronprinz des Königspaares Sancio und Sinilde. Sie hat mit Garzias einen schweren Mutter-Sohn-Konflikt durchzustehen und versucht vergeblich auf ihn einzuwirken. Es gibt keinen Hinweis darauf, dass Garzias der Sohn eines anderen Mannes ist. An diesem Beispiel sind Vorstellungen von «wahrer» Liebe, die zu wohlgeratenen Kindern führt, zu diskutieren.

[606] Vgl. Marx; Schröder, 1995, S. 363.

[607] Vgl. Marx; Schröder, 1995, S. 363.

[608] Mit der «Sodoms=Frucht» ist der so genannte «Sodomsapfel» gemeint, die Frucht einer Wüsten- und Steppenpflanze, die u.a. in der Nähe des Toten Meeres wächst. Nach einer Überlieferung, die auf Flavius Josephus zurückgehen soll, sieht sie von außen essbar und wohlschmeckend aus, enthält aber innen nur Staub und Asche. Dies wurde zum einen real als Zeichen Gottes interpretiert, der hiermit das Andenken an seinen Zorn über Sodom und Gomorrha verewigen wollte, in der Frühen Neuzeit aber auch häufig als Sinnbild verwendet wurde – entweder für die Nichtigkeit und Flüchtigkeit der weltlichen Freuden oder für Heuchelei. Dank an Jakob Michelsen.

[609] D-Hs 43 in MS 639/3:3.

[610] D-Hs 21 in MS 640/3:2.

[611] Vielleicht lag Haufe nur die gekürzte Fassung der Oper vor, denn auffällig ist, dass er Lesbas Arie nicht aufgenommen hat in seine Sammlung komischer Arien der Hamburger Oper, dafür aber in aller Ausführlichkeit die des «pucklichten und stammelnden Brillo», die er eine Szene später zum besten gibt: «Wol dem/ der eine Frau erlangt/» (I, 8). Eine Klage über dirigierende Frauen, auf deren Fingerzeig auch noch Sexualität erfolgt. Haufe, o. J., S. 42.

[612] Figaro, der Diener aus dem dritten Stand in Wolfgang A. Mozarts Oper *Hochzeit des Figaro* behauptet, ein Findelkind von hoher Abkunft zu sein. Es stellt sich jedoch heraus, dass er der uneheliche Sohn von der Gouvernante Marcelline und Doktor Bartolo ist, die wohl aus finanziellen Gründen nicht heiraten konnten. In Marcellina, einer reifen selbstbewussten Frau, wirkt die Figur der mannstollen Alten weiter, denn sie hatte zuvor den jungen Figaro unbedingt heiraten wollen. Ein Fall eines gerade noch abgewendeten Mutter-Sohn-Inzests, eine beliebte Schwank-Konstruktion, die aus psychohistorischer Perspektive interessant ist.

[613] Zum brutalen Vorgehen von Vater Tumernix, der seine Tochter Babia zwangsverheiraten will, vgl. Kiupel, 1995, S. 40-43.

[614] Vgl. Bake, u.a., 1997, S.14.

[615] Grolle, Inge: Bettelkinder, Findelkinder, Waisenkinder (1600-1800). Hamburg 1991, S. 22. Siehe auch Bake, Rita: Vorindustrielle Frauenerwerbsarbeit, Köln 1984.

⁶¹⁶ Solche sozialen Einrichtungen gab es europaweit und erregten auch die Aufmerksamkeit Reisender. So schreibt der Bremer Hermann Post im Jahr 1717 über Rom: «Weiter hat man örter, wo die frauens welche nicht wohl verheurathet sind, und mit ihren männern übel leben, angenommen werden, und alßo separiret werden. Die überschrift an diesem hauße lautet: per le donne mal maritate. L'hospital del Spirito Santo ist das aller considerableste welches bey die 100000 ß revenües jährlich hat. An der seiten dieses gebaüdes ist eine kleine machine oder gegitter, welche man rund herumb drehen kan, in welcher man die kinder legt, welche die Eltern nicht ernähren wollen, so bald man dieselbe hineingeleget, kan man mit einer dabey hangenden klocke jemand rufen, welcher dan sich erkundigt, ob daß kind schon getauft seye oder nicht.» Post, 1993, S. 101.

⁶¹⁷ «Die Herren Vorsteher des Waisenhauses sind der Waisenkinder ‹leibliche Väter und Mütter›». Grolle, 1991, S. 23.

⁶¹⁸ Vgl. Grolle, 1991, S. 31.

⁶¹⁹ Bereits am 26. August 1710 wurde vom Rat mit einem Mandat dagegen vorgegangen, «Demnach die Tägliche Erfahrung bezeuget, welchergestalt die heilsahme Intention des gestiffteten Torno am Waysen=Hause vielfältig gemißbrauchet wird.» Es würden nicht nur neugeborene Kinder, sondern auch ältere Kinder «auch wohl mit Gewalt hinein gepresset, ja gar, wenn sie zu groß und wohl gewachsen seyn, dabey niedergesetzet, und also dem Waysen=Hause gantz unverantwortlich aufgebürdet werden wollen.» Das belaste den Fond «zu Verhüt= und Abwendung des an denen neu=gebohrnen Kindern vielfältig von denen Raben=Eltern verübten graülichen Mordes, [...].» Steltzner, [V.] Theil, Abth. 1, 1739, S. 124f. Erneuert wurde dieses Mandat 1714, S. 382.

⁶²⁰ Grolle, 1991, S. 31.

⁶²¹ Steltzner, [V.] Theil, Abth. 2, 1739, S. 222f.

⁶²² Vgl. Klefeker, Johann, *Sammlungen der Hamburgischen Gesetze*, 5. Th. 1768, §168, S. 496f.

⁶²³ Hamburger Chronik, eine anonyme Fortsetzung der Tratziger-Chronik, S/648, Nr. 3, 1709–1721, vor Fol. 120, Commerzbibliothek Hamburg.

⁶²⁴ 1718 wird von der Hinrichtung eines Kindermörders in Amsterdam berichtet. Hamburger Chronik, eine anonyme Fortsetzung der Tratziger-Chronik, S/648, Nr. 3, 1709–1721, Fol. 120. Commerzbibliothek Hamburg. Steltzner berichtet 1736 über einen «Karn=Schieber, auf dem Brauer=Knecht=Graben», wohl ein geistig verwirrter Mann, «dieser schneidet, in Abwesenheit seiner Frauen, seinem jüngsten Knaben den Halß ab. Nachdem er die That vollbracht hatt, gehet Er auf den Boden und weinet bitterlich.» Steltzner, [V.] Theil, Abth. 2, 1739, S. 698.

⁶²⁵ Corinna Herr hat den Einfluss des Stückes *Medea* von Euripides in *Medea*-Opern von J.-B. Lully, M.-A. Charpentier, G. F. Händel, J.-F. Salomon, J.C. Vogel, L. Cherubini, J. S. Mayr und R. Liebermann untersucht. (Die Medea-Opern der Hamburger Gän-

semarkt-Oper hat sie nicht in ihre Untersuchung einbezogen.) Hilfreich ist ihr Hinweis auf Thesen von Johannes R. Gascard: Euripides habe mit seiner *Medea* das Ergebnis der griechischen Frauenbewegung des 4. bis 2. Jh. v. Chr. vorweggenommen, ab dem 4. Jh. habe es Frauen wie Medea gegeben, «die die patriarchale Weibchen- und Mutterrolle offen ablehnten», S. 223, in Herr, Corinna: Medeas Zorn. Eine ‹starke Frau› in Opern des 17. und 18. Jahrhunderts. Herbolzheim 2000.

[626] Text: Friedrich Bressand nach Corneille, Musik: Johann Sigismund Kusser. D-Hs 69 in MS 639/3:5. Vgl. Marx; Schröder, 1995, S. 388f. Textanalyse bei Olsen, 1973, S. 145–149. Im Vorbericht wird auf eine frühere Aufführung der Oper in Braunschweig und die in der Hamburger Fassung vorgenommenen Änderungen in der Textfassung hingewiesen.

[627] Text: Gottlieb Fiedler nach Ortensio Mauro *Le rivali concordi,* Hannover 1692, Musik: Agostino Steffani, D-Hs 76 in MS 639/3:, Vgl. Marx; Schröder, 1995, S. 399.

[628] Text: Georg Caspar Schürmann, Braunschweig 1708 nach Flaminio Parisetti: *Giasone overò Il Conquesto del vello d'oro,* Braunschweig 1707, Musik: Georg Caspar Schürmann und andere. D-Hs 165 in MS 639/3:10. Vgl. Marx; Schröder, 1995, S. 251. Siehe dort den Hinweis, dass am 08.09.1721. eine Opernvorstellung zu Ehren des Kronprinzen von Dänemark und seiner Gemahlin stattfand.

[629] Vgl. Corinna Herrs Diskussion in Kapitel 4.1.: Anthropologische und soziohistorische Aspekte des Kindsmords in: Herr, 2000, S. 222–242.

[630] Vgl. Ranke-Graves, Robert: Griechische Mythologie. Reinbek bei Hamburg,1992/1960, Kapitel 122: Der Wahnsinn des Herakles. S. 425–428.

[631] Text: Christian Heinrich Postel nach Euripides, Musik: Reinhard Keiser. D-Hs 81 in MS 639/3:5. Vg. Marx; Schröder, 1995, S. 418f.

[632] Vgl. Olsen, 1973, S.170f.

[633] Vgl. Norton, Mary Beth: «In the Devil's Snare»: The Salem Witchcraft Crisis of 1692. New York, 2002.

[634] Vgl. Rogge, 2001, S. 40.

[635] «Wenn ein christlicher Mann oder Frau, der/ die ungläubig ist und mit Zauberei oder mit Vergiftung umgeht und auf frischer Tat ertappt wird, den/ die soll man auf dem Scheiterhaufen verbrennen.» Nach den Hamburger Stadtrechtfassungen von 1270 XII, 8; 1301, P, 8 und 1497 O, 19, zitiert nach Rogge, 2001, S. 35.

[636] Vgl. Rogge, 2001, S. 31.

[637] Vgl. Rogge, 2001, S. 40.

[638] Rogge, 2001, S. 40.

[639] Vgl. den Kommentar von Ariane Knuth, in: Otto Beneke: Hamburgische Geschichten und Sagen. Neu ediert und mit Erläuterungen versehen von Ariane Knuth, Bremen 1999, S. 517.

[640] Vgl. Knuth, 1999, S. 517.

[641] Mehrere Traktate über das Hexenwesen waren erhältlich. Der Pastor Peter Goldschmidt attackierte 1705 in einem Traktat die Gegner des Hexen- und Teufelsglaubens. Bildnerische Arbeiten vermittelten Vorstellungen von Hexen und Zauberei, beispielsweise von Diederich Lemkus, der 1693 das Kupferstich-Titelblatt für ein Traktat über Hexen schuf, zu Nicolaus Remigius *Daemonolatria* (Teufelsdienerin) mit dem Untertitel: «Beschreibung Teüffelischer Zauber= u. Hexen=Possen. 1. Theil.» Eine barbusige alte Hexe zieht mit einer Rute in der rechten Hand einen Zauberkreis, in der linken hält sie ein Buch. Außerdem im Bild Teufel, fliegende Hexen und etliche magische Utensilien wie Totenköpfe, Schlangen und Eulen. Abb. Roggen, 2001, S. 39. Katherine R. Goodman weist darauf hin, wie verbreitet der Hexenglaube unter Intellektuellen war. Christian Thomasius (1655-1728) 1701 erschienenes Werk *De Crimine Magiae* war eine Argumentationshilfe für die Gegner der Hexenverfolgung. Vgl. Goodman, 1999, S. 28.

[642] Vgl. Lorenz, 1999, S. 400.

[643] Anregend sind die Überlegungen von Monika Mommertz zu imaginativer und physischer Gewalt. Sie plädiert für eine Gewaltforschung, die die Trennungslinie zwischen «real» und «imaginiert» neu hinterfragt, wie etwa Hexerei und Zauberei. Sie beschreibt, wie Anfang des 18. Jh.'s Menschen unterschiedlichster Herkunft und Bildung in einer mit «unzähligen gewaltfähigen, nicht menschlichen Kräften und Wesen belebten und bevölkerten Welt» lebten. Diese Gewalterfahrungen müssten genauer untersucht werden. Vgl. Mommertz, Monika: «Imaginative Gewalt» – praxe(m)ologische Überlegungen zu einer vernachlässigten Gewaltform. In: Ulbrich, Claudia; Jarzebowski, Claudia; Hochkamp, Michaela: Gewalt in der Frühen Neuzeit. Beiträge zur 5. Tagung der Arbeitsgemeinschaft Frühe Neuzeit im VHD., Berlin 2005, S. 343-357.

[644] Herr, Corinna: Zauberin als Opernfigur. Kontexte und Interpretationen in Georg Friedrich Händels Teseo und Reinhard Keisers *Fredegunda*. In: Dubowy, Norbert; Herr, Corinna; Zórawska-Witkowska, Alina (Hg.): Italian Opera in Central Europe. 1618-1780. Bd. 3: Opera subjects and European Relationships. Berlin 2007, S. 17–42, S. 24.

[645] Feustking, Johann Heinrich: *Gynaeceum Haeretico Fanaticum, Oder Historie und Beschreibung Der falschen Phrophetinnen/ Quäckerinnen/ Schwärmerinnen/ und andern sectirischen und begeisterten Weibes=Personen* (1704). Gössmann, Elisabeth (Hg.), München 1998. Archiv für philosophie- und theologiegeschichtliche Frauenforschung, Bd. 7.

[646] Den Fall ausgelotet hat Michelsen, Jakob: Von Kaufleuten, Waisenknaben und Frauen in Männerkleidern. Sodomie im Hamburg des 18. Jahrhunderts. In: Zeitschrift für Sexualforschung. Jg. 9, (1996) Heft 3, 1996, S. 205-237. Ilsabe Bunck ist nicht wegen

Zauberei hingerichtet worden, sondern wegen Mordes und Überschreitens der heterosexuellen Norm, denn sie hatte einen Dildo benutzt und eine Frau geheiratet.

[647] Vgl. Wolff, Hellmuth Christian: Die venezianische Oper, 1937, S. 76. Er weist auf groteske Geister-Komik hin wie in Giovanni Legrenzis Oper *Totila* (1677), in der Beschwörungs- und Todesszenen parodiert werden.

[648] Steltzner berichtet, wie 1728 ein «Barbier=Geselle» namens Fehrdten aus Wismar als Gespenst auftrat. In einem langen weißen «Sterbe=Hemde», einer langen weißen «Paruque» und weißen Strümpfen ging er vor dem Haus der Frau Overbeck am Wandrahm auf und ab, verkleidet als Geist ihres verstorbenen Ehemannes und rief: «Ich bin des Overbecks Geist!» Er forderte Geld, wurde aber bald enttarnt, auch Dank der Nachtwache. Vgl. Steltzner [V.] Theil, Abth. 2, 1739, S. 122f.

[649] Diese Szene ist bei der Aufführung der Hamburgischen Staatsoper 2004 gestrichen worden. Premiere: 22.02.2004.

[650] Hier ist der Topf, erfüllt mit Todten=Bein,
Dis wird der Circul seyn,
Und da ist der Crystallen=Stein.
Izt kömmt das Buch,
Hier folgt ein Stücke Tuch
Vom Galgen abgerissen
Laßt sehn, ich will den Circul schließen.

[651] Messieurs, verlasset mich!
Das ist der rechte Titul nicht.
Ehrbare Meister und Gesellen
In der Gespenster Zunfft/
Mit Gunst/ dass ich darff Abtritt nehmen?
Verzieht biß meiner Wiederkunfft.
Vielleicht ist ihr Staat noch höher eingericht?
[...] (Tantz von Geistern.) (II, 12)

[652] Priester und Priesterinnen, die heidnische Riten durchführten, boten Erfahrungsräume, die Thema einer gesonderten Untersuchung sein werden.

[653] Zum Bild der Hexe als «Männlichkeitsdiebin» vgl. Gersmann, Gudrun: «Ans Gemächt gegriffen.» Zur Archäologie eines männlichen Umgangs mit der Hexe. In: Schmale, Wolfgang (Hg). MannBilder. Berlin 1999, S. 155–181. Gersmann analysiert einen komplizierten Fall: 1705 wird im westfälischen Westerholt gegen die etwa 35 Jahre alte Magd Anna Spiekermann wegen «Zauberey» vorgegangen. Außerdem soll sie einem Nachbarn «seine manligkeit» weggehext haben. Die Magd hatte dem alten Vater Krampe «heimgeleuchtet», in dessen Haus seinen Sohn Johann angetroffen, der zudringlich geworden sei. Als Gegenwehr habe sie so kräftig an sein «gemächt griffen», das da-

raufhin «ganz entkraftet» sei. Nachdem sie unter der «peinlichen Frage» ein Geständnis abgelegt hatte, wurde sie am 7. Januar 1706 wegen «Zauberey und dadurch an Menschen und Vieh verübten Schadens» zum Tode durch das Schwert verurteilt, aufgrund der politischen Dimensionen dieses Prozesses wurde sie erst am 31. Juli Jahres 1706 enthauptet. Vgl. S. 162.

[654] Colvin, Sarah: The classical witch and the christian martyr: two ideas of woman in Hamburg Baroque Opera libretti. In: German Life and Letters 46 (1993) S. 193–202.

[655] Text: Johann Ulrich König nach Francesco Silvani: *La Fredegonda*, Venedig 1704, Musik: Reinhard Keiser. D-Hs 114a (143 in MS 639/3:9). Vgl. Marx; Schröder, 1995, S. 171f. Faksimile-Druck dieser Fassung siehe Meyer, Bd. 2, 1980, S. 517–574 und Bd. 4, 1984, S. 285–291.

[656] Corinna Herr untersucht die Unterschiede zwischen Händels Zauberin Medea und Keisers Fredegunda. Letztere trägt deutlich misogyne Züge als untreue Frau, die Hekate, Medeas Tante und die Höllengeister vergeblich beschwört und zugrunde geht, anders als in der historischen Vorlage, in der Fredegunda den König Chilperich um viele Jahre überlebt. Herr beschreibt die Bedeutung der Zauberinnen als Opernfiguren im 17. und 18. Jahrhundert im italienischen und im französischen Musiktheater. Meist verkörperten sie die ‹bösen› Gegenspielerinnen der positiven Helden, seltener fungierten sie als Titelfigur. Armida gehörte zu den Stars der klassisch-mythologischen Zauberinnen der italienischen Oper. Sie stammt aus dem Fundus von Torquato Tassos Epos *Gierusalemme liberata* von 1581 und spielt in fast 100 Opern- und Ballettbearbeitungen eine Rolle. «Die Doktrin des ‹merveilleux› der tragédie lyrique des 17. und 18. Jahrhunderts fördert natürlich insbesondere magische Stoffe und Figuren. Obwohl die französische und die italienische Ausprägung der Gattung denkbar weit voneinander entfernt liegen, wurden in den italienischen drammi per musica häufig Sujets und auch Libretti der französischen Oper verwendet. Die Figur der Zauberin bildet somit eine der Schnittstellen zwischen der tragédie lyrique und dem dramma per musica» (S. 17). Neben den Tasso-Bearbeitungen bot Ludovico Ariosto's *Orlando furioso* einen Motiv-Steinbruch. Alcinas Kampf um Ruggiero, verlobt mit Bradamante, einer Art christlichen Amazone, bestimmt Opern von Francesca Caccini und Georg Friedrich Händel. Medeas Schicksal wurde sowohl in der tragédie lyrique wie auch im dramma per musica aufgegriffen, nach Vorlagen von Euripides, Seneca und Ovid. Herr, 2007, S. 17f.

[657] Vgl. Colvin, 1993, S. 202.

[658] Rodomann, «sicilischer General=Feld=Marschall» und Clarisse, «dessen Liebste», wie es im Personenverzeichnis heißt, führen eine schwierige Beziehung, denn Clarisse liebt Rodomann nach eigenem Bekunden nicht. Stattdessen wirbt sie offensiv um Floretto, «ein Schlav/ sonsten ein Sächsischer Fürst/ Heinrich genannt». Sie packt ihn

sogar am Rock, was offensichtlich keine ehrenwerte Frau tut, bezichtigt ihn, nachdem er sie zurückgewiesen hat, der Vergewaltigung. (Sie ähnelt der Frau des biblischen Potifar, die sich unglücklich in Joseph verliebt hatte.) Rodomann setzt Floretto darauf im Kerker fest. Außerdem nimmt Clarisse die Dienste von Arpa, einer «Hexe» und der Geister des «Höllen=Reichs» in Anspruch, um die Nebenbuhlerin Belisse zu vernichten (III, 3, 4). Personifikationen der Keuschheit, der Wollust und der Liebe kämpfen in dieser Oper gegeneinander. Floros hingegen weicht nie vom Pfad der Keuschheit ab und bleibt seiner geliebten und ebenfalls standhaften Prinzessin Belisse treu, die er auch ehelicht; und Clarisse wird, anders als ähnliche Opernfiguren, nicht vertrieben oder vernichtet, sondern unters Ehejoch gezwungen. Floretto und Belisse verzeihen ihr, sie wird Rodomann heiraten: «Ich liebe/ ich lebe nun gäntzlich erneut/ Ich flehe/ begehre/ und ehre Den Prinzen/ als der mich von Lastern befreit / [...]» (V, 4).

[659] In Bleistift: aus dem Französischen von A.H. de la Motte. Zum Vergleich zwischen der französischen Vorlage von Antoine Houdar de la Motte und Telemanns Übersetzung siehe Rathje, Jürgen: Die rühmliche Liebes-Ueberwindung des Alcides: *Omphale* bei Antoine Houdar de la Motte und Georg Philipp Telemann, in: Telemann und Frankreich – Frankreich und Telemann, Bericht über die Internationale Wissenschaftliche Konferenz, Magdeburg, 12. bis 14. März 1998, anläßlich der 14. Magdeburger Telemann-Festtage, hrsg. von Carsten Lange, Brit Reipsch u. Wolf Hobohm, Hildesheim, Zürich, New York 2009, S. 222–237 (= Telemann-Konferenzberichte XII, im Auftrag des Zentrums für Telemann-Pflege und -Forschung hrsg. von Carsten Lange).

[660] Unter dem Namen Mante/Manto galt sie in der Antike als ebenfalls seherische Tochter des Teiresias. Vgl. Ranke-Graves, 1969/1992, S. 234. Ihr Sohn war der Wahrsager Mopsos. Vgl. S. 351, S. 666.

[661] Interessant ist die Langlebigkeit des Modells des zutiefst gekränkten Bösewichts, der aus Rache die gesamte Welt vernichten will. Es strukturiert bis heute populäre Mythen wie Superman oder James Bond.

[662] Vgl. Herr, 2007, S. 19.

[663] Vgl. Frenzel, Elisabeth: Motive der Weltliteratur. Stuttgart 1992, S.434f. Kapitel: Die selbstlose Kurtisane. Die Typen der kalten und empfindsamen Kurtisane, mit diversen Überschneidungen, sind seit der Antike bekannt. Zwei Beispiele: 1712 hatte Mme. C. Durand ein Buch herausgebracht, in dem die Fähigkeit der Hetären zur treuer Liebe und Ehe betont wurde: *Les belles Grecques où l'histoire des plus fameuses courtisanes de la Grèce*. Als Konterpart z.B. Pietro Aretino: *La Cortigiana* (Kom. 1526).

[664] In Händels Oper *Amadigi* (1712) ist Melissa «die erste in der Reihe der unheilvollen Magierinnen Alcina, Medea oder Armida, für die Händel durch seine Musik dennoch um Verständnis wirbt.» Vgl. Leopold, 1997, S. 216.

[665] «Die Frauen sind daher, was immer sie tun mögen, dazu verurteilt, den Beweis für ihre Boshaftigkeit zu liefern und damit wiederum die Verbote und das Vorurteil, die ihnen ein unheilvolles Wesen zuschreiben, zu rechtfertigen, gemäß einer eigentlich tragischen Logik, die vorschreibt, dass die von der Herrschaft geschaffene soziale Realität häufig eben die Vorstellungen bestätigt, auf die die Herrschaft sich zu ihrer Ausübung und Rechtfertigung beruft.» Bourdieu, 2005, S. 61. Bordieu sieht Magie als eine «dominierte Strategie», als eine schwache Waffe. Vgl. S. 60.

[666] Vgl. Downing A. Thomas' Aufsatz über Quinault/Lullys *Armide*, der über die heimliche Identifikation auch von Männern mit den weiblichen unglücklichen Liebenden spekuliert. Thomas, Downing A.: Opera, Dispossession, and the Sublime: The Case of Armide. Theatre Journal. Volume 49, Number 2, May 1997, pp. 169–188.

[667] Text: Johann Philipp Praetorius nach John Hughs bzw. Fénélon: *Telemaque*, Musik: Georg Philipp Telemann. D-Hs 262 in MS 639/3:18.

Anmerkungen Teil III

[1] Vgl. Spies, Alfons: «Militat omnis amans». Ein Beitrag zur Bildersprache der antiken Erotik. Diss., Tübingen 1930.

[2] Dieses Bild ist weit verbreitet, siehe auch Dürr, Hans-Peter: Obszönität und Gewalt. Der Mythos vom Zivilisationsprozess. Bd. 3. Frankfurt/Main 1993. Hier §15: «Rammbock und Festungstor», S. 220–241.

[3] «Oben oder unten, aktiv oder passiv, diese parallelen Alternativen beschreiben den Geschlechtsakt als ein Herrschaftsverhältnis. Sexuell besitzen, wie ‹baiser› im Französischen oder ‹to fuck› im Englischen, heißt beherrschen, im Sinne von seiner Macht unterwerfen, aber auch anführen, ausnützen oder ‹hereinlegen›, wie die Franzosen sagen (während der Verführung widerstehen, sich nicht anführen, nicht ‹hereinlegen› lassen.) Die (legitimen oder illegitimen) Bekundungen der Männlichkeit gehören der Logik der Glanzleistung an, der Großtat, die Ehre macht.» Bourdieu, 2005, S. 38. Diese Konstruktion des Geschlechtsaktes lässt sich auch in den Vorstellungswelten und dem Sprachgebrauch des frühen 18. Jahrhunderts nachweisen. Wen wundert es, wenn Frauen ihre Keuschheit einsetzen gegen sie begehrende – und treu liebende Männer – es war ihre einzige Form der gesellschaftlich akzeptierten Selbst- und Fremdachtung! (Vgl. die Prinzessin von Cléves.)

[4] Ein plastisches Beispiel für den Zusammenhang zwischen Männlichkeit, Sexualität und Gewalt liefert die brasilianische Tradition, in der ein Penis als Waffe dargestellt wird. Vgl. Bourdieu, 2005, S. 95, FN 81.

⁵ Sexualität wird auf der Opernbühne angedeutet, nicht, wie Mattheson sagen würde, «roh» gezeigt.

⁶ Lorenz, 1999, S. 240.

⁷ Zu diskutieren wären hier Männermythen im kulturellen und historischen Kontext. Sehr anregend sind Einschätzungen des Familientherapeuten und Gewaltberaters Jürgen Krabbe. www.gewaltpaedagogik.de.

⁸ Text: Silvio Stampiglia, *La Partenope*, Neapel 1699, Übersetzung von Christoph Gottlieb Wendt, Musik: Georg Friedrich Händel, Arien; Reinhard Keiser, Rezitative. D-Hs 101 in MS 640/3:9. Vgl. Marx; Schröder, 1995, S. 310f. Der Stoff wurde auch 1746 von der Truppe Pietro Mingottis aufgeführt, Widmungsträger der Oper war Graf Carl Joseph von Raab, kaiserl. Minister im Niedersächsischen Kreis. Komponist unbekannt. Vgl. Marx; Schröder, 1995, S. 309. Stampiglia, ein sehr populärer Autor, hatte dieses Libretto 1699 für Neapel und seine legendäre Gründerin geschrieben. Viele Wiederaufnahmen und Neuvertonungen in anderen Städten folgten. Doch dem Opernmanager Owen Swiney hatte das Libretto nicht gefallen. Er schreibt in einem Brief vom 13. August 1726: [...] it is the very worst book (excepting one) that I have ever read in my life: Signor Stampiglia [...] endeavours to be humourous and witty, in it: If he succeeded in his attempt, on any stage in Italy 'twas, meerly, from a depravity of Taste in the audience – but I am very sure that 'twill be received with contempt in England.» Zitiert nach Strohm, 1997, S. 70 Fußnote 33. Er bezieht sich auf: Gibson, Elizabeth: The Royal Academy of Music, 1719-1728: The Institution and its Directors. New York, London 1989, S. 369. Mit Verachtung hat das Hamburger Publikum sicher nicht reagiert, denn zwischen 1733 und 1736 gab es diverse Aufführungen. Im Vorbericht wurde die «Würdigkeit dieses Stückes» belegt mit der Aufführung der Oper bei den Hochzeitsfeierlichkeiten des preußischen Kronprinzen Friedrich II. und der braunschweigisch-lüneburgischen Prinzessin Elisabeth Christine in Braunschweig (richtig: Salzdahlum) Schröder betont aber, daß Christoph Gottlieb Wendts Fassung für die Hamburger Bühne erheblich davon abweicht.

⁹ Weigel, 1990, S. 128.

¹⁰ Weigel, 1990, S. 130.

¹¹ Weigel, 1990, S. 130.

¹² Vgl. Weigel, 1990, S. 130.

¹³ Text: Johann Ulrich König, Musik: Reinhard Keiser. D-Hs 137 in MS 639/3:8. Vgl. Marx; Schröder, 1995, S. 300f.

¹⁴ Vgl. Bake; Kiupel, 1996, S. 13, Abb. S. 15. Staatsarchiv Hamburg. Angefertigt wurde dieses Blatt von dem Kartographen, Drucker und Verleger Mätthaus Seutter (1678-1757) in Augsburg. Mit ähnlichen kriegerischen Anspielungen gestaltete auch Johannes Beer (1655-1700) seine Landkarte des «cymbalischen Reiches» aus «Bellum Musicum

oder der Musicalische Krieg» 1684 /o.O 1701, Original im Museum Weißenfels, Schloß Neu Agathenburg. Nachdruck. Es handelt sich um ein Hochzeitsgeschenk von Johannes Beer an den Kapellmeister und Komponisten Johann Philipp Krieger (1649–1725).

[15] Faksimile-Druck des Exemplares im Stadt-Archiv Frankfurt/Main herausgegeben von der Kultur- und Forschungsstätte Michaelstein o.J.

[16] Birgfeld, Johannes: Patriotische Erregung als literarische Chance. Vom Einfluß der Geschichte auf das Verhältnis von Gattung und Geschlecht im 18. Jahrhundert oder: Anna Louisa Karsch und die Kriegslyrik. In: Das achtzehnte Jahrhundert. Zeitschrift der Deutschen Gesellschaft für die Erforschung des achtzehnten Jahrhunderts. Themenheft: Gattung und Geschlecht. Zusammengestellt von Meise, Helga; Fleig, Anne. 29. Jg., Nr. 2, Wolfenbüttel 2005, S. 192–208, S. 207.

[17] Zitiert nach: Karschin, Anna Louisa: «O, mir entwischt nicht, was die Menschen fühlen.» Gedichte und Briefe. Herausgegeben und mit einem Nachwort versehen von Gerhard Wolf. Frankfurt am Main 1982, S. 18f.

[18] Metzger, Johann Daniel: *Kurzgefaßtes System der gerichtlichen Arzneiwissenschaft.* Königsberg/Leipzig 1793, 6. Ab., S. 451. Zitiert nach Lorenz, 1999, S. 236f.

[19] Lorenz, 1999, S. 132f.

[20] Sie wurde am 28. April 1662 in Stade geboren, als Tochter von Curt Christoph von Königsmarck und Maria Christina Wrangel af Lindeberg, die aus einer einflussreichen deutsch-schwedischen Adelsfamilie stammte. Vgl. Schröder, Dorothea: Die schöne Gräfin Königsmarck. Wienhausen 2003, S. 10; Woods, Jean M. Nordischer Weyrauch: The religious Lyrics of Aurora von Königsmarck and her Circle. In: Daphnis 1988, Bd. 17, Heft 2, S. 267–326; Mörner, Graf Birger: Maria Aurora Königsmarck. München 1922; Cramer, Friedrich (Hg.): Denkwürdigkeiten der Gräfin Maria Aurora von Königsmark. 2 Bde, Leipzig 1836.

[21] Vgl. Olsen, Solveig: Aurora von Königmarck's Singspiel *Die drey Töchter Cecrops.* In: Daphnis, Bd. 17. Heft 3, Amsterdam 1988, S. 467–480, S. 468.

[22] Vgl. Wenzel, Joachim E., 1978, S.14.; vgl. Marx; Schröder, 1995, S. 132f. Zur Entstehungs- und Aufführungsgeschichte vgl. Braun, Werner: Vom Remter bis zum Gänsemarkt, Saarbrücken 1987, S. 89–119.

[23] Zur Datierung und Frage der AutorInnenschaft vgl. Olsen, 1988, S. 467–480, S. 470f. Olsen diskutiert und kritisiert die widersprüchlichen Angaben von Schmidt, Gustav Friedrich: Johann Wolfgang Francks Singspiel: Die drey Töchter Cecrops, Leipzig 1939. Sonderabdruck aus: Archiv für Musikforschung 4, Nr. 3. Olsen bringt eine mögliche Inspiration durch Christina Dorothea Lachs ins Spiel, der zweitjüngsten Tochter des Komponisten Nicolaus Adam Strunck, der in Hamburg während der Cecrops-Produktion wirkte und dort einige der frühesten Opern komponierte, möglicherweise auch Cecrops. Die «Lachsin» hat für die Leipziger Oper Libretti verfasst bzw. übersetzt.

Doch erscheint mir eine Kooperation mit der jungen Gräfin für Cecrops unvorstellbar, da die Lachsin erst 1672 geboren wurde. Vgl. Maul, 2009, S. 634f.

[24] Vgl. Braun, 1987, S. 165, FN 272. Er zitiert aus G. F. Schmidts kritischem Bericht zur Ausgabe von Franck's Oper Cecrops, S. 268f.

[25] Vgl. Marx; Schröder, 1995, S. 132f.

[26] Zum Hintergrund dieses Mythos vgl. Ranke-Graves, 1992, S. 84f.

[27] Vgl. Olsen, 1988, S. 475.

[28] Braun, 1987, S. 97.

[29] Vgl. Olsen, 1988, S. 468; Schröder, 2003, S. 10; Cramer, 1836, S. 19.

[30] Zitiert nach Ovid: *Metamorphosen*. Übersetzt von Thassilo von Scheffer. Wiesbaden 1948, S. 58.

[31] Bemerkenswert ist die Mixtur aus griechischen und römischen Mythen. Der Kult der Vesta, Bestandteil des römischen Staatskultes, ist im Mittelmeerraum einmalig. Zwar gab es auch bei den Griechen eine Gottheit des Herdfeuers, Hestia – doch keinen Kult und Tempel, wie in Rom, für den sechs Frauen zuständig waren. Vgl. Cancik-Lindemaier, Hildegard: Die Vestalischen Jungfrauen. In: Wagner-Hasel, Beate; Späth, Thomas (Hg.): Frauenwelten in der Antike. Geschlechterordnung und weibliche Lebenspraxis. Sonderausgabe, Stuttgart 2006, S. 11–123. Die Bedeutung der Vesta für das Selbstbild adliger Frauen ist bis zum Ende des 18. Jahrhunderts immens.

[32] Vgl. Olsen, 1988, S. 472f.

[33] Vgl. Kastinger Riley, 1988, S. 441–456.

[34] Vgl. Meyer (Hg.), 1980, Bd. 1, S.127–170.

[35] Meyer (Hg.), 1980, Bd. 1, S. 138.

[36] Solche antiken Frauenfeste scheinen bühnenwirksam gewesen zu sein. Vgl. Feinds Schilderung der römischen Frauenfeste in *Das Römische April=Fest* (1716) anlässlich der Geburt des Kaiserlichen Thronfolgers Erzherzog Leopold (siehe Teil I).

[37] Ähnlich mögen junge Frauen empfunden haben wie Anna Catharina von und zu Fränking bei der Brautwerbung des Alexander von Osten (siehe Teil II).

[38] Meyer (Hg), 1980, Bd. 1, S. 154f.

[39] Meyer (Hg), 1980, Bd. 1, S. 147.

[40] Vgl. Olsen, 1988, S. 477.

[41] Vgl. die Oper *Semele* (1681), Marx; Schröder, 1995, S. 339.

[42] Vgl. Olsen, 1988, S. 477.

[43] Auch diese Passage ist rätselhaft. Schließlich hat die Missgunst der Aglaure die Keuschheit der Herse gegenüber Mercurius bewahrt, der sie zur «Unzucht» hatte bewegen wollen. Wenn Cecrops nun ihre Strafe, also ihren Tod als gerecht beurteilt, meint er dann ihren Widerstand aus Neid auf die «Liebe» – oder ihren Wortbruch gegenüber einem Gott?

[44] Olsen, 1988, S. 478.
[45] Das bestätigt auch Helene M. Kastinger Riley: Liebe in der Sicht der Frau des 17. Jahrhunderts. Daphnis, Bd. 17, Heft 3, 1988, S. 441-456, S. 449.
[46] Zum «doppelten Maßstab, mit dem das weibliche und männliche Verhalten gemessen wurde», vgl. Kastinger Riley, 1988, S. 441-456. Hier analysiert sie auch die Oper *Cecrops* und die darin vorgestellten Liebesvorstellungen vor dem Hintergrund gesellschaftlicher Vorstellungen im geschlechtsspezifischen Liebeswerben, die in diesem Libretto problematisiert werden: «Pandrose muß Pirantes Liebesklagen über ihre Schwester anhören, während sie ihn selbst heiß begehrt. Nirgends aber wird der doppelte Maßstab, mit dem das weibliche und männliche Verhalten gemessen wurde, so deutlich wie im Geständnis der Existenz dieses ‹Zwanges›: dem Mann ist es erlaubt, seine Liebesgefühle publik zu machen. Er darf Herse seine Liebe erklären, er darf öffentlich um sie werben, sie mit seinen Liebesbezeugungen geradezu verfolgen. Der Frau ist die Liebeserklärung dem Mann gegenüber streng verboten. Ihr ist der Zwang auferlegt, ihre Gefühle geheim zu halten. Während Pirante über Herses Gefühlskälte klagt, meint Pandrose: ‹Ihr könnt euch offenbahren/ Und leidet nicht allein/ Dieß kann noch tröstlich seyn› (I, 3). Dieser Trost und diese Freiheit sind Pandrose nicht gestattet. Sie darf nur lieben, wenn sie zuerst vom Mann geliebt wird. Ist das aber der Fall und ein Mann hat sich für sie entschieden, dann ist die Frau unfreier als vorher, denn kein anderer wird sich um sie bewerben» (S. 448). Regeln, wie sie auch für das komische Liebespaar, Philomene und Silvander gelten, obgleich ihre Liebeswerbung als satirische Spiegelung zu sehen ist. Beide sind keine idealen Liebenden mehr, da sie alt und hässlich sind (IV, 4). Kastinger Riley beschreibt einen weiteren «Zwang», den die vor- und außereheliche Erotik und die Liebe für die Gesellschaft darstellte, – «gegen den anzukämpfen man sich mehr oder weniger erfolgreich bemühte, weil er das heidnische Werk der mächtigen Göttin Venus war.» Dieser Zwang sei auch in Cecrops nachzuweisen, denn in der Vorrede streitet Venus mit Vesta über die wahren «HerrscherInnen» über die menschliche Liebe. Kastinger Riley deutet diese Passage so, dass «zwar in christlicher Sicht der Mensch in der Nachfolge Adam und Evas die Freiheit zu der Entscheidung besitzt, zu sündigen oder nicht zu sündigen, dass aber de facto diese Freiheit durch den Zwang der Triebe vor den ‹heidnischen› Venuskräften machtlos wird. Mehr noch in den Fesseln der Liebe wird die menschliche Freiheit zum Instrument der Sünde: ‹Ihr kleinen Schützen auff!› fährt Venus fort. ‹Es muß itzund die Freyheit werden frey/ Auff daß sie balde sey von neuen überwunden/ Und werde nur durch euren Strick gebunden.› Im darauf folgenden Kampf der Göttinnen Venus und Vesta wird die Freiheit von den sie fesselnden Blumengirlanden der Liebesgötter ‹befreit› und von der Keuschheitsgöttin entführt, die jetzt von ihr Besitz ergreift. Dieses Vorspiel stellt in nuce die Aussage des Stückes dar: das Handeln der Menschen

ist immer unfrei, gleichgültig, ob er sich mit Leidenschaft der Liebe oder der Tugend hingibt. Nur gefühllos sein ist unmenschlich» (S. 446). Doch wäre hier genauer nach der Funktion der heidnischen Gottheiten zu fragen. Sie mögen als Vertreter des Unbeherrschbaren auf der Opernbühne agieren, die Liebe als Fessel verkörpern, aber das Heidnische könnte auch als ein andersartiger, Glück verspechender Freiraum interpretiert werden.

[47] Vgl. Bake, Rita; Kiupel, Birgit: Margarethe Milow geb. Hudtwalcker – Das Leben einer ganz «normalen»Bürgersfrau im 18. Jahrhundert. In: Vogel, Barbara; Weckel, Ulrike (Hg.): Frauen in der Ständegesellschaft. Leben und Arbeiten in der Stadt vom späten Mittelalter bis zur Neuzeit. Hamburg 1991, S. 241–263, S. 249.

[48] Laroche, Sophie von: Geschichte des Fräuleins von Sternheim. 2 Bde, hg. von Christoph Martin Wieland. Leipzig 1771. Zitat: Bd. 2, S. 168–169. Zitiert nach Kastinger Riley, 1988, S. 448.

[49] Kastinger Riley, 1988, S. 449.

[50] Vgl. Marx; Schröder, 1995, S. 232. 1711: D-Hs 136 in MS 639/3:8 und 1 an A 1955/796, Fassung 1730: D-Hs 50 in MS 640/3:5 und D-Hs 4 in M A/403.

[51] Vgl. Wolff, 1957, S. 269. Es gibt zwei Fassungen von 1710/11 und von 1730. Da nur wenige Texte der Hamburger Frühzeit neu komponiert wurden, gilt das für Wolff als Beweis für die besondere Wirkung von *Croesus*. Im folgenden beziehe ich mich auf die von 1711.

[52] Vgl. Wolff, 1957, S. 270, FN 20.

[53] Persien galt als ein exotisches Reich, auf das Sehnsüchte projiziert wurden, zu dem auch die Gottorfer Herzöge Kontakte pflegten. Georg Philipp Telemann's Oper *Miriways* spielt in persischem Ambiente. Die Durchreise von persischen Gesandten war damals ein viel beachtetes Ereignis.

[54] Wolff gibt nur einen groben inhaltlichen Überblick, der z.T. fehlerhaft und für meine Fragestellung ungeeignet ist. Vgl. Wolff, 1957, S. 269f. Laut Wolff habe der Hofmeister Halimacus die pantomimisch von Atis vorgetragenen Gedanken und Gefühle übersetzt, es war aber der Page Nerill (I, 6).

[55] Maas, Utz: Niederdeutsche Sozialkritik in der Hamburgischen Barock-Oper? In: Korrespondenzblatt des Vereins für niederdeutsche Sprachforschung, 1986, Heft 93, S. 5–7.

[56] Maas, 1986, S. 5.

[57] Vgl. Brockes Dichtungen, in der die Schönheit des Augenblicks gepriesen wird, wie «Gedanken bei dem Fall der Blätter im Herbst» (1746).

[58] Wolff, 1957, S. 270. Er schreibt schlicht: «Atis findet in einer Schlacht vor Schreck die Sprache wieder, woraus sich eine Kette von geistreich angelegten Verwechslungen ergibt.»

[59] Die Sklaverei spielte in mehrfacher Hinsicht eine wichtige Rolle: so wurden in der ersten Hälfte des 17. Jahrhunderts Hamburger Seeleute freigekauft, die in die Gefangenschaft von Piraten geraten waren und von ihnen als Sklaven verschachert werden sollten. 1698 wurde Jürgen Warem zum ersten «Sklavenvater», zum Verwalter der Hamburger Sklavenkasse ernannt. 1693 berichtet der Senior des Geistlichen Ministeriums D. Samuel Schultz in seinem Diarium von diffamierenden Gerüchten über den Pastor Johann Heinrich Horb, der 15 000 Reichsthaler für die Befreiung eines Sklaven gesammelt haben soll. Als das Geld beisammen war, sei der Sklave angeblich gestorben. Vgl. Sander, Friedrich: Der Pastor Johann Heinrich Horb. Hamburg 1995, S. 58. Hamburger machten auch Geschäfte mit dem Sklavenhandel.

[60] Dieser Stoff war sehr langlebig und wurde bis in die höchsten Kreise rezipiert. So hat noch Sophie Charlotte von Preußen auf ihrer Parisreise, die sie als 11-jährige anlässlich einer Heirat bei Hofe unternahm, eine Komödie von Paul Scarron, gesehen. Vgl. Senn, Rolf Thomas: Sophie Charlotte von Preußen. Biographie. Weimar 2000, S. 18. Die Komödie von 1643 heißt: *Jodelet ou le Maître valet* («Jodelet oder der Diener als Herr»). Dieses Stück ist die Vorlage für die Hamburger Oper über den lächerlichen Prinzen Jodelet, Text: Johann Philipp Praetorius (1726, 1733). Praetorius verwendete dieselbe Textvorlage wie zuvor Matsen für die Oper *Sein Selbstgefangener,* die 1680 zur Musik von Johann Wolfgang Franck aufgeführt wurde. Vgl. Marx; Schröder, 1995, S. 266f. und S. 338.

[61] Die nach Ständen differierenden Liebeswerbungen – ob nun der Bauern, komischen Personen, adligen Studenten und Helden sind beliebte Motive und könnten von englischen Schauspielern übernommen worden sein. Es wird dann später in der *Atis*-Persiflage vertieft. Vgl. auch Bolte, Johannes: Der Bauer im deutschen Liede. 32 Lieder des 15.–19. Jahrhunderts. Berlin 1890, S. 245f.

[62] Ermin ähnelt damit aber auch den komischen Personen, die ähnlich den Hofnarren Normen überschreiten und unliebsame Wahrheiten sagen konnten.

[63] Wolff sieht ihn hier als einen Hamburger Ausrufer, allerdings «als stilisierte Vereinigung sämtlicher Ausrufer in eine einzige Person», denn in der Realität seien alle Ausrufer auf gewisse Artikel spezialisiert gewesen. Wolff übergeht den Armutsbericht und die Kriegserfahrung des Elcius. Vgl. Wolff, 1957, S. 275f.

[64] Die Sozialkritik soll in den diversen Bearbeitungen des *Croesus*-Stoffes entschärft worden sein, behauptet Maas, 1986, S. 5f.

[65] Zum restriktiven Umgang mit Armen in Hamburg siehe: Brietzke, Dirk: Arbeitsdisziplin und Armut in der Frühen Neuzeit. Hamburg 2000. Er weist auf den Widerstand gegen die Verfolgung von Bettlern und Bettlerinnen hin, der insbesondere von den unteren Bevölkerungsschichten geleistet wurde. Die Maßnahmen seit der Reformation gegen die Bettelei wurden auch mit offenen Angriffen auf die Vögte des Werk-

und Zuchthauses beantwortet, die auf den Straßen patrouillierten, um Bettler aufzugreifen. Auf der Opernbühne spielen Bettler und Bettlerinnen gelegentlich eine Rolle, wie etwa in Charitine (Text: Heinrich E. Elmenhorst), die wegen ihrer Armut vom Glauben abgefallen ist (III, 5) und zur Strafe am Schluss der Oper gefesselt hinter dem Triumphwagen herlaufen muss. Vgl. Guse, 1997, S. 132 und 135.

[66] Böhnhasen, «Schwarzarbeiter», wurden erbarmungslos gejagt. Es waren Handwerker, die ohne Prüfungen und Genehmigung des Magistrats wie furchtsame Hasen auf Dachböden und in anderen Verstecken arbeiteten. Die privilegierten Handwerkermeister machten des öfteren Böhnhasenjagden – mit Zustimmung des Magistrats und einem eigens dazu abgestellten Amtsdiener. Wer erwischt wurde, verlor seine Waren, wurde schwer misshandelt oder sogar getötet. Anfang der 90er Jahre des 17. Jahrhunderts erließ der Rat ein Mandat, das auch in den Gottesdiensten verlesen wurde, dahingehend, dass die Meister bei diesen Böhnhasen-Jagden nicht behindert werden durften. Vgl. Sander, 1995, S. 63f.

[67] Die folgende Arie des Cirus «Ihr tapfern Soldaten/ frolocket nun wieder» wird von Wolff kurz musikalisch analysiert – auch im Hinblick auf die zweite Fassung. Hier schimmert wieder der geistige Horizont der Entstehungszeit dieser Analyse durch: «Mit der Verfeinerung der Technik war in keiner Weise ein Nachlassen an musikalischer Kraft und an heroisch=kräftigen Farben verbunden [...] Cyrus feuert hier seine Truppen zur Schlacht an, was durch das Konzertieren einer Trompete und anderer Instrumente sowie durch eine Synkopierung gegenüber A (XLVIII) stark gesteigert wird.» Wolff, 1957, S. 273. Mein Einwand lautet: Cirus ruft die Soldaten nicht in die Schlacht, sondern zum Siegesfest am Schluss des 2. Aktes: «Ihr tapfern Soldaten/ frolocket nun wieder/ Wir haben gesieget/ gantz Lidien lieget Zu unseren Füssen schon nieder./ Vertreibet die finstere Nacht/ In Lachen und Schertzen/ Entzündet des Freuden=Feuers Kertzen/ das Cirus zu Ehren gemacht. (Ritornello mit Trompeten und Paucken. Es wird Nacht/ Und präsentiret sich eine Illumination, worunter einige Feuerwercker tantzen.)»

[68] Ein Beispiel dafür, wie am Hofe eingekauft wurde. Die (Galanteriewaren)-Händler kamen offensichtlich in die herrschaftlichen Räume – und wurden dann auch von den weiblichen Bediensteten der Herrschaft bezahlt.

[69] Beare, Mary: The german popular play *Atys* and the venetian opera (1675–1722). London 1938.

[70] Vgl. Gaedertz, Karl Theodor: Die Hamburgischen Opern in Beziehung auf ihre niederdeutschen Bestandteile, 1882, S. 161.

[71] Vgl. Marx; Schröder, 1995, S. 102. Das Libretto ist ebenso wie *Croesus* abgedruckt bei Schneider, Max (Hg): Reinhard Keiser: *Croesus*. Denkmäler der deutschen Tonkunst Bd. 37/38; Wiesbaden 1958.

[72] Vgl. Wolff, 1957, S. 113.

[73] Laut Vorbericht soll das Vorbild das Théâtre de la foire gewesen sein, mit den *Pieces Arlequin Theti, la Ceinture de Venus* und anderen. Vgl. auch Wolff, 1957, S. 113.

[74] Vgl. Marx; Schröder, 1995, S. 441 und Neubacher, 2009, S. 415: Buckhoffer (Buckhöfer, Buechhoffer), gest. 07.11.1737 in Hamburg.

[75] Vgl. In 284 D-Hs MS 639/3:20 fehlt der Vorbericht und das Personenverzeichnis, das Libretto ist komplett bei D-Hs 102 MS 640/3:9. Marx; Schröder, 1995, S. 111.

[76] Vgl. Marx; Schröder, 1995, S. 110. D-Hs 92 in MS 639/3:6

[77] Vgl. Haufe, 1964, S. 118. Interessant seine Formulierung: «Nicht ohne Zufall hießen vier der sechs hierher gehörigen Opern nach den weiblichen Haupthelden.» Doch erläutert Haufe nicht diese zufallsfreien Gründe für die Wahl der Titelheldinnen.

[78] Vgl. Neubacher, 2009, S. 432f., vgl. Zelm, Klaus: Die Sänger der Hamburger Gänsemarkt-Oper. In: Hamburger Jahrbuch für Musikwissenschaft. Studien zur Barockoper. Herausgegeben von Floros, Constantin; Marx, Hans Joachim; Petersen, Peter. Hamburg 1978, S. 35–83, S. 53f.

[79] Vgl Zelm, 1978, S. 54. Er zitiert eine Nachricht vom 07.10.1729 aus dem *RelC*: «Man füget zu wissen, dass die einige Zeit allhier stille=gelegene Opern von neuen, vermittelst der Unternehmung der Frau Kayserin, wieder fortgesetzt werden sollen [...] zu welchem Ende dann die Liebhaber der Music und Schau=Spiele, um dieselben im Fortgange zu unterhalten, geflissenst eingeladen werden, die Jährlichen Verhäurungen der Logen sind mit obgedachter Frau Kayserin zu schliessen.»

[80] Vgl. Wendt, Joachim R. M.: Neues zur Geschichte der Hamburger Gänsemarktoper. In Marx, Hans Joachim (Hg.): Beiträge zur Musikgeschichte Hamburgs vom Mittelalter bis in die Neuzeit. Hamburger Jahrbuch für Musikwissenschaft. Band 18. Frankfurt/Main Berlin Bern u.a. 2001. S. 177–193, S. 192.

[81] Wendt, 2001, S. 186.

[82] Vgl. Jaacks, Gisela; Prange, Carsten: Zeremoniell und Freiheit. Europa im 18. Jahrhundert – Die Welt des Johann Adolf Hasse, Hamburg 1999, S. 54f. Hier ist der Entwurf für eine gedruckte Tapete abgedruckt, aus dem Jahr 1748, mit einer eleganten am Wasser lagernden Dame, die in der rechten Hand einen Dudelsack umfasst. Hinter ihr sitzt ein elegant gekleideter Herr und entnimmt Blumen aus einem Korb, der ihm von einem geflügelten Amor gereicht wird.

[83] Vgl. Baader, 1986, S. 99f.

[84] Zitiert aus dem Vorbericht der Oper *Calypso* aufgeführt 1727 und 1728 am Gänsemarkt. In: Meyer, 1980, Bd. 3, S. 264.

[85] Vgl Haufe, 1964, S. 119 und 151.

[86] Zum standesgemäßen Gefolge von Fürstinnen und ihrem weiblichen Umfeld vgl. Keller, Katrin: Hofdamen. Amtsträgerinnen im Wiener Hofstaat des 17. Jahrhunderts. Wien 2005.

[87] Alcinas Schicksal stammt aus dem epischen Gedicht *Orlando furioso* von Ludovico Ariost (1474–1533), ein beliebter Fundus für Opernlibretti, wie etwa für Händel's *Orlando* (1733) mit dem Kastraten Senesino in der Titelrolle, der die Königin von Cathay, die Heilerin und Zauberin Angelica unglücklich und rasend liebt. Ein Handlungsmotor ist die Frage, ob Heldenruhm auch im Streben nach Liebe erworben werden kann? Muss man der Liebe entsagen, um Mars zu folgen? Zoroaster rät Orlando: «Vergiß Amor und folg dem Zeichen des Mars! Geh hin und kämpfe um den Ruhm./ Jenem wird nur das Vergessen zuteil,/ diesem nur die schöne Erinnerung.» (I, 2) Aber zunächst setzt Orlando dagegen: «Und soll ich mein Idol verlassen, das ich verehre?/ Nein ich gehe, und mein Ruhm sei,/ der Liebe zu dienen, statt Siege zu erringen./ Herkules war nicht schwächer,/ als er die Waffen ablegte,/ um am Busen der schönen Omphale zu ruhen!/ Noch wurde der große Achil sanftmüthig,/ als er die Regenten Asiens/ In Mädchenkleidern bedrohte!» (I, 3) Orlando allerdings hat ein Happy-End, Angelica wird nicht vernichtet, sondern Orlando überlässt sie großmütig ihrem geliebten Medoro, einem jungen afrikanischen Prinzen. Orlando setzt seine kriegerische Mission fort und die Zauberkraft bleibt in männlicher Hand: in der des großen Magiers Zoroaster. Vgl. CD-Booklet zu Georg Friedrich Händel *Orlando*, Ltg. Christopher Hogwood. Text: Anthony Hicks. Decca 1991.

[88] Vor der Statue der Circe will Alcina die Geister beschwören.

[89] Vgl. Traub, Valerie: Epochen der Erotik. In: Wunder, Heide; Engel, Gisela (Hg.): Geschlechter-Perspektiven. Forschungen zur Frühen Neuzeit, Königstein/Taunus 1998, S. 105–115.

[90] Bischoff, Cordula: Die Schwäche des starken Geschlechts. Herkules und Omphale und die Liebe in bildlichen Darstellungen des 16. bis 18. Jahrhunderts. In: Dinges, Martin (Hg.): Hausväter, Priester, Kastraten. Zur Konstruktion von Männlichkeiten in Spätmittelalter und Früher Neuzeit. Göttingen 1998, S. 153–186, hier S. 174.

[91] So ein halb liegender Herkules findet sich bereits auf einem 1625/27 entstandenen Gemälde von Laurent de la Hyre. Vgl. Bischoff, 1998. S. 168.

[92] Übersetzung des bei Bischoff, 1998, S. 168/FN 48, S.179 zitierten Gedichtes: «Nur die Liebe verleiht einen Charakter der Aufrichtigkeit und der Menschlichkeit. Sie ist Siegerin über mehr als ein Hirngespinst [...] und führt die glückliche Gleichheit überall ein.»

[93] Bischoff, 1998, S. 169.

[94] Bischoff, 1998, S. 175.

[95] Bischoff, 1998, S. 175.

[96] Zu den zauberischen Stammgästen aus der Unterwelt zählten in der Gänsemarkt-Oper Hekate und Alecto.

[97] Die Fähigkeit, «wahr»zu sagen, wird auf der Opernbühne auch den Geistern Verstorbener zugeschrieben. Möglicherweise handelt es sich um Anspielungen auf verbreitete Bräuche.

[98] «Englisch» meint hier «engelsgleich».

[99] Interessant ist die Langlebigkeit der Figur des zutiefst gekränkten Bösewichts, der aus Rache die gesamte Welt vernichten will. Er dominiert bis heute populäre mythische Erzählungen – wie Superman oder James Bond.

[100] Möglicherweise handelt es sich hier um eine Anspielung auf die 3-strophige volksliedhafte Arie, die Bauernkinder dem als persischen Krieger verkleideten, lustigen Diener Elcius vorsingen in Croesus: 1.«Mein Kätgen ist ein Mädgen / Der jede weichen muß / Wenn ich sie bey den Schaafen Offt finde ruhig schlafen / Geb ich ihr manchen Kuß»(II, 3).

[101] Fels und Frau, das ist in der Regel eine unselige Kombination: an den Felsen geschmiedet wurden Iphigenie oder Antiope hilflos Ungeheuern und Männern ausgeliefert. Vom Felsen in den Tod stürzten sich Sappho, Io etc.. Felsenfeste Treue geloben gebundene Frauen, die heftig umworben werden.

[102] Idyllisch wurden Gärten oder «liebliche»Landschaften geschildert, aber sie waren gleichzeitig gefährliche Orte für Frauen. Denn hier waren sie, die frei von Zwängen der Mode und der Etikette sein wollten, männlicher Belästigung, sexuellen Verfolgungen ausgesetzt. Diese wurden verkörpert u.a. durch hässliche und zugleich geile Satyren, die Mädchen und Frauen verfolgen. In Samuel Gessners *Idyllen* wird dies als selbstverständlicher Teil der heterosexuellen Erotik betrachtet. Auf solche Inszenierungen gewaltsamen Begehrens beziehen sich auch die mythologischen Frauenraubszenen, die im Garten des Hamburger Kaufmanns Rodrigo Anckelmann im Heckentor aufgestellt waren und heute im Innenhof des Museums für Hamburgische Geschichte zu sehen sind. Vgl. Jaacks; Prange, 1999, S. 90f.

[103] «Kaum wird die Liebe lebendig, so merckt man, dass sie so gar in der Wiege der Seele alle Freyheit nehmen will. Anfangs schmeichelt sie mit Lust und Wonne, nimmt man sie aber einmahl ein, so schonet sie niemanden mehr.»

[104] Am Beispiel Dianas lassen sich Auseinandersetzungen zwischen männlichen Ansprüchen an die Frau als Liebesobjekt und weiblicher Selbstbestimmung nachweisen. So war Diana, als Göttin der Jagd und der Keuschheit eine identitätsstiftende Göttin für adlige Frauen, die selbstbestimmt, z.B. ehelos leben und Geselligkeit ohne Männer genießen wollten. Darüber spotteten etliche Autoren und beklagten das Schicksal des Aktaion, der Diana und ihre Frauen nackt beim Baden beobachtet hatte und zur

Strafe in einen Hirsch verwandelt und von seinen Jagdhunden zerrissen wurde. Siehe auch: Simons, Patricia: Lesbian (In)Visibility in Italian Renaissance Culture: Diana and other cases of donna con donna. In: Journal of Homosexuality, 27/1; 2, 1994, S. 81–122.

[105] Schöne Augen, verzaubernde Blicke: diese Verhaltenspalette wird Frauen zugeschrieben. Sie spielt auch bei *Armide* (Quinault/Lully) eine wichtige Rolle. So lobt deren Vertraute Phénice die betörende Kraft ihrer Augen, was auch bereits bei Tasso angelegt wurde. Vgl. Thomas, 1997, S. 174. Der Blick einer Frau ist das legitime Medium, mit dem die Frau «handeln», ihr Begehren zeigen kann. Einen Mann direkt anzusprechen, hätte der «bienséance», der Tugend einer Frau, widersprochen.

[106] Enthauptungen spielten auf der Gänsemarkt-Bühne eine wichtige Rolle ebenso wie in den damaligen Bestrafungsszenarien..

[107] Siehe auch Antoine Watteau's Gemälde «Savoyarde mit einem Murmeltier» (um 1716), Eremitage, St. Petersburg. Inv.-Nr. 1148.

[108] Vgl. Schütterle, Michael (Hg.): Das Zwergenjahr. Die barocke Zwergenmode in Kupferstichen. Rudolstadt und Jena 1996.

[109] Z.B. Jean Siméon Chardin (1699–1779) und sein Gemälde «Der Affe als Maler» um 1735/1740 oder beliebte Affenkapellen aus Porzellan.

[110] Die Inselherrscherin Alcina in Händel's gleichnamiger Oper verliert ihren geliebten Ruggiero, als sie sich zum Zaubern zurückzieht. Da gerät Ruggiero wieder in den Bann seiner Verlobten Bradamante und des Zauberers Melisso, die auf Alcina's Insel eingedrungen sind. Der Mann wird erst dann zum patriarchalen Helden, wenn er aus dem Einflussbereich der Frau gelöst wird, sich trennt von allen Geborgenheits- und Liebeswünschen.

[111] Zwischen den beiden *Circe*-Opern gibt es markante Unterschiede. So spielt bei der früheren die Ehe des Ulysses' eine bedeutendere Rolle. Ulysses erhält einen Brief von Penelope (I, 6), der in ihm die «Liebespflicht» erweckt, er will zurück. Außerdem träumt Ulysses von Penelope (II, 8).

[112] Thomas, 1997, S. 187.

[113] Text: Gottlieb Fiedler nach C. Corradi *La Gierusalemme Liberata*, Dresden 1687. Komposition: Carlo Pallavicini. D-Hs 297 in MS 639/3:21. Vgl. Marx; Schröder, 1995, S. 195f.

[114] Thomas, 1997, S. 172f.

Quellen- und Literaturverzeichnis

Nachschlagewerke

Bertheau, Franz R.: Chronologie zur Geschichte der geistigen Bildung und des Unterrichtswesens in Hamburg von 831 bis 1912. Hamburg 1912.

Brockpähler, Renate: Handbuch zur Geschichte der Barockoper in Deutschland, Emsdetten 1964. Die Schaubühne, Quellen und Forschungen zur Theatergeschichte, Bd. 62.

Jochmann, Werner; Loose, Hans-Dieter (Hg.): Hamburg. Geschichte der Stadt und ihrer Bewohner. Bd. 1: Von den Anfängen bis zur Reichsgründung. Hamburg 1982.

Kirchner, Joachim: Bibliographie der Zeitschriften des deutschen Sprachgebiets von den Anfängen bis 1830. Stuttgart 1969.

Kopitzsch, Franklin; Tilgner, Daniel (Hg.): Hamburg-Lexikon. 3. aktualisierte Auflage, Hamburg 2005.

Leopold, Silke: Mozarthandbuch. Kassel 2005.

Marx, Hans Joachim; Schröder, Dorothea: Die Hamburger Gänsemarkt-Oper. Katalog der Textbücher (1678-1748). Laaber 1995.

Menke, Werner: Thematisches Verzeichnis der Vokalwerke von Georg Philipp Telemann, Bd. 2. Frankfurt/Main 1983.

Quellen

Zeitgenössische Lexika und Chroniken:

Richey, Michael: Idioticon Hamburgense. Hamburg 1753.

Steltzner, Michael Gottlieb: Versuch einer zuverlässigen Nachricht von dem Kirchlichen und Politischen Zustande der Stadt Hamburg ... Teil (1)-4. Nebst Beschluß. 2 Theile. O. O. 1731-1739 [V. Theil, Abth. 1 und 2].

Zedler, Johann Heinrich (Hg.): Großes vollständiges Universal-Lexicon aller Wissenschaften und Künste. 64 Bde, 4 Suppl.-Bde, Halle und Leipzig 1732-1754.

Gesetzessammlungen und Texte:

Klefeker, Johann (Hg.): Sammlung der Hamburgischen Gesetze und Verfassungen in Bürger- und Kirchlichen, auch Cammer-, Handlungs- und übrigen Policey-Angelegenheiten und Geschäften samt historischen Einleitungen. Th. 1-12, Hamburg 1765-1774.

Sammlung der von E. Hochedlem Rathe der Stadt Hamburg [...] vom Anfange des 17. Jahrhunderts bis auf die itzige Zeit ausgegangenen allgemeinen Mandate, bestimmten Befehle und Bescheide, auch beliebten Aufträge und verkündigten Anordnungen. Th. 1–6. Hamburg: 1763–1774. (Titel abgekürzt zitiert als: Sammlung Hamburger Mandate.)

Der Stadt Hamburg Gerichts=Ordnung und Statuta. Herausgegeben vom Verein für Hamburgische Geschichte. Hamburg 1842.

Ungedruckte Quellen:

Staatsarchiv Hamburg
    111-1 Senat,
    Bestandsverzeichnis Bd. 56:
    CL VII Lit Fl No 2 Vol 1, Vol 2, Vol 3, Vol 4
    (Schauspiel- und Opernhäuser, Theaterwesen).

    Bestandsverzeichnis Bd. 75:
    CL VII Lit Me No 3
    (Duelle).

    CL VII Lit Me No 6
    (Giftmischerei, vom Schlaftrunk und anderen schädlichen Sachen).

    CL VII Lit Me No 7
    (Hexereien).

    CL VII Lit Me No 8
    (Mordtaten und Frevel).
    CL VII Lit Me No 8 Vol 1b,Vol 2b
    (Kindermordt, varia acta pcto infanticidii).

    CL VII Lit Me No 10
    (Verbrechen in puncto Sexti).
    CL VII Lit Me No 10 Vol 1
    (Verkuppelung, Ver= und Entführung).

    CL VII Lit Me No 10 Vol 2
    (Ehebruch, Concubinat, Ehescheidung etc.).

    CL VII Lit Me No 10 Vol 3
    (Bigamia).

CL VII Lit Me No 10 Vol 3 Fasc. 4
(Bestrafung der Frau Bergmann wegen Bigamie a 1730, Gefängnis= Verweisung).

CL VII lit Me No 10 Vol 4
(Varia acta pcto Unzucht und Hurerei).

CL VII lit Me no 10 Vol 4 Fasc. 1 varia
(Satisfactiones für das Hoffräulein von Wedell, welche von einem Hamburger Bruchvogt qua liederliche Dirne tractirt (1682) und abs Anton Ulrich Herzog von Braunschweig Wolfenbüttel intercedendo für Franziska Eleonora Brand gegen den Hamb. Bruchvogt Peter Rehfeldt 1713 Senatsakten: contenta specialis).

242-1(I) Gefängnisverwaltung I,
A 29 Band 1 (Protocoll des Spinnhauses von 1670-1751). C1 Band 3 (Gefangenenbuch des Spinnhauses, 1716-1729).

332-1 I, Wedde I, 29 Band 6.
424-88/49, Nr. 4, Nachlaß Schwarzkopf (Andreas Caspar).

731-1 Handschriftensammlung, Nr. 1545
Die anonyme Fortsetzung der Chronik des Wenzel Janibal für den Zeitraum 1681 bis 1730 (darin S. 804-808).

Commerzbibliothek Hamburg:
S/648 Nr. 3
(Adam Tratziger: der alten weitberümbten Stad Hamburg Chronica. [Fortsetzungen bis 1721, Nr. 3: 1709-1721]).
S/654 Nr. 2.
(Hamburgische Chronick, 2. Band 1681-1699, [eine anonyme Fortsetzung der Tratziger-Chronik]).

Staats- und Universitätsbibliothek Hamburg Carl von Ossietzky:
Cod. Hans. II, 150, 3
(Sammlung von Hamburger Rechtsfällen, meist in Appellationssachen, a. 1636 – a. 1720, Nr. 205).

Gedruckte Quellen:
Einzeldrucke

Staatsarchiv Hamburg:
    Epicidium auf Anna Ilsabe Prinz geb. Brockes, Hbg. 1743: Einzeldruck, Smbd.
    A 710:810, Nr. 27.

Commerzbibliothek Hamburg:
    S/ 279 Band I-X
    (Sammlung von Hamburger Hochzeitsgedichten vom 17. bis zum Anfang des 19.
    Jahrhunderts in 10 Bänden).
    Bd. II,
    Nr. 67. Hochzeit Neudorf-Schiller 1721.

Herzog August Bibliothek Wolfenbüttel:
    Königsmarck 32.36 Pol. (a)
    «Des gefangenen Generals Hans Christoph Graf von Königsmarcks Rede an seinen Degen».

Landesarchiv Schleswig-Holstein in Schleswig:
    Epicidium auf Catharina Denner, Hbg. 1744: Einzeldruck im Besitz des Landesarchivs Schleswig-Holstein in Schleswig, Signatur Abteilung 288 v. Brockes, F1 II, Faszikel 5.

Staats- und Universitätsbibliothek Hamburg Carl von Ossietzky, D-Hs:
    Stats und gelehrte Zeitung des hollsteinischen unpartheyischen Correspondenten am 9.2.1725 und 27.2. 1725. x/7569 Bd. 01725*1725.

Opern, Intermezzi und Nachspiele, geordnet nach dem Erstaufführungsjahr an der Gänsemarkt-Oper

Staats- und Universitätsbibliothek Hamburg Carl von Ossietzky, D-Hs:
    Bei der Angabe der Fundorte-Signaturen der Staats- und Universitätsbibliothek Hamburg Carl von Ossietzky beziehe ich mich auf den Katalog der Textbücher der Hamburger Oper am Gänsemarkt, herausgegeben von Marx, Hans Joachim; Schröder, Dorothea, Laaber 1995. Bis zum Jahr 1728 orientiert sich die Reihenfolge an Johann Mattheson's «Verzeichniß aller Opern» aus dem «Musicalischen Patrioten».

1678
«Der erschaffene gefallene und auffgerichtete Mensch» [Adam und Eva]. Text: Christian Richter; Komponist: Johann Theile. 1 in MS 640/3:1.
«Orontes. Der verlohrne und wieder gefundene Königliche Printz aus Candia». (Vermutlich nach L'Oronte, München 1657, Text: G. G. Alcaini. Musik: Johann Kaspar Kerll) Text: ? Musik: Johann Theile. 2 in MS 639/3:1.

1679
«Don Pedro, oder: Die abgestraffte Eyffersucht». Text: Heinrich E. Elmenhorst nach Molière, Le Sicilien ou l' amour peintre, Saint-Germain 1667. Musik: Johann Wolfgang Franck. 8 in MS 639/3:1.

1680
«Doris, oder: Der Königliche Sclave». Text: Johann Philipp Förtsch nach Apollonio Apolloni, La Dori ovvero Lo schiavo, Innsbruck 1657. Musik: Nikolaus Adam Strungk. 10 in MS 639/3:1.
«Die drey Töchter Cecrops». Text: Maria Aurora von Königsmarck, Ansbach 1679. Musik: Johann Wolfgang Franck? Nikolaus Adam Strungk? 12 in MS 639/3:1.

1681
«Semele». Text: Johann Philipp Förtsch. Musik: Johann Wolfgang Franck. 16 in MS 639/3:2.
«Hannibal». (1681, 1684?), Text: Hinrich Hinsch nach Nicolò Beregani, Annibale in Capua, Venedig (1661). Musik: Johann Wolfgang Franck. 17 in MS 639/3:2.

1682
«Diocletianus». Text: Johann Wolfgang Franck (?) nach Matteo Noris, Il Diocleziano, Venedig 1675. Musik: Johann Wolfgang Franck. 19 in MS 639/3:2.
«Attila». Text: Verfasser unbekannt, nach Matteo Noris, Attila, Venedig 1672. Musik: Johann Wolfgang Franck. 20 in MS 639/3:2.

1683
«Vespasian». (1681?, 1683), Text: Poycarp Marcia nach Giulio Cesare Corradi, Il Vespasiano, Venedig, 1680. Musik: Johann Wolfgang Franck. 21 in MS 639/3:2.
«Theseus». Text: Lukas von Bostel nach Philippe Quinault, Thésée, Paris 1675. Musik: Nicolaus Adam Strungk. 22 in MS 639/3:2.
«Semiramis, Die Aller=Erste Regierende Königin». Text: Johann Martin Köhler. Musik: Niklaus Adam Strungk. 23 in MS 639/3:2.

«Floretto». Text: ungesichert, nach Christian Weise: Die triumphirende Keuschheit, 1668. Musik: Nicolaus Adam Strungk, 24 in MS 639/3:2.

1684
«Der Hochmüthige Gestürtzte und Wieder=Erhobene Croesus». Text: Lukas von Bostel nach Nicolò Minato, Il Creso, Wien 1678. Musik: Johann Philipp Förtsch. 25 in MS 639/3:2.

1686
«Der Glückliche Grosz=Vezier Cara Mustapha, Erster Theil». Text: Lukas von Bostel. Musik: Johann Wolfgang Franck. 304 in MS 639/3:21.
«Der Unglückliche Cara Mustapha, Anderer Theil». Text: Lukas von Bostel. Musik: Johann Wolfgang Franck. 305 in MS 639/3:21.

1688
«Der Große Alexander von Sidon». Text: Christian Heinrich Postel nach Aurelio Aureli: Alessandro Magno in Sidone, Venedig 1679. Musik: Johann Philipp Förtsch. 29 in MS 639/3:3.

1689
«Der Mächtige Monarch der Perser Xerxes in Abidus». (1689, 1692), Text: Christian Heinrich Postel nach Nicolò Minato: Serse, Venedig, 1654. Musik: Johann Philipp Förtsch. 32 in MS 639/3:3.

1690
«Die Grosz=Müthige Thalestris, oder: Letzte Königin der Amazonen». (1690, 1692), Text: Christan Heinrich Postel nach G. de la Calprenède: Cassandre, 2. Teil 1642/43). Musik: Johann Philipp Förtsch. 169 in MS 639/3:11.
«Ancile Romanum, Das ist des Römischen Reichs Glücks=Schild». Text: Christian Heinrich Postel. Musik: Johann Philipp Förtsch. 37 in MS 639/3:3. (Vgl: «Numa Pompilius». (1691)).
«Bajazeth und Tamerlan». (1690, 1695) Text: Christian Heinrich Postel nach Giulio Cesare Corradi: Il gran Tamerlano, Venedig 1689 und andere Quellen. Musik: Johann Philipp Förtsch. 38 in MS 639/3:3.

1691
«Der Fromme und Friedfertige König der Römer Numa Pompilius». Text: Christian Heinrich Postel. Musik: Johann Georg Conradi. 20 in MS 640/3:2.

1692

«Der Tapffere Kayser Carolus Magnus und Dessen Erste Gemahlin Hermingardis». Text: Christian Heinrich Postel. Musik: Johann Georg Conradi. 21 in MS 640/3:2.

1693

«Der Grosse König der Africanischen Wenden Gensericus». Text: Christian Heinrich Postel, nach Nicolò Beregani: Il Genserico, Venedig 1669. Musik: Johann Georg Conradi. 48 in MS 639/3:4.

1694

«Die Plejades, oder: das Sieben=Gestirne». (1694, 1699), Text: Friedrich Carl Bressand. Musik: Philipp Heinrich Erlebach, Erstfassung Braunschweig 1693, Hamburg 1694; Johann Mattheson, Zweitfassung Hamburg 1699. 79 in MS 639/3:5.

»Der Wunderbar=vergnügte Pygmalion». Text: Christian Heinrich Postel. Musik: Johann Georg Conradi. 51 in MS 639/3:4.

«La Gierusalemme liberata». Text: Gottlieb Fiedler nach G. Corradi: La Gierusalemme liberata, Dresden 1687. Musik: Carlo Pallavicini. 52 in MS 639/3:4. 1695 als «Armida» mit überarbeitetem deutschen Text 64 in MS 639/3:4.

«Pyramus und Thisbe». Text: C. Schröder; Musik: Johann Sigismund Kusser. 67 in MS 639/3:5.

«Hercules unter denen Amazonen, erster Theil». 57 in MS 639/3:4. Und: «Hercules, anderer Theil.» 59 in MS 639/3:4. Für beide: Text: Friedrich Christian Bressand. Musik: Johann Philipp Krieger.

1695

«Medea». Text: Christian Heinrich Postel nach Aurelio Aureli: Medea in Atene, Wolfenbüttel 1686. Musik: Antonio Gianettini. 60 in MS 639/3:4.

«Die glücklich wieder erlangete Hermione». Text: Christian Heinrich Postel nach Aurelio Aureli: L'Ermione racquistata, Wolfenbüttel 1686. Musik: Antonio Giannettini. 61 in MS 639/3:4.

«Die unglückliche Liebe des tapffern Jasons». (1695, 1697?), Text: Friedrich Bressand nach Corneille. Musik: Johann Sigismund Kusser. 69 in MS 639/3:5.

1697

«Der geliebte Adonis». Text: Christian Heinrich Postel nach Ovid, Metamorphosen. Musik: Reinhard Keiser. D-Hs 72 in MS 639/3:5.

1698

«Der bey dem allgemeinen Welt=Friede von dem Grossen Augustus geschlossene Tempel des Janus auf dem lang=gewünschten Frieden=Feste welches im Jahr 1698 in Hamburg gefeiret ward». (1698, 1712, 1729), Text: Christian Heinrich Postel. Musik: Reinhard Keiser. 75 in MS 639/3:5.

«Die Vereinigten Mit=Buhler, oder: Die Siegende Atalanta». Text: Gottlieb Fiedler nach Ortensio Mauro: Le rivali concordi, Hannover 1692. Musik: Agostino Steffani. 76 in MS 639/3:5.

«Die Wunderbahr=errettete Iphigenia». (1699, 1705, 1710), Text: Christian Heinrich Postel nach Euripides. Musik: Reinhard Keiser. 81 in MS 639/3:5.

1701

«Philipus». (1701 durch den kaiserlichen Gesandten verboten, 1702 dann unter dem neuen Titel «Beatrix» aufgeführt), Text: Hinrich Hinsch. Musik: Georg Bronner. 34 in MS 640/3:3.

1702

«Der Edelmühtige Porsenna». Text: Friedrich Christian Bressand nach Nicolò Minato: Il Mutio Scevola, Venedig 1665. Musik: Johann Mattheson. 94 in MS 639/3:6.

«Der Königliche Printz Regnerus». Text: Magister Lange? Musik: Johann Christian Schiefferdecker. 97 in MS 639/3.6.

«Berenice». Text: Hinrich Hinsch nach Apostolo Zeno: Lucio Vero, Venedig 1700. Musik: Georg Bronner. 98 in MS 639/3:6.

1705

«Die Römische Unruhe, oder: Die Edelmüthige Octavia». Text: Barthold Feind nach Giulio Cesare Corradi: Il Nerone, Venedig 1679. Musik: Reinhard Keiser, 2 Arien von Pantaleon Hebenstreit. 111 in MS 639/3:7.

»Die Kleinmühtige Selbst=Mörderin Lucretia». (1705, 1706), Text: Barthold Feind. Musik: Reinhard Keiser. 112 in MS 639/3:7.

1706

«La Fedeltà Coronata, oder: Die gekrönte Treue». Text: Hinrich Hinsch. Musik: Reinhard Keiser. 113 in MS 639/3:7.

«Der von dem Ackers=Pflug zu den Thron erhabene Kayser Justinus». Text: ? (nach Nicolò Beregani, Il Giustino, Venedig 1683). Musik: Johann Christian Schiefferdecker. D-Hs 114 in MS 639/3:7.

«Der Durchlauchtige Secretarius, oder: Almira». (1706, 1708), Text: Friedrich Christian Feustking, Hamburg 1704, bearbeitet von Barthold Feind. Musik: Reinhard Keiser. 190 in MS 639/3:12.

1707
«Dido, Königin von Karthago». Text: Hinrich Hinsch nach Vergil. Musik: Christoph Graupner. 120 in MS 639/3:7.
«Der Angenehme Betrug, oder: Der Carneval von Venedig». (1707, 1708, 1711, 1716, 1723-25, 1731, 1733-1735). (Johann) Meister und Mauritz Cuno, Weißenfels 1705. Musik: Reinhard Keiser; Mitarbeit von Christoph Graupner? Arien von Marc Antonio Ziani und André Campra? 191 in MS 639/3:12.

1708
«Il fido amico, oder: Der getreue Freund Hercules und Theseus». Text: Breymann nach Aurelio Aureli: Ercole in Tebe, Braunschweig um 1708. Musik: Christoph Graupner. 126 in MS 639/3:8.
«Bellerophon, oder: Das in die Preußische Krone verwandelte Wagen=Gestirn». Text: Barthold Feind nach Corneille: Bellerophon, 1679. Musik: Christoph Graupner. 124 in MS 639/3:7.

1710
«La Grandezza d'animo, oder: Arsinoe». Text: Breymann, nach italienischer Vorlage. Musik: Reinhard Keiser. 131 in MS 639/3:8.
«Le Bon Vivant, oder: Die Leipziger Messe». Text: Christian Heinrich Weidemann ? Musik: Reinhard Keiser. 132 in MS 639/3:8.

1711
«Der Hochmüthige, Gestürtzte und wieder erhabene Croesus». (1711, 1730), Text: Unbekannter Bearbeiter nach Lukas von Bostel, 1684, nach Nicolò Minato: Il Creso, Wien, 1678. Musik: Reinhard Keiser. 136 in MS 639/3:8.
«L'amore verso la patria. Die Liebe gegen das Vaterland, oder: Der Sterbende Cato». (1711, 1715), Text: Barthold Feind nach Mateo Noris: Catone Uticense, Venedig 1701. Musik: Reinhard Keiser. 203 in MS 639/3:13.

1712
«Die entdeckte Verstellung, oder: Die geheime Liebe der Diana». Text: Johann Ulrich König nach Francesco de Lemene: Endimione, Salzdahlum 1700. Musik: Reinhard Keiser. Widmungsträgerin: Maria Aurora von Königsmarck. 138 in MS 639/3:8.

1724 Eiteländerung: «Der sich rächende Cupido». 237 in MS 639/3:16.
«Die wiederhergestellte Ruh, oder: Die gecrönte Tapferkeit des Heraclius». Text: Johann Ulrich König nach Niccolo Beregani: L'Heraclio, Venedig 1671. Musik: Reinhard Keiser. 139 in MS 639/3:8.
«Die Oesterreichische Großmuth, oder: Carolus V.». (1712, 1714), Text: Johann Ulrich König. Musik: Reinhard Keiser. 137 in MS 639/3:8.

1715
«Der Triumph des Friedens. Vorhin Bey dem Von einem Hoch-Edlen und Hochweisen Raht Der Stadt HAMBURG über den geschlossenen Reichs=Frieden angestellten Freuden=Mahl In einer SERENATA; Nun auch auf dem Hamburgischen Schau=Platz vorgestellt. Text: Johann Ulrich König. Musik: Reinhard Keiser. 142 in MS 639/3:9.
«Fredegunda». (1715, 1716, 1721, 1723-1725, 1727, 1730, 1731, 1733–36, 1738). Text: Johann Ulrich König, nach Francesco Silvani:La Fredegonda, Venedig 1704. Musik: Reinhard Keiser. 143 in MS 639/3:9. Faksimile-Druck dieser Fassung siehe Meyer, 1980, Bd. 2, S. 517–574 und Bd. 4, 1984, S. 285–291.
«Artemisia». Text: Zusammenstellung von Gottfried Heinrich Stölzel? Musik: Reinhard Keiser. 145 in MS 639/3:9.

1716
«Das Römische April=Fest». Text: Barthold Feind; Musik: Reinhard Keiser. 148 in MS 639/3:9.
«Das zerstörte Troja, oder: Der durch den Tod der Helenen versöhnte Achilles». (1716, 1719, 1720), Text: Johann Joachim Hoë nach Urbano Rizzi: Achille placato, Venedig 1707. Musik: Reinhard Keiser. 150 in MS 639/3:9.

1717
«Die Durch Verstellung und Großmuth über die Grausamkeit Siegende Liebe, oder: Julia». Text: Johann Joachim Hoë nach Giacomo Francesco Bussani: Antonino e Pompeiano, Venedig 1677. Musik: Reinhard Keiser. 151 in MS 639/3:9.
«Das bey seiner Ruh und Gebuhrt eines Prinzen Frohlockende Lycien Unter der Regierung des Königs Jobates und Bellerophon». Text: Johann Joachim Hoë. Musik: Reinhard Keiser. 155 in MS 639/3:10.
«Die Großmüthige Tomyris». (1717, 1721, 1723, 1724), Text: Johann Joachim Hoë nach Domenico Lalli: L'amor di figlio non conosciuto, Venedig 1715. Musik: Reinhard Keiser. Widmungsträgerin: Maria Aurora von Königsmarck. 152 in MS 639/3:9.

1718

«Agrippina». (1718–1720; 1722, 1724), Text: unbekannter Bearbeiter nach Vincenzo Grimani: Agrippina, Venedig 1709. Musik: Georg Friedrich Händel, (HWV 6). 157 in MS 639/3:10.

1719

«Cloris und Tirsis». Text: Gazal nach italienischer Vorlage. Musik: Francesco Bartolomeo Conti? 159 in MS 639/3:10.

«Die über Haß und Liebe siegende Beständigkeit, oder: Tigranes». (1719–1722), Text: Gazal nach A. Marchi: La costanza trionfante degl'amori e degl'odi, Venedig 1716. Musik: Francesco Gasparini, Francesco Conti, Giuseppe Maria Orlandini, Antonio Vivaldi. 160 in MS 639/3:10.

«Die getreue Alceste». (1719–1723), Text: Johann Ulrich König, Braunschweig Februar 1719, nach Gottlieb Fiedler: Der siegende Alcides, Hamburg 1696. Musik: Georg Caspar Schürmann. 59 in MS 640/3:5.

1720

«Jason, oder: Die Eroberung des Güldenen Flüsses». (1720, 1721, 1722), Text: Georg Caspar Schürmann, Braunschweig 1708 nach Flaminio Parisetti: Giasone overò Il Conquisto del vello d'oro, Braunschweig 1707. Musik: Georg Caspar Schürmann und andere. 165 in MS 639/3:10.

1721

«Der gedultige Socrates». (1721, 1730), Text: Johann Ulrich König nach Nicolò Minato: La patienza di Socrate con due moglie, Prag 1680. 276 in MS 639/3:19.

1722

«Der ehrsüchtige Arsaces». (1722–1725, 1727, 1728, 1731, 1732, 1734–136), Text: Johann Mattheson nach Antonio Salvi: Amore e maestá, Florenz 1715. Musik: Giuseppe Maria Orlandini, Filippo Amadei. 313 in MS 639/3:22.

«Sieg der Schönheit» [Gensericus]. (1722–1728, 1734, 1735), Text: Christian Heinrich Postel, Gensericus, Hamburg 1693, überarbeitet von Georg Philipp Telemann. Musik: Georg Philipp Telemann. 66 in MS 640/3:6.

1723

«Das Ende der Babylonischen Monarchie, oder: Belsazer, erster Theil». Text: Joachim Beccau. Musik: Georg Philipp Telemann. 221 in MS 639/3:14. Zweyter Theil (1723, 1724). 222 in MS 639/3:14.

«Nero». (1723-1727, 1731,1733-1738), Text: Johann Mattheson nach Agostino Piovene: Nerone, Venedig 1721. Musik: Giuseppe Maria Orlandini u.a.; 6 Arien von Johann Mattheson. 229 in MS 639/3:15.

1724

«Der Beschluß des Carnevals». (1724, 1726), Teil III: Il Capitano. Text: Schwemschuh. Musik: Georg Philipp Telemann. 234 in MS 639/3:16. Teil III wurde 1726 wiederholt. 254 in MS 639/3:17.

«Omphale». Text: Georg Philipp Telemann nach Antoine Houdart de la Motte: Omphale. Paris 1700/1701. Musik: Georg Philipp Telemann. 239 in MS 639/3:16.

«Der neu=modische Liebhaber Damon, oder: Die Satyrn in Arcadien». (1719 UA in Leipzig, Hamburg 1724), Text: Georg Philipp Telemann? Musik: Georg Philipp Telemann. 235 in Ms 639/3:16.

«Die Helden=müthigen Schäfer Romulus und Remus». Text: Paolo Antonio Rolli: «Il Numitore». London 1720. Musik: Giovanni Porta (alle mit * im Libretto gekennzeichneten Arien), Johann Paul Kuntzen. 230 in MS 639/3:16.

1725

«Bretislaus, oder: Die siegende Beständigkeit». Text: Johann Philipp Praetorius. Musik: Reinhard Keiser, einige Arien von G. M. Orlandini, G.B. Bononcini und von Wich. 315 in MS 639/3:22.

«Venus und Adonis». Text: Jean-Baptiste Rousseau. Musik: Henri Desmarets; Venus et Adonis, Paris 1697. 248 in MS 639/3:17.

«Amphytrion». (1726?), Text: Johann Philipp Praetorius nach Pietro Pariati: Anfitrione, Venedig, 1707. Musik: Francesco Gasparini, Arien; Cyrill von Wich «die meisten Arien», Georg Philipp Telemann Rezitative? 250 in MS 639/3:17.

«Der Hamburger Jahr-Marckt, oder: Der glückliche Betrug». (1725-1735), Text: Johann Philipp Praetorius. Musik: Reinhard Keiser. 252 in MS 639/3:17.

«Tamerlan». (1726), Text: Johann Philipp Praetorius nach Niccolò Francesco Haym: «Tamerlano», London 1724. Musik: Georg Friedrich Händel, HWV 18, 247 in MS 639/3:7.

«Die ungleiche Heyrath, oder: Das Herrsch=süchtige Cammer=Mädgen» / Pimpinone. (1725, 1727, 1729, 1730, 1740). Text: Johann Philipp Praetorius nach Pietro Pariati: «Vespetta é Pimpinone». Venedig 1708. Musik: Georg Philipp Telemann. 300 in MS 639/3:21.

«Die Hamburger Schlacht=Zeit, oder: Der Mißgelungene Betrug». Text: Johann Philipp Praetorius. Musik: Reinhard Keiser. 243 in MS 639/3:17.

1726

«Der lächerliche Printz Jodelet». (1733), Text: Johann Philipp Praetorius nach Paul Scarron: «Jodelet ou le Maîtrevalet». Paris 1643. Musik: Reinhard Keiser. 261 in MS 639/3:18.

«Buchhöfer, Der Stumme Printz Atis». Text: Johann Philipp Praetorius nach Le Sage und d'Orneval. Musik: Reinhard Keiser. 253 in MS 639/3:17.

1727

«Adelheid». (1728, 1734), Text: ? nach Johann Christian Hallmann: «Die Schaubühne des Glücks, oder Die Unüberwindliche Adelheide». Breslau 1684. Musik: Georg Philipp Telemann. 267 in MS 639/3:18.

»Buffonet und Alga, oder: die Mann=tolle alte Jungfer». Text: Christoph Gottlieb Wendt. Musik: Georg Philipp Telemann. 80 in MS 640/3:7.

«Hercules Prodicius, oder: Die triumphirende Tugend». Text und Musik: Gottfried Heinrich Stölzel. 84 in MS 640/3:7.

«Calypso, oder Sieg der Weißheit Über Die Liebe». (1728), Text: Johann Philipp Praetorius nach John Hughs bzw. Fénélon: «Telemaque». Musik: Georg Philipp Telemann. 262 in MS 639/3:18.

«Als Seiner allerchristlichsten Majestät Ludovici des XV. Königs von Franckreich und Navarra Gemahlin Majestät mit zwey Prinzessinnen glücklich entbunden; [...]». Text: C.W. Haken. Musik: Georg Philipp Telemann. 81 in MS 640/ 3:7.

«Die Amours der Vespetta, oder: Der Galan in der Kiste». Text: C.W. Haken. Musik: Georg Philipp Telemann. 82 in MS 640/3:7.

»Sancio, oder: Die siegende Großmuth». (1730-1734, 1736-1738), Text: Johann Ulrich König nach Francesco Silvani: «Il Miglior d'ogni amore». Venedig 1703. Musik: Georg Philipp Telemann. 266 in MS 639/3:18.

1728

«Miriways». (1730), Text: Johann Samuel Müller. Musik: Georg Philipp Telemann. 86 in MS 640/3:8.

«Lucius Verus, oder: Die siegende Treue». Text: ? Nach Hinrich Hinsch, Berenice, Hamburg 1702. Musik: Reinhard Keiser. 269 in MS 639/3:19.

«Die Last=tragende Liebe, oder: Emma und Eginhard». (1731, 1732), Text: Christoph Gottlieb Wendt. Musik: Georg Philipp Telemann. 88 in MS 640/3:8.

1729

«Der Mißlungene Braut=Wechsel oder Richardus I. König von England». Text: Christoph Gottlieb Wendt nach Paolo Antonio Rolli: Riccardo I., Rè d'Inghilterra,

London 1727. Musik: Georg Friedrich Händel; Georg Philipp Telemann, deutsche Arien und Rezitative. 273 in MS 639/3:19.

1731
«Herr Fändrich Nothdurfft aus dem Lager bey Mühlberg». (1731, 1734, 1736-1738), Text: Johann Ulrich König nach: Melissa schernita. Neapel 1709. Musik: Georg Philipp Telemann. 96 in MS 640/3:8.

1733
«Parthenope». (1733-1736), Text: Silvio Stampiglia: «La Partenope». Neapel 1699, Übersetzung von Christoph Gottlieb Wendt. Musik: Geog Friedrich Händel (Arien); Reinhard Keiser (Rezitative). 101 in MS 640/3:9.

1734
«Circe». (1734-1737, 1743), Text: Johann Philipp Praetorius nach Jan Jacob van Mauritius, nach einer aus niederländischen, spanischen und französischen Schauspielen zusammengesetzten Vorlage. Musik: Pasticcio, deutsche Arien, Chöre und Rezitative von Reinhard Keiser; italienische Arien von Agostino Steffani, Leonardo Vinci, Johann Adolf Hasse, Georg Friedrich Händel u.a. 284 in MS 639/3:20.

1735
«Hannibal in Capua». Text: Georg Caspar Schürmann, Braunschweig 1726, nach Hinrich Hinsch (?), Hannibal, Hamburg 1681. Musik: Georg Caspar Schürmann, einige Arien von anderen Komponisten. 285 in MS 639/3:20.

Weitere Libretti
«Deutschland grünt und blüht im Friede». Text: Georg Christian Lehms, Musik: Georg Philipp Telemann Frankfurt 1716. Textdruck-Faksimile. Mit einem Nachwort von Wolfgang Hirschmann. Herausgegeben vom Zentrum für Telemann-Pflege und -Forschung im Kulturamt der Landeshauptstadt Magdeburg. Magdeburg 2002.
«Il ritorno Julius Caesar». (1704), Text: D. Donato Cupeda; Musik: Giovanni Bononcini. Vgl. das Programmheft mit Einführungstexten und Libretto zur Erstaufführung dieses Werkes im Dezember 2002 an der Hochschule für Musik in Köln. Übersetzung des Librettos: Liesel B. Sayre. Redaktion: Sauer, Heike; Rode-Breymann, Susanne. S.18-28.
«Mario». (Leipzig 1709), Text und Musik: Georg Philipp Telemann. Sächsische Landesbibliothek, Staats- und Universitätsbibliothek Dresden, Lit.Germ. rec.B.197.m,34.

Weitere gedruckte Quellen (Originale, Faksimiles, Neudrucke, Editionen)

Beer, Johann: Landkarte des «cymbalischen Reiches» aus «Bellum Musicum oder der Musicalische Krieg». 1684 / o.O 1701, Original im Museum Weißenfels, Schloß Neu Augustenburg. Faksimile.

Behn, Aphra: Oroonoko oder der königliche Sklave. Aus dem Englischen neu übersetzt von Susanne Althoetmar-Smarczyk. München 1995. Neudruck.

Brockes, Hinrich Barthold: «Ernsthafte Gedanken | über den tödtlichen Hintritt der nun- | mehr sel. Belise, 1736 den 15 Nov. | zwischen A. und B». Irdisches Vergnügen in Gott, 6. Th., 2. Aufl. Hbg. 1740, S. 564–576. [vgl. 1. Aufl. Hbg. 1739].

Eberti, Johann Caspar: «Eröffnetes Cabinet deß gelehrten Frauenzimmers 1706». Gössmann, Elisabeth (Hg.) Nachdruck München 1990 (=Archiv für philosophie- und theologiegeschichtliche Frauenforschung, 3).

Erxleben, Dorothea Christiana: Gründliche Untersuchung der Ursachen, die das weibliche Geschlecht vom Studiren abhalten. Faksimiledruck der Ausgabe von 1742, Quedlinburg 2004.

Feind, Barthold: Deutsche Gedichte. Bestehend in musicalischen Schauspielen sammt einer Vorrede. Von dem Temperament und der Gemühtsbeschaffenheit eines Poeten und Gedanken von der Opera. Erster Theil, Stade 1708.

Friedens= und Liebes=Tractat zwischen den Teleman- und Textorischen Herzen/ geschlossen zu Franckfurt am Mayn den 28. Augusti 1714. Herausgegeben von der Kultur- und Forschungsstätte Michaelstein. O. J. Faksimile.

Gottsched, Johann Christoph (Hg.): «Die vernünftigen Tadlerinnen». Reprint der Originalausgabe 1727–1729. Hildesheim 1993.

Griesheim, Christian Ludwig von: Verbesserte und vermehrte Auflage des Tractats: Die Stadt Hamburg. Hamburg 1760.

Guden, Philip Peter: Polizey der Industrie, oder Abhandlung von den Mitteln, den Fleiß der Einwohner zu ermuntern. Braunschweig 1768.

Hamburgische Auszüge aus neuen Büchern und Nachrichten von allerhand zur Gelahrtheit gehörigen Sachen. 10. Theil. Hamburg 1728.

Heumann, Chr. A.: Der politische Philosophus: das ist, vernunfftmäßige Anweisung zur Klugheit im gemeinen Leben. Frankfurt/Leipzig 1724.

Juvenal: Satiren. Übersetzung, Einführung und Anhang von Harry C. Schnur, Stuttgart 1969/1978.

Karschin, Anna Louisa: «O, mir entwischt nicht, was die Menschen fühlen.» Gedichte und Briefe. Herausgegeben und mit einem Nachwort von Gerhard Wolf. Frankfurt am Main 1982.

Katharina II. in ihren Memoiren. Aus dem Französischen und Russischen übersetzt und herausgegeben von Erich Boehme. Leipzig 1916.

König, Johann Ulrich: Theatralische geistliche, vermischte und galante Gedichte. Hamburg, Leipzig 1713.

Liselotte von der Pfalz: Briefe. Kiesel, Helmuth (Hg.): Frankfurt/Main 1981.

Denkwürdigkeiten der Gräfin Maria Aurora von Königsmark. Cramer, Friedrich (Hg.): 2 Bde. Leipzig 1836.

Lamprecht, Jacob Friedrich: Schreiben eines Schwaben an einen deutschen Freund in Petersburg von dem gegenwärtigen Zustande der Opera in Hamburg. O. O. 1736. Hamburg 1937. Neudruck.

Lehms, Georg Christian: «Teutschlands Galante Poetinnen Mit Ihren sinnreichen und netten Proben; Nebst einem Anhang Ausländischer Dames, so sich gleichfalls durch schöne Poesien Bey der curieusen Welt bekannt gemacht, und einer Vorrede, Daß das Weibliche Geschlecht so geschickt zum Studiren als das Männliche». Frankfurt/Main 1715.

Leyser, Augustin von: Rechtliche Abhandlung von der Schuldigkeit der Ehemänner, ihren Frauen zu folgen ... Wittenberg 1751.

[Lediard, Thomas]: Der deutsche Kundschafter. Aus der zweyten Londoner Ausgabe von 1740 übersetzt. Lemgo 1764.

Mattheson, Johann: Critica Musica. Unveränderter Neudruck der Originalausgabe Hamburg 1722-1725. Amsterdam 1964.

Mattheson, Johann: Grundlage einer Ehren-Pforte. Hamburg 1740. Vollständiger, originalgetreuer Neudruck mit gelegentlichen bibliographischen Hinweisen und Matthesons Nachträgen. Schneider, Max (Hg.), Berlin 1910.

Mattheson, Johann: Der Musicalische Patriot. Fotomechanischer Neudruck der Originalausgabe 1728, Leipzig 1975.

Mattheson, Johann: Die neueste Untersuchung der Singspiele. Hamburg 1744, Fotomechanischer Neudruck der Originalausgabe 1744, Leipzig 1975.

Mattheson, Johann: Der vollkommene Capellmeister. Hamburg 1739.

Menantes, (Christian Friedrich Hunold): Satyrischer Roman. Faksimiledruck der Ausgabe von 1706. Wagener, Hans (Hg.), Bern, Frankfurt/Main 1973, Nachdrucke Deutscher Literatur des 17. Jahrhunderts.

Menantes, (Christian Friedrich Hunold): Die verliebte und galante Welt. Faksimiledruck der Ausgabe von 1707. Wagener, Hans (Hg.), Bern, Frankfurt/Main. u.a. 1988, Nachdrucke deutscher Literatur des 17. Jahrhunderts.

Menantes (Christian Friedrich Hunold): Die Manier Höflich und wohl zu Reden und zu Leben: So wohl Mit hohen, vornehmen Personen, seines gleichen und Frauenzimmer, Als auch, Wie das Frauenzimmer eine geschickte Aufführung gegen uns gebrauchen könne. Hamburg 1710.

Menantes (Christian Friedrich Hunold): Akademische Neben-Stunden allerhand neuer Gedichte: nebst einer Anleitung zur vernünfftigen Poesie. Halle 1726.

Menantes (Christian Friedrich Hunold): Die Allerneueste Art, höflich und galant zu schreiben oder: Auserlesene Briefe, in allen vorfallenden, auch curiuesen Angelegenheiten, nützlich zu gebrauchen: nebst einem zulänglichen Titular- und Wörter-Buch. Hamburg 1729.

Molander: Der mit denen Seltenheiten Dieser unter=irdischen Welt beschäfftigte Parnassus Oder auserlesene Merckwürdigkeiten und ungemeine Wunder=Fälle/In allerhand historisch=Politisch=Geographisch=Militär=und Moralischen/ wie auch andern lustigen Sachen bestehende/ Welche In einer drey=jährigen Reise auff diesem Erden=Runde angemercket/ und der Götter=Versammlung in Parnasso zur Entscheidung vorgetragen durch Molandern. Hamburg 1698.

Lady Montague: Reisebriefe. Deutsche Übersetzung von Ida Pappenheim. München 1927.

Lang, Franz: Abhandlung über die Schauspielkunst. München 1727. Übersetzt und herausgegeben von Alexander Rudin. Bern 1975.

Lappenberg, Johann Martin (Hg.): Selbstbiografie des Senators Barthold Heinrich Brockes. Lappenberg. In: Zeitschrift des Vereins für Hamburgische Geschichte. Bd. 2. 1847, S. 167–229.

Mylius, Christlob: Hamburg im Jahre 1753. Mitgeteilt von Karl S. Guthke. In: Hamburgische Geschichts und Heimatblätter. Hg.: Vorstand des Vereins für Hamburgische Geschichte. Bd. 9, Heft 7, Hamburg 1976, S. 157–166.

Neumeister, Erdmann: Die Allerneueste Art, zur Reinen und Galanten Poesie zu gelangen. Allen Edlen und dieser Wissenschafft geneigten Gemühtern, zum vollkommenen Unterricht, mit überaus deutlichen Regeln und angenehmen Exempeln ans Licht gestellet, von Menantes, Hamburg 1728.

Neumeister, Erdmann: Freytags-Andachten, [...] Der andere Theil. Hamburg 1724.

Ovid, Nasio: Liebeskunst (Ars amatoria); Heilmittel gegen die Liebe (Remedia amoris). Lateinisch-deutsch. Holzberg, Niklas (Hg. u. Übersetzer), Düsseldorf u.a. 1999, 4., überarb. Auflage.

Der Patriot. Nach der Originalausgabe Hamburg 1724–1726, kritisch herausgegeben von Wolfgang Martens. Berlin 1969–1970. Ausgaben deutscher Literatur des XV. bis XVIII. Jahrhunderts.

Petron: Satyricon. Ein römischer Schelmenroman. Übersetzt und erläutert von Harry C. Schnur. Bibliografisch ergänzt. Stuttgart 1999.

Post, Hermann: Tagebuch seiner Reise in den Jahren 1716–1718. Nach der Handschrift herausgegeben, eingeleitet und kommentiert von Hans-Wolf Jäger. Bremen 1993.

Reuter, Christian: Schelmuffsky. Abdruck der vollständigen Ausgabe 1696, 1697. Halle a. S. 1885. Neudrucke deutscher Literaturwerke des XVI. und XVII. No. 57 u. 58.

Rist, Johann: Das Friedejauchtzende Teutschland. Nürnberg 1653. In: Mannack, Eberhard (Hg.): Sämtliche Werke. Bd. II. Dramatische Dichtungen. Berlin, New York 1972.

Scheibe, Johann Adolph: Critischer Musikus. Hamburg 1738–1740. Reprographischer Nachdruck Hildesheim 1970.

Schupp, Johann Balthasar: Corinna. Kritisch durchgesehene und erläuterte Ausgabe mit den Varianten der Einzeldrucke und der ältesten Gesamtausgabe der deutschen Schriften. Vogt, Carl, (Hg.), Halle/Saale 1911.

Stieler, Kaspar: Zeitungs Lust und Nutz. Vollständiger Neudruck der Originalausgabe von 1695. Hagelweide, Gert (Hg.), Bremen 1969.

Telemann, Georg Philipp: Autobiographien 1718, 1729, 1740. In: Studien zur Aufführungspraxis und Interpretation von Instrumentalmusik des 18. Jahrhunderts. Herausgegeben von der Kultur- und Forschungsstätte Michaelstein. Heft 3. Blankenburg/Harz 1977.

Telemann, Georg Philipp: Briefwechsel. Sämtliche erreichbaren Briefe von und an Telemann. Grosse, Hans; Jung, Hans Rudolf (Hg.), Leipzig 1972.

Telemann, Georg Philipp: Der getreue Music=Meister. Hamburg 1728. Fotomechanischer Neudruck, Leipzig 1980.

Telemann, Georg Philipp: «Ha ha! Wo will wi hüt noch danzen». Hochzeitskantate. Hobohm, Wolf (Hg.), Leipzig 1971.

Telemann, Georg Philipp: Sieg der Schönheit. Textbuch. Reprint anläßlich der Wiederaufführung zu den 9. Telemann-Festtagen der DDR. Nachbemerkung: Ute Poetzsch. Magdeburg 1987.

Telemann, Georg Philipp: Singe-, Spiel- und Generalbaß-Übungen. Hamburg 1733-1734. Neudruck: Seiffert, Max (Hg.), Kassel 1935.

Telemann, Georg Philipp: «Singen ist das Fundament zur Musik in allen Dingen». Eine Dokumentensammlung. Rackwitz, Werner (Hg.), Wilhelmshaven 1981. Taschenbücher zur Musikwissenschaft. 80.

Telemann, Georg Philipp: Der Weiberorden. Hochzeitskantate für Sopran, zwei Violinen und Basso continuo. Hobohm, Wolf (Hg.), Leipzig 1966, 2. Auflage 1973.

Telemann, Georg Philipp: Vier und zwanzig, theils ernsthafte, theils scherzende Oden mit leichten und fast für alle Hälse bequehmen Melodien versehen. Hamburg 1741.

Uffenbach, Zacharias Conrad von: Merkwürdige Reisen durch Niedersachsen, Holland und Engelland. Zweyter Theil. Frankfurt Leipzig 1753. Facs. Auszug Antiquariat Reinhold Pabel (Hg.), Hamburg O. J..

von der Linde, Philander (Burchard Menke): Vermischte Gedichte, und Anhang: Unterredung von der deutschen Poesie, Leipzig 1710.

von Leyser, Augustin: Rechtliche Abhandlung von Schuldigkeit der Ehemänner ihren Frauen zu folgen. Ihrer Vortrefflichkeit halber, wie auch zu Ehren und Nutzen des Frauenzimmers ins Deutsche übersetzet. Wittenberg 1751.

Voigt, Johann Heinrich: Verbessert.= Julian= und Schwedischer Gesprächskalender aufs 1723. Jahr. Hamburg.

Wilhelmine von Bayreuth. Eine preußische Königstochter. Glanz und Elend am Hofe des Soldatenkönigs in den Memoiren der Markgräfin Wilhelmine von Bayreuth. Aus dem Französischen von Annette Kolb. Weber-Kellermann, Ingeborg (Hg.), Frankfurt/Main 1990.

Sekundärliteratur

Baader, Renate: Dames de Lettres. Autorinnen des preziösen, hocharistokratischen und «modernen» Salons (1649–1698): Mlle de Scudéry – Mlle de Montpensier – Mme d'Aulnoy. Stuttgart 1986.

Bake, Rita: Vorindustrielle Frauenarbeit. Arbeits- und Lebensweise von Manufakturarbeiterinnen im Deutschland des 18. Jahrhunderts unter besonderer Berücksichtigung Hamburgs. Köln 1984. Pahl-Rugenstein-Hochschulschriften Gesellschafts- und Naturwissenschaften, Nr. 177.

Bake, Rita; Kiupel, Birgit (Hg.): Ich will aber nicht murren. Die Lebenserinnerungen der Margarethe Elisabeth Milow (1748–1794). 2 Bde. Hamburg 1987. Erweitert um den 3. verschollen geglaubten Teil, Hamburg 1993.

Bake, Rita; Kiupel, Birgit: Unordentliche Begierden. Liebe, Sexualität und Ehe im 18. Jahrhundert. Hamburg 1996.

Bake, Rita u.a.: Trotz Fleiß kein Preis. Historischer Stadtrundgang: Arbeits- und Lebensweise von Hamburger Frauen im 18. Jahrhundert. Hamburg 1997.

Baselt, Susanne: Pietro Pariatis Libretto «Pimpinone e Vespetta» in den Vertonungen von Tomaso Albinoni (1708) und Georg Philipp Telemann (1725). Ein Vergleich. Diplomarbeit der Martin-Luther-Universität Halle-Wittenberg. Wissenschaftsbereich Musikwissenschaft. Halle 1990.

Bastl, Beatrix: Tugend, Liebe, Ehre. Die adlige Frau in der Frühen Neuzeit. Wien, Köln, Weimar 2000.

Baumbach, Gabriele; Bischoff, Cordula (Hg.): Frau und Bildnis 1600–1750. Barocke Repräsentationskultur an europäischen Höfen. Kassel 2003.

Baumgärtel, Bettina: Die Galerie der starken Frauen. Die Heldin in der französischen und italienischen Kunst des 17. Jahrhunderts. Ausstellungskatalog des Kunstmuseums Düsseldorf und des Hessischen Landesmuseums Darmstadt 1995.

BauSteineMänner (Hg.): Kritische Männerforschung. Neue Ansätze in der Geschlechtertheorie. Hamburg 1996. Argument-Sonderband AS 246.

Becker-Cantarino, Barbara: Der lange Weg zur Mündigkeit. Frauen und Literatur in Deutschland. München 1989.

Beneke, Otto: Hamburgische Geschichten und Sagen. Neuediert und mit Erläuterungen versehen von Ariane Knuth. Bremen 1999.

Biedermann, Karl: Deutschland im Achtzehnten Jahrhundert. Leipzig 1858.

Birbaumer, Ulf: Theatergeschichte: Renaissance, Barock II. Entwicklung der Commedia dell'arte. Universität Wien. WS 1988.

Bock, Gisela; Zimmermann, Margarete (Hg.): Die europäische Querelle des Femmes. Geschlechterdebatten seit dem 15. Jahrhundert. Jahrbuch für Frauenforschung, Bd. 2., Stuttgart 1997.

Böhme, Gernot: Der Typ Sokrates. Frankfurt/Main 1988.

Bolte, Johannes; Seelmann, Wilhelm (Hg.): Niederdeutsche Schauspiele älterer Zeit. Drucke des Vereins für niederdeutsche Sprachforschung. IV. Norden, Leipzig 1895.

Borgstedt, Thomas, Solbach, Andreas (Hg.): Kommunikationsideal und Epochenschwelle. Dresden 2001.

Bourdieu, Pierre: Die männliche Herrschaft. Aus dem Französischen von Jürgen Bolder. Frankfurt/Main 2005.

Brahmst, Claus: Das Hamburgische Strafrecht im 17. Jahrhundert. Hamburg 1956.

Braun, Werner: Vom Remter zum Gänsemarkt. Aus der Frühgeschichte der alten Hamburger Oper (1677–1697). Saarbrücken 1987. Saarbrücker Studien zur Musikwissenschaft. Neue Folge Bd. 1.

Braun-Egidius, Erich (Hg.): Barthold Hinrich Brockes. Brockes-Tage 1997 in Hamburg. Eine Dokumentation. Hamburg 2000.

Brietzke, Dirk: Arbeitsdisziplin und Armut in der Frühen Neuzeit. Hamburg 2000.

Brinker-Gabler, Gisela: Deutsche Dichterinnen vom 16. Jahrhundert bis zur Gegenwart. Frankfurt/Main 1978.

Buchner, Eberhard: Liebe. Kulturhistorisch interessante Dokumente aus alten deutschen Zeitungen. Vom Ende des 17. bis zum Ende des 18. Jahrhunderts. München o.J. [1914].

Burschel, Peter: Söldner im Nordwestdeutschland des 16. und 17. Jahrhunderts. Sozialgeschichtliche Studien. Göttingen 1994.

Bußmann, Hadumod; Hof Renate (Hg.): Genus. Geschlechterforschung/Gender Studies in den Kultur- und Sozialwissenschaften. Stuttgart 2005.

Carrdus, Anna (Hg.): Gedichte und Briefe von Margaretha Susanna von Kuntsch und Frauen aus ihrem Umkreis. Hildesheim 2004.

Chang, Sheng-Ching: Natur und Landschaft. Der Einfluß von Athanasius Kirchers «China illustrata» auf die europäische Kunst. Berlin 2003.

Chrysander, Friedrich: Geschichte der Hamburger Oper. Mschr., (S.l., ca. 1940) und Allgemeine Musikalische Zeitung XIV. Jg.. Leipzig, Winterthur 1879. Auszug, 2 Bde., O. O. 1940.

Clément, Catherine: Die Frau in der Oper. Besiegt, verraten und verkauft. München 1994. Übersetzt von Annette Holoch. Ungekürzte Taschenbuchausgabe der deutschsprachigen Ausgabe. Stuttgart 1992 (Frz. Originalausgabe Paris 1979).

Clostermann, Annemarie: Das Hamburger Musikleben und Georg Philipp Telemanns Wirken in den Jahren 1721 bis 1730. Reinbek 2000.

Colvin, Sarah: The Rhetorical Feminine. Gender and Orient on the German Stage, 1647-1742. Oxford, New York 1999.

Connell, Robert W.: Masculinities. Cambridge 1995. Dt: Der gemachte Mann. Konstruktion und Krise von Männlichkeiten. Übersetzt von Christian Stahl. Opladen 1999.

Dekker, Rudolf; van de Pol, Lotte: Frauen in Männerkleidern. Weibliche Transvestiten und ihre Geschichte. Berlin 1990.

Donoghue, Emma: Passions between women. British lesbian culture 1668-1801. New York 1995.

Dunn, Leslie C.; Jones, Nancy A. (Hg.): Embodied Voices. Representing female vocality in western culture. Cambridge 1994.

Ehlers, Joachim: Die Wehrverfassung der Stadt Hamburg im 17. und 18. Jahrhundert Hamburg. Univ. Phil. Diss., 1966.

Eifler, Christine; Seifert Ruth: Zur Einführung: Gender und Militär. In: Eifler, Christine; Seifert Ruth (Hg.): Gender und Militär. Internationale Erfahrungen mit Frauen und Männern in Streitkräften. Königstein/Taunus 2003.

Elias, Norbert: Über den Prozeß der Zivilisation. Soziogenetische und psychogenetische Untersuchungen. 2 Bde., 21. Aufl. Frankfurt/Main 1997.

Engel, Gisela; Hassauer Friederike; Rang, Brita, Wunder Heide (Hg.): Geschlechterstreit am Beginn der europäischen Moderne. Die Querelle des Femmes. Königstein/Taunus 2004.

Engelsing, Rolf: Zur Sozialgeschichte deutscher Mittel- und Unterschichten. Göttingen 1973. Kritische Studien zur Geschichtswissenschaft, Bd. 4.

Fahl, Andreas: Das Hamburger Bürgermilitär 1814-1868. Berlin, Hamburg 1987.

Finder, Ernst: Hamburgisches Bürgertum in der Vergangenheit. Hamburg 1930.

Fleig, Anne: Handlungs-Spiel-Räume: Dramen von Autorinnen im Theater des 18. Jahrhunderts. Würzburg 1999.

Flemming, Willi (Hg.): Die deutsche Barockkomödie. Leipzig 1931. Deutsche Literatur Sammlung literarischer Kunst- und Kulturdenkmäler in Entwicklungsreihen. Reihe Barockdrama 5 Bde., Bd. 4.

Frevert, Ute: Ehrenmänner. Das Duell in der bürgerlichen Gesellschaft. München 1991.

Frohnhaus, Gabriele; Grotkamp, Barbara; Philipp, Renate (Hg.): «Schwert in Frauenhand». Weibliche Bewaffnung. Katalog der Ausstellung. Solingen 1999.

Gaedechens, Cipriano Francisco: Das Hamburgische Militär bis zum Jahre 1811 und die hanseatische Legion. Hamburg 1889.

Galinsky, Hans: Der Lucretia-Stoff in der Weltliteratur. Breslau 1932.

Garber, Klaus; Held, Jutta; Jürgensmeier, Friedhelm; Krüger, Friedhelm; Széll, Ute (Hg.): Erfahrung und Deutung von Krieg und Frieden. Religion – Geschlechter – Natur und Kultur. München 2001, Bd. 1. Beiträge zur 2. Sektion: Krieg und Frieden und die Ordnung der Geschlechter, S. 319–651. Dokumentation des Jubiläumskongresses: Der Friede – Rekonstruktion einer europäischen Vision. Im Oktober 1998 vom Institut für Kulturgeschichte der Frühen Neuzeit an der Universität Osnabrück durchgeführt.

Gatzemeier, Brit: Untersuchungen zu Georg Philipp Telemanns Oper «Miriways». Diplomarbeit an der Martin-Luther-Universität Halle/Wittenberg 1988.

«Gensericus». Programmheft zur Erstaufführung in der DDR. Spielzeit 1986/87. Bühnen der Stadt Magdeburg 1987.

Gerhard, Ute (Hg.): Frauen in der Geschichte des Rechts. Von der Frühen Neuzeit bis zur Gegenwart. München 1997.

Gössmann, Elisabeth (Hg.): Eva – Gottes Meisterwerk. Archiv für philosophie- und theologiegeschichtliche Frauenforschung. Bd. 2, München 1985.

Goodman, Katherine R.: Amazons and Apprentices. Women and the German Parnassus in the Early Entlightenment. New York, Suffolk 1999.

Gröwer, Karin: Wilde Ehen im 19. Jahrhundert. Die Unterschichten zwischen städtischer Bevölkerungspolitik und polizeilicher Repression. Berlin, Hamburg 1999.

Grolle, Inge: Bettelkinder, Findelkinder, Waisenkinder. Hamburg 1991.

Guse, Anette: Zu einer Poetologie der Liebe in Textbüchern der Hamburger Oper (1678–1738). Eine Fallstudie zu Heinrich Elmenhorst, Christian Friedrich Hunold und Barthold Feind. Dissertation Queen's University, Kingston. Ontario, Canada 1997.

Hadamovsky, Franz: Die Familie Galli-Bibiena in Wien. Wien 1962.

Hamburger Jahrbuch für Musikwissenschaft: Band 3: Floros, Constantin; Marx, Hans Joachim; Petersen, Peter (Hg.): Studien zur Barockoper. Hamburg 1978.

Band 5: Floros, Constantin; Marx, Hans Joachim; Petersen, Peter (Hg.): Opernsymposium 1978 in Hamburg. Die frühdeutsche Oper und ihre Beziehungen zu Italien, England und Frankreich. Mozart und die Oper seiner Zeit. Laaber 1981.

Hammonias Töchter – Frauen und Frauenbewegung in Hamburgs Geschichte. AG -Frauenarbeit in der Geschichte. Museum für Hamburgische Geschichte. Hamburg 1985. Katalog zur Ausstellung. Hamburger Porträts Heft 21.

Haufe, Eberhard: Die Behandlung der antiken Mythologie in den Texten der Hamburger Oper 1678–1738. Diss. Jena 1964 (mschr.).

Haufe, Eberhard (Hg.): «Wer in Liebesfrüchten wehlet ...» 101 komische Arien der Hamburger Barockoper (1678–1738). Weimar o. J..

Heiberg, Steffen, Christian 4. [den fjerde]: monarken, mennesket og myten. Copenhagen 1988.

Henze-Döhring, Sabine: Opera seria, opera buffa und Mozarts Don Giovanni. Zur Gattungskonvergenz in der italienischen Oper des 18. Jahrhunderts. Laaber 1986.

Herkules. Tugendheld und Herrscherideal. Das Herkules-Monument in Kassel-Wilhelmshöhe. Staatliche Museen Kassel; Lukatis, Christiane; Ottomeyer, Hans. (Hg.), Eurasberg 1997.

Herr, Corinna: Medeas Zorn. Eine ‹starke Frau› in Opern des 17. und 18. Jahrhunderts. Herbolzheim 2000. Beiträge zur Kultur- und Sozialgeschichte der Musik, herausgegeben von Eva Rieger, Bd. 2.

Hinck, Walter: Das deutsche Lustspiel des 17. und 18. Jahrhunderts und die italienische Volkskomödie. Stuttgart 1965.

Hobohm, Wolf (Hg.): Georg Philipp Telemann. «Musik – der edelste Zeitvertreib». Eine kleine bibliophile Ausgabe von ausgewählten Epigrammen, Sonetten und Kantaten Georg Philipp Telemanns. Magdeburg 1985.

Hobohm, Wolf (Hg.): «... aus diesem Ursprunge ...». Dokumente, Materialien, Kommentare zur Familiengeschichte Georg Philipp Telemanns. Magdeburg 1988.

Hobohm, Wolf; Reipsch, Ralph-Jürgen (Hg.): Telemann und Frankreich – Frankreich und Telemann. Ausstellungskatalog. Oschersleben 1998.

Högg, Margarete: Die Gesangskunst der Faustina Hasse und das Sängerinnenwesen ihrer Zeit in Deutschland. Diss. Berlin 1931.

Hohkamp, Michaela; Jancke, Gabriele (Hg.): Nonne, Königin und Kurtisane. Wissen, Bildung und Gelehrsamkeit von Frauen in der Frühen Neuzeit. Königstein/ Taunus 2004.

Höllerer, Elisabeth: Die Hochzeit der Susanna. Die Frauenfiguren in Mozarts «Le nozze di Figaro». Hamburg 1995.

Hortschansky, Klaus (Hg.): Opernheld und Opernheldin im 18. Jahrhundert. Aspekte der Librettoforschung. Hamburg Eisenach 1991.

Huber, Gerlinde: Das Motiv der «Witwe von Ephesus» in lateinischen Texten der Antike und des Mittelalters. Tübingen 1990.

Hübner, Maria: Anna Magdalana Bach. Ein Leben in Dokumenten und Bildern. Leipzig 2004.

Hufschmidt, Anke: Adelige Frauen im Weserraum zwischen 1570 und 1700: Status, Rollen, Lebenspraxis. Veröffentlichungen der Historischen Kommission für Westfalen. Münster 2001.

Hufton, Olwen: Frauenleben. Eine europäische Geschichte 1500–1800. Frankfurt/Main 2002/1998.

Hull, Isabel V.: Sexuality, State, and Civil Society in Gremany, 1700–1815. Ithaca and London 1996.

Jaacks, Gisela (Redaktion und Konzept): Dreihundert Jahre Oper in Hamburg (1678–1978). Hamburg 1977. Hg. von der Hamburgischen Staatsoper, dem Museum für Hamburgische Geschichte und der Vereins- und Westbank.

Jaacks, Gisela: Musikleben in Hamburg zur Barockzeit. Hamburg Portrait. Heft 8. Museum für Hamburgische Geschichte 1978.

Jaacks, Gisela: Hamburg zu Lust und Nutz. Bürgerliches Musikverständnis zwischen Barock und Aufklärung (1660–1760). Hamburg 1997.

Jaacks, Gisela; Prange, Carsten: Zeremoniell und Freiheit. Europa im 18. Jahrhundert – Die Welt des Johann Adolf Hasse. Hamburg 1999.

Jahn, Bernhard: Die Sinne und die Oper. Sinnlichkeit und das Problem ihrer Versprachlichung im Musiktheater des nord- und mitteldeutschen Raumes (1680–1740). Tübingen 2005. Studien zur Geschichte und Theorie der dramatischen Künste, Bd. 45.

Keller, Katrin: Hofdamen. Amtsträgerinnen im Wiener Hofstaat des 17. Jahrhunderts. Wien 2005.

Kiupel, Birgit: Weibliche Lebenswelten im Spiegel von Frauenrollen in den Libretti der Hamburger Oper am Gänsemarkt unter besonderer Berücksichtigung der musikdramatischen Werke Georg Philipp Telemanns. Magistraarbeit an der Universität Hamburg 1991.

Kleefeld, Wilhelm: Das Orchester der ersten deutschen Oper Hamburg 1678–1738. Diss. Berlin 1898.

Klein, Jürgen: Barthold Hinrich Brockes als Politiker. In: Loose, Hans-Dieter: Barthold Hinrich Brockes (1680–1747). Dichter und Ratsherr in Hamburg. Neue Forschungen zu Persönlichkeit und Wirkung. Hamburg 1980.

Kleßmann, Eckart: Telemann in Hamburg 1721–1767. Hamburg 1980.

Kleßmann, Eckhard: Georg Philipp Telemann. Hamburg 2004. Reihe Hamburger Köpfe.

Koelling, Yvonne: «... kann ich mein Hertz nicht zwingen». Die Verweigerung einer Eheschließung in Oldenburg. Oldenburg 2004. Oldenburger Studien, Bd. 53.

Köhler, Cornelia Caroline: Frauengelehrsamkeit im Leipzig der Frühaufklärung. Möglichkeiten und Grenzen am Fallbeispiel des Schmähschriftenprozesses im Zusammenhang mit der Dichterkrönung Christiana Mariana von Zieglers. Leipzig 2007.

König, Angelika; König, Ingemar: Der römische Festkalender der Republik. Feste, Organisationen, Priesterschaften. Stuttgart 1991.

«Königsmarck». Bilder aus drei Generationen. Katalog zur Ausstellung im Schloß Agathenburg 31.08.–08.11.1991. Agathenburg. Verfasserin: Astrid Heyde.

Koch, Klaus-Dietrich: Die Aeneis als Opernsujet. Dramaturgische Wandlungen vom Frühbarock bis Berlioz. Konstanz 1990.

Koldau, Linda Maria: Frauen-Musik-Kultur. Ein Handbuch zum deutschen Sprachgebiet der Frühen Neuzeit. Köln, Weimar, Wien 2005.

Konferenzberichte der Magdeburger Telemann-Festtage:

3. Magdeburger Telemann-Festtage 1967. Telemann: Ein bedeutender Meister der Aufklärungsepoche. Magdeburg 1969.

6. Madeburger Telemann-Festtage 1977: Telemann und seine Dichter. Magdeburg 1978.

Koch, Annerose: Telemanns Auseinandersetzung mit Charakterisierungskunst und Wort-Ton-Verhältnis im Opernschaffen Händels. In: Telemann und seine Freunde. Konferenzbericht der 8. Telemann-Festtage der DDR. Magdeburg 1984. Teil 2. Magdeburg 1985, S. 15–26.

Kremer, Joachim; Hobohm, Wolf; Ruf, Wolfgang (Hg.): Biographie und Kunst als historiographisches Problem. Bericht über die Internationale Wissenschaftliche Konferenz anlässlich der 16. Magdeburger Telemann-Festtage Magdeburg, 13.–15. März 2002. Hildesheim 2004.

Kopitzsch, Franklin: Aufklärung, Absolutismus und Bürgertum in Deutschland. München 1976.

Kopitzsch, Franklin: Grundzüge einer Sozialgeschichte der Aufklärung in Hamburg und Altona. 2. ergänzte Auflage. Hamburg 1990.

Koppmann, Karl: Aus Hamburgs Vergangenheit. Hamburg Leipzig 1885.

Krebs, Jean-Daniel (Hg.): Die Affekte und ihre Repräsentation in der deutschen Literatur der frühen Neuzeit, Bern u.a. 1996. Jahrbuch für internationale Germanistik, Reihe A, Kongreßberichte 42.

Kremer, Joachim: Das norddeutsche Kantorat im 18. Jahrhundert. Untersuchungen am Beispiel Hamburgs. Kassel u.a. 1995. Kieler Schriften zur Musikwissenschaft. Band 43.

Krüger, Brunhilde: Musiknachrichten aus dem «Hamburger Correspondenten»: 1751–1765. Prüfungsarbeit an der Hamburger Bibliotheksschule, Hamburg 1962.

Krüger, Liselotte: Die hamburgische Musikorganisation im XVII. Jahrhundert. Leipzig u.a. 1933.

Lasch, Agathe: Ausgewählte Schriften zur niederdeutschen Philologie. Peters, Robert (Hg.), Neumünster 1979.

Lehberger, Rüdiger: Schule in Hamburg. Ein Führer durch Aufbau und Geschichte des Hamburger Schulwesens. Hamburg 2006.

Lorenz, Maren: Kriminelle Körper – gestörte Gemüter. Die Normierung des Individuums in Gerichtsmedizin und Psychiatrie der Aufklärung. Hamburg 1999.

Lynch, Robert D.: Opera in Hamburg. 1718–1735. A study of the libretto and the musical style. Ann Arbor. Michigan, University Microfilms International 1980.

Maertens, Willi: Georg Philipp Telemanns sogenannte Hamburgische Kapitänsmusiken (1723–1765). Wilhelmshaven 1988.

Mahling, Christoph-Hellmuth; Wiemann, Sigrid (Hg.): Bericht über den Internationalen Musikwissenschaftlichen Kongress Bayreuth 1981. Basel, London 1984.

Maria Theresia und ihre Zeit. Ausstellungskatalog. Wien 1980.

Martens, Wolfgang: Die Botschaft der Tugend. Die Aufklärung im Spiegel der deutschen Moralischen Wochenschriften. Stuttgart 1968.

Maul, Michael: Studien zur Barockoper in Leipzig (1693–1720). 2 Bde. Freiburg/Breisgau 2009.

Menke, Werner: Das Vokalwerk Georg Philipp Telemanns. Überlieferung und Zeitfolge. Kassel 1942. Erlanger Beiträge zur Musikgeschichte, Bd. 3.

Meise, Helga: Das archivierte Ich. Schreibkalender und höfische Repräsentation in Hessen – Darmstadt 1624–1790. Darmstadt 2002. Arbeiten der Hessischen Historischen Kommission. Neue Folge Bd. 21.

Merbach, Paul: Das Repertoire der Hamburger Oper von 1718 bis 1750. In: Archiv für Musikwissenschaft. 6. Jg. 1924. Facs. Hildesheim 1964. S. 354–372.

Meumann, Markus: Findelkinder, Waisenhäuser, Kindsmord. Unversorgte Kinder in der frühneuzeitlichen Gesellschaft. München 1995.

Meyer, Reinhart: «Hamburgische Dramaturgie» und «Emilia Galotti». Studien zu einer Methodik des wissenschaftlichen Zitierens entwickelt am Problem des Verhältnisses von Dramentheorie und Trauerspielpraxis bei Lessing. Frankfurt/Main 1973.

Meyer, Reinhart: Die Hamburger Oper. 4 Bde, München 1980. Bd. 4: Einführung und Kommentar. New York 1984.

Michelsen, Jakob: Gleichgeschlechtliche Sexualität im frühneuzeitlichen Hamburg: Lebensrealitäten, Wahrnehmungen und Verfolgung. Magisterarbeit an der Universität Hamburg 2003.

Mitterauer, Michael; Sieder, Reinhard: Vom Patriarchat zur Partnerschaft. München 1977.

Mitterauer, Michael: Familie und Arbeitsteilung. Historisch vergleichende Studien. Wien, Köln, Weimar 1992.

Möbius, Helga: Die Frau im Barock. Leipzig 1982.

Möhrmann, Renate (Hg.): Die Schauspielerin. Zur Kulturgeschichte der weiblichen Bühnenkunst. Frankfurt/Main, Leipzig 2000.

Mörner, Birger Graf: Maria Aurora Königsmarck. München 1922.

Moser-Rath, Elfriede: «Lustige Gesellschaft»: Schwank und Witz des 17. und 18. Jahrhunderts in kultur- und sozialgeschichtlichem Kontext. Stuttgart 1984.

Müller-Lindenberg, Ruth: Wilhelmine von Bayreuth. Die Hofoper als Bühne des Lebens. Köln u.a. 2005. Europäische Komponistinnen, Bd. 2.

Nasse, Peter: Die Frauenzimmer-Bibliothek des Hamburger «Patrioten» von 1724. Zur weiblichen Bildung in der Frühaufklärung. Stuttgart 1976.

Neubacher, Jürgen: Georg Philipp Telemanns Hamburger Kirchenmusik und ihre Aufführungsbedingungen (1721–1767). Organisationsstrukturen, Musiker, Besetzungspraktiken. Hildesheim, Zürich, New York 2009.

Neumann, Friedrich-Heinrich: Die Theorie des Rezitativs im 17. und 18. Jahrhundert unter besonderer Berücksichtigung des deutschen Musikschrifttums des 18. Jahrhunderts. Diss., Göttingen 1955.

Niethammer, Ortrun: Autobiografien von Frauen im 18. Jahrhundert. Tübingen 2000.

Nolde, Dorothea: Gattenmord. Macht und Gewalt in der frühneuzeitlichen Ehe. Köln 2003.

Oßwald-Bargende, Sybille: Die Mätresse, der Fürst und die Macht. Christina Wilhelmina von Grävenitz und die höfische Gesellschaft. Diss., Frankfurt/Main 2000.

Peckham, Mary Adelaide: The Operas of Georg Philipp Telemann. Diss., New York 1972.

Pichorner, Franz: Wiener Quellen zu den österreichischen Niederlanden. Die Statthalter Erzherzogin Maria Elisabeth und Graf Friedrich Harrach (1725–1743). Wien, Köln 1990.

Plöhn, Hans Arnold: Sammlung der Hochzeitsgedichte und Leichenpredigten in der Commerzbibliothek Hamburg. Namen und Daten aus vier Jahrhunderten. Hamburg 1960. Veröffentlichungen der Zentralstelle für Niedersächsische Familienkunde e. V. Hamburg, Bd. 4.

Plume, Cornelia: Heroinen in der Geschlechterordnung. Weiblichkeitsprojektionen bei Daniel Casper Lohenstein und die ‹Querelle des Femmes›. Stuttgart u.a. 1996. Ergebnisse der Frauenforschung. Bd. 42.

Poetzsch, Ute: Telemanns Oper ‹Sieg der Schönheit› Hamburg 1722. Überlieferung und Analyse. Diplomarbeit Martin-Luther-Universität Halle/Wittenberg 1984.

Poetzsch-Seban, Ute: Die Kirchenmusik von Georg Philipp Telemann und Erdmann Neumeister. Zur Geschichte der protestantischen Kirchenkantate in der ersten Hälfte des 18. Jahrhunderts. Beeskow 2006. Schriften zur mitteldeutschen Musikgeschichte, Bd. 13.

Powell, Hugh: Trammels of tradition. Aspects of German life and culture in the seventeenth century and their impact on the contemporary literature. Tübingen 1988.

Prange, Carsten: Die Zeitungen und Zeitschriften des 17. Jahrhunderts in Hamburg und Altona. Hamburg 1978. Beiträge zur Geschichte Hamburgs, Bd. 13.

Pröve, Ralf: Stehendes Heer und städtische Gesellschaft im 18. Jahrhundert. Göttingen und seine Militärbevölkerung 1713–1756. München 1995.

Ranke-Graves, Robert: Griechische Mythologie. Quellen und Deutung. Reinbek 1992. Nach der englischen Originalausgabe «The Greek Myths», 1955.

Rathje, Jürgen (Hg. u. Komm.): Barthold Hinrich Brockes Werke. Band 1. Selbstbiographie, Verdeutschter Bethlehemitischer Kinder-Mord, Gelegenheitsgedichte, Aufsätze. (in Vorb.).

Rau, Susanne: Geschichte und Konfession. Städtische Geschichtsschreibung und Erinnerungskultur im Zeitalter der Reformation und Konfessionalisierung in Bremen, Breslau, Hamburg und Köln. Hamburg 2002.

Reden-Esbeck, Friedrich von: Caroline Neuber und ihre Zeitgenossen. Ein Beitrag zur deutschen Kultur- und Theatergeschichte. Leipzig 1881.

Reipsch, Brit (Hg.): «Miriways». Singspiel in drei Akten. Nach einem Libretto von Johann Samuel Müller TWV 21: 24. Kassel u.a. 1999. Vorwort: S.VIII-XV. Georg Philipp Telemann. Musikalische Werke, Bd. XXXVIII.

Reitz, Uta: Sammlung und Verzeichnis von Musiknachrichten aus dem «Relations Courier»: 1751–1765. Prüfungsarbeit an der Hamburger Bibliotheksschule, Hamburg 1963.

Richter, Horst: Johann Oswald Harms. Ein deutscher Theaterdekorateur des Barock. Emsdetten (Westf.) 1963. Die Schaubühne. Quellen und Forschungen zur Theatergeschichte, Bd. 58.

Rogge, Roswitha: Zwischen Moral und Handelsgeist. Weibliche Handlungsräume und Geschlechterbeziehungen im Spiegel des Hamburgischen Stadtrechts vom 13. bis zum 16. Jahrhundert. Frankfurt/Main 1998. Ius commune. Sonderhefte Studien zur Europäischen Rechtsgeschichte, Nr. 109.

Rodekamp, Volker (Hg.): LEIPZIG original. Stadtgeschichte vom Mittelalter bis zur Völkerschlacht. Katalog zur Dauerausstellung des Stadtgeschichtlichen Museums Leipzig im Alten Rathaus. Teil 1. Leipzig 2006.

Rosenmüller, Max: Johann Ulrich von König. Diss., Leipzig 1896.

Rüdiger, Otto: Geschichte des Hamburgischen Unterrichtswesens. Hamburg 1896. Festschrift für die Deutsche Lehrer-Versammlung Pfingsten 1896 zu Hamburg.

Sander, Friedrich: Der Pastor Johann Heinrich Horb. Hamburg 1995. Hamburgische Lebensbilder in Darstellungen und Selbstzeugnissen herausgegeben vom Verein für Hamburgische Geschichte, Bd. 9.

Scheib, Wilfried: Die Entwicklung der Musikberichterstattung im Wiener Diarium von 1703-1780 mit besonderer Berücksichtigung der Wiener Oper. Diss., Wien 1950.

Scheibe, Jörg: Der «Patriot» (1724-1726) und sein Publikum. Untersuchungen über die Verfassergesellschaft und die Leserschaft einer Zeitschrift der frühen Aufklärung. Göppingen 1973.

Scherle, Arthur: Das deutsche Opernlibretto von Opitz bis Hofmannsthal. Diss., München 1954.

Schmidt, Gustav Friedrich: Die frühdeutsche Oper und die musikdramatische Kunst Georg Caspar Schürmann's. 2 Bde. Regensburg 1933.

Schnitzer, Claudia: Höfische Maskeraden. Funktion und Ausgestaltung von Verkleidungsdivertissements an deutschen Höfen der Frühen Neuzeit. Tübingen 1999.

Schönfeldt, Gustav: Beiträge zur Geschichte des Pauperismus und der Prostitution in Hamburg, Weimar 1897.

Schramm, Percy Ernst: Neun Generationen. Bd. 1. Göttingen 1963.

Schröder, Dorothea: Zeitgeschichte auf der Opernbühne. Barockes Musiktheater in Hamburg im Dienst von Politik und Diplomatie (1690-1745). Göttingen 1998.

Schröder, Dorothea: Die schöne Gräfin Königsmarck. Wienhausen 2003.

Schulte, Regina: Die verkehrte Welt des Krieges: Studien zu Geschlecht, Religion und Tod. Frankfurt/Main u.a. 1998.

Schulze, Walter: Die Quellen der Hamburger Oper (1678-1738). Hamburg, Oldenburg 1938.

Simons, Olaf: Marteaus Europa oder Der Roman, bevor er Literatur wurde. Eine Untersuchung des deutschen und englischen Buchangebots der Jahre 1710 bis 1720. Amsterdam 2001.

Sittard, Josef: Geschichte des Musik- und Concertwesens in Hamburg vom 14. Jahrhundert bis zur Gegenwart. Altona, Leipzig 1890.

Sørensen, Bengt Algot: Herrschaft und Zärtlichkeit. Der Patriarchalismus und das Drama im 18. Jahrhundert. München 1984.

Solie, Ruth A. (Hg.): Musicology and Difference: Gender and Sexuality in Music Scholarship. Berkeley 1993.

Spies, Alfons: «Militat omnis amans». Ein Beitrag zur Bildersprache der antiken Erotik. Diss., Tübingen 1930.

Spiegel, Marianne: Der Roman und sein Publikum im früheren 18. Jahrhundert 1700-1767. Bonn 1967. Abhandlungen zur Kunst-, Musik- und Literaturwissenschaft. Bd. 41.

Steidele, Angela: In Männerkleidern. Das verwegene Leben der Catharina Margaretha Linck alias Anastasius Lagrantinus Rosenstengel, hingerichtet 1721. Köln u.a. 2004.

Steiger, Johann Anselm (Hg.): Passion, Affekt und Leidenschaft in der Frühen Neuzeit: 11. Jahrestreffen des Wolfenbütteler Arbeitskreises für Barockforschung, 2. bis 5. April 2003 in der Herzog-August-Bibliothek, 2 Bde., Wiesbaden 2005 (= Wolfenbütteler Arbeiten zur Barockforschung, Bd. 43).

Stephan, Inge; Winter, Hans-Gerd (Hg.): Hamburg im Zeitalter der Aufklärung. Hamburg 1989. Hamburger Beiträge zur öffentlichen Wissenschaft. Bd. 6.

Straub, Kristina: Sexual Suspects. Eighteenth-Century Players and Sexual Ideology. Princeton (New Jersey) 1992.

Streng, Adolf: Geschichte der Gefängnisverwaltung in Hamburg. Hamburg 1890.

Strohm, Reinhard: Dramma per Musica. Italian Opera Seria in the Eighteenth Century. New Haven, London 1997.

Szarota, Elida Maria: Geschichte, Politik und Gesellschaft im Drama des 17. Jahrhunderts. Bern, München 1976.

Szarota, Elida Maria: «Stärke, dein Name sei Weib!» Bühnenfiguren des 17. Jahrhunderts. Bern, New York 1987. Komparatistische Studien. Bd. 12.

Taubald, Richard: Die Oper als Schule der Tugend und des Lebens im Zeitalter des Barock. Die enkulturierende Wirkung einer Kunstpflege. Diss., Erlangen-Nürnberg 1972.

Thauer, Jenny: Gerichtspraxis in der ländlichen Gesellschaft. Eine mikrohistorische Untersuchung am Beispiel eines altmärkischen Patrimonialgerichts um 1700. Berlin 2001. Berliner Juristische Universitätsschriften. Grundlagen des Rechts. Bd. 18.

Theweleit, Klaus: Buch der Könige. Bd. 1: Orpheus (und) Eurydike. Frankfurt/Main 1988.

Urban, Alfred: Staat und Prostitution in Hamburg vom Beginn der Reglementierung bis zur Aufhebung der Kasernierung (1807-1922). Hamburg 1927.

Urban, Alfred: Die Prostitution in Hamburg - zugleich Geschichte des hamburgischen Bordellwesens von den Anfängen im Mittelalter bis zur Gegenwart. Erster Teil. Vom 18. Jahrhundert bis zum Beginn des 19. Jahrhunderts. (Seiten 1-80), unveröffentlichtes Manuskript o. J..

Vazaki, Anna: Mousike Gyne. Die musisch-literarische Erziehung und Bildung von Frauen im Athen der klassischen Zeit. Möhnesee 2003.

Villinger, Christine: «Mi vuoi tu corbellar!» Die Opere Buffe von Giovanni Paisiello. Analysen und Interpretationen. Tutzing 2000. Mainzer Studien zur Musikwissenschaft. Bd 40.

Viswanathan, Ute-Maria Suessmuth: Die Poetik Erdmann Neumeisters und ihre Beziehung zur barocken und galanten Dichtungslehre. University of Pittsburgh 1989.

Vogel, Barbara; Weckel, Ulrike (Hg.): Frauen in der Ständegesellschaft. Hamburg 1991.

Waldersee, Niels Graf von: «Ach, ich fühl's». Gewalt und hohe Stimme. Berlin 2008.

Walter, Friedrich: Geschichte des Theaters und der Musik am kurpfälzischen Hofe. Leipzig 1898.

Waschinski, Emil: Währung, Preisentwicklung und Kaufkraft des Geldes in Schleswig-Holstein von 1226–1864. 2 Bde., Bd. 1. Neumünster 1952.

Weigel, Sigrid: Topographien der Geschlechter. Kulturgeschichtliche Studien zur Literatur. Hamburg 1990.

Wendt, Joachim R.M.: Eigentümer und Pächter. Materialien zur Geschichte der frühen Hamburger Oper. I. Aurich 2002.

Wenzel, Joachim E.: Geschichte der Hamburger Oper 1678–1978. Hamburg 1978.

Wolff, Hellmuth Christian: Die Venezianische Oper in der zweiten Hälfte des 17. Jahrhunderts. Berlin 1937.

Wolff, Hellmuth Christian: Die Barockoper in Hamburg (1678–1738). 2 Bde. Wolfenbüttel 1957.

Wollrabe, Ludwig: Chronologie sämtlicher Hamburger Bühnen nebst Angabe der meisten Schauspieler, Sänger, Tänzer u. Musiker, welche seit 1230 bis 1846 an denselben engagiert gewesen und gastiert haben. Hamburg 1847.

Wunder, Heide; Engel, Gisela (Hg.): Geschlechterperspektiven. Forschungen zur Frühen Neuzeit. Königstein/Taunus 1998.

Zelm, Klaus: Die Opern Reinhard Keisers. München Salzburg 1975. Musikwissenschaftliche Schriften. Bd. 8.

Zentrum für Theaterforschung der Universität Hamburg (Hg.): Theaterstadt Hamburg. Schauspiel, Oper, Tanz. Reinbek bei Hamburg 1989.

Zwei Hamburger Maler: Balthasar Denner (1685–1749) und Franz Werner Tamm (1658–1724). 20. Ausstellung im BAT-Haus. Katalog. Hamburg 1969.

Aufsätze

Angerer, Manfred: Der Sieger hat immer zu Recht gesiegt. Monteverdis «L'incoronazione di Poppea». In: Programmheft zur Premiere von Claudio Monteverdis «L'incoronazione di Poppea» am 16. Februar 2003 in der Hamburgischen Staatsoper, S. 6-17.

Baader, Renate: Die verlorene weibliche Aufklärung: die französische Salonkultur des 17. Jahrhunderts und ihre Autorinnen. In: Gnüg, Hiltrud; Möhrmann, Renate (Hg.): Schreibende Frauen. Frauen. Literatur. Geschichte vom Mittelalter bis zur Gegenwart. Stuttgart 1989, S. 58-82.

Baader, Renate: Sklavin – Sirene – Königin: die unzeitgemäße Moderne im vorrevolutionären Frankreich. In: Renate Möhrmann (Hg.): Die Schauspielerin. Zur Kulturgeschichte der weiblichen Bühnenkunst. Frankfurt/Main Leipzig 2000, S. 69-99.

Bake, Rita; Kiupel, Birgit: Unordentliche Begierden und ihre Folgen. Städtische Frauen- und Männerbeziehungen im 18. Jahrhundert. In: Praxis Geschichte, Jg. 9, Heft 1, 1995, S. 28-32.

Barudino, Günter: «Erziehung zur Verfassung». Christinas Weg ins Königsamt. In: Christina Königin von Schweden. Katalog der Ausstellung im Kulturgeschichtlichen Museum Osnabrück 23. November 1997-1. März 1998, Stadt Osnabrück 1997, S. 127-136.

Baselt, Bernd: Zum Typ der komischen Oper bei Telemann. In: Georg Philipp Telemann, ein bedeutender Meister der Aufklärungsepoche. Konferenzbericht der 3. Magdeburger Telemann-Festtage. 1967. 2 Teile. 1. Teil. Magdeburg 1969, S. 73-87.

Baselt, Bernd: Georg Philipp Telemann und das deutsche Singspiel. In: 4. Magdeburger Telemann-Festtage 1970. Programmheft, S. 50-56.

Baselt, Bernd: Georg Philipp Telemann und die Opernlibrettistik seiner Zeit. In: Telemann und seine Dichter. Konferenzbericht der 6. Telemann-Festtage 1977. Heft 1. Magdeburg 1978, S. 31-51.

Baselt, Bernd: Zur Rolle der Oper im Schaffen Georg Philipp Telemanns. In: 8. Telemann-Festtage der DDR. Magdeburg 1984. Programmheft. S. 42-48.

Bauer-Roesch, Susanne: «Zerknirschen/ zerschmeissen/ zermalmen/ zerreissen». Gewalt auf der Opernbühne des 17. Jahrhunderts. In: Meumann, Markus; Niefanger, Dirk (Hg.) «Ein Schauplatz herber Angst». Wahrnehmung und Darstellung von Gewalt im 17. Jahrhundert. Göttingen 1997, S. 145-169.

Becker, Heinz: Die frühe Hamburgische Tagespresse als musikgeschichtliche Quelle. In: Beiträge zur Hamburgischen Musikgeschichte. Schriftenreihe des Musikwissenschaftlichen Instituts der Universität Hamburg, Bd. 1, 1956, S. 22-45.

Birgfeld, Johannes: Patriotische Erregung als literarische Chance. Vom Einfluss der Geschichte auf das Verhältnis von Gattung und Geschlecht im 18. Jahrhundert oder: Anna Louisa Karsch und die Kriegslyrik. In: Das achtzehnte Jahrhundert. Zeitschrift der Deutschen Gesellschaft für die Erforschung des achtzehnten Jahrhunderts.

Themenheft: Gattung und Geschlecht. Zusammengestellt von Meise, Helga; Fleig, Anne. 29. Jg., Nr. 2, Wolfenbüttel 2005, S. 192-208.

Bischoff, Cordula: Die Schwäche des starken Geschlechts. Herkules und Omphale und die Liebe in bildlichen Darstellungen des 16. bis 18. Jahrhunderts. In: Dinges, Martin (Hg.): Hausväter, Priester, Kastraten: Zur Konstruktion von Männlichkeiten in Spätmittelalter und früher Neuzeit. Göttingen 1998, S. 153-186.

Blühm, Elger: Die ältesten Zeitungen und das Volk. In: Brückner, Wolfgang (Hg.): Literatur und Volk im 17. Jahrhundert. Teil 2, Wolfenbüttel 1985, S. 741-752. Wolfenbütteler Arbeiten zur Barockforschung. Bd. 13.

Blühm, Elger: «Nordischer Mercurius» (1665-1730). In: Fischer, Heinz Dietrich (Hg.): Deutsche Zeitungen vom 17. bis 20. Jahrhundert. Pullach bei München 1973, S. 91-102.

Bollmann, Ulf: Eine Sozialgeschichte von 2500 Soldaten am Beispiel der Musterrollen des Hamburgischen Infanterie-Regiments von 1710. Vortrag gehalten auf dem 57. Deutschen Genealogentag: Genealogie mobiler Personengruppen. 09.-12.09.2005. Eine CD-ROM-Dokumentation: Chronologie, Kongressführer, Vorträge, Fotodokumentation, Pressespiegel. Hg.: Niedersächsischer Landesverein für Familienkunde e.V..

Bollmann, Ulf: Das älteste Gefangenenbuch des Hamburger Spinnhauses von 1669 bis 1688. Eine sozialgeschichtliche Betrachtung aus dem Blickwinkel eines Familienforschers. In: Genealogie. Deutsche Zeitschrift für Familienkunde. Themenheft: Justiz in der frühen Neuzeit. Bd. XXVIII, Jg. 55, Heft 14, Oktober- Dezember 2006, S. 305-324.

Brandes, Helga: Der Wandel des Frauenbildes in den deutschen moralischen Wochenschriften. In: Zwischen Aufklärung und Restauration. Festschrift für Wolfgang Martens zum 65. Geburtstag. Tübingen 1989, S. 49-64.

Brusniak, Friedhelm: Die Karriere der ‹Italienischen Virtuosin Signora Dominichina Polone›. In: 5. Arolser Barock-Festspiele. Programmheft. Arolsen 1990, S. 10-13.

Buchholz, Stephan: Ehe und Herrschaft. Geschlechterbeziehungen in den Rechtsquellen des 17. und 18. Jahrhunderts. In: Erich Donnert (Hg.): Europa in der Frühen Neuzeit. Festschrift für Günter Mühlpfordt. Bd. 4: Deutsche Aufklärung. Weimar, Köln u.a. 1997, S. 1-19.

Caemmerer, Christiane: Schäferspiele im 17. Jahrhundert – eine bis heute bekannt-unbekannte Gattung – und das Projekt ihrer Edition. In: Chloe. Beihefte zum Daphnis. Roloff, Hans-Gert unter redaktioneller Mitarbeit von Meincke, Renate (Hg.): Editionsdesiderate zur Frühen Neuzeit. Beiträge zur Tagung der Kommission für die Edition von Texten der Frühen Neuzeit. Erster Teil. Bd 24. Amsterdam 1997, S. 91-104.

Cancik-Lindemaier, Hildegard: Die Vestalischen Jungfrauen. In: Späth, Thomas; Wagner-Hasel, Beate (Hg.): Frauenwelten in der Antike. Geschlechterordnung und weibliche Lebenspraxis. Sonderausgabe. Stuttgart 2006, S. 111-123.

Chartier, Roger: Die Welt als Repräsentation. In: Middell, Matthias; Sammler, Steffen (Hg.): Alles Gewordene hat Geschichte. Die Schule der ANNALES in ihren Texten 1929-1992. Leipzig 1994, S. 320-347.

Clostermann, Annemarie: Die Opera der «Teutschübenden Gesellschaft» zu Hamburg. Neue Libretti des frühen 18. Jahrhunderts und ihre Auswirkungen. In: Brusniak, Friedhelm (Hg.): Musiktheatralische Formen in kleinen Residenzstädten. Köln 1993, S. 122-133. Arolser Beiträge zur Musikforschung I.

Cocalis, Susan L.: Der Vormund will Vormund sein. Zur Problematik der weiblichen Unmündigkeit im 18. Jahrhundert. In: Amsterdamer Beiträge zur neuen Germanistik, Bd. 10, Amsterdam 1980, S. 33-55.

Colvin, Sarah: The Classical Witch and the Christian Martyr: Two Ideas of Woman in Hamburg Baroque Opera Libretti. In: German Life and Letters 46 (1993), S. 193-202.

Colvin, Sarah: A Pattern for Social Order: Women, Marriage and Music in Early German Opera. In: Adam, Wolfgang (Hg.): Geselligkeit und Gesellschaft im Barockzeitalter, 2 Bde. Wiesbaden 1997, S. 678-694. Wolfenbütteler Arbeiten zur Barockforschung. Bd. 28.

Conermann, Klaus: Die Kantate als Gelegenheitsgedicht. Über die Entstehung höfischer Kantatentexte und ihre Entwicklung zum galanten «Singegedicht». In: Gelegenheitsdichtung. Referate der Arbeitsgruppe 6 auf dem Kongreß des Internationalen Arbeitskreises für Deutsche Barockliteratur Wolfenbüttel, 28.08.-31.08.1976. Bremen 1977, S. 69-112.

Dahnk-Baroffio, Emilie: Händels «Riccardo Primo» in Deutschland. In: Meyerhoff, Walter (Hg.): 50 Jahre Göttinger Händel-Festspiele. Festschrift. Kassel u.a. 1970, S. 150-166.

Daniel, Ute: Zwischen Zentrum und Peripherie der Hofgesellschaft: Zur biographischen Struktur eines Fürstinnenlebens der Frühen Neuzeit am Beispiel der Kurfürstin Sophie von Hannover (1630-1714). L'Homme. Jg. 8. Nr. 2, 1997, S. 208-217.

DeJean, Joan: Amazonen und literarische Frauen. Weibliche Kultur während der Regierungszeit des Sonnenkönigs. In: Held, Jutta (Hg.): Frauen im Frankreich des 18. Jahrhunderts: Amazonen, Mütter, Revolutionärinnen. Hamburg 1989, S.19-34.

Dekker, Rudolf M: Sexuality, Elites, and Court Life in the Late Seventeenth Century: The Diaries of Constantijn Huygens, Jr. In: Eighteenth-Century Life 23, November 1999, S. 94.

Dixon, Annette: Women who ruled: Queens, Goddesses, Amazons 1500–1650. A thematic Overview. In: Annette Dixon (Hg.): Women who ruled: Queens, Goddesses, Amazons in Renaissance and Baroque Art. London, Michigan 2002, S.119–178.

Eggers, Petra: Lebens- und Arbeitswelt der Hamburger Handwerksfrauen im 18. Jahrhundert. In: Chmielewski-Hagius, Anita (Hg.): Frauenalltag – Frauenforschung. Frankfurt/Main 1988, S. 274–284.

Engelsing, Rolf: Einkommen der Dienstboten in Deutschland zwischen dem 16. und 20. Jahrhundert. In: Jahrbuch des Instituts für Deutsche Geschichte, Bd. 2, Tel Aviv 1973, S. 11–65.

Fiedler, Beate Christine: Königin Christina als Landesfürstin in den Herzogtümern Bremen und Verden. In: Christina Königin von Schweden. Katalog der Ausstellung im Kulturgeschichtlichen Museum Osnabrück, 23. November 1997–1. März 1998, Bramsche 1997, S. 137–150.

Fischer, Ernst: Patrioten und Ketzermacher. Zum Verhältnis von Aufklärung und lutherischer Orthodoxie in Hamburg am Beginn des 18. Jahrhunderts. In: Frühwald, Wolfgang; Martino, Alberto (Hg.): Zwischen Aufklärung und Restauration. Sozialer Wandel in der deutschen Literatur (1700–1848). Festschrift für Wolfgang Martens zum 65. Geburtstag. Tübingen 1989, S. 17–47. Studien und Texte zur Sozialgeschichte der Literatur. Bd. 24.

Fischer, Ernst: Brockes' didaktische Poesie als Medium der Orthodoxiekritik, oder: Ursprünge der Aufklärung in Deutschland. In: Bachleitner, Norbert; Noe, Alfred; Roloff, Hans-Gert (Hg.): Beiträge zu Komparistik und Sozialgeschichte der Literatur. Festschrift für Alberto Martino. Amsterdam 1997, S. 657–681.

Freeman, Daniel E.: La Guerriera amante: Representations of Amazons and Warrior Queens in Venetian Baroque Opera. In: The Musical Quarterly, Vol 80, No. 3. Fall 1996, S. 431–460.

Frevert, Ute: Männer(T)Räume. Die allgemeine Wehrpflicht und ihre geschlechtergeschichtlichen Implikationen. In: Österreichische Zeitschrift für Geschichtswissenschaft. Jg. 11., Heft 3, Wien 2000, S. 111–123.

Fulda, Annette: Jacob und Christian Thomasius als Verfechter der intellektuellen Ebenbürtigkeit der Frau. In: Engel, Gisela; Hassauer, Friederike, Rang, Brita; Wunder, Heide (Hg.): Geschlechterstreit am Beginn der europäischen Moderne. Die Querelle des Femmes. Königstein/Taunus 2004, S. 245–255.

Gaedertz, Karl Theodor: Die Hamburgischen Opern in Beziehung auf ihre niederdeutschen Bestandteile. In: Jahrbuch des Vereins für niederdeutsche Sprachforschung. VIII. Jg. 1882. Norden und Leipzig 1883, S. 115–169.

Gersmann, Gudrun: «Ans Gemächt gegriffen.» Zur Archäologie eines männlichen Umgangs mit der Hexe. In: Schmale, Wolfgang (Hg.): MannBilder. Berlin 1999, S.155–181.

Grotjahn, Rebecca: Die Konstruktion des Stimmgeschlechts als historischer Prozess. In: Meine, Sabine; Hottmann, Katharina (Hg.): Puppen, Huren, Roboter. Körper der Moderne in der Musik zwischen 1900 und 1930. Schliengen 2005, S. 34–57.

Grewe, Andrea: Die Querelle des Femmes im italienischen Theater des Cinquecento. In: Engel, Gisela; Hassauer, Friederike; Rang, Brita; Wunder, Heide (Hg.): Geschlechterstreit am Beginn der europäischen Moderne. Die Querelle des Femmes. Königstein/Taunus 2004, S.172–186.

Hacke, Daniela, Zur Wahrnehmung häuslicher Gewalt und ehelicher Unordnung im Venedig der frühen Neuzeit (16. und 17. Jahrhundert). In: Fuchs, Ralf-Peter; Schulze, Winfried (Hg.): Wahrheit, Wissen, Erinnerung. Zeugenverhörprotokolle als Quelle für soziale Wissensbestände in der Frühen Neuzeit. Münster 2002, S.317–355.

Hartle, Paul: «Fruition was the Question in Debate»: Pro and Contra the Renaissance Orgasm. In: The Seventeenth Century. Vol. XVII, No. 1, Spring 2002. Manchester, S.79–96.

Hattendorf, Matthias: Der König zieht ins Feld: Christian IV. von Dänemark und das Lager in Fuhlsbüttel. Teil I. In: Jahrbuch des Alstervereins 1994. 70. Jahrgang. Hamburg 1994, S. 39–80. Teil II. In: Jahrbuch des Alstervereins 1995, 71. Jahrgang. Hamburg 1995, S. 50–86.

Hausen, Karin: Die Polarisierung der ‹Geschlechtscharaktere›. Eine Spiegelung der Dissoziation von Erwerbs- und Familienleben. In: Conze, Werner (Hg.): Sozialgeschichte der Familie in der Frühen Neuzeit Europas. Stuttgart 1976, S. 363–393.

Herr, Corinna: Zauberin als Opernfigur. Kontexte und Interpretationen in Georg Friedrich Händels *Teseo* und Reinhard Keisers *Fredegunda*. Dubowy, Norbert; Herr, Corinna; Zórawska-Witkowska, Alina (Hg.): Italian Opera in Central Europe. 1618–1780. Bd. 3: Opera subjects and European Relationships. Berlin 2007, S. 17–42.

Hirschmann, Wolfgang (Hg. und Vorwort): Frankfurter Festmusiken zur Geburt eines kaiserlichen Prinzen 1716, II. Serenata «Deutschland grünt und blüht im Friede». Von Georg Philipp Telemann. Kassel u. a. 1992. Georg Philipp Telemann, Musikalische Werke, Bd. 17.

Hirschmann, Wolfgang: Musikalische Festkultur im politisch-sozialen und liturgisch-religiösen Kontext: Telemanns Serenata und Kirchenmusik zur Geburt des Erzherzogs Leopold. (Frankfurt 1716). In: Cahn, Peter (Hg.): Telemann in Frankfurt. Bericht über das Symposium Frankfurt am Main, 26./27. April 1996. Im Auftrag der Frankfurter Telemann-Gesellschaft Mainz u.a. 2000, S. 163–195. Beiträge zur mittelrheinischen Musikgeschichte, Nr. 35.

Hirschmann, Wolfgang (Hg. und Vorwort): Die lasttragende Liebe oder Emma und Eginhard: Singspiel in drei Akten nach einem Libretto von Christoph Gottlieb Wend; Musik: Georg Philipp Telemann TWV 21:25. Kassel u.a. 2000. Georg Philipp Telemann, Musikalische Werke, Bd. 37.

Hobohm, Wolf: Georg Philipp Telemann und die bürgerliche Oper in Leipzig. In: Händel-Jahrbuch, Jg. 36. Leipzig 1990, S. 49–61.

Hobohm, Wolf: Telemanns Bayreuther Oper «Adelheid». In: Musiktheatralische Formen in kleinen Residenzen. 7. Arolser Barock-Festspiele 1992. Tagungsbericht, Hg: Brusniak, Friedhelm. Köln 1993, S. 102–121.

Höpel, Ingrid: Gottorfer Feste – Anlässe zur Repräsentation. In: Spielmann, Heinz und Drees, Jan (Hg.): Gottorf im Glanz des Barock. Bd 1–4, Schleswig 1997, Bd. 1: Kunst und Kultur am Schleswiger Hof 1544–1713. Schleswig 1997, S. 237–243.

Hofmann, Hans-Georg: «Mars und Jägermeister auf der Bühne» – Repräsentatives Musiktheater am Dresdner Hof. In: Appel, Bernhard R.; Geck, Karl W.; Schneider, Herbert (Hg.): Musik und Szene. Festschrift für Werner Braun zum 75. Geburtstag. Saarbrücken 2001, S. 67–84. Saarbrücker Studien zur Musikwissenschaft. Neue Folge Bd. 9.

Hufton, Olwen: Aufrührerische Frauen in traditionellen Gesellschaften: England, Frankreich und Holland im 17. und 18. Jahrhundert. In: Lebenswege von Frauen im Ancien Régime. Geschichte und Gesellschaft. Jg. 18, Heft 4, Göttingen 1992, S. 423–445.

Jaacks, Gisela: Das öffentliche Musikleben in Hamburg um 1700. In: Händel und Hamburg. Ausstellung anläßlich des 300. Geburtstags von Händel. Hamburg 1985, S. 13–27.

Jahn, Bernhard: Christian Heinrich Postels «Verstöhrung Jerusalem» (1692). Zur Konfrontation divergierender barocker Poetiken und ihrer Destruktion im Opernlibretto. In: Compar(a)ison – an international journal of comparative literature. Heft 2, Bern, Berlin u.a. 1994, S. 127–152.

Jahn, Bernhard: Zwischen Festgemeinschaft und Partiturdruck. Kommunikationstheoretische und mediengeschichtliche Überlegungen zum Kontext barocker Opernaufführungen. In: Jäger, Georg; Langewiesche Dieter; Martino, Alberto (Hg.): Internationales Archiv für Sozialgeschichte der deutschen Literatur. Bd. 20, 1995, Heft 2, S. 116–154.

Jahn, Bernhard: Partiturdruck und Archiv. Zur Rolle der Aufbewahrungssysteme bei der Rezeption und kompositorischen Praxis von Händels Londoner Opern. In: Marburger Jahrbuch für Kunstwissenschaft, Bd. 24: Kunst als ästhetisches Ereignis, Marburg 1997, S. 281–292.

Jahn, Bernhard: Das Libretto als literarische Leitgattung am Ende des 17. Jahrhunderts? Zu Zi(e)glers Roman «Die asiatische Banise» und seinen Opernfassungen. In: Sent, Eleonore (Hg.): Die Oper am Weißenfelser Hof. Rudolstadt 1996, S. 143-169. Weißenfelser Kulturtraditionen. Bd. 1.

Jürgens, Ursula: Das Theater am Gänsemarkt zu Hamburg – die erste deutsche Bürgeroper. In: Programmheft zur Premiere von Reinhard Keiser: Der lächerliche Prinz Jodelet, 22. Februar 2004, S. 32-37. Überarbeiteter und gekürzter Text, der vollständig erschienen ist unter dem Titel: Barockoper in Hamburg 1678-1738 in Busch, Max W.; Dannenberg, Peter (Hg.): Die Hamburgische Staatsoper 1678-1945. Zürich 1988, S. 13-40.

Kastinger Riley, Helene M.: Liebe in der Sicht der Frau des 17. Jahrhunderts. In: Daphnis, Bd. 17, Heft 3, Amsterdam 1988, S. 441-456.

Keller, Katrin: Frauen und Politik in der höfischen Gesellschaft des Alten Reiches zwischen 1550 und 1750, in: zeitenblicke 8, Nr. 2, 30.06. 2009, URL: http://www.zeitenblicke.de/2009/2/keller/index.html, URN: urn:nbn:de:0009-9-19537.

Keller, Katrin: Friedrich August von Sachsen als Herrscher, Mann und Mythos. Ein Versuch über den Beinamen ‹der Starke›. In: Schmale, Wolfgang (Hg.): «Mann-Bilder». Ein Lese- und Quellenbuch zur historischen Männerforschung. Berlin 1998, S. 79-104.

Kiupel, Birgit: «... was ein beleidigt Weib, was Frauen-Eyfer kann». Weibliche Lebenswelten im Spiegel der Libretti von Georg Philipp Telemanns musikdramatischen Werke. In: Clostermann, Annemarie (Hg.): «Streiflichter auf Georg Philipp Telemanns Hamburger Opernschaffen». Ergebnisse des Arbeitskreises Georg Philipp Telemann der Patriotischen Gesellschaft. Hamburg 1995, S. 25-60.

Kiupel, Birgit: «Ick segg dat Lohn is man een Quarck.» Dienstmädchen und weibliche Dienstbarkeit. Zur Geschlechter-Politik auf der Hamburger Gänsemarkt-Oper (1678-1738). In: Busch-Salmen, Gabriele; Rieger, Eva: Frauenstimmen, Frauenrollen in der Oper und Frauenselbstzeugnisse. Herbolzheim 2000. Beiträge zur Kultur-und Sozialgeschichte der Musik herausgegeben von Eva Rieger, Bd. 1, S. 244-262.

Kiupel, Birgit; Reese, Kirsten; Geissler, Cornelia: Dienstmädchen auf der Opernbühne des 18. Jahrhunderts, MUGI (Musik und gender), Hochschule für Musik und Theater. Hamburg 2005. http://mugi.hfmt-hamburg.de/dienstmaedchen/.

Kovács, Elisabeth: Die ideale Erzherzogin. Maria Theresias Forderungen an ihre Töchter. In: Mitteilungen des Institutes für Österreichische Geschichtsforschung. Bd. XCIV. Wien 1986, S. 49-80.

Kremer, Joachim: Johann Sebastian Bachs Erfahrungshorizont in Norddeutschland. Die Frühgeschichte des Oratoriums (1692-1710) zwischen Oper und Konzert. In: Sandberger, Wolfgang (Hg.): Bach, Lübeck und die norddeutsche Musiktradition. Bericht über das Internationale Symposion der Musikhochschule Lübeck April 2000. Kassel u.a. 2002, S. 72-85.

Kroll, Renate: Die Amazone zwischen Wunsch- und Schreckbild. In: Garber, Klaus; Held, Jutta; Jürgensmeier, Friedhelm; Krüger, Friedhelm; Széll, Ute (Hg.): Erfahrung und Deutung von Krieg und Frieden. Religion – Geschlechter – Natur und Kultur. München 2001, Bd. 1. Beiträge zur 2. Sektion: Krieg und Frieden und die Ordnung der Geschlechter. S. 521-537. Dokumentation des Jubiläumskongresses: Der Friede – Rekonstruktion einer europäischen Vision. Im Oktober 1998 vom Institut für Kulturgeschichte der Frühen Neuzeit an der Universität Osnabrück durchgeführt.

Krolzik, Udo: Artikel: Johann Friedrich Mayer. In: Biographisch-Bibliographisches Kirchenlexikon. Band V (1993), Spalten 1108-1114. http://www.bautz.de/bbkl/m/mayer_j_f.shtml.

La Fayette, Marie-Madeleine Gräfin von: Die Prinzessin von Clèves. Aus dem Französischen übersetzt von Eva und Gerhard Hess. Stuttgart 1983.

Lindemann, Mary: Gewalt und Bürgerlichkeit: Hamburg und Amsterdam in vergleichender Perspektive. In: Ulbrich, Claudia; Jarzebowski, Claudia; Hochkamp, Michaela: Gewalt in der Frühen Neuzeit. Beiträge zur 5. Tagung der Arbeitsgemeinschaft Frühe Neuzeit im VHD., Berlin 2005, S. 87-99.

Loetz, Francisca: Zeichen der Männlichkeit? Körperliche Kommunikationsformen streitender Männer im frühneuzeitlichen Stadtstaat Zürich. In: Dinges, Martin (Hg.): Hausväter, Priester, Kastraten. Zur Konstruktion von Männlichkeit in Spätmittelalter und früher Neuzeit. Göttingen 1998, S. 264-293.

Lorenz, Maren: «... da der anfängliche Schmerz in Liebeshitze übergehen kann ...». Das Delikt der «Nothzucht» im gerichtsmedizinischen Diskurs des 18. Jahrhunderts. In: Künzel, Christine (Hg.): Unzucht – Notzucht – Vergewaltigung. Definitionen und Deutungen sexueller Gewalt von der Aufklärung bis heute. Frankfurt/Main 2003, S. 63-87.

Lorenz, Maren: Besatzung als Landesherrschaft und methodisches Problem. Wann ist Gewalt Gewalt? Körperliche Konflikte zwischen schwedischem Militär und Einwohnern Vorpommerns und Bremen-Verdens in der zweiten Hälfte des 17. Jahrhunderts. In: Ulbrich, Claudia; Jarzebowski, Claudia; Hochkamp, Michaela: Gewalt in der Frühen Neuzeit. Beiträge zur 5. Tagung der Arbeitsgemeinschaft Frühe Neuzeit im VHD. Berlin 2005, S. 155-172.

Maas, Utz: Niederdeutsche Sozialkritik in der Hamburgischen Barock-Oper? In: Korrespondenzblatt des Vereins für niederdeutsche Sprachforschung. 1986, Heft 93, S. 5-7.

Maertens, Willi: Georg Philipp Telemann und seine Interpreten Margaretha Susanna und Johann Kayser. In: Magdeburger Telemann-Studien IV, Werk und Wiedergabe. Magdeburg 1973, S. 68-85.

Marchtaler, Hildegard von: Arm und Reich, genealogisch gesehen. Wiedergabe eines Vortrags, gehalten am 15. Juni 1972 von Hildegard v. Marchtaler zum Dank für die Ehrungen zu ihrem 75. Geburtstag. In: Zeitschrift für Niederdeutsche Familienkunde. Herausgegeben von der Genealogischen Gesellschaft, Sitz Hamburg. Jg. 48, Heft 4, Juli 1973, S. 123-131.

Marigold, W. Gordon: Aspekte der Komödie und des Komischen in Hamburg 1600-1708. In: Daphnis, Bd. 17, Heft 1, Amsterdam 1988, S. 15-35.

Martens, Wolfgang: Bürgerlichkeit in der frühen Aufklärung. In: Kopitzsch, Franklin (Hg.): Aufklärung, Absolutismus und Bürgertum in Deutschland. München 1976, S. 347-363.

Marx, Hans Joachim: Geschichte der Hamburger Barockoper. Ein Forschungsbericht. In: Hamburger Jahrbuch für Musikwissenschaft, Bd. 3. Hamburg 1978, S. 7-34.

Marx, Hans Joachim: Politische und wirtschaftliche Voraussetzungen der Hamburger Barock-Oper. In: Hamburger Jahrbuch für Musikwissenschaft. Bd. 5. Laaber 1981, S. 81-88.

Meise, Helga: Einige Gedanken über Krieg und Liebe. In: Randgänge der Pädagogik. Nr. 13, Marburg 1980, S.101-108.

Meise, Helga: Gefühl und Repräsentation in höfischen Selbstinszenierungen des 17. Jahrhunderts. In: Benthien, Claudia; Fleig, Anne; Kasten, Ingrid (Hg.): Emotionalität. Zur Geschichte der Gefühle. Köln, Weimar, Wien 2000, S. 119-141.

Michelsen, Jakob: Von Kaufleuten, Waisenknaben und Frauen in Männerkleidern. Sodomie im Hamburg des 18. Jahrhunderts. In: Zeitschrift für Sexualforschung. Jg. 9, Heft 3, 1996, S. 205-237.

Mitterauer, Michael: Der Mythos von der vorindustriellen Großfamilie. In: Beiträge zur historischen Sozialkunde, Jg. 3., Nr. 3, 1973, S. 41-47.

Moore, Cornelia Niekus: The Poetess Amarena and her Novell: «Margaretha von Oesterreich». In: Daphnis Bd. 17, Heft 3, Amsterdam 1988, S. 467-491.

Moore, Cornelia Niekus: «Dasselbe will ich den Gelehrten überlassen.» Dichterinnen und Gelehrtenpoesie. In: Hohkamp, Michaela; Jancke, Gabriele (Hg.): Nonne, Königin und Kurtisane. Wissen, Bildung und Gelehrsamkeit von Frauen in der Frühen Neuzeit. Königstein/Taunus 2004, S. 122-134.

Mommertz, Monika: «Imaginative Gewalt»-praxe(m)ologische Überlegungen zu einer vernachlässigten Gewaltform. In: Ulbrich, Claudia; Jarzebowski, Claudia; Hochkamp, Michaela: Gewalt in der Frühen Neuzeit. Beiträge zur 5. Tagung der Arbeitsgemeinschaft Frühe Neuzeit im VHD. Berlin 2005, S. 343-357.

Moser-Rath, Elfriede: «Bürger-Lust». In: Brückner, Wolfgang (Hg.): Literatur und Volk im 17. Jh. Wolfenbüttel 1985. Wolfenbütteler Arbeiten zur Barockforschung, Bd. 13.

Neverla, Irene: Männerwelten-Frauenwelten. Wirklichkeitsmodelle, Geschlechterrollen, Chancenverteilung. In: Merten, Klaus; Schmidt, Siegfried J.; Weischenberg, Siegfried (Hg.): Die Wirklichkeit der Medien. Eine Einführung in die Kommunikationswissenschaft. Opladen 1994, S. 257–276.

Olsen, Solveig: Christian Heinrich Postels Beitrag zur deutschen Literatur: Versuch einer Darstellung. Amsterdam 1973. Amsterdamer Publikationen zur Sprache und Literatur, Bd. 7.

Olsen, Solveig: Aurora von Königmarck's Singspiel «Die drey Töchter Cecrops». In: Daphnis, Bd. 17. Heft 3, Amsterdam 1988, S. 467–480.

Opitz, Claudia: Zwischen Macht und Liebe. Frauen und Geschlechterbeziehungen in Norbert Elias' ‹Höfischer Gesellschaft›. In: Klein, Gabriele; Liebsch, Katharina (Hg.): Zivilisierung des weiblichen Ich. Frankfurt/Main 1997, S. 77–99.

Opitz, Claudia: Weibliche Herrschaft und Geschlechterkonflikte in der Politik des 16. und 17. Jahrhunderts. In: Garber, Klaus; Held, Jutta; Jürgensmeier, Friedhelm; Krüger, Friedhelm; Széll, Ute (Hg.): Erfahrung und Deutung von Krieg und Frieden. Religion – Geschlechter – Natur und Kultur. München 2001, Bd. 1. Beiträge zur 2. Sektion: Krieg und Frieden und die Ordnung der Geschlechter, S. 507–520. Dokumentation des Jubiläumskongresses: Der Friede – Rekonstruktion einer europäischen Vision. Im Oktober 1998 vom Institut für Kulturgeschichte der Frühen Neuzeit an der Universität Osnabrück durchgeführt.

Pape, Matthias: Das Herrscherepicedium zwischen Barock und Aufklärung. Die Trauerode von Johann Christoph Gottsched und Johann Sebastian Bach auf den Tod der sächsischen Kurfürstin Christiane Eberhardine (1727). In: MAJESTAS, Nr. 12, Münster 2004, S. 83–128.

Pilipczuk, Alexander: Neue Erkenntnisse zu Ausbildung und Profession des Lautenmachers und Kaufmanns Joachim Tielke. In: Jahrbuch des Museums für Kunst und Gewerbe 2001–2003, Hamburg 2003, S. 19–38.

Plöhn, Hans Arnold: Hochzeitscarmina und Gelegenheits-Glückwünsche im Staatsarchiv Hamburg. In: Zeitschrift für Niederdeutsche Familienkunde. Herausgegeben von der Genealogischen Gesellschaft, Sitz Hamburg, 41. Jg., Juli 1966, S. 91–106.

Poetzsch, Ute: Vorwort zu: Georg Philipp Telemann «Seliges Erwägen». Passionsoratorium in neun Betrachtungen TWV 5:2, Kassel usw. 2001 (= Georg Philipp Telemann, Musikalische Werke, Bd. 33), S. XIV–XVI.

Poetzsch, Ute: Der Streit um das Libretto zu Telemanns Oper «Sieg der Schönheit». In: Hobohm, Wolf; Reipsch, Brit (Hg.): Volksmusik und nationale Stile in Telemanns Werk/Der Opernkomponist Georg Philipp Telemann. Neue Erkenntnisse und

Erfahrungen. Hildesheim 2006, S. 392–409. Telemann-Konferenzberichte, Bd. 11.

Pegah, Rashid-Sascha: Telemann und die Markgräfin. Anmerkungen zu einem Mißverständnis in der Autobiografie 1740. In: Kremer, Joachim; Hobohm, Wolf; Ruf, Wolfgang, 2002, S. 267–273.

Rathje, Jürgen: Gelehrtenschulen, Gelehrte, Gelehrtenzirkel und Hamburgs geistiges Leben im frühen 18. Jahrhundert. In: Stephan, Inge; Winter, Hans-Gerd (Hg.): Hamburg im Zeitalter der Aufklärung. Hamburg 1989. S. 93–123.

Rathje, Jürgen: Die rühmliche Liebes-Ueberwindung des Alcides: «Omphale» bei Antoine Houdar de la Motte und Georg Philipp Telemann. In: Lange, Carsten; Reipsch, Brit; Hobohm, Wolf (Hg.): Telemann und Frankreich – Frankreich und Telemann. Bericht über die Internationale Wissenschaftliche Konferenz, Magdeburg, 12. bis 14. März 1998, anlässlich der 14. Magdeburger Telemann-Festtage. Hildesheim, Zürich, New York 2009, S. 222–237.

Rathje, Jürgen: «Herrn Telemanns Lebenslauf». In: Hobohm, Wolfgang (Hg.): Georg Philipp Telemann. Drucke aus dem Verlag Balthasar Schmid in Nürnberg. Porträt – Deutsch/Französischer Lebenslauf – Vorbericht – Kantate zum 1. Advent. Faksimile. Oschersleben 1989, S. 24–38.

Rathje, Jürgen: Exkurs über die von Telemann nach dem Passionsoratorium vertonten Brockes Dichtungen. In: Braun-Egidius, Erich (Hg.): Barthold Hinrich Brockes. Brockes-Tage 1997 in Hamburg. Eine Dokumentation, Hamburg 2000, S. 9–61.

Rathje, Jürgen: Artikel: Michael Richey. In: Bei der Wieden, Brage; Lokers, Jan (Hg.) Lebensläufe zwischen Elbe und Weser. Ein biografisches Lexikon. Bd. 1, Stade 2002, S. 265–270.

Rizzo, Betty: Equivocations of Gender and Rank: Eighteenth-Century Sporting Women. In: Eighteenth-Century Life. Volume 26, Number 1, Winter 2002, S. 70–118.

Rode-Breymann, Susanne: Zwischen Leidenschaft und Seelengröße: Herrscherinnen in der Oper des 17. Jahrhunderts. In: Beyer, Kathrin; Kreutziger-Herr, Annette (Hg.): Musik. Frau. Sprache. Interdisziplinäre Frauen- und Genderforschung an der Hochschule für Musik und Theater Hannover. Herbolzheim 2003, S.139–154.

Rode-Breymann, Susanne: «Allein ihr angenehmster zeit vertreib ist die music.» Musenhöfe: Zentren der Künste, Orte der Bildung. In: Kruse, Matthias; Schneider, Reinhard (Hg.): Musikpädagogik als Aufgabe. Festschrift zum 65. Geburtstag von Siegmund Helms. Kassel 2003, S. 321–333.

Rogge, Roswitha: Schadenzauber, Hexerei und die Waffen der Justiz im frühneuzeitlichen Hamburg. In: Bernd Schmelz (Hg.): Hexerei, Magie und Volksmedizin. Beiträge aus dem Hexenarchiv des Museums für Völkerkunde Hamburg. Bonn 1997, S. 149–172.

Rogge, Roswitha: Von Zauberinnen, Hexen und anderen berüchtigten Frauen im frühneuzeitlichen Hamburg. In: Köpke, Wulf; Schmelz, Bernd (Hg.): Hexenwelten Bonn 2001, S. 27-43. (= Mitteilungen aus dem Museum für Völkerkunde Hamburg. N. F.; Bd. 31).

Rohrbacher, Stefan: Die Drei Gemeinden Altona, Hamburg und Wandsbek zur Zeit der Glikl. In: Aschkenas. Zeitschrift für Geschichte und Kultur der Juden 8/1998, Heft 1, S.105-124.

Rübcke, Elisabeth: Die Autobiographie des Plöner Pastors Andreas Telemann aus dem Jahr 1745. In: Reipsch, Brit; Hobohm, Wolf: Telemann und Bach. Telemann-Beiträge. Hildesheim, Zürich, New York 2005, S. 129-143.

Ruhnke, Martin: Komische Elemente in Telemanns Opern und Intermezzi. In: Bericht über den Internationalen musikwissenschaftlichen Kongreß in Bayreuth 1981. Kassel, Basel, London 1984, S. 94-107.

Ruhnke, Martin: Telemanns Hamburger Opern und ihre italienischen und französischen Vorbilder. In: Hamburger Jahrbuch für Musikwissenschaft. Bd. 5. Laaber 1981, S. 9-28.

Sauter, Edith: Stiefmütter und Stiefsöhne. Endogamieverbote zwischen kanonischem und zivilem Recht am Beispiel Österreichs (1790-1850). In: Gerhard, Ute (Hg.): Frauen in der Geschichte des Rechts. Von der Frühen Neuzeit bis zur Gegenwart. München 1997, S. 345-366.

Schlütz, Daniela: Frauen und Medien. In: Musik. Frau. Sprache. Interdisziplinäre Frauen- und Genderforschung an der Hochschule für Musik und Theater Hannover. Hochschule für Musik und Theater Hannover; Beyer, Kathrin; Kreutziger-Herr, Annette, (Hg.): Herbolzheim 2003, S. 87-105.

Schlumbohm, Christa: Der Typus der Amazone und das Frauenideal im 17. Jahrhundert. Zur Selbstdarstellung der Grande Mademoiselle. In: Romanistisches Jahrbuch 29 (1978). S. 77-99.

Schlumbohm, Christa: Die Glorifizierung der Barockfürstin als ‹Femme Forte›. In: Wolfenbütteler Arbeiten zur Barockforschung. Bd. 9. Hamburg 1981, S. 113-122.

Schmidt, Hans: Zur Vorgeschichte der Heirat Kaiser Leopold I. mit Eleonore Magdalena Theresia von Pfalz-Neuburg. In: Schmidt, Hans: Persönlichkeit, Politik und Konfession im Europa des Ancien Régime. Aufsätze und Vorträge zur Geschichte der Frühen Neuzeit. Hamburg 1995.

Schnitzer, Claudia: Das verkleidete Geschlecht. Höfische Maskeraden der Frühen Neuzeit. In: L'Homme, Jg. 8, Nr. 2, 1997, S. 232-241.

Sedlacek, Ingrid: Die Neuf Preuses. Heldinnen des Spätmittelalters. Marburg 1997. Studien zur Kunst- und Kulturgeschichte, Bd. 14.

Siegele, Ulrich: Im Blick von Bach auf Telemann: Arten, ein Leben zu betrachten. Mit einem Anhang von Roman Fischer und Ulrich Siegele: Maria Catharina Textor.

Georg Philipp Telemanns zweite Frau und ihre Familie. In: Kremer, Joachim; Hobohm Wolf und Ruf, Wolfgang (Hg.): Biografie und Kunst als historiografisches Problem. Bericht über die Internationale Wissenschaftliche Konferenz anlässlich der 16. Magdeburger Telemann-Festtage 13. bis 15. März 2002. Hildesheim u.a. 2004, S. 46–89.

Simons, Patricia: Lesbian (In)Visibility in Italian Renaissance Culture: Diana and other cases of ‹donna con donna›. In: Journal of Homosexuality, 27/1; 2, 1994, S. 81–122.

Smart, Sara: Die Oper in Weißenfels. Zur Aufgabe und zum Inhalt der Weißenfelser Libretti. In: Sent, Eleonore (Hg.): Die Oper am Weißenfelser Hof. Rudolstadt 1996, S. 277–303.

Soltau, Heide: Verteufelt, verschwiegen und reglementiert. Über den Umgang der Hanseaten mit der Prostitution. In: Stephan, Inge; Winter, Hans-Gerd (Hg.): Hamburg im Zeitalter der Aufklärung. Berlin, Hamburg 1989, S. 373–397.

Stannek, Antje: Aufwachsen im Ausland. Zur geschlechtsspezifischen Sozialisation adeliger Knaben im 17. Jahrhundert. In: L'Homme. Jg. 8, Nr. 2, 1997, S. 242–256.

Thomas, Downing A.: Opera, Dispossession and the Sublime. The case of «Armide». In: Theatre Journal. Vol. 49, Number 2, May 1997. Baltimore/Maryland, S. 168–188.

Trummer, Carl: Vorträge über Tortur, Hexenverfolgungen, Vehmgerichte und andere merkwürdige Erscheinungen in der Hamburgischen Rechtsgeschichte. Bd. 1, Hamburg 1844, S. 96–160.

Turner, Victor: Vom Ritual zum Theater. Der Ernst des menschlichen Spiels. Frankfurt/Main 1995.

Voss, Steffen: Johann Matthesons Hochzeitsmusiken. In: Marx, Hans Joachim (Hg.): Beiträge zur Musikgeschichte Hamburgs vom Mittelalter bis in die Neuzeit. Hamburger Jahrbuch für Musikwissenschaft, Bd. 18, Hamburg 2001, S. 233–256.

Wagner-Hasel, Beate: Männerfeindliche Jungfrauen. Ein kritischer Blick auf Amazonen in Mythos und Geschichte. In: Stoll, Andrea; Wodtke-Werner, Verena (Hg.): Sakkorausch und Rollentausch. Männliche Leitbilder als Freiheitsentwürfe von Frauen. Dortmund 1997, S. 11–34.

Watanabe-O'Kelly, Helen: Barthold Feind, Gottsched, and Cato – or Opera reviled. In: English Goethe Society. Papers read before the society 1984-1985. New Series Vol. LV, S. 107–123.

Weber, Horst: Der Serva-padrona-Topos in der Oper. Komik als Spiel mit musikalischen und sozialen Normen. In: Archiv für Musikwissenschaft, Bd. 45, 1988. S. 87–110.

Welti, Ludwig: Eine Prechtin aus Konstanz. Die erste deutsche Opernsängerin in Salzburg, 1617. In: Maske und Kothurn. Jg. 7. Graz, Wien, Köln 1961, S. 358–360.

Wendt, Joachim R. M.: Neues zur Geschichte der Hamburger Gänsemarktoper. In Marx, Hans Joachim (Hg.): Beiträge zur Musikgeschichte Hamburgs vom Mittelalter bis in die Neuzeit. Hamburger Jahrbuch für Musikwissenschaft, Bd 18. Frankfurt/Main, Berlin u.a. 2001, S. 177-193.

Wiesner-Hanks, Merry: Women's Authority in the State and Household in Early Mordern Europe. In: Dixon, Annette (Hg.): Women who ruled. London, Michigan, 2002, S. 27-39.

Wilson, Peter H.: German Women and War 1500-1800. In: War in History 3 (1996), S. 127-160.

Winter, Hans-Gerd: «Leide, meide und hoffe nach Vorschrift der Vernunft»: Aufklärung und Disziplinierung als Programm in der moralischen Wochenschrift «Der Patriot» (1724-1726). In: Stephan, Inge; Winter, Hans-Gerd (Hg.): Hamburg im Zeitalter der Aufklärung. Hamburg 1989, S. 137-160. Hamburger Beiträge zur öffentlichen Wissenschaft., Bd. 6.

Wolff, Helmuth Christian: Ein Engländer als Direktor der alten Hamburger Oper. In: Hamburger Jahrbuch für Musikwissenschaft. Studien zur Barockoper, Bd. 3. Hamburg 1978, S. 75-83.

Wolff, Helmuth Christian: Das Opernpublikum der Barockzeit. In: Heussner, Horst (Hg.): Festschrift Hans Engel zum siebzigsten Geburtstag. Kassel 1964, S. 442-452.

Woods, Jean M.: Nordischer Weyrauch. The religious Lyrics of Aurora von Königsmarck and her Circle. In: Daphnis 1988, Bd. 17, Heft 2, S. 267-326.

Woods, Jean M.: Aurora von Königsmarck. Epitome of a «galante Poetin». In: Daphnis, Bd. 17, Heft 3, 1988, S. 457-465.

Zelm, Klaus: Die Sänger der Hamburger Gänsemarkt-Oper. In: Hamburger Jahrbuch für Musikwissenschaft, Bd. 3. Hamburg 1978, S. 35-74.

Dank für Rat und Tat an:

Rita Bake, Peter Borowsky, Ulf Bollmann, Christiane Caemmerer, Birgit Delius, Susanne Gottlob, Rebecca Grotjahn, Arno Herzig, Freia Hoffmann, HSP-III Programm, Wiebke Johannsen, Beate Kiupel, Heinz A. Kiupel, Traute Kiupel, Doris Köhler, Bernd Konrad, Annette Kreutziger-Herr, Martina Kunz, Edda Küffner, Frank Laubert, Regula Müller, Mariann-Steegmann-Stiftung, Jakob Michelsen, Bärbel Mende, Wiebke Müller, Katja Nicklaus, Ute Poetzsch, Jürgen Rathje, Eva Rieger, Susanne Rode-Breymann, Elisabeth Schmidt-Brockmann, Sofie-Drinker-Institut, Barbara Vogel, Niels Graf von Waldersee, Annette Wiesheu.

UNSERE BUCHTIPPS

➢ Antje Ruhbaum: **Elisabeth von Herzogenberg.**
Salon – Mäzenatentum –Musikförderung
Beiträge zur Kultur- und Sozialgeschichte der Musik, Band 7, 2009,
350 Seiten, ISBN 9783825506810, 30,00 €

➢ Gabriele Busch-Salmen / Eva Rieger (Hrsg.): **Frauenstimmen, Frauenrollen in der Oper und Frauen-Selbstzeugnisse**
Beiträge zur Kultur- und Sozialgeschichte der Musik, Band 1, 2000,
358 + XVI Seiten, Abb., ISBN 3-8255-0279-1, 30,58 €

➢ Georg W. Forcht: **Die Medialität des Theaters bei Frank Wedekind.** Eine medientheoretische Untersuchung über den Einfluss des Bänkelsängers und Schauspielers Frank Wedekind auf sein Werk
Reihe Sprachwissenschaft, Band 37, 2005, 248 Seiten, ISBN 3-8255-0529-4, 24,50 €

➢ Corinna Herr: **Medeas Zorn.** Eine ‚starke Frau' in Opern des 17. und 18. Jahrhunderts
Beiträge zur Kultur- und Sozialgeschichte der Musik, Band 2, 2000, 260 Seiten,
ISBN 3-8255-0299-6, 30,17 €

➢ Rebecca Grotjahn / Freia Hoffmann (Hrsg.): **Geschlechterpolaritäten in der Musikgeschichte des 18. bis 20. Jahrhunderts**
Beiträge zur Kultur- und Sozialgeschichte der Musik, Band 3, 2002,
294 Seiten, Abb., ISBN 3-8255-0330-5, 25,90 €

➢ Hochschule für Musik und Theater Hannover / Kathrin Beyer / Annette Kreutziger-Herr (Hg.): **Musik.Frau.Sprache.** Interdisziplinäre Frauen- und Genderforschung an der Hochschule für Musik und Theater Hannover
Beiträge zur Kultur- und Sozialgeschichte der Musik, Band 5, 2003, 364 Seiten, Abb.,
ISBN 3-8255-0403-4, 25,80 EUR

➢ Olaf Jubin: **Entertainment in der Kritik.** Eine komparative Analyse von amerikanischen, britischen und deutschsprachigen Rezensionen zu den Musicals von Stephen Sondheim und Andrew Lloyd Webber
Reihe Medienwissenschaft, Band 11, 2005, 1230 Seiten, ISBN 3-8255-0531-6, 52,50 €

➢ Sigrid Nieberle: **FrauenMusikLiteratur.** Deutschsprachige Schriftstellerinnen im 19. Jahrhundert
Beiträge zur Kultur- und Sozialgeschichte der Musik, Band 4,
2., verbesserte Auflage 2002, 274 Seiten, ISBN 3-8255-0371-2, 25,40 €

➢ Monika Woitas: **Im Zeichen des Tanzes.** Zum Diskurs der darstellenden Künste zwischen 1760 und 1830.
Beiträge zur Kultur- und Sozialgeschichte der Musik, Bd. 6, 2004, 444 S., 42 Abb.,
ISBN 3-8255-0421-2, 29,90 €

Besuchen Sie uns im Internet: www.centaurus-verlag.de

MIX
Papier aus verantwortungsvollen Quellen
Paper from responsible sources
FSC® C105338

If you have any concerns about our products,
you can contact us on
ProductSafety@springernature.com

In case Publisher is established outside the EU,
the EU authorized representative is:
**Springer Nature Customer Service Center GmbH
Europaplatz 3, 69115 Heidelberg, Germany**

Printed by Libri Plureos GmbH
in Hamburg, Germany